北京海淀年鉴

2021

《北京海淀年鉴》编纂委员会　编

方志出版社
Publishing House of Local Records

图书在版编目（CIP）数据

北京海淀年鉴. 2021 /《北京海淀年鉴》编纂委员会编. -- 北京：方志出版社，2021.10

ISBN 978-7-5144-4922-8

Ⅰ. ①北… Ⅱ. ①北… Ⅲ ①海淀区 — 2021 — 年鉴

Ⅳ. ① Z521.3

中国版本图书馆 CIP 数据核字（2022）第 063813 号

北京海淀年鉴（2021）

编　　者：《北京海淀年鉴》编纂委员会

责任编辑：李　静

出 版 者：方志出版社

地址　北京市朝阳区潘家园东里 9 号（国家方志馆 4 层）

邮编　100021

网址　http：//www.zgfzcb.cn

发　　行：方志出版社图书营销中心

电话　(010) 67110500

经　　销：各地新华书店

印　　刷：北京卓诚恒信彩色印刷有限公司

开　　本：787 × 1092　　1/16

印　　张：40.25

字　　数：1325 千字

版　　次：2021 年 10 月第 1 版　　2021 年 10 第 1 次印刷

印　　数：0001~1200 册

ISBN　978 - 7 - 5144 - 4922 - 8　　**定价**：280.00 元

《北京海淀年鉴》编纂委员会

《北京海淀年鉴》编辑部

编辑说明

一、《北京海淀年鉴》以马克思列宁主义、毛泽东思想、邓小平理论、“三个代表”重要思想、科学发展观、习近平新时代中国特色社会主义思想为指导，坚持辩证唯物主义和历史唯物主义的立场、观点和方法，存真求实，力求全面、客观、系统地记述区域发展情况。

二、《北京海淀年鉴》是由北京市海淀区人民政府主办、北京市海淀区党史地方志办公室承编的地方综合年鉴，是系统记述海淀区自然、政治、经济、文化、社会、生态等方面情况的年度资料性文献。自 2002 年起一年一卷编纂并公开出版，本卷为第 20 卷。

三、本年鉴采用文章体和条目体两种体裁，以条目体为主。用规范的语体文、记述体，直陈其事。

四、《北京海淀年鉴》以内容年之次年年份为卷号。本卷记述时限为 2020 年 1 月 1 日至 12 月 31 日（部分内容根据实际情况，时限略有前后延伸）。凡 2020 年事项，均直书月、日；“年内”指 2020 年。涉及其他年份的均标明年份。

五、《北京海淀年鉴》采用分类编辑法，由类目、分目、条目组成，部分分目增设次分目。全书条目标题统一用黑体加【 】表示。本卷框架有所调整：撤销党和国家领导人与海淀类目；撤销中关村科技园区海淀园类目，内容并入中关村科学城类目；增设“两区”建设类目；海淀区人民政府类目下增设“接诉即办”工作分目；应急管理分目升格为类目；生态环境类目下市容环境、环境卫生分目，调整至城市建设与管理类目。本卷设区情概览、特载、专文、大事记、中共海淀区委、海淀区人民代表大会、海淀区人民政府、政协海淀区委员会、中共海淀区纪委 海淀区监委、民主党派、人民团体、法治、军事、中关村科学城、“两区”建设、“三山五园”历史文化景区、经济管理、农业农村、商贸服务业、旅游业、城市建设与管理、应急管理、生态环境、交通 邮政 通信、科技、教育、文化、卫生健康、体育、社会建设、社会生活、街道 镇（地区）、人物 荣誉、统计资料、附录 35 个类目。

六、文中除“民主党派”部分外，“党”均指中国共产党，“区”均指海淀区，“市委”均指中共北京市委，“区委”均指中共海淀区委，“党员”均指中共党员，

“党建”工作均指中国共产党建设工作。

七、“两区”指国家服务业扩大开放综合示范区和中国（北京）自由贸易试验区科技创新片区。海淀区“两区”建设特指中国（北京）自由贸易试验区科技创新片区海淀组团、海淀服务业扩大开放综合试点示范区。新型冠状病毒感染的肺炎，简称新冠肺炎；新型冠状病毒肺炎疫情，简称新冠肺炎疫情或疫情。

八、入鉴资料均由各撰稿单位提供，并经主要负责人审核。部分资料由编辑部收集。主要数据和统计资料由海淀区统计局提供，部分数据由各相关部门提供。由于统计口径不同等原因，相关部门的个别数据与统计资料不一致的，请以统计资料为准。

九、《北京海淀年鉴》配有双重检索系统：书前刊有详细目录，书后附有索引，并收录在海淀区党史地方志办公室电子资料库（hdszb.bjhd.gov.cn）中。

北京市海淀区
行政区划图
昌平区
昌
平
区
上庄镇
苏家坨镇
温泉镇
西北旺镇
上地街道
西三旗街道
沙河水库
上庄水库
白塔水库
五七水库
翠湖国家城市湿地公园
鹫峰国家森林公园
中关村森林公园
阳台山自然风景区
凤凰岭自然风景区
永丰高新技术产业基地
中国北京航天城
双塔村
西辛力屯村
白水洼村
梅所屯村
前章村
八家村
东小营
北玉河村
皇甲屯村
李家坟村
上庄村
常乐村
东马坊村
后沙涧村
梁家园村
台头村
聂各庄村
西埠头村
七王坟村
草厂村
西小营村
苏三四村
三星庄村
北安河村
周家巷村
温泉村
永丰屯村
屯佃村
亮甲店村
韩家川村
育新花园
领秀·硅谷
阳台山
萝芭地
马鞍山
城子山
狼岗
水江子
G4501
G3801
G7
G6

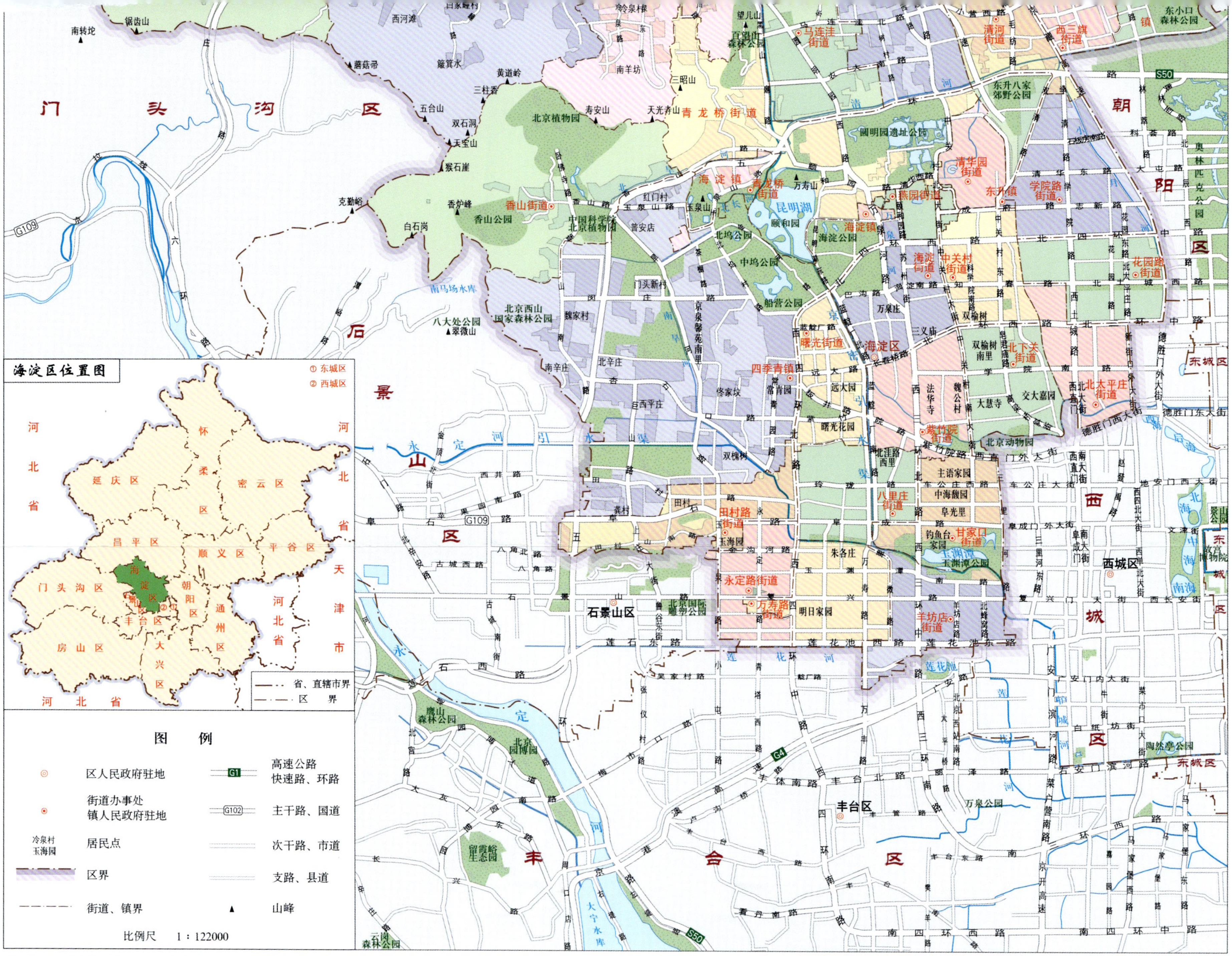

审图号：京S(2020)024号

北京市海淀区民政局　北京市测绘设计研究院2019年12月联合编制

审图号：京S(2020)024号　　　　北京市测绘设计研究院2020年6月编制

数字海淀

每日创造（万元）
Daily Production (10000 yuan)

每日生活
Daily Life

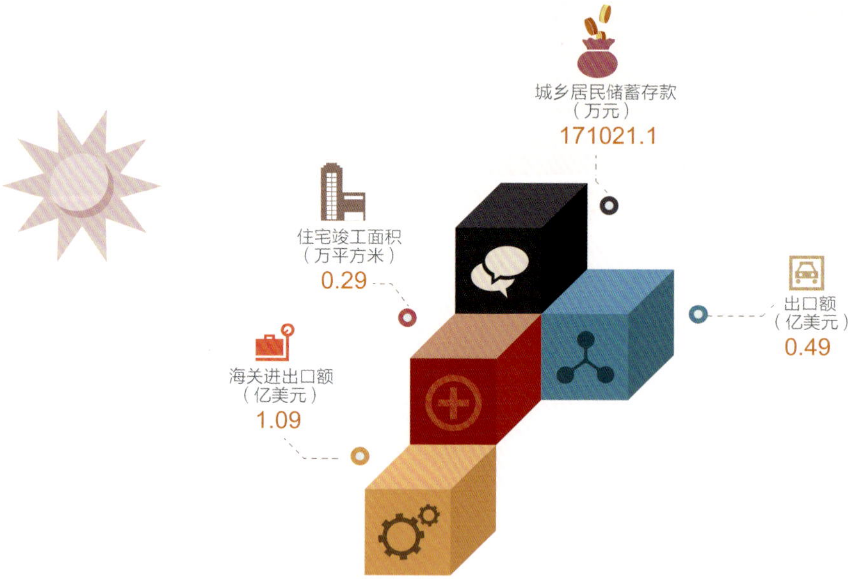

每天人口
Daily Population Changes and Marriages

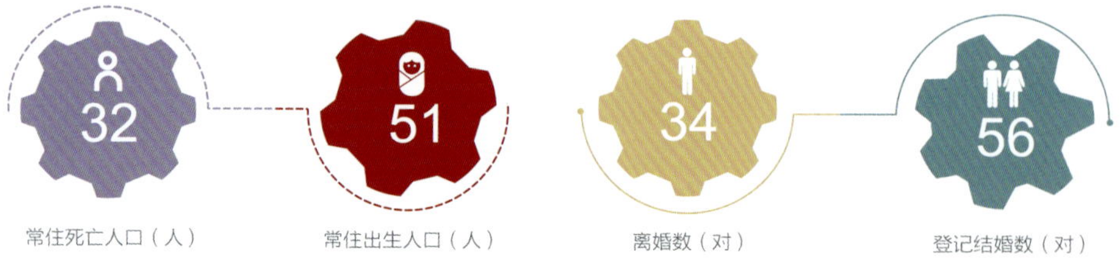

区级一般公共预算收入与支出（亿元）
Local Public Budget Revenue and Expenditure (100 million yuan)

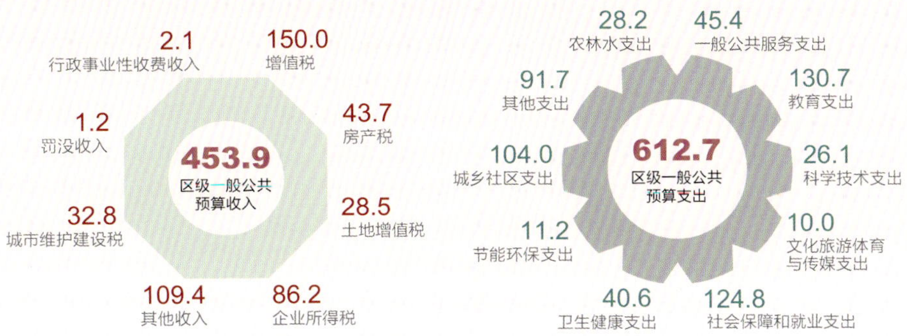

海淀区地区生产总值三次产业构成图
Gross Domestic Product of Haidian

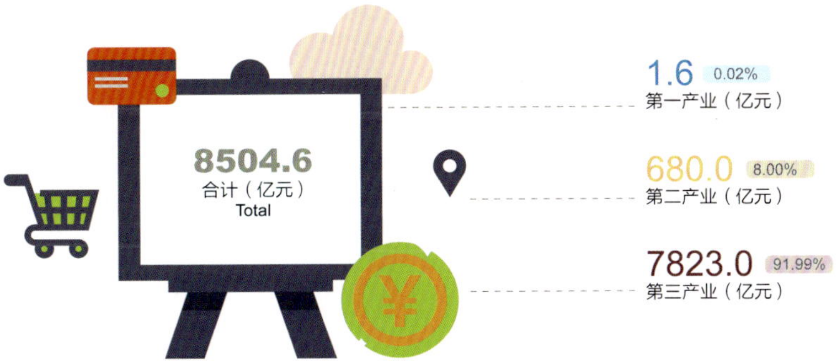

海淀区分行业增加值构成图（亿元）
Distinguish Between Haidian Industry Added Value Proportion Chart (100 million yuan)

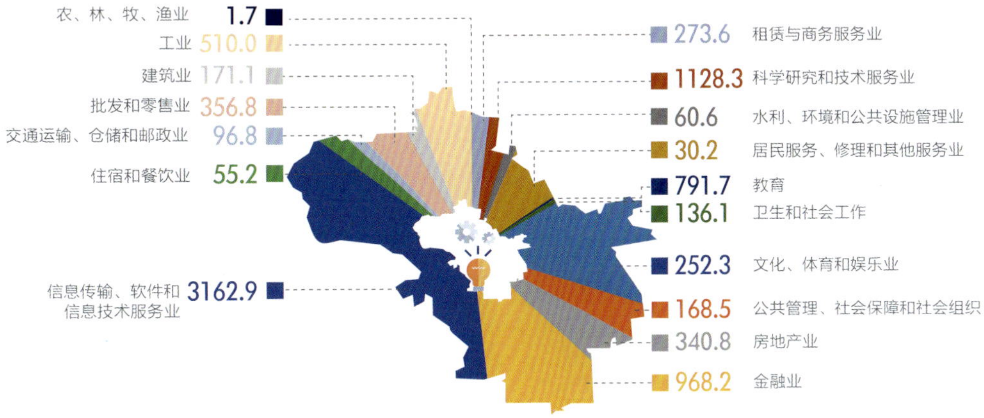

人均地区生产总值（美元）
Per Capita Gross Domestic Product (dollar)

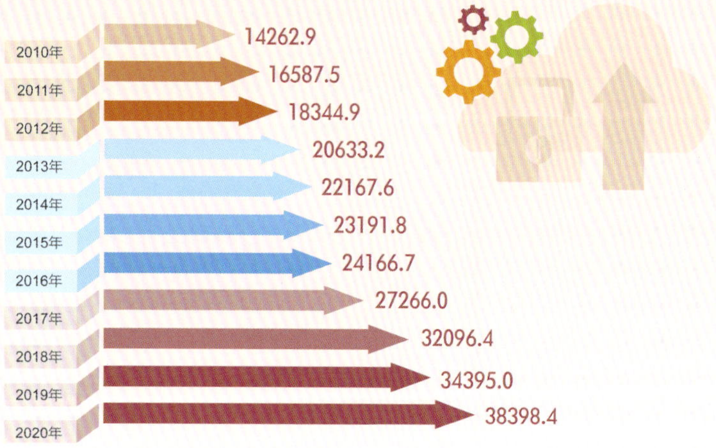

社会消费品零售总额（亿元）
Total Retail Sales of Consumer Goods(100 million yuan)

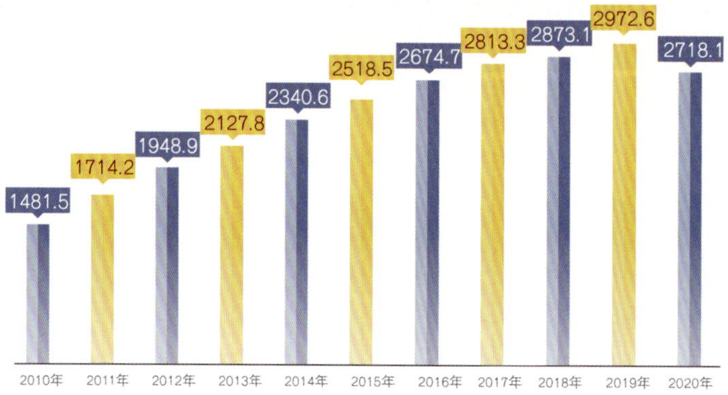

固定资产投资增速（%）
Speed of Investment in Fixed Assets(%)

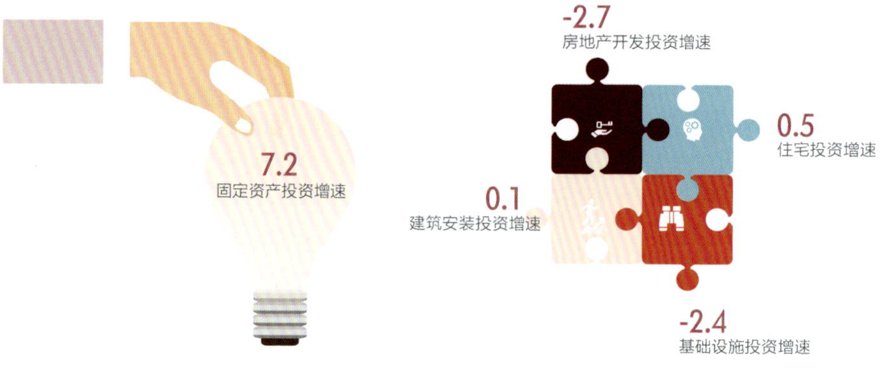

2010—2020 年全区居民家庭人均可支配收入及增速（元）
2010—2020 Per Capita Annual Income of Total Households (yuan)

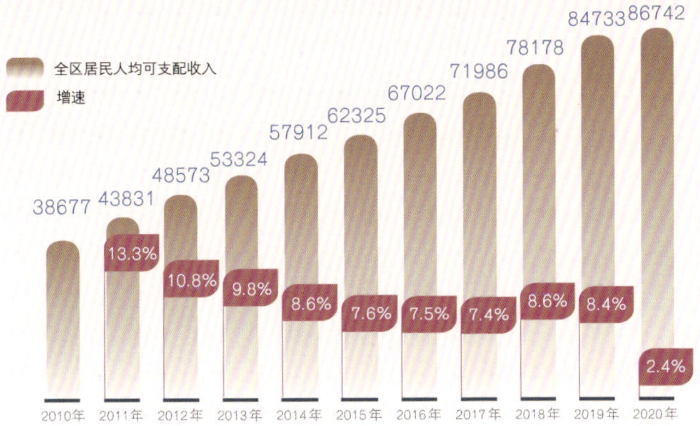

2020年全区居民家庭人均可支配收入构成（元）
2020 Per Capita Annual Income Composition of Total Households (yuan)

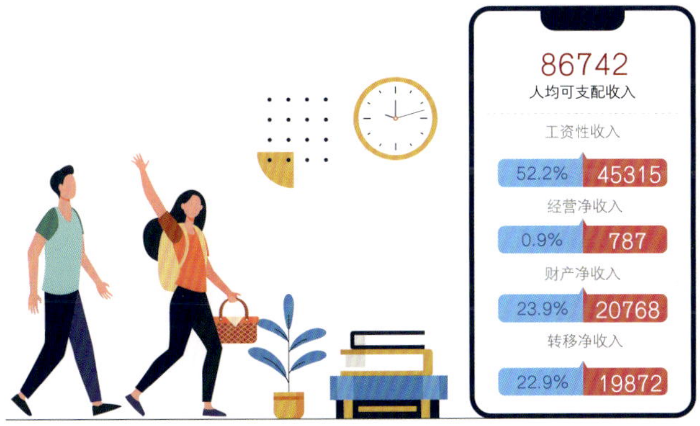

2010—2020 年全区居民家庭人均消费支出（元）
2010—2020 Per Capita Annual Expenditures Of Total Households (yuan)

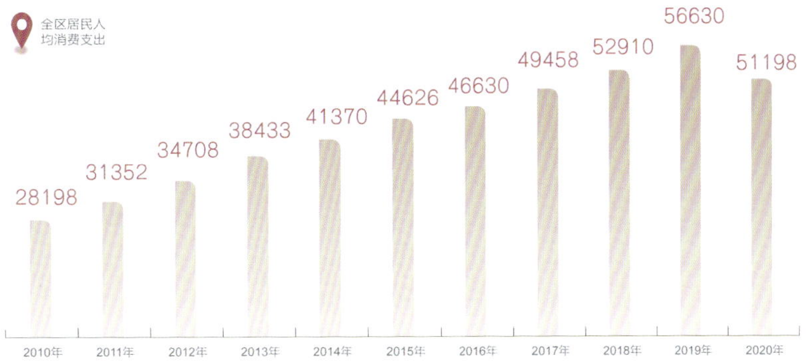

按收入规模划分的高新技术企业总收入（亿元）

The Total Income of High-tech Enterprises Grouped by Income Scale (100 million yuan)

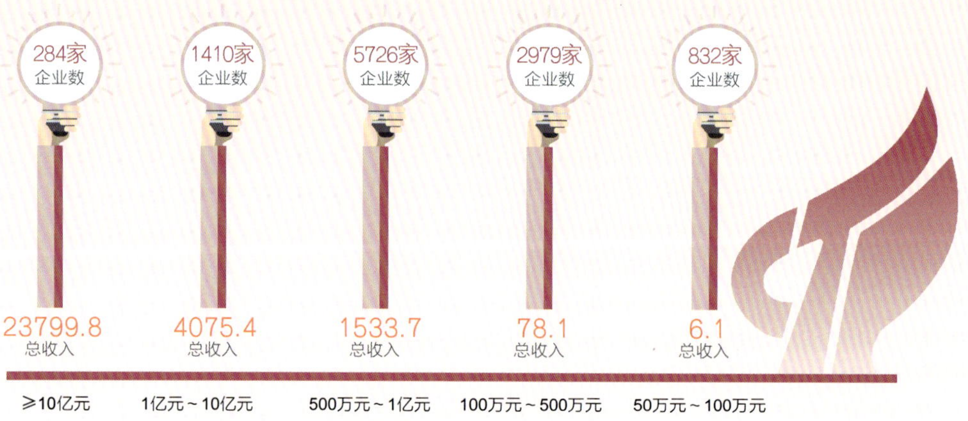

高新技术企业从业人员文化程度（人）

Literacy Degree Employed Persons of High-tech Enterprises (person)

文化相关产业收入（亿元）
Cultural and Related Industry Income (100 million yuan)

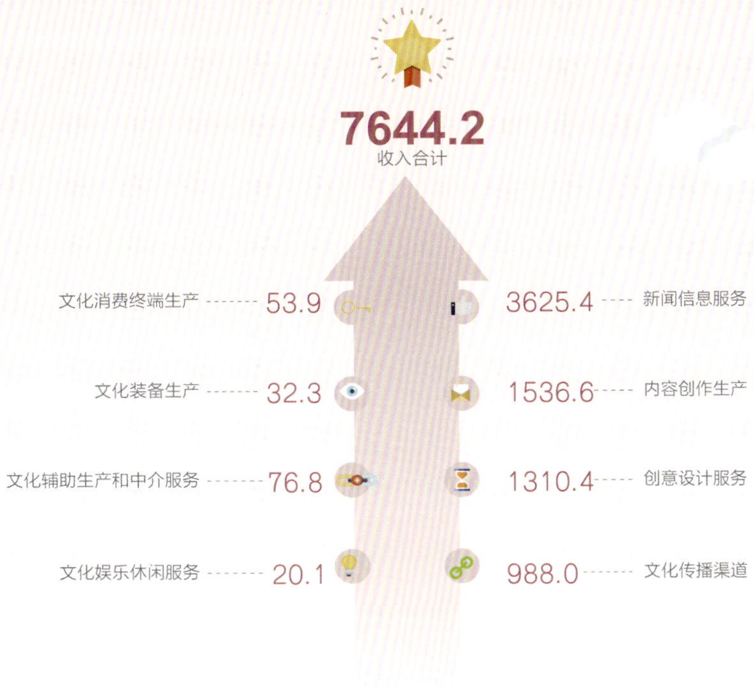

海淀区专利授权数和专利申请数（个）
Grants for Patents and Applications for Patents (unit)

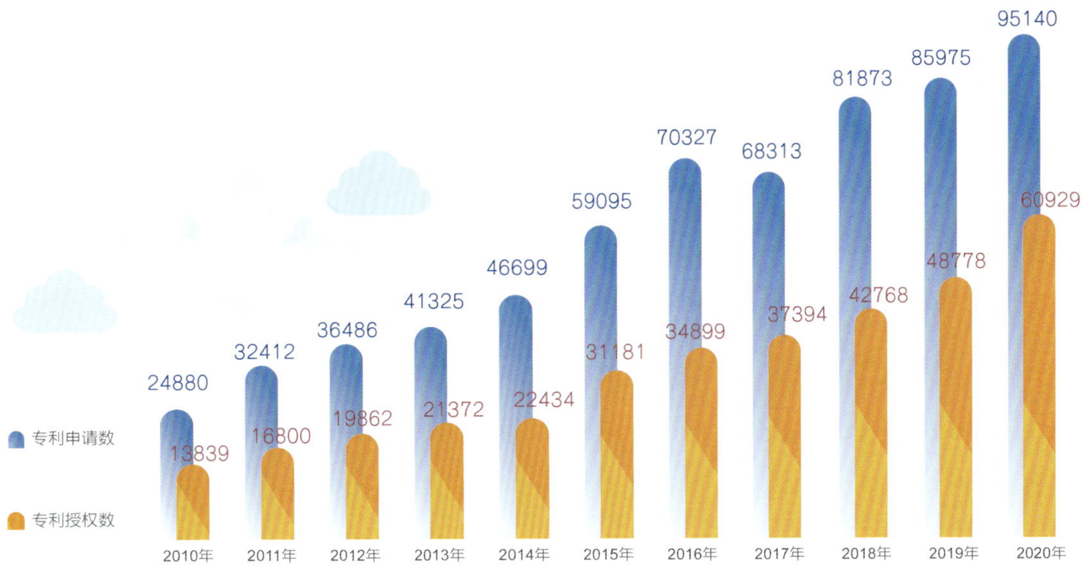

高新技术企业数（家）

Number of High-tech Enterprises of Haidian (unit)

中关村科学城（海淀）高新技术企业总收入（亿元)

Total Income of High-tech Enterprises in Zhongguancun Science City(Haidian) (100 million yuan)

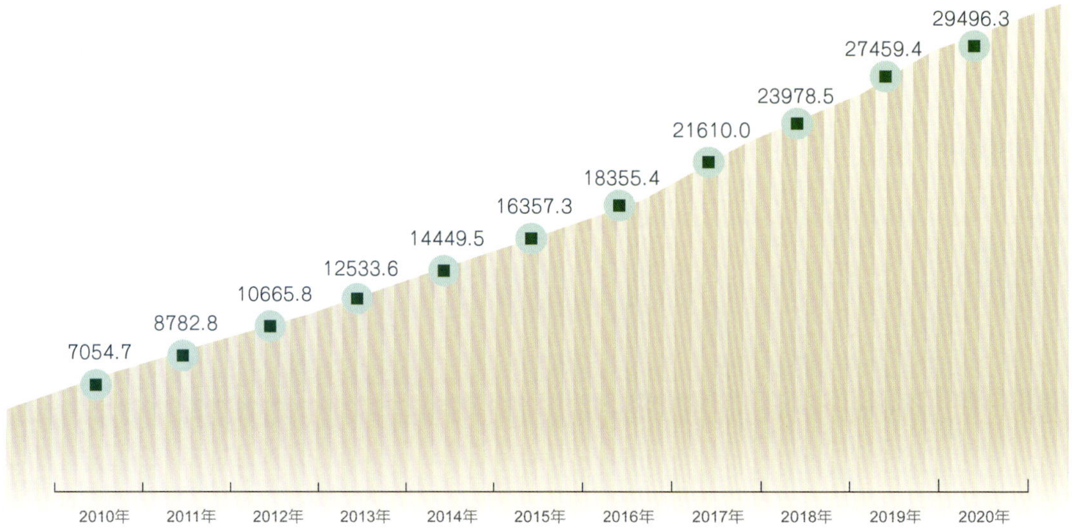

2020年全区居民家庭人均消费支出构成及占比（元）
2020 Per Capita Annual Expenditures Composition of Total Households(yuan)

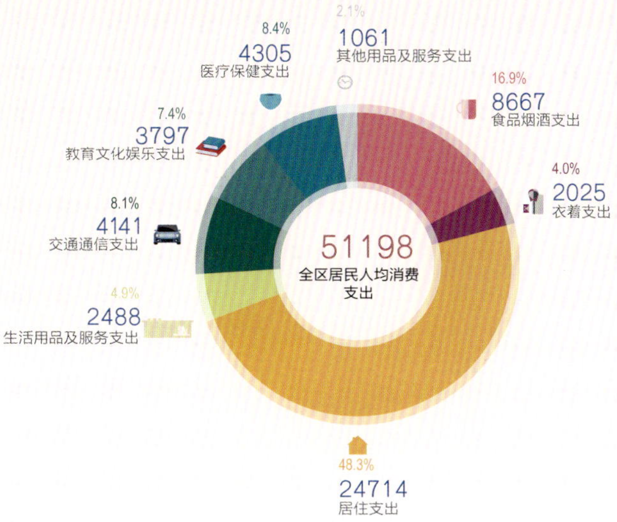

2020年全区居民家庭每百户主要耐用消费品拥有量
2020 Number Of Main Durable Consumer Goods Per 100 Total Households

信息传输、软件和信息技术服务业收入（亿元）
Information Transmission, Software and Information Technology Services Business Revenue (100 million yuan)

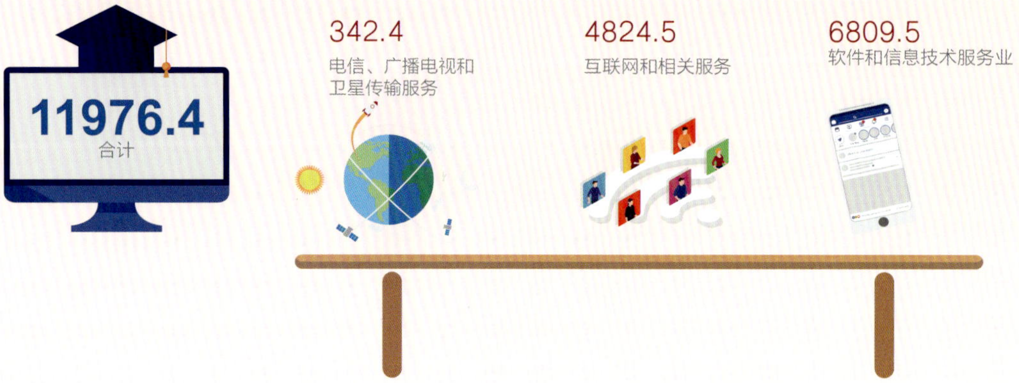

普通中小学在校学生数（万人）
Number of Students of Regular Secondary and Primary Schools (10000 persons)

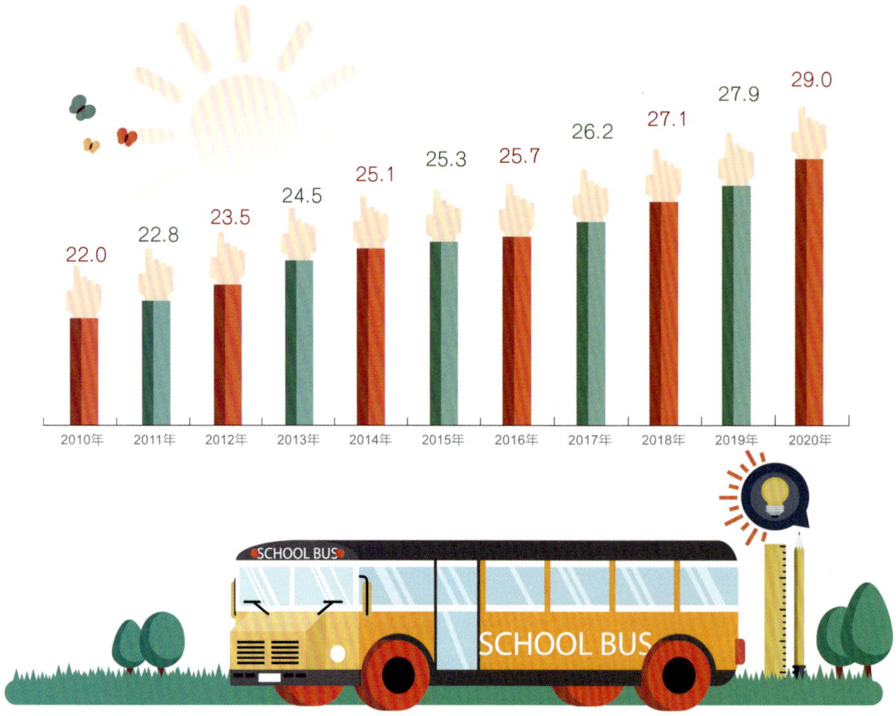

中小学学校数（个）
Number of Secondary and Primary Schools (unit)

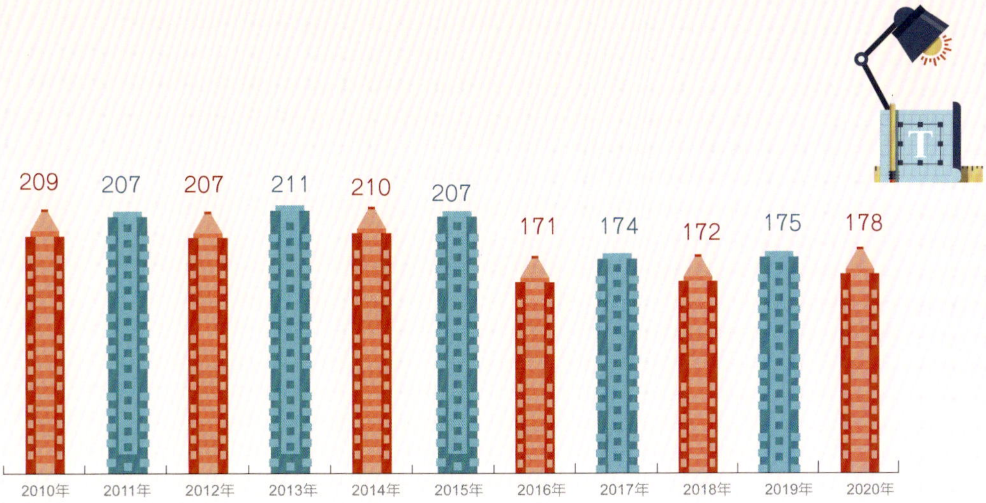

中小学毕业生数（万人）
Number of Graduates of Secondary and Primary Schools (10000 persons)

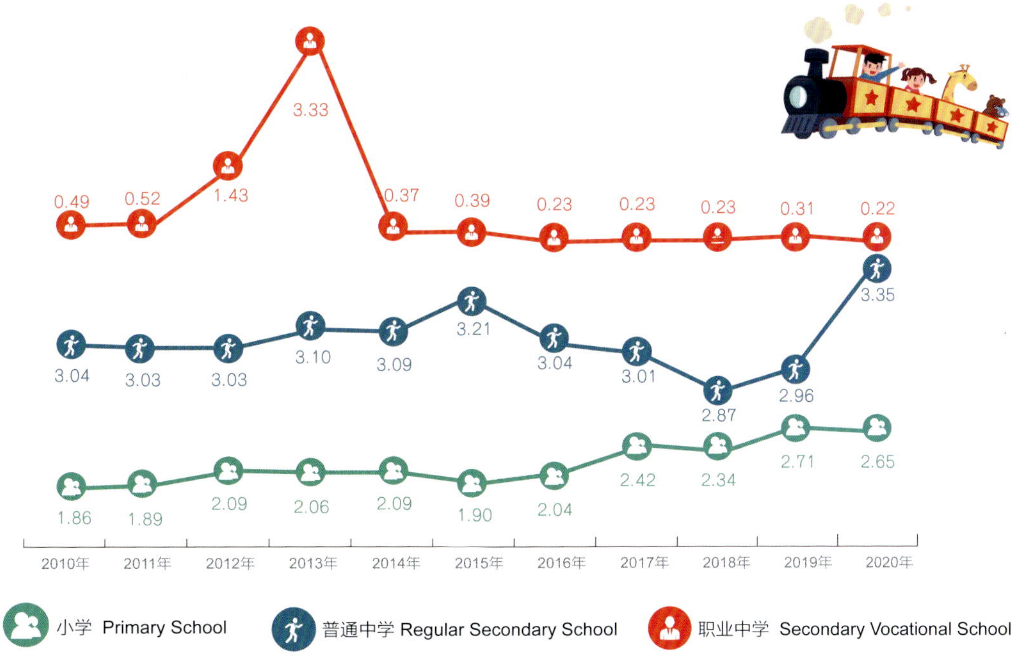

主要污染物排放量
Emission of Main Pollution

2335.9
生活垃圾日处理能力（吨/日）

74.4
工业烟（粉）尘排放量（吨）

151.2
工业废水排放量（万吨）

56.0
可吸入颗粒物浓度年平均值
（微克/立方米）

158.0
工业二氧化硫排放量（吨）

36.0
细颗粒物（PM2.5）
年平均值（微克/立方米）

环境治理能力
Environment Management

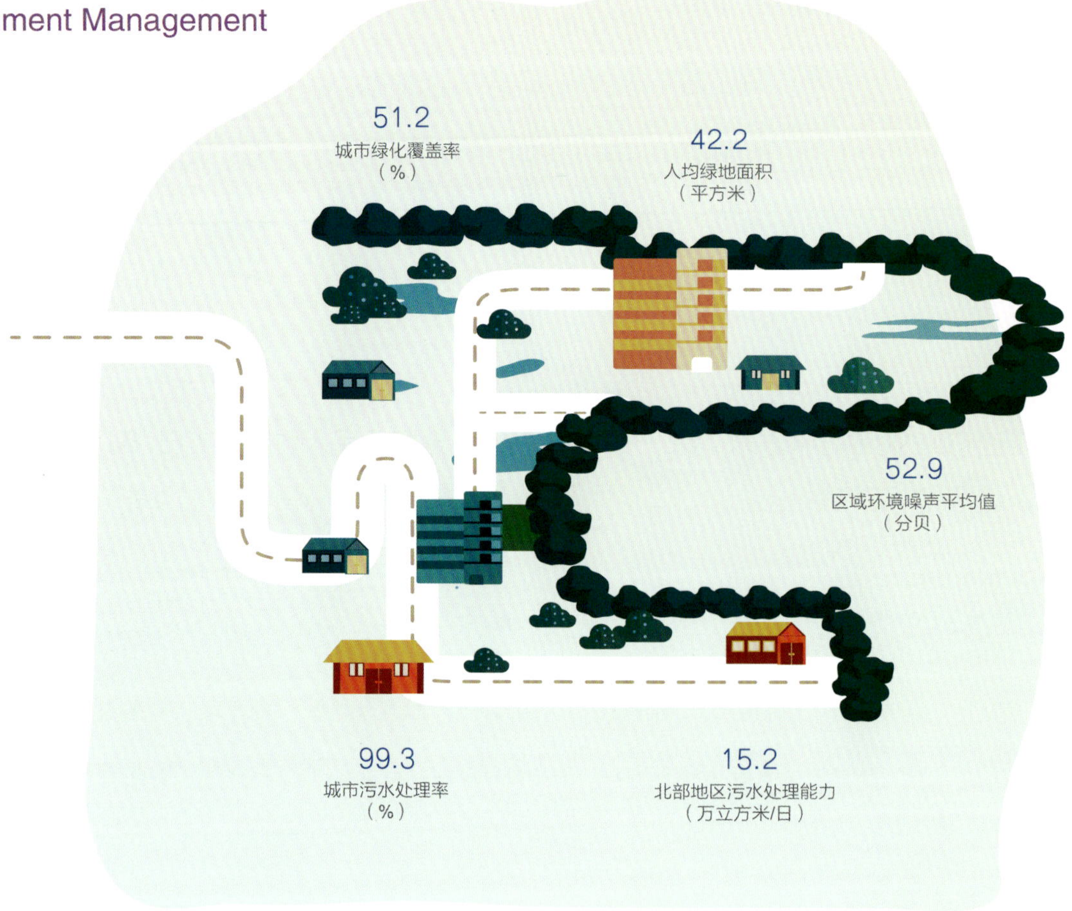

辖区面积: 430.77 平方千米

年末户籍人口: 240.9万人

年末常住人口: 313.2万人

地区生产总值: 8504.6亿元

地区生产总值同比增长: 5.9%

第一产业实现增加值: 1.6 亿元

第二产业实现增加值: 680.0亿元.

第三产业实现增加值: 7823.0 亿元

人均地区生产总值: 24.5 万元

规模以上工业企业总产值: 2634.1亿元

农村经济总收入: 3.9 亿元

区域财政收入: 2530.7 亿元

社会消费品零售总额: 2718.1亿元

海关进出口总额: 397.2亿美元

实际利用外资额: 56.6亿美元

房屋施工面积: 1121.1万平方米

房屋竣工面积: 290.0万平方米

商品房销售面积: 63.6万平方米

私人汽车: 923426辆

地方财政支出中科学技术支出的占比: 43.8%

地方财政支出中教育支出的占比: 103.8%

专利授权数: 6.1万件

技术合同成交金额: 2040.1亿元

高考本科录取率: 90.4%

幼儿园数: 201所

小学学校数: 87所

普通中学学校数: 82所

中等职业学校数: 9所

区域内高等院校数(含分部): 37所

每千人拥有医院床位数: 4.3 张

农村社会养老保险参保覆盖率: 96.0%

地区售电量: 148.69 亿千瓦时

地区总用水量: 2.9 亿立方米

银行人民币存款: 39630.2亿元

银行人民币贷款:1157.6亿元

银行个人存款: 8345.9亿元

全区居民人均可支配收入: 86742元

全区居民人均消费支出: 51198元

人均绿地面积:42.2平方米

中关村科学城总收入: 29496.3亿元

中关村科学城企业数: 13726 个

海淀园实缴税费总额: 794.3 亿元

3月5日，区委书记于军（前右一）调研海淀城市大脑展示体验中心（张洪军 摄）

9月13日至14日，代区长王合生（中排左二）带队到内蒙古自治区赤峰市敖汉旗考察对口帮扶工作（王佳琪 摄）

11 月 26 日，区人大常委会主任刘长利（右二）带队到中关村东升科技园开展“进企业、问需求、送服务、促发展”活动（区人大 供图）

6 月 3 日，区政协主席刘勇（前中）调研中小学返校复课情况（区政协 供图）

7 月 28 日，魏公村小区棚改项目交付使用（田峰 摄）

9 月 8 日，2020 年中国国际服务贸易交易会“海淀之夜”在国家会议中心举办，推介服务业扩大开放和中关村科学城建设成果（田峰 摄）

9 月 27 日，中国（北京）自由贸易试验区科技创新片区挂牌仪式在中关村壹号举行（区商务局 供图）

10 月 15 日至 21 日，2020 年全国大众创业万众创新活动周在中关村展示中心举行（高政 摄）

10月19日，2020“智汇·海淀”人才主题周开幕（高政 摄）

11月6日，海淀北部医疗中心开工建设（田峰 摄）

12月1日，国家文物局、北京市政府在圆明园正觉寺举行圆明园马首铜像划拨入藏仪式（田峰 摄）

12月18日，区委十二届十四次全会召开，审议通过区委关于制定“十四五”规划和二〇三五年远景目标的建议（张洪军 摄）

9月28日，区委书记于军（前）检查隔离点防控工作（刘季辰 摄）

6月23日，区长曾劲（前左二）检查农贸市场疫情防控工作（高政 摄）

1 月 25 日，海淀区新冠肺炎疫情防控工作领导小组成立暨第一次会议召开，研究部署全区疫情防控工作（区卫健委 供图）

2 月 3 日，北影社区设立外地返京人员登记处（张洪军 摄）

2 月 17 日，翠微股份牡丹园店为北医三院驰援武汉医疗队筹备物资（张新 摄）

2月29日，国家卫健委规划司领导到海淀调研科技防疫工作（宁德志 摄）

3月4日，保洁人员在香山买卖街进行防疫消杀（饶强 摄）

3月10日，海淀区机场转运工作组进驻中国国际展览中心，分流转送境外返京人员（区卫健委 供图）

4月13日，国家药品监督管理局批准海淀企业北京科兴中维生物技术有限公司研发的新冠病毒灭活疫苗克尔来福进入临床研究，6月获批在中国紧急使用（田峰 摄）

6月26日，香山安置房项目建筑工人接受核酸检测咽拭子采样（田峰 摄）

11月12日，海淀区“致敬伟大抗疫精神”百姓宣讲活动举办（田峰 摄）

5月18日，海淀区举行中关村科学城北区高能级高质量发展新闻发布会（中关村科学城 供图）

6月4日，中科智汇工场中科院科技成果展展示100余项先进成果（田峰 摄）

8 月 27 日，中关村北斗和空间信息服务产业高峰论坛举办（张洪军 摄）

9 月 8 日，在 2020 年中国国际服务贸易交易会“海淀之夜”活动中，中关村科学城管委会与阿联酋阿布扎比国际金融中心签约（中关村科学城 供图）

9月9日至30日，首届“科技向北”系列品牌活动举办（中关村软件园 供图）

9月18日，全球医药健康大数据平行论坛举办（中关村科学城 供图）

9月19日，在2020中关村论坛上，北京加快推进国家级金科新区建设三年行动计划（2020—2022年）发布（区金融办 供图）

10 月 19 日，2020“智汇·海淀”人才主题周活动中，中关村科学城科学家基金集体签约（中关村科学城 供图）

11 月 16 日，2020 中关村科创金融论坛在中关村展示中心举办（高政 摄）

12 月 8 日，2020 中关村科学城国际智能网联汽车前沿技术创新大赛总决赛在中关村环保园举办（中关村科学城 供图）

12月28日，2020年海淀区推进“两区”建设重点项目签约仪式在中关村展示中心举行（中关村科学城 供图）

12月28日，在科技创新片区揭牌仪式上，向海英人才颁发证书（张洪军 摄）

12 月 28 日，北京市首家自贸试验区银行——中国农业银行股份有限公司北京自贸试验区分行成立（张洪军 摄）

12 月 28 日，中关村人工智能学院揭牌成立（张洪军 摄）

1月11日，以“三山五园历史文化与生态文明”为主题的第六届三山五园研究院学术研讨会召开（北京联合大学应用文理学院 供图）

7月22日，北京大学考古文博学院工作组对圆明园遗址进行三维扫描（田峰 摄）

颐和园十七孔桥秋景（张晓莲 摄）

9 月 8 日，乾隆御题圆明园狮子林流散文物——太湖石回归圆明园（田峰 摄）

10 月 18 日，第七届三山五园研究院学术研讨会文集（原迪 摄）

10 月 30 日，圆明园同乐园文物修复室正在进行“修复 1860”第三期工作（张可欣 摄）

11月10日至13日，颐和园完成原状陈列殿堂和古建库房的熏蒸工作（汪洋 摄）

11月19日，国家文物局调研“北京海淀三山五园国家文物保护利用示范区”创建工作（王佳琪 摄）

12月4日，首届三山五园主题艺术展在中华世纪坛开幕（江国生 摄）

12月12日，北京林业大学“三山五园”研究团队创作的《今日宜逛园—图解皇家园林美学与生活》英文版发布（中国林业出版社 供图）

12月15日，圆明园考古发现“田字房”和皇家稻田遗址（田峰 摄）

修葺一新的香山静宜园二十八景——唳霜皋（香山公园 供图）

7月10日，海淀区对口帮扶的内蒙古科右前旗归流河镇光荣嘎查肉牛养殖扶贫产业园（徐鑫 摄）

9月4日，海淀区向河北易县援助1000万元对口帮扶资金（宁得志 摄）

9月13日至14日，区党政代表团到内蒙古赤峰市敖汉旗考察对口帮扶工作（王佳琪 摄）

9月23日，海淀区援建的新疆和田市古江巴格乡赛克散村扶贫车间(《海淀报》供图)

10月16日，海淀融媒直播间首场走进河北赤城县，帮助推销产品(田峰 摄)

10月26日，海淀区援建的新疆和田市海淀小学、幼儿园(唐炜 摄)

2月29日，北京绿海能环保有限责任公司餐厨废水三相分离系统（王娜 摄）

4月18日，北京市首个街镇级垃圾分类宣教体验中心在中关村街道揭牌（张奕 摄）

4月29日，社区志愿者宣传普及垃圾分类理念和知识（田峰 摄）

4月29日，厨余垃圾变废为宝，滋养花草（田峰 摄）

5月4日，环卫工人收运社区厨余垃圾（余星辰 摄）

8月19日，全区首家厨余垃圾就地水化处理系统落户西北旺镇（田峰 摄）

11月7日，餐厨垃圾车在密闭式清洁站进行垃圾清运作业（李晓静 摄）

目 录

区情概览

基本地情

新冠肺炎疫情防控

经济高质量发展

中关村科学城

城市建设与管理

民主法治和平安建设

民生保障

党的建设

特 载

专 文

大事记

中共海淀区委

综述

领导调研

重要会议和活动

组织工作

组织建设

干部培训

政策研究

网络安全与信息化

机构编制

巡察工作

党史研究

海淀区人民代表大会

综　述

重要会议与决议、决定

监督工作

人事任免

视察与调研

代表工作

专门委员会工作

海淀区人民政府

综述

“接诉即办”工作

政务服务

对口帮扶

人事人才

外事 港澳事务

信息化城市服务管理

信访

重要民生实事

政协海淀区委员会

综述

重要会议

政治协商

视察与监督

参政议政

提案和社情民意信息

专门委员会工作

中共海淀区纪委　海淀区监委

综述

监督执纪

审查调查

反腐倡廉宣传教育

新冠疫情防控监督

民主党派

中国国民党革命委员会北京市海淀区工作委员会

中国民主同盟北京市海淀区委员会

中国民主建国会北京市海淀区委员会

中国民主促进会北京市海淀区委员会

中国农工民主党北京市海淀区委员会

中国致公党北京市海淀区委员会

九三学社北京市海淀区委员会

台湾民主自治同盟北京市海淀区工作委员会

人民团体

总工会

共青团

妇女联合会

科学技术协会

归国华侨联合会

青年联合会

工商业联合会

法治

政法委工作

法治政府建设

公安

检察

法院

司法行政

仲裁

军事

人民武装部

人民防空

中关村科学城

综 述

高精尖产业

大健康产业

空天产业

新材料产业

大信息产业

应用场景建设

专业园区建设

服务体系

专项基金

人才建设

交流合作

中关村科学城北区

中关村软件园

中关村科学城指挥部

中关村西区

新冠疫情防控

“两区”建设

“三山五园”历史文化景区

综述

环境建设与修复

文物保护与利用

历史文化研究

经济管理

经济社会发展与经济调控

财政

税务

金融服务管理

市场监督管理

区属传统工业

农业农村

农业

农村经济

新农村建设

商贸服务业

商业服务业

对外经济贸易

旅游业

综述

旅游景点

旅游设施建设

旅游活动

旅游行业管理

城市建设与管理

规划与自然资源管理

房地产开发

市政基础设施建设

房屋管理

市容环境

环境卫生

城市管理综合执法

电力供应

气象

消防救援

防震减灾

应急管理

综述

安全生产监督管理

安全隐患排查治理

危险化学品安全监管

安全生产标准化建设

宣传培训

执法监察

应急工作

森林防火

防汛抗旱

震灾应急救援

生态环境

环境保护

园林绿化

水资源保护与管理

交通 邮政 通信

交通管理

交通运输管理

邮政

通信

中国联通北京市分公司

中国移动北京公司城区三分公司

科技

综述

科技产业与成果

知识产权保护

教育

综述

学前教育

基础教育

高等教育

职业教育和继续教育

民办教育

特殊教育

教育督导

教育系统疫情防控

文化

综述

文化设施

文化产业

区域特色文化

文化活动

文化市场监管

文化遗产保护

媒体传播

档案

地方志

文联活动

卫生健康

卫生监督与管理

基层卫生

疾病防治

妇幼保健

计生服务

新冠疫情防控医疗保障

体育

综述

群众体育

竞技体育

学校体育

冰雪运动

体育业训

社会建设

精神文明建设

社区建设与管理

社会组织工作

社区工作者队伍建设

社会生活

就业和社会保障

医疗保障

民政

退役军人事务管理

居民生活

民族宗教

残疾人事业

红十字会

街道　镇（地区）

万寿路街道

羊坊店街道

甘家口街道

八里庄街道

紫竹院街道

北下关街道

北太平庄街道

海淀街道

中关村街道

学院路街道

清河街道

青龙桥街道

香山街道

西三旗街道

马连洼街道

花园路街道

田村路街道

上地街道

曙光街道

燕园街道

清华园街道

永定路街道

东升镇（东升地区）

海淀镇（万柳地区）

四季青镇（四季青地区）

西北旺镇（西北旺地区）

温泉镇（温泉地区）

苏家坨镇（苏家坨地区）

上庄镇（上庄地区）

玉渊潭农工商总公司

人物　荣誉

先进人物

先进集体

统计资料

附　录

索　引

Contents

People's Congress of Haidian District

People's Government of Haidian District

People's Political Consultative Conference of Haidian District

Commission for Discipline Inspection of the CPC in Haidian District

Democratic Parties

People's Organizations

Rule of Law

Military Affairs

Zhongguancun Science City

"Three Hills and Five Gardens" Historical and Cultural Scenic Spot

Economic Management

Agriculture and Rural Area

Commercial and Trade Service Industry

Tourism

Urban Construction and Management

Contingency Management

Ecological Environment

Transportation Post Communication

Science and Technology

Education

Culture

Hygiene and Health

Sports

Social Construction

Social Life

Sub-Districts Towns (Areas)

Figures and Honors

Statistical Information

Appendix

Index

区情概览

基本地情

【概况】 海淀名字由来。据考古发现，距今 7000 ~ 4000 年前，海淀区现辖域已有人类居住和活动。海淀镇一带在古代是一片浅湖区，后来在湖边逐渐形成居民聚落。“海淀”在历史文献中亦称为“海甸”“海店”。在现存史料中最早见于元初王恽所撰《中堂事记》（见明叶盛《水东日记》）。

历史沿革与行政区划。历史上海淀区现辖地区没有设置单独的行政建置，分属不同的行政区域。自秦、汉以来，南半部成为历代北京城附廓县的辖地。金、元时，一部分地区是金中都、元大都的城区。至近代，大部分成为北京市辖行政区域。北半部历来属于以北京为中心的大行政区的属县（州）。1949 年 7 月，在海淀地区正式设置单一行政区域，称北平市第十六区。后两次更名，于 1952 年 9 月 1 日命名为海淀区。海淀区行政区域经过多次变动，至 1963 年形成现辖域。2020 年，海淀区辖 7 个镇（地区）、22 个街道、55 个村委会、587 个社区居委会。

（钟冷）

【地理位置】 海淀区位于北京市城区的西部和西北部，跨北纬 39° 53′ ~ 40° 09′、东经 116° 02 ~ 116° 23′，面积 430.77 平方千米，约占北京市总面积的 2.62%。东接朝阳区、西城区，南接丰台区，西接石景山区、门头沟区，北接昌平区。地势西高东低，兼有山地、平原。辖域呈不规则平行四边形，南北纵向长于东西横向。从北极点双塔村至南极点吴家场，距离约 30 千米；从东极点河北村至西极点阳台山，距离约 29 千米。区人民政府驻海淀区长春桥路 17 号。

（钟冷）

【地形地貌】 海淀区位于北京市区西北部、华北平原北部边缘与太行山余脉西山山脉交会地带，大地构造处于阴山东西向复杂构造带南缘、祁吕贺兰山字形构造东翼反射弧与新华夏构造带三构造交接部位，西部山区为北京西山隆起带，东部平原为北京平原沉降带，故地质构造发育、构造形迹复杂。西部属中山（海拔 500 ~ 1000 米的山）山区边缘，东部为冲积扇平原，局部为平原洼地，地势西高东低。西部、中部为海拔 100 米以上的山地，面积约占辖区总面积的 16.4%。有大、小山峰 60 余座，最高峰为阳台山，海拔 1278 米。香山以南、以东诸山海拔在 200 ~ 600 米之间。京西西山山系多南北走向，海淀区境内的西山支脉大体为东西走向，横亘于中部，成为辖域南、北两部分的天然分界，习称南半部为“山前”、北半部为“山后”。东部、南部和北部为海拔 100 米以下、向东微倾斜的平原，面积约占辖区总面积的 83.6%。山前平原为永定河冲洪积扇，山后平原为南沙河、南口冲洪积扇。东北部的黑泉村，海拔 35 米，为最低处。有河流 35 条，总长 204.7 千米；河道一部分为自然形成，后经人工改造；一部分属于人工开挖。水资源量 1.6 亿立方米。2020 年总用水量 2.9 亿立方米，比上年下降 7.4%，其中生活用水 2.2 亿立方米，比上年下降 8.1%；工业用水 1127 万立方米，比上年下降 5.4%；农业用水 450 万立方米，比上年增长 4.4%。。

（钟冷）

【气候】 海淀区地处暖温带半湿润半干旱大陆性季风气候区，四季分明。春季风大，湿度低；夏季炎热，降雨集中；秋季凉爽，光照足；冬季寒冷，雨雪少。冬季最长，夏季次之，春、秋季较短。夏季多刮偏南风，春、秋、冬季盛行偏北风。3 月至 5 月为大风集中季节，夏季有短时雷雨大风出现。雨量等气象要素年内差异明显，时空分布不均，暴雨、雷电、冰雹、大风、雪害等灾害性天气较多发生。2020 年平均气温 13.3℃，比上年平均气温（12.8℃）偏高，年极端最高气温为 37.8℃，极端最低气温为 –12.8℃。降水受季风气候影响，年季变化很大，多集中在夏季。年降水量 704.4 毫米，日照时数 2183.3 小时。

（钟冷）

【资源】 海淀区矿产资源有煤、泥炭、砖用黏土及砖用页岩、建筑砂、砂砾石、制灰灰岩、花岗岩、石墨、矿泉水等。2016 年，除矿泉水开采和地热利用外，所有固体矿产开发开采全部停止。有野生植物 5 门，其中国家二级保护植物 6 种、北京市二级保护植物 4 种。有野生动物 4 门（亚门）9 纲、83 科、268 种，其中国家一级保护动物 6 种、北京市一级保护动物 18 种。

（钟冷）

【人口】 2020 年，全区常住人口 313.2 万人，比上年末减少 15.8 万人。其中，常住外来人口 108.4 万人，占常住人口的比重为 34.6%。常住人口出生率 5.8‰，死亡率 3.6‰，自然增长率 2.2‰。年末全区户籍人口 240.9 万人，比上年末减少 0.2 万人。

（钟冷）

【人文历史】 海淀区地处北京市的上风上水。有“三山五园”等皇家园林，是中华民族悠久历史文化遗产的重要组成部分。有为皇家建筑做出重要贡献的建筑世家“样式雷”，近代教育家英敛之、熊希龄、李石曾等杰出人物；有曹雪芹、纳兰性德、顾太清、杨沫等名人的遗著和诗文；有双清别墅、孙中山纪念堂、李大钊烈士陵园等独具历史文化价值的纪念性文物。海淀区在京城政治生活中具有重要地位。自清康熙年间（1662 ~ 1722 年）起，皇帝每年有很多时日住在西郊御园处理政务，这里成为紫禁城外又一政务中枢。中华人民共和国成立前夕，中共中央和中国人民解放军总部从西柏坡进驻香山，筹备建立中华人民共和国。一部分中央党政机关、解放军总部驻在海淀区，一些具有重大历史意义的会议在此召开。1949 年后，海淀区逐步发展成为全国著名的文化教育中心、科研基地。有世界文化遗产 1 处、入选各级非物质文化遗产保护名录 130 项、文物保护单位 133 处，体育场、影剧院等公共文化资源丰富。聚集有以中国科学院为代表的科研院所 100 余家、国家工程研究中心 31 个、国家重点实验室 107 个、普通高等院校 37 所（部）。拥有大中型文艺演出场所 100 余个，图书馆、博物馆 300 余家。

2016 年 9 月，国务院印发《北京加强全国科技创新中心建设总体方案》，全国科技创新中心建设上升为国家战略。北京全国科技创新中心建设包括“三城一区”（中关村科学城、怀柔科学城、未来科学城，北京经济技术开发区）。2017 年 9 月，国务院批复《北京城市总体规划（2016—2035）》，对海淀区的功能定位是：具有全球影响力的全国科技创新中心核心区，服务保障中央政务功能的重要地区，历史文化传承发展典范区，生态宜居和谐文明示范区，高水平新型城镇化发展路径的实践区。强调聚焦“三城一区”，构筑北京发展新高地。为落实《北京城市总体规划（2016—2035）》，区委提出“两新两高”战略，即聚焦中关村科学城，以挖掘文化科技融合新动力、构建新型城市形态为总抓手，推动高质量发展、打造高品质城市，加快建设具有全球影响力的全国科技创新中心核心区。

（钟冷）

新冠肺炎疫情防控

【概况】 2020 年，区委、区政府坚决贯彻习近平总书记重要讲话和指示批示精神，落实党中央、国务院和市委、市政府决策部署，把疫情防控作为首要政治任务和头等大事来抓，迅速落实重大突发公共卫生事件一级响应。坚持党建引领、压实“四方责任”，统筹做好流调溯源、核酸检测、数字赋能、科技抗疫、物资保障等工作，用 3 个月左右时间取得重大成果，用 26 天时间打赢第二波局部聚集性疫情歼灭战。疫情防控工作进入常态化以后，坚持精准防控与应急处置相结合，建立健全常态化防控机制，确保统筹疫情防控与经济社会发展“两战赢”“双胜利”。

区财政全年累计投入 12 亿元资金，用于统筹推进全区常态化疫情防控工作。其中，拨付资金 1.0 亿元，用于落实、保护、关爱防疫一线人员的各项相关政策，提高疫情一线医务人员和社区工作者的待遇；拨付资金 6.8 亿元，用于加强公共卫生体系、重大疫情防控救治体系和应急物资保障体系建设，购置各类防疫设备和物资，开展核酸检测工作；拨付资金 4.2 亿元，用于酒店征用补偿、集中隔离点改造、隔离观察点送餐、接转境内外进京人员租车等方面。

（林琳　钟冷）

【医疗救治】 年内，全区累计排查中高风险地区进京人员 101 万人次。组建专业流调队伍，依法对病例开展流行病学调查。启用区级医学观察中心，建立“1+17+N”医学观察体系，累计医学隔离观察 1.2 万人。完成入境进京、离汉离鄂返京人员转运任务。构建“1+29”核酸检测体系，累计采样检测 292 万人次。在定点医院开展多学科、多专家、中西医结合医疗救治。加强进口冷链食品监管和风险防控。支持创新主体开展检测试剂、疫苗、医疗器械科研攻关。

（林琳）

【物资保障】 年内，全区累计筹集发放防疫物资 196 批次、694 万余件。完成生活必需品区级储备，增储成品粮 3436.9 吨、蔬菜 2405.8 吨。启动“点对点”监测补货机制，严厉打击哄抬物价、囤积居奇等违法行为，确保“菜篮子”保供稳价。

（林琳）

【复工复产】 年内，海淀区为 11 万家企业减免社保费 301 亿元，为 23.7 万户次企业减税 205 亿元。出台 11 类纾困惠企政策，为中小微企业减免租金、物业费 11.7 亿元。开通 7×24 小时企业复工复产服务专线，受理解决企业诉求。设立中关村科学城商务洽谈服务中心，开展商务活动。推出中小企业金融服务平台。深化续贷中心建设，贷款金额 223 亿元。优化营商环境，544 个政务服务区块链场景落地，实现 1136 个事项全程网办。复工达产指数居全市首位。启用海淀•空中课堂，实现“停课不停教”“停课不停学”，全国 200 余所学校引进使用海淀•空中课堂课程资源。

（林琳）

经济高质量发展

【概况】 2020 年，实现地区生产总值 8504.6 亿元，比上年增长 5.9%；区级一般公共预算收入 453.9 亿元，比上年增长 1.7%；各类金融机构达 3168 家；居民人均可支配收入 86742 元，比上年增长 2.4%；农业观光园 87 个，总收入 8535.8 万元，比上年下降 5.0%；工业总产值 2634.1 亿元，比上年增长 2.2%；完成建筑业总产值 2025.2 亿元，比上年增长 4.9%；固定资产投资（不含农户）比上年增长 7.2%；房地产开发投资比上年下降 2.7%；社会消费品零售总额 2718.1 亿元，比上年下降 8.6%；进出口总额 397.2 亿美元，比上年增长 8.5%；一般公共预算支出 612.7 亿元，比上年下降 12.1%；居民人均消费支出 51198 元，比上年降低 9.6%。普通中学 82 所，小学 87 所，幼儿园 201 所，中等职业学校 9 所；专业申请量与授权量为 9.5 万件和 6.1 万件；分别比上年增长 10.7% 和 24.9%；区属公共图书馆总藏量

187.1 万册；借阅人次 33.7 万人次，文化馆组织文化活动 703 次；卫生机构 1253 个，比上年减少 4 个；体育场馆 222 个，全民健身工程 1532 个。水资源总量 1.8 亿立方米，比上年增加 20.3%；全年总用水量 2.9 亿立方米，比上年下降 7.4%；城市污水处理率 99.3%，与上年持平。年均细颗粒物浓度（PM2.5）36 微克 / 立方米，比上年下降 10%；绿化覆盖率 51.2%，人均公园绿地面积为 13.99 平方米。

（林琳）

【产业发展】　年内，第一产业实现增加值 1.6 亿元，比上年增长 3.0%；第二产业实现增加值 680.0 亿元，比上年下降 1.8 %；第三产业实现增加值 7823.0 亿元，比上年增长 6.7%。三次产业结构为 0.02∶8.00∶91.99。信息传输、软件和信息技术服务业、金融业、科学研究和技术服务业是全区经济增长的直接动力。信息传输、软件和信息技术服务业实现增加 3162.9 亿元，占全区比重的 37.2%，比上年增长 16.2%；金融业实现增加值 968.2 亿元，占全区比重的 11.4 %，比上年增长 8.2 %；科学研究和技术服务业实现增加 1128.3 亿元，占全区比重的 13.3%，比上年下降 0.4%。规模以上工业企业实现工业总产值 2634.1 亿元，比上年增长 2.2%。其中，计算机、通信和其他电子设备制造业实现产值 1697.2 亿元，比上年增长 5.9%。高技术制造业实现产值 1987.0 亿元，比上年增长 5.4%。

（林琳）

【“两区”建设】　年内，自贸试验区科技创新片区挂牌，出台“两区建设工作方案”和“自贸区组团实施方案”。探索“专利盒”制度、数字贸易港建设、“监管沙盒”创新等先行先试制度，梳理政策清单 31 项、空间资源清单 125 项、目标企业清单 61 家，一批产业基础设施和重大平台项目落地。发挥“三区”政策叠加优势，确定并推动落实 13 项重点改革任务和 36 项专项改革任务。科技治理、城市管理、基层治理、教育、文化、医疗卫生等重点领域和关键环节改革取得新突破，形成一批中央和市委高度关注的改革典型案例。设立全市首家自贸试验区银行分行。10 个项目入驻自贸区，梳理重点项目 61 个，累计推进项目 97 个，涵盖科技创新、金融、医疗、高端装备、专业服务、基建配套等领域。

（林琳）

【优化营商环境】　年内，300 余事项实现“全程网办”，办理事项 5000 余件。疫情期间引导商场、商街对承租商户减免租金 2.1 亿元，惠及企业 3088 家；建立外贸企业库进出口数据月度制度。

（林琳）

中关村科学城

【概况】　年内，中关村科学城经济总收入达 29496.3 亿元，比上年增长 7.4%。其中，技术收入 8676.4 亿元，比上年增长 15.8%；产品销售收入 5735.8 亿元，比上年下降 0.8%；商品销售收入 10948.6 亿元，比上年增长 6.4%。实缴税费总额 794.3 亿元，比上年下降 9%。国际化进出口总额达 2615.1 亿元，比上年增长 20.1%。其中，出口总额 1262.2 亿元，比上年增长 34.2%；技术服务出口 121.9 亿元，比上年增长 11.8%。利润总额 1870.9 亿元，比上年增长 28.6%。

有企业 13726 家，比上年增长 11.3%，其中高新技术企业 11231 家。有外资企业 711 个，比上年增长 7.4%；总资产达 12119.8 亿元，比上年增长 30.6%；总收入 12380.3 亿元，比上年增长 21.4%；利润总额 705.6 亿元，比上年增长 54.7%；实缴税费总额 195.6 亿元，比上年下降 3.4%。年收入亿元以上企业 1694 家，比上年下降 1.7%。年收入大于等于 10 亿元的企业 284 家，比上年下降 7.2%；总收入在 1 亿元～10 亿元之间的企业 1410 家，比上年下降 0.5%；总收入在 500 万元～1 亿元的企业 5726 家，比上年增长 4.7%；总收入在 100 万元～500 万元的企业 2979 家，比上年增长 19.9%；总收入在 50 万元～100 万元的企业 832 家，比上年增长 21.8%。

累计孵化企业 23255 家，比上年增长 4.8%。有大学科技园 19 个，其中国家级大学科技园 13 个；有加速器 7 个。具有硕士学历以上 207395 人，比上年增长 2.9%；留学归国 222 人，比上年增长 16.9%。

研究开发费用合计 1987.1 亿元，比上年增长 10.6%。专利申请 62100 件，比上年增长 8.6%；欧美日专利申请 4235 件，比上年增长 32.6%。专利授权 33275 件，比上年增长 14.2%；欧美日专利授权 1776 件，比上年增长 5.9%。引进国外技术经费支出 0.2 亿元，比上年下降 88.4%。

支持科技型企业知识产权融资。86 家创新型孵化器和 15 家硬科技孵化器加快专业化、特色化发展。全球健康药物研发中心筛选出 8 个抗新冠肺炎病毒有效候选药物。

（林琳）

【政策创新】　年内，中关村科学城落地创新政策“2.0 版”等举措，修订完善“1+4”政策体系，完成 4 项“十四五”重点课题研究。编制“十四五”重点专项规划。建立特色综合指标体系。开展“集群注册”试点和企业诉求“接诉即办、按需速办”工作。

（林琳）

【重大项目建设】　年内，中关村科学城完成 24 个新基建、21 个新场景项目。京津冀国家技术创新中心揭牌。建设量子研究院、智源研究院、微芯研究院等新型研发机构。驻区国家纳米科学中心等 6 家单位入选职务科技成果权属改革试点。28 亿元的中关村科学城科学家基金成立。建立重大项目库，入库 507 个项目。建设人工智能创新集聚区、国家网络安全产业园、“星谷”等特色产业集聚区。建立产业研究和监测预警体系。

（林琳）

【科创基金】　年内，科创基金累计完成 23 个项目的投资决策，出资金额合计 8.34 亿元。其中，股权直投项目 8 个，总规模 3.65 亿元；子基金项目 15 个，总规模 170.04 亿元，包括海淀区认缴出资合计 10.85 亿元，返投金额不低于 22 亿元。完成 12 家企业的股权退出工作；梳理创业服务中心基金专户资金，累计归还财政资金共计约 6.99 亿元。

（林琳）

【空间拓展】 年内，《中关村科学城北区发展行动计划》实施。开复工面积 564 万平方米，其中新开工 174 万平方米，竣工 100 万平方米。推进 18 个重点产业项目。西北旺、温泉等 68 万平方米集体产业项目开工。实施中关村三小北校区等 25 个教育配套项目、唐家岭路等市政基础设施项目、中粮大悦城等商业配套项目。加快中关村科学城数字文化产业园建设，规模以上文化产业收入比上年增长 17.8%。

（林琳）

【区域协作】 年内，中关村科学城主动服务北京城市副中心和雄安新区建设，加强与怀柔区、延庆区、石景山区等区域合作，推动创新要素跨区域流动。带动河北省保定市易县、内蒙古自治区敖汉旗等 4 个帮扶地区发展。

（林琳）

城市建设与管理

【规划编制】 年内，海淀区推进专项规划、街区控规编制，形成 188 个街区指引编制阶段性成果，西北旺 1 个街区控规编制成果获市政府批复，树村地区 2 个街区控规通过专家评审和部门联审。完成《海淀区市政基础设施专项规划》《海淀综合管廊规划》《海淀区河湖蓝线规划》。完成 23 个保留村村庄规划简本编制和技术审查。责任规划师参与全区 243 个项目，打造马连洼、梅园小区宣贯项目等精品案例。完成京张铁路遗址公园贯通概念方案国际征集。启动清河两岸综合整治提升。实现玲珑巷等 3 个经营性用地项目挂牌、中坞等 7 个经营性项目入市成交，完成商品住宅供应任务的 300%。办理全市首例企业间存量非住宅转移登记实现全流程不见面审批案例，办理全市首例“一网通办”存量房过户业务。

（林琳）

【交通设施建设】 年内，清河交通枢纽完工，推进地铁 19 号线一期、12 号线、昌平线南延等轨道工程建设，地铁 16 号线中段通车，新增轨道通车里程 12 千米。上地东路等 15 条道路通车。打通西二旗西路、安宁庄西路等 4 条断头路。完成 113 万平方米道路大中修和 10 项疏堵工程。开展 62 处公共建筑停车设施错时共享试点，新增停车位 5407 个。完成 70 千米自行车道综合治理。

（林琳）

【生态环境建设】 年内，全区划定自然保护地 3 处、3197.89 公顷。接收 73.93 公顷代征绿地。新一轮百万亩造林 108.44 公顷，留白增绿 25.9 公顷，指导街镇完成 22 条背街小巷绿化美化。新建、改造林地绿地 139.26 公顷，新建公园绿地 12 个。城市绿化覆盖率达到 53%，森林覆盖率 35.76%，公园绿地 500 米服务半径覆盖率 92.1%，完成“十三五”园林绿化各项目标。利用无人机影响分析火灾隐患、毁林占林、野生动物保护等监测，完成执法检查 900 件。开展野生动物疫源疫病监测活动 1375 次，观察野生动物 60 余万只。

（林琳）

【土地管理】 年内，海淀区完成市级下达的 1.5 万公顷耕地保护空间落图落地任务。开展农村乱占耕地建房专项整治行动，完成全区图斑摸排。完成浅山区违法占地违法建设、违法别墅、非农设施清理整治等专项工作。为八家嘉园、宝盛里等 15 个小区 1 万余户打通房屋产权证办证通道。出台“村地区管”办法，构建加强农村土地管理的工作体系。

（林琳）

【疏解整治促提升专项行动】 年内，全区完成 25 项疏解整治促提升专项行动年度任务，拆除违法建设 137.6 万平方米，新生违法建设“零增长”，违法群租房、占道经营、开墙打洞等实现“动态清零”。退出一般制造业企业 14 家，疏解整治有形市场 18 家，高标准实施 110 条背街小巷环境提升工程，新建和提升便民商业网点 80 个，改造公厕 350 座，全区旱厕“清零”。“马上清（青）西”城市提升计划加快实施。全面落实生活垃圾管理条例，厨余垃圾分出率在 18.5% 以上。全市首家区级综合市政服务集团组建运营。实施农村人居环境整治，所有村庄通过市级验收。

（林琳）

【污染防治】 年内，全区细颗粒物年均浓度 36 微克 / 立方米，比上年下降 10%，优良天数达 292 天，空气质量继续保持城六区最优。查处环境违法行为 269 件。查处重型柴油车 6 万辆次，查处超标车辆 6000 余次。完善 36 家重点排污单位名录，在线监督污染源 35 家。推进 556 家产废单位规范化管理，对 312 枚放射源及 1523 台射线装置实施全过程严查。

（林琳）

【水环境治理】 年内，海淀区水资源总量 1.8 亿立方米，比上年增加 20.3%。全年总用水量 2.9 亿立方米，比上年下降 7.4%。其中，生活用水 2.2 亿立方米，下降 8.1%；工业用水 1127 万立方米，下降 5.4%；农业用水 450 万立方米，增长 4.4%。城镇自来水供水总量 19168 万立方米，城镇自来水生活用水量 10226 万立方米，自备井水用水量 6554 万立方米，自备井家庭生活用水量 2249 万立方米。完成 424.74 公顷“两田一园”高效节水灌溉项目建设，农田灌溉水利用系数达 0.75 以上，亩均农业用水降低到 227 立方米。万元地区生产总值水耗比上年下降 3%。完成 25 条小微水体整治任务，对治理完成的 7 条黑臭水体持续开展保洁、巡查工作，5 个水质考核断面均达到或优于年度考核目标，南沙河水质提升至Ⅳ类。全区污水处理率 99.3%。建成三山五园地区生态补水网络，完成稻香湖片区、翠湖片区循环补水工程建设，实现周家巷沟、团结渠等 9 条沟渠的循环补水。永丰调蓄水厂建成，6 座污水处理场站改造升级，稻香湖等 6 个变电站投用。置换自备井 77 处，受益人口约 4.2 万人。

（林琳）

民主法治和平安建设

【民主法治建设】 年内，区委全面加强对人大、政府、政协工作的领导，支持区人大、区政协依法依章程履职，支持区政府依法行政。区人大及其常委会围绕全区中心和重点工作开展视察、调研，履行重大事项决定、监督和人事任免职责，促进“一府一委两院”依法行政、依法监察、公正司法，维护社会公平正义。区政府围绕重点任务统筹协调、跟踪问效。区政协聚焦疫情防控、科技创新、经济高质量发展、重大民生保障等议题开展协商议政和民主监督。学习贯彻新修订的中国共产党统一战线工作条例，巩固拓展大统战工作格局，维护宗教领域安全稳定。推进依法治区，完善公共法律服务体系，海淀区获评首批全国法治政府建设示范区。深化司法体制综合配套改革，完成镇级机构改革，完善基层治理体系，形成140项镇级职责清单。431项行政执法职权下放街镇。实施提升物业服务水平三年行动计划，成立业委会136个，新建物管会899个。建成45个市级楼门院治理示范点、11个市级社区议事厅试点和40个区级“社区会客议事厅”试点，形成“1+1+N”社区协商议事模式。

（林琳）

【平安海淀建设】 年内，海淀区持续推进平安海淀建设，全面启动全国市域社会治理现代化试点区建设，完善反恐工作十大体系和立体化、信息化社会治安防控体系，扫黑除恶专项斗争收官，群众安全感居全市前列。开展区领导干部大走访、大接访活动，接待信访群众37批次。全年开展2次社会矛盾纠纷大排查，专项排查12次，推动化解积案15件。建立双主动、多联动“2+N”联动联治诉源治理机制，推动诉源治理与“吹哨报到”“接诉即办”深度融合。加强矛盾纠纷排查，一批历史积案和突出信访矛盾有效化解。落实党政领导干部安全生产责任制，推进城市安全隐患治理三年行动和安全生产专项治理三年行动，安全生产形势稳定向好。

（林琳）

民生保障

【概况】 2020年，全区居民人均可支配收入86742元，比上年增长2.4%。全区居民人均消费支出51198元，比上年下降9.6%。实有登记失业人数11174人，其中城镇户籍登记失业人员11031人、农村户籍登记失业人员有143人；全区城镇登记失业率为1.44%；城镇登记失业人员就业率57.71%，比上年降低7.26个百分点。参加基本养老、基本医疗、失业和工伤保险人数分别为304.1万人、384.9万人、258.5万人和243.6万人，分别比上年末增加7.4万人、14.8万人、3.8万人和7.6万人。参加城乡居民养老保险人数0.9万人。城乡居民养老保险续保率达96.0%，与上年持平。享受最低生活保障的城市居民为59831人次，享受最低生活保障的农村居民为645人次。4个镇、38个村实施整建制农转非，27994名农民转变身份，享受城镇职工社保待遇。完成镇村两级集体产权制度改革。实现全国双拥模范城创建“九连冠”。

完善“多点位、一站式”社保经办服务体系建设，29家街镇经办网点办件38.3万笔。开通微信等“不见面”办理渠道，实现6项行政审批事项“受理分离”一窗式经办。

（林琳）

【就业和社会保障】 年内，全区促进就业资金审批拨付19.2亿元，其中市级资金17.2亿元、区级资金2亿元，惠及企业2.49万余家次，涉及171万余人次。开展“才聚云端”等91场招聘会，累计提供10万个就业岗位。开展职业技能培训36万人次。海淀区连续7年获评市级“充分就业区”。减免3项社会保险费245亿元、医疗保险减免56亿元，合计301亿元。为30.18万名企业退休人员上调养老金，人均每月增加227.35元。城乡居民基础养老金每月比全市标准高出377.5元，居全市各区第一。建设家庭养老照护床位9318张，建成13个社区养老服务驿站。为2600余户90岁以上老年人家庭进行适老化改造，为2000户80～90周岁老人家庭配发浴凳。为94名困境儿童发放生活费123.82万元。代养生活无着儿童71人，拨付代养生活费230.01万元。为8200名残疾人发放护理补贴1463万元，为4800名残疾人发放生活补贴4394万元。发放老人补贴津贴共计13万余人、30714.1万元。

（林琳）

【人才引进】 年内，全区引进986名人才，办理工作居住证1.5万个。41920人申请积分落户，2035人取得资格，占全市的33.7%。新增人力资源服务机构97家。东升科技园获批博士后园区类工作站，华宇软件等8家单位获批博士后科研工作站，华为、腾讯等15家单位获批园区类博士后科研工作站分站。事业单位公开招聘征集岗位需求219个，完成487人抗美援朝纪念章统计发放工作，完成推选国家级抗击新冠肺炎疫情先进个人4人、先进集体1个；北京市级先进个人40人，先进集体15个。

（林琳）

【劳动关系调解】 年内，全区办理劳动保障类违法案件2005件，受理社保稽核案件3600件，处理劳动人事争议案件27204件（其中20990件进入办案程序），结案率98.11%，终结率70.44%，调解率62.75%。表彰71家2019年度和谐劳动关系企业及25个劳动关系和谐施工单位。在全市首推微信视频开庭及调解模式，基层调解组织达92家，形成“互联网+”调解常态。开展云直播、云课堂、云发布、“人社服务体验官”“局长走流程”系列活动。

（林琳）

【帮扶救助】 年内，海淀区建立临时救助备用金制度，为136户困难群众发放临时救助金69.75万元，发放价格临时补贴411.7万元，生活不能自理特困人员集中供养率

73.5%。个案帮扶 360 名困难群众。

（林琳）

【住房保障】 年内，全区建设筹集保障性住房 9200 套，为特殊困难家庭提供公租房 1229 套，租金补贴覆盖 10789 个家庭。宝山村、双新村等重点棚改项目腾退 1000 余户。完成 13 个、57.5 万平方米老旧小区改造。加强房屋出租管理，强化中介行业监管，开展群租房专项整治。

（林琳）

【教文卫体事业】 年内，区财政总计投入 139.6929 亿元，用于全区教育配套服务以及进一步提升全区文体软实力工作。教育工作方面，共拨付资金 130.6 亿元，用于持续提升教育管理现代化水平。其中，拨付资金 82.7 亿元，用于保障全区教育机构正常运转，进一步提升教师队伍待遇；拨付资金 9.7 亿元，推进第三期学前教育三年行动计划，支持普惠性幼儿园增加学位；拨付资金 10.2 亿元，支持海淀区教师进修学校新校区、北部地区安置房配套学校等基建项目，不断增强学位供给能力；拨付资金 5.1 亿元，搭建教育系统直播平台，打造“空中课堂”，落实复学复课各项防控措施；拨付资金 3.5 亿元，探索“五育并举”人才培养模式，创造学生健康成长环境；拨付资金 1.7 亿元，开展集团化办学模式改革，扩大优质教育覆盖面，促进区域教育质量整体提升。其余 17.7 亿元用于基础教育工作和其他一般性支出。文化事业方面，拨付资金 7.2 亿元，以创建全国文化中心为抓手，全力推进“三山五园”艺术中心建设和数字文化产业三年行动计划，实施文化惠民工程，支持“三馆一站”免费开放和实体书店发展，持续提升基层公共文化服务效能；拨付资金 3802 万元，推进“三山五园”国家文物保护和利用，保障博物馆正常运行。另拨付资金 6035 万元，用于加强融媒体中心建设。体育事业方面，拨付资金 9092 万元，用于发展群众体育工作，重点扶持 13 个全民健身示范街道和体育特色乡镇，新建 42 片专项活动场地、总长 4.4 千米的健走步道；组建场馆运行和外围保障团队，做好服务冬奥会、冬残奥会筹办工作。全区新增学前教育学位 9300 余个，幼儿园普惠率达 92%。深化集团化办学、九年一贯对口直升办学模式改革，新增中小学学位 4000 余个。新认定优质学校 26 所、品牌学校 18 所。成立互联网教育研究院，组建中关村人工智能学院。海淀区被教育部认定为普通高中实施新课程新教材国家级示范区；入选国家级信息化教学实验区。蝉联“全国文明城区”称号。入选全国新时代文明实践中心建设重点联系区。大型原创舞剧《曹雪芹》广受好评。成功举办中关村舞剧节、第二届亚洲数字艺术展。战疫纪实短视频《家园》入选全国“五个一百”优秀作品。组织文化惠民活动 8576 场。新增实体书店 116 家。圆明园晋升国家 AAAAA 级景区，马首铜像归藏圆明园。“三山五园”地区入围首批国家文物保护利用示范区创建名单。落实“三山五园”地区整治提升三年行动计划，完成东西水磨地区地上物拆除清理和东西红门、荷叶山地区宅基地腾退。三山五园艺术中心开工建设。推进大运河、西山永定河文化带海淀段规划建设。建成 6 个社区卫生服务站。家庭医生签约率达 94.8%。启动加强公共卫生应急管理体系建设三年行动计划，建设北部医疗中心、苏家坨中心医院。建设服务保障首都体育馆、五棵松体育中心等冬奥场馆，推进冬奥测试赛工作。建成多功能运动场地 42 片。

（林琳　钟冷）

党的建设

【概况】 2020 年，区委召开常委扩大会传达学习党的十九届五中全会和市委十二届十五次全会精神，组建宣讲团深入基层宣讲。召开党委会会议、区委专题会议、区四套班子领导工作务虚会和征求意见座谈会。召开区委十二届十四次全会，审议通过区委关于制度“十四五”规划和二〇三五年远景目标建议。

区政府推进法治政府建设，入选首批全国法治政府建设示范区。执行区人大及其常委会决议决定，自觉接受人大法律监督、工作监督和政协民主监督，办理人大代表建议 312 件、政协委员提案 282 件，解决一批重点民生问题。落实全面从严治党政治责任，推进政府系统党风廉政建设和反腐败斗争，坚决纠治形式主义、官僚主义，政风行风不断改进。

区人大常委会依法有效履职，为全区经济社会高质量发展提供坚实的民主法治保障。全年筹备召开区人民代表大会会议 1 次、常委会会议 10 次、主任会议 12 次，听取和审议区“一府两院”专项工作报告 34 项，督办议案 1 项，跟踪督办议案 2 项，作出决议、决定 16 项，形成审议意见书 12 份。截至年底，有区人大代表 428 名，市人大海淀团代表 96 名。

区政协听取海淀区和区政协学习贯彻党的十九届五中全会精神情况和下阶段重点工作汇报。9 位区政协委员围绕五中全会精神交流学习体会，提出意见建议 20 余条。

（林琳）

【从严治党】 年内，海淀区强化党委（党组）主体责任、党委（党组）书记第一责任人责任、纪委监委监督责任和班子成员“一岗双责”。加强领导班子和干部队伍建设，注重在疫情防控中考察识别干部，调整处级干部 174 人次，完成职级、岗位等级晋升 371 人次，培养储备一批优秀年轻干部。坚持以提升政治功能和组织力为重点，全面加强基层党组织建设，筹备社区、村“两委”换届选举工作，统筹推进机关、国企、“两新”组织等领域党的建设。深化“千百十·我在基层”行动，推动党员干部下沉基层破解难题。开展三轮政治巡察，聚焦疫情防控重大决策部署和重大政治任务专项监督，深化“四风”问题专项整治。处置违反中央八项规定精神问题线索 102 件，立案 33 人，给予党纪政务处分 27 人。运用监督执纪“四种形态”处理 871 人次。腐败立案 239 件，结案 172 件，给予党纪政务处分 118 人，移送检察机关 15 人。追逃“红通人员”1 人。

（林琳）

特　　载

区委十二届十五次全会报告（节选）

区委书记　于　军

（2021 年 1 月 5 日）

一、2020 年在大战大考中克难奋进勇毅前行，统筹疫情防控和经济社会发展交出靓丽答卷

2020 年是海淀发展史上前所未有的大战大考之年，是极不平凡、极具挑战、极不寻常、极不容易的一年，是全区党员干部群众自信心和自豪感、凝聚力和向心力空前汇聚的一年。一年来，在以习近平同志为核心的党中央和市委坚强领导下，区委常委会坚持以习近平新时代中国特色社会主义思想为指导，深入贯彻党的十九大和十九届二中、三中、四中、五中全会精神，深入贯彻习近平总书记对北京重要讲话精神，全面落实中央和市委各项决策部署，坚定不移统筹推进疫情防控和经济社会发展，一路披荆斩棘、艰苦奋战、砥砺前行，在复杂严峻形势考验面前保持定力，在深化落实“两新两高”战略上增强创造力，在攻坚突破解难题上凝聚合力，在推动区域创新和跨越式高质量发展上持续发力，在化危为机中赢得发展主动权，交出了一份可圈可点、提气鼓劲、令人瞩目的新答卷，决胜高水平全面建成小康社会取得决定性成就，“十三五”圆满收官，为奋进“十四五”、开启新征程奠定了坚实基础、积蓄了磅礴力量。重点抓了三个方面的大事：

一是坚决打响打赢疫情防控阻击战。新冠肺炎疫情突如其来，传播速度之快、感染范围之广、防控难度之大百年不遇。作为抗击疫情的重要战场、重要阵地，海淀疫情防控形势十分复杂，经受的考验尤其严峻，我们坚决贯彻习近平总书记重要讲话和指示批示精神，坚决落实党中央、国务院和市委、市政府决策部署，坚决把人民群众生命安全和身体健康放在第一位，坚决把疫情防控作为首要政治任务和头等大事来抓，迅速落实重大突发公共卫生事件一级响应，坚持可知可控、精准防控，坚持“三防”“四早”“九严格”，坚持“外防输入、内防反弹”，坚持党建引领、压实“四方责任”，统筹做好流调溯源、核酸检测、数字赋能、科技抗疫、物资保障、维护稳定各项工作，经过上下同心、合力攻坚，用 3 个月左右时间取得重大成果，用 26 天时间打赢了第二波局部聚集性疫情歼灭战。疫情防控工作进入常态化以后，我们坚持精准防控与应急处置相结合，建立健全常态化防控机制，确保了统筹疫情防控与经济社会发展“两战赢”“双胜利”。在这场艰苦卓绝的疫情防控人民战争、总体战、阻击战中，我们以人民至上、生命至上诠释了人间大爱，用众志成城、坚忍不拔书写了抗疫史诗，充分展示了我们党强大的感召力、动员力、组织力、凝聚力、协调力、执行力，充分彰显了新时代广大党员干部群众精诚团结、共克时艰所形成的海淀精神、海淀力量、海淀担当！

二是统筹谋划“十四五”发展规划。党的十九届五中全会和市委十二届十五次全会先后对国家“十四五”规划、北京市“十四五”规划作出重大部署。我们第一时间召开区委常委扩大会传达学习中央和市委全会精神，组建宣讲团深入基层宣讲，充分发挥区委理论学习中心组、区委党校和“学习强国”平台阵地作用，迅速掀起学习宣传贯彻热潮。全面对标对表中央和市委统一部署，先后多次召开常委会会议、区委专题会议、区四套班子领导工作务虚会和征求意见座谈会，集思广益，凝聚智慧，在更高起点以更高标准统筹研究谋划“十四五”时期发展的一系列重大问题。召开区委十二届十四次全会，审议通过区委“十四五”规划和 2035 年远景目标建议，明确了未来五年发展的新方位、指导思想、主要目标、重点任务、重大举措，描绘了发展蓝图，为实现更高质量、更有效率、更加公平、更可持续、更为安全的发展奠定了良好基础。特别是我们主动担当，明确了建设北京国际科技创新中心核心区的奋斗目标，锚定了未来一个时期的前进方向。

三是深入推动“两区”建设高位开局。“两区”建设是习近平总书记亲自宣布支持北京发展的两项重大政策。我们严格按照市委指示要求，以走在前列的责任感、不进则退的危机感、时不我待的紧迫感，抢抓机遇，自我加压，迅速行动，第一时间推动自由贸易试验区科技创新片区揭牌，成立领导小组和工作专班，研究制定“两区建设工作方案”和“自贸区组团实施方案”，完善工作推进机制，加强政策宣讲阐释，探索“专利盒”制度、数字贸易港建设、“监管沙盒”创新等先行先试制度，梳理政策清单31项、空间资源清单125项、目标企业清单61家，一批产业基础设施和重大平台项目落地，展现了服务首都大局的海淀担当。充分发挥“三区”政策叠加优势，强化区委深改委牵头抓总作用，召开深改委会议5次，确定并推动落实13项重点改革任务和36项专项改革任务，科技治理、城市管理、基层治理、教育、文化、医疗卫生等重点领域和关键环节改革取得新突破，形成了一批中央和市委高度关注的改革典型案例，为推进更深层次改革更高水平开放打开了新局面。

一年来，区委常委会充分发挥总揽全局、协调各方作用，坚持把方向、管大局、作决策、保落实，凝聚合力统筹推进年初确定的各项任务，取得了难能可贵的好成绩。

一是经济发展逆势回暖迈上新台阶。百年未有之大变局和新冠肺炎疫情来势汹汹“双面夹击”，使挑战和风险急剧增多，让经济发展迅速进入“寒冬”。我们坚持高位统筹、危中寻机，坚决落实中央“六稳”“六保”决策部署，发挥科技优势，挖掘逆势增长因素，以非常之策稳住基本盘，同步打响经济高质量发展保卫战，展现了与疫情赛跑、于危机中育先机的海淀速度、海淀底气、海淀力量。不遗余力推动复工复产，出台暖企15条、支持中小微企业6条等系列援企稳岗政策措施，发挥首贷续贷中心作用，聚焦减免房租、减税降费、融资贷款等多方面精准服务，为市场主体稳定发展送上“及时雨”，吃下“定心丸”，确保全产业链正常运转。推出中关村科学城创新政策“2.0版”，巩固拓展以创新合伙人为支撑的区域“创新雨林”生态体系，强化基础前沿和关键核心技术系统布局，实施中关村科学城北区高能级高质量发展行动计划，一批新型研发平台和重大项目取得突破。加快金科新区建设，新增上市企业18家，科创板上市企业数量居全国地级市首位。聚焦“五新”政策落地，扩大应用场景，开拓经济增长新空间，促进新兴业态和未来产业发展壮大，数字经济风生水起逐浪高，高精尖经济结构不断优化。发挥消费的基础性作用和投资关键性作用，完成固定资产投资910亿元，一批传统商圈改造升级，一批云上经济新模式纷纷涌现，为经济增长注入动力活力。坚决守住了“保”的底线、筑牢了“稳”的基础、保持了“进”的态势，经济运行在短期承压后率先走出了一条V型反转曲线并迅速回归常态，彰显了强大韧性和抗冲击能力。预计地区生产总值历史性突破8500亿元，增长5.5%以上，对全市经济的主支撑作用持续巩固。“十三五”时期主要经济指标年均增速高于全市、领跑全国，为迈入“万亿俱乐部”打下了厚实基础。

二是城市建设精耕细作呈现新亮点。“四个中心”是引领首都城市发展的定向标和导航仪。我们坚持以高标准规划建设和精细化治理提升城市品质、服务保障“四个中心”功能，全面实施北京城市总规和海淀分区规划，完成三山五园地区整体保护规划。京张铁路遗址公园和清河等城市更新项目取得重大成果，一批公共空间逐步清朗有序。深入推进三山五园地区整治提升三年行动计划，东西水磨、东西红门、功德寺、荷叶山等地区全部拆迁腾退，啃下了一批“硬骨头”，中央政务服务功能显著改善。注重城市精细化智能化治理，实施疏整促专项行动，“马上清（青）西”城市提升一批重大项目加快落地，整治提升背街小巷110条，拆除违法建设137.6万平方米，提前超额完成折子任务。一批科技赋能应用场景取得重大进展，大城管工作体系治理效能持续彰显，“城市大脑”成为全市样板。加强交通基础设施建设，清河交通枢纽完工，地铁16号线海淀段投入运营。坚决打好污染防治攻坚战和蓝天碧水净土保卫战，实施“一微克”行动和“水清岸绿”计划，空气质量和地表水环境排名居城六区首位，城市绿化覆盖率提高到53.0%，森林覆盖率达到35.78%，“海淀蓝”刷屏成为环境新常态。落实“两个条例”，狠抓两个“关键小事”，构建生活垃圾投、收、运、处闭合链条；制定落实物业管理条例三年行动计划，物业管理“三率”分别达到87.26%、78.5%、94.67%，超额完成全年指标任务。深入推进京津冀协同发展，全力支持河北雄安新区建设，主动加强“三城一区”和北京城市副中心协同联动。深化南北区域、城乡统筹均衡协调发展，农村集体产权制度改革全面完成，整建制农转居历史性收官，农村人居环境持续改善，“三农”问题正在新起点上加快探索、深度突破。

三是民生福祉保障水平得到新提升。保障和改善民生是党执政的重心和根基所在，是补齐短板实现“两个一百年”奋斗目标的现实需要。我们深入践行以人民为中心的发展思想，坚持大抓基层鲜明导向，紧扣“七有”要求和“五性”需求补短板、强弱项，努力让经济发展更有民生温度。城镇登记失业率控制在1.5%以下，连续七年保持“充分就业区”。深化“接诉即办”改革，城市服务管理系统三级循环受理群众和企业诉求125万件，结案率、解决率、满意率分别达到92%、85.85%、89.73%，彰显了为民服务的“海淀温度”。实施教育强区行动计划，深化办学模式改革，成立互联网教育研究院，调整优质资源布局，推进部分中学开办小学部，扩增学前学位9300个、中小学学位4000个，中关村科学城北区25个教育配套项目全部开工，现代化教育强区迈出新步伐。养老、社会救助、社会福利事业稳步发展，新增社区养老服务驿站13个，养老保障水平居全市首位。加快建设全国健康促进区，荣获“国家卫生城区”荣誉称号，制定加强公共卫生应急管理体系建设三年行动计划，北部医疗中心、苏家坨中心医院等一批医疗卫生基础设施建设取得新突破，卫生健康服务体系更加优质高效。高标准服务保障2022年北京冬奥会冬残奥会筹办工作。推进13个老旧小区综合整治，建设筹集保障性住房9200套。加强基层社区治理体系建设，11个市级社区议事厅、40个区级社区会客议事厅建设全面完成。扛起脱贫攻坚政治责任，在6个对口支援地区全部实现脱贫摘帽基础上，持续巩固深化帮扶成果，为全国打赢脱贫攻坚战做出了海淀贡献。

四是宣传思想文化持续汇聚新动能。宣传思想文化工作承担着举旗帜、聚民心、育新人、兴文化、展形象的使命任务，是服务于经济社会发展的基础工程。我们深入贯彻中国共产党宣传工作条例，成立区委宣传思想工作领导小组，推动宣传思想文化工作在守正创新中持续强起来。强化思想理论武装，推动习近平新时代中国特色社会主义思想往深里走、往实里走、往心里走。压紧压实意识形态工作责任制，建立与驻区高校、互联网企业意识形态风险联动机制，开展意识形态工作专项巡察和专项整治行动。围绕全区中心工作加强正面宣传和舆论引导，传递党的好声音，展示海淀新形象。深化融媒体中心建设，构建智慧全媒体生态体系。在人民日报、新华社、北京日报等中央和市属媒体刊稿量居十六区第一。深入践行社会主义核心价值观，组织开展“致敬伟大战疫精神”等主题宣讲1000余场。实施中国共产党早期革命旧址展览提升工程。高分通过全国文明城区复查测评。全国第二批新时代文明实践中心试点扎实推进，涌现一批国家级和首都级文明单位和个人，“柠檬黄”和“长安街上蓝马甲”成为志愿服务品牌。全国文化中心建设重点项目落地实施，获批“三山五园国家文物保护利用示范区”，开工建设三山五园艺术中心。举办中关村舞剧节、第二届亚洲数字艺术展等系列文化惠民活动，新增实体书店116家，人民群众文化获得感不断增强。制定数字文化产业三年行动计划，高标准推动一批文化产业园区建设，规模以上文化产业单位收入增长17.8%，占全市比重达55.3%，文化软实力对区域发展的硬支撑作用持续凸显。

五是民主法治稳步推进彰显新作为。党的领导、人民当家作主和依法治国的有机统一是中国特色社会主义的制度优势。我们全面加强对人大、政府、政协工作的领导，积极支持区人大、区政协依法依章程履职，支持区政府依法行政，凝聚“一盘棋”抓工作谋发展的强大合力。区人大及其常委会围绕全区中心和重点工作开展视察、调研，履行重大事项决定、监督和人事任免职责，促进“一府一委两院”依法行政、依法监察、公正司法，维护社会公平正义。区政府围绕重点任务统筹协调、高频调度、跟踪问效、担当作为抓落实。区政协坚持建言资政和凝聚共识双向发力，聚焦疫情防控、科技创新、经济高质量发展、重大民生保障等议题开展协商议政和民主监督。深入学习贯彻新修订的中国共产党统一战线工作条例，巩固拓展大统战工作格局，凝聚新的社会阶层人士力量，维护宗教领域安全稳定，做好港澳台海外争取人心工作，新时代统一战线法宝作用显著增强。深入推进依法治区，完善公共法律服务体系，荣获“全国法治政府建设示范区”称号。深化司法体制综合配套改革，司法服务区域发展的能力持续增强。加强平安海淀建设，全面启动全国市域社会治理现代化试点区建设，完善反恐工作十大体系和立体化、信息化社会治安防控体系，扫黑除恶专项斗争圆满收官，群众安全感居全市前列。荣获全国双拥模范城“九连冠”。加强矛盾纠纷排查，一批历史积案和突出信访矛盾有效化解。落实党政领导干部安全生产责任制，推进城市安全隐患治理三年行动和安全生产专项治理三年行动，安全生产形势稳定向好。

六是管党治党纵深发展取得新成果。全面从严治党是推动区域创新和跨越式高质量发展的根本保证。我们坚决扛起管党治党政治责任，强化党委（党组）主体责任、党委（党组）书记第一责任人责任、纪委监委监督责任和班子成员“一岗双责”，有效传导压力。坚持把党的建设融入各项工作全过程各方面，特别是在前所未有的大战大考中，建立297个“战旗党支部”，每日下沉干部5000余人，“党旗飘在一线、堡垒筑在一线、党员冲在一线”成为海淀大地的铿锵旋律。加强领导班子和干部队伍建设，注重在疫情防控中考察识别干部，调整处级干部174人次，开展职级、岗位等级晋升371人次，培养储备了一批优秀年轻干部。坚持以提升政治功能和组织力为重点，全面加强基层党组织建设，认真筹备社区、村“两委”换届选举工作，统筹推进机关、国企、“两新”组织等领域党的建设。深化“千百十•我在基层”行动，推动党员干部下沉基层破解难题。健全完善人才工作体系，升级“海英”人才计划，推动央地人才一体化发展，举办“智汇海淀”人才主题周等系列活动。强化监督执纪问责，抓好市委第三巡视组和市委第一巡视组反馈意见整改，开展三轮政治巡察，聚焦疫情防控重大决策部署和重大政治任务专项监督，深化“四风”问题专项整治。处置违反中央八项规定精神问题线索102件，立案33人，给予党纪政务处分27人。运用监督执纪“四种形态”处理871人次。持续巩固发展反腐败压倒性胜利成果，立案239件，结案172件，给予党纪政务处分118人，移送检察机关15人。追逃“红通人员”1人。

在区十二次党代会以来特别是2020年既惊心动魄又波澜壮阔的发展实践中，我们深化了对习近平新时代中国特色社会主义思想的认识，创造并积累了宝贵经验：一是必须增强政治意识，坚持党的集中统一领导，坚决维护党中央权威，善于从讲政治的高度审视海淀发展、找准历史方位、把握发展定位，从服务服从党和国家及首都发展大局的角度思考和谋划海淀发展；二是必须勇于解放思想，积极适应新发展阶段，坚定不移贯彻新发展理念，用新思想新理念指导新发展实践，主动探索和把握发展规律，以思维方式和行为模式的深刻变革开创新路、破解难题；三是必须始终精诚团结，坚持一张蓝图绘到底，全区上下各领域各方面拧成一股绳，心往一处想、劲往一处使，不断燃烧创新创业创造激情，形成干事创业谋发展的合力；四是必须树立系统观念，善于前瞻性思考、全局性谋划、战略性布局、整体性推进，全局与局部相统一，当前与未来相协调，发扬斗争精神，抢抓机遇，防范风险，注重固根基、扬优势、补短板、强弱项。五是必须坚持人民至上、生命至上，深入践行以人民为中心的发展思想，始终把人民利益放在最高位置，树立大抓基层鲜明导向，从基层群众鲜活的创新创造实践中汲取智慧和力量。这些经验要在以后的工作中长期坚持并不断丰富完善。

在肯定成绩、坚定信心的同时，我们也要清醒地看到新发展阶段存在的矛盾和问题：一是经济结构、空间结构、产业结构、人才结构、生态结构等方面的结构性优势和结构性矛盾交织，制约区域发展的主客观因素还不少，城市发展深刻转型还有很长的路要走；二是区域创新生态体系与北京国际科技创新中心核心区的要求还不完全匹配，科技创新层次和能级还不高，与服务世界科技强国战略大局需要还有差距；三是外部环境不确定性不稳定性影响在持续，经济下行压力在增大，财政收支处于紧平衡状态，经济高质量发展还面临一些亟待攻克的难关；四是城市治理现代化水平还不高，城乡区域发展还不均衡不协调，科学城北区补齐基础设施、公共服务、城市管理、基层治理短板，提升城市品质还需加快突破；五是全面从严治党任务艰巨，干部队伍专业素质和能力作风与新形势新任务新要求还不相适应，干事创业、奋勇争先的精气神还有待持续提升。

二、深入贯彻中央经济工作会议和市委十二届十六次全会精神，统筹谋划“十四五”开局之年的工作

今年工作总体要求是：坚持以习近平新时代中国特色社会主义思想为指导，全面贯彻党的十九大和十九届二中、三中、四中、五中全会精神和中央经济工作会议精神，深入贯彻习近平总书记对北京重要讲话精神，按照市委十二届十五次、十六次全会决策部署，坚持稳中求进工作总基调，坚定不移贯彻新发展理念，深入实施人文北京、科技北京、绿色北京战略和区委“两新两高”战略，聚焦“一村三山五园”，释放“三区”政策叠加效应，以首都发展为统领，以中关村科学城建设为“强劲引擎”，以推动高质量发展为主题，以深化供给侧结构性改革为主线，以改革创新为根本动力，以满足人民日益增长的美好生活需要为根本目的，以疏解非首都功能为“牛鼻子”推动京津冀协同发展，以更深层次改革和更高水平对外开放提升全球资源配置能力，扎实做好“六稳”“六保”工作，统筹发展与安全，率先探索融入新发展格局的有效路径，纵深推进全面从严治党，大力发扬新时代中关村精神，加快建设现代化国际化创新型宜居宜业城区和北京国际科技创新中心核心区，确保“十四五”开好局、起好步，以优异成绩庆祝中国共产党成立100周年。

今年经济社会发展主要指标安排是：地区生产总值增长6%以上，一般公共预算收入增长3%左右。

政府工作报告（节选）

——在海淀区第十六届人民代表大会第七次会议上

代区长 王合生

（2021 年 1 月 12 日）

一、2020 年工作回顾

2020 年是极不平凡的一年。面对严峻复杂的外部发展环境、艰巨繁重的改革发展稳定任务，特别是新冠肺炎疫情的严重冲击，在市委、市政府和区委的坚强领导下，我们坚持以习近平新时代中国特色社会主义思想为指导，以习近平总书记对北京重要讲话精神为根本遵循，统筹疫情防控和经济社会发展，攻坚克难、向上奋斗，年度和“十三五”主要目标任务圆满完成，“两新两高”战略深化落实，决胜全面建成小康社会取得决定性成就，为海淀新阶段发展奠定了坚实基础。

（一）众志成城，疫情防控取得重大战略成果

我们始终坚持人民至上、生命至上，按照“坚定信心、同舟共济、科学防治、精准施策”总要求，快速遏制疫情蔓延，常态化防控有力有序，经济社会发展稳中向好，向党和人民交出了一份彰显“海淀力量”、体现“海淀担当”的优异答卷。

闻令而动，坚决果断施策。迅速落实重大突发公共事件一级响应措施，成立疫情防控领导小组，组建 14 个专项组，进入应急状态、完善应急机制、严格应急纪律，早会商、晚调度，疫情防控全面展开。坚持部门主责、街镇兜底，建立健全联防联控、群防群控体系，压紧压实“四方责任”，筑起疫情防控“铜墙铁壁”。在新发地市场聚集性疫情发生后，采取坚决果断措施，打赢了玉泉东市场关联疫情歼灭战。

全员发动，精准高效防控。织密扎牢社区（村）防线。加强中高风险地区进京人员筛查管控，累计排查 101 万户次。组建 221 人专业流调队伍，依法对病例追踪溯源。在全市率先启用区级医学观察中心，建立“1+17+N”医学观察体系，累计医学隔离观察 1.2 万人。圆满完成入境进京、离汉离鄂返京人员转运任务。构建“1+29”核酸检测体系，累计采样检测 292 万人次，区级定点医院开展多学科、多专家、中西医结合医疗救治。全面加强进口冷链食品监管和风险防控。

统筹调度，强化物资保供。在全国率先上线应急公共服务平台，加强防疫物资寻源对接。累计筹集发放防疫物资 196 批次、694 万余件，有效应对初期防疫物资紧缺情况，有力保障救治急需、防控急需、百姓急需。加强生活物资保障，协调超市发等连锁商超加大货源组织力度，完成生活必需品区级储备，增储成品粮 3436.9 吨、蔬菜 2405.8 吨，启动“点对点”监测补货机制，严厉打击哄抬物价、囤积居奇等违法行为，确保“菜篮子”保供稳价。

发挥优势，推动科技战疫。支持各类创新主体开展快速检测试剂、疫苗、医疗器械科研攻关。百度、旷视、推想科技、佳讯飞鸿等一批科技企业在快速大人流测温、辅助诊断设备等方面提供了科技硬支撑。纳通医疗火速建起口罩生产线。启用海淀•空中课堂，实现“停课不停教”“停课不停学”，全国 200 多所学校引进使用海淀•空中课堂课程资源。

抢抓时间，促进复工复产。全面落实国家和市级政策，为 11 万家企业减免社保费 301 亿元，为 23.7 万户次企业减税 205 亿元。及时出台 11 类纾困惠企政策，为中小微企业减免租金、物业费 11.7 亿元。开通 7×24 小时企业复工复产服务专线，快速受理解决企业诉求。设立中关村科学城商务洽谈服务中心，方便企业跨区域开展商务活动。在全市率先推出基于区块链的中小企业金融服务平台。深化续贷中心建设，贷款金额 223 亿元。着力优化营商环境，544 个政务服务区块链场景落地，实现 1136 个事项全程网办。复工达产指数居全市首位。

（二）创新驱动，高质量发展迈出坚实步伐

扎实做好“六稳”工作，全面落实“六保”任务，强化运行调度，狠抓项目落地，加快建设中关村科学城，高质量发展态势进一步巩固。

经济运行蓄势回升、企稳向好。地区生产总值 8504.6 亿元，增长 5.9%。区级一般公共预算收入 453.9 亿元，增长 1.7%。积极扩大有效投资，争取政府债券和抗疫特别国债资金 94.85 亿元保障重点项目，全社会固定资产投资增长 7.2%。开展促消费系列行动，社会消费品零售额 2718.1 亿元，降幅逐月收窄。全面推进消费升级，线上消费逆势增长，网络零售额增长 30.9%。

产业结构持续优化。建立高精尖项目库，引进南水北调集团、国药集团、中资网安、微软小冰、微盟、奇岱松等一批高精尖项目。预计高新技术企业总收入 3 万亿元，增长 10% 以上。规模以上工业总产值 2466.1 亿元，增长 8.9%。信息服务业收入突破 1 万亿元，增长 16% 以上。金

融科技与专业服务创新示范区建设加快推进，开展“监管沙箱”创新试点，金融科技产业营收突破1500亿元。新增上市企业18家，其中9家登陆科创板，上市企业达到236家。

发展新动能加速孕育。自贸试验区科技创新片区挂牌，制定“两区”建设方案，一批企业项目签约落地，设立全市首家自贸试验区银行分行。新基建、新场景、新消费全面布局。中关村论坛成功举办。实施研发投入倍增计划，预计企业研发经费投入强度6%，技术合同成交额增长5%，发明专利授权量突破3万件，每万人发明专利拥有量达480件。助力企业发展壮大，国家高新技术企业10550家，独角兽企业44家。

中关村科学城北区发展行动计划全面实施。开复工面积564万平方米，其中新开工174万平方米，竣工100万平方米。18个重点产业项目有序推进。西北旺、温泉等68万平方米集体产业项目开工。加快实施中关村三小北校区等25个教育配套项目、唐家岭路等市政基础设施项目、中粮大悦城等商业配套项目。中关村科学城数字文化产业园加快建设，规模以上文化产业收入增长17.8%。

（三）规划引领，城市功能品质持续优化提升

深入落实北京城市总规要求，加强城市精细化治理，区域环境更加宜居。

分区规划加快实施。稳步推进专项规划、街区控规编制。强化规划和自然资源领域问题整改。出台“村地区管”办法，构建起全面加强农村土地管理的工作体系。三山五园地区入围首批国家文物保护利用示范区创建名单。持续落实三山五园地区整治提升三年行动计划，完成东西水磨地区地上物拆除清理和东西红门、荷叶山地区宅基地腾退，香山地区环境面貌持续改善，三山五园艺术中心开工建设。大运河、西山永定河文化带海淀段规划建设加快推进。

城市面貌明显改善。25项“疏解整治促提升”年度任务全部完成，拆除违法建设137.6万平方米，腾退土地136.7公顷，新生违法建设“零增长”，违法群租房、占道经营、开墙打洞等实现“动态清零”，退出一般制造业企业14家，疏解整治有形市场18家，高标准开展110条背街小巷环境提升，新建和提升便民商业网点80个，改造公厕350座，全区旱厕“清零”。“马上清（青）西”城市提升计划加快实施。全市首家区级综合市政服务集团组建运营。“城市大脑”成为全市样板。“大城管”体系持续发挥作用。全面落实生活垃圾管理条例，认真办理强化垃圾分类“一号议案”，构建起分类投放、收集、运输、处理的闭合链条，厨余垃圾分出量较条例实施前增加6.4倍，分出率18.5%以上。

基础设施持续完善。清河交通枢纽完工，推进19号线一期、12号线、昌平线南延等轨道工程建设，16号线中段通车，新增轨道通车里程12千米。上地东路等15条道路通车。打通西二旗西路、安宁庄西路等4条断头路，完成113万平方米道路大中修和10项疏堵工程。开展62处公共建筑停车设施错时共享试点，新增停车位5407个。完成70千米自行车道综合治理。永丰调蓄水厂建成，6座污水处理场站改造升级，置换自备井77处，稻香湖等6个变电站投用。

生态环境大幅提升。深入实施污染防治攻坚战行动计划。细颗粒物年均浓度36微克/立方米，下降10%，优良天数292天，空气质量继续保持城六区最优。5个水质考核断面均达到或优于年度考核目标，南沙河水质从2016年的劣Ⅴ类提升至Ⅳ类。三山五园地区生态补水网络基本建成。全区污水处理率99.3%。实施新一轮百万亩造林工程，造林绿化1626.7亩，森林覆盖率35.78%。

稳步推进区域协同、城乡融合发展。深层次、多角度服务驻区单位。实现全国双拥模范城创建“九连冠”。主动服务北京城市副中心和雄安新区建设。深化扶贫协作和支援合作。整建制农转非取得历史性突破，4个镇、38个村实施整建制农转非，27994名农民转变身份，享受城镇职工社保待遇。镇村两级集体产权制度改革全面完成。与中国农科院建立深度合作机制，筹建“农业中关村”产业创新联盟。加强农村人居环境整治，所有村庄通过市级验收。

（四）优化供给，人民群众获得感进一步增强

践行以人民为中心的发展思想，坚持“民有所呼、我有所应”，一批民生实事落地见效。

就业社保水平持续提高。城镇登记失业率保持在1.5%以内，连续7年获评市级“充分就业区”。搭建“互联网+招聘”云平台，筹集岗位10万余个。扎实推进精准救助，个案帮扶360名困难群众。建设家庭养老照护床位9318张，建成13个社区养老服务驿站，城乡居民养老保障水平居全市首位。

群众居住条件不断改善。建设筹集保障性住房9200套，为特殊困难家庭提供公租房1229套，租金补贴覆盖10789个家庭。宝山村、双新村等重点棚改项目腾退1000余户。完成13个、57.5万平方米老旧小区改造。加强房屋出租管理，强化中介行业监管，开展群租房专项整治。

教育强区行动计划全面实施。新增学前教育学位9300余个，幼儿园普惠率92%。深化集团化办学、九年一贯对口直升办学模式改革，新增中小学学位4000余个。推动中小学优质特色发展，新认定新优质学校26所、新品牌学校18所。获评普通高中实施新课程新教材国家级示范区。成立互联网教育研究院，入选国家级信息化教学实验区。组建中关村人工智能学院。

健康海淀建设深入推进。成功创建国家卫生区。建成6个社区卫生服务站。深化家庭医生签约服务，重点人群签约率94.8%。启动加强公共卫生应急管理体系建设三年行动计划。北部医疗中心、苏家坨中心医院加快建设。严守食品药品安全底线。服务保障首体、五棵松等冬奥场馆建设，扎实推进冬奥测试赛工作。完善全民健身体育设施，建成多功能运动场地42片。

文化文明建设卓有成效。蝉联“全国文明城区”称号。入选全国新时代文明实践中心建设重点联系区。大型原创

舞剧《曹雪芹》广受好评。成功举办中关村舞剧节、第二届亚洲数字艺术展。战疫纪实短视频《家园》获评全国“五个一百”优秀作品。组织文化惠民活动8576场。新增实体书店116家。圆明园晋升国家5A级景区，马首铜像归藏圆明园。

社会治理创新发展。深化“吹哨报到”改革，深入开展“接诉即办”，问题解决率、群众满意度不断提升。全面完成镇级机构改革，持续完善基层治理体系，形成140项镇级职责清单。431项行政执法职权下放街镇。区级经营类事业单位实现事企分离。落实物业管理条例，实施提升物业服务水平三年行动计划，成立业委会136个，新建物管会899个。建成40个区级社区议事厅，形成“1+1+N”社区协商议事模式。持续推进平安海淀建设，群众安全感测评居全市首位。

妇女儿童、民族、宗教、侨务、人防、防震减灾、气象、残疾人事业取得新成绩。

各位代表！一年来，我们着力加强政府自身建设。始终把政治建设摆在首位，增强“四个意识”、坚定“四个自信”、做到“两个维护”，巩固深化“不忘初心、牢记使命”主题教育成果，深入学习贯彻习近平新时代中国特色社会主义思想和党的十九届五中全会精神。推进法治政府建设，入选首批全国法治政府建设示范区。认真执行区人大及其常委会决议决定，自觉接受人大法律监督、工作监督和政协民主监督，办理人大代表建议312件、政协委员提案282件，解决一批重点民生问题。认真落实全面从严治党政治责任，深入推进政府系统党风廉政建设和反腐败斗争，坚决纠治形式主义、官僚主义，政风行风不断改进。以钉钉子精神狠抓任务落实，政府执行力进一步增强。

在总结成绩的同时，我们也清醒地认识到，海淀高质量发展还面临不少困难和挑战。一是疫情防控形势依然严峻，外部环境错综复杂，存在诸多不确定性，疫情冲击导致的衍生风险不容忽视。二是科技创新服务供给能力还不强，创新链与产业链、价值链融合贯通尚需加强，科技创新成果落地转化与产业化还有断点、堵点。三是人口资源环境矛盾仍然突出，生态环境治理还有“硬骨头”，城市治理精细化、专业化、智能化还有大量工作要做。四是高质量公共服务供给还不足，距离群众日益增长的美好生活需要还有差距。五是政府系统作风建设还需常抓不懈，一些干部专业能力、创新意识、服务水平仍有待提高。我们一定要努力改进工作，切实履行职责，尽心竭力不辜负人民群众的期待。

二、2021年主要任务

政府工作总的要求是：坚持以习近平新时代中国特色社会主义思想为指导，全面贯彻党的十九大、十九届二中、三中、四中、五中全会和中央经济工作会议精神，深入贯彻习近平总书记对北京重要讲话精神，坚持稳中求进工作总基调，坚定不移贯彻新发展理念，坚持以首都发展为统领，以推动高质量发展为主题，以深化供给侧结构性改革为主线，以改革创新为根本动力，以满足人民日益增长的美好生活需要为根本目的，以建设北京国际科技创新中心核心区为新引擎，扎实做好“六稳”“六保”工作，服务融入新发展格局，聚焦“一村三山五园”，抢抓“两区”建设机遇，深化“两新两高”战略，推进区域治理体系和治理能力现代化，不断将全面从严治党引向深入，更加奋发有为地推动海淀新发展，确保“十四五”开好局、起好步，以优异成绩庆祝中国共产党成立100周年。

全区经济社会发展主要预期目标是：地区生产总值增长6%以上，区级一般公共预算收入增长3%，居民人均可支配收入稳步增长，高新技术企业总收入增长10%左右，全面完成市政府下达的能耗、水耗和空气质量改善任务。

专　文

海淀区国民经济和社会发展第十三个五年规划执行情况报告

海淀区发展和改革委员会

2016年1月海淀区第十五届人民代表大会第六次会议审议通过了《北京市海淀区国民经济和社会发展第十三个五年规划纲要》。为推进“十三五”规划实施，区政府分别于2018年、2020年组织了规划执行情况的中期、末期评估，对规划主要指标完成情况、重点任务实施情况进行系统全面的检查总结。2018年12月25日海淀区第十六届人大常委会第十九次会议审议通过了海淀区“十三五”规划纲要中期评估报告同时审议通过了“十三五”规划纲要指标调整方案，对区级一般公共预算收入年均增速（将原来的8%调整为6%）、建成区次支路规划实现率62%（调整为建成区次支路规划实施率80%）等指标做出了调整，并取消了原“文化创意产业收入年均增速”指标。

“十三五”时期是海淀区落实首都中心城区功能定位、加快建设全国科技创新中心核心区的重要时期。在市委市政府的坚强领导下，全区坚持以习近平新时代中国特色社会主义思想为指导，坚持稳中求进工作总基调，深化落实“两新两高”区域发展战略，较好地完成了“十三五”规划确定的重点任务和规划目标。全区上下全力以赴，圆满完成新中国成立70周年庆祝活动、第二届“一带一路”国际合作高峰论坛、亚洲文明对话大会、北京世界园艺博览会、男篮世界杯等重大活动服务保障工作；深入贯彻新版北京城市总规和海淀分区规划，在全市率先全面实施街镇责任规划师制度，大力推进疏整促专项行动，27个专项任务全部完成，实现不符合首都功能定位的产业“零准入”，精心织补城市功能，农村地区城市化加快推进，整建制农转非取得突破，“撤村建居”“村账分离”有序推进，获评全国农村集体产权制度改革试点示范，成为全国乡村治理体系建设首批试点单位；全面推进中关村国家自主创新示范区核心区建设，中关村创业大街获评首批国家双创示范基地成为全国双创策源地，创业社区等新业态不断涌现，以“创新合伙人”理念构建区域新型合作伙伴关系，区域协同创新深入推进；积极应对错综复杂的外部环境和经济下行压力，地区生产总值实现接近8000亿元的新高度，经济总量和增长贡献继续保持全市首位，信息、科技、金融等高精尖产业占经济总量的7成以上，对经济增长的贡献率超过8成；“三山五园”入选首批国家文物保护利用示范区，成功创建“国家公共文化服务体系示范区”，全市最大的综合文化中心海淀北部文化中心建成投运，在全市率先出台数字文化产业支持政策，优质公共文化产品供给有效拓展；全面推进生态文明建设，打响污染防治攻坚战，空气质量保持城六区最优，“三山五园”片区互联互通水网格局初步形成；民生保障持续改善，连续7年获评市级“充分就业区”，公共服务水平大幅提高；城管执法体制改革顺利完成，城市治理现代化、智能化水平显著提升，构建起具有区域特点的“大城管”工作体系，创新建立“外联内合”联动执法工作机制，“城市大脑”加快实施；全面改革和高水平开放积极推进，在国家发展改革委组织的国家服务业综合改革试点评估中名列全国第二，北京市服务业扩大开放综合试点示范区加快建设；聚力维护全区的政治安全和社会稳定，不断创新基层社会治理，平安海淀建设成效显著，全区群众安全感持续位居城六区首位，全国双拥模范城（县）实现“九连冠”；在全市率先开展政务服务区块链应用场景建设，“吹哨报到”街巷治理新格局逐步形成，法治政府建设取得新成效。

我区“十三五”规划纲要共确定了红线约束、提质增效等六大类38项指标，包括19项约束性指标，19项预期性指标。经“十三五”中期评估后对指标进行调整，取消了“文化创意产业收入年均增速”指标。“十三五”时期各项指标完成情况总体较好，在37项指标中，有35项指标预计能够完成规划目标，指标完成率为94.6%，有2项指标（均为预期性指标）实现规划目标有难度。其中，“区级一般公共预算收入年均增速”受减税降费、新冠疫情、国际经贸环境等因素影响，实现规划目标具有很大难度；受拆迁难度大、审核手续严格、新开工项目少等因素影响，“建成区次支路规划实施率”2020年年度目标为77%，与规划目标（80%）存在一定差距，完成难度较大。（见附表1）

“十三五”规划确定的重大战略任务得到贯彻落实，

取得了明显成效：

（一）城市功能优化提升成效显著

严格执行新增产业禁限目录，实现不符合首都功能定位的产业“零准入”。坚持“两为”方针、“三拆”原则，首创“五维”标准，拆除违法建设1211.8万平方米，腾退土地1427.9公顷，低效能产业调整升级，有形市场陆续关停或整治提升，“散乱污”企业基本清零，全区27个疏解整治类专项任务全部完成。“马上清（青）西”城市提升计划加快实施，新建和升级改造各类便民商业网点80个，累计建成22个社区商业e中心，40%的社区实现8项基本便民商业服务功能全覆盖，甘家口大厦在全市率先实现传统商业转型升级，群众对专项行动的满意度保持在95%左右。全区常住人口累计减少45.7万人。中关村科学城南区“腾笼换鸟”成效显著，中关村前沿技术创新中心、中关村农业科技创新中心、中关村基金创新港等一批示范性创新项目建设加快推进。科学城北区10个集体产业项目启动，制定实施科学城北区公共服务和基础设施建设三年行动计划。在全市率先开展镇体制改革试点，四季青、东升、温泉3个镇实现整建制农转非，41个村庄通过市级验收，成为全国乡村治理体系建设首批试点单位。

（二）全国科技创新中心核心区建设取得突破性进展

建设中关村智造大街，中关村创业大街成为全国双创策源地，创业社区等新业态不断涌现，获评首批国家双创示范基地。聚焦“卡脖子”技术，制定《中关村科学城加强底层技术创新布局计划（2020）》，围绕底层关键核心技术持续加强创新布局。成立北京前沿国际人工智能研究院、北京智源人工智能研究院、微芯边缘计算研究院等一批新型研发机构，取得了马约拉纳任意子、碳基光电集成电路等一批重大标志性原创成果。挂牌成立首个概念验证中心，建设首批11个高价值专利培育中心，打造智友天使学院、前孵化创新中心等一批平台。率先启动17个科技应用场景建设，打造中关村自动驾驶创新示范区。实施科技企业创始人“薪火共燃”培育计划、标准创新领跑计划等，启用中关村知识产权保护中心，启动国际青年创业平台、海外院士创新港建设，加快建设中关村等国际人才社区。以“创新合伙人”理念构建新型合作伙伴关系。入选“海聚工程”“高聚工程”人数居全市第一，国家级高新技术企业突破一万家，金融机构总数超过3300家，“独角兽”企业占全国的1/5，上市挂牌企业933家。助推6家企业登陆科创板，上市企业总数、科创板申报受理企业数、科创板上市企业数均居全国地级市（区）首位。成立社会化公益组织——“海淀区胚芽企业服务平台”，帮助初创期科技企业顺利渡过“死亡谷”。设立全国首家中小企业续贷中心，企业续贷申请审批时限整体压缩70%以上。首次举办中关村科学城国际科技创新合作论坛，建立科技外交官合作网络，国际知识产权服务大厅入驻中关村知识产权大厦并启动运行。

（三）高端经济结构持续优化，新兴产业规模明显壮大

在错综复杂的外部发展环境和经济下行压力影响下，“十三五”时期海淀区经济运行总体趋缓，2020年地区生产总值预计将迈上8000亿元新台阶，经济总量和对全市增长贡献继续保持首位，区域经济发展的韧性充分彰显。全区劳动生产率达到35万元/人，单位地区生产总值水耗、能耗累计降幅分别在15%和18%以上，服务业增加值占地区生产总值比重超过90%，经济发展的质量效益显著提升。高精尖产业主导作用显著，信息、科技、金融和教育等行业占经济总量的七成以上，对经济增长的贡献率超过八成。数字内容、非金融机构支付、设计服务等新产业新业态发展迅速，年均增速超过30%。平台经济加速兴起，百度、小米、融360等一批交易平台型企业、集成平台型企业和投资平台型企业大量涌现。5G、大数据、人工智能等高新技术产业成为经济新增长点。在全市率先出台数字文化产业支持政策，北京市精品游戏研发基地落户中关村科学城数字文化产业园。科技创新产业空间载体发挥重要作用，中关村集成电路设计园引入了比特大陆、兆易创新、北京兆芯等50余家集成电路龙头企业，东升科技园聚集了55家国家级高新技术企业。

（四）文化创新不断发展，文化软实力和影响力不断提升

大力弘扬社会主义先进思想文化，坚持把培育和践行社会主义核心价值观作为凝聚人心的基础工程，组织“海淀·逐梦创新路——中关村创新文化展”，举办“中关村创新之夜”等活动，推出《海上花开》《中关村往事》等文化精品。全市最大的综合文化中心海淀北部文化中心建成投运，北京市精品游戏研发基地落户中关村科学城数字文化产业园。文化遗产保护管理体系不断完善，“三山五园”入选首批国家文物保护利用示范区。国家公共文化服务体系示范区创建通过验收，综合得分居国家东部地区第二名，三级公共文化设施设置率100%，组织中关村系列演出季等品牌文化活动1.2万余场，文化@海淀数字平台累计浏览量993万余次。新时代文明实践中心建设实现全覆盖。打造了“海淀创新永远在路上”等一批有影响、有思想、有深度的新媒体产品，荣获“国家公共文化服务体系示范区”称号。原创舞剧《人生若只如初见》全国巡演，并作为国家文化精品剧目赴俄罗斯交流演出。举办亚洲数字艺术展、2019中关村舞蹈节，广泛开展“书香海淀”全民阅读活动，系列品牌文化活动惠及群众500万人次。在全市率先出台数字文化产业支持政策，文化产业收入突破5000亿元。

（五）全方位推进污染防治攻坚战，区域生态环境质量持续改善

全面推进打赢“蓝天保卫战”，深入实施“一微克”行动，2019年细颗粒物平均浓度40微克/立方米，空气质量保持城六区最优。着力打好“碧水保卫战”，制定实施“水清岸绿”提升行动计划，全面升级“河长制”，南部地区污水处理率达到99%以上，北部地区污水处理率达到98%，污水处理设施排放达标率达到100%，三山五园互联互通水网格局初步形成。实现“无煤化”，农村百姓取暖季生活方式发生历史性变革。扎实推进“净土保卫战”，落实土壤环境状况调查，严格建设用地风险防控，土壤污染源头管控不断加强。强化垃圾源头治理和分类回收利用，形成“街道统筹、单位主责、居民参与”的垃圾分类推广模式，在全市率先启动餐厨垃圾收费工作，在北航、中央党校、北外等区域开展机械化分类改造试点，创建11个垃圾分类示范片区，垃圾分类示范片区街镇覆盖率达69%，大工村餐厨厨余垃圾处理厂、大工村再生能源发电厂运行稳定，垃圾处理彻底告别填埋处置方式。全面启动新一轮百万亩造林工程，全区森林覆盖率达到35.76%，居城六区首位；开展公园绿地、小微绿地、特色景观道路绿化等惠民兴绿工程，公园绿地500米服务半径覆盖率已提前完成十三五目标，达到92.21%；加大湿地生态功能保护修复力度，翠湖国家城市湿地公园被列入第一批市级湿地保护名录。

（六）民生保障水平全面提升，社会治理能力显著提高

全区新增劳动力平均受教育年限达到16年，公共文化设施覆盖率、一刻钟社区服务圈覆盖率均达到100%。连续7年获评北京市“充分就业区”，城镇登记失业率始终处于1.5%以下。养老服务体系不断完善，建成运营社区养老服务驿站29家。全面推进养老机构服务质量提升专项行动和星级评定。全区城乡低保标准上调至家庭月人均1170元，符合城乡低保条件救助率达到100%。教育资源布局不断优化，十一学校、一零一中学、育英学校、清华附中、中关村三小、人大附小等30余所优质中小学牵头开展集团化办学，成立十一晋元中学、人大附中航天城学校、首师大北校区、上地实验小学树村校区、北大附中西三旗学校和北大附中新馨学校，学前教育行动计划持续推进，普惠性幼儿园覆盖率达到92%。全面建成国家卫生区，7镇全部获评“国家级卫生镇”。显著提升公共卫生应急管理能力，进一步完善发热筛查哨点、发热门诊、院前急救站等布局。启动建设北部医疗中心。织密织牢社区卫生服务网络，大力推广家庭医生签约服务，预计2020年底签约率达35%，重点人群签约率达90%。平稳落实医药分开、医耗联动攻坚改革任务，建成覆盖全区的“6+5”医联体体系，公立医院综合改革荣获2019年国务院办公厅督察奖励。新建、更新500套全民健身设施。基本构建多主体供应、多渠道保障、全范围覆盖、规范化运营的“大住保”体系，筹集保障房4571套，配租公租房27688套次，配售共有产权房3072套，面向5213户家庭发放市场租房补贴，成立海淀区保障性住房发展有限公司，建立5个公租房服务站。在29个街镇试点建设社区会客议事厅，建成430余个“一刻钟社区服务圈”示范点，覆盖全区584个社区，覆盖率达100%。万寿路今日家园社区、田村路阜四社区、曙光上河村社区的社区治理经验在全市推广。逐步形成了“1+10”的养老政策体系，为全区养老工作发展搭建了科学合理的顶层设计，养老服务市场全面放开，社会化居家养老服务体系基本形成，服务设施不断充实，服务内容和形式不断丰富，专业化服务队伍不断壮大，服务已涵盖生活照料、家政服务、康复护理和精神慰藉等多方面。物业项目负责人到社区党组织报到机制被《北京市物业管理条例》立法采纳。国家食品安全示范区建设积极推进，重点食品安全监测抽检合格率均超过99%，药品抽验合格率均达到100%。聚精会神为经济社会发展创造安全的政治环境、稳定的社会环境、公正的法治环境、优质的服务环境，平安海淀建设取得新进展，实现了群众安全感和满意度双提升。消防救援工作方面，全区新建小型消防站23座，将消防安全监管工作植入“城市大脑”，结合“疏整促”、“三自”、“五清”等政府工作开展50余项消防安全整治专项行动，整改隐患16.3万处，全区火警成灾起数较“十二五”时期下降45.3%。区消防救援支队被应急管理部消防救援局评为“全国消防监督管理先进单位”。“双拥”工作迈上新台阶，成立全市首个退役军人就业创业基地，全力创建全国双拥模范城（县）九连冠。

（七）城市规划管理机制不断完善，城市智能化精细化治理水平显著提升

编制完成分区规划和系列专项规划，在全市率先制定“生态修复、城市修补”的城市双修系统规划。在全市率先全面实施街镇责任规划师制度，涌现出学院路街道“城事设计节”、魏公街国际时尚文化街、“北京最美街巷”双榆树三街、北大西门提升、京张铁路遗址公园等优秀设计案例。统筹街区功能提升和形态重塑，中关村西区整体提升效果明显，成为新型城市形态的样板。综合交通体系加快建设，地铁16号线北段、中段、6号线西延、有轨电车西郊线等轨道线路开通，西三旗南路、邓庄南路、上地东路、香山路、树村路等80余条道路建成通车。城市智能化管理水平大幅提升，建成视频图像大数据平台，建立“1+1+2+N”的“城市大脑”总体框架，全面推进网格化视频图像信息系统补点扩面及智能化应用，“雪亮工程”、物联网管理平台等示范应用初见成效。率先实现公共服务区域免费无线网络全覆盖，新增2000余个区域无线网络覆盖。建成全国首个AI科技主题公园。

（八）改革开放举措不断创新，营商环境改革持续优化

在全市率先完成区级机构改革，议事协调机构由164个精简至59个，完成区级5个综合行政执法机构整合组建。中关村科学城管理体制不断完善，融合优化海淀园与中关村科学城组织机构。街道办事处内设机构、执法队伍、事业单位综合设置为“六室一队三中心”。北京服务业扩大开放综合试点示范区建设加快推进，落实并完成62项试点任务。在海淀园开展外债发行试点，允许中资企业在境外发债。首个外商独资游艺娱乐场所永旺幻想设立。依托北京大学第三医院、北京大学口腔医院等6家公立医院及5家优质社会办涉外医疗机构，初步形成国际人才医疗服务体系。积极推进天士力医院等国际医院建设。八一学校和农大附小取得招收外籍学生资质，清华附中试点开展涉外教育服务项目获批。率先在全国试点企业登记全程电子化，率先在全市推出“集群注册”，企业档案“容e查—自助查”服务被国务院选为在全国复制推广。上线“海淀通”App，开设了24小时自助服务区，与网上服务大厅、“海淀政务”微信公众号和“便利淀”小程序一起实现“一端办理，全网同步”。在全市率先开展政务服务领域区块链技术应用场景建设。深化党建引领“吹哨报到”改革，在全市率先开展“接诉即办、按需速办”工作，进一步推动治理重心下移、权力下放、力量下沉。

“十三五”以来，在海淀区委的坚强领导下，在各部门、街镇的共同努力下，《纲要》确定的经济社会发展主要目标和任务总体进展顺利，多项指标已提前完成规划目标。全国科技创新中心核心区加快建设，区域经济发展保持稳中向好，高精尖经济结构持续优化，城市面貌和生态环境得到有效改善，社会事业和民生保障全面发展，市民获得感幸福感稳步提升。

在取得可喜成绩的同时，必须认识到，我区自身发展还存在诸多问题及薄弱环节。主要表现在以下五个方面：一是对标具有全球影响力的科技创新中心，海淀的创新能级与全球创新竞争话语权亟待提升。二是对标经济高质量发展要求，海淀经济发展的质量效益还有较大提升空间。三是对标高品质城市建设目标要求，海淀城市服务功能和环境品质尚不能满足创新发展与人民美好生活的需要。四是对标首都城市治理现代化要求，海淀精治共治法治化水平有待提升。五是对标国际一流营商环境建设要求，海淀改革开放仍需进一步加大力度。

即将进入的“十四五”时期，是世界百年未有之大变局的深度演化期，是建设社会主义现代化国家新征程开局的起步期，是北京建设国际一流和谐宜居之都的关键期，也是我区全面推动“两新两高”战略再聚焦再深化再落实的重要时期。站在历史的新起点，我们要对标对表中央市委部署安排，深入研究谋划中长期战略任务和战略布局，破解关系长远发展的系列重大课题，以高质量的规划编制为下一个五年发展铺好路、开好局。

北京市海淀区国民经济和社会发展第十四个五年规划和二〇三五年远景目标纲要

（2021 年 1 月经海淀区第十六届人民代表大会第七次会议批准）

第一章　开启现代化建设新征程

“十三五”时期是海淀区发展进程中极不平凡、具有里程碑意义的五年。面对错综复杂的外部环境，海淀区积极应对风险挑战，加快深化落实首都城市战略定位，实现高水平全面建成小康社会的战略目标。“十四五”时期，胸怀中华民族伟大复兴战略全局和世界百年未有之大变局，海淀区有责任、有能力在率先基本实现社会主义现代化方面走在全市最前列。

第一节　历史性跨越的五年

“十三五”时期是海淀经济发展捷报频传、科技创新多点突破、综合实力迈上大台阶的五年，是海淀城市品质持续提升、民生事业硕果累累、社会大局和谐稳定的五年。在市委、市政府的坚强领导下，全区坚持以习近平新时代中国特色社会主义思想为指导，深入贯彻落实习近平总书记对北京重要讲话精神，切实增强“四个意识”、坚定“四个自信”、做到“两个维护”，坚持稳中求进工作总基调，坚持新发展理念，牢牢把握首都城市战略定位，深化实施“两新两高”战略，提高“四个服务”水平，抓好“三件大事”，打好“三大攻坚战”，聚焦中关村科学城，统筹推进疏功能、转方式、稳增长、促改革、调结构、治环境、补短板、惠民生、防风险各项工作，十二次党代会确立的“举全区之力加快全国科技创新中心核心区建设”的战略决策取得重大进展，区域经济发展保持稳中向好，高精尖经济结构持续优化，高品质城市建设取得积极进展，城市精细化治理水平显著提升，社会事业实现全面发展，市民获得感幸福感安全感稳步提升，总体实现“十三五”规划确定的主要目标任务，决胜高水平全面建成小康社会取得决定性成就，谱写了区域创新和跨越式高质量发展的新篇章。

区域功能全面优化提升。坚持把服务国家和首都大局摆在首位，不断提升“四个服务”水平，全面推进“四个中心”功能建设，圆满完成党的十九大和新中国成立 70 周年庆祝活动、第二届“一带一路”高峰论坛、亚洲文明对话大会等一系列重大活动的服务保障任务。坚决落实好中央及北京市关于疫情防控决策部署，统筹疫情防控和经济社会发展工作，全力保卫首都安全和人民生命安全。深入开展“疏解整治促提升”专项行动，27 个专项任务全部完成，实现不符合首都功能定位的产业“零准入”，“散乱污”企业保持动态清零，常住人口总量比 2014 年下降 15% 左右，实现了从聚集资源求增长到疏解功能谋发展的重大转变。“三山五园”地区环境整治提升取得重大突破，在服务保障中央政务功能上展现了海淀担当。

科技创新中心核心区建设取得重大进展。科技创新治理体系逐步优化，组建中关村科学城管理机构，编制中关村科学城规划，出台“创新发展 16 条”。科技创新从点的突破向系统能力提升迈进，中关村科学城建设不断跑出“加速度”，原始创新能力显著提升，建成量子信息科学研究院、智源人工智能研究院等一批新型研发机构，涌现出量子反常霍尔效应、天机芯等一批世界级重大原创成果，“十三五”期间国际专利（PCT）申请量累计达到 12000 件左右，主导创制国际标准近 200 项。构建以创新合伙人为支撑的创新雨林生态体系，创新创业生态环境进一步优化，获评首批国家双创示范基地，在构建双创发展生态、打造双创升级版等方面为全国双创发展提供了“海淀经验”，连续四年受到国务院的点名表扬。实施科技企业创始人“薪火共燃”培育项目，建设 3 个概念验证中心，支持建立 23 家高价值专利培育运营中心；携手西城区启动国家级金融科技示范区建设，上市、挂牌企业居全国地级市前列；成立“海淀区胚芽企业服务平台”，设立全国首家中小企业续贷中心，破解创业企业发展难题。

高精尖经济结构持续优化。综合经济实力迈上新台阶，地区生产总值达到 8504.6 亿元，经济总量和对全市经济增长贡献连续五年保持“双第一”。经济质量效益显著提升，劳动生产率达到 35 万元 / 人，单位地区生产总值水耗、能耗累计降幅分别在 15% 和 18% 以上，第三产业增加值占地区生产总值比重达 90% 左右。高精尖产业“压舱石”作用显著，海淀园总收入突破 3 万亿，年均增速达到 13.8%，国高新企业突破 1 万家，上市企业达到 236 家，以人工智能、大数据、区块链等为代表的数字经济加速兴起。在促进社会投资健康发展、土地节约集约利用和培育发展战略性新兴产业等方面连续三年获得国务院通报表扬。

文化创新发展动力不断增强。大力弘扬社会主义先进思想文化，广泛开展主题宣传实践活动，新时代文明实践中心建设实现全覆盖，建立了 29 个实践所和 648 个实践站，构建了“2+9+N”志愿服务体系，被中央宣传部确定为“全国十大新时代文明实践中心建设重点联系县（市、区）”。历史文化和创新文化品牌进一步彰显，编制完成《三山五园地区整体保护规划（2019—2035年）》，完成功德寺地区、东西红门、荷叶山地区、东西水磨村庄腾退工作，腾退用地300公顷；文化遗产保护管理体系不断完善，“三山五园”入选首批国家文物保护利用示范区，中共中央北京香山革命纪念地建成，面向社会开放。高标准筹办好改革开放和中关村创新发展40周年纪念活动，开展“中关村创新发展之路”主题宣传活动。文化科技融合新动能加速打造，以数字内容服务、互联网文化娱乐、数字出版等为代表的新型文化业态成为区域经济新增长点，规模以上文化产业单位收入占全市比重突破50%。公共文化服务体系不断完善，全市最大的综合文化中心海淀北部文化中心建成投运，三级公共文化设施设置率100%，荣获“国家公共文化服务体系示范区”。

生态环境质量持续改善。全面推进打赢“蓝天保卫战”“碧水保卫战”“净土保卫战”，主要污染物削减总量超额完成，PM2.5年均浓度比2015年下降55%，水网大循环初步形成，城市污水处理率达99.3%，优良天数比例、优良水体比例显著提升，空气质量和地表水环境质量达到城六区最优，土壤环境质量保持良好。全区实现无煤化，农村取暖季生活方式发生历史性变革。强化垃圾源头治理和分类回收利用，垃圾分类示范片区街镇覆盖率达100%，生活垃圾无害化处理率100%。大尺度拓展绿色生态空间，持续打造中关村科学城绿色生态基底，森林覆盖率居城六区首位，城市绿化覆盖率达到53%，全域绿色生态网络基本形成。加大湿地生态功能保护修复力度，翠湖国家城市湿地公园被列入第一批市级湿地保护名录。圆满完成节能减排“双降双控”任务要求，绿色发展指数始终位列全市前列。

民生保障水平全面提升。实施教育强区行动计划和学前教育行动计划，教育资源布局进一步优化，普惠性幼儿园覆盖率达到92%，优质中小学集团化办学覆盖区内131个校区，基础教育优质均衡特色发展迈上新台阶。全国健康促进区加快建设，“6+5”医联体全面建成，社区卫生服务提质增效，公共卫生安全屏障进一步筑牢，荣获国家卫生区、全国计划生育优质服务单位、国家“平安医院”建设先进单位等荣誉称号，7个镇全部获评“国家级卫生镇”，公立医院综合改革受到国务院办公厅通报表彰。就业服务和社会保障水平不断提高，城镇登记失业率控制在1.5%以内，连续7年获评北京市“充分就业区”，在全市率先实施居家养老失能护理互助保险试点，社区养老服务驿站29个街镇全覆盖，城乡低保救助率达到100%，民政部、财政部第五批居家和社区养老服务改革试点成果验收获评优秀。完成政策性住房建设4.2万套、棚户区改造约1.8万户、老旧小区综合整治202.9万平方米，实现“一刻钟服务圈”全覆盖。全国社区治理和服务创新实验区建设通过验收。国家食品安全示范区建设积极推进，食品药品综合应急调度指挥体系持续完善，重点食品安全监测抽检合格率均超过99%，药品安全监督抽检合格率均达到100%。

城市精细化治理水平显著提升。编制实施《海淀分区规划（国土空间规划）（2017年—2035年）》，制定城市双修计划，在全市率先全面实施街镇责任规划师制度，组建“1+1+N”责任规划师团队。统筹街区功能提升和形态重塑，启动城市更新市区量级“种子计划”，中关村西区成为新型城市形态样板。落实街巷长制，对全区454条背街小巷实施整治提升，其中双榆树三街、买卖街整治提升效果突出，分别被评为北京市2018年度和2019年度十大“最美街巷”。魏公村小区棚户区改造创造了北京市棚改征收项目的“五个”新纪录。综合交通体系加快建设，16号线北段和中段、6号线西延、有轨电车西郊线等轨道线路开通，西三旗南路等80余条道路建成通车，清河交通枢纽建成投用。启动智慧城市建设，城市大脑总体框架基本建立，城市智能化管理水平大幅提升。城管执法体制改革顺利完成，构建起具有区域特点的“大城管”工作体系。探索超大城市乡村治理现代化新路径，获批全国首批乡村治理体系建设试点单位。平安海淀、法治海淀建设取得突出成效，成功创建“全国法治政府建设示范区”，群众安全感测评连续24个季度居于城六区首位，全国双拥模范城（县）实现“九连冠”。

改革开放开创新局面。在全市率先完成区级机构改革，议事协调机构由164个精简至59个，完成区级5个综合行政执法机构整合组建。国家服务业综合改革试点建设成效显著，中期评估荣获第二名。中国（北京）自由贸易试验区（以下简称“北京自贸区”）科技创新片区挂牌成立。率先实现企业登记全程电子化，推出创新服务“码上办”，营商环境成为北京“样本”，获得国务院通报表扬。获评全国农村集体产权制度改革试点典型单位。北京服务业扩大开放综合试点示范区建设加快推进，形成了设立首家民营银行、在海淀园开展外债发行试点、启动外国人来华工作许可试点、开展国际赛会（展会）进口物品通关便利化试点等试点经验。整建制农转非全面完成，四万农民转非进城，全区基本没有身份上的农民。开展东西部扶贫协作，6个对口支援地区全部实现脱贫摘帽。

第二节 把握战略机遇期

当今世界正面临百年未有之大变局，中华民族伟大复兴正处于关键时期，发展面临的环境日趋复杂。“十四五”时期海淀发展仍处于重要战略机遇期，但机遇和挑战都有新的深刻变化，要增强机遇意识和风险意识，化危为机，抢抓机遇，善于育先机、开新局。

从世界范围来看，世界正面临百年未有之大变局，新一轮科技革命和产业变革深入发展，全球科技创新格局发生深刻复杂变化，创新范式不断演进，正在重构全球创新版图及创新链、产业链、供应链、价值链，特别是5G时代到来，为海淀深度参与全球创新竞争与合作提供了更大空间。从国内大势来看，我国已进入高质量发展新阶段，经济长期向好的基本面没有变；党的十九届五中全会作出推动形成以国内大循环为主体、国内国际双循环相互促进新发展格局的重大战略抉择，坚持创新在现代化建设全局中的核心地位，把科技自立自强作为国家发展的战略支撑，科技创新被提升到前所未有的高度；京津冀协同发展、科技强国、网络强国、数字中国等系列重大国家战略深入实施，为海淀加快中关村科学城建设、提升自主创新能力、在更高起点推进高质量发展创造了良好环境。从北京市来看，党的十八大以来，习近平总书记8次视察北京、13次对北京重要讲话，为首都“十四五”乃至更长时期的发展指明了方向、提供了根本遵循；国家支持北京形成国际科技创新中心，市委对科技创新和优化首都功能提出了更高要求，“四个中心”“四个服务”的能量持续释放，2022年北京冬奥会冬残奥会筹备工作紧锣密鼓，国家服务业扩大开放综合示范区和中国（北京）自由贸易试验区建设全面开局，“三城一区”主平台支撑首都高质量发展的优势和地位进一步凸显，为海淀提升城市品质、深化改革开放、加快建设现代化国际化创新型宜居宜业城区和北京国际科技创新中心核心区提供了强大支撑。从海淀自身来看，区域创新生态体系逐步完善，人工智能、区块链等前沿技术具有发展先机，高精尖产业结构持续巩固，经济高质量发展基础雄厚，发展韧性和动力强劲，构建新型城市形态探索迈出重大步伐，中关村科学城北区建设全面突破，特别是疫情催生新技术、新产业、新业态、新模式呈蓬勃发展态势，“两区”“三平台”建设蓄势待发，“三区”政策叠加优势释放澎湃动能，为海淀推动科技治理体制改革、引领数字经济发展、率先融入新发展格局、走在全国高质量发展最前列开辟了新路径。

站在新的历史起点，我们必须科学地审视我们所处的新方位，深刻认识到区域发展还面临诸多挑战：科技创新进入创新层次和能级的全面提升期，但海淀区科技创新能力与世界先进水平还有一定差距，引领性原创成果和具有主导权的国际标准较少，关键核心技术和前沿引领技术产出能力还不强；科技创新仍面临不少体制机制障碍，创新创业生态仍需进一步优化，全球创新资源配置能力有待提升。经济发展进入经济质量效率和动力的重大变革期，但海淀经济实力还不够强，具有全球竞争力的领军企业较少，高端产业集群发展优势尚未形成，经济发展质量和效益仍有待提升；科技成果转化的规模和效率还有待提升，科技创新优势向经济发展优势转化仍不充分，支撑高质量发展的动力源还未全面形成。城市形态进入园区与城市融合、产城融合的深度转型期，但城市规划建设水平不高，科技园区未能与城市经济、文化、社会、生态等要素有机融合，功能复合性和宜居性不够，空间资源的保障能力和统筹配置能力有待提升，建设高品质城市任重道远。发展动力进入文化与科技深度融合的动力优势重塑期，但区域科学精神、工匠精神、创新氛围、创造活力与全球顶尖科创中心还存在较大差距，文化与科技相互渗透融合还不够，文化软实力对区域发展的硬支撑作用有待提升。城市治理进入治理能力和治理体系现代化的关键突破期，但人口资源环境矛盾依然突出，城市精细化管理水平还不高，治理大气和水污染、缓解交通拥堵等难题还需下更大气力，优质公共服务供给与人民日益增长的美好生活需要还存在不小差距。

综合分析判断，“十四五”时期，海淀正处于机遇与挑战并存、优势与矛盾叠加的特殊时期，正处于各项事业爬坡过坎、发展能量全面释放的关键时期，正处于创新发展、跨越式高质量发展的窗口时期。海淀要自觉站在“两个一百年”奋斗目标历史交汇点上审视自身发展，在国家大格局和大战略中找准定位，在育先机开新局中牢牢把握未来发展主动权。要在落实首都城市战略定位、推动京津冀协同发展上持续用力，在构建新发展格局上积极作为，在全面深化改革创新上当好先锋，在实现更高质量、更有效率、更加公平、更可持续、更为安全的发展上走出新路子，以中关村科学城建设的新突破开启现代化国际化创新型宜居宜业城区和国际科技创新中心建设新征程。

第三节 科学谋划新发展

一、二〇三五年远景目标

遵循党中央实现社会主义现代化强国“两步走”战略部署以及首都要率先基本实现社会主义现代化的目标，海淀要奋勇争先，主动作为。展望2035年，要当好首都率先基本实现社会主义现代化的排头兵，努力建设成为集教育科研、发明创造、创新创业、生产发展、居住生活、文化交流等多维价值于一体的科学智慧之城、创新引领之城、人文活力之城、生态优美之城、和谐宜居之城。支撑首都“四个中心”功能和区域创新的新型城市形态全面形成，“四个服务”水平大幅提升，服务党和国家工作大局的能力明显增强；“三山五园”地区成为中华民族精神重要象征地、首都核心功能重要承载区、国家历史文化传承典范区、东方人居环境杰出代表区；中关村科学城科技园区与城市融为一体，创新生态体系和街区功能更加完善，原始创新能力、关键核心技术取得重大突破，国际科技创新中心核心区的创新力、竞争力、辐射力全球领先，成为全球创新网络的中坚力量和引领世界创新的新引擎，科技实力有效支撑科技强国建设；全面融入京津冀协同发展，引领“三城一区”联动发展格局基本形成。经济综合实力显著提升，经济发展质量效率和动力全面变革，形成要素顺畅流动的产业生态和国际一流的现代化经济体系，聚集一批抢占产业链高端环节、具有国际影响力的行业领军企业和新兴产业集群，经济总量和人均收入迈上新的大台阶，成为首都经济高质量发展的核心支撑力量；城市智能化水平居世界前列，数字政府、数字社会、数字智能城市建设取得显著成效，科技创新理念和手段广泛运用于政府服务、公共服务、社会治理、城市规划建设和管理等各领域各方面，信息化智能化全面引领生产生活，成为新技术、新产业、新业态、新模式的最佳策源地和试验场；生态环境更加优美宜居，绿色生产生活方式成为广泛自觉，碳排放率先达峰后持续下降，碳中和取得明显进展，美丽海淀基本建成；文化与科技深度融合，文化软实力对区域发展硬支撑作用显著增强，市民素质和社会文明程度显著提高，成为彰显文化自信与多元包容魅力的国际一流文化强区；改革创新“试验田”作用充分发挥，“两区”建设成为示范，形成一批领先全国的制度化成果，参与国际经济合作和竞争新优势明显增强；法治政府、法治社会全面建成，平安海淀建设达到更高水平，韧性城市建设取得重大进展，基本实现城市治理体系和治理能力现代化，人民群众充分感受到社会公平正义、体会到生活舒适美好；公共服务体系健全，基本公共服务实现均等化，“七有”“五性”需求在更高水平上有效满足，全面建成现代化教育强区，健康海淀取得长足进展，交通网络便捷通达，公共交流空间品质高端，南北区域发展更加协调，中等收入群体显著扩大，人的全面发展和共同富裕取得显著进展。

二、指导思想

高举中国特色社会主义伟大旗帜，全面贯彻党的十九大和十九届二中、三中、四中、五中全会精神，坚持以习近平新时代中国特色社会主义思想为指导，以习近平总书记对北京重要讲话精神为根本遵循，深入贯彻落实市委十二届十五次全会决策部署要求，统筹推进“五位一体”总体布局，协调推进“四个全面”战略布局，坚定不移贯彻新发展理念，坚持稳中求进工作总基调，牢牢把握首都城市战略定位和海淀区域功能定位，深入实施人文北京、科技北京、绿色北京战略和“两新两高”战略，聚焦“一村三山五园”，释放“三区”政策叠加效应，以首都发展为统领，以中关村科学城建设为“强劲引擎”，以推动高质量发展为主题，以深化供给侧结构性改革为主线，以改革创新为根本动力，以满足人民日益增长的美好生活需要为根本目的，以疏解非首都功能为“牛鼻子”推动京津冀协同发展，以更深层次改革和更高水平对外开放提升全球资源配置能力，统筹发展与安全，加快构建创新引领的现代化经济体系，率先探索融入新发展格局的有效路径，着力担当好北京国际科技创新中心建设领头羊、首都“四个中心”功能集中承载区、中华民族精神重要象征地、经济高质量发展引领者、体制机制改革创新“试验田”、“两区”“三平台”建设示范标杆、城市治理体系和治理能力现代化先行区的责任使命，加快建设现代化国际化创新型宜居宜业城区和北京国际科技创新中心核心区，为首都建设国际一流的和谐宜居之都作出贡献，在首都率先基本实现社会主义现代化进程中走在最前列。

三、基本要求

推动“十四五”时期海淀区经济社会发展，要严格遵循区委提出的“坚持党的全面领导、坚持以人民为中心、坚持服务融入新发展格局、坚持高质量发展主题、坚持全面深化改革开放、坚持统筹发展与安全”的基本原则，把握好以下基本要求。

突出以首都发展为统领。坚持有所为、有所不为，深刻把握“都”与“城”的关系，从党和国家事业发展全局的高度，以大历史观的胸怀和视野，紧紧围绕“都”的功能来谋划“城”的发展，以“城”的更高水平发展服务保障好“都”的功能，着力形成首都“四个中心”功能的“海淀表达”，推动服务保障能力、人口资源环境、城市功能布局同城市战略定位相适应、相协调、相一致，全面提高“四个服务”水平。

突出京津冀协同发展。落实减量发展要求，严守“双控”“三线”约束，深化土地空间供给侧结构性改革，加强全域空间资源管控和高效利用，守牢城乡建设用地底线，全面提升承载能力。紧紧抓住疏解非首都功能“牛鼻子”工程，正确处理“舍”与“得”“疏解”与“提升”的关系，优化增量，盘活存量，有效缓解“大城市病”，为创新发展、绿色发展、可持续发展提供坚实的空间要素资源保障。率先探索与未来科学城、怀柔科学城、北京经济技术开发区、北京城市副中心以及津冀地区协同联动发展新模式，发挥好引领带动作用。

突出“两新两高”战略。坚持一张蓝图绘到底，保持抓铁有痕、久久为功的定力，与时俱进深化完善发展思路和措施，进一步找准工作抓手和着力点，充分挖掘文化与科技融合所形成的新发展动力，着力构建园区与城市融合、产城融合、职住平衡的新型城市形态，努力形成推动高质量发展与打造高品质城市相互支撑、互促共进新格局。

突出科技自立自强。坚持创新在区域现代化建设全局的核心地位，立足“四个面向”，把科技自立自强作为区域发展的战略支撑，把原始创新能力摆在更加突出的位置，实施科技创新能级提升行动，探索完善区域科技治理体系，形成社会主义市场经济条件下新型举国体制的海淀路径，打好关键核心技术攻坚战，抢占行业发展制高点。以科技创新引领带动全面创新，让创新氛围更加浓郁、创新活力更加强劲，加快形成以创新为引领的现代化经济体系和发展模式。

突出中关村科学城。坚持科技创新出发地、原始创新策源地、自主创新主阵地功能定位，强化“三城一区”主平台和领头羊地位，瞄准国际一流，着眼“科学＋城”，按照“南区腾笼换鸟、有机更新、提质增效，北区完善功能、全面突破、做强腹地”的思路，一体推进空间规划、创新生态、产业布局、城市设计、建设管理。充分发挥北区发展纵深和战略腹地作用，统筹好生态、科技、人文要素，探索以人为核心的新型城镇化路径，塑造“生态芯”“科技核”“国际范”的城市特质，加快南北区域均衡协调发展，推动跨区域协同联动，打造首都高质量发展的动力源和强劲增长极。

突出绿色发展。深入践行“绿水青山就是金山银山”理念，坚决打好污染防治攻坚战，进一步扩大生态环境容量，持续改善环境质量，积极探索生态环境保护与经济发展相辅相成、相互促进的高质量发展之路，以绿色转型的生动实践讲好蓝天碧水地绿的美丽海淀故事，不断增强人民群众“绿色获得感”。

突出城市治理效能。坚持人民城市人民建、人民城市为人民，推进城市治理革命，以全周期管理重塑城市治理体制机制，创新治理手段、治理模式、治理理念，率先构建经济治理、社会治理、城市治理统筹推进和有机衔接的治理体系。更加注重系统治理、依法治理、精细化治理，健全党建引领、政府有为、市场有效、企业有利、百姓受益、简约高效的基层治理机制。加快构建防范化解重大风险、突发公共事件应急管理、安全发展保障等各方面体制机制，推进城市治理体系和治理能力现代化。

四、“十四五”发展目标

锚定2035年远景目标，坚持战略愿景和战术推动有机结合，坚持目标导向和问题导向有机统一，到2025年，服务首都“四个中心”建设能力显著增强，努力建设高能级创新引领型城区、高质量发展典范城区、高颜值宜居宜业城区、高水平改革开放示范城区、高品质民生幸福城区和高素质全国一流文化强区，基本建成现代化国际化创新型宜居宜业城区和北京国际科技创新中心核心区，率先基本实现现代化取得决定性进展。

服务首都功能建设能力实现新提升。中央政务活动服务保障能力明显增强，全国一流文化强区建成，服务和支撑北京国际科技创新中心基本形成，国际交往环境及配套服务能力全面提升，服务“四个中心”建设的能力显著增强，非首都功能疏解有序推进，存量空间优化调整升级取得积极进展，常住人口总量控制在312.6万人以内。

国际科技创新中心核心区建设取得新成效。国际一流的中关村科学城率先建成，科技自立自强能力明显提高，原始创新和自主创新能力显著增强，全社会研究与试验发展经费支出占地区生产总值比重达11%；突破一批“卡脖子”技术难题，诞生若干影响世界的重大标志性成果，国际专利申请量达到5000件左右；科技创新治理试验区建设取得积极进展，创新雨林生态体系更加完善，形成多元主体高水平融合互动新格局，创新链、产业链、价值链初步实现高效协同。

经济高质量发展迈上新台阶。经济实现平稳增长，数字经济成为发展新动能，高能级未来产业蓬勃成长，高品质服务业辐射效应大幅提升，以创新引领的现代化经济体系基本形成，培育出一批具有技术主导权和全球竞争力的创新型产业集群，经济发展质量效益显著提升。到2025年，地区生产总值突破1万亿元，人均地区生产总值达到36万元，劳动生产率突破38万元/人。

高品质城市建设取得新进展。绿色发展理念深入人心，生产、生活、生态空间布局更加合理，中关村科学城南北协调发展能力显著增强，科学城北区产城融合水平显著提升，总体形成支撑首都“四个中心”建设和区域创新发展的新型城市形态。污染防治攻坚战取得重大进展，碳排放稳中有降，碳中和迈出坚实步伐，生态环境治理能力持续提升，生态环境质量大幅改善，生态文明水平显著提高，创建成功国家森林城市和国家生态文明建设示范区。

城市治理现代化建设实现新提高。以“城市大脑”“经济大脑”“数字政务”于一体的智慧城市框架体系基本形成，新型智慧城市建设走在全国前列，“畅通海淀”“平安海淀”“和谐海淀”“法治海淀”建设取得重大进展，基层治理水平大幅提升，“大城市病”治理取得明显成效，防范化解重大风险和突发事件能力显著增强，城市发展更加安全更具韧性，城市治理能力显著提升。

民生福祉和生活品质达到新水平。居民收入和生活水平持续改善，中等收入群体持续扩大，城乡差距、南北差距明显缩小；文化科技融合发展新动力全面彰显，社会文明程度显著提高；基本公共服务优质化均等化水平稳步提高，建成现代化教育强区和全国健康促进区，多层次社会保障体系更加健全，人民生命安全和身体健康得到有力保障，人民生活更方便、更舒心、更美好、更安全。

改革创新和开放发展实现新突破。重要领域和关键环节改革取得更大突破，一批重磅改革试点政策率先落地，形成国际一流的市场化、法治化、便利化营商环境。服务业扩大开放综合示范区建设全面推进，自贸区科技创新片区制度创新取得重大突破，数字经济和贸易开放不断深化，高层级科技创新交流合作平台建设取得新进展，开放型经济发展迈上新台阶，“两区”建设成为示范标杆。

“十四五”时期经济社会发展主要指标表

表1

类别	序号	指标	2025年目标	属性
减量提质	1	常住人口规模（万人）	312.6	约束性
	2	城乡建设用地规模（平方千米）	达到市级要求	约束性
	3	生产生活用水总量（亿立方米）		约束性
	4	地区生产总值年均增速（%）	6	预期性
	5	劳动生产率（万元/人）	38	预期性
创新发展	6	全社会研究与试验发展经费支出占地区生产总值的比重（%）	11	预期性
	7	园区企业研发投入强度（%）	6.2	预期性
	8	技术合同成交额年均增速（%）	6	预期性
	9	PCT专利申请量（件）	5000	预期性
	10	数字经济增加值年均增速（%）	8	预期性

续表 1

类别	序号	指标	2025 年目标	属性
开放协调	11	实际利用外资额（亿美元）	达到市级要求	预期性
	12	自贸区企业收入年均增速（%）	15	预期性
绿色发展	13	细颗粒物年均浓度（微克 / 立方米）	达到市级要求	约束性
	14	地表水环境质量目标完成情况		约束性
	15	生活垃圾回收利用率（%）		约束性
	16	森林覆盖率（%）		约束性
	17	单位地区生产总值能耗降幅（%）		约束性
	18	单位地区生产总值二氧化碳排放降幅（%）		约束性
共享发展	19	居民人均可支配收入年均增速（%）	与经济增长基本同步	预期性
	20	城镇登记失业率（%）	不高于全市平均水平	预期性
	21	新增学前教育学位供给数（个）	累计 5000 左右	预期性
	22	每千常住人口执业（助理）医师数（人）	5.11	预期性
安全稳定	23	每万名常住人口疾控力量配比（人）	达到市级要求	约束性
	24	单位地区生产总值生产安全事故死亡率（人 / 百亿元）		约束性
	25	食品药品安全	食品安全抽检合格率（%）	约束性
			药品抽验合格率（%）	约束性

第二章 高标准服务国家和首都大局

“十四五”时期，是北京深化落实城市总体规划、强化“四个中心”功能建设的关键时期。海淀区要以服务国家和首都大局为出发点，主动服务和融入新发展格局，紧紧围绕首都城市战略定位，深度融入京津冀协同发展，纵深推进非首都功能疏解，优化提升政务保障、文化传承发展、国际交往、科技创新等首都核心功能，提升“四个服务”水平，强力支撑北京建设国际一流的和谐宜居之都。

第一节 优化提升首都核心功能

牢牢把握在服务首都战略大局中所肩负的责任使命，聚焦“一村三山五园”，全力服务保障中央政务功能，进一步强化文化中心、国际交往、科技创新等首都核心功能建设。

一、强化“四个中心”功能建设

立足首都城市战略定位，全面提高“四个服务”质量和水平，加快建设服务保障中央政务功能的重要地区、国际科技创新中心核心区和历史文化传承发展典范区。始终如一提高政治站位，适应中央政务功能布局的需要，坚持政务服务功能和城市功能的有序、有机融合，为中央政务活动提供高品质空间与配套保障，创造优良政务环境，全力保障国家政务活动安全、高效、有序运行。聚焦中关村科学城，强化科技创新出发地、原始创新策源地和自主创新主阵地战略定位，重点加强卡脖子关键核心技术攻关突破，形成一批具有世界影响力的原创成果，建成国际一流的科学城，更好地服务和支撑世界科技强国战略。以“三山五园”、大西山绿色生态文化带、大运河文化带等建设为依托，强化历史文化传承发展，全方位彰显历史文化底蕴，深入挖掘文化科技融合发展新动力。健全重大国际活动服务保障长效机制，全力以赴做好北京 2022 年冬奥会和冬残奥会及相关测试活动和测试赛的筹办工作，推进冬奥保障区域环境整治提升，服务保障首体、五棵松等冬奥场馆建设，继续实施城市无障碍环境建设。拓展与国际友城交往，深化民间交往合作，依托驻区高校院所提升国际学术交流水平，进一步扩大国际文化交流的广度和深度，形成面向世界全方位展示海淀科技创新和文化创新成果的重要窗口。

二、增强重点区域功能承载力

推动长安街及其延长线政务走廊建设，加强重点区域的风貌整治、功能完善、景观优化和品质提升，多维度、精细化开展城市设计，优化中央政务功能布局，塑造舒朗庄重的中央政务空间形象，提升文化、休闲、体育等服务配套设施，提高智慧交通设施条件和精细化管理水平，进一步强化政务服务保障能力。以中关村科学城为核心，着力打造中关村大街高端创新集聚发展轴和北清路前沿科技创新发展走廊“一轴一廊”空间格局，联动南北、辐射东西，超前布局一批高能级科技创新平台设施，集聚一批全球高端创新要素。

三、打造具有全球影响力的功能性平台

高水平规划建设中关村论坛永久会址项目，持续办好中关村论坛，打造面向全球创新创业主体的综合性、开放性高端国际论坛，成为全球科技创新交流合作的重要平台和窗口，成为最具国际影响力的城市客厅。加快京津冀国家技术创新中心建设，打造成国家创新体系的战略节点、高质量发展的重大动力源。搭建一批教育、文化、科技融合型的国际交流与合作平台，提升科技赋能国际交往能力。支持建设一批国际化前沿领域交流平台、国际学术交流与创新服务集聚区、国际人力资源服务机构集聚区、国际企业服务中心等高端国际化服务中枢与服务平台。结合“一带一路”建设，搭建文化产品和服务进出口交易平台，构建国际营销网络，推动优秀文化产品和服务“走出去”提升国际传播能力，讲好中国故事、北京故事、海淀故事。

第二节　着力提升三山五园首都功能

充分发挥“三山五园”生态环境优美、文化底蕴深厚、核心资源集聚的优势，以保护促进首都四个中心功能保障，保障政治中心功能，突出文化中心功能，承载国际交往中心功能、服务科技创新中心功能，将“三山五园”建设成为首都功能建设重要承载地区，打造传统文化与现代文明交相辉映、生态环境与国家形象相得益彰的首都亮丽“金名片”。

一、增强政治中心功能保障能力

重点围绕玉泉山周边和香山中心区做好非首都功能疏解和环境整治工作，优化景观风貌，提高配套服务水平，全力保障中央党政军机关各项活动安全、高效、有序运行。继续有序推动玉泉山周边地区功能疏解，对不符合中央政务功能的村庄、住宅、产业、市政设施等进行搬迁腾退或功能置换，保障玉泉山空间安全，并为保障政治中心功能预留空间。继续加大违法用地违法建设查处和拆除腾退力度，实现建筑和人口规模的双减量。加强生态环境修复，恢复大尺度绿化空间，严格控制玉泉山周边地区建筑高度，保护天际线和视线廊道，创造优美宁静、安全静谧的政务环境，塑造绿树成荫、公园成群、舒朗大气的景观风貌。优化道路交通组织，将过境交通向外引导，保障政务交通通畅，减少过境交通干扰。

二、打造首都文化中心功能金名片

加强“三山五园”地区传统历史文化的深入挖掘、保护与传承，推进北京海淀三山五园国家文物保护利用示范区建设，大力发展综合性博物馆和具有海淀特色的主题博物馆，力争建成国家历史文化传承的典范地区。做好颐和园、圆明园两园之间“城中村”的搬迁腾退工作，利用腾退空间适当补充遗址保护、山前水系恢复以及文化展示、交流和体验功能，充分展示深厚的历史文化内涵。做好圆明园大宫门的保护展示工作，开放颐和园西宫门，整治颐和园新建宫门周边环境，增加门前区域接待容量，畅通与周边古镇、古村的联系。恢复织补青龙桥古镇、六郎庄古村等重要历史格局，整治更新香山中心区文化村镇风貌，提升御道沿线景观，增强传统历史文化的展示体验效果。

三、提高国际交往服务保障能力

重点依托世界文化遗产颐和园，增强外事接待水平和国际旅游吸引力，弘扬中华传统文化魅力。加快实施中关村论坛永久会址、故宫博物院北院区等一批重大项目，打造国际交往新载体。围绕北京大学、清华大学及众多的科研院所，促进国际教育文化传播和人文交流，发挥顶尖高等学府及科研机构在科技国际交流方面的重要作用。充分利用青龙桥、六郎庄等重要节点补充服务设施，提高国际交往活动的服务保障能力。

四、服务支撑国际科技创新中心建设

深入挖掘“三山五园”地区传统文化与现代科技融合发展新动力，规划建设成为国内顶级的教育科研文化功能区，发挥区域内北京大学、清华大学等高等院校的智力资源优势，有序推进高校院所内外存量空间释放，打造国际创新创业社区和交往片区，更加凸显创新创业孵化优势，激发创新潜能，促进科技交流。加强校地联动，建设一批校地共建共治共享的创新空间。

第三节　纵深推进非首都功能疏解

坚定不移推动非首都功能疏解，突出“以提促疏、以提促治”，聚焦补短板、强弱项，系统推进、持续发力，全面提升城市服务功能与环境品质。

一、系统推进疏解整治促提升

着力构建“疏解整治促提升”长效机制，继续在深化疏解、强化整治、优化提升上下功夫，有序推进非首都功能疏解，执行“两为”方针，灵活运用“五维”评判标准，坚持精准治违，逐步拆除存量违法用地违法建设，注重减量提质增效，拓展高质量发展空间。持续推进一般制造业企业、区域性专业市场和低效产业主体有序退出，保留一定重要应急物资和城市生活必需品生产能力，鼓励存量空间“腾笼换鸟”。推动公交场站、旅游集散中心等设施合理布局，落实好老校区、老院区功能疏解和优化提升。强化“留白增绿”，利用腾退土地增绿、补绿、插绿，改造建设一批城市森林、口袋公园及小微绿地。建立健全整治类专项任务“计划管理＋动态清零”机制，巩固“散乱污”企业治理、“开墙打洞”、违法群租房整治等治理成效。

二、有序推进存量空间资源再利用

集约利用非首都功能疏解腾退空间。落实市级关于非首都功能疏解腾退空间管理和使用的意见，建立健全统筹利用腾退空间的规划、建设、管理的工作全链条，鼓励低效国有产业用地和集体建设用地转型升级。探索利用一般制造业、批发市场等非首都功能腾退空间打造高精尖产业发展新空间，深化细化按原用途和土地权利类型使用土地的过渡期政策，积极引入高端要素和创新业态。围绕补短板、优环境、提品质，引导腾退土地资源优先用于学前教

育、基础教育、基层医疗卫生、文体设施、社区服务、停车服务、生态休闲空间等城乡公共服务设施建设。

推进一批重点存量空间改造项目。加快推进市属高校、市属国企以及央企腾退空间的再利用。分类细化腾退空间资源再利用准入标准，创新老旧厂房等空间利用模式，加快存量旧厂房、大院和低效空间改造利用。推进龙徽1910文化创意产业园、西三旗电竞产业园、定慧里电竞文化中心、五道口BOM HALL、中裕花园改造、裕仁商务楼、北京电影洗印厂改造等一批重点项目建设，打造一批老旧厂房和低效空间改造示范项目。

三、着力打造极具魅力的城市活力中心

坚持非首都功能疏解与城市活力提升并重，突出以人为本的理念，规划建设城市活力中心，全面增强和提升人口活力、创新活力、社会和谐活力和开放包容活力。创新城市空间活力体系，优化南部地区产业服务设施布局，推动科研院所、高等院校的内在创新活力向周边延伸，利用周边存量用地，积极探索各类公共空间复合利用，打造共建共享体系的创新交往空间。北部地区结合轨道交通站点布局，补充完善服务设施配套，采用“小街区、密路网”的建设模式，激发街区活力。聚焦科技、文化、消费、生活等各类核心活力要素，规划打造一批集生产、生活与休闲、社交等多功能融合型的新载体。打造一批展魅力、聚人气的活力颜值地标工程，改造升级一批高品质特色化活力商圈、新兴消费体验街区和主题休闲娱乐目的地，营造区域新活力场景。

第四节 深度融入京津冀协同发展

紧扣“滚石上山、爬坡过坎、攻坚克难”的新阶段新要求，立足国家新发展格局构建，主动融入京津冀协同发展大局，全力服务“一核两翼”打造，在以首都为核心的京津冀世界级城市群建设中作出海淀贡献。

一、全力支持城市副中心和雄安新区建设

加强与城市副中心创新合作。推动与城市副中心产业结对协同，共建“通州硬科技产业示范基地”，在大数据、人工智能、网络安全、科技金融服务等方面开展战略合作，共同推进国家网络安全产业园、人力资源产业园等项目建设。加强科技创新合作，支持驻区高校院所在城市副中心设立科技成果转化基地，支持具备条件的科技型企业在城市副中心设立产业链、供应链上下游配套和企业生态链项目。积极推动人工智能、大数据、区块链等新技术、新产品在城市副中心建设中的示范应用，支持区内企业参与城市副中心新型基础设施、智慧城市、海绵城市等项目及应用场景建设，合作实现“技术＋场景＋应用”的优势叠加，促进企业创新产品落地。采取托管、合并、医联体等多种方式，持续引导区内优质教育、医疗、文化等资源向城市副中心辐射输出。

大力支持雄安新区建设。支持雄安新区中关村科技园建设，引导驻区科研机构、科技企业在雄安新区新设重点实验室、工程中心、技术创新中心等项目，推动科技创新成果孵化、转化和产业化项目落地。深化海淀区与雄安新区公共资源交易跨省域合作，探索远程异地评标，加强公共资源交易领域前瞻性工作交流研讨，促进两地公共资源交易信息共享和诚信体系共建。加强创新创业服务跨区域合作，探索孵化载体跨区域服务模式，将创新创业服务机制定向导入雄安新区。深入开展与雄安新区教育、医疗等领域的交流合作。

二、加强“三城一区”及周边城区对接协作

强化“三城一区”联动合作。强化中关村科学城与怀柔科学城、未来科学城、北京经济技术开发区的分工协作，建立完善的协同对接工作机制。探索与怀柔科学城建立大科学装置共享机制，强化重大基础研究领域的统筹布局，提升整体基础研究实力；推进与未来科学城产学研深度融合，探索科研院所、央企与民营科技型龙头企业、中小企业创新生态链共建机制，形成原始创新与技术创新相互促进的新格局；加强与北京经济技术开发区创新链产业链衔接，强化科技成果转化和产业化。

加强与北京西北部区域创新协作。强化北清路前沿科创发展走廊与昌平南部联动，提升前沿科技创新能力，加强与昌平生命科学园对接，推动生命科学园的公共服务和实验室向海淀企业开放共享，探索推动大区域产城融合、职住平衡。加强与新首钢园区对接合作，在5G、人工智能、游戏电竞、数字媒体、冬奥科技、智慧文旅等重点领域开展合作。完善海淀与延庆区结对协作机制，创新结对资金利用方式，聚焦生态建设、产业发展、公共服务等重点领域，提升结对合作成效。

三、构建跨区域创新链产业链供应链

加快共建协同创新链。立足服务国内大循环战略需求，探索海淀特色的跨区域协同创新发展模式，加快京津冀国家技术创新中心等重点项目建设，完善“研发共同投入、产业化共同受益”的合作机制，推动形成京津冀协同创新共同体，以创新链带动产业链和供应链构建。支持一批协同创新中心、共性技术合作研发服务平台、成果转化基地等创新载体在津冀地区落地，促进创新资源开放共享和先行先试政策跨区域交叉覆盖。发挥海国投、海开集团、翠微集团等区属国企示范作用，积极参与京津冀科技园区开发建设和股权投资。加快融入京津冀5G、人工智能、城市大脑等新技术应用场景合作共建。鼓励和支持海淀优质双创孵化平台向津冀地区拓展布局，引导一批创新创业项目在津冀落地转化。

积极推动产业链合作。加强与津冀产业合作对接，探索建立总部—生产基地、园区共建等多元化产业对接合作模式，引导不具备优势的产业环节向津冀地区有序转移，提升京津冀整体产业链现代化水平。推动电子信息、节能环保、新能源等优势产业及科技金融、创业孵化等科技领域，通过品牌和模式输出，提升对津冀地区的辐射带动。

加强与雄安新区等区域对接，探索产业园区共建新模式，实现由零散企业的“自发对接”到产业链的“平台对接”、再到创新创业生态环境的“协同发展”。

着力构建供应链体系。积极参与国内国际大循环构建，加快与京津冀区域创新中心合作，聚焦前沿引领技术、颠覆性技术、卡脖子技术等硬科技，加强联合攻关，在京津冀更大范围推动创新成果孵化、转化和产业化落地，构建创新链供应链体系。基于供应链安全考虑，引导龙头企业供应链基地回流，拓展京津冀产业链供应链布局，增强关键环节、关键领域、关键产品的保障能力。支持行业龙头企业开展涉外原材料和关键零部件进口的可替代部件，实施补链行动，推动相关核心零部件项目就近在京津冀落地。

第三章 加快建设国际科技创新中心核心区

坚持创新在现代化建设全局中的核心地位，突出科技自立自强，立足“四个面向”，以中关村科学城建设为“强劲引擎”，更加注重提升原始创新能力，更加注重全球化视野和开放创新，更加注重释放改革活力，深化拓展北京国际科技创新中心核心区与区域创新和跨越式高质量融合发展的有效路径，率先实现科技创新治理体系现代化，到2025年率先建成国际一流的中关村科学城，着力担当好北京国际科技创新中心建设的领头羊，强力支撑世界科技强国建设。

第一节 加快提升原始创新策源能力

以中关村科学城为主平台，把增强原始创新能力摆在更加突出的位置，超前布局一批国家级创新平台，突破一批“卡脖子”核心技术，加快培育和构建国家战略科技力量，集中力量打造科技创新出发地、原始创新策源地和自主创新主阵地，牢牢掌握新一轮全球科技竞争的战略主动权。

一、加强基础前沿研究和核心技术攻关

支持基础前沿研究。强化国家战略科技力量，加强“从0到1”基础研究布局，提升原始创新能力，突出前沿技术引领和关键核心技术突破。围绕人工智能、脑科学、区块链、量子信息、颠覆性材料、生命健康、纳米科学、空天科技和深地深海等前沿领域，支持高校、科研院所和新型研发机构承接一批具有前瞻性、战略性的国家重大科技项目，迭代实施重大科技攻关专项，开展前沿领域基础研究，提升基础研究水平和源头创新能力。鼓励行业领域的领军型科技企业开展基础研究，围绕人工智能、集成电路、医药健康等行业发展需求，突破操作系统、尖端芯片、量子计算、基础元器件等底层关键技术。支持各类创新主体开展前沿领域的跨界交叉研究，争取形成一批重大原创成果。

推动关键核心技术突破。围绕产业创新发展需求，聚焦人工智能、大数据、集成电路设计、超高清视频、创新药物、高端医疗设备、空天等领域，支持新型研发机构、重大创新平台以及科技型企业开展关键核心技术攻关，突破重大技术瓶颈，打破核心技术受制于人的格局。建立关键核心技术攻关“揭榜挂帅”和重点项目遴选机制，整合军地科研机构、高校院所、新型研发机构和科技型企业等各方主体开展集中攻关。强化对关键核心技术研发及产业化的支持促进，对于突破“卡脖子”技术的重大创新项目，给予精准支持，优先支持产业链核心环节技术的场景示范应用。充分发挥海淀创新基金系的作用，探索长期持续化投入机制，引导创新基金重点投向关键核心技术攻关项目。

二、培育和集聚高水平研发创新平台

支持一批国家级创新平台落地。积极推动国家实验室、启元实验室、北京（海淀）大数据先进技术研究院和京津冀国家技术创新中心等创新平台建设发展，加快培育和构建战略性科技力量。聚焦人工智能、区块链、量子信息等关键领域，重点布局一批基础学科研究中心，建设未来智能系统平台等公共基础设施。支持具有学科优势、人才优势且有意向的高校院所和领军企业参与国家实验室建设。支持国家重点实验室体系在海淀重组，积极推动国家实验室制度改革创新，构建与国际接轨、符合科研规律的管理体制、运行机制以及财政支持制度。

建设世界一流的新型研发机构。继续支持北京智源人工智能研究院、北京微芯区块链与边缘计算研究院、北京量子信息科学研究院和全球健康药物研发中心等新型研发机构发展，建设一批世界一流的新型研发机构。强化市场导向，进一步完善新型研发机构的治理模式和运行机制，引入职业经理人制度，引导社会资本参与新型研发机构建设。

打造一批专业化科技创新平台。发挥科技型领军企业优势，围绕人工智能、区块链、医药健康等重点优势产业领域，联合产业链上下游创新主体，建设若干产业创新中心和创新平台。重点支持人工智能公共算力平台、区块链算力平台项目、国际氢能中心等建设，打造紧密产业创新生态圈。

第二节 充分激发创新主体活力

充分发挥科教资源优势，构建更加紧密稳定高效的“创新合伙人”机制，充分释放高校院所、新型研发机构、科技型企业等多元主体创新活力，挖掘多元主体协同创新潜力，共同支撑国际科技创新中心建设。

一、进一步强化企业创新主体地位

打造一批具有全球竞争力的创新型领军企业。聚焦新一代信息技术和医药健康产业，培育一批创新能力强、引领作用大、研发水平高的世界一流领军企业。支持科技型领军企业建设多层次、多类型和高水平技术创新平台，瞄准产业链关键环节和核心技术开展创新突破；引导和支持企业优化研发投入结构，加大对基础研究领域的投入力度；

鼓励领军企业参与研究制定国际标准，提高行业影响力和国际话语权；鼓励领军企业在世界一流的创新型城市建立研发中心和创新平台，参与国际创新合作。

增强中小型科技企业的创新活力。深入实施海淀胚芽企业培育计划等政策举措，积极支持科技型中小企业加大研发投入力度，促进科技型中小企业向“专精特新”方向发展，挖掘并培育一批具有行业一流水平的隐形冠军企业。加大对初创企业的普惠性支持力度，在研发投入、创新平台建设、新产品示范应用、精准化创业辅导等方面给予大力扶持，培育一批创新能力强、商业模式可持续、成长性好的初创型科技企业，促进初创企业扎根发展。

强化大中小企业融通创新。实施大中小企业融通创新伙伴计划，加强共性技术平台建设，鼓励大企业开放资源、应用场景及创新需求，引导产业链上下游中小企业开展协同创新，实现创新链与产业链的协同互促。支持行业领军企业积极开展行业前沿领域的创新布局，构建创新生态圈。发挥大企业的引领支撑作用，通过组建产业技术创新战略联盟、共设研发基金、共建实验室和研发众包等方式，共享创新资源、开展促进协同创新。完善创新政策，加强创新服务供给，探索小微企业协同创新模式。面向企业全生命周期精准匹配创新资源政策，打造大中小微企业共生共赢的创新型企业集群和创新生态。

二、充分释放首都高校院所活力

支持首都高校院所创新平台建设。支持清华大学、北京大学等高校率先进入世界一流大学前列，鼓励在信息通信、计算机科学、软件工程、基础医学、临床医学、生物医学等重要学科跻身世界一流行列。鼓励科研院所加快建设面向世界科技前沿的卓越创新中心、大科学研究中心和特色研究机构。支持中国科学院等科研院所率先建设世界一流科研机构，成为抢占国际科技制高点的重要战略力量。支持科研院所统筹创新资源，围绕基础前沿交叉、信息网络、生命健康、材料等重大创新领域，布局若干前沿创新集群，加强科研创新平台建设。

推动高校科研院所科技成果落地转化。支持首都高校院所设立概念验证中心、技术转移中心、新型产业技术研究院、专业众创空间和孵化器等，打造首都高校科技成果创新孵化的集中承载区。加快概念验证中心建设，支持中科海淀科技创新综合体等成果转化平台载体建设。加大高校院所科技创新项目在中关村科学城研发转化的政策供给力度。推进实践共享型产业中试基地建设，加快推动创新成果资本化和产业化。

三、深入实施“创新合伙人”计划

持续深化“创新合伙人”机制。探索发挥地方党委政府组织作用和服务优势的新路径新模式，构建更加紧密稳定高效的“创新合伙人”机制。厘清政府和企业、高校、科研机构、创业者等在创新中的边界和关系，发挥合伙制独特优势，着力打造政府与创新主体在协同创新中的新型伙伴关系。搭建创新合伙人服务平台，探索建立创新合伙人资源池，研究制定支持创新合伙人的专项政策，深入推进各方资源对接合作，提升创新合伙效率。聚焦科学家、企业家、投资家、科技经纪人、科技战略专家、法律财务管理专家等重点群体，加快培养一批具有高度黏性、扎根中关村科学城创新创业的“创新合伙人”。

以“创新合伙人”模式推动各类创新主体合作。探索以创新合伙人模式，搭建央地资源、军地资源协同创新平台，率先构建社会主义市场经济条件下新型举国体制的有效路径，增强地方服务“主力部队”的能力。发挥高校资源聚集优势，建立校地双方深度融合对接合作机制，打造“校友合作创新”生态体系。坚持“政府引导、资本纽带、多元投入、市场运作”，鼓励首都高校、科研院所与科技型企业共建联合创新实验室或创新平台，实施前沿技术联合攻关计划。探索成立重点产业细分领域央地创新联盟，支持央企带动中小企业协同创新。推动龙头创新企业开放资源，建设开放式创新平台或主题型创新生态空间，为“创新合伙人”提供资源支持，联合开展研发创新，共同推动产业化落地。

第三节 打造国际一流的人才高地

把人才“战略资源”摆在更加突出的“战略位置”，坚持党管人才原则，充分发挥党委政府的组织和服务优势，深化人才发展体制机制改革，构筑与海淀科技创新和中关村科学城建设相匹配的人才发展治理体系和具有国际竞争力的人才发展环境，打造一支国际一流的人才队伍，为推动国际科技创新中心建设提供最为坚实的人才智力支持。

一、造就国际一流的人才梯队

构建梯度合理的人才体系。开展“海淀英才计划”，实施原始创新人才培育工程、产业领军人才培优工程、杰出青年人才培养工程、知识更新工程，引进一批国际一流战略科技人才，汇聚一批顶尖战略科学家、优秀青年人才和高水平创新创业团队，培育一批卓越的企业家、投资家、国际高端经营管理人才和专业化科技服务人才，壮大高水平工程师和高技能人才队伍，打造一支数量充足、结构优化、素质一流、富有创新的高层次人才队伍。

拓展高端人才延揽渠道。围绕大信息和大健康领域，建立重点产业急需紧缺人才目录，靶向推动“人才＋项目”精准引才，着力集聚一批全球顶尖人才。探索建立“联动荐才”机制，充分利用人大、政协、统战、群团、协会、留创园区等多途径联络凝聚优势，建立荐才对接平台，形成全区各界争相引才、争相荐才、争相育才的“招才引智”新格局。发挥新型研发机构、各类孵化平台、第三方服务机构等市场主体作用，不断集聚海内外人才来中关村科学城创新创业。探索建立“产才对接预核平台”，建立科学合理的人才引进早期评价体系，提升人才引进精准度。进一步发挥中关村人才特区百校联盟平台作用，延伸聚才工作“触角”，保障重点行业、领军企业用人需求。做好“两站”

建设，支持科技型民营企业和民非机构设立园区类分站，柔性引进央属专家学者和海外青年智力资源。稳步推进中国北京人力资源服务产业园区（海淀园）建设，探索培育适应新经济发展的人力资源服务提供主体，为区域发展招才引智。

加强青年科技人才培养。按照分类培养、整体提升的原则，加强创新创业、科技服务、国际商务等重点领域的青年人才培养，全面提升青年人才专业素养与国际化视野。创新青年人才培养模式，依托重大科技项目、新型研发平台等载体，开展产学研人才联合培养，发现和培养一批创新思维活跃、敢闯“无人区”的青年人才。充分利用驻区高校优势资源，继续实施“薪火共燃”计划，加强创新型、应用型、技能型青年人才培养。依托 HICOOL 全球创业者峰会、“东升杯”国际创业大赛、“创青春—中关村 U30”青年创新创业大赛等市、区优秀赛事，探索建立“高潜人才”早期发现、培养和跟踪服务机制。

二、全面激发人才发展活力

推动央地人才一体化发展。深化央地人才协同发展，进一步整合利用好驻区高校、科研院所、央企等央属人才智力资源，促进央属人才全面深度参与海淀建设。依托“央地人才交流合作俱乐部”，进一步拓展央地人才专家库和企业项目资源库，分行业、分领域开展项目对接活动，促进科技成果转移转化。统筹使用军地教育资源，加大军民两用人才培养力度，通过加强技术协同攻关、项目合作等方式，促进军地高层次人才共享共用。

建设高质量人才发展平台。进一步深化“产才融合”理念，聚焦高质量发展主旋律，不断完善创新创业孵化服务体系，为人才发展提供广阔事业舞台。推动中关村科学城国际人才港、中关村国际青年创业平台项目建设，形成国际创新人才集聚与交流合作的重要平台。支持各类高端国际人才服务机构在中关村科学城建立面向全球的双创人才服务平台，推动各类优秀人才在中关村科学城开展科技创新及科技成果转化。

促进人才国际交流协作。深化首都院士之家海淀服务中心建设，以需求为导向，分层次、多维度做好院士及青年科学家联系服务工作。延伸拓展海外人才连接网络，整合海内外校友会、海外学联、海外联谊会等现有国际交流平台，建立与海内外知名科学家、企业家、投资家、各领域优秀人才的紧密联系，打造首都人才交流合作的全新阵地。积极参与在新加坡等全球重要节点城市部署连接枢纽，连接海外高层次人才，为国际人才扎根海淀提供离岸基地服务，带动对产业发展具有示范引领效应的项目落地。

完善人才评价激励机制。持续深化职称制度改革，按照本市各系列职称制度改革实施办法，完成职称制度改革各项任务，持续推进职称分类评价标准和代表作制度。建立健全以品德、能力、业绩为导向的专业技术人才评价体系，推进条件成熟的用人主体自主评价。建立包容审慎的高层次人才管理机制，注重人才的标志性成果、实际贡献和科学价值，保障高层次人才潜心创新创业、充分施展才华。支持新型研发机构开展人才使用、管理和激励等创新政策试点，打通高校、科研院所和企业人才流动通道。

三、营造具有竞争力的人才发展环境

深化人才发展体制机制。加强党对人才工作的领导，进一步完善人才工作运行机制。持续推动中关村人才管理改革试验区建设，积极争取中央和市级有关部门支持，聚焦引才、用才机制改革突破，构建具有全球竞争力的区域人才制度体系。实行更加积极、更加开放、更加有效的人才政策，为入选海英人才提供涵盖“个人贡献奖励 + 创业扶持 + 创新培育 + 生活保障”的全方位支持政策。探索顶尖人才和领军人才薪酬待遇“一人一策”。推动在境外开通外籍人才绿卡申请通道，探索开展持永久居留身份证外籍人才创办科技型企业享受国民待遇试点，探索建立外籍高层次人才技术入股市场协议机制等。整合国际人才政务服务事项，建设“一站式”外籍人才服务平台，实现工作许可、居留许可、永久居留等集中办理。在中关村壹号园区试点建立全市首家“人才工作事权下沉试点园”，推动市、区相关人才服务事权下沉。在区内增设定点医院，对境外人才发生的医疗费用，开展区内医院与国际保险实时结算试点。支持在区内实施境外高端人才个人所得税优惠政策。

加快国际人才社区建设。高标准推进中关村科学城国际人才社区建设，持续推进“H+”计划，聚焦“中知学”核心区域，联动翠湖、永丰、西三旗、五棵松等周边特色节点和属地街镇，统筹推进国际人才公寓、国际学校、国际医院、商业服务等配套，打造一批有海外氛围、有多元文化、有创新事业、有宜居生活、有服务保障的特色区域，确保国际人才引得进、留得住、用得好。推动“三厅一道”示范点位建设，率先在中关村西区、学院路、上地打造三个各具特色的“人才会客厅（示范厅）”，在五道口及成府路沿线打造“国际人才大道”示范街区，建设融办公、居住、文化、艺术、休闲于一体的国际人才社区示范街区。

构建高品质人才服务体系。针对战略人才、领军人才、高潜人才、骨干人才量身定制差异化服务方案，精准解决不同人才群体后顾之忧。聚焦人才关心的引进落户、子女教育、住房、医疗等核心需求，探索打造特色人才服务阵地，试点培育人才服务专员，推动人才服务进园区、进楼宇、进企业，进一步拓宽人才联系服务渠道，建立人才需求的有效发现和反馈机制，切实提升人才服务保障水平。

第四节 加快建设科创金融试验区

进一步巩固金融业支柱地位，强化金融服务科技创新和实体经济发展的作用，着力推动科技与金融融合发展，鼓励符合科技企业需求的金融产品和模式创新，努力发展与区域经济体量相匹配的现代金融产业，完善与科技创新相匹配的投融资服务体系，壮大与中关村科学城建设相需求相适应的创新资本中心，为优化区域创新雨林生态作出更大贡献。

一、完善全创新链金融服务体系

打造全球创业投资中心。吸引国际知名的耐心资本、优质投资基金和财富管理机构落户中关村科学城。做实做强“海淀创新基金系”，加强与国际知名天使和创投机构合作，聚焦科技型企业开展早期投资，培育更多早投、长投科技型中小微企业的耐心资本。聚焦前沿科技创新领域，前瞻布局一批由知名投资机构、行业领军企业、知名科学家、产业技术联盟等发起组建的天使投资、创业投资和并购基金。探索“政府 + 园区 + 企业”的联合创投基金模式，鼓励园区开发平台和头部企业参股创新创业投资基金，促进前沿创新成果落地转化。搭建面向创投企业的对接服务平台，为创投机构在京发展提供优质服务和良好环境。

全面深化科技信贷和科技保险创新。引导金融机构提供供应链金融、信用贷、双创债等创新产品和服务。深化科技信贷创新，探索建立以创新能力为核心指标的科技型中小企业融资评价体系。优化知识产权质押风险分担模式，探索可复制可推广的知识产权证券化，为科技型中小企业提供“知识产权运营 + 投贷联动”的全方位金融创新服务。

完善多层次资本市场服务体系。全力打造上市企业培育中心，依托深交所中关村基地和上交所北方基地，共建新经济企业挖掘、服务、推广机制，支持科技创新企业通过“科创板”“创业板”和“新三板”做大做强，提升“海淀板块”含金量。加强培训、融资对接等服务，加快企业上市挂牌进程，积极推动硬核科技企业登陆科创板，力争上市企业总数突破 300 家；延长企业上市服务链条，培育一批核心技术领先、产业链条完备的科技领军企业。

二、完善金融改革创新政策体系

积极发挥先行先试作用，进一步优化与金融发展需要相契合的支持服务政策体系，大力集聚内外资银行、保险、证券、财务公司、金融租赁等金融总部机构。探索建设特色金融功能区，引导金融要素向科学城北区聚集。以中关村科创新金融试验区和“两区”建设为契机，争取创业投资税收反向挂钩、组建科技创新政策性银行、外汇改革等一批先行先试政策落地。进一步加快建设与中关村科学城发展相促进的普惠金融创新中心，鼓励科技分（支）银行和中小企业专营机构开展金融创新，深化续贷中心和确权中心建设，打造首贷续贷办理、供应链金融确权、投融资对接多位一体的金融服务综合体。设立中小微企业应急转贷基金，为辖区中小微企业提供低成本资金支持。设立投贷联动基金，完善“股 + 债”的纾困体系，深化“财金协同”平台建设，做大做强海科金区属科技金融服务平台，多渠道破解中小微科技企业融资难、融资贵问题。发展绿色金融，创建绿色金融改革创新实验区。

三、全力打造金融科技创新高地

大力发展金融科技产业。推动产业空间稳步扩容和重点项目加速落地，聚焦北下关地区和中关村大街沿线区域，推动金融科技主题楼宇建设，重点围绕智能金融、监管科技、风险管理、金融安全等领域发展金融科技产业，吸引培育一批技术研发和场景应用能力较强的金融科技企业，推进数字货币试验区建设。支持符合条件的龙头科技企业持牌开展金融业务。支持北京金融科技研究院、微芯边缘计算研究院等研发平台开展共性技术、底层技术研发，鼓励市场主体参与制定行业通用标准，在普惠金融和金融安全等方面为国家金融创新发展探索更多经验。

优化金融科技发展制度环境。积极推进国家级金科新区建设，深化金融科技监管创新试点，吸引监管机构、地方政府、技术企业、高校与研究机构、行业组织等参与，探索金融科技的安全边界与创新路径。鼓励全球知名金融科技企业和服务平台设立各类分支机构和创新平台，鼓励国内金融科技企业开展国际化业务探索，支持相关机构参与、引领国际金融科技标准化工作，推动金融科技标准建设国际化，在全球金融科技竞争中提升话语权。用好“金融科技”会客厅，定期召开“10+10”金融科技系列对接活动，通过“发榜”“揭榜”“打榜”等方式促进金融、科技融合互动。办好“一会一赛三论坛”金融科技主题活动，不断提升金科新区的国际影响力。

第五节 全面升级创新雨林生态

聚焦国际科技创新中心建设需求，坚持补短板、强弱项，实施高端要素再聚集行动，引进高端人才、技术、资本、服务机构等创新要素，增强要素的丰富性和多样性，着力提升科技成果孵化、知识产权服务、科技创新中介服务等专业化服务能力，形成更加完善的政产学研用全要素创新雨林生态体系。

一、提高科技成果孵化转化能力

强化技术转移服务能力。汇聚一批知名的技术转移服务机构，鼓励技术转移机构提供专业、全面的支持服务，推动技术转移专业化、国际化发展。支持高校院所、科技型龙头企业和新型研发机构等创新主体新建一批专业化技术转移服务机构。支持国内外具备较强专业服务能力的知名技术转移服务机构入驻中关村科学城，开展面向企业需求导向的科技成果挖掘、筛选、评价、推介、概念验证和落地转化全链条的技术转移转化服务。

引导创业孵化高质量发展。持续汇聚一批世界知名的孵化器和众创空间，建设一批具备原创技术团队孵化、前沿技术企业加速、硬科技产业培育功能的专业化众创空间和新型孵化机构。依托中关村前孵化创新中心等载体开展前孵化服务，对重大科研成果进行超前投资和前移孵化。探索“反向孵化”新模式，围绕 5G、智慧医疗、智慧交通等方向，加快建设一批产业应用场景，构建以应用促进技术转化、以应用验证技术成果的新体系。支持龙头企业、服务机构在海外设立离岸孵化器，对有意向在中关村科学城创业的团队进行海外预孵化，提供技术咨询、投融资、场景对接等服务。

二、提升知识产权服务效能

制定海淀区知识产权发展战略，建设国家知识产权运营服务体系重点城市，支持北京知识产权保护中心建设，深入推进中关村知识产权保护中心等知识产权服务平台建设，营造公平有序的市场竞争环境和知识产权保护环境。加快知识产权服务业集聚区建设，引进一批国内外优质知识产权、技术转移等高端创新服务机构入驻，鼓励服务机构探索知识产权运营新模式、新业态，提升知识产权综合服务能力。支持重点领域的行业组织、龙头企业和专业机构联合构建行业性知识产权资源库，提供高质量、专业化的知识产权服务。建立健全高价值专利精准发现、深度挖掘、快速培育机制，支持企业、高校院所、知识产权服务机构等合作建立高价值专利培育运营中心，产出一批技术创新度高、保护范围稳定、市场前景好、竞争力强的高价值专利池。推进北京知识产权交易中心建设，完善知识产权价值发现、评估评价、风险处置机制，构建辐射全国、链接全球的技术交易平台体系。继续推进知识产权海外维权援助站点建设，鼓励知识产权服务机构在境外设立分支机构，为中关村科学城科技型企业走出去发展提供海外预警、专利导航、战略咨询等高附加值知识产权服务。

三、增强高品质专业化服务供给

支持建设市场化的“互联网＋科技研发”服务平台，集聚高校、科研院所、第三方检测机构及科技服务企业等单位的科技资源，为科研团队及研发企业提供仪器共享、实验外包、检验检测及科技众包等服务。加快培育一批运用大数据、云计算、人工智能等新兴信息技术的平台型研发服务中介企业，提供市场供需的精准对接服务。围绕人工智能、5G等新兴产业发展需求，支持专业化服务机构建设行业数据集、标准测试数据集等创新资源库，为企业技术研发提供基础支撑。积极鼓励高水平的法律、会计、资产评估、科技咨询、人力资源等科技中介服务机构在中关村科学城集聚，为科技型企业提供高品质专业化服务。

第六节　建设科技创新治理试验区

发挥“三区”叠加优势，深化科技体制机制改革与政策创新突破，推进科技创新治理改革试验区建设，打造新时代科技治理体系和创新引领经济高质量发展的“海淀样板”。

一、深入推进科技体制改革

加快科技管理职能转变。转变政府科技管理职能，把更多精力从分钱、分物、定项目转到定政策、创造环境和搞好服务上来。深化中关村科学城管理机制、重点产业促进机制、科技成果转化机制、科技人才引进培养机制改革，以“块”的突破形成新时代科技体制改革的“海淀样本”。谋划重大科技发展战略，完善科技创新政策体系，研究探索科技创新领域的先行先试改革探索。优化区域科技规划体系和运行机制，推动重点领域项目、基地、人才、资金一体化配置。实施研发投入倍增计划，健全政府投入为主、社会多渠道投入的科技创新投入机制，建立支持基础研究领域的持续稳定投入机制，探索财税金融激励支持政策。有效落实对企业投入基础研究等方面的税收优惠。

完善科技创新激励机制。建立科技创新容错机制，培育形成鼓励创新、宽容失败和防范风险的创新制度环境。探索基础研究稳定支持机制。支持驻区科研院所的改革探索，扩大科研自主权，积极探索建立以信任为前提的顶尖科学家负责制和科研项目经理人制度，推行科研项目经费“包干制”试点，赋予其充分的人财物自主权和技术路线决定权，提高研发效率和成果质量。开展科技人员绩效考核评价改革试点，把科研人员创造性活动从不合理的经费管理、人才评价等体制中解放出来，营造有利于激发科技人才创新的生态系统。实施创新雨林软环境建设行动，支持区域内央企、高校院所、新型研发机构等营造良好科研和工作环境，持续优化创业投资法治环境、政策环境、市场环境和服务体系。

二、创新科技资源配置模式

探索新型科研组织模式。探索市场经济条件下新型举国体制试点，做好地方支前工作，完善与央院、央企的“创新合伙人”机制，“一院一策”“一企一策”，提供精准服务。支持央院央企在中关村科学城建设基础研究成果加速转化产业化公共平台，促进基础研究和产业创新相互融合。深化科研管理体制改革，探索完善科技创新评价体系和科研诚信体系，创新适应颠覆性创新的研发组织模式。改进科技项目组织管理方式，探索建立符合大科学时代的科学项目组织模式，实行“揭榜挂帅”等制度，建立目标导向、绩效管理、协同攻关、开放共享的新型运行机制。

完善市场化科技资源配置方式。创新科技资源配置模式，推动创新资源跟着人才走，创新政策跟着项目走，促进创新链和产业链精准对接。建立健全技术要素市场，聚焦健全职务科技成果产权制度、完善科技资源配置方式、促进技术转移转化、推动技术要素资本化等关键事项，加快打造功能完备、配置高效的技术要素市场。以促进创新资源优化配置和高效利用为导向，建立科技资源开放共享机制。

三、完善科技成果转化机制

健全科技成果转化激励机制。加快落实《北京市促进科技成果转化条例》，营造有利于科技成果转化的良好环境。加快完善以知识价值为导向的价值分配机制，完善科研人员职务发明成果权益分享机制，积极开展高校院所成果权属混合所有制改革、央企科技人员科技成果入股改革等改革试点，探索形成市场化赋权、成果评价、收益分配等制度。探索建立国家重大科技项目转化支持机制，实施高价值专利挖掘和转化应用行动。鼓励驻区高校院所与区科技创新基金、投资机构开展合作，共同设立科技成果转化基金，引导更多社会资本投资重大科技成果、高价值专利转化项目。

推进科技成果转化平台建设。做强清华工研院等转移转化平台，推进专业化技术转移中心建设，加快推动创新成果资本化和产业化，持续挖掘、培育并推动转移转化项目落地。建设技术创新成果转化平台，遴选出一批具有影响力的重大科技成果产业化项目，推动科技成果转化形成更多模式和案例。探索实践“科技创新、标准研制和产业化相同步”的机制，建设海淀区科技成果转化技术标准服务平台，支持企业推动优势、特色技术标准成为国际标准。

以应用场景创新促进科技成果转化。推进应用场景创新和全域覆盖，统筹科技应用场景和城市建设，鼓励科技创新成果在海淀率先转化应用，引导鼓励各类新技术、新产品在海淀“首发首秀”，打造全球前沿科技试验、应用的首选地。构建以应用促进技术转化、以应用验证技术成果的新体系，形成以城市发展需求驱动成果转化、产业发展的新模式。

四、探索开放创新体制机制

探索与国际一流科技创新中心的协同互动机制。探索全球联动创新模式，支持中关村科学城与国外科技园区开展双向合作，搭建国际化协同创新平台，开展前沿技术研究、标准创制、应用推广及创新服务。探索采取市场化方式导入国际人才和先进技术，加快链接全球创新要素。重点加强与欧洲、日韩以及“一带一路”沿线国家和地区链接，积极吸引一批掌握行业核心技术、具有国际竞争力的跨国公司研发中心落户海淀。支持诺贝尔奖科学家来中关村组建实验室。完善全球化创新创业服务体系，开展面向全球的技术交易综合线上服务，引入一批创投基金、并购基金、耐心资本，建设海外创投基金集聚区。进一步完善涉外企业服务机制，为企业提供研发合作、技术标准、知识产权、跨国并购等全方位服务。深化拓展区域协同创新模式，深度融入京津冀跨区域创新链、产业链和供应链构建，加强与上海、粤港澳大湾区等国际科技创新中心开展创新合作，依托国家级科技园区和自贸试验区各功能片区，搭建开放创新合作平台，支持各类创新主体开展跨区域协同创新，服务全国新发展格局。

支持创新主体探索多元化国际创新合作。支持中关村科学城各类创新主体主动发起和参与全球重大科学计划，探索建立国际大科学计划组织运行、实施管理、知识产权管理等新模式、新机制。支持高校、科研机构、科技型企业在国际创新人才密集区设立离岸创新创业中心和孵化基地，支持龙头企业与国际知名机构组建海外科技创新中心。支持企业瞄准产业链关键环节、核心技术和重大发明，面向海内外实施兼并重组，成为国际“链主”企业。鼓励引导具备条件的企业在“一带一路”沿线国家和地区相关建设一批特色鲜明的海外孵化器、创新创业中心和科技园区，打造“一带一路”上的中关村。

探索全球创新资源配置新模式。鼓励和支持中外企业设立研发总部、研发中心和结算中心。落实技术转让所得税优惠政策，开展创新要素跨境便利流动试点，在北京自贸区科技创新片区内试点建设离岸创新创业中心，支持外籍高科技人才离岸创新创业。开展公司型创投企业所得税优惠政策试点，支持在现行私募基金法律法规框架下设立私募股权转让平台，探索赋予区内科创企业更多跨境金融选择权，打造全球创业投资中心。

第四章 着力构建创新引领的现代化产业体系

立足国家构建新发展格局的战略部署以及北京现代化经济体系建设的要求，坚持以科技创新催生新发展动能、保障产业链供应链安全稳定，按照“一产融合、二产做强、三产更优”的思路，打好产业基础高级化、产业链现代化攻坚战，加快形成以科技服务业为基础、大信息为支柱、大健康为突破、先进制造业为支撑的现代产业体系，着力发展壮大数字经济、医药健康产业、战略性新兴产业和现代服务业，做大做强实体经济根基，全力打造具有全球竞争力的高精尖产业集群，推动经济发展能级更高、结构更优、创新更强、动能更足、效益更好，实现量的合理增长与质的稳步提升，率先融入新发展格局。

第一节 加速发展数字经济

抢抓北京建设数字经济试验区契机，充分把握5G对产业变革的巨大推动作用，加快“五新”政策落地，大力发展数字经济，推动数字经济与实体经济深度融合，打造具有国际竞争力的数字产业集群，建成产业数字化、数字产业化的标杆城区。

一、提升新一代信息技术产业竞争力

强化新一代信息技术全产业链布局，重点发展人工智能、量子通信、大数据和区块链、超高清视频产业、集成电路、网络安全等前沿信息产业，突破一批关键核心技术，培育一批具有核心技术主导权的龙头企业，抢抓新一代信息技术主导权。超前布局“可用不可见”、量子芯片、大数据底层框架、分布式存储、云原生等前沿技术，支持概念验证和前沿颠覆性项目。支持建设人工智能开源开放创新平台，构建人工智能开放创新生态。稳步推进5G通信网络建设，超前布局6G等前沿技术，推动新一代信息技术在智能驾驶、大健康、物联网、工业互联网、城市大脑等领域应用。加快大数据和区块链产品和解决方案研发及产业化发展。支持超高清视频产业发展，加强超高清视频产业软、硬件集成创新，开展8K技术标准研究，试点8K超高清商业应用及区域性示范直播、点播实验。培育壮大集成电路研发设计产业，面向人工智能、智能终端、超高清视频等市场需求，强化高端芯片开发能力，鼓励企业开发EDA软件和关键IP核，推动全新高速高性能CPU芯片实现突破。推动中关村壹号、超高清视频产业园、中关村集成电路设计园、国家网络安全产业园（海淀）等特色园区和重点项目建设。加快新一代信息技术产业科技成果的商业化应用，推进新产品、新服务的试点示范，增强信息安全技术保障能力，健全行业监管机制，确保新一代信息技术产业应用可管可控。提高对新一代信息技术产业发展所需的土地、水、电等要素保障力度，推动重点投资项目顺利实施。

专栏：

新一代信息技术产业重点领域

人工智能。加快深度学习、强化学习的原型算法研究，突破人工智能芯片、深度学习框架、算法等关键核心技术，提升核心算法研发能力和应用水平。推进智源未来智能系统平台等项目建设。在智能网联汽车、智能安防、智慧教育、智能医疗等领域，实施人工智能创新应用示范工程，集中推出“AI+ 医疗”“AI+ 政务”等一批应用场景，加快人工智能商业化进程，打造人工智能产业“新蓝海”。

下一代通信网络。发展量子通信、下一代移动通信等新一代通信技术，突破射频器件、处理器芯片、高端模数 / 数模转换器等高端器件、中高频核心器件等关键技术和设备产品。推进北斗、窄带物联网（NB-IoT）、智能传感器等在智慧城市、共享经济、工业互联网、物联网等领域应用。

大数据和区块链。开展大数据采集传输、存储处理、分析应用、可视化和安全等关键技术攻关。研究制定数据格式标准、规范大数据流通标准，创新数据共享机制。构建区块链产业生态，加快区块链和人工智能、大数据、物联网等前沿信息技术的深度融合，推动集成创新和融合应用。

超高清视频产业。融合新一代信息技术，实现超高清视频产业链前端产品自主可控、终端产品技术领先，支持协同创新平台体系建设，联合国内外超高清视频产业链核心企业共同开展 8K 超高清视频技术创新与标准研制，积极培育超高清视频“云上共享”等新业态、新模式。

集成电路。开展新型显示、汽车电子、移动终端、工业控制等重点应用领域专用芯片，以及存储器、处理器、传感器、数字信号处理等高端通用芯片研发设计。加强芯片设计系统软件（EDA）研发应用，构建自主可控、安全可靠的新一代集成电路设计产业体系。支持重点龙头企业开展全新高速高性能 CPU 芯片攻关突破，实现国产替代，保障信息产业链供应链安全。加快中关村集成电路设计产业园、北京 CPU 创新中心等项目建设，集聚更多优质芯片设计企业。

网络安全。加强数据安全保护和网络安全防护体系研究，支持研发安全整体解决方案和专用产品。在工业控制系统信息安全、大数据及人工智能安全、移动互联网安全等应用领域，推动主动防护技术开发，加快信息安全从被动防御到主动智能转变。加快国家网络安全产业园（海淀）建设，加快推进一批网络安全关键共性技术研究，培育和引进一批拥有网络安全核心技术和服务能力的优质企业，打造网络安全创新集群。

二、加快培育数字经济新业态

加速区块链创新企业聚集，大力推进区块链新型研发机构建设。积极支持数字经济新业态新模式，鼓励支持互联网教育、在线医疗、远程办公、云上会展等新业态发展，推动智慧交通、智慧社区、智慧养老、智慧物流等应用场景项目建设。坚持包容审慎监管鼓励平台经济、共享经济发展，促进移动支付、新零售、数字创意等新业态发展，加快构建物联网商用网络，打造一批国际化数字经济优势企业。鼓励动漫游戏软件开发与原创生产，加快动漫游戏、虚拟仿真及衍生品服务拓展应用，培育发展数字出版。

三、超前布局数字经济新基建

充分发挥海淀数字经济基础优势，超前规划布局人工智能、物联网、智慧电网等数字经济领域“新基建”项目，推动新基建与新技术、新材料、新装备、新产品、新业态融合发展，打造全球领先的数字技术标杆和区块链应用高地。加大对数字经济重点领域共性开发平台、开源社区和基础软硬件设施的支持力度。支持新一代信息技术集成应用，系统性布局宽带、移动互联网、新型数据中心等设施。加快推动 5G+ 超高清制播分发平台、中关村自动驾驶创新示范区等重点项目建设，打造一批网络基础稳固、数据智能融合、产业生态完善、安全可信的数字经济新兴基础设施。

四、加强新场景应用项目建设

聚焦人工智能、5G、大数据、区块链、物联网、生命科学等领域，以新技术应用为核心，加强科技应用场景建设，推动超高清视频应用、中关村自动驾驶创新示范区等典型新场景应用项目实施，推进车联网、自动驾驶载人载物运营落地，为新经济、新业态创造新的市场空间。着力打造智慧社区、AI+ 医疗、智能配送、AI 科技公园、智慧旅游等城市治理和民生领域的新技术应用场景项目，推动智慧社区试点智能技术应用场景、温泉镇智慧交通综合应用场景等项目建设。加强京津冀应用场景合作共建，支持驻区企业积极参与“科技冬奥”、津冀新技术应用场景建设。

五、推动数字经济与实体经济融合

支持数字技术与实体经济融合发展，加快“研发 + 生产 + 供应链”数字化转型，推动智能制造、工业互联网等融合型业态发展，让更多领域成为数字新技术“试验场”、新模式“练兵场”和新业态“培育场”。围绕工业机器人、3D 打印、智能仪器与试验设备等智能制造产业领域，适度发展智能控制、智能检测、智能诊断等核心模块的研发、孵化和高端制造环节。支持运用数字技术开展服务模式和业态创新，加快无人零售、数字标牌、虚拟现实展示等数字化应用。搭建一批细分产业领域互联网平台和垂直电商平台，鼓励专业机构服务企业上云，优化中小企业数字赋能生态。支持企业建设智能协同办公平台，培育发展数字经济条件下的新型实体经济形态。推进数字技术与城市服务融合，率先在城市治理、社区服务、民生改善等领域开展数字化应用示范。

第二节 加快培育医药健康产业

面向人民生命健康需求，瞄准大健康产业发展前沿领域，加强创新突破，加快培育新技术、新业态、新产品和新服务，打造医药健康创新策源地和产业新高地。

一、打造生物医药研发竞争优势

以生物技术、基因工程、创新药等领域为重点，聚焦研发创新环节，建设一批创新药物成果转化平台和产业创新中心。围绕心脑血管疾病、恶性肿瘤、代谢性疾病、自身免疫性疾病等重大疾病预防和治疗需求，研发具有新结构、新作用机理的治疗药物，提高新药研制能力。加快贝伦产业园等特色园区建设，推动一批重点项目落地，孵化一批创新型生物科技企业、独角兽企业。

二、加快高端医疗器械创新发展

推动手术机器人、肿瘤治疗设备、高端成像设备、医用内窥镜、儿童专用医疗器械等高端精密医疗器械与核心部件研发及推广应用。推进高端医疗器械产业与材料科学、电子信息、智能制造等学科交叉融合和联合攻关，加快医学工程交叉前沿领域研究。支持新型血管支架、人工关节、骨科材料等高端植入类产品和新材料发展。提升大型医疗设备、应急救援医疗设备、可穿戴设备、生物 3D 打印技术、中医诊疗设备等医疗健康设备的数字化、智能化制造水平。

三、积极培育健康服务新业态

支持基于大数据的药物研发平台、基于人工智能的临床诊疗决策支持系统建设，加快培育基因检测及编辑技术、智能化可穿戴医疗、健康医疗大数据等新业态。利用基因测序、影像、大数据等技术，开展肿瘤等重大疾病的精准治疗。建设高端医疗技术公共服务平台，引进和培育健康管理、精准医疗服务、临床检验、医疗影像、病理诊断等专业服务机构，打造以个体化治疗技术为核心的高端医疗服务体系。积极发展健康养生、康复照护、医疗保健、健身休闲等多样化健康服务，加快发展互联网医疗、在线会诊、云健康管理等健康服务新模式。

第三节 积极壮大战略性新兴产业

以服务国家产业基础高级化、产业链现代化建设为目标，着力提升战略性新兴产业竞争优势，前瞻性布局一批未来产业，锻造一批头部创新企业群，厚植海淀经济发展新动能。

一、做强做优战略性新兴产业

重点发展新材料、高端装备与智能制造、能源环保和空天产业等战略性新兴产业研发与孵化环节，聚集一批世界一流的企业总部、研发中心和创业孵化平台。加快先进碳材料、高性能纳米材料、3D 打印材料、航空航天材料、光电子材料、生物医用材料等前沿材料领域发展，支持北京石墨烯产业创新中心等平台建设。支持智能无人系统、轨道交通装备、航空航天装备、北斗导航与位置服务装备等智能装备产业发展与技术攻关，加快智能制造系统创新国家研究院、中关村机器人产业创新中心、国家数字化设计与制造创新中心北京中心等重点项目建设。布局发展氢能源产业，打造商务车等氢能源应用场景。落实全市“南箭北星”空间布局，围绕卫星研制、地面站与终端设备、卫星测控、卫星运营、“通导遥”应用全产业链发展，推动空天产业集聚区“星谷”建设，支持卫星互联网等重点产业方向发展。推动不同领域各类企业主体紧密合作、协同创新，加快构建以系统集成商为核心、各领域头部企业联合推进、一批专注细分领域的“专精特新”企业深度参与的战略性新兴产业发展生态体系。

专栏：

战略性新兴产业重点领域

新材料。以先进碳材料、高性能纳米材料、3D 打印材料、航空航天材料、光电子材料、生物医用材料等领域为重点，着力开展新材料领域颠覆性技术创新，形成一批具有全球影响力的技术专利和研发成果。支持石墨烯研究院、北京石墨烯产业创新中心建设，推动以石墨烯为代表的前沿新材料关键技术攻关及产业化应用。加快永丰新材料产业基地升级。

高端装备与智能制造。围绕高端仪器仪表、数控装备等，推进智能制造和高端装备产业发展。加强机器人、智能制造装备、智能无人系统、轨道交通装备等技术攻关。支持先进传感器、控制器等核心元器件研发。

能源环保。加快发展氢能源产业，推进国际氢能中心等重点项目建设，形成基础研究、技术研发与产业落地融合的氢能技术和产业创新体系。加强太阳能、风能、生物质能等新能源应用创新，推动能源互联网产业融合创新发展。推进水环境治理技术研究及关键设备研发，促进水资源循环再利用。

空天产业。支持发展新一代空天系统和临近空间技术，发展高精度的北斗导航与位置服务，促进北斗、遥感应用产业升级。推进空天产业集聚区“星谷”建设，打造卫星互联网源头创新区、北斗及空间信息服务产业升级区和场景应用示范区，形成强有力的产业服务能力。促进军地院校、企业和科研院所合作，重点突破航空发动机、高端元器件、基础软件等领域核心技术。

二、前瞻性布局抢占未来产业制高点

准确把握全球新一轮科技革命和产业变革大势，坚持面向世界科技前沿、面向经济主战场、面向国家重大需求、面向人民生命健康，前瞻性谋划未来产业发展。实施技术主导力提升工程，瞄准“四个占先、四个突破”，聚焦量子科技、人工智能、生物技术、变革性材料开发等领域，超前布局未来产业优先领域，加强核心关键技术、颠覆性技术的研发和应用，促进人工智能、“北斗 +”、无人机、自动驾驶、精密仪器等新产业加速发展，打造未来产业创新发展策源地，形成新的产业梯队和增长点。

三、推进重大科技成果转化落地

基于高精尖产业链和供应链安全的考虑，积极争取市级相关支持，鼓励和引导高端装备和智能制造、医药健康等产业领域部分重大科技成果的高端环节转化和产业化项目，就近在中关村科学城北区的永丰产业基地、翠湖科技园等特色园区落地。激发各类市场主体活力，建设技术创新和转化协同平台。持续做强科技成果转移转化平台，推进实践共享型产业中试基地建设。鼓励和支持企业开展跨区域产业链布局，推动科技成果转移转化项目在更大空间范围落地。

第四节 优化提升现代服务业

牢牢把握扩大内需战略基点，以服务科技创新、高精尖产业发展和民生消费需求为导向，着力推动生产性服务业向专业化和价值链高端环节延伸，促进生活性服务业高品质多样化升级，充分挖掘和释放消费经济新动能，引领“海淀服务”再上新台阶。

一、推动现代服务业高质量发展

着力提升生产性服务业质量。持续巩固和提升信息服务、科技服务、金融服务等优势主导产业领域的竞争力，聚焦价值链高端环节，培育壮大一批生产性服务业龙头企业和品牌机构，构建国际一流的生产性服务业体系。开展“全球服务商”招引计划，升级发展高品质楼宇经济，做优做强研发设计、检验检测、技术交易、科技咨询、知识产权等服务业态，大力引进国际知名的财务、法务、战略咨询、猎头等领域第三方服务业龙头企业，推动第三方服务业集聚区建设。围绕知识产权运营和标准创制，发展知识产权经济和标准经济。加快关键技术标准研制，推进新一代信息技术、科技金融、商务服务等重点服务业领域标准体系建设，支持具备条件的企业和机构积极参与国家和国际标准创制。持续推进现代服务业组织方式创新，积极构建服务资源平台化整合共享、服务专业化全链条供给、创新成果市场化孵育转化的产业组织新模式。

加快升级生活性服务业品质。加速公主坟、中关村等重点商圈和传统商场、购物中心升级改造，推进科学城北区中粮大悦城等商业设施、西三旗新都环岛商业项目和华熙 LIVE 五棵松北区升级改造项目建设，打造一批商业综合体和特色商业街区，提升商圈品质。提高社区商业 e 中心等综合性便民商业服务网点覆盖面，提升服务品质，丰富服务手段，做好基本便民商业网点精准补建。广泛利用互联网、大数据等技术改进物流服务流程，推动冷链物流、电商物流、居民消费“最后一公里”物流等配送网络建设，鼓励企业投资建设末端配送中心、智能快件柜。深入推进“阳光餐饮”工程，提升餐饮质量安全水平，打造一批集特色风味、优质服务、饮食文化为一体的阳光餐饮服务品牌。引导家政服务规范化职业化发展，以家庭为服务对象，以社区为重要依托，创新家政服务发展模式，实现人力资源、信息资源、公共服务资源优化配置。

培育壮大融合型服务业态。推进现代服务业与先进制造业深度融合，支持企业拓展服务型制造业务，探索面向全国的个性化定制、网络化协同制造和服务型制造新模式，支持制造业柔性化、智能化发展，鼓励企业积极申请工信部工业互联网试点示范项目、物联网集成创新与融合应用项目等。支持平台经济、共享经济、创客经济等新经济与传统产业相互渗透支撑，积极培育智慧医疗、新零售、互联网教育、无人配送等新业态，支持无人车、机器人等配送终端应用场景建设。加快“互联网 + 文化”产业发展，鼓励传统媒体企业向新媒体、融媒体转型升级，支持知识分享、在线娱乐、数字媒体等业态发展。推动“5G+ 医疗”“AI+ 健康”下的智能诊疗、机器人手术、无线监护、移动护理等应用。推进旅游与科技、文化、农业等融合发展，加快培育智慧旅游、休闲旅游等新增长点，丰富多元化旅游产品和服务。

二、激活消费经济新动能

支持“新消费”业态发展。增强消费对经济发展的基础性作用，支持消费新业态发展，促进消费扩容提质，推动消费向体验化、品质化和数字化方向升级，打造国际消费中心城市重要节点。积极布局国际品牌首店、免税店等新兴消费设施，对在海淀开设全球首店、亚洲首店、旗舰店的国内外知名品牌企业予以资金和空间支持，繁荣发展首店首发经济。引导消费领域知名企业在海淀布局新零售、跨境零售等新消费项目，拓展“零售到家服务”。推动互联网和各类消费业态融合，丰富线上购物体验，鼓励发展预约消费、反向定制、直播带货、无接触配送及面向小社群的垂直传播、圈层消费等新业态新模式。加快落地一批信息消费体验中心，建设信息消费示范区。支持互联网企业丰富拓展未来新零售体验场景，构建虚拟现实网上商城、社交电商、优品电商等电商消费新场景，推动消费向体验化、品质化和数字化方向提档升级。积极申请“海关保税综合监管区”，支持跨境电子商务企业建设跨境电子商务体验店、线下提货店，推动企业跨境电商业务板块落地。

点亮“夜经济”释放新活力。加快构建包含市级、区级及重点区域的“1+3+5+N”重点商圈夜间经济网络布局，发展具有海淀特色的文化、信息、旅游、体育、娱乐等高品质夜间消费。继续提升华熙 LIVE、中关村西区等夜经济复合生态，策划 IC PARK、中关村壹号和稻香湖景酒店等新兴商圈夜经济亮点，在科学城北区打造涵盖夜间文化活动、夜间餐饮体验、夜间体育消费、夜间电竞赛事、夜间亲子服务等的夜经济集群。支持 24 小时便利店、“深夜食堂”、沉浸式体验馆、小型影剧院、24 小时阅读空间等建设，营造暖意十足的夜间消费氛围。持续举办“北京消费季 • 悦动海淀”、海淀公园光影艺术季等主题消费活动，促进线上线下全场景布局、全业态联动、全渠道共振，培育发展定制消费、体验消费等夜经济新业态。

持续改善消费经济发展环境。坚持科技创新带动消费升级，深入开展科技消费、文化消费、教育消费、健康消费、体育消费、夜间消费等重点领域消费供给侧改革，挖掘“新消费”潜力，打造消费新体验，激发居民消费活力。发挥海淀促消费专项资金作用，强化文化、体育、健康、养老等领域消费能力提升，设立海淀消费基金，吸引更多社会资本参与消费领域投资。放宽服务消费市场准入机制，以“两区”建设为契机，完善B2B跨境电子商务综合服务平台，探索健全跨境支付、境外消费、自然人移动等模式下服务贸易市场准入制度。加强消费领域大数据应用，支持信息平台数据开放共享，提升精准服务能力。完善消费市场监管体系，严厉打击假冒伪劣产品，探索建立内部举报人制度，健全服务消费质量纠纷解决机制，打造“放心买”的消费环境。

第五节 培育壮大高精尖产业主体

实施大企业大项目带动，着力壮大创新型领军企业和隐形冠军企业群，打通大中小企业融通发展的创新链、产业链和服务链。

一、打造世界一流的头部企业和总部企业

持续实施领军企业培育计划，围绕数字经济、医药健康产业、战略性新兴产业、现代服务业等领域，培育成长起一批具有国际竞争力的头部企业和创新型总部企业。大力发展高能级创新型总部经济，引进一批跨国公司地区总部及独立运营的外资研发中心、投资性公司，支持国内行业领军企业在海淀设立亚太总部、区域总部和研发中心等职能机构。制定科技型总部企业开展实体化经营的相关办法，通过奖励、精准化服务等方式鼓励企业在海淀增设投资公司、财务公司、结算中心等职能机构，拓展实体性经营业务。探索准总部企业发现机制，对中关村领航企业、独角兽企业等开展常态化跟踪，储备一批准总部企业，在研发投入、投融资、人才引进等方面，为准总部企业提供精准政策扶持。

二、支持独角兽和隐形冠军企业做大做强

围绕人工智能、大数据、医药健康、文化科技融合等新兴产业领域，遴选一批增速快、前景好、科技含量高的创新型企业，培育一批独角兽企业。为优质独角兽企业定制“一对一”扶持措施，提供上市融资、高端链接、品牌创造支持，健全准独角兽企业挖掘发现机制。持续实施隐形冠军培育计划，支持遴选出的成长期科技企业围绕产业细分领域，持续加大研发投入，引领产业前沿方向，培育一批掌握关键核心技术、占有细分领域较大市场份额的“隐形冠军”。鼓励和支持高精尖产业领域独角兽、隐形冠军等高科技企业，积极参与研究行业标准制定，形成一批具有主导权的国际标准，提高行业影响力和国际话语权。

三、引导中小企业向“专精特新”发展

支持推动中小企业转型升级，聚焦主业增强核心竞争力，走“专精特新”发展道路，不断提高发展效益和水平。以“专精特新”中小企业为基础，在核心基础零部件（元器件）、关键基础材料、先进基础工艺和产业技术基础等领域，培育一批主营业务突出、竞争力强、成长性好的专精特新“小巨人”企业。探索政策贯通机制创新，对符合相关要求的“专精特新”中小企业，通过优先支持其项目申报、市场开拓、资质认定、服务对接等方式，促进企业升级发展。实施大中小企业融通发展专项工程，鼓励中小企业与行业领军企业建立长期稳定的合作关系，共同参与重大项目建设，打造一批大中小企业融通发展典型示范和新模式。

第六节 推动产业空间布局优化

以中关村科学城为核心，坚持落实减量、优化存量、拓展增量、提升质量的原则，按照南部挖潜、北部拓展的思路，在全域范围内调整优化产业布局，推进特色产业园区提质增效，打造一批集约高效的产业空间组织新形态，提高土地利用效能。

一、加强科学城南北区域联动发展

打造科学城北区高端产业新增长极。加强基础研发资源布局，争取国家实验室等高能级研发创新平台落地，推进京津冀国家技术创新中心、石墨烯研究院、仿生界面科学未来技术研究院等项目建设。依托中关村软件园、翠湖科技园云中心、中关村壹号、集成电路设计园、中关村创客小镇等产业载体，加快推动人工智能、5G+、高端芯片、大数据、新材料等技术领域创新企业集聚，打造前沿信息产业集群。加快贝伦产业园建设，打造医药健康产业集群。围绕高端仪器仪表、数控装备等，推进智能装备产业发展。以空天产业集聚区“星谷”为核心，大力发展基于通信导航、遥感的卫星应用及卫星研制等优势产业，打造空天产业创新集群。加快发展数字音乐、电竞游戏等文化科技融合新业态，打造数字文化产业高地。

推动科学城南部地区产业优化升级。聚焦“腾笼换鸟、提质增效”，着力推进中关村大街改造提升，完善城市服务功能，推动“城市客厅”等重点项目建设，提升中关村西区、中关村创业大街、中关村智造大街等重点区域创新创业生态，构建知识创新、技术创新到产业培育的创新链条，打造以原始创新、科技金融、技术服务、创业服务等产业为特色，以科技创新为引领的标志性区域。

加强科学城南北区域产业协同对接。加强与中关村科学城南部地区高校、科研院所、企业等交流对接，建立健全科技成果转化对接机制，支持和引导一批重大科技成果的高端转化和产业化项目优先在科学城北区落地。支持南部地区北大、清华、中科院等高校院所将新设立的重点实验室、技术创新平台、共建产业园等项目在北区布局，推动北大科技园等项目建设。加快南部地区优质教育、医疗等公共服务资源向北区延伸，促进公共服务设施均衡布局。

二、打造专业化特色产业集聚区

优化提升一批成熟产业园区。中关村西区以科技金融、科技总部、知识产权、创新创业服务、技术交易和高

端商务等产业为重点，完善科技创新服务平台，提升城市配套服务功能，建设高品质国际化综合创新服务区。中关村软件园以新一代信息技术产业为主导，打造云计算、移动互联、大数据、量子科学等特色产业集群，聚集一批高端产业创新要素，全面建设国家数字服务出口基地和数字贸易港。中关村集成电路设计园以芯片设计为核心，聚焦EDA、IP、流片、封装测试等专业技术服务，打造集成电路设计产业硬科技孵化器。东升科技园全面加快二期、三期建设，重点发展新一代信息技术、大数据、大健康、人工智能等前沿产业，构建科技金融、科技服务、商务生活、产业转化等高新企业成长生态圈，打造国际化生态型高科技园区。永丰产业基地重点发展电子信息、新材料产业，提升科技企业加速器功能。翠湖科技园以自动驾驶示范区、翠湖云中心等项目为重点，加快前沿信息产业、能源环保、智能制造、金融科技、人工智能等产业布局，聚集一批产业链相关企业和高端创新要素。

加快打造一批前沿产业新空间。围绕人工智能、网络安全、下一代通信网络等前沿产业领域，加快建设国家网络安全产业园（海淀）、中关村壹号等一批特色产业新空间载体。国家网络安全产业园（海淀）着力建设网络安全产业“苗圃—孵化器—加速器”体系，重点布局国家网络安全基础研发创新中心、公共仿真实验平台等项目，推动网络安全关键技术及产业平台落地，构建安全可靠的可信生态。中关村壹号聚焦人工智能、金融科技、空天三大领域，打造集企业办公、高端商务、活力商业、文化艺术于一体的全球硬科技人工智能创新中心。

三、加快多节点融合型创新功能载体建设

有序推进玉渊潭科技商务节点、北太平庄创意节点、甘家口创意节点，以及学院路创新节点、西三旗创新节点、四季青创新节点、北下关创新节点、清河创新节点等多节点发展，打造一批融合型创新载体，建成具有 定形象标志性和功能引导性的创新创业与文化产业聚集地。

第五章 加快构建高品质新型城市形态

坚持“人民城市人民建，人民城市为人民”，聚焦高品质城市建设，紧扣由园区建设为主导向创新型城市深刻转型主线，强弱项、补短板，着力优化城市功能布局，加强重点功能区规划建设，稳步推进城市有机更新，深入推进高水平新型城镇化，不断提升空间治理能力和水平，构建“科产城人”融合协调发展的新型城市形态。

第一节 高质量推进分区规划实施

全面落实北京城市总体规划和海淀分区规划，深化完善国土空间规划体系，强化空间管控、减量发展，持续推进城乡建设用地减量提质，坚持世界眼光、国际标准、科技特色，着力提升城市规划建设水平，加快从园区建设为主导向创新型城市发展深刻转型。

一、强化全域国土空间管控

坚持全域空间管控。深化完善国土空间规划体系，推动重点区域规划、专项规划与街区控规有机融合，实现“多规合一”。强化全域空间管控，坚决守住生态保护红线、永久基本农田保护红线、城镇开发边界，严控战略留白空间。

健全分类分区管控机制。强化落实“两横一纵三轴格局，一带一核多极体系”城市主体空间结构，实现服务首都功能建设能力新提升。划分覆盖全域全类型的国土空间用途分区，优化调整国土空间保护和开发利用格局，严格落实国土空间用途管制制度。根据不同用途分区的功能导向，建立相应管制规则，保障生态空间山清水秀、建设空间高效集约。

加强全要素资源统筹。统筹建设空间和“山水林田湖草”非建设空间，推进“山水林田湖草”全要素综合整治，加大对非建设空间用地治理和土地腾退整治力度，加强对现有林地、生态景观绿地等的生态保育，禁止可能引起威胁生态系统稳定的各类土地利用活动，严禁改变生态用地用途，积极支持区域各类生态建设工程，实现对全域全类型非建设空间整体统筹管控。

二、探索减量发展路径

落实城乡建设用地保障机制。建立全区统筹协同联动机制，编制实施方案，分解年度计划，合力推进城乡建设用地减量。建立“增减挂钩”机制，统筹安排城乡建设用地供应与减量腾退时序。探索经济保障机制，丰富资金来源渠道。积极引入市场化机制，吸引社会资本参与到建设用地减量化中，逐步将社会力量培育为建设用地减量化实施主体。

分类推动城乡建设用地减量。综合考虑权属类别、土地手续、现状使用情况等，加强央地协同、市区联动，分类施策推动国有建设用地减量。结合减量年度计划，引导实施主体通过实施土地一级开发、棚户区改造和环境整治、绿化隔离地区生态环境建设、违法建设拆除等方式，推进落实集体城乡建设用地减量。

三、打造新型城市形态典范区域

塑造中关村大街沿线创新创业氛围浓郁的特色风貌。按照“科技风、创新路、国际范”功能定位，高水平推进中关村大街沿线地区功能提升和环境改善，深化五道口等重要节点功能配置与布局完善，打造具有中关村特色、创新创意氛围浓郁的枢纽型创新街区和集学术交流、人才交往、文化展示于一体的中央活动区，形成便捷可达、多层级、成网络的公共空间体系。

营造北清路沿线科技创新与自然人文交相辉映的城市意象。加强北清路沿线轨道微中心建设，依托永丰、翠湖等创新园区组团，打造功能复合、宜居宜业的新型城市产业空间形态，加强街道家具、文化装饰等城市街景的精细化配置，打造开放共享且展现中关村特色创新文化标识的公共休闲与交流空间，形成与西山文化组团、山前公园、南沙河等自然人文景观交相辉映的城市意象。

第二节 高标准建设科学城北区

紧紧围绕市委提出的将中关村科学城北区打造成为北京国际科技创新中心新增长极的发展定位，统筹城、镇、村、园发展，高标准推进科学城北区建设，全力打造韧性智慧之城、生态之城、国际化魅力新城和活力之城，建成新时代中关村科技创新的增长极。

一、高标准配置基础设施和服务设施

加快基础设施建设。优化科学城北区内部交通路网，推动翠湖南路、上庄路、滨河快速路等城市道路以及慢行系统、绿色交通体系建设。规划建设海绵城市和韧性城市，持续推进安全高效、绿色生态的水、电、气、热市政设施建设。推进翠湖生态绿心建设，实施一批城市绿化项目和水环境治理项目。

提升公共服务设施品质。高品质推进科学城北区公共服务设施建设，构建优质均衡的公共服务体系。推动中关村三小等25个教育配套设施建设，加快建设北京大学第三医院、海淀区妇幼保健院、航天中心医院三所医院北院区，并同步建设若干社区医疗服务机构。围绕故宫北院区建设，加快文化演艺等重大文化功能项目规划布局。积极引入国际免税店和五星级酒店，推动中粮大悦城、西北旺冠城大通百旺广场等一批商业综合体落地。

二、打造一批功能复合的现代园区

建设功能复合的产业园区。在中关村科学城北区建设国际创新创业示范区，搭建全链条、专业化、国际化的综合服务平台，持续优化国际化宜居宜业环境。加快产业用地开发建设，打造一批符合高端产业主体需求的高品质、成本适宜的研发创新和产业化空间。探索产业园区综合用地模式，在集中建设组团规划布局产业邻里中心，配套定向租赁型人才公寓、公共技术服务平台、企业服务平台等设施，满足企业创新和员工生活的复合需求。充分利用15%的配套设施用地，结合人才紧密型消费服务需求建设自配套设施，推进中关村集成电路设计园图书馆、中关村壹号商业配套等项目运营。在产业园区适当增加部分居住用地，多元化扩大居住空间供给。

打造宜居宜业的创新小镇。推动北京协同创新园、创客小镇二期、西北旺镇万合科创园—旺悦云城集体产业用地项目、万合科创园—中关视界集体产业用地项目等“一镇一园”实施，赋予科技创新内容，适度扩大产业配套规模，完善运营管理服务体系，打造特色双创集群。落实推进一批集体租赁住房用地项目，打造以高精尖产业为核心，以科技元素为主题，融合特色产业功能、生态功能、文化功能、国际交往功能于一体的特色小镇和高品质国际化创新社区。

三、加强与周边区域的功能协同

加强中关村科学城北区与中关村生命科学园等周边区域功能协同，推进创新创业服务、文化休闲、公共服务、配套设施等共建共享。鼓励科学城北区与交界地区加强城市设计管控，合理控制建筑规模，统一城市标识，强化城市特色风貌塑造。深入开展与昌平区对接合作，共同推动北清路、南沙河等城市绿化项目建设，搭建蓝绿交织的区域廊道空间骨架，织补城乡绿色游憩网络。发挥与昌平南部、门头沟东北部等周边区域的天然联系优势，加强跨区域职住功能互补，实现协同发展。

第三节 有序推进城市有机更新

分区分类实施城市更新行动，引导城市建设发展方式转型，因地制宜地推进重点区域更新、老旧小区改造等工作，构建系统性城市有机更新工作体系，实现功能优化、活力提升。

一、分级分类实施城市更新行动

建立市区、街镇多层级城市更新体系。创新政府主导和公众参与同向发力的城市更新工作模式，推进市级城市更新重点项目建设，重塑海淀城市骨架，打造人文生活、绿色活力的十字廊道，推动生态修复、城市修补。继续实施“马上清（青）西”地区城市提升行动计划。围绕环境整治、留白增绿、功能完善和服务配套等方面，探索以街区为单元的更新实施模式，推进五塔寺地区综合改造、四季青镇宝山村改造、双新村棚户区改造、朱房和清河四街平房区改造、田村路地区平房区改造、明光村地区更新改造等项目实施，形成整体规模连片效应。有序推进边角地腾退改造工作。提升街道空间品质，精细化做好背街小巷整治提升，着力打造精品宜居街巷，塑造高品质、人性化、特色化的街区环境。

协同推进京张铁路遗址公园建设。结合地铁13号线一体化改造与沿线低效用地更新，建设缝合东西的高品质文化休闲与生态游憩廊道，彰显京张铁路蕴含的爱国主义民族精神和改革创新时代精神。完成南北9千米慢行系统建设和四大节点约1平方千米全面实施，推动中坤—西冷、五道口等区域活化再造，激发周边14平方千米城市更新活力，将城市“背面”转为“正面”，以绿色公共空间建设推动城市发展转型，城市面貌焕然一新。

统筹推进清河两岸综合整治提升。重塑滨水空间环境、优化路网交通体系，实现东西11千米滨河慢行系统贯通，打造联通南北、望山亲水的生态活力休闲廊道。在有条件的滨水空间布局休闲旅游功能，打造集生态涵养、视觉景观和水岸经济于一体的发展轴带。推动北宫门—安河桥、肖家河—圆明园三期、树村—圆明园、朱房—八家、四街清河古镇、马房—西三旗绿廊、宝盛绿地等七大节点建设，引导“三山五园”地区带动外围区域协同发展，推动海淀中部地区逐步更新为宜居、宜业、宜游的创新活力城区。

二、扎实推进老旧小区改造

开展老旧小区人居环境评估，分类推进老旧小区更新改造和综合整治，到“十四五”期末力争基本完成2000年底前建成的需改造的老旧小区改造。对中央国家机关及其所属单位的老旧小区，做好服务协调，同步推进实施。加强“中知学”地区存量空间改造与环境整治，利用老旧家属区、老旧宿舍的改造和搬迁腾退空间，打造创新成果转化区、创业孵化区或多元功能的综合创新服务区，补充口袋公园、绿地广场等公共空间。对无法独立建设公共服务设施的老旧小区，利用疏解整治腾退空间就近建设区域性公共服务中心，辐射周边多个老旧小区。重视老人、儿童与残障人士等特殊群体需求，有序推进服务设施补短板和适老化改造。鼓励具备投资、规划设计、改造施工、运营服务能力的市场主体参与老旧小区综合整治，探索老旧小区综合整治后长效管理机制，试点社会力量参与后期管理模式。

三、健全城市更新工作机制

坚持以责任规划师工作为抓手，持续推动海淀现代化城市治理体系建设，探索规划创新引领的精细化治理模式。健全街镇责任规划师工作机制，不断完善“1+1+N”多元专业城市治理人才梯队。引导街镇责任规划师对照国际最高标准、最好水平，支撑提升基层建设实施工作的统筹谋划能力，推广“百姓事百姓议”的常态化共建共治工作组织模式，坚持“事前、事中、事后”的全流程公众参与机制，探索多样化城市建设更新的投资、运营模式，形成共建共治共享的广泛社会共识。联动“城市大脑”，将责任规划师工作融入海淀智慧城市建设运营，引导“智慧海淀”建设在城市建设更新中发挥实效。

第四节 推动乡村振兴融入科学城发展

深化落实乡村振兴战略，持续推进保留村美丽乡村建设，探索与中关村科学城统筹协同、以人为核心的新型城镇化发展路径，推动农民身份转变与城市生活的融合、集体经济与创新产业的融合、村庄提升与城市创新空间的融合，探索农业农村融入新发展格局的有效路径，将海淀区打造成为高水平新型城镇化发展路径实践区。

一、深入推进高水平新型城镇化

坚持农村城市化方向不动摇，加快中关村科学城南区三镇全面城市化，差异化推进北区四镇城市化，有效破解“三农”问题。结合中关村科学城多样化、复合化空间和功能需求，引导集体经济功能优化和质量提升，推动中关村科学城创新产业和农民集体产业发展全面对接。加快推进第一道绿化隔离地区农村城市化，重点推进土地征转、完善社会保障、加强新型农村社区建设，适度承接中关村科学城科技创新资源及医疗、教育等功能外溢，提高吸纳本地就业能力。加快推进第二道绿化隔离地区城乡一体化发展，鼓励保留村加快推动特色小镇和田园综合体建设，统筹利用镇域低效集体产业用地，补齐北清路沿线产业园区公共服务设施短板。

二、持续推进美丽乡村建设

加快推动村庄规划全覆盖，对照美丽乡村建设标准，推进美丽乡村建设实施方案编制和审批，分批次分时序推进建设实施，不断补齐村庄基础设施和公共服务设施短板，提升农业基础设施保障水平。启动冷泉村、上庄村、韩家川村等行政村的搬迁腾退工作，加强非保留村人居环境整治提升，利用腾退空间实施绿化美化、路面修复、文体设施建设等提升改造工程。支持有条件的村庄开展“百村示范”创建工作，打造一批乡村振兴示范村。深入开展垃圾分类示范片区、示范村创建工作，完善垃圾分类投放、分类收集、分类运输治理体系和再生资源回收体系。持续整治沟道、坑塘、马路边沟、公园池塘等小微水体，通过管线养护疏通、局部修补改造、增加部分管线、种植水生植物等方式，有效治理农村生活污水。

三、推动美丽乡村与科学城功能融合

打造高品质“农业中关村”。推动“农业中关村”创新联合体建设，搭建政企学研用协同创新平台，开展生物育种、智能高效设施、农业智能生产和智慧经营等技术和产品研发，提供农业综合智能信息化解决方案。与中国农科院、北京农林科学院等院所在育种创新平台搭建、现代农业示范园区建设、数字设施农业创新基地建设等方面加强合作。加强大数据、物联网、云计算等信息技术在农业生产、经营、管理等环节的应用，开展农业物联网应用示范，推动农业领域科技场景应用。提升农业基础设施保障水平，以四季青镇“一河十园”为重点，打造现代都市农业品牌。

以集体建设用地支撑科学城创新功能建设。探索农业生产和村庄建设等用地复合利用，拓展创新创业、高端商务、文化休闲、居住等多元化服务功能，有效支撑科学城创新发展的需求。深化“一镇一园”集体建设用地模式，支持美丽乡村利用集体产业用地和集体资产打造创新社区、创客小镇等功能融合型创新载体，提供“创业＋社交＋生活”一体化空间。有序推进集体建设用地租赁住房建设，保障中关村科学城创新创业人群的住房需求。加强农村宅基地建房管理，支持和引导保留村利用闲置宅基地，补充完善周边地区公共服务设施。

第六章 全面推进城市治理现代化建设

坚持问题导向，突出精治共治法治理念，健全城市治理标准和制度规范，强化安全风险意识，着力建设“智慧海淀”“畅通海淀”“平安海淀”“和谐海淀”和“法治海淀”，持续增强城市发展韧性，不断提升城市精细化治理能力，加快全国市域社会治理现代化试点建设，全面推进治理能力和治理体系现代化建设。

第一节 建设“智慧海淀”

全面构建以“城市大脑”“经济大脑”“数字政务”于一体的智慧城市框架体系，加快“智慧海淀”建设，以智慧化提升城市精细化治理水平。

一、加强新型基础设施建设

实施新型基础设施建设行动计划，以新型网络基础设施、科创平台基础设施、数据智能基础设施和智慧应用基础设施等为重点，加快新型基础设施布局建设。提升传统网络基础设施的覆盖和承载能力，推动5G网络建设，提升政务专网的接入容量和覆盖、承载能力。建设城市大数据中心基础环境，形成人工智能技术应用的基础设施平台。建设海淀区统一的数据资源服务目录，建设区块链应用的共性基础设施，实现对区块链应用的统一支撑和集约化管理。推进新型基础设施安全态势感知和风险评估体系建设，建立完善的可信安全防护基础技术产品体系，建立完善的云平台安全保障体系和海淀区数据加密共享体系，为智慧海淀提供安全保障。

二、推动“城市大脑”建设升级

进一步优化“城市大脑”顶层设计方案，推动城市大脑智能运营指挥中心、城市大脑智慧平安小区、城市大脑智慧能源中枢等重点项目建设，完善可视化城市空间数字平台。加快城市大脑中枢系统多级节点研发部署，提升城市大脑城市治理支撑能力。支持区块链、人工智能、大数据、物联网、5G等前沿技术赋能城市治理，在城市管理、交通治理、生态环境保护、公共安全、水务治理、能源资源、公共卫生等领域推出更多应用场景项目。推进各系统和平台特别是垂直机构等有效接入，实现跨层级、跨系统、跨部门、跨业务等全域数据互通。强化城市大脑安全支撑，提升硬件设施和要害系统的安全标准，构建“城市大脑”安全体系。建构城市治理的大数据思维，坚持“用数据说话、用数据决策、用数据管理、用数据创新”，建立覆盖全区的房屋数字健康档案，完善房屋安全工作机制，实现城市治理决策科学化、服务精准化。聚焦城市治理和应急能力提升，在智慧城市和现代化治理、韧性城市与防灾减灾、城市灾难医学救援体系建设等领域加快产生重大标志性成果和原创性贡献。探索城市精细化治理模式创新，健全数字化“大城管”，继续深入推进街道管理体制改革。构建大整合、高共享、深应用统一的社会治理智能化系统，推进社会治理要素数据化、治理数据标准化、社会治理多网融合，建立覆盖全域、统筹利用、统一接入、灵活服务的数据资源共享机制。

三、加快推进“数字政务”建设

结合北京市数字政务建设相关要求，整合海淀政务服务“一网通办”和“统一监管”平台已经建成的成果，制定海淀“数字政务”顶层设计方案，建设“数字政务”调度指挥中心。全面清理政务数据资产，提供行政审批、公共服务、行政执法、市场监管数据的接入、融合治理、挖掘分析及全链路监控，实现可视化、精准化的决策支撑。不断扩大海淀政务服务区块链联盟成员和链上数据，持续深化区块链技术在政务服务领域应用的深度和广度，全面支撑数据链上共享和业务链上协同，促进跨省通办、智能办、自助办。打造集审批、服务、监管、执法于一体的主动式、精准化、智慧化政务服务供给新形态。完善公共资源交易统一业务受理、统一信息发布、统一制度规则、统一费用管理、统一平台监管“五统一”格局建设。继续推进“互联网＋政务办公”，深化落实全流程无纸化办公，挖掘无纸化办公的各种应用场景，强化电子化政务监督执行能力，实现政务办公创新。建设政务（政法）网络新媒体，做好政务公开、司法公开、信息发布、舆论引导和公共服务。推进智慧法院、智慧检务、智慧公安、智慧司法行政等建设，打造政法机关跨部门大数据办案平台。

四、着力推进“经济大脑”建设

发挥人才、技术、创新等资源优势，推进“经济大脑”建设，构建政企一体化的数据归集和治理体系，初步建成海淀区经济要素资源中心，完善经济发展与决策和经济指挥调度体系，建设集经济运行分析、预警预测、决策指挥、服务支持等为一体的“经济大脑”。建设完善的“经济大脑”信息平台，利用人工智能、大数据等信息技术实现对辖区内全量企业的经济监测。建立实时精准掌握经济运行态势、预警跟踪问题、专题分析研判和指挥调度各部门的决策支撑平台，围绕区域经济运行形势研判、风险预警防范等区域经济决策支撑需求，构建区域经济指标监测预测应用，提高区域经济发展的科学决策水平。

五、加快传统基础设施数字转型

充分利用新一代信息技术，加快交通、电网、水务、生态等领域的传统基础设施数字化改造和智慧化升级，有效提升传统基础设施的建设质量、运行效率和服务水平。加快创新场景应用落地，率先推动移动互联网、物联网、人工智能等新兴技术与传统基础设施运营实景的跨界融合，形成全智慧型的基建应用生态链，打造传统基建数字化转型的标杆示范。搭建传统基建数字化的智慧平台，发挥数据支撑和能力扩展作用，推动智能交通、智慧能源等融合基础设施建设，实现传统基建业务供需精准对接、要素高质量重组和多元主体融通创新。

第二节 建设“畅通海淀”

坚持规划统筹、建管并举、综合治理，加快畅通城市交通网络，构建综合、绿色、安全、智能的立体化现代化城市交通系统，建设“畅通海淀”。

一、构建立体高效的综合交通体系

适应城市创新功能和空间布局，完善综合交通体系，全面提高交通出行的可达性和便利性。加强轨道交通线路和站点再优化，打造多网融合的轨道交通体系，聚焦中关村大街高端创新集聚发展走廊加密城市轨道线网，加快实施13号线拆分工程，推进北部联络线规划建设。以清河火车站客运枢纽为依托，构建多层次的快速交通网络连接，优化集疏运方式和运营服务，统筹清华园站和新机场站间南北地下直径线规划方案，充分发挥清河站在服务冬奥、区域协同及城市发展中的交通枢纽作用。加强市内联通，加快城市快速路、主次干（支）路项目建设，提升道路网络规划密度和实施率，完善城区骨干路网格局。突破中关村科学城南部地区与北区交通瓶颈，加强南北道路和轨道交通联系，打通南北交通动脉。构建清河火车站与北京城市副中心、CBD以及未来科学城、怀柔科学城和北京经济技术开发区等全市重点功能区之间的快速交通联系。

二、改善重点区域的交通通达性

完善重点区域路网结构，加快打通断头路、瓶颈路，推动关键节点疏堵改造，提高交通连通度和通行效率。优化加密翠湖、永丰、上地等创新组团间的交通路网，积极争取19号线北延、北部联络线等轨道交通线路落地，推动滨河快速路、翠湖南路、上庄路（北段）等一批科学城北区路网项目建设，着力提升与海淀南部地区、未来科学城、首都机场等节点的交通联通能力。推进中关村大街综合交通治理、巴沟路等项目建设，进一步织密中部地区路网密度，完善优化中心城区路网结构。研究学院路北延、上地西路北延等项目方案，增加南北向连接通道。加快安宁庄北路等道路规划实现，提高向东通行能力。构建清河火车站与“三山五园”地区、知名学府、故宫北院等的快速交通联系，加强区域内部主要客流吸引点间的连接。

三、完善静态交通和绿色出行系统

加强停车设施规划建设，重点加强医院、景点、老旧小区等区域立体化停车设施建设，推动新能源汽车充电桩建设。利用各重点区域间主要干道，构建中关村大街、北清路等连接各重点区域的连续快捷的慢行通道，打造慢行交通系统示范项目，加强重点区域间慢行系统连接。鼓励绿色出行，加快完善人行步道、自行车道等绿色出行系统，建设滨水、绿地、道路“三网融合”试点，严格治理占用非机动车道的行为，营造友好的绿色出行体验。有序发展定制公交、共享单车、共享停车位等创新模式，鼓励引导需求单位或个人使用定制公交服务，推进居住小区、医院、学校周边等区域停车位共治共享，鼓励相关单位或个人开展停车位有偿错时共享，继续完善科学城北区、上地地区快速直达专线服务。

四、提高智能交通治理能力

基于交通大数据、5G网络建设，构建国内领先、国际一流的中关村自动驾驶创新示范区，打造科技创新核心区特色的“交通大脑”，推进交通新基建项目建设。搭建集区域基础数据资源、大数据智慧云计算、共享信息服务于一体的交通综合监测、预警和指挥调度平台，对城市交通进行感知、分析、监测和决策。构建“交通大脑应用场景”，探索基于大数据的智慧交通试点，创建智慧交通信号控制系统、综合交通调度指挥系统、智慧停车和智慧物流服务系统。在中关村大街等道路，建立基于大数据的公交专用道，优化运行效率。实施主干道信号灯绿波工程，形成道路绿波带。

第三节 建设“平安海淀”

坚持总体国家安全观，既防“黑天鹅”，又防“灰犀牛”，把安全发展贯穿区域发展各领域和全过程，统筹加强保障中央政务活动安全、公共安全、网络安全、意识形态等工作，统筹疫情防控常态化和防范应对“疫后综合征”两条战线，维护政治安全社会稳定，从更高起点、更广领域、更富实效、更可持续建设更高水平的平安海淀，积极创建国家安全发展示范城市。

一、维护政治安全社会稳定

着力维护国家政治安全。健全市域维护国家政治安全工作体系，加强国家安全人民防线建设，建立健全反奸防谍责任体系，依法加强境外非政府组织在区域内的活动管理和重点人员教育管理，严防敌对势力渗透破话活动，全力打好政治安全保卫战。强化中央政务活动安全保障，健全公共安全体制机制，高标准做好建党100周年、党的二十大、新中国成立75周年等重大政治活动安保维稳和服务保障工作。完善“反恐十大体系”建设，严格落实反恐“六住”措施，依法防范打击宗教极端活动、民族分裂活动、深化反恐斗争、深入开展反邪教斗争，坚决防止相关案事件发生。全面落实意识形态领域工作责任制，加强国家安全教育，落实好《网络安全法》，加强网络安全教育，形成齐抓共管的网络安全综合治理体系。贯彻落实《中国共产党政法工作条例》，配强配齐街镇政法委员，建立完善政法委员工作机制，统筹政法系统、各职能部门和街镇的资源力量，建立完善政治安全、社会稳定、疫情防控的形势分析研判制度。加强国家安全宣传教育，坚定维护国家政权安全、制度安全、意识形态安全。

完善社会治安防控体系。建立完善统一指挥、合成作战、专业研判、分类打击机制，深入开展缉枪治爆斗争、禁毒人民战争和扫黑除恶专项斗争，严厉打击盗抢骗、黄赌毒、环食药旅，以及针对妇女、未成年人等的各类违法犯罪。加强社会面治安防控网建设，科学配备公安干警、辅警及群防群治力量，建立不低于常住人口1‰的专兼职平安巡防队伍，形成街镇统筹、网上网下融合、人物技防融合、打防管控一体的新格局。持续推进“雪亮工程”建设，进一步提升公共安全视频监控建设联网应用“全域覆盖、全网共享、全时可用、全程可控”的能力水平。深入推进重点地区和城乡接合部治安整治，加强重点行业的治安管理，组织开展“平安校园”“平安社区（村）”“平安商市场”等系列平安创建活动。加强公共安全风险源头管控，全面落实公共安全属地责任、部门责任、企业责任，健全完善安全稳定风险评估、化解和管控制度，强化公共安全风险监测预警体系建设，不断提高动态监测与实时预警能力。

二、健全城市应急管理体系

坚持政府主导与社会参与相结合，全面提高风险防范、应急响应、应急处置能力，构建统一指挥、专常兼备、反应灵敏、上下联动的应急管理体制。建立完善统一高效的应急救援指挥体系以及实战化、扁平化、合成化应急处置体系，健全区、街镇两级应急指挥平台，完善应急监测预警机制、应急联合会商机制、应急调查评估机制、应急协同机制、应急灾害事故信息报送机制和突发事件应急处置运行机制。充分利用互联网、云计算、5G信息技术等先进科技手段，建设“实战化”应急指挥中心，提升应急管理智能化水平。建立区、街镇两级综合性应急处置队伍，定期开展业务技能培训和综合实战演练，加强应急运行物资储备、技术储备和产能储备，提高应对重大突发公共事件能力。针对公共卫生应急等重点领域，持续完善重大疫情防控体制机制、健全公共卫生应急管理体系，提高应对突发重大公共卫生等事件的能力水平。强化特种设备安全监管和应急处置能力，严格保障重大活动、重要场所特种设备安全。进一步提高消防救援队伍专业化水平，在全区形成以消防救援站为主，小型消防站、微型消防站为辅的消防救援力量布局体系。加强应急管理法治建设，提高居民应急管理意识，夯实应急管理的社会治理基础。

三、建设可信安全基础设施

加强信息网络安全保障，推进区级网络安全应急指挥平台试点建设。支持操作系统安全、新一代身份认证、终端安全接入、智能病毒防护、密码、态势感知等新型产品服务研发和产业化，建立完善可信安全防护基础技术产品体系。支持开展5G、工业互联网、物联网、云化大数据等场景应用的安全设施改造升级，将网络安全能力融合到业务中形成部署灵活、功能自适应、云边端协同的内生安全体系。综合利用人工智能、区块链、IoT智能感知、软件定义安全、安全虚拟化等新技术，建设新型基础设施安全态势感知和风险评估体系。支持集网络安全态势感知、通报预警、应急处置和联动指挥于一体的新型网络安全运营服务平台建设。积极推动“平安海淀指数”升级应用，纳入城市大脑同平台运转，实现从被动维稳向主动创稳、从静态平安向动态平安转变。

四、加强重点领域安全监管

完善和落实安全生产责任和管理制度，建立安全隐患排查和安全预防控制体系，构建安全生产长效机制。完善食品药品安全监管长效机制，严把从田间到餐桌、从实验室到医院的每一道防线，推广食品药品安全领域智能化场景应用，完善食品安全追溯体系，严控输入性风险和系统性风险，夯实食品药品安全专项应急指挥部建设，加大食药领域执法和处罚力度，保障人民身体健康和生命安全。加强对城乡市政设施、垃圾处理、排水防涝等基础设施建设、运营过程中的安全监管，加强城市棚户区、城乡接合部和危房改造过程中的安全监督管理，有效落实安全防范措施。全面提升防范化解火灾风险能力，做好重点地区消防安全保障工作，形成全社会参与消防建设良好局面。加强经济安全风险预警、防控机制和能力建设。履行金融监管责任，守住不发生系统性风险底线。积极构建军地协作风险联测联防联处机制和中关村科技园区新技术、新产业、新业态、新模式的安全监管、风险评估机制。坚持从源头防范生态环境各类风险，深化外来物种入侵调查评估，推进生物多样性保护。加强病原微生物实验室环境与生物安全管理，提升生物安全治理能力。加强核与辐射、危险废物等环境安全监管。构建网络安全、生产安全、消防安全等重点领域信用体系，完善联合惩戒“黑名单”、联合激励“红名单”管理工作机制和信用信息归集记录制度，引导信用状况等级评定和信用分类监管。

第四节 建设“和谐海淀”

加快推进全国市域社会治理现代化试点建设，不断完善党委领导、政府负责、民主协商、社会协同、公众参与、法治保障、科技支撑的社会治理体系，积极探索具有中国特色、时代特征、海淀特点的市域社会治理新模式，着力办好群众家门口的事，努力构建人人有责、人人尽责、人人享有的社会治理共同体，全力维护社会和谐稳定，建设“和谐海淀”。

一、加快推进市域社会治理体制现代化建设

健全完善党委领导社会治理体制机制，将推进市域社会治理现代化试点建设工作列入党委重要议事日程，把社会风险防控贯穿规划、决策、执行、监督各领域各环节。进一步完善政府负责体制，健全完善部门之间信息互通、资源共享、工作联动的协调机制，不断强化社会管理、公共安全、社会服务等职能。加强协商民主制度建设，充分发挥党代表、人大代表、政协委员等在社会治理中的作用。进一步完善社会协同体制，做好共青团、工会、工商联、民族、宗教、侨务、对台、地震、气象、红十字会等各项工作，注重发挥各群团组织在社会治理中联系群众的桥梁和纽带作用。大力培育发展与社会治理事务相关的公益性、服务性、互助性的社会组织，完善政府购买服务指导性目录，支持社会组织参与社会治理、开展公共服务。按照覆盖街镇、专群结合交融发展的要求，加快构建社会治理专兼职工作队伍，支持和发展志愿服务组织，全面构建“四联防”运行机制，搭建公众参与社会治理平台，进一步完善公众参与体制。

二、构建共建共治共享的基层社会治理格局

加强党建引领下的多元共治。不断健全完善政治引领、法治保障、德治教化、自治强基、智治支撑、心治暖心的“六治”融合机制，积极构建共建共治共享的基层社会治理新格局。按照重心下移、权责一致的原则，赋予街镇党（工）委相应职责职权，探索将派驻街镇各种工作力量的指挥调度、督促检查和考核评价等下放给街镇。继续深化“吹哨报到”改革，完善“接诉即办、未诉先办”工作机制，打通城市基层治理的“最后一公里”。加强“两新”领域党的组织和工作体系建设，加强政治引导，助力“两新”组织健康发展，不断扩大党在新兴领域的号召力和凝聚力。积极探索党建引领基层社会治理的途径和载体，在街镇综治中心（平安建设工作站）建立平安建设党支部，在社区（村）综治中心建立平安建设工作组，在楼门、楼层、院落建立“微治理”工作小组，在广大居民群众中建立“党员中心户”。搭建商务楼宇党群服务中心，实行组织架构、学习教育、活动开展、社会服务、资源整合和信息管理一体化，把楼宇党建工作做细做实，为企业量身定制“服务包”。

推进基层社会治理模式创新。构建区、街道、社区三级联动体系，形成横向到边、纵向到底的社区治理网络，强化社区服务功能，持续为社区减负。进一步完善社区—小区—楼门治理网络、村委会—村民小组治理网络，夯实基层治理基础。探索推动“两代表一委员”接待室、个人调解室、法律法学工作者咨询服务站或工作室建设，办好社区议事厅等多种平台，创新构建网上“枫桥经验”展示平台。组建社区（村）警务团队、平安建设观察员、社区（村）网格员、平安铁路护路队、“海淀网友”、治安志愿者等在内的群防群治队伍，建立完善举报奖励、公益反哺、以奖代补等激励措施，广泛动员引导居民群众参与基层社会治理。全面推进和规范基层红白理事会、道德评议会等评议机制建设，强化村规民约、居民公约建设，注重发挥家庭家教家风在基层社会治理中的作用。深入实施《北京市物业管理条例》，建立健全党建引领框架下的社区居民委员会、业委会（物管会）、物业服务企业的协调运行机制，充分调动居民参与积极性，形成社区治理合力。发挥物业行业协会作用，完善物业项目监督考核评价机制，开展物业管理突出问题专项治理，着力提高物业服务水平。

三、完善多元化纠纷解决机制

创新性运用新时代“枫桥经验”，把非诉讼纠纷解决机制挺在前面，完善调解、仲裁、行政裁决、行政复议、诉讼等矛盾纠纷多元调处化解机制。畅通和规范人民群众诉求表达、利益协调、权益保障通道，坚持定期排查、重点检查和日常督查相结合，健全矛盾排查化解机制，强化社会矛盾风险预测预警预防，确保小事不出社区（村）、大事不出街镇，重大矛盾风险解决在区级层面。健全社会心理服务体系，依托基层综治中心或城乡社区综合服务设施，搭建基层社会心理服务平台，推进多种类型社会心理服务单元的设置，在区级层面及有条件的街镇群众来访接待场所设置心理疏导室。建立区、街镇两级“心理人才库”，强化专兼职心理服务人员配备。推进在线矛盾纠纷解决平台建设，开展“网上调解”“微信调解”及诉讼案件在线立案、在线审判等工作。继续坚持领导接访下访制度，推进网络信访、手机信访平台建设，持续深化“阳光信访、责任信访、法治信访”，依法及时就地解决群众合理诉求。深入推进扫黑除恶专项斗争和全民禁毒工作，坚决守护好人民群众的平安生活。

第五节 建设“法治海淀”

深入贯彻习近平法治思想，坚定不移走中国特色社会主义法治道路，坚持依法执政、依法行政共同推进，法治政府、法治社会一体建设，全面推进严格执法、公正司法、全民守法，提高“全国法治政府建设示范区”品质，更好发挥法治固根本、稳预期、利长远的重要作用。

一、深化法治政府建设

提高决策科学化、民主化、法治化水平。强化重大行政决策制度建设，推动重大行政决策机制有效运行。推行重大行政决策目录公示制度，提升重大行政决策公众参与度。做好重大事项专业论证，做实重大行政决策风险评估。发挥法律顾问、公职律师作用，加强重大行政决策合法性审查。坚持重大行政决策集体讨论决定，落实决策后评估和责任追究制度。加强规范性文件审核工作，提高审核质效。

坚持严格规范公正文明执法。深化市场监管、生态环境保护、文化市场、住房和城乡建设、农业、规划和自然资源等领域综合执法改革，继续推进行政执法权限向街镇延伸，完善基层执法体制机制，注重提升执法效能。全面实行行政执法公示制度、执法全过程记录制度、重大执法决定法制审核制度，规范执行行政执法自由裁量权。加强行政执法信息服务平台建设，优化行政执法考评监测指标体系。健全行政执法和刑事司法衔接机制。加强基层法治队伍建设，推进执法资源向执法一线倾斜。

强化对行政权力的监督。支持区人大及其常委会依法履行职能，用好重大事项决定权，加强对“一府一委两院”的监督。支持区政协履行政治协商、民主监督、参政议政职能，充分发挥协商民主重要渠道和专门协商机构作用，提高政协建言资政和凝聚共识水平。支持检察机关依法履行公益诉讼职能，与人大、政协监察等形成合力，共同监督督促行政机关依法高效行使权力。加强政府内部监督及监察、审计等专门监督，强化群众和社会监督。全面推进政务公开和行政复议体制机制改革。

二、推进法治社会建设

持续推进公正司法。坚持以事实为根据、以法律为准绳，健全事实认定符合客观真相、办案结果符合实体公正、办案过程符合程序公正的法律制度。强化公益诉讼工作，拓展办案范围，积极、稳妥办理安全生产、公共卫生、生物安全、妇女儿童及残疾人权益保护、网络侵害、文物和文化遗产保护等领域公益损害案件。

深入开展法治宣传教育。实施“八五”普法规划，深化普法责任制落实。注重法治宣传与法律服务、法治实践相结合，强化“以案释法”，教育引导公民自觉尊崇、信仰和遵守法律，提高法治素养。加强国家工作人员、青少年、企业经营管理人员等重点人群普法，提高普法针对性和实效性。运用新媒体新技术普法，推进“智慧普法”平台建设。以培育社会主义核心价值观为引领，推进法治文化建设，丰富法治文化产品，培育法治文化精品，打造法治文化阵地，扩大法治文化覆盖面和影响力。健全公共法律服务体系，不断加大法律援助力度。

推进多层次多领域依法治理。深化城乡社区依法治理，开展“民主法治示范社区（村）”创建活动，坚持系统治理、依法治理、综合治理、源头治理，提高社会治理法治化水平。加快补齐社会治理中的短板弱项，强化法治在定分止争中的权威地位。加强基层依法治理，发挥市民公约、乡规民约、行业规章、团体章程等社会规范在社会治理中的积极作用。广泛开展行业依法治理，推进业务标准程序完善、合法合规审查到位、防范化解风险及时和法律监督有效的法治化治理方式。指导企事业单位实行厂务公开，建立和完善以职工代表大会为基本形式的民主管理制度，充分发挥厂务公开民主管理的积极作用。

第七章 全力打造高颜值生态环境

坚持绿水青山就是金山银山理念，把生态文明建设放在突出地位，按照新型城市形态构建的新要求，坚持生态保护、生态建设与生态治理“三管齐下”，坚定不移走绿色发展之路，构建可持续发展的生态环境，完善生态文明领域统筹协调机制，维护稳定安全的生态格局，加强“山水林田湖草”系统治理，坚决打好污染防治攻坚战，优化山水共生的生态空间格局，促进经济社会发展全面绿色转型，全面创建国家森林城市和国家生态文明建设示范区，建设天蓝、水清、地绿的生态宜居“美丽海淀”。

第一节 强化大气污染综合防治

把握大气污染防治攻坚新阶段新特征，推进大气污染物减排和温室气体排放控制相协同、PM2.5和臭氧污染治理相协同、本地治污和区域共治相协同，坚持方向不变、力度不减、标准不降，深化重点领域源头减排，强化全过程污染管控，确保空气质量持续显著改善。

一、积极应对气候变化

坚定不移实施积极应对气候变化国家战略，将应对气候变化作为生态文明建设、协同改善环境质量、促进高质量发展的重要抓手，深入推进重点领域减排降碳。实施碳中和路线图，坚持法制化、市场化、社会化相结合，健全和完善低碳治理体系，实现二氧化碳排放总量率先达峰后稳中有降，为率先实现“碳中和”打好基础。综合考虑产业结构、能源结构、技术进步、生产力布局、节能减排等多方面因素，建立二氧化碳排放强度持续下降和排放总量初步下降的“双控”机制。实施二氧化碳控制专项行动，深入推进能源、产业、建筑、交通等重点领域低碳发展，广泛开展节能行动。加大碳排放控制政策宣贯力度，推进落实本市碳排放权交易工作。有效控制各类温室气体排放，促进生产生活方式绿色转型成效更加显著、能源资源配置更加合理、利用效率大幅提高，增强适应气候变化能力。

二、深化大气污染多领域治理

全力打好蓝天保卫战，深化大气污染防治“一微克”行动，继续坚持源头减排、过程管控与末端治理相结合，多措并举、多方联动、多管齐下，推动大气污染物大幅减排。统筹“车、油、路”，以机动车和非道路移动机械为重点，推进车型结构优化、油品质量提升，促进机动车结构向新能源、低排化方向良性发展。全面实施非道路移动机械编码登记制度，加大对重型柴油车和非道路移动机械排放执法检查。聚焦挥发性有机物重点领域，推进低VOCs含量产品源头替代，进一步优化产业结构，继续实施一般制造业调整退出，深入开展VOCs重点行业企业“一厂一策”深度治理，推进生产生活领域深度减排。从源头控制施工扬尘、道路扬尘和裸地扬尘，构建有效的施工扬尘管理体系，深化城市道路清洁保洁等级管理，强化裸地扬尘精细化管控，建立全过程、全时段的施工运输车辆管理体系。实现PM2.5年均浓度进一步下降，空气质量改善程度与全市保持同步。

三、完善大气污染治理工作机制

进一步强化各部门协作联动的工作机制，统筹推进大气污染防治和应对气候变化各项措施。全力开展秋冬季大气污染综合治理攻坚行动，完善空气重污染启动程序及应对措施，建立健全重污染天气应急减排清单，做好空气重污染条件下的应急响应工作，基本消除重污染天。以科技信息化技术为手段，推进大气环境监测物联网建设，全面接入“城市大脑”运行管理平台，实现大气环境数据共享和全方位监测分析，有效构建精准、高效、科学的大气污染治理工作机制。

第二节 推进水生态系统建设

突出水资源、水生态、水环境“三水”统筹，坚持污染减排和生态扩容两手发力，强化截污治污与水系循环连通，实施一批水生态修复样板工程，推动水污染防治向水生态保护转变，逐步构建互联互通、亲水宜居、水城协调的水生态格局。

一、强化水资源保护利用

践行“节水优先、空间均衡、系统治理、两手发力”的治水方针，深入推进最严格水资源管理制度向基层延伸，全面推进节水型社会建设。统筹全区水资源调配，加强再生水综合利用，完善供水设施建设，推动城乡水务基本公共服务均等化。加快温泉供水厂建设，提高北部地区供水保障程度。实施香山地区供水管网完善工程，实现香山地区市政供水的全覆盖，确保居民饮用水水质更加稳定。继续提升饮用水水源地环境规范化建设水平，不断完善已划定饮用水水源保护区的“一源一档”，加强环境风险管控，落实饮用水水源监测评价与信息公开制度，确保饮用水水源安全。

二、加大水环境建设力度

深化治污截污，推进再生水厂以及配套污水管网建设，到2025年基本实现污水全收集全处理。结合美丽乡村建设对规划保留村实施雨污分流改造，继续削减水主要污染物排放总量。开展合流制溢流污染控制，进一步补短板、强监管，持续改善水环境质量。继续开展“清管行动”，重点推进雨污错接、混接排查整治，强化水环境监督管理和联合执法。深化河湖长制，小微水体得到有效治理，基本实现无污水排入、无集中漂浮物、无垃圾渣土、无臭味、无违法建设的“五无”目标，基本消除劣V类水体。进一步完善河长制考核机制，确保考核断面水质达到考核要求，继续做好镇、村级和街镇间水环境区域补偿，加强监测数据分析与应用。不断完善水环境监测网络建设，组织开展地下水环境质量分析与研究。

三、构建水生态格局

秉承“截污治污和民生需求先行、水系连通和生态修复并行、湿地建设和生态恢复补充提升”治理思路，继续实施“水清岸绿”计划。北部地区重点建设“一轴四核多河渠”的生态湿地和河道，以南沙河为轴线，沿岸新建西玉河、崔家窑、苏家坨、上庄4个核心湿地，打造大寨渠、五一渠、风格渠、周家巷沟、上庄后河老河道及前章村沟等一批“水清岸绿”示范生态河道样板，构建“海淀水生态”。围绕“三山五园”地区，重点塑造“一区两轴三循环”的慢行空间和亲水岸线，分别以金河、万泉河为轴，建设玉泉山片区，圆明园片区水网循环系统，在玉泉山地区恢复打造以万泉山为代表的符合历史文化定位，亲水宜人的文化走廊，表达“海淀水文化”。打造以小月河为代表的宜居宜业的滨水生态走廊。逐步恢复生态流量，恢复河道水生动植物，建立完整生态链，实现重要河道“有水有草有鱼”的目标。

四、建设水安全保障体系

提升洪涝灾害防御能力，有序推进防洪骨干工程和蓄滞洪区建设。加快海绵城市建设，综合采取“渗、滞、蓄、净、用、排”等措施，积极推进建筑与小区、道路与广场、公园与绿地、河湖水系、排水防涝设施建设，提升城市自然积存、自然渗透、自然净化能力，推动降雨就地消纳和利用。逐步建立“源头消减、管网输送、蓄洪削峰、超标应急”的工程体系和高效智慧管理体系，实现城区积水点动态清零，全面提升积水内涝防治水平。继续开展水务大脑建设，将新一代信息技术与水务业务的深度融合，深化建设水安全、水资源、水生态、水工程、水行政为核心的五个业务模块场景，实现各业务“可知、可视、可控、可预”的立体化全感知，智能化深度分析，为水资源全面高效利用和有效治理提供有力支撑和强力驱动的保障。

第三节 深化土壤和固废污染防治

坚持预防为主，保护优先，深入推进土壤污染防治，加强分类管理与风险防控，确保土壤环境质量稳中向好，土壤环境风险得到管控，土壤环境安全得到保障。坚持减量化、资源化和无害化原则，提升固体废物收处能力。

一、持续强化土壤污染源头管控

强化源头预防，分类分级管控工业污染，加强建设用地准入管理，强化重点监管单位全生命周期监管，深化重金属污染防治。完善市控和专项相结合的土壤环境质量综合监测网络。推进农业污染防治，建立完善农业面源污染管控体系，严格保护符合条件的优先保护类耕地，确保面积不减少，土壤环境质量不下降。加强未利用地保护，严格控制开发利用。开展设施农业的土壤环境管理。加强复垦土地土壤环境调查，依法进行分类管理。

二、不断深化土壤环境风险防控

完善关停企业原址用地动态筛查机制，鼓励探索“环境修复+开发建设”模式。继续落实联防联控，完善部门信息共享和工作衔接，加强风险管控和修复实施过程监管，严格管理污染土转运。强化受污染农用地安全利用，超过筛选值但不超管制值的耕地和园地，全部采取安全利用措施，农产品“产出一季、检测一季”，保障质量安全。加强饮用水源地土壤保护，定期开展监测和趋势评估，确保饮用水安全。到2025年土壤环境风险得到全面管控，受污染耕地和污染地块安全利用率均达到95%左右。

三、大力提升固体废物治理水平

完善垃圾分类投放、分类收集、分类运输治理体系和再生资源回收体系。探索推广厨余垃圾就地处理技术。推进固体废弃物集中处置设施建设，提高建筑垃圾、厨余垃圾、可回收物等城市废弃物资源化利用水平。加快建设再生资源预处理中心、大工村厨余垃圾和建筑垃圾终端处理设施，提升垃圾终端处理能力。全面限制塑料制品，推动餐饮、外卖平台、批发零售点等重点领域减塑行动，推进河道、公路和铁路及其沿线、背街小巷、旅游景区等重点场所白色污染集中治理。做好源头分类管理，完善废铅蓄电池、废矿物油、实验室化学试剂等社会源和医疗废弃物等危险废物收集转运网络。

第四节 持续扩大绿色生态空间

加快构建“西山画屏、两心为核、绿廊贯穿、绿链织园”的城市绿色空间结构，高质量推进大尺度森林建设，织补修复绿色生态空间，全面提升生态服务功能，让城市回归自然、回归生态，全面加强生态资源保护，守护好中心城区生态门户。

一、加快森林城市建设

全面创建“国家森林城市”，通过保本底、修生境、筑绿心、联绿廊、增绿量、提品质、展形象等一系列措施，全面提升海淀绿色生态空间数量、质量，推动区域生态扩容、提质、增效和可持续发展，健全生态文化体系，形成“林城相融、林水相依、林路相拥、林居相宜”的城市森林网络，打造海淀人与自然和谐共生的美丽家园，让城市与自然有序生长，让市民尽享诗意栖居。保护和修复西山生态本底，恢复重要文化景观，形成生态文化交织融合的西山画屏，让群众乐享山林，切实感受到西山优质生态环境。巩固完善“三山五园”生态屏障，加大留白增绿、见缝插绿、拆违还绿力度，利用“三山五园”、京张绿廊、中关村森林公园等自然生态本底，继续推进造林绿化工程，推进北部生态科技绿心建设，着力打造连片成规模、连通成体系的高品质绿色生态空间。实施森林质量精准提升工程，优化森林结构，改善林分质量，着力打造异龄、复层、混交的高品质、近自然森林，以精细化治理打造绿水青山。实施一批绿屏、绿心、绿道、绿廊等绿色空间工程和城市生态景观系统优化工程，构建可持续发展的生态空间网络。坚持底线思维，强化生态保护红线、自然保护地等重要生态空间管控，加强生物多样性保护，严格防控外来入侵物种，实现生态环境状况指数（EI）稳中有升。推动一道绿隔城市公园环、二道绿隔郊野公园环建设，守住城市发展边界。修复清河、永定河引水渠三大水系，推进两条文化带生态建设，搭建蓝绿融合的廊道空间骨架。聚焦清华东路、五道口、大钟寺等重要节点，建设大型带状绿色空间。加快城市主干道、主要进出口和行政区界等绿色景观带建设，打造一批生态景观精品工程，让绿树繁花刷新城市生态颜值。推进生态保护行动，统筹山水林田湖草全域生态治理，完善集体生态林补偿机制，建立区级林长制，压实生态保护责任，推进园林绿化全行业系统治理和资源保护体系现代化。

二、以科技提升生态品质

拓展海淀公园模式，有序推进科技公园体系建设，创新科技场景应用，建设一批融入科技、文化、生态、艺术等元素的科技主题公园，不断为群众带来全新科技体验。聚焦永丰、翠湖、金隅科技园等产业组团的发展，提升组团周边城市空间品质，引导塑造国际化、科技范的产业园区绿色景观风貌。强化生态环境保护与修复领域的科技创新供给，聚焦重点区域环境问题开展科技集成与示范，实施推动一批重大环境综合治理项目，集成示范并推广应用一批新技术和新产品。加快推动生态环境智慧化平台建设，打造生态环境自动监测体系，实现园林绿化资源数据“一张图”管理，构建科技助力生态资源管理保护的精准高效治理模式，提升生态资源保护精细化、信息化管理水平。推广应用新优植物品种，增加植物丰富度，实现增彩延绿；探索农林跨界融合，打造可食地景；加强园林科技应用，提高施工管理质量水平；大力提升园林绿化节水技术与装备使用，切实提高水资源利用效率，引领绿色发展转型；加强园林绿化废弃物资源化利用，全面实施绿地“沃土工程”。

三、提升生态服务功能

统筹推进高质量绿化建设与城市景观提升和都市休闲服务建设，大力拓展可进入、可使用的生态休闲空间，织补城乡绿色游憩网络，让百姓生活融入自然，享受更优质的生态服务。推动街区公园化，丰富和拓展生态空间的休闲娱乐、体育文化、科普展示、美学传播、儿童游憩等服务功能，根据公园级别，增补完善体育场地与设施，方便居民就近进行各类健身活动。以“互联网＋全民义务植树”等多种形式为载体，动员全社会积极参与绿化事业，推动全社会绿化公益事业创新发展。利用好疏解腾退的零散地块、道路两旁、第五立面等空间，加快口袋公园、背街小巷绿化等公园绿地、小微绿地、活动广场建设，利用马连洼北路和西北旺南路之间腾退土地打造大规模创意绿心，提高公园绿地服务半径覆盖率。在功德寺、二河开、西水磨等地区建设历史文化公园，塑造历史文化与生态环境交相辉映的国家级文化绿心。依托蓝绿空间、挖掘历史文化，串联浅山风景道、森林漫步道与各级城市绿道，构建蓝绿交织、文化多彩、功能复合的城市游憩网络，让市民充分融入自然、走近文化，实现绿色生态服务的高水平均衡供给。通过“一区两轴三循环”的生态湿地和河道建设，完善滨河绿色空间，建设滨水公园，增强休闲游憩功能。

第五节　坚持和完善生态文明制度

构建产权清晰、多元参与、激励约束并重、系统完整的生态环境保护制度体系，严格落实“三线一单”生态环境分区管控要求，切实加强生态资源保护和自然资源可持续管理，推进生态环境治理体系和治理能力现代化，用最严格制度最严密法治保护生态环境。

一、健全生态环境保护制度体系

推进构建底数清晰、标准衔接、责任明确、管理协同的生态系统保护体制，提高保护的全面性和有效性。完成生态红线勘界定标，建立生态空间监督管理协同机制，确保生态保护红线功能不降低、面积不减少、性质不改变。健全完善河长制、林长制等自然资源监管机制，压实生态保护责任。健全以财政支出为主的生态保护补偿机制。建立健全生态环境信用制度，推动生态环境保护多元主体共建共治共享。

二、完善生态环境保护治理体系

构建政府为主导、企业为主体、社会组织和公众共同参与的生态环境治理体系。严格实行党政同责、一岗双责，落实生态环境保护职责分工。健全生态文明建设考核和责任追究制度，把资源消耗、环境损害、生态效益全面纳入经济社会法治评价体系，实行差异化绩效评价考核和领导干部自然资源资产离任审计。推进生态环保监管执法体制改革。全面实行排污许可制，完善“一证式”管理体系。严格实行生态环境损害赔偿制度，深化环境污染强制责任保险制度。坚持节约优先，落实能源和水资源消耗、建设用地等总量和强度双控行动。强化建设项目选址和用地评价，守住永久基本农田保护红线。

三、践行生态文明建设理念

倡导社会主义生态文明观，加强生态文明宣传教育，形成全社会共同参与的良好风尚。倡导取之有度、用之有节的生活方式，提倡光盘行动，低碳绿色过节，加快形成文明健康、绿色环保的生活方式。严格落实《北京市生活垃圾管理条例》，深入开展垃圾分类示范片区、示范村创建工作，把垃圾分类纳入社区治理，试点“不分类、不收运”。鼓励应用新能源和可再生能源。积极推动公共交通绿色发展，组织开展自行车道综合治理，改善群众绿色出行环境，鼓励引导居民绿色出行。大力发展绿色建筑，应用节能技术对既有建筑进行节能改造。积极倡导绿色办公，大力推广无纸办公、电子政务等办公方式，降低一次性办公用品的消耗。推动制造业绿色改造，鼓励有条件的企业积极开展绿色供应商管理、绿色采购，打造绿色供应链，培育一批绿色供应链示范企业。聚焦重点领域，支持龙头企业牵头组建创新联合体，开展绿色技术集成攻关，打造绿色技术创新集聚区。大力推进节能减排，鼓励企业开展清洁生产项目。

第八章 全方位提升社会民生福祉

坚持以人民为中心的发展思想，坚持共同富裕的主攻方向，对标对表“七有”要求和“五性”需求，积极顺应人民群众对高品质公共服务的美好期待，加强普惠性、基础性、兜底性民生建设，强化对不同群体的差异化特色服务保障，构建具有海淀特色的高品质民生服务体系，努力让人民群众享受更高品质的公共服务，建设更有温度的“幸福海淀”。

第一节 统筹人口与城市协调发展

促进人口与城市协调发展，严控人口规模，优化人口结构，改善人口服务管理，提供更有温度的人口服务和管理，保持城市人口活力，增强城市可持续发展能力。

一、强化人口规模调控与结构优化

推动人口与城市功能建设相适应，对标分区规划确定的区域人口规模目标要求和城市空间结构，严格调控人口规模总量，优化人口空间布局，鼓励和引导人口向北部地区转移。围绕新型城市形态构建、自主创新能力提升、高精尖产业发展和城市精细化治理等方面的人才需求，着力推动区域人口结构优化，提升高素质高技能人才和青年人口比重，切实提升区域人口发展质量和活力，推动城市可持续发展。

二、提升人口服务和管理水平

创新人口服务管理机制，全面推行适用电子居住证，完善以居住证为载体的公共服务提供机制。强化人口服务，加大高品质医疗、教育等公共服务资源供给。按照实有人口配比市政基础设施、公共安全、应急保障等城市服务供给。探索精细化人口服务管理模式，围绕青年就业人口、双创人才、国际人才等不同类型群体生产生活服务需求，有针对性地提供高品质服务。加强流动人口服务管理，完善人口综合管理信息平台，利用大数据等信息化技术手段，加强人口动态监测。

第二节 建成现代化教育强区

坚持优先发展教育事业，实施教育强区行动计划，面向日益特色化、优质化、国际化的教育服务需求，建立普惠公平、优质均衡、多元供给的高质量教育体系，全面提升教育现代化水平，打造更高水平、更高质量、更富活力、更具特色的现代化教育强区。

一、提升教育发展支撑能力

强化优先发展战略地位。进一步树立教育是海淀“命根子”“金名片”意识，充分发挥区委教育工作领导小组顶层设计、规划引领、统筹推进和支持保障作用，健全多部门共同研究推进学位供给、教师编制、教育用地规划等影响教育长远发展问题的工作机制，优先落实教育规划、优先加大教育投入、优先保障教育用地、优先引进教育人才，优先保障教育事业发展。

加大教育基础设施建设力度。按照区域学龄人口分布和变化趋势，统筹考虑学前、小学、初中、高中的协调发展，高标准制定教育基础设施专项规划，实施50余个教育设施建设项目，扩增办学空间。全面推进中关村科学城北区教育配套设施建设，推进金隅蓝岛配套小学、北大附小肖家河分校、北医附中二期、北安河地区幼儿园、前沙涧地区幼儿园等新建改扩建工程，缓解局部地区入学入园压力。打好学位保障“组合拳”，在挖掘潜力、优化布局、完善入学入园规则等方面持续发力，多举措全力保障各学段学位供给。

以信息化带动教育现代化。抓住建设北京国际科技创新中心核心区重要机遇，完善海淀特色的智慧教育体系。推进国家级信息化教学实验区建设，以大数据、人工智能等关键技术为依托，促进信息技术与教育教学融合创新，建设海淀“智慧教育云中枢”和海淀“教育智脑”，建设个性化学习平台和教育公共服务平台，推进科技应用教学场景和“未来学校”建设，打造“云上海教”名片，发展“互联网+教育”新模式、新业态。

统筹区域资源支持教育发展。充分发挥海淀区域资源禀赋，整合科技、文化、体育等各领域优质区域资源，凝聚社会各方力量共同支持教育发展。创新与驻区高校、科研院所等单位深度合作机制，提升海淀教育品质，不断增强海淀教育底蕴和深度。统筹整合现有公园、绿地、体育场所、文化设施、闲置场地等各类公共资源，为教育改革和学生发展提供多元资源支撑。

二、构建高质量教育体系

高质量落实立德树人根本任务。坚持五育并举，把立德树人融入思想道德教育、文化知识教育、社会实践教育各环节，贯穿基础教育各领域，培养德智体美劳全面发展的社会主义建设者和接班人。传承海淀红色基因，深化大中小幼一体化德育体系建设，加强思政课建设，健全学校家庭社会协同育人机制。培养学生终身学习能力，增长学生知识见识，满足学生个性化学习需求，培养具有中国情怀和全球视野的人才。加强和改进体育美育，全面提升学生的身体素质和审美素养。加强劳动教育，构建海淀特色的新时代劳动教育新机制。注重提高每一名学生的健康素养，提升学生体质健康水平和运动能力。完善学生心理健康教育服务体系，构建学校心理危机干预机制，建设“健康学校”。聚焦中关村科学城建设，加强科技教育，提升学生的科学素养。加强常态化国防宣传教育，提升学生的国家安全意识。加强国际理解教育，提升学生国际化素养。

推动学前教育普及普惠安全优质发展。多措并举持续提升普惠性学前教育供给能力，扩增约5000个学前学位，强化协同管理，完善共治机制，构建以公办幼儿园和普惠性民办幼儿园为主体、公办民办并举的学前教育公共服务体系，确保幼有所育。坚持保教结合，坚持以游戏为基本活动，促进儿童主动学习和全面发展，指导和支持幼儿园加强内涵建设，以评促建，不断扩大A等级幼儿园数量，全面提升幼儿园办园质量。

提高义务教育优质均衡发展水平。全面落实义务教育课程计划，高质量落实国家课程，优化学校课程体系，推进学校科研、教研、教学有机结合，提高义务教育办学品质。充分发挥优质中小学的辐射带动作用，稳步推进集团化办学、九年一贯对口直升等办学模式改革，打破资源壁垒，努力办好百姓家门口的每一所学校。完善普惠性特殊教育和专门教育保障机制，打造全国一流的特教学校，完善融合教育三级支持体系，提高融合教育发展质量。

推动高中教育多样特色发展。优化高中布局，扩大优质高中办学规模。以新课程新教材实施国家级示范区、示范校建设为契机，指导学校立足办学定位和特色发展方向，构建多样、丰富、可选择的课程体系，以特色课程建设促进学校特色发展，形成一批课程体系多元、上下学段贯通的特色高中，整体形成高中多样化发展新局面。

做精做优职业教育。加强国家级职业教育示范校品牌建设，建设一批产教融合国家级实训基地。促进职普融通，打造一批具有海淀特色的职业教育专业和精品课程。

加强学习型海淀建设。将学习型城市建设成果纳入到对全区各级各部门的绩效考核体系。扩大社区教育资源供给，建成覆盖全区的终身学习网络和区域性学习中心，引导各类社会力量共同参与社区教育，为群众接受终身教育提供公平机会，拓宽继续教育、终身学习通道。

三、深化教育体制机制改革

深化中小学课程教学改革。以学生为中心，提升学习品质，积极推进教与学的变革，着力培养学生核心素养。深化基于情境、问题导向的教学方式改革，提高课堂教学质量和效益。建立课程实施监测制度，健全教学管理反馈机制。扎实推进个性化学习、选课走班、学生发展指导和综合素质评价等工作。充分利用首都各类社会资源，通过课程化设计，形成学生喜闻乐见的学习资源库。深化大中小学思政课一体化建设，提升思政课育人实效。深化拔尖创新人才早期培养实践探索，着力培养原始创新精神和能力，为国家重大战略提供人才支撑。

全面推进教育评价改革。推进国家中小学教育质量综合评价改革实验区建设，坚持把立德树人成效作为根本标准，进一步健全教育各主体、各学段评价机制和办法，改进结果评价，强化过程评价，探索增值评价，健全综合评价，引导学校关注学科建设、教育质量和教学效率，关注教师发展和学生进步，树立科学的教育发展观、人才成长观，建立更加科学的、符合时代要求的教育评价制度和机制。

创新人才队伍建设机制。推进教师职称制度改革和校长职级制改革，完善区级、校级分级统筹的绩效奖励激励体系，坚持立德树人，打造高素质专业化创新型干部教师队伍，全面加强思想政治教育和师德师风建设，完善师德师风考核负面清单制度。坚持教育家办学，持续推进“成长中的教育家”工程，建立“教育家办学”的激励机制和政策导向，培养教育领军人才和战略创新人才，建立名师教育教学资源库，完善教师继续教育培训体系，进一步深化教育人才储备库改革。全方位多维度提升干部教师教书育人能力素质，为教育强区建设提供坚实人才保障。

持续激发办学活力。严格依法治教、依法治校，落实政府办学主体责任和学校办学主体地位，深入推进简政放权，推动督导改革，建立科学有效的现代教育治理体系。深化学区制改革，进一步明确学区的职能定位，发挥学区的统筹协调作用。积极探索集团化办学的管理模式创新，完善集团内部治理结构，加大教育集团经费支持力度，提升集团化办学效能。扩大学校办学自主权，鼓励学校因地制宜，创新办学模式和教育教学方式，持续激发学校办学内生动力。优化行政审批、监督管理制度，持续开展校外培训机构常态化治理，引导民办教育培训机构规范、有序、健康发展。

第三节 深化“健康海淀”建设

贯彻落实“健康中国”战略和新时代卫生与健康工作方针，坚持不懈抓好常态化疫情防控，健全公共卫生应急管理体系，加强公共卫生安全韧性，完善医疗健康服务体系，提升基层医疗卫生服务能力，深化医药卫生体制改革，努力为人民提供全方位全周期健康服务，打造人民满意的健康城市典范。

一、健全公共卫生应急管理体系

完善疾病预防控制体系。运用城市大脑赋能公共卫生体系建设，加强公共卫生监测预警能力，建立公共卫生安全预警多点汇集和分析触发机制。提高突发公共卫生事件应急处理和紧急医疗救援能力。完善基层公共卫生预防控制体系，健全社区卫生服务中心与街镇的协同联动机制，推进基层公共卫生治理体系和治理能力现代化。做优做强海淀区疾控中心，强化专业技术指导服务职能。构建传染病检测实验室网络，进一步提升传染病检测能力。贯彻落实《艾滋病防治条例》，提高艾滋病防治水平。

完善重大疫情防控救治体系。把握疫情防控新常态，坚持“外防输入、内防反弹”不放松，完善“及时发现、快速处置、精准管控、有效救治”常态化防控机制。强化医疗机构公共卫生职责，探索健全完善医疗机构与疾病预防控制机构密切协作的工作机制。支持海淀医院强化海淀区感染医学中心定位。规划新建一所平战结合的传染病救治医院，按需建设负压病房和重症监护病房，继续开展医疗机构发热、呼吸、肠道门诊等标准化建设。

健全公共卫生应急工作机制。完善突发公共卫生事件应急预案。加强场所、物资、人员等方面的公共卫生应急能力储备和平战结合工作机制建设，继续推进海淀区公共卫生应急事件医用物资储备库建设。完善军地协同、平战结合的公共卫生应急服务网络，提升军地双方应对传染性疾病和突发公共卫生事件能力。强化公共卫生科技和人才保障机制，促进诊断试剂、药物、疫苗和医疗装备研发。

提升院前医疗急救能力。统筹院前急救医疗资源，完善分类施救、分级协作的急救工作模式，大力开展急救基础技能培训。鼓励医疗机构参与院前急救工作，通过调派、培养等渠道补充医务人员。增设24小时急救站，持续提升院前急救保障能力和服务水平。进一步完善急救设施，完成不少于45个急救站点的建设和调整，2025年院前医疗急救呼叫满足率达到99%。

二、完善医疗卫生服务体系

优化医疗卫生总体布局。以中关村科学城北区为重点加强医疗卫生设施布局，积极推进北部医疗中心、苏家坨中心医院项目建设。加强老年医学、康复护理、妇产、儿科等重点专科服务能力，优化医疗卫生结构。有序发展社会办医，引入优质社会资本进一步提升国际化医疗服务能力。

持续构筑中西医并重发展格局。进一步完善中医医疗服务体系，积极推进海淀区中医医院建设工作和北京市中西医结合医院北部院区建设工作。进一步加强综合医院、妇幼保健院等非中医类医疗机构中医科和中药房的规范设置，实现社区卫生服务中心中医馆全覆盖。鼓励社会资本举办优质中医医疗机构，鼓励知名中医医疗机构、知名老中医在海淀区建立连锁机构。进一步增强中医药服务能力，加大人才培养力度，加强中医药服务医联体建设，扩大中医药文化宣传。

全面优化社区卫生服务机构布局。加强社区卫生服务机构规划和标准化建设，推进有条件的社区卫生服务中心逐步向社区医院发展，合理配置社区医院、社区卫生服务中心、社区卫生服务站等基层医疗卫生服务机构。加强涉农地区社区卫生服务机构建设，逐步以社区卫生服务机构代替村卫生室。新建海淀街道实体社区卫生服务中心，推进清河社区卫生服务中心原址重建等项目，实现每个街镇均至少设置1家政府举办的实体社区卫生服务中心目标。合理加密社区卫生服务站网点布局。有序推进社区卫生服务机构增设床位工作。

打造高水平卫生健康人才队伍。多途径做好卫生健康人才的引进和培养工作，着力补齐全科、儿科、康复护理、精神卫生、眼科等人才队伍短板。探索开展海淀区属卫生健康系统人才库建设项目。进一步发挥海淀区公共卫生高端智库作用。

推进“智慧卫生”建设。加快推进智慧卫生项目建设，加强信息化和高新技术在医疗卫生领域的应用，促进应用场景建设，有序推动“互联网+”诊疗服务模式，在海淀医院推进骨科机器人试点工作。进一步促进医疗机构信息资源整合和应用，加强居民基本健康信息和检查检验结果实时更新、互认共享。

三、健全“大健康”发展格局

大力开展爱国卫生工作。坚持健康优先，将促进健康的理念融入公共政策制定实施的全过程，全人群、全方位、全生命周期维护和保障人民健康。持续巩固提升国家卫生区创建成果，完成全国健康促进区创建任务。广泛开展全民健康促进活动，2025年居民健康素养水平超过40%。加强健康细胞工程和支持性环境建设，积极推进健康促进医院、学校、机关、企业、社区、健康家庭等创建。提升健康教育、慢病管理和残疾康复服务质量，重视精神卫生和心理健康，开展全国社会心理服务体系建设试点，全面巩固提升海淀区慢性病防治、传染病防控、心理健康、医养结合、安宁疗护等示范试点工作优势。

提升重点人群健康服务能力。系统加强对妇幼、老年、残疾人、计划生育特殊家庭等重点人群的健康服务保障，积极推动有关专项健康促进工作。实施老年健康促进行动，强化老年人健康管理，健全老年健康服务体系，继续推进家庭医生签约和建设海淀区“一键式”家庭医生服务体系。继续关注青少年健康，培养青少年健康生活方式，加强中小学教育卫生保健中心建设，完善学生体检和体质监测制度。关注职工健康，开展健康单位建设，落实职工健康体检制度。依托社区卫生服务网格化开展家庭医生签约服务，通过成立家庭医生巡诊工作室、慢病管理工作室等举措，提升社区卫生服务意识、服务效率和服务能力，满足不同人群的卫生健康需求。推进基层卫生服务机构妇女、儿童保健门诊规范化建设，提升婴幼儿照护和托育服务水平，完善危重孕产妇和新生儿转诊网络，提升救治能力。

大力推动全民健身。完善全民健身公共服务体系，开展全区居民体质免费测试、开展社会体育指导员培训、激发全民健身意识等全民体育服务工程，广泛开展群众性体育活动，持续提高市民身体素质。深入打造社区“一刻钟健身圈”，利用现有疏解腾退用地、腾退闲置厂房、仓储用房、“金角银边”等空间资源，因地制宜建设群众身边的健身场所，为全面健身运动提供条件。推进智慧体育平台化整合，基于体医融合前端诊断及国民监测体质库，提供运动健身处方和科学运动指导。以青少年为重点，与全民健身相结合，发展冰雪体育产业和健身休闲产业。

四、深化医药卫生体制改革

推动基本医疗卫生制度建设。继续健全完善医联体体系和机制建设，不断深化紧密型医联体试点工作，完善分级诊疗制度建设。继续推动公立医院综合改革工作，深化海淀医院与北京大学第三医院合作等改革试点，健全现代医院管理制度。巩固完善卫生健康综合监管机制，探索深化联合监管、“信用+综合监管”等工作模式。加强全民医保和药品流动保障等制度建设，进一步提高本地城镇职工和城乡居民医保报销便捷程度，完善异地就诊报销制度，方便外来务工人员等群体在北京就诊结算工作。深化医保支付方式改革，发挥医保基金战略性购买作用，促进医保、医疗、医药“三医”联动改革的系统集成和协同高效。

做实做细家庭医生签约服务。推动社区卫生服务网格化家庭医生签约服务模式，进一步促进服务重心下移到社区（村），健全社区卫生服务机构与街（镇）的协同联动机制，完善社区卫生服务网格化业务指导和管理机制。结合服务人群特点，研究制定个性化、精准化的家庭医生签约服务包。探索将区属医院作为开展家庭医生签约服务的重要力量。继续推广“一键式”等服务手段，依托信息化手段简化签约流程，优化服务模式，提升服务感受。试点开展“互联网+护理服务”，为签约居民提供上门护理服务。

第四节 健全就业社保体系

实施更加积极的就业政策，完善公共就业服务体系，激发青年就业创业活力，努力实现更充分更高质量的就业。健全兜底保障安全网络，扩大救助保障覆盖面，构建更加可靠、更加公平、更可持续的社会保障体系，筑牢民生安全底线。

一、推进高质量充分就业

完善就业创业服务。构建以市场需求为导向的终身职业培训体系，逐步形成以企业为主体、职业院校为基础、社会多方参与的培训格局，积极开展多种形式的职业培训活动，提升劳动者就业能力。大力推进新型学徒培训，鼓励有条件的企业参与社会培训。继续落实职业培训优惠政策，提升劳动者职业技能，以高质量的培训促进高质量就业。健全就业需求调查和失业监测预警机制，加强就业服务信息化建设，形成“调研走访、重点监测、数据会商、城乡就失业调查、城镇登记失业率”五位一体的预测机制，做好政策与岗位储备。实施岗位对接计划，通过精细化职业介绍服务促进企业需求与劳动力对接。

鼓励以创业带动就业。完善鼓励人才创新创业的政策，综合运用科技型中小企业创新基金、创业投资引导资金等方式，激发青年人才创新创业活力。建设开放型创业服务平台，搭建城市创新创业桥梁。依托社区综合服务中心，开展创新创业服务活动，强化创业政策咨询、创业指导、创业信息发布等公共就业创业服务职能。

推进重点人群就业。健全重点群体就业支持体系和失业监测预警机制，加大对失业人员、就业困难人员、高校毕业生以及农转非等人员的帮扶力度，扩大公益性岗位安置，动态消除“零就业家庭”。鼓励高校毕业生多渠道就业，引导高校毕业生到基层工作。深入实施大学生创业引领计划，加大就业创业政策帮扶力度。进一步加大对退役军人和残疾人的就业帮扶力度，开展面向特定就业群体的订单、定向、定岗培训和转业转岗培训，使劳动者职业素质有效对接就业岗位需求。鼓励通过自主创业以及灵活就业等多种方式实现就业。

促进城乡居民增收。落实北京市居民人均可支配收入持续稳定增长行动计划，健全工资合理增长机制，着力提高中低收入者收入，扩大中等收入群体。提高技能型人才收入，落实高技能人才工作津贴、奖励津贴和个税减免政策。推进事业单位、国有企业工资分配制度改革，鼓励多劳多得、优绩优酬。健全农村居民增收机制，多渠道增加城乡居民财产性收入，增加农村居民“三块地”收益。加强低收入农户脱低后的常态化帮扶，抓好收入不稳定群体稳收增收。

二、完善社会保障体系

完善社会保险体系。积极落实社会保险各项政策，深化城乡一体化社会保障体系建设，让全民共享改革发展成果。健全失业保险与促进就业联动机制，充分发挥失业保险“保生活、促就业、预防失业”的功能。进一步完善基本医疗保险和生育保险制度，探索建立长期护理险制度，积极发展商业医疗保险。落实好国家基本养老保险全国统筹、渐进式延迟法定退休年龄等政策，深化机关事业单位养老保险制度改革。健全预防、补偿、康复“三位一体”的工伤保险制度体系。健全灵活就业人员社保制度。

全面构建精准社会救助体系。动态调整城乡低保、特困人员、低收入家庭认定等标准，确保困难群众救助保障水平与经济社会发展协调适应。统筹推进扶老、助残、救孤、济困等福利事业，提高优抚安置保障水平，加快实现社会福利从补缺型向适度普惠转型。强化街镇困难群众救助服务所作用发挥，综合提供精准化救助服务。发展公益慈善事业，完善全方位、多层次社会救助体系。完善困境儿童、留守儿童基本生活、医疗康复、养育照料等配套制度，加快儿童福利院建设。强化困难残疾人生活补贴、重度残疾人护理补贴和严重精神障碍患者监护人补贴。完善流浪乞讨人员救助管理设施建设，增强流浪乞讨人员救助服务能力。广泛动员社会力量开展社会救助和社会互助，保障困难群众基本生活。明确基层城乡社区主动发现职能，及时将符合条件的困难群众纳入救助保障范围。

优化妇女儿童发展环境。坚持男女平等基本国策，保障妇女儿童合法权益。坚持和完善促进妇女和儿童全面发展的制度机制，妇女在社会生活和家庭生活中的独特作用得到充分发挥，保障儿童生存、发展、受保护和参与的权利，促进妇女在政治、经济，以及妇女儿童在健康、教育、法律保护、社会保障、家庭、文化、安全等各方面的发展。

健全退役军人保障制度。推进全区退役军人三级服务保障体系迈上新台阶，推动移交安置、就业创业、优待抚恤、军休服务向深向实发展，努力构建新型军政军民关系，科学打造双拥工作平台，创建“全国双拥模范城（县）”十连冠。

构建多层次住房保障体系。健全“多主体供给、多渠道保障、租购并举”的住房制度，适当提高公租房、共有产权房等政策性住房比例。实施实物配租和货币补贴相结合的公租房保障方式，全力保障中低收入家庭住房需求。加快建设和筹集一批保障房，支持租赁性住房建设。持续将创新创业人才等群体纳入住房保障范围，构建符合海淀实际的住房大保障体系。加快推进农村低保、低收入家庭危旧房改造工作，保障农村困难群众基本住房安全。

第五节　积极应对人口老龄化

落实居家养老服务条例，完善多层次养老服务体系，强化高质量养老服务供给，构建居家社区机构相协调、医养康养相结合的养老服务体系，努力实现老有所养、老有所医、老有所为、老有所乐。

一、推进多层次养老服务体系建设

大力发展居家养老服务。构建多部门统筹加快居家养老服务体系建设的新机制，逐步建立老年人大数据管理平台，重点面向失能、80岁及以上高龄独居孤寡等老年人，大力推进家庭养老照护床位。开展居家养老服务示范活动，推动养老服务标准化、规范化发展，建立针对多元养老服务体系的评价指标体系。充分利用现代信息技术，建立健全居家养老信息服务平台，推动养老服务体系的智慧化发展。加强老年人居家医疗服务工作。

提升社区养老服务能力。整合养老机构、护理人员、养老设施等各类服务资源，配套社区卫生机构服务、家庭养老照护床位等制度，建立社区健康服务体系和“康、养、医”联动机制。健全覆盖区、街道（地区）、社区（村）的三级养老服务网络，实现需求人群与设施空间相匹配。按照“广覆盖、贴需求、惠民众、可触及”思路，结合老年人口分布密度、老年人需求情况及困难、失能老年人的特别服务需求等情况，合理规划养老驿站建设。积极落实《北京市社区养老服务驿站管理办法（试行）》，加强驿站管理工作。鼓励有条件的养老驿站同步设置护理站，鼓励养老服务设施与社区卫生服务设施毗邻设置，融合服务。探索以社区为基础的互助养老新模式，充分发挥低龄健康老年人作用，为社区的高龄老年人提供多种形式的养老服务。

构建多层次机构养老服务格局。建立科学的老年人入院出院评估制度和养老需求评估制度，推动各类养老机构发展，提升养老机构的服务质量。针对城乡特困重点人群进行老年生活照料托底。提升各镇养老机构服务水平，增强农村养老服务能力。

探索跨区域养老模式。强化与周边河北地区的养老服务对接协调机制，积极推动跨区域医保报销、养老床位补贴等统一政策落地，鼓励和引导海淀老人实现异地养老。

二、促进为老服务高质量发展

持续深化养老服务供给。发展普惠型养老服务和互助性养老服务，加快家庭养老照护床位建设，推进社区养老服务驿站规范化、可持续发展，拓展家庭养老照护床位服务项目和覆盖面，解决社区居家养老的供给需求。推动养老事业和养老产业协同发展，培育养老新业态。探索“物业服务＋养老服务”模式，支持物业服务企业开展老年供餐、定期巡访等形式多样的养老服务。

深入推进医养结合。将医养结合纳入海淀区医疗和养老政策体系，积极推进医疗卫生机构与养老服务机构融合发展。规范和深化医养签约服务，推动老年友善医院建设、安宁疗护等工作，依托社区卫生服务机构，有序引导医疗机构和养老机构深化合作，为老年人提供更加便利可及的健康服务。依托既有健康信息平台和养老信息平台，强化医养结合信息化支撑。

完善养老行业人才培养机制。以养老人才培训院校和养老服务机构为依托，完善养老行业人才培养体系，系统培养基础护理、医疗护理、康复治疗、健康管理等专业人才，满足长期护理服务需求。构建长效激励制度，促进养老护理人才队伍建设，打通职业晋升通道，增加行业吸引力，留住养老服务人才。

第九章　着力建设全国一流的文化强区

坚持社会主义先进文化前进方向，以更大气魄推进海淀新时代文明实践中心建设，培育和践行社会主义核心价值观，充分挖掘历史文化资源，提升文化科技融合水平，协同推进文化事业与文化产业发展，展示海淀独特的文化气质，让文化“软实力”成为区域高质量发展的“硬支撑”，着力打造更高水平的全国一流文化强区。

第一节　弘扬社会主义核心价值观

坚定文化自信和文化自觉，牢牢抓住学习宣传贯彻习近平新时代中国特色社会主义思想这一根本任务，强化社会主义核心价值观的引领作用，以人民为中心，持续推进新时代文明实践中心建设，加强守正创新的新时代精神文明塑造，建设新时代先进文化高地。

一、筑牢社会主义意识形态高地

加强党的创新理论学习。贯彻落实习近平新时代中国特色社会主义思想，健全用党的创新理论武装党员、教育人民工作体系，常态化制度化推动习近平新时代中国特色社会主义思想和中国梦宣传教育，加强党史、新中国史、改革开放史、社会主义发展史教育。聚焦建党100周年等历史节点，组织开展系列主题活动。加强马克思主义理论研究和建设，率先开展马克思主义重点学院、国际马克思主义研究传播中心建设。建设马克思主义读书会等一批理论学习阵地，办好“学习强国”海淀学习平台，创新学习形式，强化学习效果。

深入践行社会主义核心价值观。将社会主义核心价值观贯穿经济社会发展全过程各领域，形成有利于弘扬社会主义核心价值观的良好政策导向、利益机制和社会环境。做大做强区融媒体中心，坚持党管媒体原则，让主流媒体牢牢占据舆论引导、思想引领、文化传承、服务人民的传播制高点。坚持正确导向，加强网络文明建设，营造积极健康的网络舆论生态，让网络成为传播文明的重要阵地。

加强爱国主义教育基地建设。深入实施北京市新时代爱国主义教育实施方案，以中共中央北京香山革命纪念地为重点，深入挖掘红色文化内涵、重塑红色文化品牌、传承红色文化基因，着力打造首都红色文化旅游新地标和全国一流爱国主义教育基地。开展革命文物定期排查，构建革命文物数据库。

二、加强新时代精神文明建设

持续推进新时代文明实践中心建设。持续优化街镇新时代文明实践所、社区（村）新时代文明实践站、实践基地等建设，广泛开展类型多样的新时代文明实践活动，科技赋能新时代文明实践，打造全国新时代文明实践中心样板高地。聚焦中国共产党成立100周年、党的二十大、2022年北京冬奥会、2025年纪念中国人民抗日战争暨世界反法西斯战争胜利80周年等一系列重大事件，培育海淀特色志愿服务品牌。健全志愿者招募注册、培训管理、嘉许回馈、保险保障制度，壮大志愿服务队伍，打造海淀志愿之城，实现全民志愿、全域志愿，实现“点单派单”高效精准化服务。

打造有影响力的创新文化品牌。支持开展各类有利于创新的文化品牌活动，强化激发创新意识、鼓励创新实践、推广创新成果的环境建设，营造优良的创新文化氛围。丰富新时代“中关村精神”，传承弘扬科学家精神和中关村企业家精神，涵养新时代中关村企业家、创业者的家国情怀和责任担当。支持中关村企业家弘扬勇于创新精神，大力推动生产组织创新、技术创新、市场创新，提升企业核心竞争力和抗风险能力。用创新文化激励创新精神，把创新精神融入文化创作、生产、传播全过程。

深化群众性精神文明创建。发挥文明城区创建龙头作用，推动“五大创建”工作提档升级，大力深化群众性精神文明创建活动，深化公共文明引导工程，努力营造文明和谐的社会道德风尚，不断提升人民文明素养和全社会文明程度。结合美丽乡村建设，建好用好乡情村史陈列室，推进文明村镇创建活动。扩大文明单位创建覆盖面和影响力，引导各级各类文明单位增强“窗口”意识，打造一批具有鲜明行业特色的文明单位先进典型。坚持注重家德家风、师德师风建设，深化文明家庭和文明校园创建。深入实施文明行为促进条例，加大规范文明行为宣传力度，引导和规范市民文明行为，树立文明标尺，培育时代新风。深入实施北京新时代公民道德建设实施方案，加强社会公德、职业道德、家庭美德、个人品德建设。健全覆盖全社会的征信体系，完善守信联合激励和失信联合惩戒制度，扩大信用红黑名单发布范围，加强诚信文化建设，强化全社会诚信意识。

第二节 加强历史文化保护与传承

大力保护与传承历史文化，切实做好文化遗存恢复、文物保护利用、非遗活态传承等工作，加强“三山五园”地区整体保护，建设好国家文物保护利用示范区，精心擦亮历史文化遗产金名片，传播好海淀优秀传统文化，提升海淀文化影响力。

一、擦亮“三山五园”金名片

构建“三山五园”整体保护体系。从首都建设和历史文化名城保护系统出发，从保护与老城的密切联系、保护山水形胜的整体格局、保护丰富多样的文化遗产、保护绿地成片的生态基底、保护有机交融的文化景观、保护和谐优越的人居环境等六个方面进行重点保护，整体保护各类历史文化资源，全面保护和增强生态环境功能，恢复山水田园的自然历史风貌，完善基础设施建设，塑造杰出的人居环境，将“三山五园”地区建设成为中华民族精神重要象征地、国家历史文化传承典范区、东方人居环境杰出代表区。

全力推进国家文物保护利用示范区建设。强化科学保护，建设文物保护数据库管理平台，建立不可移动文物保存现状定期评估制度，建设“三山五园”学术研究基地，筑牢文物安全底线。强化改革创新，建立“央地军”合作新机制，争取北京市支持海淀三山五园国家文物保护利用示范区的专项政策，探索市级考古权限下放，探索有海淀特色的示范路径。强化融合发展，实施文物赋能、文旅融合三年行动计划，开展香山、颐和园革命文物展览展示，提升颐和园博物馆综合能力，推动文物赋能经济社会发展。强化队伍建设，培育地方考古力量，在部分街镇成立文物巡查员队伍，健全文物保护管理体系。强化国际传播，讲好“三山五园”故事，举办好亚洲文化遗产论坛，开展“三山五园”全球巡展，开展数字化复原展示传播工程，依托世界文化遗产颐和园和高校、博物馆聚集区，增强外事接待能力和国际旅游吸引力。强化重点项目支撑，建设高质量重大文化工程，以正觉寺为核心建设圆明园博物馆，开展圆明园大宫门遗址区保护展示工程，建设三山五园艺术中心，打造309天主堂为公共文化新空间。

二、加强“两带”保护利用

强化西山永定河文化带保护传承。推进西山永定河文化带生态修复和环境提升，恢复大尺度绿色空间，塑造历史环境与绿水青山交融的西山永定河特色景观风貌。鼓励在保护的基础上开展活化研究，保护传统肌理和特色风貌，提炼历史文化遗产的核心要素。在西山永定河文化带沿线打造一批特色民俗文化村，展现海淀乡村民俗文化。

推动大运河文化带海淀段保护利用。系统开展大运河历史文化遗址遗迹保护工作。合理保存传统文化生态，疏导不符合规划要求的设施项目，统筹做好沿线古桥、古闸、古码头等建筑遗迹和文物的保护修缮。完善历史文化展示和休闲旅游功能，探索有条件的恢复部分历史水系。

三、留住独特的城市记忆

全面梳理海淀杰出人物、特色风物，做好史、志、文化档案等编纂，推进文化典籍、口述史、民间传说等整理出版和视听化呈现，丰富城市记忆表达。结合“漫步北京”计划实施，加强地理要素与文化内涵的关联表达。加强非物质文化遗产保护和活化利用，进一步发掘、保护与传承传统戏曲、音乐、书画、服饰、技艺、庙会等非物质文化遗产，推动非遗资源数据库建设。加强老字号原址、原貌保护，推动老字号非遗传承振兴与创新。

第三节 深度挖掘文化科技融合新动力

坚持文化与科技双轮驱动，提升新技术在文化产业中的应用转化水平，创造更多文化和科技融合创新性成果，强化科技对文化建设的支撑与赋能，提升文化产业竞争力。

一、大力培育文化科技融合新业态

实施文化产业数字化战略，加快推动国家级文化和科技融合示范基地建设，推进文化产品和服务虚拟化制作、可视化呈现、互动化传播、沉浸化体验、智能化集成，大力培育网络视频、游戏电竞、数字音乐、网络文学、智慧文旅、数字展示等数字文化新业态。举办数字文化大会，统筹亚洲数字艺术展、文化科技装备展等品牌活动。依托中关村科学城数字文化产业园，着力引进和集聚国内外优秀游戏企业、原创团队和创意人才，打造为北京游戏精品研发基地。加快建成西三旗电竞产业园，引进世界顶级电竞赛事、平台企业、研发团队、俱乐部等落户，打造电竞产业集群。支持创新主体建设游戏开发共性技术平台、游戏引擎研发平台等平台，鼓励精品原创游戏开发，支持企业和机构积极参与制订电竞场馆建设、运营服务、直转播等规范及电竞赛事体系标准。推进中关村数字音乐谷项目落地，建设音乐主题公园、音乐体验中心、数字音乐图书馆，打造全产业链的数字音乐产业基地。鼓励研发具有自主知识产权、引领新型文化消费的可穿戴设备、智能硬件、沉浸式体验平台、应用软件及辅助工具，支持文化科技企业基于自主研发技术开展大型光影演出、公共展示展览等示范应用。开展数字孪生景区建设，打造沉浸式全景在线产品。结合故宫北院区建设，探索利用上庄镇的李家坟、常乐等保留村庄的闲置产业用地和宅基地，建设集文物数字化修复、展示等功能于一体的文创基地。积极推进水磨国家文化传承与创新示范园、中关村演艺中心、中关村视听产业园、音乐产业融合创新中心、定慧里电竞文化中心建设。

二、以科技赋能文化创新发展

加快文化共性关键技术研发。加强文化创作、生产、传播等环节关键技术与集成应用技术研发，重点开展文化资源分类与标识、VR/AR 虚拟制作、智能创作、多终端呈现、智能场景感知技术、全息投影交互技术等技术研发。突破广播影视、创意设计、文物保护、非物质文化遗产传承发展等领域系统集成应用技术，开发内容可视化呈现、互动化传播、沉浸化体验技术应用系统平台与产品。积极开展文化装备技术研发，实现高清制播、舞台演艺、内容制作、智能印刷等文化领域重要软件系统和重大装备自主研发和安全可控。完善文化技术标准化体系，强化标准研制与推广，推进技术专利化、产业标准化，以标准助力文化科技深度融合。

创新文化内容生产和传播手段。以“三山五园”文化品牌为引领，聚合央属、市属单位与民营文化企业等创作力量，围绕实现中华民族伟大复兴中国梦、培育社会主义核心价值观、弘扬中华优秀传统文化、彰显海淀特色文化品牌等主题，积极融入科技元素，高品质推进原创性文化产品。加快出版发行、广播影视等网络化改造和技术升级，建设“新闻＋政务服务商务”的新型新闻内容生产和传播体系，通过流程优化、平台再造，实现各种媒介资源、生产要素有效整合。完善媒体融合发展规划布局，努力打造全国标杆性区级融媒体中心，推动海淀区融媒体中心向中关村科学城北区延伸，依托“海淀云”加快建设覆盖全区的融媒体分中心和工作室，加大“掌上海淀”智能客户端推广力度。加快 5G+ 超高清制播分发平台、超高清视频产品中试、集成、质量检测公共服务平台暨制作技术支撑平台等建设，发展超高清内容制作、跨媒体内容制作与呈现。推动人工智能技术在文化领域的深度应用和创新发展，在文化领域建设人工智能公共服务平台，建立“智能＋文化”开源技术开发社区。

第四节 完善现代公共文化服务体系

坚持政府主导、社会参与、重心下移、共建共享的工作理念，持续推进现代公共文化服务体系创新发展，进一步完善具有海淀特色的现代化公共文化服务体系建设，推动公共文化服务均等化、服务设施身边化、供给主体多元化、服务方式智能化和融合发展，创造更多的线上线下相结合的服务新业态、新方式、新场景，推动公共文化高质量发展。

一、提升公共文化服务水平

推进基本公共文化均等化。以基层综合文化设施和服务的标准化促进公共文化服务均等化、普惠化和便捷化水平。推广海淀北部文化中心社会化运营模式经验，积极引导和鼓励街镇、社区（村）公共文化设施社会化管理运营，进一步增强公共文化的发展动力，提升公共文化服务效能。

推动公共文化服务融合发展。推进文化馆、图书馆、美术馆和博物馆等公共文化机构的服务融合发展。推动区文化馆、图书馆等一体化设施建设。推动公共文化服务和旅游服务的融合发展，持续推动景区的绿色提升行动和公共文化“一步书香”行动和“海燕飞舞”行动扎实开展。

二、持续办好群众性文化品牌活动

持续提升“海之春”新春文化季、书香海淀、中关村国际青年艺术季、中关村系列演出季等文化品牌品质。持续创排海淀特色精品舞剧，不断汇聚国内外顶尖舞蹈艺术机构、人才，增强中关村舞剧节吸引力，建设具有全国影响力的舞剧中心。持续提升海淀万人合唱季、星期五艺术Party、中关村阿卡贝拉展演以及街镇文化品牌活动进基层的深度和广度。组织开展独具特色的全民艺术普及活动，打造一批群众性文化品牌活动。支持具有文化服务能力的企业和社会组织等依法参与政府购买公共文化活动，承接政府主办的公益性文艺创作、宣传推广等服务项目，为群众提供个性化、特色化、多样化的文化服务。支持公共文化设施运营单位与文化创作、服务机构开展多形式合作，推动具有海淀特色的文艺精品活动创作。

三、推动公共文化服务数字化转型

推动云计算、大数据、物联网、人工智能等新技术在公共文化设施的应用，支持图书馆、美术馆、博物馆、文化馆等实现数字化转型。推动一批公共文化智慧展现、数字化保护和管理、网络化集成服务等智能化项目建设。开展重大历史文化遗迹、博物馆珍贵藏品、古籍善本、城市记忆载体、非物质文化遗产等数字化工作。进一步加强公共文化数字化建设，充分发挥文旅@海淀数字平台线上供给主阵地作用，以数字产品内容建设为统领，调整结构、优化配置、激发动能，通过“云培训”“云活动”“云创作”等一系列方式，打造“云端”供给数字文化产品新路径。加快海淀档案馆数字化转型，实现档案资源数字化、信息储存安全化、管理系统化、服务网络化，建成“全国示范数字档案馆”。

第五节 建设世界级历史文化旅游胜地

充分挖掘皇家园林文化、红色文化等历史文化资源，推动历史文化保护与文化旅游协调发展，丰富旅游功能，提升旅游服务品质，打造世界级历史文化旅游胜地。

一、促进“三山五园”旅游融合发展

整体提升皇家园林群周边环境，加强“三山五园”生态廊道连通，整合香山公园、北京植物园、西山国家森林公园及其他城市公园，实现历史文脉与生态环境的水乳交融。推进村庄更新改造和搬迁整治，重现历史文化景观，丰富旅游休闲功能，增强景观体验。整合锻造出三山五园地区文化、旅游和文创产业融合发展的金名片。

二、挖掘文化遗产赋能高品质旅游

通过文化内涵和文化遗产的双向赋能与互动，在文化遗产的保护利用中充分挖掘提炼文化内涵和精神价值，赋能旅游发展。以颐和园、圆明园为核心，展示中华民族灿烂辉煌的古代文明，开发一批国际旅游精品项目；围绕中共中央北京香山革命纪念地为代表的爱国主义主题片区建设，构建以红色文化传承为主的旅游线路和产品；依托中关村丰富的科研院所、高等院校和高新技术企业，创新开发一批精品研学旅游线路。

第十章 全面深化改革和扩大开放

深入贯彻落实党的十九大以来关于全面深化改革和扩大对外开放的战略部署，以要素市场化改革和制度创新为核心，深化重点领域和关键环节改革创新，打造高水平综合改革的“试验田”。紧抓北京“两区”“三平台”建设契机，实施更有力度新开放举措，实行高水平对外开放，深度融入新发展格局，开拓合作共赢新局面。

第一节 推进全面深化改革

坚持问题导向和需求导向，聚焦全区经济社会发展的堵点、痛点、难点精准发力，纵深推进重点领域改革，推出一批标志性引领性的改革举措，滚动推出营商环境改革升级版，创建国家营商环境示范城区。

一、激发市场主体活力

持续深化国有企业改革。推进区属国有企业完成全民所有制企业公司制改革，支持具备条件的国企开展混合所有制改革。健全以管资本为主的国有资产监管体制，推进国企聚焦主业，服务区域经济发展。强化国企管理力度，健全国有企业内控制度建设。聚焦科技创新、城市服务、文化旅游等领域，持续优化国有资本布局结构，提高国有资本运作效率。推动国有资本更多投向科技创新领域，支持国有企业在产学研合作、成果转化、联合攻关中发挥重要作用。支持中海投资转型升级为以城市大脑为核心的城市级数字资产平台运营服务商。支持中关村京企云梯科技创新联盟等国资国企创新战略联盟建设，鼓励有条件的国企搭建跨区域、跨行业、跨所有制的高精尖产业技术协同创新平台。推动区属媒体企业资本改革，实现与金融资本、社会资源有效对接，促进事业产业有机统一。进一步提升区属国企资产使用效益，支持具备条件的企业打造创新创业基地、孵化器或文化产业园等新载体。支持国有企业与驻区高校、科研院所、民企等创新合作，共建产业协同创新平台、技术创新中心、重点实验室等平台。

释放民营企业发展活力。全面落实市场准入负面清单制度，推动新经济领域“非禁即入”。优化民营经济发展环境，构建亲清政商关系，破除各种形式的市场准入不合理限制和隐形壁垒，保障民营企业依法平等使用生产要素、公平公正参与市场竞争、同等受到法律保护。落实好北京市关于中小微企业的各项帮扶政策，健全科技创新、基本生活性服务业等行业中小微企业精准帮扶机制，用活金融纾困政策，降低企业运行成本，进一步激发中小微企业发展活力。

深化事业单位改革。围绕全面加强党的建设、改善公益服务供给结构、优化事业单位布局结构等要求，推进事业单位调整优化，统筹盘活用好沉淀和低效配置的编制资源，构建与经济社会发展高度匹配的事业单位治理体系。逐步建立政事权限清单，探索实行机构职能编制规定，完善章程管理，促进新时代公益事业平衡、充分、高质量发展。

二、探索土地供给制度改革

探索国有土地供应方式创新。持续完善建设用地管理精细化机制，健全高精尖产业用地“1+3”政策体系，对产业空间进行全生命周期管理。深化产业用地市场化改革，研究制定综合性机制鼓励盘活存量和低效建设用地，全面推行“弹性供地”、混合用地等产业用地供应方式。推出差别化供地机制，采取招拍挂、协议出让、出租等方式优先保障科研用地类项目用地。探索建立新型基础设施建设条件的土地供应制度。出台专项政策支持存量旧厂房、低效空间等业态调整和改造升级，采取财政补助、租金补贴、厂房统租等措施，鼓励和引导旧厂房改造引进科技创新企业和项目。严格高精尖企业准入条件，制定体现高质量发展的综合评价体系和准入标准，继续实施《履约监管协议书》作为企业获得产业空间的前置条件，提高空间集约利用水平。

加强空间资源整合与统筹配置。对全区国土空间用途进行统筹整合，整体谋划国土空间开发，合理高效配置各类空间资源，统筹人口分布、经济布局、产业发展、国土利用和生态环境保护，科学布局生产、生活和生态空间，给自然留下更多修复空间。对照高精尖产业需求，制定低效楼宇升级改造清单，有序推进重点楼宇改造升级。用足用好“中关村科学城科技创新空间资源基金”，采取基金的方式运作项目，优化存量产业空间，吸引产业入驻，扶植产业发展，推动科技空间整合利用与高精尖产业培育协调联动。

三、完善新型城镇化体制机制

激发集体经济组织活力。深化镇级集体产权制度改革，健全股份经济合作社内部治理和运行机制，持续做好股份经济合作社登记赋码工作，推动股份合作社健康运营。通过激活股份潜能、规范内部治理等措施，不断提升效率、规范治理、维护公平，挖掘集体经济发展新动力。理顺土地所有权、承包权、经营权关系，鼓励农用地向集体经济组织流转集中，促进适度规模经营。完善农村产权流转交易服务机制，探索农村产权品种价值发现新途径，发挥集体经济组织的服务功能，开展农村集体经营性资产出租等流转交易，提高农村要素利用率，增加农民财产性收入。以集体产业、集体资本发展有效支撑“两区”“三平台”建设，助力城市更新、产城融合、城乡融合。

深化农村集体建设用地改革。完善集体建设用地区级统筹机制，健全“村地区管”机制，按照“村级初核、镇级把关、区级统筹”原则，算好历史账、规划账、时间账、效果账“四本账”，以镇域为单元研究编制规划综合实施方案，积极推进集体建设用地减量提质增效。试点三权分置，积极推动农村经营性集体建设用地入市，激发农村“三块地”活力，建立集体经营性建设用地增值收益分配机制，实现资源变资产、农民变股东。鼓励集体经营性建设用地资源与产业功能区、产业园区对接，利用减量升级后的集体经营性建设用地发展文化创意、科技研发、租赁住房等。探索镇级产业用地开发利用模式，坚持产城融合、职住平衡原则，持续推进“一镇一园”集体建设用地创新模式。探索集体土地流转补充科研用地需求，为科技创新企业增资扩产提供用地补充。

扎实推进农村基层治理改革。坚持党建引领农村治理改革创新，全面推进“海淀区全国乡村治理体系建设试点”工作，探索超大城市近郊区乡村治理体系和治理能力现代化路径，为全国创新乡村治理提供海淀经验。完善农村工作体制机制，优化农村股份经济合作社股权管理和内部治理结构。以乡村振兴战略和美丽乡村建设为契机，加强农村基层党组织建设，完善群众自治组织，鼓励各类农村社会组织发展，构建乡村多元共治新格局。开展农村社会治理创新试点，推动现代城市治理模式向农村延伸，加强农村地区社会管理服务规范化、制度化，强化社区功能，完善基层自治，传承乡土亲情，探索构建适应城乡融合的基层组织治理体系。

四、深化财政管理改革

深化区、街镇财政管理体制改革，不断强化对街镇的财政财务管理。加强财源建设，稳定存量税源，拓展增量税源。全面推动预算绩效管理改革，强化财政资源统筹，提高财政资源配置效率和使用效益。严格控制财政资金支出，优化政府投资结构，确保每一分钱都花在“刀刃”上。把握疫情防控新常态，持续完善“六稳”“六保”相关财政政策的落实机制，严格落实好减税降费、减租降息、稳企稳岗等政策措施，做好中央、市、区各级已出台政策的衔接落地。优先安排涉及生态环保、民生保障、城市治理等领域的投入，提高政府投资的引导力和带动力，鼓励社会资本投向规划重点领域。加强和规范政府性债务管理，合理安排财政预算，有效防范政府债务风险。推进社会投资项目管理全流程改革，鼓励和引导社会资本参与基础设施和公共服务领域投资建设运营。

五、打造国际一流营商环境

持续深化“放管服”改革。深入转变政府职能，巩固区级机构改革成果，做好机构改革“后半篇文章”。围绕提升“新服务”效能，深化放管服改革，探索开展行政审批政策创新，纵深推进“一网、一窗、一门、一次”改革。全面落实政务服务告知承诺和备查制服务创新，加大“证照分离”改革力度，在中关村科学城深入推进投资项目承诺制，除产业负面清单外，探索推行研发项目承诺制，精简前置审批事项，强化事后监管。围绕企业和个人两个全生命周期，做优做强海淀“一网通办”平台，持续深化人工智能、大数据、区块链等新技术在政务服务领域的应用，深化拓展“智慧政务”应用场景，优化为民服务“办好一件事”。持续完善“网办为主、自助为辅、大厅为补”政务服务格局，为公众提供标准化、规范化、便利化主动式精准服务。

建立精准服务企业的新机制。构建分级分类服务、普惠式服务与重点服务相结合的企业“大服务”工作体系，进一步完善企业“接诉即办、按需速办”和“服务管家+服务包”长效机制。针对企业不同成长阶段，推出定制化个性化的“服务套餐”，构建企业全生命周期服务体系。持续开展“顾问专员能力提升行动”，深化“顾问专员负责制”，拓展“一对一”服务的手段和能力，让企业在成长发展的全过程体验到“服务专员”的专属服务。探索运用大数据、区块链、云计算等智能化服务手段，精准对接企业需求。建设以计量、标准、认证认可、检验检测、质量管理等为核心的质量基础设施“一站式”服务平台，面向企业、产业提供全链条、全方位、全过程质量基础设施的综合服务。实施“企业质量提升伙伴计划”，建立先进质量管理孵化信息平台，打造一批重点产业领域质量管理示范企业，充分发挥示范企业的引领带动作用，实施先进质量管理孵化，助推产业集群发展。

完善新经济准入监管机制。探索对新经济、新业态审批监管创新，聚焦“互联网+”等新业态，推动行业准入条件适当放宽，对新经济实施包容审慎监管，积极推行“一案三书”制度，在新技术、新产业、新场景领域研究探索新的规制体系。争取在中关村科学城互联网企业中开展互联网信息服务备案管理制度试点工作。对新业态、新模式试行“容错纠错”，打造护航企业健康发展的工作新体系。加快新兴消费市场监管体系建设，创新监管方式，完善市场综合执法工作机制。进一步完善以“双随机、一公开”监管为基本手段、以重点监管为补充、以信用监管为基础的现代化新型监管机制。以海淀创建社会信用体系建设示范城区为依托，鼓励第三方征信机构发展。

第二节 持续扩大对外开放

着力加快和服务好北京“两区”“三平台”建设，充分发挥“三区”叠加政策优势，突出科技创新、服务业开放、数字经济、区域协同四大特色，对标国际先进水平，形成与国际通行规则相衔接的制度创新体系，持续深化服务业重点领域扩大开放，打造数字经济试验区、全球创业投资中心、科技体制改革先行示范区。

一、加快北京自贸区科技创新片区建设

对标国际先进规则探索制度型开放。聚焦科技创新、数字经济等重点领域，推动开展规则、规制、管理、标准等制度型开放，探索具有较强国际市场竞争力的开放政策和制度，提供高水平制度供给。在要素市场化配置、数字贸易规则、科技创新制度、推动产业链供应链协同、科技空间统筹利用等多方面，推出一批有突破、有活力、有实效的制度创新成果。优化高精尖产业开放发展的要素供给，为资金、数据、人员等跨境流动提供便利。对首创性政策秉持包容审慎态度，强化事中事后监管。强化政策清单、空间资源清单、目标企业清单“三单管理”，落实示范项目库和服务管家机制、定期调度机制、政企对接机制、市场化督查机制的“一库四机制”。加强精准对接招商，争取促成一批项目落地，引进集聚一批外资跨国公司地区总部、研发中心、专业服务机构。聚焦人才全链条服务、资金全环节保障、土地高质量利用、数据安全有序流动，完善市场化供给体系。

加快建设国际信息产业和数字贸易港。依托中关村科学城软件和信息服务业领先优势，推进国际信息产业和数字贸易港建设，支持人工智能、大数据、云计算、区块链等领域企业进一步开展技术研发与平台建设，推进新技术在数字贸易的示范应用和场景建设，打造数字经济集群。重点依托中关村翠湖科技园、永丰基地及周边可利用产业空间资源，支持一批数字贸易跨国企业总部、研发中心和运营中心等重大项目落地，培育数字贸易中小企业集群。试点数据跨境流动，探索建立以软件实名认证、数据产地标签识别为基础的监管体系。加快新一代信息基础设施建设，探索构建安全便利的国际互联网数据专用通道，打造国际领先的数字特区。

推动投资与贸易自由化便利化。全面落实外商投资准入前国民待遇加负面清单制度，健全外商投资促进、项目跟踪服务和投诉工作机制。积极探索与相关国家（地区）建立招商引资常态化合作机制，探索建立市场化招商引资奖励机制。完善“走出去”综合服务和风险防控体系，推动“高科技企业国际化经营综合服务示范区”等项目建设。持续拓展国际贸易“单一窗口”服务功能和应用领域，开展跨境电子商务零售进口药品试点工作，适度放宽医药研发用小剂量特殊化学制剂的管理，支持在区内建立备货仓库。对符合政策的区内研发机构科研设备进口免税。

二、推进国家服务业扩大开放综合示范区建设

深化服务业重点领域扩大开放。进一步放宽市场准入，持续扩大信息服务、数字贸易、金融科技、专业服务等服务业重点领域开放，形成与国际新进规则相衔接的服务业制度创新体系和要素供给体系。鼓励国际知名开源软件代码库和开发工具服务商落地，支持开源社区交流平台、代码托管平台和应用服务平台的建设，打造云应用及开源软件生态集聚区。加快中关村软件园国家数字服务出口基地建设。支持外资金融机构和外资科技企业入驻北京金融科技与专业服务创新示范区核心区，探索创建国际化金融科技行业自律规范和标准，探索开展适合科技型企业的个性化融资服务。在风险可控前提下，支持银行文创专营分支机构、文化证券、文化产业相关保险、文化企业股权转让平台等以试点方式开展文化金融项目。积极推进国际人才高端医疗保险试点落地，实施国外和境外医师多点执业注册，推进社会办医准入制度、国际医疗服务发展改革，推动国际医疗示范项目建设。

探索服务业扩大开放政策创新。探索对新经济、新业

态和新模式实施包容审慎监管，对新技术新产品加强事中事后监管，继续推进对共享经济、平台经济、互联网教育、电子商务、移动支付等新经济审批监管创新。探索优化对科研机构访问国际学术前沿网站的安全保障服务。探索赋予区内科技创新型企业更多跨境金融选择权，逐步实现非金融企业外债项下完全可兑换。支持驻区服务企业开展境外投资和跨国并购，鼓励企业在境外设立研发中心、分销中心、物流中心、展示中心等，构建跨境服务产业链。

三、依托“三平台”推进更高水平开放

提升中关村论坛品牌影响力。坚持全球视野，高水平规划建设中关村论坛永久会址项目，围绕科学、技术、产品、市场交易全链条创新，搭建创新思想新理念的交流传播平台、新科技新产业的前沿引领平台、新技术新产品的发布交易平台、创新规则和创新治理的共商共享平台，努力将中关村论坛打造成为全球性、综合性、开放性科技创新高端国际论坛，成为北京建设国际科技创新中心的品牌和代表国家融入国际创新网络、深度参与全球创新治理的国家级重大活动平台。

依托“三平台”深度链接全球资源。充分发挥海淀科技创新优势，持续办好中关村论坛，积极参与中国国际服务贸易交易会和金融街论坛，主动承办分论坛、分会场及专题活动，充分展示海淀在国际科技创新中心建设、自贸区科技创新片区建设、服务业扩大开放、国家级金科新区建设等领域的重大成果，吸引更多全球高端创新资源和服务业资源落地。支持人工智能、区块链、大数据等前沿领域科技企业积极参与“三平台”建设，推动新技术、新产品和新场景应用，助力“三平台”升级。

第三节 积极深化区域合作

全面落实国家区域协调发展战略，持续深化海淀与全国其他区域的交流合作，拓展合作范围，创新合作模式，增强海淀科技创新辐射力影响力，深度融入国家新发展格局。

一、加快融入国内大循环体系

依托海淀独特的科技创新优势，积极探索飞地经济等跨行政区合作新模式，完善跨区域利益分享机制，与国内其他地区联合共建产业合作区或创新合作区。支持区域大型平台企业、产业综合运营商等主体，采取品牌输出、管理输出和服务输出等多种方式，与其他地区共建特色产业园、孵化器或中试基地。积极加强与上海、粤港澳大湾区等国际科技创新中心的交流合作，共建跨区域产业技术创新平台、技术转移中心和创新创业服务平台等，加强深度创新协作。支持海淀企业在京外地区设立投资性公司或分支机构，开展技术输出、投资并购等活动。鼓励企业基于产业链、供应链安全考虑，在全国具备条件的区域布局产业链上下游企业或供应链配套项目，不断健全企业生态圈。

二、扎实推进扶贫协作和对口支援工作

严格落实“四个不摘”要求，保持现有帮扶政策、资金支持、帮扶力量总体稳定。坚持和完善与河北易县、赤城、内蒙古敖汉旗、科右前旗等东西部扶贫协作和对口支援工作，不断拓宽医疗、教育、就业等协作帮扶范围，积极引导帮扶力量向乡村振兴、产业发展、民生保障等领域倾斜，积极引导社会力量参与帮扶工作。巩固拓展脱贫攻坚成果，加快推进消费扶贫，协助拓宽结对地区农产品流通和销售渠道，促进结对地区增收。谋划创新对口帮扶路径，在援助资金及项目、人才智力、产业对接、劳务协作、就业扶贫等多方面，采取精准有效的针对性措施，使东西部扶贫协作和对口支援工作结出更多硕果。

第十一章 健全规划实施保障措施

坚持党对全区经济社会发展工作的领导，构建完善的规划实施保障机制，形成多方合力效应，保障规划目标如期实现、重点任务顺利实施。

第一节 加强党的全面领导

贯彻党把方向、谋大局、定政策、促改革要求，推动全区党员干部深入学习贯彻习近平新时代中国特色社会主义思想，增强“四个意识”、坚定“四个自信”、做到“两个维护”，确保党中央大政方针和北京市决策部署在海淀不折不扣落地落实。强化各级党组织的领导责任和实施职责，将规划纲要实施情况列入党委（党组）年度重点事项。扛起全面从严治党主体责任、监督责任，提高党的建设质量，把严的主基调长期坚持下去，营造风清气正的良好政治生态。以提升治理能力为重点，加强领导班子和干部队伍建设，建立健全干部担当作为的激励和保护机制，着力锻造一支与实现“两个一百年”奋斗目标相适应、与现代化国际化创新型宜居宜业城区和北京国际科技创新中心核心区相匹配的忠诚干净担当的高素质专业化干部队伍，提高各级领导班子和广大干部适应新时代新要求抓改革、促发展、保稳定水平和专业化能力。着力抓好组织体系建设，补短板、强弱项，不断提升各级党组织政治领导力、思想引领力、群众组织力、社会号召力。以提升组织力为重点，高标准完成社区（村）“两委”换届工作，推动基层党建全面进步全面过硬，充分发挥基层党组织的战斗堡垒作用和党员先锋模范作用。锲而不舍落实中央八项规定精神，持续纠治形式主义、官僚主义，切实为基层减负。深化派驻机构改革和区管企业纪检监察体制改革，完善监督体系，强化对公权力运行的制约和监督。

第二节 强化组织实施保障

一、加强规划统筹协调

“十四五”时期全区国民经济和社会发展各领域、各部门要以本规划为指导，明确职责分工，确保发展目标、重点任务与改革举措等符合本规划要求，共同将“十四五”规划各项任务落到实处。区政府相关部门要组织编制区级专项规划，围绕全区经济社会发展的关键领域和薄弱环节，深化细化各专项领域目标与任务安排，并推动落地实施。

二、做好规划衔接落实

做好本规划与《北京城市总体规划（2016 年—2035 年）》、《海淀分区规划（国土空间规划）（2017 年—2035 年）》、《中关村科学城规划（2017 年—2035 年）》等相关规划衔接，构建规划落实统筹机制。按照“多规合一”的要求，统筹经济社会发展规划和城市空间规划，建立规划协调实施和动态调整机制，确保规划总体要求与方向一致，形成区域一体、多规合一的规划实施体系。统筹组织好各专项规划和试点街镇规划编制工作，做好与本规划纲要确定的发展战略、主要目标和重点任务的对接协调，特别是加强约束性指标和重大任务的衔接，确保规划安排落到实处。

三、健全央地协同机制

本规划实施过程中要积极协调国家发展改革委、科技部、教育部、国务院国资委、中科院等国家部门，加大对中关村科学城建设的支持力度。建立央地协同支持机制，主动承接国家实验室等重大科研基础设施和创新平台建设，加强对驻区中央企业、院校的服务保障与对接合作，促进资源共享和优势互补。

四、多渠道动员公众参与

本规划实施要广泛动员公众参与，要采取多种方式和渠道广泛开展“十四五”规划纲要的宣传工作，使规划所确定的目标任务与美好蓝图深入人心，形成全社会关注规划、参与实施和监督落实的良好氛围。

第三节 强化重大项目支持

一、争取国家和北京市重大项目落地

围绕原始创新策源地打造，积极争取国家战略科技项目和北京市级重大项目落户海淀。充分发挥中关村科学城专项办作用，构建市区两级衔接联动平台，强化对创新成果转化、重点企业服务、项目审批等方面的协调力度，支持科学城重点项目落地。争取 5G、人工智能、量子信息等前沿技术在中关村科学城率先应用，打造一批新技术场景应用示范项目。

二、建立区级重大项目储备库

充分发挥重大项目对规划落实的支撑作用，统筹整合全区“十四五”项目资源，围绕科技创新、高精尖产业、新型城市形态、文化创新、民生改善、生态环境建设等领域，规划提出一批重大项目，建立海淀区“十四五”重大项目库。健全重点项目储备库机制，增强项目的可持续性，有序组织一批关系全局和长远发展的重大项目。

第四节 做好规划体检评估

一、建立规划体检评估机制

对接全市城市体检评估工作，完善区级体检评估机制，重点对科技创新、减量提质、开放协同、和谐宜居等领域的各项指标，以及科技创新中心核心区建设、非首都功能疏解等重点任务实施情况进行常态化年度评估。建立完善科学化、法治化、信息化、规范化的经济社会发展统计调查制度机制，确保数据真实、准确及时全面。针对体检评估中发现的重大问题，开展深入调查研究，并制定具有较强针对性的政策举措。将评估结果作为规划动态调整和近期建设实施的重要依据，确保本规划所确定的各项任务有效落实。

二、加强规划实施监督考核

分解本规划确定的发展目标、重点任务，明确牵头部门和工作责任，加大规划实施的综合评价考核。完善规划实施监督机制，做好规划中期评估工作，自觉接受区人大及其常委会对规划实施情况的监督检查，同时广泛征求社会公众对规划实施的评价与意见。根据中期评估等情况需要对规划进行修订的，由区政府提出意见报请区人大常委会批准。

大事记

1月

3日 2019年度“感动海淀”文明人物颁奖活动举行，10人获“感动海淀”文明人物奖，9人获“感动海淀”文明人物提名奖，15个团队获“感动海淀”特别奖。

5日至9日 海淀区十六届人大六次会议召开。表决通过北京市海淀区第十六届人民代表大会社会建设委员会主任委员、副主任委员、委员名单。表决通过关于海淀区人民政府工作报告的决议，关于海淀区2019年预算执行情况和2020年预算的决议，关于海淀区2019年国民经济和社会发展计划执行情况与2020年国民经济和社会发展计划的决议，关于海淀区人民代表大会常务委员会工作报告的决议，关于海淀区人民法院工作报告的决议，关于海淀区人民检察院工作报告的决议。选举产生区长、2名区人大常委会副主任、区监委主任、法院院长、2名区人大常委会委员。

6日 国家主席习近平给世界大学气候变化联盟的学生代表回信，对大家就关乎人类未来的问题给予的共同关切表示赞赏，期待同学们为呵护好全人类共同的地球家园积极作为。2019年5月，由清华大学倡议的世界大学气候变化联盟在清华大学正式成立。

7日 联想集团在2020国际消费类电子产品展览会上发布全球首款5G PC——YOGA 5G。

8日 中国国家画院扩建工程竣工，总建筑面积3.37万平方米。工程于2018年1月8日开工。

10日 海淀区“不忘初心、牢记使命”主题教育总结大会召开。会议全面总结全区主题教育工作，巩固和拓展主题教育成果，持续推动全区各级党组织和广大党员干部将主题教育中激发出的良好状态转化为学习常态、工作常态。

15日《哈佛商业评论》发布“2019全球AI公司五强”榜单，百度公司位居第四，是唯一进榜的中国企业。

同日 区卫健委系统新冠肺炎疫情防控工作部署会召开，部署疫情防控工作。

16日11时02分 由海淀企业银河航天（北京）科技有限公司自主研发、中国首颗通信能力达到10Gbps的低轨宽带通信卫星——银河航天首发星在酒泉卫星发射中心成功发射升空，顺利进入预定轨道。

20日 海淀区出现首例新冠肺炎输入病例。

25日 海淀区新型冠状病毒感染的肺炎疫情防控工作领导小组成立，并召开第一次领导小组会议，研究部署全区疫情防控工作。领导小组下设综合协调组、医疗保障组、交通保障组、商品供应组、重大活动服务保障组、舆情应对组、社会稳定组、监督组8个组。

29日 海淀区集中医学观察中心正式启用。全年设立区级集中医学观察中心11家。

2月

14日 经区委区政府研究决定，海淀区新型冠状病毒感染的肺炎疫情防控工作领导小组进行调整，更名为海淀区新型冠状病毒肺炎疫情防控工作领导小组，下设办公室、医疗保障组、交通保障组、物资保障组、社区防控组、宣传舆论组、社会稳定组、科技保障组、学校工作组、监督组共1办9组。

17日 由中关村科学城城市大脑有限责任公司研发的“北京健康宝”第一个版本上线，助力北京实现市、区、街、居四级疫情联防联控。6月25日，“北京健康宝”3.0上线，增加扫码功能。

同日 “海淀区中小学教学资源平台”启用。平台有8111个资源、106个资源包，提供24小时问题答疑和指导帮助。同时借助“爱奇艺”“快手”等平台推向全国，全国200余所学校使用海淀•空中课堂课程资源。

21日 中共中央政治局常委、国务院总理、中央应对新冠肺炎疫情工作领导小组组长李克强，在中共中央政治局委员、北京市委书记蔡奇和市长陈吉宁陪同下，到海淀纳通生物科技（北京）有限公司考察医疗防控物资生产供应保障情况。

24日 海淀区统筹推进新冠肺炎疫情防控和经济社会发展工作部署会召开。会议贯彻落实中央和北京市统筹推进新冠肺炎疫情防控和经济社会发展工作部署会议精神，进一步部署全区疫情防控和经济社会发展工作。

3月

3日 中共中央总书记、国家主席、中央军委主席习近平在中国人民解放军军事科学院军事医学研究院、清华大学考察新冠肺炎防控科研攻关工作，代表党中央向奋斗在疫情防控科研攻关一线的广大科技工作者表示衷心的感谢和诚挚的问候。

同日 市委书记蔡奇到小米科技园、金隅嘉华大厦、超市发上地店调研检查疫情防控和复工复产工作。

5日 海淀（中关村科学城）城市大脑展示体验中心在海淀科技大厦揭幕，集中展示海淀城市大脑的典型案件和打样。

9日《海淀区2020年政务服务超越行动计划》印发实

施，通过实施六项行动计划，推进全区政务服务全周期智能链接、全流程智能审批、全时段智能申办、全用户智能推送、全方位智能治理。

31 日　市委书记蔡奇、市长陈吉宁等市领导调研海淀区城市大脑建设情况。

是月　第八届“东升杯”国际创业大赛开赛。大赛设 25 个国内分赛区、16 个国际分赛区，在全球共招募 2086 个创业项目。12 月 10 日，大赛全球总决赛暨颁奖盛典在北京中关村国家自主创新示范区展示中心举行，8 个优质项目晋级全球总决赛。海淀企业超目科技（北京）有限公司研发的植入式眼球震颤电刺激器项目获特等奖、1 个项目获一等奖、2 个项目获二等奖、4 个项目获三等奖。

4 月

4 日 10 时整　海淀区鸣放防空警报，悼念抗击新冠肺炎疫情牺牲的烈士和逝世同胞。

13 日　国家药品监督管理局批准海淀企业——北京科兴中维生物技术有限公司研制的新型冠状病毒灭活疫苗进入临床研究。这是北京企业第一支获准进入临床试验的新冠病毒灭活疫苗。6 月 24 日获批在中国纳入紧急使用，8 月底获批批量生产，形成年产 3 亿剂以上的产能。年内陆续在巴西、印度尼西亚等多个国家开展合作。

18 日　市政协主席吉林到海淀调研、指导城市大脑建设工作。

24 日　蔡奇到海淀调研检查高三、初三年级开学复课准备工作。

29 日　五棵松体育馆冬奥改造工程启动。10 月完工，改造面积 6.3 万平方米，能容纳 1.8 万人。

5 月

3 日　海淀区首个一体化棚改项目——苏州街站一体化棚户区改造项目开工，项目总建筑面积 4.6 万余平方米。

6 日　区政府印发《中关村科学城北区发展行动计划》，包括高品质城市新形态构筑行动、科创治理改革试验区建设行动、具有全球影响力的科技产业创新中心打造行动 3 项重大行动、14 项具体任务，策划 29 个城市形态构筑建议项目、56 项科创治理改革建议政策和 26 个科技产业创新建议项目。

8 日　国务院办公厅印发通报，对 2019 年落实打好三大攻坚战和实施乡村振兴战略、深化“放管服”改革优化营商环境、持续扩大内需、推动创新驱动发展、保障和改善民生等有关重大政策措施真抓实干、取得明显成效的 213 个地方予以督查激励。海淀区“双创”示范基地建设、公立医院综合改革 2 项工作受到表彰，这是海淀区连续 4 年被国务院点名表扬。

同日　海淀区召开 2020 年党建工作会议，总结 2019 年组织、宣传思想文化和统战工作，全面部署 2020 年重点工作任务。

15 日　北京地区规模最大的集中式电动汽车充电站在五棵松体育中心地下停车场投入使用，有 200 个充电桩，单日可提供最大约 1300 车次充电服务能力。

6 月

1 日　华熙 LIVE • 五棵松“调（tiáo）调（diào）街”开街。华熙 LIVE • 五棵松夜市入选北京市第一批“深夜食堂”特色餐饮街区，被央视新闻“点亮一夏”报道为全国 9 大夜经济地标。

6 日至 10 月底　“北京消费季之悦动海淀”活动举行，包括 9 大主题特色活动。

18 日　海淀区首个物业管理委员会在清河街道毛纺北小区成立。

28 日　北京市首家整合环卫、路政、园林资源为一体的综合市政服务集团——北京市海淀区市政服务集团有限公司揭牌。

30 日　中关村科学城北区 100 平方千米自动驾驶示范区一期测试道路全面开放，涉及 52 条道路，总长 215.3 千米。

6 月至 8 月　第十四届海淀区商服技能风采大赛举行。

6 月至 12 月　中关村科学城管委会举办瑞士商机活动、马来西亚商机线上交流活动、2 场哈萨克斯坦商机对接会共 4 场“环球商机”论坛线上对接活动，助力企业拓展国际业务。

7 月

1 日　全区 29 个街镇作为执法主体开展综合执法工作，街镇综合执法改革全面完成。

10 日 《北京市海淀区志（1996—2010）》出版发行。

14 日　海淀互联网教育研究院成立。

15 日　海淀区发布《“水清岸绿”行动计划（2020—2025 年）》，涵盖水务科技创新、城市功能完善、新型城市形态构建、山水林田湖草全域生态治理等内容。

28 日　魏公村小区棚改项目交付使用。回迁房包括 7 栋楼、1320 套安置房，全部实现原地回迁。

同日　中关村科学城城市大脑股份有限公司揭牌成立。

30 日　北京市第二批 30 项应用场景建设项目发布，中关村环保园自动驾驶应用场景示范区建设项目、海淀区人工智能计算处理中心建设项目、海淀区生态环境智慧化综合治理项目、重点车辆综合治理项目 4 个海淀项目入选。

31 日　区委常委会扩大会议召开，宣布市委决定：张强任中共北京市海淀区委员会委员、常委、副书记。

同日　中国共产党北京市海淀区第十二届委员会第十三次全体会议采用视频形式召开。全会听取并审议区委常委会工作报告，研究 2020 年上半年全区经济社会发展工作报告，表决通过《中国共产党北京市海淀区第十二届委员会第十三次全体会议决议》。

同日 中央全面依法治国委员会办公室印发《关于第一批全国法治政府建设示范地区和项目命名的决定》，海淀区获全国法治政府建设示范区称号。

是月 北京市首条自行车专用路西延工程完工。道路东起回龙观，向西延长 3.8 千米，到达京密引水渠绿道，自行车专用路全长增至 10.3 千米。

8 月

4 日 胡润研究院发布《2020 胡润全球独角兽榜》，中国新增 21 家。其中，海淀区字节跳动（社交媒体）、滴滴出行（共享经济）、陆金所（金融科技）入榜，排名第二、三、四。

5 日 中关村东升科技园二期正式动工，项目规划用地面积约 77.43 公顷，其中建设用地 26.52 公顷、研发设计用地 68.9 万平方米。

8 日至 10 月 8 日 以“新消费爱生活”为主题的“北京消费季 • 悦动海淀暨第十六届海淀品牌消费节”举行。

10 日 市委书记蔡奇到海淀区高新技术园区、独角兽企业、新型研发机构调研疫情防控和经济社会发展情况。

15 日 《IEM 英特尔极限大师赛落地海淀区三年计划战略合作协议》《VR 电子竞技国际大赛落地北京海淀区三年计划》签订，IEM、VR 两大国际赛事正式落地海淀三年。

18 日 百度联合百信银行和中国银联发布国内首张数字银行卡“百度闪付卡”。

20 日 经市委研究决定，曾劲不再担任中共北京市海淀区委员会副书记、常委、委员职务，王合生任中共北京市海淀区委员会委员、常委、副书记。

27 日 北京北斗星通导航技术股份有限公司自主研发的“北斗 + 遥感全球应用服务平台”首次发布。

28 日 于军率海淀区党政代表团到河北省张家口市赤城县对接扶贫协作工作。

同日[①] 中国首个专注于 IPv6 产业创新的科技园区——下一代互联网及重大应用技术创新园在中关村壹号开园。

是月 区文旅局完成《海淀区文化和旅游融合发展三年行动计划（2020—2022）》（简称《三年行动计划》）编制工作。《三年行动计划》提出空间布局整合优化、公共服务补短提质、文旅产品融合提质、文化旅游消费促进、综合管理融合创新“五大行动”及 100 项措施。

9 月

4 日 区委副书记王合生率相关职能部门负责人到河北省保定市易县考察对口帮扶工作。

同日 第四届中国“网络文学 +”大会在海淀召开，发布《2019 中国网络文学发展报告》：网络文学行业市场规模达到 201.7 亿元，网络文字作品累计达 2590.1 万部。

8 日 在 2020 年服贸会“海淀之夜”专场推介活动上，《海淀区企业“一带一路”走出去策略研究》报告首发。《报告》指出，“十三五”以来，海淀区对“一带一路”沿线国家的直接投资超过 8 亿美元，对签署“一带一路”合作协议国家的直接投资超过 10 亿美元。

10 日 “海淀智慧停车”微信小程序正式投入使用，全市首条智慧斑马线亮相中关村西区。

11 日 市委书记蔡奇到海淀区调研“两新”组织党建工作，并主持召开市委党的建设工作领导小组全体会议，书面通报 2019 年度区委书记、系统党（工）委书记抓基层党建综合评价等次评定情况。

13 日至 14 日 区委副书记王合生带队到内蒙古自治区赤峰市敖汉旗，实地考察对口帮扶项目。

17 日 全国人大常委会副委员长、全国妇联主席沈跃跃到海淀区调研家庭教育工作情况。

17 日至 20 日 2020 中关村论坛在中关村国家自主创新示范区展示交易中心举行。论坛推出“会议 + 展览 + 交易 + 发布”四大板块 50 余场活动；8 项创新成果与多项创新政策、5 项科创指数与研究报告、6 个创新平台与聚集区首发，初步形成“全球发、发全球、全球买、全球卖”的格局。

中旬 中关村创客小镇二期开工建设，总建筑面积 30.4 万平方米，总投资约 23 亿元，为北京市 2020 年重点工程。

21 日 国家文物局发布第一批国家文物保护利用示范区创建名单，全国有 6 个地区入选，海淀“三山五园”国家文物保护利用示范区是北京市唯一入选区域。

22 日 海淀区第十六届人民代表大会常务委员会第三十三次会议决定：接受曾劲辞去海淀区人民政府区长职务的请求，并报海淀区人民代表大会备案；任命王合生为海淀区人民政府副区长；决定由王合生代理海淀区人民政府区长职务。

23 日 市政协主席吉林调研海淀区政协贯彻落实中央政协工作会议、市委第五次政协工作会议精神情况。

24 日至 25 日 于军率海淀区党政代表团到内蒙古自治区兴安盟科右前旗对接扶贫协作工作，向科右前旗援助对口帮扶资金 2390 万元。

25 日至 27 日 首届北京国际游戏创新大会在海淀举办。

27 日 海淀区政府、昌平区政府在中关村壹号举行中国（北京）自由贸易试验区科技创新片区挂牌仪式。中国（北京）自由贸易试验区科技创新片区总面积 31.85 平方千米，包括中关村科学城 21.59 平方千米、北京生命科学园

---

① 2020 年卷关于此条的记述有误。

周边可利用产业空间10.26平方千米。

下旬 海淀城市大脑的核心三大支撑平台之一的“海淀区时空一张图”上线试运行，包括17万余幢既有建筑物信息、1.9亿平方米建筑面积、1万余个摄像头点位、249个数据图层，实现百万级图层调用。12月初正式上线。

截至月底 在海淀区工作或居住的两院院士有620名，占全国院士总数的35.98%，其中中国科学院院士345名、中国工程院院士275名；有健在获“两弹一星功勋奖章”院士3名，健在获国家最高科学技术奖院士9名，双院士11名。

是月 北京市重点工程——三山五园艺术中心开工建设，总建筑规模约2.2万平方米。

10月

9日 上庄再生水厂（一期）工程通水运行，设计规模为日处理量1.2万立方米。

14日 区政府与南京银行股份有限公司签署《北京市海淀区人民政府、南京银行股份有限公司战略合作框架协议》，双方共同促进海淀科技金融建设。

15日至21日 2020年全国大众创业万众创新活动周北京分会场暨中关村创新创业季在中关村国家自主创新示范区展示中心举行。《中关村国家自主创新示范区数字经济引领发展行动计划（2020—2022年）》发布。双创周采用线上线下相结合的方式，在各省、自治区、直辖市及计划单列市、新疆生产建设兵团同步开展。

16日 2020两岸青年交流合作北京峰会在中关村国家自主创新示范区展示中心举行，宣介并推送促进两岸青年交流合作若干措施和惠及台青台生的系列政策服务包。

16日至18日 第十一届曹雪芹文化艺术节·红迷嘉年华举行。文化艺术节以“《红楼梦》开始的地方”为主题，设置梦之书、梦之钥、梦之域、梦之娱、梦之羽、梦之结六个篇章。艺术节相关话题在新浪微博转发，宣传覆盖近300万人次。

19日《中国农业科学院海淀区人民政府农业科技服务合作协议》签订，借助科研领域优势推动海淀区深化农业科技创新。

19日至23日 2020年“智汇·海淀”人才主题周举行，开展60余场线上线下活动、20余场国际论坛赛事、8项重大项目签约、3大人才培育计划、5项主题展览。其间，全市首家人才工作事权下沉试点园在中关村壹号揭牌。

21日 海淀区最大体量共有产权房永靓家园交付使用，包括20栋楼、2141套房。

21日至24日 于军率海淀区党政代表团到新疆和田市、昆玉市皮山农场对接扶贫协作工作。海淀区向和田市援助资金1800万元，向皮山农场援助资金500万元。

27日 首届中关村独角兽企业党建与发展论坛举行。中关村科学城独角兽企业党建联盟与金融机构、联盟会员企业合作签约，与北京银行中关村分行签订全面战略合作协议，与独角兽企业签订业务合作协议。

是月至12月25日 以“书香飘海淀 阅读E起来”为主题的2020海淀全民阅读季举行，活动包括7个单元、32个项目，线上线下同步举办。

是月 河湖水质监测系统二期项目布设完成。新增100个智能水质监测终端，总数达到129个，可实现对水体污染预警、排污溯源的远程在线监控。

11月

2日 海淀区全国市域社会治理现代化试点建设工作推进会召开，部署试点建设工作。

5日至10日 在第三届中国国际进口博览会上，海淀企业北京小马智行科技有限公司发布首条自动驾驶系统生产线，可实现其新一代L4级自动驾驶软硬件系统PonyAlpha X的标准化生产。

6日11时19分 由海淀企业北京微纳星空科技有限公司研制的天雁05卫星，搭载长征六号遥三运载火箭成功升空，顺利进入预定轨道。

同日 海淀区北部医疗中心建设项目开工。项目建设用地面积7.5万余平方米，总建筑面积18.2万余平方米。

8日 电竞北京2020系列赛事——VR电子竞技国际大赛全球总决赛（VRES）在华熙LIVE•五棵松落幕，TCK战队获得冠军。

同日 中关村电竞学院在中关村学院揭牌。

13日 第九届英雄联盟全国高校联赛在五棵松启动，《英雄联盟》高校新文创大赛、高校解说大赛等高校电竞生态体系合作同步启动。其间，区委宣传部与腾讯互娱《英雄联盟》全民赛签署三年战略合作计划。

16日 2020中关村科创金融论坛举行。论坛发起设立中关村科技企业高质量发展创新平台，发布《2019中国并购指数报告》。

18日 市委书记蔡奇就推进国家服务业扩大开放综合示范区和自由贸易试验区建设到海淀区调研。市委副书记、市长陈吉宁一同调研。

19日 国家文物局副局长关强到海淀区调研“北京海淀三山五园国家文物保护利用示范区”创建工作。

25日 翠湖片区循环补水工程建成通水，为上游前柳林沟、后柳林沟、前沙涧沟、后沙涧沟补水。补水后4条沟渠的水面宽度在10米～30米之间，水深在1米左右。

26日 民政部、财政部公布第五批居家和社区养老服务改革试点成果验收结果。在全国59个改革试点地区中，26试点地区获得“优秀”等次，海淀区成为10个优中选优单位之一，将获得国家专项奖励。

27日 北京市学习贯彻党的十九届五中全会精神宣讲团报告会在海淀区举行。报告会通过视频系统以区委理论学习中心组学习（扩大）会形式在全区范围内召开。

12 月

1 日 国家文物局、北京市人民政府在圆明园正觉寺举行“圆明园马首铜像划拨入藏仪式”。国家文物局正式将圆明园马首铜像划拨北京市海淀区圆明园管理处收藏，成为第一件回归圆明园的流失海外重要文物。圆明园 12 件兽首铜像已有 7 件回到中国，仍有 5 尊流落在外。“百年梦圆——圆明园马首铜像回归展”同时开展。

同日 京张高铁延庆支线开通运行。北京北站到延庆站最快 40 分钟，清河到延庆最快 26 分钟。

9 日 区委召开“以案为鉴、以案促改”警示教育大会，并以视频形式开到全区各单位。

同日 “平安海淀指数”上线。指数包括 21 个分指标、1 个总指标，填报周期为 30 天，客观量化衡量各街镇社会治安状况，在全市各区尚属首家。

11 日 全国首家街镇级展示馆——中关村村史馆开馆，网上展馆同步上线。

15 日 海淀区财金协同平台上线，为中小微企业提供快速便捷的融资服务，为全市首创。

同日 圆明园澹泊宁静遗址考古发现主建筑“田字房”和皇家稻田遗址。

17 日 苏家坨镇股份经济合作联合社正式成立，完成镇级产权制度改革。至此，海淀区农村集体产权制度改革工作全部完成。

18 日至 19 日 中国共产党北京市海淀区第十二届委员会第十四次全体会议召开。审议通过《中共北京市海淀区委关于制定海淀区国民经济和社会发展第十四个五年规划和二〇三五年远景目标的建议》。远景目标为：把海淀建设成为集教育科研、发明创造、创新创业、生产发展、居住生活、文化交流等多维价值于一体的科学智慧之城、创新引领之城、人文活力之城、生态优美之城、和谐宜居之城，打造成为能够更好支撑区域创新和首都“四个中心”功能的现代化国际化创新型宜居宜业城区。

22 日 由中央宣传部、中央文明办、文化和旅游部、国家广播电视总局、中央广播电视总台、中国文联联合主办的 2021 年“我们的中国梦”——文化进万家活动启动仪式暨首场慰问演出在上庄镇综合文化活动中心举行。

23 日 城市大脑全球标准研究组、中国科学院虚拟经济与数据科学研究中心等单位联合发布世界首份《城市大脑全球标准研究报告》，发布相关理论基础和构建城市大脑全球标准的九个研究方向等重要研究成果。

28 日 2020 年海淀区推进“两区”建设重点项目签约。全市首家自贸试验区银行——中国农业银行股份有限公司北京自贸试验区分行、中关村人工智能学院揭牌。

同日 全区村和社区党组织换届工作领导小组召开第一次（扩大）会议视频会议，动员部署换届工作。

30 日 海淀“悦界”主题街区在永丰产业基地开街。街区面积 3.5 万平方米，24 小时营业。

31 日 《海淀区“两区”建设工作方案（2020—2021）》和《中国（北京）自由贸易试验区科技创新片区海淀组团实施方案》印发。

同日 地铁 16 号线中段（西苑—甘家口）开通试运营。全长约 10 千米，设 7 座车站。

同日 海淀区新型冠状病毒肺炎疫情防控工作领导小组再次调整工作机构职责及成员，下设办公室、医疗保障组、社区防控组、检疫检验工作组、疫苗接种组织协调工作组、物资保障组、学校工作组、市场防疫工作组、复工复产防控组、交通保障组、科技保障组、爱国卫生运动工作组、宣传舆论组、社会稳定组、监督组共 1 办 14 组。

年内 海淀区域完成 8 个冬奥场馆改扩建，包括首都体育馆园区 1 个竞赛场馆、3 个训练场馆、2 个配套设施以及五棵松冰上运动中心、五棵松体育馆。

年内 海淀区对口帮扶内蒙古敖汉旗、科右前旗，河北易县、赤城县，对口支援新疆和田市、皮山农场，对口协作湖北丹江口市，7 个帮扶地区全部实现脱贫摘帽。

年内 海淀区完成直接关系群众生活的 7 个方面、32 件重要实事项目。

年内 全区报告新型冠状病毒肺炎确诊病例 82 例，占全市本地病例（783 例）的 10.5%；无症状感染者 4 例；死亡 4 例，粗病死率为 4.88%；重症 19 例。累计医学观察 14411 人；核酸检测 292.45 万余人次。

（钟冷）

中共海淀区委

2021

北京海淀年鉴

综述

【概况】 2020年，中共北京市海淀区委员会（简称区委）坚持以习近平新时代中国特色社会主义思想为指导，深入贯彻党的十九大和十九届二中、三中、四中、五中全会精神，深入贯彻习近平总书记对北京重要讲话精神，全面落实中央和市委各项决策部署，坚定不移统筹推进新冠肺炎疫情防控和经济社会发展，深化落实海淀区“两新两高”战略，全面建设成小康社会取得决定性成就，完成“十三五”规划各项任务。全年召开区委全会2次，区委常委会会议48次，区委常委（扩大）会议6次，书记专题会26次。区委全面深化改革委员会召开5次会议，确定并推动落实13项重点改革任务和36项专项改革任务，科技治理、城市管理、基层治理、教育、文化、医疗卫生等重点领域和关键环节改革取得新突破，形成一批中央和市委高度关注的改革典型案例。

（张小芸　钟冷）

【政治建设】 年内，区委十二届十四次全会审议通过区委关于制定“十四五”规划和二〇三五年远景目标建议，明确未来五年发展的新方位、指导思想、主要目标、重点任务、重大举措。全面加强对人大、政府、政协工作的领导，支持区人大、区政协依法依章程履职，支持区政府依法行政。学习贯彻新修订的中国共产党统一战线工作条例，巩固拓展大统战工作格局，凝聚新的社会阶层人士力量，做好港澳台工作，新时代统一战线法宝作用显著增强。推进依法治区，完善公共法律服务体系，海淀区获“全国法治政府建设示范区”称号。深化司法体制综合配套改革，司法服务区域发展的能力持续增强。加强平安海淀建设，全面启动全国市域社会治理现代化试点区建设，完善反恐工作十大体系和立体化、信息化社会治安防控体系，扫黑除恶专项斗争圆满收官，群众安全感居全市前列。海淀区获全国双拥模范城“九连冠”。加强矛盾纠纷排查，一批历史积案和信访突出矛盾有效化解。落实党政领导干部安全生产责任制，推进城市安全隐患治理三年行动和安全生产专项治理三年行动，安全生产形势稳定向好。

（张小芸）

【经济建设】 年内，海淀区坚决落实中央“六稳”“六保”①决策部署，发挥科技优势，打响经济高质量发展保卫战。推动复工复产，出台“暖企15条”“支持中小微企业6条”等系列援企稳岗政策措施，聚焦减免房租、减税降费、融资贷款等方面精准服务，确保全产业链正常运转。推出中关村科学城创新政策“2.0版”，巩固拓展以创新合伙人为支撑的区域“创新雨林”生态体系，强化基础前沿和关键核心技术系统布局，实施中关村科学城北区高能级高质量发展行动计划，一批新型研发平台和重大项目取得突破。加快北京金融科技与专业服务创新示范区建设，新增上市企业18家，科创板上市企业数量居全国地级市首位。聚焦“五新”②政策落地，扩大应用场景，开拓经济增长新空间，促进新兴业态和未来产业发展壮大，数字经济发展迅猛，高精尖经济结构不断优化。完成固定资产投资910亿元，一批传统商圈改造升级，一批云上经济新模式涌现，为经济增长注入动力活力。地区生产总值8500亿元，比上年增长5.9%。“十三五”时期主要经济指标年均增速高于全市、领跑全国。

（张小芸）

【文化建设】 年内，海淀区组织区委理论学习中心组集体学习27次，区处联学7次。成立区委宣传思想工作领导小组，推动习近平新时代中国特色社会主义思想往深里走、往实里走、往心里走。建立与驻区高校、互联网企业意识形态风险联动机制，开展意识形态工作专项巡察和专项整治行动。加强正面宣传和舆论引导，展示海淀新形象。深化融媒体中心建设，构建智慧全媒体生态体系。在《人民日报》、新华社、《北京日报》等中央和市属媒体刊稿量居全市十六区第一。践行社会主义核心价值观，组织开展“致敬伟大战疫精神”等主题宣讲1000余场。实施中国共产党早期革命旧址展览提升工程。高分通过全国文明城区复查测评。推进全国第二批新时代文明实践中心试点，涌现一批国家级和首都级文明单位和个人，“柠檬黄”和“长安街上蓝马甲”成为志愿服务品牌。全国文化中心建设重点项目落地实施，获批“三山五园国家文物保护利用示范区”，开工建设三山五园艺术中心。举办中关村舞剧节、第二届亚洲数字艺术展等系列文化惠民活动，新增实体书店116家，制定数字文化产业三年行动计划，高标准推动一批文化产业园区建设，规模以上文化产业单位收入增长17.8%，占全市比重达55.3%，文化软实力对区域发展的硬支撑作用持续凸显。

（张小芸）

【社会建设】 年内，海淀区紧扣“七有”要求和“五性”③需求补短板、强弱项，保障民生。城镇登记失业率控制在1.5%以下，连续七年保持“充分就业区”。深化“接诉即办”改革，城市服务管理系统三级循环受理群众和企业诉求125万件，结案率、解决率、满意率分别达到92%、85.85%、89.73%。实施教育强区行动计划，深化办学模式改革，调整优质资源布局，扩增学前学位9300个、中小学学位4000个；中关村科学城北区25个教

① 六稳：稳就业、稳金融、稳外贸、稳外资、稳投资、稳预期；六保：保居民就业、保基本民生、保市场主体、保粮食能源安全、保产业链供应链稳定、保基层运转。
② 新基建、新场景、新消费、新开放、新服务。
③ 劳有所得、病有所医、老有所养、住有所居、弱有所扶、幼有所育、学有所教。五性：安全性、公正性、便利性、宜居性、多样性。

育配套项目全部开工。新增社区养老服务驿站13个，养老保障水平居全市首位。加快建设全国健康促进区，制定加强公共卫生应急管理体系建设三年行动计划，北部医疗中心、苏家坨中心医院等一批医疗卫生基础设施建设取得新突破，海淀区获“国家卫生城区”称号。高标准服务保障北京2022年冬奥会、冬残奥会筹办工作。推进13个老旧小区综合整治，建设筹集保障性住房9200套。加强基层社区治理体系建设，11个市级社区议事厅、40个区级社区会客议事厅建设全面完成。年初助力新疆和田市、河北省赤城县脱贫摘帽，至此7个帮扶地区（对口帮扶内蒙古敖汉旗、科右前旗，河北易县、赤城县；对口支援新疆和田市、皮山农场；对口协作湖北丹江口市）全部实现脱贫摘帽。

（张小芸　钟冷）

【城市建设治理】 年内，海淀区坚持以高标准规划建设和精细化治理提升城市品质、服务保障“四个中心”功能，全面实施北京城市总规和海淀分区规划，完成三山五园地区整体保护规划。京张铁路遗址公园和清河等城市更新项目取得重大成果，一批公共空间逐步清朗有序。推进三山五园地区整治提升三年行动计划，东西水磨、东西红门、功德寺、荷叶山等地区全部拆迁腾退，中央政务服务功能显著改善。实施疏整促专项行动，“马上清（青）西”城市提升一批重大项目加快落地，整治提升背街小巷110条，拆除违法建设137.6万平方米，提前超额完成折子任务。一批科技赋能应用场景取得重大进展，大城管工作体系治理效能持续彰显，“城市大脑”成为全市样板。清河交通枢纽完工，地铁16号线海淀段投入运营。实施“一微克”行动和“水清岸绿”计划，空气质量和地表水环境排名居城六区首位，城市绿化覆盖率提高到53.0%，森林覆盖率达到35.78%。落实《北京市生活垃圾管理条例》《北京市物业管理条例》，落实构建生活垃圾投、收、运、处闭合链条；制定落实物业管理条例三年行动计划，物业管理“三率”① 分别达到87.26%、78.5%、94.67%，超额完成全年指标任务。推进京津冀协同发展，全力支持河北雄安新区建设，主动加强“三城一区”和北京城市副中心协同联动。农村集体产权制度改革全面完成，整建制农转居收官，农村人居环境持续改善。

（张小芸）

【作风建设】 年内，海淀区落实管党治党政治责任，强化党委（党组）主体责任、党委（党组）书记第一责任人责任、纪委监委监督责任和班子成员“一岗双责”，有效传导压力。强化监督执纪问责，做好市委第三巡视组和市委第一巡视组反馈意见整改，开展三轮政治巡察，聚焦疫情防控重大决策部署和重大政治任务专项监督，深化“四风”问题专项整治。处置违反中央八项规定精神问题线索102件，立案33人，给予党纪政务处分27人。运用监督执纪“四种形态”处理871人次。持续巩固反腐败压倒性胜利成果，立案239件，结案172件，给予党纪政务处分118人，移送检察机关15人。追逃“红通人员”1人。

（张小芸）

【党的建设】 年内，海淀区坚持把党的建设融入各项工作全过程、各方面，建立297个“战旗党支部”，每日下沉干部5000余人到社区参加疫情防控值守。加强领导班子和干部队伍建设，注重在疫情防控中考察识别干部，调整处级干部174人次，完成职级、岗位等级晋升371人次，培养储备一批优秀年轻干部。坚持以提升政治功能和组织力为重点，全面加强基层党组织建设，筹备社区、村“两委”换届选举工作，统筹推进机关、国企、“两新”组织等领域党的建设。深化“千百十•我在基层”行动，推动党员干部下沉基层破解难题。健全完善人才工作体系，升级“海英”人才计划，推动央地人才一体化发展，举办“智汇海淀”人才主题周等系列活动。

（张小芸）

【主要领导人事任免】 7月31日，区委书记于军主持召开区委常委会扩大会议，宣布市委决定：张强任中共北京市海淀区委员会委员、常委、副书记。8月20日，区委常委会召开扩大会议，市委组织部副部长、市老干部局局长张革宣布市委决定：曾劲不再担任中共北京市海淀区委员会副书记、常委、委员职务，王合生任中共北京市海淀区委员会委员、常委、副书记。9月22日，海淀区第十六届人大常委会第三十三次会议决定，接受曾劲辞去海淀区人民政府区长职务的请求，王合生任海淀区人民政府副区长、代理区长。

（张小芸）

领导调研

【市领导调研中关村软件园】 1月4日，市委书记蔡奇到中关村软件园北京量子信息科学研究院调研。蔡奇察看量子计算实验室，了解新型产学研合作模式等情况，要求扎实推进量子信息技术基础前沿研究、关键技术攻关、应用与产业化工作。蔡奇强调，要打开研究单位之间、研究与产业之间、学科之间的“三堵墙”，推动创新主体共享数据、技术、市场和应用场景，实现共赢发展。市领导崔述强、隋振江参加调研。3月13日，市委副书记、市长陈吉宁以“四不两直”方式，走访入驻园区的软通动力信息技术（集团）有限公司和孵化器中小企业，实地检查园区管理和内部食堂、超市疫情防控措施落实情况，与企业负责人和员工交流，询问企业在抗击疫情、复工复产中遇到的困难和建议。

（张蕾）

① 业主委员会（物业管理委员会）组建率、物业服务覆盖率、党的组织覆盖率。

【吉林到地区检查疫情防控工作】 1月27日，市政协主席吉林到海淀区检查新冠肺炎疫情防控工作。吉林到超市、卫生服务中心以及社区居委会等地，深入了解各方在抗击新冠肺炎疫情的具体做法及效果，看望慰问坚守一线的工作人员，鼓励大家全力以赴做好疫情防控，保障人民群众生命安全、身体健康。

（钟冷）

【蔡奇调研疫情防控工作】 3月3日，市委书记蔡奇到海淀区调研检查疫情防控和复工复产，强调要抓实抓细复工复产后的防疫工作，将防控措施落实到每一栋楼宇、每一家企业、每一个工位。蔡奇到小米科技园区，察看防疫措施落实情况，详细询问员工到岗率和产能恢复等情况，对防控措施表示肯定。要求属地政府要当好"服务管家"，送上"服务包"，为全面复工复产创造条件，出台帮扶政策措施，与企业同舟共济、共渡难关。随后，蔡奇以"四不两直"方式检查金隅嘉华大厦防疫工作，要求物业要夯实防控责任，严格落实体温监测、电梯控流、通风消毒等措施，及时掌握入驻企业和人员情况，有针对性地做好防控工作。蔡奇随机走进超市发上地店检查，叮嘱加大生活必需品供应，保障居民生活需求。市领导崔述强、殷勇参加调研检查。

（钟冷）

【市领导调研海淀城市大脑建设】 3月31日，市委书记蔡奇，市委副书记、市长陈吉宁到海淀城市大脑展示体验中心调研，对海淀城市大脑创新成果给予肯定。市领导详细了解城市大脑创新成果、中关村科学城规划建设和复工复产情况，观看海淀城市大脑科技产业联盟企业面向城市大脑的硬核科技，询问海淀城市大脑相关建设细节；听取"海淀模式"及建设机制和海淀城市大脑顶层设计、共性技术平台以及城市管理、公共安全、生态环保和城市交通四个核心应用场景的工作汇报。4月18日，市政协主席吉林到海淀调研城市大脑建设，对城市管理、公共安全、生态环保、城市交通等应用场景的建设思路、实现模式、理论基础进行指导。

（严泰光　孙焱珠）

【蔡奇检查毕业班开学准备工作】 4月24日，市委书记蔡奇到育英学校调研检查高三、初三年级开学准备工作。育英学校有高三、初三年级学生664人，根据学生需求设计多个线上线下相结合的教学模式，向学生及家长普及疫情防控知识、开展心理疏导。蔡奇参加高三年级班主任云课堂开班会，通过视频连线为高三学子加油。蔡奇强调，开学复课需要全社会的支持配合，要抓紧抓实抓细常态化防控下的校园防疫工作，落实好"四方责任"，严格校园封闭式管理，形成责任闭环；要上好"开学第一课"，普及防疫知识，加强健康教育和爱国主义教育；高三年级开学一定要积累好经验，为其他年级逐步开学打好基础；针对其他年级学生需求，开展好线上教学。市领导崔述强、王宁、张家明参加调研检查。

（宋亚甫）

【陈吉宁调研科技企业】 5月12日，市委副书记、市长陈吉宁在海淀区调研科技企业复工复产和创新发展。在快手科技有限公司，陈吉宁听取企业负责人汇报公司发展情况，对公司以直播赋能行业领域发展取得的成绩给予肯定，希望快手在医药健康、在线教育等方面与相关部门进一步加强合作，研究深化8K高清视频技术等应用。在作业帮教育科技（北京）有限公司，陈吉宁详细了解公司利用互联网远程教学、大数据分析等技术，不断提高在线教育质量的创新探索，实地查看教师备课教学情况。陈吉宁要求海淀区依托优质平台企业构建完善良好产业生态，加强对企业创新发展、团队建设等方面的支持，强化精准服务，积极推动新业态新模式高质量发展。市政府秘书长靳伟参加调研。

（钟冷）

【蔡奇调研高新企业疫情防控和经济社会发展】 8月10日，蔡奇到海淀区调研高新企业疫情防控和经济社会发展。在金隅智造工场，蔡奇了解园区整体情况，走访人工智能独角兽企业云知声，要求营造良好创新创业生态，打造智能共享园区。察看中关村软件园周边交通路口改造及通行情况，要求保障好自行车路权。在中关村壹号，蔡奇查看产品展示，走访新基建领域企业佰才邦。在北京协同创新研究院，蔡奇察看科研成果展示，要求开展靶向式科研攻关，加紧解决"卡脖子"问题。在翠湖国家城市湿地公园，指出要保护好湿地生态系统，保持生物多样性。在全国首个科技主题公园海淀公园，蔡奇指出要突出科技特色，推动应用场景在更多公园落地。在东西水磨地区环境整治项目现场，蔡奇察看腾退现状，要求结合腾退织补城市功能。在鼎好大厦，蔡奇了解楼宇产业转型升级情况，察看创新工场投资孵化项目，指出要加强国际合作，孕育更多高成长性企业。蔡奇随后主持召开座谈会，提出5点要求。市领导崔述强、殷勇、隋振江参加调研。

（钟冷）

【蔡奇调研"两新"组织党建工作】 9月11日，蔡奇到海淀区调研"两新"组织党建工作。在世纪好未来教育科技有限公司，蔡奇察看AI教育科技应用展示，观摩"战疫期间党员先进事迹分享"思政课。随后，蔡奇在海淀街道主持召开市委党的建设工作领导小组全体会议，指出要高度重视"两新"组织党建工作，引导"两新"组织主动融入基层治理体系。推广中关村党建引领服务企业、"时代风帆"等经验做法，落实企业"服务包"，帮助加快复工达产。蔡奇对近期全市党建重点工作提出要求。会议书面通报2019年度区委书记、系统党（工）委书记抓基层党建综合评价等次评定情况，听取关于贯彻《党委（党组）落实全面从严治党主体责任规定》的分工方案等汇报。市领导杜飞进、陈雍、魏小东、张家明出席。

（钟冷）

【沈跃跃调研家庭教育工作】 9月17日，全国人大常委会副委员长、全国妇联主席沈跃跃带队到海淀区调研家庭教育工作情况。在清华园街道荷清苑社区，沈跃跃参观并详细了解全国家庭教育创新实践基地建设，社会组织参与家校社联动开展家庭教育、资源整合参与社区治理等工作情况。在海淀街道苏州桥西社区，调研家庭分类指导精准帮扶、家庭参与基层社会治理打造无诉社区、社区多方协调议事机制建设、最美家庭示范带动垃圾分类等工作情况。沈跃跃对清华园街道荷清苑社区和海淀街道苏州桥西社区开展的卓有成效的工作给予高度评价，强调加强家校社协同，构建覆盖城乡的家庭教育指导服务体系。市人大常委会副主任侯君舒、市妇联主席张雅君、区人大常委会主任刘长利、区委副书记张强参加调研。

（钟冷）

【蔡奇调研“两区”建设】 11月18日，市委书记蔡奇就推进国家服务业扩大开放综合示范区和自由贸易试验区建设到海淀区调研，强调加快工作进度，紧抓任务落地，确保“两区”建设开好局、起好步。市委副书记、市长陈吉宁一同调研。在拉卡拉公司，蔡奇、陈吉宁察看公司创新产品展示，了解数字货币在零售支付领域应用等情况。拉卡拉公司是首批获得支付牌照的机构，前10个月跨境支付交易金额近200亿元。中关村知识产权保护中心是推进“两区”建设的知识产权公共服务平台，在业务受理大厅、案件审理庭，蔡奇了解快速审查、快速确权和快速维权等业务开展情况。蔡奇要求海淀区要在“两区”建设中带好头、树标杆。市领导崔述强、殷勇、张家明、杨晋柏，市政府秘书长靳伟参加。

（钟冷）

重要会议和活动

【“不忘初心、牢记使命”主题教育总结大会】 1月10日，海淀区“不忘初心、牢记使命”主题教育总结大会召开，区委书记于军对全区“不忘初心、牢记使命”主题教育进行总结。海淀区共有115家处级单位、1169名领导班子成员、8011个基层党组织、20.49万名参加“不忘初心、牢记使命”主题教育，全区主题教育取得良好成效：理论武装见深度，学习贯彻习近平新时代中国特色社会主义思想取得新成效，进一步增强思想自觉和行动自觉；政治站位见高度，党员干部普遍经受一场深刻的思想政治洗礼；担当作为见力度，敢于攻坚克难，党员干部贯彻中央、市委决策部署更加坚决有力；为民服务见精度，下大力气解决问题，群众最急最忧最盼的一些问题得到有效解决；作风锤炼见硬度，进一步树立为民务实清廉的形象。把开展主题教育同履行海淀职责任务紧密结合起来，形成海淀特有的“4355”工作路径，做到“五个突出”：突出政治引领，大力弘扬革命到底精神；突出服务保障国庆活动，强化担当作为；突出深化落实“两新两高”战略，确保落地见效；突出抓基层打基础，探索社会治理经验；突出建强基层组织，推动基层党组织全面进步、全面过硬。市委“不忘初心、牢记使命”主题教育第二巡回指导组组长张雪讲话，充分肯定海淀区主题教育各项工作，并就进一步巩固和扩大“不忘初心、牢记使命”主题教育成果提出要求。会议以电视电话会议形式在全区范围内召开。市委“不忘初心、牢记使命”主题教育第二巡回指导组全体成员，鲍雷、李俊杰、张劲林、田敬军、吴计亮、梁爽等区领导，部分局级退休干部，区委“不忘初心、牢记使命”主题教育领导小组成员，区委巡回指导组负责人，部分市、区党代表以及全区各街镇、各部门、各单位领导班子成员在主会场和分会场参加会议。

（钟冷）

【区委常委会扩大会议传达学习习近平总书记重要讲话精神】 2月3日晚，区委常委会扩大会议暨区新型冠状病毒感染肺炎疫情防控工作领导小组第十三次会议召开，传达学习习近平总书记在中央政治局常务委员会会议上的重要讲话精神和市委常委会扩大会议暨市新型冠状病毒感染肺炎疫情防控工作领导小组第十三次会议精神，听取全区疫情防控工作情况汇报，进一步研究部署全区疫情防控工作。于军主持会议，曾劲、孟景伟等区领导在主会场参加会议。会议指出，要切实把思想和行动统一到习近平总书记重要讲话精神和党中央、市委市政府决策部署上来，把疫情防控工作作为当前最重要的工作来抓，坚决打赢疫情防控阻击战。要增强“四个意识”、坚定“四个自信”、做到“两个维护”，团结带领广大人民群众坚定不移把党中央、市委市政府部署要求落到实处，让党旗在防控疫情斗争第一线高高飘扬。要积极发挥科技资源集中优势，发动科技企业投身疫情防控，提供有效科技支撑。

（钟冷）

【书记专题会研究复产复工】 2月16日，于军主持召开书记专题会，研究复产复工抓经济建设有关工作。会议指出，在落实落细各项防控措施的同时，推动安全有序复工复产，保持经济平稳运行。督促指导企业严格按照北京市相关规定，有针对性地落实单位防控责任，有效阻断疫情传播渠道，采取灵活的办公方式，将疫情对复工复产的影响降到最低。要坚持疫情防控与复工复产两手抓，推动重大项目开工建设，加快中关村科学城发展，努力完成全年经济社会发展目标。

（钟冷）

【区委常委会研究2020年工作要点】 2月19日，区委常委会召开第166次会议，确定2020年全区工作总的要求和工作要点。总要求：坚持以习近平新时代中国特色社会主义思想为指导，全面贯彻党的十九大和十九届二中、三中、四中、五中全会精神和中央经济工作会议精神，深入贯彻习近平总书记对北京重要讲话精神，按照市委十二届十五次、十六次全会决策部署，坚持稳中求进工作总基调，坚定不移贯彻新发展理念，深入实施人文北京、科技北京、绿色北京战略和区委“两新两高”战略，聚焦“一村三山五园”，释放“三区”政策叠加效应，以首都发展为统领，以中关村科学城建设为“强劲引擎”，以推动高质量发展为主题，以深化供给侧结构性改革为主线，以改革创新为根本动力，以满足人民日益增长的美好生活需要为根本目的，以疏解非首都功能为“牛鼻子”推动京津冀协同发展，以更深层次改革和更高水平对外开放提升全球资源配置能力，扎实做好“六稳”“六保”工作，统筹发展与安全，率先探索融入新发展格局的有效路径，纵深推进全面从严治党，大力发扬新时代中关村精神，加快建设现代化国际化创新型宜居宜业城区和北京国际科技创新中心核心区，确保“十四五”开好局、起好步，以优异成绩庆祝中国共产党成立100周年。工作要点：深入学习贯彻习近平新时代中国特色社会主义思想和党的十九届五中全会精神；在提升科技创新能级上展现新气象；在打造“两区”标杆上展现新气象；在引领经济高质量发展上展现新气象；在深化城市建设和治理上展现新气象；在刷新生态环境颜值上展现新气象；在保障改善民生福祉上展现新气象；在推进民主法治建设上展现新气象；在宣传思想文化守正创新上展现新气象；坚定不移加强和改善党的全面领导，推动全面从严治党向纵深发展；筹备和开好区委各次全会。

（张小芸）

【区委常委会确定244项重点工作任务】 4月22日，区委常委会召开第176次会议，研究《2020年海淀区委区政府重点工作任务分解方案》。《任务分解方案》分为13个部分244项任务，涉及主责单位63家。其中，57家单位为党群、政法、政府等职能部门，承担238项任务，占97.5%；人大机关、政协机关承担5项任务，4个街镇承担4项任务，共占2.5%。

（张小芸）

【区委十二届十三次全会】 7月31日，中国共产党北京市海淀区第十二届委员会第十三次全体会议以视频形式召开。全会贯彻落实中央重大决策部署和习近平总书记对北京重要讲话精神，按照市委十二届十四次全会部署，总结上半年工作，安排部署下半年任务，把统筹推进疫情防控和经济社会发展这条主线贯穿始终，以“六稳”“六保”为重点，聚焦中关村科学城，深化落实“两新两高”战略，推动区域创新和跨越式高质量发展，确保高水平全面建成小康社会。于军代表区委常委会作工作报告并讲话，区长曾劲作关于2020年上半年全区经济社会发展工作的书面报告。全会听取并审议区委常委会工作报告，研究2020年上半年全区经济社会发展工作报告，审议通过《中国共产党北京市海淀区第十二届委员会第十三次全体会议决议》。区人大常委会主任刘长利、区政协主席刘勇等区领导出席会议。

（张小芸　钟冷）

【2020年服贸会“海淀之夜”活动】 9月8日晚，由海淀区人民政府主办，区商务局、海淀区国际商会联合承办的2020年中国国际服务贸易交易会“海淀之夜”活动在国家会议中心举行。商务部副部长兼国际贸易谈判副代表王受文，市委常委、市委秘书长、常务副市长崔述强出席活动并致辞，国外使节和嘉宾，商务部外资司、北京市相关部门负责人，区委书记于军，区委副书记、代区长王合生，法国商业协会、意大利商会及其10余家会员企业负责人、境内外知名科技、服务贸易、国际贸易等企业负责人、知名人士近300人出席活动。海淀区政府领导首先分享中关村科学城的科技魅力，分享海淀区服务业扩大开放取得的成绩。数据显示，2019年中关村科学城地区生产总值接近8000亿元，连续四年居全市第一位。自2018年海淀区创建北京市服务业扩大开放综合试点示范区以来，重点推出科学技术、互联网和信息、科技金融、文化教育等重点服务领域的开放举措109项，推动48个重点项目落地。活动期间，《海淀区企业“一带一路”走出去策略研究》报告首发，中关村科学城管理委员会与阿联酋阿布扎比国际金融中心金融服务监管局中国办公室合作签约，双方在科技创新发展战略、国际化创新生态打造等多方面达成合作意向；邀请到会的驻华大使、商务参赞对所在国家项目进行推介。区领导吴计亮、林剑华、林航参加活动。

（钟冷　郭君兮）

【2020中关村论坛】 9月17日至20日，2020中关村论坛在中关村国家自主创新示范区展示交易中心举行。论坛由科技部、中科院、中国科协和市政府主办，由中关村管委会、市科委会、中国贸促会北京市分会、市政府外办、海淀区政府、中关村发展集团、科技部火炬高技术产业开发中心承办。论坛以“合作创新•共迎挑战”为主题，推出“会议＋展览＋交易＋发布”四大板块，包括3场先锋论坛、开幕大会、21场平行论坛等50余场活动，200余位全球知名专家学者、400余位著名企业家和投资人、150余位国内外政府官员及驻华使节、近40位国际组织及顶级学术机构负责人共2600余人通过线上线下方式参与活动。在主题演讲环节，顶尖科学家、企业家围绕“全球疫情下的民生福祉”等话题展开交流研讨。在平行论坛环节，与会嘉宾深入研讨科技抗疫、生命健康、创新合作等重大议题。以科技成果转化为抓手，整合全球供应链、产业链技术贸易资源，着力打造面向全球“高、精、尖”项目、国际科技成果转化和技术成果发布交易的“第四方平台”，实现“全球发、发全球、全球买、全球卖”的功能。在重大成果发布会上，半导体、创新药物、区块链、量子技术等领域的8项创新成果，高价值专利转化、首创产品进入市场等多项创新性政策，全球科技创新中心指数2020、2020自然指数•科研城市、中关村全球科技园区创新发展指数、北京市大数据标准体系建设规划等5项科创指数与研究报告，6个创新平台与聚集区首发。中关村论坛技术交易活动“线上＋线下”共汇聚7000余项优秀技术成果、600余个技术需求，300余家国内外知名技术转移机构和服务机构，推出200余个国内首发产品、重点推

介300余个国际领先技术项目。在海淀区政府、中关村科学城管委会承办的交流活动中，区委书记于军介绍海淀区进一步升级“创新雨林”生态体系、建设具有全球影响力的中关村科学城的情况。区委副书记、代区长王合生，区人大常委会主任刘长利，区政协主席刘勇，区委副书记张强等参加论坛有关活动。

（程晓荷　钟冷）

【全国双创周北京会场暨中关村创新创业季】 10月15日至21日，由市发展改革委、中关村管委会、海淀区政府主办的2020年全国大众创业万众创新活动周北京分会场暨中关村创新创业季活动举办。活动以“创新引领创业，创业带动就业”为主题，包括启动仪式、展览展示、专题活动等系列活动。北京分会场首次采用全线上展览展示，打造云上展厅，包括新基建新应用赋能、科创中心创新引领、双创带动就业升级、精准助力“战疫”四大展厅，展示100余个重点创新创业项目，参展项目覆盖高精尖产业，云计算、大数据等新兴领域及智慧教育、智慧医疗等创新业态。北京分会场云平台“双创活动直播”专区通过直播、录播等形式，集中呈现2020年“创响中国”海淀站暨京津冀双创示范基地联盟主站活动、集成电路行业创新创业沙龙、REITs产业发展论坛、第九届中国创新创业大赛北京赛区暨北京银行杯中国•北京创新创业大赛季（2020）、2020年度科技成果直通车北京站活动、中关村金种子企业路演、中关村科技成果转化“火花”活动等30余场线上线下创新创业重点活动。

（程晓荷）

【2020两岸青年交流合作北京峰会】 10月16日，2020两岸青年交流合作北京峰会在中关村国家自主创新示范区展示中心举行。峰会以“新时代•新成长•新发展”为主题，推动两岸青年交流合作取得新发展。国台办副主任龙明彪、副市长王红、团市委书记李军会、区委书记于军、市台办副主任黄塞溪等领导，在京台青台生和北京市各界青年代表约150人在现场参加开幕式，150名台湾青年在高雄分会场参会。开幕式上，中国国民党前主席洪秀柱通过视频为两岸青年寄语。峰会回顾两岸青年交流合作取得的成效，宣介并推送促进两岸青年交流合作若干措施和惠及台青台生的系列政策服务包。海淀区知名高科技企业北京小米科技有限公司、北京旷视科技有限公司与海淀台湾青年驿站就台青台生实习、就业签约。峰会组织“凝聚青春力量筑梦美丽家园”在京台青分享会，北京大学博士后陈文成、小包智工联合创始人徐韬、华灿工场总经理李伟国、北大硕士研究生罗方颀、台湾阿美人青年杨品骅5名台湾青年代表分享在京成才成长成功经历。团市委为在京台湾青年志愿者服务队授旗。峰会以“京台好物、十全十美”为主题，组织京台两地的10家知名企业进行线上带货直播，两岸青年在云端分享创业收获，为企业带“货”。海淀区融媒体中心直播团队对2020两岸青年交流合作北京峰会开幕式、在京台青分享会和京台青年带货直播三场活动进行全程直播，累计超过1160万人次网友通过新华社现场云、快手等网络平台在线打卡。在京高校和台盟北京市委、民革北京市委、市台联、海淀区等组织两岸青年开展系列交流活动。

（贾宇飞　胡光飞　钟冷）

【党的十九届五中全会宣讲报告会】 11月27日，北京市学习贯彻党的十九届五中全会精神宣讲团报告会在海淀区举行。市委宣讲团成员、市委宣传部常务副部长赵卫东围绕习近平总书记在党的十九届五中全会上的重要讲话和全会审议通过的《中共中央关于制定国民经济和社会发展第十四个五年规划和二〇三五远景目标的建议》，深入解读中国进入新发展阶段的重大意义、有利条件和重要特征，系统介绍二〇三五年远景目标和“十四五”时期我国发展的指导方针、主要目标、重点任务，报告会通过视频系统以区委理论学习中心组学习（扩大）会形式在全区范围内召开，于军、刘长利、刘勇、张强等区四套班子领导及党员干部群众代表在主会场和分会场聆听报告。

（钟冷）

【“以案为鉴、以案促改”警示教育大会】 12月10日，区委召开全区“以案为鉴、以案促改”警示教育大会，并以视频形式开至各单位。区委书记于军在讲话中强调，要学习贯彻党的十九届五中全会精神，按照全市警示教育大会部署要求，坚持以案为鉴、以案促改，准确把握进入新发展阶段、贯彻新发展理念、构建新发展格局对全面从严治党的新要求，以永远在路上的坚韧和执着，压紧压实管党治党政治责任，推动全面从严治党不断向

12月10日，区委召开“以案为鉴、以案促改”警示教育大会（区纪委区监委　供图）

纵深发展，为海淀跨越式高质量发展提供坚强政治保障。于军要求全区各单位要以这次警示教育大会为镜鉴，主动举一反三、自查自纠，抓好整改，坚定不移推进全面从严治党，永葆清正廉洁的政治本色，在新时代展现海淀新气象新作为。与会者集体观看两部警示教育片。大会通过深刻剖析违纪违法案例，教育引导党员干部不忘初心使命，锤炼忠诚干净担当的政治品格，旗帜鲜明反对腐败，坚定不移推进全面从严治党。区委副书记、代区长王合生主持会议，区人大常委会主任刘长利、区政协主席刘勇、区委副书记张强等区领导出席会议。市纪委第五监督检查室、市纪委宣传部相关负责人到会指导。

（张圆国　钟冷）

【区委十二届十四次全会】 12月18日至19日，中国共产党北京市海淀区第十二届委员会第十四次全体会议召开。区委常委会主持会议。全会学习贯彻党的十九届五中全会精神和市委十二届十五次全会精神，审议通过《中共北京市海淀区委关于制定海淀区国民经济和社会发展第十四个五年规划和二〇三五年远景目标的建议》。于军就《建议（审议稿）》向全会作说明并讲话。

（张小芸）

【区委深改委第十三次会议】 12月23日，区委全面深化改革委员会召开第十三次会议。会议审议《海淀区“两区”建设工作方案》《中国（北京）自由贸易试验区科技创新片区海淀组团实施方案》《海淀区“村地区管”实施办法（试行）》《中关村科技创新干部学院成立方案》《2020年海淀区优化营商环境工作报告》《海淀区政务服务领域区块链技术创新应用情况报告》。书面审议《区委全面深化改革委员会成员调整情况》《关于推动海淀跨越式高质量发展工作落实情况的督察报告》《关于海淀区知识产权运营服务体系建设落实情况的督察报告》《关于海淀区政务服务体系建设工作落实情况的督察报告》《关于海淀区医耗联动综合改革落实情况的督察报告》《关于海淀区农村集体产权制度改革落实情况的督察报告》。

（钟冷）

12月23日，区委全面深化改革委员第十三次会议召开（张洪军 摄）

组织工作

组织建设

【概况】 截至2020年年底，全区有基层党组织9022个，中共党员240621名（不包括驻区中央、市级单位和部队等位于海淀区，但组织关系不隶属于海淀区委的党组织和党员）。其中，女党员112804名，占总数的46.88%；少数民族党员10109名，占总数的4.20%；35岁及以下的党员41974名，占总数的17.44%；大专以上文化程度党员182224人，占75.73%。

区委组织部牵头成立新冠肺炎疫情防控工作领导小组社区防控组及检疫检测工作组，推动社区防控、复工复产及核酸检测等工作落实。区委组织部机关党员干部参加温泉镇水岸家园社区、玉泉东市场周边封闭小区疫情防控值守工作，参与机场转运专班、大数据摸排、协助核酸检测工作等任务。动员各级党组织党员带头参与垃圾分类，5.8万名机关企事业单位党员干部签订承诺书，5万余个家庭参与。

区委组织部获评北京市抗疫先进集体，机关党支部获评北京市先进基层党组织，1人获评北京市抗疫先进个人。

（杜晓莺）

【处级领导班子配备和干部调整】 年内，调整处级领导干部174人次，其中正处级领导干部78人次，副处级领导干部96人次；提拔44人次，交流33人次，改任76人次。开展职级、岗位等级晋升407人次。

（杜晓莺）

【干部政治素质专项考察】 年内，区委组织部制定《关于在疫情防控中考察识别领导班子和领导干部的工作方案》，重点考察领导班子和领导干部的政治素质、宗旨意识、全局观念、驾驭能力、担当精神。通过实地走访、个别谈话、列席会议等方式考察114家单位，了解领导班子及干部在疫情防控中的实际表现，并作为干部提拔使用、职级晋升的重要参考。

（杜晓莺）

【年轻干部队伍建设】 年内，区委组织部开展年轻干部日常调研，根据区、镇班子换届及发展需要，进行动态调整。抽调86名年轻干部到疫情防控、脱贫攻坚、冬奥会筹备等重点专项工作历练。提拔40岁左右处级领导干部25名，占提拔总数的56.8%。制定实施公务员队伍建设“863 计划”，力争 3 年内招录 800 名应届毕业生，交流锻炼 600 名科级领导公务员，动态掌握 300 名优秀年轻公务员情况。

（杜晓莺）

【干部教育培训】 年内，区委组织部组织 800 余名处级干部参加全市领导干部学习贯彻党的十九届四中全会精神专题研讨班。举办主体班次 9 期，专题培训班 10 期，培训处、科级干部 1460 余人次。在培训中，提高党性教育、理论教育所占比例，强化“四史”（中共党史、新中国史、改革开放史、社会主义发展史）教育，围绕疫情防控、区块链、应急管理、“两区”建设等专题，开展培训，提升领导干部“七种能力”（高政治能力、调查研究能力、科学决策能力、改革攻坚能力、应急处突能力、群众工作能力、抓落实能力）。将《北京市物业管理条例》《北京市生活垃圾管理条例》纳入区委党校及基层分党校培训体系，组织街镇、社区干部培训学习。

（杜晓莺）

【公务员管理】 年内，区委组织部及时跟进新发布的《参照〈中华人民共和国公务员法〉管理的单位审批办法》，做好政策文件立改废释工作，废止文件 17 件。招录 389 名公务员。推进职务与职级并行，完成科级及以下职级套转 3167 人、晋升 2588 人。完成 404 人次科级及以下人员任免备案，其中晋升 319 人。办理公务员调动 125 人。完成 2019 年公务员考核奖励工作，完成北京市人民满意的公务员、公务员集体推选工作。完成公务员信息采集及年统工作。

（杜晓莺）

【村和社区“两委”换届工作启动】 年内，区委组织部启动村和社区“两委”换届选举工作。摸排村和社区选情，确定 33 个拟不换届村和 1 个拟不换届社区，7 个重难点村（社区）、9 个区级关注村（社区）。针对重难点村和社区逐一分析研判，“一村（社区）一册”形成工作台账。根据“两委”队伍现状及疫情期间表现，指导各街镇做好村和社区“两委”班子人员调整。完成 6493 名现任及拟新进入“两委”班子人员的区、街镇两级资格预审，同步开展村“两委”主要负责人经济责任审计。开展村换届选举“回头看”，抓好市级软弱涣散党组织、后进社区及区级重难点社区整顿。

（杜晓莺）

【深化党建引领机制】 年内，区委组织部组织召开全区街道工作和“吹哨报到”改革调度会，制定印发 32 项任务清单。落实《北京市街道办事处条例》，完善街道党工委对地区治理重大工作的领导体制机制，推进向街镇“赋权”工作落地。探索建立街镇党建工作协调委员会联络员制度，指导各街镇重点推进 1 至 2 个工作任务或服务项目。深化“千百十•我在基层”行动，召开“强解促”工作组推进会，推动党员干部下沉基层破解难题。

（杜晓莺）

【党建推动社区物业管理】 年内，区委组织部制定推进社区治理 20 条工作举措，并将落实情况纳入领导班子考核。制定贯彻实施物业管理条例三年行动计划、党建引领物业管理提高“三率”工作方案等文件，党组织覆盖率达到 94%，提前超量完成全市下达的年度目标。制定村庄物业管理质量标准，推动 6 个村庄试点。

（杜晓莺）

【“两新”组织党建工作】 年内，区委组织部设立区委“两新”组织党建工作联席会，成立中关村科学城综合党委，构建区委组织部牵头抓总，区委、系统、街镇、平台（企业）的“两线四级”党建工作体系，深化“一方隶属、双重管理、多方服务”的管理机制，形成条块结合、齐抓共管的工作格局。制定“两新”组织党建工作者队伍建设指导意见，把党建专职队伍纳入社区工作者序列，打造专兼结合的“千人队伍”。建立党群服务中心（站）762 个，其中街镇级 27 个。培育“红帆”“红创”等党建阵地品牌。建设升级全市首个“海新云—两个覆盖”信息管理平台，开展“两新”组织党建工作抽样测评。举办中关村独角兽企业党建与发展论坛，以党组织为主渠道，落实各项惠企政策，提升党组织覆盖率。

（杜晓莺）

【其他领域党建工作】 年内，区委组织部继续推进其他领域党建工作规范化、标准化建设，加大日常指导监督力度。国企党建着重以二三级企业、混合所有制企业为重点，抓好党建入章程工作。中小学校党建探索开展党委领导下的校长负责制试点，并总结试点经验。公立医院党建突出强化党委（党组）对“三重一大”事项（重大事项决策、重要干部任免、重大项目投资决策、大额资金使用）的决策，推动医院融入区域化党建工作体系。

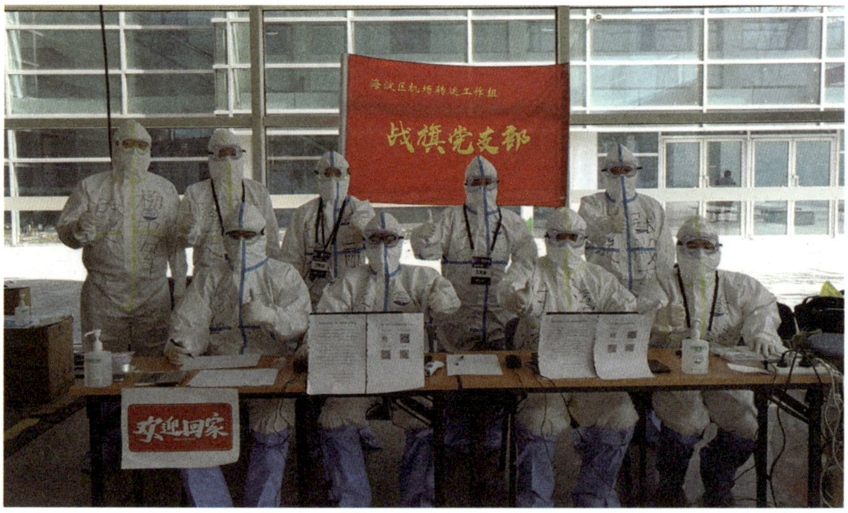

3 月 22 日，海淀区机场转运工作组成立战旗党支部（区委组织部 供图）

以视频会议形式组织召开2019年度系统、街镇党（工）委书记抓基层党建工作述职评议会，传导全面从严治党政治责任。

（杜晓莺）

【党员教育管理】 年内，区委组织部开展“四个一”（组织一次主题党日活动、一次“党课开讲啦”活动、一次“向党旗致敬”微视频征集展示活动、致海淀区党员一封信“四个一”）系列活动，纪念中国共产党成立99周年。贯彻落实新一轮全国党员教育规划，制定《海淀区关于贯彻落实〈2019—2023年全国党员教育培训工作规划〉和北京市有关措施的实施方案》，建立区级资格联审机制，严把党员发展质量关。调研整顿两年以上未发展党员的村，全部销账。排查整顿农村发展党员违规违纪问题，进一步纯洁党员队伍。以直播形式组织1100余名发展对象参加学习培训、考试。组织全区“共产党员献爱心”活动，捐款2710.5万余元。开展主题教育整改落实情况“回头看”。召开海淀区党员教育培训工作推进会暨区委党校基层分校建设阶段性总结会。举办2020年度区委党校基层分校管理者培训班。

（杜晓莺）

【人才工作】 年内，区委组织部牵头贯彻落实首都高质量发展人才支撑行动计划，对接中央和北京市各项人才工程。升级“海英人才”计划，累计入选678人，累计支持资金超2亿元。开展海外高层次人才项目自主认定改革，9家单位被纳入试点。深入高校、园区和企业调研，建立人才联系走访和需求反馈机制。调整充实人才工作领导小组成员单位，推动人才工作向街镇延伸。持续推动各领域人才队伍建设，打造“名师名校长工程”“智汇海淀”人才主题周等人才工作品牌。举办HICOOL全球创业者峰会、“创青春—中关村U30”青年创新创业大赛、2020第八届“东升杯”国际创业大赛、学院路城事设计节等品牌活动。以中关村壹号园区为试点，建设全市首家人才工作事权下沉试点园，为人才提供便捷政策服务。推进人才会客厅、人才驿站与党群服务体系融合，培育人才服务专员，提高人才工作精准度。

（杜晓莺）

【央地人才一体化发展】 年内，海淀区人才工作领导小组办公室研究制定《关于加快推动央地人才一体化发展的若干措施》。成立海淀人才发展联盟，打造区域性枢纽型人才发展交流服务平台。探索建设“产才对接预核平台”，建立人才引进早期评价体系。推动首都院士之家海淀服务中心建设，为院士提供医疗、生活、科研等服务保障。举办“星耀海淀”院士专家海淀行暨院士专家人才新春论坛活动。

（杜晓莺）

【国际人才社区建设】 年内，区委组织部牵头持续落实“H+”计划，将建设国际人才社区纳入中关村科学城规划和海淀分区规划，并全力推进工作落实。设立中关村、上地、学院路国际人才会客厅，在成府路沿线建设国际人才大道。建设观林园、海悦梧桐苑国际人才公寓以及翠湖国际人才社区，海淀首家外籍人员子女学校落成，改造北京天士力医院，营造“类海外”国际人才环境。支持量子信息科学研究院等新型研发平台建设，设立中关村国际青年创业平台，举办“才聚云端”系列线上招聘活动，吸引国际人才到海淀创新创业就业。在人才工作体系化、一体化、国际化、品牌化四个方面取得新进展新成效，累计办理外国人来华工作许可6099人，其中A类人才678人。

（杜晓莺）

【新冠疫情社区防控和检疫检测】 年内，区委组织部牵头新冠疫情防控工作领导小组社区防控组及检疫检测工作组（简称社区防控组），统筹推进社区防控和检疫检测工作。建立人员排查机制、信息交流机制、物资保障机制、沟通协调机制、“双调度”、“工作提示单”制度等6项工作制度机制。区、街镇、社区（村）三级联动，摸排市派数据17万人次，属地社区（村）开展“敲门行动”75万人次；累计向社区（村）发放额温枪、口罩、帐篷、酒精、84消毒液等防疫物资近10万件；分领域研究制定商超、园区、楼宇、餐饮服务单位疫情防控工作参考，形成“查、阻、控、消、封、宣、隔、护、安、记”疫情防控“十字工作法”，指导行业、属地落实“四方责任”。启动机关党组织和党员“双联系”“双报到”防控应急机制，将区属692个机关、企事业单位党支部与所有社区（村）对接，下沉社区（村）“全天候”参与疫情防控工作，每天下沉党员干部近5000人，

12月21日，区委常委、组织部部长张若冰（左一）调研绿馨核酸采样点工作（区委社工委区民政局 供图）

累计选派61671名机关企事业党员干部下沉社区(村)。以全区652个社区(村)党组织为“轴心”,在社区(村)、机场、北京西站等疫情防控一线成立297个战旗党支部,在小区(村)入口设立“党员先锋岗”,各级党员干部奋战在一线。建立“处级领导包片、科级领导包社区(村)、其他人员包楼(院)”制度,选派251名处级领导干部、727名科级干部、7966名街镇机关干部、事业单位职员、企业员工、社区(村)“两委”成员,包片覆盖全区每栋楼和每个平房院落,构筑起联防联控、群防群治的铜墙铁壁。牵头组建机场转运专班,累计接转湖北来京返京人员13774人(含武汉1801人),累计转运入境进京人员2816人,累计转运港澳台入境人员91人。建立区、街镇、社区(村)和楼宇(园区、厂区)三级核酸检测应急工作体系。按照“统筹兼顾、集约高效、全面覆盖、小型为主、就近就便”原则,建立并启用“1+63+745+135”核酸检测采样场所储备体系,即1家区级采样场所、29个街镇的63家常态化大中型采样场所、街镇储备的745家社区(村)机动采样场所以及园区、楼宇、厂区、区属单位等的135家机动采样场所。截至12月31日,全区累计采样2946435人,累计检测2924585人,完成“应检尽检”“愿检尽检”核酸检测任务。

(社区防控组)

【区委党建工作领导小组第一次全体会】 4月9日,区委党建工作领导小组召开2020年第一次全体会,对全区党建工作进行安排部署,深化党建引领打赢疫情防控阻击战。会议审议通过区委党的建设工作领导小组及办公室成员调整名单、《中共北京市海淀区委党的建设工作领导小组2020年工作要点》《关于巩固深化“不忘初心、牢记使命”主题教育成果进一步加强党的政治建设的工作方案》,通报2019年全区非公企业党建“两个覆盖”工作测评结果。会议强调,要以党的政治建设为统领,扎实推进党的各方面建设,巩固和发展“不忘初心、牢记使命”主题教育成果,推进党建引领基层治理,提高党的建设质量,不断增强各级党组织的创造力、凝聚力、战斗力,全面推动区委“两新两高”战略再聚焦再深化再落实,为打赢疫情防控阻击战、加快建设具有全球影响力的全国科技创新中心核心区提供坚强组织保障。

(钟冷)

【2020年党建工作会议】 5月8日,海淀区召开2020年党建工作会议,总结2019年全区组织、宣传思想文化和统战工作,全面部署2020年重点工作任务。会议由区委副书记、区长曾劲主持,区委书记于军出席并讲话。会上,区委常委、组织部部长、统战部部长周志军作全区组织工作报告和统战工作报告,区委常委、宣传部部长张劲林作全区宣传思想文化工作报告,对2020年重点任务进行部署和说明。2019年,全区组织、宣传、统战系统以服务保障新中国成立70周年庆祝活动为主线,围绕深化落实“两新两高”战略、推动区域创新和跨越式高质量发展中心任务履职尽责,各项工作呈现良好态势,全区疫情防控取得阶段性重要成效,经济社会发展秩序加快恢复。会议强调,要深刻把握新时代党的组织路线服务政治路线的职责使命,深刻把握新时代宣传思想文化工作的使命任务,深刻把握新时代统一战线大团结大联合的主题主线,以组织宣传统战工作新成效推动海淀党建工作高质量发展,以高质量党建为夺取疫情防控与经济社会发展双胜利、全面建成小康社会和“十三五”规划收官提供坚强保障。会议以视频会形式在全区范围召开。

(钟冷)

【“智汇·海淀”人才主题周】 10月19日至23日,由海淀区人才工作领导小组主办的2020年“智汇·海淀”人才主题周举行,为首次举办。中组部人才工作局、市委组织部、市人力社保局有关领导、与会专家学者、学校校长、企业家等高层次人才代表分别围绕新时代科技人才创新创业作用发挥、人才培育传承、硬科技人才和企业发展等方面发表主题演讲;高校、园区、企业、系统和街镇联动,集中展示全区13个领域的人才工作成果;现场签约发布创新工场科学家基金、奇绩创坛基金、中关村智友科学家基金、清华电子信息学科引导基金、中科创星硬科技二期基金共5只基金,总规模27.85亿元。开幕前,与会领导到学院路街道考察国际人才社区“成府路”示范街区建设情况,为国际人才社区“成府路”示范街区揭幕;在中关村科学城国际人才社区五道口驿站,听取学院路街道国际人才社区整体建设、城市图层、四区融合、焕新五道口等项目规划布局情况介绍。主题周期间,围绕走进海淀、政策专列、创客秀场、星耀海淀、对话海淀、职等你来、筑梦未来七个板块,开展60余场线上线下活动、20余场国际论坛赛事、8项重大项目签约、3大人才培育计划、5项主题展览。全市首家人才工作事权下沉试点园在中关村壹号揭牌。

(钟冷)

【区委“两新”组织党建工作联席会】 11月5日,于军到贝壳找房(北京)科技有限公司、北京万慧达律师事务所调研“两新”组织党建工作,并召开区委党建工作领导小组2020年第二次全体会暨区委“两新”组织党建工作联席会,研究全区“两新”组织党建工作。会议传达市委党建工作领导小组全体会议精神,审议区委党建工作领导小组及办公室成员名单、区委贯彻《党委(党组)落实全面从严治党主体责任规定》的分工方案,书面通报2019年度各系统、各街镇党(工)委书记抓基层党建综合评价等次评定情况,听取全区“两新”组织党建工作情况和下一步工作安排的汇报。街镇、“两新”组织代表交流发言。

(钟冷)

【村和社区“两委”换届工作领导小组第一次(扩大)会议】 12月28日,全区村和社区党组织换届工作领导小组召开第一次(扩大)会议视频会议,研究、动员、部署村和社区“两委”换届工作。会议听取全区村和社

9月3日，区委副书记张强（中）在区委党校2020年秋季开学典礼上作动员讲话（区委党校 供图）

区“两委”换届工作领导机构主要职责和本次暂不换届村和社区情况，严肃换届纪律工作有关安排以及“两委”换届工作区级重点难点及关注村和社区帮扶工作方案、疫情防控工作预案及动员部署会有关安排的汇报。

（钟冷）

干部培训

【概况】 2020年，海淀区委党校（简称区委党校）与海淀区行政学院、海淀区社会主义学院合署办公。围绕区委、区政府中心工作，区委党校推进疫情防控与干部教育培训、科研、决策咨询、党校建设等工作。举办培训班53期、培训6517人次，其中线上培训班8期、培训3443人次。疫情期间邀请专家录制课程上传北京干部教育网、培训学员8329人；首次将区属事业单位纳入培训范围，参照公务员标准设置主体班类别和规模，覆盖全区2.9万名事业单位人员；指导区委党校基层分校培训党员70.68万人次。

制定《中共海淀区委党校“十四五”时期发展规划和二〇三五年远景目标》《中共海淀区委党校关于加强“四强”党校建设的实施方案》，修订14项制度。确定区委党校新校址建设方案。立项课题21项。与北京市社会科学院进行深度合作。

（刘绍波　韦志强）

【党员教育“云端党课”】 年内，为做好新冠肺炎疫情防控常态化下党员集中轮训工作，区委党校开设党员教育“云端党课”，共举办3期。培训内容包括《北京垃圾分类的重大意义、历史使命和推行路径》《中国共产党的光辉历程和基本经验》《坚定不移贯彻新发展理念加快构建新发展格局——“十四五”发展环境、问题与战略思路》等专题，累计培训党员51.7万人次。

（刘绍波　韦志强）

【立项课题21项】 年内，区委党校立项课题21项。其中，中组部课题1项，即《党建引领疫情防控的治理实践与思考》；市级课题3项，即《科技手段在社区防控新冠疫情中的作用研究》《从碎片化到协同：多元主体参与社区治理的困境与反思》《海淀区经济发展的创新驱动作用研究》；区级课题2项，即《新冠肺炎疫情防控视角下的社区治理效能研究》《党建引领社区治理的海淀实践》。

（刘绍波　韦志强）

【科研成果】 年内，区委党校编著出版《中关村核心区创新发展评价研究至基于硅谷指数的启示和比较》《马克思主义中国化与富强之路》《海淀区爱国主义教育基地开发与应用研究》3部著作，完成《街镇书记谈党建》《社区书记谈党建》《非公企业书记谈党建》3本著作的初稿。组建专班研究海淀党建品牌“中关村精神”。围绕社区疫情防控、物业服务企业做好疫情防控、企业复工复产等专题，撰写《疫情下上地地区高新技术企业逆势增长分析》《对支持物业服务企业继续做好防疫工作的建议》调研报告。发表文章48篇，上报决策咨询报告35篇，其中被《海淀信息》采用5篇，《对支持物业服务企业继续做好防疫工作的建议》被市委党校《党校智库建议》采用，获得区委书记于军批示。《中关村创新发展四十年》著作获得北京市第十六届哲学社会科学优秀成果二等奖。在北京市党校（行政学院）系统2018至2019年度优秀成果的评选中，著作《中关村地区技术转移的实践与思考》获优秀科研成果一等奖；著作《激活创新之源——海淀大众创业万众创新路径探析》和《创业投资对企业创新的作用机制研究》《我国城市行政区划调整的现实难题与改革思路》2篇论文获优秀科研成果二等奖；《英国、澳大利亚、日本社区规划师制度经验与启示》获优秀决策咨询二等奖；区委党校获优秀组织奖。

（刘绍波　韦志强）

【党的十九届四中全会精神培训班】 8月10日至12日，区委组织部、区委党校共同举办海淀区处级领导干部学习贯彻党的十九届四中全会精神专题培训班。820名处级领导干部通过视频会议观看线上直播并在线开展分组讨论，每人撰写学习心得体会。

（刘绍波　韦志强）

【正处级领导干部任职培训班】 10月29日至30日，区委组织部、区委党校首次举办正处级领导干部任职培训班，2018年10月以来新任正处级领导干部计28人参训。培训内容包括《学好用好〈习近平谈治国理政〉第三卷》《学习贯彻习近平总书记关于全面从严治党的重要论述》《领导力提升》《科技与产业协同创新体系建设至实践与思考》等专题。培训旨在使新任正处级领导干部迅速转换角色，进一步丰富理论知识，提高政治站位，提升思维层次，拓宽工作视野，更好、更快地适应领导岗位的需要。

（刘绍波　韦志强）

【党员教育培训工作推进会】 12月15日，区委组织部、区委党校联合召开海淀区党员教育培训工作推进会暨区委党校基层分校建设阶段性总结会。区委党校常务副校长何昭瑾从“突出主业主课、夯实制度建设、加强资源统筹、勇于改革创新”四个方面汇报推动分校建设情况。会议要求，要从“切实增强责任感使命感”“切实把握基本要求”“切实推动高质量发展”三个方面不断把握党员教育工作的重大意义、内在规律和基本方法，使党员教育工作更有质量、更有影响、更有价值。

（刘绍波　韦志强）

【《中关村科技创新干部学院成立方案》通过审议】 12月23日，区委全面深化改革委员会第十三次会议研究同意《中关村科技创新干部学院成立方案》，学院由区委党校主办，由区委编办登记为利用国有资产举办的事业单位，颁发事业单位法人证书，实行市场化运作，依托区委党校的教学资源开展办学工作。

（刘绍波　韦志强）

【主体培训班】 年内，区委党校举办主体培训班53期，培训学员6517人次。

（刘绍波　韦志强）

2020年海淀区委党校主体培训班一览表

表2

序号	培训班名称	培训时间	参训人数（人）
1	海淀区2020年考试录用公务员面试工作人员培训	6月5日	70
2	海淀区2020年考试录用公务员面试考官培训	6月6日	60
3	区城市管理综合行政执法监察局职权下放岗前培训班（线上第一期）	6月9日至6月10日	260
4	海淀区委第九轮巡察干部培训班	6月10日至6月11日	60
5	2020年海淀区区块链专题培训班（线上）	6月11日至6月12日	120
6	区城市管理综合行政执法监察局职权下放岗前培训班（线上第二期）	6月11日至6月12日	270
7	区城市管理综合行政执法监察局职权下放岗前培训班（线上第三期）	6月16日至6月17日	270
8	优化营商环境改革政策“千人千题”专项培训（第一期）	6月22日至6月24日	40
9	优化营商环境改革政策“千人千题”专项培训（第二期）	8月3日至8月7日	60
10	海淀区2020年考试录用公务员面试工作人员培训	8月11日	70
11	海淀区2020年考试录用公务员面试考官培训	8月11日	130
12	区团委海淀区2020年团干部培训班（线上）	7月30日至7月31日	300
13	海淀区政务局业务培训班	8月2日至8月28日	100
14	北京市审计局2020年党务工作者（纪委委员）培训班	8月24日至8月27日	45
15	海淀区处级领导干部学习贯彻党的十九届四中全会精神专题培训班（线上）	8月10日至8月12日	820
16	海淀区党员发展对象示范培训班（线上）	8月19日至8月21日	1103
17	海淀区2020年处级干部进修一班	9月3日至9月30日	67
18	海淀区第37期中青年干部培训班	9月3日至11月4日	40
19	海淀区2020年公务员招录面试考官培训班	9月3日至9月4日	70
20	海淀区2020年补充录用公务员面试工作人员培训班	9月10日	70
21	2020年海淀区统战宗教工作专题培训班	9月14日至9月16日	65
22	海淀区组织系统信息宣传调研工作培训班	9月17日至9月18日	130
23	法治思维与法治政府建设专题培训班	9月22日至9月24日	70
24	海淀区纪委业务培训班	9月28日至9月29日	85
25	2020年海淀区新任副处级领导干部培训班	10月12日至10月16日	45
26	海淀区第20期处级女干部专题培训班（第一期）	10月13日至10月15日	80

续表 2

序号	培训班名称	培训时间	参训人数（人）
27	2020 年北京各区领导干部领导力提升高级研修班（清华班）	10 月 19 日至 11 月 13 日	10
28	海淀区 2020 年宣传思想文化工作专题培训班（第一期）	10 月 19 日至 10 月 23 日	95
29	海淀区 2020 年宣传思想文化工作专题培训班（第二期）	10 月 26 日至 10 月 30 日	60
30	海淀区第 20 期处级女干部专题培训班（第二期）	10 月 26 日至 10 月 28 日	100
31	2020 年海淀区新任正处级领导干部任职培训班	10 月 29 日至 10 月 30 日	28
32	海淀区离退休干部"守初心、担使命"系列培训班（第一期）	10 月 29 日至 10 月 30 日	36
33	海淀区 2020 年处级干部进修二班	11 月 2 日至 11 月 27 日	63
34	海淀区第 45 期科级正职公务员任职培训班	11 月 2 日至 11 月 20 日	59
35	海淀区第 40 期科级副职公务员任职培训班	11 月 2 日至 11 月 20 日	64
36	2020 年海淀区网信工作研修班	11 月 4 日至 11 月 6 日	95
37	海淀区应急系统应急能力提升专题培训班（线上）	11 月 9 日至 11 月 13 日	300
38	2020 年海淀区宣传思想文化工作专题培训班（第三期）	11 月 9 日至 11 月 13 日	60
39	2020 年海淀区律师行业协会基层党组织负责培训班（第一期）	11 月 9 日至 11 月 13 日	81
40	海淀区 2019 年度军队转业干部培训班（第一期）	11 月 16 日至 11 月 20 日	68
41	海淀区事业单位工作人员初任培训班	11 月 17 日至 11 月 27 日	105
42	2020 年海淀区律师行业协会基层党组织负责培训班（第二期）	11 月 23 日至 11 月 26 日	81
43	海淀区离退休干部"守初心、担使命"系列培训班（第二期）	11 月 24 日至 11 月 25 日	36
44	北京市审计局国家审计署专题培训班	11 月 29 日	50
45	海淀区 2019 年度军队转业干部培训班（第二期）	11 月 30 日至 12 月 4 日	65
46	海淀区 2020 年初任公务员培训班	11 月 30 日至 12 月 11 日	115
47	海淀区第一期事业单位科级正职领导职务任职培训班	11 月 30 日至 12 月 18 日	42
48	海淀区第一期事业单位科级副职领导职务任职培训班	11 月 30 日至 12 月 18 日	59
49	海淀区组织系统信息工作专题培训班	12 月 10 日	70
50	2020 年区委组织部党统会审培训班	12 月 10 日至 12 月 11 日	70
51	海淀区委党校基层分校管理者培训班	12 月 14 日至 12 月 15 日	90
52	北京市 2021 年度定向选调应届优秀毕业生面试工作人员培训班	12 月 28 日	70
53	北京市 2021 年度定向选调应届优秀毕业生面试考官培训班	12 月 28 日	45
合　计			6517

（刘绍波　韦志强）

区直属机关党建

【概况】 2020 年，中共海淀区委区直属机关工作委员会（简称区直机关工委）领导 65 家单位党组织（11 个党委、29 个党总支、25 个党支部），所属党员 9121 人，其中在职党员 7256 人、离退休党员 1865 人。

区直机关工委按照区委十二届十二次、十三次全会精神，以党的政治建设为统领，围绕中心、建设队伍、服务群众推动机关党建工作，全面推动机关党的建设高质量发展，为疫情防控、垃圾分类、人大代表补选等重点工作提供保障。完成党组织换届、党员发展、组织关系转接等工作。举办党组织书记、党务工作者等培训班，组织"升国旗唱国歌"、党员献爱心、干部职工运动会、百姓宣讲等活动。区直机关系统 8000 余名党员下沉到 309 个社区，充实基层疫情防控力量。每天对香山街道辖区的 6 个社区、14 个小区、26 个值守卡

9月25日，区直机关“奋进2020”百姓宣讲活动举办（区直机关工委 供图）

口进行全覆盖式巡回检查。区直机关工委全员下沉到北下关皂君庙社区参与一线防控值守。发布“生活垃圾分类，机关党员先行”倡议书，在系统48家单位9552名机关党员干部中开展“垃圾分类树新风机关干部率先行”垃圾分类知识线上答题活动；动员组织系统在职党员7000余人主动到所联系社区（村）或居住地社区（村）报到，并签订承诺书，带头参加垃圾分类桶前值守。组织协调71个单位、43个选举站、9472名选民，完成区人大代表补选工作。区直机关系统2个单位获评全市抗击新冠肺炎疫情先进集体、5人获评全市抗击新冠肺炎疫情先进个人，区直机关工会被评为2020年北京市垃圾分类工作先进集体。

（杜宇）

【基层党组织建设】 年内，区直机关工委开展系统党组织书记抓基层党建述职评议，65家单位党组织书记进行书面述职。举办“做好人才服务促进创新驱动发展”主题推介活动，邀请相关领域专业人士就推动优化环境、人才引进等政策措施进行系列解读。依托区委党校区直机关分校举办培训班36期，开设线上防疫课堂讲座5期，微信推送学习版块10期112讲，受训党员干部职工近万人次。邀请专业人员为系统内信息网络宣传工作人员进行业务培训，发布系统宣传工作文章42篇。依规下放区人力社保局等8个机关党委审批党员发展和转正权限，指导完成12个机关党组织的委员调整和15个基层党组织的换届工作。审批发展党员106人，预备党员转正88人，转接组织关系898人次，收缴党费约476.75万元。

（杜宇）

【群团活动】 年内，区直机关工委系统12人被评为北京市劳动模范和先进工作者，区纪委区监委“追赃追逃监察室”获北京市模范集体称号。组织开展“奋进2020”为主题的区直机关2020年百姓宣讲活动。举行“爱国力行、使命担当”升国旗、唱国歌活动。开展2020年“好书伴成长”——为新疆和田地区中小学生捐赠国语图书活动，捐赠书籍761册。举办以“守初心强体魄、担使命建新功”为主题的分散型职工健身活动，系统48家单位的2000余名干部职工参赛。组织以“运动强体魄、健康奔小康”为主题的职工健步走活动，400余名干部职工参加。

（杜宇）

【关爱帮扶】 年内，区直机关工委帮扶困难党员63人，发放困难补助金34.1万元。组织机关1.1万余名党员干部为疫情捐款近252万元。区直机关工会为机关职工上互助保险782人、费用12万元。373人享受暖•互助“二次报销”优惠，完成住院津贴理赔28人。节日慰问职工365人次。依托扶贫互助平台购买贫困地区产品，慰问职工5027人次。

（杜宇）

高新技术企业党建

【概况】 2020年，北京市委中关村科学城工作委员会（简称科学城党工委）落实市委、区委决策部署，围绕中关村科学城建设和“两新两高”战略实施，统筹疫情防控和非公党建各项工作，为推进中关村科学城高质量发展和企业健康发展提供坚强的政治基础和组织保障。至年底，科学城党工委所属基层党组织1536个，管理党员约3.1万名。

完善党建工作体制，成立中关村科学城综合党委。推进党建“两个覆盖”[①]工作，在独角兽企业中建立党组织。撤销17家不具备党组织条件的党支部，推动5家党组织重点整改。推动基层党组织建设党群活动中心等活动阵地，批准16家企业党组织建立党员活动室。聚焦“红创”品牌建设，成立中关村科学城众创空间党建联盟，举办首届中关村独角兽企业党建与发展论坛。成立中关村科学城非公党建巡回指导组，建立区域党建交流平台，推进非公党建红色成长营学习管理平台开发建设，建设数字党建平台。提升“中关村红创空间”功能，上线“中关村红色智慧大讲堂”微信小程序，线上组织党员学习7次，覆盖党员14万人次。举办党组织书记、党务干部和党建指导员培训15期。发展党员153名，预备党员转正124人。

动员非公企业党组织参加战“疫”，引导企业支援一线疫情防控。拨付12.5万元专项党费，支持疫情防控工作；组织捐款捐物超过2亿

① 党的组织覆盖和工作覆盖。

元。东华软件股份公司党委书记薛向东被评为全国抗击新冠肺炎疫情先进个人；纳通科技集团有限公司被评为北京市抗击新冠肺炎疫情先进集体、2人被评为先进个人、1人被评为优秀共产党员。

（万清）

【中关村科学城众创空间党建联盟成立】 1月17日，中关村科学城众创空间党建联盟成立。这是全国第一个众创空间类党建联盟，第一批33家会员单位加入。大会通过党建联盟章程，选举产生第一届理事会会长单位1家、副会长单位7家、秘书长单位1家。会议确定秘书处为党建联盟常设管理机构，联盟理事会长实行轮值制。联盟将在海淀区委“两新”组织党建工作联席会指导下开展工作。

（万清）

【独角兽企业党建联盟第一届理事会会议】 5月12日，中关村科学城独角兽企业党建联盟第一届理事会第一次会议召开。联盟会长、小米科技有限公司党委书记刘德，副会长、贝壳找房科技有限公司党委书记季烨等12家理事会成员单位代表出席会议。会议审议通过中关村科学城独角兽企业党建联盟2020年工作方案，决定由联盟秘书处组织筹办科技创新合作论坛，并在论坛期间召开中关村科学城独角兽企业党建联盟会员大会。会议决定在已建立党组织的企业，由党组织书记为会员代表，未建立党组织的企业，由一名企业高管为会员代表；组织会员单位走进相关企业、科研院所、中介机构，推进会员单位在“党建+发展”等多层次的合作交流；由联盟秘书处对独角兽企业聚焦的重点领域进行专题调研，及时向政府反馈调研情况及政策建议；打造“党建+公益”活动品牌。会议就如何促进联盟党建工作与企业发展深度融合、对联盟未来发展规划的思考进行探讨交流。

（程晓荷）

【独角兽企业党建工作调研】 7月8日，中关村科学城党工委委员、管委会专职副主任吴宝华，中关村高新技术企业协会联合党委书记吴春明一行8人，到独角兽企业氪空间走访调研。调研组实地考察氪空间的公共空间设施建设和创业服务情况，重点了解36氪集团公司旗下36氪传媒、氪空间、鲸准以及36氪基金4家公司的党建工作开展情况、疫情防控、复产复工工作情况。吴宝华肯定氪空间的党建工作开展情况，希望党支部再接再厉，扩大党的影响力，争做党建工作标杆。

（程晓荷）

【非公企业党建巡回指导组成立】 7月17日，中关村科学城非公企业党建巡回指导组成立。巡回指导组由特聘专家、专职党建指导员和联系企业的党建指导员组成。巡回指导组将对中关村科学城综合党委所属非公企业党组织进行巡回指导，每周深入企业，了解企业经营概况、党组织作用发挥和规范化建设情况，提出指导意见，针对性地形成一企一策，一企一案，因“企”制宜帮助企业优化党建工作思路，推进企业党组织实质作用发挥和规范化建设。至年底，中关村科学城非公企业党建巡回指导组共走访企业121家。

（万清）

【首届中关村独角兽企业党建与发展论坛】 10月27日，首届中关村独角兽企业党建与发展论坛举行。论坛由中关村科学城独角兽企业党建联盟主办，以“聚焦独角兽企业高质量发展”为主题，探讨新形势下如何通过党建引领，构建促进独角兽企业可持续、高质量发展的生态体系，实现独角兽企业的成长蜕变和区域发展深度融合等问题。来自中关村的60余家独角兽企业高管、150余家准独角兽企业和硬核科技企业代表，北京银行、中关村科学城创新发展公司、纽交所等40余家金融机构、投资机构和科技服务机构代表参加论坛。在创始人圆桌论坛环节，企业家们围绕“独角兽企业可持续高质量发展”议题深度交流。论坛上，举行中关村科学城独角兽企业党建联盟与北京银行中关村分行签订仪式、联盟会员企业合作签订仪式以及“联盟之家”揭牌仪式。

（万清　程晓荷）

【非公企业区域党建交流平台启动】 11月19日，科学城党工委召开中关村科学城非公企业区域党建交流平台启动会。非公企业区域党建交流平台旨在搭建企业之间党建和业务共商、共建、共促、共享的合作交流平台，以进一步推进企业党的建设和企业发展。

（万清）

【区委中关村科学城综合委员会第一次党代会】 12月30日，中共北京市海淀区委中关村科学城综合委员会第一次党员代表大会召开。吴宝华代表中关村科学城综合党委作题为《立足新起点、肩负新使命、奋战新征程，为率先建成国际一流科学城提供有力保障》的工作报告。大会选举产生中共北京市海淀区委中关村科学城综合委员会第一届委员会，通过《中共北京市海淀区委中关村科学城综合委员会第一次党员代表大会关于综合党委工作报告的决议》。中共北京市海淀区委中关村科学城综合委员会第一次全体会议同日召开，选举吴宝华为中关村科学城综合党委书记，王斌、申宏艳为副书记。

（万清）

社会领域党建

【概况】 2020年，区委社会工委区民政局全面深入学习贯彻习近平新时代中国特色社会主义思想和党的十九大精神，面对新形势、新任务，不断加大社会服务供给，不断加强和创新社会治理方式，提高社会服务管理水平和质量，聚焦“两新两高”战略，创造性地开展基层党建工作。

（金韬）

【业委会、物业党建工作】 年内，区委社会工委区民政局发挥党建协调委员会作用，健全在社区党组织领导下居委会、业委会（物管会）、物业服务人、业主居民、产权单位、社会组织等多方参与的物业管理协商共治机制。截至年底，全区街道系统小区成立业委会（物管会）262个，其中成

1月2日至3日，2020年街道系统“两新”专职党务工作者培训班举办（区委社会工委区民政局 供图）

立党组织的156个，全区物业服务覆盖率达到73.5%；街道辖区物业企业742家，党组织覆盖710家，党组织覆盖率95.7%。

（金韬）

【社区党务工作队伍建设】 年内，区委社会工委区民政局加强社区党组织书记队伍建设，督导落实《海淀区社区“两委”队伍建设规划（2019—2023年）》，完善社区“两委”后备队伍梯队建设。选树12名师资库带教导师，提供“线上+线下”交流研讨和答疑服务。举办30期“互联网+”特色课程，培育1200名社区骨干；组织“社区微课堂”直播活动，1.5万人次观看。建设5个街道“书记工作室”试点，打造社区“两委”负责人孵化平台，培育强有力的基层党务工作队伍。举办海淀区城市社区治理人才培育课堂，工作室建设与培训效果得到市委、区委领导认可。

（金韬）

【社会组织党建工作】 年内，区委社会工委区民政局推进社会组织“党建入章”工作，完成310家社会组织重新核准章程并备案。组建楼宇督察组，匹配66名专业社工，开展“两个覆盖”抽样摸排，开发“两新”队伍GPS绩效管理平台，做到企业清、党员清、工作清。加强党建引领垃圾分类工作，街道系统2884名在职党员干部，参加“桶前值守”41486人次。

（金韬）

老干部工作

【概况】 2020年，全区有离休干部502人（含易地来京安置离休干部51人），副处级以上退休干部2022人（局级干部56人、处级干部1966人）。区委老干部局下设海淀区老干部活动中心（参公管理事业单位）。全局党员干部参加3个社区的疫情防控值守工作，为抗疫捐款20850元。

（高燕）

【离退休干部文体活动】 年内，区委老干部局举办以“福满京城 春贺神州”为主题的海淀区老干部新春游艺会、新春团拜会。举办清明文化活动“忆满京城情思华夏”抗疫云端诗会；举办“众志成城抗击疫情”为主题的线上摄影作品展、书画作品展、诗歌作品展；举办迎中秋庆国庆线下书画摄影作品展；举办老干部体育交流赛，设乒乓球、台球、扑克牌3个比赛项目。

（高燕）

【关心下一代工作】 年内，区关心下一代工作委员会加强基层组织体系建设，在21个街道、7个镇、2个委办局建立基层关心下一代工作委员会。加强“五老”[①]骨干队伍建设，369人进入区级“五老”人才信息库，为关心下一代工作储备力量。组织开展“关爱海霞”主题活动，以学校为重要抓手，以街道社区为主要阵地，围绕理想信念教育、思想道德教育、家教家风家训教育、传统文化教育、法治宣传教育、网络空间监督六条主线激励青少年刻苦学习知识，坚定理想信念，扣好人生第一粒扣子。区老干部关工小组被中国关工委评为全国关心下一代工作先进集体，栗翠华获评全国关心下一代工作先进个人。

（高燕）

【党建引领老干部工作向基层延伸试点工作】 年内，区委老干部局在万寿路街道、中关村街道开展党建引领老干部工作向基层延伸试点工作。制定《海淀区党建引领老干部工作向基层延伸试点工作联席会制度》，细化联席会相关单位工作职责。召开党建引领老干部工作向基层延伸试点工作第二次联席会（专班会），调动试点工作专班各成员单位资源，支持试点街道开展工作，指导两个试点街道建立报到对接机制。结合“不忘初心、牢记使命”主题教育，开展“我在基层”系列调研，局领导班子成员带队到试点街道的24个社区了解情况，协调推进试点街道解决实际问题。

（高燕）

【离退休干部“三项建设”[②]】 5月7日，区委老干部工作领导小组办公室印发《海淀区离退休干部党建工作联席会议制度》，确定离退休干部党建工作联席会议组成架构、主要职责和基本制度，进一步完善议事规则。组

① 老干部、老战士、老教师、老模范、老专家。

② 政治建设、思想建设、党组织建设。

织离退休干部开展“增添正能量、共筑中国梦——我为首都治理作贡献”活动。组织离退休干部120人次参加市老干部局2020年第一期党校线上培训班及第一至三期秋季线上理论培训班。举办离退休党组织骨干培训班，70余名离退休党员骨干参加培训。举办“四就近”[1]专职工作者培训班，对万寿路、中关村、永定路三个试点街道的26名“四就近”专职工作者及街道老干部工作人员进行培训。组织15名离退休干部观看北京市离退休干部学习贯彻党的十九届五中全会精神辅导报告会。

（高燕）

【离退休干部生活待遇保障】 7月起，按照北京市文件精神，海淀区调整去世离休干部无工作配偶生活困难补助费标准。去世离休干部配偶无工作、有子女的生活困难补助费由每人每月1140元调整为每人每月1210元；去世离休干部配偶无工作、无子女的生活困难补助费由每人每月1705元调整为每人每月1810元。为10名离休干部办理大病医疗补助金22万余元；为37名处级退休干部办理医疗费自费部分的大病医疗补助金额40余万元。完成1499名离休及副处级以上退休干部的体检工作。制定《海淀区离休干部“一对一”精准服务工作的实施意见》。完善《关于海淀区特殊困难离退休干部帮扶工作实施办法（试行）》，对帮扶范围、标准、申报程序等进行规范。

（高燕）

【老党员先锋队委员会成立】 8月17日，区委老干部局成立海淀区老党员先锋队委员会，统筹、研究、指导全区老党员先锋队工作；建立工作会机制，定期通报情况、会商工作；对老党员先锋队队委和工作专员进行培训。全区共有627支老党员先锋队，队员16017人。1.4万余名老党员先锋队队员参与社区疫情防控执勤32万余人次。4.5万余名老党员为疫情防控捐款723万余元。老党员先锋队、老干部宣讲团深入街镇、社区和家庭宣传《北京市生活垃圾管理条例》。近万名离退休干部参与垃圾分类志愿服务活动，桶前值守累计15万余小时。

（高燕）

【四套班子领导与老领导暑期座谈会】 8月20日，区四套班子领导与老领导暑期座谈会召开。于军、王合生、刘勇等区领导，区政协原主席张宝章、张芝田等老领导参加会议。会上通报区级领导人事变动情况，上半年经济社会发展情况和下半年重点工作安排，区四套班子老领导在2019年暑期座谈会上所提意见建议的办理情况。老领导对全区工作提出意见建议。

（高燕）

【区关心下一代工作委员会工作会】 9月15日，海淀区关心下一代工作委员会工作会以视频形式召开。北京市关工委主任梁伟、北京教育系统关工委主任张雪、区关工委领导、区关工委副主任单位主管领导，“五老”代表出席主会场会议，各委员单位有关人员共120余人在分会场参会。会议总结上一届关工委的工作，并从提高对关心下一代工作的认识、提升工作科学化规范化、加强“五老”队伍建设、打造海淀特色品牌等方面对2020年工作进行动员部署。区委组织部常务副部长甘丽平宣读区委《关于调整海淀区关心下一代工作委员会成员的通知》，区关工委“五老”代表陈世伟做交流发言。梁伟对海淀区关工委的工作成绩给予肯定，并对新时期海淀区全面提升关心下一代工作水平提出5点希望。

（钟冷）

【“守初心、担使命”系列培训（离退休干部党组织骨干）班】 10月29日至30日，区委老干部局在区委党校举办老干部“守初心、担使命”系列培训（离退休干部党组织骨干）班。全区70余名离退休干部党支部书记、副书记、委员和区老党员先锋队委员及工作专员参加。组织离退休干部党组织骨干到贝家花园进行现场教学。

（高燕）

【“海淀晚霞生辉”计划[2]】 10月，区委老干部局制定《关于“海淀晚霞生辉”老干部工作品牌建设的意见》，推出“海淀晚霞生辉”计划。计划用3年至6年时间打造“八个海霞”，即“红色海霞”“力量海霞”“服务海霞”“文化海霞”“科技海霞”“制度海霞”“奋斗海霞”和“关爱海霞”，全面提升老干部工作水平，形成具有海淀特色和影响力的海霞系列工作品牌。开展“关爱海霞”系列主题活动，推出“关爱+”系列活动12场。

（高燕）

【顾秀莲调研考察关心下一代工作】 11月9日，中国关工委主任顾秀莲到海淀区考察调研关心下一代工作，参加在台头小学举办的“海霞情暖下一代追梦成长新少年”中国关工委成立30周年华诞献礼主题活动。顾秀莲考察学校操场、温室种植大棚、动物园地，详细了解凸现学校中医药和农耕文化特色的金凤凰实践基地，学生们通过学科综合实践课程《小麦收获了》、红十字社团的急救包扎展示等主题活动，汇报展示学校开展劳动教育、光盘行动和生命安全教育的情况。中国关工委副秘书长朱萍、北京市关工委主任梁伟，海淀区委副书记张强、区关工委主任刘恪、区委老干部局局长赵静国以及区“五老”代表陪同调研。

（钟冷）

宣传工作

【概况】 2020年，海淀区宣传思想

---

① 就近学习、就近活动、就近发挥作用、就近得到关心照顾。

② 简称海霞生辉计划或海霞计划。“海”指海淀；“霞”指晚霞，寓意老同志、老干部工作。“海霞”指海淀老同志、海淀老干部工作；“海霞生辉”寓意老同志发挥优势作用，老干部工作全面发展进步，老同志和老干部工作的价值彰显。

文化系统贯彻落实市委、区委决策部署，围绕区委、区政府中心工作，为疫情防控和经济社会发展各项工作提供思想保证和精神力量。

理论学习宣传。开展“《习近平谈治国理政》第三卷学习月”活动，发放学习资料7万余册。落实处级理论中心组巡听旁听制度，围绕疫情防控、党建引领物业管理等重点工作，开展区委理论学习中心组学习27次，推动学习成果转化为区域治理能力。组建马克思主义学院院长宣讲团、高校博士生宣讲团、企业家宣讲团，打造科技企业党委书记网上微党课等理论宣讲品牌。采取“线下+线上”相结合形式，组织“名家名嘴走基层，创新理论进万家”品牌宣讲活动1700余场。推出《重大疫情下理论宣传路径研究》《海淀区域化宣传思想文化建设创新研究》《海淀区非公企业意识形态阵地建设现状分析及对策建议》等研究成果。

意识形态工作。区委常委会3次专题研究部署意识形态工作，区委宣传部6次召开意识形态综合分析研判工作会议，压紧压实意识形态工作责任制。建立重点互联网企业名录，健全与驻区高校、互联网企业意识形态风险联动机制，防范高校意识形态风险外溢。开展意识形态工作专项巡察。建立健全宗教场所、实体书店、文化产业园区等8类台账。建立重大网络安全事件、重要敏感时期部门间联合应急处置联动机制，推进全国首批、全市唯一区级网络安全应急指挥中心试点规范化建设。区委网信办获评全国舆情信息先进单位。开展“秋风”“清源”“固边”“剑网”等专项整治行动，加强网络领域“扫黄打非”，开展文化市场检查5600家次，处理举报440件。

新闻舆论宣传。成立疫情新闻宣传专项工作组，普及防控知识，推出基层抗“疫”系列报道，众多“全市、全区首个”科技抗疫研发成果受到中央和市委肯定。成立疫情防控舆情应对专项小组，跟踪疫情防控动态，并提出针对性的对策建议。做好中关村科学城北区建设、创建国家卫生区评估验收、2020年服贸会“海淀之夜”、中关村论坛、国际人才社区建设、扶贫协作对口支援、生态环境保护等重大工作、重点活动宣传报道，立体展示海淀发展成就和城市形象。建立区级月度新闻发布新模式，中关村科学城北区高能级高质量发展首场亮相。对接国家重大主题宣传报道，中宣部组织的“走向我们的小康生活”主题采访报道首站落地海淀。打造“欢迎来淀”网宣品牌，组建“微博同城·海淀大V俱乐部”，成立海淀新联会网络知名人士分会，汇聚网上正能量。全市首个区级智慧媒体生产平台“海淀云”“掌上海淀”全新上线，首次推出“海淀融媒发布厅”业务形态，初步构建起以“智慧城市融媒实验室”“5G融媒实验室”“AI融媒实验室”为支撑的智慧全媒体生态体系。成立海淀融媒街镇分中心。在《人民日报》、新华社、中央广播电视总台（其中新闻联播5条）、《北京日报》、北京电视台等中央和市属媒体刊稿量4600余篇，网络直播观看超2.3亿人次。

社会主义核心价值观引领。实施中国共产党早期革命旧址展览提升工程，李大钊烈士陵园改陈提升工作取得进展。组建海淀区爱国主义宣讲志愿服务团队，宣传服务群众80余万人次。组织“共抗疫情决胜小康”“致敬伟大抗疫精神”百姓宣讲巡讲和“全面小康”“垃圾分类”“创新文化”“红色文化”“战疫有我”等宣讲活动1000余场，“致敬最美逆行者”“垃圾分类”“重走赶考路”“名家讲堂”等网络直播活动网上参与度超千万。通过中央文明办“全国文明城区”复查测评。开展海淀榜样人物“季评比、年选树”活动和道德宣传实践活动，沈宁登上2020年2月至7月“中国好人”榜，滴滴北京医护保障车队获2020年“北京榜样”特别奖。开展“诚信海淀”建设和“文明有我”系列主题活动和“重诺守信”“光盘行动”“垃圾分类”等行动。开展“新时代好少年”学习宣传活动，通过全国未成年人先进城区复检。开展全国第二批新时代文明实践中心建设试点和全国10家重点联系县（市、区）工作。“柠檬黄”“长安街上蓝马甲”等成为志愿服务新亮点。

全国文化中心建设。启动海淀区“十四五”时期宣传思想文化旅游发展规划、海淀区推进全国文化中心建设中长期规划、“十四五”时期海淀区文化人才发展规划、海淀区数字文化产业三年行动计划编制工作。推进全国文化中心建设重点项目清单落地实施，五个方面33项年度重点任务取得重要进展，三山五园地区入围第一批国家文物保护利用示范区创建名单，大运河文化带、西山永定河文化带整体保护和周边环境提升成效显著，三山五园艺术中心开工建设。新接收15个新建居住区2万平方米公

10月24日，区委常委、宣传部部长张劲林（左三）参加海淀区“制止餐饮浪费践行光盘行动”（区文明办 供图）

共文化配套设施，开放街镇、社区（村）综合文化活动场所487个。全区规模以上文化企业收入合计7710.7亿元，比上年增长12.1%，占全市比重的54.3%。

文化活动。《海淀“战疫舞”，等你来接力！》《海淀战疫故事开讲啦》网络主题互动活动和大型公益歌曲《我们心在一起》网上点击量超过7亿，抗疫纪实短视频《家园》获评全国“五个一百”网络正能量精品评选活动优秀作品。推出大型原创舞剧《曹雪芹》。举办中关村舞剧节、第二届亚洲数字艺术展和传统节日文化系列活动。加强实体书店发展政策支持和引进落地，新增实体书店116家。2家文化园区获评市级文化产业园区，2家文化园区获评市级文化产业示范园区（提名）。举办电竞北京2020王者荣耀世界冠军杯总决赛、网络文学家大会、北京国际音乐产业高质量发展促进大会、“中关村文化产业五十人咨询委员会”研讨、2020年中国服务贸易交易会文化服务板块海淀展等文化系列活动。组织开展北京市文化创意大赛海淀分赛、2020北京设计周博览会海淀文化专区活动和“我们的节日·海淀文创市集”线上市集活动，促进文化消费。

完成审批出版物零售单位、印刷企业年检2500余件。开展影院复工复产管理、无障碍设施整改、软件正版化等工作。

（韩松）

【新冠疫情防控宣传舆论】 年内，海淀区新冠肺炎疫情防控工作领导小组宣传舆论组（简称宣传舆论组）严格落实中央、市委和区委决策部署，有效落实疫情防控新闻宣传、信息发布等工作。协调新华社、中央电视台、《北京日报》、北京电视台等媒体，对海淀区生活必需品保供应、组织各类人群开展核酸检测、永定路街道服务保障封闭管控社区居民生活等疫情防控工作进行全面报道。推出《海淀对全区筒子楼开展环境消杀》《零点解封！谁在现场？》等一批重点报道，宣传在抗疫一线涌现出的先进典型和感人事迹。举办“致敬伟大抗疫精神”百姓宣讲会，走进机关、部队、学校宣讲20余场。上线“海淀战疫情”专栏、开设“战疫无名英雄”话题，全网推广抗疫纪实短视频《家园》，观看量超过4000万次。刊发关于疫情防控的新闻报道和抗疫信息2万余条，总访问量超过16亿次。联动推送《海淀“战疫舞”，等你来接力！》主题活动，以中关村国际舞蹈中心的舞蹈视频发起各界抗疫行动，总阅量达15.6亿次。原创短视频《你“戴”起来真好看》播放量超过4600万次。围绕“致敬最美逆行者”“防控知识普及”“精准复工复产”等主题，设置海报、文字提示、桌贴等近10万个，标语横幅4978条，发放折页、卡片等宣传品9.2万份，实现宣传工作全面覆盖社区（村）、医院、火车站等基层治理单元和人员密集场所，形成坚决打赢疫情防控阻击战的社会共识。面对疫情防控期间出现的大量谣言和不实传言，及时发布权威消息，回应群众关切，第一时间发声辟谣5次，提升疫情防控和经济社会发展宣传引导成效。举办“才聚云端”系列云招聘12场直播，300余家中关村科学城领军企业参与，4500万人次网友观看，5位区领导走进直播间为企业揽才，助力复工复产。新时代文明实践中心发动近10万名志愿者投身抗疫一线，开启暖心行动，提供志愿服务。

（宣传舆论组）

【海淀融媒发布厅上线】 6月30日，北京市首个区级融媒体发布平台海淀融媒发布厅上线。海淀融媒发布厅整合全区资源，打造一站式信息服务中心、“新闻+发布+传播+服务”的全链条及一站式信息服务中枢，具有移动式、可视化、多平台特点。发布地点移动化：固定地点设在海淀区融媒体中心演播厅，根据需要可深入区内机关、社区、农村、企业、校园、公共场所以及区外、京外开展发布活动。发布形式可视化：线上线下融合发布，线下发布云端直播，并结合发布内容开展中英文双语直播，面向全球发布海淀消息。发布平台多样化：发布活动在海淀区政府门户网站、海淀网、“掌上海淀”客户端、央视频、快手、抖音、微博一直播、百度、知乎、今日头条等平台同步进行。海淀融媒发布厅主要发布海淀区新政策、新项目、新科技、新产品、新经验，服务政府、企业、基层信息发布，包括政府的重大政策、重点项目、重要工程；发布海淀区科技企业的新成就、新技术、新产品；发布委办局、街镇、社区（村）城市治理工作取得的新成绩、新经验、新方法。海淀融媒发布厅推出自主策划、实施、落地的宣传品牌“你好，北区”；制作《服务手册》，重点推出八项服务方案，直播助力复工复产和脱贫攻坚。两次获得市委宣传部部长杜飞进批示肯定。

（韩松）

【抗疫精神宣讲】 11月12日，“致敬伟大抗疫精神”海淀区首场百姓宣讲活动举行，区委副书记、代区长王合生主持活动，区人大常委会主任刘长利、区政协主席刘勇、区委副书记张强出席。张强宣读《海淀区荣获全国全市抗击新冠肺炎疫情表彰的先进个人、先进集体、优秀共产党员、先进基层党组织名单》。9名宣讲员讲述在党的领导下抗击疫情、服务群众、守护生命的动人事迹。活动以视频形式在全区范围内举行，区四套班子领导，海淀区荣获全国全市抗击新冠肺炎疫情表彰的先进个人和先进集体代表，参加抗疫工作的各领域代表以及来自全区各单位、各行业、各系统的党员干部群众参加。11月18日，区委宣传部在四季青镇组织开展海淀区“致敬伟大抗疫精神”百姓宣讲团巡讲活动。5位来自卫生、公安、基层、志愿者等行业的宣讲人，结合自己的抗疫经历生动诠释抗疫精神，四季青镇机关干部，镇属13个村、12个社区干部群众，企事业单位职工100余人现场聆听宣讲。11月19日，百姓宣讲团到海淀区教师进修学校附属实验学校香山分校开展巡讲活动。全国抗击新冠肺炎疫情先进个人——马连洼社区卫生服务中心主任柳洪杰讲述101天的抗疫一线经历；全国抗击新冠肺炎疫情先进集体代表——海淀置业集团职员曹志明讲述北京第一条大规模口罩生产线背后的故事；北京市抗击新冠肺炎疫情先进集体代表——永定路街道便民服务中心科员谢儒凡，北京市抗击新冠肺炎疫情先进个人——海淀公安分局海淀派出所第三社区警务队副队长、四级警长沙学东，北京市抗击新冠肺炎疫情先进个人——海淀区教育科学研究院德育心理研究中心主任王瑞，分别讲述在抗疫的焦点阵地上、筑牢社区抗疫安全墙、做学生心理健康守护者的经历。学校师生代表360余人参加活动，宣讲活动采用线上、线下相结合的方式在教育系统各中小学开展。11月26日，“致敬伟大抗疫精神”海淀区卫生健康系统专场百姓宣讲活动举行，五名宣讲团成员讲述海淀抗疫故事，海淀卫生健康系统38家单位的120余人聆听宣讲。

（钟冷）

统战工作

【概况】 2020年，海淀区统一战线贯彻落实全国、北京市统战部长会议精神，以增进政治共识为主线，以服务区域中心工作为重点，不断提高统战工作科学化水平，推动统战工作取得新进展。

完善大统战工作格局。出台海淀区《关于加强中国特色社会主义参政党建设的实施方案》《关于加强网络人士统战工作的实施方案》《关于加强和改进新时代社会主义学院工作的实施方案》《关于加强新时代民营经济统战工作的若干措施》等文件。与33所驻区高校党委统战部建立统战工作联席会议制度，搭建服务中关村科学城建设校地对接和信息沟通平台、校地校企协同人才培养平台等，推动解决校地统战工作重点难点问题。

5月28日，区委常委、统战部部长任武军（前左二）调研佛道教场所（区民宗办 供图）

打造统战工作品牌。打造“中关村同心荟”品牌，开展“三大行动”[①]。搭建政府与企业、行业与企业间的对接桥梁，助力纾解企业难题。针对民营企业受疫情影响和复工复产情况，开展“企业家之声”专题调研，举办政企、银企对接活动10余场，为企业提供法律、知识产权、税务等咨询服务。区委统战部与中科院数学与系统科学研究院、北京大学首都发展研究院等研究机构签订合作框架协议，强化区域经济和社会发展咨政建言；举办党外知识分子“稻香湖论坛”、统一战线大讲堂、“中关村同心荟大讲堂”系列活动。民主党派成员开展调查研究37项，通过谈心活动发言、政协提案、建言献策信息等多种形式促进成果转化。举办政策宣传、精准招聘、企业推介等系列活动，助力中关村科学城企业引才、育才、留才。依托区侨联、区新联会及各街区、园区分会举办“百企千岗助创行动”“未来人才集市”“海创投资人见面会”人才招聘专场活动，全网线上点击量超5.5万人次。成立中关村创客小镇“海淀台湾青年驿站”，全区台湾青年驿站达6家。

疫情防控。8个民主党派的81个基层组织，下沉到150余个社区（村）参加疫情防控。为海外华侨华人发放海侨爱心包2000份。全区统一战线成员累计捐款捐物11.8亿元，报送疫情防控、复工复产意见建议1500余篇，多篇信息被相关部门采纳。

统战领域重点工作。成立全市首家区级网络代表人士联谊会。促进互联网行业及网络代表健康发展，推动网络人士统战工作创新发展。建成全市首家京台数字文化产业发展基地，举办第三届两岸青年交流合作北京峰会及系列活动。区委统战部获全国统战信息工作三等奖、全市统战信息工作一等奖。

（王彩虹）

【宗教场所疫情防控检查】 2月初至3月初，区委常委、组织部部长、统战部部长周志军和区宗教领域疫情防控工作督查组，先后到海淀龙泉寺、桃源观、天主教后八家教堂、基督教海淀堂、清河清真寺等宗教活动场所进行实地检查，为宗教活动场所送去防护用品和生活物资等慰问品。按照市、区新冠疫情防控要求，各宗教场所均关闭活动场所，暂停宗教活动。5月24日，区委常委、统战部部长任武军，副区长、海淀公安分局局长

① 发挥行业专业优势，开展同心助企行动；发挥智力密集优势，开展同心集智行动；发挥人才聚集优势，开展同心聚才行动。

谭权到海淀清真寺检查开斋节及两会期间安全保障、常态化防控等工作。全区7所清真寺继续严格落实宗教活动场所“双暂停、双延迟”的疫情防控要求，不开放，不举办集体节日庆祝活动，引导信教群众居家举行活动，并做好到寺人员的劝解工作。5月28日至6月8日，任武军带队到桃源观、龙泉寺、基督教海淀堂、天主教后八家教堂，走访调研宗教场所疫情常态化防控工作。

（王斯雅）

【市委统战部调研疫情防控工作】 3月5日，市委统战部常务副部长周开让到海淀区调研统战成员参与楼宇、社区疫情防控工作情况；到海淀街道亿世界红帆党群服务中心和创新工场，了解党群服务中心开展党建带统战工作、西区企业复工复产和新的社会阶层人士参与联防联控工作情况；到中关村街道华清园社区，调研党外知识分子参与社区疫情防控工作情况，看望正在社区值守服务的党外知识分子外语专家，向街道和社区赠送口罩、测温枪等防疫物资。8月25日，周开让到鑫桥联合融资租赁有限公司，调研海淀区港资企业发展情况，听取公司疫情防控、复工复产和专项工作汇报，10月12日，市委统战部副部长严卫群到北京爱奇艺科技有限公司，调研网络人士统战工作、新阶层人士统战工作与港澳统战工作开展情况，了解企业技术创新、产品经营、未来发展规划等情况。10月29日，周开让到海淀区走访调研侨资企业，听取新侨海归人员在创新创业、营商环境等方面的意见建议。

（王斯雅　王夏晖　李宁）

【区委统战部调研企业疫情防控工作】 3月底至4月中旬，区委常委、组织部部长、统战部部长周志军分别到启明星辰信息技术集团股份有限公司、北京旷视科技有限公司、东华软件股份公司、恒有源科技发展集团有限公司、区新联会科技医疗大健康分会理事企业小苹果儿科门诊和北京柏惠维康科技有限公司，调研防疫工作及复工复产情况，了解企业发展现状及当前存在的困难问题，为企业送上“综合服务包”及防疫物资。6月底至7月，区委常委、统战部部长任武军分别到中关村智造大街、小米科技园、新浪微博、纬创软件（北京）有限公司、鑫桥联合融资租赁有限公司、东华软件股份公司，调研民营企业疫情防控、复工复产与党建、统战工作开展情况和企业在疫情防控常态化下的经营情况。8月21日，任武军到微软亚太研发集团，调研外商投资企业发展情况。任武军对微软集团带动海淀区域科技研发表示高度认可，希望继续助力“创新雨林”生态升级，为海淀区跨越式高质量发展贡献更多力量。

（王夏晖）

【海芯荟——抗疫情·助复工·网红大V海淀行】 4月3日，区委统战部举办“海芯荟——抗疫情•助复工•网红大V海淀行”活动，邀请部分网络大V及知联会、新联会、海联会理事代表30余人走进离鄂返京人员海淀区集中分流点、机关干部下沉社区值守点位等防疫一线，运用微博、微信等传播渠道，讲述海淀防疫故事。

（王夏晖）

【民主党派抗击疫情交流会】 4月3日，海淀区召开民主党派助力抗击疫情工作交流会，通报全区抗击疫情工作情况，总结民主党派参与抗击疫情和疫情防控阶段性工作，表彰民主党派优秀成员；听取党外人士对海淀区防控新冠肺炎、大中小学开学复课、中小微企业发展、安全有序推动复工复产、疫情下的脱贫攻坚等工作的意见建议。

（李宁）

【两岸青年“云交流”】 4月4日至7月28日，区台办指导海淀台湾青年驿站开启两岸青年“云交流”。推出“居家充电计划”直播课程，开展五期“台青学习实习、就业创投业在线开讲”系列讲座，邀请在清华大学、北京大学就读的优秀台生，上海交通大学教授分享在大陆就业、实习以及个人发展规划的经验和技巧；开展“两岸学习交流”线上活动，介绍台湾学生申请大陆高校、港澳台学生考取大陆高校研究生等求学环节的准备、面试经验，帮助台湾青年在后疫情时期更好地规划未来的发展方向。

（胡光飞）

【“助侨暖心行动计划”发布】 4月10日，区委统战部、区侨联在海淀创业园联合发布“助侨暖心行动计划”。“助侨暖心行动计划”面向海外侨胞、留学生发放2000份“海侨爱心包”，每份包裹包含50只一次性口罩、100只手套、6盒连花清瘟胶囊、致海外华侨华人留学生的一封信（含防疫宣传）。留学生亲属以及在京海外侨胞代表等参加活动。

（王斯雅）

【党外中青年骨干培训班】 5月19日至21日，区委统战部、区社会主义学院举办第25期海淀区党外中青年骨干培训班。培训安排《习近平新时代统一战线重要思想》《多党合作地历史与现实》《海淀区经济社会发展情况》等课程，通过直播授课、在线测试，对各民主党派、工商联、新的社会阶层人士联谊会60余名中青年骨干进行培训。

（李宁）

【市委统战部调研网络人士统战工作】 5月21日，市委统战部副部长严卫群率队，到海淀区调研网络人士统战工作推进情况，并召开座谈会。区委统战部从搭建信息互通平台、健康成长平台、作用发挥平台、政治参与平台四个方面介绍海淀区网络人士统战工作推进情况。区委网信办介绍海淀区网络人士与互联网企业基本情况及开展的特色网络宣传活动。与会人员就工作推进中遇到的重点难点问题以及下一步工作思路进行交流探讨。严卫群对海淀区打造的各项网络人士统战活动品牌给予充分肯定，对进一步做好网络人士统战工作提出要求。

（王夏晖）

【“登高看海·京台社区网络大讲堂”视频连线活动】 6月18日，“登高看海——京台社区网络大讲堂”视频连线活动在海淀区东里南社区与台湾高雄市的社区同时举行。在海淀中关村会场，社区工作者介绍北京的疫情防疫措施和现状，交流防疫措施。在高雄会场，社区工作人员介绍台湾的垃圾分类经验，讲解养生理念以及养生方法技巧。两地社区居民互相问候，现场隔空互动。10月22日，海淀的东里南社区服务站与台湾高雄市旗津区中兴里举办“重阳寄深情”主题连线活动，共祝两地老人健康长寿。

（张钰慧　胡光飞）

【高校统战工作调研】　7月3日，区委常委、统战部部长任武军到中国人民大学调研高校统战工作并召开座谈会。双方就民主党派、党外知识分子、港澳台侨统战工作以及统战信息调研合作等工作深入交换意见。7月13日，任武军到北京大学调研高校统战工作并召开座谈会。双方就民主党派、党外知识分子、港澳台侨统战工作深入交换意见。10月29日，任武军到中央民族大学调研港澳海外统战工作、民族宗教工作开展情况。任武军对中央民族大学各项统战工作的开展给予高度评价，对学校对区委统战部各项工作的配合支持表示感谢。11月3日，任武军到清华大学调研统战工作开展情况，对清华大学的统战工作给予高度评价，并希望密切校地联系，提升“共商共建共治共享”的“创新合伙人”关系，促进校地之间优势互补、互利互惠、协同发展。

（李宁　王夏晖）

【全国人大开展美丽乡村建设专项民主监督调研】　7月23日，全国人大常委会委员、市政协副主席、台盟北京市委主委陈军到苏家坨镇开展美丽乡村建设专项民主监督调研。实地调研七王坟村“百村示范”建设情况，听取七王坟村新农村改造、美丽乡村建设、人居环境整治等工作情况汇报，实地查看柳林村垃圾桶站卫生状况，听取垃圾分类宣传、桶站点位、驿站管理及垃圾清运等情况，了解柳林村美丽乡村建设情况以及弗莱农庄的运营情况和产业链，实地调研智慧农业产业基地、京西稻种植地。区委常委、统战部部长任武军陪同调研。

（李宁）

【宗教界代表人士培训班】　8月12日至13日，区委统战部举办2020年海淀区宗教界代表人士培训班。培训采取非集中“线上云课堂”的方式进行。全区宗教团体主要负责人、教职人员、骨干信徒以及区委统战部、区民宗办干部80余人参加培训。培训包括宗教中国化、法治化理论与实践，宗教活动场所疫情常态化防控，市情区情等内容。

（王斯雅）

【中央统战部调研新阶层人士统战工作】　8月21日，中央统战部六局调研组到海淀留学人员创业园，调研新阶层人士统战工作开展情况，并召开座谈会。调研组实地考察“洋创社区”“金种子创业谷”集中办公区、创业园展厅与北京达影科技有限公司，听取区新联会留创园分会关于园区新阶层人士统战工作开展情况的汇报，听取北京市委统战部与北京市各区统战部关于新阶层人士统战工作开展情况的汇报。调研组要求，要强化思想政治引领，加强新阶层代表人士队伍建设，多渠道引导新的社会阶层人士有序政治参与，努力推动中央各项决策部署落地落实。

（王夏晖）

8月31日，2020年中共海淀区委领导与党外代表人士谈心活动举办（区委统战部 供图）

【与党外代表人士谈心活动】　8月31日，中共海淀区委领导与党外代表人士谈心活动举办，各民主党派、工商联负责人和无党派代表人士17人参与谈心活动。谈心活动围绕“深化落实‘两新两高’战略、加速中关村科学城建设”的主题，结合年度政党协商议题，就落实中共海淀区委十二届十三次全会精神，推动海淀区域创新和跨越式高质量发展进行。

（李宁）

【民建中央调研组到地区调研】　9月3日，全国人大常委会委员、民建中央副主席张少琴率民建中央调研组，到海淀区开展“改善科技成果转化机制，促进中小企业健康发展”考察调研。调研组到北京石墨烯研究院、海淀留学人员创业园，就科技成果转化、创业服务、企业发展等进行实地考察。

（李宁）

【驻区高校统战部长座谈会】　9月3日，海淀区举办高校统战部长座谈会，北京大学、清华大学、中国人民大学等驻区33所高校统战部长及相关负责人参加会议。会议讨论《海淀区校地统战工作联席会议制度（征求意见稿）》，并对如何做好校地统战工作进行座谈交流。

（王夏晖）

【与怀柔区签署合作框架协议】　9月4日，怀柔区委常委、统战部部长肖坤一行到海淀区华为北京研究所、北京纳通科技集团，就民营企业发展和科技研发实地考察，与海淀区委统战部交流统战工作，双方签署《海怀携手双城联动共建科创发展新生态战略合作框架协议》，搭建人才交流服务、民营企业互访、统战宣传推介、统战工作交流、统战品牌共创、统战团体共建6大平台，加强战略协作，促进资源互补，充分发挥两区统一战线人才、智力、资源优势，围绕中关村科学城和怀柔科学城双城建设开展深层次、宽领域合作，探索“海怀”协同联动的统战工作跨区合作新模式，助力“两城”“两区”经济社会高质量发展。

（李宁）

【对口帮扶】 9月10日至11日，区委常委、统战部部长任武军率海淀区统战帮扶团，到河北省张家口市赤城县开展对口帮扶工作。区工商联与赤城县茨营子乡签订结对帮扶协议；去哪儿网、中电兴发公司向茨营子乡捐赠对口帮扶资金60万元；区青年企业家联谊会、上地商会、翠湖科技园商会分别与茨营子乡罗车铺村、碾子湾村、西沟村3个贫困村签订一对一扶贫协议。走访贫困村建档立卡户，实地考察地产民宿、果蔬食品、电子商务以及京赤科技园等扶持产业项目，对接帮扶意向。

（李宁）

【香港籍代表人士早餐会】 9月15日，区委常委、统战部部长任武军主持召开海淀区香港籍代表人士早餐会。近10位与会人员就京港交流、香港社会局势等共同关注的问题交流探讨。任武军表示，希望港籍人士继续参与到京港交流中来，助推京港基层交流工作与港澳统战工作更好地开展。

（王夏晖）

【港澳统战工作培训班】 9月16日至18日，区委统战部举行港澳统战工作培训班，培训内容包括国际国内政治形势分析、当前港澳统战工作的形势和任务以及统战工作的方式方法等专题，来自各街镇和相关委办局负责统战工作的领导及统战干部50余人参加培训。

（王夏晖）

【“京港社区网络大讲堂”启动】 9月19日，北京市首家京港经常性连线项目——“京港社区网络大讲堂”正式启动，中关村街道东里南社区和香港北角居民协会开展“明月千里寄相思”——庆国庆、享中秋视频连线活动，两地居民分享京港中秋节习俗文化，品尝北京、香港特色中秋美食，共同唱响《歌唱祖国》。“京港社区网络大讲堂”将借助互联网平台定期举办主题活动，以网络讲堂的形式开展常态化互动，定期开展传统文化、社区治理、健康养老等网络互动课堂，推动京港基层交流机制化、常态化发展，保持京港两地社区交流的深度和广度，探索基层交流新模式。10月14日，甘家口街道建设部社区居民与高雄新兴区居民举办“登高看海——京台社区网络大讲堂”视频交流活动。

（王夏晖）

【民进中央领导调研中关村科学城】 9月22日，民进中央副主席、市人大常委会副主任、民进北京市委主委庞丽娟到海淀区调研中关村科学城建设工作。民进北京市委专家学者围绕“聚焦中关村科学城，推动科技创新中心建设”的主题建言献策，就优化营商环境、加强科技创新生态链建设、推动文化科技融合发展、强化知识产权保护运用、进一步加强科技成果转化等方面提出意见建议。区委书记于军出席会议并讲话。区委常委、统战部部长任武军，区人大常委会副主任、民进区委主委邓佑玲陪同调研。

（李宁）

【“海淀月圆两岸同庆”中秋联谊会】 9月25日，区台办在京台数字文化产业发展基地举办“海淀月圆两岸同庆”中秋联谊会。海淀区委常委任武军，海淀区人民政府副区长林航出席活动。会议探讨分享区块链的发展与应用，解读海淀区在区块链方面的支持政策和工作推进情况，围绕科学城北区建设，发挥基地聚合资源优势，实现台资企业转型升级，促进京台企业融合发展。

（胡光飞）

【“中关村同心荟”系列活动】 9月25日，中共海淀区委统战部、区人大法制委、区政协港澳台侨委、区侨联、致公党海淀区委联合举办“中关村同心荟”系列活动之“海侨之月•情满中秋”——海淀区侨界人士2020年主题诗乐会，驻区高校、科研院所、中关村科学城侨创园区、各街镇侨联的侨界代表人士、新老侨胞300余人参加。通过爱奇艺等新媒体平台面向全球100多个国家和地区直播，累计播放量超百万。10月28日，“中关村同心荟”系列活动之“侨爱无疆•助企发展—云做客暨侨创沙龙活动”在中关村华侨创新产业园举办，向全世界推介宣传海淀侨资企业。市侨联、区委统战部、区侨联负责人以及50家侨资企业代表参加活动。11月18日，市统战部和区委统战部共同举办“中关村同心荟•网络大V海淀行”暨“V读北京”走进大美海淀活动，邀请30余位网络知名人士走进圆明园、中关村壹号、海淀城市大脑，体验科技技术和产品给生活带来的变化。举办“中关村同心荟大讲堂”系列活动，开展人才引进政策、财税办理等专题培训、宣讲11场次，逾万人次参与。

（王夏晖　王斯雅）

【归侨侨眷权益保护法执法检查】 10月15日，市人大常委会主任李伟到海淀区检查《北京市实施〈中华人民共和国归侨侨眷权益保护法〉办法》执行情况。李伟肯定海淀区在落实《侨法实施办法》方面做出的有益探索和取得的成绩，希望海淀区深入分析新冠疫情常态化防控背景下，充分发挥好侨务工作桥梁纽带作用，不断提升为侨服务能力水平，切实维护好侨界合法权益。

（王斯雅）

【稻香湖论坛】 10月17日，海淀知联会首届稻香湖论坛暨海淀怀柔知联会助力科学城建设调研座谈活动举办。论坛以“迎接‘十四五’建言首都新发展”为主题，10位专家学者结合各自工作领域作主题发言，为加快推进科学城建设、引领北京高质量发展，建设创新雨林生态体系、高精尖产业体系、创新政策体系和创新治理体系建言献策。

（李宁）

【校地统战工作第一次联席会议】 10

月22日，区委统战部召开校地统战工作联席会议制度第一次联席会议，北京大学、清华大学、中国人民大学等33所驻区高校统战部部长参加。校地统战工作联席会议制度旨在进一步加强与驻区高校之间的紧密联系和深入合作，充分发挥驻区高校人才智力优势和海淀区科技创新资源优势，拓展统战工作外延，促进校地之间优势互补，明确规定联席会议的工作职责、组织机构、工作制度三方面内容。

（王夏晖）

【两岸青年交流合作北京峰会翼氪计划云上沙龙】 10月29日，由海淀台湾青年驿站——氪空间、中关村银行、中关村国际人才会客厅联合主办的2020两岸青年交流合作北京峰会翼氪计划云上沙龙在中关村国际人才会客厅举行。沙龙以“新常态、新机遇、新挑战、新作为”为主题，精选人力资源、IT、零售、心理健康等领域的8个两岸优秀创业项目在北京、台北、上海、广州等城市无缝实时连线路演，探索大数据、人工智能、5G通信等前沿科技与社会各类服务的交互应用，体现科技与生活深度融合。民革中央、中关村银行、海淀区台办、中关村科学城团工委领导出席北京的活动，水木清华台湾校友会会长朱长生、中华杰出青年促进会理事长陈长风在台湾通过连线进行交流。

（胡光飞　钟冷）

【京台青年就业创业交流会】 10月30日，区台办、区青联与台湾中华青年经贸交流协会在北京、台湾两地以网络视频连线方式，举办2020京台青年企业家创新创业交流会，京台两地近70位青年创业者与会，围绕文创及泛文娱产业分享交流，了解两岸文创产业趋势与发展热点，进一步促进两岸文创、泛文娱产业的深度融合。11月13日，由区台办与高雄青年创业协会共同主办的京台文化创意产业交流会在中关村村史馆（中关村众享荟）举办。交流会以“文化创意引领产业发展”为主题，现场邀请台湾文创领域40家单位与北京文化创意领域25家单位进行视频连线分享交流，推动京台两地文化创意领域交流，鼓励台湾青年在京发展文创事业。同日，区台办、区青联、海淀台湾青年驿站与台湾高雄连线，举办2020京台青年创业就业交流会，京台两地60余名台湾青年围绕“京创新创业、实习就业”开展交流互动分享，现场发布台湾青年参与活动与求职就业好帮手——“京台通App”。

（胡光飞）

【第32期读书班】 11月11日至12日，区政协、区委统战部联合举办第32期读书班。邀请军事科学院战争研究院院长陈荣弟，就“百年未有之大变局与中美关系”作专题报告；中国人民政协理论研究会常务理事、《中国政协•理论研究》杂志执行主编原冬平围绕“新时期人民政协工作的发力点及落脚点”，从党的全面领导、发挥专门协商机构的作用、聚焦政治引领凝聚共识、强化委员责任担当、强化市县政协力量五个方面作详细阐述；副区长林航对海淀区2020年各项工作作情况通报。各民主党派、工商联、无党派、新阶层、民族宗教界代表人士以及区政协、区委统战部机关干部100余人参加。

（李宁）

【民主党派基层组织负责人暨党外中青年骨干培训班】 11月16日至17日，区委统战部、区社会主义学院联合主办的2020年海淀区民主党派基层组织负责人暨党外中青年骨干培训班举办。邀请中央统战部、中央社会主义学院专家，围绕多党合作的历史与现实、如何做好民主党派工作、提高党外人士建言献策能力等方面进行专题辅导和分组研讨。各民主党派基层组织负责人和中青年骨干近50人参加培训。

（李宁）

【民营经济统战工作推进会】 11月17日，海淀区召开海淀区民营经济统战工作推进会，传达中央及市、区相关工作会议精神，部署海淀区（中关村科学城）关于加强新时代民营经济统战工作的若干措施及分工，相关责任就下一步抓好各项任务落地落实进行座谈交流。会议强调，中关村创新发展40多年来，民营企业和民营经济人士始终是海淀发展的重要推动力，是海淀经济的重要活力源，是中关村创新发展的重要探路者，各单位要以更实的举措提升海淀区民营经济统战工作整体水平，以更强的合力开创海淀区民营经济统战工作新的局面。

（王夏晖）

【对台干部培训班】 11月19日至20日，海淀区举办2020年对台干部培训班，全区对台工作主管领导及对台干部60余人参加培训。培训班邀请清华大学教授王名、中国社会科学院台湾研究所副研究员陈桂清、国台办培训中心主任王杰等专家学者做两岸关系新视域、台海形势、文化认同与两岸关系等专题报告，组织典型发言和分组讨论。区委常委、统战部部长任武军出席开班式并讲话，对五年来海淀区对台基层交流取得的成绩表示肯定，对下阶段对台工作提出要求。

（贾宇飞　张钰慧）

【宗教界学习中共十九届五中全会精神研讨会】 11月20日，海淀区举行宗教界学习贯彻中共十九届五中全会精神暨“坚持我国宗教中国化方向”研讨会。宗教界人士及有关专家学者40余人参加会议。五大宗教代表人士围绕学习中共十九届五中全会精神、继续发扬宗教界在抗击疫情爱国爱教精神以及坚持我国宗教中国化方向畅谈感想和体会，交流学习研究心得。

（王斯雅）

【“新媒体发展趋势与IP打造”专场交流活动】 11月20日，2020两岸青年交流合作北京峰会系列活动——“新媒体发展趋势与IP打造”专场交流活动在创业公社•中关村国际创客中心举行。活动由区台办、中关村西区办、区青联与海淀台湾青年驿站（创业公社）共同主办，以“新时代、新媒体、新思维”为主题，20余名在京高校台生、台湾青年及青年创业者参与现场互动，活动全程通过央视新闻+、爱奇艺等新媒体平台进行网络直播。活动邀请新媒体营销专家、创业随心工作室内容总监王璐做主题分享，结合抖音、快手等平台新媒体IP打造成长的各类鲜活案例，让台湾青年进一步加深对新媒体专题领域发展的了解，对互联网新媒体背景下企业创新发展的规律、趋势和变化有更深刻的认识，对短视频平台及新媒体社交渠道对大众生活的影响有更多了解。

（胡光飞）

【第六届京台基础教育校长峰会】 11月29日，第六届京台基础教育校长峰会在海淀区召开。峰会采取线上互动方式，以中学、小学分批次，校际交流、听课等多种形式组织开展论坛，促进京台两地基础教育共同发展。通过网络视频直播，京台两地约180位校长和老师参会。海淀区教育学会、台湾中小学校长协会会长以及京台两地10所学校的校长及优秀教师作主题发言。小学专场以“智育校园，实现无边界教育融合”为主题，中学专场以“用创新引领成长，从传统走向未来”为主题，京台两地的校长和老师围绕主题分享教育智慧、交流教育成果。

（贾宇飞）

【网络人士暨第5期新的社会阶层人士培训班】 11月30日至12月4日，区委统战部在浙江大学举办海淀区网络人士暨第5期新的社会阶层人士培训班。邀请知名专家学者围绕习近平新时代中国特色社会主义思想、中共十九届五中全会精神、数字经济时代企业的机遇与挑战、网络人士如何在经济社会发展中发挥更大作用等作专题辅导、分组研讨，安排浙商博物馆、人工智能小镇、阿里云supET展厅、杭州城市大脑等现场教学内容，学习浙商模式、浙江经验和浙江新发展理念，提升综合能力和全面参与海淀建设的责任感使命感。全区网络知名人士代表及新的社会阶层代表人士等近70人参加培训。

（王夏晖）

【民革中央调研组调研数字经济】 12月17日，全国人大常委会副委员长、民革中央主席万鄂湘率民革中央调研组，就“数字经济服务传统产业转型升级发展”到海淀区开展调研。调研组一行走访用友网络科技股份有限公司、北京佳格天地科技有限公司，并就北京数字经济发展现状及推进建议、运用数字化方法助力农业增产增收等问题开展座谈交流。副市长、民革北京市委主委王红，市委统战部副部长刘先传，中共海淀区委常委、统战部部长任武军，民革北京市委有关负责人一同调研。

（李宁）

政策研究

【概况】 2020年，区委区政府研究室完成各类文稿200余篇、80余万字。负责全区114项调研课题的跟踪管理服务工作。编印《海淀研究》4期、《决策参阅》5期。被市委、市政府评为“第十四届（2018—2019年度）全市调研工作先进单位”，《海淀区“吹哨报到”改革引领基层治理的实践与探索》和《中关村科学城科技创新与场景应用模型研究》分别被评为全市优秀调研成果一等奖、二等奖。

（孙旭）

【文稿编写】 年内，区委区政府研究室起草区委十二届十三次、十五次全会报告，区委关于制定“十四五”规划和二〇三五年远景目标的建议，政府工作报告等会议材料。完成区委、区政府及主要领导工作汇报、报告30余篇。组织完成区委、区政府相关会议活动的文件、报告、讲话等文字材料的起草工作。完成区委主要领导在《前线》《北京工作》《中国青年报》《北京日报》等市级以上刊物约稿、访谈材料10余篇。

（孙旭）

【重大问题研究】 年内，区委区政府研究室围绕全区重点工作，启动《中关村科学城创新治理改革探索》《后疫情时代海淀高质量发展研究》两项重大课题研究。完成海淀区“五新”[①]经济发展研究、中关村科学城北区产城融合发展研究、海淀区共建共治共享社区治理模式研究等“十四五”规划系列课题。完成提升海淀城市活力、北部地区新型城镇化发展、新冠肺炎疫情常态化防控等专题研究。加强与区发改委、核心区发展研究中心、区委党校等研究机构的合作，协调区级12家单位共同完成《海淀区关于新冠肺炎疫情常态化防控的若干思考》课题报告初稿，为全区统筹做好疫情防控和经济社会发展工作提供决策参考。通过《决策参阅》为区领导决策提供有价值的信息资料和意见建议，内容涵盖2020年国内宏观经济形势预测及相关建议、新冠肺炎疫情对海淀经济发展的深层影响及相关对策建议等。

（孙旭）

【调研管理】 年内，区委区政府研究室持续开展与区发展改革委、中关村科学城、区委党校等单位的合作，增强对全区调研课题的统筹指导，形成全区调研合力。在已完成调研中的有148项实现成果转化。完成2019年度全区调研工作先进单位和优秀调研成果评比，加强调研成果交流。

（孙旭）

【全面深化改革工作】 年内，区委改革办牵头制定海淀区2020年度改革工作要点，确定13项重点改革任务和36项专项改革任务。组织召开区委全面深化改革委员会会议5次，审议服务业扩大开放综合试点示范区建设成果等改革议题29项，出台重要改革文件64项。全区改革任务督察全部完成。“城市大脑”改革品牌在《（中央）改革情况交流》第41期刊登并推广，续贷中心建设被市委深改委确定为北京市改革典型案例。11

① 新基建、新场景、新消费、新开放、新服务。

篇信息被《北京改革信息》印发。

（孙旭）

【2020 年全区改革工作要点】 1 月，区委改革办牵头制定海淀区 2020 年度改革工作要点，确定 13 项重点改革任务和 36 项专项改革任务。改革总体要求：坚持以习近平新时代中国特色社会主义思想为指导，全面贯彻党的十九大和十九届二中、三中、四中全会精神，深入贯彻习近平总书记视察北京重要讲话精神，紧扣全面建成小康社会、决战脱贫攻坚、确保“十三五”规划圆满收官的目标任务，坚持稳中求进工作总基调，坚持新发展理念，坚持以供给侧结构性改革为主线，坚持以改革开放为动力，加强“四个中心”功能建设、提高“四个服务”水平，打好三大攻坚战，深化落实“两新两高”战略，加快建设中关村科学城，加强改革系统集成、协同高效，推动重要领域和关键环节改革取得决定性成果，各方面制度机制更加成熟更加定型。13 项重点改革任务：深入推进“互联网＋教育”实验项目；探索建立中关村科学城科创治理改革试验区；深化续贷中心建设；探索党建引领推进物业管理体制机制改革；完善海淀区公共卫生应急管理体系；推进区块链在政务服务领域的创新应用；推进服务业扩大开放综合试点示范区建设；推进镇级（地区）机构改革；完善“城市大脑”机制建设；进一步完善“接诉即办”工作机制；健全推动减量发展的体制机制；推动垃圾分类管理机制改革；推进乡村治理体系建设试点。

（钟冷　孙旭）

网络安全与信息化

【概况】 2020 年，海淀区委网络安全和信息化委员会办公室（简称区委网信办）推进疫情防控工作和网上“平安海淀”建设，承担网信领域中央、市委试点改革任务，探索研究推动国际信息产业和数字贸易港建设。

完成中央网信办、市委网信办交办的数字营商环境自评估试点工作，开展跨境数据安全流动研究，构建安全便利的国际互联网数据专用通道。出台网络安全协同监管、应急处置、信息化建设管理制度，健全完善网信抓总、部门协同、行业监督的网络安全技术监管体系。组织实地检查 30 次，参与中央网信办、市委网信办网络安全风险事件处置，指导教育、卫生、政务等重点业务系统进行安全加固。全国地市区级网络安全应急指挥中心规范化建设取得阶段性成果。提请区委常委会审议网信领域重要制度规章 6 部，向市委网信委、区委网信委请示报告重大事项 86 次。完成全国两会、国庆等时段的网络安全保障任务。规范疫情防控个人信息收集保护，开展网络涉诉涉访治理研究。区委网信办上线“海淀战疫情”专栏、开设“战疫无名英雄”话题、全网推广抗疫纪实短视频《家园》。组织 29 个单位的 121 个作品申报“正能量榜样”“正能量文字作品”“正能量图片作品”“正能量动漫音视频”“正能量专题活动”，参加中央网信办主办的第五届“五个一百”网络正能量精品评选活动。打造“欢迎来淀”网络传播品牌，策划“发现美好海淀”“自贸区建设在行动”主题活动，全网总曝光量达 4.5 亿次；实施网评队伍建设工程，1 人获评中央网信办优秀网评员。组织全区网络意识形态工作科级干部培训。开展网络安全宣传进机关、进学校、进社区、进军营活动，推动网信青年志愿服务纳入新时代文明实践活动。向中宣部报送信息 851 篇，被采用 117 篇。区委网信办获评全国舆情信息工作先进单位和中央网信办“五个一百”网络正能量传播先进单位、被中宣部评为 2019 年度舆情信息工作“优秀单位”，《首都群众喜迎国庆氛围日渐浓厚》《当前基层干部群众关心的主要经济热点问题》获中宣部 2019 年度舆情信息“优秀稿件”。区委网信办全体党员干部参与紫竹院街道联防联控联查和重要点位值守，督导检查 55 次，整改问题 157 件。

（田宬）

【网信传播阵地建设】 年内，区委网信办依托网信品牌平台“欢迎来淀”“网信海淀”，开展主题网络传播，让普通网民了解海淀的科技、教育、人文和历史等，同时做好中央、北京市重大舆论引导工作，传播正能量、打好网络舆论战。“欢迎来淀”官方微博平台粉丝超过 3 万个，进入区域政务微博影响力榜单百强（第 59 名）；“网信海淀”官方抖音平台粉丝达 2.6 万个，发布视频 101 个，总播放量超过 250 万次。

（田宬）

【战“疫”纪实短片《家园》推出】 2 月 24 日 8 时，区委网信办组织拍摄的战“疫”纪实短片《家园》在各大媒体上线，邀请市、区 30 余家单位和 10 余家中央、市属媒体及 50 余位微博大 V 协助转发推广。纪实短片反映的是海淀区战斗在一线的医护、公安、社区、环卫、志愿者等各行各业人们的抗疫的动人故事。依托“海淀在线”首发的微博单条阅读量达 605 万次，单条播放量 154 万次；全网阅读量约 650 万次，播放量达 400 万次。在中央网信办主办的第五届“五个一百”网络正能量精品评选活动中，《家园》被评为“百部网络正能量动漫音视频作品”。

（田宬）

【“抗击新冠肺炎疫情”系列宣传活动】 2 月至 6 月，区委网信办在网易客户端“新时代”专栏和网易政务 PC 端首页开设“海淀战疫情”专题，登刊全区各单位抗击疫情、守护家园的线索和信息 3008 条；开设“战疫中的无名英雄”微博话题，组织全区各单位推荐各行各业基层一线的抗疫模范；打造战“疫”纪实短片和系列短视频，记录各行各业坚守一线、抗击疫情、守卫家园的真实故事。“海淀战疫情”专栏总阅读量超过 1800 万次；“战疫中的无名英雄”话题总阅读量达到 2000 万次；系列短视频总播放量达 3.6 万次、点赞量超过 1 万次。

（田宬）

【调研百度 App 整改情况】 4月27日，区委网信办到百度在线网络技术(北京)有限公司(简称百度公司)调研，了解百度App整改工作情况。百度公司相关负责人介绍中央网信办、市委网信办约谈百度的相关情况，并从制度、人员、技术等方面详细介绍百度App整改进展情况。区委网信办对百度App整改提出4点要求：严格落实网络生态主体责任，健全完善信息安全管理机制；加强组织机构管理，避免出现信息不对称问题，加强对区域合作的重视程度；加强党建引领，通过强化党的建设引领企业发展，强化员工教育培训，树立正确价值观并用于指导实际工作；强化内容监管，充实工作人员队伍，提升政治素质和业务能力。

（田宬）

【“理上网来，文明海淀”主题活动】 7月，区委网信办、区文明办联合开展“理上网来，文明海淀”主题活动。以“欢迎来淀”新媒体平台为宣传主阵地，整合网易新闻、微博等优质推广资源，推出话题征集H5、活动专栏、系列情景剧短视频、定制公益MV等内容。超过100家政务大V、媒体、机构为活动助力转发；邀请8位名人明星录制文明上网倡议短视频。#理上网来文明海淀#微博话题曝光量超4100万次，网易话题进入热议榜第5位，并在微信视频号、朋友圈形成“刷屏”式传播。

（田宬）

【对口支援地区网络扶贫主题活动】 8月8日至9日，区委网信办向河北赤城县捐款捐物，走访贫困农户，组织大V实地参观当地的扶贫企业、示范园等地，以公益营销方式宣传“大美”赤城亮丽名片。实地考察海淀帮扶河北赤城县的学校项目，协调属地互联网企业快手科技与赤城县融媒体中心签订战略合作协议。

（田宬）

【“网络安全进军营”活动】 8月24日，区委网信办、区委武装部联合小米集团，在某部队驻地开展“网络安全进军营”活动。活动现场，小米集团安全合规总监、IApp知识社区联合主席宋文宽从日常生活中可能遇到的网络诈骗手段、泄密风险等方面，结合涉网违法犯罪典型案例，向官兵们宣传、普及网络安全知识。

（田宬）

【网络意识形态工作会】 8月25日，区委网信办召开进一步加强网络意识形态工作暨网络安全宣传周工作部署会，小米集团等157家属地互联网企业主要领导、网信工作主管领导及相关工作人员300余人参会。会议部署全区2020年国家网络安全宣传周工作安排；分析国内外网络意识形态形势敏感复杂特点、当前网络意识形态领域新问题以及意识形态老问题的新动向，并结合近期典型网络意识形态事件及海淀具体情况开展网络意识形态专题培训。

（田宬）

【全国数字营商环境自评估试点工作】 8月，中央网信办决定在北京市海淀区、天津市滨海新区、河北省雄安新区、上海市浦东新区、江苏省苏州市、浙江省杭州市6个地区试点开展数字营商环境自评估工作。9月，区委网信办研究形成“5+1”① 维度的评估指标体系和“14+1”② 协同的任务分解清单；聚焦网络获利行为监管、建设国际信息产业和数字贸易港、规范数据跨境安全有序流动等议题，梳理“痛点”难点、探讨解决对策。形成以打造具有世界水平的数字经济和数字贸易试验区为目标，支持完善5G等新一代信息基础设施建设在中关村软件园布局，支持中关村软件园完善、升级共性技术支撑平台、协同技术攻关平台、新业态新技术场景展示应用平台以及公共服务和政务服务平台。支持支撑跨境数据流动先行先试、数字证书和电子签名国际互认的数字基础设施建设。试点中国—欧盟“数字贸易港”，实现互惠互利、循序渐进、风险可控的对等开放。建议将“数字贸易港”纳入本年的中欧投资协定谈判，或者纳入中欧数字领域高层对话。中欧在软件园共同建立以试点企业IP地址为核心的跨境数据流动集中监管通道，共同为双方重点数字企业在对方国家稳定并扩大市场制定明确的数字贸易规则，为我国突破美国技术围堵、在未来全球数字治理和大国博弈中赢得主动。

（田宬）

【网络安全宣传周活动】 9月14日至20日，区委网信办开展网络安全宣传周活动，动员属地机关、企业、学校、营地、社区、医院、工地、商超等社会力量，运用网络新媒体平台资源，确保活动范围“全覆盖”；配合市委网信办做好线上知识问答、线上课堂、主题舞台剧的推广及各类主题日活动的宣传。全区累计张贴海报500余幅，发放传单、网络安全知识手册1400余份；全网总曝光量超过200万。

（田宬）

【“发现美好海淀”大V行活动】 11月4日至5日，区委网信办组织“发现美好海淀”大V行活动，通过线下走访小米集团、集成电路产业园、香山革命纪念馆、华熙Live等海淀地标，近距离感受多种炫酷“黑科技”、精彩“文化荟”。成立“海淀大V沙龙•微博”，首批成员包括来自历史、科技、旅游、财经等领域的22位微博大V，总粉丝量超过1亿。结合自贸区建设的海淀实践、中关村科学城的创新发展、建党一百周年等主题，以专题、图文、短视频等形式，进行为期三个月的网上宣传活动。#话题发现美好海淀#阅读量超过2亿，#话题自贸区建设在行动#阅读量超过1.2亿。

（田宬）

① 中央评估指标体系确定的5个方面和海淀特色评估指标。

② 参与此次试点工作的14家区级委办局和中关村软件园。

【中共十九届五中全会精神互联网企业专场宣讲报告会】 12月11日，区委网信委举办学习贯彻中共十九届五中全会精神互联网企业专场宣讲报告会。于军紧扣习近平总书记在党的十九届五中全会上的重要讲话和全会审议通过的《中共中央关于制定国民经济和社会发展第十四个五年规划和二〇三五年远景目标的建议》，结合海淀区情和网信工作特点，从认识新发展阶段、把握发展新目标、构建新发展格局、坚持党的全面领导、海淀网信系统落实五中全会精神等五个方面，深刻阐释习近平总书记在全会上提出的一系列新思想新观点新论断新要求，对“十四五”时期我国经济社会发展的主要目标和二〇三五年远景目标进行全面宣讲和深入解读。快手科技、恒安嘉新等互联网企业代表发言，表示要进一步强化政治担当和行动自觉，加强和创新互联网内容建设，助力健全网络综合治理体系，推动全面提高网络治理能力。会上，播放海淀区网信工作成果视频和驻区互联网企业学习贯彻五中全会精神宣传片。

（田宬　钟冷）

机构编制

【概况】 2020年，中共北京市海淀区委机构编制委员会办公室（简称区委编办）重新明确4个区委部门的“三定”规定，修订完善区政府系统18家单位的“三定”规定。完成761家事业单位年度报告公示工作，办理法人登记业务215件，收缴印章146枚。办理统一社会信用代码证设立、变更和换证申请37件。针对区委第二巡察组的3大类9个方面的反馈巡察意见，制定问题整改清单和37项整改措施，逐一明确目标，逐一落实责任。10月底，巡察反馈的22个问题均整改完成。

（张静波）

【区级综合行政执法改革】 年内，按照北京市关于在区级事业单位改革试点中做好承担行政执法职责事业单位调整工作相关要求，经区委编委会第四次会议审议，区委编办对相关行政执法机构和承担行政执法职责的事业单位进行调整优化。12月31日，区委编委印发《关于区市场监管局执法队伍机构编制调整的通知》《关于区生态环境局执法队伍机构编制调整的通知》《关于区文化和旅游局执法队伍机构编制调整的通知》《关于区农业农村局执法队伍机构编制调整的通知》《关于区住房和城乡建设领域执法队伍机构编制调整的通知》，明确市场监管、生态环境保护、文化市场、农业、住房和城乡建设五大领域综合行政执法队伍行政执法专项编制分配情况。12月31日，经区委编委会研究，印发《关于组建区应急管理综合执法队的通知》《关于组建区园林绿化综合执法队的通知》《关于整合组建区水务综合执法队的通知》《关于整合组建区人力资源社会保障综合执法队的通知》，成立应急管理、园林、水务、人力资源社会保障四个领域综合行政执法队伍。印发《关于调整区人防办所属事业单位职责的通知》，调整人防领域执法职责回归机关。

（张静波）

【经营类事业单位改革完成】 年内，根据中央和北京市关于经营类事业单位改革工作的有关部署，为提高海淀区城市管理效率和公共服务水平，解决城市管理和公益服务领域存在的政事不分、事企不分的状况，区委编办在事业单位分类基础上积极推进，按期完成经营类事业单位改革工作。至此，全区37家经营类事业单位改革工作全部完成，区级事业单位层面全面实现事企分离。

（张静波）

【3家处级事业单位更名】 年内，区委编办将中关村科技园区海淀园上地基地开发建设办公室、海淀区中关村西区开发建设办公室（海淀区永丰新技术工业基地开发办公室）、海淀区人民政府机关事务管理处（海淀区人民政府机关服务中心），分别更名为海淀区中关村西区开发建设服务中心、海淀区中关村西区开发建设管理中心和海淀区机关事务管理服务中心。

（张静波）

【区政府部门权力清单事项动态调整】 年内，根据《北京市市、区政府部门权力清单动态管理办法》，按照市委编办2020年两次关于动态调整行政职权事项的要求，区委编办对区政府部门权力清单中涉及区级部门13家112项行政职权事项进行调整，其中新增行政职权事项20项，取消行政职权事项13项，调出行政职权事项10项，整合行政职权事项20项，变更行政职权事项49项，及时向社会更新公布。

（张静波）

【协管员规模审核】 年内，区委编办摸底调查全区编外用工底数，并结合市、区关于协管员队伍管理的相关文件梳理核对，确定海淀区协管员现有规模，并抄送区委社会工委，作为其开展协管员队伍其他相关工作的参考。

（张静波）

【街道统计所管理体制调整】 年内，经区委编委会同意，以区委编委名义印发《关于调整各街道统计所机构编制的通知》，将区统计局下设的20个街道统计所对应划转至各街道，与街道综合办公室综合设置，保留统计所牌子，其使用的行政编制划转计入各街镇行政编制总数。街道统计所业务上接受上级人民政府统计机构的指导和监督，所长的任免征求区统计局意见，并调整明确职责表述。

（张静波）

【教育系统编制管理】 4月，为缓解区教育系统编制紧张问题，经区委编委研究同意，区委编办为区教委所属中小学及幼儿园共下达80名周转事业编制，并要求区教委于2021年12月底返还。向市委编办申请为海淀区调剂100名事业编制，补充中小学专任教师编制缺口，并于2021年5月31日自动返还至市级教育事业编制“周转池”。

（张静波）

【街镇综合行政执法改革】 5月10日，按照市政府《关于向街道办事处和乡镇人民政府下放部分行政执法职权并实行综合执法的决定》要求，以区政府名义制定印发《海淀区贯彻落实〈北京市人民政府关于向街道办事处和乡镇人民政府下放部分行政执法职权并实行综合执法的决定〉的工作方案》（简称《工作方案》）。《工作方案》将市、区有关部门承担的431项行政执法职权下放至街道办事处和镇人民政府行使。完成街镇层面综合执法队伍调整组建，自7月1日以街道办事处和镇人民政府名义行使行政执法职权。

（张静波）

【修订完善22个部门“三定”规定】 5月至7月，区委编办结合市委相关部门“三定”规定，在不突破现有机构编制总量基础上，重新明确区委编办、区委统战部、区委区政府研究室、区委老干部局4个区委部门的“三定”规定。修订完善区政府系统18家单位的“三定”规定，包括：区政府办公室（区政府外办）、区委教育工委区教委（区政府教育督导室）、区财政局、区人力资源社会保障局、区住房城乡建设委（区房屋征收办）、区城市管理委（区环境办、区交通委）、区委农工委区农业农村局、区商务局、区审计局、区体育局、区统计局、区园林绿化局（区绿化办）、区金融办、区人防办、区信访办、区房管局（区住房保障办）、区城管执法局、区城市服务管理指挥中心。

（张静波）

【事业单位改革试点启动】 6月10日，依照中央、市委关于深化事业单位改革试点工作的要求和部署，海淀区启动事业单位改革试点工作，试点工作划分为走访调研、模拟推演、拟订方案、审核报批、组织实施和建章立制等阶段。7月9日，向市委编办汇报海淀区事业单位调整设置初步思路。8月，开展调查研究、走访部门50余家次，向市委编办、区委编委领导书面汇报工作推进情况21次。12月，起草《北京市海淀区深化事业单位改革试点实施方案（送审稿）》，经区委编委第四次会议审议通过，报送市委编办。

（张静波）

【镇级（地区）机构改革完成】 9月8日，区委编办在总结海淀区街道大部制改革、试点镇机构改革成果基础上，制定印发《北京市海淀区镇级（地区）机构改革工作方案》，启动海淀区镇级（地区）机构改革工作。12月6日，以区委办、区政府办名义印发东升、海淀等镇机构改革方案，明确各镇各类党政机构综合设置为“七（八）室一队五中心”①，同时赋予其在核定的行政编制、机关科级领导职数总量范围内的编制、职数使用管理自主权。

（张静波）

【生态环境保护工作职责分工规定印发】 10月1日，区委编办会同区生态环境局拟定的《北京市海淀区生态环境保护工作职责分工规定》（简称《规定》），经区政府常务会、区委常委会审议后印发至全区各相关单位，涉及32家区委区政府工作部门、8家垂管部门及各街镇生态环境保护工作职责。

（张静波）

【镇党委镇政府职责清单（2020通用版）印发】 12月31日，区委编办在市委编办印发的《北京市乡镇职责清单（试行）》基础上，结合四季青镇试点镇职责清单，调整并形成《北京市海淀区镇党委（地区工委）和镇政府（地区办事处）职责清单（2020通用版）》。对应镇级（地区）机构改革综合设置情况，分为党群工作、平安建设、城乡建设、社区（村）建设、民生保障、经济发展（农业农村）、综合保障7大类140项职责事项。

（张静波）

【事业单位领导职数管理】 12月31日，按照市委组织部、市委编办《关于规范本市事业单位领导职数管理的意见》精神，区委组织部、区委编办联合制定印发《关于规范海淀区事业单位领导职数管理的意见》，对海淀区事业单位领导职数规范管理的总体要求、基本标准、监督检查等内容予以明确。

（张静波）

【教育民族领域行政处罚权划转移交】 12月31日，按照市政府《关于进一步相对集中相关领域行政处罚权的决定》，经区委编委会审议同意，以区委编委名义制定印发《海淀区教育、民族领域行政处罚权划转移交接收工作办法》，统筹完成区教委31项教育领域、区民族宗教办9项民族领域行政处罚事项划转至区市场监管局的移交接收工作。

（张静波）

【“两区”建设工作领导小组成立】 12月，海淀区围绕自贸区工作成立中国（北京）自由贸易试验区科技创新片区海淀组团（海淀服务业扩大开放综合试点示范区）工作领导小组，领导小组办公室设在区商务局，负责推进自贸区建设相关工作。

（张静波）

巡察工作

【概况】 2020年，区委巡察机构围绕“三个聚焦”②，深化政治巡察，督促被巡察党组织把“两个维护”③落到实处，为区委“两新两高”战略的落实和海淀国际科技创新中心核心区的建设提供坚强的政治保障。全年巡察42个区属处级单位党组织，其中对4家处级单位党组织开展巡察“回头看”。接待群众来信来电来访101人

---

① “七（八）室”即综合办公室、党群工作办公室、平安建设办公室、城乡建设办公室、社区建设办公室、民生保障办公室、经济发展和科技创新办公室（农业农村办公室）；“一队”即综合行政执法队；“五中心”即各镇所属5个事业单位。

② 聚焦基层贯彻落实党的路线方针政策和党中央决策部署情况，聚焦群众身边腐败问题和不正之风，聚焦基层党组织软弱涣散、组织力欠缺问题。

③ 坚决维护习近平总书记党中央的核心、全党的核心地位，坚决维护党中央权威和集中统一领导。

6 月 12 日，十二届区委第九轮巡察工作动员部署会议召开（郝亚茹 摄）

次，巡察组个别谈话 864 人次，发现各类问题 590 个，提出整改意见 118 条，向区纪委区监委移送问题线索 8 件。

（郝亚茹）

【巡察主体责任落实】 年内，海淀区落实区委主体责任和书记第一责任人责任。按照中央、市委关于巡视巡察工作的部署要求，区委在加强巡察工作领导、把准定位、提升质量、用好成果、贯通融合、夯实基础等方面发挥统领作用，召开 3 次常委会、3 次书记专题会，专题研究巡察工作。区委书记履行第一责任人责任，重要工作亲自部署、重大事项亲自过问、重要环节亲自协调，重要问题亲自督办，点人点事共 66 人次。党委班子其他成员坚持“一岗双责”，结合分管领域和部门的职能职责，做好信息情况通报、人员力量支持、提供专业协助等工作，并督促抓好巡察整改落实。巡察工作领导小组落实组织实施责任，统筹推进巡察全覆盖。区委巡察办和区委各巡察组认真履行工作责任，切实将政治巡察落到实处。

（郝亚茹）

【巡察整改】 年内，区委压实巡察整改的领导责任，建立区委书记负总责、分管区领导指导督促，纪检监察机关和组织部门分头监督，被巡察党组织具体落实的整改工作体系。区委书记作为巡察工作第一责任人，压实区委对整改的领导责任，区级党员领导干部带头落实巡视巡察整改责任，抓好职责范围内的巡视巡察整改工作，加强对分管领域整改工作的指导督导。近三轮巡察中，区委常委、区政府党员副区长指导督促联系或分管单位的整改工作 80 余人次。压实被巡察单位的整改主体责任，把解决共性问题、突出问题与完善制度结合起来，用制度从源头堵住漏洞，推动巡察整改和成果运用制度化。压实区纪检监察机关和区委组织部对巡察整改的日常监督责任，区委巡察办加强对巡察整改的统筹协调、跟踪督促。

（郝亚茹）

【巡察队伍建设】 年内，区委巡察办把巡察岗位作为发现、培养、锻炼干部的重要平台，推动优秀年轻干部、拟提拔干部参加巡察工作，特别是巡察组组长、副组长的选配，充分发挥巡察的熔炉作用；注重业务培训，通过调研督导、专项检查、以干代训等方式，面对面传经验，手把手教方法，促使干部快速学会查找问题、对症下药；加强纪律作风建设，严格按照党章、巡察工作条例和制度规定办事，严格按照授权和巡察工作方案，把依规依纪依法落实到工作全过程，力戒形式主义、官僚主义。

（郝亚茹）

党史研究

【概况】 2020 年，海淀区党史地方志办公室（简称区史志办）以党史课堂微宣讲，史志文化进非公企业，史志宣传月系列活动（党史工作座谈会、《车耳营村志》区级评议会、西山历史文化研讨会、《海淀史志》主题文化沙龙 2020），推送微信公众号文章和移动网页（H5）等形式宣传党史。编印发行《海淀史志》期刊 7 期，约 50 万字；发行《〈北京市海淀区志（1996—2010）〉出版发行暨总结会》《2020 年海淀区史志宣传月〈胜景古韵文脉西山——第四届西山历史文化研讨会〉》专刊各 900 本。史志宣传月系列活动信息被中国方志网、中国社会科学网、市委党史研究室、市地方志办官网、搜狐网等网站转载。“海淀党史文化”微信公众号推送 77 期 84 条，浏览量 15755 次，总分享量 2415 人次。

（徐支燕）

【《中国共产党北京执政纪事（2017—2019）》文稿撰写】 4 月至 5 月，区史志办按照市委党史研究室、市地方志办编纂《中国共产党北京执政纪事（2017—2019）》的要求，完成习近平新时代中国特色社会主义思想扎根京华、政治中心建设保障有力、文化中心建设扎实推进、国际交往中心建设提质增速、科技创新中心建设不断增强、城市治理水平稳步提升、首都经济高质量发展成效显著、民生福祉持续改善、党的建设全面加强等 9 部分文稿撰写，共计 10 万字，记载习近平新时代中国特色社会主义思想在海淀的生动实践，集中展现全区各项事业取得的新进展新成就。

（徐支燕）

【李大钊烈士陵园展陈大纲编写】 4 月至 11 月，根据市委庆祝建党 100 周年工作部署，区史志办配合开展李大钊烈士陵园展陈工作，承担李大钊烈士陵园展陈大纲重新编写任务。新编大纲 2.2 万余字，全面展示李大钊作为中国共产主义运动的先驱、伟大的马克思主义者、杰出的无产阶级革命家、中国共产党的主要创始人之一的光辉一生。补充完善原有展陈图文资料和实物，收集图片 272 张、展品

10 月 23 日，《中国共产党北京市海淀区历史》复审稿专家评审会召开（区史志办 供图）

62 件、视频资料 3 条。

（徐支燕）

【《中国共产党北京市海淀区历史》通过终审】 8 月 14 日，《中国共产党北京市海淀区历史》初审评议会召开。市委党史研究室、市地方志办相关领导，区委领导，西城区委党史办有关人员，编辑部成员参加会议。评审组听取区史志办关于党史稿编撰过程和专家评审情况介绍，认为该书稿谋篇布局合理，政治、历史观点正确，史料丰富翔实，思想表达通俗易懂，基本符合区县级党史正本的体例要求，同意通过初审。同时在严把政治关、史实关、文字关，突出海淀特色，细化研究章、节、目的逻辑结构和逻辑联系，调整充实专家库等方面提出修改要求。10 月 23 日，《中国共产党北京市海淀区历史》复审稿专家评审会召开。市委党史研究室、市地方志相关领导，党史领域专家以及编辑部成员参加会议。专家组听取初审会后党史稿编写情况介绍，认为该书稿政治导向正确，史料充分翔实，章节安排合理，有着较为鲜明的海淀特色，基本符合区县级党史正本的体例要求，同意修改后提交复审。11 月 18 日，《中国共产党北京市海淀区历史》复审评议会召开。市委党史研究室、市地方志办相关领导以及编辑部成员参加会议。会议听取区史志办关于党史复审稿编撰情况和初审会后修改情况的介绍，认为该书稿内容详细、文字流畅、观点正确、重点突出，具有海淀特色，符合地方党史基本著作写作要求，同意通过复审。12 月 30 日，《中国共产党北京市海淀区历史》终审稿专家评议会召开。市委党史研究室、市地方志办相关领导，党史领域专家以及编辑部成员参加会议。专家组听取区史志办关于党史终审稿编撰工作情况和复审会后修改情况的介绍。经评审同意通过终审。

（徐支燕）

【“中共中央在香山的历史及启示”微宣讲】 9 月 27 日，区史志办推出“中共中央在香山的历史及启示”微宣讲，由区史志办党史研究室主任徐佳伟担任主讲人，在区委党校讲授专题党课，听众 70 余人。宣讲的主要内容是中共中央在香山期间老一辈革命家的革命精神、革命情怀和优良作风。

（徐支燕）

【党史工作座谈会】 10 月 22 日，保定市委党史研究室、保定抗战历史研究会、白银坨爱国主义教育基地一行 7 人到海淀，与区史志办举行党史工作座谈会。四方就党史工作情况、抗战史研究情况、爱国主义教育基地建设情况、红色旅游文化发展情况进行交流研讨，并就加强资源共享、经验交流、人才培养和互动学习等方面达成共识。

（马坤　徐支燕）

【胜景古韵文脉西山——第四届西山历史文化研讨会】 11 月 6 日，区史志办联合北京史地民俗学会举办“胜景古韵文脉西山”——第四届西山历史文化研讨会。市委党史研究室、市地方志办相关领导，驻区高校教授，保定抗战历史研究会成员，北京史地民俗文化、纳兰文化、京西稻文化研究者以及海淀史志专家和学者近 40 人参会。会议“以系统发掘和整理红色西山的政治价值、历史文化价值”为主题，与会人员围绕与西山相关的历史人物和专题事件、三山五园、庙宇古建等方面，就进一步加大京津冀人文、历史、地理、旅游资源的整合、开发与共享，不断推进史志文化实现创新性普及和推广，努力打造红色旅游国际化品牌交流研讨。会议建议关注中国共产党成立 100 周年、世界反法西斯战争胜利 80 周年等重要时间节点，组织多方力量对涉及京津冀地区的党史、地方志方面的重大事件、重点人物和重要场所协同攻关，不断发掘北京及周边省市区域文化、历史文化内涵，更好地发挥史志工作“存史、资政、育人”的社会功能。

（马坤　徐支燕）

【《海淀史志》主题文化沙龙 2020】 11 月 11 日至 12 日，区史志办举办“《海淀史志》主题文化沙龙 2020”活动，《海淀区志（1996—2010）》编辑人员、驻区高校教授学者、北京民俗文化研究者、海淀文史爱好者及区史志办人员共计 50 余人参加。《海淀史志》创刊于 2006 年，累计出版 77 期、推出 30 余个专栏，2017 年被列入“国家哲学社会科学学术期刊数据库”。区史志办详细介绍办刊和刊物编发情况，与会人员围绕新时代背景下如何创新办刊模式、扩大期刊影响，培养青年作者，树立开放思维，深入社区宣传，注重实地考察，挖掘民俗文化史志工作服务中心、资政育人，曹雪芹与西山、纳兰性德在海淀等主题发言。区史志办表示，将不断完善交流长效机制，通过研讨座谈、读书会、沙龙、实地考察、参观交流等形式，拓展学术视野，以更多研究成果夯实海淀史志工作基础。

（马坤　徐支燕）

海淀区人民代表大会

2021
北京海淀年鉴

综 述

【概况】 2020年，海淀区人民代表大会常务委员会（简称区人大常委会）学习贯彻党的十九大和十九届二中、三中、四中、五中全会精神，依法有效履职，为海淀区经济社会高质量发展提供坚实的民主法治保障。召开区人民代表大会会议1次、常委会会议10次、主任会议12次，听取和审议区“一府两院”专项工作报告34项，督办议案1项，跟踪督办议案2项，作出决议、决定16项，形成审议意见书12份。截至年底，有区人大代表428名，市人大代表96名。

（吴向荣）

【“四长会”[①]】 2月24日，区人大常委会召开2020年“四长会”。会议就2020年区人大常委会工作要点中涉及区“一府两院”的相关工作，以及区人大常委会会议、区人大常委会主任会议听取审议的有关议题进行研究和沟通。区委书记于军，区委副书记、区长曾劲，区人大常委会主任刘长利，副主任杨莉、白建平、陈国启、吴琢如，区法院院长邵明艳，区检察院检察长刘惠参加会议。

（吴向荣）

【议案建议交办会】 3月12日，区人大常委会召开海淀区2020年人大议案代表建议交办会视频会议。区人大常委会向区“一府两院”转交人大议案、代表建议，并对议案、建议办理工作作出部署。区人大常委会城建环保办公室部署人大议案督办工作，代表联络室部署代表建议办理工作。刘长利就做好本年的议案建议办理工作提出要求。曾劲代表区政府接受区人大议案、建议办理工作任务。

（吴向荣）

【常委会组成人员读书班】 8月19日至21日，区人大常委会举办区人大常委会组成人员读书班。读书班以“以统筹推进疫情防控与经济社会发展为主线，充分发挥人大职能作用”为主题，邀请全国人大财经委副主任委员尹中卿作“供给侧改革与高质量发展”、国防大学教授王宝付作“关于百年大变局与中美战略博弈”、航天科技集团五院502所所长袁利作“深空探测与天问一号”的专题讲座。组织读书班成员到牛栏山酒厂、创新食品公司实地考察，就企业复产复工、应对疫情影响的策略调整等情况与企业交流。

（吴向荣）

【区领导与部分市、区人大代表座谈】 12月31日，区委书记于军，区委副书记、代区长王合生与部分市、区人大代表座谈，讨论谋划“十四五”开局之年海淀经济社会发展和民生服务保障重点工作。市、区人大代表围绕如何聚焦“两区”建设，加快中关村科学城发展以及解决群众最期盼、最需要、最迫切的热点问题建言献策。

（吴向荣）

重要会议与决议、决定

【十六届人大六次会议】 1月5日至9日召开。会议听取并审议《海淀区人民政府工作报告》《海淀区人大常委会工作报告》《海淀区2019年预算执行情况和2020年预算（草案）的报告》《海淀区人民法院工作报告》《海淀区人民检察院工作报告》，审议《海淀区2019年国民经济和社会发展计划执行情况与2020年国民经济和社会发展计划（草案）的报告》，通过关于各项报告的决议。会议通过变更教育科技文化卫生体育委员会名称的决定。会议选举曾劲为北京市海淀区人民政府区长；白建平、陈国启、吴琢如为北京市海淀区第十六届人民代表大会常务委员会副主任；鲍雷为北京市海淀区监察委员会主任；邵明艳为北京市海淀区人民法院院长；文思君、王曼谕为北京市海淀区第十六届人民代表大会常务委员会委员；李友成为海淀区第十六届人民代表大会社会建设委员会主任委员，梁珍、张向群为副主任委员，选举14名委员。会议期间，区人大常委会、区“一府两院”及相关委、办、局共44家单位接待人大代表询问，区人大代表约200人次参加询问活动，提出问题和意见374件。召开“聚焦‘两新两高’战略，推动高质量发展专题座谈会”“民生改善与社会治理”专题座谈会，区委、区政府有关领导出席，听取代表的意见建议。经大会主席团批准，将张永慧等77位代表提出的“关于构建多元主体，强化依法垃圾分类，提高城市管理现代化水平的议案”等4件议案，交区政府并案办理，未立案的16件议案转为“建议、批评和意见”处理。大会期间共收到代表提出的“建议、批评和意见”263件，议案和“建议”两项共计279件。会后，区人大常委会将议案和“建议”转交区“一府两院”办理。

（吴向荣）

【区人大常委会二十七次会议】 1月5日召开。会议决定相关人事任免事项。

（吴向荣）

【区人大常委会二十八次会议】 1月9日召开。会议决定相关人事任免事项。

（吴向荣）

【区人大常委会二十九次会议】 3月10日召开。会议审议通过《海淀区人大常委会2020年工作要点》，决定印发全体代表监督执行。会议听取常务副区长李俊杰所作的《海淀区政府关于2020年重要民生实事项目的情况报告》，表决通过《海淀区第十六届人民代表大会常务委员会关于

① 区委书记，区人大常委会主任、副主任，区长，区人民法院院长，区人民检察院检察长参加的会。

2020 年重要民生实事项目的决议》。听取和审议区财政局所作的《海淀区政府关于海淀区 2020 年新增地方政府债务及本级预算调整（草案）的报告》，表决通过《海淀区第十六届人民代表大会常务委员会关于批准海淀区 2020 年本级预算调整（草案）的决议》。听取和审议区人大常委会代表联络室所作的《海淀区人大常委会关于 2020 年代表建议、批评和意见办理工作的意见》。会议决定相关人事任免事项。

（吴向荣）

【区人大常委会三十次会议】 4 月 21 日召开。会议听取和审议副区长林剑华所作的《海淀区政府支持科技型创业企业稳定发展有关情况的报告》。听取副区长沙海江所作的《海淀区政府关于 2019 年度环境状况和环境保护目标完成情况的报告》。会议决定相关人事任免事项。

（吴向荣）

【区人大常委会三十一次会议】 6 月 23 日召开。会议听取区农业农村局所作的《海淀区政府关于海淀区整建制农转非工作情况的报告》。听取和审议区法院所作的《海淀区法院“诉源治理”工作情况报告》、区检察院所作的《海淀区检察院科技犯罪检察工作情况报告》、区公安分局所作的《公安海淀分局关于深化改革推动基层警务融入区域社会治理工作的报告》，表决通过《海淀区第十六届人民代表大会常务委员会关于接受褚玉梅、潘朝辉辞去北京市第十五届人民代表大会代表职务请求的决定》。会议决定相关人事任免事项。

（吴向荣）

【区人大常委会三十二次会议】 7 月 21 日召开。会议听取和审议区财政局所作的《关于海淀区 2019 年财政决算（草案）的报告》《关于海淀区 2020 年上半年财政预算执行情况的报告》《关于海淀区 2020 年新增地方政府专项债务及本级预算调整（草案）的报告》、区审计局所作的《关于海淀区 2019 年度本级预算执行和其他财政收支情况的审计工作报告》，表决通过《海淀区第十六届人民代表大会常务委员会关于批准海淀区 2019 年区级决算的决议》《海淀区第十六届人民代表大会常务委员会关于批准海淀区 2020 年本级预算调整（草案）的决议》。听取和审议区发改委所作的《关于海淀区 2020 年国民经济和社会发展计划上半年执行情况的报告》，表决通过《海淀区人民代表大会常务委员会关于修改部分制度及规定的决定》。会议决定相关人事任免事项。

（吴向荣）

【区人大常委会三十三次会议】 9 月 22 日召开。会议听取副区长张若冰所作的《关于突发公共卫生事件应急管理情况的报告》。听取和审议副区长沙海江所作的《关于“推动美丽乡村建设融入中关村科学城发展”议案跟踪落实情况的报告》。听取和审议区财政局所作的《关于海淀区 2019 年度行政事业性国有资产管理情况的专项报告》，书面审议《关于 2019 年国有资产管理情况的综合报告》和《关于海淀区行政事业单位国有资产管理情况的专项审计报告》。听取区人大常委会代表资格审查委员会所作的《关于个别代表的代表资格的审查报告》，表决通过《海淀区第十六届人民代表大会常务委员会关于接受臧桂武等六位代表辞去海淀区第十六届人民代表大会代表职务的决定》。听取区人大常委会代表联络室所作的《关于在部分选区补选区人大代表的情况说明》，表决通过《海淀区第十六届人民代表大会常务委员会关于补选区人大代表的决定》。会议决定相关人事任免事项。

（吴向荣）

【区人大常委会三十四次会议】 11 月 24 日召开。会议听取和审议副区长沙海江所作的《关于并案办理“构建多元主体，强化依法垃圾分类，提高城市管理现代化水平”等 4 件议案的报告》，表决通过《关于并案办理“构建多元主体，强化依法垃圾分类，提高城市管理现代化水平”等 4 件议案的报告》。听取和审议副区长沙海江所作的《关于海淀区“七五”普法工作情况报告》。听取和审议区审计局所作的《关于海淀区 2019 年度预算执行和其他财政收支审计查出问题整改情况的报告》。听取和审议区财政局所作的《关于海淀区 2020 年新增地方政府债务及本级预算调整（草案）的报告》，表决通过《海淀区第十六届人民代表大会常务委员会关于批准海淀区 2020 年本级预算调整（草案）的决议》。听取区发改委所作的《海淀区国民经济和社会发展“十三五”规划执行情况和“十四五”规划纲要编制情况的报告》。听取和审议副区长梁爽所作的《海淀区人民政府关于十六届人大六次会议代表建议、批评和意见办理情况的报告》、区人大常委会代表联络室所作的《海淀区人大常委会关于十六届人大六次会议代表“建议、批评和意见”办理及检查情况的报告》，书面审议区法院、区检察院关于十六届人大六次会议代表建议、批评和意见办理情况的报告。表决通过《海淀区第十六届人民代表大会常务委员会关于召开海淀区第十六届人民代表大会第七次会议的决定》。听取区人大常委会代表资格审查委员会所作的《关于 2020 年补选海淀区第十六届人民代表大会代表的代表资格及个别代表的代表资格审查情况的报告》。会议决定相关人事任免事项。

（吴向荣）

【区人大常委会三十五次会议】 12 月 15 日召开。会议分别听取区住建委、教委、金融办、人防办、信访办、民宗办、统计局、商务局、政务服务管理局 9 个部门主要负责人所作的各部门关于接受区人大常委会评议工作的自查报告，并开展工作评议。根据市委推荐，会议依法补选亓延军、孙国升、张健、洪佳林为北京市第十五届人民代表大会代表，将补选结果向市人大常委会代表资格审查委员会报告。会议决定相关人事任免事项。

（吴向荣）

【区人大常委会三十六次会议】 12 月 29 日召开。会议听取和审议区水务局所作的《关于“十三五”时期“水清岸绿”行动计划实施情况的报告》。听取和审议副区长林航所作的《关于

“以改革创新为动力，积极创建国家卫生区，加快推进健康海淀建设”等8件议案跟踪落实情况的报告》。听取和审议副区长梁爽所作的《关于2020年重要民生实事完成情况的报告》。会议听取和审议区发展改革委所作的《关于海淀区2020年国民经济和社会发展计划部分指标调整方案（草案）的报告》，表决通过《海淀区第十六届人民代表大会常务委员会关于批准海淀区2020年国民经济和社会发展计划部分指标调整方案的决议》。听取区人大常委会副主任杨莉所作的《关于区十六届人大七次会议筹备工作情况的报告》。决定区十六届人大七次会议召开时间。听取区人大常委会副主任杨莉所作的《关于海淀区人大常委会工作报告起草情况的说明》。通过《海淀区人民代表大会常务委员会工作报告（审议稿）》，决定根据会议意见修改完善后，提请区十六届人大七次会议审议。听取代表资格审查委员会所作的《海淀区第十六届人民代表大会常务委员会代表资格审查委员会关于个别代表的代表资格的报告》及《海淀区第十六届人民代表大会常务委员会代表资格审查委员会关于海淀区第十六届人民代表大会第六次会议以来代表变动情况的报告》，表决通过《海淀区第十六届人民代表大会常务委员会关于接受邹之瑞辞去海淀区第十六届人民代表大会代表职务的决定》。会议决定相关人事任免事项。

（吴向荣）

监督工作

【重点工作监督】 年内，区人大常委会主动参与、保障全区打响打赢疫情防控阻击战，人大代表参与防控、服务防控、建言防控；区人大常委会会议三次审议新增地方政府债务及预算调整方案，共审查批准新增一般债券18.92亿元、专项债券48亿元和抗疫特别国债27.93亿元；依法作出预算调整决议，确保新增债务资金按时拨付到位；听取和审议区政府关于支持科技型创业企业稳定发展有关情况的报告，关于突发公共卫生事件应急管理、应急体系建设情况的报告，督促区政府科学精准施策，努力把疫情影响降到最低。关注海淀区“十四五”规划编制，全程跟踪，征集代表对“十四五”规划纲要草案的意见建议，首次对五年规划纲要草案进行初步审查，并提出初审意见。重点督办“关于构建多元主体，强化依法垃圾分类，提高城市管理现代化水平”议案。结合市人大常委会对《北京市生活垃圾管理条例》落实情况“身边路边周边”三边检查，发动829名市、区、镇三级人大代表，围绕宣传动员、分类回收、规划建设等问题进行摸排，督办、整改问题84个；组织代表开展“垃圾分类•我参与我承诺”活动，完成议案办理的指标任务。跟踪督办“推动美丽乡村建设融入中关村科学城发展”议案，区人大常委会会议、主任会议5次听取和审议相关工作报告。通过持续跟踪推动，议案办理取得重大进展，整建制农转非涉及的4个镇38个村2.8万农民完成户籍变更。

（吴向荣）

【财经工作监督】 年内，区人大常委会持续深化部门预算审查监督，提出意见建议194条，各部门采纳并调整预算项目223个，压减预算17.73亿元，调增预算3.47亿元。完善审计问题整改监督，重点对5个区属单位存在的部门预算执行率低、政府投资项目管理不规范、养老服务政策落实不到位三方面问题的整改情况进行跟踪监督，配合市人大常委会开展政府债务资金审计查出问题联动监督。推进计划预算执行监督，听取并审议海淀区2020年上半年计划、预算执行情况的报告，审查批准年度计划部分指标调整方案。听取区政府购买服务工作情况的报告，推动政府试行购买服务项目预算联审工作，提升购买服务质量效益。推荐东升镇人大入选全国人大常委会预算工委基层联系点，加强对中央财政资金使用管理的监督。加强国有资产审查监督，听取并审议海淀区2019年度行政事业性国有资产的专项报告、专项审计报告及海淀区国有资产管理情况的综合报告，督促区政府理顺国有资产管理体制，促进国有资产合理配置，增强国有资产的经济社会效益。

（吴向荣）

【民生事项监督】 年内，区人大常委会会议听取和审议区政府关于2020年重要民生实事项目的情况报告，作出相关决议。跟踪督办“关于以改革创新为动力，积极创建国家卫生区，加快推进健康海淀建设”议案。区人大常委会会议听取区政府关于2019年度环境状况和环境保护目标完成情况的报告、“十三五”时期“水清岸绿”行动计划实施情况的报告。区人大常委会主任会议听取区政府关于教育优质均衡发展、非物质文化遗产保护、食品药品安全、违法建设查处、体育场馆管理、残疾人权益保障、街镇规划师工作等工作情况的报告；继续对保障性住房建设分配与管理情况、社区卫生工作情况、区属国企所属社区配套用房腾退使用情况、农村集体经营性建设用地情况和区法院执行机制综合改革推进情况开展专项跟踪监督。

（吴向荣）

【法治建设监督】 年内，区人大常委会会议听取和审议区政府关于海淀区“七五”普法工作情况报告，区法院关于诉源治理工作情况的报告，区检察院关于科技犯罪检察工作情况的报告，区公安分局关于深化改革推动基层警务融入区域社会治理工作的报告。区人大常委会主任会议听取区政府关于法治政府建设、律师行业管理工作情况的报告；对9件区政府发布的规范性文件进行主动审查，对区“一府一委两院”发布的规范性文件目录进行备案。配合市人大常委会对《中华人民共和国野生动物保护法》《北京市街道办事处条例》等法律法规贯彻实施情况进行检查。对《中华人民共和国生物安全法（草案）》《中华人民共和国动物防疫法（修订草案）》

《北京市中医药条例（草案）》等12件法律、法规开展征求人大代表和法律顾问意见、小切口立法调研等工作。对区住建委、区教委、区金融办、区人防办、区信访办、区民宗办、区统计局、区商务局、区政务服务管理局等9个政府部门开展工作评议。

（吴向荣）

人事任免

【概况】 年内，区人大常委会修订《海淀区人民代表大会常务委员会任免国家机关工作人员规定》《海淀区国家工作人员宪法宣誓的规定》，进一步规范人事任免工作程序。坚持开展任前谈话、表态发言、宪法宣誓等制度，依法选举任免区国家机关工作人员96人次，接受辞职6人，任免人民陪审员1434人次。

（吴向荣）

【任免事项】 1月5日，区十六届人大常委会第二十七次会议决定接受王鲁豫、臧桂武、刘佩金辞去海淀区人民代表大会常务委员会副主任职务的请求，接受陈双辞去海淀区人民政府副区长职务的请求，并报海淀区人民代表大会备案。

1月9日，区十六届人大常委会第二十八次会议，根据区人大常委会主任会议的提请，决定：任命王曼谕为海淀区人大常委会办公室主任；免去吴琢如海淀区人大常委会办公室主任职务。

根据区监察委员会主任鲍雷的提请，决定：任命杜陈生、杨科为海淀区监察委员会副主任；免去刘志平、李传峰海淀区监察委员会副主任职务。

3月10日，区十六届人大常委会第二十九次会议，根据区人大常委会主任会议的提请，决定：任命王曼谕、文思君、张正旺、张丽君为海淀区第十六届人大常委会代表资格审查委员会委员；任命王曼谕为海淀区第十六届人大常委会人事工作委员会副主任委员；任命张磊、文思君、孙大钧、曲波为海淀区第十六届人大常委会人事工作委员会委员。免去田敬军、陈国启海淀区第十六届人大常委会代表资格审查委员会委员职务；免去吴琢如海淀区第十六届人大常委会代表资格审查委员会委员、人事工作委员会委员职务；免去孙大钧海淀区第十六届人大常委会人事工作委员会副主任委员职务；免去李传峰、张霞海淀区第十六届人大常委会人事工作委员会委员职务。

根据区人民政府区长曾劲的提请，决定：任命林剑华为海淀区人民政府副区长。

4月21日，区十六届人大常委会第三十次会议，根据区监察委员会主任鲍雷的提请，决定：免去陈璐、付海涛海淀区监察委员会委员职务。

根据区人民检察院检察长刘惠的提请，决定：任命陈雷为海淀区人民检察院副检察长；免去曾滨、王锐海淀区人民检察院检察员职务。

6月23日，区十六届人大常委会第三十一次会议，根据区人民政府区长曾劲的提请，决定：任命邸慧清为北京市海淀区人民政府副区长（挂职时间至2021年4月）；任命林航为北京市海淀区人民政府副区长。免去崔坤军北京市海淀区人民政府副区长职务；免去林航北京市海淀区园林绿化局局长职务。

根据区人民法院院长邵明艳的提请，决定：免去卢正新海淀区人民法院民事审判第五庭副庭长、审判员职务免去张连勇海淀区人民法院中关村人民法庭副庭长、审判员职务；免去颜君海淀区人民法院审判员职务；免去郭晟海淀区人民法院审判员职务；免去李静海淀区人民法院刑事审判第二庭副庭长、审判员职务；免去张青林海淀区人民法院审判员职务；免去姜楠海淀区人民法院审判员职务；免去游涛海淀区人民法院刑事审判第一庭庭长、审判员职务。

7月21日，区十六届人大常委会第三十二次会议，根据区人民政府区长曾劲的提请，决定：任命钟福林为海淀区统计局局长；任命皇甫江为海淀区退役军人事务局局长；任命舒毕磊为海淀区科学技术和经济信息化局局长。免去林剑华海淀区科学技术和经济信息化局局长职务；免去王凌志海淀区统计局局长职务；免去石立峰海淀区退役军人事务局局长职务。

根据区人民检察院检察长刘惠的提请，决定：免去柯秀玲海淀区人民检察院检察员职务。

9月22日，区十六届人大常委会第三十三次会议，根据区人大常委会主任会议的提请，决定：任命聂俊杰为海淀区第十六届人大常委会万寿路街道工作委员会主任，免去其海淀区第十六届人大常委会青龙桥街道工作委员会主任职务；任命齐明军为海淀区第十六届人大常委会海淀街道工作委员会主任，免去其海淀区第十六届人大常委会北太平庄街道工作委员会主任职务；免去白建平海淀区第十六届人大常委会万寿路街道工作委员会主任职务；免去陈国启海淀区第十六届人大常委会海淀街道工作委员会主任职务；免去王曼谕海淀区第十六届人大常委会紫竹院街道工作委员会主任职务；免去张启兵海淀区第十六届人大常委会西三旗街道工作委员会主任职务；免去李红杰海淀区第十六届人大常委会北下关街道工作委员会主任职务；免去钟福林海淀区第十六届人大常委会香山街道工作委员会主任职务；免去朱利忠海淀区第十六届人大常委会马连洼街道工作委员会主任职务；免去李振山海淀区第十六届人大常委会甘家口街道工作委员会主任职务；免去寇平海淀区第十六届人大常委会羊坊店街道工作委员会主任职务。

根据区人民政府区长曾劲的提请，决定：任命王合生为海淀区人民政府副区长。

根据区人民法院院长邵明艳的提请，决定：免去吴扬传海淀区人民法院审判员职务；免去孔京朝海淀区人民法院民事审判第六庭副庭长职务。

根据区人民检察院检察长刘惠的提请，决定：免去闫小元、王洪海淀区人民检察院检察员职务。

会议决定，接受曾劲辞去海淀区

人民政府区长职务的请求，并报海淀区人民代表大会备案。

根据区人大常委会主任会议的提请，决定：由王合生代理海淀区人民政府区长职务。

11月24日，区十六届人大常委会第三十四次会议，根据区人民政府代理区长王合生的提请，决定：任命王志伟为海淀区园林绿化局局长。

根据区人民法院院长邵明艳的提请，决定：免去郭海东、郑群海淀区人民法院审判员职务；任命丁宁等1434人为海淀区人民法院人民陪审员。

会议决定，接受张若冰辞去海淀区人民政府副区长职务的请求，并报海淀区人民代表大会备案。

12月15日，区十六届人大常委会第三十五次会议，根据区人民政府代理区长王合生的提请，决定：任命陈朝晖为海淀区人民政府副区长。

12月29日，区十六届人大常委会第三十六次会议，根据区人大常委会主任会议的提请，决定：任命孙笑庸为海淀区第十六届人大常委会羊坊店街道工作委员会主任；任命张俊峰为海淀区第十六届人大常委会甘家口街道工作委员会主任；任命常增玉为海淀区第十六届人大常委会紫竹院街道工作委员会主任；任命白琳为海淀区第十六届人大常委会北太平庄街道工作委员会主任；任命孙连红为海淀区第十六届人大常委会香山街道工作委员会主任；任命王世松为海淀区第十六届人大常委会西三旗街道工作委员会主任；任命张伟为海淀区第十六届人大常委会青龙桥街道工作委员会主任；任命王凌志为海淀区第十六届人大常委会北下关街道工作委员会主任；任命王树彦为海淀区第十六届人大常委会马连洼街道工作委员会主任。免去冯志明海淀区第十六届人大常委会学院路街道工作委员会主任职务；免去冀国瑞海淀区第十六届人大常委会曙光街道工作委员会主任职务。

根据区人民法院院长邵明艳的提请，决定：任命叶舜尧、马千里、李春梅、杨德嘉、王志勇、马克力、闫肃、陈昶屹、毛金柯、邵红燕为海淀区人民法院审判委员会委员。免去郭洪华、林峥嵘海淀区人民法院审判员职务。

根据区人民检察院检察长刘惠的提请，决定：任命杜邈为北京市海淀区人民检察院副检察长、检察委员会委员、检察员。免去黄会生北京市海淀区人民检察院检察员职务；免去薛艳洁北京市海淀区人民检察院检察员职务。

（吴向荣）

视察与调研

【概况】 2020年，区人大常委会围绕全区中心工作、常委会重点工作和群众关心的热点难点问题，组织常委会组成人员、人大代表开展视察调研100余次。

（吴向荣）

【疫情防控调研视察】 年内，区人大常委会围绕“促防疫、解难题、稳增长”主题，走访海淀医院、利亚德集团、航天信息股份有限公司、翠微集团、中钢设备有限公司和科兴控股生物技术有限公司等单位。与区市场监管局共同开展“进企业、问需求、送服务、促发展”活动，到北航科技园、东升科技园开展调研，与中关村科学城管委会、企业座谈交流，了解疫情期间企业困难和发展需求。多次到四季青镇常青园社区检查指导疫情防控工作。

（吴向荣）

【“关于构建多元主体，强化依法垃圾分类，提高城市管理现代化水平”议案督办】 年内，区人大组织议案领衔代表和城建环保委委员，到曙光街道、苏家坨镇、林业大学、小米公司等，检查党政机关、科研院校、商业楼宇等各行业垃圾分类情况。到五路居垃圾转运站、韩家川再生资源分拣中心、大工村循环经济产业园等垃圾处理场所，调研厨余垃圾降解利用、低值大件垃圾回收、有害垃圾安全消纳等各类垃圾处理场景，实现多环节、全流程、闭环式督办。

（吴向荣）

【“推动美丽乡村建设融入中关村科学城发展”议案跟踪督办】 年内，区人大常委会在关注议案整体办理的基础上，围绕整建制农转非、农村集体产业发展、“农业中关村”建设、水环境治理等，到玉渊潭农工商总公司、四季青农业科技集团有限公司等11个单位开展20多次调研。

（吴向荣）

【全面依法治区工作调研】 年内，区人大组织部分常委会组成人员、法制委员会委员，到区法院、区检察院、区劳动人事争议仲裁院、区政务服务中心联想桥分中心、香山派出所综合指挥室、曙光街道社会融治理•暖服务中心、曙光派出所第二社区警务工

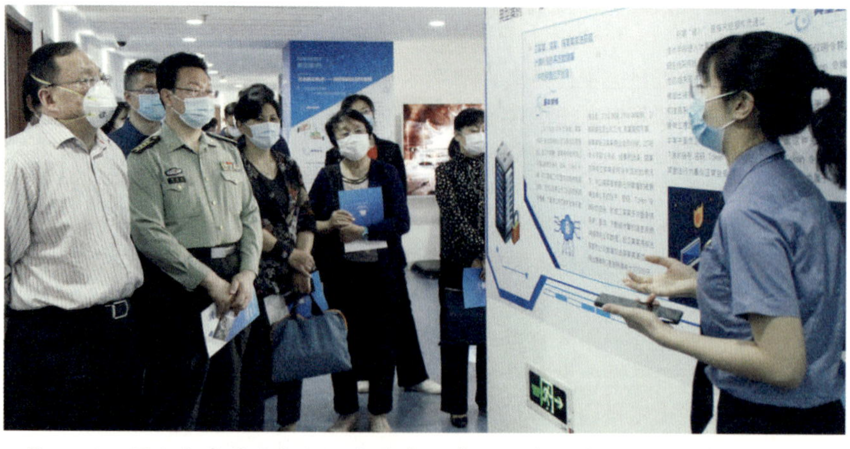

5月28日，区人大常委会组织人大代表视察区检察院科技犯罪检察工作（区人大 供图）

作站、海淀寄读学校青少年法治教育基地，调研依法治区工作开展情况，督促区政府切实加强法治海淀建设。

（吴向荣）

【重点督办、跟踪督办建议调研】 年内，区人大常委会围绕“甲乙丙简易楼改造”“收回玉海园二里社区配套设施”和“推进上地医院建设”等13件重点、跟踪督办建议件，由主任、副主任分别带队，到田村路街道玉海园小区、上地医院等，开展调研座谈、实地检查20次，推动建议办理工作。

（吴向荣）

【“两条例”执法检查】 年内，区人大常委会组织市、区、镇人大代表开展《北京市物业管理条例》和新修订的《北京市生活垃圾管理条例》代表身边查活动，三级人大代表的平均参与率为90.96%，推动“两条例”落责落地落实，促进“关键小事”在提升全区治理能力大局中发挥“关键作用”。

（吴向荣）

【教育优质均衡发展调研】 年内，区人大常委会组织人大代表到人大附中航天城学校、一零一中学温泉校区、立新幼儿园温泉园、上庄中心小学及附属幼儿园开展视察，深入了解中关村科学城北区教育发展以及学前教育学位扩增情况，督促区政府促进南北教育均衡发展，办好人民满意的教育。

（吴向荣）

【卫生健康工作调研】 年内，区人大常委会组织人大代表到海淀医院、上地医院、世纪坛医院、万寿路社区卫生服务中心，了解区属医院建设发展及医疗卫生信息化工作。

（吴向荣）

【生态环境建设工作调研】 年内，区人大常委会组织部分常委会组成人员、区人大农村委委员和人大代表到北沙河、南沙河、友谊渠、宏丰渠、清河朱房地区实地视察，了解海淀水系生态治理情况，督促区政府持续改善环境。

（吴向荣）

【非物质文化遗产保护工作调研】 年内，区人大常委会组织代表到翡翠书院云中图书馆、曹氏风筝工艺保护传承教育展示基地、宏音斋、北医附小等地调研视察，督促区政府全面落实《北京市非物质文化遗产条例》，做好海淀区非物质文化遗产保护工作。

（吴向荣）

【食品药品安全调研】 年内，区人大组织常委会组成人员实地考察清河农副产品交易市场、同仁堂药店和华润五彩城，观摩市场消杀防护和农贸商品流通、阳光药店和阳光餐饮工程建设情况。

（吴向荣）

【应急救助保障工作调研】 年内，区人大常委会组织区人大社会委委员及人大代表视察海淀区应急综合救援队营地和应急管理物资储备仓库建设情况，到西山森林消防救援中队和西山林场卧佛寺分厂，了解海淀区现有森林防灭火体系情况和森林消防综合应急救援中队营地改造情况。

（吴向荣）

【调研和督导创建国家卫生区技术评估】 年内，区人大常委会领导到锦绣大地物流港、五塔寺平房区、西郊伟伟市场等13个点位，调研和督导创建国家卫生区技术评估前各项工作的落实，重点对农贸市场、环境卫生、病媒生物防治、公共卫生与医疗服务以及四小场所等进行督导检查。

（吴向荣）

【调研指导“两委”换届】 年内，区人大常委会领导到四季青镇、北下关街道、温泉镇、八里庄街道、海淀镇，调研、指导村和社区“两委”换届选举工作。主要针对换届工作的筹备情况、候选人资格审查等环节进行指导，确保换届选举工作规范有序、合法合规，为干部储备、干部培养以及优化“两委”班子结构等打好基础。

（吴向荣）

代表工作

【代表培训】 年内，区人大常委会结合疫情防控需要和代表履职需求，通过线上视频和集中讲座相结合的形式，组织“缓慢下行通道叠加疫情冲击形势下的经济增长结构性潜能激发”“从疫情防控再谈健康中国战略”和“民法典的中国特色、实践特色、时代特色”等专题讲座，组织市人大代表和部分区、镇人大代表参加市人大常委会网上在线学习培训；书面形式向市、区人大代表通报全区上半年经济社会发展情况，着力提升培训的针对性和实效性。

（吴向荣）

【代表“家”“站”建设】 年内，区人大常委会采取单独设立、多站合一等多种模式，推进代表“家”“站”建设。完成全区29个代表之家和95个代表联络站的建设工作，基本实现区域站点全覆盖。依托代表“家”“站”平台，开展“代表联系选民月”“市代表届中述职”等活动。与区检察院联

8月4日，区人大常委会调研街道代表“家”“站”建设情况（区人大 供图）

合开展“检察官走进代表之家”活动，把“家”“站”建设成为宣传党的路线方针政策、宣传法律法规、密切联系群众、接受群众监督的履职平台。

（吴向荣）

【代表活动】 年内，区人大常委会开展“代表联系选民月”活动，367名区人大代表、39名市人大代表、289名镇人大代表参加，召开座谈会189次，接待选民2958人次，收到选民反映的问题422件。组织人大代表参与市人大常委会“万名代表参加开门立法”活动，对《北京市文明行为促进条例（草案）》等提出书面意见和建议。组织三级人大代表对《北京市物业管理条例》《北京市生活垃圾管理条例》实施情况开展“三边”即身边、路边和周边检查。

（吴向荣）

【代表建议督办】 年内，区十六届人大六次会议提出的区属职权范围内办理的263件建议全部办复，其中问题得到解决或取得进展的152件，占57.8%，较上年提高0.5%。将“推进上地医院建设”“甲乙丙简易楼改造”和“收回玉海园二里社区配套设施”等13件建议作为区人大常委会重点督办、跟踪督办件，开展调研座谈、实地检查20次。2件建议得到解决，5件建议取得重大进展，6件建议在推进中。

（吴向荣）

【市人大代表履职服务保障】 年内，区人大常委会组织92名市人大代表向区代表述职，其中73人当面述职，19人递交书面材料。通过述职，推动市人大代表积极履职尽责、发挥作用。围绕“推进全国科技创新中心建设”等主题，组织市人大代表开展活动。优化市、区、镇三级代表联动方式，将区、镇人大代表数量多、直接联系群众的优势与市人大代表的资源优势相结合，形成工作合力，更好地解决区域重点问题和群众关心的热点难点问题。

（吴向荣）

【区人大代表补选】 年内，区人大常委会根据人大代表出缺情况和工作需要，依照选举法和北京市选举实施办法，组织永定路等12个街道开展补选区人大代表工作，共补选王合生等14人为海淀区第十六届人民代表大会代表。

（吴向荣）

专门委员会工作

【财政经济委员会】 年内，财政经济委员会召开委员会会议（含扩大会）9次，听取、审议议题21项。协助区人大常委会会议听取、审议议题12项；协助区人大常委会主任会议听取议题9项。对区发改委、区财政局、区国资委、区市场监管局、区商务局、区统计局、区审计局、区金融办8个政府部门2021年预算编制情况进行初步审查。协助区人大常委会对区统计局、区金融办和区商务局开展工作评议。督促对口政府部门办理代表建议12件，重点督办建议1件，跟踪督办建议1件。

（吴向荣）

【法制委员会】 年内，法制委员会召开委员会会议6次；协助区人大常委会会议听取、审议议题5项；协助区人大常委会主任会议听取议题3项。对区政府报送的9件规范性文件进行备案审查，对区民宗办、区信访办、司区法局、区政务服务管理局等4个政府部门2021年预算编制情况进行初步审查。协助区人大常委会对区民宗办、区信访办、区政务服务管理局开展工作评议。督促对口政府部门办理代表建议27件。协助市人大常委会开展立法征求意见、专题调研工作6件次。

（吴向荣）

【教育科技文化卫生委员会】 1月，教育科技文化卫生体育委员会更名为教育科技文化卫生委员会。全年召开委员会会议5次。协助区人大常委会会议听取、审议议题5项；协助区人大常委会主任会议听取议题2项；协助区人大常委会对区教委开展工作评议。对区教委、卫健委、中关村科学城管委会、文旅局等四个政府部门2021年预算编制情况进行初步审查。协助区人大常委会跟踪督办“关于以改革创新为动力，积极创建国家卫生区，加快推进健康海淀建设的议案”。督促对口政府部门办理代表建议54件，重点督办代表建议3件。

（吴向荣）

【城市建设环境保护委员会】 年内，城市建设环境保护委员会召开委员会会议4次。协助区人大常委会会议听取、审议议题3项；协助区人大常委会主任会议听取议题5项；协助区人大常委会对区住建委、人防办开展工作评议；协助区人大常委会督办“构建多元主体，强化依法垃圾分类，提高城市管理精细化水平”议案。对区住建委、城管委、人防办、园林局、房管局、生态环境局六个政府部门2021年预算编制情况进行初步审查。督促对口联系部门办理代表建议109件，重点督办建议2件，跟踪督办建议5件。

（吴向荣）

【农村委员会】 年内，农村委员会召开委员会会议3次。协助区人大常委会会议完成审议议题3项；协助区人大常委会主任会议听取议题3项；协助区人大常委会跟踪督办“推动美丽乡村建设融入中关村科学城发展”议案。对区农业农村局、区水务局2021年预算编制情况进行初步审查。督促对口政府部门办理代表建议27件，重点督办代表建议1件。组织镇人大主席联席会1次。

（吴向荣）

【社会建设委员会】 1月成立。全年召开委员会会议4次。协助区人大常委会主任会议听取议题1项。对区人力资源和社会保障局、区民政局、区退役军人事务管理局、区医疗保障局、区应急管理局、区体育局六个部门2021年预算编制情况进行初步审查。协助市人大常委会开展立法征求意见、专题调研、执法检查等工作5件次。

（吴向荣）

海淀区人民政府

2021
北京海淀年鉴

综述

【概况】 2020年，区政府召开会议99次，研究议题352项。其中，召开区政府常务会31次，讨论议题161项；召开区长专题会68次，讨论议题191项。区政府常务会前学习4次。召开区政府党组会、区政府党组扩大会34次；召开部门座谈会、专项调度会等其他会议114次。

面对新冠肺炎疫情的严重冲击，区政府统筹疫情防控和经济社会发展，完成年度各项任务和“十三五”规划主要目标任务，全面建成小康社会取得决定性成就。

按照“坚定信心、同舟共济、科学防治、精准施策”总要求，迅速落实重大突发公共事件一级响应措施，成立疫情防控领导小组，组建14个专项组，全面开展疫情防控工作。组建221人的专业流调队伍，依法对病例追踪溯源。在全国率先上线应急公共服务平台，加强防疫物资寻源对接。累计筹集发放防疫物资196批次、694万余件。支持各类创新主体开展快速检测试剂、疫苗、医疗器械科研攻关，为疫情防控提供科技支撑。落实国家和北京市政策，为11万家企业减免社保费301亿元，为23.7万户次企业减税205亿元。出台11类纾困惠企政策，为中小微企业减免租金、物业费11.7亿元。

实现地区生产总值8504.6亿元，比上年增长5.9%。区级一般公共预算收入453.9亿元，比上年增长1.7%。产业结构持续优化，建立高精尖项目库，引进南水北调集团、国药集团、中资网安、微软小冰、微盟、奇岱松等一批高精尖项目。高新技术企业总收入3万亿元，比上年增长10%以上；规模以上工业总产值2466.1亿元，比上年增长8.9%；信息服务业收入1万亿元，比上年增长16%。加速孕育发展新动能。自贸试验区科技创新片区挂牌，启动“两区”建设，一批企业项目签约落地。实施中关村科学城北区发展行动计划，全年开复工面积564万平方米，其中新开工174万平方米、竣工100万平方米。18个重点产业项目有序推进。西北旺镇、温泉镇等68万平方米集体产业项目开工。

出台“村地区管”办法，构建农村土地管理工作体系。“三山五园”地区入围首批国家文物保护利用示范区创建名单。25项“疏解整治促提升”年度任务全部完成，拆除违法建设137.6万平方米，腾退土地136.7公顷，新生违法建设“零增长”，违法群租房、占道经营、开墙打洞等实现“动态清零”；退出一般制造业企业14家，疏解整治有形市场18家，开展110条背街小巷环境提升，新建和提升便民商业网点80个，改造公厕350座，全区旱厕“清零”。清河交通枢纽完工，推进地铁19号线一期、12号线、昌平线南延等轨道工程建设；地铁16号线中段通车，新增轨道通车里程12千米。上地东路等15条道路通车。打通西二旗西路、安宁庄西路等4条断头路，完成113万平方米道路大中修和10项疏堵工程。实施污染防治攻坚战行动计划。年均细颗粒物浓度36微克/立方米，下降10%，优良天数292天，空气质量保持城六区最优。推进区域协同、城乡融合发展，服务驻区单位。实现全国双拥模范城创建“九连冠”。主动服务北京城市副中心和雄安新区建设。深化扶贫协作和支援合作。

优化供给，人民群众获得感进一步增强。城镇登记失业率保持在1.5%以内，连续7年获评市级“充分就业区”。建设筹集保障性住房9200套，为特殊困难家庭提供公租房1229套，租金补贴覆盖10789个家庭。实施教育强区行动计划，新增学前教育学位9300余个，幼儿园普惠率92%；新增中小学学位4000余个。推进健康海淀建设，成功创建国家卫生区。建成6个社区卫生服务站。家庭医生重点人群签约率达94.8%。启动加强公共卫生应急管理体系建设三年行动计划。蝉联“全国文明城区”称号。入选全国新时代文明实践中心建设重点联系区。创新发展社会治理，问题解决率、群众满意度不断提升。全面完成镇级机构改革，持续完善基层治理体系，形成140项镇级职责清单。431项行政执法职权下放街镇。区级经营类事业单位实现事企分离。

（于淼　刘蓓蓓）

【机关事务管理服务】 1月，根据海淀区机构编制委员会文件精神，北京市海淀区人民政府机关事务管理处（北京市海淀区人民政府机关服务中心）更名为北京市海淀区机关事务管理服务中心（简称区机关事务管理服务中心）。

2020年，区机关事务管理服务中心负责管理第一办公区、第二办公区、招商大厦、中关村人才发展中心、曙光办公中心、田村路办公中心、五路居办公中心、航天桥办事大厅办公区、联想桥办事大厅办公区、新海大厦、上地办公中心、上地政务服务办事大厅、青龙桥办公中心、西北旺办公中心、妇女儿童活动中心、北部文化中心、知春里办公中心、万泉河办公中心18个集中办公区，总建筑面积约48.1万平方米，入驻117家处级单位和31家处级以下单位、6800余名机关干部。承办的区机关幼儿园为北京市示范园，幼儿园于2020年对区老干局原址进行改造扩建，园所占地面积5818.2平方米，建筑面积3555.2平方米，设有小、中、大三个年龄段教学班。截至年底，区机关事务管理服务中心总资产46.31亿元，管理房产总面积66.07万平方米，全年新增资产990.08万元，处置报废资产382件，处置资产原值377.86万元。完成全区各级党政机关办公用房信息情况汇总工作；完成区审计局移交秋露园8套房产接收工作；完成中关村东路100号、甘家口12号楼房产情况调研工作；完成海淀公安分局办公楼不动产权属办理工作；完成知春路15号出租房产的续租和租金收缴工作；完成知春里27号楼区原老干部局办公用房资产无偿划转工作。区城市大脑扩建工程进入内部装修阶段，万泉河办公中心装修改造工程项目、机关幼儿园扩建园区项目完工。11个集中办公区“阳光餐饮”项目安装调试到位，9个办公区完成厨房废气净化改造工程。

完成车管平台上线工作。全区103个单位、615辆公务用车完成在线注册。通过平台电脑端和手机端，实现公务用车在线申请、审批、调度，结合大数据分析和轨迹实时监控，同时建立车辆位置监控检查机制，提升公务用车日常监管能力。对全区使用车管平台的103家单位开展公务用车专项检查。通过现场检查，对车辆管理规定落实情况、车辆油卡使用、车辆标识情况、车辆平台使用、车辆违规出行情况摸排核实，并提出整改意见。

开展2019年海淀区公共机构节能绩效考评工作。完成2019年机关事务管理服务中心碳排放报告、核查工作。举办主题为“节能减量绿色发展”的公共机构节能宣传周活动。开展垃圾分类知识宣传，引导各办公区机关干部自觉分类，提高环保意识。开展节约型公共机构示范单位创建工作，曙光办公中心节约型公共机构示范单位创建验收评审获通过。完成海淀区公共机构节能管理平台运维工作。

疫情防控保障。区机关事务管理服务中心负责区领导小组及专班运行后勤保障；协调集中留观、医学隔离场所的设置及建设；区机场境外返京人员接转专班后勤保障、在鄂北京人员接返后勤保障；区委办局及事业单位物资保障、组织部社区防控物资保障、区领导联系慰问等防疫物资保障，以及区政府集中办公区疫情防控工作。

（张寅）

【区领导调研】 年内，区政府主要领导围绕加强中关村科学城建设、提升城市治理效能、改善民生福祉等市区重点工作，开展主题调研检查、走访200余次。疫情期间，采取“四不两直”方式深入医院、学校、社区（村）等防疫一线调研、检查68次，确保各项防疫措施落到实处；调研走访企业31次，解决企业实际困难，助力企业复工复产。

（杨鹏飞）

【政务信息】 年内，海淀区向市政府办公厅报送信息1174篇，获得市领导批示信息13篇，完成国家级媒体约稿27篇；双创示范基地建设、外籍人才受疫情影响期盼建议、支付清算服务收费情况快速调研等9篇信息被国务院办公厅采用。围绕疫情防控、科技创新、垃圾分类等重点工作出刊《海淀信息》（特刊）9期；《海淀信息》（普刊）出刊167期，《海淀信息》（专刊）出刊52期。53条信息被市级疫情防控专班《北京市疫情防控工作简报》采用。完成区疫情防控工作专刊193期。

（李萱）

【建议提案办理】 年内，区政府共办理全国、市、区人大代表建议、政协提案595件，均已按期办复。其中全国人大建议1件（会办）、全国政协提案1件；市人大代表建议45件（主办/单办23件，会办22件）、市政协提案20件（主办/单办7件，会办13件）；区人大代表建议267件；区政协提案261件。

（李冰）

【督查工作】 年内，区政府共推动584项市、区重点任务落实。疫情防控督办：对全区29个街镇落实小区（自然村）防控工作情况开展3轮抽查检查；根据市疫情防控工作领导小组专题会有关会议纪要，督办落实18期82项重点任务；连续7周跟踪督办防疫物资储备情况，保障防疫物资生产稳定可控。重点任务督办：全力做好市政府工作报告重点工作涉及海淀区任务、北京市重要民生实事涉及海淀区任务、“五新”[①]政策措施涉及海淀区工作、区委区政府重点工作分解方案、区重要民生实事等重大决策任务的督促落实；综合运用信息化平台监控、第三方察访核验、现场督查“回头看”等多种形式加强全程督办、过程监控，通过定期跟踪，季度分析进展情况，推动各项任务取得实效。保障国务院大督查：完成督查组实地督查的情况汇报、调研保障、问题整改、报告反馈等工作，形成信息简报7期，阶段性情况反馈和落实报告各3期。国务院办公厅对海淀区“双创”政策落地、公立医院综合改革取得的成效予以通报表彰。

（于海涛）

【绩效管理】 年内，海淀区开展2020年度市、区绩效管理工作。动态跟踪市绩效任务进展，形成6期绩效专报，定期向区领导汇报任务进展，区委、区政府主要领导和主管领导及时统筹调度，推动全区“大绩效”任务落实，完成37大类市绩效任务。结合党群、政府、街道、镇和区属企业五大系统120余个部门工作特点，优化绩效考评指标体系，围绕疫情防控、“五新”政策、优化营商环境等市区重点任务，编制政府系统48个部门绩效任务书，实现“一单位一本账”清单式、个性化绩效管理。围绕市、区重点任务，开展第三季度和年终察访核验，形成问题清单，督促整改落实。启动“督考合一”信息平台建设，探索绩效工作可视化、场景化应用。对垃圾分类、物业管理等工作，开展群众满意度测评，征求辖区居民、企业的意见建议。

（李诗絮）

【区政府系统人大建议政协提案交办会】 3月16日，海淀区2020年政府系统人大建议政协提案交办会召开。政府系统共承办市、区人大代表建议302件，市、区政协提案275件，涉及科技、城建、交通、教育、医疗、养老、文体等领域，涉及承办部门59家。区委副书记、区长曾劲向承办单位交送办理任务，并提出工作要求。

（李冰）

【2项工作连续4年受国务院表彰】 5月8日，国务院办公厅印发通报，对

① 新基建、新场景、新消费、新开放、新服务。

2019年落实打好三大攻坚战和实施乡村振兴战略、深化“放管服”改革优化营商环境、持续扩大内需、推动创新驱动发展、保障和改善民生等有关重大政策措施真抓实干、取得明显成效的213个地方予以督查激励，相应采取资金、项目、土地、改革先行先试等30项奖励支持措施。海淀区2项工作受到表彰，这是海淀区连续4年被国务院点名表扬。受表彰的一项工作是在推动“双创”政策落地、促进创业带动就业、加强融通创新、扶持“双创”支撑平台、构建“双创”发展生态、打造“双创”升级版等方面大胆探索、勇于尝试、成效明显的区域“双创”示范基地；激励措施：2020年，国家发展改革委组织实施，优先支持创新创业支撑平台建设，在中央预算内投资安排等方面予以重点倾斜；对区域内符合条件的创新创业项目，优先推介与国家新兴产业创业投资引导基金、国家级战略性新兴产业发展基金、国家中小企业发展基金等对接；优先支持区域内创新创业成果在全国“双创”活动周主会场重点展示；优先支持举办“创响中国”等重大活动，宣传推广形成的好经验好做法。受表彰的另一项工作是公立医院综合改革成效较为明显；激励措施：2020年，由国家卫生健康委、财政部组织实施，在公立医院综合改革中央财政补助资金分配中予以倾斜，各单独安排奖励资金500万元。

（钟冷）

【区政府与南京银行签订战略合作协议】 10月14日，《北京市海淀区人民政府、南京银行股份有限公司战略合作框架协议》签约仪式举行。根据协议，南京银行将进一步强化金融服务保障和配套支持，重点围绕海淀区产业转型升级载体建设、中关村科学城建设和科技金融发展，加大资源投入力度，加强重大项目对接，更好助力海淀区经济社会发展。海淀区将不断深化创新合伙人关系，优化精准服务新机制，努力做好各项服务保障工作，为南京银行营造更加良好的营商环境和发展环境。签约现场，双方就促进海淀科技金融建设、深化双方战略合作等方面内容进行座谈交流。南京银行股份有限公司党委副书记、行长林静然，区委副书记、代区长王合生参加座谈。

（钟冷）

【重点项目战略合作协议签约】 11月17日，海淀区重点项目战略合作协议签约仪式。中国医学集团有限公司、中资网络信息安全科技有限公司、北京快手科技有限公司、龙芯中科技术有限公司4家央企、高精尖产业领域企业分别与区政府、中关村科学城管委会签署战略合作协议，推动中关村科学城建设和海淀区高质量发展。区委副书记、代区长王合生出席签约仪式，副区长、中关村管委会副主任林剑华主持签约仪式，并代表海淀区分别与4家企业签订合作协议。海淀区将与签约企业在医药健康、网络完全、软件和信息服务业、集成电路等高精尖产业领域开展创新合作，构建创新合伙人关系，携手加快建设具有全球影响力的全国科技创新中心核心区。在交流座谈中，各企业畅谈未来发展规划，对海淀区经济社会发展提出建设性意见。

（钟冷）

【海淀区与国网北京市电力公司签署合作框架协议】 12月16日，海淀区与国网北京市电力公司签署合作框架协议，携手建设国际领先的能源互联网。根据协议，双方将在电网规划、重点工程、智慧电网、网架建设、电网安全、卓越服务、能源替代、创新创效八个方面加强协同，构建中关村科学城北区“1+4+3”智慧电网试点，建立海淀城市大脑“智慧能源”板块，加强分布式智慧城市多站合一建设，不断提高海淀区电网规划建设水平。在座谈交流中，双方围绕加强深度协同，增强发展动能，提升服务水平，加速项目落地，推动地区发展等方面进行深入探讨。国网北京市电力公司负责人，于军、王合生、梁爽、沙海江等区领导参加座谈。

（钟冷）

“接诉即办”工作

【概况】 2019年1月1日，北京市实行以市民服务热线为主渠道的“接诉即办”改革。“接诉即办”指北京市对诉求人通过12345市民服务热线和北京12345网络平台搭建的接诉即办平台提出诉求给予快速响应、高效办理、及时反馈的为民服务机制。“接诉即办”机制以“响应率、解决率、满意率”为考评内容，定期对全市各单位办理市民诉求的情况进行点评、通报。

2020年，海淀区市民服务热线系统受理各类群众诉求和咨询案件503892件，比2019年258264件出现大幅上升，同比增长95.11%；实际承办群众诉求424586件，其中承办12345群众诉求396818件、人民网2934件、政务舆情1418件、中心网站233件、区政务服务大厅134件、政风行风热线34件，区城管指挥中心直接办理23015件。区城管指挥中心主动服务，对群众诉求进行全覆盖式回访，共外呼933634次。解决率、满意率由2019年的64.06%和79.64%，分别上升到89.65%和92.40%。群众诉求主要集中在消费者权益保护、物业管理、疫情防控、噪音扰民、违法建设等方面。

（孙焱珠　李剑锟）

【“接诉即办”工作专题调度会】 2月19日，区委常委、副区长梁爽主持召开疫情期间“接诉即办”工作专题调度会，29个街镇和43家委办局的主要领导参会。区城管指挥中心通报1月24日以来疫情类诉求分析。会议通过对比海淀区与其他区在“接诉即办”疫情案件办理中存在的差距和不足，提出组织领导到位、防控措施到位、监督考核到位、宣传引导的工作要求。3月13日，“接诉即办”工作3月专题调度会召开。区城管指挥中心介绍“接诉即办”日常办理和考核申诉情况，全面分析疫情高发问题，指出考核申报存在的问题，提出相关工作建议。4月17日，4月“接诉即办”工作视频会召开，区城管指挥中心通报近期“接诉即办”办理和考核情况，并提出工作建议。北下关街道、马连洼街道、区市场监督管理局和区卫健委介绍“接诉即办”工作方法，重点剖析工作中存在的不足和下一步工作计划。5月14日，5月“接诉即办”工作专题调度会召开，针对物业管理条例、生活垃圾管理条例实施、市中心考核规则做出重大调整的情况，部署“接诉即办”工作。区城管指挥中心通报市中心系统申报情况、存在的问题以及群众诉求热点，提出针对性的工作建议，梁爽提出三点工作要求。5月16日，“接诉即办”工作视频调度会召开。梁爽通报5月全区“接诉即办”工作情况，提出工作建议。8月14日，召开“接诉即办”工作调度会。区城管指挥中心从热点诉求分析、未解决案件情况分析、存在的问题三方面分析8月全区“接诉即办”工作，并提出下一步工作措施；梁爽点评西北旺镇、四季青镇、海淀街道、房管局、国资委、上地街道、紫竹院街道、市场监管局等部门的工作；区委副书记张强提出工作意见。

（孙焱珠）

【“接诉即办”工作报告通过审议】 2月20日，区委全面深化改革委员会召开第九次会议，审议通过区城管指挥中心所作的《关于深化党建引领社会治理改革，深入推进市民服务热线“接诉即办”工作的报告》。报告主要内容包括：2019年“接诉即办”工作做法：建立专题调度机制、建立常态分析体检机制、建立专项治理行动机制、建立考核问责机制、建立一把手回访机制。存在问题：基层治理能力还需进一步加强、联动协调能力还需进一步提升。工作成效：工作导向发生明显变化、基层治理发生明显变化、群众感受发生明显变化。2020年工作计划：围绕“1个落实和5个完善”开展工作。“1个落实”为扎实落实《北京市人民政府关于进一步明确责任加强新型冠状病毒感染的肺炎预防控制工作的通知》；“5个完善”为：完善“七有”“五性”考核、完善网上诉求办理、完善包片包案机制、完善协调联动机制和完善考核评价体系。

（孙焱珠）

【“接诉即办”挂账到期销账案件专题调度会】 6月1日，“接诉即办”挂账到期销账案件专题调度会召开，29个街镇和43家委办局的主要领导参加会议。区城管指挥中心汇报本月挂账到期销账案件情况，介绍说明本月各部门销账任务明细和考核规则。各参会单位主要领导分别对下一步工作安排和计划表态。区纪委区监委按照市纪委统一部署，进一步加大对群众诉求办理情况的督查力度。

（孙焱珠）

【“一把手”接听市民来电】 9月15日，北京市市民热线服务中心主办的“一把手”接听市民来电的“听民意 解民忧”第七季活动启动。区委书记于军，区委副书记、代区长王合生，区委副书记张强及街镇、相关部门主要负责人，在北京“12345”市民热线服务中心接听市民电话。共接听市民来电近60个，内容涉及海淀区城市管理、环境建设、民生保障等方面，并现场会商解决群众诉求、协调解决问题。此次活动通过“12345”热线电话、政务微博与市民互动，并邀请人大代表、政协委员到场，加强对“接诉即办”工作的监督。于军表示，针对市民反映的问题，要做到派遣到位、解决到位、回访到位；坚持党建引领，围绕“七有”要求和“五性”需求，把群众工作做得更有温度。

（孙焱珠）

6月1日，“接诉即办”挂账到期销账案件调度会召开（区城管指挥中心 供图）

【区政协领导调研“接诉即办”工作】 11月2日，区政协主席刘勇、副主席胡淑彦到中关村街道调研“接诉即办”工作，听取中关村街道“接诉即办”工作的情况进行说明、重点案例和“接诉即办”工作中存在的问题分析。刘勇提出4点工作要求：街道领导要亲自调度回访，使整个街道形成合力；提前预判，做到“未诉先办”；突出重点；集中力量做好“接诉即办”工作。

（孙焱珠）

【市政务服务局督查“接诉即办”工作】 11月10日，市政务服务局市民热线服务中心主任张波一行，到海淀区督查“接诉即办”工作。张波一行实地调研万寿路街道今日家园社区，听取万寿路街道、区城管指挥中心关于街道“接诉即办”工作开展情况、海淀区《关于优化提升“接诉即办”工作的实施方案》落实情况。张波对海淀区“接诉即办”工作给予高度肯定，并提出工作要求。

（孙焱珠）

政务服务

【概况】 2020年，海淀区政务服务管理局（简称区政务服务局）推进“放管服”改革，持续优化区域营商环境，推进政务服务“一网、一窗、一次”改革。区政务服务局设1个区级政务服务中心（包括上地办公区、联想桥办公区、航天桥办公区）、7个政务服务分中心和29个街镇政务服务中心。各政务服务中心办理业务531.75万件，其中区级政务服务中心3个办公区办理业务91万件，满意率99.96%。接待考察调研团73批。

政务服务区块链应用多次获得市、区领导批示表扬。区级政务服务中心服务管理完成营商环境、文明城区复查、国务院大督查等重大迎检任务。海淀区政务服务工作被中国国际电视台、《光明日报》《北京新闻》《北京日报》等中央、市属媒体宣传报道20余次。海淀区获全市年度公众参与政务服务评价项目五项指标（综合效能指标、服务环境指标、服务供给指标、服务获取指标、服务创新指标）全市第一。区政务服务局报送的“深化应用区块链技术，打造政务服务新生态”获“北京市基层政务服务十佳案例”；报送的“关于赴广州深圳考察学习的报告”和“关于赴上海、杭州两地学习的调研报告”获“北京市基层政务服务优秀调研报告”；区政务服务局陈镭获北京榜样•政务服务之星；“接诉即办”工作获全市并列第一。

（李佳雯　侯敬涛　王素杰）

【“一网通办”平台建设】 年内，全区完成刻制电子印章413枚。建设区电子证照分中心，完成65类电子证照市级联调使用，实现116个事项电子证照应用场景落地。汇聚数据至市级平台61万余条，上报办件量6.2万余条，覆盖1300余个政务服务事项。全区互联网端、区级政务服务中心和29个街镇“好差评”系统上线运行，推出1136个事项全程网上办结。121项服务实现“智慧审批”。初步形成线下政务服务中心窗口、网上办事大厅、海淀通App、微信公众号、自助服务终端多端合一的政务服务整体架构，企业、群众办事更方便、更快捷。

（陈镭）

【社区（村）政务服务标准化规范化建设】 年内，区政务服务局会同区民政局、各街镇开展社区（村）政务服务窗口标准化、规范化建设示范工作。制定《海淀区社区（村）政务服务窗口标准化、规范化建设示范工作实施方案》，明确选取条件、建设标准和验收评估指标体系。24个街镇的50个社区（村）完成场地建设、人员培训、各类设备配备、事项标准化梳理、业务流程再造、各类机制、规范制定等工作，50个创新型社区（村）政务服务窗口正式对公众提供服务。

（孙雯雯）

【“帮办代办”服务】 年内，区政务服务局创新未诉先办服务模式，推出“帮办代办”服务。针对“不满意”“没办成”人群，建立“服务—问题—分析—整改—再服务”工作机制，深入研究办事群众一次没办成的原因，对咨询不清楚、指引不明显、材料不准确、办事指南看不懂等问题，形成问题清单，逐条整改反馈，精准提升办事便利度和服务效能。针对“没办成”“有困难”人群，依托政务服务专员和免费双向寄递服务，形成“签署授权委托文件—收取补齐补正材料—送达审批结果文件”工作机制，代理交件办件。“帮办代办”办件1483件，其中“委托事项”677件、“未诉先办事项”806件。

（侯敬涛）

疫情期间，区政务服务中心开辟绿色服务通道，方便市民办理业务（田峰　摄）

【政府信息公开】 年内，区政务服务局调整全区政务公开全清单，涉及1923类业务事项，8380条标准目录，实现“一单到底”，信息全覆盖。出台2020年度海淀区政府重大行政决策目录，确定8个重大行政决策事项，征集公众建议57条，采纳5条。在区政府门户网站设立规范性文件预公开和会议公开专题，预公开规范性文件7个，公开会议687条。“线下线上”开展政务开放日活动88场，参与人数超过100万人次，企业、群众“零距离”体验政府工作。对外公开电话接听率100%。全区主动公开政府信息30239条，较上年28270增长7.0%；受理信息公开申请1376件。

（李波）

【海淀区公共资源交易平台】 年内，区政务服务局建设政府采购全流程电子化交易系统，实现项目“不见面开标”。推广政府采购项目投标电子保函，为企业减负377万余元。应用区块链技术，实现投标企业注册信息自动填报复核。对接国家公共信用信息中心数据，实现政府采购项目信用“秒审”。将行政监督部门和项目建设单位履行主体职责情况纳入依法行政考核，修订完善代理机构评价和小型工程管理办法。海淀区公共资源交易平台完成交易项目1742个，交易额159.71亿元，节约资金2.91亿元。小型工程系统完成交易项目320个，交易额 1.5 亿元。

（陈娟　何文毓）

【区块链技术试点应用】 2月，区政务服务局成立政务服务领域深化应用区块链技术领导小组。领导小组下设工作专班，建立联席会议和业务推进会议工作机制，落地9个试点场景。11月，协调国家、市、区级37类数据链上应用，全年实现601个区块链应用场景落地，1621项区级政务服务事项区块链技术应用全覆盖。“我要开画廊”是第一个有办件量的主题服务场景，审批时限从6个工作日缩短为2个工作日；“区块链+教师资格认定”和“自采暖补贴”等场景实现全流程“不见面审批”，变跑多次为“一次不用跑”。全市首台运用区块链、人工智能等新技术的自助服务终端投入使用，实现政务服务自助办理与智慧审批相结合，为企业、群众提供便捷、规范、高效的政务服务。

（曲利敏　岳群智）

【《海淀区2020年政务服务超越行动计划》实施】 3月9日，《海淀区2020年政务服务超越行动计划》（简称《计划》）经区政府批准，正式印发实施。《计划》通过实施六项行动计划，推进全区政务服务全周期智能链接、全流程智能审批、全时段智能申办、全用户智能推送、全方位智能治理，力争在年底实现整体化、立体化、可及化、精准化、规范化“全时智慧政务”服务新模式。六项行动计划包括：以政务服务具象化、事项梳理标准化、申办模式最简化三项措施，实施“全生命周期政务服务链条构建”行动，实现服务由标准到最简的超越；通过“摸底数、链系统、搭平台、智审批”，不断丰富政务服务智能场景，实施“全生命周期政务服务区块链平台搭建”行动，实现行政审批由人工到智能的超越；推进“全程网办”新突破、打造智慧大厅新标杆、统一政务服务新标识、建设政务服务新格局四项措施，实施“全生命周期政务服务体系构建”行动，实现服务重心由线下到线上的超越；以“大力推行‘告知承诺’制度”“主动推送政务服务信息”“落实延时服务机制”“切实推行服务公平”“做实做强政务服务站”五项措施，实施“全生命周期政务服务增温提质”行动，实现由政务人情怀到办事人实惠的超越；以加强政务公开、优化政务服务治理机制两项措施，实施“全生命周期政务服务现代化治理”行动，实现由服务自治到共治的超越；以交易服务便捷化、交易过程电子化、交易监管精准化、平台运行一体化的“四个一体化”措施，实施“全生命周期公共资源交易在线”行动，实现服务、交易、监管线下独立运行到线上一体化运行的超越。

（钟冷）

【优化营商环境】 3月，区政务服务局组织优化营商环境3.0版改革政策培训，线上开设优化营商环境专栏，线下通过海报、易拉宝、宣传手册、电子显示屏等形式推广宣传3.0新政，1515人次参加培训。6月，在区政务服务中心上地办公区、航天桥办公区、联想桥办公区开展无障碍预约服务，以电话预约与网上预约两种方式，为残疾人提供咨询导引服务、陪同服务、轮椅服务和专业手语翻译等服务，全年服务群众1484人次。推出300余项业务“电话办”服务，接听企业、群众来电401次，提供咨询服务333次，办理业务68件，实现办事“零见面”。签收处理12345“接诉即办”平台案件109件，“响应率、解决率、满意率”均达100%。

（季永将　侯敬涛　赵伟科）

【“放管服”改革】 3月至11月，区政务服务局开展全区政务服务事项大调研，面向47个政务服务事项主管部门，调查事项运行整体情况，支撑各项重点改革任务的实现。13个委办局的181个事项启动实施承诺制审批，业务办理量12.2万余件。取消区级行政许可事项4项，清理“零办件”事项9项、取消各类证明29项。公布区级59项保留中介服务事项清单。在全区开展两批排查隐性壁垒工作。落实市政府折子工程，梳理上线358项“办好一件事”主题服务，设计“一图、一表、一单”，依托“帮办代办”专员，建立一企一档，实现“上一网、交一表、找一人、办一次”，办理业务156件。

（郭越洋）

【延时服务】 8月，全区各级政务服务中心开始提供工作日“早晚弹性办”“午间不间断”和“周末不休息”延时服务。企业和群众可通过微信公众号、电话及网站等预约，切实解决企业和群众“上班没空办、下班没处办”的难点问题。推行“自助办”，在综合大厅、街镇大厅、社区（村）服务站和园区服务站配备20台自助服务终端。航天桥办公区设置24小时“不打烊”自助服务示范区，全天候办理自助查档、制证、缴费、查询、打印25个部门的182个便民服务事项。各级政务服务中心累计延时服务19.21万余人次，办理业务10.16万余件。

（王素杰　王西）

对口帮扶

【概况】 2020年，海淀区对口帮扶内蒙古敖汉旗、科右前旗，河北易县、赤城县；对口支援新疆和田市、新疆生产建设兵团皮山农场；对口协作湖北丹江口市。2018年至2020年，海淀区共安排区级专项扶贫资金1.91亿元，助力结对地区共计13.42万名建档立卡贫困人口脱贫。2018年，助力易县高质量脱贫摘帽；2019年，助力丹江口市、皮山农场、敖汉旗、科右前旗脱贫摘帽；2020年初，助力和田市、赤城县脱贫摘帽。至此，海淀区7个对口帮扶地区全部实现脱贫摘帽。

（钟冷）

【扶贫协作】 年内，区发展改革委分批拨付区级扶贫项目专项资金8900万元，街镇自有体制财政资金5848万元，用于扶贫协作和支援合作工作。通过劳务协作，带动结对旗县贫困人口就业脱贫3989人。成立

7家北京市消费扶贫双创中心海淀分中心，帮助结对地区销售特色产品和农副产品约10.3亿元。实现受援地108个乡镇结对全覆盖。

（王晓华）

【网络扶贫主题活动】 8月8日至9日，区委网信办在河北赤城县号召网络名人和社会人士捐款捐物，走访贫困农户，组织大V实地参观当地的扶贫企业、示范园等地，以公益营销方式宣传“大美”赤城靓丽名片。实地考察海淀帮扶河北赤城县的学校项目，协调属地互联网企业快手科技与赤城县融媒体中心签订战略合作协议。

（田崴）

【科技扶贫】 8月21日，中关村科学城管委会（简称科学城管委会）组织产业联盟、行业协会、企业一行40余人，到河北省赤城县开展扶贫对接工作。对赤城县进行科技扶贫、产业扶贫、“造血式扶贫”，带动当地旅游文化、农副产品等产业发展，形成一城带一县协同发展。北京现代有机产业技术创新战略联盟企业与内蒙古科右前旗、赤城县进行产业对接，在大棚灌溉、有机认证、物流保鲜包装等方面开展产业技术交流，提升当地农业大棚管理水平，延长生鲜产品保质期。中关村软件联合党委在赤城县组建网红培训基地，培训学员20人。豪尔伟业、中新发公司与易县在有机材料、文化旅游方面开展合作，打造当地特色旅游项目，促进有机材料技术升级。北农大公司在易县、赤城县3年帮助20余户农民家庭增收50万元，节省42万公斤饲料粮；推动大北农华北集团启动养猪5000头产业扶贫项目。科学城管委会组织70余家园区企业、产业联盟和协会向赤城县、易县、敖汉旗、科右前旗捐款16万元，捐助价值71万余元物资。

（李锦程）

【区党政代表团到赤城对接扶贫协作工作】 8月28日，区委书记于军率海淀区党政代表团，到张家口市赤城县对接扶贫协作工作。代表团考察大海陀乡的海陀山谷项目，详细了解海陀山谷建设历程和前景规划以及产业发展与项目建设情况；走访慰问郑家梁村建档立卡贫困户；考察调研海淀区援建的产业扶贫项目——赤城县科技扶贫示范基地，详细了解蔬菜、瓜果等特色农产品种植技术以及项目与脱贫攻坚工作结合紧密度和贫困户受益效果。在对口帮扶签约捐赠环节，海淀区向赤城县援助对口帮扶资金1360万元；超市发、锦绣大地分别与赤城县绿色扶贫产业发展有限公司签约合作项目；海国投、翠微集团、海科金、中海投向赤城县乡、镇捐赠对口帮扶资金；美团集团向赤城县扶贫办捐赠共享单车。考察期间，代表团看望慰问海淀区在赤城县的挂职干部。区领导吴计亮、梁爽、张若冰参加。

（钟冷）

【王合生到易县考察对口帮扶工作】 9月4日，区委副书记、代区长王合生率相关职能部门负责人，到保定市易县考察对口帮扶工作。王合生一行到东西部扶贫协作北京对口帮扶项目恋乡•太行水镇乡淘院子项目现场，了解太行水镇总体建设、运营情况以及海淀区对口帮扶项目建设情况，走访慰问安各庄乡下铺村建档立卡贫困户。在对口帮扶签约捐赠环节，海淀区向易县援助对口帮扶资金1000万元。玉渊潭农工商总公司捐赠良岗镇、白马乡帮扶资金各50万元。北京海开房地产集团有限责任公司捐赠富岗乡帮扶资金30万元。北京海房投资管理集团有限公司捐赠甘河净乡帮扶资金30万元。北京实创高科技发展有限责任公司捐赠凌云册乡帮扶资金30万元。北京实创科技园开发建设股份有限公司捐赠城管处帮扶资金30万元。北京海淀置业集团有限公司捐赠尉都乡帮扶资金30万元。考察期间，王合生慰问海淀区在易县的挂职干部。

（钟冷）

【统战帮扶团到赤城开展对口帮扶】 9月10日至11日，区委常委、统战部部长任武军率海淀区统战帮扶团，到张家口市赤城县开展对口帮扶工作。区工商联与赤城县茨营子乡签订结对帮扶协议；去哪儿网、中电兴发公司向茨营子乡捐赠对口帮扶资金60万元；区青年企业家联谊会、上地商会、翠湖科技园商会分别与茨营子乡罗车铺村、碾子湾村、西沟村3个贫困村签订一对一扶贫协议。走访贫困村建档立卡户，实地考察地产民宿、果蔬食品、电子商务以及京赤科技园等扶持产业项目，对接帮扶意向。

（李宁）

【科学城企业对口帮扶】 9月11日至12日，中关村科学城管委会规划发展处负责人与北京农学院科技园、海淀园创业中心、部分外商投资企业负责人一行14人，到内蒙古敖汉旗开展对接产业扶贫工作。中关村科学城的29家外商投资企业向木头营子乡蒙古族中心小学、兴隆洼中心小学捐赠价值27万余元的教学用品。大唐网络捐赠河北省赤城县田家窑镇下仓村打印机、电脑，汉王科技捐赠赤城县田家窑镇井儿洼村20个书包。中关村外资协会与敖汉旗兴隆洼镇大窝铺村、泽华化工公司与兴隆洼镇郭家水泉村、第一视频党委与兴隆洼镇大甸子村分别签署村企结对帮扶协议。年内，科学城党工委引导动员非公企业对7个对口支援县市（旗）开展扶贫协作和对口支援。多次组织带领非公科技企业、产业联盟、行业协会等，到对口支援地区进行扶贫对接、调研和座谈交流，协助对接产业入驻，精准落地扶贫合作项目。推进“造血式”扶贫，以科技创新、文旅融合等方式，带动当地产业发展，实现高质量脱贫。海淀区文化创意产业协会企业联合党委从政策、规划、市场层面指导当地政府挖掘人文地理资源，搭建市场渠道，发展绿色农业生态旅游观光等项目，帮助当地打造致富产业。中博农畜牧科技股份有限公司在内蒙古兴安盟建设优质奶牛生态循环养殖示范牧场、示范小镇及相关养殖项目，吸纳当地劳务用工约5000人，带动周边地区14万亩玉米种植户每亩增收200元，有效拉动种植业、乳制品加工业和服务业等关联产业发展。爱放牧生物质新材料有限公司通过秸秆收储、提供肥料，带动建档立卡贫困户脱贫超过2000户。京蒙糖业万吨级生物质转化项目安置贫困人口就业110人。光伏发电扶贫项目产生效益1125万元。在消费扶贫、捐资助学、就业扶贫等领域开展“全方位”帮扶协作。中关村科学城综合党委和总工会组织20余家非公科技企业为内蒙古满族屯学校捐献价值32万元的爱心物资，采购10万元特色农产品助力消费扶贫。中关村高新技术企业协会企业联合党委组织多家非公科技企业为河北省赤城县贫困学生捐献价值11万元的助学物资。启明星辰党委发动基金会捐赠内蒙古察尔森镇10万元用于带动残疾贫困人口务工就业，捐助新疆和田阿鲁库勒村5万元建设鸡饲料厂，解决贫困户就业；捐助墩加依村5万元修建门面房出租，增加村集体收入。

（万清 李锦程）

【王合生到敖汉旗考察对口帮扶工作】 9月13日至14日，王合生带队到内蒙古自治区赤峰市敖汉旗考察对口帮扶项目。王合生一行考察海淀区援建的贝子府食用菌扶贫产业园，察看暖棚、冷库、生产和加工园区，了解产业园整体经营、产品销路、带动当地贫困户稳定脱贫情况；考察金厂沟梁镇黑木耳扶贫产业园，察看出菌棚、晾晒场，详细了解产业园整体产销情况、对口帮扶资金使用情况及推动当地经济发展情况；走访慰问石匠沟村建档立卡贫困户。在签约捐赠仪式上，海淀区向敖汉旗援助对口帮扶资金1100万元。四季青镇向敖汉旗教育局捐赠帮扶资金20万元，北京西农投资有限责任公司向惠州街道办捐赠帮扶资金30万元。北京沙迪克商贸中心与内蒙古沙漠之花饮品有限公司、幸福荣耀（北京）超市有限公司与内蒙古沙漠之花饮品有限公司分别签订合作意向书。考察期间，王合生看望慰问海淀区在敖汉旗的挂职干部。

（钟冷）

7月24日，海淀区助力内蒙古赤峰市敖汉旗奔小康，工人在大棚采收木耳（《海淀报》供图）

【区党政代表团到科右前旗对接扶贫协作工作】 9月24日至25日，于军率区党政代表团，到内蒙古自治区兴安盟科右前旗对接扶贫协作工作。代表团考察由海淀区援建的产业扶贫项目田园综合体枢纽工程，实地察看产业运营中心、直播带货基地、鲜食玉米加工车间、五谷杂粮包装车间。该项目已成为中央定点帮扶单位北京林业大学和京蒙扶贫协作单位海淀区合作打造的集农畜产品加工、电商运营、直播带货等为一体的农业综合性服务平台和模板，并通过互联网和大数据应用，与海淀区商务局、海淀区消费扶贫分中心等建立沟通机制和供销渠道，进一步提高商品化率和电子商务交易比例。建成4个月累计销售农畜产品超过400万元。代表团考察由海淀区帮扶的产业扶贫项目——在建的科右前旗优质奶牛生态循环养殖示范牧场；走访慰问察尔森镇察尔森嘎查建档立卡贫困户。在对口帮扶签约捐赠环节，海淀区向科右前旗援助对口帮扶资金2390万元；锦绣大地、京粮物流分别与兴安盟家禾米业有限公司、科右前旗蒙良经贸有限公司签约合作项目；东升镇、海淀镇、四季青镇、西北旺镇、玉渊潭农工商总公司、海淀区红十字会携手小米公司向科右前旗捐赠帮扶资金。考察期间，代表团看望慰问海淀区在科右前旗的挂职干部。区委常委、政法委书记、区委办主任吴计亮参加。

（钟冷）

【区党政代表团到和田对接扶贫协作工作】 10月21日至24日，于军率区党政代表团，到新疆维吾尔自治区和田市、新疆生产建设兵团第十四师昆玉市皮山农场对接扶贫协作工作。在和田市，代表团考察海淀区援建项目伊里其乡托万阿热勒村冰糖厂，将燃煤生产改造成为天然气生产，产量和销售额实现翻番；考察援建的玉龙喀什镇纳格热其村拖把厂项目，察看生产、储存车间运行情况，详细询问就业、收入情况；考察援建项目——和田市海淀小学、幼儿园；调研和田市团城旧城综合改造项目；走访慰问阿鲁博依村建档立卡贫困户。在帮扶捐赠环节，海淀区向和田市援助资金1800万元；玉渊潭农工商总公司、区总工会、区工业公司、四季青镇、区金融办、区红十字会携手昊业怡生公司向和田市捐赠帮扶资金。在皮山农场，实地调研援建的蛋鸡标准化养殖场、新城区养殖小区提升工程、无花果规范化种植大棚运行情况；向皮山农场援助资金500万元，区总工会、清河街道向皮山农场捐赠帮扶资金。考察期间，代表团慰问海淀援疆干部。区委常委、政法委书记、区委办主任吴计亮参加。

（钟冷）

人事人才

【概况】 2020年，海淀区共有546家事业单位，编制33873名。其中，区教委所属事业单位编制19702名，实有18656人；区卫健委所属事业单位编制6740名，实有在编5120人。事业单位专业技术人员23352人，其中区教委专业技术人员17792人、区卫健委专业技术人员4893人，两家单位专业技术人员总数占区属单位总数的97.14%。

（张艺璇）

10 月 23 日，海淀区人才工作事权下沉试点园落地中关村壹号（政府办 供图）

【积分落户】 年内，海淀区有北京市积分落户业务注册单位 10364 家，比上年增长 7.24%；系统申报 41920 人，比上年增长 1.59%(全市申报 12.2 万人，比上年增长 15.50%)。海淀区申报量占全市申报总量的 34.12%。取得积分落户资格 2035 人，占全市总数（6032 人）的 33.74%，比上年减少 15.24%；接收落户人员申请材料 1488 份。

（张艺璇）

【人才引进】 年内，区人力资源和社会保障局（简称区人力社保局）完成人才引进审核 463 人，其中外埠人才引进 384 人，留学人员引进 79 人。办理北京市工作居住证 1.5 万个，续签 1.39 万个，变更 2.9 万个。

（张艺璇）

【人事考试】 年内，区人力社保局承接市级、区级 4 类纸笔化人事考试，即 2020 年度公安专业毕业生考试录用公务员笔试、中央机关及其直属机构 2021 年度考试录用公务员笔试、北京市各级机关 2021 年度考试录用公务员笔试、海淀区 2020 年事业单位公开招聘笔试，涉及考生 22274 人次。

（张艺璇）

【外国人来华工作许可服务】 年内，区人力社保局为 A 类科技领军人才、国际企业家等“高精尖缺”人才提供免预约服务，开通“绿色通道”并提供“容缺受理”服务。受理审核 2564 份，制发外国人来华工作许可 302 张，其中 A 类①65 人、B 类②234 人、C 类③3 人。

（张艺璇）

【抗美援朝纪念章发放】 年内，根据市委办公厅要求，区人力资源社会保障局成立海淀区“中国人民志愿军抗美援朝出国作战 70 周年”纪念章统计发放工作领导小组，开展“中国人民志愿军抗美援朝出国作战 70 周年”纪念章统计发放工作。全区累计发放 512 人。

（张艺璇）

外事 港澳事务

【涉外疫情防控】 年内，区外办组建涉外疫情防控专项工作组，建立海淀区疫情涉外联防联控机制，印发《海淀区外籍人员新冠肺炎疫情防控工作方案》《海淀区涉外领域疫情防控工作指引》。会同海淀公安分局、各街镇建立健全外籍人员返京信息台账比对核准机制，强化外籍人员管理服务。成立区级多语种翻译保障团队，及时翻译、印制、印发多语种《致在海淀区外籍人士的一封信》等宣传材料 2 万余份。选派骨干力量参与机场转运专班及区级医学隔离点服务保障，实现外籍人员闭环转运，提升涉外服务“温度”。

（刘昊）

【交流合作】 年内，区外办与友好城市开展国际抗疫合作。日本东京都练马区、韩国首尔西大门区、芬兰萨翁林纳市等国际友好城市通过物资捐赠、信函慰问等形式支持全区抗疫工作。海淀区陆续向日本东京都练马区、韩国首尔西大门区、美国密歇根州兰辛市、意大利安齐奥市等 7 个友城和地区捐赠 10.5 万个医用外科口罩，美国 WLNS 第六频道、韩国联合通讯社、意大利 Granchio 日报等 10 家境外媒体报道，为海淀赢得国际声誉。10 月，区外办会同区友协举办书画笔会活动，庆祝海淀区与韩国首尔西大门区结好 25 周年，向西大门区赠送书画作品，谱写两区友谊之歌。

（刘昊）

【疫情期间因公出国（境）管理】 年内，区外办统筹做好疫情防控期间全区因公出访工作，及时调整因公出访计划。把握从严从实总基调，落实“四严控一规范”，对照 2019 年全市因公出访监督检查情况通报的问题开展自查；规范因公证照管理，对公务普通护照和因公往来港澳通行证开展全面清查及清退。

（刘昊）

【APEC 商务旅行卡办理】 年内，区外办为企业“瘦身、松绑”，精简企业申办 APEC 商旅卡提交的非必要性材料，受理 17 家企业、23 人次申办卡片业务。落实“放管服”改革精神，

① 国家急需的科学家和科技领军人才，“高精尖缺”的外国高端人才。
② 属于国家经济社会事业发展急需的外国专业人才。
③ 满足国内劳动力市场需求，符合国家政策规定的其他外国人员。

向北京实创亿达科技服务有限公司授予海淀区第三个 APEC 商旅卡申办服务站，实现区内主要产业园区“APEC 商务旅行卡申办服务站”全覆盖。

（刘旻）

【涉外服务保障】 年内，区外办完善涉外突发事件应急指挥部工作机制，经区应急委下发调整相关成员单位及工作职责文件，牵头妥善处置涉外涉疫事件 4 起。无突出涉外舆情。围绕北京冬奥测试赛海淀地区涉外服务保障工作要求，起草相关工作方案及应急预案，为赛事举办保驾护航。梳理汇总海淀区海外公民需求和动向，及时发布领事保护信息，开展疫情期间境外领事保护工作，保障本区海外项目和人员机构安全。

（刘旻）

【重大国事活动服务保障】 年内，区外办完成 2020 服贸会、中关村论坛期间中央和北京市下达的外事礼宾接待任务，协助上级部门安排党宾国宾团组的参观考察活动。服务保障乌拉圭广泛阵线视频会议、“外交官走进中关村科学城”、泰国教育部长、阿联酋驻华大使、上海合作组织代表团秘书长、安森美半导体公司、英国汉普集团等 9 批 113 人次外事活动，以及美联社、路透社、法新社等 7 家外国媒体的 40 余位记者采访接待保障任务。

（刘旻）

【公共场所外语标示管理】 4 月，区外办建立海淀区规范公共场所外语标识联席会议机制，由主管区领导牵头召开 2020 年海淀区规范公共场所外语标识工作会，下发《2020 年海淀区规范公共场所外语标识工作方案》；11 月，区外办完成 78 个重点公共场所外语标识自查整改。到清河火车站、中关村创业大街、海淀公园等 15 个重点公共场所进行现场督导，提供政策支持并提出整改意见。做好外语标识翻译服务保障工作，协助区园林绿化局、区商务局、海淀镇、西北旺镇等 18 家单位翻译审核标识千余条。

（刘旻）

【外事工作委员会全体会议】 9 月 28 日，区委书记、区委外事委主任于军主持召开 2020 年外事工作委员会全体会议，总结 2019 年对外工作，研究 2020 年对外工作要点；审议通过并印发海淀区推进国际交往中心功能建设系列文件，对海淀区在新形势下推动对外工作做出部署。

（刘旻）

【国际交往中心功能建设】 9 月，区外办完善国际交往中心功能建设领导体制的顶层设计，经区委外事工作委员会研究并通过实施方案；完善定期会商、信息报送和请示通报机制，确保各项重点任务按照时限目标落实。牵头完成《“十四五”时期海淀区加强国际化建设研究暨海淀区国际化发展路径研究》重点课题。

（刘旻）

6 月 2 日，区外办检查重点公共场所外语标识（区政府办 供图）

信息化城市服务管理

【概况】 2020 年，全区网格化系统平台累计受理各类城市管理问题 134.1 万件，及时率 98.70%，结案率 93.79%。通过大循环处置问题 15353 件、小循环处置问题 691186 件、微循环处置问题 634338 件，小、微循环占案件总量的 98.9%。海淀区城市服务管理指挥中心（简称区城管指挥中心）受理各类企业和群众事务 503892 件，承办群众诉求 424586 件。“接诉即办”响应率 100%，解决率 85.48%，满意率 89.71%。累计报送《海淀市民热线反映》日报 366 期、周报 52 期、月报 12 期，编制各单位个性化分析报告 466 份，协调处理维稳事件 470 起。疫情期间，区城管指挥中心党员干部下沉北下关街道动物园、五塔寺、钢研三个社区，参与疫情防控工作。

海淀城市大脑推进基础技术平台体系建设，初步构建共性服务平台体系，以城市智能运行指挥中心统筹“五大领域”智能业务应用。参与全市疫情防控数据平台建设，协助联合开发“京心相助”“京心相护”“健康宝”等小程序，开发区疫情防控平台，支撑北京市开发疫情跟踪上报系统。三个批次项目建设有序推进，IOCC、时空一张图、AI 计算处理中心、垃圾分类、“接诉即办”等一批重大项目典型应用场景初见成效。百度、旷世、芯世界、竞业达等企业的新技术、新产品、新方案，初步实现海淀示范、全国运用。大脑专班、运营平台、研究院、产业联盟四轮驱动机制平稳运行。海淀城市大脑被纳入党政代表团参观调研交流点位和市委党校、区委党校培训基地，全年接待 400 余位各级领导参观调研，200 余家企业到访，接待 665 场次、7200 余人次，被各级媒体报道累计达 2000 余篇，成为市、区样板工程、新名片。城市大脑展示体验中心被选为“海淀区新时代文明实践基地”。

11月，区城管指挥中心获2020年度人民网网民留言办理工作“民心汇聚单位”称号；12月，区城市服务管理指挥中心大数据科被评为第七届北京市“人民满意的公务员集体”。

（孙焱珠 严泰光）

【城市智能运行指挥中心】 2020年，集中展现态势研判、智能分析、综合决策、仿真推演、调度指挥等应用，纵向统筹区级和街镇的两级治理体系，横向统筹城市安全、城市管理、城市交通、生态环境、智慧能源等领域应用场景，促进各部门业务的整体协同和快速响应。

智能+公共安全。围绕公共卫生安全、社区安全、生产安全、消防安全、食药安全、社会安全六大领域，融合公安、应急、消防、卫生、食品药品监管等业务数据资源，开展疫情协同处置、智慧社区、重大活动安保、消防设施监控、食品安全和药品流通管理等场景建设，提高公共安全事件预防处置能力。共规划19个场景，8个已建、2个在建、9个拟建。建设城市大脑疫情防控平台，可对重点人员采集6类信息，并快速统计分析主要来源地、活动轨迹。疫情期间，实现全区617个社区（村）信息实时掌控，为疫情防控提供有效支持。

智能+城市管理。整合城市部件、市容市政、环境卫生等城市管理资源，实现信息共享和高效联动，构建立体化的城市管理体系。依托城市大脑的海量数据分析和智能识别能力，实现城市管理活动的全方位覆盖、全天候监管、智能化治理。共规划16个场景，6个已建、1个在建、9个拟建。通过融合视频图像、卫星遥感、业务数据资源，利用人工智能算法，精准分析车辆各种违法行为，将异常情况自动反馈给系统，系统自动将视频影像证据、车辆信息、工地信息推送相关部门，实现智能巡控、视频侦查、轨迹研判、落脚点分析，构建渣土车治理执法新模式。

智能+城市交通。依托城市大脑数据及技术能力支持，实时掌握交通态势，精准感知各类交通事件，准确分析原因，及时调整交通运行状态，实现城市通行效率提高、交通拥堵率降低等目标。共规划7个场景，1个已建、6个拟建。通过整合各类交通监测数据，利用人工智能技术分析交通流数据，初步实现交通态势自动研判、交通问题全面诊断、信号控制科学优化的交通调控机制。中关村西区实现交通治理智能化。

智能+生态环境。依托城市大脑的实时感知、大数据分析和AI智能处理能力，开展大气污染、水污染、土壤污染防治等应用。共规划3个场景，1个已建、2个在建。建设300余个区级PM_{10}、$PM_{2.5}$监测基站，推进72个市级监测基站数据共享，实现大气质量实时监测，对污染事件快速溯源，开展污染巡查，实现区域大气污染防治智能联防联控。“智慧工地”在线实时监控工地抑尘设施运行、施工现场情况。建设机动车尾气监控系统，对黑烟车辆自动抓拍、自动识别。针对餐饮油烟污染，可全天候、常态化跟踪监测设备在线率、风机和净化器开启率、污染物超标率。

智能+智慧能源。以电力大数据结合城市数据建立的典型应用场景于12月4日正式上线运行，在风险预估、政府决策等方面提供支撑作用；电力看经济、电力看复工复产复学、电力看生态、住宅群租监测、施工工地用能监测、住宅空置监测等6个应用场景正在城市治理、便民服务和经济发展等各个领域发挥重要的辅助决策作用。

（严泰光）

【基础技术平台体系建设】 年内，区城管指挥中心加快基础技术平台体系建设。基础技术平台体系由一张感知网、一个智能云平台、两个中心（大数据中心、AI计算处理中心）组成，构建全面感知、万物互联、智能计算、异构融合、智能分析的智能基础设施，提供城市大脑所需的数据汇聚存储和智能计算分析能力。城市感知神经网络，汇聚传感器、视频监控、路侧智能、互联网4类感知数据，支撑城市大脑分析决策已接入“19506”路视频信号、8种20235个传感器监测点位，全面建成中关村西区、上地街道、曙光街道3个地区传感器物联网，建成具备百万级物联网感知设备接入能力的全区物联网管理平台，初步形成城市安全运行监测体系。智能云平台由政务云平台升级而成，扩容基础算力资源和存储资源，开放政务云管理接口，改造原视频图像云平台，为视频专网应用系统提供基础云资源。大数据中心汇聚政务数据、物联网数据、互联网数据、社会资源数据，具有“逻辑统一、物理相对分散”特征；升级政务大数据基础平台，增加其他各类数据的接入功能，提高数据采集汇聚、共享交换和处理分析能力；改造公安视频图像数据平台，纳入大数据中心。共接入8个市级部门、13个区级部门、全区29个街镇数据，整合55个原有信息化系统，初步实现全区图像信息共享。AI计算处理中心初步具备各业务场景AI分析能力；推动国产芯片和算法实际应用，初步实现80%以上的自主可控。

（严泰光）

【共性服务平台体系建设】 年内，区城管指挥中心建设共性服务平台体系，提供“数据+功能”的公共技术服务，规划建设时空信息（数字孪生城市）、人口动态监测、公共服务、统一检索和推荐、区块链服务、智能客服、通用IT服务七大共性平台，基本建成时空信息平台和人口动态监测平台。通过时空信息平台，整合区级部门地图平台资源，引入百度互联网地图数据、三维数据，通过时间、空间两个维度，形成完整的可视化海淀数字孪生城市，可向各部门提供在线地理信息云服务，以及楼宇信息、专项数据查询等功能，打造政府内部共享的政务地理“时空一张图”。依托已建的公众信息统计分析及决策服务平台，融合互联网数据，建成人口动态监测平台并投入应用。建立各类主题人口库，可开展重点区域人群聚集分析、群租情况监测、商圈楼宇实时人流分析，利用人工智能、影像分析等技术，形成重点区域人群画像、重点人口实时监测的立体监管模式，实现区域人口动态变化管控。

（严泰光）

【海淀城市大脑顶层设计方案通过审议】 2月4日，海淀区召开城市大脑顶层设计区长专题研讨会。会议原则通过海淀城市大脑顶层设计方案，要求按照决策程序提交区政府常务会确认顶层设计方案；进一步固化机制、模式，强化专班、研究院、建设运营公司以及产业联盟政企合作关系、进一步推动具体项目落地，在研究论证可落地技术的可实现性基础上，形成城市大脑2020年建设计划以及可实施的具体项目清单。

（孙焱珠）

【海淀区（中关村科学城）展示体验中心开馆】 3月5日，海淀区（中关村科学城）展示体验中心开馆。展示体验中心位于海淀科技大厦二层，建筑面积1800平方米，在规划上将“1+1+2+N”的海淀城市大脑顶层设计投射到场地空间内（一张感知网，一个智能云平台，两个中心—大数据中心、AI计算处理中心，N个智能应用）。展示体验中心环绕一圈为4个政府侧城市应用场景展示、共用技术平台展示和创新合伙人展示，产业联盟成员企业的展位分布在路线两侧，按照城市管理、公共安全、生态环保和城市交通进行大致划分。整体平面布局以创新雨林生态的思路进行设计，呈现出既是政府和企业，也是场景和技术融合创新、共生发展的思路和特点。

（孙焱珠）

【城市大脑建设事项通过审议】 5月6日，第133次区政府常务会审议并原则通过《海淀（中关村科学城）城市大脑顶层设计成果体系》，决定由区城管指挥中心根据会议意见进一步修改完善后，以区政府名义印发实施。会议原则通过《2020年城市大脑重点项目建设方案》，海淀城市大脑统筹责任主体为区城管指挥中心，负责牵头城市大脑专班工作并组织实施；明确2020年海淀城市大脑资金为2.38亿元；年底前编制完成2021年资金盘子预算。会议决定，同意将城市大脑顶层设计方案和2020城市大脑重点项目建设方案向区委深改委专题会议进行报告，并提请区委深改委审议成立区委深改委城市大脑工作组。

（孙焱珠）

【网格化工作培训】 7月22日，区城管指挥中心采取“远程线上会议”+“线下实地”模式开展网格化工作培训，29个街道的城管监督员、网格员参加培训。培训详细讲解城市管理案件常见小类立案标准、典型案例、易混淆小类的区分标准，增加网格员上报案件的精准度；详细解读即将实行的新考核办法。

（孙焱珠）

【海淀城市大脑智慧能源版块建设合作协议签署】 7月23日，海淀城市大脑专班与国网北京海淀供电公司签署《关于海淀城市大脑智慧能源版块建设合作协议》（简称《协议》）。根据《协议》，在城市大脑公共安全、城市管理、城市交通、生态环境4个版块的基础上增加智慧能源版块，授权海淀供电公司作为水、电、气、热等区域能源的主导方开展智慧能源版块建设。海淀城市大脑智慧能源版块内容主要包含能源总览、为海淀城市大脑提供城市运行智慧能源综合支持应用。

（孙焱珠　钟冷）

【海淀城市大脑建设第一阶段任务完成】 9月15日，市委全面深化改革委员会审议通过《海淀（中关村科学城）城市大脑推进城市治理体系和治理能力现代化情况报告》，标志着海淀城市大脑第一阶段建设任务完成。海淀（中关村科学城）城市大脑聚焦城市治理领域，统一规划“1+1+2+N”的整体架构，通过“三融五跨”精心设计和建设，城市管理、生态环境、公共安全、智慧交通等方面，感知一张网、智能云平台、AI计算处理中心、大数据中心、时空一张图、人口动态监测平台、城市智能运行指挥中心（IOCC）等基础设施建设基本完成，“智能+”场景创新持续推进，成为市区之间、各部门之间、部门与街镇之间，协同创新的国内一流城域级城市治理平台。

（孙焱珠）

【海淀区大城管综合业务平台上线试运行】 12月1日，海淀区大城管综合业务平台上线试运行。按照“信息多元化，流程极简化，运行智能化”的建设目标，创新升级区网格化系统平台，提升案件运转能力。利用网格员、物联网、视频探头、卫星遥感、“接诉即办”、融媒体等多渠道发现的问题信息自动进入系统平台，依托互联

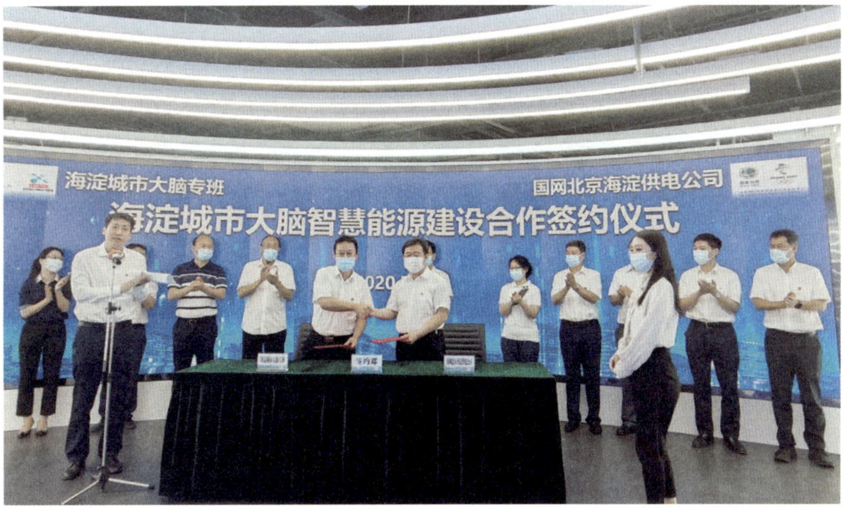

7月23日，海淀城市大脑专班与国网北京海淀公司签订海淀城市大脑智慧能源版块建设合作协议（区城管指挥中心 供图）

网、人工智能计算中心、时空一张图等先进技术，实现绝大部分案件自动定位、自动派转、自动核查、自动结案，少量疑难案件人工干预。

（孙焱珠）

【“海淀区时空一张图”正式上线】 12月初，海淀城市大脑的三大核心支撑平台之一的“海淀区时空一张图”正式上线。此图包括17万余幢既有建筑物信息、1.9亿平方米建筑面积、1万余个摄像头点位、249个数据图层，实现百万级图层调用。“海淀区时空一张图”通过城市级二三维引擎、遥感影像、三维建模等方式，承载海淀区“人、车、地、事、物”的时空动态信息，实现数字空间和物理空间的智能关联，初步实现现实城市运行在数字世界的实时动态呈现，为公众和政府提供海量的地理空间服务，为城市治理提供时空资源支撑。经过60余天试运行，共采集200余万要素点信息，累计调用100.6万余次数据图层。

（钟冷）

信访

【概况】 2020年，全区信访总量为31837批（件）次、44868人次，批（件）次比上年增长74.46%，其中网上信访占比86.3%。越级访批次比上年下降58.78%，人次下降54.47%，历史积案存量减少。区信访办在平安北京信访考核中被评为优秀。帮扶异地退休返京知青“三项政策、五项机制”做法得到市委书记蔡奇批示，并在全市推广。疫情期间，区信访办制发宣传展板130套、海报1.49万张，倡导群众网上反映诉求，减少疫情传播风险。机关33名党员干部参与社区疫情防控值守155天。

（秦世明 李昊远）

【网上信访】 年内，全区网上信访总量27486件次，比上年增长116.76%，其中涉疫信访件6388件次、6697人次。区信访办均第一时间上报区政府，全力服务抗疫工作。区信访办推广“阳光信访”[①]工作模式，进一步畅通信访渠道。拓展信访渠道，网上信访工作人员下沉社区、村镇，宣传手机信访和微信信访，提高网上信访普及率和知晓率，引导群众快速有效表达诉求，实现网上信访向“掌上”延伸，让数据多跑路、群众少跑腿，方便信访群众。截至年底，全区全面实现信访网上投、事项网上办、结果网上评的工作模式。

（李昊远 杨方千）

【区政府常务会研究部署信访工作】 4月20日，第131次区政府常务会召开，传达学习习近平总书记对信访工作的最新指示精神及全国和北京市信访工作会议精神，听取2019年及2020年一季度全区信访形势和信访工作情况汇报，研究贯彻落实全国和北京市信访工作会议的意见，审议2020年海淀区信访工作要点和信访工作大会会议方案。7月27日，第143次区政府常务会议召开，传达学习市委书记蔡奇对信访工作的讲话精神，听取区信访办关于2020年上半年信访工作总结和下半年工作计划的汇报，审议《海淀区信访工作联席会议工作规则》《2020年海淀区信访矛盾攻坚、信访积案和重点矛盾化解工作方案》等文件。12月26日，第151次区政府常务会议召开，传达中央、市委市政府有关会议精神和领导批示指示，听取前11个月全区信访工作情况汇报，审议《海淀区信访工作联席会议关于开展集中治理重复信访、化解信访积案专项工作实施方案》。

（李程 丰霜）

【区委常委会研究部署信访工作】 4月22日，十二届区委常委会第176次会议召开，传达学习习近平总书记对信访工作的最新指示精神及全国和北京市信访工作会议精神，听取2019年及2020年一季度全区信访形势和信访工作情况汇报，研究贯彻落实全国和北京市信访工作会议意见，审议并通过2020年海淀区信访工作要点和信访工作大会会议方案。8月11日，十二届区委常委会第192次会议召开，传达学习市委书记蔡奇对信访工作的讲话精神，听取区信访办关于2020年上半年信访工作总结和下半年工作计划汇报，审议并通过《海淀区信访工作联席会议工作规则》《2020年海淀区信访矛盾攻坚、信访积案和重点矛盾化解工作方案》等文件。

（包贵萍 丰霜）

【信访工作联席会议全体（扩大）会议】 4月23日，海淀区以视频方式召开2020年海淀区信访工作联席会议全体（扩大）会议，会议由区委常委、政法委书记、区信访工作联席会议召集人吴计亮主持，全区各单位信访工作主管领导、信访干部参加会议。会议传达习近平总书记在浙江考察调研重要讲话精神及全国、全市信访工作会议主要精神；通报2019年全区信访工作，对2020年信访工作做出部署。会议强调在“控增减存防变”上下功夫，持续开展矛盾纠纷多元预防调处化解，全面推进信访制度改革措施落细落实。

（秦世明）

【信访矛盾上行突出问题会商会】 4月30日，区信访办主持召开信访矛盾上行突出问题会商会，5家单位参加会议。会议通报2019年海淀区群众到国家信访局走访纯案数量排名前5的单位。相关单位介绍到国家信访局走访重点人员情况，逐件汇报相关信访案件最新工作进展。会议要求，各单位要落实国家信访局、市信访办关于治理矛盾上行工作要求，做好矛盾化解工作。

（杨方千）

① 党的十八大以来，中央对信访工作提出阳光信访、责任信访、法治信访。阳光信访就是充分利用“互联网+”，方便群众表达诉求，让信访工作公开透明、接受监督的一种有效方式。

【区领导调研信访工作】 5月18日，区人大常委会副主任吴琢如到区信访办接待大厅，接待反映海淀区温泉路11号院拆迁停水问题的信访群众。5月19日，区政府党组成员、副区长张若冰到区信访办接待大厅，了解大厅视频监控系统。5月20日，区政府党组成员、副区长沙海江到区信访办接待大厅，了解大厅第三方律师、心理咨询师团队信访保障工作。5月21日，区政府党组成员、副区长林剑华到区信访办接待大厅，了解信访大厅接待情况及视频监控系统。5月22日，副区长邸慧清到区信访办接待大厅，了解信访大厅接待情况及视频监控系统。5月25日，区政协副主席胡淑彦到区信访办接待大厅，了解大厅视频监控系统。5月28日，区委常委、组织部部长、统战部部长周志军到区信访办接待大厅，了解接待场所疫情防控情况。

（杨娜）

【信访宣传月活动】 5月25日至6月25日，区信访办在全区范围开展《北京市信访条例》修订实施15周年法治信访宣传月活动。活动分为集中开展宣传日活动、深化宣传月各项活动、开展法治信访知识竞赛三个阶段，包括深入宣传网上信访主渠道、深入宣传“依法逐级走访”就地就近反映问题、深入宣传信访制度改革和信访法治化建设的成效和经验三个宣传重点。通过海淀新闻、《海淀报》、海淀网站、今日头条等媒体渠道发布信息报道，在街镇、村、社区等公共场所张贴宣传海报，电子显示屏播放标语等形式，引导信访群众依法信访、文明信访。共发放海报738份，涉及36个委办局、29个街镇、673个社（区）村。

（纪慧娟）

【信访工作联席会议专题会】 5月28日，2020年区第一次排查办主任办公会（后更名为信访工作联席会议专题会）召开，审议四季青镇、花园路街道、海淀公安分局关于申请使用矛盾纠纷排查调处工作专项资金处理相关信访问题的请示。8月24日，区信访联席办召开2020年第二次海淀区信访工作联席会议专题会，区委办、区政府办、区卫健委、中关村科学城综合部、区房管局、市规自委海淀分局、区政务服务局、北太平庄街道、东升镇等单位主管领导详细汇报市领导接访案源选报情况。10月9日，区信访联席办召开第三次海淀区信访工作联席会议专题会，重点研究学院路街道、四季青镇重点矛盾和信访积案化解问题。10月20日，第四次海淀区信访工作联席会议专题会召开，就优胜教育退费、欠薪等信访事项进行研究。11月30日，区信访联席办召开第五次信访工作联席会议专题会，研究北下关街道唐某某、宋某某信访督查案件推进化解情况及紫城嘉园小区房产证办理问题推进化解工作。

（包贵萍 李程 王丹）

区信访办制作的网上信访宣传海报（区信访办 供图）

【区领导参加信访接待日活动】 7月2日，区委书记于军在区信访办参加信访接待日活动，通过视频接访系统接待健翔学校85岁退休教师王某某，解决老旧小区居民面临的实际困难（住宅及周边居住环境等问题），区委常委、政法委书记、区委办主任吴计亮一同接访。11月24日，于军在区信访办参加信访接待日活动，接待原海淀区卫生局清河职工宿舍群众代表，解决职工宿舍无法办理不动产登记问题，吴计亮一同接访。12月9日，区委副书记、代区长王合生在区信访办参加信访接待日活动，接待异地返京知青代表，针对门诊报销比例过低、希望对特困知青群体帮扶力度增加等诉求，与相关部门现场研究解决方案。12月17日，王合生在区信访办参加信访接待日活动，接待身患癌症、生活困难的70岁老人李某某，针对取暖费争议问题，与相关部门现场研究解决方案。

（包贵萍 杨娜）

【区级重点矛盾推进会】 7月9日，区信访办召开2020年区级重点矛盾推进会，与市规自委海淀分局、花园路街道、上地街道、海淀镇、四季青镇、北京万霖房地产开发有限公司、北京同创嘉业开发建设有限公司、锦绣大地公司等责任单位，逐案会商由区领导包案的不动产登记类重点矛盾。

（包贵萍）

【信访基础业务规范化培训会】 8月6日，区信访办召开全区信访基础业务规范化培训会，全区108家单位的177名信访干部参加培训。会议介绍国家信访局对信访基础业务规范化的整体考核要求，详细解读《国家信访局基础业务规范化抽查检查标准》，包括检查方式、检查标准、检查原则及检查项目等，就如何全面提升基础业务规范化水平提出意见和建议。

（李程）

【信访积案化解工作推进会】 8月6日，区信访办召开2020年度海淀区纸信、网信信访积案化解工作推进会。会议对网信和纸信的积案情况、办理要求与办结标准进行讲解。要求各责任单位加强协同，提高积案办理质量和效率，按照“三到位一处理”的原则做好党的群众工作，围绕“事心双解”目标，不断提高人民群众幸福感和获得感。8月12日，区信访办召开海淀区美丽园小区供水工程改造协调会，协调解决因小区建设生活用水与消防合用一座泵房，导致小区饮用水不符合市卫健委相关要求的问题。11月10日，市信访办召开市委书记蔡奇交办件协调会，市信访办、市国资委、首开集团、房地集团、区信访办、区教委、花园路街道、西单商场社区、东升镇塔院股份社参加会议。

（李昊远）

【区领导接访】 10月12日，区政协副主席杨剑飞在区信访办接待上访群众刘某某等人，解决北京市京易建设联营公司与海淀区小关街五号院居民房产证办理纠纷问题。10月13日，区委副书记张强在区信访办接待今典花园来访群众，要求由街道“吹哨”，协调相关部门化解信访矛盾。10月14日，区委常委、宣传部部长张劲林在区信访办接待来访群众朱某某，解决原培英小学校长和五棵松中心学区分房小组组长侵害朱某某合法权益问题。10月15日，区委常委、统战部部长任武军在区信访办接待来访群众徐某某、刘某某，沟通海淀区北蜂窝路15号楼被强拆后无补偿、无安置问题。10月16日，区委常委、政法委书记吴计亮在区信访办接待来访群众高某某，解决因其名下无房产，继女户口无法办理进京手续问题。10月19日，区人大常委会副主任白建平在区信访办接待来访群众张某某，沟通外来务工人员子女因社保问题无法在京入学问题。

（杨娜）

【信访工作推进会】 11月23日至24日，区信访办组织召开海淀区2020年信访工作推进会。会议明确2020年海淀区信访工作考核细则；针对专项行动涉及的信访问题，各街道、镇、部分委办局和玉渊潭农工商总公司分组会商研讨化解信访矛盾案件。

（纪慧娟）

【信访政务开放日】 11月30日，区信访办举办信访政务开放日活动。活动以“人民满意窗口建设”为主题。海淀街道办事处小南庄社区党委书记、人大代表柳春英，小南庄社区群众代表及部分信访干部等30余人参观信访接待大厅，观看信访工作宣传片，了解接访工作程序，对信访工作提出意见建议。

（纪慧娟）

【与拉萨开展信访件会商】 12月2日，区信访办召开座谈会，与拉萨市信访局、拉萨市城关信访局会商关某某“三跨三分离”[①]信访事项，市信访办到场指导。

（王丹）

【市信访办到区调研】 12月24日，市信访办到区信访办开展“大督查大接访大调研”工作。听取海淀区关于区领导接访包案情况、信访联席会议运转情况、疫情期间信访服务保障情况、信访积案重复信访化解情况以及信访工作的法治化、信息化、专业化建设相关情况的介绍。

（王丹）

重要民生实事

【概况】 2020年，海淀区坚持以人民为中心的发展思想，围绕“七有”[②]要求和“五性”[③]需求，加大保障和改善民生工作力度，完成直接关系群众生活的7个方面、32件实事项目，其中优化基本公共服务6件、改善群众居住条件5件、提升生活便利性4件、方便群众出行3件、营造宜居环境5件、丰富文体活动3件、提高保障水平6件。按季度在区政府网站、“北京海淀”微信公众号向社会公布进展情况和完成情况。

（于海涛）

【32件重要民生实事】 1.按照“政府主导、区级统筹、分类落实、公益普惠、主体多元、灵活多样”的工作原则和“教委主体、街镇保底、社会补充”的工作思路，举全区之力，推动学前教育普及普惠安全优质发展，新增学前学位9420个。

2.探索建立医联体内稳定的远程诊断机制，推动综合医联体核心医院（世纪坛医院、航天中心医院、海淀医院、北医三院、北大国际医院、解放军总医院第八医学中心）和北京市中关村医院为社区卫生服务机构提供远程影像会诊、集中诊断试点工作，开展远程医学影像诊断服务7536人次。

3.召开区级艾灸工作室建设专家评审会，经综合情况考量、专家评议，建设完成10个艾灸工作室；持续推进“北京市名中医身边工程”，50家社区卫生服务中心及聂各庄社区卫生服务站名中医专家团队出诊2707人次，接诊患者49868人次，开具处方54175张，接诊患者及开具处方数居全市第一。

4.加快养老服务业发展，为老年人提供“就近就便”的养老服务，新建13家社区养老服务驿站。继续开展高龄老年人家庭适老性改造工作，对90岁及以上高龄老年人家庭进行家庭适老性评估与改造，对80～90周岁中部分生活不能完全自理的老年人配置助浴设备，帮助高龄老人解决居家养老生活中存在的实际问题，已开展适老化评估2288人次、适老化改造1053户、配发浴凳2000户。

5.为提高居家老年人的幸福感、获得感，依据《北京市居家养老条

---

① 是指跨地区、跨部门、跨行业以及人事分离、人户分离、人事户分离的信访案件。“人”指信访人，“事”指事件发生地，“户”指户籍所在地。
② 幼有所育、学有所教、劳有所得、病有所医、老有所养、住有所居、弱有所扶。
③ 便利性、宜居性、多样性、公正性、安全性。

例》，结合“七有五性”要求，研究制定《海淀区家庭照护床位建设实施方案（试行）》。采取宣传、培训、督导、监管等措施，通过“三级”（区、街道、社区）格局，为老年人提供“三边”（周边、身边、床边）服务。家庭养老照护床位已建档11300个，实际服务8061个。

6. 建设完成双泉堡出入境智慧受理厅，上下两层共375平方米，分为智慧办理、自助签注、窗口受理及办公接待等区域，大厅布局合理，明亮整洁。

7. 建设政策性住房方面，依托线上会议、线下协调等方式，为加快推进项目进度，开工建设政策性住房8680套。筹集公租房或租赁房方面，筹集房源520套，其中西山枫景苑定向安置房222套，西北旺C2地块定向安置房（芳怡园）剩余房源275套，北坞嘉园趸租房源23套。共有产权住房配售方面，安宁庄共有产权房项目配售工作已启动，11月13日开通网上申购登记，海淀区将持续做好后续工作，着力解决群众住房问题。

8. 累计面向2723户家庭发放市场租房补贴6682.03万元，面向7587户公租房承租家庭发放公租房租金补贴8559.05万元。持续加强保障房小区智能化管理，建成海悦·梧桐苑公租房服务站。

9. 推进老旧小区综合整治，实施清华东路27号院等13个老旧小区综合整治项目（共75栋楼、6762户、57.4万平方米），所有项目均已进场施工，基本完成楼本体改造。

10. 存在失管小区的24个街镇各选定一个试点小区制定实施方案启动物业管理服务提升工作，通过建立社区多方议事协商机制推动解决业主（居民）诉求，研讨适合试点小区的物业管理模式，截至年底，羊坊店小区、大泥湾小区等24个试点小区均已组建物管会，社区治理水平持续提升。

11. 开展政策宣讲，做好实地勘察和加装电梯基础情况统计工作，电梯安装完成109部，新开工160部。

12. 全区72%以上的社区实现菜篮子等八项基本便民商业服务全覆盖，建成17个以“8+N”项服务功能为核心的社区商业e中心，累计挂牌建成社区商业e中心46处，覆盖全区所有街镇。

13. 挖潜停车位方面，依托《海淀区鼓励社会力量增加停车设施供给资金奖励办法（试行）》，调动社会力量积极性，通过立体化改造、拆违腾退、环境整治、空闲用地利用、设置道路停车位等多种方式，实现全年挖潜停车位5407个，不断缓解停车难。人防工程停车位方面，提前超额提供1149个地下人防工程停车位。

14. 按照公厕“冬天不冷、夏天不热、全年不臭”的基本要求，本着“因地制宜、应改尽改”的原则，全面提升公厕硬件水平和内在服务品质，保障市民如厕环境干净、整洁、便利、无异味。全年完成50座公厕改造提升的实事任务。在建设改造公厕的同时，做好公厕运行管理，解决“重建轻管”的问题，将改造后的公厕统一交由环卫中心实施专业化管理，提升管护标准，建立长效管护机制。

15. 研究制定《海淀区电动自行车集中充电设施建设实施方案》，启动电动自行车集中充电设施的建设运行工作，已完成10343套充电设施安装点位选址确认。全部安装完成后将切实减少海淀区电动自行车火灾伤亡事故的发生，进一步解决小区居民电动自行车日常充电难、充电贵这一突出问题。

16. 建设道路方面，上地东路、安宁庄西一条、安宁庄西二条、永丰地区大牛坊一街、大牛坊中路等道路建成通车，实现通车里程9.39千米。道路大中修方面，统筹完成辖区113万平方米道路大中修工作，其中组织完成区管城市道路大中修58万平方米，协调市级实施辖区市管道路大修11万平方米，统筹完成环境建设、架空线入地、打通断头路、道路改扩建等项目约44万平方米。

17. 交通疏堵方面，通过路口渠化改造、局部道路扩宽、交通节点改造等方式，完成稻香湖路与北清路、安宁庄西路和安宁庄路交叉口、丹棱街、育新花园西路、中关村南三街优化治理等5项交通疏堵工程。自行车道治理方面，完成海淀大街等33条道路共70.5千米慢行系统建设任务。设置单行道路方面，已对颐西路、文慧园西路、饮马槽西街等11条道路实施机动车单行调整工作。

18. 完成万寿寺北里路、黄亭子弯巷（国税局门前）、羊坊店中心小学门前路（乔建南路）、增阜巷、八口道、辛庄路、皂甲屯村北路、美丽园小区北门路（美丽园中路）、美丽园东侧路北段（五路居西路）、彰化南路（最西100米）等10条道路路灯安装工程，保障群众夜间出行安全。

19. 研究制定《海淀区2020年农村人居环境整治和美丽乡村建设工作方案》《海淀区农村人居环境整治工作奖励资金方案》。组织开展32个城乡接合部村庄环境整治，已全部通过验收，超额完成年度任务。组织各镇深入开展村庄清洁行动，采用“清、洁、消、宣”的“四字工作法”，累计清理生活垃圾2.69万余处、2.94万余吨，河塘沟渠1114处，乱堆乱放、乱贴乱画2.67万余处，村庄环境持续改善。

20. 完成太舟坞公园（水岸家园西侧绿地建设工程）等7处26公顷公园绿地建设任务。实施功德寺地区城市森林建设，已栽植常绿针叶乔木1482株，落叶乔木2556株，灌木2235株。

21. 开展违法建设治理工作，改善城市环境，消除安全隐患，提升群众幸福感、获得感，拆除违法建设137万平方米。

22. 推动“平安海淀”建设，新建1000路视频监控点位，各路视频图像均已回传至区级平台。扩大全区视频监控覆盖面，提高城市事件的集中指挥处置能力和社会服务管理水平。

23. 完成香山清琴麓园、东北旺苗圃等50个单位（小区）自备井置换和老旧小区供水管网改造，进一步扩大市政自来水覆盖范围，为群众提供安全、优质的供水保障。

24. 持续加大公共文化产品供给，举办高品质文艺演出505场，公益性文艺演出252场。线上线下共组织开展四级公共文化活动3100余场，惠及群众1660万人次。

25. 制定《海淀区文旅局新建居住公共文化设施工作方案》《海淀区公共文化设施使用协议》《海淀区三级公共文化设施安全有序开放工作方案》。加快推进重点项目建设，开展海淀区图书馆（北馆）二期提升改造和集成电路产业园图书馆建设方案设计，启动原海淀区评剧团办公楼危房加固改造方案和功能定位研究等工作。根据《北京市关于支持实体书店发展的实施意见》相关要求，把实体书店建设作为构建区域新型城市形态的重要抓手，从组织体系建设、政策引导、资源整合等方面入手，凝聚全区合力，全方位推进实体书店建设，新建实体书店116家。

26. 建设多功能运动场地42片，其中专项球类场地32片（篮球7片、笼式足球场14片、网球场6片、乒乓球长廊2片、门球场3片）、棋苑10片。新建（更新）全民健身路径方面，加强项目管理，更新100套健身路径。

27.2020年海淀区户籍454880名城乡居民医疗保险参保者均已享受平均上调1000元的补助，其中低保、残疾等13类困难人群11012人参保费已全额补助。

28. 完成2019年度城乡居民大病保险补助工作，符合补助条件人员1104人，补助总金额1648.68万元。共计审批各类医疗救助6723人次、救助金额1189.8万元。另外，对22个因病致贫家庭实行医疗救助。

29. 医疗专家健康走基层活动坚持深入一线、贴近职工需求，已在全区开展80场；健康讲堂活动已在全区开展24场，其中线上“新冠肺炎专项直播间—健康大讲堂”20场。

30. 发挥就业领导小组作用，调动各行业主管部门力量，落实“减、免、返、补、缓”等援企稳岗政策，千方百计稳增量、拓增量，落实新一轮促进就业政策，加大对困难群体的就业援助力度，采取一系列措施保持就业稳定。截至年底已帮助1.7万名城乡劳动力实现就业，城镇登记失业率保持在1.5%以下，完成24个班次、9个工种、832人的技能培训。

31. 举办创业就业技能培训35场，培训城乡创业就业女性1050人次。挖掘有前景、有示范带头作用的城镇妇女创业项目，为6个农村妇女创业项目申报市级创新创业资金90万元，对3个城镇妇女创业项目提供资金15万元。广泛宣传创业担保贷款政策扶持创业女性，并开展春风送暖农家女线上技术指导活动，培育农村女性农业带头人。

32. 入户评残方面，组织上门入户评残250名。日间照料方面，审批通过可进行日间照料的稳定期精神残疾人625名，其中493名已接受服务。

（于海涛）

政协海淀区委员会

2021

北京海淀年鉴

综述

【概况】 2020年，区政协召开常委会会议4次，主席会议3次，秘书长会议3次。截至年底，有委员440人，比上年减少2人；常委会组成人员84人，比上年减少1人。征集提案329件，立案307件，全部办复。编报社情民意信息154篇，比上年增长40%。编辑出版《海淀文史》第23辑。通过微信公众号、区政协门户网站等新媒体刊发新闻报道462篇，其中134篇被全国、市、区级媒体转载。成立区政协机关党组、专委会分党组。

疫情防控。区政协机关班子成员带队深入驻区企业、学校、街道、社区等疫情防控一线122次，指导检查疫情防控落实情况，看望慰问基层工作人员。通过实地走访、视频连线等方式调研企业、学校复工复产复学情况。组织3次专题座谈会，围绕"促防疫、解难题、稳增长"广泛听取委员意见建议。100余名委员捐款、捐物累计3600余万元，部分科技界委员为近300家企业提供服务，22名委员通过撰写诗歌、开展线上讲堂、制作公益短片、创作皮影短剧、绘制主题书画作品等形式宣传疫情防控知识。区政协机关党员干部下沉社区参与防控累计182天。委员薛向东被评为全国抗击新冠肺炎疫情先进个人，委员李劲涛、戴轶被评为北京市抗击新冠肺炎疫情先进个人。

协商议政。区政协全年开展协商议政活动34次。围绕提升国际交往中心服务保障能力，推进国际交往中心功能建设开展对口协商交流。组织委员视察中关村科学城北区、京张铁路遗址公园、冬奥会筹备进展情况等重点项目。开展互联网教育产业发展、中关村论坛和科学城建设、养老人才培养体系搭建、农村集体三资监管、马上清（青）西地区交通环境提升课题调研，形成一批研究成果。

民主监督。区政协重点围绕学前教育、北部地区教育设施建设、公共卫生服务管理体系、医养结合养老体系建设等内容开展调研视察，针对优化静态停车、背街小巷整治提升、老旧小区设施改造等问题献计出力，助推涉及群众切身利益的民生问题得到解决。

委员队伍建设。区政协组织开展读书班、报告会、委员讲堂、委员沙龙、视察考察等学习实践活动，进一步提升委员履职能力和水平。完善委员履职档案，开展履职评价，做好日常服务和管理。

（石峰）

【政协委员工作站建设】 7月，区政协出台《关于加强委员联系群众工作的实施意见》，配套制定《委员工作站管理办法（试行）》《委员工作站基本制度》《海淀区政协委员工作站制度汇编》。7月15日，首批25家政协委员会工作站授牌。截至年底，建立区域型、社区型、片区型、园区型、个人型、专业型、界别型、联动型8种类型31家政协委员工作站。各政协委员会工作站采取线上线下相结合的方式，举办《中华人民共和国民法典》宣传、教育和金融政策解读、职工维权服务、政企资源对接、创业就业指导等活动76次，覆盖近120万人次。

（石峰）

【吉林到区调研】 9月23日，市政协主席吉林到海淀调研贯彻落实中央政协工作会议、市委第五次政协工作会议精神情况。吉林到中关村街道，调研中关村地区政协委员工作站和中关村村史馆。在召开的座谈会上，区政协主席刘勇介绍海淀区贯彻落实中央政协工作会议、市委第五次政协工作会议精神情况。区政协党组紧扣新时代基层政协的新方位新使命，在加强政协党的建设工作，发挥专门协商机构作用、开展协商议政，加强思想政治引领、广泛凝聚共识、加强学习等方面扎实推进有关工作的贯彻落实。吉林要求，海淀区要在完善协商形式和内容上更加多元，建立健全上下联动协商议事平台，加强政协协商与其他协商渠道的衔接，市政协党组成员、秘书长严力强，区政协副主席丁志明，区政协副主席、区工商联主席、一级巡视员陈双一同调研。

（石峰 钟冷）

【第三十二期读书班】 11月11日至12日，区政协举办第三十二期读书班。读书班传达学习中共十九届五中全会精神；听取"百年未有之大变局与中美关系""人民政协工作的发力点及落脚点""坚定不移贯彻新发展理念，加快构建新发展格局"等专题辅导报告；听取副区长林航所作的区情通报；围绕贯彻落实十九届五中全会精神开展学习讨论。区政协委员、各党派、无党派代表人士，新的社会阶层代表人士，工商联和少数民族、宗教界代表人士等96人参加读书班。

（石峰）

【吉林宣讲中共十九届五中全会精神】 12月2日，市政协主席吉林到区政协宣讲中共十九届五中全会精神，同区政协委员深入交流学习体会，并听取区政协学习贯彻十九届五中全会精神情况和下阶段重点工作汇报。市政协秘书长严力强，区委书记于军，区政协主席刘勇，区委常委、政法委书记、区委办主任吴计亮参加。9位区政协委员围绕学习贯彻十九届五中全会精神发言，提出意见建议20余条。委员们围绕提升原始创新能力、提高文化软实力、全面推进乡村振兴、加强法治政府建设、城市交通基础设施建设、健全完善养老服务体系、推动教育优质均衡发展等方面提出意见建议。吉林强调，学习宣传、贯彻落实好十九届五中全会精神，是当前和今后一个时期全市政协组织的重要政治任务。坚决落实市委全会部署，发挥政协专门协商机构作用，提高建言资政质量，广泛凝聚各方智慧，为首都发展献计出力。

（钟冷 石峰）

重要会议

【常委会会议】 年内，区政协召开4次常委会会议。

第二十五次会议 4月24日召开。审议《政协海淀区第十届委员会常务委员会2020年工作要点》《海淀区政协2020年协商工作计划》。

第二十六次会议 7月31日召开。听取海淀区法治政府建设有关情况的通报，围绕海淀区推进生活垃圾分类工作协商议政，审议《政协北京市海淀区委员会关于加强委员联系群众工作的实施意见》和《政协北京市海淀区委员会委员工作站管理办法（试行）》。

第二十七次会议 9月24日召开。围绕海淀区物业管理工作协商议政，协商决定委员调整事宜，审议人事任免事项。

第二十八次会议 12月17日召开。听取海淀区2020年党风廉政建设工作情况的通报，听取区委、区政府提案办理情况的通报，审议通过区政协十届五次全体会议议程、日程，审议区政协常委会工作报告和提案工作报告，审议通过区政协常委会建议案。

（石峰）

【主席会议】 年内，区政协召开3次主席会议。

第二十七次会议 5月8日召开。听取海淀区复工复产有关情况的通报，研究《区政协围绕〈北京市生活垃圾管理条例〉实施开展专项民主监督工作方案》。

第二十八次会议 9月22日召开。审议《政协北京市海淀区委员会提案委员会关于提高提案质量的实施意见》《政协北京市海淀区委员会关于加强提案跟踪督办工作的实施办法》及《政协北京市海淀区委员会关于2021年试点开展提案双向评议工作的实施方案》，研究区政协委员调整、人事任免等有关事宜。

第二十九次会议 12月11日召开。审议区政协十届五次全体会议议程、日程，审议提案和社情民意信息评优有关事宜，审议区政协常委会工作报告和提案工作报告，审议2020年区政协常委会建议案。

（石峰）

【秘书长会议】 年内，区政协共召开3次秘书长会议。

第十一次会议 6月12日召开。学习全国两会精神，通报党派团体提案有关情况，通报全年重要会议活动安排。

第十二次会议 10月27日召开。传达学习北京市区政协工作经验交流会精神，研究十届区政协五次会议大会发言有关事宜，研究2020年度党派团体协商会有关事宜。

第十三次会议 12月9日召开。讨论区政协十届五次全体会议议程、日程，讨论提案和社情民意信息评优有关事宜，讨论区政协常委会工作报告和提案工作报告。

（石峰）

政治协商

【概况】 2020年，区政协以科学谋划海淀“十四五”发展为重点，围绕落实海淀区“两新两高”战略、中关村科学城建设、民生保障、社会治理等主题开展协商。完善区政协常委会会议和主席会议协商，就完善海淀区区公共卫生服务体系、推进生活垃圾分类、谋划“十四五”时期海淀新发展等开展专题协商。开展党派团体协商，围绕海淀区区“十四五”规划和二〇三五年远景目标建言资政。完善协商成果采纳、落实和反馈机制，把协商成果有效转化为区委、区政府重要决策参考。参与市政协关于《北京市物业管理条例》的立法协商工作，提出30余条意见建议。

（石峰）

【双周协商】 年内，区政协围绕“迎挑战、抓机遇、促发展”“推动中关村科学城北区建设”“完善公共卫生服务管理体系，提升公共卫生应急保障能力和服务水平”“京张铁路遗址公园项目规划建设”“学前教育”“科技与农业深度融合，聚焦农业中关村建设”等议题开展双周协商活动5次。每次活动至少邀请1位区委、区政府主管领导出席，参加的委员和专家学者累计100余人次。全年向区委、区政府报送意见建议50余条。

（石峰）

【专题协商】 4月14日，区政协召开“落实防疫工作要求，有序推动复工复产”专题协商座谈会，通报海淀区复工复产有关工作情况，围绕落实防疫工作要求、有序复工复产等方面提出意见10余条。7月30日，召开“推进中关村科学城北区建设”专题协商会，听取中关村科学城北区发展建设情况的通报，围绕北部地区发展规划、公共服务设施建设、优化外籍人才的服务环境、交通路网建设、打造开放空间及新型智慧城市等方面提出意见建议20余条。11月6日，召开“十四五”规划编制工作协商座谈会，听取海淀区“十三五”规划执行情况及“十四五”规划编制进展情况的通报，围绕“十四五”期间全区经济社会发展定位、产业结构、人才引进、社会事业、民生工程普惠等方面提出意见建议40余条。

（石峰）

【主席会议协商】 5月8日，十届区政协第27次主席会议围绕疫情防控和复工复产工作协商议政，提出协商意见10余条。

（石峰）

【常委会会议协商】 7月31日，十届区政协常委会第26次会议围绕推进生活垃圾分类工作协商议政，提出协商意见20余条。9月24日，常委会第27次会议围绕物业管理工作协商议政，提出协商意见10余条；协商决定委员调整有关事宜。

（石峰）

【党派团体协商会】 12月3日，区政协、区委统战部联合召开2020年度党派团体协商会。听取《中共北京市海淀区委关于制定海淀区国民经济和社会发展第十四个五年规划和二〇三五年远景目标的建议（征求意见稿）》情况的通报，围绕“十四五”期间海淀区增强核心创新力、推动教育优质均衡发展、提升科技园区服务水平、推动城市大脑建设、升级“创新雨林”生态体系、提升原始创新能力、加强

12月3日，区政协、区委统战部召开党派团体协商会（张洪军 摄）

科技成果转化、提升基层治理水平、保障和改善民生等方面，提出意见建议40余条。

（石峰）

视察与监督

【概况】 2020年，区政协完善民主监督机制，推动政协民主监督的制度化、规范化、程序化，把民主监督贯穿于各类履职形式和过程中。常委会会议、主席会议增加监督性议题比例。组织委员开展视察监督活动20余次，推动重大项目、民生实事的落实以及作风效能提升。

（石峰）

【会议监督】 年内，区政协在常委会会议、主席会议中，加大监督性议题比例。主席会议听取全区复工复产、区政协十届四次会议提案办理等情况通报，提出监督性意见建议10余条。常委会会议听取法治政府建设、党风廉政建设工作和区委、区政府提案办理等情况通报，提出监督性意见建议20余条。

（石峰）

【专项监督】 年内，区政协以“全体委员齐参与，助力分类新时尚”为主题，开展垃圾分类专项民主监督。组织委员20余次到街道社区、农村、商业企业、学校、医院、垃圾中转站、再生能源发电厂等地调研、开展座谈交流，形成专项民主监督报告，提出意见建议。专项监督工作得到区委副书记、代区长王合生批示肯定。

（石峰）

【视察监督】 年内，区政协围绕学前教育、北部地区教育设施建设、公共卫生服务管理体系、医养结合养老体系建设、优化静态停车、背街小巷整治提升、老旧小区设施改造等开展视察，并组织政协委员开展座谈讨论，提出监督性意见建议150余条。

（石峰）

【特约监督】 年内，区政协组织各类特约监督活动10余次。充实政协委员人民调解员队伍，新增调解员2人。组织委员参加民办学校电脑派位、海淀区小升初电脑派位、高考考前巡察等现场监督工作。

（石峰）

参政议政

【概况】 2020年，区政协组织政协委员开展调查研究，推动建言资政和凝聚共识在服务中心任务中有机融合。加大相互交流力度，使建言资政的过程成为相互交流、精准建言和宣传政策、凝聚共识的过程。开展多项区级重点课题调研，把相对成熟、具有可操作性的调研成果形成区政协常委会建议案，报区委、区政府研究参考。围绕互联网教育、中关村科学城发展等开展专题调研和座谈，向区委、区政府提出意见建议。组织政协委员参与“十四五”规划纲要意见征集，提出意见建议。配合市政协完成“完善文化经济政策，推进文化产业发展引领区建设”和“把握京郊人口变化趋势，科学推进新型城镇化建设”等专题调研，调研成果上报市政协。

（石峰）

【重点调研】 年内，区政协完成《基于互联网的教育产业发展研究》《浅析中关村论坛与中关村科学城发展》《医养结合养老人才培养体系建设行动计划研究项目》《关于加强农村集体三资监管推进农村基层廉政建设的研究》和《“马上青（清）西”地区

6月9日，区政协开展垃圾分类专项民主监督视察活动（区政协 供图）

交通效率提升研究》5 项区委、区政府重点调研课题，完成《关于学校开展民族团结教育工作的调研》区委、区政府关注调研课题。围绕以上课题开展调研活动 30 余次，参与委员 600 余人次，形成研究成果 6 项，提出各类建议 120 余条。

（石峰）

【常委会建议案】 年内，由区政协主席牵头开展《基于互联网的教育产业发展研究》课题调研，系统梳理互联网教育产业的发展现状及特点，研判发展趋势，明确发展目标，形成区政协常委会《关于“推动海淀区互联网教育产业高质量发展”的建议案》，提出意见建议 5 条，报区委、区政府研究参考。

（石峰）

【地区政协委员活动小组】 年内，全区 29 个地区政协委员活动小组开展活动 90 余次，参加委员 400 余人次。围绕养老、社区环境治理、“接诉即办”工作、生态环境保护等问题提出意见建议 70 余条。

（石峰）

提案和社情民意信息

【提案办理】 年内，区政协征集提案 329 件，经审查立案 307 件，全部办复。其中，党派团体提案 23 件，界别提案 11 件，地区政协委员活动小组提案 3 件，专门委员会提案 1 件，委员提案 269 件（含平类提案 8 件）。坚持区领导领衔督办重点提案工作机制，50 件重点提案由区委常委、区政府领导和区政协领导分别领衔督办。将重点提案纳入专委会民主监督和调研视察，开展远程协商，相近提案一并督办，提高提案办理效率。全年跟踪督办提案 21 件。

（石峰）

【社情民意信息】 年内，区政协编报社情民意信息 175 篇。其中《优化营商环境的法律思考与建议》等 6 篇信息被全国政协、市政协采用。各民主党派、工商联、区政协各专委会和界别加强沟通联系、培训，搭建交流平台，及时发布信息工作动态。

（石峰）

专门委员会工作

【提案委员会】 年内，区政协提案委员会围绕科学城建设、社会治理与服务等提案，开展形式多样的办理协商。首次开展提案提出环节协商座谈会。将新型基础设施建设、公共卫生体系的健全与发展等提案纳入双周协商，将垃圾分类治理、发展社区医养结合养老模式等提案纳入专委会民主监督和调研视察，推动提案工作与专委会工作有机结合。利用远程方式与委员进行协商，保障疫情期间提案立案、重点提案的遴选和办理工作。全年组织提案办理协商 10 余次。出台《政协北京市海淀区委员会关于提高提案质量的实施意见》《政协北京市海淀区委员会关于加强提案跟踪督办工作的实施办法》和《政协北京市海淀区委员会关于 2021 年试点开展提案双向评议工作的实施方案》等规范性文件，完善提案工作制度。通过区政协微信公众号请广大群众对提案工作进行监督。报道提案工作 40 余次。

（石峰）

【经济科技委员会】 年内，区政协经济科技委员会组织调研、协商议政活动 24 次，委员参与 300 余人次。围绕疫情防控和复工复产工作实地调研纳通集团、佳讯飞鸿等区属重点企业；通过视频与问卷结合的形式了解企业在复工复产中存在的困难，并形成报告供相关部门参考。围绕“海淀区国民经济和社会发展‘十四五’规划纲要编制”召开议政性专题会议。就中关村科学城北区建设开展实地调研并与区政府领导、相关部门开展专题协商。组建专委会“新基建”课题组，实地调研城市大脑、中科院自动化所、华为公司等政府部门、驻区企业和科研院所；围绕中关村科学城建设发展中的高端人才引进培养、国际化、信息产业等方面，组织委员开展建言资政工作。

（石峰）

【港澳台侨委员会】 年内，港澳台侨委员会组织视察活动 5 次，参加委员 80 余人次，走访委员 10 余人次。完成市政协港澳台侨及外事委员会调研课题子课题“国际人才社区建设”调研，提出意见建议 20 条。围绕海淀区北部建设情况进行视察。围绕疫情后海（境）外人才的引进情况调研华灿工场•北京空间，了解海淀区台湾青年创业发展情况。围绕“新基建”课题，组织委员调研中关村“城市大脑”体验中心、华为公司北京总部、中科院自动化研究所。召开“十四五”规划编制情况座谈会，听取区发改委关于“十四五”规划编制情况通报，并建言献策。

（石峰）

【社会和法制委员会】 年内，社会和法制委员会组织委员参与市政协关于《北京市物业管理条例（草案）》立法协商工作，向 13 家单位、数十名委员征集意见建议 137 条；组织委员到 10 余个社区视察《北京市物业管理条例》贯彻落实情况。完成市政协交办的调研课题 3 项，完成《继续深化“吹哨报到”改革，完善“接诉即办”工作机制，健全首都社会治理新格局》《推进综合执法有效下沉，夯实基层工作基础》《推进“接诉即办”向“未诉先办”转变》等调研报告。组织委员围绕公益诉讼和警务工作站等工作开展调研。新增 2 名调解员参与诉前调解工作。组织委员收看“丹棱论坛专家委员解读《民法典》”系列讲座。开展“点亮中关村普法名片，做知法守法村里人”百姓普法活动。

（石峰）

【农业与农村委员会】 年内，农业与农村委员会组织委员慰问疫情防控一线工作者。到北京京平律师事务所、苏家坨镇柳林村果蔬花生产基地、弗莱农庄、大自然园林绿化有限公司、区红十字会、区人力社保局等单位调研，为疫情防控和复工复产建言献策。组织委员调研永定河北京段通水后海淀区水环境工作情况。到永定河公园、西郊雨洪调蓄处、北长河沿线等地视察海淀区“水清岸绿”工作成果。组织委员实地调研温泉镇白家疃村争创“全国乡村治理能力示范村”工作。召开“科技与农业深入融合，聚焦农业中关村”双周协商座谈会。参与市政协“准确把握京郊人口变化趋势，科学推进新型城镇化建设”重点调研，梳理总结海淀区“三农”情况、实施难点和经验教训，上报市政协参考。

（石峰）

【人口资源环境和建设委员会】 年内，人口资源环境和建设委员会召开“京张铁路遗址公园项目规划建设”双周协商座谈会，提出7条意见建议。开展“马上清（青）西”地区交通环境提升调研，完成《“马上清（青）西”地区交通环境提升》专项调研报告。围绕《北京市生活垃圾管理条例》实施，开展以“全体委员齐参与，助力分类新时尚”为主题的专项民主监督，组织线上线下活动20余次，形成专项民主监督报告。提交《关于把政府支持中小微企业发展政策落实落细的建议》和《关于对超市等人群聚集场所人数进行管控，扎实做好疫情防控的建议》等应对疫情的社情民意信息；向全区政协委员转发《革除滥食野生动物的陋习从海淀区做起——致全国各级政协委员的倡议书》，组织委员为革除滥食野生动物的陋习积极建言。

（石峰）

【民族和宗教委员会】 年内，民族和宗教委员会组织委员学习贯彻新修订的《北京市宗教事务条例》。组织视察北京龙泉寺、桃源观、海淀清真寺、北京天主教神哲学院、基督教海淀堂等宗教活动场所疫情防控工作，看望慰问宗教界人士。到北京诺思兰德生物技术股份有限公司、北京金百万餐饮股份有限公司、北京七叶香山餐饮有限公司等委员企业走访调研，了解企业抗击新冠疫情、复工复产等情况。组织委员为疫情防控捐款捐物，创作书画作品。就加强学校民族团结教育工作开展专题调研，完成《海淀区中小学民族团结教育工作调研》专项报告，提交区委、区政府参考。

（石峰）

【教文卫体和文史委员会】 年内，教文卫体和文史委员会召开围绕“完善海淀区区公共卫生服务管理体系，提升公共卫生应急保障能力和服务水平”和“学前教育三年行动计划”双周协商座谈会，参加委员50余人次。围绕海淀区中小学校体育设施向社会开放、公共文化服务体系示范区建设、海淀区北部地区教育设施建设、区医保局工作开展情况、“十四五”教育改革发展、冬奥会体育场馆设施建设、社区卫生服务中心建设等组织调研视察活动7次，参加委员100余人次。组织委员参加市政协调研活动2次，参加委员20余人次。完成区政协“医养结合养老人才培养体系建设行动计划”重点调研课题；参与市政协“健全和完善文化经济政策，推进文化产业发展引领区建设”调研课题，完成课题分报告。编辑出版《海淀文史》第23辑。组织委员向新冠疫情防控工作捐款捐物。

（石峰）

中共海淀区纪委
海淀区监委

2021

北京海淀年鉴

综述

【概况】 2020年，海淀区各级纪检监察组织推进全面从严治党、党风廉政建设和反腐败工作，为区域创新和跨越式高质量发展提供有力政治保障。

中共海淀区纪委 海淀区监委（简称区纪委区监委）设置19个派驻纪检监察组，另有40个处级纪检监察机构，包括街镇纪委或纪工委27个、国有企业纪委13个。区委巡察工作领导小组下设办公室（区委巡察办），十二届区委第九轮、第十轮巡察临时设置9个巡察组。对42个处级单位开展常规巡察，发现问题590个，移送线索8个。

区纪委区监委接受检举控告类信访举报1294件次，立案239件；给予党纪政务处分118人，移送司法机关15人。

制定党风廉政意见回复工作规定、问题线索处置管理办法、公共信息核查工作管理规定、谈话函询工作规定，编纂《监督执纪工作实务手册》，规范工作标准和程序。加强对基层纪检监察组织办案工作的领导，开展每月监督执纪工作情况统计分析、月度“双通报”。

（张圆国）

【纪检监察队伍建设】 年内，区纪委区监委抓好纪检监察队伍思想、组织、纪律、作风等建设。坚持区纪委常委会第一议题学习制度，带动全区纪检监察系统在学思践悟中提高政治站位、政治自觉、政治能力。组织“聆听党的声音凝聚青春力量”等党建活动。区纪委区监委机关党员下沉铁西社区参加疫情防控值守125天。处置纪检监察干部问题线索20件次；谈话函询纪检监察干部15人，组织处理3人。

（张圆国）

【纪检监察体制改革】 年内，区纪委区监委深化派驻机构改革，制定《关于深化海淀区纪委区监委派驻机构改革的实施意见》《关于推进区管企业纪检监察体制改革的实施办法》，进一步完善派驻监督体制机制。制定《关于加强海淀区纪委区监委派驻机构联系指导的工作措施（试行）》，明确在区纪委常委会领导下，由主管副书记牵头，党风政风监督室统筹协调，加强对派驻机构的指导、管理、服务和保障。

（张圆国）

【区纪委十二届七次全会】 3月19日，中共北京市海淀区第十二届纪律检查委员会第七次全体会议召开，并以电视电话会形式在全区范围召开。会议贯彻落实十九届中央纪委四次全会、市纪委十二届五次全会和区委十二届十二次全会工作部署，总结2019年纪检监察工作，研究部署2020年工作任务。区委书记于军讲话，区人大常委会主任刘长利、区政协主席刘勇、区委副书记孟景伟出席会议。区委常委、区纪委书记、区监委主任鲍雷作题为《强化职能职责，主动担当作为，为海淀创新和跨越式高质量发展提供坚强保障》的工作报告。表决通过《中国共产党北京市海淀区第十二届纪律检查委员会第七次全体会议决议》。

（张圆国）

监督执纪

【政治监督】 年内，区纪委区监委切实履行协助职责、监督专责，定期向区委常委会汇报分析区、处两级责任制落实情况，向区领导通报其分管领域谈话函询、专项监督、责任考核等情况，推动区委压实主体责任。完成市委巡视反馈意见整改工作，推动制定《海淀区重大行政决策程序规定》等40余项制度，通过办理巡视移交线索立案44件，处分37人。以全面从严治党主体责任考核为载体，统筹区委组织部、区委宣传部、各系统工委等党内监督力量，整合党建、党风廉政、意识形态等内容，形成各考核主体共同参与、协同联动的工作机制。通过季度分析、半年评估、年度评议，强化考核问责，压实压紧各级党组织主体责任，推动形成齐抓共管的管党治党格局。协助区委书记对4家问题突出单位进行集体约谈；考核结果报区委组织部备案，作为领导班子总体评价和领导干部业绩评定的重要依据。研判全区政治生态，建立782件处级领导干部廉政档案；面对面交流，把监督融入日常、做在经常，全面考察处级领导班子特别是一把手在政治担当、履职用权、思想作风等方面的情况；制定区纪委对区管干部任职廉政谈话的意见，“一对一”约谈22名处级领导干部；在办理“一把手”问题线索谈话函询中同步开展谈话提醒。审核152批次15611名拟选拔任用、评先评优、表彰奖励人员等，对48人提出否定意见。

（张圆国）

【专项监督】 年内，区纪委区监委制定落实30项监督任务。根据新冠肺炎疫情形势发展和防控重心调整，建立统一指挥、上下联动、快速反应的六项战时监督机制，督促全区各级各单位落实防控责任和工作措施。共监督检查2.1万余次，发现问题2174个，提出建议775条，批评教育、谈话提醒51人，通报14起，下发提醒函35份，给予严重警告处分1人，责令辞职、解除劳动合同3人。开展北京冬奥会筹办、垃圾分类专项监督，检查纠正发现问题。强化中央生态环境保护督察期间监督执纪问责，对17起案件、7个问题线索跟踪监督调查，共约谈12人次，提出整改建议23条。开展人防系统腐败问题专项整治，立案8人，处分7人，收缴违纪款29万余元。开展“四风”专项整治，处置违反中央八项规定精神问题线索102件，谈话函询28人，组织处理33人，立案33人，给予党纪政务处分27人。创新监督方式，充分运用大数据平台开展监督检查，使用北斗卫星系统监控公车运行轨迹，借助海淀“城市大脑”系统查看政府机关办公区周边是否存在违规收送礼品等问题，通过核查加油卡平台数据排查违规用车，运用区税务平台大数据核查公款消费问题。开展形式主义、官僚主义集中治理，在中关村科学城和区政务服务中心建立“四风”观测点，采集上报优化营商环境等方面问题。开展“顺道游”专项整治，全面梳理排查2013年以来外出学习考察调研事项，发现问题线索43件，立案7人。开展公务加油卡专项整治，发现并处置未及时注销公务加油卡236张、闲置资金40.5万余元。

（张圆国）

【民生领域突出问题专项整治】 年内，区纪委区监委开展为期三年的农村小微权力腐败问题专项整治进入收官之年。发现、纠治腐败和作风问题，三年共立案83人。各镇共计收回欠缴租金1.39亿元，增加年租金1.66亿元，收回集体土地3276亩，收回集体房屋72.35万平方米，拆除违法建设15.06万平方米，疏解人口10万余人，消除出租房安全隐患400余处。开展扫黑除恶专项斗争监督执纪问责，三年共处置公职人员涉黑涉恶问题线索89件，立案36人，移送检察机关13人。对全区对口帮扶资金投入、产业扶贫、劳务协作、消费扶贫等重点工作进行全程监督。与河北省赤城县、内蒙古自治区科右前旗等地市纪检监察组织建立常态化监督协调沟通机制，防止出现“两不管”的监督盲区。开展“接诉即办”专项监督，与城市管理指挥中心建立协调沟通、线索移送、会商研判、双轨督办四项对接机制，共督促整改79件，约谈提醒、批评教育84人，处分1人，通报曝光13件。推动解决建立残疾人疫情防控检测绿色通道等一批民生问题。

（张圆国）

【基层监督“万人行动计划”】 年内，区纪委监委开展基层监督“万人行动计划”试点。通过建账立档、赋权明责、培训考核等措施，将基层党组织纪检委员、党风政风监督员等6类近万名监督工作人员分步进行整合，建立1864人的村居、非公企业监督员台账，打通监督“最后一公里”。

（张圆国）

【垃圾分类工作专项监督】 6月，区纪委区监委探索构建“2+3+4”监督模式，启动对推进垃圾分类工作的专项监督。落实2项重要责任，即把垃圾分类列入“一把手”工程，主要领导亲自抓，带头抓；成立垃圾分类专项监督执纪工作组，开展采取专题讲座、参观学习和知识竞答等方式，督促党员干部自觉提高对垃圾分类重要性的认识。建立3个工作机制，即工作对接机制、监督联动机制、分析研判机制。运用4种监督方式，即以“吹哨报到”“接诉即办”和“垃圾分类日常运行管理考核评价结果”为抓手，关注舆情事件，扎实做好日常监督，把推进垃圾分类工作纳入监督重点内容；强化监督的监督，定期对突出问题、高频点位进行分析总结，针对性开展再监督、再检查；做优科技监督，利用“智慧监督+”大数据系统，通过比对分析、频度分析、趋势分析等方式，找准监督发力方向；开展调研式监督，选取重点单位进行深度访谈，通过边监督边调研的方式，深化监督内容，发挥监督保障执行作用。通过监督，严肃查处违法违纪问题，及时下发纪律检查建议、监察建议和工作提醒，为推进生活垃圾分类工作提供坚强的纪律保障。

（祁磊）

4月14日，海淀区冬奥会监督工作领导小组召开第一次会议（区纪委区监委 供图）

审查调查

【惩治腐败】 年内，区纪委区监委精准运用监督执纪“四种形态”[①] 处理871人次，比上年下降7.0%。其中第一种形态731人次，占总人次的83.9%。

（张圆国）

【追逃追赃】 年内，区纪委区监委国际追逃追赃追回3人。2017年监察体制改革以来共追回在逃人员13人（其中外逃人员6人），追回涉案赃款9000余万元，查封涉案房屋7套。至此，中央追逃办挂账的海淀区在逃人员全部被追回。区纪委区监委追逃追赃专案组被市委、市政府授予“北京市模范集体”称号。

（张圆国）

反腐倡廉宣传教育

【警示教育】 年内，海淀区召开“以

① 经常开展批评和自我批评、约谈函询，让“红红脸、出出汗”成为常态；党纪轻处分、组织调整成为违纪处理的大多数；党纪重处分、重大职务调整的成为少数；严重违纪涉嫌违法立案审查的成为极少数。

12 月 3 日，区委常委、区纪委书记、区监委主任鲍雷为党员干部讲授警示教育党课（区纪委区监委 供图）

案为鉴、以案促改”警示教育大会。拍摄《贪欲的洪水——北京市城市河湖管理处原主任李运来警示录》和《被“腾退”的人生——海淀区四季青镇西冉村骗取腾退补偿的窝案》警示教育片，在全区处级单位进行宣传教育。组织 300 余人参加北京市第一中级人民法院职务犯罪庭审旁听，以身边事教育身边人。

（张圆国）

【反腐倡廉警示教育基地】 年内，区纪委区监委依托海淀区全面从严治党警示教育基地、圆明园廉政文化教育基地、北京市一中院警示教育基地，开展反腐倡廉宣传教育，以案明纪、释法、说责、讲德、述廉，3 个基地共接待 1843 批次 63844 人次参观学习。

（张圆国）

【反腐倡廉宣传】 年内，区纪委区监委构建“3+N”① 廉政教育宣传平台，巩固拓展“廉洁海淀”传播矩阵。开设“廉洁海淀”微信公众号，办好海淀纪检监察网站，持续推进网站及微信公众号改版升级，探索新媒体传播模式，拓展主流思想舆论的传播渠道。在学习强国等中央、市级媒体发表新闻稿件 1056 篇。

（张圆国）

新冠疫情防控监督

【概况】 2020 年，区新冠肺炎疫情防控领导小组监督组（简称监督组，成员单位为区纪委区监委）根据市、区疫情防控工作部署，长效监督、精准监督、协同监督，推动疫情防控监督工作科学精准有效开展。

监督组实施跟进监督、精准监督、创新监督。建立健全“3+1+N”② 监督格局，开展政治责任落实专项监督、规范物资保障专项监督、整治形式主义和官僚主义专项监督。围绕常态化疫情防控、推动经济社会发展、打好三大攻坚战、基本民生保障等重点工作，区纪委监察委、巡察机构组成 21 个检查组，通过看防控、送温暖、查登记、核货源、问情况、护环境、重投诉“七步工作法”，滚动式监督全区 581 个社区、63 个村、2140 个小区，24 小时暗访抽查防控点位，逐个发现并排除疫情风险点；走访单位 240 余家，覆盖全区各街镇、党政机关、行业领域、重点场所。

建立健全“12345”疫情专席专班机制。由区纪委区监委案件监督管理室牵头负责，对“12345”疫情专席受理线索实行专班专案专办。对市纪委转办、信访举报、检查发现等问题线索，第一时间受理（处理）、批示、转办、查处，转办不过夜，办结不超过 24 小时。

建立健全包片监督、联席会商监督、情况报告、快查快办、协调内控的战时 5 项机制。4 月 30 日，疫情防控进入常态化阶段，北京应急响应级别由一级响应调整为二级响应；6 月 5 日，北京应急响应级别由二级调整为三级。区纪委区监委适时调整工作重心，建立常态化监督机制，即以常态化开展监督检查为主，监督室牵头专项监督和疫情线索专查专办为补充的工作机制，累计监督检查点位 649 个，发现问题 88 个，提出建议 76 条。全区各级纪检监察组织监督检查 2.1 万余次，发现问题 2051 个，提出建议 677 条，批评教育、谈话提醒 26 人，通报 14 起，下发提醒函 35 份，给予严重警告处分 1 人，立案 1 人，责令辞职 1 人，解除劳动合同 1 人。上报市纪委市监委问题近 300 个。

（监督工作组）

【执纪问责】 年内，监督组针对检查中发现薄弱环节和突出问题，采用纪律检查建议、监察建议、提醒函、约谈、批评教育等方法措施，进行问责处理。对敷衍塞责、弄虚作假、推诿扯皮、消极应付和贪污侵占挪用救援款物、失职渎职等违纪违法问题，依法依纪从严从快处理。对不作为、乱作为的干部，对工作不投入、不深入的干部，对不会干、不能干的干部，综合运用批评教育、谈话提醒、通报等形式及时问责，问题严重的责令辞职、免职。累计收到问题线索 181 件，及时办结 174 件。在 181 件问题线索中，不属实的 134 件，属实或部分属实的 47 件。

（监督工作组）

---

① 全面从严治党警示教育基地、圆明园廉政文化教育基地、北京市一中院警示教育基地三个廉政文化教育基地；探索 N 个网络宣传平台。

② “3”指开展政治责任落实专项监督、规范物资保障专项监督、整治形式主义和官僚主义专项监督。“1”指抽调专人对 12345 疫情专席受理线索实行专班专案专办，“N”指各包片监督组、派驻机构、街镇纪（工）委、各区属企事业单位纪检监察组织。

民主党派

中国国民党革命委员会北京市海淀区工作委员会

【概况】 2020年，中国国民党革命委员会北京市海淀区工作委员会（简称民革海淀区工委）有28个支部、1202名党员。党员中，有全国政协委员2人、市人大代表2人、市政协委员5人（常务委员2人）、区人大代表1人、区政协委员16人（常务委员3人）。2人当选民革北京市第十五届委员会副主委，2人当选市委常委，4人当选市委委员。

民革海淀区工委围绕《习近平谈治国理政（第三卷）》、参政党建设“三个文件”、全国两会精神、《中华人民共和国民法典》等内容，组织全体党员学习培训。举办2020年暑期学习班，邀请中央统战部一局副局长张衍前作关于参政党建设“三个文件”精神的辅导报告。举办新一届支部委员学习班，邀请国务院发展研究中心发展战略和区域经济研究部副部长何建武研究员作“深入学习贯彻中共十九届五中全会精神”辅导报告。第十六支部牵头举办首期“石榴汁论坛”，区工委副主委文宗瑜作《精准把握五中全会精神，推动海淀高质量发展》的主题讲座。区工委组织部分中青年党员到河北滦州市和迁西县开展“制度自信”专题教育活动。

海淀区第二个“北京海淀民革党员之家”在中联国兴书画院落成。举办书画艺术讲座，邀请现代绘画大师、美术教育家徐悲鸿之长孙徐小阳主讲“徐悲鸿的艺术人生”。

民革海淀区工委继续与外省市民革组织深化合作，开展“同心结对子”活动，分别与民革张家口市委会、湖州市委会、郑州市委会等进行工作交流。民革海淀区工委捐款捐物总计200余万元。

（秦莉　张旭）

【参政议政】 年内，民革海淀区工委报送信息百余条。其中《关于北京市生态涵养区森林质量精准提升的建议》获得市委书记蔡奇、副市长卢彦批示，《关于重大疫情防控中完善劳动关系调整法制的建议》被中央统战部《零讯》采用，《关于优化“长江学者”评选机制的建议》《关于疫情期间重点帮扶在国家脱贫攻坚和社会公益事业中有突出贡献中小企业的建议》被全国政协采纳，多篇信息被市政协采纳。针对区块链技术应用、5G产业布局、新基建、农业与科技深入融合等开展调研。在区政协、区委统战部举办的党派团体协商会上，民革海淀区工委作题为《关于“十四五”期间持续增强海淀核心创新力的建议》的大会发言；在党外人士谈心会上，提交《关于加大海淀生产服务生态链建设支持的建议》《后疫情时期海淀区就业与劳动社保工作研究》《后疫情时期海淀区信息技术产业发展趋势与对策研究》《海淀区中关村科学城医药健康产业建设现状与问题对策》《新冠疫情对海淀区社区居民心理健康影响的调研》5篇调研报告。成立由高层次专业人才组成的信息写作组，加强信息工作培训，邀请中央统战部研究室二级巡视员齐连振对撰写社情民意信息及《零讯》稿件报送工作进行指导。民革海淀区工委获区政协反映社情民意信息工作先进单位称号。

（秦莉　张旭）

【社会服务】 年内，民革海淀区工委组织医疗专家、农业专家和企业界人士，到河北省张家口市开展对口帮扶活动。分别在张家口市第一医院开展医疗教学讲座；在万全区糯玉米、蔬菜种植基地和绿化林区考察指导，进行业务交流；在张家口高新技术产业区考察企业，寻求扶贫项目对接。民革海淀区工委向张家口市万全区第六小学、宣平堡小学和万全镇李杏庄村委会捐赠电脑和学习用品。组织动员广大党员参与“消费扶贫”活动，助力“纳货出山”，帮助湖北疫区滞销农产品和张家口等贫困地区农副产品打开市场销路。组织党员参与“各民主党派帮扶门头沟区的8+1行动”和高台村“科技小院”建设。带领海淀区民革企业家参加“携手海湖情，绿水青山行”海淀、湖州民革企业家座谈会，双方在文化教育、医疗保健、数字科技、智能智造等领域加强合作。自2019年发起帮扶遵义抗战老兵活动以来，帮扶老兵人数从12人上升到23人，年内累计捐赠慰问金5.6万元。

（秦莉　张旭）

9月5日，海淀区第二个“北京海淀民革党员之家”揭牌（徐丹　摄）

中国民主同盟北京市海淀区委员会

【概况】 2020年，中国民主同盟北京市海淀区委员会（简称民盟海淀区委）下属1个基层委员会、3个总支委员会、49个支部，有盟员1848人。盟员中，有民盟中央委员5人（常委1人）、民盟北京市委委员9人（常委1人）、市人大代表1人、区人大代表2人（常委会委员1人）、全国政协委员2人、市政协委员7人、区政协委员13人（常务委员2人、副秘书长1人）。北京航空航天大学支部、国家图书馆支部、中国气象局支部、经济三支部等21个基层组织完成班子换届。

全年召开主任委员会议3次、全体委员会议1次、调研课题工作会2次。选派百余名中青年盟员参加各类学习班。举办2020年制度自信专题教育活动读书班，开展与中共湖州市委统战部及民盟湖州市委座谈调研活动，召开2020年调研课题结项会，协办第十二届民盟基础教育论坛，在北京市盲人学校举办师资培训专题讲座。编发《海淀盟讯》1期、《盟务动态》6期。编印《风雨同舟、继往开来——纪念中国民主同盟北京市海淀区委员会成立二十周年》文集。

盟员为疫情防控捐款2006.42万元；捐赠防疫物资价值93万元，盟员带领其团队捐赠口罩、防护服、护目镜等医疗物资100吨。34名盟员在30多个社区参与值班值守，参与海外入境人员转运工作，10名盟员参加心理咨询志愿者队伍，12个基层组织与12个社区对接，开展值班值守、捐款捐物、上门慰问等服务。

民盟北京外国语大学支部、经济四支部被民盟中央评为盟务工作先进基层组织。民盟北京语言大学总支第三支部、综合一支部、中学二支部被民盟北京市委评为优秀支部，经济三支部被民盟北京市委评为活力支部，民盟北京理工大学支部被民盟北京市委评为暖心支部。2人被民盟中央评为社会服务工作先进个人，1人被民盟中央评为抗击新冠肺炎疫情先进个人。民盟经济总支被民盟北京市委评为社会服务工作先进集体，7人被民盟北京市委评为社会服务工作先进个人。

报送信息258条，100余条次信息被采用。其中《加快我国卫生立法供给侧改革步伐》等3篇信息被全国政协采用，22篇信息被民盟中央采用；1篇被中共北京市委《信息专报》采用，10余篇被北京市政协采用。

（王东旭）

【参政议政】 年内，有2名盟员出席全国政协十三届三次会议，并提交个人提案。完成《高水平建设北清路科技创新走廊，推动海淀北部新区高质量引领发展》《发挥冬奥应用导向作用，推动新技术产品创新发展》《海淀区中小学集团化办学的问题及对策建议》《通过大数据和人工智能来实现机构养老和社区居家养老的结合》《乡村振兴战略背景下海淀区体育特色小镇建设的探索》《进一步降低科技型小微企业创业成本的建议》《海淀区非物质文化遗产项目文创产品发展状况研究》《海淀区知识产权仲裁模式的调查研究》8篇调研报告。其中《高水平建设北清路科技创新走廊，推动海淀北部新区高质量引领发展》为中共海淀区委区政府调查研究重点课题；《发挥冬奥应用导向作用，推动新技术产品创新发展》《海淀区中小学集团化办学的问题及对策建议》《通过大数据和人工智能来实现机构养老和社区居家养老的结合》《乡村振兴战略背景下海淀区体育特色小镇建设的探索》为中共海淀区委统战部立项课题；《海淀区中小学集团化办学的问题及对策建议》转化为区政协议政会民盟发言。在海淀区党外代表人士读书班区委书记与党外人士谈心会上，民盟海淀区委作题为《关于海淀区基层社会治理工作质效提升的建议》发言。《发挥知识产权优势，促进北京创新发展》获2019年度北京市民主党派优秀调研成果一等奖。

（王东旭）

【社会服务】 4月初，民盟北京科技大学支部组织盟员助力山西患病果农脱贫攻坚，帮助果农成功售出滞销的2万多斤苹果，货款共计10万元。8月28日，民盟海淀区委5名盟员企业家向河北省广宗县赵葫芦小学捐赠20万元“奖教金”。12月11日，民盟海淀区委副主委、海淀区教师进修学校高级教师董伟光，到北京市盲人学校作题为《教师如何做研究》专题报告，运用大量理论知识和研究实例，讲述教师为什么要做研究、如何做研究，研究的基本步骤和基本方法。12月10日，民盟海淀区委综合三支部联合北京外国语大学外研社向河北省保定市唐县罗庄镇坡上小学捐赠总价值3万余元的图书和点读笔。

（王东旭）

【制度自信专题读书班】 8月17日，民盟海淀区委举办2020年制度自信专题教育活动线上读书班，140余位盟员参加。中共海淀区委统战部领导出席会议，传达中共海淀区委十二届十三次全会精神，介绍上半年海淀区疫情防控、经济发展等各项工作进展。民盟北京市委领导介绍民盟北京市委2020年的重点工作，对民盟海淀区委下半年的工作提出具体要求。民盟中央法制委员会副主任、北京航空航天大学法学院院长、长江学者龙卫球教授作题为《中华人民共和国民法典》讲座。民盟海淀区委主委张维佳作总结发言，回顾民盟海淀区委抗击疫情、脱贫攻坚等方面的工作，号召大家要传达好此次读书班的精神，不断增强制度自信。

（王东旭）

【浙江湖州代表团到访】 8月27日，浙江省湖州代表团到访，民盟海淀区委与中共浙江省湖州市委统战部、民盟浙江省湖州市委举办座谈会暨实地调研活动。中共湖州市委统战部领导介绍湖州市经济社会发展的基本情况、地域优势和未来的发展规划，分享近年来湖州市党派工作经验。民盟海淀区委领导介绍民盟海淀区委的基本概况及组织活动情况，并着重介绍疫情期间民盟海淀区委组织各基层组织及全体盟员为打赢疫情防控阻击战所做的工作。湖州市南太湖新区领导介绍南太湖新区的发展定位和未来规划。与会的民盟海淀区委领导及盟员代表分别从社会服务工作、北京人才政策和打造营商环境等方面分享经验，并就所关心的人才引进、产业链的形成发展、如何发挥党派成员作用等问题进行研讨交流。会后，湖州代表团调研中关村创业大街，参观3W咖啡创业基地，了解集创业咖啡馆、孵化器、创业基金、品牌推广、人才招聘等于一体的完整创业生态体系。

（王东旭）

【第十二届基础教育论坛】 11月22日，由民盟北京市委主办，民盟北京师范大学委员会承办，民盟西城区委、民盟海淀区委协办的第十二届基础教育论坛在北京师范大学召开。海淀区近50名盟员参加。论坛以“共同展望‘十四五’规划和二〇三五年远景目标，共同为建设高质量教育体系而努力奋斗”为主题。北京师范大学马克思主义学院副教授、国家教材建设重点研究基地、大中小教学德育一体化教材研究基地研究员石芳，北京师范大学智慧学习研究院院长、互联网教育智能技术及应用国家工程实验室主任黄荣怀，民盟中央教育委员会秘书长、北京师范大学社会发展与公共政策学院副教授萧淑贞，分别作题为“充分发挥思政课的育人价值”“后疫情时代之线上线下教育融合发展”“食农教育：走向文化和生命的通路”的主题发言。论坛邀请多位教育专家、中小学一线教师进行圆桌对话。

（王东旭）

11月22日，第十二届民盟基础教育论坛举办（北京师范大学 供图）

中国民主建国会北京市海淀区委员会

【概况】 2020年，中国民主建国会北京市海淀区委员会（简称民建海淀区委）下属基层委员会3个、支部35个，会员1747人。其中，具有大学及以上学历1447人，占会员总数的82.8%；具有中高级职称会员897人，占会员总数的51.3%。会员中，民建中央委员3人（常委1人）、民建北京市委委员13人（副主委3人、常委3人），全国人大代表1人、市人大代表3人、区人大代表8人（常委会委员2人），全国政协委员2人、市政协委员9人（常务委员3人）、区政协委员31人（副主席1人、副秘书长1人、常务委员9人），担任特约职务70人。

全年召开主任委员会议9次，全体委员会议1次，全体委员（扩大）会议2次，基层组织和专委会联席会1次。完成22个基层组织领导班子调整。编印《海淀民建》合刊1期，报送宣传稿件218篇，其中民建中央采用96篇，民建北京市委采用197篇。“海淀民建”微信公众号编发消息243篇。报送3篇理论研究成果。报送社情民意信息1030篇，228篇被全国政协、中央统战部、民建北京中央、北京市政府、市政协、民建市委、区政协、区委统战部采用。其中《疫情防控下“数字化”菜市场发展建议》《小微企业复工复产建议》得到中国北京市委书记蔡奇批示，《北京应高度重视自主可控协作机器人发展》得到市长陈吉宁批示。民建海淀区委被民建北京市委评为网站工作突出表现先进集体；被区政协、区委统战部评为反映社情民意信息工作先进单位，5人被评为区政协优秀信息员。

开展制度自信专题教育活动，加强作风建设。召开中心组学习会3次、民主生活会1次，举办主题活动、会史教育、参观调研、知识竞赛等活动10余次。参加中共海淀区委的党派谈心会、协商会、党派团体协商会等7次。

上报疫情类信息477篇，捐款捐物500余万元，微信公众号发布抗“疫”专题新闻100余篇。形成《海淀区中小企业复工复产专题调研报告》并报送区领导。举办各类讲座、专题调研活动40余次。30余名会员下沉社区参加值守，15个基层组织对接8个街镇的11个社区。民建海淀区委与民建陕西省安康市委员会签订结对共建协议。民建海淀区委获民建中央“抗击新冠肺炎疫情先进集体”、民建北京市委“抗击新冠肺炎疫情先进集体”称号。

（赵欣）

【参政议政】 年内，民建海淀区委在政协十届四次全会上提交《海淀农村污水处理设施使用及建设的调查研究》《关于推进海淀区集体建设用地建租赁住房试点工作的建议》《推进海淀区海绵城市建设的建议》3件党派提案、17件委员个人提案，并作题为《推进海淀区海绵城市建设的建议》的大会发言。《关于推进海淀区海绵城市建设的建议》《关于“海淀区成立中小企业发展基金，缓解小企业贷款融资难”的提案》《关于充分挖掘技术产业联盟为创新服务的建议》《关于激发技术主体创新活力进一步促进海淀区科技成果转化的建议》分别被评为区政协2020年度优秀党派提案和个人提案。完成课题64项。其中，《关于促进疫情期间小微企业复工复产及疫后企业发展的建议》《搭建智能制造领域协同创新平台 助力北京科创中心建设》得到中共北京市委领导批示，《助力高质量打赢脱贫攻坚战、建立巩固脱贫成效长效机制的几点建议》被民建中央采用，《海淀区中小企业复工达产专题调研》《新冠疫情下提高各级政府对企业扶持政策的有效性报告》《构建区块链增信平台，赋能中小企业金融发展》被民建北京市委采用，《建立自主可控的协作机器人高端装备制造创新中心 助力北京科技创新中心建设》在《建言专报》上刊登，《从脱贫攻坚以来农民收入看精准扶贫政策成果》在《经济界》第6期刊发。到学院路街道、小南庄社区、北航社区居委会、国家农业信息化工程技术研究中心、北控绿海能环保、北京快鱼电子、小米移动互联网产业园、联合伟世、北明软件、北京安馨养老公司等机构、企业开展调查研究。线上举办“科技成果转化”“金融衍生产品投资风险”“网络著作权侵权维权问题立法建议”“企业融资”“智慧农业”“金融科技创新与风险”等30余次主题讲座。

（赵欣）

【社会服务】 年内，民建海淀区委向帮扶的河北省丰宁县土城镇土城子村的“爱心超市”捐赠价值5000元生活用品和小家电。参加北京民建公益基金同心圆公益计划、“聚光伏稳脱贫”专项基金捐助活动等，捐款捐物共计139.72余万元。民建海淀区文教二支部与海淀区教师进修学校承办民建中央组织的贵州省黔西南州晴隆县、望谟县和河北省丰宁县教师线上教育培训帮扶活动。“民建海淀同心基金”自2011年以来，共资助208名贫困学生，总金额124.8万元。民建海淀区中关村支部号召北京市的民建基层组织联合向湖北黄冈捐款20万元。“科技帮”举办“科技成果转化”论坛4期，民建海淀区专业一支部“微信公益大讲堂”举办法律、税务、心理等系列讲座23期。民建海淀区北京大学委员会主办“民建城市发展论坛”、中央财经大学支部主办民建财经论坛、北京师范大学支部主办教育论坛、地震局支部主办“空中课堂”地震科普知识讲座等。民建海淀区委与民建浙江湖州市委、民建陕西安康市委、民建甘肃兰州市委建立合作交流机制；民建海淀区文教一支部与北京石景山区工商支部结对共建；与民建河北区一支部、三支部，民建湖北省武汉市江汉二支部等基层组织举办线上联合活动；民建中关村支部与民建昌平高教支部联合调研；民建海淀区青年委员会与民建天津市和平区青年支部举办第二届青年工作研讨会。

（赵欣）

【“民主党派谈科技成果转化”线上论坛】 4月11日，民建海淀区委联合九三学社海淀区委举办“民主党派谈科技成果转化”第1期线上论坛，九三学社海淀区委委员、科技委员会主任、市科委高新处处长施辉阳作题为《北京市科技成果转化工作探索与实践》的主题报告，中关村天合科技成果转化中心主任朱楠作题为《科技成果转化实务》的主题报告。4月25日，举办第二期“民主党派谈科技成果转化”线上论坛，邀请清华大学技术转移研究院的高级专员张岩、中科创星的创始人米磊分别作报告。5月9日，举办“民主党派谈科技成果转化”第3期线上论坛，邀请民建会员、德国史太白大学中国区首席代表覃焱，九三学社社员、天智航公司董事长张送根作专题报告。民建北京市委常务副主委任学良、副主委赵亚洲、调研处处长周丽娟，中共海淀区委统战部常务副部长刘珍，民建海淀区委主委王玉梅，九三学社海淀区委主委叶培贵等领导分别参加论坛。

（赵欣）

【第八届民建“城市发展论坛”】 6月27日，由民建北京大学委员会主办的第八届民建“城市发展论坛”通过腾讯会议App在线举办，主题为“老龄化与城市发展”。民建北京市委主委司马红出席会议并讲话。民建中央调研部、民建北京市委、中共北京大学党委统战部、中共海淀区委统战部有关领导及民建会员代表、北京大学各民主党派代表近200人参加。论坛邀请中国人口学会副会长、北京大学人口研究所教授乔晓春作题为《北京市未满足的养老需求有多大？》的报告，民建北京市委副主委、中国人民大学国家发展与战略研究院研究员黄石松作题为《北京市完善老年健康服务体系的探索与实践》的报告，北京大学人口研究所副教授庞丽华作题为《中国人口老龄化的城乡差异和未来变化趋势》的报告。

（赵欣）

【“网络著作权侵权维权问题立法建议”研讨会】 7月17日，由民建海淀区委参政议政委员会与北京网络行业协会联合主办、民建中关村支部协办的“网络著作权侵权维权问题立法建议”研讨会召开。30余名专家、学者、法官、知名互联网企业人员参加研讨。中国版权保护中心数字作品版权登记部主任张建东，中国人民大学法学院证据学研究所副所长、教授刘品新，北京互联网法院法官史兆欢，北京市海淀区人民法院知识产权庭法官刘佳欣，山东科技大学知识产权学院副院长赵丽莉教授，中国社会科学法学研究院副研究员窦海阳分别作主题发言。

（赵欣）

【制度自信专题教育读书班】 7月22日，民建海淀区委以视频会议形式举办2020年制度自信专题教育读书班，邀请中国人民大学马克思主义学院教授、中国人民大学习近平新时代中国特色社会主义思想研究院副院长王向明作《坚定中国特色社会主义制度自信》专题报告。民建清河支部离任主委张显忠、文教二支部新任主委赵润林分别代表基层组织新老班子进行经验交流。民建北京市委副主委赵亚洲、李申虹，中共海淀区委统战部、民建北京市委办公室相关人员及制度自信专题教育工作专班成员，民建海淀区委委员、基层组织新老班子成员、专委会负责人、中青年骨干会员、新会员近200人参加。

（赵欣）

【教育帮扶培训】 9月19日至20日，民建海淀区委与海淀区教委联合主办，民建海淀区文教二支部与海淀区教师进修学校共同承办，为贵州省黔西南州晴隆县、望谟县，河北丰宁县的中学教师在中国教研网开展线上培训课程。开班仪式由民建海淀区委主持，民建中央社会服务部作主旨发言。“促进核心素养发展的教师教学能力提升”主题培训包括1天的通识课程和1天的学科课程。区教师进修学校作《新时代教师研修内容与模式创新》《促进核心素养发展的教学与教研》和《中高考改革背景下的课堂教学》专题报告和《基于“深度学习”的教学改进》专题讲座，区教师进修学校的25位教研员骨干作《素养导向的学科教学问题及解决》专题讲座和《基于课例研修的教学改进实践》案例分享。

（赵欣）

【第二届青年工作研讨会】 9月20日，由民建海淀区委青年委员会、民建天津和平区青年支部主办，民建海淀区清河支部、文教二支部、三综支部联合承办的第二届青年工作研讨会召开。研讨会围绕“传承、担当、奉献”主题，由京、津两地7位青年会员讲述抗击疫情的故事和亲身经历，传播正能量，弘扬爱国精神。民建北京市委副主委李申虹，民建天津市委专职副主委、秘书长贾瑞辉和中共海淀区统战部、区台办、民建海淀区委有关人员出席并讲话。民建海淀区委青年委员会委员、各基层组织青年会员代表、民建天津市和平区青年支部会员近50名会员线上、线下同步参加会议。

（赵欣）

【科技成果转化实践研讨会】 10月24日，由市科学技术协会和民建北京市委共同举办，民建海淀区委、九三学社海淀区委、北京科技咨询中心联合承办的科技成果转化实践研讨会召开。市科委从科技创新战略、政策规划等方面介绍北京市科技成果转化工作探索与实践；北京大学科技开发部作题为“高校科技成果转化工作进展及思考”的汇报；中科院科技创新发展中心（北京分院）黄韶勇作中科院科技成果转移转化工作的经验分享；北京天智航医疗科技股份有限公司董事长张送根介绍骨科手术机器人科技成果转化的实践和体会；中科星图股份有限公司董事陈伟从专利布局、企业创业、开展产业化工作等方面作题为《从IP到IPO：科研院所的技术转化》的报告分享经验；金科君创资本创始合伙人管弦悦从资本角度，报告并分享开展科技成果转化工作的经验与心得。市科学技术协会、北京科技咨询中心、民建北京市委、民建海淀区委、九三学社海淀区委等单位的50人参加。

（赵欣）

中国民主促进会北京市海淀区委员会

【概况】 2020年，中国民主促进会北京市海淀区委员会（简称民进海淀区委）有区属基层委员会3个（下属支部14个）、区属支部44个，会员1445人。会员中，有民进中央委员3人（常委1人）、民进市委委员8人（常委3人）、全国人大代表1人、全国政协委员1人、市人大代表1人、市政协委员5人（常务委员1人）、区人大代表2人（常委会副主任1人）、区政协委员18人（常务委员6人）、长江学者1人。

全年召开主委会3次、全委（扩大）会2次、暑期读书班暨新会员培训会1次。组织80余人次参加民进北京市委、北京市社会主义学院、中共海淀区委、区政协、中共海淀区委统战部举办的各类学习班。

（王玲）

【参政议政】 年内，民进海淀区委立项海淀区调研课题6个，其中2个课题转化为与海淀区领导协商的发言材料、1个转化为政协全会大会发言、4个转化为党派团体提案。《推进中关村科学城科技服务业发展的对策研究》被区政协评为2020年度优秀党派团体提案。报送信息170余篇，其中防疫抗疫信息130余篇。10名会员获民进全国履职能力建设先进个人称号，6个支部获民进北京市委会成立70周年优秀支部称号，53名会员获民进北京市委会成立优秀会员称号。民进海淀区委被区政协评为2020年度反映社情民意信息工作先进单位，2人被区政协评为优秀信息员。制定《民进海淀区委2020年履职能力建设主题年工作方案》，组织会员参与民进北京市委加强履职能力建设主题年工作会暨参政议政年会。北京航空航天大学基层委员会组织学习全国两会提案议案，北京外国语大学支部召开参政议政专题工作会议，中国铁道科学院支部、海淀水利支部立足本职工作调研提交提案。

（王玲）

【社会服务】 年内，民进一零一中学支部田媛、八一学校支部王建稳作为民进北京市委教员专家团队成员，到甘肃陇南进行“同心·彩虹行动”，助力挂牌督战乡村教师培训。民进北京理工大学附属中学支部到山西吕梁进行教育扶贫；北京实验学校支部到河北易县、赤城县参加支教工作；海淀小教北支部开展“我为革命老区捐本书”活动，向山西黎城霞庄小学捐赠图书；北京外国语大学支部开展河北易县助学支教社会服务活动，向裴山镇东罗中心小学和裴山中学捐赠6万元的教学图书、教学用品和4000元现金；中央民族大学支部率志愿者，对中西部地区的孤贫儿童进行经济救助、心理救助和学业救助。组织会员参与“黔货在京”消费扶贫产品走进中央单位网络直播活动等消费扶贫活动；组织会员为对口援助地内蒙古敖汉旗捐款3000余元。中国农业大学支部主委参加人力资源和社会保障部组织的贵州智力扶贫工作，提供技术支持，到西藏定点帮扶参与“科技兴农助力精准扶贫”行动。民进海淀区委所属会员及会员企业防疫抗疫累计捐款捐物312.20万元。

（王玲）

【庞丽娟调研中关村科学城】 9月22日，民进中央副主席、北京市人大常委会副主任、民进北京市委主委庞丽娟，到海淀区调研中关村科学城和全国科技中心核心区建设工作，并召开座谈会。区委书记于军参加调研。座谈会上，民进北京市委专家学者围绕“聚焦中关村科学城，推动科技创新中心建设”的主题建言献策，肯定海淀区在推动中关村科学城建设发展中取得的新成就，并在优化营商环境、加强科技创新生态链建设、推动文化科技融合发展、强化知识产权保护运用、进一步加强科技成果转化等方面提出意见和建议。民进北京市委专职副主委李昕、吴森堂，秘书长苍玉清，中共海淀区委常委、统战部部长任武军，区人大常委会副主任、民进海淀区委主委邓佑玲参加调研。民进首都师范大学基层委员会、海淀企业基层委员会、北京航空航天基层委员会、中国地质大学支部、知识产权支部、北京外国语大学支部6个支部成员参与座谈。

（王玲 钟冷）

中国农工民主党北京市海淀区委员会

【概况】 2020年，中国农工民主党北京市海淀区委员会（简称农工党海淀区委）有支部33个（总支1个），党员1023人。党员中，有农工党中央委员2人、市委委员8人（常委3人），市人大代表1人、区人大常委会委员1人，全国政协委员4人、市政协委员1人、区政协委员15人（常务委员3人），国务院参事2人、中国工程院院士1人、长江学者3人。8月26日，农工党中国中医科学院西苑医院总支部委员会成立，下设西苑医院一支部、西苑医院二支部、西苑医院三支部。农工党各基层组织完成换届。农工党海淀区委组织党员抗击疫情，11个支部与8个社区进行对接，建言献策、捐款捐物。

（方鹏飞）

【参政议政】 年内，农工党海淀区委完成调研课题13个。其中《海淀区公共卫生治理体系中存在的风险隐患和对策建议》被列为2020年海淀区调查研究重点课题，《发展农业数据服务业，着力打造“农业中关村”》作为党派协商会发言，《关于疫情防控背景下通过统一底层电子数据标准，助推海淀区精细化治理的建议》作为区政协高端议政会发言，《提升垃圾全链条管理水平，促进垃圾精准资源化利用》作为区政协党派提案，《打造“农业中关村”品牌，加快农业高科技成果转化》作为区政协全会发言。上报信息442条，其中全国政协采用15条、中央统战部采用3条、农工党中央采用46条、中共北京市委采用3条、市政府采用2条、市政协采用50条、中共市委统战部采用8条、农工党北京市委采用195条、中共海淀区委统战部采用85条。

（方鹏飞）

【社会服务】 6月11日，农工党海淀区委联合海淀区卫健委、永定路街道办事处，为社区居民讲解热敏灸理论知识，并现场实操演示。6月13日，农工党海淀区委在昌平区流村镇高崖口村开展“中国环境与健康宣传周”活动，作《冠心病健康教育》专题讲座，采取网络直播的方式，为高崖口村居民开展健康教育。11月26日，农工党海淀教育支部到河北省张家口市赤城县的田家窑镇中心小学开展“助学献爱心”活动，作《与蓝天有个约定》讲座，向学校捐赠价值约3000元的学习用品。农工党海淀区委到门头沟雁翅镇青白口村开展义诊活动。

（方鹏飞）

【暑期读书班】 8月16日，农工党海淀区委通过腾讯会议软件在线举办第十五期暑期读书班，区委委员、各支部和专委会党员骨干及部分新党员共100余人参加。农工党北京市委专职副主委李亚兰通报农工党北京市委“不忘合作初心，继续携手前进”制度自信专题教育活动的背景、目的、工作方案和相关工作的开展情况；中共海淀区委统战部副部长王选革对农工党海淀区委的领导和党员们在抗疫前线和社区防控工作中做出的贡献给予肯定；北京林业大学生态文明研究院院长林震作题为《坚定制度自信 推进中国之治》的专题报告。

（方鹏飞）

3月15日，农工党海淀区委与海淀区大健康产业联合会向海淀区残联捐赠防疫物资（方鹏飞 摄）

中国致公党北京市海淀区委员会

【概况】 2020年，中国致公党北京市海淀区委员会（简称致公党海淀区委）有支部20个，党员761名。党员中，有中国科学院院士3人，国务院参事1人，全国人大代表2人，全国政协委员4人，致公党中央委员6人，致公党中央专委会主任、副主任19人和委员29人，市人大代表1人，市政协委员5人，致公党北京市委委员9人，区人大代表3人，区政协委员19人。3人被聘为首都统一战线同心服务团专家。

致公党海淀区委组织传达全国两会精神线上报告会，邀请全国人大代表马一德、全国政协委员易建强传达会议精神。参加区政协、中共海淀区委统战部、区侨联组织的学习中共十九届五中全会精神座谈会。组织党员参加致公党中央参政议政培训班、地市级组织负责人学习班、致公党北京市委中青年党员培训班、海淀区党外代表人士培训班等，约80人次参加。向党员发送学习主题50次，组织庆祝中国致公党成立95周年党史知识问答活动。致公党海淀区委联合涉侨单位主办“海侨之月•情满中秋”——海淀区侨界人士2020年主题诗乐会。致公党中央民族大学支部、海淀区第二支部联合举办“民族文化传承与发展”主题座谈会。致公党党员、中国农业大学土地科学与技术学院副院长朱道林、北京大学中国农业政策研究中心副教授王晓兵作为点评嘉宾，参加怀柔区实施乡村振兴战略第三届“村支书论坛”。

（李冬妮）

【参政议政】 年内，致公党海淀区委完成“加强中关村科学城人才体系建设”“提升中关村科学城文化软实力”“大数据在应急管理中的反思”“海淀区制定‘十四五’规划的建议”4项海淀区调查研究课题。在区政协十届四次全会上，提交《关于提升海淀区人才优势 推进中关村科学城建设的建议》《以实施分区规划为抓手推动海淀高科技城市治理》《关于接诉即办、升华海淀治理能力现代化的建议》3件党派提案，作题为《推进概念验证支持计划实施建议》的大会发言。在海淀区议政会、党外人士座谈会、党派协商座谈会上，致公党海淀区委作题为《新格局下的科技教育体系建设》《疫情后期促进经济发展有关建议》《推进中关村科学城建设》的发言。

1人在全国政协双周协商座谈会上作题为《加强深海探索和国际合作》的发言，4人在“中国发展论坛•2020创新发展 赢得未来——后疫情时代的中国发展战略”上发言。2人参加“推进大数据、区块链与经济社会融合创新发展”致公党中央重点调研；1人参加“协调推进海洋资源保护与开发”调研；1人参加“发挥国家财税政策红利，促进经济高质量发展”致公党中央调研；1人参加“认罪认罚案件量刑建议规范化、精准化”致公党中央调研；3人参加“加强垃圾精准处理和资源化利用，促进循环经济发展”致公党中央调研。

疫情期间，上报建议约50条。《关于复工复产的若干建议》《疫情期间中小学生线上学习使用电子产品时间过长现象亟待纠正》《关于准许研究生分批次复学的建议》《关于在新冠肺炎疫情防控期间暂停实施机动车尾号限行措施的建议》《以疫情防控为契机 推动工业互联网应用 帮助中小企业》《推动全要素全产业链互联互通 完善国家应急管理体系建设》6条建议被致公党中央采纳，《关于“防疫生产两不误”的几点建议》《鉴于疫情防控建议调整上市企业2019年报披露时间》《关于通过技术手段加强返京人员信息登记的建议》《关于将学校开学和放假时间整体延后一个月的建议》《“群体免疫”对我国的影响及应对策略》5条建议被中共北京市委统战部采纳。《完善法治保障应对国家治理体系和能力大考》《蝗灾对全球粮食安全挑战与我国应对策略》《我国应对非洲蝗灾防患于未然》《贫困学生网上听课难问题亟待关注》《关于人粪尿严格高温处理与有机肥资源充分利用的建议》《关于公立医院建立公益救助基金制度的建议》《应加强对无障碍设施的巡检和保障》《语言发育迟缓儿童教育问题亟待引起重视》《关于讲好中国故事的建议》9条建议被致公党中央、北京市政协等单位采纳，《关于发挥工业大数据和工业互联网在数字基建中的战略核心支撑作用的建议》《关于做好农用地经营权市场化风险识别和防控工作的建议》2条建议被《零讯》采用。

1人获真实世界密码学奖和国际密码学会最具时间价值奖，1人获CCTV2020年度法治人物称号，1人被授予北京市三八红旗奖章。

（李冬妮）

【社会服务】 年内，致公党海淀区委第二支部、北京师范大学支部、中央民族大学支部、北京交通大学支部、中科院海淀支部、北京科技大学支部、首都师范大学支部、中国人民大学支部、第五支部、中国农业大学支部、新党员支部下沉到北太平庄街道文慧园路社区、时代之光社区、学院路街道中科院社区、曙光街道金雅园社区、苏家坨镇周家巷村，参加疫情防控值守工作。致公党海淀区委与中共海淀区委统战部到北太平庄街道时代之光社区开展物资捐赠活动。致公党首都师范大学支部、中国人民大学支部、第五支部到曙光街道金雅园社区开展物资捐赠活动，中科院海淀支部、北京科技大学支部到学院路街道中科院社区开展物资捐赠活动。致公党海淀区委党员捐款2.5万元，用于购买口罩、手套、酒精等防疫物资和牛奶、方便面等食品，致公党海淀区委和致公党清华大学支部向清华园街道双清苑社区和荷清苑社区捐赠口罩、牛奶、八宝粥、方便面。致公党海淀区委委员叶劲柏捐赠口罩1.7万个；区委委员邢纪国为位于亚洲东南部的文莱达鲁萨王国募集总价值达55万元的多种急需防疫物资，向海淀医院捐赠便携式隔离防护帐3套；党员王占军向北京市慈善协会捐款2万元用于防控疫情同心专项基金。致公党北大医学部支部捐款4.6万元及价值约1.5万元的抗疫物品。

致公党海淀区委党员为致公党中央电商扶贫培训班授课，来自酉阳县的80余名电商从业者参加。致公党海淀区委组织党员通过致酉合作扶贫电商平台购买农产品，帮扶贫困地区。

（李冬妮）

九三学社北京市海淀区委员会

【概况】 2020年，九三学社北京市海淀区委员会（简称九三学社海淀区委）有基层委员会8个、支社（小组）64个，社员2181人。社员中，有九三学社中央委员7人（主席1人）、九三学社市委委员14人，有全国人大代表1人、市人大代表1人、区人大代表3人，有全国政协委员6人、市政协委员9人、区政协委员28人，有院士2人、长江学者10人、国家杰出青年科学基金获得者11人。

九三学社海淀区委举办全国两会精神学习会，邀请全国政协委员传达会议精神，100余名社员参加；举办中共十九届五中全会精神专题学习班，邀请中央社会主义学院原副院长张峰作题为《开启全面建设社会主义现代化国家新征程——学习十九届五中全会精神的体会》专题报告，200余名社员参加。

出版《海淀九三》4期，“海淀九三”微信公众号发文233篇，向九三学社北京市委网站供稿191篇，在《团结报》、中国网等媒体发表稿件4篇，其中“线上科普话防汛——九三学社北京市海淀区委会举办科普讲座”获九三学社中央2020年十佳新闻稿件。编制《九三知问》手册。1名社员获九三学社全国宣传先进个人称号。

向九三学社北京市委和中共海淀区委统战部推荐25名后备干部和9名党外代表人士，推荐5名中青年骨干参加中共海淀区委统战部举办的民主党派代表人士培训班；完成九三学社海淀第五综合支社、海淀科技园区支社、铁科院支社、西苑医院委员会及其所属3个支社基层组织换届工作。成立九三学社中国地质大学（北京）委员会、北京语言大学支社、北京林业大学委员会、中国人民大学委员会。

（赵国春）

【参政议政】 年内，九三学社海淀区委在区政协十届四次全会上提交《关于加强海淀区数字经济领域中小企业高质量发展的建议》《关于聚焦东翼学院路，建成世界一流H型国际人才社区的建议》2件党派提案，《关于利用人工智能提升海淀街区治理水平的建议》1件界别提案。其中《关于聚焦东翼学院路，建成世界一流H型国际人才社区的建议》被评为优秀党派提案，《关于利用人工智能提升海淀街区治理水平的建议》被评为优秀界别提案。在中共海淀区委领导与党外人士谈心会上，作题为《加快中试环节政策引导，促进科技成果储备落地》的发言。在区政协党派团体协商会上，作题为《关于在海淀区“十四五”规划纲要中布局攻克“卡脖子”技术战略的建议》的发言。完成《加快中试环节政策引导，促进科技成果储备落地》《卡脖子技术攻关战略分析和政策引导》《海淀区数字经济助力稳就业发展建议》《突发公共卫生事件下首都城乡居民畜产品消费及应急供给保障研究》《租赁补贴与实物配租：海淀区两种住房租赁保障政策的效果检验》《海淀区社区基层治理中的物业管理问题调研》《前瞻布局5G基础设施和产业链对促进海淀区文化与科技融合发展的作用》7篇调研报告。编报信息223篇，被采纳97篇，其中《关于尽快制定〈国家5G安全战略〉的建议》《关于提高地矿油类本科生生均拨款的建议》《关于慎重开放养老机构运营的建议》《疫情下解决独居和失能老年人照料问题的建议》被全国政协采纳。

（赵国春）

【社会服务】 年内，九三学社海淀区委及所属中国农业大学委员会、首都师范大学委员会获九三学社全国社会服务先进集体称号。6人获九三学社全国社会服务先进个人称号。8月30日，首都师范大学附属育新学校成立全市首家“九三学社名师工作站”，18名社员参与九三学社工作站工作，帮助育新学校“卓越学生培养计划”开设地质科学探索、数学建模、生物科学探索、化学实验研究4门研究型

8月30日，全市首家“九三学社名师工作站”在首都师范大学附属育新学校揭牌（九三学社 供图）

课程。在北京理工大学、中国气象局、中科院高能所、清华大学科学博物馆举办4场“小科学大梦想”线上科普活动，参与人数达600人次。线上举办6期“德赛讲堂”，主题包括《中医的抗疫智慧》《5G+AI赋能物联网核心技术创新与应用》《从专利大数据看国内外新冠药物研发与应用》《如何写一篇让编辑刮目相看的文章》《期刊副主编视角下的文章遴选》《如何用新闻摄影讲好武汉抗疫一线故事》等，参加人数达800余人次。

（赵国春）

【疫情防控】 年内，九三学社海淀区委有17个支社的社员下沉到13个社区，开展防疫工作并向社区捐赠紧缺防疫物资；31名社员参加社区值守工作。九三学社西苑医院委员会第三支社主委、中国中医科学院西苑医院心血管一科主任医师董国菊参加援鄂（武汉金银潭医院）医疗队，海淀医院副院长戴轶、上地医院副院长汪素坤、海淀妇幼保健院主任医师徐文等社员参与海淀区一线抗疫工作。九三学社海淀法律支社社员、北京义联律师事务所主任黄乐平，完成《新冠肺炎疫情防控下的复工法律问题分析》《新冠肺炎疫情防控延期复工与工资支付法律问题分析》与《疫情防控下的30个典型劳动法问题解答》，为企业职工提供法律科普知识。组织社员捐款捐物，捐款总计近590万元，并捐献大量的防护服、消毒水、酒精等抗疫紧缺物资。8名社员获九三学社中央抗击新冠肺炎疫情先进个人称号，1名社员获北京市抗击新冠肺炎疫情先进个人称号。

（赵国春）

【“九三正见”第二期讲座】 11月21日，由九三学社海淀区委主办，北京航空航天大学承办的“九三正见”第二期讲座在北京航空航天大学举办。中国科学技术协会名誉主席，中国科协、北京大学科学文化研究院院长，九三学社第十一届、十二届、十三届中央委员会主席韩启德院士作题为《科学技术与全民健康》的科普讲座。九三学社部分在京社员、北京航空航天大学师生共500余人参加。“九三正见”下设子品牌“青年正见”，以“3+X”的形式安排活动，每年举办3场“九三正见”主题活动和若干期“青年正见”活动。

（赵国春）

台湾民主自治同盟北京市海淀区工作委员会

【概况】 2020年，台湾民主自治同盟北京市海淀区工作委员会（简称台盟海淀区工委）有3个支部，盟员84人。盟员中，有全国人大常委会委员1人、市人大代表1人、市政协委员4人（政协副主席1人）、区人大代表1人（常委会委员1人）、区政协委员8人（常务委员1人，副秘书长1人）。

台盟海淀区工委组织盟员参加学习中共十九届五中全会精神、习近平总书记关于疫情防控工作的重要讲话指示精神、中央关于参政党建设的“三个文件”、全国两会精神报告会以及中青年骨干盟员培训班。开展盟史、盟章教育、“不忘合作初心，继续携手前进”制度自信专题教育活动。组织盟员参加制度自信主题观影活动、“金瓯无缺——纪念台湾光复七十五周年主题展”参观活动，组织盟员参与台盟抗疫暨脱贫攻坚主题摄影作品征集、“我的支部我的家”主题征文、“叙乡情•话发展”迎中秋佳节活动。报送《海淀台盟疫情防控周报》11期。

（曾军）

【参政议政】 年内，台盟海淀区工委开展《强化社区治理环境下居家养老》《试论引进台湾经验助力新农村建设和乡村振兴》《社区数字化管理》《加快要素聚集，推动中小学劳动教育实践基地建立》4项调查研究工作。组织课题组成员与区卫健委、区农业农村局等相关单位座谈，线上与台湾专家交流，组织涉农课题组参加台盟市委美丽乡村建设专项民主监督和调研活动。在区政协十届四次会议上，台盟海淀区工委提交2件党派团体提案、11件委员个人提案，并作题为《做好台湾青年学生求学就业工作，为两岸交流合作提供更多“海淀方案”》的全会发言。报送信息276篇，被台盟中央、全国政协、中共北京市委、市政协、中共北京市委统战部等单位和部门采用近50篇。其中《关于优化厨余垃圾投放方式的建议》被中共北京市委常委、秘书长张家明批示，《关于做好清明节期间疫情防控的建议》被中共北京市委办公厅采用并落实。台盟海淀区工委被评为区政协2019年度反映社情民意信息工作先进单位，获中共海淀区委统战部2019年度海淀区民主党派信息工作优秀单位二等奖。

（曾军）

【社会服务】 年内，台盟海淀区工委为温泉镇敬老院12位五保户和孤寡老人分别送上温暖红包500元及生活用品，为“助梦起航”爱心助学捐款1750元，参与贵州省赫章县金银山街道儿童活动中心捐赠活动。

（曾军）

人民团体

2021

北京海淀年鉴

总工会

【概况】 2020年，北京市海淀区总工会（简称区总工会）下属海淀工人文化宫、海淀区职工服务（帮扶）中心2个直属事业单位。全区有工会组织4720家；工会会员24.7万余人；有专职工会干部632人，兼职工会干部8618人。

区总工会加强“会站家”一体化建设，建成410家“暖心驿站”、1个公共区域职工之家、25个百人以上企业职工之家，其中6个为示范职工之家。累计验收完成1400家“暖心驿站”。推荐评选2名全国先进工作者，83名北京市劳动模范、先进工作者，12个北京市模范集体。建立2家区级劳模创新工作室、9家基层劳模创新工作室，给予劳模创新工作室经费补助36.95万元。

区总工会设立超过1000万元专项资金，用于疫情防控保障和慰问战斗在一线的职工，慰问职工20余万人。摸排4000多家在疫情中受影响的企业，开通劳动法律咨询服务热线，引导职工理性表达诉求。确保两年全额返还小微企业工会经费，帮助小微企业共克时艰。推出新冠肺炎健康咨询直播间，邀请权威专业人士解答职工健康疑问；通过云平台征集职工书画、摄影作品，汇聚抗疫精神力量；推出新媒体专题“战疫情”“新时代劳动者”“我分类 我承诺”健康科普讲座等新媒体专栏，推文200余篇。人民网、环球网、北京日报等各级媒体宣传报道区总工会新闻170余篇，区总工会微信公众号粉丝量突破2万人，总点击量超50万。举办网络安全宣传周专题讲座，开展《中华人民共和国网络安全法》专项答题活动，组织职工参与“网聚职工正能量争做中国好网民”活动。文化宫恢复经营后，累计安排观影1565场次，观影人数56194人。区总工会组织职工参与北京市冬奥答题，冰上展示测试赛；举办助力冬奥会，环保等主题志愿活动，5万余人次参与。

（胡文欣）

【集体协商和厂务公开民主管理】 年内，全区签订集体合同企业3219家，覆盖职工202947人，完成87%；百人以上企业单独签订集体合同企业362家，覆盖职工135345人，完成94%。在海淀区玉渊潭农工商总公司、佳讯飞鸿电气股份有限公司等企业开展疫情期间专项协商工作。在全区百人以上企业开展集体协商质效评估工作，85%的企业完成。建立并实行职代会和厂务公开制度的企事业单位6217家，职代会和厂务公开建制率均达到87.88%。海淀区获全国推动厂务公开民主管理工作先进单位称号。

（胡文欣）

【法律服务】 年内，区总工会受理劳动争议案件1728件，调解成功404件，为职工挽回经济损失1813万元。接受法律援助申请42件，挽回经济损失12.4万元。在工会系统开展“12•4”国家宪法日宣传活动，通过印发法治宣传品、播放宪法宣传片、现场法律知识答题活动、法治讲堂、法律咨询等方式，开展“送法进宾馆”“送法进社区”“送法进工地”“送法进园区”等普法宣传活动。

（胡文欣）

【技能人才队伍建设】 年内，区总工会依托中关村数字文化产业联盟，开展快递员大赛、程序员比赛、中式烹饪师大赛、网络安全管理员大赛。开展以“师带徒”为主要载体的人才培养活动，评选27对优秀师徒。开展“2019年度职工创新工作室评选、推广”活动，评选出10家区级职工创新工作室并授牌。组织申报首都职工自主创新成果评选，北冶功能材料有限公司两项成果获得2019年首都职工创新项目、11项专利获2019年首都职工创新发明专利助推奖。累计建设区级“职工书屋”38家、“职工心灵驿站”10家。

（胡文欣）

【职工服务与帮扶】 年内，区总工会开展会员服务项目193个，服务会员19.7万余人次；“12351”服务热线接办事项423件。依托“职工之家”和“暖心驿站”，开展80场医疗专家健康服务活动和24场健康讲堂。持续开展“送温暖”工作，使用400余万元资金，慰问抗疫一线党员和苦脏累险、重大项目一线职工以及外来务工人员，使用20万元专项资金对农民开展慰问。在疫情期间对困难职工逐户进行精准帮扶，拨付专款救助困难职工。帮助职工子女顺利完成网上学习的举措被中华全国总工会称为“最贴心的措施”。全区职工互助保障投保续保完成承保额971万元，承保保单16万余份，完成北京市总工会下达全年任务额的124.5%。

（胡文欣）

【扶贫援助】 年内，区总工会召开6次专题会议研究部署扶贫工作；走访7家对口扶贫单位，实地了解情况，磋商扶贫事宜。援助扶贫地区经费235万元，动员区属单位工会采买受援地扶贫产品，共计1216余万元。

（胡文欣）

【劳动模范慰问】 元旦、春节期间，市总工会、区总工会向全区487名劳动模范发放慰问金及困难帮扶慰问金114万余元；走访慰问8名困难劳模，发放去世劳模慰问金近3万元。与北京医师协会共同开展“劳动模范健康医疗服务活动”，精准定制健康管理服务，为562名劳动模范办理“健康医疗服务卡”。

（胡文欣）

【第二十八届海淀职工艺术节】 3月至9月，区总工会举办第二十八届海淀职工艺术节。艺术节以“奋斗有我”为主题，设置书画大赛、摄影大赛、云唱响活动三大板块，通过线上线下互动，2万余名职工以不同形式参加。“劳动筑梦 奋斗有我”职工书画大赛通过线上报名，共征集书画作品200余幅。邀请文化部、美术考级评审委员会委员、中国书法家协会会员等专家学者组成评审团，评选一等奖2名、二等奖6名、三等奖10名、优秀奖20名、入围奖92名。“战疫有我 奋斗有我”职工摄影大赛围绕“劳动创造幸福”“战疫有我”“奋斗有我”3个主题，共征集展现海淀人精神面貌、记录海淀决胜全面建成小康社会的精彩故事，彰显海淀职工战“疫”到底、战“疫”必胜的决心的摄影作品千余件，大赛评出一等奖8名、二等奖10名、三等奖18名以及优秀奖若干。“战疫有我 奋斗有我”职工“云唱响”歌唱大赛活动，通过线上线下互动，2万余名职工参与其中，征集参赛作品70余首，评出优秀奖32名，选出网络最佳人气奖3名。

（胡文欣）

【垃圾分类宣传动员】 5月1日，《北京市生活垃圾管理条例》施行。区总工会通过网上知识答题，劳模宣传海报拍摄、劳模视频拍摄，垃圾分类图片展等方式，开展垃圾分类宣传动员工作。通过工会率先垂范、广泛发动、志愿者推动等方式，推进海淀区垃圾分类工作持续开展，海淀职工桶前值守人次突破12万，发放各类垃圾分类宣传品超过100万份。

（胡文欣）

【“安康杯”线上知识竞赛活动】 7月13日，由区总工会主办的2020年海淀区“安康杯”线上知识竞赛活动正式启动。活动以“强意识，查隐患，促发展，保安康”为主题，采取线上线下相结合方式开展，主要聚焦危化、建筑、医药制造、燃气等重点行业和金属熔融、商业服务业、有限空间等重点领域，围绕安全生产、劳动保护、职业健康和职工权益保障及疫情防控等内容编制竞赛题库。全区近300家单位共25708人参与竞赛活动。

（胡文欣）

【职工云诵读活动】 9月25日至10月23日，区总工会举办“阅读经典好书 争当时代工匠”海淀职工云诵读活动。参赛者围绕“抗疫先锋”“劳模精神”等榜样力量、“中国梦 劳动美”“决胜小康 奋斗有我”等时代主题、“红色记忆”“传承文明”“诵读经典”等内容诵读奋斗之歌，展现美好希冀，弘扬中国优秀传统文化。云诵读活动共收到参赛作品60余件，其中30件作品被评为优秀诵读作品。

（胡文欣）

【第三十二届海淀区职工“长春杯”越野赛】 10月9日，区总工会举办“文明我先行 奋进新时代”第三十二届海淀职工“长春杯”越野赛活动。活动通过线下健步、线上统计的方式进行，各基层工会2500人参与活动。活动根据步数排行，共评出一等奖20名、二等奖30名、三等奖150名、四等奖1000名。活动中同步进行冬奥知识答题积分赛，千余名职工参与。

（胡文欣）

【建筑行业“安康杯”知识竞赛】 11月2日，由区总工会、区应急管理局、区司法局、区住建房管行业工会联合会共同举办的2020年海淀区建筑行业“安康杯”知识竞赛总决赛在海淀区中建三局中船重工项目部举行。竞赛由个人必答题、抢答题、风险抢答题组成，比赛内容涵盖建筑施工规范、安全生产和劳动保护等方面知识。经过层层选拔和紧张角逐，中建八局代表队获一等奖、中建三局获最佳组织奖。

（胡文欣）

【“一站一中心”揭牌】 11月12日，区总工会在中关村软件园举行中关村科学城三方工作e站和线上劳动人事争议调解中心揭牌仪式。全国总工会权益保障部副部长王晓华，北京市和海淀区协调劳动关系三方的负责人，以及企业代表共60余人参加仪式。“一站一中心”线上工作平台着眼于广大职工与企业的实际需求，为企业和职工在权益维护、法律咨询、政策答疑等方面提供全方位、多层次、立体式的服务。

（胡文欣）

共青团

【概况】 2020年，共青团北京市海淀区委员会（简称团区委）所属基层团组织3951个，其中团委163个，团工委27个、团总支209个、团支部3552个；有团员41079人。在基层团组织中，有村（居）团组织41个，社区团组织250个，学校团组织1339个，机关事业团组织1134个，企业团组织1125个，其他类型团组织62个。全区有专职团干部179人，兼职团干部3067人。开展学社衔接工作，全区毕业团员9456名，完成学社转移9456名，完成率100%。海淀区未成年人保护委员会办公室、北京市海淀区志愿服务联合会秘书处设在团区委。海淀医院护士张建宇获全国优秀团干部称号，北京市公安局海淀分局中关村社区警务四队副队长闫昕卓、中国航天科工集团二院二部总技术负责人助理熊华获“北京青年五四奖章”称号，评选第17届“海淀青年五四奖章”40人。

（李晔晗）

11月2日，2020年海淀区建筑行业“安康杯”知识竞赛总决赛颁奖现场（孙瑞 摄）

【北京市海淀区志愿服务联合会】 2020年北京市海淀区志愿服务联合会下设29个地区分会。通过验证的注册志愿者902962人，注册志愿服务团队12289个，登记志愿服务项目51650个。29个街镇的638个社区（村）发布垃圾分类桶前值守志愿服务项目，发动团员青年志愿者23305人次，服务时长255512.5小时。开展“爱满京城 共同战疫”学雷锋志愿服务主题活动月，动员基层志愿服务组织和广大志愿者在社区防疫、关爱医护人员家庭、复工复产、青少年关心关爱等方面提供志愿服务。

（焦孟琳）

【学区团建】 年内，团区委会同区教委，指导团教工委在上地学区、羊坊店学区、上庄西北旺学区、八里庄学区成立4个学区教工团委（团总支）和团建协作委员会，统筹整合区域资源，全面构建团青工作新格局。至此，17个学区全部成立教工团委（团总支）和团建协作委员会。

（李晔晗）

【青少年思想教育】 年内，团区委强化对教育系统共青团、少先队的思想引领，开展线上“清明祭英烈”“百尺竿头更进步，青年壮志创辉煌”主题教育活动。“传承红色基因 争做新时代好队员”2020年少先队主题队日活动暨新队员集体入队仪式，被团中央、团市委评为“教科书式”的仪式教育，可在全国推广。

（李晔晗）

【社区青年汇】 年内，海淀社区青年汇依托线上平台开展新冠肺炎防控宣传和健康教育，提升社区青少年防控知识水平。建设“分小萌”垃圾分类示范引导站96个，招募大中小学学生、团员、青少年志愿者于每天早晚垃圾投放高峰时段，在垃圾分类示范引导站引导社区居民进行宣传推广、互动体验、协助分类等活动，累计上岗1.2万余人次，上岗服务时长超2.4万小时。在重点节日开展“和满京城，奋进九州”和“传承红色记忆，讲红色故事”“祖国，我为你歌唱——国庆爱国宣传线上活动”等活动。74家社区青年汇开展社会服务项目200余个；线上（包含线下）活动2800余场，其中思想引导类活动占比近50%，覆盖青年5万余人，形成联系、服务、引导、扩大对新兴青年群体的有效覆盖新格局。

（李晔晗）

【“网上共青团”宣传平台】 年内，团区委依托“海淀共青团”网站、微信公众号、微博、抖音、快手、哔哩哔哩等官方新媒体平台，围绕时事热点宣传30余次，总阅读量数万人次。推广海淀共青团“防控疫情”系列卡通形象表情包、“防控疫情”视频彩铃、垃圾分类微信小游戏，制作3部垃圾分类动画片和纪念“五四运动”101周年青年榜样宣传片，达到广泛的宣传效果。发布微信推送2126篇、短视频622条，阅读量达200余万次，形成区域覆盖面广、影响力大的新媒体矩阵。

（王平）

【“阳光地带”社区青年汇】 年内，海淀区“阳光地带”社区青年汇以“维护青少年合法权益、服务青少年健康成长、预防青少年违法犯罪”为目标，开展“稳定情绪，学会沟通”青少年教育小组、“自信使我更勇敢”青少年自信心提升小组、“绘出美好青春”家庭教育小组3个小组活动，完成个案帮扶44例。开展“6•26”国际禁毒日“健康人生 绿色无毒”法治宣传活动、线上“端午共彩绘阳光伴成长”法治宣传教育、“从心开始，赢接高考”自护教育宣传活动、“中秋共团圆，合家同欢乐”“父母如何与孩子有效沟通”家庭教育等活动19场，涵盖自护、禁毒、防艾、法治宣传等方面，服务群众530人次。结合疫情防控工作，团区委开展海淀区“阳光暖心”特别照护工作，对入境返京、离鄂返京集中观察的青少年配发“暖心包”400余个，采取“一卡、一物、一线、一录”的服务方式，为集中观察的未成年人提供集“生活、医疗、心理、学习”等四位一体的“阳光暖心”服务。

（赵思维）

【青少年零犯罪零受害社区（村）创建】 年内，团区委依托海淀区彩虹之家青少年服务中心等专业社会组织，对万寿路28号社区、太平路24号社区、大慧寺社区、南里社区、功德寺社区5个第二期全国青少年零犯罪零受害社区（村）创建（简称“双零”）试点社区开展落实相关工作并提供专业服务和资源支持，组织宪法宣传、禁毒知识讲座、网络安全讲座、思想道德引领等10场活动，覆盖2644余人次。5个试点社区均实现青少年零犯罪、零受害。在“双零”试点社区创建工作中，通过到社区调研、对社区试点创建工作进行整理分析，形成海淀区“青少年零犯罪零受害”社区试点工作研究报告及成果集。海淀区“双零”社区（村）创建工作受到共青团中央、团市委领导的高度肯定。

（赵思维）

【困境青少年精准帮扶】 年内，团区委对“海淀区重点青少年服务管理系统”中的488名困境青少年开展走访慰问工作，送去防疫物资和生活必需品。指导29个街镇帮扶组织定期填录、更新辖区帮扶青少年信息，定期收集各街镇反馈的问题。围绕阶段性问题，对相关青少年社会工作者、街镇团干和志愿者进行项目业务培训3场，业务培训150人次。组织开展成长发展、思想引导、爱国主义教育、解困救助等8场区级活动，覆盖青少年846人；协调作业帮、学为贵教育机构、益行志愿者团队、部分高校的60名志愿者参与困境青少年帮扶工作。对因疫情导致困境的35名青少年开通“阳光暖心热线”，为青少年开展“爱心伴成长课业辅导”项目，通过线上非遗体验及才艺作品征集等活动，丰富青少年居家学习的课余生活，调节青少年良好的心理状态。联合北京青少年发展基金会，向13名困境中、小学生发放“希望之星1+1”助学金1.45万元；联合北京启明星辰慈善公益基金会，向180名困境青少年发放“‘树人’助学基金”24万元。

（赵思维）

【未成年人权益保护】 年内，团区

委开展重点青少年个案帮扶264人次、心理评估和咨询60人次。通过线上活动开展关于情绪管理、团队协作、行为养成等主题小组活动12场，服务青少年330人次。对公安、检察院、法院、司法局等单位委托的涉诉未成年人进行观护帮教，教育矫正违反治安管理处罚法的未成年人56名，服务448人次；帮教因涉嫌犯罪而需要观护帮教的未成年人36人，服务288人次。开展主题小组活动8期100次，服务310人次；组织亲职教育活动3次，参与60人次。为28名刑事犯罪被害未成年人提供救助及干预服务，224人次。为97名未成年犯罪嫌疑人开展社会调查283人次。开展合适成年人服务167人次，其中海淀公安分局委托开展服务148人次、海淀区检察院委托开展服务18人次、海淀区人民法院委托开展服务次数1人次。申报"青少年违法犯罪原因分析及对策研究——以海淀区违法犯罪青少年的空间布局为例"调研课题，针对海淀区违法、犯罪未成年人、不良行为青少年及重点青少年的群体分布、娱乐生活分布、风险行为分布进行分析，形成空间分布图，有针对性地提出海淀区青少年群体服务和预防犯罪工作的对策与措施，以达成再犯罪预防和风险控制。

（赵思维）

【禁毒教育】 年内，团区委组织海淀区彩虹之家青少年服务中心开展禁毒教育工作，进一步加强青少年、青年的禁毒意识，营造自觉抵制毒品的良好社会氛围。在"6•26"国际禁毒日前后，阳光地带和彩虹之家通过线上、线下相结合的形式开展健康人生绿色无毒海淀团区委禁毒宣传活动走进"双零"社区、全民禁毒志愿有我、珍爱生命远离毒品系列活动。全年开展禁毒教育活动7场，涵盖社区青年汇、中小学生等，覆盖987人。

（赵思维）

【创青春—中关村U30活动】 6月5日，青年创新创业座谈会暨2020年创青春—中关村U30活动在京启动，活动由中国科协科学技术传播中心、共青团北京市委员会、中关村科技园区管理委员会、海淀区政府共同主办，团区委承办。经过3个月的线上报名、线上评审、线下专家评审，9月17日创青春—中关村U30 2020年度优胜者榜单在中关村论坛——科技经济融合发展论坛上发布，30位高精尖领域创业青年上榜，呈现高学历、高融资、高精尖的特点。据统计，优胜者平均年龄30岁，最小的23岁；硕士及以上学历占到约80%，其中博士及以上学历8位，9位拥有海外求学经历；从融资看，近三分之二的企业拿到过至少一轮次融资，分布在人工智能、大数据、先进制造、节能环保等领域，具备很强的创造力和颠覆能力，已为社会提供千余个就业机会。

（齐康）

【消费扶贫】 7月23日，团区委、海淀青联在海淀融媒快手直播间进行公益直播，开展"我的青春 为爱下单"助力消费扶贫行动。本次直播带货种类包含河北省易县、赤城，内蒙古科右前旗、敖汉旗等地的特色农副产品，涵盖小米、沙棘果汁、牛肉干、益生菌饮品、沙果干等。总计观看量40万人次，点赞量3.5万人次，销售额14万余元。

（齐康）

【冬奥冰雪知识普及】 11月，海淀区志愿服务联合会制作《小志带你学冬奥》科普类动漫短视频，包含3集动漫短视频以及6集专家讲师授课，内容涵盖北京冬奥会概述、冬奥项目概况、冬奥志愿者服务知识等。依托团属新媒体平台实时发布《小志带你学冬奥》科普类动漫短视频，依托社区青年汇等团属阵地，通过老少皆宜、形式多样的活动线上观看《小志带你学冬奥》科普类动漫短视频，不断强化大众学习冬奥知识的质量和成效；设置"答题闯关"，使大众积极参与冬奥学习行动之中，着力提升大众的冬奥会和冬残奥会知识普及。

（焦孟琳）

【海淀区青年工作联席会】 12月22日，海淀区青年工作联席会议第一次全体会议召开。会议审议《海淀区青年工作联席会议成员单位名单》，传达市青年工作联席会第一次全体会精神，汇报落实国家中长期发展规划情况及下一步工作思路，介绍海淀区"十四五"时期青少年事业发展规划的十大发展领域牵头成员单位及团区委主责部门分工情况，推动"十四五"时期青少年事业发展规划编制工作。

（赵思维）

【陆多祥考察"双零"社区创建工作】 12月24日，共青团中央维护青少年权益部副部长陆多祥、团市委权益部部长佟立成到北下关街道南里社区，实地考察海淀区"双零"社区创建试点工作情况，对取得的成效给予高度肯定。

（赵思维）

妇女联合会

【概况】 2020年，海淀区妇女联合会（简称区妇联）下属海淀区妇女儿童活动中心、海淀区三八家务服务中心2个事业单位和海淀区家庭教育研究会1个法人社团。有区直机关、教育工委、卫健委、国资委、民主党派、工商联妇工委，新东方教育科技集团、旷视科技有限公司、拉卡拉集团、网易传媒、去哪儿网、北京何氏传承健康科技有限公司、通厦集团、御仙都、时代光华、神墨集团等10个非公企业妇工委，在贝壳找房企业建立妇联，建立1个区级工会女职工委员会，成立海淀区女企业家协会、海淀区巧娘协会。有街道妇联22个，镇妇联7个，行政村妇联579个、社区妇联68个。

新冠肺炎疫情防控。区妇联广泛动员、有序组织全区1.3万巾帼志愿者参与社区值守、心理疏导等疫情防控工作。将筹措的消毒液、一次性手套、暖宝宝等防疫物资，送到社区、非公企业和部分委办局，助力复工复产。区妇女儿童活动中心开设"云课堂"，为家庭和女性开展在线培训和教育。

宣教活动。"海淀女性"微信公

众号推送信息209期、596条。推选北京市三八红旗手20名、集体19个，区三八红旗手200名、集体100个。以“巾帼玫瑰，逆风绽放”为主题，通过新媒体矩阵弘扬抗疫的“她”力量。开展“致敬最美巾帼奋斗者”线上演讲活动，选树“首都最美巾帼奋斗者”，宣传海淀巾帼文明岗、海淀女企业家、海淀巧娘、“妇”字号基地等先进典型。全区各级妇联组织开展“与幸福同行”系列家风家教活动，推选“海淀最美家庭”360户（其中2户获“全国抗疫最美家庭”称号）。通过网易、爱奇艺等平台开展“2020‘海淀最美家庭’”云直播揭晓活动，观看量突破135万次，被北京卫视、央广网等50余家媒体报道。

“十三五”妇女儿童工作。开展攻坚行动，推动“十三五”妇女儿童发展规划指标任务落实。重点监测的44项量化指标中，43项达标，达标率为97.7%（未完成1项指标为“女村委会主任比例”）。区党代表、区人大代表、区政协委员中的女代表、女委员分别占47.78%、34.78%、31.67%，分别超过“十三五”既定目标12.78、4.78、1.67个百分点；全区处级干部和处级后备干部中女性占比分别为27.83%和50%，分别高于“十三五”既定目标1.83个百分点和24个百分点。孕产妇、婴儿、5岁以下儿童死亡率均低于“十三五”规划设定目标，达到世界最发达国家水平。免费婚检率由8.73%上升到17.05%，完成市、区规划既定目标。

妇联组织建设。落实全国、市妇联《关于深化妇联组织建设改革实施“破难行动”的意见》，对全区29个街镇的妇联开展“破难行动”专项调研；完善妇联执委履职机制，开发妇联执委网上培训平台。强化两新组织党建带妇建，在贝壳找房科技有限公司成立妇联，在北京何氏传承健康科技有限公司成立妇女委员会，在网易传媒（北京）成立妇女工作委员会，破解妇联组织有效覆盖的难题。

参与基层社会治理。探索参与基层社会治理工作的突破口，把妇女议事活动融入社区居民议事厅，在全区647个社区（村）全面推行妇女议事活动，开展专业化培训，引导妇女参与基层社会治理。将基层巾帼亲情志愿服务队与巾帼律师团紧密结合，定期开展法律法规宣传、法律咨询和心理辅导，“12338”维权服务热线实现妇女维权“接诉即办”。受理群众来访来电214件；办理全国妇联、市妇联交办信访件12件、市长信箱转办1件。发出《垃圾分类“家”行动倡议》，组织开展各类宣教活动6300余场，通过最美家庭“以一带十”的典型示范作用，引导家庭主动进行垃圾分类，践行光盘行动。

（唐馨玲）

2月28日，区妇联向海淀妇幼保健院赠送抗疫物资（区妇联 供图）

【妇女儿童活动中心】 2020年，区妇女儿童活动中心开设“云课堂”，开展一系列弘扬主旋律的群众性宣传教育活动。开展“唱响国粹”“巾帼杯”女性文艺类活动，开展传统手工艺文化技能培训，开设“家庭成长星”“国旗文化教育”等青少年素质提升项目。组织“海之星”小志愿活动和“玫瑰之约”青年联谊活动等。全年开展各类线上培训1288次，受益人数21363人；开展各类线下活动58次，受益人数21212人。

（唐馨玲）

【巾帼脱贫行动】 年内，区妇联为对口扶贫地区开设线上手工技艺课，录制健康“云课堂”。实施“巾帼助学慈善圆梦项目”，捐助内蒙古敖汉旗贫困女学生101人共计10万余元；带领企业家、巧娘等人到内蒙古科右前旗开展项目对接，出资10万元为科右前旗建设妇女儿童活动中心。组织实施“水都巧姐 锦绣人生”巾帼脱贫创业帮扶项目，为湖北丹江口市创业女性提供3万元项目经费，通过植物染、草编、竹编、刺绣等技能培训，帮助巾帼电商在网上销售特色产品，助推“水都巧姐”，形成“公司＋基地（染料种植基地、技能培训基地）＋妇女”的发展模式，带动更多女性实现居家灵活就业。

（唐馨玲）

【乡村振兴巾帼行动】 年内，区妇联开展乡村振兴巾帼行动。挖掘培养农村妇女创新创业项目6个，争取扶持资金90万元；开展“春风送暖农家女”帮扶活动，请中国农科院专家对“妇”字号基地进行线上科学指导；建立农村贫困母亲“两癌”救助项目实施档案；在农村妇女中开展手工扎染、丝绫堆绣等各类技能培训80场，培训妇女2400人次。组织“海淀区巧娘大课堂”网上技能培训25期；举办创业就业技能培训35场，培训女性1000余人次。开展创业担保贷款政策宣传活动，提高小微企业创业获贷率；项目扶持巧娘协会15万元，推动巧娘手工艺发展，海淀巧娘任玲霞获北京第三届妇女创新创意大赛暨手工技能大赛一等奖。

（唐馨玲）

【"两家一校"建设】 年内，区妇联拨款100万元支持打造"一家一品"示范"妇女之家"，指导完善国际人才社区妇女之家建设并开展传统非遗剪纸培训、"书香伴我行"图书交换活动，全区妇女之家开展活动1.5万余场。"儿童之家"经常性地开展线上安全健康知识、母婴防疫知识、预防儿童伤害和线上孕校等宣传。通过"云课堂"转型区妇女儿童活动中心常规培训和社区家长学校、儿童之家等线下工作阵地。深化"雏鹰护航"培训计划和"超级爸爸亲子训练营"，培育打造一批典型示范社区家长学校，荷清苑社区家长学校被命名为"全国家庭教育创新实践基地"。

（唐馨玲）

【纪念三八节线上主题活动】 3月8日，区妇联以"巾帼玫瑰逆风绽放"为主题，通过网易线上平台推出寄语、歌曲、诗朗诵3个主题鲜明、形式各异的视频，从祝福、致敬、讴歌等角度展现各界妇女面对疫情勇毅逆行的故事，展现新时代海淀区女性"她"力量。

（唐馨玲）

【"海淀最美家庭"揭晓】 5月10日，区妇联以云直播的形式举办"为祖国母亲点赞——2020年'海淀最美家庭'揭晓活动"，来自全国妇联相关部门、北京部分区妇联、广州海珠区妇联等妇联组织观看直播。网易、爱奇艺、映客直播现场及回放视频浏览流量超130万次。60户在新冠肺炎疫情防控攻坚战中表现突出的家庭、300户在全面建成小康社会中发挥引领作用的家庭被授予2020年"海淀最美家庭"称号。其中2户获"全国抗疫最美家庭"称号、1户获"全国文明家庭"称号、2户获"第十二届全国五好家庭"称号、2户获"2020年全国最美家庭"称号。

（唐馨玲）

【蔡淑敏调研全国家庭教育创新实践基地】 5月27日，全国妇联书记处书记、党组成员蔡淑敏到全国家庭教育创新实践基地——清华园街道荷清苑社区家长学校开展专题调研。清华园街道荷清苑社区家长学校打造"写育儿日记，做研究型家长""全职妈妈沙龙""阅读推广四书活动""雏鹰护航计划""0～3岁亲子早教""好家风好家训好家教——最美家庭打造"等一系列服务不同年龄段家长的实践活动，探索出可复制、可操作、口碑好、效果佳的家庭教育实践项目，将家长学校的家庭教育功能辐射到整个辖区，并形成长效机制。蔡淑敏在荷清苑社区参观社区图书馆、电子阅览室、茶艺室等家长学校功能场所，听取工作汇报，查看档案资料，对荷清苑家长学校的系列特色实践项目高度肯定，认为荷清苑家长学校拓宽家庭教育的外延，开展涉及生命全周期的教育，办出家长学校的特色和水准。全国妇联家庭和儿童工作部部长陈晓霞、北京市妇联主席张雅君、海淀区妇联党组书记吴红蓉、清华大学校务委员会副主任韩景阳、清华园街道党工委书记高斌等参加调研。5月中旬，清华园街道荷清苑社区家长学校被全国妇联、教育部联合命名为"全国家庭教育创新实践基地"。

（唐馨玲　钟冷）

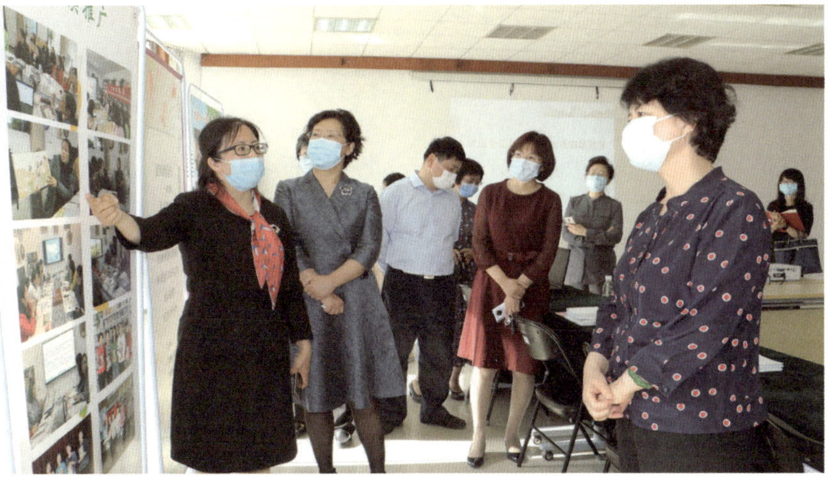

5月27日，全国妇联书记处书记蔡淑敏（右一）调研全国家庭教育创新实践基地（区妇联　供图）

【区妇联十三届五次常委会】 7月15日，区妇联召开十三届五次常委会、执委会，以线上线下同步会议的形式进行。会议从政治思想引领、组织建设、妇女维权与发展、家庭文明建设等方面总结区妇联半年来的工作，部署下半年的重点工作任务。替补王悦等11人为区妇联第十三届执委会委员，增补林志军为区妇联第十三届执委会常务委员，区妇联党组书记吴红蓉当选为区妇女联合会第十三届主席。2名执委代表述职。

（唐馨玲）

【全市第一家非公企业妇联成立】 8月6日，贝壳找房（北京）科技有限公司召开妇女代表大会，成立贝壳找房妇女联合会，选举产生妇联执委会及班子成员。这是北京市成立的第一家非公企业妇联。

（唐馨玲）

【"垃圾分类'家'行动——小家庭牵手科学家"文明实践活动】 10月25日，区妇联主办的"垃圾分类'家'行动——小家庭牵手科学家"文明实践活动在中国科学院计算机网络信息中心举办。活动以"科学大家"带动"小家"，共卫绿水蓝天为主题，设置"小家庭对话科学家""小家庭、大挑战""小科学、大发现""小故事、大内涵"等环节，包括分享真实故事、完成环保科技小制作、垃圾分类知识抢答竞赛、情景剧展示等内容，50多个海淀家庭、120余名家长和孩子参加活动。

（唐馨玲）

【免费婚检宣传】 12月，区妇联编制印发5万余份免费婚检宣传折页、

3000 册婚前孕前保健服务工作手册，在全区 600 余个村居、政府办事大厅、婚检登记处张贴、发放。社区及部门利用 LED 显示屏，滚动播放婚检知识。社区、区统计局利用上门宣传防疫和入户调查的机会，以新婚夫妇和计划怀孕夫妇为重点，对目标人群进行免费婚检宣传。与区民政婚姻登记处、中关村街道妇联联合举办免费婚孕检专题宣传活动，推进婚登、婚检“一站式”服务建设。全区婚检率由上年的 8.73% 上升至 17.05%。

（唐馨玲）

科学技术协会

【概况】 2020 年，海淀区科学技术协会（简称区科协）推进全民科学素质行动计划纲要实施工作，努力提升海淀区科普服务能力和水平。开展全区科技公民培育行动，重点打造品牌科普活动。开展品牌《海淀创新大讲堂》近 200 场。拍摄《印•迹》微纪录片，宣传、传播院士精神和科学家精神。

推荐企业申报金桥工程种子资金项目 56 项，其中北京大数医达科技有限公司《基于亿级真实病历的人工智能传染病预警监测平台的研究》、汉土科技股份有限公司《人工嗅觉 / 视觉双感知系统的搭建与在食品安全中的应用》、北京知础科技有限公司《知识产权大数据多维深度融合和表达系统》等 8 个项目获得资助。区科协获金桥工程组织奖。

（刘传）

【《海淀院士》调查统计】 年内，区科协开展第七次两院院士调查统计工作。调查统计显示：截至 9 月底，在海淀区域内工作或居住的两院院士总数为 620 名，其中中国科学院院士 345 名、中国工程院院士 275 名。海淀区域内两院院士数占全国两院院士总数的 35.98%，占北京市两院院士总数的 77.02%。2019 年全国新增 139 名院士，海淀区新增 44 名，占北京市新增院士的 73.33%，其中中科院院士 21 名、工程院院士 23 名。

（刘传）

【科学幻想画作品征集活动】 2 月 25 日至 3 月 6 日，区科协面向全区在校中小学生，发起“少年同行，共战疫情”科学幻想画作品征集活动。共征集科幻画作品 3000 余幅，作品呈现“战疫”中让人深有感触的人物、场景、瞬间。其中 2740 幅作品在北京市科幻画比赛中获奖，其中一等奖作品 471 幅、二等奖作品 997 幅、三等奖作品 1272 幅。区科协优选出部分作品编印成《海淀区青少年科学幻想绘画作品集》。

（许瑞丽）

在海淀区工作和居住的院士情况统计表

表 3　　单位：人

		中国科学院院士	中国工程院院士	两院院士合计
全国院士	中国籍	816	907	1723
	外籍	106	91	197
在京院士	人数	416	389	805
	占全国院士总数 %	50.98%	42.88%	46.72%
在海淀院士	人数	345	275	620
	占全国院士总数 %	42.28%	30.32%	35.98%
	占北京院士总数 %	82.93%	70.69%	77.02%

说明：截至 2020 年 9 月底

（刘传）

【全国科技工作者日主题科普活动】 5 月 29 日，区科协举办“垃圾分类 科技同行”全国科技工作者日主题科普活动。活动现场分为科技科普和非遗科普两大区域，内容包括垃圾分类科普视频展播、垃圾分类主题机器人竞赛展示、垃圾分类小行家知识互动游戏、人形机器人垃圾分类演示、垃圾分类主题皮影戏、面塑展示等十几个部分。通过活动进行科普，号召更多的人成为垃圾分类减量工作的倡议者、参与者、践行者，让垃圾分类成为海淀科技公民的行为习惯和文明风尚。

（刘传）

【海淀区青少年科普节系列活动】 7 月至 8 月，由区科协主办、海淀区中小学信息科技教育协会协办的 2020 年海淀区青少年科普节系列活动举行。本次活动按学科分为数学、物理、化学、生物、信息学、探究科学，按年龄段分为科普组、普及组、提高组，包括科技创新及人工智能等相关科普系列活动，采用线上测试方式进行。来自海淀区近百所学校的两万余名学生参加，一等奖占 20%、二等奖占 30%、三等奖占 40%。

（许瑞丽）

【全国科技周海淀区主场活动】 8 月 25 日至 28 日，由区科协主办、海淀科技中心协办的 2020 年（第 26 届）全国科技活动周暨北京科技周海淀区主场活动在中科大厦举行，来自市科普教育协会、市科普发展中心、区市场监督管理局、区科技中心、区知名企业等机关单位和企事业单位参展。活动围绕科技创新成就等主题，采取实验演示、互动体验、讲解等方式，展示人工智能、中医饮片、基础物理到信息技术、核酸检测、垃圾分类等产业及民生科技成果、文创产品、科普图书、获奖科普视频、科普基础设施等代表性展项，推动科技创新成果和科学普及活动惠及于民。机器人舞蹈、自动驾驶、快速核酸检测、太阳观测、体感游戏、3D 打印笔、超导磁悬浮、激光竖琴、火龙卷、鲁本斯火焰管、高压离子飘升机、等离子体辉光管等特色展项吸引众多青少年参

8 月 25 日至 28 日，区科协举行 2020 年（第 26 届）全国科技活动周暨北京科技周海淀主场活动（刘传 摄）

加。中科院理化所科研团队研制的世界首台液态金属 3D 打印机、液态金属艺术绘画技术。活动展示科技创新和抗疫成果，融入非公党建宣传教育，突出党在科技、科普领域的领导地位和作用。来自市科协、区总工会、区地震局、区城市管理委员会、海淀园、区科协、区教委、区民政局等单位主要领导参观科技中心“红创空间”。

（刘传 程晓荷）

【全国科普日海淀主场活动】 9 月 26 日，区科协、苏家坨镇等单位联合在苏家坨镇大西山旅游南端服务中心举办以“决胜全面小康，践行科技为民”为主题的全国科普日海淀主场活动。活动分为室内和室外两个区域，室外区域主要包括地面钢琴、泡泡体验秀、太阳能汽车组装驾驶以及逃生演练充气篷等项目，科普长廊有科幻画作品展览，专家现场指导参与人员创作科幻作品并进行展示；室内区域主要包括超导磁悬浮、激光竖琴、火龙卷、相变花开、看得见的声音、鲁斯本火焰管、高压离子飘升机、等离子体辉光管等项目，参观者可体验感应魔幻控制、病毒防控展板、垃圾分类大灌篮、3D 打印、体感游戏等，观看教育机器人、鲸鱼机器人互动展示。活动通过对各种高科技数码显示技术的基础原理讲解和提供沉浸式科技产品的互动体验的方式，普及相关科学和技术知识，传播科学的思想和方法。

（刘传）

【海淀区青少年机器人线上竞赛】 12 月 5 日，由区科协、区教委联合主办的 2020 年海淀区青少年机器人线上竞赛在海淀区科技中心举行。竞赛以“医疗先锋”为主题，设立小学、初中和高中 3 个年龄组，各组设置 7 ~ 9 个难易程度不同的任务关卡。线上比赛场地按真实比赛场景建模，参赛选手需要独立设计自己的特色机器人结构，在完成 3D 建模软件组装、用摄像头完成视觉识别训练、编写自动和手动程序并按规则完成自动程序和手动遥控等程序编写后，通过在线控制，指挥自己的虚拟机器人挑战血管巡检、病毒标记、投入抗体或消灭病毒、调节白细胞指标、疏通血管、注入疫苗、靶向治疗等医疗情景关卡，完成相应的闯关任务。全区有 600 余名中小学生参赛，近 200 名学生完成比赛。海淀区青少年机器人代表队在北京市青少年机器人竞赛中，囊括小学组冠、亚、季军，小学组获一等奖 59 项、二等奖 52 项、三等奖 60 项；初中组获一等奖 18 项、二等奖 14 项、三等奖 11 项；高中组获一等奖 6 项，二等奖 5 项、三等奖 7 项。

（刘传）

【青少年科普科幻创作活动研讨会】 12 月 24 日，区科协召开海淀区青少年科普科幻创作活动研讨会，2020 年青少年科普科幻创作活动评审工作同时启动。中国科普作协科幻创作研究基地副主任王卫英、著名科幻作家凌晨、清华大学美术学院副教授祝卉等 13 名专家，结合近年海淀区举办的科普科幻活动实际情况，多角度、多层次的分析和探讨科普科幻创新人才培养、打造更具影响力的科普科幻创作平台、促进创新与科技融合、科普科幻产业发展现状及前景、科普科幻创作事业等主题。2020 年科普科幻创作活动共收到来自两百余所中小学的上万个参赛作品（含科幻画、科幻小说、科幻童话），专家们对参赛者的想象力和作品质量给予高度评价，并对评审工作提出建议。

（刘传）

9 月 26 日，全国科普日海淀主场活动现场（刘传 摄）

归国华侨联合会

【概况】 2020 年，北京市海淀区归国华侨联合会（简称区侨联）下设海淀园侨联及19个街道侨联组织。

区侨联完成《发挥侨海优势，助力自贸区建设—海淀区侨企发展调研报告》《从新冠疫情看华人华侨工作》《发挥侨联组织优势，巩固扶贫成果，构建精准扶贫长效化机制》《新时期归国留学人员工作的实践与思考》《运用数据思维讲好中国故事的方法研究》5份调研课题报告。其中《发挥侨海优势，助力自贸区建设—海淀区侨企发展调研报告》调获全国侨联优秀调研课题成果二等奖，《发挥侨联组织优秀，巩固扶贫成果，构建精准扶贫长效机制》《从新冠疫情看海外华侨华人工作》被评为北京市侨联系统优秀调研成果侨联工作类一等奖，《运用数据思维讲好中国故事的方法研究》被评为北京市侨联系统优秀调研成果建言献策类一等奖，《新时期归国留学人员工作的实践与思考》被评为北京市侨联系统优秀调研成果侨联工作类三等奖。收集、汇总社情民意、建议类信息44篇，其中9篇被中国侨联采用、1篇被北京市委统战部采用，获北京市侨联系统信息工作一等奖。动员组织侨界力量为疫情捐款捐物，共募集108余万元捐款和价值100余万元物资；组织创作以“战疫”为主题的诗歌、摄影书画作品500余件；开展《我的中国梦》系列丛书“抗疫篇章”编纂工作。与区委统战部（侨办）共同开展“海侨爱心EMS通达行动”，为海外侨胞、留学人员免费提供“海侨爱心包”。

组织青年海外人才报名参加创青春——中关村U30大赛；协助引导159名海外人才落户海淀创业园创新创业。推荐的北京推想科技有限公司创始人兼总裁陈宽获“中国侨界贡献奖”一等奖、北京如易堂科技有限公司博士王楠登创青春——中关村U30大赛年度优胜者榜单。

组织侨界群众开展“京侨帮扶双百行动”，助力革命老区河北省阜平县脱贫。组织侨界群众参与中国侨联第二届“侨商杯”法律知识竞赛。开展法律援助服务，切实维护归侨侨眷权益。开展“心贴心、送温暖”行动，走访慰问侨界人士112人。落实市侨联“京侨空巢陪伴计划”，组织基层侨联向空巢老侨发放283台“小度陪伴”智能终端产品。

1月17日，“关爱老侨·情暖空巢”——海内外侨胞e起过大年联欢活动举办（冀敏 摄）

区侨联机关干部下沉紫竹院街道兵器社区参加疫情防控值守；到街道侨联、园区、楼宇等走访、调研、慰问，送去口罩、酒精等防护用品共计13671件。

（冀敏）

【海内外侨胞e起过大年活动】 1月17日，区侨联联合区委统战部(区政府侨办)、区人大常委会法制委、区政协港澳台侨委员会、致公党海淀区委等单位共同举办“关爱老侨·情暖空巢”——海内外侨胞e起过大年活动，来自海淀区的老侨及“空巢服务志愿者”共计220余人参加活动。归侨侨眷们聆听同仁堂健康讲座，了解有关过年的习俗和中医养生知识，制作健康酒、包饺子过小年，提前感受新春佳节氛围。

（冀敏）

【创业培训服务活动】 3月至12月，区侨联与海淀创业园等单位共同举办“创业中关村·助创政策宣讲与解读”“海创在线创业学院”等创业培训服务品牌活动。邀请专业讲师进行授课，培训内容包括财税、法务、政策等基础实务，股权债权融资、资本投融等主题课以及鼓励外籍团队来华创业的国际化课堂。共计举办80余场（次）直播课程，累计观看超过5万人次，服务企业2600余家，在线互动答疑解决800余个实际经营难题。

（冀敏）

【“新侨乡文化节”系列活动】 4月至12月，区侨联举办海淀区第九届“新侨乡文化节”系列活动。组织线上“战疫”书画诗歌征文、摄影采风和线下健步走、滑雪体验等活动10余场，吸引2000余名侨界群众和海外归国人才参与。

（冀敏）

【网上夏令营海淀营活动】 6月29日至7月13日，区侨联承办“亲情中华·北京情思”2020年网上夏令营海淀营活动。来自美国翰林文教基金会、华夏中文学校，西班牙思为中文学校，比利时中文校团，日本同源中文学校的264名华裔青少年参加。活动期间，营员们通过微信群了解中华传统历史文化，认识北京，认识海淀。此次网上夏令营活动探索开展云上华文教育新模式，为培养和涵养海外侨务资源提供借鉴。

（冀敏）

【区侨联七届七次全委会】 9月17日，海淀区侨联召开七届七次全委会议，40名委员参会。会议总结前三季度工作、研究第四季度工作任务等。选举陈建敏为海淀区侨联七届委员会副主席兼秘书长。

（冀敏）

【“侨爱无疆·助企发展”活动】 9月

10 月 24 日，区侨联组织“新侨乡文化节”系列活动之“走向 2022 三山五园行”活动（区侨联 供图）

至 12 月，区侨联与北京市侨联、区委统战部（侨办）共同开展 4 期“侨爱无疆 • 助企发展”系列活动，80 余家企业参加。该系列活动每月一期，每期主题不同，旨在通过系列活动，帮助侨界企业和人才了解政策、招贤纳士、宣传品牌、推广产品、推介人才，搭建归国人才和企业之间了解、沟通的良好平台。

（冀敏）

【“百川汇海”作家大讲堂活动】 10 月 24 日、11 月 14 日，区侨联和区委宣传部、区文联、区文化和旅游局联合主办“百川汇海”作家大讲堂第 22、23 期活动。邀请军旅作家王宗仁和《当代》文学杂志编辑、青年作家石一枫在海淀文化馆开讲，讲述各自文学创作心路历程和对当今文学创作的思考。鲁迅文学院、中关村海归文学社团、海淀小作家协会、海淀高校文学社团联盟等单位作家和文学爱好者百余人现场聆听。

（冀敏）

青年联合会

【概况】 2020 年，海淀区青年联合会（简称海淀青联）下设团体会员组，科学教育组，经济金融组，公共管理组，文艺体育组，解放军政法组，医药卫生组，民族、宗教、民主党派组，新的社会阶层组 9 个界别组；有委员 318 名。海淀青联组织开展疫情防疫工作、精准扶贫捐款捐物、服务创新创业、参访学习交流、基层志愿服务、两岸青年交流等活动，广泛凝聚全区各族各界、各行各业优秀青年。

（齐康）

【“燃梦讲堂”活动】 年内，团区委、海淀青联品牌活动“燃梦讲堂”以扶植海淀创新创业青年为目标，面向初创型创新型企业人才进行一对多申报补贴专项辅导，定期发送普惠性补贴奖励专项申报流程与解读手册，并举行梳理宣讲会。组织海淀区企业参加“数字经济激活新业态科技融合文化共战疫——2020 京津冀数字经济贸易宣讲”，帮助区内企业有效应对疫情影响、抵御风险、降低损失、提升运营。线上发布“北京出台促进中小微企业发展 16 条措施”“工信部出台 20 条措施支持中小企业复工复产渡过难关”“应对疫情，中央及北京市支持政策汇总”等政策宣讲，及时、高效的帮助企业了解国家、北京市以及海淀区优惠政策，方便企业进行查询、查看，促进企业有序复工复产。

（齐康）

【“创业军机处”活动】 年内，团区委、海淀青联品牌活动“创业军机处”依托市场化创业孵化机构，发现具备创新创业潜力的团队或个人，采取导师“一对一”或“多对一”精准帮扶模式，对创业者开展精准帮扶，并提出有针对性的建议，帮助创业者创业。全年举办“创业军机处”活动 6 期，服务 10 余个团队或个人，活动主要涉及医疗、教育、农业等热门领域。

（齐康）

【6 家台湾青年驿站成立】 年内，团区委、海淀青联推动在北京创业公社投资发展有限公司、华灿工厂（北京）科技发展有限公司、氪空间（北京）信息技术有限公司、北京文成鼎盛文化科技有限公司、中关村创客小镇（北京）科技有限公司、高雄青年联合会成立 6 家海淀台湾青年驿站。团区委、海淀青联、海淀台湾青年驿站组织在京台湾青年参观走访海淀高科技企业，帮助其了解海淀科技创新创业，发掘区内企业就业实习岗位需求，持续探索为台湾大学生在大陆实习就业提供平台；关注台湾青年在大陆的生活困难并解疑。

（齐康）

工商业联合会

【概况】 2020 年，北京市海淀区工商业联合会（简称区工商联）有会员单位 2000 余家。有北京中关村海淀科技金融创新商会、海淀区户外广告行业协会、海淀区种子商会、海淀区饮食服务行业协会、海淀区商业联合会、北京市海淀区停车服务行业协会、中关村上市公司协会、中关村卓越高成长企业创新联盟、闪联信息产业协会、中关村多媒体创意产业园 10 个团体会员；有苏家坨镇商会、西北旺镇商会、田村路街道商会、清河街道商会、学院路街道商会、青龙桥街道商会、上地街道商会、中关村街道商会、西三旗街道商会、马连洼街道商会、八里庄街道商会、温泉镇商会、紫竹院街道商会、曙光街道商会、北下关街道商会 15 个；有留学人员创业园商会、中关村翠湖科技园商会、保福科技园商会 3 个园区商会；有医药业商会、文化创意产业商会、传统服务业商会、中介服务业商会、互联网教育商会5个；青年企业家1个联谊会。

区工商联组织海淀企业开展宣传和风采展示，225家企业申报北京市民企百强，72家企业入选，获得121个奖项。编发《工商联会刊》3期，微信公众号更新专题内容18期、60篇文章，阅读量达6000余人次。向市工商联报送工作信息600余篇次，被市工商联评为2019年度信息工作示范单位。

区工商联帮助原工商业者解决生活困难，为原工商业者发放临时困难补助10万余元。走访慰问原工商业者1人。

（黄何）

【疫情防控】 年内，区工商联动员1000余家会员企业提供防控物资货源渠道信息，接受会员企业捐赠的各类防疫物资。向区民营企业发出《关于勠力同心坚决打赢疫情防控阻击战致广大民营企业的倡议书》，各基层商会组织、会员企业以捐款捐物、生产物资、技术支持等方式，全力支持抗击疫情，小米集团、今日头条、百度等企业为抗击疫情成立防疫基金及捐款共计约11亿元，捐赠物资、服务等价值约1200余万元；帮助企业购买口罩100余万只，为150余家企业复工复产提供物资保障。遴选157家餐饮单位，为260余家企业单位提供集体用餐配送服务。制定《关于在疫情期间加大会员服务力度的具体措施》，从法律咨询、会计、审计、公正、用餐、用工、金融等方面，为企业复工复产提供便捷高效的服务资源。全体机关干部下沉北太平庄街道罗庄社区，参加疫情防控值守工作。

（黄何）

【参政议政】 年内，区工商联成立工商联界政协委员工作站，搭建非公经济人士资政建言新平台，通过服务平台提高委员履职能力，畅通社情民意反映渠道，提升为民营企业服务的水平。疫情期间，深入了解会员企业遇到的困难和问题以及意见建议，形成《关于民营企业在疫情防控中相关情况的报告》《关于缓解企业复工复产困难的建议》等材料，及时向上级各部门报送。与区统计局联合开展"企业家之声"专题调研，专访近百家企业，形成调研报告，为区委、区政府制定政策提供科学依据。《关于进一步优化企业营商环境的几点建议》被区政协评为2019年度优秀提案。

（黄何）

12月4日，海淀区工商联十届五次执委会召开（工商联 供图）

【精准扶贫】 年内，区工商联组织企业家代表，到河北赤城县进行对口帮扶考察调研，精准对接扶贫协作。区工商联及所属商会与茨营子乡签订4个帮扶协议，企业捐款60万元。

（黄何）

【会员服务】 年内，区工商联推进民营企业产权保护社会化服务体系工作，组织企业家代表参加市检察院四分院"服务'六稳''六保'护航民企发展"检察开放日活动。疫情期间，通过微信直播方式开展企业个税汇算清缴工作培训，逾百人参加。承办"保障食品安全·守护人民健康"活动启动仪式，强化企业落实食品安全主体责任意识。邀请区金融办和建设银行中关村分行介绍惠企服务新举措，进一步深化银企对接。

（黄何）

【民营企业创新产品发布会】 1月9日，区工商联举办以"追梦新征程 奋斗新时代"为主题的2020年民营企业创新产品发布会暨新春联谊会。市区领导、委办局顾问、工商联领导班子、各基层商会代表等600余人参会。会议授予20家基层商会"优秀基层商会"称号，授予20家会员企业"2019年度脱贫攻坚做出突出贡献会员企业"称号。神州租车、天眼查、天宜上佳等14家企业集中介绍行业前沿科技。

（黄何）

【工商联组织建设】 8月6日，北京首家跨地域民营科技园区商会——海淀区工商联保福科技园商会成立，打破民营经济统战工作的地域性限制，扩大民营经济统战工作的载体。商会培养工商联后备队伍，组织40余位青年企业家开展中美关系研讨会，邀请金一南少将做"中美战略博弈及关系走向"讲座。全年新增入会企业205家。

（黄何）

【72家企业入选北京民营企业"1+4"百强榜单】 10月10日，2020北京民营企业百强发布会召开，北京市工商联发布民企"1+4"百强榜单，即1个主榜单北京民营企业百强，4个分榜单为科技创新百强、文化产业百强、社会责任百强、中小企业百强。海淀区有225家企业申报，其中72家企业上榜，获得121个奖项。主榜单上榜企业39家，科技创新百强上榜企业45家，文化产业百强上榜企业10家，社会责任百强上榜企业23家，中小企业百强上榜企业4家。

（钟冷）

【区工商联十届五次执委会】 12月4日，区工商业联合会十届五次执委会召开。会议学习传达中共中央有关会议和文件精神，审议《海淀区工商联2019年工作总结》，主席会长和基层商会会长代表进行年度工作述职；就新冠疫情对企业发展影响及民营企业近期关注问题进行讨论。

（钟冷　黄何）

北京民营企业“1+4”百强榜一览表

表4　　单位：家

2020北京民营企业百强（39家）			
1	联想控股股份有限公司	21	用友网络科技股份有限公司
2	小米通讯技术有限公司	22	北京车之家信息技术有限公司
3	百度公司	23	北京国联视讯信息技术股份有限公司
4	北京三快在线科技有限公司	24	北京趣拿信息技术有限公司
5	贝壳控股有限公司	25	拉卡拉
6	帝海投资控股集团有限公司	26	北京纳通科技集团有限公司
7	迪信通科技集团有限公司	27	北京高能时代环境技术股份有限公司
8	北京爱奇艺科技有限公司	28	北京石头世纪科技股份有限公司
9	新东方教育科技集团有限公司	29	北京恒安卫士保安服务有限公司
10	北京融创建投房地产集团有限公司	30	北京金山云网络技术有限公司
11	北京学而思教育科技有限公司	31	北京昆山万维科技股份有限公司
12	北京大北农科技集团股份有限公司	32	博彦科技股份有限公司
13	神州数码软件有限公司	33	随行付支付有限公司
14	新浪公司	34	广联达科技股份有限公司
15	北京碧水源科技股份有限公司	35	亚信科技（中国）有限公司
16	软通动力信息技术（集团）有限公司	36	国富集团
17	华扬联众数字技术股份有限公司	37	北京万集科技股份有限公司
18	北京中公教育科技有限公司	38	北京五八信息技术有限公司
19	利亚德光电股份有限公司	39	大恒新纪元科技股份有限公司
20	东华软件股份公司		
2020北京民营企业科技创新百强（45家）			
1	百度公司	12	北京旷视科技有限公司
2	北京三快在线科技有限公司	13	北京趣拿信息技术有限公司
3	神州数码软件有限公司	14	东方网力科技股份有限公司
4	小米通讯技术有限公司	15	东华软件股份公司
5	北京四维图新科技股份有限公司	16	北京宇信科技集团股份有限公司
6	用友网络科技股份有限公司	17	北京中公教育科技有限公司
7	新浪公司	18	亚信科技（中国）有限公司
8	广联达科技股份有限公司	19	北京北斗星通导航技术股份有限公司
9	贝壳控股有限公司	20	北京合众思壮科技股份有限公司
10	北京爱奇艺科技有限公司	21	博彦科技股份有限公司
11	软通动力信息技术（集团）有限公司	22	瑞斯康达科技发展股份有限公司

续表 4

2020 北京民营企业科技创新百强（45 家）			
23	北京昆仑万维科技股份有限公司	35	北京睿呈时代信息科技有限公司
24	北京五八信息技术有限公司	36	北京亚鸿世纪科技发展有限公司
25	利亚德光电股份有限公司	37	北京高能时代环境技术股份有限公司
26	拉卡拉	38	北京万集科技股份有限公司
27	北京大北农科技集团股份有限公司	39	北京中科金财科技股份有限公司
28	京北方信息技术股份有限公司	40	北京金和网络股份有限公司
29	大恒新纪元科技股份有限公司	41	荣联科技集团股份有限公司
30	北京华图宏阳教育文化发展股份有限公司	42	北京科兴生物制品有限公司
31	华扬联众数字技术股份有限公司	43	北京圣博润高新技术股份有限公司
32	北京纳通科技集团有限公司	44	北京康辰药业股份有限公司
33	北京佳讯飞鸿电气股份有限公司	45	水木源华电气有限公司
34	迪信通科技集团有限公司		
2020 北京民营企业文化产业百强（10 家）			
1	北京昆仑万维科技股份有限公司	6	北京世纪超星信息技术发展有限责任公司
2	华扬联众数字技术股份有限公司	7	北京易车互动广告有限公司
3	北京趣拿信息技术有限公司	8	引力传媒股份有限公司
4	北京爱奇艺科技有限公司	9	北京博鳌纵横网络科技有限公司
5	北京车之家信息技术有限公司	10	北京海泰方圆科技股份有限公司
2020 北京民营企业社会责任百强（23 家）			
1	北京三快在线科技有限公司	13	北京大北农科技集团股份有限公司
2	百度公司	14	东华软件股份公司
3	北京高能时代环境技术股份有限公司	15	北京金丰餐饮有限公司
4	小米通讯技术有限公司	16	北京旷视科技有限公司
5	北京纳通科技集团有限公司	17	北京华图宏阳教育文化发展股份有限公司
6	拉卡拉	18	北京博鳌纵横网络科技有限公司
7	北京学而思教育科技有限公司	19	北京绿海科技有限公司
8	利亚德光电股份有限公司	20	集美控股集团有限公司
9	软通动力信息技术（集团）有限公司	21	博彦科技股份有限公司
10	用友网络科技股份有限公司	22	北京碧水源科技股份有限公司
11	北京金色农华种业科技股份有限公司	23	北京海泰方圆科技股份有限公司
12	北京爱奇艺科技有限公司		
2020 年中小企业百强上榜企业（4 家）			
1	北京康斯特仪表科技股份有限公司	3	威讯柏睿数据科技（北京）有限公司
2	北京中讯四方科技股份有限公司	4	北京睿呈时代信息科技有限公司

（钟冷）

法治

2021
北京海淀年鉴

政法委工作

【概况】 2020年，区委政法委牵头负责新冠肺炎疫情防控社会稳定组工作，制定《人员排查和社会稳定工作方案》等10余个工作方案，组织开展社区摸排敲门行动、人员核查、隔离封控、矛盾化解、党员干部下沉社区等工作。累计核查风险人员29608人，核对出租房屋85.5万户次、流动人口238.8万人次，摸排登记返京人员76.9万人次，落实65万余名居家人员管理。编报《海淀区新冠肺炎疫情防控社会稳定组工作专报》140余期。牵头协调组织西客站等6个火车站涉鄂进京人员、54个公路卡口和其他口岸入境进京人员接转工作，共接转在鄂返京人员1.4万余人，无失误。印制《企业复产复工法律政策问题解答》，严格处罚干扰阻碍疫情防控工作违法人员，破获销售假劣、非法经营防疫物资等违法犯罪案件。重要时段启动维稳情报信息战时会商机制，确保社会安全稳定。开展区领导干部大走访大接访活动，接待信访群众37批次。开展社会矛盾纠纷大排查2次、专项排查12次，推动化解市、区积案15件。

优化"海淀轻罪案件办理模式"，构建民事诉讼程序繁简分流改革试点"一型三式"模式，推广"云模式"办理方式；完善"四管五控"审判管理机制。建立双主动、多联动"2+N"联动联治诉源治理机制，推动诉源治理与"吹哨报到""接诉即办"深度融合，统一处理区属单位、街镇诉源治理诉求。发挥检法联动机制，为企业解决实际困难。

（朱亮）

【扫黑除恶专项斗争】 年内，区委政法委全力开展扫黑除恶"六清"① 专项行动，落实"一把手"包案制，将专项斗争向纵深推进。配合做好市级专项督导检查，完成北京市执法规范化建设督导组和北京市扫黑除恶特派督导组的检查，并得到市督导组的积极评价。建立健全扫黑除恶制度机制，固化线索核查、执法办案、部门协同等工作机制，表彰专项斗争先进单位、先进个人，努力实现专项斗争三年规划目标。

（朱亮）

【平安海淀建设】 年内，区委政法委完善重点领域监测预警、重大决策社会稳定风险评估、社会矛盾排查、安全形势分析评估"四位一体"风险防控机制。完善平安工作站和警务工作站建设、运行机制，做强实战平台。完善铁路护路体制机制，深化平安大街、平安医院、平安校园创建活动。市级挂账重点地区核销不在住人口3140人，区级挂账17处重点地区核销不在住人口19083人，清理出租房115间。检查安全生产违法单位3818家，督促整改消防等安全隐患4540处，城乡接合部人居环境得到改善。

（朱亮）

6月2日，区委常委、政法委书记、区委办主任吴计亮（左六）慰问负责湖北返京人员对接工作的工作人员（区委政法委 供图）

【信息智能化】 年内，区委政法委以"雪亮工程"和智慧平安小区建设为牵引，突出重点、转变思路，逐步由"大规模铺建"向"精准补点、整合共享、智能应用"转变。推动海淀"城市大脑"智能运营指挥中心正式上线运行，汇入机动车数据50亿条、人脸数据1.5亿条，实现社会治理数据资源高效采集和精准处理。扩展"海淀网友""海小微""海小法"功能，提升品牌影响力。创建的"四叶草微课堂"栏目，全国人大代表在《检察日报》发文将其作为云普法典型。深化"智慧社区"试点建设，推进572个智慧平安小区建设任务，整合集成数据平台。

（朱亮）

【未成年被害人"一站式"取证救助机制】 6月3日，区委政法委印发《海淀区建立未成年人被侵害刑事案件"一站式"取证救助工作机制的意见》（简称《"一站式"意见》）。《"一站式"意见》共有10个部分，保密原则确定为基本原则，对"一站式"取证救助工作机制的基本概念作界定，规定"一站式"取证工作站的具体设置要求，明确各相关单位的工作职责及检察院提前介入案件的范围，细化询问、心理和社工评估、身体检查、开展被害人救助的具体要求。

（付强　徐云）

【全国市域社会治理现代化试点工作】 6月，海淀区被中央政法委确定为第1期全国市域治理现代化试点区。成立由区委书记、区长为组长，各相关

① 线索清仓、逃犯清零、案件清结、伞网清除、黑财清底、行业清源。

区领导为副组长，委办局和街镇主要领导为成员的工作领导小组。召开推进会，明确“六个进一步”①“四个着力”②“六个充分发挥”③的工作要求，为试点工作下好开局谋篇的“先手棋”。实施“小切口”引领“大治理”专项行动，制定“百项治理项目”清单。学院路街道的“石油共生大院”成为地区“网红”打卡地；曙光街道“社区治理合伙人”机制推动“未诉先办”，被央视《平安中国》栏目报道。大力加强市域社会治理基层基础建设，全力打造29座综治中心“样板间”，所辐射社区（村）报警率同比下降21.8%。

（朱亮）

【全国市域社会治理现代化试点建设工作推进会】 11月2日，海淀区全国市域社会治理现代化试点建设工作推进会召开。区委常委、政法委书记、海淀区全国市域社会治理现代化试点建设工作领导小组副组长吴计亮部署海淀区全国市域社会治理现代化试点建设整体工作，区公安分局、曙光街道、西北旺镇作表态发言。会议强调，作为全国市域社会治理现代化第1期试点区，海淀区要完善党委领导、政府负责、民主协商、社会协同、公众参与、法治保障、科技支撑的社会治理体系；加强风险监测预警，排查化解矛盾纠纷，落实安全风险防控责任，努力将矛盾风险化解在源头和基层；健全基层社会治理体系，推动社会治理和服务重心向基层下移，努力构建人人有责、人人尽责、人人享有的社会治理共同体，推进平安海淀建设向更高质量迈进。

（钟冷）

【“平安海淀指数”上线启动】 12月9日，区委政法委召开“平安海淀指数”上线启动部署会，区委政法委、信访办、公安分局、消防救援支队、应急管理局、统计局、交通支队以及29个街镇主管平安建设的领导参会。“平安海淀指数”由北京国研数通软件技术有限公司研发，包括21个分指标、1个总指标，填报周期为30天，客观量化衡量各街镇社会治安状况，在全市各区尚属首家。区委政法委通报平安海淀指数体系的研发情况，北京国研数通软件技术有限公司对如何填报、应用该系统进行业务培训。

（钟冷）

法治政府建设

【概况】 2020年，海淀区获首批“全国法治政府建设示范区”。在市委全面依法治市委法治政府建设示范创建专题会上，介绍海淀区法治政府建设的典型做法。

依法治区。推动完成区委全面依法治区委员会工作机构组建，形成推进依法行政工作领导小组、执法协调小组、守法普法协调小组、司法协调小组和办公室“一办四组”的工作构架。牵头起草《海淀区委全面依法治区委员会2020年工作要点》及重点工作任务分解。召开区委全面依法治区委员会第二次会议，学习中央依法治国委、北京依法治市委重要会议精神，部署2020年全区依法治区工作。以执法、守法普法、司法为切入点，统筹协调、指导督促区委全面依法治区委员会各协调小组及其成员单位形成合力，为疫情防控提供法治保障。

依法行政。严格规范行政执法，全面推行行政执法公示、执法全过程记录、重大执法决定法制审核“三项制度”落实；指导街镇综合执法改革顺利完成；高质高效办理行政复议案件；全面落实合法性审查制度；办理以区政府为被申请人的履职申请案件；审核以区政府名义责成违法建设强拆案件；清理以区政府、区政府办名义制发的行政规范性文件等。

（王轶男）

【区委全面依法治区委员会执法协调小组成立】 4月13日，全面依法治区委员会执法协调小组会议召开，标志海淀区委全面依法治区委员会执法协调小组成立。会议传达中央全面依法治国委员会第三次会议和市委全面依法治市委员会第三次会议主要精神，审议《区委全面依法治区委员会执法协调小组工作规则》《区委全面依法治区委员会执法协调小组2020年工作要点》《海淀区关于落实行政执法公示制度执法全过程记录制度重大执法决定法制审核制度工作方案》。执法协调小组的职责主要有：研究提出本区执法领域年度工作目标和任务建议；协调推进年度重点工作任务；研究执法领域重大问题，协调解决执法难点问题；督促检查重点工作任务进展；定期向委员会报告工作进展及年度工作完成情况；完成委员会交办的其他事项。

（王轶男）

【街镇综合执法改革完成】 5月8日，区委编办、区司法局、区城管执法局召开街镇综合执法改革工作部署会，启动街镇综合执法改革工作。5月10日，区司法局配合区委编办起草《海淀区关于贯彻落实〈北京市人民政府关于向街道办事处和乡镇人民政府下放部分行政执法职权并实行综合执法的决定〉的工作方案》，明确市、区5个部门共431项行政处罚权、行政强制权及相应的行政检查权下放至街道办事处和镇人民政府。6月，区司法局制定《海淀区关于全面落实街镇行政执法责任制加强评议考核的指导意见》《海淀区街镇行政执法案件调整管辖的规定》《海淀区街镇行政执法人员管理办法》。6月11日，区司法局印发《关于做好行政执法衔接工

---

① 进一步完善党委领导体制，进一步完善政府负责体制，进一步完善民主协商体制，进一步完善社会协同体制，进一步完善公众参与体制，进一步完善纵向治理体制。

② 着力维护国家政治安全，着力完善社会治理防控体系，着力防范化解社会矛盾风险，着力防控公共安全风险。

③ 充分发挥政治引领作用，充分发挥法治保障作用，充分发挥德治教化作用，充分发挥自治强基作用，充分发挥智能支撑作用，充分发挥心治暖心作用。

作的通知》，指导监督区城管执法局和各街镇在北京市行政执法信息服务平台做好行政执法衔接工作。7月1日，全区29个街镇作为执法主体开展综合执法工作，街镇综合执法改革完成。

（王轶男）

【守法普法协调小组工作会】 5月20日，中共海淀区委全面依法治区委员会守法普法协调小组会议以视频会议形式召开。区守法普法协调小组84个成员单位主管领导参加会议。会议传达中央全面依法治国委员会第三次会议、市委全面依法治市委员会第三次会议和市守法普法协调小组第三次会议主要精神，部署2020年海淀区普法依法治理重点工作和“七五”普法自查检查工作。

（王轶男）

【2020年重大行政决策目录出台】 7月16日，经区司法局前期征集、沟通、协调形成的《关于2020年本区重大行政决策目录的通知》以区政府名义印发。区水务局、城管委、教委、发展改革委等8个牵头责任单位开展的8个决策事项纳入目录管理，各牵头单位严格按照公众参与、专家论证、风险评估、合法性审查、集体讨论决定的程序开展工作。

（王轶男）

【区领导依法出庭应诉】 10月28日，北京市第四中级人民院开庭审理原告康某不服海淀区政府房屋征收补偿决定一案。副区长梁爽作为机关负责人出庭应诉，区住建委主任张世芳和律师作为委托代理人一同参加庭审。经庭审，法院判决驳回原告的诉讼请求。12月4日，区法院开庭审理原告代某某诉被告北京市公安局公安交通管理局海淀交通支队中关村大队罚款及道路交通安全违法行为记分及北京市海淀区人民政府行政复议案。由区法院院长邵明艳担任审判长，区委副书记、区长王合生，中关村大队大队长付云辉分别作为行政机关负责人出庭应诉，来自区人大、区政府等机关的80余人旁听庭审。庭审过程中，审判长重点组织原告及被告就“北京市公安局制定的《通告》是否现行有效以及摩托车驾驶人未见禁令标志是否可以免除行政处罚”的案件争议焦点，进行事实根据和法律意见的陈述。合议庭经评议认为，被诉处罚决定及复议决定认定事实清楚，适用法律正确，当庭宣判驳回原告的诉讼请求。双方当事人对判决结果表示认可和接受，并明确表示不提起上诉。区司法局、公安交通支队中关村大队委托代理人一同出庭应诉，海淀区39个委办局和29个街镇负责人等共80余人旁听案件审理。

（王静姝　郭丽娜　王轶男）

【宪法宣传周活动】 12月3日，区司法局、区文化和旅游局、区法学会在海淀文化馆联合主办海淀区“12·4”国家宪法日暨宪法宣传周启动仪式，部署海淀区“12•4”国家宪法日暨宪法宣传周活动方案，并播放《海淀区“七五”普法工作纪实》和由区司法局创作的普法话剧《疫•情》。区委全面依法治区委员会守法普法协调小组成员单位主管领导、法宣工作负责人、各街镇司法所所长和群众代表近200人参加启动仪式。宣传周期间，司法部官方微博转发区司法局与司法部法治宣传中心联合出品的宪法主题动漫《让宪法成为人民的信仰》，观看人数超百万人次。全区共开展宪法主题宣传活动860余场次，发放宣传材料和宣传品近40万份，惠及群众近百万人次。

（王轶男）

公安

【概况】 2020年，北京市海淀区公安局（简称区公安分局）完成安保警卫任务4469场次。推进反恐怖工作十大体系建设。推进派出所社区警务队、打击办案队、综合指挥室“两队一室”改革，建成实体化运行情报指挥中心。健全33支专业部门打击办案队与30支派出所区域打击办案队的两级捆绑作战模式。妥善处置群体性事件664批次、13246人次，比上年分别下降33.2%和56.1%。阻止聚集事件52批次，劝退群体非访人员458人。抓获违法犯罪人员13296名，破案17260起，命案连续10年、抢劫案件连续5年保持100%侦破。

智慧公安建设。智慧警务全面对接市局“祥云计划”、融入区“城市大脑”，组织编订“海云计划”3.0版本，完善“一个中心、两张网络、三个支撑、九大应用域”的智慧警务建设架构体系，建成450平方米规模的“海云”大数据中心一期核心机房，对办案中心信息化系统实现以“人”为核心的流程再造，依托智能手环实现执法办案“一码式”管理。完成5个派出所智能办案区的改建工作。

法治公安建设。推进刑事案件48小时速裁、行政案件快速办理以及“远程送案”“远程讯问”等工作，审查案件2.6万余起，办理群众诉求4.1万余件。办理“接诉即办”16238件，收集意见建议1679条，解决困难506件。实现诉求解决率94%、满意率98%。

破获八类危害犯罪案件298起。抓获并拘留涉毒人员1262人。破获倒卖野生动物制品、非法生产桶装水、非法经营药品、制售假冒商品、保健品诈骗等民生领域案件163起，拘留违法犯罪人员438人。破获黄赌窝点、团伙399个，拘留黄赌违法人员2580人，接报黄赌警情分别下降87%和67.3%。抓获跨境赌博135人，其中刑事拘留52人、行政拘留83人，查扣资金65.3万元。

实现全区72.5%社区入室盗、入室抢、盗窃机动车三类可防案件“零发案”，全区三类可防性案件同比下降58.8%，实现“九连降”。拆除取缔群租、日租等违规出租房屋191处，处罚违法出租房主1479人，罚金37.89万元，摸排整改各类隐患问题3605件。实行出租房屋“旅店式”管理模式，完成2022个小区（院）基础信息录入，自主申报出租房屋147523户，居住人员119829人。

全区公安系统共有1399人次和

228个集体获评先进个人、先进集体称号，评选150名青年榜样。建成香山派出所初心使命传承基地，"枫桥经验"海淀实践基地，战训一、二大队"两山哨兵"战训基地，执法办案中心法制宣传教育基地4个基地，接待参观、活动137场次、2100余人次。区公安分局在全国公安机关加强派出所工作推进会议暨思想政治工作上，介绍海淀公安派出所"两队一室"改革成果。

（陈玉柱　苏新　唐轶南）

【新冠肺炎疫情防控】　年内，区公安分局构建"一办十一组"组织架构，召开专题例会54次，制发疫情防控指令单68件，编发专刊135期，提炼细化涉政冲突、治安纠纷、社区防控、个人极端、涉外领域5类62种情形处置流程；编发22类常见问题执法办案工作指引，制作教学视频18部；接返安置湖北返京人员167批13364人。对全区113处核酸检测点、35处医学观察点全面开展秩序维护和保护性观察安保措施。检查医疗单位6130次，整改隐患103件。化解涉疫纠纷6317件，查处涉疫类虚假信息123条，处理101人。查处口罩类警情67件，刑事拘留30人，办结率100%。查处干扰阻碍疫情防控工作违法犯罪人员326人、恶意炒作和造谣传谣人员77人，破获销售假劣、非法经营防疫物资等违法犯罪案件17起。针对新发地市场聚集性疫情风险，快速调派警力2.4万人次，全面做好社区封闭工作。其间，快速处置3起外媒采访事件，妥善安置因学校停课返回小区学生31人，配合转运高考考生61人、危重病人63人。

（王双玮）

【冬奥会安保筹备工作】　年内，区公安分局组建海淀地区安保分指挥部，制定组建方案、工作规则等9个方案；成立场馆安保团队，固化14个职能部门28名联络员实名制运转模式；明确安保封闭线、出入口和安检点位、人车流线等规划设计；提交安保力量第四版测算表；上报第六轮红线内安保经费预算；核准申报家具白电、技术设备、基础设施等需求；完善确认通用物资标准单元OB5.0。

（刘金凯）

【海淀公安红叶论坛系列活动】　年内，区公安分局在香山派出所初心使命传承基地举办10期海淀公安红叶论坛系列活动。围绕执法规范化、两级刑事打击力量、青年工作、反恐怖和特巡警工作、基层党建、高校社区警务、从警引路人、经侦工作、治安管理规范化建设、"接诉即办"等主题，138名领导干部、业务骨干、青年民警发言交流。

（樊凯华）

【三级综合指挥体系构建】　年内，区公安分局组建综合指挥工作改革专班，制定《派出所综合指挥室建设运行工作规范》《110接处警工作规范》等文件，构建分局全域、职能部门领域、派出所区域三级综合指挥体系。完善三域合成作战工作格局，固化"情、指、行、督"全流程盯办机制，打造警务工作"大脑中枢"，完成30个派出所综合指挥室改造。日均处置警情600余起，110出警平均时间缩短至6.1分钟，接处警效能提升38.6%。

（查卓）

【行业场所管理】　年内，区公安分局检查场所40224家次，发现问题1979件。其中责令整改1345家次，罚款处罚522家次；函告53家次，警告22家次，裁停15家，责令关停12家次，取缔"黑开"旅店66家，行政拘留59人。

（苏新）

【危险物品监管】　年内，区公安分局检查危险物品单位4460家次，发现问题55家次，其中责令整改44家、处罚单位11家。收缴各类危险物品139个、子弹4259发、液化气罐316个，刑事拘留11人，行政拘留10人，其他处罚10人。

（苏新）

【保安服务监管】　年内，区公安分局检查保安服务单位10031家次、保安员2.3万人。发现整改各类问题、隐患98件，行政处罚14家保安服务企业，行政拘留12人。抓获一级临控3人、在逃人员2人。

（苏新）

【犬类管理】　年内，区公安分局制作推广"海淀区养犬管理犬只测量图"，登记年检犬只51123条；查处违规养犬行为813起，其中收缴犬只285条、警告207起、罚款325起，罚款额30.45万元；收置无主犬只2261条。办理涉犬"接诉即办"783件，回复率、满意率、解决率均达100%。在街道社区开展一站式办公20余次，发放各种宣传材料10万余份。

（苏新）

【平安医院建设】　年内，区公安分

民警在永定路社区参与疫情防控工作（区公安分局 供图）

局与区卫健委会签《海淀区医疗单位内部治安保卫工作规范（试行）》，印发至全区1104家医疗单位，细化内部安全防范标准。织密医院安全网，划分网格30个，选任医院社区警务室民警106人。完成医院警务室建设30家，筹建2家；安装安检门7家，X光机3家，采取手持安检器医院33家，安装一键式报警装置1730个。

（史希恒）

【“所站室”三级警务平台建设】 年内，区公安分局组织指导各派出所进行功能性改造工作。完成24个派出所改造，建成“两站”（综治中心平安建设工作站暨社区警务工作站）34处，其中30处投入运行，覆盖23个街镇，辐射191个社区。完成601个社区警务室达标建设验收工作。搭建由30个派出所、34个社区警务工作站、601个社区警务工作室组成的“所站室”三级警务平台，124个社区警务队、312个社区警组、797个警务网格实行“队组格”警务团队管理，社区民警由“下社区”变为“在社区”“知社区”“融社区”。

（李可心）

【高校社区警务体系建设】 年内，区公安分局健全完善高校社区警务工作体系，组织35名警力进驻重点高校，妥善处置高校敏感案事件66起。强化维护高校领域政治安全警务机制，汇编《海淀区高校警务一周综述》等刊物93期。

（史希恒）

【“净网2020”专项行动】 年内，区公安分局开展“净网2020”专项行动。组成专案组，破获公安部督办案件8起，侦破涉网案件211起，抓获违法犯罪嫌疑人1229名，梳理上报情报线索272条。成功侦破“影子DDOS”等平台非法利用信息网络案，刑拘11名犯罪嫌疑人，捣毁非法网站13个。

（程龙）

【扫黑除恶专项斗争】 年内，区公安分局建立扫黑除恶专项斗争办公室，成立45个线索核查战斗单元，由190名警力集中办公。全年办结扫黑除恶工作平台下发督办、转办线索262条，办结率达98.1%；办结接收、摸排线索3498条，办结率达97.8%；清仓办结12337平台下发的市、区两级直查线索47条；通过摸排核查线索，破案658起，刑事拘留782人，行政拘留905人。破获九类涉恶因素案件845起，破案率88%；抓获违法犯罪人员2076人，其中刑事拘留1684人、行政拘留392人。打掉九类涉恶因素案件犯罪团伙129个。侦破“八黑”[①]案件958起，抓获违法犯罪嫌疑人5818人，其中刑事拘留1729人、行政拘留4089人。

（刘东辉）

【“放管服”改革】 年内，区公安分局共清查集体户人员47703人，纠正重、假户口78人。导入疫情数据258万余人，核销应销未销实有人口18433人。受理外省市投靠进京材料4900余份，完成2.8万余人整建制农转非户口管理工作。审批新增企业行政许可32家，变更109家，注销6家，歇业39家；实地勘验83家，接待企业及个人1478次。区公安分局驻区政务服务局窗口受理申办材料67份，回复咨询1948件；审核印鉴卡130042张，审核备案材料3770份。

（李可心　苏新）

【地路联合反恐演练】 10月21日，区公安分局在清河火车站西广场举行海淀区地路联合反恐演练。上地街道治安力量会同分局反特巡支队、上地派出所，铁路清河站派出所等警力及区消防救援支队、120急救演练站前广场防砍杀、防爆炸等应急处置工作，逐条演练“可疑发现、预警报告、先期抵御、警辅衔接、联合处置、搜爆排险、警犬扑咬”等科目。警力14人，专业力量39人，社会辅助力量50余人，救护救援专业车辆4辆参加演练。

（赵天鹰）

【治安领域合成作战中心建成】 11月，区公安分局以治安支队为试点，建成治安领域合成作战中心。开展物理空间改造布局，依托“海云”派出所平台，对接视图实战、一网双域、智慧派出所等系统，梳理42类2170项治安领域信息要素条目，整合27项治安系统，拓展7项系统权限，开展治安业务数据的维护、更新、巡检等工作，有效提升治安阵地管控效能。中心利用数据碰撞等方式，转递有效线索143条，协助破获茅台假酒案等治安领域案件6起，处罚保安公司7家；开展针对性视频巡查巡检4271次，处罚歌舞娱乐行业场所6家，抓获在逃人员1人，一级临控2人。

（苏新）

【电子数据勘查取证分析实验室建成】 12月4日，区公安分局完成电子数据勘查取证分析实验室建设。实验室接受11个单位申请，勘验检材241件，提取证形成结构化模块数据156个，发现并转递违法犯罪线索317条，其中63条线索被公安部采纳并印发全国，支撑破案16起，抓获违法犯罪嫌疑人28人。

（程龙）

【反恐宣传】 12月29日，区公安分局在北京市十一学校举办反恐怖宣传教育进校园活动，普及《中华人民共和国反恐怖主义法》。全年发动公众广泛参与、配合反恐怖工作，掌握紧急避险、自救互救的知识和技能，提高防范应对恐怖袭击的意识和能力，营造全民反恐的社会氛围。

（赵天鹰）

【双泉堡首个出入境智慧受理厅建成投用】 12月底，海淀区首个出入境智慧受理厅——双泉堡出入境智慧受理厅建成并试运行。该受理厅以智能化手段改革创新出入境窗口受理模式，可实现群众办证申请智能化、全自助、一站式服务管理，极大地优化办证流程，缩短群众现场排队及办证时间。

（冯英昌）

---

① 黑物流、黑物业、黑开采、黑旅游、黑中介、黑作坊、黑窝点、黑截访。

·案例选辑·

【医用口罩案】 年内，区公安分局加大对医用口罩等重要防疫物资类案件的侦查打击力度，捣毁销售不符合标准医用口罩的窝点，抓获并刑事拘留违法犯罪嫌疑人4人，扣押医用口罩2.37万只。

（苏新）

【非法吸收公众存款罪案】 2019年，北京通金所资产管理有限公司爆雷。经查，北京通金所资产管理有限公司下设30余家分公司，以年化收益率5%～15%为诱饵，发行传统债券、保理产品、定向融资等项目吸收资金的方式，非法吸收公众存款581.2亿元，涉及未兑付投资人2.57万余人，未兑付本金及利息147.5亿余元。同年8月12日，区公安分局以通金所公司涉嫌非法吸收公众存款罪立案侦查，2020年1月9日集中收网，抓获并刑事拘留犯罪嫌疑人535人，经海淀区检察院批准，逮捕394人。

（苑江涛）

【跨境赌博案】 5月14日，区公安分局破获以宋某（男，1981年8月出生，曾因赌博被公安机关多次处理）等人为首的跨境赌博团伙。经审查，依法刑事拘留15人，行政拘留37人、查获赌资37.7万元。

（苏新）

【侵犯个人信息案】 5月17日，区公安分局将涉案犯罪嫌疑人庄某某（男，1994年2月出生）抓获，成功破获利用“暗网”等非法途径获取、贩卖公民个人信息的犯罪团伙，刑事拘留4名犯罪嫌疑人，查获非法获取的公民个人信息近百亿条。

（方若冰）

【非法经营药品团伙案】 5月25日，区公安分局查明韩某某（男，1991年1月出生）及其团伙成员，利用网络非法经营北京市多家医院的自制药品，并循线查出8个非法经营药品w团伙。经审查，刑事拘留32人，起获药品共计324种、1.5万余盒，涉案金额约3.4亿元，涉及20余家三甲医院。此案获公安部、市公安局通报表扬。

（苏新）

【非法灌装桶装水案】 8月14日，区公安分局对非法灌装桶装水的窝点及9处销售水站开展统一查处，起获乐百氏、娃哈哈、雀巢优活、农夫山泉、景田、香山龙井、恒大等假冒注册商标7种共1万余枚；桶装水600余桶；空桶1000余个。经审查，以生产销售假冒注册商标罪刑事拘留15人。

（苏新）

【网络销售假冒商品案】 8月19日，区公安分局在河南、北京多点位同步行动，破获以周某某（男，1990年3月出生）、周某（男，1987年1月出生）、杨某某（男，1983年2月出生）为首，以公司形式制售假冒华为品牌交换机并通过网络销售的犯罪团伙。经审查，以销售假冒注册商标的商品罪刑事拘留21人。

（苏新）

【“黑救护”犯罪团伙案】 9月4日，区公安分局经侦查调查，破获天坛医院、宣武医院、协和医院、301医院周边盘踞的6个“黑救护”违法犯罪团伙，刑事拘留违法犯罪嫌疑人40人，扣押“黑救护”营运车辆19辆。

（周游）

【非法制售假茅台酒案】 9月16日，区公安分局破获非法制售假茅台酒窝点，现场抓获并刑事拘留骆某某（男，1989年8月出生）等2名嫌疑人。起获灌装假冒茅台酒108瓶，总价值8.5万余元；假冒茅台酒等品牌商标10余种共计11万余枚以及大量用于制作假酒的包装材料。

（苏新）

12月底，双泉堡出入境智慧受理厅建成投用（区公安分局 供图）

检察

【概况】 2020年，海淀区人民检察院（简称区检察院）运用网络平台开展工作。“云庭审”出庭支持公诉，“云帮教”实现未成年人观护，“云阅卷”保障律师权利行使，“云普法”提升群众防疫法律意识。

受理审查逮捕案件2810件4985人，依法批准逮捕2690人，不批准逮捕2278人。受理审查起诉案件2665件3746人，提起公诉2783人，不起诉782人。办理6件重大涉黑恶案件。受理审查非法集资犯罪逮捕案件105件781人，审查起诉案件104件563人。开展电信网络诈骗源头犯罪的“断卡”行动，批准逮捕98人。办理商业贿赂案件38件52人。办理拆迁腾退、工程招投标等领域职务犯罪案件23件。办理涉未成年人刑事、民事、公益诉讼、救助等13类案件217件。海淀区检察院未检社工帮教制度及11年实践经验被写入《未成年人司法社会工作服务国家标准》。督促清理网络平台涉毒品音视频1927条。办理未成年人救助、撤销监护权案件，帮助10余个家庭修复亲子关系。

涉疫案件监管。办理销售伪劣防疫物资等案件40件49人，某药房销售伪劣口罩案入选全国“依法惩处妨害涉疫防控犯罪典型案例”。对哄抬物价、医疗废弃物处置不当等问题，联合行政机关开展检查，督促监管。实地走访企业，收集法律问题30余项，编发《企业复工复产法律政策问题解答手册》，助力企业复工复产。以劳动者权益保护为主题，通过直播平台网上“送法”，468万人次观看。

刑事侦查监督。监督立案73件90人，监督撤案75件89人，发出纠正违法通知书11份、侦查活动监督通知书43份、检察建议书4份。开展涉民营企业“挂案”专项清理活动，监督撤案10件。海南某公司虚假报案骗取刑事立案干扰民事诉讼案，分别被最高人民检察院、全国工商联评为“服务保障民营经济典型案例”。

刑事审判监督。检察长列席法院审委会12次，对16份刑事裁判文书提出纠正意见均已裁定更正，提出二审抗诉10件，提请审判监督程序抗诉1件，发出再审检察建议1件。

刑事执行监督。针对社区矫正管理不力等问题提出口头纠正11次，发出检察建议书3份。“孙某社区矫正违法违规监督案”获评全国刑事执行检察精品案。监督收监执行罪犯23人，暂予监外执行罪犯6人。纠正企业被不当执行罚金20万元，帮助企业挽回损失500万元。

民事诉讼监督。办理民事诉讼监督案件196件，提请抗诉6件，发出监督检察建议25份。2件案件获评全市检察机关优秀民事诉讼监督案件。办理民事非诉执行、网络拍卖执行专项领域案件87件。针对超期仲裁等26个问题，向有关单位发出类案检察建议10份，批量纠正71件案件。主动筛查虚假诉讼线索129条，提请抗诉3件，发出再审检察建议1件。

行政诉讼监督。办结行政诉讼监督案件19件，审查行政非诉执行裁定600余份。

公益诉讼检察。办理公益诉讼案件37件，发出诉前检察建议11份。“医疗美容违法问题行政公益诉讼案”入选最高人民检察院食药安全典型案例。“检察公益课堂”进校园获评市、区两级“终身学习品牌”。以“垃圾分类”等主题开展活动9次。对辖区古树开展全面检查，及时整改应保未保、树体空洞等问题。联合北京军事检察院，督促行政机关查处违法占道妨碍部队战备出行问题。

普法宣传。以“云普法”、检察官“直播带法”等方式创新普法模式。推出代表委员说检察、海检极客、海检小知、海检月话等精品栏目，检察官在知乎、快手平台成为法律知识的“带货主播”，直播观看总量达815万人次。拍摄的电信诈骗题材微电影《无处遁形》获评第五届检察微电影十佳作品奖。开展“12•4”宪法宣传周等主题校园宣讲活动，推出青少年安全上网法治课，1.4万余名中小学生受益。推送《四叶草微课堂》，观看量200余万人次。开展院领导接访、检察开放日、公开审查、法治宣传进社区等检察宣传周系列活动。

阳光司法。办理群众来信4033件、网络信访40994件，电话接访2016人次，答复率100%。39件重点案件落实领导包案，逐案推进矛盾化解。妥善处置集体访90批次6844人次。办理人大代表、政协委员建议3件。通过公开全部法律文书接受社会监督，推送办案程序性信息6305条。邀请人大代表政协委员、专家学者参与公开听证35人次。完成律师接待4189次。全院310名党员到北下关街道的17个社区参与疫情防控工作，累计值守173天5600余人次；承担北下关街道31个社区137个点位的常规督查任务，开展督查800余人次。

区检察院办理的未成年人禁烟保护行政公益诉讼案入选最高人民检察院第二十三批指导性案例；2个监督案获评北京市检察机关2018年至2019年度民事诉讼监督“优秀案件”，3个案件的检察建议书获评“优秀法律文书”。“检察公益课堂”项目获2020年北京市“终身学习品牌项目”，区检察院李刚获“首都市民学习之星”称号。

（付强　徐云）

【全国首创“检察公益课堂”】 年内，区检察院的“检察公益课堂”项目获2020年北京市“终身学习品牌项目”。“检察公益课堂”是区检察院在全国首创的公益诉讼职能宣传品牌，在拓展公益诉讼检察知晓度、影响力的同时，致力于培养热心公益保护的新时代小公民。该项目通过动画片、歌舞等青少年喜闻乐见的形式，在区内多所中小学宣传公益诉讼职能和公益保护知识，同时开展线上直播课堂。全年共开展活动31期，线下受益青少年超过8000人次，在线收看点击量超过57万次。该项目是海淀区的品牌志愿服务项目，获“第四届中国青年志愿服务项目大赛银奖”“首都学雷锋志愿服务”最佳志愿服务项目、“海淀区终身学习品牌”等荣誉。

（付强　徐云）

【社区矫正检察云课堂启动】 4月15日，区检察院首次在区司法局网络教育平台开启社区矫正检察云课堂，为辖区的社区矫正对象送上警示教育课。检察官史希宏围绕“加强风险防范，顺利社区矫正”主题，讲解社区矫正宗旨、方式、对象、要求等方面的法律法规；结合司法实践中社区矫正期间犯罪和违反社区矫正监管规定的案例、3件妨害疫情防控案件，引导社区矫正对象树立正确认识和目标，珍惜社会矫正机会；提出3项加强风险防范的具体建议。数百名社区矫正对象通过直播或回看方式收看“社区矫正云课堂”。

（付强　徐云）

【首批公益诉讼观察员上岗】 6月10日，区检察院结合疫情防控常态化，线上开展涉案未成年人观护帮教新形式，首批公益诉讼观察员上岗。负责协助检察机关收集未成年人公益诉讼线索、保护自己和维护未成年人合法权益的责任和使命。

（付强　徐云）

【“四叶草微课堂”推出】 6月，区检察院依托未检专业化综合履职平台，以“短”“精”“大众参与”的线上普法宣传为抓手，全方位推进未检工作融入和参与社会综合治理现代化，推出“四叶草微课堂”线上普法宣传栏目，采用青少年喜闻乐见的微视频、短视频、直播等线上“面对面”的形式开展普法教育。

（付强　徐云）

【“强化沟通协作共促民事执行监督质效”座谈会】 7月，区检察院和海淀区劳动人事争议仲裁委员会召开“强化沟通协作共同促进民事执行案件监督质效”座谈会。区检察院第五检察部负责人张云霞通报2019年以来对法院劳动仲裁裁决执行监督案件的办理情况，介绍办案中发现的虚假仲裁、仲裁程序不规范等问题及发出检察建议的情况。区劳动争议仲裁院院长王春泽从仲裁院的组织架构、人员配置、办案考核等方面详细介绍近两年的劳动仲裁工作情况。

（付强　徐云）

【“检察官走进人大代表之家”启动】 8月5日，区检察院举行“检察官走进人大代表之家”启动仪式。区人大常委会有关领导参加“检察官走进人大代表之家”活动，主动接受人大监督，以更具体、直接的方式促进代表了解检察职能、监督检察工作。在活动中，汇报近期检察工作，征求代表工作的意见和建议，并把代表的意见和建议收集起来，认真研究并融入检察工作当中去。以走进人大代表之家为纽带，深化与街（乡）镇的对口联系制度，整合完善代表联络工作中的各部门与街镇的对口联系制度，各内设部门分别对应13个代表联组，并与各街（乡）镇的代表联络员建立固定的联系。以走进人大代表之家为契机，提供法律咨询、法治宣传，实现法律宣传和接受人大代表的监督。

（付强　徐云）

【最高检调研非法集资案办理情况】 9月3日，最高人民检察院检委会委员聂建华一行4人到区检察院，就非法集资案件办理情况开展调研。北京市人民检察院、区检察院、东城检察院、朝阳检察院、丰台检察院参加调研。聂建华提出在非法集资案件办理过程中，要兼顾刑事责任的追究和追赃挽损工作两个方面，充分运用刑事政策的优势、认罪认罚的优势和强制措施的震慑作用尽最大限度开展追赃挽损工作。聂建华对区检察院办理非法集资案的实践做法予以肯定，把海淀经验推广为全国性的示范经验。

（付强　徐云）

【不起诉申诉案公开听证会】 10月30日，区检察院就高某不服不起诉申诉案件举行公开听证。听证会邀请北京师范大学法学院教授、博士生导师王志祥，区人大代表张永慧、秦玉秀担任听证员，复查承办人、原案承办人、申诉人参加听证会。听证会给高某充分陈述申诉理由、表达自己意见主张的机会，法学专家和人大代表提供有价值的专业意见，高某表示真诚接受建议。

（付强　徐云）

【检学共建合作协议签订】 11月30日，《中国人民大学法学院、北京市海淀区检察院合作共建协议》签订。检学共建是海淀区检察院加强与科研院校的合作交流，检察业务实践与最新科研成果结合，促进检学融合发展。5名检察官受聘成为法学院校外辅导员，区检察院为中国人民大学法学院学生提供实习机会。

（付强　徐云）

法院

【概况】 2020年，北京市海淀区人民法院（简称区法院）案件总量109367件，受理各类案件90537件，比上年下降10.03%；审结、执结案件89856件，比上年下降9.93%；未结案件19511件，比上年上升3.62%。法官人均结案417.93件，比上年下降8.68%。其中，审结刑事案件2186件、民商事案件48107件、知识产权案件2137件、行政案件1061件，执结案件34540件，申诉、再审等其他案件1825件。

区法院共有17个集体、30人次获得国家级、省部级荣誉4项，市级荣誉21项，区级荣誉22项。其中，刑事审判庭获评全国法院先进集体，政治部获评全国法院新闻舆论工作先进集体，王志勇获评全国先进工作者，民事审判五庭（知识产权审判庭）获评北京市模范集体，多个审判团队获评北京市法院模范（先进）审判团队。官方微博“北京海淀法院”被评为“2019年度全国法院十佳微博账号”。《关于网络不正当竞争纠纷案件的调研报告（2012—2019）》获第二届全国知识产权优秀调研成果特等奖；2篇裁判文书分获第四届全国知识产权优秀裁判文书一等奖、三等奖。

涉疫案件审判。快审快判制售假劣医疗用品等妨害新冠肺炎疫情防控犯罪案件21件，审理涉疫情房屋租赁、教育培训、商品买卖等民商事纠纷909件，审理涉哄抬防疫物资价格等行政处罚案件7件。

刑事审判。审结利用邪教组织破坏法律实施案11件，审结非法吸收公众存款案等43件，审结涉毒品犯罪案83件。

民商事审判。构建双主动、多联动诉源治理工作机制。召开涉教育培训合同纠纷典型案例发布会，探索要素式审判方法；推动诉调对接、从源头上降低商事纠纷发生率；依托互联网构建“诉调无接触式”劳动争议纠纷化解模式；提升商事审判速度，全面推进在线诉讼，在线审理、调解23986次，电子送达26723件，案件平均审理时长同比缩短15.86%。

行政审判。审结行政案件1061件。发布行政审判白皮书，总结2019年区法院审理行政案件情况，及案件反映的行政执法问题。

知识产权审判。诉前化解知识产权纠纷870件，诉中化解大型互联网企业互诉纠纷10余件。与北京市及中关村知识产权保护中心签订协同保护合作框架协议，“源头回溯”等诉源治理工作机制受到市高院院长寇昉批示肯定。“饭友App抓取微博数据”不正当竞争纠纷案、“员工私制电表对外销售”侵犯商业秘密罪案入选2019年度北京法院知识产权司法保护十大案例；一篇裁判文书获全国知识产权优秀裁判文书一等奖。

执行工作。制定《执行办案系统操作指南》，由市高级人民院向全市法院推广；与区城管委协作，运用“海淀智慧停车管理系统”有效破解执行“找车难”，两个月布控机动车203辆；启用“司法区块链电子封条”；设立“执行和解监管平台”，推动企业信用修复。

涉诉信访。答复政法民生热线4349人次；落实“院庭长信访接待制”，院庭长接访1052件。首试“云救助”，办结司法救助案件36件，发放司法救助金约220.63万元。

司法改革。在落实司法责任制、民事诉讼程序繁简分流、诉源治理及智慧法院建设4个方面深化探索司法改革。构建“双点位”审判监督管理机制，以“日周月季年”细划管理周期，以“院、庭、团队、个人”四级主体明确管理权责，以链式举措压实管理责任，全面落实司法责任制。构建“一型三式”（专业型审判团队、“云模式”办理方式、“要素式”裁判方式、“跟单式”管理方式）的民事诉讼程序繁简分流改革试点模式。适用小额诉讼程序受理案件10361件，审结6844件，适用率13.98%；在“北京移动微法院”“北京云法庭”等在线平台审理案件41272件，开庭时长近两万个小时。上线“人和海淀”诉源治理需求响应平台，开展“一支部一社区”诉源治理共建。在全市基层法院中率先实现知识产权案件“一键上诉”，该项目入选2020年北京法院司法改革“微创新”最佳示范案例。

（王静姝　郭丽娜）

【“北京云法庭”审案】 年内，区法院党组书记、院长邵明艳担任审判长通过“北京云法庭”系统，审理两起罚款及道路交通安全违法行为记分案，中关村大队大队长付云辉作为行政机关负责人出庭应诉。疫情防控常态化期间，区法院采用网上开庭系统推进审判工作，保障新形势下人民群众对司法的新需求。“北京云法庭”助力北京法院庭审业务在疫情期间不停摆、“不打烊”，实现多方视频开庭、多平台互联、智能庭审管理三项服务，具备庭审案件简洁化、视频庭审公开化、举证质证网络化、庭审笔录智能化四个核心功能，集合两全程留痕、全面覆盖两大优势。区法院线上开庭、谈话、调解案件41272件。

（王静姝　郭丽娜）

【民事诉讼程序繁简分流改革试点】 年内，区法院推行“一型三式”民事诉讼程序繁简分流改革试点工作，适用小额诉讼程序案件受理。组建专业型审判团队，推广“云模式”办理方式，创新“要素式”裁判方式，坚持“跟单式”管理方式。“云模式”办理方式是指审判团队借助“北京移动微法院”“北京云法庭”等在线系统，开展线上谈话、开庭等诉讼活动。“要素式”裁判方式是指对事实相对清楚、权利义务关系相对明确的案件，制定案情要素表，由当事人根据提示填写主体基本情况及个案争议焦点要素，将要素表内容作为案件繁简分流的客观标准，贯穿于前端速裁和后端精审，在庭审中引导当事人围绕要素表举证质证，缩短庭审时间、提高庭审效率，庭后制作要素式文书，减轻法官草拟文书的工作量，压缩最后一次庭审至结案的耗时。“跟单式”管理方式是指为确保繁简分流试点工作有序推进，审判团队办案规范运作，海淀法院探索跟单式管理方式，对试点工作情况进行动态跟踪，实现对重点事项、重点环节一单贯通、全程跟进。区法院适用小额诉讼程序受理案件10361件，审结6844件，适用率13.98%。

（王静姝　郭丽娜）

【远程庭审】 2月3日，区法院通过互联网庭审系统远程开庭审理原告赛辉环境科技（北京）有限公司不服被告北京市市场监督管理局做出的行政处理决定一案。该案借助“北京移动微法院”“北京云法庭”等在线系统，开展线上谈话、开庭等诉讼。在庭审中引导当事人围绕要素表举证质证，缩短庭审时间、提高庭审效率，庭后制作要素式文书，减轻法官草拟文书的工作量，压缩最后一次庭审至结案的耗时。对试点工作情况进行动态跟踪，实现对重点事项、重点环节一单贯通、全程跟进。

（王静姝　郭丽娜）

【诉源治理工作】 4月3日，区法院召开诉源治理暨人民法庭工作推进会，会议以“现场＋视频”方式举行。区委常委、政法委书记吴计亮，区人大常委会、区司法局负责人等出席会议，部分人大代表在线参会。会上，区法院就人民法庭诉源治理工作进行介绍，并宣读《海淀区人民法院关于参与“诉源治理”的倡议书》，5个审判部门负责人分别介绍本部门单独或联合构建的“前后衔接、府院联动”等“诉源治理”特色机制。区法院党组书记、院长邵明艳对诉源治理工作提出3点工作要求，区委常委、政法委书记吴计亮对区法院的工作表示肯定，对诉源治理工作的进一步开展提出两点期望。4月22日，区法院制定《海淀法院推进“诉源治理”的工作方案》和任务分解表，确定建设25大项、77小项具体机制。构建双主动、多联动“2+N联动联治”诉源治理工作机制，即主动争取区委、各级党委的指导和区政府的支持，主动接受区人大常委会和各级人大代表的监督并积极寻求人大代表支持，构建法庭特色联动和民商事、行政、知识产权等多部门、多行业、多层级的联动联治机制。

（王静姝　郭丽娜）

【“云技术”化解跨国涉诉信访案件】 6月17日，区法院首次利用“云庭审”系统进行跨国接访。法官与居住在加拿大的信访人在线交流两个多小时，成功化解长达24年的离婚纠纷。该案是全市法院首例通过“云技术”成功化解的跨国涉诉信访案件。

（王静姝　郭丽娜）

【执行和解监管平台投入运行】 7月24日，区法院执行和解监管平台投入运行。该平台借助大数据信息处理技术与银行信用评估模型，对被执行人的偿债能力和经营情况进行评级，达成执行和解。达成和解后，法院可依据风险评级采用放缓、分批、逐步执行等灵活方式，最大限度降低对被执行人生产经营的不利影响。平台对被执行人财务、人力变动情况及还款进度等实时监督，对被执行人违规行为、未按期还款情况向承办法官发送预警信息。被执行人履约过程可通过区块链实时上链固定，履行完毕后，法院依据系统记录的履约情况，推进被执行人信用修复。

（王静姝　郭丽娜）

【优化营商环境工作室成立】 7月28日，区法院与北京市工商联签署合作备忘录，北京市工商联在北京法院系统成立的首家“优化营商环境工作室”揭牌成立。依托该平台办结2起执行案件。化解某网络公司与员工劳资纠纷，保证公司正常运作，帮助企业实现资金过渡并逐步发放拖欠工资；促成某银行与某油田公司和解，给予执行宽限期，并为该公司申请政府资金，帮扶被执行企业走出困境。

（王静姝　郭丽娜）

【《中华人民共和国民法典》解读系列活动】 7月至11月，区法院举行“丹棱论坛•专家委员解读《民法典》”系列活动，邀请清华大学、中国人民大学的9位法学专家，就《民法典》重点法律适用问题分别开展专题讲座或撰写专题文章。讲座活动在全市法院同步直播，部分人大代表、政协委员、基层干警等以线上方式参加，受众7000余人次，相关内容在市高院“京法网事”微信公众号、区法院“丹棱论坛”微信公众号发布。

（王静姝　郭丽娜）

【《2019年度行政案件司法审判年度报告》发布】 8月3日，区法院发布《2019年度行政案件司法审判年度报告》。《报告》指出，2019年区法院受理涉区属行政机关行政案件1072件，占全部行政案件的80.8%，比2018年受案数量增长8.9%。其中，行政机关败诉109件，占区属行政机关涉诉案件的17.8%，败诉率比2018年上升8.4%，主要集中在工商登记类案件。败诉率上升反映出当前行政执法中存在的5个突出问题：登记类案件败诉率高，形式审查弊端多；信息公开类案件信息类型辨别难，文书缺乏严谨性；举报答复类案件多由“职业打假人”提出，易出现程序瑕疵；不履责类案件履责类型分散，缺乏足够重视；涉疏整促类案件涉诉行政行为范围广，争议较难化解。《报告》就推进法治政府建设提出创新内部工作机制，降低涉诉风险；加强执法应诉培训，提高依法行政水平；完善沟通机制，加大诉源治理力度的建议。

（王静姝　郭丽娜）

【市高院领导到区法院调研】 8月13日，市高院党组书记、院长寇昉到区法院调研督导“两个坚持”专题教育、“以案释德、以案释纪、以案释法”警示教育和上半年审判执行工作情况，并听取区法院的专题汇报。区法院扎实开展“两个坚持”专题教育，始终坚持党对司法工作的绝对领导，坚持中国特色社会主义法治道路；深入开展“以案释德、以案释纪、以案释法”警示教育，结合身边人身边事进行反思，教育干警知敬畏、存戒惧、守底线。

（王静姝　郭丽娜）

【涉老、残障群体权益保护法律培训】 10月9日，区法院为永定路街道60余名社区工作者及部分残疾人工作者开展专题法律培训。围绕精神和智力障碍者的监护问题、老年人设立遗嘱和遗嘱见证等问题，介绍自然人民事行为能力、监护及遗嘱效力等法律规定。

（王静姝　郭丽娜）

【诉源治理新闻发布会】 12月23日，市高级人民法院在区法院召开诉源治理系列新闻发布会第三场，通报海淀区法院在知识产权纠纷领域开展“源头回溯”诉源治理工作情况。区法院通过“回溯行业类案，化解批量纠纷”“回溯关键规则，加强示范性裁判”“回溯共性需求，输出‘海知经验’”三个方面推进知识产权纠纷诉源治理，并与北京市知识产权保护中心、中关村知识产权保护中心联动开展诉源治理工作，推进知识产权协同保护体系建设，源头化解知识产权纠纷。市高院、市知识产权保护中心、中关村知识产权保护中心、区法院民事审判五庭（知识产权审判庭）负责人出席发布会。新华社、中央广播电视总台、中国日报、科技日报、法治日报等20家新闻媒体关注报道，“京法网事”官方微博同步视频直播，北京法院网进行网络图文直播。

（王静姝　郭丽娜）

【“人和海淀”诉源治理需求响应平台上线】 12月24日，区法院“人和

12月24日，“人和海淀”诉源治理需求响应平台上线（区法院 供图）

海淀”诉源治理需求响应平台上线。该平台集成互联网、人工智能、大数据、云计算等信息技术，为全区组织机构、社会公众提供100%响应、全区域覆盖、一站式办理的法律支持、指导调解、普法宣传等诉源治理需求响应服务。

（王静姝 郭丽娜）

·案例选辑·

【非法吸收公众存款案】 2017年6月16日，区检察院指控被告单位北京聚智堂文化发展有限公司（简称聚智堂公司）及被告人杨某等15人犯非法吸收公众存款罪，向区法院提起公诉。2018年11月26日，区检察院以变更起诉决定书对部分指控事实予以变更。区法院依法组成合议庭，于2020年7月23日公开开庭审理该案。经审理查明，聚智堂公司以“聚智堂名师教育”“0元免费学”为招牌，在全国开展中小学生课外培训业务。通过“感恩免费学”“感恩聚划算”等活动，引诱学生家长以交纳固定金额预存款并按比例获赠课时的方式参加培训，承诺一定期限届满后全额返还，变相吸收公众存款合计10.75亿元。经审理认为，被告人杨某等15人系聚智堂公司非法集资直接负责的主管人员或直接责任人员，违反国家金融管理法律规定，变相吸收公众存款，扰乱金融秩序，数额巨大，构成非法吸收公众存款罪。区法院以非法吸收公众存款罪依法判处杨某等15人有期徒刑三年至八年不等，并处罚金10万元到50万元不等。杨某、陈某、孙某、张某4人提起上诉。审理过程中，杨某、陈某、孙某申请撤回上诉。12月18日，北京市第一中级人民法院裁定准许杨某、陈某、孙某撤回上诉，驳回上诉人张某的上诉，维持原判。

（王静姝 郭丽娜）

【销售假冒注册商标商品案】 3月16日，区检察院指控被告单位北京医保中洋大药房有限公司（简称中洋大药房）、被告人郑某某犯销售假冒注册商标商品罪，向区法院提起公诉。区法院依法适用简易程序、独任审判，公开开庭审理。经审理查明，被告人郑某某于1月底至2月初，作为被告单位中洋大药房全面管理的负责人，在明知其通过非正规渠道采购的1万个“3M”牌防护口罩及其下属通过私人渠道为公司采购的5万个“飘安”牌一次性医用口罩均无资质证明且存在质量问题的前提下，仍指示和放任公司下属多个门店对外销售上述口罩，销售所得166660元归公司所有。上述口罩经查实均为假冒注册商标商品。经审理认为，被告单位中洋大药房及其直接负责的主管人员被告人郑某某在新冠肺炎疫情防控特殊时期，为非法牟利，利用社会公众急需口罩等防护物资的现状，销售明知是假冒注册商标的疫情防护用品，销售金额较大，其行为均构成销售假冒注册商标商品罪，应予惩处。公诉机关指控被告单位中洋大药房、被告人郑某某犯销售假冒注册商标的商品罪的事实清楚，证据确实充分，指控罪名成立。3月26日，区法院以销售假冒注册商标商品罪依法判处中洋大药房罚金15万元、判处被告人郑某某有期徒刑二年并处罚金10万元，涉案口罩依法收缴。被告人未提出上诉，判决于4月12日生效。此案入选最高人民法院依法惩处妨害疫情防控犯罪典型案例。

（王静姝 郭丽娜）

【公司合同纠纷案】 2019年8月5日至9月11日，因艾普英捷（北京）智能科技股份有限公司（简称艾普英捷公司）未履行151个广告发布合同中的款项支付义务，北京微梦创科网络技术有限公司（简称微梦创科公司）以广告合同纠纷为由向区法院提起诉讼，并申请冻结艾普英捷公司基本账户。艾普英捷公司提出反诉。此案本诉和反诉标的额合计1.9亿元。受疫情影响，艾普英捷公司出现资金链断裂，2020年3月向市第一中级人民法院申请破产。4月，区法院组织双方财务总监、法务总监及律师七方在线调解，经多轮线上开庭，4月23日达成调解协议并线上送达调解书，调解总金额2900万元。区法院执行局快速联动，扣划1500万元首笔调解款，微梦创科公司资金回笼申请解除保全，艾普英捷公司向市第一中级人民法院撤回破产申请。此案是运用“多元调解+速裁”工作模式，推动企业顺利复工复产、化解涉众纠纷的典型商事案例。

（王静姝 郭丽娜）

【欠薪纠纷案】 2019年11月11日，十七华集团有限公司以19名劳动者系与其子公司建立劳动关系并签署劳动合同为由，向区法院提起诉讼，要求判决其无需向劳动者支付工资、经济补偿金等款项共计38万余元。区法院开展调解，受疫情影响，山东、山西、河北、广东等不同省份的19名劳动者难以到庭应诉，3月25日，区法院运用“北京云法庭”在线完成“云调解”。19名劳动者与公司代理人当庭签署调解协议，当日线上送达调解书。

（王静姝 郭丽娜）

【全市首例股东知情权纠纷要素式裁判】 2019年11月12日，因认为北京丹童卡洱健康科技有限公司（简称丹童卡洱公司）成立后未向股东公布财务会计报告、年度预决算等信息，丹童卡洱公司股东马某要求行使股东知情权，将丹童卡洱公司诉至区法院，请求查阅、复制公司章程、股东会会议记录、董事会会议决议、监事会会议决议和财务会计报告，查阅公司会计账簿、会计凭证。经审理，原被告双方的争议事项为查阅范围是否包含公司会计凭证，其他事项无争议。区法院认为会计账簿是根据会计凭证登记的会计资料，公司的具体经营活动只有通过查阅原始凭证才能知晓，故查阅会计账簿所依据的原始会计凭证是股东行使股东知情权的主要途径，对马某查阅会计凭证的请求予以支持。2020年4月29日，区法院作出北京市首例股东知情权纠纷要素式裁判文书，判决支持原告马某的诉讼请求。双方当事人未提出上诉，判决于5月18日生效。区法院在该案中探索使用要素式审判模式审理公司纠纷类案件，通过要素表格，在判决书中展现当事人诉讼请求详情、争议事项、无争议事实等内容，使文书内容更加清晰、简洁，为商事案件要素式审判模式的运用和推广提供模板。

（王静姝　郭丽娜）

司法行政

【概况】 2020年，区司法局形成“1+4+10”新工作格局，即以区委全面依法治区委员会办公室统筹全区法治建设，履行依法行政、法律事务管理、公共法律服务和普法教育四项基本职能，包括行政复议应诉、规范性文件审查、行政执法监督、法治宣传、社区矫正、律师、公证、司法鉴定、人民调解、法律援助10项主要业务。区司法局下属海诚、求是、国信3家公证处共有公证员56人、公证员助理53人、辅助人员45人，共计154人。全区有街镇司法所29个，配备司法助理员152人。有律师事务所465家，律师5550人；区律师行业党委下辖律师事务所党委2个、党总支1个、党支部144个，律师党员2061人。人民调解组织773个，人民调解员6608人，其中区公共法律服务中心人民调解专家团1个，街镇、社区（村）调委会682个，行业性、专业性调委会90个。调解排查矛盾纠纷38564次，调解案件12113件，调解成功11196件，成功率92.4%。司法鉴定机构38家，执业司法鉴定人729人。在管社区服刑人员286人，在管安置帮教人员2108人。海淀区荣膺第一批“全国法治政府建设示范区”“全国公共法律服务工作先进集体”、第六届“全国文明单位”等称号。

（王轶男）

【依法行政】 年内，区司法局全面推行行政执法公示、执法全过程记录、重大执法决定法制审核“三项制度”落实，指导街镇综合执法改革顺利完成。开展行政检查611343件，作出行政处罚29764件。办理行政复议申请558件，比上年增长12%；受理517件，审结482件；纠错27件，纠错率5.6%。办理以区政府为被告和被申请人的行政案件288件，比上年减少14.8%。审结195件。一审败诉9件，败诉率4.6%。全面落实合法性审查制度，开展行政规范性文件审查22件，各类文件合法性审查450余件次，提出法律建议740余条；办理以区政府为被申请人的履职申请案件24件，审核以区政府名义责成违法建设强拆案件27件，清理以区政府、区政府办名义制发的行政规范性文件106件，保留89件，废止17件。

（王轶男）

【法律事务管理】 年内，区司法局办理律师类办理许可、备案服务等业务2239件，实现“律师执业申请”和“律师重新执业申请”两项审批事项的区块链应用场景落地，律师类行政审批窗口被评为2020年度区“十佳群众满意窗口服务团队”。处理律师类投诉147件，作出行政处罚4件、行业处分16件。开展“金线奖”评选，打造法律服务评选金字招牌。推进民营企业公司律师试点工作，民营企业公司律师试点单位备案数量及民企公司律师数均居全市第一。提升律师行业党的建设和律师协会建设水平，打造海淀律师良好形象。推动“智慧党建”建设，与中国银行北京海淀区支行合作开发的“复兴壹号”党建平台正式上线，实现网上缴纳党费新功能。区律师行业党委获“市律师行业先进党组织”，7个党组织获“市先进律师事务所党组织”。出台《海淀区公证机构财务管理办法（试行）》，建全公证机构财务预决算制度和财务监管机制。区属3家公证处办理公证事项11.7万件，其中国内4.8万件、涉外6.8万件、涉港澳551件。完成司法鉴定行政许可类事项初审75件，办理投诉案件50件，受理28件，作出处理答复28件，全区司法鉴定业务总量达12160件。

（王轶男）

【公共法律服务】 年内，区司法局公共法律服务中心窗口接待来访7920人次，电话咨询57035人次，办理事项4482件。开展“法援关爱在行动”活动，持续扩大法律援助覆盖面，实现“应援尽援”“应援优援”；推进“云通道”，刑事审判法律援助全覆盖；办理法律援助案件7055件。117家律师事务所的319名律师参与村居法律服务，举办法制讲座1027次、开展法律咨询10434次、参与矛盾纠纷调解841次、举办培训522次，受众达15余万人次。为70岁以上老人免费办理遗嘱公证151件，免收费用10.4万元。推进司法鉴定机构进驻区公共法律服务中心窗口，开展公益咨询服务和社会公益服务。1家司法鉴定机构及1家律师事务所被评为“全国公共法律服务工作先进集体”，2名司法鉴定人员、1名律师被评为“全国公共法律服务工作先进个人”。

（王轶男）

【法治宣传教育】 年内，区司法局开展法治宣传教育活动8600余场次，发放宣传资料和宣传品310万余份，惠及群众340万余人次。开展“法律进机关”“法律进单位”活动，通过会前学法、法治讲座、普法宣讲、集中培训、旁听庭审、竞赛答题、公务员培训超市、处级领导干部“法治思维养成与法治政府建设”专题培训班等形式，针对国家工作人员开展法治宣传教育。运用新媒体手段扩大普法宣传社会影响，“海淀微说法”普法微信平台推送普法信息506条，总阅读量10.73万人次；开通海淀区官方普法抖音账号。编辑制作的《达拉崩吧之国际禁毒日版》动漫MV获超百万的全网总播放量；与海淀镇联合制作的《防拐骗儿歌》获“第十六届全国法治动漫微视频征集展示活动”一等奖。联合区应急管理局、区教委、区消防救援支队打造“云上话安全 普法进校园”网络课堂，受众34.7万人次。在“2020年北京市法治动漫微视频作品征集活动”中，海淀区选送的视频作品获2个一等奖、4个二等奖、4个三等奖，区司法局获优秀组织奖。

（王轶男）

【疫情防控法律服务】 年内，区司法局组织政府法律顾问编发《区县人民政府新型冠状病毒疫情防控期间重点领域工作指引》等法律指引性文件30余份。审核《海淀区关于落实北京市促防疫稳增长政策加大力度支持企业稳定发展的若干措施》等规范性文件21件。成立“海淀区中小微企业律师服务团”及“海淀区疫情防控工作涉外律师服务团”。开展复工复产公共法律服务“百千万”走访调查活动，询问企业法律服务困难和问题，听取意见建议。建立一线防疫工作公证事项办理专门绿色通道，保障疫情防控工作医护人员、军人等人员的公证需求。公共法律服务中心设立“疫情防控法律服务”专线和“疫情防控企业法律服务”一站式窗口，实现防控疫情期间法律服务不停歇。优先受理、优先办理涉企涉疫、特殊群体和优抚对象的法律援助工作，为复工复产企业农民工、因受疫情影响导致经济困难企业员工等开辟绿色通道。

（王轶男）

【“法援惠民生助力农民工”专项活动】 年内，区司法局开展“法援惠民生助力农民工”专项活动。在全区29个街镇、公检法、人力社保局等法律援助工作站开设“农民工欠薪求助绿色通道”，为农民工提供全业务综合公共法律服务。“148”法律服务专线累计接受农民工法律咨询390余人次。组织22家律师事务所开展劳动合同普查与体检工作，切实维护农民工合法权益。

（钟冷）

【“七五”普法工作】 年内，海淀区组织开展“七五”普法自查检查工作，区政府第148次常务会议审议通过《海淀区“七五”普法工作情况报告》，第十六届人大常委会第34次会议听取报告并给予充分肯定。开展疫情防控法治宣传教育专项行动，制作播放动漫公益宣传片12部、张贴宣传海报挂图2000余张、开展相关普法宣传900余场次，制作发放宣传资料和宣传品42万余份。在区委党校举办第七期处级领导干部“法治思维养成与法治政府建设”专题培训班，64名处级领导参加培训。组织开展“深入学习宣传习近平法治思想 大力弘扬宪法精神”“12•4”国家宪法日暨宪法宣传周系列活动，开展宪法宣传活动860余场次，发放宪法主题宣传材料和宣传品近40万份，惠及群众近百万人。开通“海淀普法”官方抖音号，推送普法视频58部，累计观看人数超110万余人次。

（王轶男）

【袁曙宏到海淀区调研】 1月15日，司法部司法部党组书记袁曙宏到海淀区调研司法行政系统基层单位，区委常委、政法委书记吴计亮陪同调研。在海淀区公共法律服务中心，听取规范化建设情况汇报，详细了解“12348”法律服务热线、指挥中心等工作进展情况，并就公共法律服务、人民调解、行政执法监督等问题进行深入交流。在海淀区社区矫正中心，查看社区矫正中心的“中途学院”以及心理咨询等工作开展情况，袁曙宏鼓励工作人员围绕中心、服务大局，提高依法行政能力，努力满足人民群众对法治的新需求新期待。

（林琳）

【海淀区获评全国“七五”普法中期先进区】 1月，全国普法办通报表扬“七五”普法中期先进，海淀区获全国“七五”普法中期先进区称号。“七五”普法以来，海淀区组织开展各类法治宣传教育活动18400余场次，受众675万人次，制作发放宣传材料、宣传品690万份。确定“法之雨、人之律”普法宣传口号，用法治宣传带动法律服务，彰显法治宣传教育服务经济社会发展的功能作用。在公职人员中广泛普及法治话语，培养法治思维，提高依法办事能力和水平；构建综合立体式青少年法治宣传教育框架，学校、家庭、社会三位一体，开展形式多样的青少年普法教育活动；借力“六站合一”社会事务管理平台，全面推动“商务楼宇普法工作站”建设，普法渠道更加多样；面向街镇、村居，广泛开展各类主题宣传教育活动，法治宣传教育普及率逐年提高。与社会团体、志愿者队伍密切合作，拓展新型宣传领域，将网站、微信、微博、手机APP等网页端与移动端平台纳入新媒体宣传阵地，推动全社会树立法治意识，为促进海淀区经济社会发展做出贡献。

（林琳）

【《2020年海淀区法治宣传教育工作要点》印发】 3月10日，区守法普法协调小组印发《2020年海淀区法治宣传教育工作要点》，从学习宣传依法治国新理念、科学推进新冠疫情防控宣传、营造法治环境服务发展、提升普法依法治理水平等4个方面，将全区法治宣传教育工作细分为19项工作要点，并逐项明确责任单位。

（王轶男）

【推进依法行政工作领导小组会议】 4月28日，海淀区推进依法行政工作领导小组会议以视频会形式召开，传达学习中央和北京市有关会议精神，研究部署海淀区依法行政工作，全面推进法治政府建设。43家委办局和29家街镇主要领导及依法行政工作负责人参加会议。会议审议通过《2020年海淀区推进依法行政工作要点》，部署《海淀区关于落实行政执法公示制度执法全过程记录制度重大行政执法决定法制审核制度工作方案》。

（王轶男）

【行政执法监督工作推进会】 9月18日，海淀区2020年行政执法监督工作推进会召开，全区29个行政执法部门主管领导及法制科室负责人50余人参加。会议强调，各行政执法部门要立足区“两新两高”发展战略定位，优化营商环境。通过加强行政执法监督，建立公平竞争经济秩序，维护和谐稳定社会秩序。

（王轶男）

【《海淀区“七五”普法工作情况报告》通过审议】 11月14日，代区长王合生主持召开区政府常务会第148次会议，审议并通过《海淀区“七五”普法工作情况报告》。区教委、区发改委等22个成员单位主要领导在主会场参加会议，区守法普法协调小组其他成员单位和29个街镇主要领导在视频分会场参加会议。

（王轶男）

仲裁

【概况】 2020年，海淀区劳动人事争议仲裁院（简称区仲裁院）处理劳动人事争议案件27204件（其中进入办案程序20990件），结案率98.11%，终结率70.44%；案内调解成功11539件，案外调解成功6214件，调解率62.75%。年人均办案超500件。新增中关村科学城、中关村国际孵化园、香格里拉饭店、北京金山云、百家科技集团5家劳动人事争议基层调解组织，全区劳动人事争议基层调解组织达92家。

区仲裁院接办“接诉即办”“12345”平台转办信件1073件。其中，流程类案件557件，占比51.91%（拖欠工资320件，占比29.82%；催促流程237件，占比22.09%）；裁决不服类案件120件，占比11.18%；裁决后执行类案件154件，占比14.35%；反映工作失误类案件50件，占比4.66%；其他类案件192件，占比17.89%。

开展“双保、双提”及支部“强基础、转作风、树形象”专项行动，完成案件处理任务和疫情防控任务。与区人民法院执行局联合开通劳动争议案件执行专项“绿色通道”，建立民生案件处置联动机制；与区检察院联合做好民事检察与劳动人事争议仲裁工作的衔接与合作。制作《调解指南》宣传片，通过微信公众号、抖音、快手等平台发布，播放量超5万人次。发布《调解案例集》，汇集12篇街镇调解组织和区仲裁院调解成功典型案例，推广调解经验。

发布《疫情防控期间劳动关系政策选编》，为辖区企业及劳动者答疑解难。与北京市劳动和社会保障法学会、海淀区人民法院联合举办线上《疫情期间劳动争议热点问题解读》专题讲座，提升企业涉疫情用工管理水平。派出调解仲裁业务庭长走进人力资源和社会保险部中小企业复工复产公益大讲堂，开展公益直播。与腾讯公司、中智公司、京东物流等电子劳动合同先行企业座谈交流，推进电子劳动合同的法律实践。

（毛磊　郝晓琳）

【集体争议案仲裁】 年内，区仲裁院受理集体案件941件，比上年下降9.08%；涉案5353人，比上年下降16.54%。受理30人以上集体争议12起，比上年上升9.09%；涉案525人，比上年上升16%。北京得利兴斯食品有限公司98人调解结案，北京河马新车科技有限公司81人调解结案，融金中财大国际酒店（北京）有限公司49人经调解后撤回申请。

（毛磊　郝晓琳）

【劳动报酬争议案仲裁】 年内，区仲裁院受理劳动报酬争议案12373件，占总受理案件的58.96%，比上年下降47.73%。社会保险、确认劳动关系、休假类争议呈下降趋势。受疫情影响，解除劳动合同类争议比上年上升10.34%，竞业限制类争议比上年上升28.13%。受理劳动争议涉及20类行业，其中科学研究和技术服务业领域最多，受理案件9691件，比上年上升9.80%，占案件总量的46.16%；信息传输、软件和信息技术服务业受理案件1840件，占案件总量的8.72%；文化、体育和娱乐业受理案件1247件，占案件总量的5.94%。交通运输、仓储和邮政业等新业态案件量增长较快，比上年上升69.18%。

（毛磊　郝晓琳）

【调裁审衔接】 年内，区仲裁院与区人民法院“云端”召开裁审衔接联席会，建立移送函制度，移送财产保全申请57件。开展网上调解协议审查确认，置换调解文书446份，立等可取。

（毛磊　郝晓琳）

【快审快结】 年内，区仲裁院成立速裁团队，简单争议由速裁团队快审快结，处理1895件，其中集体争议56件，涉及1025人。推进要素式办案改革，庭前发放要素调查表，精简庭审环节，发放要素式裁决文书150余份，案件审理周期缩短。落实“护薪”行动，案外妥善处理比特大陆、沃尔玛、甲骨文、海淀环卫等30人以上重大集体争议33起。约谈涉疫争议案件多发企业，发放仲裁建议书2份；联合相关部门，对可能引发重大集体争议的重点企业和重点案件提前介入，整体联动。

（毛磊　郝晓琳）

【案件多元化解机制】 年内，区仲裁院推动调解组织向“三城一区”、科技园区和企业延伸，织密三层调解组织网络。成立中关村科学城劳动人事争议调解中心，通过互联网向群众及企业提供劳动争议咨询及调解服务。与区饮服行业协会联合探索行业案前调解合作机制，与腾讯科技（北京）有限公司、中国国际技术智力合作有限公司外企分公司开展多元化调解工作座谈，推动“互联网＋调解”工作落地落实，构建中关村科学城和谐劳动关系。

（毛磊　郝晓琳）

【基层调解员培训】 年内，区仲裁院组织骨干仲裁员录制教学视频，利用腾讯会议室线上“微课堂”对街镇基层调解员进行培训，共开展17期，1699人次参加。定期召开线下街镇调解组织座谈会、年度调解员集中学习培训会，围绕劳动人事争议调解技巧、智慧仲裁院综合服务平台应用等内容，对调解员开展专题培训，提升调解员化解争议能力。通过集中培训、“一对一”等方式指导基层调解组织开展“互联网＋调解”平台试点工作，实现街镇调解组织全覆盖，全区街镇调解组织通过该平台累计收到调解申请1168件，调解率达58.9%。

（毛磊　郝晓琳）

【劳动仲裁】 年内，区仲裁院共处理劳动人事争议案件27204件，案内调解成功11539件，案外调解成功6214件。结案率98.11%，终结率70.44%，调解率62.75%。线上办案1258件，其中线上开庭314件，线上调解 282 件，线上撤诉 662 件。累计移送财产保全申请 68 件。

（张艺璇）

【区仲裁院获评全国人社系统优质服务窗口】 1月，全国人社系统 2017—2019 年度优质服务窗口和优质服务先进个人表彰大会召开，海淀区劳动人事争议仲裁院（简称区仲裁院）获国家人力资源和社会保障部授予的“全国人力资源和社会保障系统 2017—2019 年度优质服务窗口”嘉奖。近年来，区仲裁院建立多层次调解体系，年调解率保持在 60% 左右。承担人社部“互联网 + 调解”平台试点工作，建立自动化全新调纷模式。在中关村创业大街和中关村分庭成立多元化调解工作室，构建多方参与、协调联动的调解新格局。首创“一院两址”便民服务架构，开展要素式办案，开通集体争议处理绿色通道，建立全市首家“自动分案”系统，依托公众号实现仲裁文书电子送达，年结案率保持在 98% 以上。加强对新型疑难案件的研究和指导，与区法院签订《海淀区劳动人事争议仲裁与诉讼衔接办法》，发布劳动争议情况白皮书暨十大典型案例，为规范用工、优化用工环境提供借鉴和建议。

（林琳）

【全市首推微信视频开庭】 2月3日，区仲裁院在全市首推微信视频开庭，启用“智慧仲裁院综合服务平台”、使用北京市劳动人事争议仲裁系统“云仲裁庭”，整合在线开庭、调解、文书电子送达等功能。全年线上办案 1258 件，其中开庭 314 件、视频 282 件、撤诉 662 件。文书电子送达 743 件。

（毛磊　郝晓琳）

11 月 12 日，中关村科学城劳动人事争议调解中心成立（区仲裁院 供图）

【中关村科学城劳动人事争议调解中心揭牌】 11 月 12 日，海淀区首家线上基层劳动人事争议调解中心——中关村科学城劳动人事争议调解中心举行揭牌仪式。仪式由区人力社保局、区总工会和中关村科学城总工会联合举办，现场演示线上调解中心工作模块操作。中关村科学城劳动人事争议调解中心针对服务对象主要为高新技术企业及其职工的特点，不设实体调解室，主要通过在线平台为劳资双方提供法律咨询及调解服务。调解中心包括调解指南视频讲解、常用法律法规、仲裁答疑、调解案例集、庭审同期声五个模块。中关村科学城劳动人事争议调解中心以“云上”调解室为依托，整合调解员、人力资源管理师、律师、高校教师等优势资源，加强各类调解组织的交流协作，开展定制化培训服务，推动“互联网 + 调解”工作落地落实。

（林琳）

军事

2021
北京海淀年鉴

人民武装部

【概况】 2020年，中国人民解放军北京市海淀区人民武装部（简称区人武部）坚持以习近平新时代中国特色社会主义思想、习近平强军思想和习近平视察卫戍区重要讲话精神为指导，按照卫戍区党委工作思路和区委、区政府决策部署开展工作，完成新冠肺炎疫情防控、国防教育、兵员征集、民兵整组整训、军事设施保护等年度各项工作任务，国防后备力量建设稳步发展。

（强晓凯 梁爱祥）

【全民国防教育】 年内，区人武部为全区处级及以上干部和中小学校领导发放《全面推进国防和军队现代化》读本4300余册，作为国防教育自学辅导教材。组织两批街镇领导和国防动员委员会成员单位领导进行专职人民武装干部培训，开展形势政策教育，普及国防知识，增强国防意识。推动国防教育宣传走进社区，注重国防教育的群众性、普及性。结合全民国防教育日、征兵宣传和争创全国双拥模范城“九连冠”活动，制作印发宣传画册、海报、展板、横幅等宣传品共计10万余份，在市政道路、社区、学校等张贴悬挂，增强全民国防意识。

（冯开春 强晓凯）

【战备应急能力提升】 年内，区人武部结合“平时能应急、战时能应战”的职能使命，按照“建、训、用、管、保”要求，开展区属民兵应急力量建设、常备应急力量建设。与驻区部分部队共同完善驻区部队参与海淀区防汛、防火等应急方案。组织驻区部队、民兵参与防汛工作。与区气象局、区应急办、区防汛办对接联系，与区防汛办联合组织实地勘察，检查防汛工作中的漏洞隐患，完善部队参加防汛工作应急预案。民兵参与基层疫情防控工作，担负防疫宣传、小区门卫值守、维护社区秩序、防疫工作志愿者等工作。组织民兵完成辖区执勤目标守护任务，确保全部防护目标的安全。

（梁爱祥 程鹏）

【兵员征集】 年内，区人武部组织各街道和高校采取云直播、校园网、微信等线上方式进行征兵动员宣传。全区兵役登记率100%，完成新兵征集任务。

（梁爱祥 刘钊）

【军事设施保护】 年内，区人武部成立工作专班，指定专人负责，主动对接驻区部队，对军事设施进行核查和调整。

（梁爱祥）

9月8日，区武装部对新兵进行役前教育（区人武部 供图）

人民防空

【概况】 2020年，海淀区人民防空办公室（简称区人防办）参加“京津冀人防（3+2）跨区联合支援通信演练”；出台《海淀区关于加强人防工程精细化管理的实施意见》。组建专业检查队伍和人防防汛抢险力量，出动13750人次，完成社区（行政村）的人防建设任务。组建人防志愿者队伍5657人，安排资金开展社区人防宣传活动，组织人防干部培训1700人次。开展宪法宣誓、有奖问答、普法宣讲等活动6次，展出展板600余块，发放宣传资料2万份，受众1.3万余人。海淀人民防空展馆接待参观、培训300余人次；媒体宣传报道人防工作30余篇。

开展“防疫有我，助力基层”活动。累计上岗1666人次，值守1721天、7270小时，为志愿者提供口罩6000余个、防暑饮品药品15箱。全覆盖排查人防工程，实现全区人防工程“零疫情”、违规住人“零反弹”、工程安全“零事故”。

（张金升 林琳）

【人防工程管理】 年内，区人防办出台《海淀区公用人防工程使用费收费暂行办法》《海淀区人防办项目管理制度》，修订、完善工作制度37项，公开信息237条；办理“接诉即办”501件，受理信访26件。出动执法人员198人次，行政处罚34起，罚款96.5万元。结合人防、消防、反恐、综治工作，开展人防工程安全综合治理。到海淀街道、花园路街道、羊坊店等街镇开展现场教学83场，指导明晰单位工程安全管理责任，实现底清账明、各负其责，整体推进工作目标。

（张金升）

【“智慧人防”建设】 年内，区人防办推进视频（高点）监控建设项目，起草《海淀区人防视频监控建设指导意见》，规范人防工程视频监控的建设原则和技术标准。

（张金升）

【人防执法检查】 年内，区人防办在各街镇组建131人的人防检查队伍，人防防汛抢险队伍由2支扩展到29支。整改问题工程，关停非法使用工程10处。

（张金升）

【人防工程行政审批】 年内，区人防办受理建设项目人防工程审批申请53件，完成新建人防工程验收工作。办理《北京市人防工程信息统计表》35件，签订《防空地下室移交书》20件。

（张金升）

【人防物资储备】 年内，区人防办修订《海淀区人防物资库管理规定》，对区级物资储备库、街镇储备库、专业队储备库的物资购置、调拨、报废等进行分类管理和改革调整。储备口罩、防护服、护目镜等物资2.2万件，调拨口罩、大衣等物资1.2万件，报废应急包等物资6000件，通过整合物资储备，进一步强化应急物资管理的科学程度与风险防控能力。

（张金升）

【社区人防建设】 年内，区人防办制定并印发《社区人防建设标准化建设手册》《社区人民防空建设指引》。实现社区人防建设从经费保障、硬件配备到志愿者队伍的全面覆盖，585个社区组建社区人防志愿者队伍5657人。指导600余个社区（村）完善《防空袭人员紧急疏散方案》。

（张金升）

【地下空间综合整治】 年内，区人防办实施人防工程数据智能运管集成项目，推进视频监控系统建设，全面推动5G、大数据等技术应用。实施普通地下室整治，实现违规住人的“动态清零”，做好存量普通地下室自用性宿舍的规范化使用及日常监管工作。按照市、区“疏解整治促提升”专项行动统一部署要求，建立“计划管理＋动态清零”的工作机制，对市民服务热线中涉及相关诉求纳入任务台账。疫情期间，全区地下空间实现“零上账”、自用性宿舍“零疫情”。各街镇利用人防工程向社会提供1000个停车位。

（祁磊　林琳）

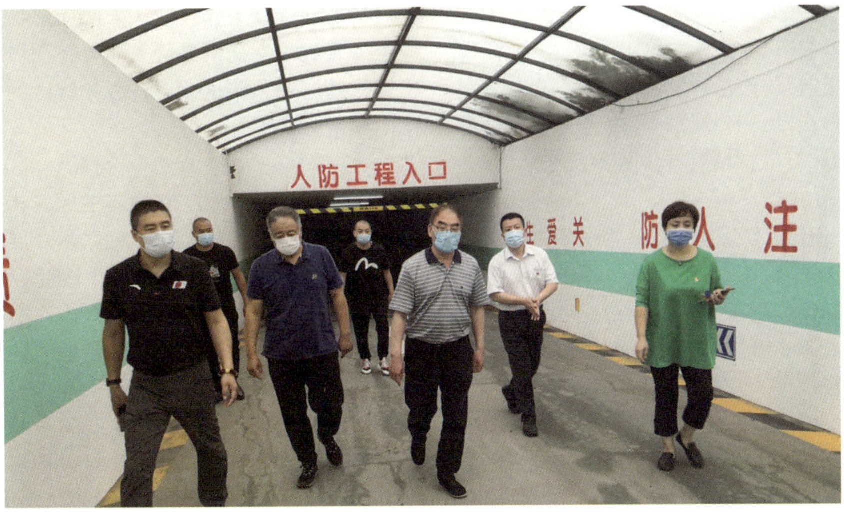

7月3日，区人防办检查上地东里地下车库（区人防办 供图）

【市人防办调研人防建设工作】 7月2日，市人防办调研督导组到海淀区调研人防建设工作。调研督导组通过听取汇报、调阅资料、现场察看以及查阅工作计划、工作台账、会议记录、检查记录、登记统计资料等方式，了解海淀区疫情防控及社区人防建设等重点工作，并提出建议。调研督导组实地察看社区人防建设、人防工程防控制度、安全设施配备使用、住人“动态清零”和人防工程再利用情况。

（李洪亚　林琳）

【地下空间整治暨防汛工作部署会】 7月16日，海淀区召开地下空间整治领导小组第六次联席会暨2020年防汛工作部署会，推进地下空间综合整治工作。区房管局负责人总结2019年度普通地下室综合整治工作，对2020年工作进行部署。2019年，全区普通地下室综合整治区、街镇、网格三级监管体系运转良好，实现散租住人“动态清零”，再利用持续推进。区人防办负责人总结2019年度人防工程综合整治完成“动态清零”工作目标，对2020年人防工程综合整治、防汛工作进行部署。会议强调，各部门要统筹推进疫情防控和整治行动，坚持防疫防汛两手抓，确保安全度汛；确保整治工作落实到位。

（祁磊　林琳）

【参加市人防办民法典学习讲座】 8月21日，区人防办组织人员参加市人防办组织的民法典学习讲座。围绕“以人民群众利益为中心的民法典”主题进行。邀请北京大学法学院常鹏翱教授授课，围绕民法典事关每个自然人的切身利益开题，针对民法典的主体、权利和行为三个关键词，阐述民法典对个人权利的保护，对家庭关系的调整，对单位活动的规范等方面讲解，结合诸多社会热点和真实事例，系统阐述民法典的定位和重要意义。市人防办田明海副主任主持，海淀区人防办组织副主任以上干部参加学习讲座。

（林琳）

【人防防汛抢险】 8月汛期，区人防办启动防汛应急预案，督促街镇和区属人防防汛抢险队做好防汛准备工作。重点检查防汛抢险队人员、车辆、抢险物资应急准备工作，组织专人对车库人防工程内挡水沙袋、挡水板、排水渠道进行清理，对易进水、倒灌人防工程车库做好转移方案。区人防办制定《海淀区人防工程防汛应急预案》，与各街镇、人防工程使用单位签订责任书，组织防汛抢险队伍进行培训和演练，向各街镇发放防汛膨胀麻袋6000余个。

（李洪亚　林琳）

【警报试鸣】 9月19日全民国防教育日，区人防办组织五环外45台警报鸣响。组织3000余名居民参加宣传活动，悬挂横幅150条，张贴通告4.6万份，发放宣传品2万份。

（张金升）

【街镇人防应急物资库管理移交工作会】 10月14日，区人防办召开街镇应急物资库管理移交工作会，邀请北下关街道、田村街道、海淀街道、花园路街道、八里庄街道、四季青和苏家坨镇的人防工作主管科室领导参加会议。会议对此次移交会进行说明，根据市人防办和区人防办应急物资库管理相关会议精神，切实做好人防工程防汛及安全生产、应急管理工作，配合社区人防建设，在部分街镇建立的人防应急物资库统一移交街镇管理使用。人防应急物资库从近期检查情况看，发现物资存放时间较长、易老化物品更新速度缓慢、存放的物资个别失效等问题，由街镇管理维护，利用物资库的储备支援辖区内防灾减灾，确保人防应急功能，在管理使用过程中规范物资进出库和日常维护。会上就物资库的使用权限、物资分类归属问题与街镇人防主管领导进行商讨沟通。与街镇进行物资库内应急物资的现场点验交接工作。此次人防应急物资库管理移交街镇是区人防办在积极探索新时期人防进社区，服务社区的一项新尝试、新举措。

（林琳）

【中国人民防空创立70周年主题宣传活动】 10月22日，区人防办开展以“人防为民，铸盾七十年”为主题的系列宣传教育活动，海淀区人民防空展馆暨防空防灾教育培训基地对外开放，组织各街镇社区人防干部进行参观体验活动，领略人民防空事业的发展历程，了解中国人民防空、首都人防、海淀人防、世界防空的发展成就。对社区人防干部进行技能培训，使社区人防干部达到“人人受教育，人人知人防”的目标，提高社区组织指挥和居民自救互救的能力。田村路街道、花园路街道、东升镇、温泉镇组织社区人防干部和志愿者200余人到海淀区人民防空展馆参观。四季青镇等多个街镇组织社区（村）人防社区干部和人防志愿者技能培训，进行人民防空知识、社区人员疏散知识学习，组织防空警报器操作体验和战时自救互救护基本知识的学习；花园路等街道社区人防干部组织青少年积极开展人防教育活动，提高市民国防观念和人民防空意识。

（林琳）

【“海淀人防监控建设及监控系统维护”专题会】 11月20日，区人防办召集指挥通信科人员、项目监理方、中标建设方、系统维保方，召开关于迎接人防系统公共安全视频监控建设联网应用考核工作的“海淀人防监控建设及监控系统维护”专题会。会上，监控系统维保方对目前系统运营情况和发现问题后的处置进行汇报，中标建设方对项目施工进度、工期进行简述，项目监理方对建设监管、检查中发现的问题明确整改意见。指挥通信传达《北京市公共安全视频监控建设联网应用（2016—2020年）总联调总验收工作方案》《海淀区智慧海淀建设项目管理办法》和《海淀区信息化项目维护管理规定》精神，对迎检工作的重要性进行阐述，明确“雪亮工程”中涉及海淀人防视频监控项目建设考核方式，涉及人防监控系统维护考评内容，对规定的时间内将考核、考评所需的书面材料上报等工作进行部署。

（林琳）

中关村科学城

2021
北京海淀年鉴

综 述

【概况】 2020年，中关村科学城主体区域包括中关村科技园区海淀园174平方千米范围，同时拓展至海淀区全域和昌平区部分区域。中关村科学城坐拥以北大、清华、中科院为代表的知名大学、科研院所；以智源研究院为代表的新型研发机构体制机制灵活；以大信息、大健康为代表的高精尖产业体系持续引领示范；大学科技园、创新型孵化器等创新载体不断涌现，股权投资机构、知识产权服务机构、人才服务机构、联盟协会等创新要素加快聚集，创新创业生态持续优化。

科技抗疫与复工复产。支持百度、推想、佳讯等企业在快速大人流测温、辅助诊断设备、应急调度系统等方面提供科技硬支撑。支持科兴公司成功研制新冠灭活疫苗并进入三期临床试验。支持全球健康药物研发中心筛选8个抗新冠病毒有效候选药物。支持纳通科技、航天长峰等企业生产防疫物资。落实国家、市、区三级纾困惠企系列政策，帮助企业渡过疫情难关。互联网办公等新业态新模式爆发式增长，助力全区复工达产指数居全市首位。

原始创新能力提升。支持京津冀国家技术创新中心以及量子研究院、智源研究院、微芯研究院等一批新型研发机构建设。人工智能、区块链等十个领域底层技术开展布局。支持建设超大规模人工智能模型训练平台和区块链算力平台。

科技成果转化提速。建设清华大学、北京航天航空大学、中国科学院三个概念验证中心。中科智汇工场、中关村智友天使学院等科转平台建设取得良好成效。驻区国家纳米科学中心等6家单位入选职务科技成果权属改革试点。成立规模27.85亿元的科学家基金，促进科技成果转化与产业化。

高精尖产业集群发展。以大信息产业为支柱、大健康产业为突破、先进制造业为支撑、科技服务业为基础，构建高精尖产业体系。自贸区科技创新片区挂牌。在全市率先发布21个新场景、布局建设一批新基建。建立重大项目库，跟踪调度600余个项目，国药集团、联影集团、中资网安、微软小冰等一批重点项目落地。加快建设人工智能标志性集聚区、国家网络安全产业园海淀园区、“星谷”等一批特色产业集聚区。

顶层设计。启动“十四五”规划编制，围绕主导和前沿产业发展、底层技术创新、创新服务体系、智慧海淀建设等关键领域，完成“十四五”时期中关村科学城加强底层技术创新布局研究、“十四五”时期中关村科学城加强创新服务体系建设研究、“十四五”时期海淀区主导产业和前沿产业发展研究、“十四五”时期智慧海淀发展现状和思路对策研究4项重点课题研究。编制《“十四五”时期中关村科学城加强创新服务体系建设规划》《海淀区“十四五”时期主导产业和前沿产业发展规划》《“十四五”时期“智慧海淀”建设规划》3项重点专项规划。推动创新政策“2.0版”等政策举措落地见效。修订完善“1+4”政策体系。《中关村科学城北区发展行动计划》发布打造国际科技创新中心核心区的战略腹地和发展纵深。

创新生态优化。“海英计划”升级版启动申报，47名优秀人才入选。开展“集群注册”试点和企业诉求“接诉即办、按需速办”工作。86家创新型孵化器和15家硬科技孵化器朝着专业化特色化发展。北京中关村科学城创新发展公司平台支撑作用增强。“双创”工作连续四年获国务院通报表扬。

创新合作。成功举办2020中关村论坛。利用“环球商机”平台加深与欧洲及“一带一路”沿线国家交流，举办“外交官走进中关村科学城”等主题交流活动。与阿联酋阿布扎比国际金融中心签署合作备忘录，探索国际创新投资及金融服务合作。主动服务北京城市副中心和雄安新区建设，加强与怀柔区、延庆区、石景山区等区域合作，推动创新要素跨区域流动。通过品牌和模式输出，带动河北易县、内蒙古敖汉旗等4个帮扶地区发展。

（程晓荷）

【中关村国家自主创新示范区展示交易中心】 2020年，中关村国家自主创新示范区展示交易中心（简称示范区展示交易中心）。常设展区集中展示中关村300余家企业的300余项前沿创新成果，全年接待政府、企业、外宾、社会组织等参观团体180批7188人次，公众开放日19次接待1060人次；临时展区主要接待短期大型展览活动，其中“中关村论坛”接待3000人次、“智汇海淀”人才周主题展接待1020人次。海淀安全馆接待18484人次；创作以垃圾分类为题材的科普剧《误会》在馆内演出70场，进社区演出1场。会议中心完成2020中关村论坛、2020双创周北京会场开幕式、2020中小企业数字经济全球论坛、2020年全国科技活动周暨北京科技周启动式、第四届“网络文学+”大会新闻发布会等465场会议服务保障工作。海淀公共安全馆寒暑假小志愿者项目获评“海淀区优秀文明实践志愿项目”，示范区展示交易中心获评“北京科学教育馆协会会员单位”，海淀公共安全馆被评定为“北京市公共安全教育基地”综合类一级基地。

（彭志生）

【北京中关村科学城创新发展有限公司】 2020年1月21日，北京中关村科学城创新发展有限公司作为基石投资人参与投资的中关村科技租赁股份有限公司在香港联合交易所有限公司主板正式挂牌上市，公司出资约5000万元，占发行H股的11.02%。中关村科技租赁股份有限公司年度营业收入5.88亿元、利润总额2.16亿元。7月20日，公司参与海淀区政府引导基金投资企业中科寒武纪科技股份有限公司登陆上交所科创板，成为科创板第一家AI芯片制造企业。中科寒武纪科技股份有限公司年度营业收入4.59亿元、利润总额-4.35亿元。8月10

日，公司参与海淀区政府引导基金投资企业北京亿华通科技股份有限公司在上交所科创板上市。北京亿华通科技股份有限公司年度营业收入5.72亿元、利润总额-4233.38万元。8月24日，公司参与支持北京君正集成电路股份有限公司并购北京矽成半导体有限公司项目。北京君正集成电路股份有限公司年度营业收入21.7亿元、利润总额7165.25万元。10月19日，海淀区人才主题活动周开幕式发布总规模27.85亿元的5只科学家基金，公司参与投资创新工场科学家基金、奇绩创坛基金、中关村智友科学家、清华电子信息学科引导基金、中科创星硬科技基金。10月23日，公司投资1500万元支持新型研发机构北京微芯边缘计算研究院科技成果转化平台——北京微芯感知科技有限公司，主要提供基于超微型可信边缘计算系统的医疗应急管理、食品溯源、物流供应链解决方案。

（唐中正）

【李克强考察医疗防控物资生产供应保障情况】 2月21日，中共中央政治局常委、国务院总理、中央应对新冠肺炎疫情工作领导小组组长李克强在中共中央政治局委员、北京市委书记蔡奇和市长陈吉宁陪同下，到北京海淀民营企业——纳通生物科技（北京）有限公司考察医疗防控物资生产供应保障情况。李克强考察公司新上的口罩生产线，详细询问企业用工是否短缺、增加生产还需要哪些支持、口罩投放市场的价格等，对企业继续扩大产能予以肯定，并叮嘱有关部门负责人抓紧协调帮助解决企业原材料方面遇到的难题。李克强强调，要在以习近平同志为核心的党中央坚强领导下，按照党中央、国务院决策部署，统筹疫情防控和经济社会发展，促进大中小企业合作协同，进一步扩大医疗防控防疫物资产量，有力保障疫情防控、有序复工复产的需要。王勇、肖捷、何立峰陪同考察。

（钟冷）

【创新政策“2.0版”出台】 5月18日，中关村科学城发布《关于中关村科学城新时期再创业再出发提升创新能级的若干措施》，这是中关村科学城继2018年发布“创新发展16条”后出台的创新政策“2.0版”。《措施》包含总体思路、主要目标、重点任务3个方面15条：巩固基础研究领先优势、发挥新型研发机构资源活化作用、强化科技成果转化驱动力、提升高精尖产业主导力、增强新兴产业敏锐性、提升创新型企业服务精准度、突出创业孵化的价值赋能、提升第三方服务效能、推进金融与创新深度融合、打造知识产权保护和价值实现高地、推进产业空间升级和定制化供给、提升区域对国际高端人才高端项目的吸引力、支持企业深度融入国际创新网络、塑造高端创新交流品牌、建设科技创新永久试验田，涵盖基础研究、成果转化、高精尖产业、服务生态、开放创新、先行先试等重点突破方向。

（程晓荷　林琳）

高精尖产业

【概况】 2020年，中关村科学城管委会在政策、空间、人才、资金等方面创新，形成以大信息产业为支柱、大健康产业为突破、科技服务业为基础、先进制造业为支撑的现代“高精尖”产业体系。大信息产业占全区经济总量的40%、科技服务业占18%、金融业占12%。在人工智能、5G、大数据、区块链、超高清显示等领域实现关键核心技术突破，落地建设一批重大项目。瞄准十大关键领域，全面开展底层技术布局。开展科技应用场景建设工作，新场景、新基建取得进展。硬科技、硬创新高精尖企业加速成长，人工智能领域企业近800家，占全国的两成。有“独角兽”企业48家，占全国的五分之一。小米、百度、美团、字节跳动、滴滴等数字经济企业进入“千亿俱乐部”。有创业板和科创板上市企业74家，其中科创板15家。上市公司总数达244家，居全国地级市之首。

高端装备和智能制造产业。推进国家数字化设计与制造创新中心北京中心建设，促进底层核心技术攻关。深化国家级工业互联网示范基地建设，加快智能制造系统创新国家研究院注册核名并落地，推动传感器、机器人等核心技术创新，建设智能制造协同平台。落地中关村机器人产业创新中心，发展工业机器人、特种机器人、康复机器人和无人系统，引进遨博等一批领军企业。利用清河西三旗区域的老旧厂房等产业空间，打造智能制造产业聚集区。服务纵横机电、中科富海、亿华通等重点企业，引进克诺尔轨道交通中国创新中心，推动高端装备产业创新发展。开展工业互联网与传感器产业链的企业、科研成果、需求摸底等工作，形成初步报告。

软件及信息服务业。企业数量、总收入、实缴税费持续稳居全市首位。百度、美团、京东、普天、神州数码、滴滴出行、快手、链家、学而思等企业持续引领技术革命与服务创新。软件信息服务业收入1.16万亿元，比上年增长18%；技术合同成交额2040亿元，比上年增长7.4%；软件和信息服务业固定资产投资达123.77亿元，完成全年目标的104.01%；建安投资30.46亿元，完成全年目标的117.14%。中关村软件园发展公司、启迪控股、通标标准技术、中讯邮电咨询、引力传媒等企业通过开展创业孵化，科技咨询，设计、研发、知识产权等服务持续增强对科技创新、成果转化和产业发展的支撑作用，在优化高精尖产业结构的同时，带动实现实缴税费增长。医药健康领域增速放缓。

工业发展。全区规模以上工业企业累计实现工业总产值2466.1亿元，比上年增长8.9%，超额完成增速4.5%的目标，占北京市工业总产值的12.2%。实现出口757.2亿元，比上年增长46.8%，其中高技术制造业产值占比达75.1%。行业大类中，规模以上计算机、通信和其他电子设备制造业完成工业总产值1682.6亿元，比上年增长16.3%。工业总产值中高技术制造业产值占比达75.1%。累计完成固定资产投资8.9亿元，建安投资7.5亿元，提前超额完成固定资产投资8亿元、建安投资7.4亿元的任务指标。建立2020年度疏解企业工作台账，调整退出一般制造业企业14家，任务完成率140%，涉及占地面积115972平方米、建筑面积81252平方米、人口1910人。

（李锦程　程晓荷）

【超高清视频产业】 年内，中关村科学城管委会重点推进“5G+8K”产业园，“5G+8K”超高清制播分发平台，“5G+8K”产品中试、集成、质量检测公共服务平台暨制作技术支撑平台3个北京市新基建项目建设。其中，“5G+8K”产业园主体工程建设完成90%以上。推动超高清视频商业化应用，完成两会“5G+8K”+卫星+手机8K直播报道实验、全球首次8K+5G舞台艺术直播、北京服贸会8K超高清视频宣传展示、中关村科学城8K宣传片制作、2020年咪咕汇8K转播等项目。

（田京京　程晓荷）

【3家企业入榜胡润全球独角兽榜】 8月4日，胡润研究院发布《2020胡润全球独角兽榜》，列出全球成立于2000年后、价值10亿美元以上的非上市公司。全球共有586家独角兽企业，比上年增加92家。中国新增21家，累计有227家独角兽企业，居全球第二位，北京市有93家。海淀区3家企业入榜，字节跳动（社交媒体）以5600亿元估值蝉联全球第二大独角兽，其估值上升600亿元；滴滴出行（共享经济）位居第三位，估值3700亿元；陆金所（金融科技）估值2700亿元排名第四位。

（程晓荷）

【“5G+8K”技术首次直播舞台艺术】 8月8日，北京市经济信息化局、海淀区政府、超高清视频协同中心会同国家大剧院等单位，在中关村示范区展示中心、华熙LIVE、三里屯、中关村步行街等区域布设8K显示终端，首次以8K技术对舞台艺术进行5G多地同步直播。活动中，超高清视频协同中心为技术总集成方，海淀多家企业参与摄录、编辑、传输及后期内容终端等工作，近万名观众同步观看国家大剧院管弦乐团音乐会直播。

（田京京　程晓荷）

大健康产业

【概况】 2020年，大健康产业聚焦创新药物、高端医疗设备、智慧医疗等产业细分领域，持续完善全球健康药物研发中心的药物筛选发现及先导优化的关键能力，科兴、双鹭、腾盛博药、康辰等重点企业，围绕重大传染疾病、恶性肿瘤等疾病开展重组蛋白新药、疫苗、抗体等研发，推动百放生物医药专业研发设备仪器平台、沐康新型药物制剂平台等正式运营，支持益莱、新合等原创新药研发项目落地巢生孵化器。推动医疗机器人产业创新中心建设，支持其样机制造平台落地金隅智造工场，推动联影北京落地，纳通等重点企业围绕高端医疗器械、医学影像设备、体外诊断试剂等加强研发创新；依托新落地的巢生孵化器，重点关注人工智能、计算生物学、合成生物学等新兴领域的潜力企业，发展基因治疗、细胞治疗等精准治疗技术。天玑生物医药基金6个投资项目落地海淀。沐康新型药物制剂技术开发与孵化平台落地在前孵化创新中心，启动糖尿病和眼科在内的多个重点产品研发方向。

（程晓荷）

【全人源单克隆中和抗体研发】 3月24日，腾盛博药医药技术（北京）有限公司与清华大学和深圳市第三人民医院签署合作和授权协议，共同推动全人源单克隆中和抗体的研究、转化、生产和商业化，以应对新型冠状病毒（COVID-19）在全球大流行的挑战。与美国国立卫生研究院(NIH)下属的国家过敏和传染病研究所(NIAID)合作，进行抗体联合用药疗法的二/三期临床研究，12月，向美国食品药品管理局提交针对该研究的新药临床试验申请。该临床试验将研究该疗法在患有新冠肺炎的亚洲人群中的临床安全性和有效性。

（赵媛）

【巢生源科公司落户】 8月21日，巢生源科（北京）科技管理有限公司注册成立，一期落地中关村东升国际科学园。公司专注于医药健康、生命科学领域前沿技术的创新孵化和风险投资，是集研发、孵化、商业验证、投资于一体的综合性平台。

（程晓荷）

【全球医药健康大数据平行论坛】 9月18日，由国家卫生健康委员会、工业和信息化部指导，北京市大数据中心、中关村科学城管委会共同主办的2020中关村论坛全球医药健康大数据平行论坛在中关村展示中心举行。论坛的主题为“大数据引领人类健康新未来”，与会的国内外全球医药健康和大数据专家，就医药健康大数据的发展现状和未来趋势发表主旨演讲。论坛上，北京市大数据中心、中关村科学城管委会、中国技术交易所、清华大学北京信息科学与技术国家研究中心、北京中关村生命科学园发展有限责任公司共同发起成立中关村医药健康大数据交易平台。北京市大数据中心分别与北京大学第三医院、清华大学北京信息科学与技术国家研究中心签署战略合作框架协议，在医药健康数据治理、平台建设、应用研究、项目转化落地等方面开展深入合作，共同推进医药健康大数据发展。论坛采用线上与线下相结合的形式，现场100余人参会。

（程晓荷　林琳）

【中关村医药健康大数据交易平台启动】 9月18日，在2020中关村论坛平行论坛——全球医药健康大数据论坛上，中关村医药健康大数据交易平台启动。平台由北京市大数据中心、中关村科学城管委会联合中国技术交易所、清华大学北京信息科学与技术国家研究中心、北京中关村生命科学园发展有限公司共同发起，由东华医为科技有限公司、中电长城网际系统应用有限公司、第四范式（北京）技术有限公司及中关村生命科学园的30余家企业参与搭建。平台是医药健康领域的大数据“交易市场”，构建开放的技术架构，基于区块链的智能合约为多方协作带来便利，并使交易技术服务化。

（程晓荷）

【中关村论坛科技抗疫暨综合专场发布会】 9月18日，中关村论坛新技术新产品首次发布系列活动——科技抗疫暨综合专场发布会在中关村示范区展示中心举办。活动聚焦科技抗疫、生物医药和高端医疗器械领域，15家企业集中发布20余项抗疫黑科技及新产品，包括北京推想科技有限公司的“推想肺结核计算机辅助诊断软件 InferReadDRTB”、北京毅新博创生物科技有限公司的“新冠病毒飞行时间质谱检测研究及应用”项目、濡新（北京）科技发展有限公司“CoughSync100有创同步咳痰机”，北京大艾机器人科技有限公司的“艾家康复助行外骨骼”、北京新羿生物科技有限公司的“新羿®TD-1数字PCR平台”、北京东西分析仪器有限公司的“EbioReader3700飞行时间质谱系统（新冠病毒肺炎检测）”、北京百康芯生物科技有限公司的“用于新冠疫情防控的全自动多病原呼吸道核酸检测系统”、欧力士（中国）投资有限公司的“BARRIFLOW医用空气净化•空气隔离综合一体机”等。

（孙树昆）

【柏惠维康公司完成D轮融资】 12月16日，北京柏惠维康科技有限公司宣布完成4.3亿元D轮融资。D轮融资由中关村龙门基金领投，经纬中国、中信建投、新鼎资本、合音资本等基金跟投。资金将用于其“睿米”神经外科手术机器人市场推广和产业链上下游布局，以及口腔种植机器人的推广与合作。

（程晓荷）

空天产业

【概况】 2020年，中关村科学城在中关村科学城北区规划建设空天产业聚集区——“星谷”，瞄准引领全国的空天产业创新高地目标，打造千亿级产业集群。北斗星通、华力创通、二十一世纪等重点企业，支持银河航天、微纳星空、千乘科技、国电高科等创新型企业，推动遨天、睿格星等30余个项目在中关村壹号和星谷创新园落地。编制空天产业规划，中关村科学城星谷创新园开园，组织中关村科学城商业航天线上圆桌论坛暨“中国航天日”专题活动。

（程晓荷）

【陈吉宁调研北斗星通公司】 6月8日，市委副书记、市长陈吉宁走访调研北京北斗星通导航技术股份有限公司，并召开座谈会。陈吉宁强调，要支持和鼓励民营企业走出去并购国外科技企业，提出企业要拓宽业务的建议，希望北斗星通能深度参与车联网和北斗相关建设工作。

（田京京）

【中关村北斗和空间信息服务产业高峰论坛】 8月27日，由中关村科学城管委会、区北部办指导，区融媒体中心、实创公司主办的中关村北斗和空间信息服务产业高峰论坛在中关村壹号举行。论坛以“重大发布”为主题，北斗最新一代高精度定位芯片、基于北斗三号的卫星天基测控收发信机、“北斗＋遥感全球应用服务平台”等多项自主创新成果首次亮相、发布。北斗星通、航天恒星、航天宏图等企业作主旨发言，与会专家与北斗应用、商业航天、自动驾驶等领域企业进行交流，共同探讨5G背景下空天信息产业发展之路。发布《中关村科学城北区发展行动计划》推出多项措施，涵盖基础研究、成果转化、高精尖产业、服务生态、开放创新、先行先试等重点方向，为创新发展赋能。区领导张劲林、吴计亮、林剑华参加论坛。

（程晓荷）

【“星谷”项目发布】 9月19日，中关村科学城在2020中关村论坛发布“星谷”项目。该项目依托中关村航空航天领域研发与产业资源优势，在中关村科学城北区规划建设千亿级产业规模的空天产业集群，形成涵盖卫星研制、地面站与终端设备、卫星测控、卫星运营等全产业链生态。该项目包含卫星互联网源头创新区、北斗及空间信息服务产业升级区、场景应用示范区等3个产业功能区，以中关村科学城北区永丰产业基地、翠湖科技园为核心区域，总建设面积近百万平方米。“星谷”项目将建设卫星设计与中试服务平台、卫星测试服务平台等。海淀区为入驻“星谷”的企业提供产业投资基金、初创期房租补贴、研发投入补贴配套、人才落户、人才公租房等政策支持。

（程晓荷 林琳）

【银河航天跻身独角兽企业】 11月17日，民营卫星互联网领军企业银河

9月18日，中关村医药健康大数据交易平台启动（中关村科学城管委会 供图）

航天完成最新一轮融资，投后估值近80亿元，成为国内商业航天及卫星互联网领域第一只独角兽企业。银河航天成立于2018年，致力于通过敏捷开发、快速迭代模式，规模化研制低成本、高性能小卫星，打造全球领先的低轨宽带通信卫星星座，建立覆盖全球的天地融合通信网络，改善所有区域、每个人的网络连接状况，提供经济实用、快捷方便的宽带网络和服务。

（程晓荷）

新材料产业

【概况】 2020年，中关村科学城管委会推动国家石墨烯产业创新中心中试基地改造项目；加强走访调研，摸排产业现状，协调解决安泰科技、钢研高纳等龙头企业的产业问题10余项，协助百慕高科更名为北京航空材料研究院有限公司并开展上市准备工作；鼓励扶持创新企业快速发展，对接载诚科技、复朗施、致晶科技等企业的资金、空间等相关需求。根据北京市整体布局，申报氢燃料电池汽车产业试点示范城市，梳理海淀区氢燃料电池汽车产业链；推动国际氢能中心建设，形成建设支持方案。完成对污水处理、固废处理、大气治理、科技服务、新能源、工业节能、建筑节能、氢燃料电池、充电桩等细分领域的企业梳理工作，走访企业100余家。

（田京京）

【石墨烯口罩量产上市】 4月3日，北京石墨烯技术研究院宣布，针对新冠肺炎疫情防控研发出新型石墨烯口罩，并量产上市。研究院用25天完成石墨烯聚丙烯材料开发、石墨烯聚丙烯熔喷布试制和石墨烯口罩批量生产。石墨烯口罩在普通口罩的纺粘无纺布之间的关键过滤层中，创新应用新型石墨烯聚丙烯熔喷布材料。相比普通口罩，石墨烯口罩具有抗菌性强、透气性更好、使用时间更长等特征，使用时长超过48小时，连续佩戴48小时后过滤效能仅降低4%。

（田京京　程晓荷）

【北京石墨烯论坛2020】 10月25日，由北京石墨烯研究院主办的北京石墨烯论坛2020在线上举行。市政协副主席、北京石墨烯研究院院长刘忠范院士，区委副书记、代区长王合生出席开幕式，400余名中外科学家、企业家、政策及投融资领域专家出席。海淀区政府门户网站、快手、抖音、百度、今日头条、知乎等平台线上累计观看人数达610万人次。开幕式上，石墨烯研究院（BGI）与中国计量科学研究院、宁夏神州轮胎有限公司、中烯新材料（福建）有限公司、北海星石碳材料科技有限责任公司签约，石墨烯研究院（BGI）宁夏神州轮胎研发代工中心、BGI中烯新材料研发代工中心揭牌，发布《中国石墨烯产业研究报告》。

（孙树昆）

大信息产业

【概况】 2020年，海淀区信息化建设工作在强化智慧海淀规划编制实施、项目统筹建设、数据共享和业务协同、资金使用与绩效跟踪管理、信息化建设5个方面开展工作。统筹全区信息化建设，总结评估“十三五”智慧海淀建设情况，聚焦政务服务、区域经济、政务办公、基础设施、城市治理、智慧卫生、智慧教育七大领域，完成“十四五”智慧海淀规划编制，完成《“十四五”时期智慧海淀发展现状和思路对策研究》课题评审。修订《海淀区智慧海淀项目建设管理办法》和《海淀区信息化项目运行维护管理办法》，形成全生命周期管理模式。建立数据共享机制，完成区目录区块链系统建设，为各区属部门（委办局、街镇）提供可信目录管理和可信目录服务，支撑政务大数据平台数据共享应用，服务于系统“上云”、数据目录“入链”及数据记录“汇聚”。通过市、区两级大数据平台对接，累计接入20个市级部门的39.9亿条数据、9个区级部门的4.3亿条数据，向市级大数据平台汇聚数据1.4亿条，及时响应相关部门的数据共享申请。拓展应用场景，提升民生服务和城市治理能力水平。1017个事项实现全过程网办，521个政务服务区块链应用场景落地，“一网、一窗、一次”办理率在全市率先达到100%。覆盖全区1万余栋非住宅楼宇、47个园区、20余万家在营企业的楼宇经济运行监测体系基本建立。全区95%的单位实现公文收发“无纸化”。327个智慧教育视讯平台校级节点部署完成。政务光缆专网（五期）、图像视频存储备份扩容系统、目录区块链系统等一批基础设施加快建设。垃圾分类处理科技支撑工程在29个街镇开展“智能＋垃圾分类”试点。海淀医院与26家社区卫生机构实现双向转诊、预约挂号以及诊疗信息共享。开放应用场景，为区内企业前沿技术提供试验场。

（程晓荷）

【2020北京智源大会】 6月21日至24日，由北京智源人工智能研究院（简称智源研究院）主办的2020北京智源大会以视频形式召开。北京智源大会是国际性人工智能高端学术交流活动，本届主题为“人工智能的下一个十年”，世界人工智能领域的专家学者通过线上视频，共同探讨未来十年人工智能的发展走向，推动AI领域的国际交流合作。大会设置“AI防疫”“AI医疗”“AI创业”“人工智能伦理、治理与可持续发展”“中英研究合作圆桌研讨会”等19场论坛，5位图灵奖得主、上百位专家围绕通过人工智能等技术促进全球可持续发展，推进人类命运共同体的构建与实现进行演讲、探讨。

（程晓荷）

【深度学习框架OneFlow开源】 7月31日，国内首个由初创公司——北京一流科技有限公司自研并开源的深度学习框架One Flow正式在GitHub上开源。深度学习框架OneFlow采用Apache 2.0开源协议，核心设计理念是从分布式的性能角度出发，打造一个使用多机多卡就像使用单机单卡一样容易，且速度最快的深度学习框架。OneFlow 率先提出静态调度和流式执行的核心理念，解决大数据、大模型、大计算带来的异构集群分布式扩展挑战，具有并行模式全、运行效率高、分布式易用、资源节省、稳定性强五大优势。

（程晓荷）

【第四届“芯动北京”中关村 IC 产业论坛】 8 月 14 日，由中关村集成电路设计园主办的第四届“芯动北京”中关村 IC 产业论坛举行。论坛以“助力新基建、开创芯动能”为主题，包括开幕式、高峰论坛以及“IC 设计与自主创新”“产业与资本”“人才与培养”3 个分论坛。论坛期间，行业专家、学者、企业家们围绕疫情后全球集成电路产业变局与应对，供应链调整与产业安全以及“新基建”带来的新应用与集成电路新机遇等热点话题展开研讨。工业和信息化部，市委、市政府及相关委办局，海淀区政府等有关领导，半导体行业、集成电路领域的有关专家学者，企业家、投资机构、新闻媒体等 200 余人出席。论坛首次通过海淀融媒、“集微网”线上全程直播，3 万余人在云端观看。开幕式上，举行中关村新基建 IC 项目技术、产品新成果发布、北京市工业芯片创新中心揭牌以及企业入驻仪式。北京市工业芯片创新中心推出创业体验服务、芯创路演、大手拉小手等特色品牌服务，快速形成产业聚集，入驻核芯互联、明敞科技、比普芯、冲量科技等小微企业 27 家，累计入驻 60 余家企业。

（程晓荷 林琳）

【中关村科学城互联网教育产业发展联盟成立】 8 月 19 日，在第六届“互联网 + 教育”创新周开幕式上，中关村科学城互联网教育产业发展联盟成立。副区长林剑华宣读联盟理事单位名单并授予理事单位资格证书，联盟理事单位代表宣读《互联网教育海淀共识》。中关村科学城互联网教育产业发展联盟是以实现产业资源优化整合、协同创新及跨界合作为目标的非营利性社会组织，旨在倡导教育行业自律，促进资源聚合共享，优化产业生态环境，推动企业协同突破，助力产业良性发展，力争打造具有全球影响力的互联网教育协同创新平台，成为带动海淀“互联网 + 教育”跨越式发展的重要载体。

（程晓荷）

【第六届“互联网 + 教育”创新周】 8 月 19 日至 25 日，由中国教育学会、中国教育科学研究院、中国教育发展战略学会指导，由区政府主办，中关村科技园区海淀园管委会、区教委支持，中关村互联网教育创新中心承办的第六届“互联网 + 教育”创新周在中关村互联网教育创新中心举行。全国政协常委兼副秘书长、民进中央副主席朱永新，区委书记于军，中国教育学会常务副会长刘堂江出席会议。创新周以“加速‘互联网 + 教育’新跃升”为主题，设主题论坛、教育工作坊、项目路演、专题交流活动、现场教育案例展示等版块，与会领导、专家学者、教育从业者及教育科技企业和投资机构嘉宾，围绕 5G 和 AI 等新信息科技缩小教育鸿沟，促进教育资源共享，推动教育高质量发展等话题进行多层次的行业对话与跨界研讨，探讨教育创新路径和教育产业发展趋势；展示中关村科学城“互联网 + 教育”新理念、新产品、新技术、新模式，进一步推动教育理念更新、教育模式变革、教育体系重构和创新创业人才培养，持续加强教育创新、教育科技、教育服务的融合发展。区委常委、宣传部部长张劲林致辞中表示，作为全国互联网教育创新高地，中关村科学城不断升级“创新雨林”生态，吸引国内外众多精英投资创业，形成“互联网 + 教育”聚集发展的态势，优质创新项目层出不穷，互联网教育产业发展壮大，为经济社会发展注入不竭动力。在开幕式上，中关村科学城互联网教育产业发展联盟成立。在高端对话环节，与会嘉宾分别就未来的教育与个性化学习、疫情后互联网加速教育教学变革的方向、融合化在线教育的共建与共享等主题发言。在围桌论坛环节，与会专家共同探讨“融合化在线教育的共建与共享”，并发表各自观点。推出教育创新成果展。在闭幕式上，就“在线教育助力决战脱贫攻坚”进行圆桌对话。

（程晓荷 钟冷）

【全国首个面向儿童的 AI 发展原则发布】 9 月 14 日，全国首个针对儿童的人工智能发展原则《面向儿童的人工智能北京共识》发布。《面向儿童的人工智能北京共识》由海淀企业北京智源人工智能研究院联合北京大学人工智能研究院、清华大学人工智能研究院、清华大学人工智能国际治理研究院、中科院自动化所、中科院计算所、中科院心理所等高校院所，以及小米、旷视、奇虎 360、好未来、爱学习、极客邦、新一代人工智能产业技术创新战略联盟等人工智能企业和联盟组织共同发布，是《人工智能

8 月 19 日，中关村科学城互联网教育产业发展联盟成立（张洪军 摄）

北京共识》针对儿童群体的实施细则，涵盖“以儿童为中心”“保护儿童权利”“承担责任”和“多方治理”四大主题，包括19条细化原则，呼吁社会各界高度重视人工智能对儿童的影响，人工智能的发展应保护和促进儿童的权益，避免剥夺和损害儿童的权利，助力实现儿童健康成长。5月25日，北京智源人工智能研究院发布《人工智能北京共识》，为规范和引领人工智能健康发展提供“北京方案”，并在疫情防控、安防等热点领域进行试点示范。

（程晓荷　钟冷）

【人工智能治理公共服务平台（第一期）发布】 9月19日，由北京智源人工智能研究院等单位联合研发的人工智能治理公共服务平台（第一期）发布，并向全社会开放。平台的主要功能是帮助人工智能的科研、创新者、机构、产业、政府等，针对其人工智能设计、模型算法、产品与服务中潜在的社会与技术风险、安全、伦理等问题进行检测，针对潜在问题给出相关的伦理与治理原则与规范，提供相应的案例与研究，一定程度上帮助避免潜在风险与隐患。政府间组织、不同国家的政府、科研机构、企业、非营利与非政府机构等针对人工智能全领域的伦理与治理提出超过70个不同的原则提案，平台精选其中20余项法规与AI原则。第一期设计八大评估维度、100余个评估选项，包含700余条解析。

（程晓荷　林琳）

【新型区块链底层平台技术发布】 9月19日，在2020中关村论坛重大成果发布会上，北京微芯区块链与边缘计算研究院发布“新型区块链底层平台技术白皮书”重大成果。此技术聚焦当前区块链底层技术路线庞杂，异构跨链对接难，面向多元需求时定制周期长、成本高等问题，首创“区块链工ChainMaker”设计新模式和装配新技术，动态组合多方区块链平台的优势技术模块，高效、精准、低成本装配出满足不同场景需求的区块链底层平台，推动区块链的研发由手工作业模式到自动化装配生产的技术革命。ChainMaker将紧密结合北京市区块链创新发展行动计划，瞄准政务服务、金融服务等7大重点应用领域，持续赋能场景应用落地。

（程晓荷）

【13家企业入围2020中国企业500强榜单】 9月28日，中国企业联合会、中国企业家协会发布“2020中国企业500强榜单”。北京97家企业入围，其中海淀企业13家，分别是华为技术有限公司名列第11名、苏宁易购集团股份有限公司第18名、北京京东世纪贸易公司第26名，阿里巴巴集团控股公司第34名、联想控股股份有限公司第50名、北京小米科技有限责任公司第101名、格力电器股份有限公司第107名、大唐集团有限公司第116名、美团点评第222名、神州数码控股有限公司第244名、百度网络技术有限公司第263名、网易公司第328名、太极集团有限公司第404名。入围企业中，京东、联想、小米、大唐集团、美团、神州数码、百度、网易、太极集团9家企业为中关村科学城高科技企业。

（孙树昆）

【软件园15家企业入选2020北京软件100强】 11月17日，北京软件和信息服务业协会发布《2020北京软件和信息服务业综合实力百强企业报告》，从企业的规模、效益和研发创新3个方面评选出北京100强软件企业。中关村软件园15家企业入选，分别是北京百度网讯科技有限公司第1名、腾讯科技（北京）有限公司第4名、亚信科技（中国）有限公司第9名、北京千方科技股份有限公司第11名、软通动力信息技术（集团）股份有限公司第12名、广联达科技股份有限公司第22名、启明星辰信息技术集团股份有限公司第23名、神州数码信息服务股份有限公司第27名、北京天融信科技有限公司第28名、贝壳找房科技有限公司第29名、北京华胜天成科技有限公司第40名、北京文思海辉金信软件有限公司第42名、博彦科技有限公司第51名、北京数据政通科技股份有限公司第61名、北京康邦科技有限公司第99名。百强企业软件和信息服务业总收入达4201.5亿元，占北京市软件和信息服务业收入的31.2%；5G、信创等新技术、新产品呈现较快的增长速度，百度等企业在人工智能、大数据等新技术领域取得领先地位；百度、贝壳找房等企业成为北京平台经济的重要力量。

（孙树昆）

【全球首个遥感卫星定标场启用】 12月16日，全球首个遥感卫星定标场在宁夏中卫市启用。中卫遥感卫星定标场由北京市政府、武汉大学和海淀企业北京航天驭星科技有限公司共同建设。中卫遥感卫星定标场采用无人值守的自动化工作模式，具有低成本、高可靠、多智能的特点，实现一个试验场内多类典型自然场景和标准人工目标合理匹配的完整定标系统、航空飞行测试为核心的天空一体化分级真实性检验技术系统，有效支持可见光、近红外、红外等多种载荷的严格航空校飞、载荷性能评测、产品真实性检验。2017年，北京航天驭星科技有限公司在宁夏中卫建成国内第一个第三方卫星测控站，2018年取得工信部颁发的国内首个第三方卫星测控站电台执照，建成国内首个商业卫星测控指挥中心。截至2019年8月，为30颗卫星提供商业测控服务。

（程晓荷　钟冷）

【神州数码公司与平凯星辰公司战略合作签约】 12月28日，北京神州数码有限公司与北京平凯星辰科技发展有限公司战略合作签约仪式在京举办。双方宣布将基于新一代关系型数据库（NewSQL）开源项目TiDB，打造神州数码自有品牌分布式数据库一体机，并展开联合产品、联合营销、联合生态等多维度的战略合作，以开源技术构筑数据新基建底座，赋能企业数字化转型和产业高质量发展。双方将成立联合产品中心，基于TiDB和神州鲲泰服务器打造自有品牌新一代分布式数据库一体机产品，并形成端到端的技术解决方案交付，整体推向市场。

（程晓荷）

应用场景建设

【概况】 2020年，海淀区3项任务、4个项目纳入北京市新场景建设任务台账。3项任务包括自动驾驶开放测试道路场景、综合运用新技术开展政务服务创新示范、聚焦“三城一区”城市大脑建设，4个项目包括中关村环保园自动驾驶应用场景示范区建设项目、海淀区人工智能计算处理中心建设项目、海淀区生态环境智慧化综合治理项目、重点车辆综合治理项目。科学城管委会组织编制《海淀区加快推动新基建新场景建设行动方案（初稿）》，制定《中关村科学城科技应用场景建设项目管理办法（初稿）》，为科技应用场景建设项目的征集、建设、应用、推广等建立工作标准。

（田京京）

【自动驾驶示范区一期建成开放】 6月30日，由实创股份、翠湖智能网联公司建设的海淀中关村科学城北区100平方千米自动驾驶示范区一期自动驾驶测试道路全面开放。中关村科学城北区自动驾驶测试道路由原来3条、19.4千米扩增至52条、215.3千米，包含R2-R5不同等级道路，涵盖生活区、办公区、科技园区、乡村等多个场景。其中，包含R2道路3条，道路里程6千米；R3道路38条，道路里程为148.6千米；R4道路6条，道路里程为35.1千米；R5道路5条，道路里程为25.6千米（全国测试道路分为5个等级，分别是R1-R5）。中关村科学城北区拥有从封闭测试场、科技园场景应用示范区到开放道路测试更加完善的测试环境，推动自动驾驶从技术测试阶段进入商业模式探索阶段。

（钟冷　程晓荷）

【4个项目入选北京第二批应用场景建设项目】 7月30日，北京市第二批30项应用场景建设项目发布。海淀4个项目入选，包括中关村环保园自动驾驶应用场景示范区建设项目、海淀区人工智能计算处理中心建设项目、海淀区生态环境智慧化综合治理项目、重点车辆综合治理项目，其中后3个项为海淀区城市大脑应用场景。

（钟冷）

【中德智能新能源汽车产业论坛】 9月14日，中关村论坛先锋论坛——中德智能新能源汽车产业论坛举行。副市长殷勇出席并发表致辞，200余位行业人士参加论坛。论坛以“未来出行 全球汇智”为主题，20余位中、德企业家就新一代汽车智能化、网联化和新能源化趋势与技术变革发表演讲。论坛上，启动中关村智能网联汽车前沿技术创新中心。中心聚集智能网联、自动驾驶、智能感知、高精度地图、高精度定位、5G通信及北斗导航等前沿技术领域的科技型企业，通过举办自动驾驶前沿技术大赛和全方位的企业服务，加大对国内外前沿技术企业引入与培育。圆桌环节，来自四维图新、海博思创、禾多科技、亮道智能的4位中方企业家与德国巴伐利亚州中国代表处首席代表曼丽博士交流讨论，并现场连线多位德国业界嘉宾和企业家。论坛期间举办2020中关村科学城自动驾驶嘉年华活动，80余家硬科技企业带来最前沿的技术、最好玩的科技。

（孙树昆　程晓荷　林琳）

【中关村科学城自动驾驶嘉年华活动】 9月14日，2020中关村科学城自动驾驶嘉年华活动（第二届自动驾驶嘉年华）在中关村壹号举办。小马智行、启明星辰、仙途智能、白犀牛无人配送车、蜗小白、新石器无人车、真机智能、智慧柔性轻搬运机器人羚羊等无人车集体亮相，包括自动驾驶车、自动驾扫车、巡逻车、物流车等。小马智行、智行者、仙途智能、白犀牛、新石器、启明星辰等数十家自动驾驶企业整装集结组成清扫车、巡逻车、物流车等自动驾驶车队，邀请市民走近自动驾驶，体验未来出行。

（程晓荷）

【数字创新智库成立】 10月16日，由国家数字化设计与制造创新中心北京中心/北京数字化设计与制造产业创新中心、清华大学技术创新研究中心、中关村东升科技园、中国知网等共同主办的“2020国际数字创新高峰论坛暨数字创新智库成立仪式”在中关村东升国际科学园举办。数字创新智库由北京数字化中心联合清华大学技术创新研究中心、中关村东升科技园、中国知网、北京信息化和工业化融合服务联盟和北京国信数字化转型技术研究院等单位共同发起，标志着北京数字化中心的工作实现从数字化技术平台向产业生态平台质变的提升。

（程晓荷　孙树昆）

专业园区建设

【概况】 2020年，高精尖产业科技园区作为中关村科学城建设的重要支

9月14日，中关村智能网联汽车前沿技术创新中心正式启动（中关村科学城管委会 供图）

撑部分，在推进产业聚集、产业服务、创投环境、城市服务等创新生态圈提升，支撑高精尖产业发展，构建中关村科学城科技城市新形态等方面发挥巨大作用。在区政府对产业空间监管统筹的体系下，中关村科学家城管委会逐步建立专业园区的监管统筹机制，保证产业园区有序、健康发展；挖掘并释放园区内生动力，加强赋予园区产业培育、融合及升级发展新效能，推动产业园区高效、高速发展；鼓励和支持已建成园区构建良好创新创业生态，推动和帮扶新建园区提升产业服务水平和能力，促进专业园区全面、协同发展。

（任彬容）

【北京实创科技园区】 年内，北京实创科技园开发建设股份有限公司在中关村科学城北区形成"硬科技"领衔，以大信息、大健康为两条主线，航空航天、信息技术创新应用、军民融合、智能网联等多个专业领域发展格局。实创公司所属园区共吸引科技创新型企业58家入驻，签约租赁面积7万余平方米，签约合同额3.6亿元，其中启元实验室、北京航天宏图信息技术股份有限公司等五大重点项目落地实施。

（任彬容）

【中关村集成电路设计产业园】 年内，中关村集成电路设计产业园新增入园企业29家，其中大中型企业8家；新增开业商户11家，入驻企业员工3800余人；引入绿晶半导体科技（北京）有限公司、北京核芯达科技有限公司和北京海博思创科技股份有限公司等一批集成电路上下游企业。

（任彬容）

【医疗健康产业聚集区】 年内，中关村科学城管委会打造医疗健康三大产业聚集区。中关村科学城北区包括北清路沿线的贝伦产业园及上地生物医药园等区域，百放创新专业孵化器、联影北京入驻贝伦产业园，推动上地生物医药园的生物制品中试平台。东升科技园片区打造全球健康药物研发中心和医疗机器人产业协同创新平台，在全球范围吸引培育优质项目落地海淀；落地巢生旗舰实验室，引入合成生物及基因工程、表观遗传学、生物医疗数据分析、细胞治疗与再生医学等前沿领域的创新项目。四季青前孵化中心包括巨山产业园及周边区域。全年支持企业重点围绕细胞基因治疗、智能医疗服务、临床资源的成果转化布局重大产业平台和重点项目。其中，中关村前孵化创新中心落地艺妙神州、茵诺、沐康、昆迈华豸等10余个精准治疗领域的原始创新项目和高端制剂平台，健康智谷聚集医渡云、柏惠维康等"人工智能+医疗企业"。

（孙树昆）

【中关村智造大街】 2020年，中关村智造大街聚焦智能制造领域专业化公共服务平台功能定位，搭建集技术方案研发、工业设计、小批量试制、敏捷制造、检测认证、协同服务、营销推广7个环节所需的资源与服务（"北斗七星专业服务链"），帮助创新型中小企业快速实现从研发到生产、市场推广的痛点环节，形成中关村智造大街独有的"窗口效应"和"放大效应"。共入驻各类主体95家。落地中国（中关村）知识产权保护中心。在中心城区延展智能制造产业链新模式，打造全国首个以智造赋能、智造实现、智造孵育、智造展示为主题的特色街区，成立混合所有制的海东硬创公司作为运营平台。中关村智造大街全长380米，建筑面积3.2万平方米。

（田京京）

【专业园区建设获资金支持】 年内，中关村壹号、中关村软件园、中国电科太极信息技术产业基地和中关村集成电路设计产业园4家专业园区入选2020年度中关村示范区生态智慧园区建设支持资金项目，获支持金额898万元；中冶建筑研究总院有限公司、北京纳通科技集团有限公司、北京海金科荣科技有限公司等单位的5个项目入选2020年中关村示范区新建产业载体和盘活利用存量空间资源支持资金项目，获支持金额967万元；中关村软件园、中关村壹号、互联网教育中心3家园区入选2020年中关村示范区特色园区支持资金项目，获支持金额316.76万元。

（任彬容）

【星谷创新园开园】 4月24日，中关村科学城商业航天与位置服务产业园开园（9月19日更名为中关村科学城星谷创新园），北京紫微宇通科技有限公司、北京千乘探索科技有限公司、遨天科技（北京）有限公司现场签约，成为首批意向入驻园区的企业。园区由中关村意谷（北京）科技服务有限公司（中关村e谷）、北京合众思壮科技股份有限公司共同建设，位于海淀区永嘉北路与丰德东路路口东北角，总建筑面积约3.5万平方米。中关村科学城星谷创新园将重点布局卫星互联网源头创新区、北斗及空间信息服务产业升级区、场景应用示范区三大功能区，入驻企业可获得技术研发、创新创业、公共技术平台、公共展示等服务以及产业投资基金、初创期房租补贴、研发投入补贴配套等政策支持。至年底，签约入驻8家空天产业领域企业。

（任彬容 程晓荷）

【东升科技园与华为签署全面合作框架协议】 6月3日，中关村东升科技园与华为技术有限公司签署全面合作框架协议，中关村东升科技园数字化园区建设项目合作正式启动。根据协议，双方将在基础设施搭建、5G、云计算、人工智能、大数据等领域开展合作，助力中关村东升科技园实现"以人为本、绿色高效、业务增值"的智慧化园区目标。中关村东升科技园是东升镇打造"一园示范、一街引领、高端聚集、创新发展"产业新格局的重要组成部分，从2019年开始，构建"人、业、场"的创新服务生态，提升数字化能力，致力于打造引领中国企业步入生态办公的未来科技园区。至年底，建成东升科技园•枫烨园数字经济产业园。

（钟冷）

【中关村东升科技园二期动工】 8月5日，中关村东升科技园二期正式动工。二期位于东升镇西小口村，在一期的东北方向，东至林萃（黑泉）路，南至规划西三旗南路，西至西三旗东路，北至育新花园中路。项目规划用地面积约77.43万平方米，其中建设用地26.52万平方米，地上总建筑规模约82.5万平方米，回迁安置房13.6万平方米，研发设计用地68.9万平方米。北京中关村东升科技园有限责任公司作为东升科技园二期项目开发主体，完成一级开发全部工作，项目2/3部分由东升镇自持、1/3部分定向出让给高科技企业。东升镇完成自持地块供地手续，摘得BC地块，获得市政府50年产权批复。此项目是海淀区农村集体经济组织自主完成土地整理并作为持有主体摘地、自主开发建设、自主运营的第一个项目。

（钟冷）

【全国首个下一代互联网及重大应用技术创新园开园】 8月28日，下一代互联网及重大应用技术创新园开园。园区为国内首个专注于IPv6（互联网协议第6版）产业创新的科技园区，由清华大学和赛尔网络有限公司共同建设。园区位于中关村壹号C区，建筑面积10.5万平方米，以“带动下一代互联网产业发展、服务国家网络安全战略”为使命，依托中国教育和科研计算机网的科研技术实力及应用示范效应，打造国际化IPv6产业创新示范空间，围绕5G+8K、商业航天、网络安全、新一代信息技术、医药健康等领域产业园区的建设，推动产业与空间高效匹配。

（程晓荷）

【国家网络安全产业园（海淀）开建】 8月28日，国家网络安全产业园（海淀）主体大楼建设启动。国家网络安全产业园（海淀）占地面积35万平方米，建筑面积51万平方米，其中核心区占地面积9万平方米、建筑面积24万平方米。至年底，完成一期环境整治，腾退20余家非网安企业，腾退面积约3万平方米。开放园区展厅，对园区的整体背景、规划定位、基本环境、功能配套等内容进行全面展示。强化园区企业服务，支持企业申报工信部工业互联网专项等政策支持，支持保密测试、安全等保等平台建设，为园区企业提供防疫保障、政策宣传、金融对接等服务措施。完成中国铁塔股份有限公司、亚信安全科技股份有限公司、军科大数据研究院、中资网安等一批项目落地，推进深信服科技、网络安全卓越示范中心等重点项目落地进度，微盟集团实现落地。海淀区网络安全产业链上下游基本完整，集聚一大批领军企业和高成长企业，在网络空间安全防护核心技术、计算和信息通信技术以及网络安全芯片技术等方面优势明显。

（程晓荷）

【中关村移动智能服务创新园项目启动】 12月15日，市规划和自然资源委海淀分局与北京首农信息产业投资有限公司签署土地出让合同，标志着中关村移动智能服务创新园项目启动。园区位于西二旗，地上建筑面积21万平方米，产业定位为新一代信息技术，按照“为构建高精尖经济结构，推动高质量发展提供有力支撑”的指导思想，参考并借鉴中关村移动智能服务创新园模式，将重点区域的示范园区纳入政府产业监管和统筹体系，为高精尖企业提供空间支撑。

（任彬客）

服务体系

【概况】 2020年，中关村科学城管委会按照中关村科学城建设的总体部署，紧扣中关村科学城科技创新出发地、原始创新策源地、自主创新主阵地功能定位，围绕北京市十大“高精尖”产业领域和海淀区优势方向，持续优化创新创业软环境。以创新合伙人关系为依托，加快建设全国首批“双创”示范基地，“双创”工作连续四年获得国务院通报表扬。引进奇绩创坛等一批优质国际创新创业资源，完成第二批集群注册平台和第九批集中办公区认定工作，推动科技资源支撑型“双创”平台建设。推动创新创业服务载体，研究制定创业孵化平台载体分类分级评价和资金支持方案。

加强“双创”示范基地的经验总结和实践探索。完成10余篇国务院办公厅、市委等部门重要约稿，在《昨日市情》特刊、《北京工作动态》等刊物发表。向中央、北京市有关部门建言献策，提出解决制约双创发展的“痛点”“堵点”“难点”问题。代区政府拟制《关于支持科技型创业企业稳定发展有关情况的报告》，全面梳理海淀区科技型创业企业的稳定发展情况及工作成效。

引导社会组织健康发展。制定并发布《2020年度中关村科学城社会组织创新发展专项申报指南》。举办2020年“创响中国”海淀站暨京津冀双创示范基地联盟主站活动、2020年全国双创周北京会场、创响中国北京海淀站、“创客中国”首届京津冀中小企业创新创业大赛暨“创客北京2020”创新创业大赛等活动。实施“胚芽企业计划”，137家胚芽企业入选。开展2020年海淀高科技高成长10强及明日之星企业评选。服务企业，助推企业长期发展。

指导和支持社会组织开展重大品牌活动。支持中关村储能产业技术联盟举办“储能国际峰会2020”。支持新一代人工智能产业技术创新战略联盟（AVS联盟）举办国内人工智能领域最高级别行业大会——“启智开发者大会”。支持中关村社会组织联合举办“第五届中国创新挑战赛暨中关村第四届新兴领域专题赛”，组织军事前沿技术及装备配套需求对接会40余场。支持中关村产业技术联盟联合会围绕人工智能、大信息、大健康领域，联合50余家产业联盟、创投机构共同举办“2020科创中国•科技创新创业大赛”，面向全球吸引和集聚具备创新性和投资潜力的优质项目，搭建先进技术与产品的展示平台，推动产学研融协同发展，促进科技成果转化要素对接。支持长风联盟、空间联盟、北京软协、TD联盟、中关村高企协等多家社会组织开展高端品牌活动。通过支持社会组织开展高端品牌活动，促进中关村高科技企业开展产学研交流，促进企业发展。

（吴茜 曹雪鸥）

【55 家“胚芽企业”新增融资 16.8 亿元】 年内，中关村科学城共有“胚芽企业”539 家，其中 2018“胚芽企业”162 家、2019“胚芽企业”240 家、2020“胚芽企业”137 家。55 家胚芽企业新增 59 起融资。其中，22 家 2018 胚芽企业获得融资金额 8.6 亿元，占比 13.58%；33 家 2019 胚芽获得融资金额 8.2 亿元，占比 13.75%。披露金额的企业共获得总融资额 16.8 亿元。在获得融资的胚芽企业中，新一代信息技术行业占 40%，科技服务行业占 23.64%，生物医药行业占比 16.36%，高端装备制造行业占 12.73%，高精尖产业领域持续火热。实施三年来，胚芽计划已经成为海淀区服务中小企业的品牌。

（程晓荷）

【第八届“东升杯”国际创业大赛】 3月，由北京市人力资源和社会保障局、中关村科技园区管理委员会、北京市海淀区人民政府、中关村科学城管理委员会联合指导，北京市毕业生就业服务中心、海淀区人力资源和社会保障局、中关村东升科技园管理管委会联合主办的 2020 第八届“东升杯”国际创业大赛启动全球招募创业项目。大赛以“心笃定，撼无畏，创未来”为主题，设 25 个国内分赛区、覆盖 36 个城市，国际设 16 个分赛区，覆盖美国、加拿大、韩国、瑞士、俄罗斯等 37 个国家。大赛在全球范围共招募 2086 个创业项目，其中国内赛区招募项目 1568 个，国际招募项目 518 个。参赛项目涉及生命科学、数字经济、新能源 / 新材料等科技创新领域。通过区域初赛—区域复赛—全球半决赛—全球总决赛的赛事体系，历经项目招募、赛事培训、初赛文审、复赛路演、全球半决赛等 40 余场活动，国内赛区 205 个项目入行复赛评审，63 个项目晋级国内半决赛，32 个项目晋级国际半决赛，8 个优质项目晋级全球总决赛。大赛以“蜂鸟计划”助力创业者，提供培训辅导、金融服务、政策咨询、品牌推广、资源对接、空间支持、人才培育 7 大种类企业赋能服务，服务创新创业项目 1126 次，覆盖 858 个项目。12 月 10 日，第八届“东升杯”国际创业大赛全球总决赛暨颁奖盛典在北京中关村国家自主创新示范区展示中心举行，国内外各领域知名专家学者、投资机构代表、战略合作伙伴、高校代表及优秀创业者等 200 余人参加。8 支创业团队分别以“1 分钟 VCR 展示 +6 分钟路演 +6 分钟评审互动”的形式，展示团队组建、行业趋势、竞争优势、市场运营、技术前景等方面内容。经过激烈角逐，超目科技（北京）有限公司研发的植入式眼球震颤电刺激器项目获特等奖，获得 100 万元奖金、免费公司注册地址、免费创业空间等奖励；北京未磁科技有限公司的心磁扫描成像仪项目获得一等奖，北京瑞盈智能科技有限公司的瑞盈智能、瑞士 RheonMedical 公司的 RHEONMEDICAL 项目获得二等奖，超晶维（苏州）光电科技有限公司的超晶维光电、北京试玩互动科技有限公司的出海智慧营销云、北京羿娲科技有限公司的羿读 AI 视觉读表、瑞士 Zaphiro 公司的 ZAPHIRO（新能源 / 新材料）4 个项目获得三等奖，获奖金、免费工位等奖励以及超值赋能服务大礼包。中关村东升科技园向全球健康产业创新中心、飞马旅、优投空间、微链等 7 个优秀创服机构颁发优秀推荐机构奖牌。赛后，大赛组委会继续为创业者提供包括优质创业项目的专访宣推及品牌曝光，创业辅导、创业培训、金融支持等优质创新创业服务。

（钟冷）

【高科技高成长 10 强暨明日之星评选】 6 月 5 日，由中关村科学城管委会指导，德勤中国与中关村创业大街联合主办的 2020“北京海淀高科技高成长 10 强暨海淀明日之星”活动启动，主题为“坚韧 • 变革 • 复兴”。10 月 22 日，2020“北京海淀高科技高成长 10 强暨海淀明日之星”颁奖典礼在中关村示范区展示中心举行。活动现场发布 2020 北京海淀高科技高成长 10 强暨海淀明日之星榜单和《2020 海淀高科技高成长 10 强暨明日之星》报告。北京声智科技有限公司 北京读我科技有限公司、理工全盛（北京）科技有限公司等 10 家企业入选高科技高成长 10 强榜单，北京公瑾科技有限公司、北京极睿科技有限公司、北京九章云极科技有限公司等 15 家企业上榜“2020 北京海淀明日之星”。

（吴茜　程晓荷）

【“创客北京 2020”创新创业大赛海淀区级赛】 8 月 28 日，“创客北京 2020”创新创业大赛海淀区级赛在海淀创业园谢幕。海淀区级赛由中关村

海淀高科技高成长 10 强上榜企业

表 5

排名	公司中文全称	所属行业	收入增速 %
1	北京声智科技有限公司	互联网	2959
2	北京读我科技有限公司	互联网	1880
3	理工全盛（北京）科技有限公司	智能制造	1388
4	北京来也网络科技有限公司	软件	906
5	北京慕华信息科技有限公司	互联网	477
6	北京多氪信息科技有限公司	互联网	444
7	北京天泽智云科技有限公司	软件	334
8	北京易点淘网络技术有限公司	互联网	317
9	北京石头世纪科技股份有限公司	智能硬件	276
10	星辰天合（北京）数据科技有限公司	大数据	253

说明：明日之星榜单以公司首字母排序，所在位置不分先后

海淀明日之星上榜企业

表 6

排名	公司中文全称	品牌名	所属行业
1	北京声智科技有限公司	慧算账	互联网
2	北京读我科技有限公司	AIFashion	互联网
3	理工全盛(北京)科技有限公司	Data Canvas	软件
4	北京来也网络科技有限公司	RealAI	软件
5	北京慕华信息科技有限公司	商越	软件
6	北京多氪信息科技有限公司	熵简科技	金融
7	北京天泽智云科技有限公司	思灵机器人	硬件
8	北京易点淘网络技术有限公司	微纳星空 MinaSpace	智能制造
9	北京慕华信息科技有限公司	Moka	互联网
10	北京多氪信息科技有限公司	循环智能	互联网
11	北京天泽智云科技有限公司	指掌易	互联网
12	北京易点淘网络技术有限公司	创新奇智	软件
13	北京易点淘网络技术有限公司	启元世界	软件
14	北京石头世纪科技股份有限公司	银河航天首发星	智能制造
15	星辰天合(北京)数据科技有限公司	盛邦安全 WebRAY	其他

说明：明日之星榜单以公司首字母排序，所在位置不分先后

（吴茜　程晓荷）

科学城管理委员会主办，中关村科技园区海淀园创业服务中心承办，共吸引 620 个企业及项目参赛，占全市项目总数的 21.81%，项目数量在全市 12 个分赛区中位列首位，参赛企业及项目较 2019 年增长 17%。参赛项目涵盖新一代信息技术、人工智能、医药健康等战略性新兴产业重点领域。全程采用"零接触"的线上云路演方式进行，分为企业组、创客组两个组别。初赛通过线上路演情况以及综合考量项目的团队实力、市场前景、技术创新性等进行选拔，225 个项目晋级海淀区复赛，占全市晋级复赛项目总数的 29%，位各分赛区第一。海淀区级赛执委会给予获奖企业和项目在创业培训、人才代办、产业对接、专项申报、知识产权、高新认定、财税法务等方面对接更多、更有效的支持和服务。进入复赛的企业，可免费帮助其申请登陆北京股权交易中心（北京四板市场）。创客组获奖项目可免费使用创业服务中心 2 年的注册地址，免费使用不少于 1 年的工位，免费代办工商注册手续。海淀分赛区 45 个项目进入市级 150 强项目名单，11 个项目获得奖项，占全市 44 个获奖项目的 25%。大赛历时 2 个月，共吸引 2800 余个项目参加。大赛由区域赛、专题赛、赛道赛构成。区域赛分为 13 个赛区，设置 184 个赛点，面向十大高精尖产业、文化创意产业、新型便民服务业三大领域征集优秀项目。

（吴茜　钟冷　程晓荷）

【中关村创新设计节】 9 月 23 日至 27 日，由西山创新设计联合会主办、龙徽 1910 文化创意产业园和西山创新设计联合会共同承办的中关村创新设计节在龙徽 1910 文化创意产业园举办。活动包括"我们在一起"2020 抗击"新冠肺炎"全球招贴设计展、2020 西山创新设计研讨会、中关村生活市集三项主题活动。疫情期间，北京设计学会、北京国际设计周有限公司、北京歌华文化发展集团有限公司集结 159 家主办单位，共同发起科学、同心、生命——"我们在一起"2020 抗击"新冠肺炎"全球招贴设计公益征集活动，共征集 17780 余幅公益海报。展览精选 60 幅作品进行展出，配合征集活动宣传片进行视频播放。2020 西山创新设计研讨会围绕"为中关村而设计"——创新设计驱动区域发展主题展开，探讨人文科技街区建设、数字经济产业落地、文化产品开发设计等内容。邀请规划、建筑、产品开发等领域的设计师分享实践经验和案例，邀请嘉宾作主旨演讲。中关村生活市集聚集文博 IP、生活美学、电子等产品和手工饰品等，展示"为儿童而设计"的建筑设计装置，互动、体验、读书融为一体。

（孙树昆　林琳）

【"创响中国"海淀站活动】 10 月 21 日至 28 日，2020 年"创响中国"海淀站暨京津冀双创示范基地联盟主站活动在中关村集成电路设计园举行。活动由区政府主办，中关村科学城管委会和京津冀双创示范基地联盟承办。市政府、国家发展改革委、中国科协科技传播中心、市发展改革委、海淀区政府、科学城管委会等单位有关领导出席活动，行业专家、京津冀双创示范基地联盟成员单位代表、创业者、企业家等近 150 人参加活动。活动开展"创响中国"海淀站、REITs 产业发展论坛、科技成果直通车等 30 余场线上线下活动，汇聚政策、企业、服务机构、就业岗位、高层次人才等双创资源，促进资源高效协同、精准对接。活动期间，第三届"创世技"颠覆性创新榜发布暨颠覆性创新成果转化促进中心揭牌；发布 2020"创世技"颠覆性创新榜 10 强和颠覆性潜力榜 10 强；与中国科协科技传播中心共建成立颠覆性创新成果（海淀）转促中心；由腾讯、阿里巴巴、百度、新华网、国际欧亚科学院中国科学中心、中国科学院文献情报中心、中国汽车工程学会等 16 家单位共同发起成立京津冀双创示范基地联盟秘书处；举办"聚力促就业"专项行动、科创中国等系列创新创业活动。

（吴茜　程晓荷）

【“智汇行动”概念验证创新大赛路演活动】 10月22日，“智汇行动”概念验证创新大赛中关村街道分赛场路演活动举办。大赛路演活动作为“智汇海淀”人才主题周的系列活动之一，由中国科学院北京国家技术转移中心、中关村街道主办，中科智汇工场、中国科学院理化技术研究所承办。路演活动以早期概念验证项目挖掘为核心，中国科学院理化技术研究所的六个高科技项目进行现场路演，项目涵盖医疗、汽车、工程技术、化学等领域。由中信建投、亦庄国投、朗玛峰创投的专家评委组成的特聘导师团，针对项目的技术先进性、可行性、商业性进行全链条把脉，从技术产品、商业模式、核心团队等方面提出重要建议。《氯丙烯一步法制环氧氯丙烷绿色生产装备产业化项目》获得立项和120万元资金支持。中关村街道、中关村科学城管委会、中国科学院理化技术研究所相关负责人，工商联中关村街道商会、中关村地区企业联合会、中关村地区金融协会、中关村地区创业服务协会、中关村地区高新技术企业协会、中关村地区企业等单位的负责人和产业代表共计50余位嘉宾参加路演活动。

（钟冷　沈成保　张颖）

【2020北航全球科创大赛启动】 11月1日，由北京航空航天大学主办的2020北航全球科创大赛启动仪式在京举行。来自海淀区相关部门，兄弟院校，大赛合作政府、知名企业家、校友投资、孵化合作机构、优秀创业项目代表等近200人参加启动仪式。大赛致力于发掘航空航天、智能制造、新一代信息技术、新材料等国家战略新兴产业高科技优秀项目，首次新增院士评审，聘任刘大响等院士为首席科学家，获奖项目将由院士亲自指导。大赛设置京津冀、粤港澳大湾区、长三角等地区专场赛，并增设海外归国专场。比赛根据估值分项目组别，估值低于1亿元的为初创组、高于1亿元为成长组。评审委员会对项目的创新性、前瞻性、可行性、商业价值、市场潜力、发展前景等维度进行综合评估、现场打分，筛选出优胜者。获奖者可免费加入“北航星空创业营”接受专业创业辅导，获得相关产业链上下游资源对接与全方位孵化服务，获得北航投资旗下孵化空间专项落地资金扶持及入驻优惠政策等支持。

（吴茜　程晓荷）

【国际智能网联汽车前沿技术创新大赛】 12月8日，由中关村管委会、中关村科学城管委会共同指导，实创股份、翠湖网联公司联合奥迪中国、中关村科学城创新服务平台公司等单位主办的2020中关村科学城国际智能网联汽车前沿技术创新大赛总决赛在中关村环保园举办。大赛从征集到决赛一个月时间，吸引来自北京、上海、浙江、广东等地以及国际创业团队在内的200余个国内外项目参赛，项目涉及智能驾驶系统、智能感知设备、智能车辆信息安全、特种场景应用，几乎涵盖智能驾驶领域车、路、云、网、图的全产业链。决赛经过现场路演、评委质询、打分公示等环节，北京星云互联科技有限公司的“5G-V2X创新应用项目”夺得大赛冠军，北京踏歌智行科技有限公司的“矿山全栈式无人运输解决方案”和北醒（北京）光子科技有限公司的“赋能智能网联汽车领域的固态激光雷达项目”分获亚军和季军。副区长林剑华为大赛冠、亚、季军的企业颁奖，中关村科学城专职副主任舒毕磊、实创股份公司总经理孙腾为大赛十强企业颁发证书。

（程晓荷　钟冷）

【韩国青年零成本创业及创业签证宣讲会】 12月28日，由海淀创业园与韩国驻华大使馆共同主办、北京韩半岛科技有限公司承办的第二届韩国青年零成本创业及创业签证宣讲会在中关村科学城国际人才港举办。本次宣讲活动采取线上直播模式，参与报名与观看直播的用户200余人次。旨在鼓励韩国大学生在华创业，推进中韩贸易、招商引资，促进在华外籍人员团体间的交流沟通。宣讲会上，韩国驻华大使馆雇佣劳动官权九亨致辞，中关村管委会人才中心负责人介绍说明《中关村外籍青年创业政策》。

（程晓荷）

专项基金

【“海淀创新基金系”建设】 年内，中关村科学城管委会根据《中关村科学城科技创新基金成立方案》建立中关村科学城科技创新基金统筹联席会，编写完成相关制度文件，截至年底，中关村科学城科技创新基金累计完成23个项目的投资决策，出资8.34亿元。其中，股权直投项目8个，出资3.65亿元；子基金项目15个，总规模170.04亿元，包括中关村科学城公司代表海淀区认缴出资10.85亿元。完善“海淀创新基金系”建设，完成对股权投资基金、科技成果转化和技术转移引导基金等存量基金的梳理，加强分类管理和投后服务，做好项目退出工作。完成12家股权投资企业的股权退出工作；梳理创业服务中心基金专户资金，累计归还财政资金约6.99亿元。

（周鹏）

【产业发展专项资金支持项目审定】 年内，中关村科学城管委会分4批征集、审核、审定产业发展专项资金支持项目。其中，375家单位获企业知识产权管理体系贯标补贴专项支持，135家企业获知识产权质押融资成本补贴专项支持，12家企业获2020年孵化机构房租减免奖励专项支持，64家企业获海淀区国外授权专利资助专项支持，19家企业获非国有商务楼宇的运营单位房租减免支持奖励，7家企业获国际合作研发项目支持，98家企业获海淀区激励企业参与技术防疫专项支持，107家企业获海淀区重大科技项目和创新平台奖励专项支持，16家企业获2019年第三批海淀协同创新券专项支持，138家企业获胚芽企业培育专项支持。

（程晓荷）

【孵化机构房租奖励政策出台】 4月8日，科学城管委会贯彻落实区委、区政府《海淀区关于落实北京市促防疫稳增长政策加大力度支持企业稳定发展的若干措施》，对疫情期间为承租房屋的中小微企业减免租金的特色园、科技企业孵化器、大学科技园、众创空间、创业基地、文化产业园、视听园区等载体，优先予以政策扶持，为入驻中小微科技企业减免房租的孵化机构，根据实际减免房租的总额，给予一定比例的奖励。支持对象为孵化机构须在海淀区注册、纳税，且已取得市级及以上相关部门认定的相关资质，并在中关村核心区创新创业服务平台完成注册备案；被减免房租的企业须是在海淀区注册、纳税的中小微科技企业。3 项支持措施包括对主动减免房租的孵化机构给予其实际减免中小微科技企业 2020 年 2 月、3 月房租金额的 30% 作为奖励资金，奖励比例上限不超过 30%；按本政策标准核定的每家孵化机构实际减免中小微科技企业 2020 年 2 月、3 月房租金额的 30%，作为核定的奖励金额；核定金额不少于 1 万元（含）的，给予奖励。

（程晓荷）

【激励企业参与技术防疫专项】 4 月 3 日，中关村科学城管委会制定并发布《2020 年海淀区激励企业参与技术防疫专项申报指南》，鼓励企业积极利用人工智能、云计算、大数据等技术手段和信息化系统等，参与海淀区和武汉市新型冠状病毒肺炎疫情防控工作。专项共支持北京推想科技有限公司新冠肺炎 CT 影像人工智能辅助诊断、北京百度网讯科技有限公司 AI 测温系统等 90 个项目，支持金额 2863 万元。

（陈琦斐）

【国际合作研发项目】 5 月 6 日至 6 月 30 日，中关村科学城管委会依据 1+4 政策体系中《海淀区提升企业核心竞争力支持办法》，支持企业国际合作研发、海外市场拓展，完成 2020 年国际化相关政策的申报工作及国际合作研发项目和境外市场拓展项目的初审、专家评审、部门复审。共支持国际化项目 7 项，支持金额 514.12 万元。其中，国际合作研发项目支持 6 项，支持金额 500 万元；境外市场拓展项目支持 1 项，支持金额 14.12 万元。

（金燕）

【防疫科研攻关和应急生产专项】 5 月 18 日，中关村科学城管委会制定并发布《2020 年海淀区防疫科研攻关和应急生产专项申报指南》。支持企业应急生产口罩、防护服、红外人体测温仪、额温计、负压设备、呼吸机、消杀用品等防疫物资；支持企业科研攻关，开展新冠肺炎快速检测试剂、疫苗、创新医疗器械或特效治疗药物研发。中关村科学城管委会防疫科研攻关和应急生产专项共支持纳通生物科技（北京）有限公司、海杰亚（北京）医疗器械有限公司、北京航天长峰股份有限公司等 16 家企业，支持金额 1600 余万元。

（程晓荷）

【创新创业文化培育专项】 8 月 4 日，中关村科学城管委会发布 2020 年海淀区创新创业文化培育专项申报指南，鼓励各类主体开展创新创业文化建设，培育在国内外有影响力的创新创业赛事及活动。指南支持品牌化、国际化创新创业交流活动。对举办的创新创业大赛或重要科技会议、技术研讨会、产业论坛、行业国际展会等交流活动，根据参会企业数量、活动影响力和实际效果等，按照活动费用最高 50% 的比例给予补贴，最高补贴金额 100 万元。

（程晓荷）

【8 项专项资金项目发布】 8 月 14 日，中关村科学城管委会集中发布 8 项专项支持项目。8 个专项分别是海淀区新兴领域专项资金申报（第二批）（五类支持范围）、海淀区节能专项资金项目（五类支持范围）、海淀区标准化实施专项资金、海淀区企业国内外专利预警费用补贴专项、海淀区创新创业文化培育专项、海淀区支持电竞场馆建设和相关活动专项资金（三类支持范围）、海淀区文化精品工程重点项目申报（三类支持范围）、海淀区平台建设及精品游戏开发扶持资金申报指南（四类支持范围），最高补贴 1000 万元。申报主体限于在海淀区注册、纳税、纳统的高新技术企业，具有独立法人资格。

（程晓荷）

【5 项专项资金申报项目发布】 9 月 18 日，中关村科学城管委会集中发布海淀区重点培育企业资金奖励、企业研发费用补贴专项、非国有商务楼宇的运营主体房租减免支持奖励、海淀区孵化机构房租减免奖励专项、2020 年续贷中心奖励等 5 项专项资金支持项目。对其首次收入规模上台阶实现跨越式发展，给予最高 1000 万元奖励；对其保持经济快速增长，给予最高 500 万元奖励。申报主体为在海淀区注册纳税，并在园区纳统，信用等级良好的收入规模 10 亿元以上或科技型上市企业等科技企业。

（程晓荷）

【5 只科学家基金集体签约】 10 月 19 日，中关村科学城科学家基金集体签约仪式在 2020 年“智汇海淀”人才主题周开幕式上举行，发布创新工场科学家基金、奇绩创坛基金、中关村智友科学家基金、清华电子信息学科引导基金、中科创星硬科技二期基金五只科学家基金，总规模 27.85 亿元。5 只已支持培育摩尔芯光、中科闻歌、华科超能、清雷科技、与光科技、新名医、小雨农智等 10 余个优质科技项目。科学家基金“创新合伙人”计划的升级版，实现优秀科技成果与资本市场的无缝对接。2019 年，海淀区提出“创新合伙人”计划，通过聘请科学家顾问、设立概念验证中心、共建产业应用场景等一系列举措，与区内科学家、高校、高新企业、第三方机构等创新主体建立合作关系。截至 2020 年底，中关村科学城已形成规模达 600 亿元的“中关村科学城创新基金系”。

（程晓荷 钟冷）

【北京硬科技二期基金启动】 11 月 10 日，由中关村管委会、中关村科学城管委会指导，西科控股、中科创星、实创科服联合主办，宁波银行北京分行、中信银行北京分行、海淀融媒协办的 2020 硬科技生态战略发展大会暨硬科技金融实验室成立仪式在中关村壹号举行，活动上“北京硬科技二期基金”启动，宁波银行北京分行、中信银行北京分行、中国技术交易所、实创集团、中科创星签订战略合作，设立硬科技金融实验室，共同助力发展普惠金融，支持硬科技发展。北京硬科技基金是北京地区首支专注于硬科技投资领域的基金，将投资半导体、芯片关乎国家科技“卡脖子”领域的关键核心技术、航天科技等前沿科技和人工智能、5G等相关应用。

（孙树昆　林琳）

【中关村创投协会母基金年度交流会】 11月18日，“变局·机遇·创新”——中关村创投协会母基金年度交流会举办。区金融办、科学城管委会分别介绍海淀区政府、中关村科学城在政府引导基金、母基金与直投基金方面的政策及服务，科学城管委会重点介绍海淀区高精尖产业发展方向及多年来政府为支持产业升级设立的各类政府股权投资基金、引导基金等，实现在多个领域、不同阶段为科技创新提供资本的支持与服务。政府股权投资基金共投资106个项目，投资总规模8.75亿元，支持龙芯中科、二十一世纪、灵汐科技及华控清交等创新型企业；聚焦区域内科技成果转化及产业发展，联合社会资本发起设立基金46支，实缴出资26亿元，撬动社会资本投资海淀总额超过50亿元。

（田京京　程晓荷）

人才建设

【概况】 2020年，中关村科学城管委会按照首都国际人才社区建设导则指引，推动国际人才社区重点项目。在区委组织部的统筹下，重点研究用市场化手段引进国际高端人才，依托孵化器等平台推进人才引进和服务水平提升，形成国际人才服务指南2.0版；建设完成中关村科学城国际人才港，引进国际人才创业团队；落实与奇绩创坛的合作等，推动奇绩创坛春秋两季创业营工作。推出海英计划升级版，认定海英人才47名、海英之星200余名。开展创新创业活动与服务、搭建创业者社区、投资者网络建设平台、建立奇绩创坛基金四个合作项目。中关村科学城新增博士后分站15家，企业博士后工作分站累计达85家。海淀园获“全国优秀博士后工作站”称号。协助企业做好疫情下的国际化工作。

（刘佳　程晓荷）

【人才资助项目申报】 年内，中关村科学城管委会组织开展中国博士后科学基金资助——“博新计划”申报工作。北京量子信息科学研究院和阿里巴巴云计算（北京）有限公司博士后工作分站分别有1位博士后入选，获得资助126万元。同方威视技术股份有限公司等7家公司博士后入选中国博士后科学基金资助——“面上资助”项目，获得资助56万元。组织开展中国博士后科学基金资助——“国际交流、派出项目、香江学者、澳门学者”申报工作，1家企业博士后申报国际交流派出项目。16家企业分站博士后获得北京市博士后工作经费资助、科研活动经费资助95.5万元，17家企业分站博士后获得日常经费资助36万元。

（刘佳　程晓荷）

【人才推荐】 年内，中关村科学城管委会开展2020年青年北京学者候选人推荐工作，共推荐20名候选人。开展2020年国家级百千万人才工程及北京市享受政府特殊津贴人选候选人推荐工作，共推荐28名候选人。首次开展中关村示范区创新型企业人才引进需求征集工作，累计推荐193人。向市科协推荐第二十四届北京优秀青年工程师候选人10人，7人入选。开展2020年北京市级百千万人才工程候选人推荐工作，共推荐12名候选人。“青年北京学者计划”共有来自医院、高校院所、企业的20人入选，其中3人来自民营企业。海淀园企业北京三快在线科技有限公司（美团）的夏华夏入选2020年“青年北京学者计划”拟入选人员名单。

（刘佳　程晓荷）

【新增15家企业博士后工作站分站】 年内，中关村科学城管委会新增北京华为数字技术有限公司、北京嘀嘀无限科技发展有限公司、北京达佳互联信息技术有限公司（快手）、北京神州泰岳软件股份有限公司、豪尔赛科技集团股份有限公司、中科寒武纪科技股份有限公司、腾讯科技（北京）有限公司、北京世纪农丰土地科技有限公司、都市意匠城镇规划设计（北京）中心、度小满科技（北京）有限公司、北京酷佩体育文化中心、北京宏锐星通科技有限公司、海杰亚（北京）医疗器械有限公司、北京中孚泰和科技发展有限公司、蓝色传感（北京）科技有限公司15家企业博士后工作分站。海淀区累计设立企业博士后工作分站85家。

（刘佳　程晓荷）

【企业国际化人才实训班】 年内，中关村科学城管委会采取线上、线下结合的形式，举办2期中关村科学城企业国际化人才实训班（总第十八、十九期），每期实训班招收学员40人。培训内容包括海外风险与应对、海外营销、全球知识产权布局、融入全球创新网络、国际传播能力等方面，协助企业应对复杂的国际环境。

（程晓荷）

【院士专家人才新春论坛】 1月13日至14日，海淀区人才工作领导小组举办“院士专家海淀行暨2020年度院士专家人才新春论坛”，20位两院院士、中科院相关院所领导、专家以及海淀区优秀企业家和人才代表共150余人参加。中科院院士刘嘉麒、青年科学家边桂彬、旷视总裁付英波分别围绕“人才驱动创新发展之路”作主题演讲，就如何促进“人才驱动创新发展”提出意见建议。科学城管委会有关负责人就海淀区近期出台的一系列创新发展支持政策做宣讲。围绕“凝心聚力，共谋发展”主题，中国科学院院士、地热和水文地质学家汪集旸，市人才工作局副局长刘敏华，北京石墨烯技术研究院院长王旭东，中国科学院物理所研究员方少波，清华大学公共管理学院城市更新与治理研究中心副主任、中科人居总经理朱良智，实创股份公司董事长陈晓智展开交流讨论。

（程晓荷）

【高精尖产业技能提升培训补贴政策宣讲会】 5月28日，中关村科学城管委会召开《2020年北京市科委高精尖产业技能提升培训补贴政策解读》及人才工作专题部署会。5月至12月，为进一步明确初审工作标准，举办多场线上培训。落实《北京市高精尖产业技能提升培训补贴实施办法》要求，牵头落实海淀区初审工作。截至12月底，累计开展11期初审工作。

（赵文赫 程晓荷）

【中关村国际人才会客厅开厅】 9月8日，海淀区首个以国际人才联系服务为核心的国际人才交流成长聚合空间——中关村国际人才会客厅开厅。会客厅以西二旗城铁站以西325平方米为依托，联动户外4067平方米，空间设置有灵活办公、创新路演、服务对接、学术分享、创业社交、文化交流、智慧会议等功能，引入政务服务、政策宣讲、信息共享、创新交流、企业产品宣传等功能，附属设置全设备直播间，24小时自习室等特色功能。引入优质政务服务资源和专业服务团队，联动区域内国际化企业、机构和人才，为辖区企业和国际人才提供便利服务，吸引更多国际资源、要素和国际人才落地发展，打造成创新、开放、活力、未来的国际创新创业人才聚集区。在开厅仪式现场，创业公社、中关村创业大街、创新工场、教育部出国留学服务中心、微软亚洲研究院等企业代表及嘉宾分别收到“中关村国际人才会客厅协作联盟”邀约函以及“中关村国际人才会客厅创新合伙人”聘书。至年底，中关村国际人才会客厅举办青年人才疫情防控主题沙龙、法律专家讲座、助力“五新”座谈会、国际青年交友联谊、U30项目获胜者路演、创业军机处资源对接、政协委员工作站揭牌、团区委系列人才活动等20余场活动。

（孙树昆 孙杰 林琳）

【海英计划项目申报指南发布】 10月11日，中关村科学城管委会发布本年度人才专项——“海英人才”项目申报指南。“海英人才”包括全球顶尖人才、创业领军人才、创新领军人才、科技服务领军人才、青年英才5个项目。对入选的“海英人才”给予“个人贡献奖励+创业扶持+创新培育+生活保障”的全方位扶持。支持范围包括大信息、大健康和新材料、先进制造、能源环保、科技服务等“高精尖缺”及其他优势产业领域的人才。申报对象包括开展创新创业活动的各类人才，且被认定后能保证全职在科学城至少连续工作3年。

（程晓荷）

【海创投资人见面会】 10月20日，由海淀创业园联合北京海外学人中心留学人员工作部、北京中小企业公共服务平台、中关村海外人才创业园协会、区侨联、海淀创业园政协委员工作站共同主办的“2020年度海创投资人见面会”在中关村科学城国际人才港举办。活动作为“智汇·海淀”人才周的重要板块，旨在帮助创业者借助资本力量腾飞，助力企业宣传推介，促进企业之间的交流对接。活动吸引人工智能、新一代信息技术以及医药健康三个赛道逾100余个创业项目报名，最终筛选出45家优质创业团队，邀请英诺天使、纳通医疗、贝森资本、博伟智泓等20余家投资机构，实现创业者与投资人一对一“十分钟见一人”的创新型咨询洽谈，向投资人展示公司的运营情况、创新技术、团队构成、发展规划等多维度内容。设立“新四板”咨询、“创业孵化服务导引”发布等多项增值服务版块，帮助企业从多维度解决资金链难题。

（程晓荷 冀敏）

【中关村科学城国际人才交流中心揭牌】 10月22日，中关村科学城国际人才交流中心在中关村创业大厦揭牌成立。中心旨在打造引智、引才、引项目的思想交流、人才汇聚、咨询服务、公共配套和影响力品牌活动的策源地和引领地。为高端国际人才和高端思想汇聚交流场所，形成引智、引才的思想交流氛围，突出国际人才社区建设背景。中心将通过举办沙龙、对话，形成品牌影响力；打造线上线下综合服务平台，为国际人才创新创业提供全链条服务。邀请国际顶级人才专家和具有国际视野的专家组成上地国际人才社区建设智库，打造国际人才服务交流窗口、示范基地与支撑体系，为推动从园区型街道向高品质城市转变提供人才和智力保障。当日举行以“聚合、传承、创新”为主题的国际人才交流中心建设研讨会，在成果展示、主旨发言、对话互动中，中外嘉宾共话国际人才社区建设。

（孙树昆）

【2020“海英人才”系列活动】 10月24日，由中关村科学城管委会主办的2020海英人才系列活动在中关村示范区展示中心举办，150人参加。活动围绕升级版“海英计划”，举办

10月24日，2020“海英人才”系列活动举办（中关村科学城管委会 供图）

“产品经理——架起科技和用户的桥梁”主题论坛、“科研人员成果转化与产业化”研讨会、“2020国际人才全球连线”3场活动。其中，连线活动采用“全球多地互联、同步线上直播”的形式，重点面向英国、法国、德国、西班牙、泰国、新加坡、马来西亚、韩国、日本等国家的海外高校留学生、海外华人、海外创业团队等，就中关村科学城创新创业生态及人才政策等内容进行宣讲和交流，同时发布《外籍人才在海淀工作生活指南》。

（程晓荷）

【47位“海英人才”获证书】 12月28日，在2020年海淀区推进“两区”建设重点项目签约揭牌仪式上，为获“海英人才”的代表颁发海淀区政府签发的证书。2020年度海英人才经过申报、评审等工作程序，最终认定47名“海英人才”，其中自主申报渠道认定39人、举荐推荐8人。

（程晓荷）

交流合作

【概况】 2020年，中关村科学城依托全国科技活动周暨北京科技周启动仪式、科博会、中国国际服务贸易交易会“海淀之夜”、HICOOL全球创新创业峰会等展览、展会和重大活动，集中展示AI产业、创新创业环境、人才政策等方面的独特优势，不断强化中关村科学城科技创新引领的形象。邀请各国驻华使领馆科技处、商务处及投资促进处代表参加，向各国展示科学城防疫科技应用，宣传科技防疫成果，协助科学城企业展示防疫产品及技术。参与筹办第七届中国国际服务贸易会海淀之夜活动，支持中关村论坛活动。与阿布扎比国际金融中心签订框架协议，支持中关村科学城科创企业开拓中东、北非金融服务和资本市场。完成2020年IASP（国际科技园区协会）会员认证工作。组织外事交流活动9批次，涉及39个国家808人；办理园区因公赴港1批1人；企业因公赴港1批1人，APEC商务旅行卡18批41人；办理外籍人员来京邀请81批148人。

（金燕）

【国际化课题研究】 年内，中关村科学城管委会完成《全球疫情叠加国际形势对中关村科学城获取国内外科技资源的影响分析报告》，预判国际国内发展形势，分析国际形势变化对科学城企业的影响，提出应对措施，做出科学决策。完成《关于新型冠状病毒疫情对中关村企业海外发展影响分析的报告》，深入分析疫中、疫后企业在国际合作和交往过程中遇到的问题。完成《中关村科学城外资企业发展报告（2020年度）》，深入了解外资企业经营情况和发展需求，加强对驻区外资企业的服务，提升外资企业营商环境，推动海淀区经济发展和中关村科学城建设。

（金燕）

【组织企业参加2020CES展】 1月7日至10日，中关村科学城管委会组织园区企业北京新奥特集团有限公司、北京华捷艾米科技有限公司等12家企业赴美参加拉斯维加斯2020CES展，涉及人工智能、智能生活、人脸识别、智能翻译、3D打印及App社交平台等领域。展会期间，在美国当地举办由美国华美资讯联盟协会代表、美国行业企业代表、美国投资和金融机构代表等多方参与的“2020中美科技企业美国市场拓展商务交流对接会”，达成意向合同40余份，金额近900万美元。

（金燕）

【国际合作与风险应对知识培训】 2月12日至10月，中关村科学城管委会在每周三举办国际合作与风险应对知识系列培训在线讲座，共举办10期16场，举办线上瑞士科技生物企业对话活动1场，累计听课人数超过4000人次。讲座以疫情对中关村企业海外发展的影响为主题，分别从境外合同约定、国际纠纷处理、企业应具备的能力、公共关系、劳务关系、企业应对策略、海归和北京市人才引进落户的政策、境外风险防范、国际贸易、企业信用风险、国际风险应对与建议、知识产权问题与解决等方面，邀请各领域专家在线为企业答疑解惑。

（金燕 程晓荷）

【国外媒体参访】 5月13日至14日，在外交部新闻司、市政府外办和市经济和信息化局共同举办的外国记者复工复产和科技防疫主题采访活动中，来自14个国家的媒体记者代表40余人到中关村科学城参访瑞萨电子（中国）有限公司、北京推想科技有限公司等企业，近距离了解检测试剂盒、先进临床设备、AI检测等高科技产品研发和生产情况。代表团成员包括CNBC，NBC，美联社，路透社，今日俄罗斯国际通讯社，法新社，德国电视二台，西班牙国家电视台，西班牙国家报，西班牙阿贝塞报，朝日新闻，日本东京广播公司，日本北海道新闻社，西日本新闻社，朝中社，朝鲜劳动新闻社，韩国联合通讯社，埃及中东通讯社，马来西亚星报，哈萨克斯坦通讯社，印度斯坦时报，联合早报等14个国家的新闻记者。

（金燕）

【“环球商机”论坛线上系列活动】 6月至12月，中关村科学城管委会拓展国际合作渠道，联合驻华使馆、国际高校、国际商会、协会等机构，举办、支持4次“环球商机”论坛线上对接活动，围绕企业需求，架设外国驻华使馆、外国商会、专业服务机构与海淀企业的桥梁，助力企业进行国际拓展。6月23日，瑞士商机活动，以线上对话形式通过采访瑞士驻华大使馆贸易与投资处主任Yves Morath、瑞士生物科技协会会长Michael Altorfer博士与中国百济神州（瑞士）欧洲医药事务部副总裁Nils Eckardt博士，让更多的人了解瑞士及瑞士的生物科技行业。7月8日，联合马来西亚驻华使馆投资局举办“马来西亚商机线上交流活动”，旨在交流马来西亚投资机会及海淀企业与马来西亚合作意向。7月2日、12月24日，分别举办“哈萨克斯坦商机对接会”活动，旨在协助中关村科学城搭建中哈数字创新平台，加深中哈双方资源对接，哈方和中方有关企业参加活动。

（程晓荷）

【阿联酋驻华大使到访】 9月1日，阿联酋驻华大使阿里·扎希里一行3人到访海淀区。副区长、中关村科学城管委会专职副主任林剑华接待，双方就科技创新领域合作、巩固中阿两国友谊等方面进行交流。林剑华向扎希里介绍海淀区的基本情况，表示海淀区愿意在国家科技创新合作的大框架下与阿联酋在人工智能等新兴科技领域全面加强科技人员交流、科技园区合作。阿里·扎希里介绍阿联酋的基本情况，表示阿方愿在人工智能、科技创新、疫苗研发等方面与海淀区进一步深化合作，加强科技人才的交流。会见后，阿里·扎希里一行到中关村壹号参观，与小马智行、微纳星空、AIBEE公司负责人交流，阿里·扎希里表示将努力促进阿联酋与海淀之间的企业交流与合作。

（金燕 钟冷）

【《海淀区企业“一带一路”走出去策略研究》报告首发】 9月8日，在2020年中国国际服务贸易交易会“海淀之夜”活动上，《海淀区企业“一带一路”走出去策略研究》报告（简称《报告》）首发，分享海淀区企业“一带一路”走出去形成的六大特点、六大支撑、对未来发展的六大展望以及给企业家们的六条建议等核心研究成果。《报告》首次梳理近五年来海淀区企业对外投资主要分布国家及产业布局情况，对“一带一路”沿线国家及签订合作协议的多个国家从地缘政治、国情优劣势、产业优劣势、营商环境等进行国别研究，深度剖析海淀区企业“一带一路”走出去未来面临的行业发展机遇与挑战，详细分析海淀区企业走出去的策略，为对外投资贸易企业应对复杂的国际经贸形势，开拓“一带一路”沿线国家业务市场提供指引，为海淀区政府未来精准施策提供决策参考。《报告》显示，海淀区拥有总部企业1141家，拥有外贸进出权的企业13138家；双自主企业209家，占全市的28.4%；上市企业230家，其中境外上市77家；科技型企业14.08万家，占全市的25%；高新技术企业超1万家，占北京市的45%；独角兽企业39家，占北京市的47.1%。《报告》指出，海淀区企业“一带一路”走出去成绩突出。中工国际参与援建尼泊尔博卡拉新机场；同方威视安检设备全球市场占有率稳居第一，90%的“一带一路”沿线国家使用同方威视安检设备；神州高铁为“一带一路”沿线50余国家班列和高铁提供运营维护；中国重型机械公司在柬埔寨建设的新水电站帮助当地人民的用电价格下降75%；四达时代通过电视机顶盒项目，让非洲30余个国家和地区的近900万人看上数字化电视节目；科技企业利用AI技术和大数据平台帮助欧洲和东南亚国家搭建本地疫情动态监控系统，有效控制当地疫情的扩散，保护当地人民的生命安全。

（钟冷）

【与阿布扎比国际金融中心签订合作备忘录】 9月8日，在2020年中国国际服务贸易交易会系列活动之一的“海淀之夜”活动中，中关村科学城管委会与阿联酋阿布扎比国际金融中心金融服务监管局中国办公室签订《国际创新投资与金融服务合作备忘录》。根据合作备忘录，阿布扎比国际金融中心将支持和参与中关村科学城科技创新发展战略和打造国际化创新生态，推动双方创新投资与融资合作以及技术、资本、信息、人才等领域深度合作。备忘录鼓励中关村科学城优秀创新企业以阿布扎比为辐射中心，开拓中东、北非金融服务和资本市场。

（程晓荷）

【“外交官走进中关村科学城”主题交流活动】 10月29日，中关村科学城管委会举办“外交官走进中关村科学城”主题交流活动。来自巴哈马、马来西亚、巴基斯坦、印度尼西亚、斯里兰卡、爱尔兰、西班牙、匈牙利、阿联酋、比利时、加拿大、澳大利亚共12个国家驻华使馆的20名外交官以及12位来自科技、商贸、投资、能源、教育等部门的外交官员参加活动。推想医疗科技股份有限公司创始人兼CEO陈宽介绍公司的创新发展及应用于医疗诊断的AI技术。各使馆外交官参观中关村示范区展示交易中心展厅，到北京纳通科技集团有限公司参观交流。12月17日，举办“外交官走进中关村科学城”——中国大使走进中关村。中国前驻巴西大使邱小琪等28名前大使、领事参观中关村壹号、北京佰才帮技术股份有限公司，并与15家企业座谈。

（程晓荷）

中关村科学城北区

【概况】 中关村科学城北区指海淀区百望山以北区域，面积235平方千米，占全区面积的54%。包括西北旺、温泉、苏家坨、上庄4个镇，下辖63个行政村，常住人口约31万人。

2020年，按照国务院批复，中关村科学城北区永丰组团、翠湖组团21.59平方千米的产业用地纳入中国（北京）自由贸易试验区科技创新片区，成为“三区”[①]政策叠加区域。制定《中关村科学城北区发展行动计划》《中关村科学城北区第二个中长期开发计划实施方案（2020年—2025年）》。累计供地9宗，总建筑规模达40万平方米。全年完成投资421亿元，其中固定资产项目完成总投资346亿元，实现建安投资75亿元；实现开复工面积557万平方米，其中新开工面积174万平方米，竣工面积100万平方米。

（韩雨华）

【规划编制】 年内，中关村科学城

① 中国北京自由贸易试验区科技创新片区、国家服务业扩大开放综合示范区和中关村国家自主创新示范区核心区。

北区启动88个街区规划指引编制，完成24个保留村简版村庄规划编制工作，推进永丰F1、F2等一批重点区域街区控规和实施方案。

（韩雨华）

【产业空间拓展】 年内，中关村科学城北区纳通医疗、神州数码、万毓项目、龙湖·云域等7个产业项目完成验收备案，释放产业空间约36万平方米。医谷产业园、气象园总部基地等18个园区产业项目进展有序。西北旺镇X2项目、温泉镇创客小镇二期工程等68万平方米集体产业空间开工建设。

（韩雨华）

【腾退安置】 年内，中关村科学城北区完成南安河、徐各庄、大牛坊、小牛坊、皇后店等村庄腾退收尾，启动西北旺镇屯佃村、永丰屯村非宅腾退，疏解非首都功能。上庄B19地块安置房交房，推进太舟坞二期安置房、上庄C02安置房等项目建设。启动上庄镇李家坟村美丽乡村新试点的规划建设研究工作，探索特色小镇发展新路径。

（韩雨华）

【配套设施建设】 年内，中关村科学城北区25个教育配套设施、北部医疗中心医疗、中粮大悦城等民生项目开工。杨家庄小学等4所学校交付使用。中关村壹号商业广场开业，"悦界"商街开街，华润万象汇、中粮大悦城建设稳步推进。永靓家园交房入住，翡翠云图、紫郡兰园、山屿湖项目进展顺利，永丰J地块共有产权房、辛店BCD地块商品房开工建设。

（韩雨华）

【市政设施建设】 年内，中关村科学城北区唐家岭路等15条次干路、支路建成通车，永丰自来水加压泵站、6座变电站等项目进展顺利，永丰调蓄水厂、环保园公交场站完工。

（韩雨华）

中关村软件园

【概况】 2020年，中关村软件园承担北京自由贸易试验区和服务业扩大开放综合示范区建设任务，成为北京市唯一国家数字服务出口基地、国际信息产业与数字贸易港和数字贸易试验区"三位一体"的重点区域；推进文化与科技融合、智慧园区、科创中国开源生态等领域，深化软硬件设施、应用场景建设。入驻企业731家，比上年增加5家；上市企业70家，比上年增加5家；收入过亿元的企业87家，比上年增加7家。在入驻企业中，有国家规划布局重点软件企业26家、中国软件百强企业16家、独角兽企业5家。新增企业从业人员1.27万人，累计9.45万人。园区企业总收入3366.3亿元，比上年增长17.3%；累计拥有知识产权65632项，比上年增加9853项，其中专利34198项、注册商标18507项、软件著作权12927项。拥有高端人才128人，比上年增加8人，其中院士17人、国务院特殊津贴16人、"科技北京领军人才"13人、"长江学者"14人、"海聚工程"17人、"高聚工程"14人、中关村高端领军人才14人。投入研发经费381.3亿元，比上年增长22.6%；企业完成科技成果转化526项，比上年增加45项。参与运营北京城市副中心设计小镇创新中心。

新冠肺炎疫情期间，中关村软件园"企业创新服务平台"联合中关村领创精准医疗推出7X24小时免费视频咨询服务，引导企业及员工缓解焦虑、有序就医，减少交叉感染风险。推出科技金融板块业务，同6家金融机构开展合作，推出8项疫情期间适合中小微企业的金融产品，免费为园区企业提供24小时对接和咨询服务。推出"北京市应对新冠肺炎疫情影响促进中小微企业持续健康发展政策专区"，发布北京市50余项应对政策，帮助企业全面了解权威信息。

中关村软件园被商务部、中央网信办、工信部认定为首批国家数字服务出口基地；获评北京市级文化产业园区示范园区。中关村软件园人才基地培训中心被北京市科委列入"2020年首批高精尖产业技能提升培训机构目录"。北京中关村软件园孵化服务有限公司被科技部火炬中心评为2019年度优秀国家科技企业孵化器。

（张蕾　梁旭）

【鞍山·中关村软件园北京孵化基地启动】 1月11日，鞍山·中关村智库人才与产业创新平台暨鞍山·中关村软件园北京孵化基地在京启动。鞍山市有关领导，北京中关村软件园发展有限责任公司董事长、北京中关村智酷双创人才服务股份有限公司（简称中关村智酷公司）董事长杨楠等领导参加启动仪式。仪式上发布《鞍山·中关村智酷人才与产业创新平台合作计划》。鞍山高新区管委会书记郑孝刚、中关村智酷公司总经理赵强与入驻企业代表签署合作协议书。该项目

10月21日，海淀区最大体量共有产权房——永靓家园交付使用（区北部办 供图）

是鞍山与中关村软件园、鞍山高新区与中关村智酷公司合作打造的“模式创新”样本，全方位、多层次、多节点建设协同创新体系，实现鞍山与中关村现代产业发展的同频共振。双方以科技人才创新与产业创新促进为核心，推进成果转化和项目落地，合力打造双创人才培养和服务的协同创新品牌。

（张蕾）

【兴谷·中关村软件园人才培养与创新创业基地签约】 1月16日，兴谷·中关村软件园人才培养与创新创业基地签约仪式在平谷区政府举行。兴谷·中关村软件园人才培养与创新创业基地由中关村软件园、兴谷经济开发区携手共建，定位为支撑平谷科技创新的核心产业基地与高端人才基地、引领平谷科技创新和产业集聚的驱动器。基地建设五大平台，为双创企业提供一站式服务，完善的产业服务体系为入驻企业和创新创业人才提供良好的发展环境。

（张蕾）

【空中校招活动】 3月30日，中关村软件园人力资源联盟发起并组织“全国重点高校大型空中双选会大信息行业专场”活动。联想（北京）有限公司、网之易信息技术（北京）有限公司、亚信科技(中国)有限公司、东软集团(北京)有限公司、汉王科技股份有限公司等156家企业参加，面向全国重点高校提供4000多个招聘需求。“空中双选会”分两场进行，上线首日点击量超2.8万人次，截至4月7日，云招聘平台总点击量突破12万人次。6月23日，中关村软件园人力资源联盟与中关村海外科技园、中关村北美创新中心联合举办“云上揽英才，集结中关村”空中校招之海外精英留学生专场。聚集联想集团、中国电信、新浪集团、神州数码、东软集团、亚信科技等20余家头部企业，面向斯坦福大学、旧金山大学、加州大学伯克利分校、佐治亚理工学院、多伦多大学等30余所北美重点高校5000余名本硕博毕业生进行空中直播招聘，为留学生提供包括管理培训生、人工智能、数据挖掘、物联网、组件研发工程师等职能岗位。

（张蕾）

【“中关村软件园智播厅”直播平台上线】 4月1日，“中关村软件园智播厅”直播平台上线，开辟政策解读、趋势洞察、企业赋能、精品公开课等栏目，打造创新、科技、前沿的价值服务平台。智播厅采取“1+N”的方式，与人民视频、新浪一直播等视频媒体联动，提升活动触达率和覆盖范围。全年举办20余场线上活动，主题包括新基建背景下的数字化趋势、工业互联网发展趋势解读、企业如何更好地获取政策支持、1分钟讲政策、中德经贸合作的机遇和挑战、企业品牌建设之商标保护策略、人机共融在中德制造业中的现状与未来等方面，累计用户超过5万人次。

（张蕾）

【“Z—ONE护航计划”启动】 5月7日，上地街道与中关村软件园联合启动“Z—ONE护航计划”。“Z—ONE护航计划”将向上地3万余家企业开放包括智能政策服务平台、人力资源联盟服务平台、产学研合作平台、共性技术支撑平台、知识产权公共服务平台、企业创新服务平台、国际化服务平台在内的七大服务平台，优化地区营商环境，赋能区域经济实现高质量发展，推动园区与区域协同发展。

（张蕾）

【中关村软件园“Z计划”项目启动】 8月4日，中关村软件园“Z计划”项目暨创新之源大赛+双创加速营活动启动。“Z计划”项目为拥有核心技术、市场竞争力和应用前景的优秀项目实现落地孵化、产业加速及投融资对接等服务。“Z计划”项目包括创新之源大赛和双创加速营活动，重点关注大数据、人工智能、5G三个细分垂直领域，为期8个月。其中，创新之源大赛已连续举办8季，是中关村软件园、中关村软件园孵化器的创投对接品牌活动；双创加速营为创新之源大赛推荐优秀项目打通资源通道，实现长期跟踪多维服务。“Z计划”项目实现赛营合一，贴身孵化、专业投资，专业投融资机构全程跟进，最高百万元奖励的专业孵化服务包加速提升，激发创新活力，打造中关村孵化投资一体化的孵化新生态。中国科学院院士、清华大学副校长、北京量子信息科学研究院院长薛其坤，中国科学院院士、西北工业大学常务副校长黄维等担任导师。设立5亿元规模的“Z计划”项目专项基金，首期1亿元，聚焦以5G、人工智能代表的新一代信息技术，沿产业链布局，挖掘核心技术，为“金种子”企业天使轮和A轮融资提供金融助力。

（张蕾）

【首届“科技向北”系列品牌活动】 9月9日至30日，北京中关村软件园发展有限责任公司举办首届“科技向北”系列品牌活动。该活动是首次

8月4日，中关村软件园“Z计划”项目启动（中关村软件园 供图）

对标国际品牌活动而举办的“科技＋文化＋音乐＋运动＋电竞”跨界融合的品牌盛会，包含创新之源大会、中关村5G智慧园区场景赛、中关村5G工业互联网专题赛、工业互联网高峰论坛、智•SPACE等一系列硬科技活动及科技音乐节、电竞大赛等人文活动。

（张蕾）

【中关村软件园5G场景赛决赛】 10月30日，由中关村科技园区管理委员会、北京市科学技术委员会、北京市经济和信息化局、北京市通信管理局主办，中关村软件园、中国信息通信研究院承办的以“5G新势力，科技赋能园区”为主题的2020中关村5G创新应用暨中关村软件园5G场景赛决赛在中关村软件园举行。20家企业以8分钟展示+4分钟答辩的方式，呈现5G在应用场景中的优秀前沿技术应用与实践成果。5名从商业性、科技性、创新性三大方面评估参赛方案与产品。北京路凯智行科技有限公司、中国电信股份有限公司北京分公司＆华为技术有限公司联合申报项目、中国移动通信集团云南有限公司、新石器慧通（北京）科技有限公司等12家企业分别获最具投资价值奖、最佳科技成果奖、最佳创新创意奖。

（张蕾）

【“中关村创新领航者计划”启动】 11月28日，北京中关村智酷双创人才服务股份有限公司启动“中关村创新领航者计划”，举办2020年第一期“中关村创业服务+”金种子实训营开学典礼。金种子实训营课程跨度6个月，每个月集训一次，打造“导师咨询＋实操训练＋产业分析＋资源赋能＋合作探索”为一体的金种子企业深入服务体系，助力学员能力成长、资源进阶和企业创新发展。实训营邀请中关村知名企业家、国际投资人、联合会计师事务所、律师事务所等专业机构，围绕企业战略规划、资本市场对接、上市过程辅导等需求提供重点辅导，切实解决创业企业实质性难题。

（张蕾）

【北欧项目路演活动】 12月3日，由中关村软件园主办、中关村芬兰创新中心和中关村软件园孵化器承办的北欧项目路演活动在中关村软件园孵化器路演大厅（线下）与中关村软件园智播厅（线上）举行。来自5家投资机构的40余名顶尖专家出席线下活动，6家北欧科技企业代表采用多地同屏方式跨国参会，逾千名创新创业者、投资者和科技发烧友在线参与。路演活动以“科创力量链接世界”为主题，选择来自北欧的创新高科技项目，搭建“线上＋线下”“双线融合”路演平台，邀请国内外顶尖专家联线互动，共同探讨前沿科技创新，探讨参与路演的国际项目与国内资源和市场的对接。全球独家台式TEM（透射电子显微镜）、世界第一家零排放数据服务中心、区块链技术下的无偏信息及社交平台等6个项目进行路演。

（张蕾）

【中关村大数据日暨数字经济融合创新发展论坛】 12月11日，由中关村管委会、中国科协科学技术传播中心、中关村发展集团、中关村科学城管委会和北京市科学技术协会联合主办，中关村软件园和中关村大数据产业联盟承办的2020中关村大数据日暨数字经济融合创新发展论坛在中关村软件园举办。论坛聚焦全球数字经济发展格局变化和我国开源生态体系构建，以“开源共享 生态赋能”为主题，以“科创中国”开源试点为契机，打造科教新区、创新社区、产业园区“三区联动”的开源创新基地，促进科技经济深度融合。中国工程院院士邬贺铨、清华大学经济管理学院党委书记兼副院长陈煜波作主题报告，深度解析数字经济发展。论坛发布中关村数字经济引领发展路线图、中关村数字经济健康发展公约、AI-Rank面向产业应用的AI开源评测基准。中关村软件园“科创中国”开源创新示范基地揭牌，授予新一代人工智能底层开源深度学习平台、计算机视觉开源开放协同创新平台、智慧医院协同创新平台、人工智能产业应用协同创新平台、AI标准评测和数据分享平台5家平台为“中关村高精尖产业协同创新平台”。

（张蕾）

11月28日，中关村创新领航者计划启动（中关村软件园 供图）

中关村科学城指挥部

【概况】 2020年，中关村科学城指挥部辖6个分指挥部，固定资产投资项目总计38个，完成投资190.63亿元。其中，玉渊潭地区分指挥部固定资产投资项目6个，实际完成投资2.02亿元；东升地区分指挥部固定资产投资项目为7个，实际完成固投投资82.82亿余元，其中完成建安投资11.37亿元；中知学地区分指挥部承接项目13个，实际完成投资22.54

亿元；四季青镇分指挥部固定资产投资项目8个，其中科学城平台5个，“三山五园”平台3个，总投资44.8亿元，实现纳统约67.8亿元，完成率约151.3%；西三旗地区分指挥部固定资产投资项目4个，实际完成固定资产投资15.4亿元，建安投资10.2亿元。北下关分指挥部无项目。

（林琳）

【玉渊潭地区建设】 年内，玉渊潭地区分指挥部固定资产投资项目6个，实际完成投资2.02亿元。

阜石路仁和商务楼项目。计划投资201.74万元，完成人防、消防验收。完成产值174.05万元。

阜石路东商务楼项目。计划投资1802.13万元，完成人防、消防、规划、建委四方验收，实现竣工。完成产值259.95万元。

阜石路敬老院项目。计划投资2878.85万元，完成人防、消防、规划、建委四方验收，实现竣工。完成产值140.74万元。

西南饭店改造项目。计划投资11987万元。项目精装修各标段达到初验条件；完成室外园林道路铺装，完成树木栽种；进行五金、灯具的安装，配合消防、弱电调试；人防工程通过验收，准备消防、节能、消检、电检等检查、验收工作。完成投资8811.84万元。

玲珑巷又一村回迁安置房项目。计划投资16093万元，实现投资10859万元。完成1#楼、2#楼首层防护栏安装，单元门门头完成80%，消防栓门安装完成50%，无障碍坡道扶手完成50%。机电设备安装完成90%。园林景观完成90%，道路基础完成，围墙基础完成。

半壁店拆迁项目。计划投资1400万元。腾退拆除承租户面积5.28万平方米，占总建筑面积的92%；疏解外来人口3450余人，完成绿化面积80%。因租户拒不腾退，实现投资0万元。

（胡蝶）

【东升地区建设】 年内，东升地区分指挥部有固定资产投资项目为7个，计划固投投资90亿元，实际完成固投投资82.82亿余元。其中计划建安投资20亿元，完成建安投资11.37亿余元。

东升科技园集体租赁房项目。前期手续全部取得，工程上A地块主体结构封顶，B地块主体结构四层；东升科技园三期回迁安置房（京昌路楔形绿地棚改一期）工程进行外墙保温、楼梯涂料、小市政等工程建设，办理征地手续，同步开展建设工程规划许可证办理。

东升科技园二期集体产业项目。取得规划初审意见、立项、会商意见函、规证、施工准备函等手续；进行施工总承包单位的招标工作以及建设工程施工许可证办理的准备工作。进行土方施工。

东升科技园三期集体产业项目。取得规划、用地预审、立项、占地批复、集体土地使用权证、施工准备函等手续。现场开展土护降施工。

清河市场集体租赁房项目。取得占地批复、立项、预审、初审意见、会商意见、施工准备函等手续；办理建筑工程规划许可证及土护降施工；

马坊村集体租赁房项目。取得占地批复、立项、预审、初审意见、施工准备函等手续；对接多规合一会商相关手续工作，进行土护降施工；

永泰安置楼项目B地块项目。取得建设工程规划许可证，施工许可证等手续，进行土方施工。

（李珠峰）

【中知学地区建设】 年内，中知学分指挥部协调推进13个项目建设，实际完成投资22.54亿元。北京大学6个项目，清华大学5个项目，中国农业大学、北京科技大学各1个项目。

北京大学6个项目。肖家河住宅项目：总建筑规模88.8万平方米，完成建安投资1.4亿元，完成H，J，F，G，E' 地块施工，E'' 地块6栋楼和车库主体工程。完成北京大学实验设备2号楼总建筑规模2.18万平方米四方验收交工。完成北京大学餐饮综合楼项目总建筑规模3.46万平方米竣工验收。完成北京大学国家发展研究院项目，总建筑规模2.72万平方米项目。完成北京大学景观设计学大楼总建筑规模2.2万平方米收尾工作。完成北京大学医学部医药科学园区综合楼一期项目总建筑规模8.3万平方米，内部及机电安装90%，外装基本完成。

清华大学5个项目。清华大学经管学院扩建及三创项目，总建筑规模6.6万平方米，幕墙完成90%，室内机电和精装修完成80%。综合实验楼项目，总建筑规模14.1万平方米，完成结构施工及地上9层施工工作。清华大学北体育馆项目，总建筑规模3.82万平方米，完成土建施工，进行钢结构施工。清华大学新土木馆项目，总建筑规模2.65万平方米，完成结构施工，进行地下二层结构及机电安装施工工作。清华大学物理楼项目，总建筑规模4.2万平方米，进行出土工程施工工作。

中国农业大学留学生与专家公寓项目，总建筑面积2.19万平方米，2020年8月开工(预计2022年9月完工)施工。

北京科技大学工程实践基地二期项目，建筑面积1.43万平方米，2021年1月报系统进行初审，等待审图所的初审意见。

（熊疆）

【四季青地区建设】 年内，四季青地区分指挥部有固定资产投资项目共计8个，其中科学城平台5个，三山五园平台3个。总投资44.8亿元。其中巨山创意园项目3.5亿元，宝山村棚改项目15亿元，常青安置房项目4亿元，常青产业项目4.5亿元，医物园养老项目6000万元，香山一期安置房项目7亿元，双新棚改项目3.2亿元，“三山五园”地区（东西红门、荷叶山）环境整治项目7亿元。8个项目共实现纳统67.85亿元，完成率151.45%。

巨山创意园项目。位于四季青镇巨山村，用地性质为绿隔产业用地，建设用地面积3.78公顷，建筑使用性质为绿隔产业用房，总建筑面积138635.05平方米(其中地上建筑面积75623.84平方米，地下建筑面积

63011.21 平方米）。

取得海淀规自委颁发的规划条件、区发改委立项核准批复、“多规合一”协同平台综合会商意见函、建设工程规划许可证，完成土地出让合同签订并补缴出让金。7 月 29 日开始土方施工，全年完成固定资产投资约 12.47 亿元（包含建安费、土地出让金）。

宝山棚改项目。位于四季青镇宝山村，项目四至范围：东至 101 铁路，南临阜石路，西至什邡南路，北临田村路。总用地面积为 22.18 公顷，其中建设用地面积约 15.7 公顷，地上总建筑面积 32.9 万平方米。项目为“一会三函”项目，一标段三函已齐全，办理立项手续，一标段工程进行地下基础底板施工。全年完成固定资产投资约 2.53 亿元（包含建安费、部分拆迁款）。

常青安置房项目。位于四季青镇常青村，用于安置常青东冉村村民 1098 人及西山杜家坟村未安置村民 307 人。项目四至：东至常青路，南至部队用地，西至常青西路，北至东冉北街。该项目总用地面积为约 6.4 公顷，其中建设用地面积约 5.35 公顷，容积率 1.5，地上建筑面积约 8 万平方米。取得“一会三函”手续、多规合一初审意见函、选址意见书、立项、园林手续。办理征地、多规合一综合会商意见函，待取得土地手续后办理规证。主体结构已施工至地上 2 至 4 层，局部 6 层。全年完成固定资产投资约 10.19 亿元（包含建安费、部分拆迁款等）。

常青产业项目。位于四季青镇常青村，四至范围：东至区政府第二办公区，南至东冉北街，西至互联网金融产业园，北至变电站办公用地。项目总用地面积 71450.77 平方米，总建筑面积 172160 平方米。取得建设主体授权、规划条件、立项批复、规自海淀分局“多规合一”协同平台综合会商意见函、工程项目施工准备函，完成地勘、文堪、设计招标、园林绿地占补平衡手续。完成环评报告的编制与公示工作，但因不符合水源保护地相关要求，未取得环评批复，导致项目建设用地占地手续陷入停滞，后续工程规划许可证、不动产登记、总包招标等手续无法办理。工程进行土方施工，全年实现投资约 1 亿元，但因规划许可证、总包招标等手续无法办理，无法实现纳统。

巨山医物园养老项目。位于四季青镇巨山村，总用地面积 54715 平方米，其中建设用地面积 34626 平方米。总建筑面积 13.35 万平方米，其中地上建筑面积 6.92 万平方米，地下建筑面积 6.43 万平方米。主要建设内容包括养老设施用房。项目为“一会三函”项目，取得规划条件、用地预审、立项批复。完成文勘、环评，设计方案通过专家评审，11 月底取得“二函”。未实现纳统。

香山一期安置房项目。位于四季青镇祁家村，东至巨山路，西至祁家村西一路，南至祁家村南街，北至祁家村北路。总建筑面积约 58 万平方米，其中地上 34.3 万平方米，容积率 1.6，高度 18 米（局部 24 米）。取得“一会三函”、申报征地手续，办理耕地占补手续，C 地块进行地下室施工。全年完成固定资产投资约 9.24 亿元（包含建安费、部分拆迁款、周转费）。

双新棚改项目。位于四季青镇双新村，四至范围：东至规划北辛庄东路、南至双新园南区，西至双新园北区，北至规划双新村北街。规划建设用地约 12.5 公顷，容积率 1.51，地上建筑面积约 18.86 万平方米。双新平衡资金用地约 10.58 公顷，容积率 1.05，地上建筑面积约 11.1 万平方米，用于平衡项目总成本约 64.4 亿元。取得一会三函、安置房规划条件、多规初审及会商意见等手续；回迁房一标段 4 栋楼全部封顶，正在进行二次结构施工。全年完成固定资产投资约 26.89 亿元（包含建安费、部分拆迁款、周转费）。

“三山五园”地区（东西红门荷叶山）环境整治项目。位于四季青镇香山村，拆除范围：东至玉泉山西墙，西至香泉环岛，南至玉泉山路，北至五环路，拆除房屋及地面硬化约 26 万平方米，拆除后实施简易绿化。安置房位于香山一期安置房 1 地块、C 地块部分住宅楼。全年完成固定资产投资约 6.55 亿元（包含建安费、部分拆迁款、周转费）。

（王雪）

【西三旗地区建设】 年内，西三旗地区分指挥部推进街区责任规划师试点，与北京清华同衡规划设计研究院有限公司合作编制《西三旗整治提升规划》，做好产业升级、空间整合、品质提升三大项 10 个细分项系统规划，并衔接街区控规编制。建设完成西三旗健身步道一期、中国电力科学研究院有限公司南侧公园、法制公园、水二街背街小巷整治等重点街区规划项目。推进中关村西三旗（金隅）科技园项目建设，一期实现全面结构封顶、地上二次结构砌筑等，二期取得土护降施工准备函手续并实现开工。推进华润万象汇项目。全年完成固投任务 15.4 亿元、建安投资 10.2 亿元。

（周天）

中关村西区

【概况】 2020 年，中关村西区有建成楼宇 75 座，企业 1.1 万余家，从业人员约 10 万人。中关村西区占地面积 95 公顷，东起中关村大街、西至苏州街、南起海淀南路、北至北四环路。完成鼎好电子市场疏解任务，疏解商户 440 户，疏解人口 800 人。中关村西区以社区防控和楼宇防控为重点，完成疫情防控各项任务。累计检查企业 5 万余家次，发现问题 500 余个，要求企业现场整改落实。机关干部下沉苏州街路社区参与疫情防控值守 120 天。

（孙杰）

【新型城市形态建设】 年内，中关村西区推进 5G 建设，通过升级和新建等方式，在 15 座大厦、22 个路灯杆和交通杆等点位搭设 5G 基站，覆盖全西区范围。推进交通综合治理项目，完成交通科技工程开发，海淀交通支队指挥平台处于试运行阶段，中心控制机房建成并投入使用。完成中钢、e世界、中关村大厦、新东方大厦、互联网金融中心等楼体夜景照明工作，完成17条道路、430余棵灯杆“多杆合一”工作。完善北京市最新的无障碍设施系统，涉及大修道路18条，共11万平方米；开展架空线入地工作，涉及道路6条，敷设高压管线路约2500米，减少高低压线缆约1万米，拔除杆线80余棵。完成中关村邮局南楼、转角楼、北楼外立面改造，有序推进鼎好和四通大厦外立面改造。

（孙杰）

【企业服务】 年内，中关村西区审核企业2229家。到微软、汽车之家、旷视科技、商汤科技等重点企业开展走访交流21次。西区创新创业服务站公众号发布信息220余篇，覆盖群体10万余人。

（孙杰）

【中关村西区环境提升】 年内，中关村西区共出动2.3万余人次，机械作业3200余车次，清理垃圾1000余吨，清理小广告3万余张/处。投入巡查车辆730台次、巡查人员730人次，25条城市道路完成零、小、中修项目246项，维修工程量3528平方米。补植大叶黄杨6.2万株、女桢1.3万株、萱草4.2万株、法桐16棵、银红系8棵，C区花园、A区花园和中关村广场补植丹麦草1600平方米。

（孙杰）

新冠疫情防控

【概况】 2020年，中关村科学城管委会抽调102人组成13个巡查小组，对中关村软件园、东升科技园、北航科技园等45个园区进行全覆盖、不间断、无死角巡查指导。累计走访企业5331家次，填报巡查记录6321条，收集企业需求262项、总结并推广防控工作亮点做法187项，发现问题513项，提出意见建议254项。对所发现问题做到简单问题“不过夜”、复杂问题协同联动限期完成。北京核信锐视安全技术有限公司、卡尤迪生物科技（北京）有限公司、第四范式（北京）技术有限公司、北京百度网讯科技有限公司、北京四维图新科技股份有限公司5家企业获评全国工业和信息化系统抗击新冠肺炎疫情先进集体。

（吴茜 程晓荷）

【应急物资保障体系建设】 年内，中关村科学城管委会、区卫健委、区商务局、区发改委、区财政局、区市场监管局、区应急局等部门围绕重点救治药品、医疗防护物资、医疗救治设备3个方面，提升防疫应急物资储备能力，支持民营企业保留应急物资生产线，针对实物储备建立动态、可调控的战略储备机制，为疫情防控应急物资保障体系建设提供有力支撑。应急物资保障体系建设资金共支持11家企业，支持金额3600万元。

（程晓荷）

【离京返京人员信息登记系统应用】 1月28日，为应对大量返京员工的防控管理难题，中关村科学城管委会依托园区企业北京致远互联软件股份有限公司用最短时间搭建完成线上离京返京人员信息登记系统，为25万余家企业构建海量数据采集上报平台。1月31日在全区各政府机关和企业中正式推广。按照北京市统一部署，紧急开展全区406家规模以上企业员工离京返京情况统计，核对200余家企业的工作人数信息，督促企业每日报送企业员工疫情信息，统计核查企业信息近10万条。累计8.3万余家企业填报，覆盖返京人员近80万人次。

（吴茜）

【防疫物资生产保障】 2月，中关村科学城管委会为纳通生物科技(北京)有限公司、海杰亚（北京）医疗器械有限公司、北京赢冠口腔医疗科技股份有限公司等防疫物资生产企业开辟绿色审批通道，迅速建立多条口罩生产线；协调解决北京航天长峰股份有限公司、北京核信锐视安全技术有限公司等防疫物资生产企业问题，确保原材料和设备供应，累计加急办理企业应急生产资质等相关事项12项，协调应急物资紧缺生产防疫物料的函17份。对在海淀有工厂的制造业企业进行全覆盖检查，累计调研工业企业2200余次，协调解决企业复工复产中的问题和困难。

（程晓荷）

【社区疫情防控与督查】 2月至5月，中关村科学城按照市、区委组织部相关部署要求，启动“双联系”“双报到”应急响应机制。组建12个战时防控临时党支部，下沉对接12个社区参与防疫值守，累计值守172天6100余人次，共计20848小时，收到感谢信9封、锦旗6面。5月至12月，按照北京市、海淀区社区防控组关于开展社区（村）防控督导检查通知和“成员单位包街镇”的要求，在全国两会、三级应急响应、二级防控标准和秋冬季社区（村）疫情防控督导检查期间，对花园路街道26个社区、112个小区开展督导检查，累计参加督导检查76天、230余人次。

（程晓荷）

【4举措助力复工复产】 3月3日，中关村科学城管委会针对企业复工复产面临的资金链、供应链、用工人员3个方面问题，发布落实4项举措，有力有效推进企业疫情防控和复工复产。第一时间贯彻落实市级关于复工复产物资保障、中小微企业服务等5项政策；研究制定5项区级政策申报指南，3月上旬发布实施，涉及激励企业参与技术防疫、支持企业科研攻关等方面。启动3项区级特色政策，对缓解企业资金链紧张等问题起到积极作用。持续开展企业需求征集，协调口罩、酒精、消毒液、体温测量仪等防疫物资购买渠道，全面做好企业疫情防控和复工复产物资保障。助力企业业务拓展，联合中关村海兴促进会“一带一路”产能合作中心、中关村高新技术企业海外发展联盟等举办系列线上讲座活动，努力为企业搭建业务和产业海外拓展平台。协调解决用工问题，与企业建立“一对一”负责制，实现对45个园区和771栋园区楼宇全覆盖，通过协调物资、指导科学防疫

等，帮助企业有序复工；协调市级层面进一步加大统筹，建立市级协调机制，解决跨省、跨地重点工业企业或生产厂线的人员返工、返程问题，有效推进复工复产。

（程晓荷）

【技术防疫专项支持】 4月3日，中关村科学城管委会鼓励企业利用人工智能、云计算、大数据等技术手段和信息化系统，参与海淀区和武汉市新型冠状病毒肺炎疫情防控工作。支持北京推想科技有限公司新冠肺炎CT影像人工智能辅助诊断、北京百度网讯科技有限公司AI测温系统等90个项目，支持金额2863万元。

（陈琦斐　程晓荷）

【设立中关村科学城商务服务中心】 4月19日，中关村科学城商务服务中心在裕龙国际酒店设立，支持中关村科学城企业疫情期间开展商务谈判、签约等商务活动，并为商务活动相关的进京人员和出京返京人员住宿、餐饮等必要生活保障，实现商务活动短期进出京人员“全闭环、全流程”管理。

（吴茜）

【防疫科研攻关和应急生产专项支持】 5月19日，中关村科学城管委会制定并发布《2020年海淀区防疫科研攻关和应急生产专项申报指南》，支持企业应急生产口罩、防护服、红外人体测温仪、额温计、负压设备、呼吸机、消杀用品等防疫物资；支持企业科研攻关，开展新冠肺炎快速检测试剂、疫苗、创新医疗器械或特效治疗药物研发。防疫科研攻关和应急生产专项共支持纳通生物科技（北京）有限公司、海杰亚（北京）医疗器械有限公司、北京航天长峰股份有限公司等16家企业，支持金额1600余万元。

（程晓荷）

【组织第三阶段疫苗接种】 9月至10月，中关村科学城管委会配合全市疫苗接种工作安排，统筹组织海淀区第三阶段疫苗接种工作。重点保障冷链物流人员、从事低温食品等存储配送及经营的一线工作人员等人群，共计完成4961人次的接种任务。

（田京京）

【百姓宣讲巡讲活动】 12月1日，中关村科学城管委会组织机关各党支部、所属高新技术企业110余名代表参加海淀区“致敬伟大抗疫精神”百姓宣讲团走进中关村科学城巡讲活动。来自海淀疾控中心、海淀置业、旷视科技、云知声、北下关街道的5位宣讲团成员，用切身经历传达“人民至上、生命至上”的伟大抗疫精神。

（程晓荷）

“两区”建设

【概况】 2020年9月7日，《国务院关于深化北京市新一轮服务业扩大开放综合试点建设国家服务业扩大开放综合示范区工作方案的批复》公布，原则同意《深化北京市新一轮服务业扩大开放综合试点建设国家服务业扩大开放综合示范区工作方案》。9月21日，国务院印发《北京、湖南、安徽自由贸易试验区（简称自贸区）总体方案及浙江自由贸易试验区扩展区域方案的通知》，至此，中国自贸区数量增至21个。北京自贸区的实施范围119.68平方千米，涵盖3个片区，其中科技创新片区31.85平方千米、国际商务服务片区48.34平方千米（含北京天竺综合保税区5.466平方千米）、高端产业片区39.49平方千米。9月27日，中国（北京）自由贸易试验区科技创新片区挂牌。

2018年，海淀区被认定为北京市服务业扩大开放综合试点示范区，累计推出109项举措，其中全球健康药物研发中心等48个重点项目落地或取得突破性进展。2019年，在信息、科研、金融、教育等重点领域服务业增加值占比七成以上，经济增长贡献超过八成，实际使用外资61.5亿美元，全市占比43.3%，居首位。

2020年，海淀区围绕“两区”① 建设，成立领导小组和工作专班，研究制定“两区建设工作方案”和“自贸区组团实施方案”，完善工作推进机制，加强政策宣讲阐释，探索“专利盒”制度、数字贸易港建设、“监管沙盒”创新等先行先试制度，加快推进重点制度创新、进一步强化政策清单、空间资源清单、目标企业清单的“三单”管理，梳理政策清单31项、空间资源清单125项、目标企业清单61家，一批产业基础设施和重大平台项目落地，形成国家服务业扩大开放综合示范区、自贸试验区科技创新片区、中关村国家自主创新示范区政策叠加效应。

至年底，“两区”建设的40余个重点项目落地或取得突破性进展：全国首家中小企业续贷中心被称为普惠金融“北京模式”；天智航样机制造平台已突破中试阶段，选址金隅智造工场；环保园智能网联建设完成，网联车辆测试常态化；全球健康药物研发中心正与北大、清华等6家单位合作，开展新冠病毒、结核病等疾病的研究和试验筛选工作；科兴生物新冠疫苗形成年产3亿剂以上产能，正在巴西进行三期临床试验。中国（北京）自由贸易试验区科技创新片区海淀组团新增工商注册企业数541家，其中新增内资企业534家，外资企业7家。新增内资企业注册资本575382.88万元；合同外资金额12246.73万美元，实际使用外资金额409.07万美元。自贸试验区科技创新片区海淀组团共有企业3万余户，实现销售收入1508亿元，同比增长近16%；贡献税费78亿元。

（钟冷　刘雅丽　张小芸）

【中关村科学城北区高能级高质量发展新闻发布会】 5月18日，中关村科学城管委会召开中关村科学城北区高能级高质量发展新闻发布会，发布《关于中关村科学城新时期再创业再出发提升创新能级的若干措施》（简称《措施》）。《措施》主要内容包括做好“四个对接”，强化“四个聚焦”，加快实现“四个升级”。“四个对接”即：紧密对接全球科技创新和产业变革的新趋势，紧密对接国家和北京市关于科技创新的战略布局，紧密对接中关村科学城创新主体需求，紧密对接“两新两高”战略。“四个聚焦”即：聚焦建设具有全球影响力的全国科技创新中心核心区战略目标，聚焦科技创新出发地、原始创新策源地、自主创新主阵地的发展定位，聚焦掣肘区域创新发展的痛点、难点问题和各类创新合伙人迫切需求，探新路、破难题、补短板、强优势，聚焦更加充分发挥地方党委政府的组织优势和服务优势。“四个升级”即：通过思维模式，体制机制，服务理念，组织模式的再探索，再创新，聚焦若干重点突破方向，探新路、破难题、补短板、强优势，大尺度重构创新生态体系，实现基础研究能力和成果转化驱动力升级，实现高精尖产业主导能力升级，实现“创新雨林”生态优化升级，实现先行先试制度示范能力再升级。

（程晓荷）

【中国（北京）自由贸易试验区科技创新片区挂牌】 9月27日，海淀区政府和昌平区政府在中关村壹号举行中国（北京）自由贸易试验区科技创新

9月27日，中国（北京）自由贸易试验区科技创新片区挂牌（区商务局 供图）

① 国家服务业扩大开放综合试点示范区、中国（北京）自由贸易试验区。海淀区“两区”专指海淀服务业扩大开放综合试点示范区、中国（北京）自由贸易试验区科技创新片区海淀组团。

片区挂牌仪式，国综航港、航天宏图、益莱生物、瑞格星辰等 9 家重点企业签约入驻。中国（北京）自由贸易试验区科技创新片区总面积 31.85 平方千米（含内部道路面积 0.23 平方千米，长度 3.3 千米），包括中关村科学城北区 21.59 平方千米和昌平生命谷周边可利用产业空间 10.26 平方千米。海淀组团涵盖翠湖科技园、永丰基地及周边可利用产业空间，东至海淀区界、西至西六环路，南至京密引水渠北侧路、邓庄南路，北至翠湖地路。科技创新片区是海淀的战略腹地和发展纵深，初步形成“一心双组团、两核四节点”的空间发展格局，成为承载高端科技创新功能、培育高精尖产业、推动高质量发展的强大引擎，聚集用友、华为、龙芯、兆易创新、小马智行等企业两万余家。按照功能定位，科技创新片区将重点发展新一代信息技术、生物与健康、科技服务等产业，打造数字经济试验区、全球创业投资中心、科技体制改革先行示范区。

（刘雅丽　钟冷）

【参展进博会推介“两区”建设】 11 月 4 日至 10 日，第三届中国国际进口博览会在上海举办，海淀区组织 290 余家企业参会。在 5 日的北京主题日上，海淀区特聘区长助理靳晖介绍海淀“两区”建设的基本情况，推介海淀区科技创新生态，并邀请企业积极参与海淀区“两区”建设。在“两区”建设政策方面，海淀区将聚焦两方面试验任务：建设“国际信息产业和数字贸易港”，将立足中关村软件园，构建安全便利的国际互联网数据专用通道；利用海淀区数字领军企业总部云集的优势，帮助中国的数字企业走出去、外国的数字企业走进来，力争将数字贸易港打造成为国际领先的“数字特区”。强化知识产权运用保护，将充分各项政策，让研发中心成为企业财富的源泉，让科研人员的价值得到最充分的体现。

（钟冷　杨换杰）

【中关村科技企业高质量发展创新平台签约】 11 月 16 日，在 2020 中关村科创金融论坛上，由上海证券交易所上市服务中心、清华大学经济管理学院中国金融研究中心、北京基金业协会、中关村并购发展促进会、首创担保和海科金集团等共同发起的中关村科技企业高质量发展创新平台签约成立。该平台以科技创新为核心，以资本助推科技企业高质量发展为目标，通过开展 IPO 加速计划、智能并购服务、科技金融智库等工作，促进资本与科技的深度合作。

（程晓荷）

【“两区”建设工作专题会】 12 月 14 日，于军主持召开“两区”建设工作专题会。会议传达蔡奇、陈吉宁在“两区”建设现场推进会暨“两区”工作领导小组第一次会议上的讲话精神，听取海淀区“两区”建设工作进展情况的汇报，研究“两区”建设工作方案以及中国（北京）自由贸易试验区科技创新片区海淀组团实施方案。

（钟冷）

【“两区”建设重点项目签约揭牌】 12 月 28 日，由中关村科学城牵头主办的 2020 年海淀区推进“两区”建设重点项目签约揭牌仪式在中关村国家自主创新示范区展示中心举行。融通科学研究院、英国 Graphcore 中国总部、奇绩创坛、红杉中国数字科技创新中心等 9 个央企项目以及前沿科技企业、创新平台、金融企业落地签约。全市首家自贸试验区银行——中国农业银行股份有限公司北京自贸试验区分行和由海淀区政府支持、龙头企业和院校联合打造的中关村人工智能学院同时揭牌。

（程晓荷）

【中关村人工智能学院揭牌】 12 月 28 日，在 2020 年海淀区推进“两区”建设重点项目签约揭牌仪式上，中关村人工智能学院揭牌成立。区委常委、政法委书记、区委办主任吴计亮，中关村创新研修学院院长柳进军联合创新合伙人企业百度公司、小米科技公司、中科寒武纪科技股份有限公司、北京旷视科技有限公司、北京快手科技有限公司、北京智源人式智能研究院共同为中关村人工智能学院揭牌。中关村人工智能学院是由区委、区政府支持，以人工智能产业人才需求为导向，面向北京市乃至全国，以中关村创新研修学院为办学主体，联合龙头企业和院校共同举办的一所选培结合、产教融合、短期培训为主、非学历的新型人工智能学院。

（程晓荷）

【全市首家自贸试验区银行落户海淀】 12 月 28 日，在 2020 年海淀区推进“两区”建设重点项目签约揭牌仪式上，中国农业银行北京市分行揭牌成立中国农业银行股份有限公司北京自贸试验区分行（简称北京自贸试验区分行），这是国务院批复设立的北京自贸试验区以来的首家自贸业务专营银行机构。作为服务北京地区自由贸

12 月 28 日，2020 年海淀区推进“两区”建设重点项目签约（张洪军　摄）

易试验区和服务业扩大开放综合示范区“两区”建设的重要金融机构，自贸试验区分行将在立足科创金融服务的基础上，将辐射整体“两区”建设服务，加大金融产品和服务创新，提供加大信贷投放、扩大内部授权、提升资金保障、完善渠道布局、充实人员队伍、优化专属考核等各类支持，以金融要素创新助力首都经济发展。

（钟冷）

【《海淀区“两区”建设工作方案（2020—2021）》印发】 12月31日，海淀区“两区”建设领导小组办公室印发《海淀区“两区”建设工作方案（2020—2021）》（简称《工作方案》）。《工作方案》提出工作目标：与新基建、新场景、新消费、新开放、新服务“五新”建设汇成合力；先行先试一批科技体制改革政策、产业政策、财税政策、金融政策，招商引资重大项目实现突破；探索建设国际信息产业和数字贸易港，“1+N”引领产业集群发展；打造全球创业投资中心；建设具有全球影响力的科技创新中心。提出“4+3+5”的任务目标：“4”是加快推进四项重点制度创新政策落地，包括建设国际信息产业和数字贸易港、强化知识产权运用和保护、营造创新创业生态、深化金融领域开放创新；“3”是重点推进信息业、医药健康、科技服务三大重点产业发展，以“制度创新＋重点平台项目”提升产业开放生态；“5”是探索“重点园区＋主导产业＋项目带动”开放新模式，北京自贸试验区科技创新片区、中关村软件园、东升科技园、中关村西区、清华科技园五大重点示范园区多点发力推动“云团式”产业链集群开放。提出五项保障措施。

（钟冷　刘雅丽　程晓荷）

【《中国（北京）自由贸易试验区科技创新片区海淀组团实施方案》印发】 12月31日，海淀区“两区”建设领导小组办公室印发《中国（北京）自由贸易试验区科技创新片区海淀组团实施方案》（简称《实施方案》）。《实施方案》包括科技创新片区海淀组团基本规划情况、未来3年发展目标、主要任务和举措、保障措施4个方面的内容。基本规划情况：用地面积21.59平方千米，建筑规模总计约1840万平方米；优势产业以科学研究和技术服务业、信息传输、软件和信息技术服务业为主，并涵盖新一代信息技术产业、医药健康、高端装备和智能制造等行业。5项未来3年发展目标：科技创新成为最亮底色，数字贸易港建设“1+N”引领产业集群发展，建设具有全球影响力的金融科技创新中心，功能性机构和人才引进推升国际性，探索“2+1”三区联动共建机制创新。7项主要任务和举措：推动高水平的投资贸易自由化便利化，着力推动创新驱动提质增效，全面推进数字经济和数字贸易发展，高质量发展优势特色产业，深化金融领域开放创新，探索京津冀协同发展新路径，打造国际一流营商环境。《实施方案》还提出5项保障措施。

（钟冷　刘雅丽）

“三山五园”历史文化景区

2021

北京海淀年鉴

综述

“三山五园”是北京西郊海淀中部一带、以清代皇家园林为代表的各历史时期文化遗产的统称，主要包括万寿山、香山和玉泉山，颐和园、静宜园、静明园、畅春园和圆明园。

2012 年 9 月，海淀“三山五园”历史文化景区建设被写入北京市第十一次党代会报告，此项工作开始启动。2019 年，海淀区构建以“三山五园”为核心的整体历史文化保护体系，实施最严格的红线管控，以提升文化软实力，要初步建设成为具有世界影响力的文化中心城市的重要功能区、历史文物保护区、恢复古都风貌代表区、科技与文化融合发展示范区和世界高端旅游目的地。

“三山五园”历史文化景区东起地铁 13 号线和京密引水渠，西至海淀区界，北起西山山脊线和北五环，南至北四环和闵庄路，总面积 68.5 平方千米，包括三大板块，即香山地区（以南北植物园为界分为两部分，分别为四王府等东部地区，香山中心区保护建设规划）、两园之间（颐和园与圆明园）、玉泉山周边的园外园地区。

2020 年，市规划自然资源委海淀分局对“三山五园”地区实施最严格的管控，协调推进重点地区环境整治。颐和园、圆明园、北京植物园等持续开展古树养护及复壮，特色植物景观进行调整，地被更新改造、修建再生水资源的保护等工作。开展遗址考古挖掘和研究工作，开展文物修复、征集回收，举办专题展览、学术沙龙、学术研讨会等文物保护与利用、历史文化研究活动。9 月 21 日，北京海淀三山五园国家文物保护利用示范区入选第一批国家文物保护利用示范区创建名单。

（钟泠　郭君兮）

环境建设与修复

【“三山五园”地区环境整治】　年内，市规划自然资源委海淀分局对三山五园地区实施最严格的管控，协同推进重点地区环境整治。完成东西水磨及东西红门、荷叶山地区全部拆迁腾退；完成功德寺地区绿化建设工程一期进场施工，面积 9 公顷以及天泉工贸、颐泉高尔夫绿化主体工程建设。完善重点地区水网循环系统，完成南支沟、金河等补水工程，补水约 540 万立方米。

（宋启晨　张烁）

【颐和园古树养护及复壮】　年内，颐和园开展古树日常管护及零修工程、古油松树体检测及保护工程。测量全园古树含水量 21 次，修剪干枝、孽芽、松果等 596 株，修复木地台 300 余平方米，调整支撑 21 根。放置诱木 400 根、诱捕器 10 个，人工捉双条杉天牛 1931 头，施放肿腿蜂 40 万头、捕食螨 4000 袋、瓢虫卵 3 万粒。修复古树树体 4 株，应力波检测古树树体 30 株，开展上树调查处理 30 株。

（胡振园）

【北京植物园国际海棠品种登录工作报告完成】　3 月 5 日，北京植物园作为国际海棠品种登录权威单位，向国际园艺学会栽培品种登录特别委员会提交 2013—2019 工作报告，总结自 2014 年被授予国际海棠品种登录权威称号以来取得的工作成果。近 5 年来，北京植物园国际海棠栽培品种登录权威共登录海棠新品种 10 个，发表工作年报 2 次，发表“国际海棠品种名录”和“国际苹果属砧木名录”，掌握 1192 个海棠品种名称（包括 171 个砧木品种）。

（石鑫）

【颐和园植物景观调整】　4 月 27 日至 6 月 20 日，颐和园通过适当补植、有机疏散过密植物，对特色植物景观进行调整完善。本次植物调整工程以全园的植物调整和景观优化作为切入点，主要移植和栽植碧桃、油松、山桃等树木 120 余株，经北京市园林绿化局审批，伐除腐朽、空洞、枯死、倾斜、严重影响景观及存在安全隐患的绦柳近 20 株，增加植物景观透视，合理调整植物群落，美化植物景观。

（刘聪）

【颐和园地被更新改造】　4 月 27 日至 6 月 20 日，颐和园开展地被更新改造项目。地被更新改造项目是为解决西部湖区沿岸及部分坡地地被由于游客踩踏严重、草种退化等原因造成大面积斑秃的问题，选用性状良好、节水生态的本土地被植物品种，对六桥北口部分区域以及延清赏楼北侧山坡 3700 余平方米地被进行更新改造。

（刘聪）

【颐和园水生植物管理项目】　4 月至 11 月，颐和园实施水生植物管理项目。园内水生植物景观总面积 25 万

3 月 18 日，圆明园大宫门御河遗址考古现场（张洪军　摄）

平方米，项目主要对藻鉴堂、高钓湖、谐趣园、后溪河、西堤沿岸等区域水生植物芦苇、荷叶等进行整理性清割，对水边沿岸葎草进行彻底清理，减少花粉传播过敏原对游客的侵扰。共清理水生植物面积约 11 万平方米，清运垃圾 350 余立方。

（闫宝兴）

【颐和园耕织图宿根花卉改造工程】 5 月 11 日至 17 日，颐和园完成宿根花卉改造工程。该工程主要是对耕织图、西门区域内宿根花卉适应性差、生长弱的品种进行更换，对宿根花卉部分出现斑秃的地段进行补植、调整。选择与环境相适应、节水耐旱、适应性强的乡土花卉品种进行栽植。栽植林荫鼠尾草、地被菊、松果菊、金鸡菊、荷兰菊等宿根花卉 8 个品种，花卉栽植面积 351 平方米。

（闫宝兴）

【北京植物园碧桃园围栏修建】 5 月 14 日，北京植物园对碧桃园围栏进行修建，修建防腐木围栏 500 平方米。6 月 3 日，项目完成施工，6 月 4 日通过验收。

（石鑫）

【“圆明园再生水补水浅水湖泊生态修复技术”列入市级技术要求】 9 月 27 日，“圆明园再生水补水浅水湖泊生态修复技术”作为附件，被列入北京市水务局印发的《北京市水生态修复技术要求（试行）》。

（胡晓薇）

【北京植物园与土库曼斯坦农业大学线上签订合作备忘录】 12 月 11 日，北京植物园与土库曼斯坦农业大学通过线上 ZOOM 平台签订合作备忘录。该合作备忘录旨在加强双方在植物保护、科学研究、科普教育、改善园艺系统等方面的经验交流和信息交换，有助于双方未来开展更多联合项目，建立友好合作关系。

（石鑫）

文物保护与利用

【圆明园管理处文物征集回收】 年内，圆明园管理处回收各类文物 29669 件。其中，从一亩园和树村小学回收 19 件价值较高的文物，包括带字整砖 5 块、带字半头砖 4 块、琉璃碎块 2 袋、整琉璃 2 块、瓷片 1 袋、石构件 5 块。从前孙公园胡同 31 号院回收乾隆御笔“假山”诗太湖石及须弥座。

（胡晓薇）

【三山五园艺术中心资料准备】 年内，区博物馆启动三山五园艺术中心展览大纲编写和藏品征集工作，完成大纲框架撰写工作，完成海淀历史文化及创新创业中关村展前期资料汇编工作；签订藏品征集包装运输合同，制作用于存放征集藏品的专业柜架 17 个；编写《海淀区博物馆藏品征集工作流程及资金使用管理办法》（试行版），签订藏品征集宣传合同和征集服务合同，征集工作进入实际推进阶段；完成三山五园艺术中心可研立项报告中展厅及库房相关部分编写工作。

（赵婷婷）

【静宜园（香山）——昭庙碑亭、围廊修复工程】 1 月 10 日，香山公园完成静宜园（香山）——昭庙碑亭、围廊修复工程，通过市文物局质监站竣工验收。此项工程为市公园管理中心及香山公园折子工程，工程主要包括：白台内碑亭修复，修复面积 59 平方米；碑亭周边围廊修复，修复面积 320 平方米，核心 212 平方米；两侧通道维修，修缮白台琉璃门门扇和红台月台等。工程于 2018 年 12 月 17 日进场施工。

（王奕）

【香山公园完成静宜园二十八景（二期）工程】 1 月 10 日，香山公园静宜园二十八景（二期）工程中的芙蓉坪等景区修复工程完工，通过市文物局质监站竣工验收。芙蓉坪等景区修复工程包括芙蓉坪景区修复工程建筑修缮及环境整治工作，建筑面积 460 平方米，于 2018 年 12 月 19 日进场施工。12 月 4 日，工程另一部分即恢复景区（六处）完工，通过市文物局质监站竣工验收。工程内容包括鹦集崖、知时亭、霞标磴、唳霜皋、森玉笏、芙蓉坪景区建筑修缮及周边环境整治工作，建筑面积 601.8 平方米，于 2019 年 1 月 18 日进场施工。园静宜园二十八景（二期）工程为市公园管理中心及香山公园折子工程，包括芙蓉坪等景区修复工程、恢复景区（六处）两个部分。

（王奕）

【市文物局领导调研“三山五园”保护利用工作】 3 月 18 日，北京市文物局党组书记、局长陈名杰一行到海淀区调研“三山五园”保护利用工作。陈名杰一行到圆明园大宫门遗址，仔细察看考古发掘成果，并针对文物保护工作给予专业意见与指导。在座谈中，市文物局、海淀区围绕“三山五园”保护利用进行沟通交流。陈名杰要求

3 月 18 日，市文物局领导调研“三山五园”保护利用工作（张洪军 摄）

海淀区切实做好“三山五园”文脉梳理、文物保护与修缮、文物数字化展示、文物活化利用、文物服务社会、建立健全管理机制等重点工作；强化以“三山五园”重点地区为主要空间载体的新型城市形态构建，实现“三山五园”地区整体优化，提升空间环境和公共服务品质，为“四个服务”有关工作做好保障。

（唐炜）

【颐和园水操学堂大堂原状陈列仿制工作】 4月1日至10月13日，颐和园对水操学堂大堂内家具及铺垫进行仿制还原，完成仿制家具的运输、安装、验收等工作。仿制工作依据耕织图水操学堂大堂原状陈设档案，完成49件/套，还原后的水操学堂原状陈列大堂配合耕织图区域展厅升级改造项目，对游客开放。

（汪洋）

【颐和园原状陈列殿堂和古建库房虫害清消】 4月23日至24日，颐和园开展文物殿堂及库房虫害清消工作。对全园主要古建库房和殿堂，包括排云殿、佛香阁、乐寿堂、玉澜堂、宜芸馆、后九间、西十三间、谐趣园库房等区域喷洒菊酯类杀虫剂，进行文物虫害清消工作，共计31280立方米。清消方式主要采用地面施药喷洒及空中施药喷雾两种作业方式同时进行，对于不同环境不同面积的殿堂严格控制施药量，以确保文物保藏环境的安全。

（汪洋）

【颐和园棚壁糊饰修补】 6月2日至8月30日，颐和园对德和园东看戏廊及东耳房穿堂顶棚进行修补。德和园看戏廊因暴露在室外环境，棚壁糊饰出现破损、开裂、老化、污渍、脱落等情况。此次修补采用高丽纸、银花纸等传统材料，按照“一布两纸”的传统棚壁糊饰工艺进行补配工作，面积371.81平方米。

（汪洋）

【三山五园艺术中心（海淀区博物馆新馆）开工建设】 9月，北京市重点工程——三山五园艺术中心正式开工建设。艺术中心位于海淀公园内西北角，总建筑规模约2.2万平方米，其中地上2层，地下3层。分为会展发布区、展陈区、藏品区三个功能区以及文物功能区、学术报告厅、文化活动体验区、公共阅读区等，成为集文化遗产保护、艺术展览交流、科技前沿发布、自然山水风光于一体的现代化大型公共文化设施和市民的城市客厅，为广大群众提供多层次、多元化的文化展示和服务。年内，区博物馆继续全力推进海淀区三山五园艺术中心项目（海淀博物馆新馆）建设。完成项目征地、场地移交整理、原环境整治、临建调整、考古勘探等准备工作；完成监理及土护降工程施工招标；完成施工导墙及地下连续墙施工。取得市规划自然资源委海淀分局地上部分“多规合一”初审意见、地下部分“多规合一”综合会商意见、土地权属审查告知书、用地预审与选址意见书、地下部分建设工程规划许可证、施工暂设的临时建设工程规划许可证。取得区住建委土护降工程施工准备函及市文物局方案审批意见。获得市文研所考古勘察意见；完成树木移植和人防易地建设手续的办理。

（高五一　王艳洁　赵婷婷）

【颐和园原状陈列殿堂和古建库房熏蒸】 11月10日至13日，颐和园开展古建库房虫害熏蒸工作。本次熏蒸工作主要针对存放丝织品、易受虫害污染的后九间古建库房进行，共计1459立方米。专业人员用塑料薄膜对库房门窗、古建外檐缝隙进行密封防护，再配备防护面具，进入室内投放熏蒸硫酰氟药物。熏蒸结束后，专业人员配置防护面具，开启古建库房封护门窗进行通风换气，用吹风机快速吹散残留药物，并用测量仪器进行环境监测，确保无药物残留。通过密闭熏蒸，对古建库房内隐藏、感染、危害的病虫害体进行杀害，防止文物和古建内虫害的蔓延和交叉感染。

（汪洋）

【国家文物局调研“北京海淀三山五园国家文物保护利用示范区”创建工作】 11月19日，国家文物局党组成员、副局长关强一行到海淀区调研“北京海淀三山五园国家文物保护利用示范区”创建工作。市文物局党组书记、局长陈名杰，区委副书记、代区长王合生参加调研。调研组分别到309医院天主堂、三山五园艺术中心建设现场、海淀城市大脑展示体验中心，就军队营区不可移动文物保护、博物馆展览运营、文物资源管理等方面内容进行实地调研，了解发展现状、规划建设等情况，并现场交流意见建议。关强主持召开座谈会，听取海淀区相关工作专题汇报。关强强调，要系统研究挖掘各类文物特别是革命文物价值，丰富三山五园价值内涵；建立央地军“创新合伙人”文物保护利用新机制，海淀区在文物预防性保护、精细化管理、展示利用等方面形成全国示范。区委常委、宣传部部长张劲林，区委常委、组织部部长、副区长张若冰参加调研。

（郭君兮）

【颐和园画中游建筑群修缮工程竣工】 11月20日，颐和园画中游建筑群修缮工程竣工。画中游建筑群位于万寿山西部，主要建筑始建于乾隆时期，光绪时重修。建筑群由画中游、澄辉阁、爱山楼、爱山亭、借秋楼、借秋亭、石牌坊、垂花门、湖山真意及游廊组成，总占地面积5200平方米，总建筑面积1021平方米。经现场勘察：建筑群主要大木构架保存相对较好，但存在不同程度的变形、糟朽现象，其中北侧垂花门、北游廊西侧游廊、南游廊整体大木结构变形歪闪糟朽严重，其余建筑大木结构基本稳定，但由于多年自然因素及人为因素影响，建筑均出现不同程度的台基松动，地面磨损，柱根糟朽，墙体酥碱，屋面漏雨，木基层残损，木装修变形松动、构件缺损，彩画褪色严重，地仗开裂；院墙酥碱，院落地面碎裂、土景地面水土流失严重，院落排水不畅，山石松动；线路及设施设备老化等问题。修缮主要内容：整修建筑群大木构件、更换糟朽的木基层；根据设计文件，部分添配、更换琉璃瓦面；恢复传统方砖地面，向排水口方向重找泛水；拆砌歪闪严重的平台宇墙，归安背撒松动及局部脱落的假山叠石等。工程于 2018 年 9 月 17 日开工。

（张斌）

【颐和园辇库修缮工程竣工】 11 月 20 日，颐和园辇库修缮工程竣工。辇库位于颐和园东宫门南侧，原隶属銮仪卫用房，是用来存放皇家步辇的地方。始建于光绪十七年（1891 年），五开间单层筒瓦过垄脊悬山建筑，建筑面积 211.5 平方米。1962 年改成冰棍车间，1979 年再次改建。修缮主要内容：拆除南侧北侧相连建筑及水泥台阶，剔补台帮，恢复原有石质踏步及散水；拆除室内水泥地面，恢复方砖地面；屋面挑顶，恢复捉节夹垄屋面；大木构架打牮拨正，铁活加固劈裂严重的大木构件，墩接糟朽严重的柱根，更换檐柱两根；拆砌西侧山墙，重新砌筑基础；更换糟朽木基层；恢复原有木装修；现有彩画除尘保护；下架重做地仗油饰；疏通院落排水系统，重新设计管线设备。修缮坚持"不改变文物原状"的文物修缮原则，尽量保留原有构件，保留传统工艺和原有做法，恢复改变原有形制的建筑，保持结构稳定，以最大限度保存历史信息。工程于 2019 年 7 月 10 日开工。

（常耘硕）

【颐和园澄怀阁修缮项目竣工】 11 月 20 日，颐和园澄怀阁修缮项目竣工。澄怀阁位于颐和园西北角，始建于乾隆年间，原名水周堂，光绪年间重修时改为澄怀阁。建筑西、北两侧临水，南接值房，北接什锦窗砖墙，总建筑面积 189 平方米。分别于 1954 年、1956 年进行油饰整修，1992 年进行下架油饰。现场勘察发现：建筑台基鼓闪、外催；基础下沉；大木构件整体向北歪闪，柱根糟朽；木基层糟朽变形；后檐墙出现通裂缝，台明石外催、下沉；后檐北侧腿子墙及山墙向北歪闪；后檐挂檐砖、压面砖碎裂、松动严重；屋面漏雨，瓦件断裂；木装修缺失、变形；油饰地仗残损严重，局部彩画褪色严重；料石驳岸歪闪 13.5 厘米，驳岸内空洞深 70 厘米。修缮主要内容：屋面挑顶；大木构件打牮拨正，墩接后檐四根檐柱、两山面金柱；更换糟朽木基层；拆砌后檐墙及台帮；木装修整修添配；地仗油饰下架满砍重做；上架彩画现状保留；压力灌注水泥砂浆加固基础，补配驳岸柏木桩。项目于 2019 年 12 月 12 日开工。

（朱颐）

【圆明园澹泊宁静遗址考古发掘】 11 月 24 日，圆明园管理处首次与北京市文物研究所、北京大学考古文博学院联合开展圆明园四十景之一的澹泊宁静遗址考古发掘和研究工作。12 月 15 日，考古发现主建筑"田字房"和皇家稻田遗址，发现百木钉孔洞、踏跺、原水道、原散水遗址，这是圆明园考古工作首次采用植物考古手段对京西稻的种植进行考古学研究。此次考古发现的"田字房"和皇家稻田遗址，其文化内涵与三千多年前周原遗址中祭祀土地的"社"一脉相承，揭示中国社会赖以生存发展的价值观和中华民族日用而不觉的文化基因。此次考古，也是北京大学考古文博学院田野考古课程体系的创新，全程与考古专业、古建筑考古专业田野考古实习相结合。

（钟冷　胡晓薇）

【圆明园马首铜像正式入藏正觉寺】 12 月 1 日，国家文物局、北京市人民政府在圆明园正觉寺举行"圆明园马首铜像划拨入藏仪式"，国家文物局正式将圆明园马首铜像划拨北京市海淀区圆明园管理处收藏，成为第一件回归圆明园的流失海外重要文物。仪式由国家文物局副局长关强主持，国家文物局党组书记、局长刘玉珠，市委常委、宣传部部长杜飞进出席划拨入藏仪式并讲话，香港信德集团主席何超琼（马首铜像捐赠者何鸿燊之女）视频致辞，中共海淀区委书记于军致辞。圆明园马首铜像为清代圆明园长春园西洋楼建筑群海晏堂外十二生肖兽首喷泉主要构件之一，为意大利人郎世宁设计，清乾隆年间由宫廷匠师精工制作，以精炼红铜为材，以失蜡法一体铸造成型，神态栩栩如生，毛发分毫毕现，历百年风雨而不锈蚀，是一件非凡的中国古代艺术品。1860 年英法联军侵入北京，圆明园惨遭劫掠焚毁，12 尊兽首铜像流失海外。2007 年，国家文物局获悉马首铜像即将在香港拍卖，斡旋推动回归，香港企业家何鸿燊出资购入。2019 年 11 月，何鸿燊将马首铜像捐赠给国家；12 月 4 日，国家文物局决定拟将马首铜像划拨海淀区圆明园管理处收藏、展示。至此，圆明园兽首铜像中的牛首、虎首、猴首、猪首、马首、鼠首、兔首 7 件已经"回家"，仍有 5 尊流落在外，龙首铜像可能为中国台湾私人收藏家收藏，蛇首、羊首、鸡首、狗首下落不明。在划拨入藏仪式上，国家文物局向圆明园管理处交接马首铜像划拨入藏清册。国

12 月 1 日，国家文物局划拨马首铜像入藏圆明园正觉寺（田峰　摄）

家文物局会同北京市有关方面，选定圆明园正觉寺作为马首铜像展示场地，文物建筑文殊亭作为马首展区。《百年梦圆——圆明园马首铜像回归展》同时对公众开放。

（钟冷　胡晓薇）

【百年梦圆——圆明园马首铜像回归展】 12月1日，在“圆明园马首铜像划拨入藏仪式”上，“百年梦圆——圆明园马首铜像回归展”在圆明园正觉寺同时开展。展览由国家文物局、北京市人民政府指导，市文物局、海淀区委、区政府共同主办，区文旅局、圆明园管理处承办，北京奇想飞航文化传播有限公司承担设计与实施，文化遗产传承应用国家级虚拟仿真实验教学中心（北京联合大学）完成多媒体展项的设计与制作。展览以马首回归为主线，通过圆明重光、万园之园、马首回归三个单元，1172平方米的空间里共展出文物、照片等约100组件，从清代出土的西洋雕花石柱、琉璃构件，到社会各界捐赠的圆明园石狮、乾隆帝御笔石牌匾，讲述圆明园及马首的重要价值，再现文物回归之路。此展览作为正觉寺基本陈列持续展出，即日向社会公众开放。

（钟冷　胡晓薇　王辉）

历史文化研究

【“三山五园”资料收集】 年内，区档案馆开辟专门区域妥善保存“三山五园”相关资料，设立“三山五园”资料展示区域，走访有关单位、老同志、专家，开展传承“三山五园”文化研讨。采用捐赠、购买等形式，征集“三山五园”图书资料526册。

（李京泉）

【三山五园文献馆】 三山五园文献馆成立于2013年11月，是“三山五园”文献的收集、整理、保存与研究基地，坐落于北京联合大学图书馆（学院路校区）三层，占地面积840平方米，其中展览体验区近200平方米，馆内实物展区包括“三山五园”的文化创意产品、珍贵图集、地图挂件、老物件等。三山五园文献馆全面、系统地整理、收集北京建都至今860年间与“三山五园”相关的历史、地理、园林、建筑、文化、自然景观等方面的文献资料，精品特藏包括《北京城中轴线古建筑实测图集》《北京历史地图集》《北京古地图集》《北京文物建筑大系》《北京古建筑地图》《北京历史文化名城北京皇城保护规划》《样式雷》《清代皇家陈设秘档•静明园卷》《清宫颐和园档案》《国家图书馆藏样式雷图档•颐和园卷》《国家图书馆藏样式雷图档•圆明园卷》（初编和续编）《清代三山五园史事编年》《三山五园文献目录》《三山五园研究》集刊第一辑等。

（王彤　聂延平　齐秀霞）

【“阅看阅美——三山五园历史文化主题列车阅读空间”开通】 3月25日，2020年海淀区全民阅读季“书香飘海淀　阅读E起来”系列活动之一的“阅看阅美——三山五园历史文化主题列车阅读空间”开通。区图书馆运用“三山五园”题材的古代绘画、经典书籍等特色文化IP，在北京有轨电车西郊线车辆内都装饰与“三山五园”有关的古画等元素以及区图书馆、文旅@海淀App，文旅海淀微信公众号二维码，打造流动的“三山五园”历史文化博物馆。乘客扫描二维码，就能看到与“三山五园”有关的书籍。北京有轨电车西郊线是一条串联起“三山五园”名胜的经典路线，全程9.4千米，东起巴沟站，西至香山站，设颐和园西门站、万安站、植物园站，站站蕴含着“三山五园”的文化底蕴。

（于丽爽）

【“三山五园历史文化景观虚拟再现”项目建设】 8月，由北京联合大学应用文理学院院长张宝秀主持的“三山五园历史文化景观虚拟再现”项目获批文化和旅游部的文化艺术与旅游研究项目信息化发展专项。完成三山五园——西花园数字再现、香山静宜园二十八景虚拟复原以及玉泉山静明园部分景观的数字再现。“三山五园历史文化景观虚拟再现”项目，基于国家级文化遗产传承应用虚拟仿真实验中心近年来开展的三山五园•畅春园虚拟再现、香山静宜园虚拟再现等项目以及服务于北京市文化建设、为北京市海淀区历史文化研究、推广等活动的建设成果，2019年5月，由北京联合大学三山五园研究院、国家级应用文科综合实验教学示范中心、国家级文化遗产传承应用实验教学中心，联合区文促中心、海淀公园管理处、北京奇想飞航科技有限公司共同申报，6月20日获文化和旅游部批准并启动。

（王辉）

【北京海淀三山五园国家文物保护利用示范区入选第一批国家文物保护利用示范区创建名单】 9月21日，国家文物局公布第一批6个国家文物保护利用示范区创建名单，北京海淀三山五园国家文物保护利用示范区、辽宁旅顺口军民融合国家文物保护利用示范区、上海杨浦生活秀带国家文物保护利用示范区、江苏苏州文物建筑国家文物保护利用示范区、四川广汉三星堆国家文物保护利用示范区、陕西延安革命文物国家文物保护利用示范区入选。全国有30个省的50多个市（区、县）申报，经市县申报、省级推荐、材料初审、专家评审、专项复核等程序，最终确定6处入选。国家文物保护利用示范区创建周期一般不超过三年。国家文物局将指导列入创建名单的地区，围绕创建主题，编制实施方案，有针对性地加强相关工作。12月7日，6个示范地区在北京市召开示范区方案工作会，国家文物局副局长关强对海淀区的前期工作表示充分肯定。

（高五一）

【“三山五园”文化巡展活动】 10月10日至12日、21日至23日，“三山五园”文化巡展全球授权展站和“三山五园”文化巡展中国授权展站在上海开展。展出“三山五园”之颐和园、圆明园主题文化IP展示与各品牌合作开发的众多精美文创产品，在“IP无界授罗万象”T台秀上呈现颐和园六合太平IP与网易严选合作在时尚领域的跨界成果。两场展会合计有300余家企业参展，近百家企业表达合作意向。

（高洁 邵矗森）

【"三山五园历史文化景观虚拟再现"项目受邀参展旅游产业博览会】 10月15日，由文化和旅游部、天津市政府共同主办的2020中国旅游产业博览会开幕。北京联合大学应用文理学院承担的"三山五园历史文化景观虚拟再现"项目受邀，作为"科技赋能"的重要组成部分参展。项目集中展现北京联合大学三山五园研究院、北京学研究院在三山五园历史研究成果以及应用文科综合国家级实验教学示范中心、文化遗产传承应用国家级虚拟仿真实验教学中心自2014年以来，基于虚拟现实与可视化技术，探索"三山五园"历史文化景观数字再现领域取得的成果，再现清代皇家第一御苑——畅春园以及与海淀区文化发展促进中心联合建设的"印记•三山五园"历史文化网站。

（王辉）

【圆明园研究高校联盟成立】 10月17日至18日，圆明园研究高校联盟成立仪式暨首届高校研究成果展在圆明园举行，北京林业大学、北京理工大学新成立的圆明园研究院举行揭牌仪式。至此，圆明园管理处分别与北京交通大学、天津大学、北京大学、中央美术学院、北京外国语大学、中国农业大学、北京理工大学、北京林业大学8所高校联合成立圆明园研究院（中心），合作开展文化挖掘、规划设计等50余项研究课题。各高校圆明园研究院展出近两年出版的相关图书、论文等50余项研究成果。北京大学通过视频展示圆明园远瀛观、大水法的全景拍摄和三维数据重建，形成虚拟三维影像；天津大学将蓬岛瑶台、如园、同乐园戏台等遗址数字化虚拟复建后以视频展示；中央美术学院制作、展示圆明园正觉寺文殊菩萨木雕小样、圆明园十二生肖之申猴——大圣关机甲、德化瓷制圆明园马首等实物；北京交通大学展示科普读物《画说圆明园》系列丛书，填补圆明园艺术启蒙绘本空白。10月18日，由天津大学圆明园研究院主办的圆明园研究、保护、利用国际学术研讨会在圆明园举办，海淀区人民政府副区长张若冰，8所高校圆明园研究院（中心）和70位国内的圆明园研究专家学者参会，国外专家采取线上方式参会，围绕"文化复兴背景下圆明园遗址研究、保护与展示"主题，就圆明园历史和文化、遗址保护和利用、园林与生态、圆明园多元价值阐释与传承等内容进行交流，探索符合圆明园实际的保护利用方式。

（钟冷　胡晓薇）

【第七届三山五园研究院学术研讨会】 10月18日，主题为"三山五园历史记忆与文化使命"的第七届三山五园研究院学术研讨会举行。研讨会由区委宣传部、北京联合大学联合主办，北京联合大学三山五园研究院、北京联合大学应用文理学院和海淀区文化发展促进中心承办，北京市哲学社会科学北京学研究基地、北京城市规划学会三山五园研究中心协办。来自北京市文物局、海淀区、颐和园管理处、圆明园管理处、香山公园、北京大学、中国人民大学、南开大学、天津大学、中央美术学院、中国地质大学、北京林业大学、北京联合大学、北京古建研究所等京内外专家学者以及线上参会人员百余人，围绕"三山五园"历史记忆与文化使命、三山五园国家文物保护利用示范区建设等问题展开讨论。

（高洁 邵矗森 原迪）

【《三山五园研究》第一辑出版】 10月，北京联合大学三山五园研究院依托北京学研究基地，编辑出版《三山五园研究》第一辑，收录"三山五园"学术研讨会论文和征稿共21篇、285千字。

（李扬）

【"云上北京学学术沙龙"活动】 10月至12月，北京联合大学北京学研究基地举办"云上北京学学术沙龙"活动。其中举办"三山五园文化遗产保护与传承"主题讲座10场，邀请北京史研究会名誉会长李建平、中国人民大学清史研究所教授何瑜、中国人民大学清史研究所副教授阚红柳、北京市社会科学院历史所所长研究员刘仲华、香山公园原党委副书记袁长平等20位专家学者，围绕"三山五园"文化遗产保护与传承，讲述"三山五园"的形成和历史地位，从清代康熙皇帝的园林观到清代圆明园理政的合法性困境，从圆明园的百年沧桑到颐和园的造园艺术和时间美学，线上线下共2600余人次参加。

（安亚男）

【首届"三山五园"主题艺术展】 12月4日至11日，由区文旅局、区文联、区史志办、区文促中心主办的首届"三山五园"主题艺术展在北京中华世纪坛开幕。首届"三山五园"主题艺术展内容涵盖绘画、摄影、"三山五园"特色文创三大部分，参展画家21位，摄影家5位，展出"三山五园"主题巨幅绘画作品30幅，摄影作品58幅。本场展览是第十七届海淀文化季重点活动之一，其间举办海淀文化沙龙第261期暨三山五园主题展研讨会。

（高洁 邵矗森）

【《18—19世纪中英皇家园林造园思想与造园艺术比较研究——以中国清漪园（颐和园）与英国邱园为例》结题】 12月10日，颐和园承担的课题《18—19世纪中英皇家园林造园思想与造园艺术比较研究——以中国清漪园（颐和园）与英国邱园为例》结题。该课题在北京市公园管理中心立项，历时2年，从宏观、微观两个角度考察清漪园（颐和园）与邱园的造园思想的特点，揭示18—19世纪中英两国皇家园林造园艺术的客观规律，深入研究中英两国不同文化背景对两国皇家园林造园思想的客观影响，挖掘乾隆皇帝建造清漪园（颐和园）的规划和用途；研究英国邱园的建园思想和园林规划，论证英国皇家园林的建园思想和造园艺术形式的主要特点；以乾隆和邱园设计师钱伯斯的造园思想入手，研究中英两国皇家园林的共性与差异。

（郜峰）

10月15日，“三山五园历史文化景观虚拟再现”受邀参展旅游产业博览会（北京联合大学文理学院 供图）

【“时空溯园”三山五园研究成果展】 12月12日，“三山五园研究成果系列展”之“时空溯园——北京林业大学三山五园学生团队研究成果展”暨三山五园英文著作新书发布会在北京市规划展览馆开展。该展览由北京城市规划学会三山五园研究中心、“四名”汇智计划提供支持，由市规划自然资源委海淀分局对主题和内容审核。专家学者以及数十位读者和媒体出席开幕式。中国新闻网、《中国日报》《文汇报》《北京日报》《北京晚报》北京电视台、北京海淀官方微信等多家媒体报道。“时空溯园”中的“园”与“源”谐音，是指从时间和空间维度追溯“三山五园”在一个多世纪的沧桑巨变和皇家园林中典雅朴茂的古代文化生活。收集北京林业大学“三山五园”学生团队在近5年中在“三山五园”的复原研究、文化挖掘、公众科普、国际推广等方面所取得的代表成果，包含“沧桑巨变”“五园重现”“园居日常”“走向国际”和“继往开来”5个篇章的22件展品，以生动的图纸、模型及语音讲解等形式进行展现。该展览作为北京市规划展览馆历史文化名城展区长期展览，正式对公众开放。

（焦隆）

【首部英文版“三山五园”著作发布】 12月12日，由北京林业大学三山五园研究团队创作的《今日宜逛园——图解皇家园林美学与生活》英文版发布。该书系首部由中国学者创作的“三山五园”外文著作，书名译为 Touring the Three Hills and Five Gardens—Landscape, Art and Life of Chinese Imperial Gardens，包含 Overall Characteristic of the Imperial Gardens Region、Jingyi Yuan and Jingming Yuan—Imperial Palaces Incorporating the Charm of Woods and Springs、Changchun Yuan and Yuanming Yuan—The Heart of the Empire amid Artificial Hills and Waters、From Qingyi Yuan to Yihe Yuan—Garden Construction Originally Intended for Water Conservancy 和 Garden— based Life of the Imperial Family 五章、30万字，选用原创彩色复原及现状图纸40幅、老照片及现状照片75幅、引用古今书画及图档65幅。除正文内容外，书中还穿插9个特别策划的专题，以图示形式直观地介绍“三山五园”的统计数据、复原图纸、历史人物、时空变迁、园林动植物、写仿景观分布、皇家游园日历等内容。该书已由中国林业出版社面向全球公开发行。

（焦隆）

经济管理

2021

北京海淀年鉴

经济社会发展与经济调控

【概况】 2020年，海淀区实现地区生产总值8504.6亿元，比上年增长5.9%，完成“十三五”期间年均增长7%的目标任务。固定资产投资完成972.6亿元，比上年增长8.5%；建安投资完成325.8亿元，比上年增长2.5%。社会消费品零售总额实现2718.1亿元，比上年下降8.6%。规模以上工业生产总值实现2466.1亿元,比上年增长8.9%。海淀园总收入3万亿元，比上年增长10%。地方级公共预算收入完成958.3亿元，比上年下降6.98%；区级一般公共预算收入完成453.9亿元，比上年增长1.7%。万元地区生产总值能耗下降6.38%左右。全区居民人均可支配收入86742元，比上年增长2.4%。城镇登记失业率1.0%以内。

2020年1月21日，中共北京市海淀区委财经委员会正式成立，办公室设在区发展改革委。海淀“双创”示范基地建设工作连续4年受到国务院表彰。

（王晓华）

【“疏整促”专项行动】 年内，区发展改革委完成25项“疏整促”专项行动，疏解退出14家制造业企业，整治提升区域性专业市场18家。拆除违法建设137.6万平方米，腾退土地136.7公顷，压缩培训机构3家。110条背街小巷实现环境精细化整治提升，群租房整治等5项清违治乱任务保持动态清零。实现棚户区改造1008户，实施“留白增绿”25.9公顷。城乡接合部地区拆迁腾退51.1万平方米，完成绿化27.8公顷。建设提升基本便民网点80个，完成6个老旧小区改造任务。

（王晓华）

【固定资产投资】 年内，海淀区完成13个老旧小区综合整治项目、五塔寺地区及融通集团总部办公地西侧环境整治项目。推动中关村翠湖科技园G3地块、中关村翠湖科技园B地块等项目立项，促进供地上市。市发展改革委批复支持海淀区区属项目8个，批复支持市级资金6.5亿元。完成固定资产投资972.6亿元，比上年增长8.5%；建安投资325.8亿元，比上年增长2.5%。其中固定资产投资完成总量位居全市第二。

（王晓华）

【政府投资】 年内，海淀区完成资金拨付78.58亿元，保障192个项目建设实施。邓庄南路、翠湖南路、上庄东路等城市主干路网基本建成。启动上庄路北段、园区内部道路建设。开工建设29所教育配套设施，引进中关村一小、中关村三小、清华附中、十一学校等名校，项目建成后可提供8000个学前和1.42万个中小学学位。启动北部医疗中心、苏家坨中心医院、翠湖社区、永丰社区医疗服务中心建设，引入北医三院、航天中心医院等医疗资源。完成东西水磨、东西红门、荷叶山地区搬迁腾退，玉泉山周边绿化基本成型；启动北旱河水系项目建设，提升三山五园地区环境；完成香山重点地区景观提升建设。完成清河交通枢纽周边配套7条市政道路建设，推进地铁19号线一期、12号线、昌平线南延等轨道交通配套拆迁。完成潘庄地区三虎桥中路建设，实施百余万平方米道路大中修和疏堵工程，启动75栋楼、56万平方米老旧小区改造，完成融通、汽修五厂环境整治。

（王晓华）

【经济体制与转变政府职能专项改革】 年内，区发展改革委会同区财政局、区税务局、区委编办、区市场监管局、区政务服务局、区商务局等专项改革工作组成员单位，共同推动经济体制与转变政府职能专项改革任务。设立全国首家中小企业续贷中心，在全国提出并试点在商场超市推行食品“二维码收银追溯体系”。开立全市首单公共资源交易领域政府采购项目投标电子保函；在全市试点建设“基于区块链的中小企业金融服务平台”，推出“票e送”免费服务；海淀区被纳入全市首批市场主体登记告知承诺制试点区，开展全市依申请行政权力事项告知承诺制改革；启用北京市投资项目在线审批监管平台。

（王晓华）

【房租减免】 年内，区发展改革委牵头制定《关于进一步精准支持中小微企业平稳发展的实施细则》《进一步推进中小微企业房租减免工作方案》等文件，以区政府办名义印发。牵头推动区各主管单位出台承租国有企业、集体经济组织、商场商圈商业街、文化产业园区等6个领域对中小微企业进行房租减免。租金减免额达11.75亿元。

（王晓华）

【优化营商环境】 年内，区发展改革委印发《2020年海淀区优化营商环境工作要点》，围绕政务服务环境、创新创业环境、企业发展环境、市场开放环境、诚信法治环境5个领域推出78条工作措施。深化落实“放管服”改革，试点市场主体登记告知承诺制，实现营业执照“即时审批通过”。进一步推进“集群注册”政策落地，支持构建首都高精尖经济结构。开展区块链技术场景应用。实现70%依申请类政务服务事项全程网上办结。持续推进简易低风险项目。充分发挥电子税务局、手机App等作用，拓展“非接触式”办税缴费服务。启动“特定纳税人票e送费用政府支付项目”。开启信贷“绿色通道”，提高中小企业融资便捷性。率先试点使用基于区块链的供应链金融服务平台。创新更加高效的快速协同知识产权保护，全面推进区域知识产权运营服务体系建设工作。满意度调查涉及驻区企业约4000家，其中9成以上企业对海淀区营商环境总体情况表示满意，54.5%表示非常满意，35.9%表示比较满意。

（王晓华）

【企业服务】 年内，海淀区建设交叉立体化企业服务网络，提高走访重点企业频次、完善服务统筹工作机制，建立企业常态化“服务包”制度。服务79家市级“服务包”企业、办结143条服务事项。区四套班子领导走访企业186家，部门和街镇走访企业1500余次。海淀区服务经济建设领导小组召开办公会和110余次企业服务座谈交流会，解决企业问题102个。全区发放区级服务包200个，办结服务事项151条；为全区600余家重点企业配备行业管家和服务管家。疫情期间，为企业赠送红外测温仪、口罩等防疫物资10余万件；通过电话联系、线上摸底、实地走访等方式，组织专人核查5000余家重点企业复产复工情况。区发展改革委依托区领导重点企业“促防疫、解难题、稳增长”走访工作机制，会同各行业主管部门，制定52家走访企业清单，累计发放口罩8万件。

（王晓华）

【优质项目引进】 年内，海淀区引进重点企业5家，注册资金累计289亿元。探索“走出去”招商模式，到深圳市开展企业招商推介，与4家企业签署落地意向书，与3家企业开展实质性落地对接。

（王晓华）

【垃圾减量】 年内，区发展改革委作为垃圾减量组牵头单位，制定《海淀区生活垃圾减量组工作方案》，明确七大重点工作任务，将任务分解至相关行业主管部门。通过开展实地调研、联合检查、现场观摩培训活动等，督促垃圾分类、减量责任和义务落实，推进垃圾减量试点示范工作。联合区卫生健康委、区生态环境局印发《关于印发系统提升海淀区医疗废物收运服务质量实施方案的通知》，推动医疗垃圾规范收运。

（王晓华）

【节能绩效指标超额完成】 年内，北京市下达海淀区的能耗消耗总量和强度“双控”指标是：能源消费总量控制在746万吨标准煤，万元GDP能耗下降0.5%。根据区统计局核算数据，全区能源消费总量708.7万吨标准煤，万元GDP能耗下降6.38%（不变价），超额完成年度任务指标。

（王晓华）

【价格监测】 年内，区发展改革委针对1月底、6月中旬因受新冠疫情影响价格异常上涨情况，加强疫情期间生活必需品和防疫用品价格应急监测工作。拓宽监测范围，启动口罩、消毒液等疫情防护用品应急价格监测，强化13个生活必需品应急监测点位的价格统计分析，启动40家北京2022年冬奥会住宿、餐饮价格监测点位价格监测工作。海淀区获北京市价格监测工作先进单位称号。

（王晓华）

9月4日，区领导带队到河北省保定市易县调研对接对口帮扶工作（区发改委 供图）

【“接诉即办”工作】 年内，区发展改革委共受理企业、市民“接诉即办”案件1400余件，承办500余件。解决御墅临枫小区停车收费集中举报件。召开香山、北京植物园、颐和园等景区周边停车场案件处理协调会，将香山、北京植物园周边7个停车场的按次收费调整为计时收费，颐和园西门停车场给予充电优惠、新建宫门停车场延长收费计时单位。召开中关村公馆水费投诉案件协调会，协调物业按照政府定价水费标准收费。参加清河街道清河嘉园、紫竹院街道魏公佳苑、西北旺永靓家园等小区停车收费吹哨报到工作协调会，解读国家及北京市停车收费政策，配合属地街镇做好停车收费案件处理。

（王晓华）

【京津冀协同发展】 年内，区发展改革委严格执行新增产业禁限目录，试点实施市场主体登记告知承诺制。印发实施《海淀区推进京津冀协同发展2020年工作要点》。发挥产业、教育、医疗资源优势，推动区域协同发展。与通州区共同打造“通州硬科技产业示范基地”，累计实现21家企业注册落户。海淀企业对雄安新区全年投资总量达5.7亿元。30余所学校与津冀地区中小学开展深度交流与合作。北京大学第六医院昌平院区建设项目基本完成，北太平庄等4家社区卫生服务中心分别与通州区4家社区卫生服务中心开展一对一精准合作。与河北省易县、赤城县结对帮扶，共投入财政资金4.75亿元，援建项目240个，所有建档立卡贫困人口均达到脱贫标准。

（王晓华）

【区“十四五”规划纲要（草案）编制完成】 2月10日，区政府印发《海淀区“十四五”规划研究编制工作方案》，明确“十四五”规划编制工作的总体要求、主要任务、时间安排及保障措施。2月27日，采用“现场会+远程视频会议”形式，召开“十四五”规划编制工作部署大会，全面启动区“十四五”规划编制工作。12月，区发展改革委牵头编制完成《北京市海淀区国民经济和社会发展第十四个五年规划和二〇三五年远景目标纲要（草案）》（简称《规划纲要（草案）》），12月26日通过区政府常务会议审议，12月30日通过区委常委会会议审议。《规划纲要（草案）》由十一章组成，分为三个板块：第一个板块总结海淀区“十三五”发展成就，阐述二〇三五年远景目标以及“十四五”时期海淀发展的总体思路和发展目标；第二个板块分领域阐述“十四五”重点任务；第三个板块提出规划实施的保障措施；附加部分形成“十四五”规划重大任务、重大改革举措和重大项目三个清单。

（王晓华）

【助力企业抗疫政策出台】 2月11日，区政府出台《关于落实北京市促防疫稳增长政策加大力支持企业稳定发展的若干措施》，包括鼓励企业科技防疫、减轻企业经营负担、加大企业金融支持、强化企业精准服务四个方面共15条支持政策。对企业研发费用支持以及企业参与技术防疫的奖励额度达300万元；金融驰援，如首笔贷补贴、确权融资贴息、续贷中心补贴等，均是区级特有政策。4月8日，《海淀区关于统筹推进疫情防控和经济社会发展做好“六稳”工作的若干措施》出台，包括推进复工达产、惠企政策落地、发挥投资关键作用、疫情后消费潜能释放、稳住外资外贸基本盘、保障改善民生等11个方面33条措施，统筹推进疫情防控和经济社会发展。4月22日，出台《北京市海淀区关于进一步精准支持中小微企业平稳发展的实施细则》，推出延长中小微企业房租减免时限、强化中小微企业金融信贷支持、鼓励发展供应链金融等六项中小微企业帮扶政策，推进企业复工复产，精准支持中小微企业应对疫情影响、平稳发展。

（王晓华）

【支持企业复工复产】 2月19日，海淀区新冠肺炎疫情防控领导小组成立复工复产防控组，由区发展改革委牵头负责，搭建“部门主责、街镇兜底”的疫情防控构架。统筹安排企业购买消毒液、手持测温设备、口罩等防疫物资，为重点企业和重点楼宇赠送100台红外测温仪，助力企业复工复产。复工人数由19万人增长到127万余人，复工企业由2.3万家增加到6.5万余家，全区复工复产综合指数工作日居全市首位。全区规模以上商务楼宇、工地、工厂、商超、餐饮实现100%复工；规模以下工地、工厂、商超、餐饮复工率98.94%。区城管执法局、区住建委、区应急管理局累计检查企业99337家（次），公示存在问题企业424家。开通7×24小时复工复产服务热线。开展疫情防控环境检测试点工作，制定《海淀区关于低风险区域常态化疫情防控环境检测工作指引》，全市首批对重点场所16点位进行6002次“五混一”[①]采样并检测。

（王晓华）

【国务院联合调查组调查疫情期间企业房租减免情况】 4月17日，国务院办公厅、国家发展改革委、工业和信息化部、财政部、住房和城乡建设部、商务部、人民银行、国务院国资委、国家税务总局、国家市场监督管理总局等10家单位组成联合调研组，到海淀区调研新冠肺炎疫情期间帮扶服务中小微企业缓解房租压力有关工作，区委常委、常务副区长李俊杰参加，就海淀区促防疫稳增长政策制定及落实情况做重点汇报。调研成果直接促成国家层面八部委出台关于房租减免政策。

（王晓华）

【《中关村科学城北区发展行动计划》印发】 5月6日，由区发展改革委编制的《中关村科学城北区发展行动计划》（简称《行动计划》）以区政府名义印发。《行动计划》包括高品质城市新形态构筑行动、科创治理改革试验区建设行动、具有全球影响力的科技产业创新中心打造行动3项重大行动、14项具体任务，策划29个城市形态构筑建议项目、56项科创治理改革建议政策和26个科技产业创新建议项目。2020年重点实施五个方面工作：建成翠湖南路、翠湖东路、上庄东路等城市主干路，启动滨河快速路建设；29个教育配套项目和4个医疗设施项目全部开工，加快推进故宫北院区项目建设，开工建设3个商业综合体项目；力争实现26宗土地、总规划建筑规模146万平方米的供地目标；启动整建制农转非工作，集体产业开工100万平方米，编制24个保留村的村庄规划；启动面积约12平方千米的中关村体育休闲公园建设。

（王晓华）

【节能减碳】 5月13日，区发展改革委制定并以区委生态文明委绿色小组名义印发《中共北京市海淀区委生态文明建设委员会推动形成绿色发展方式和生活方式工作小组2020年工作要点》，明确11项重点工作任务。5月22日，区发展改革委制定印发《海淀区2020年节能工作要点》，明确节能减碳目标任务和责任分工。协调推进工业、建筑、公共机构等领域节能工作，推动一般制造业调整退出，支持绿色建筑建设，开展公共机构建筑能耗限额管理。推广应用新能源和可再生能源，非化石能源利用率超过8%，达到“十三五”规划目标。拨付2019年节能专项资金2223.9万元，组织开展2020年节能专项资金申报、评审等工作。组织开展“云上节能”宣传周系列活动，推动绿色低碳发展。

（王晓华）

【优化营商环境政策解读】 5月13日至29日，区发展改革委牵头组织开展10场优化营商环境企业政策培训网络直播活动。由10家单位业务骨干以视频直播方式，面向驻区企业和社会公众开展“护航企业政策先行”海淀区优化营商环境惠企政策云解读活动，总观看人数超630万人次，线上咨询138件，直播回答网友问题30余次，帮助企业破解发展中的重点难点问题，激发企业活力。

（王晓华）

【价格管理】 6月28日，区发展改革委印发《海淀区关于及时应对疫情变化做好生活必需品保供稳价工作方案》，保障疫情防控用品和生活必需品

---

① 在五个不同地点进行采样后，放至同一采样管中检测。

供应，开展生活必需品储备物资核查，保障疫情期间辖区生活必需品市场短缺情况恢复供应。落实疫情期间天然气、热力、电力等公共服务领域降价措施，停征中小微企业特种设备检验检测费、污水处理费、占道费等行政事业性收费，减轻企业负担。完成西山森林公园、百望山公园、阳台山公园等6家区级政府定价景区成本监审工作，完成5所公办幼儿园保育费收费、1所中学住宿费备案、1个P+R停车场收费标准核准。指导20余个经营性停车场按要求进行明码标价。

（王晓华）

【“五新”政策[①]落实】 8月20日，市政府召开“五新”政策落实调度会暨区政府工作交流会，区发展改革委在区政府分会场汇报海淀区“五新”政策落实情况。19项“五新”海淀任务（全市174项）、33项“五新”海淀项目（全市98项）进展顺利，部分领域取得阶段性成果。8月25日，代区长王合生召开“五新”政策落实专题调度会，提出“五新”政策在海淀的实践要项目化、清单化要求，在科技创新示范引领方面走在前列。

（王晓华）

财政

【概况】 2020年，全区一般公共预算收入总计668.2亿元，完成调整预算的106.5%。其中区级一般公共预算收入完成453.9亿元，完成调整预算的101.5%，比上年增长1.7%。全区一般公共预算支出总计668.2亿元，完成调整预算的106.5%。其中区本级支出589.5亿元，完成调整预算的104.6%。一般公共预算收支平衡。投入12亿元，用于落实保护关爱一线人员各项政策、加强公共卫生体系、重大疫情防控救治体系和应急物资保障体系建设、购置各类防疫设备和物资、开展核酸检测工作等。全年各部门内部调整资金超过22.2亿元，交回财政35.7亿元，统筹用于重大决策部署落地。推进国库业务电子化改革第二阶段试点工作，完成电子凭证的数据传输、凭证反馈及数据核对等跟踪记录。

6月，海淀区被财政部确定为2020年度“财政支持深化民营和小微企业金融服务综合改革试点城市”。

（钱爽）

【减税降费】 年内，区财政局减税约205亿元。拨付房租减免资金1.8亿元，支持区属国企、集体经济组织等六类经营主体为中小微企业减免房租和物业费。拨付金融扶持资金7124万元，开展融资担保、贷款贴息等工作。拨付优化区域营商环境资金5.8亿元，提升政务服务效能。

（钱爽）

【创新经济发展资金投入】 年内，区财政局拨付资金24亿元，支持中关村科学城建设，培育新业态新模式，支持疫病诊断测试、大数据防控及疫苗新药研发等新技术新产品研发应用。推进市级“五新”政策落地，支持“两区”建设，拓展数字经济，推进大信息、大健康等高精尖产业深度融合。

（钱爽）

【民生事业资金投入】 年内，区财政局拨付资金123.1亿元，用于落实城乡居民基本养老保险基金财政补助政策以及行政事业单位养老保险制度，保障军队移交政府的离退休人员、军队转业干部和退役士兵安置，发放困难老年人补贴津贴，推进家庭养老照护床位建设和社区养老服务驿站、养老照料中心建设，实施无障碍环境建设专项行动等工作。

（钱爽）

【健康海淀建设资金投入】 年内，区财政局拨付资金39.6亿元，用于保障各项公共卫生服务投入，基层医疗卫生服务机构建设，提升区属公立医院能力，建设区域医疗信息化，落实计划生育家庭各类保障政策，推进创建国家卫生区和全国健康促进区、国家级医养结合示范区等重点工作。

（钱爽）

【教育经费投入】 年内，区财政局拨付资金130.6亿元，用于保障全区教育机构正常运转、增加普惠性幼儿园学位、增强学位供给能力、落实复学复课各项防控措施、创造学生健康成长环境、开展集团化办学模式改革等重点工作。

（钱爽）

【文化体育事业资金投入】 年内，区财政局拨付资金7.2亿元，保障海淀

5月12日，区税务局深入社区开展减税降费宣传（闫志良 摄）

① 新基建、新场景、新消费、新开放、新服务。

区全国文化中心建设，提升基层公共文化设施服务效能和公共文化产品供给。拨付资金9092万元，保障专项体育活动场地、全民健身器材及健身步道等体育设施建设，保障2022年冬奥会三项测试赛筹备工作，组建场馆运行和外围保障团队，做好服务冬奥会、冬残奥会筹办工作。

（钱爽）

【中关村科学城北区建设资金投入】 年内，区财政局拨付资金155.2亿元，实施中关村科学城北区发展行动计划，推进北部地区村庄腾退和安置房建设，太舟坞、辛店等安置房地块公共配套基础设施建设。增加产业承载空间，开工建设东升科技园二期、西三旗（金隅）科技园二期等产业项目。

（钱爽）

【"疏整促"资金投入】 年内，区财政局拨付资金25.2亿元，实施"疏解整治促提升"专项行动，推进110条背街小巷环境精细化整体提升工程，拆除违法建设137.6万平方米，开展五塔寺等地区环境综合整治，保障道路清扫保洁、设施养护和停车秩序，加强公共卫生间更新维护。

（钱爽）

【平安海淀建设资金投入】 年内，区财政局拨付资金37.8亿元，推进"扫黑除恶"专项斗争，加强"雪亮工程"建设，完善社会治安防控体系。拨付灾害防治及应急管理资金3.8亿元、市场监督管理资金3.4亿元、粮油物资储备资金7154万元等，化解信访问题，保障粮食能源供应安全，提升公共安全应急管理能力，维护社会秩序与群众生活和谐稳定。

（钱爽）

【生态环境建设资金投入】 年内，区财政局拨付资金3.5亿元，聚焦挥发性有机物管控，推进清洁能源改造，巩固无煤化成果，改善空气质量。拨付资金5.4亿元，实施"水清岸绿"行动计划，加快南沙河流域生态修复、上庄再生水厂建设、园外园地区补水水网等工程，保障北部地区污水处理设施运行。拨付资金8.9亿元，建设森林城市，加强土壤污染源头管控等工作，提升绿色生态空间品质。

（钱爽）

【中央直达资金】 年内，海淀区共计收到中央拨付的直达资金39.3亿元，全部下达至执行单位，主要用于补助医疗、就业、养老、社会救助和义务教育事业、基础设施建设、企业复工复产等方面。通过采取建立专项工作机制、加强制度建设、及时分配下达、规范预算执行、加快信息反馈、加大监督力度、实施全过程绩效管理等措施，确保直达资金规范高效、直接惠企利民。

（钱爽）

【政府债务】 年内，海淀区向北京市申请并获批新增一般债18.9亿元、专项债48亿元，用于环境整治、棚户区改造、教育基础设施及中关村科学城北区建设等重点项目实施。政府法定债务率27.7%，债务余额250亿元，保持在政府债务限额以内，债务风险可控。

（钱爽）

【预算绩效】 年内，区财政局项目预算绩效目标由200万元（含）以上下调为100万元（含）以上。新建智慧海淀项目绩效评价指标体系。对区域性政策进行事前绩效评估和事后绩效评价。首次开展2019年政府收支绩效自评工作，初步建立海淀区政府收支绩效评价指标体系。

（钱爽）

【政府采购】 年内，海淀区为提高中小微企业采购的金额和比例，在履约保证金、付款方式、付款期限等方面给予支持，全区各预算单位食堂及工会采购贫困地区农副产品共计4212万元。

（钱爽）

【政府购买服务】 年内，区政府购买服务预算金额增加到22.3亿元，其中教育、文化、卫生及城市维护等公共服务领域购买金额占比76.7%。全区95个部门的购买服务指导性目录实现主动公开。

（钱爽）

【民营和小微企业金融服务综合改革试点】 12月15日，"财政支持深化民营和小微企业金融服务综合改革试点"暨海淀区融资担保基金、海淀区财金协同平台、中小微企业贷款贴息政策正式发布，区政府、市地方金融局、区财政局有关领导，多家担保公司、银行投资机构及媒体参加发布仪式，共同见证海淀区融资担保基金的正式落地及海淀区财金协同平台的官方发布。6月24日，财政部公布60个获得2020年度财政支持的深化民营和小微企业金融服务综合改革试点城市名单，海淀区上榜。海淀区有20余万家中小微企业，受疫情、贸易摩擦、订单不足、成本上升等因素影响，很多中小微企业遭遇前所未有的困难。海淀区在资金支持、技术支持、政策扶持三方面进行探索试点，即设立融资担保基金、搭建财金协同平台、出台《海淀区中小微企业贷款贴息政策》，解决中小微企业融资难、融资贵的问题。

（钟冷）

【海淀区财金协同平台上线】 12月15日，由区财政局主持搭建的海淀区财金协同平台上线。财金协同平台是海淀区实施财政部"财政支持深化民营和小微企业金融服务综合改革试点"工作的三项措施之一，采用"线上＋线下"的科技金融服务新模式与"政策扶持＋数据＋金融"的多维服务创新模式，实现政府、企业、金融机构信息的融通，集合银行贷款、股权融资、政策贴息、融资担保、企业融资需求线上发布等多个业务功能板块，采用"多元服务＋科技创新"的特色运营模式，缩短流通环节，形成"企业一次需求，多产品解决，全流程服务"的融资新模式，为中小微企业提供快速便捷的融资服务，这在全市属首创。平台已有十余家银行以、多家担保公司和股权投资机构入驻。

（钱爽）

【"银政担园共同体"融资担保基金设立】 12月15日，海淀区"银政担园共同体"融资担保基金设立发布，是海淀区实施财政部"财政支持深化民营和小微企业金融服务综合改革试点"工作的三项措施之一。"银政担

12 月 15 日，海淀区财金协同平台上线（区财政局 供图）

园共同体”融资担保基金是为向民营及中小微企业提供更充裕的资金支持而设立的，在全国范围属于首创。9 月 3 日正式在北京市场监管局海淀分局完成工商登记，基金总规模为 20 亿元，首期 10 亿元，由海淀区政府投资引导基金、中信银行、中技担保公司与华海恒泰共同出资设立，委托首创担保公司具体运营管理。该基金扩大银行和担保公司对中小微企业贷款的支持力度，贷款担保品种放宽为股权质押、知识产权质押、应收账款质押等信用类贷款担保，有效缓解金融机构在现有业务框架下给民营和中小微企业放贷的难题，扩大服务民营和中小微企业的数量、增加贷款规模、降低融资成本，分担降低金融机构的风险损失。

（钟冷　钱爽）

税务

【概况】 2020 年，海淀区税务局（简称区税务局）开展税费收入与落实减税降费，优化税收执法与改善营商环境等工作。区税务局下属 27 个税务所。全年登记纳税人 55.35 万户，包含单位纳税人税务登记 49.36 万户、个体经营纳税人税务登记 5.99 万户。完成各项税费收入 2598.5 亿元，比上年增长 2.6%；一般公共预算收入 917.5 亿元，比上年减少 7.7%；区级收入 422.8 亿元，比上年增长 3.2%。完成税收收入 2356.0 亿元，比上年减少 1.6%；完成中央级收入 1485.1 亿元，比上年减少 0.8%；完成地方级收入 870.9 亿元，比上年减少 3.0%。第四税务所获 2020 年度“北京市三八红旗集体”；第一税务所所长黄海霞获 2020 年度“北京市三八红旗奖章”；北下关税务所所长时阳获 2020 年度“北京市先进工作者”。

（丁琪）

【企业所得税】 年内，海淀区企业所得税入库 1092.75 亿元。完成 2020 年汇算清缴工作，参加汇算清缴企业 22.73 万户，参加汇算清缴企业实际应纳所得税额 1079.88 亿元。企业享受研发费加计扣除 735.84 亿元，比上年增长 29%；涉及企业 9084 户次，比上年增长 22%。办理汇算清缴退税 49.06 亿元。享受小微企业所得税延缓缴纳政策企业 1.3 万户，缓缴税额 2.5 亿元；公益性捐赠税前扣除政策涉及企业 151 户，减免税额 1.2 亿元。为 29 家科研单位开展科技成果转化专场政策培训。录制 7 期企业所得税“汇算来了”辅导视频，观看达 17.2 万人次。

（丁琪）

【个人所得税】 年内，海淀区个人所得税入库 486.34 亿元。首次开展个人所得税综合所得汇算清缴，个税汇算申报 167.54 万人，约占全市汇算申报人数的四分之一，涉及 7.4 万个扣缴单位。办理境外所得申报 1560 笔。进行个税汇算线上培训，开展直播 10 场，观看人数超 1.2 万人次。成立个人所得税线上互动咨询中心，线上回复纳税人咨询 5.4 万条。

（丁琪）

【国际税收】 年内，区税务局完成非居民税收收入合计 99.32 亿元。开展税收协定后续管理，办理不符合享受协定待遇案件 6 件，涉及税款及滞纳金 7220.82 万元。整理“一带一路”倡议“走出去”企业清册 671 户次。与北京 2022 年冬奥组委建立沟通协调机制，参与冬奥组委涉税调研等工作。

（丁琪）

【减税降费】 年内，海淀区新增减税降费超 200 亿元，其中支持疫情防控和经济社会发展的税费优惠政策新增减税降费 56.2 亿元，大规模减税降费 144.6 亿元。

（丁琪）

【大企业税收管理】 年内，区税务局建立税企联系群和大企业税收服务业务支持群，回应企业诉求。完成 72 户千户集团风险分析任务、64 户千户集团风险应对任务。采集 53 户千户集团总部企业约 1.5 万户成员单位的财务数据。

（丁琪）

【税收风险管理】 年内，区税务局运用风险系统数据，加强风险任务整合、推送与应对，下发风控任务 5.44 万户次，完成风险应对 5.89 万户次。组织各项税费收入 6.95 亿元，企业所得税弥补亏损 1.55 亿元。核实应享未享减税降费优惠政策纳税人 2645 户次，完成退税 47.68 万元。

（丁琪）

【纳税服务】 年内，区税务局开展“非接触式”宣传辅导，搭建“京税通”税企沟通平台，依托“钉钉”平台，推出“海税云 5G 直播”品牌，开展“云课堂”辅导直播 29 场。主动对接、问需辖区纳税人 10.02 万户，指引网上办税，主动预约错峰办税。上线“10+X”模式新版预约取号系统。完成办税服务厅窗口“好差

年内，区税务局搭建“海税云 5G 直播”平台，开展线上宣传辅导（闫志良 摄）

评”评价设备及软件系统部署。与 17 家金融机构合作推进“银税互动”平台，助力 1774 户中小微企业获得贷款 27.88 亿元。全年接听咨询电话 42.34 万次，受理北京市政府“12345”接诉即办工单 2128 件。

（丁琪）

【依法治税】 年内，区税务局推行行政执法“三项制度”，编制《公布权责清单》并动态更新，公示行政处罚和行政许可决定 2.39 万条，建设标准化税务约谈室 8 个，审核数额较大行政处罚决定 2 件。开展妨碍统一市场和公平竞争的政策措施及民法典涉及的规章和行政规范性文件清理。办理行政复议案件 2 起，行政诉讼案件 3 起。

（丁琪）

【税收分析】 年内，区税务局完成税收分析成果 30 篇，7 篇获市、区领导关注。运用增值税发票数据连续 20 周跟进辖区复工复产情况，开展疫情下“宅经济”“5G 新基建”等新业态分析；关注未开票企业，梳理产业链条，跟踪产供销恢复情况，运用税收大数据，开展企业大额入库变动分析。

（丁琪）

【税收宣传】 年内，区税务局刊发税收宣传稿件 108 篇，其中中央级媒体 18 篇，市、区两级媒体 62 篇，专业性刊物 28 篇。改编歌曲税务版《少年》，成为全市税务系统首个阅读量“10 万 +”税宣作品。摄制税务纪实 VLOG 视频，展现税务干部疫情防控和服务大局“双线作战”场景。《曹老师小课堂》累计发布 108 期，浏览量达 25 万余次。“网红税官——曹老师”获评中央网信办 2020 年网上群众路线典型优秀个案。

（丁琪）

【税收征管】 2 月，区税务局应对新冠疫情，推出“非接触式”办税缴费服务，292 项业务实现全程网上办，网上办税比例超过 99%；推出“票 e 送”免费服务，发送发票 1231.47 万份，惠及辖区 3.33 万户纳税人。4 月，区税务局作为市税务局首个试点单位，上线发票“云审批”系统，为 5775 户次纳税人审批发票 31 万余份。5 月，成立电子税务局运维专班，制定工作制度和方案。推进延期申报和延期缴纳税款工作，审批通过延期纳税企业合计 8253 户，涉及税款 22.47 亿元，助力企业复工复产。

（丁琪）

【非税收入】 自 5 月 1 日起，区税务局代收防空地下室易地建设费，全年代收 5 笔，费款 137.79 万元。组织教育费附加、地方教育附加、文化事业建设费、残疾人就业保障金、社会保险费等非税收入 242.5 亿元。

（丁琪）

【财产和行为税】 9 月 1 日，《中华人民共和国资源税法》正式实施，区税务局做好宣传辅导、征管系统调试、干部培训等工作。土地增值税项目清算入库税款 23.01 亿元。开展房产税、环保税等税种的风险应对工作，房产税入库 48.5607 亿元，环保税入库 0.69 亿元，城镇土地使用税入库 2.75 亿元，土地增值税入库 31.72 亿元，印花税入库 20.05 亿元。开展“区块链 + 不动产登记”平台上线及测试工作，精简资料 13 项，实现企业间

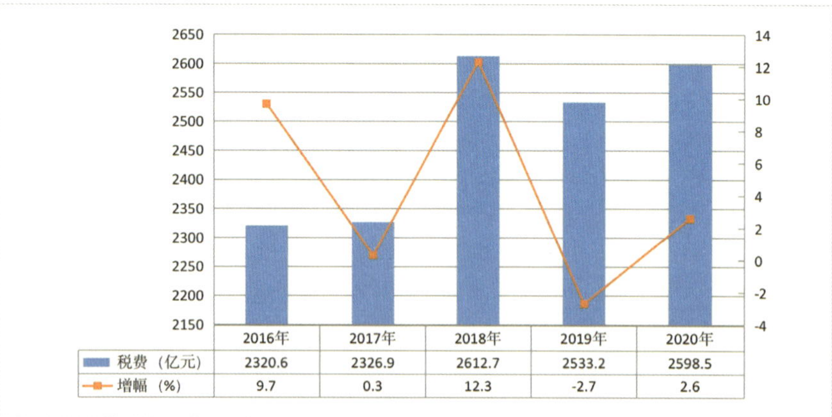

2016—2020 年海淀区税务局税费收入情况图

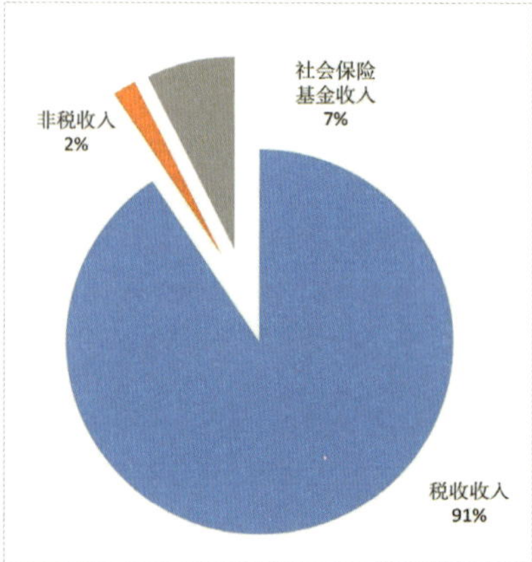

2020 年海淀区税务局税费收入情况图

非住宅交易全程网上办理，完成不动产办结交易 30737 笔。推广企业所得税（预缴）、城镇土地使用税、房产税、土地增值税、印花税综合申报业务，对 5000 余户纳税人开展在线培训，降低纳税成本。

（丁琪）

【货物和劳务税】 自 11 月 1 日起，将增值税专用发票、普通发票、电子发票、二手车发票等全部升级版票种纳入增值税发票辅提提示系统判定核准。共有 54.25 万户次纳税人享受增值税小微企业各项税收优惠政策。3.26 万户小规模纳税人享受增值税征收率由 3% 减按 1% 征收优惠，减税 4.67 亿元。3381 户企业享受公共交通运输服务业、生活服务业、为居民提供必需生活物资快递收派服务业等行业在疫情防控期间税收优惠政策，免征增值税 19.3 亿元。完成增值税即征即退退税 56.28 亿元，涉及纳税人 2.5 万户次。为 54 户次疫情防控重点保障物资生产企业办理增值税留抵退税 4.48 亿元；为 240 户次其他企业办理留抵退税共计 124 亿元。推广使用中国国际贸易“单一窗口”平台进行出口退税申报，推出容缺办、延期办、加速办等服务举措，办理出口退税 91 亿元，比上年增长 24.66%；办理出口免抵额 11 亿元，比上年下降 64.52%。

（丁琪）

【社会保险费】 自 11 月起，海淀区企业职工各项社会保险费由税务部门统一征收，涉及 198 万名在职职工、10 万名灵活就业人员，共征收企业社会保险费 141.92 亿元。全年累计征收社会保险费 191.76 亿元，征收职业年金 12.81 亿元。落实阶段性减征职工基本医疗保险费优惠政策，共计减免医疗保险费 2.8 亿元。落实阶段性降低工伤保险费率优惠政策，共计减免工伤保险费 1992.24 万元。

（丁琪）

金融服务管理

【概况】 2020 年，海淀区金融服务办公室（简称区金融办）纳入督查督办范围的工作任务共计 8 类 82 项。其中，按时完成 82 项；承办人大代表建议、政协委员提案 19 件，均按时限办理完毕，满意度 100%。金融业增加值达到 968.2 亿元，比上年增长 8.2%，在全区 GDP 占比为 11.3%。全区各类金融机构及分支机构达到 3168 家，其中银行 806 家、保险机构 292 家、备案股权投资管理机构 750 家等。有中关村并购发展促进会、中关村上市企业协会、互联网金融研究院等 9 家行业协会，有 236 家境内外上市企业。金融业成为继软件和信息服务业、科技服务业之后的第三大支柱型产业，初步形成以全国创新资本中心、企业上市发展中心、金融科技创新中心、“海淀创新基金系”和金融领域创新合作伙伴关系的发展格局。“十三五”时期，海淀区不断探索科技金融发展路径，打造金融业发展五大特点，为国家金融创新树立“海淀样板”。

（孙浩　钟冷）

【银行业】 年内，全区有驻区银行机构及其网点总数 764 家，占全区金融机构总数的 1/3。存款余额达 39630 亿元，比上年增长 10.59%；银行贷款余额 11576 亿元，增长 12.96%。存贷差为 28054 亿元，存贷比为 29.21%，比上年存贷比高 0.6 个百分点。

（孙浩）

【股权投资】 年内，区金融办在基金业协会备案的股权投资管理机构累计达 750 家，占全市的 27.83%；披露金额的管理资本量 1.1 万亿元，占全市的 26.12%。海淀区企业共发生 579 起股权融资案例，占全市股权融资案例总数的 40.6%。已披露金额股权融资案例获投金额 843.79 亿元，占全市股权融资总额的 40.79%。

（孙浩）

【金融风险防范】 年内，区金融办开展打击非法集资和非法证券经营活动工作，修订并印发《2020 年海淀区防范处置非法集资工作方案》《海淀区打击非法集资和非法证券经营活动工作协调小组职责》，出清辖区在账高风险企业 18 家，降幅达 56%；制定印发《海淀区金融安全宣传教育工作实施方案》，街镇开展宣传活动。推进金融宣教“七进”[①]活动，在 4 处行政办公区域集中滚动播放金融安全宣教视频；举办线上线下宣教活动 30 余场，参与近万人次。首次举办全区线上防范处置非法集资培训会，通过技术监测、网格吹哨、投诉举报等多种方式，及时发现风险苗头；通过现场核查、联合检查、警示约谈、发布风险提示等手段，排查处置风险。开展防范化解网贷风险工作，按照“四个一批”[②]的工作要求，在账 149 家平台，核减 46 家平台，累计核减 98 家，剩余 51 家。已无在营网贷平台，借贷余额、出借人数、借款人数，分别下降 55%、55% 和 44%。海淀区网贷专班现场接待来访 1845 人次，电话接待累计 6769 人次，信访件 29116 件。

（孙浩）

【企业上市挂牌】 年内，海淀区有存量上市（挂牌）企业 914 家，境内外上市公司 236 家（境内 157 家，境外 79 家）、新三板挂牌企业 444 家、四板（不含孵化板）挂牌企业 234 家。其中，海淀区存量境内 A 股上市公司 157 家，占全市（401 家）的 39%，占全国（4139 家）的 4%；存量新三板挂牌企业 444 家，占全市（1077 家）的 42%，占全国（8022 家）的 6%；创新层企业 75 家，占全市（151 家）的

① 进社区、进学校、进网点、进企业、进机关、进家庭、进村屯。
② 转型一批、退出一批、吊销一批、立案打击一批。

50%，占全国（1141 家）的 7%；存量四板（不含孵化板）挂牌企业 234 家，占全市（537 家）的 44%。助推 15 家企业成功登陆科创板，新增上市企业 18 家，存量上市公司总数连续多年稳居全国地级市（区）之首。

（孙浩）

【小额贷款】 年内，海淀区有小额贷款公司 17 家，占全市（131 家）的 12.98%；注册资本金总额 40.15 亿元，占全市（176.7 亿元）的 22.72%；银行融资余额 2.2 亿元，占全市（3.26 亿元）的 67.48%。发放贷款 61.6 亿元，占全市（185.9 亿元）的 33.14%；贷款余额 33.4 亿元，占全市（150.6 亿元）的 22.18%。向农户及农村企业、组织贷款 9.18 亿元，占全市（34.61 亿元）的 26.52%；向小微企业客户贷款 28.86 亿元，占全市（56.53 亿元）的 51.05%。

（孙浩）

【融资担保】 年内，海淀区有融资担保公司 9 家、占全市（62 家）的 14%，其中国有控股融担公司 7 家、占全市（34 家）的 21%。实收注册资本总计 261.63 亿元，占全市（636.47 亿元）的 41%。全区融担公司担保余额合计 2441 亿元，占全市（4513 亿元）的 54%。

（孙浩）

【金融科技】 年内，区金融办聚焦金融科技顶层设计、政策试点、对接交流等工作，推进北京金融科技与专业服务创新示范区建设。国家级金科新区建设三年行动计划获得市政府批复。在"沙箱监管"①试点方面，助力拉卡拉、腾讯云等 4 个项目入箱，北京中科金财科技股份有限公司入围第三批试点公示名单。推进主题楼招商运营，融汇国际大厦入驻率达 80% 以上，吸引惠民数字科技、金露泉科技等企业入驻；在北下关地区及中关村大街沿线，全面梳理空间资源，形成金融科技储备楼宇清单，梳理出 10 万平方米的产业空间。加强产业培育，推动设立 8 亿元规模的海淀金融科技产业成长基金，投资、储备科杰大数据、亿景智联等 8 个项目。

（孙浩）

【金融科技会客厅】 3 月，区金融办联合中关村金融科技产业发展联盟、北京中关村互联网金融信息服务中心有限公司，在融汇国际大厦共同建设"金融科技会客厅"，以企业服务、创新活动、合作对接、协会共享为主旨，日常运营内容包括常态化金融科技产业对接，举办 5 场金融科技 10 家金融机构和 10 家金融科技公司对接开展业务合作等系列对接活动，约 200 人参加。

（孙浩）

【国际服贸会金科新区专题展】 9 月 4 日，海淀区 2020 中国国际服务贸易交易会金科新区专题展开幕。海淀区打造的"北京金融科技与专业服务创新示范区"展区亮相本届服贸会，140 平方米展区用"触摸屏 + 大屏幕"双屏互动，通过图文、动画、视频、声音等多媒体数字化形式，全面展现金融科技示范区的建设情况，通过体验感和沉浸感，提升信息展示实效。展会上安排辖区具有代表性的金融机构和金融科技企业，轮流展示人工智能、大数据、云计算等领域的技术优势和在金融领域的最新应用，提升展览多样性和互动感。

（孙浩）

【金融科技平行论坛】 9 月 19 日，由海淀区政府、西城区政府、市金融局、中关村管委会主办，以"金融科技——前沿科技与金融的深度融合"为主题的 2020 中关村论坛金融科技平行论坛举行。论坛通过聚焦全球行业领袖大咖、技术新锐、产业界领袖等专家进行多维度研讨，把握数字化、网络化、智能化融合发展契机，推动金融与科技深度融合发展，助力北京金融科技与专业服务创新示范区核心区建设。市委常委、副市长殷勇，中国互联网金融协会会长、原人民银行副行长李东荣，中国人民银行科技司司长李伟向论坛致辞，市金融局局长霍学文作主旨演讲，大会由区委副书记、区政府党组书记王合生主持。活动现场发布《北京加快推进国家级金科新区建设三年行动计划（2020 年—2022 年）》，为海淀区、西城区合作共建金融科技与创新发展示范区提供指引。

（孙浩）

【中关村科创金融论坛】 11 月 16 日，由上海证券交易所、海淀区政府、中国证监会北京监管局、市金融局和中关村管委会指导，中关村并购发展促进会、区金融办、清控资产管理集团和中信建投证券股份有限公司共同主办的 2020 中关村科创金融论坛举行。上海证券交易所党委副书记、监事长潘学先，中国证监会北京监管局局长贾文勤，海淀区副区长林剑华出席论坛。论坛以"2020 新征程——资本助推中国科技创新下一个黄金十年"为主题，聚焦科技创新与资本协同，探讨强化资本对科技创新起到支撑作用的路径，促进协同、融合、共享的创新生态的形成，助推科创企业的高质量发展。上交所发行上市服务中心、清华大学经管学院中国金融研究中心、北京基金业协会、中关村并购发展促进会、首创担保和海科金集团联合发起设立中关村科技企业高质量发展创新平台。清华大学经济管理学院金融系教授、清华大学经济学院中国金融研究中心主任何平发布《2019 中国并购指数报告》。

（钟冷）

市场监督管理

概述

2020 年，海淀区市场监督管

① 首先划定一个范围，对在"箱子"里的企业，采取包容审慎的监管措施，同时杜绝将问题扩散到"箱子"外面，属于在可控的范围之内实行容错纠错机制，并由监管部门对运行过程进行全程监管。

理局（简称区市场监管局）企业档案“容 e 查—掌上查”服务上线，实现企业档案移动端查询。接收、整理、扫描、入库新开 2033 户，变更 81248 户，转企业材料 134 卷，档案迁入 3493 户，档案迁出 11074 户；个体注销 266 户，个体吊销 122 户，个体出证 50 户次；整理并扫描外资企业档案 1517 户，接待企业鉴定 61 户。将外资企业档案移交北京市市场监督管理局档案中心。提供企业登记档案查询 267678 户次，其中网上查询 251015 户次、自助查询 7252 户次、现场查询 15002 户次。

（郭洁）

【创文创卫检查】 9 月 8 日，区市场监管局到锦绣大地批发市场、嘉源五孔桥市场、亮甲店市场等创文创卫点位，检查制度制定、环境卫生、垃圾分类、诚信经营、食品安全管理等方面落实情况。定期召开辖区食品集中交易市场监管工作会，细化解读各项指标内容。开展“回头看”工作，针对检查中发现部分市场存在农残检测结果公示不及时、宣传物品破损、垃圾桶放置不明显等问题，立即整改落实，确保海淀区创文及创卫工作顺利完成。

（郭洁）

【企业档案“容 e 查—掌上查”服务上线】 10 月 21 日，区市场监管局企业档案“容 e 查—掌上查”服务上线，实现企业档案移动端查询。上线的手机端“容 e 查—掌上查”服务依托海淀区政务服务平台“海淀通”App，企业办事人员通过刷脸认证，登录“海淀通”App 首页里的“容 e 查”服务，输入或扫描所查企业的“电子营业执照”二维码，即可在线浏览查看或下载带有北京市市场监督管理局查询专用电子印章的企业登记信息资料和电子档案。企业法定代表人、自然人股东无需验证电子营业执照，即可直接查看、下载其任职或投资的企业电子档案。企业档案“容 e 查—掌上查”与“智能自助查询”服务互为补充，构建“容 e 查”线上一次不用跑，线下最多跑一次的全方位、立体化的政务服务体系。

（郭洁）

市场主体注册登记

【概况】 2020 年，区市场监管局全面落实“零见面、四种办”工作模式，通过“企业登记网上办”“EMS 寄递助力办”“电话咨询即时办”和“区块链技术智慧办”服务模式，提供无间断的助企复工复产准入服务。落实行政审批一站办理、一个环节、一天领取“三个一”政策，提供“一企一策”服务，为防疫企业开辟“绿色通道”、提供纠纷调解等法律服务、创新监管方式、加强防疫期间专项服务 4 项服务措施被纳入区政府推出的“暖企 15 条”。为 28 户重点企业开辟转产许可绿色通道，办理相关登记事项 832 户次。开展市场主体登记告知承诺制改革试点。区块链技术应用于企业住所登记，实现智能“秒批”。

（郭洁）

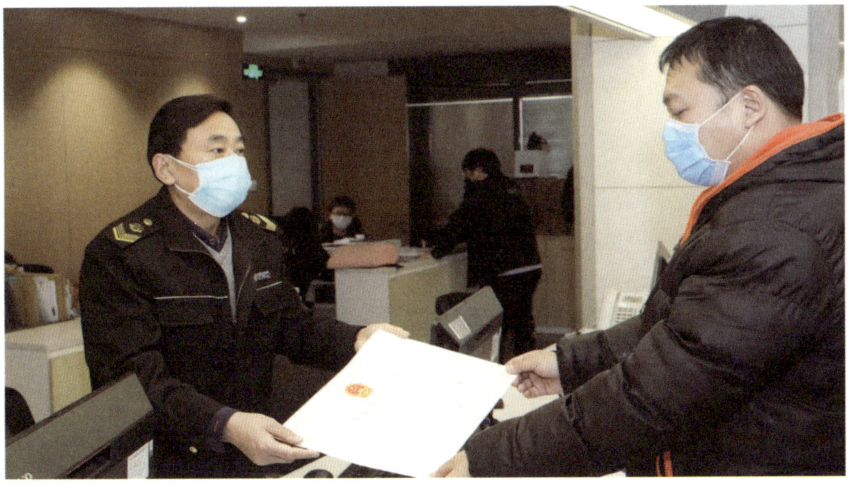

2 月 25 日，区市场监管局发出北京市第一张“告知承诺制”食品经营许可证（区市场监管局 供图）

【企业住所登记远程认证】 年内，区市场监管局把区块链技术应用于企业住所登记，为房屋产权人提供“远程认证”服务，在住所审查上实现智能“秒批”，实现企业及产权人“零跑路”，一张数字证书即可完成，安全高效。全年在线生成住所存证证书 160 户次。

（郭洁）

【告知承诺制改革试点】 2 月 14 日，海淀区实行市场主体登记告知承诺制改革试点，对市场主体登记申请严格落实形式审查，实现同一事项无差别受理的“去标准化”办理模式。通过免审市场主体登记申请时提交的部分过程性文件材料，市场主体通过信用承诺等方式提交的材料不再实质审查章程、协议等文件内容及决定程序，减少对市场主体自治事项干预，提高市场准入工作效能。落实“放管服”改革“宽进严管”要求，实现营业执照“即时审批通过”，督促落实市场主体责任。企业开办审查时间由 15 分钟缩短至 5 分钟；变更审查时间由 60 分钟缩短至 30 分钟；注销审查时间由 20 分钟缩短至 5 分钟。全年办理登记 13.5 万户次，占同期业务总量的近 98%，其中企业开办业务通过告知承诺制方式提交登记申请的比例达 100%。

（郭洁）

市场主体监督管理

【概况】 2020 年，区市场监管局协调海淀区 11 家重点药品零售企业保证防疫物资供应。对非园区、非物业管理的重点商务楼宇、“七小场所”开展全覆盖排查，指导其他小门店落实防疫措施。截至 12 月 30 日，390 栋非园区、非物业管理重点商务楼宇 10278 家入驻企业，复工率 88.83%，累计复工 9130 家，复工企业员工到岗率 100%；6619 户“七小场所”主体复工率 87.75%；4202 户其他街面商铺复工率 77.72%。向楼宇、企业推送“海淀区企业返京人员统计程序”，累计推送 27.38 万户次。组织小米、美团、去哪儿网等 10 家电商平台企业召开行政提示会，就容易引发的问题进行行政提示。

（郭洁）

【协调防疫物资供应】 年内，区市场监管局召集 11 家重点药品零售企业参加防护物资供应渠道协调会，拓宽进货渠道，保障药品经营环节供应有力。药店共销售口罩 38 万余个，红外式体温计 4788 支；医用酒精 1937 瓶。

（郭洁）

【商务楼宇疫情防控】 年内，区市场监管局对新技术大厦、创新中心、中成大厦等商务楼宇的疫情防控工作进行现场检查。检查内容包括出入口管理、值班值守、消毒防护、宣传教育等情况，并送达《海淀区园区、商务楼宇疫情防控工作参考》。检查中发现登记记录不完整、防疫物资配备不齐全、对疫情防控重视不足等问题要求立即整改。通过电话、微信群等方式沟通，掌握楼宇内企业开工时间、员工人数、外地返京人员等情况，要求楼宇每日统计更新企业复工时间、员工返京情况等疫情相关信息。向楼宇、企业推送“海淀区企业返京人员统计程序”，累计推送 27.38 万户次。

（郭洁）

【世界知识产权日特别主题宣传活动】 4 月 26 日，区市场监管局联合区知识产权局、万慧达、超凡等知识产权机构，开展以“抗击疫情、知识产权化为力量，复产复工、品牌当先再度前行”为主题的世界知识产权日特别主题宣传活动。邀请知识产权专家，以知识产权、品牌建设为主要切入点，通过讲述典型案例，分析疫情形势下企业复工复产工作中品牌发展的风险与机遇，指导企业做好知识产权发展布局及风险防控；通过引导企业国际商标注册、IP 跨界合作、商标质押等措施，帮助企业着眼知识产权战略布局，提升企业品牌的核心竞争力，将知识产权与品牌价值转化为推进企业复工复产的强大动力，减少企业因疫情影响造成的损失。

（郭洁）

市场监管

【概况】 2020 年，区市场监管局完成全区“五类场所”全面消杀、“七类人员”及保安、家政人员核酸检测。摸排并妥善处置新发地市场、厄瓜多尔进口白虾、大连海鲜、智利三文鱼等产品；排查肉类、水产品存储冷库 792 个，确保食品供应网络安全。加强冷链食品全过程、全链条监管，引导规范冷链食品追溯平台录入，注册企业 674 家；有 600 余家企业完成“追溯”注册，共计“追溯”进口冷藏冷冻肉类、水产品 2359 批次，129855.77 千克；完成冷链食品、包装样本核酸检测 4632 个，环境核酸采样检测 3857 件，结果均为阴性；统计冷链食品重点从业人员信息，配合开展新冠肺炎疫苗接种工作。

辖区共注册有形市场 69 家。有实体经营的 36 家，营业市场 32 家；五道口市场处于关停状态；海民兴市场、玉泉东市场、东方美都市场处于闭市状态。检查经营主体 1886 户。开展房地产中介企业“云培训”活动。发布《网络直播和短视频营销平台自律公约》。推出包容审慎执法处罚清单，助力新经济健康发展。查处不按规定明码标价、哄抬价格等扰乱市场的违法行为，处罚 55 起，金额 20.9 万元。

（郭洁）

【监督检查】 年内，区市场监管局开展防护口罩、消毒用品、防护服等疫情相关用品的价格监督检查，处理散布涨价信息、囤积居奇、价格欺诈等违法行为。对现场宰杀、违法销售畜禽、野生动物等行为加大执法力度，严禁市场内销售野生动物及各类活物。督促花鸟鱼虫市场按照要求完成消毒防护工作。全年检查经营主体 1886 户，其中检查食品生产经营单位 232 户次，检查餐饮单位 665 户次，检查商场、超市、集贸市场 434 户次。

（郭洁）

【房地产中介企业“云培训”】 年内，区市场监管局对“贝壳找房”平台及平台内的 40 家房地产经纪机构开展“云培训”。结合《北京市房屋租赁管理若干规定》《合同违法行为监督处理办法》等法规，详细讲解房地产经纪领域常见的“霸王条款”表述，帮助企业规避此类风险。解读《房地产广告发布规定》《中华人民共和国消费者权益保护法》等法律法规，提示企业重视“接诉即办”工作，及时回应解决群众诉求。完善消费者诉求处置机制，畅通客服渠道，落实经营者首问和赔偿先付制度，提高企业源头化解纠纷的能力。

（郭洁）

【包容审慎执法处罚清单（第一版）发布】 7 月 23 日，区市场监管局发布《北京市海淀区市场监管局包容审慎执法处罚清单（第一版）》（简称《清单》）。《清单》内容涵盖广告宣传、登记注册、电子商务、产品质量、生产许可等领域。根据违法行为划分，违法行为显著轻微，按时改正并未造成危害后果的不予处罚 40 项；立即自行改正或在行政机关责令改正的期限内改正的不予处罚 41 项；减轻处罚 5 项和从轻处罚 1 项。根据清单作出不予、减轻、从轻处罚决定的同时，给企业下发“一案三书”，即（不予）处罚决定书、行政建议书、信用承诺书。该《清单》为新产业、新技术、新业态等新经济健康发展提供较为宽松的成长环境，保障企业发展活力充分释放。

（郭洁）

【《网络直播和短视频营销平台自律公约》发布】 9 月 28 日，区市场监管局发布《网络直播和短视频营销平台自律公约》（简称《公约》）。《公约》主要内容包括健全网络直播和短视频营销服务协议与行为规范，建立网络直播和短视频营销信息检查监控制度、完善商业推广者信用管理体系。针对直播和短视频营销各方主体责任不清、投诉解决不畅等问题，创设“事前报备、事中公开、事后溯源”管理机制，强化直播带货信息公示力度；提示投诉、举报方式和争议处理规则等信息，引导消费者准确投诉。加强直播和短视频平台间数据共享，防范跨平台违法风险；明确责任划分，完善跨平台争议处理中的衔接机制，建立健全消费维权、违法处置工作衔接。抖音、快手、京东直播平台为公约首批倡议企业。

（郭洁）

食品药品安全监管

【概况】 2020年，区市场监管局对全区6家高风险市场蔬菜直通车经营情况进行现场监督检查，形成台账。有农贸市场4家，其中后沙涧市场与大牛坊市场（蔬菜、水果区营业）营业，冷泉早市处于关停状态，屯佃市场处于闭市状态。全区复工餐饮企业5339户（其中社会餐饮4445户，单位食堂894户）。联合区卫健委开展玉泉东商品交易市场疫情防控排查工作。推出冷藏冷冻食品经营渠道要清晰、冷库要专用、每日要消毒、操作要防护、定期要送检、消费要提示“六”规范，保障食品安全。检查中高考考点周边食品经营单位。实行退热止咳类药物实名登记购买制度，收到上报登记信息2930条。餐饮单位开展拉网式监督检查1944户次。推行食品经营许可、小食杂店备案“网上办”“承诺办”。餐饮企业开放堂食1926户，累计开展检查29048户次。启动“放心工作餐直供”专项行动，协调餐饮企业和订餐困难企业合作复工。

（郭洁）

【退热止咳类药物实名登记购买制度】年内，区市场监管局实行退热止咳类药物实名登记购买制度，严查药店退烧、止咳类药品实名制销售登记情况。推出应用小程序，采集购买者姓名、症状、购买药物种类等信息，通过实地走访、电话告知等方式，将小程序推送至全区药店，消费者用手机识别二维码或点击网址即可在线填报。通过该小程序，可动态监测全区退热、止咳类药物销售情况，发挥零售药店早期监测作用，及时了解发热症状的消费者信息，排查疫情隐患。累计收到上报登记信息2930条。

（郭洁）

【市场疫情防控监管】 年内，区市场监管局对农贸市场、小食杂店、餐饮经营等场所监督检查，打击野生动物非法交易（包括网络交易）行为。督促农贸市场和集贸市场开办者落实主体责任，建立健全防控工作责任制和管理制度，落实卫生健康部门和市场监管部门提出的各项防控措施。对市场内从业人员返京情况、隔离情况进行监管。落实好市场的消毒、通风、清洁等防控工作，对进场车辆进行全面消毒，对工作区域至少每天进行一次全面消毒，保证市场清洁、通风，市场消毒并在明显位置做好已消毒的标识，对进入市场的人员进行提醒和防控知识的宣传教育。

（郭洁）

【餐饮业检查】 1月23日至4月12日，区市场监管局对1926户餐饮企业开放堂食，通过“摸排—指导—整改—复查”的闭环监管模式，实现“辖区治理＋行业带动”以点带面的辐射效应。2月3日至17日，对全区餐饮单位开展拉网式监督检查1944户次，其中小餐饮732户次、集体食堂179户次。检查2697家餐饮服务的单位，落实进货查验制度、晨检制度情况，其中小餐饮营业单位检查三天覆盖率达100%。通过监控摄像头线上对食品市场、餐饮单位、超市进行不定期抽查，实现非接触式监督。要求餐饮业落实进货查验制度、晨检制度等；店内禁止群体性聚餐，人员就餐间隔一米以上，上座率不得超过50%；检查半生熟半成品交叉污染、加工场所及就餐场所洗手设施等情况。累计对提供外卖的餐饮单位进行指导29048户次，要求分餐操作人员分餐前进行二次更衣、洗手消毒，配戴帽子、口罩、一次性手套等；餐品分装前温度保持在60℃以上，分装至食用时间控制在2小时内；外卖骑手取餐设置专门取餐区，确保无接触取餐。制定《答餐饮单位问》，解答食品安全问题，确保疫情期间餐饮单位食品安全。

（郭洁）

【食品安全监查】 6月12日至12月30日，区市场监管局对全区从6家高风险市场进货的肉类、海鲜企业（包括餐饮、流通、生产、市场等）及蔬菜直通车经营情况进行现场监督检查，形成台账。共排查企业12568户、蔬菜直通车310个，开业的企业及蔬菜直通车100%全覆盖。经查，从6家高风险市场进货的企业有422家，其中新发地批发市场230家、京深海鲜市场146家、顺义石门批发市场42家、通州八里桥市场4家。采样检测481件，采样检测结果均为阴性。对全区大型、连锁商超及餐饮企

6月23日，区市场监管局对超市出售的粽子进行抽检（区市场监管局 供图）

业监督检查。与超市发、物美、家乐福、华联、沃尔玛等连锁商超总部对接，开展全面自查，重点排查进货途径、进货品种、有无从6家高风险市场进货的肉类、海鲜等产品。全区复工餐饮企业5339户，其中社会餐饮4445户，单位食堂894户；排查商超116家，从高风险市场进货的超市对相关水产品暂停销售。对学校、养老机构、建筑工地、医院食堂、旅游定点饭店等单位监督检查，落实主体责任；联合区卫健委开展玉泉东商品交易市场疫情防控排查工作，联合发布《关于玉泉东商品交易市场暂停休市的公告》。对北大附中、中关村中学、首都师范大学附属中学等高考考点周边200米范围内的食品流通经营单位开展疫情防控和食品安全监督检查，重点检查顾客进店测温及查看健康宝、员工体温监测并记录、员工持有有效期内健康证、环境卫生及消毒情况、落实进货查验制度以及夏季食品安全重点等方面，累计检查中高考考点周边食品经营单位121户次。对中高考考点周边食品经营单位所售的蔬菜水果、畜禽鲜肉及水产品、乳制品等易腐食品开展快速检测46个样品，快检结果全部合格。

（郭洁）

【化妆品安全监测】 7月21日，区市场监管局采取四项举措，开展化妆品安全监测，保障公众用妆安全。扩大监测网络，将空军总院、北医三院等设有皮肤科的二级以上22家医疗机构作为监测哨点，收集医疗机构化妆品不良反应报告；定期收集有关化妆品的投诉举报，开展分析评价，适时上报。举办业务培训，对不良反应上报流程、规范进行培训，详细讲解不良反应发生原因、类型等内容。开展科普宣传，强化消费者安全用妆意识。做好报告信息反馈，定期反馈各监测哨点和备案企业的上报数量，帮助企业完善报告质量。

（郭洁）

【农村地区食品安全检查】 10月21日，区市场监管局开展农村地区食品安全检查。严查主体资格，依法查处无证无照生产经营食品行为，治理“黑工厂”“黑窝点”“黑作坊”。严查进货渠道，对食品小超市、小食杂店、小餐饮、民俗旅游户开展治理，对从合法渠道采购但不按规定落实索证索票、进货查验记录制度的生产经营者责令限期整改。严查标签标识，查处“三无食品”和假冒伪劣食品违法行为。告知责任义务，通过组织开展培训、借助农村地区宣传橱窗、食品经营者信息公示栏等形式，提升农村食品经营者和消费者的食品质量安全意识。公开投诉举报方式，鼓励社会力量参与食品安全监管和协同共治。

（郭洁）

【进口冷链食品“码上”追溯管理】 自11月1日起，区市场监管局对辖区所有进口冷藏冷冻肉类、水产品实行“码上”追溯管理，通过手机扫描产品包装或销售柜台上的电子追溯码，即可查询所购食品的相关信息。要求进口冷链生产经营单位通过微信或支付宝关注“北京冷链”小程序，完成主体用户注册，如实上传进口冷藏冷冻肉类和水产品的品种、规格、批次、产地、检验检疫、流向等追溯数据。对未按照追溯平台管理要求录入相关追溯数据的进口冷藏冷冻肉类、水产品，做到不采购、不销售、不使用。共有600余家企业完成“追溯”注册，“追溯”进口冷藏冷冻肉类、水产品2359批次，12.98万余公斤。

（郭洁）

【冷链食品监管全覆盖】 11月25日，区市场监管局推广应用“北京冷链食品追溯平台”，组织辖区所有进口冷链食品生产经营单位完成“北京冷链”主体注册，如实上传进口冷藏冷冻肉类和水产品的品种、规格、批次、产地、检验检疫、流向等追溯数据，通过“首站赋码、进出扫码、一码到底、扫码查询”，确保进口冷藏冷冻肉类、水产品精准追溯、实时可查。以全区进口冷链食品贸易商、冷库、农产品批发市场、农贸市场、大型连锁超市、餐饮等为重点，开展冷链食品安全专项检查，重点检查企业是否采购、使用、销售无核酸检测阴性报告的进口冷链食品；开展“北京冷链”追溯管理；冷链食品环境和人员检测，以及从业人员健康管理、进门扫码、体温监测等疫情防控措施落实情况。以进口冷冻冷藏肉类、水产品为主，对冷链食品（含外包装）开展每周1次，每次不少于400件的核酸检测，最大程度做到“应检尽检”“人物同防”。建立“双派—反馈—执法”闭环工作机制，由市场监管、城管、卫生等部门组成联合督查组，对冷链食品市场防疫工作开展每周至少一次的现场督导，对检查发现的问题立即组织整改，对问题严重的单位予以通报。

（郭洁）

质量技术监督

【概况】 2020年，区市场监管局做好全国两会前特种设备安全保障工作，确保儿童用品质量监管。全年减免受疫情影响较大的1796家中小微企业共计703.5万元特种设备行政事业性收费。

（郭洁）

【儿童用品质量监管】 年内，区市场监管局加强对儿童用品CCC认证相关知识的宣传，提高儿童、家长和经营者的辨别、防范意识；向经营者宣传国家有关政策，要求经营者不得销售目录内未经强制性认证的儿童用品。对辖区商场、超市和电商平台等销售的玩具进行监督抽查，重点检查目录内儿童用品是否具有有效CCC认证证书并张贴CCC认证标志，严厉查处冒用认证标志、未经CCC认证擅自出厂销售目录内儿童玩具的违法行为。摸排辖区儿童用品经营者底数，建立台账，消除监管盲区；督促经营者对照强制性产品认证目录定期开展自查，防止目录内未经强制性认证的儿童用品流向市场；关注涉及儿童玩具舆情信息，受理、处理消费者的投诉和举报，维护消费者合法权益。

（郭洁）

【全国两会期间特种设备安全监管】 5月21日至28日，全国两会召开期间，区市场监管局成立特种设备服务保障工作小组，明确特种设备服务保障工作的重点和关键点，制定专项服务保障方案、应急预案，落实各方职责，确保两会期间特种设备使用安全稳定。

（郭洁）

广告监督管理

【“云模式”监管】 年内，区市场监管局针对企业易出现、常出现的风险点，采用线上监管、线上约谈等方式，加强监督指导，调查处理企业发生的违法违规行为，并开展自查自纠。利用官方微信公众号平台，开设免费线上“质量云课堂”，在线指导企业解决如何提升作业效率、降低运营成本等管理问题。“企航服务”服务平台，提供 7×24 小时全天候服务，累计向全区 546 家重点（重要）企业推送疫情防控提示信息 1200 余条次，对接并解决度小满科技（北京）有限公司、联想（北京）有限公司等 19 户重点企业服务诉求。

（郭洁）

【线上行政约谈电商平台企业】 6 月 2 日，区市场监管局利用“腾讯会议”软件，召开小米、美团、去哪儿网等 10 家电商平台企业行政提示会，就“6·18”促销活动前夕及期间平台容易引发的问题发出 5 项行政提示：履行平台主体责任，不得发布虚假广告、虚构成交量，从事消费欺诈行为，加强对平台内企业广告等外宣文件的管控力度，广告内容不得含有虚假或者引人误解的内容，误导消费者；完善“接诉即办”处理机制，畅通消费者的投诉渠道，处理好消费者的合法诉求，提高平台快速处理消费投诉效率，减少外溢工单；严格遵守“七日无理由退货”等法律法规，保证客服售后质量，落实投诉快速解决机制及小额先行赔付制度，制定相应的应急预案，建立协同会商机制，避免事态扩大蔓延；严格执行进货验收制度，对自营商品及平台内经营者销售商品进行定期抽查核验，发现不合格商品立即下架整改；对平台非特殊用途化妆品及药械产品是否取得相关许可、是否存在化妆品违法广告、是否取得相关产品的经营资质等进行核查。

（郭洁）

消费者权益保护

【概况】 2020 年，区市场监管局严格落实“接诉即办”工作要求，以问题、结果和目标为导向，提高“三率”，实现零超期、零错退。提升监管效能，在全国率先试点汽车三包期限公示，有效保障消费者合法权益。受理“接诉即办”工单 15020 件，其中涉及新冠疫情 5500 件，涉及在线旅游平台 7688 件；对接企业需求 520 户次，处理企业诉求 1344 件。

（郭洁）

【“企航服务”平台搭建】 年内，区市场监管局搭建“企航服务”线上线下一体化服务平台，实现与重点企业、重点人才、重点项目即时对接，全程跟踪解决企业发展和项目推进中的各项诉求，推进企业诉求“接诉即办”。主动提供服务 420 余次，对接企业需求 520 户次，处理企业诉求 1344 件。运用人工智能技术，强化“机器人”知识库的数据录入、信息整合、知识更新和自我学习，实现 7×24 智能语音智能解答。依托“企航服务平台”小程序，增设“复工复产服务”模块，首创企业诉求语音工单记录、实时在线视频沟通等功能，形成“专线受理、专员办理、分类解决、统一督办”服务机制，解决企业在供应链协调、政策法律服务等方面问题 295 件次，实现企业诉求在移动终端的全流程快捷办理。

（郭洁）

【疫情诉求“接诉即办”】 疫情期间，区市场监督管理局提前研判，指导在线旅游平台落实社会责任，保障客服团队人员数量，确保客服渠道畅通。指导企业提前制订应急预案，及时推出并不断升级疫情退票政策，积极回应消费者诉求。向中国民用航空局、中国航空运输协会、中国民用航空局消费者事务中心发函，督促航空公司进一步加快退票审核进度，制订补差价细则，加快诉求办结时效。对消费者反映的口罩等防护和消毒用品哄抬物价问题进行检查核实，依法查处未明码标价企业 8 户，对 6 户哄抬物价的企业进行立案调查，并在 24 小时内答复举报人。受理疫情“接诉即办”工单 5500 余件，其中消费者要求去哪儿网等在线旅游平台退还交通、酒店住宿订餐等相关费用的诉求呈激增状况，超过投诉总量的 75%。

（郭洁）

【退费类诉求处置】 1 月 21 日至 2 月 13 日，区市场监管局累计受理在线旅游平台“接诉即办”工单 7688 件，其中涉及去哪儿网、美团网等在线旅游平台的退费类工单 3602 件，占比 46.9%。对去哪儿网、美团网进行行政约谈，督促落实主体责任，并提出针对性要求建议，妥善处理受疫情影响要求退还机票、旅游、酒店住宿费用的诉求督办件；兑现相关退款承诺，保障客服团队人员数量，确保客服渠道畅通，避免引发更多投诉；解决消费者诉求中遇到的难点痛点，及时向相关部门反映，政企联动合力保障消费者合法权益。

（郭洁）

【汉堡王门店“全要素”检查】 7 月 17 日，区市场监管局对全区汉堡王门店开展“全要素”监督检查，重点检查过期食品以及食品原材料加工制作、食品原料储存不符合要求、篡改食品标签等违法违规行为。全区有汉堡王门店 21 家，均为直营店，处于营业状态的 20 家，1 户未营业。均未发现上述违法违规行为，对发现的食品原材料保存温度时间规定不符合食品安全要求等其他问题，当场作出警告行政处罚 1 户次，下达监督意见 4 户次，要求立即整改。

（郭洁）

【汽车三包期限公示试点】 9 月 17 日，区市场监管局到全区各大汽车 4S 店，与汽车企业、车主开展讨论，研究符合现有法律法规、保障车主合法消费权益的创新举措。经过多次调研、座谈、征求意见，选取部分 4S 店在全国率先试点汽车三包期限公示，区市场监管局指导汽车4S店开展试点工作，制定配套工作方案，引导市场主体建立诚实守信、依法经营的自律机制，更好维护消费者合法权益。各公示试点店制作并张贴“海淀区家用汽车保修包退保护服务信息提示卡”，明确告知三包期限。

（郭洁）

统计

【概况】 2020年，海淀区统计局队（简称区统计局队）编发各类统计报告180余篇，编发经济信息近300篇，完成政府信息公开大厅统计信息200余条，发布数据指标千余个，完成“十三五”期间人口、产业等主要指标的统计监测分析工作。组织法规培训近30期，受众1.5万人次。对全区1083家企业进行统计检查和执法检查。根据第七次全国人口普查结果，全区共标绘建筑物21.9万个，划分普查小区1.9万个。举办“大国点名，没你不行”海淀统计开放日大型直播活动，点击量突破176万人次。区统计局队获全市优秀统计分析评比一等奖。

（军笑雨）

【第三方网络支付专项试点工作】 年内，第三方网络支付专项试点在全国涉及的15个调查样本中，海淀区涉及3家企业。区统计局队利用表间支付额、支付笔数、商户主体数等指标的逻辑关系加强表间审核，对于奇异值、环比同比上年增减幅度变动较大的单位进行重点核实，对于商品类、服务类合计是否漏填、各分类数据加总与合计数据的匹配性、单笔支付金额分类别、分省市数据的逻辑性等易错指标加强数据审核力度，对于企业数据类别调整等情况详细说明原因，不断提升报表数据质量。

（军笑雨）

【非公人才专项调查】 年内，区统计局队开展非公人才专项调查工作。按市统计局的工作要求及时核实下发的样本库，对关停并转、无法联系的单位逐一进行替换，确保调查样本的有效性。对街道统计所工作人员开展视频培训，针对指标、逻辑审核关系以及填报手册等进行重点讲解。开展数据自查审查，严把“审核关”，对市统计局下发的核实清单进行认真询问，保障数据质量。

（军笑雨）

【第七次全国人口普查完成】 年内，海淀区成立第七次全国人口普查领导小组，领导小组办公室设在区统计局队，承担各项具体工作实施。全区共标绘建筑物21.9万个，划分普查小区1.9万个，选聘普查指导员、普查员1.5万名，普查工作在各阶段市级现场验收中均保持0差错，工作质量得到市人口普查办公室高度认可。

（军笑雨）

【“七有”“五性”监测评价】 年内，区统计局队开展“七有”“五性”① 监测评价工作。监测评价总指数为90.73，全市排名第7，比上年下降4位。测算结果显示：在“住有所居”“公正性”“幼有所育”“社会评价”等领域取得长足进步，并保持在“劳有所得”“学有所教”“便利性”等领域的领先优势。在“弱有所扶”“多样性”“安全性”等领域发力，补足短板，持续提升海淀区民生保障水平。

（军笑雨）

【法人单位经营情况调查】 年内，区统计局队根据市统计局部署，完成准规模法人单位查找以及汇总上报工作。全区共有准规模法人单位10462家，在各区单位数中排名第二。总体上报率为92.37%，整体查找率为94.11%。

（军笑雨）

【蔬菜生产调研】 10月16日至20日，区统计局队对上庄镇西辛立屯村和皂甲屯村，西北旺镇东北旺村和永丰屯村，苏家坨镇柳林村、后沙涧村和北安河村，四季青镇玉泉村和田村蔬菜生产情况开展实地调研，了解第4季度应季萝卜、白菜等蔬菜生产潜力及生产单位的生产情况。对生产总量大的企业进行确认，踏查农业设施，了解其生产、利用情况。

（军笑雨）

【“年定报”② 培训】 12月15日至17日，区统计局队举办2020年统计年报和2021年定期统计报表培训，共有150余人参加。培训结束后，开展第四次业务大练兵，测试题目包括全部一套表范围，基本单位、能源、劳资、园区等部门参与通表题目设置，考试分为商业、服务业企业、服务业事业、服务业金融四个科目进行，全员通过测试。

（军笑雨）

【《2020北京海淀统计年鉴》编印】 12月18日，区统计局队完成《2020北京海淀统计年鉴》编印工作。收录全区2019年度经济发展、社会民生、科技进步等方面的变化情况，包括三部分：统计图、统计公报、统计表及相关指标解释。其中第三部分包括综合，人口，从业人员、劳动工资，投资，农业及农村经济，工业，建筑业，第三产业，商业，中关村科技园区海淀园，北京市及城六区主要指标，外经、旅游，金融、价格，教育、文化、科技，卫生、体育，城市建设，人民生活，社会福利、政法及其他，工商、税务共19章，收录209张统计表。

（军笑雨）

【人口普查数据资料开发研讨会】 12月29日，区统计局队召开第七次全国人口普查数据资料开发研讨会。区发展改革委、公安海淀分局、区民政局等成员单位主管领导以及19个街镇人普办负责人参加会议。各成员单位围绕人口数据需求与数据资料的开发利用展开交流与探讨；各街镇人普

---

① “七有”指劳有所得、病有所医、老有所养、住有所居、弱有所扶、幼有所育、学有所教。“五性”指安全性、公正性、便利性、宜居性和多样性。

② 2020年统计年报和2021年定期统计报表。

办负责人结合本街镇普查数据开发计划及服务辖区管理等方面提出人口普查数据应用需求与建议。邀请中国人民大学教授赵彦云作题为“统计是什么，如何做好统计”的专题分享。

（军笑雨）

【移动端网培小程序上线】 12月31日，区统计局队移动端网培小程序上线。该小程序集统计工作布置、业务培训、考核测评和AI智能答疑融为一体，可为企业提供统计长效化学习知识库和报表填报常见问题答疑，辅助企业完成统计工作。

（军笑雨）

审计

【概况】 2020年，海淀区审计局（简称区审计局）组织开展审计项目34个，查出主要问题金额736352万元，发现非金额计量问题95个，整改金额36118万元；出具审计报告和专项审计调查报告56篇。审计处理处罚金额4666万元，审计促进整改落实有关问题资金136041万元。提出审计建议113条，提交审计信息74篇。与区委办等部门形成协作沟通机制，承办3次审委会、1次经济责任联席会，发布1项规划、3项制度。组织审计大讲堂等专题培训22期。《大数据环境下的预算执行审计思考与实践》调研项目获全市审计机关优秀二等奖，《北京市海淀区审计局对北京市海淀区工业公司2016年度资产负债损益情况的审计》《2017年度海淀区本级预算执行及其他财政收支情况的审计》项目获全市审计机关2019年度优秀三等奖。组织机关干部下沉社区参加疫情防控值勤897人次，参与社区垃圾分类宣传值守及各类志愿服务60余次。

（尹广景）

【政策落实跟踪审计】 年内，区审计局重点聚焦“疏解整治促提升”专项行动情况、新冠肺炎免费治疗政策落实、减免社会保险费政策落实、促进就业优先情况、清理拖欠民营企业中小企业账款等内容，开展重大政策措施跟踪审计。以市审计局确定的审计重点为基础，加强与其他审计项目的资源共享、信息共享和成果共享，实现“一审多项”“一审多果”，按季度报告审计结果。通过审计推动政策落地生根，确保重大政策在海淀区政令畅通，发挥实效。

（尹广景）

【预算执行审计】 年内，区审计局将区本级预算执行情况和65家一级预算单位预算执行的审计着力点放在促进单位节约开支上，坚持一般公共预算、政府性基金预算、国有资本经营预算、社会保险基金预算“四本预算”审计全覆盖。将本级财政预算执行审计与部门预算执行审计有机结合，在待分资金管理、绩效目标完成等方面一体推进、同步核查、避免交叉、共享成果。促进提升财政预算管理能力，增强财政资金使用效能。

（尹广景）

【经济责任审计】 年内，区审计局推动区审计委员会出台《海淀区领导干部经济责任审计和自然资源离任审计工作规划（2020年—2024年）》，实施被审计领导干部的动态管理，并对审计对象进行分类，确保审计全覆盖。完成13家单位的21名主要领导的经济责任审计，同步开展海淀镇主要领导自然资源资产经济责任审计。

（尹广景）

【疫情防控物资审计】 年内，区审计局聚焦疫情防控财政专项资金和社会捐赠款物总体规模、拨付及分配管理使用情况等方面，对疫情防控款物进行全程跟踪监督。参与制定《海淀区新冠肺炎疫情防控经费管理办法》等八项制度办法，向29个街镇发出加强防疫物资管理提示函，对卫健委、商务局等7家部门、街镇，区红十字会等2家慈善组织，以及2个社区进行现场审查，并提出优化防疫物资台账、完善采购物资验收入库手续、优先配发捐赠物资的建议。

（尹广景）

【国有资产审计】 年内，区审计局落实向区人大常委会报告国有资产管理情况的要求，重点围绕全区现行国有资产管理体制情况、国有资产管理及使用情况等，开展行政事业单位国有资产管理情况专项审计。审计覆盖全区67家一级预算行政事业单位及其下属单位，共涉及行政事业单位274家。针对审计发现的资产管理不够精细、责任落实不到位、资产监管缺位等共性问题，提出促进国有资产管理水平及使用效益提高的审计建议。

（尹广景）

【政府投资建设项目审计】 年内，区审计局落实审计署、市审计局关于规范和完善投资审计的规定，建立“海淀模式”的政府投资审计。与区发改委、区财政局等部门配合，梳理推进政府投资项目结决算审计进度，消化存量项目。组织完成政府投资建设项目审计49项，核减节约财政资金3.15亿元。清理两项有碍市场公平竞争的文件，废止《海淀区政府投资建设项目审计监督暂行办法》和《关于〈海淀区政府投资建设项目审计监督暂行办法〉的补充办法》。开展立项实施审计项目，对海淀区循环经济产业园再生能源发电厂废水处理扩建项目进行跟踪审计。

（尹广景）

【专项审计】 年内，区审计局开展扶贫、基层治理等专项审计。实施2020年扶贫协作和支援合作资金审计，对区属相关单位现场审计与赴受援地新疆和田地区延伸审计同步开展，审查扶贫支援政策措施落实及资金使用情况、项目运营绩效。对全区29个街镇基层治理预算资金投入和使用绩效开展审计，重点关注基层治理预算资金总规模，检查是否存在管理制度不科学、资金使用不合规、使用绩效及治理效果不明显等问题。

（尹广景）

【审计项目电子化管理】 年内，区审计局基于综合办公平台，创建审计项目计划管理模块，实现按照项目名称、项目类型、被审计单位、被审计人员等多个字段信息快速灵活组合查询。审计项目电子化管理便于进行查询、统计、分析，提高工作效率；有助于年度审计计划的制定，确保部门预算执行审计、领导干部经济责任审计、国企国资审计全覆盖的推进；实现审计进度动态管理。

（尹广景）

【内部审计】 3月，区审计局印发《2020年内部审计工作的指导意见》，构建规范的内部审计业务管理体系。将内审工作开展情况纳入常规审计范畴，完成21个经济责任项目内部审计问题的披露、评价及定责，向全区94家一级预算单位及国有一级监管企业下发检查部署通知。通过数据审计，促进65家单位建立完善内部审计制度。完成对全区120余家单位的200余名内审人员的网络培训课程；组织900余名内审人员、财务管理人员开展专题知识竞赛。

（尹广景）

国有资产监管

【概况】 2020年，海淀区人民政府国有资产监督管理委员会（简称区国资委）直接监管企业18家，比上年增加区国资中心、海淀市政集团2家企业。区属国有及国有控股企业资产总额3251.5亿元，所有者权益950.04亿元，归属母公司所有者权益736.45亿元。实现营业总收入435.41亿元，实现归母净利润24.18亿元，上缴税费26.35亿元。

超市发党委获全国抗击新冠肺炎疫情先进集体称号，翠微集团（翠微股份）党委获北京市抗击新冠肺炎疫情先进集体和先进基层党组织称号。

（朱锐）

【国有企业改革】 年内，区国资委组建海淀市政集团，对路政、环卫、绿化等市政路面业务进行全领域整合，助力提升城市治理效能。北京海国鑫泰投资控股中心完成改制，更名为北京市海淀区国有资产投资集团有限公司。北京翠微集团收购北京海开房地产集团有限责任公司持有的北京海开房地产股份有限公司股权，实现北京海开房地产股份有限公司从中关村发展集团回归海淀管理，北京海开房地产股份有限公司更名为北京海开控股（集团）股份有限公司。翠微股份收购海科融通股权重大资产重组事项获批，“商业＋科技”转型取得实质性成果。中海投资下属中海纪元完成混

2020年海淀区国资委直接监管企业一览表

表7

序号	企业名称	企业简称
1	北京市海淀区国有资本经营管理中心	区国资中心
2	北京市海淀区国有资产投资集团有限公司	海国投
3	北京海淀置业集团有限公司	海淀置业
4	北京实创高科技发展有限责任公司	实创高科
5	北京海开控股（集团）股份有限公司	海开控股
6	北京翠微集团	翠微集团
7	北京海融达投资建设有限公司	海融达
8	北京中海投资管理有限公司	中海投资
9	北京西农投资有限责任公司	西农投资
10	北京市海淀区工业公司	工业公司
11	北京绿海能环保有限责任公司	绿海能
12	北京实创科技园开发建设股份有限公司	实创股份
13	北京海淀科技金融资本控股集团股份有限公司	海科金
14	北京市海淀区保障性住房发展有限公司	海保发
15	北京海房投资管理集团有限公司	海房投资
16	北京海淀文化旅游产业发展集团有限责任公司	文旅集团
17	北京通联实业公司	通联实业
18	北京市海淀区市政服务集团有限公司	海淀市政集团

（朱锐）

改，更名为中关村科学城城市大脑股份有限公司，向智慧城市建设运营商转型。北京市西山农场、北京市海淀园林工程设计所、北京市海环佳兴技术开发服务中心、北京市超环海经贸总公司、北京砂轮厂、北京市海淀区铸钢厂、北京市海淀区水泥厂、北京市海佳利企业管理中心8家企业由全民所有制企业改制为公司制企业。

（朱锐）

【国有企业经营发展】 年内，区国资委推进区国资中心实体化工作，深化国有资本运营公司功能建设，完成资金募集约347亿元。海淀置业和实创股份在中关村科学城南、北区运营近230万平方米空间资源，配合区投资促进机构引进科技企业、推动产业集聚。实创股份、实创高科协同推进科技园区开发建设，聚集硬科技企业约700家。绿海能公司厨余垃圾预处理线达产改造完成，处理厨余垃圾近7万吨，生产土壤调理剂1.46万吨；所属海绿运运输公司清运建筑垃圾约35.19万吨。回收公司建成回收中转站27处，运营站点21处，覆盖23个街镇，辐射小区1800余个，覆盖率达到79.3%，为25个街镇提供收集转运服务。海保发公司累计筹集及接收保障房3.5万余套，为特殊困难家庭专项配租公租房93套，为园区企业人才新配租公租房2320套，为五塔寺环境整治项目提供安置房740套。海融达公司完成道路大修总面积45.9万平方米，完成新建慢行完善工程5个片区24条道路，共计29.6千米。文旅集团与中关村电竞产业协会、中关村学院联合成立中关村电竞学院，协助搭建2020中国国际服务贸易交易博览会旅游海淀展区并举办旅游展示活动，协办2020年“智汇海淀”人才主题周活动。组织区属国企与河北省易县、赤城县，内蒙古自治区敖汉旗，新疆维吾尔自治区和田市，湖北省丹江口等地的12个乡镇进行结对帮扶，落实帮扶资金420万元，推进春秋蔬菜大棚、肉鹅孵化养殖、核桃种植产业等18个支援项目建设。组织区属企业参与“爱心北京·消费扶贫”行动，采购海淀区受援地区消费扶贫产品30余万元，社会捐赠90万元。超市发采购销售扶贫商品达3458万元。

（朱锐）

【国有资产管理】 年内，区国资委制定出台《关于区属国企规范管理防范风险等若干要求的通知》，规范区属国企投融资、对外担保、重大项目管理等行为。完成西农投资董事会董事增补、实创股份董事会董事调整工作；完成海淀置业集团、海科金集团董事会整体换届工作；开展市政集团、海开控股董事会建设工作，选优配强外部董事力量。组织区属国企上缴国有资本收益23662.92万元。区属国企为中小微企业累计减免房租及物业费4.67亿元，惠及4500余户中小微企业。组织区属国企上交国有资本特别收益2.9亿元。办理人大代表建议4件，满意率100%。区国资委受理12345市民服务热线投诉件4088件（“接诉即办”），承办2026件；办理网上转办信访件98件，接待来访32批次。开展安全生产督查检查123次，安全生产形势平稳。

（朱锐）

中关村海关

【概况】 2020年，中关村海关征收税款7.73亿元。整体通关时间5.46小时，压缩比例36.87%，提前申报比例90.67%。新注册企业1024家，实有企业10376家。开展AEO① 认证作业27起。审批征免税证明12924份（其中手工单证1794份），审核总货值75.4亿美元（不含手工单证），减免关税和进口环节增值税45.1亿元。集中审核原产地证书39352份，签证金额21.6亿美元。出口产品节约境外关税约6830万美元。现场签发证书17159份，占全关区的58.81%。受理出境特殊物品申报1606批次，比上年增长138.99%；货值4798.75万美元，比上年增长560.03%。办结稽查作业50家，其中常规稽查15家，专项稽查35家，其他作业5家；补税9家，税款入库2.06亿元。移交缉私部门线索3起；核查作业10起，绩效完成率100%。

（李鹏）

【新冠肺炎疫情防控】 年内，中关村海关制定防控方案以及配套文件22份，负责6家单位的联防联控机

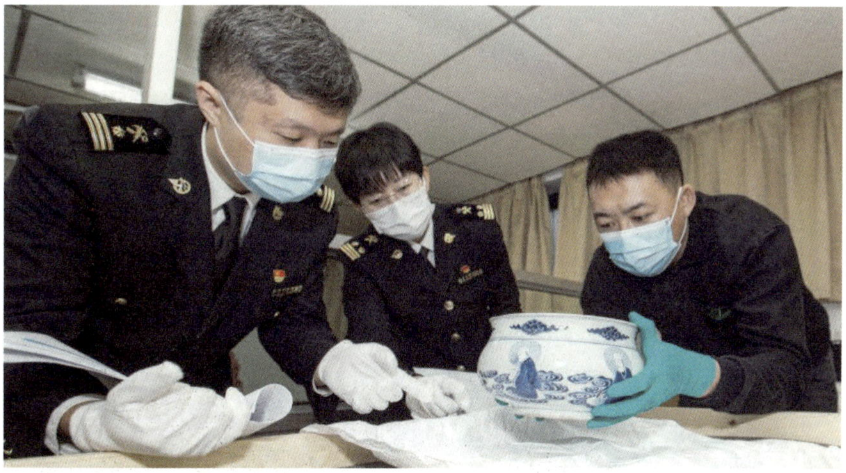

11月，中关村海关关员查验英国回流文物（谭荣燕 摄）

① AEO—认证的经营者(Authorized Economic Operator)，中国海关企业信用管理认证标准。

制监督落实。完成52票疫情防控物资减免税审核，涉及防护服3.6万套、口罩126.5万只、护目镜560个、手术帽750个、核酸测定用基因扩增仪3台。深入重点企业实地调研4次，组织辖区外贸企业发展工作座谈会，推动15家辖区重点企业及时、准确掌握海关最新政策。设置通关绿色通道，企业"7×24"咨询，小微企业普法宣传、通关企业全程保障，科研单位两税减免等措施不断完善。

（李鹏）

【回归文物通关】 年内，中关村海关完成为英国伦敦大都会警察局查扣的文物办理返还文物减免税手续，唐代三彩碗、宋代青白釉碗等68件/组文物回归。

（谭荣燕）

【原产地证书审核】 年内，中关村海关加大原产地证书自助打印推广力度，帮助企业用好"零接触出证"便捷措施。对路途遥远的企业以及不能自助打印的证书，开展邮寄签证。全年集中审核原产地证书39352份。

（赖晶晶）

【生物医药科研材料通关】 年内，中关村海关落实出口防疫物资质量安全监管，帮助生物医药企业新冠病毒检测试剂盒出口美国、意大利、韩国等18个国家和地区。梳理形成转场查验清单，完成特殊物品转场测试。探索实验鼠自异地入境、在京隔离的监管方案，保障生物医药科研材料及时进口。

（许文燕）

烟草专卖与管理

【概况】 2020年，北京市海淀区烟草专卖局（北京市海淀烟草公司）（简称海淀烟草公司）资产总额124081.68万元，比上年增加6976.96万元，增长5.96%；净资产117901.49万元，比上年增加8966.84万元，增长8.23%；固定资产净值3984.26万元；流动资产119831.93万元。全区有效户3116户，正常经营户3003户。移送公安局要案8起，移送工商局无证经营案件130起。审核行政处罚案件309起，审查行政处罚案卷161本。

（刘奕歌）

【烟草专卖经营】 年内，海淀烟草公司完成销量85942箱，完成年销量计划的92.99%，比上年减少6275箱，下降6.8%。实现税利67479.27万元，比上年下降2.34%；实现毛利62036万元，比上年减少1735万元，下降2.72%；实现单箱销售额36456元，比上年增加1056元，增长2.98%。二类烟销量比上年增加，一、三、四类烟销量下降。其中，一类烟比上年下降350箱，下降1.39%；二类烟比上年增加511箱，增长2.57%；三类烟比上年下降4268箱，下降9.75%；四类烟比上年减少2170箱，下降67.36%。销售重点品牌卷烟76779箱，比上年减少5188箱，下降6.33%；重点品牌销量占比89.34%，比上年上升0.45个百分点。销售低焦油卷烟25104箱，比上年增加859箱，增长3.54%。

（刘奕歌）

【烟草违法案件查办】 年内，海淀烟草公司与相关职能部门联合执法，查办违法案件312起，其中5万元以上大要案41起，查获各类违法卷烟4063.25万支，其中假烟51.96万支，走私烟131.74万支。依法向公安机关移送追刑8人。

（刘奕歌）

【烟草行政执法】 年内，海淀烟草公司共移送公安局大要案8起，移送区市场监管局无证经营案件130起，抄备区检察院大要案8起，案件移送、抄备率达100%。审核行政处罚案件309起，审查行政处罚案卷161本。参加市烟草专卖局组织案卷评查1次，参评案卷6本。区政府参评案卷15本，成绩优秀。

（刘奕歌）

【烟草行政许可】 年内，海淀烟草公司办理各类行政许可2224件，其中新办行政许可554件、变更行政许可133件、延续行政许可924件；停业13件；恢复营业6件；补办10件，歇业203件；责令停业整顿1件，审批注销162件；收回229件。全区有效户3116户，正常经营户3003户。

（刘奕歌）

【预警处理】 年内，海淀烟草公司内管部门向营销部门发送《改进建议书》14份；向专卖部门传递《市场反馈单》11份；向企管办传递《市场反馈单》9份。涉及零售户603户次（460余户）：外流零售户546户次，违规零售户57户次。

（刘奕歌）

【市控烟督导组检查冬季控烟工作】 1月2日，市烟草专卖局控烟督导组到海淀区检查冬季控烟工作。市控烟督

12月10日，中关村海关签发北京关区首份智能审核通过的原产地证书（薛敏菊摄）

导组采用现场察看、谈话交流、查看资料等形式，对甘家口街道办事处、地球村网咖电竞增光路店、中建大厦、北方郎悦酒店、陕味居甘家口店、甘家口卫生服务中心六类重点公共场所控烟工作进行检查。检查主要包括主体责任单位控烟管理制度是否建立、禁烟标识张贴是否醒目、禁烟标识是否有“12320”举报投诉电话，是否摆设烟具、是否劝阻吸烟者、吸烟区设置是否合理等内容。市控烟督导组认为六类公共重点场所均能落实“四有一无一劝阻”控烟工作制度，对海淀区控烟工作给予肯定。

（刘奕歌）

【“绿篱”[①] 专项行动】 4月1日至7月31日，北京烟草公司专卖局（公司）在全市组织开展“绿篱”专项行动。4月，海淀烟草公司查处4起案件，共查获总烟量7.04万支，其中真品国产卷烟6.88万支，假私卷烟0.16万支。6月上旬，海淀烟草公司在四季青镇祁家村附近查获中低档违法卷烟共计7.68万支，案值3.94万元，经初步判断为国产真品卷烟，绝大部分卷烟32位码段被损毁。

（刘奕歌）

【参与打击和防范经济犯罪日宣传活动】 5月15日，海淀烟草公司参与由区公安分局组织的主题为“与民同心、为您守护”的宣传活动。在活动现场，海淀烟草执法人员以现场咨询、讲解、发放宣传手册等方式，宣传烟草法律法规、“12313”举报投诉电话使用方法及快速鉴别卷烟真伪的实用小技巧，并就涉烟违法违规行为的危害及法律后果进行重点宣传。

（刘奕歌）

【校园周边售烟情况专项检查】 6月5日，区爱卫办组织海淀烟草公司、区市场监管局、区卫生健康监督所，对海淀区校园周边进行专项执法检查，重点检查《北京市控制吸烟条例》落实情况。被检查的商户与校园的距离均符合有关规定，商户具有良好的守法意识和自律意识，“不向未成年人销售烟草制品”的有关标识张贴显著，未发现有违反《北京市控制吸烟条例》情形。9月16日，海淀烟草公司与区市场监管局联合执法，检查商户9户，对辖区内学校周边9户商户进行地毯式排查，向商户宣传《中华人民共和国烟草专卖法》和《中华人民共和国未成年人保护法》等相关法律法规，张贴“不向未成年人销售电子烟”警示标语；对实地测量结果进行评估，对距离中小学和幼儿园门口一百米以内的商户不予办理烟草专卖零售许可证。11月11日，海淀烟草公司联合区爱卫办、区市场监管局开展联合执法行动，检查校园周边商户售烟情况，对校园周边出现舆情举报的1家售烟点进行核实治理，未发现销售卷烟。12月初，针对市控烟协会反馈的问题，海淀烟草公司联合区市场监管局开展校园周边控烟行动，检查中对存在未张贴控烟标识、涉嫌百米内销售烟草制品的7家售烟点进行检查与宣传教育，防止向未成年人售烟乱象出现。

（刘奕歌）

【未成年人售卖卷烟和电子烟案查处】 6月12日，海淀烟草公司根据群众举报，查处一起向未成年人售卖卷烟和电子烟案。第一时间组织执法人员赶赴现场，及时调查取证，固定证据链，最终查实零售户向一未成年人销售一盒电子烟和一包卷烟，确定违法事实，给予2万元罚款的行政处罚。

（刘奕歌）

【电子烟专项检查】 7月10日至9月10日，海淀烟草公司联合区市场监管局开展电子烟专项执法检查，实地核实电子烟违法违规线索，逐一走访监管电子烟销售场所，规范电子烟销售管理秩序。其间，对正常经营零售户开展法规宣讲，发放《关于进一步保护未成人免受电子烟侵害的通告》等手册，宣传普及电子烟管理政策要求；对有电子网络平台销售电子烟的，发放告知书40余户，对其经营模式进行规范，要求严禁对未成年人进行不良诱导销售电子烟等相关产品；对已经改变经营地址的商户，包括已不在辖区范围内的，以电话跟进的方式要求其下架相关广告、产品，实现不漏一户、不留死角。12月上旬，海淀烟草公司联合区市场监管局，开展电子烟检查专项行动。摸底排查，统计电子烟实体店数量，一旦发现新增店即登记入册；收集自动售卖机等新型销售渠道信息督促零售户张贴警示标语；对中小学周边、少年宫等区域电子烟销售采取“零容忍”，要求立即下架、停止销售相关产品，并对违规经营店进行限期清理。加大对《中华人民共和国未成年人保护法》《关于进一步保护未成年人免受电子烟侵害的通告》及相关法律法规宣贯工作，将电子烟实体店纳入日常监管工作，鼓励社会公众通过“12313”“12315”等公众平台进行举报投诉。

（刘奕歌）

【电子烟售卖平台约谈】 7月28日，海淀烟草公司接到关于有未成年人在“抖音”上展示吸食电子烟的舆情举报，联合区市场监管局、区爱卫会、区检察院约谈“抖音”平台。约谈中，海淀烟草公司先对《进一步保护未成年人免受电子烟侵害的通告》《电子烟市场专项检查行动实施方案》进行宣传解读；区市场监管局就严格管控互联网广告、区爱卫会就未成年人吸食电子烟的严重危害、区检察院就对未成年人保护方面分别提出建议和要求，明确、压实互联网平台主体责任。“抖音”平台负责人表示，要将此项工作内容贯穿到“头条系”的全部生态内容之中，包括今日头条、西瓜视频等，从清理话题和敏感词、封禁违规用户、杜绝违规发布和引流、清理虚假涉嫌广告、清理未成人品吸电子烟内容等五个方面入手，切实履行社会责任，树立良好企业形象。政企双方对发挥

① 扎紧篱笆、管好市场、联防联控、分类治理。

互联网平台主体责任，推进保护未成年人免受电子烟侵害工作达成共识。

（刘奕歌）

【电子烟市场专项检查行动约谈会】 8月15日，区市场监管局、海淀烟草公司召开海淀区电子烟市场专项检查行动约谈会，百度、搜狗、小米、58同城、美团、必应等11家互联网企业代表参加。百度、新浪微博、“抖音”平台代表分别就电子烟整治工作具体措施及进展进行汇报，并介绍有关经验。区市场监管局就电商平台关闭电子烟商铺、严格管控广告、规范搜索引擎等方面提出明确意见，要求与会企业要提高政治站位，履行好社会责任，主动做好网上清理工作。区市场监管局、海淀烟草公司就电子烟专项整治行动业务工作进行沟通、探讨，在电子烟专项整治行动中的线索转递问题、相关法律法规问题以及建立健全协作执法机制，共同推进电子烟监管工作长效长治方面达成共识。

（刘奕歌）

【电子烟自动售卖复查】 9月18日，海淀烟草公司联合区市场监管局，对辖区内电子烟自动售卖机进行拉网式复查行动，复查是否存在向未成年人售卖电子烟行为。对复查中发现的有向未成年人销售电子烟可能性的问题开展专项整治，对1户销售商户开展约谈，向经营人宣传相关规定和要求；督促自觉履行不得用自动售卖机售卖电子烟产品，签订承诺书，张贴标识。

（刘奕歌）

【电子烟电商平台查处】 9月，海淀烟草公司接到数条线索，反映抖音、美团平台有涉嫌违规宣传、代购电子烟行为。区烟草局要求平台针对涉嫌违规内容采取处置措施，提升管控力度。美团、抖音平台针对相关问题立即进行全面自查清理，其中抖音针对视频回扫关键词99个，送审关键词27个，相关查删152条，对平台后续的处理结果进行核实，确保移交线索有效处置。

（刘奕歌）

·案例选辑·

【查获3起假私烟案】 1月3日，海淀烟草公司联合海淀公安分局，于海淀区北蜂窝路查获违法卷烟186.16万支，涉案金额169.54万元，其中当场查获假私烟51.62万支，涉案金额39万余元。当日在海淀区巴沟路一地下室查获非渠道卷烟4.64万支，涉案金额4.27万元。这两处共查获违法卷烟190.80万支，涉案金额173.81万元。10月29日，在海淀公安分局配合下，海淀烟草公司查获一起涉烟违法案件，当场查获违法走私卷烟7.98万支，案值6.6万余元。11月4日至5日，海淀烟草公司在两辆小型面包车内查获两起假烟案件，共查获违法卷烟共计20万支，总案值10万余元。

（刘奕歌）

【查获4起物流寄递非法卷烟案】 4月15日，海淀烟草公司在海淀公安分局配合下，对苏家坨附近某物流场站、某商店及嫌疑人车辆进行执法检查，现场查获非法卷烟23.38万支，涉案金额47万余元。经初步鉴定，均为国产真品卷烟。4月20日凌晨，在对某物流场站检查中，查获非法卷烟35.84万支，涉案金额17万余元。经初步鉴定，均为国产真品卷烟。7月21日夜，在朱房地区查获1起以寄递方式跨省输送卷烟的违法案件，现场分别从库房、店内、物流三个环节共查获违法卷烟8.04万支，涉案金额7.27万元。经初步鉴定查获卷烟均为真品卷烟。11月4日，在北安河路附近某速递站查获一起以寄递方式由外省输送卷烟的违法案件，现场查获违法卷烟2.7万支，涉案金额0.63万元。经初步鉴定查获卷烟均为真品卷烟，码段已经损毁。

（刘奕歌）

【查获7起无证经营卷烟案】 4月17日，海淀烟草公司在海淀公安分局配合下，对海淀区花园桥车公庄西路附近无证超市进行执法检查，现场查获非法卷烟6.24万支，涉案金额4万余元。经初步鉴定，均为国产真品卷烟。5月16日，在对土井路附近泰丰华联超市无证经营户执法检查中，当场查获违法卷烟17万支，涉案金额7.2万余元。涉案真品卷烟部分来自外省，部分码段已损毁。3名当事人被公安部门刑事拘留。5月26日，在对高梁桥路某学校周边无证经营户执法检查中，当场查获违法卷烟7.3万支，涉案金额5.7万余元。因涉嫌刑事犯罪，2名当事人被公安部门网上追逃。6月8日，在黑龙潭某无证经营户执法检查中，当场查获违法卷烟16.12万支，涉案金额13万余元，刑拘1人。9月23日，在辖区内某医院院内车上，当场查获违法卷烟共计1个品种12.6万支，涉案金额

1月3日，海淀烟草公司查获假私烟大案（海淀烟草公司 供图）

28.35万元。经初步鉴定均为真品卷烟。9月29日，在海淀公安分局配合下，在对某户执法检查中，当场查获违法卷烟共计10.1万支，案值1.3万余元。10月26日，在苏家坨镇草场早市执法检查时，发现有商户无证卖烟，当场查获违法卷烟4.98万支，涉案金额6000余元。按照法律程序对违法卷烟进行先行登记保存，对无证户的无证经营行为进行批评教育，宣传相应法律法规，劝其停止无证经营行为，并将无证经营信息反馈联合执法部门市场监督管理局。

（刘奕歌）

【查获4起无证运输卷烟案】 6月16日，海淀烟草公司在海淀公安分局配合下，查获一起无证运输案件，当场在一辆金杯车内查获跨区运输违法卷烟共计26.66万支，涉案金额12.24万元。7月1日凌晨，海淀烟草公司在公路分局、顺义烟草公司的配合支持下，在对北京市某快递公司开展执法检查时，现场查获非法卷烟42.14万支，案值42.02万元。7月20日，查处一零售户无烟草专卖品准运证运输烟草专卖品的违法行为，当场查获违法卷烟13.86万支，涉案金额14万元。经初步鉴定，均为国产真品卷烟。8月5日，联合海淀公安分局在清河地区查获一起非法运输卷烟案件，当场查获3个品种10.60万支违法卷烟，初步鉴定为真品卷烟，据当事人表示，该批卷烟系从北京市内收购，计划运往省外销售。

（刘奕歌）

区属传统工业

【概况】 2020年海淀区工业公司（简称工业公司）共有所属企业20家，其中国有及国有控股企业10家，集体企业9家，挂靠党群关系企业1家，部分从事工业生产制造，部分出租经营房地资产。完成收入8483万元，完成利润总额1242万元，实现净资产收益率4.3%。工业公司抓好新冠疫情防控和复工复产工作，下属13个党支部分别与10个社区结对，累计6435人次参与社区值守；为158户中小微承租企业减免租金876万元。砂轮厂、铸钢厂、水泥厂、海佳利4家产权清晰的下属全民所有制企业分别改制为国有一人有限责任公司。

（李涛）

【对口支援】 年内，工业公司为新疆维吾尔自治区和田市吉亚乡捐赠支援资金40万元，精准帮扶和田市吉亚乡阿克买里村40户建档立卡贫困户发展庭院经济建设项目，对贫困户清理出的土地有效利用进行奖补。

（李涛）

【风机二厂数字文化产业园合作项目】 年内，工业公司下属集体企业风机二厂西三旗厂区数字文化产业园合作项目完成园区功能分区规划、景观设计、主体结构升级加固、外立面装修、区域绿化、室内公共部位装修等工作，进入招商阶段。

（李涛）

【长城节能锅炉厂柳林厂区合作项目签约】 8月，工业公司下属集体企业长城节能锅炉厂与柳林村股份经济合作社签约，就柳林厂区联营合作问题达成共识，签订联系合作补充协议。在此协议基础上，11月，双方在苏家坨镇主导下共同引入第三方企业改造并运营柳林厂。

（李涛）

【北京汽枪厂拆迁】 11月，工业公司下属集体企业北京汽枪厂正式签订拆迁补偿多方协议，配合完成列入区政府功德寺地区棚户区改造重点项目范围内的厂区拆迁工作。

（李涛）

2020年海淀区工业公司所属企业一览表

表8

序号	企业名称	企业性质	企业注册地址
1	北京砂轮厂有限责任公司	国有企业	海淀区清河三街99号
2	北京市海佳利企业管理有限公司	国有企业	海淀区车道沟南里A楼商业楼一层
3	北京京海联实业开发股份公司	国有企业	海淀区北四环中路283号
4	北京市海淀八一湖旅社	国有企业	海淀区玉渊潭公园北侧东钓鱼台甲1号
5	北京市海淀区铸钢厂有限责任公司	国有企业	海淀区白家疃村东口
6	北京市海淀区水泥厂有限责任公司	国有企业	海淀区北安河乡寨口
7	北京海工物业管理有限公司	国有企业	海淀区东王庄小区33号楼6层
8	北京领先饮食品有限公司	国有企业	海淀区太舟坞408号
9	北京六一生物科技有限公司	国有控股企业	北京市金融安全产业园内（房山区阎富路69号院25楼）
10	北京市康而富商贸中心	国有控股企业	昌平区科技园区中兴路10号

续表 8

序号	企业名称	企业性质	企业注册地址
11	北京市华都换热设备厂	集体企业	大兴区黄村镇芦城创新路 9 号
12	北京市海淀区机电设备厂	集体企业	海淀区南海淀 23 号
13	北京长城节能锅炉厂	集体企业	海淀区苏家坨镇柳林村
14	北京市第二皮鞋厂	集体企业	海淀区新街口外大街文慧园南路 2 号
15	北京市雪花冷冻箱厂	集体企业	海淀区阜外半壁店 77 号
16	北京风机二厂	集体企业	海淀区西三旗东路
17	北京中安电子集团	集体企业	海淀区东王庄小区 33 号综合楼 6 层
18	北京汽枪厂	集体企业	海淀区西四环北路 131 号院 1 号楼 215 室（新奥特科技大厦 2 层）
19	北京海淀电子医疗仪器厂	集体企业	海淀区三才堂
20	北京第一机床电器厂有限公司	挂靠企业	海淀区中关村大街 32 号

（李涛）

农业农村

2021
北京海淀年鉴

农业

【概况】 2020年，全区农田面积3266.66公顷，其中水田128.82公顷，水浇地226.60公顷，旱地347.28公顷，设施农用地365.62公顷，果园1640.06公顷，苗圃518.76公顷，其他27.62公顷。蔬菜产量1846.4万千克、产值7444.23万元，分别比上年增长23.40%、44.80%；果树产量359.9万千克、产值5060.28万元，分别比上年增长1.9%、32.7%。开展草莓高架无土栽培技术，全区推广种植面积1公顷。

区农业农村局走访调研并完成《关于海淀区宅基地房屋建设管理情况调研报告》；会同规自海淀分局、区住建委等部门研究制定《海淀区农村村民宅基地及房屋建设管理办法（试行）（审议稿）》。指导各镇做好村和社区"两委"换届准备工作，完成13批七千余人次的"两委"候选人资格联审。开办农村基层党组织书记"头雁领航"工程培训班、后备干部"素质提升"工程培训班、农村基层党务干部培训班、农村系统"两新"组织党建指导员培训班，培训农村基层干部548人次。7月23日，海淀区种子管理站注销。

年内，区农业农村局运用育种技术培育的辣椒（区农业农村局 供图）

区农业农村局培育的科技成果"辣椒育种技术创新与新品种选育及示范推广"荣获2017—2019年度北京市农业技术推广奖一等奖。

（张萍萍）

【北京西农投资有限责任公司】 2020年，北京西农投资有限责任公司（简称西农公司）实现营业收入8355万元，利润总额4261万元。完成上缴税费及利润合计3758.12万元，比上年增长58.8%。其中，上缴税费1405.37万元，上缴国有企业利润893.75万元，另按中央、市、区要求上缴国有企业利润1459万元。执行市、区促防疫稳增长政策，对符合条件的租户实施租金减免，共减免租金88.72万元。西山农场完成公司制改革。组建北京市长安园公墓有限责任公司，承接北京市长安园转企改制后的经营管理工作。西农公司拥北京凤凰岭景区管理有限责任公司、北京大美西山文化传播有限责任公司、北京京海龙物业服务有限责任公司、北京西山农场有限责任公司、北京市海淀区聂各庄敬老院、北京长安园公墓有限责任公司、北京市海淀区西山公墓管理处7家子公司。拥有持股企业2家，分别是北京小西保健食品有限公司（占股35%）和北京鑫泰小额贷款股份公司（占股8.57%）。

受新冠肺炎疫情影响，自1月24日起，凤凰岭景区和贝家花园采取临时性闭园措施。随着防疫形势好转，凤凰岭景区自2月19日起适度恢复游客接待，推出线上线下活动吸引游客参与，其中，"云"上端午被北京市委宣传部列为北京市端午节重点活动。贝家花园4月底重启沉浸式剧情体验活动，共开展110场，接待1400余人次；贝大夫农庄推出蔬菜瓜果采摘、自家小菜园、亲子农事体验活动等经营模式。聂各庄敬老院自1月24日起历时四个多月，实施"全封闭"管理，强化心理疏导和情绪安抚，确保140余位入住老人平安。京海龙物业做好公司3个家属院和1个职工住宅小区的防疫工作。西山公墓推出清明预约祭扫，采取入园登记、体温监测、环境消杀等措施保障安全，安全接待祭扫群众8508人次。西山农场推出"文明果"项目，改采摘为团购、网购，解决疫情导致的果品销售难问题。开展对口帮扶工作，向湖北省丹江口市官山镇五龙庄村捐资80万元，向内蒙古赤峰市敖汉旗惠州街道办对口援助30万元，向区慈善协会捐赠20万元。公司党员干部参与苏家坨镇5个社区（村）的防疫值守工作。

（黄弈雄）

【新冠肺炎疫情防控】 年内，区农业农村局协调督导农村地区落实好社区（村）疫情防控工作、做好动物疫病防控工作和指导农业生产保产保供。制定印发《关于成立农村社区（村）疫情防控工作组的通知》，建立"1+6+7"工作体制，成立领导小组，设立综合协调、疫情防控、指导联络等6个工作组，组建以委局班子成员为组长的7个巡回督导队，深入278个社区（村、小区）、商超、出租大院（公寓），检查农村地区疫情防控情况。为涉农企业协调解决口罩等防疫物资采购难题，推动企业有序复工复产。抽调27名党员干部参加机场入境人员接转、湖北返京人员转运、密接人员数据管理、核酸检查点评估、永定路街道封闭管理等任务。党总支下属7个党支部的156名党员干部参与一线值守任务。推动农村集体产权房产减免租金工作。

（张萍萍）

【"农业中关村"产业创新联盟】 年内，区农业农村局整合辖区高校、科研院所、高新企业、金融资本及农业生产经营主体等资源优势，服务农业科技创新，将农业作为科技成果示范应用和展示的场景地。组织中国农科院、北京市农林科学院等院所及中国中化集团有限公司、拜耳（中国）有限公司、华为技术有限公司、阿里巴巴网络技术有限公司、北京大北农科技集团股份有限公司等300余家单位加入产业创新联盟，包括科研机构、高新企业、金融机构、传媒等，涵盖育种、生产、管理、营销等农业全产业链。通过农业科技创新带动海淀本土农业转型升级，形成有效的新模式、新路径，促进一、二、三产业深度融合。组织开展成员单位的互访交流活动和“农业中关村”大讲堂。

（张萍萍）

【科技农业】 年内，区农业农村局推进新技术和智能设备在农业领域的示范运用，在四季青农业集团、西郊农场、百旺种植园、弗莱农庄等单位和重点园区打造现代农业示范园区，帮助各单位和园区梳理产业发展思路、提供技术指导，推动5G智能温室、智慧果园、鱼菜共生、药食同源园等项目建设。申请中央财政资金1200万元，在四季青墨蔬苑、西郊农场——翠湖农业创新工场打造国家数字设施农业创新基地，推进设施农业转型升级。

（张萍萍）

【休闲农业】 年内，区农业农村局开展9家北京市休闲农业星级园区复核工作。其中四星级2家、三星级6家、二星级1家，打造“三山五园”经典线路，推进四季青镇西山观光采摘园、柳林村弗莱农庄进行园区提升改造。

（张萍萍）

【农业科技成果】 年内，区农业农村局优化辣椒、茄子单倍体育种技术，通过建立一步成苗法，简化单倍体诱导程序，诱导效率提高近20%。优化秋水仙碱染色体加倍方法，关键技术“一种辣椒或茄子单倍体植株的染色体加倍方法”申报国家发明专利（申请号：202010353750.2）并进入实审阶段。利用单倍体育种技术与常规育种技术相结合，进行种质资源的创新和新品种的选育，选育出3个辣椒新品种和2个茄子新品种。9个辣椒品种获农业农村部非主要农作物品种登记证书。编写《海花海丰系列辣椒、茄子品种及设施栽培技术》图册，重点推介、介绍选育出的适合设施栽培的辣椒品种（组合）40个、茄子品种（组合）10个以及设施栽培技术。研究完善东北羊角芹、半夏、小苹果等10余种珍稀难繁植物的组培快繁技术；研究建立甘薯、草莓脱毒和脱毒苗生产技术，关键技术“一种有效脱除甘薯SPFMV和SPLCV病毒的方法”申报国家发明专利（申请号：202011557028.7）。生产的12万株甘薯脱毒苗应用于北京百旺农业种植园等15个农业园区。开展乡土植物荆条和多花胡枝子的耐旱性研究。在苏家坨镇弗莱农庄开展乡土植物特色种植示范，示范种植适合美丽乡村建设的乡土植物60种，面积6000平方米。

（张萍萍）

【畜禽养殖业】 年内，全区畜禽存栏：养猪户1户、存栏745头，奶牛养殖户4户、存栏215头，羊养殖户5户、存栏53头，养鸡户11户、存栏259只，养鸭户5户、存栏46只，养鹅户9户、存栏164只。

（张萍萍）

【渔业】 年内，全区水产养殖水面24.6公顷，养殖户27户，养殖模式以垂钓为主。送检养殖水产品12个鱼样，委托水产品质量安全风险监测100个鱼样，渔业环境监测100个水样，快速检测50个鱼样，检测结果均符合国家规定标准。

（张萍萍）

【蔬菜粮食生产】 年内，北京市下达海淀区2020年粮食种植面积不低于433.33公顷，粮食产量不低于2200吨；蔬菜种植面积不低于573.88公顷，蔬菜产量不低于14707吨的要求。海淀区实际完成粮食播种面积438.3公顷，完成任务量的101.1%；产量2299.1吨，完成任务量的104.5%。实际完成蔬菜播种面积628.06公顷，完成任务量的109.4%；产量18464吨，完成任务量的125.5%。

（张萍萍）

【政策性农业保险】 年内，海淀区政策性农业保险总保费为175.99万元，区级保费补贴70.39万元。承保面积378.23万平方米、参保260户次；受灾面积281.93万平方米、305户次，赔款金额290.28万元。

（张萍萍）

【农田建设】 年内，区农业农村局完成46.66公顷高标农田的勘察设计、市级批复、区级评审等环节，取得开工令。建设项目分为两个片区：苏家坨镇柳林村片区，建设面积4.33公顷，主要建设内容为田间灌溉主管道铺设和水肥一体化设备安装；上庄镇前章村片区，建设面积42.33公顷，主要建设内容为田间灌溉主管道铺设、田间道路和农电配套工程。项目实施后土地权属不变，项目区耕地全部整理为水浇地、土壤地力等级和抵御旱涝等自然灾害的能力将显著提升。

（张萍萍）

【土地污染防治】 年内，区农业农村局开展化肥减量示范推进工程，对70余个园区开展测土配方施肥，推广面积1066.66公顷，出具优化施肥配方12份；耕地增施有机肥4594吨，果园增施有机肥2000吨，示范有机肥机械化施肥14公顷；推广水溶有机肥料12吨，高效无机水溶肥15吨。全年配送有机肥4594吨，肥料利用率达到42.5%。完成114.86公顷京西稻、33.33公顷玉米和53.33公顷蔬菜的统防统治，农药利用率达45%。建设4个无土栽培示范点和2个果树水肥一体化示范点，栽培模式上做到化肥减量增效，有效降低土壤面源污染。完成北京市下达的农业投入品废弃物回收任务。农业农药用量折百量6.72吨，单位耕地农药用量折百量9.83克/公顷，农药利用率45%，统防统治覆盖率达45%，绿色防控覆盖率达60%。

（张萍萍）

【耕地质量监测与评价】 年内，区农业农村局实施耕地、园地分类管理，更新《耕地土壤环境质量类别清单》，涉及耕地2338个地块、2062.87公顷，涉及园地1686块、9349.3公顷。与区生态环境局联合开展农用地土壤环境监测，监测点位200个，分析指标20项，检测值均低于《土壤环境质量农用地土壤污染风险管控标准（试行）》（GB15618—2018）中相应的土壤污染风险筛选值，土壤均为优先保护类（未受污染），不存在安全利用类和严格管控类。开展耕地地力评价，市级耕地质量长期定点监测点位19个、区级150个，海淀区耕地质量等级为4.32。受疫情影响，完成取样及部分检测工作。

（张萍萍）

【农产品质量安全风险监测】 年内，区农业农村局定量检测全区50余家生产园区的农产品样品314份，覆盖检测项目36项，检测合格率99.7%。完成年度区级综合质检站等级评定工作，被市农业农村局评为三星级质检站，较上年度提升一星级。

（张萍萍）

【农业转基因生物安全监管】 年内，全区农业转基因生物试验项目共128项，开展试验102项，取消试验26项，试验单位有中国农业大学、北京科技大学、中国农业科学院作物科学研究所等8家科研单位和高等院校，项目涵盖玉米、水稻、小麦、棉花、大豆、苜蓿、柳枝稷、奶牛、鸡、鸭、鸽子、小鼠。区农业执法大队组织执法检查315家次，出动执法人员486人次。农作物转基因成分抽查13.33余公顷，检测叶片500份，检测结果均为阴性。

（张萍萍）

【植物检疫】 年内，海淀区共调入植物、植物产品90批次，涉及品种211个、290吨；开具调运检疫植物检疫证书122份，发放检疫要求书213份，涉及92个调运单位，21种作物，调运数量21.8吨。对调入海淀区应施检疫的植物及植物产品进行复检145批次，瓜类和番茄种子复检率达100%。开具产地检疫合格证书29份，涉及15种作物、102个品种，种植面积7.05公顷。

（张萍萍）

【设施农业管理】 年内，区农业农村局依据《海淀区建立完善严防“大棚房”问题反弹长效监管机制工作方案》，开展设施农业区级巡查工作，督促各镇、村开展日常检查，建立台账。制定实施《海淀区“大棚房”清理整治工作奖励方案》，巩固“大棚房”清理整治成果，共发放“大棚房”清理整治工作奖励资金8319.27万元。完成214栋设施农业销账工作，有设施农业4069栋，开展季度巡查，对存在堆物堆料、撂荒、弃管等现象的，责令整改。

（张萍萍）

【企业服务管理】 年内，区农业农村局组织北京大伟嘉生物技术股份有限公司、北京北农大动物科技有限责任公司、北京联创种业股份有限公司、北京大北农科技集团股份有限公司、北京德青源农业科技股份有限公司、北京金色农华种业科技有限公司、北京旗舰食品有限公司、北京屯玉种业有限责任公司进行第九次农业产业化重点龙头企业动态监测，8家公司全部通过。组织审计公司对北京九州大地生物技术集团股份有限公司、北京京鹏环球科技股份有限公司、北京嘉博文生物科技有限公司、北京大伟嘉生物技术股份有限公司、北京农信互联科技集团有限公司、万丰大地（北京）蔬菜有限公司、北京挑战生物技术有限公司、北京挑战牧业科技股份有限公司、北京乾景园林股份有限公司、北京博农利生物科技有限公司共10家企业的2018年7月1日至2019年6月30日期间贷款贴息申请材料进行审计核算，28项贷款贴息申请和3项担保费补贴申请符合要求。贴息和担保费补贴合计914.31万元。

（张萍萍）

8月6日，执法人员在中国农业科学院作物科学研究所试验基地检查转基因玉米试验项目（区农业农村局 供图）

【农业投入品废弃物回收】 年内，区农业农村局构建北京市首个农业投入品废弃物回收利用体系，完成回收试点工作。首次将果袋、肥料袋、育苗盘、遮阳网的废弃物纳入回收范围。回收农业投入品废弃物122.1吨，涉及种植园区58个；回收农药包装废弃物240934个，共计5.9吨，农药包装回收实现全覆盖。完成北京市下达的回收任务。

（张萍萍）

【动物卫生监督】 年内，区农业农村局共检疫动物10017头/只/箱；驻场官方兽医室监督换证动物产品8017吨。检查被监管单位1499个次，排查外埠运输动物产品车辆进京2480车次、检疫出证644张。处理群众举报85起；行政立案54起，罚没款21.61万元，没收不合格饲料876千克。监督无害化处理病死动物5270千克。开展宣传活动8次，发放宣传材料8000余份；签订“四方责任承诺书”187份；向北京市动物卫生监督所、北京市农业执法网、海淀信息报送信息137篇，被采用65篇。

（张萍萍）

【动物免疫】 年内，全区畜禽重大动物疫病累计免疫7917头（只）次，其中禽类禽流感三价累计免疫1595只次，偶蹄动物口蹄疫疫苗累计免疫

3733头次、猪高致病性蓝耳病累计免疫874头次、猪瘟累计免疫1547头次、羊布病累计免疫81只次、小反刍兽疫累计免疫87只次，应免率100%。

（张萍萍）

【乡土植物特色种植】 4月，区农业农村局在苏家坨镇弗莱农庄开展乡土植物特色种植，种植面积6000平方米、数量60多种。全部应用具有适应性广、抗逆性强、绿期花期长、花色丰富、栽培管理粗放、园林绿化效果明显等优点的乡土植物。其中，重点以2019年北京世界园艺博览会上获奖的品种为主，如丘园蓝莸，金叶栾、黄花射干、乌头叶蛇葡萄、华北香薷、大穗狼尾草，白花荆条、串叶松香草、多花蒲公英、多花胡枝子、金叶丁香等。实现错落有致、多层混交、季相交替、色彩丰富和四季有景（三季有花四季常绿）的乡土生态景观，提升农业园区的景观水平和生态环境效益。

（任芹芹）

【首个农产品质量安全行政处罚案件】 9月16日，区农业农村局对某公司生产的彩椒进行监督抽检。经检测彩椒样品“吡虫啉”农药残留不符合国家规定的农产品质量安全标准，对该公司进行行政处罚，没收违法所得60元，处2100元罚款，此案件是海淀区首次针对农产品质量安全违法行为作出的行政处罚。

（张萍萍）

【农事执法】 12月6日，区农业农村局执法大队渔政执法人员联合海淀公安分局治安支队环食药旅中队，首次利用高科技装备无人机，对清河下清河闸水域展开立体式巡查，发现可疑人员使用地笼捕捞，查获2起3人涉嫌在禁渔区、禁渔期使用禁用渔具地笼实施捕捞的案件。区农业农村局推进渔政、种子、农药等领域违法犯罪案件查办和行刑衔接工作，与区检察院、海淀公安分局协作联动、案件移交，建立协作联动机制。向公安机关移送涉渔违法案件5起，刑事拘留5人。

（张萍萍）

农村经济

【概况】 2020年，农村集体资产总额2133.6亿元，首次突破2000亿元，比2014年翻一番，“十三五”期间年均增速12.6%。农村集体经济所有者权益728.2亿元，农民人均所得43784元，“十三五”期间年均增速分别为9.4%、13.3%。

（张萍萍）

【全市首个5G高架无土栽培草莓智能温室投入运行】 2月，北京市首个5G高架无土栽培草莓智能温室在西北旺镇唐家岭村百旺种植园建成并投入运行。温室是区农业农村局结合北京市信息进村入户工程，运用5G通信技术建成的，占地面积近500亩。温室大棚的智慧管理系统以人脸识别、传感器、农业物联网、人工智能语音识别、云计算为技术支撑，通过云计算和大数据系统处理和运算分析，作出最合理、最经济、最高效率的实施与决策，对草莓生长进行更加精确的定量管理，使园区生产管理智能而高效。运用5G技术，可对草莓生长的温度、湿度、光照、营养液浓度等生长指标实时监测，上传至共享大数据平台，生成“区块链”。高架无土栽培管理方便，可提高设施空间利用率，避免土传病害及土壤连作障碍等。果实成熟早，产量高，亩产达2500～3000公斤，增加30%～50%的产量，每亩可增收2～3万元。

（钟冷）

【第二十届樱桃文化节】 5月23日，区农业农村局在凤凰岭公园和凤凰岭樱桃生态园举办以“只樱有你甜蜜来袭”为主题的海淀区第二十届樱桃文化节。通过“最美樱桃”评选、线上直播“云”采摘、经典休闲游采摘线路推介、商场展卖等方式宣传和推广，缓解因新冠肺炎疫情导致的农产品滞销压力，共有72万人次观看现场直播。通过媒体途径发布海淀休闲农业和观光采摘的经典路线，向市民推介优质果品和农业园区。来自全区的百余家樱桃采摘园参与。

（张萍萍）

【获“京津冀鲜食番茄擂台赛”6个奖项】 5月29日，第二届“京津冀鲜食番茄擂台赛”在通州国际种业园区开赛，并首次采用全程云端线上直播的方式进行。来自三地的71个园区的170个品种参赛，其中北京市50个园区、天津市5个园区、河北省16个园区。参赛样品包括大果型47个，中果型73个，樱桃番茄50个。擂台赛按照大果型、中果型、樱桃番茄三种类型分组，由蔬菜领域专家、营养学专家、农产品销售专家、市民组成评分组，分别评选出擂主奖、一等奖、二等奖、三等奖、优秀奖。区农业农村局组织区内7家涉农企业的150个产品参赛，其中，四季青农业集团绿色果品观光采摘园获樱桃番茄二等奖、获大果型番茄二等奖；一品盛园农场园获樱桃番茄三等奖；北京百旺农业种植园获中果型番茄三等奖；北京百旺田园农业科技有限公司获樱桃番茄三等奖、获中果型番茄三等奖。

（钟冷　张萍萍）

【“创建国家农产品质量安全区”通过验收】 9月2日，北京市“创建国家农产品质量安全区”验收组到海淀区考核验收“创建国家农产品质量安全区”创建工作。验收组从现场点位检查、考核指标进展情况、专家组质询、农产品综合合格率、第三方调查机构对海淀区群众满意度测评情况等环节进行考评验收。考核组观看百旺农业种植园5G草莓种植、农产品质量检测室，听取园区汇报并查阅种植资料，现场扫码查看追溯体系建设和“合格证”制度建设情况；对四季青镇农产品质量安全管理站硬件建设、制度落实、检测室进行查看。听取区农业农村局对创建国家农产品质量安全区开展情况汇报。区农业农村局牵头区市场监管局、园林绿化局等部门，高位协调推进，助推品牌建设，提效绿色生产，将创建工作延伸到农业种养各个环节。海淀区以94.56分的成绩通过“创建国家农产品质量安全区”

考核验收。

（钟冷　张萍萍）

【农业科技创新合作】 9月9日，中国农科院蔬菜花卉研究所与海淀企业北京福莱科技发展有限公司所属的弗莱农庄签订协议，在苏家坨镇建设50亩“百种蔬菜花卉种植园”蔬菜花卉科普教育与培训基地；在园艺学、农学、植物学等领域，合作开展科普培训活动，强化海淀北部新区科普教育基地功能。同日，中国农科院蔬菜花卉研究所与北京市西郊农场有限公司签署战略合作，双方将在海淀区合作打造蔬菜花卉科研创新基地、成果展示转化基地、交流培训基地，围绕休闲农业、示范农业、设施农业、高科技农业高质量发展等方面做大做强北京农业。9月20日，区农业农村局与农科院作物科学研究所联合挂牌，共建作物科普教育基地。10月19日，区政府与中国农科院签订《中国农业科学院海淀区人民政府农业科技服务合作协议》，院区双方将在科技农业规划、现代种业科技创新平台建设、国家数字设施农业创新基地建设、现代农业示范园区建设、人才培养交流等方面深度合作，推动深化海淀区的农业科技创新，助力海淀区建设成为现代农业的核心区、高新农业的聚集区和未来农业的引领区。此前，双方在多个合作领域取得积极成效。研究制定“农业中关村”发展规划，瞄准未来农业发展方向，提出海淀农业产业升级的路径和措施；多点开花打造现代农业示范园，中国农科院作科所、环发所、蔬菜花卉所、植保所与区农科所、四季青农业集团、西郊农场、百旺种植园、弗莱农庄等单位和园区深度合作，帮助各单位和园区梳理产业发展思路、提升基础设施、提供技术指导，打造现代农业示范园；协同推进国家数字设施农业创新基地建设，在四季青海舟慧林葡萄园、西山采摘园、西郊农场翠湖农业创新工场合作共建国家数字设施农业创新基地，推进设施农业智能化、工厂化、高效化发展。

（钟冷　张萍萍）

9月26日，海淀区“中国农民丰收节”暨海淀区第三十一届农民艺术节举行（区农业农村局 供图）

【中国农民丰收节活动】 9月26日，区农业农村局在上庄镇西马坊村京西稻保护区基地举办“中国农民丰收节”暨海淀区第三十一届农民艺术节，农民丰收节与农民艺术节首次同时举行。活动以“丰产惠农，小康聚焦”为主题，包括文艺演出、农事体验、传统文化展示、科技农业场景展示等“线上与线下”融合的活动内容，“农业中关村”建设、聚力乡村振兴、聚汇农事体验——“三聚融合”成为活动的最大亮点。现场展示10多个甜辣椒、茄子和韭菜新优品种、9个菜用甘薯新优品种，10余种乡土植物。由区农业农村局制作出品的非遗传承视频《保护文化遗产传承乡村文脉》首播，系统梳理海淀区的20余项非物质文化遗产。中国农业科学院作物科学研究所、中国农业科学院植物保护研究所、中国农业科学院蔬菜花卉研究所、中国农业科学院环发所以及“农业中关村”联合体企业大北农集团、水木九天科技有限公司、航天科工集团、北京绿刻度科技有限公司等单位展示高科技产品，进行企业和农业园区的推介，将乡村资源与城乡市场对接，实现乡村价值。活动特邀V5直播的150余名主播现场讲解海淀农业故事，“带货”海淀农产品，推荐游览海淀农业园区等。开幕式后，线上招募的300余个家庭，在京西稻田中体验14项农事项目。运粮食、投球、扔沙包、收割稻谷、摔谷等农事体验项目，吸引现场观众参与互动。

（林琳　张萍萍）

【渔业增殖放流活动】 10月30日，由区农业农村局牵头，区农业执法大队、区水务局河道管理所联合在南沙河水域开展以“保护水域生态环境”为主题的海淀区渔业增殖放流活动向南沙河水域投放鲤鱼、鲫鱼等鱼苗总计1.26万余千克、2万余尾。现场宣传200余人次，发放各类宣传材料500余份。

（张萍萍）

【《海淀区“村地区管”实施办法》印发】 12月15日，区政府印发《海淀区“村地区管”实施办法》，对加强规划引领管控、严格土地用途管制、规范涉地集体经济合同、完善流转交易程序等方面进行规定，明确区、镇、村三级管理机制。该办法由区农经站、区农业农村局、规自委海淀分局共同研究制定，以区政府名义印发。

（张萍萍）

新农村建设

【概况】 2020年，海淀区农村地区面积261.11平方千米，占全区总面积的60.6%。辖7个镇（地区办事

10月30日，区农业农村局、区水务局联合向南沙河水域投放鱼苗（区农业农村局 供图）

处）、63个行政村和玉渊潭农工商总公司。完成三年农村人居环境整治行动任务，全区农转非政策覆盖率达100%。美丽乡村建设、基层党建等取得成效。

（张萍萍）

【农村人居环境整治】 年内，区农业农村局开展第三批52个村庄农村人居环境整治。联合区财政局印发《海淀区2020年农村人居环境整治工作奖励资金方案》，对开展人居环境整治的52个行政村，按照每个行政村50万元的标准安排镇级奖励资金，共计2600万元，由各镇统筹使用。对在市级检查中连续2次保持满分的村，每村奖励100万元。区农业农村局牵头制定《海淀区2020年农村人居环境整治和美丽乡村建设工作方案》，建立健全定期调度、双重检查、常态约谈、工作简报、跟踪督办等机制，全力攻坚农村人居环境整治，推动美丽乡村建设与中关村科学城发展深度融合。围绕“清脏、治乱、增绿、控污、拆违”等重点工作任务，区农业农村局会同区城管委、区城管执法局、区水务局、区卫健委、区城指中心、区环卫中心等部门，坚持“一村一方案”精准施策，推进村庄清洁行动、农村厕所革命，加强生活垃圾治理、推动生活污水治理、巩固提升村容村貌。完成62座公厕和107座“一户多厕”户厕改造、25条小微水体治理任务，拆除1356处、6.3万余平方米侵街占道私搭乱建。所有村庄均实现专业清扫保洁，村内道路、街巷、房前屋后无垃圾和卫生死角。持续整治25条沟道、坑塘、马路边沟、公园池塘等小微水体，基本实现“无垃圾渣土、无集中漂浮物、无污水排入、无臭味、无违法建设”的“五无”目标。52个城乡接合部村庄环境整治任务基本完成，全部通过市级考核验收，完成农村人居环境整治三年行动任务。

（钟冷 张萍萍）

【美丽乡村建设】 年内，区农业农村局完成罗家坟村美丽乡村工程建设。东马坊、屯佃、西小营3个村美丽乡村建设方案通过区政府审批，完成固定资产投资立项评审。马坊、永丰屯、白家疃、温泉、后沙涧5个村美丽乡村建设方案已报区政府。七王坟、罗家坟2个“百村示范村”在基础设施建设、产业发展等方面均起到示范带头作用。

（张萍萍）

【农村基础设施管理】 年内，区农业农村局完善并落实长效管理机制，组织开展农村基础设施季度检查，核实设施数量，查看设施运行管理情况，拨付区级管护资金，保障农村基础设施运行正常。公厕和街坊路绿化的管护资金标准分别由5.1万元/座/年、4元/平方米/年，提高到12.8万元/座/年、6元/平方米/年，实现城乡一体化管理。开展农村基础设施安全隐患治理，拆除生物质气化站2座、沼气站2座、太阳能浴室14座。

（张萍萍）

【农村地区垃圾分类】 年内，区农业农村局制定《海淀区生活垃圾分类农村地区工作组方案》，确定工作专班的工作架构，落实定期会商、信息报送、督查检查三项工作机制。组建两支巡回督导组，及时跟进督导整改。在农村系统党组织中开展垃圾分类知识答题线上活动，引导农村系统全体党员掌握垃圾分类知识。推进“我分类•我承诺”活动，各村（社区）通过“敲门行动”等方式，逐户签订承诺书214311份。

（张萍萍）

【信息进村入户工程[①]】 年内，海淀区按照北京市农业农村局《印发〈关于全面推进信息进村入户工程的实施意见〉的通知》要求，推进信息进村入户工程建设。农业农村部信息进村入户工程依托12316三农服务热线组织实施，完善部、省市、区县、乡镇、村五级联动服务体系，全面统筹“公益服务、社会服务”两类资源，构建“政府、服务商、运营商”三位一体的推进机制，按照有场地、有人员、有设备、有网络、有网页、有可持续发展能力的标准建设标准型、专业型、简易型“益农信息社”，面向农（市）民开展“公益、便民、电子商务、培训体验”四类服务，实现信息精准到户、服务方便到村。结合北京都市型现代农业实体情况，北京市在农业部

① 2014年，农业农村部在北京、辽宁、吉林、黑龙江、江苏、浙江、福建、河南、湖南、甘肃10个省市启动信息进村入户工程试点工作。2015年新增河北、新疆维吾尔自治区等十六个省（自治区）扩大试点范围。2016年信息进村入户工程项目列入中央一号文件。

提出“六有”基础上，提出村村“七有”的建设标准，即有场地、有网络、有网页、有产业、有可持续发展能力、有设备、有人员。建成35个益农信息社，服务村里常住人口。

（钟冷　张萍萍）

【集体土地上出租房整治】　年内，区农业农村局开展集体土地上出租大院（公寓）关停整治工作，完成出租房间关停比例和疏解人口比例均达50%的工作目标。出租房屋关停10410间，出租房屋关停比例77.83%；疏解人数14874人，疏解人数比例71.68%。

（张萍萍）

【老旧防空洞治理】　年内，区农业农村局采取汛前通知、实地检查、定期会商、专题调研等措施，确保温泉镇白家疃村和西北旺镇韩家川村的142户老旧防空洞上危险房屋安全度汛。拨付西北旺镇韩家川村防空洞勘查和防空洞上危房鉴定费用共计27.41万元，拨付白家疃村防空洞治理资金25.89万元。

（张萍萍）

【第一轮中央环保督察整改通过验收】　年内，海淀区开展第一轮中央环保督察第48项整改工作——城乡接合部地区环境综合整治。解决村庄生活污水直排问题，村庄污水处理率达98%；垃圾收运能力100%全覆盖；有旱厕227座，拆除90座，完成改造137座，实现公共旱厕清零的目标。清理整治“散乱污”企业980家，实现“动态清零”。第一轮中央环保督察第48项整改通过区级验收。

（张萍萍）

【整建制农转非】　年内，海淀区完成整建制农转非区级政策体系设计，破解村集体整建制农转非超转资金缺口难题。全区整建制农转非方案获市政府批准，区、镇、村三级推动政策落地实施。参与此次整建制农转非的西北旺镇、苏家坨镇、上庄镇、海淀镇共38个村2.8万名农民完成户籍变更。农民办理相关转非手续后，享受城镇职工同等社保待遇，城乡社保二元差距基本消除。

（张萍萍）

【农村基层组织建设】　年内，区委农工委结合农村疫情防控，强化农村基层党组织在村级各类组织中的核心领导作用。分类指导，选择5个不同类型的村，开展党支部工作法试点；常态化推进软弱涣散村党组织整顿，西北旺镇皇后店村完成转化提升。

（张萍萍）

【村干部监督管理】　年内，区委农工委贯彻落实《海淀区村干部管理监督实施细则》《村党组织书记区级备案》等制度，完成7名村党组织书记区级备案。协调推进村级“四议一审两公开”“三务公开”工作，指导各镇逐村制定大额资金审批界定标准和公开程序。推进扫黑除恶专项斗争，开展农村小微权力腐败专项整治。海淀区村干部数字化管理平台上线运行。

（张萍萍）

【资格联审】　年内，区农业农村局落实区级联审长效机制，完成部分街、镇业委会（物管会）相关人选、拟发展党员等资格联审，累计联审43批9千余人次。

（张萍萍）

【准物业化管理】　4月26日，区农业农村局印发《海淀区村庄准物业化管理考核暂行办法》，确保各镇、村及物业公司开展工作。在罗家坟、柳林、西小营、七王坟、温泉、白家疃6个村实施准物业化管理，建立区、镇、村共同投入机制，确定年度资金标准，落实考核暂行办法。村庄基础设施和公共服务设施实现专业养护，治安和消防事件得到有效控制，村庄环境干净整洁有序。

（张萍萍）

【乡村治理】　12月23日，区委农村工作领导小组全体会审议通过《海淀区加强和改进乡村治理工作方案》，对全区开展全国乡村治理体系建设试点工作进行部署，涉及建立健全适应城乡深度融合的基层组织治理体系、强化党对农村集体经济领导、完善腾退回迁安置社区治理体系等方面内容，乡村治理体系现代化水平有效提升。

（张萍萍）

商贸服务业

2021
北京海淀年鉴

商业服务业

【概况】 2020年，海淀区市场总消费比上年下降4.8%，服务消费比上年下降2.5%。社会消费品零售额完成2718.1亿元，比上年下降8.6%，增速比全市高出0.3个百分点；限额以上网上零售额达845.9亿元，比上年增长30.9%，占社会消费品零售额的比重为31.1%。市场总消费和服务消费总量及对全市贡献率保持全市领先地位。开展“深夜食堂”嘉年华、IC PARK特色商街消费季、中关村科学城北区科技文化潮流节等活动，开街“悦界”主题街区、“调调街”，促进夜间经济繁荣。海淀区在聚宝渔港、西部马华、凯瑞御仙都、朗丽兹西山花园酒店、三样菜、七叶香山、全聚德、燕山大酒店、稻香湖景酒店等品牌餐饮企业举办“深夜食堂”美食盛典活动，在五棵松、中关村西区、五道口、公主坟、金源、上地、科学城北区等重点商圈逐步探索室外经营。

（张世璞）

【北京市海淀饮服行业协会】 2020年，北京市海淀饮服行业协会下设餐饮、洗浴、美容美发、旅店、清真、摄影彩扩、洗衣、商场购物中心餐饮、供应商专委会等9个专委会。全年发布通知、倡议、行业规范、新冠肺炎防控指南和优惠政策，指导企业开展防疫工作；组织捐款捐物、免费送餐、提供平价盒饭、慰问隔离休养防疫人员；保持政企间的信息畅通，开展调研、收集信息，将企业的诉求反馈给政府；成立免费的法律咨询和人力资源工作小组，对接便利店、外卖网站、银行、超市，寻找合作新模式。为企业协调购买口罩、额温枪等防疫物资，做好餐饮行业防控消杀工作，推动复工复产。对全区509家规模以上餐饮企业进行消毒防疫培训和两次入店检查，对店内消毒指引海报的张贴、消毒记录本的填写、企业内培情况进行检查指导验收。

（李利）

【海淀区物资回收公司】 2020年，海淀区物资回收公司下属北京市开源技贸总公司、北京市颐顺达物资经营公司，控股北京市开源物业管理股份有限公司。做好疫情防控工作，稳定物业租赁商户、减少经营损失，落实垃圾分类工作，加快回收业转型发展。完成10个大件低值再生资源回收中转站建设，建成回收中转站27处、运营站点21处，覆盖23个街镇，辐射小区1800余个，覆盖率达到79.3%。完成前端回收环节建设，实现居民分类、品类对接、集中收集、无害处置各环节有序联系，达到垃圾分类全流程全品类全链条管理。共回收大件垃圾120210件，其中床垫44910件、家具75300件，总重2560.53吨。累计处置大件垃圾129188件，其中床垫45705件、家具83483件；从中分拣资源化循环1503.16吨，其中废钢573.63吨、海棉130.78吨、木头798.75吨，外运至大工村能源化循环680吨。建成并运营全市首个有害垃圾暂存转运站，与13家党政机关和88家社会单位签订合同完成对接，共回收废灯管、废药品等7768公斤。购置15辆新能源箱式运输货车，实现中转站与终端处理设施无缝衔接，保障大件低值和有害垃圾接收转运全过程监管。8月，安装废旧杂物打包机，对拆解物料存储打包转运环节进行针对性补强，拆

2019年至2020年物资回收公司经营情况统计表

表9 单位：万元

项目	2019年	2020年	同比增长（%）
总收入	6350	6311	−0.01
净收入	6308	6250	−0.01
费用支出	4380	4581	0.05
利润总额	1959	1667	−0.15
净利润	1428	1232	−0.14
税金	1037	1115	0.08
投资收益	236	236	0.00
资本保值增值率	104%	103%	0.03

说明：1. 本年营业收入比上年下降0.91%，主要原因是受新冠肺炎疫情影响对商户减免房租531万元；
2. 费用支出比上年增长5%，主要原因是承担海淀区再生资源大件低值回收体系建设支出。

2019年至2020年北京翠微集团经营情况统计表

表10

项目	2019年	2020年
总资产（万元）	1079538	1372969
负债（万元）	377362	600707
净资产（万元）	484017	530225
少数股东权益（万元）	218159	242037
销售额（亿元）	49.00	41.00
利润（万元）	23945	45133

（张玉山）

解大件垃圾71719件，分拣出再生资源2000余吨。处置国有资产38.6万件，原值3.26亿元，从中分拣废旧物资200余吨。

为中小微企业减免房租531万元。魏公村棚改项目完工，返还660平方米写字楼办公场地，加装外挂电梯提升房屋使用效果，实现经营收入。出台《海淀区物资回收工资专项集体合同》规定。

（肖洁）

【北京翠微集团】 北京翠微集团是海淀区国资委直属全民所有制企业。2020年，是翠微集团实体化运营的首年，企业资产总额75.74亿元，比上年增长19.7%；利润总额1.6亿元；净资产收益率为2.63%，上缴税收3143万元。集团贯彻落实区委、区政府及区国资委战略部署，加快推进战略转型，打造海淀区科技产业投资及国有资产运营平台。通过基金和自主投资，完成在金融科技、区块链、新基建、大健康、军民融合等领域的产业布局。新增基金投资7.7亿元，基金投资收益3838.64万元。设立全资子公司北京翠微高科控股有限公司，注册资本2亿元；收购北京海开房地产股份有限公司68.8%的股份，共计持有其78.16%股权。收购北京中技科融小额贷款有限公司30%股权，成为其第二大股东。接收当代商城、甘家口大厦、志强园、大柳树4处国有资产。推进国有企业改革，完善内控体系建设，增强风险评估与防范能力。有序推进3524名国有企业退休人员社会化移交工作。

完成疫情防控及复工复产阶段性任务，实现全体员工零感染。公司党委获“北京市抗击新冠肺炎疫情先进集体”和“北京市先进基层党组织”称号。

（张玉山）

【北京翠微大厦股份有限公司】 2020年，北京翠微大厦股份有限公司（简称翠微股份）拥有翠微百货、当代商城、甘家口百货三大商业品牌共计7家大型百货商场，地跨海淀区、丰台区、石景山区、昌平区，是集百货、

9月23日，升级改造后的翠微股份甘家口店社区生活中心（蔺斯宇 摄）

超市、餐饮、休闲娱乐等都市品质生活服务于一体的大型商业零售企业集团。翠微股份获“全国商贸流通服务业先进集体”“70年北京商业品牌成就奖”“2020中国消费者信赖品牌”称号。

完成北京海科融通支付服务有限公司并购重组工作，进入金融科技与商业整合赋能新阶段。整合“翠微购”App、“翠微扫码购”直播间等线上平台，拓展线上营销，实现无接触购物、无接触支付、无接触送货。实施传统商业向新商业调改升级，旗下甘家口百货完成社区生活中心升级改造；当代商城中关村店成功引进T11全球直采生鲜超市；翠微店作为公主坟商圈改造升级的第一批试点单位，打造精品时尚生活中心；轻资产运营项目合肥左能购物中心项目进入招商阶段。在文化旅游领域培育发展新型经济增长点，形成文创、文旅、康养协同发展的产业布局。翠微股份与翠微集团科技产业投资领域有效衔接，通过资产结构优化、投资运作、产业整合、战略合资合作等方式，在芯片、清洁能源、金融科技等领域取得显著成效。

推进疫情防控与复工复产工作。坚持不停业、不涨价、不裁员，为供应商和商户提供优惠政策，减免租金近2亿元。对接社区党组织，企业18个党支部承担5个街道的18个社区的疫情防控任务，参与社区值守8000余人次。为北医三院驰援武汉医疗队提供物资，为区总工会配备慰问物资。

（边玥）

【北京海淀置业集团有限公司】 2020年，北京海淀置业集团有限公司（简称海淀置业）实现营业收入39.74亿元，比上年增长2.11%；利润总额1.85亿元；净资产收益率4.04%；流动资产周转率1.75次。上缴税金2.65亿元，上缴国有资产收益9,156.42万元。

新冠肺炎疫情防控。海淀置业对因受疫情影响符合减租条件的中小微企业开展三轮租金及物业费减免工作，共减免租金及物业费1.32亿元，惠及商户1292家。参与口罩生产线设备引进的谈判、协调、运输等工作。中关村创业大街依托创业会客厅全天候全流程为企业提供在线科技服务，帮助43家企业申报“抗疫贷”等政策，为73家企业提供中关村小微研发补贴、海淀区胚芽企业申报指导。北京中关村互联网教育科技服务有限责任公司支持“停学不停课”，为互联网教育企业提供 金融对接、政策支持、业务协助、融资指导、企业宣传等八项服务。累计帮助108家企业。职工参与社区值守3万余小时。

房产运营管理。中技大厦通过云看房等线上营销方式，引进智慧芽信

息科技、商汤科技、天泽智云等高科技企业；北京海置创投科技服务有限引进上市公司神州泰岳。对出租到的期网点全部按期收回，转为市场化管理，增加资产运营收益。组织蓝润大厦、768 写字楼、北京大学西门片区、e 世界等一批楼宇转型升级项目。回购回租铺位 113 个，面积 2269 平方米，累计整合面积 4196 平方米，占商业总面积的 94.74%。通过股权收购方式，增加中关村国际创新大厦一处房产 4.9 万平方米；接收政府划拨的北太平庄甲 1 号及民族大学北路 7 号房产，建筑面积 575 平方米；向翠微集团移交 4 处房产，建筑面积 3.28 万平方米。疏解腾退网点 9 个，建筑面积 1465 平方米；新增菜篮子等便民服务网点 12 个，建筑面积 3573 平方米；拆除违建 17 处，建筑面积 2889 平方米；组织实施普通地下室专项整治，涉及 92 处房产。

商业便民服务。新开 9 家直营店、8 家加盟店，调改 7 家门店，引进直营厂家 21 个，形成“生鲜食材 + 餐厨”的家庭餐桌模式，被中国连锁经营协会评选为“年度零售创新优秀案例”。推出“鲜到家”微店，主打“超之鲜”自有品牌果蔬商品，与 33 家线下实体店无缝对接；开启直播带货活动 26 次，观看人数近 10 万人，拉动线上销售额持续增加。引入新品 3950 件，健康商品比重增至 17%；华光商厦开发“华光到家”网购平台线上可售商品达 3500 余种，结合企业微平台、社区订货微信群等方式，提升顾客购物体验。增加高附加值网红商品 96 种。

科技服务。中关村创业大街优化创业会客厅线上平台新增 15 家外籍创业团队，累计入驻 32 家，提供业务咨询和线上办理 552 次、线下服务 3458 次，集群注册平台完成企业注册 231 家。中关村国际青年创业平台；举办线上活动 10 余场，参加人数 1300 余人。引进创业服务机构和科技中小企业 28 家，驻阿联酋迪拜、法国巴黎办公室运营，对接 90 余家国际机构、高校院所、创业团队，服务 5 家中国科技企业出海。成立中关村科学城互联网教育产业发展联盟，互联网教育形成园区聚集效应。

股权投资。集团公司作为有限合伙人出资 3000 万元，参与设立海国金岳快速成长基金；参与平安基金成立后的首个项目——千方大厦。北京中关村创业大街科技服务有限公司作为有限合伙人向奇绩创坛基金出资 2000 万元，作为普通合伙人参与国寿基金项目。中关村双创基金投资 3 个项目，投资额 280 万元；以服务换股权方式完成 4 项微投资，对应价值 34 万元。京育基金投资 4 个项目，投资额 540 万元。投资 14 亿元收购国泰阳光公司全部股权，对稻香湖公司同比例现金增资 522.62 万元；北京中关村创业大街科技服务有限公司设立全资餐饮子公司。超市发连锁公司对下属的培训中心、培训学校两家事业单位进行清算注销；中关村网教对清海教育公司实施股权转让。

（耿玉姣）

【北京超市发连锁股份有限公司】 2020 年，北京超市发连锁股份有限公司（简称超市发）实现销售收入 57.38 亿元。超市发被中共中央、国务院、中央军委授予“全国抗击新冠肺炎疫情先进集体”称号，成为全国唯一一家获此殊荣的零售企业；获北京市三八红旗集体、北京市诚信服务承诺单位称号。

抗疫保供。超市发作为民生必需品增储单位和防疫物资采购发放单位，协助海淀区各职能部门，采购医用酒精、口罩、防护服、喷洒器等紧缺防疫物资，为政府累计采购各类防护用品金额近 1 亿元。在最短时间内完成 300 吨成品粮、160 万袋方便面、700 吨耐储蔬菜的备货，采购销售口罩 2000 余万只。第一时间启动物资储备供应预案，启动 24 小时收货，以平时五倍的量对民生商品、消杀商品进行备货。向社会公示“15 种菜品一个月不涨价”承诺。6 月，北京出现新发地疫情部分社区实行封闭管理时，组织民生商品到封闭小区门口售卖，服务社区 22 个、5000 余名居民。发展线上业务，开发超市发小程序网上订货、顾客朋友圈微信订货。上线“超市发鲜到家”微店，主打“超之鲜”自有品牌的果蔬商品，有 33 家线下实体连锁店对接上线，注册顾客 447594 人，累计销售 113 万元；开展直播 26 次，观看人数累计 9.64 万人次。开发智慧互动屏，线上注册会员比上年提升 30%。朗秋园店、双榆树店上线营销屏，端架投放商品月平均销量比上年增加 18% 以上。604 名职工参与社区值守 169 天。

帮扶服务。开展各类“异业合作”，通过共享员工的方式帮助相关

10 月，区总工会联合超市发，帮助销售湖北武当特产蜜橘（超市发 供图）

方及困难企业解困。通过“点对点”补货机制，对好邻居等商超予以蔬菜等生活必需品帮扶，为海淀区59家店铺提供蔬果配送服务；为海龙、翠微、北辰等单位提供防疫物资供应。保障小汤山医院的承建单位城建二公司日常用品的供应。对符合减免政策要求的393家商户进行租金减免，减免金额达1800余万元。在半壁店店设立“海淀消费扶贫双创分中心”，全年销售扶贫产品1800万元。帮助河北省易县南城司乡木厂村板栗合作社销售板栗；帮助销售北京市怀柔区红肖梨1000余公斤、北京市平谷区蜜梨3500余公斤；帮助湖北省襄阳市销售5吨新鲜莲藕，引进湖北小龙虾、莲藕、汉口汽水、热干面等商品；帮助河南省中牟县销售8吨大蒜。

市委书记蔡奇、市政协主席吉林及国家市场监督管理总局、市纪委、市商务局、市防控疫情督导组、市社区防控专家第四巡查指导组等负责人，分别到超市发总部、海中店、双榆树店等店，调研考察防控物资供应情况和市场供应情况、复产复工后社区生活保障情况和租金减免落实执行情况。

（赵燕玲）

【消费能级提升】 年内，区商务局开展“五一消费促进月”“北京消费季悦动海淀”等促消费活动。以线上活动为主，携手小米、国美电器、美团、58同城等百余家企业持续推出优惠让利活动；发展直播带货、定制消费等消费新业态；举办文化、旅游、体育等活动促进消费，参加中关村国际美食节、海淀区消费扶贫季、社区商业消费节等特色活动。通过线上线下全场景布局、全业态联动、全渠道共振，恢复和提振社会消费。

（张世瑛）

【市场整治提升】 年内，由区商务局牵头，区市场整治提升联席工作组各部门会同相关街、镇完成市场整治提升任务。完成整治提升市场18家，建筑面积22.24万平方米，涉及商户3011户、从业人员9055人。其中，清退关停市场13家，提升市场5家。

（孙绍锋）

【便民网点建设】 年内，区商务局新建和升级改造便民商业网点80个，挂牌建成17个以“8+N”① 项服务功能为核心的“海淀社区商业e中心”。累计挂牌建成46处，覆盖全区29个街镇，成为北京市首个实现便民商业综合体街镇全覆盖的区。挂牌1个“全国15分钟便民商圈示范工程”，是全市两个试点之一。全区484个社区实现8项功能全覆盖，覆盖率82%。全区八类生活性服务功能网点1万余个，经营面积约88.3万平方米，商业网点连锁化率达到33.9%，区域生活性服务品质不断提升。

（刘影）

【粮食安全保障】 年内，区商务局落实粮食应急供应保障责任，建设120家生活必需品保供网点，覆盖29个街镇，保障百姓“米袋子”“菜篮子”供应充足、价格稳定。落实加强粮食行政管理能力建设责任，组建粮食和物资储备办公室，全体人员均取得行政执法资格证书。在北京市粮食安全考核小组对2020年海淀区粮食安全区长责任制考核工作中获得优秀。粮食和物资储备办公室被评为全国扶贫先进集体。

（穆升）

【消费扶贫】 年内，区商务局率先在北京市形成“1+1+1000+N”② 消费扶贫工作模式。完成消费扶贫总金额10.3亿元，比上年增长49.7%，17116户建档立卡贫困人口受益。创建北京市最大规模海淀双创分中心，创建“七星耀动•温暖同行”海淀扶贫品牌。挖掘“互联网+”消费扶贫新助力，探索推广科技创新服务消费扶贫模式，构建产供销一体的消费扶贫新模式。开展7场直播助农活动，观看人数达2600万人次。完成对口受援地区消费扶贫指标，实现7个对口支援地全部脱贫目标。区商务局被内蒙古自治区赤峰市扶贫开发办公室评为2019—2020年度脱贫攻坚先进集体。

（穆升）

【商务领域安全生产】 年内，区商务局围绕全国两会、服贸会等重要活动，对规模以上餐饮、商业零售及购物中心开展安全生产隐患排查及风险评估工作，排查企业639家。安全生产督查检查队深入898余家企业全面排查，督促企业落实安全生产主体责任，整改消防器材摆放、人员疏散通道设置、用电用气等安全隐患。通过邮箱、微信、短信等渠道发送通知、安全信息提示万余条。全区商务领域安全事故、伤亡人数实现“双零”。

（崔振）

【五道口服装市场业态调整】 年内，学院路街道、欣华农工商公司、首创数娱三方联合，对五道口服装市场进行业态调整，打造“商业+产业”最“in”（即最流行）的生态圈。五道口服装市场位于学清路38号金码大厦B座，面积1.3万平方米，年底转型为全新的数字文化产业发展空间——BOMHALL。其核心业务是时下最“in”的电子竞技、动漫、游戏领域，消费者可以观看顶级电竞赛事、购买收藏级手办潮玩、玩VR游戏。

（钟冷）

【超市发助力湖北产品】 4月13日，《人民日报》刊登《助力湖北莲藕连心》新闻稿，对超市发对接湖北滞销商品，为疫区人民排忧解难进行报道。超市发紧急采购第一批1万公斤莲藕，仅4天时间售完。年内，超市发采购多种湖北商品，包括湖北荆州小龙虾、湖北“汉口二厂汽水”等。为提升宣传效果，超市发首次携手海淀融媒体中心直播团队在超市发双榆树店举行海淀融媒助农帮扶专

---

① 即蔬菜零售、便利店（社区超市）、早餐、快递、便民维修、家政服务、美容美发、洗染等8项基本便民商业服务功能和N项选择性业态。

② 即一个联采联盟平台、一个全方位销售网络、千店扶贫联盟、N个科技创新消费扶贫新模式。

场直播，吸引300万网友打卡。

（栗洁）

【华熙LIVE·五棵松“调调街”亮相】 6月1日，北京市第二条中国特色商业街——五棵松华熙商圈扩容，华熙LIVE•五棵松“调（tiáo）调（diào）街”正式亮相。“调调街”占地面积约2万平方米，上、下两层，整个街区由约60个工业感十足的集装箱通过不规则错落改造而成，形成别具一格的商业空间，力图全面打造集潮流、艺术、文化、音乐、美食于一体的具有独特创意的主题街区。街区主打创意、网红小吃和传统小吃，云集阿甘锅盔、小蹄大作、阿芮烤鸡爪、四环冷面王等47家网红餐饮小店及潮店。华熙LIVE由华熙国际投资集团有限公司打造，由五棵松体育馆、M空间、HI-Park篮球公园、五棵松文体广场、Hi-Up、HI-ICE（规划中）冰上运动中心组成，每年举办数百场演唱会、体育赛事等活动，吸引观众数百万人次。华熙LIVE·五棵松夜市入选北京市第一批“深夜食堂”特色餐饮街区，被央视新闻“点亮一夏”报道为全国9大夜经济地标。

（钟冷　张世璞）

【“北京消费季之悦动海淀”活动】 6月6日，“北京消费季之悦动海淀”活动启动仪式在华熙LIVE·五棵松快手广场举行。启动仪式现场开设科技体验区、消费扶贫区两个区域，观众可现场体验和购买产品。“北京消费季之悦动海淀”活动以“新消费爱生活”为主题，贯穿端午节、七夕节、暑期、开学季、中秋节、国庆等重要促消费时段，持续至年底。活动按照“政府搭台、企业唱戏、全民参与”模式，以线上线下全场景布局、全业态联动、全渠道共振的方式，引导广大消费者走出家门，体验快乐消费。消费季活动主要包含启动仪式及“点亮海淀”中关村灯光秀、线上线下促消费活动、商业企业“外摆”促消费、促进汽车消费鼓励绿色出行、点亮疫情后海淀夜经济、社区消费节、科技场景应用商业、线上平台与线下商圈直播、文旅教体助力消费9大板块，并融入中关村国际美食节、海淀区消费扶贫季、商业服务业职业技能风采大赛、社区商业消费节等多项特色活动。

（钟冷）

【海淀区商业服务业职业技能风采大赛】 6月至8月，由区商务局主办，区商业联合会承办，区总工会，区妇女联合会、区融媒体中心等单位协办的第十四届海淀区商业服务业职业技能风采大赛举行。大赛以“线上云练兵、线下新商业”为口号，设置云端课堂、商业新主播竞赛、垃圾分类和国际贸易知识竞赛、安全生产、女职工专场5个部分内容。线上云端课堂开展营业员、收银员、垃圾分类、商业新主播、拿手好菜、美容美发、安全生产、国际贸易、妇联专场、商业新技术应用等线上培训课程，线下实操竞赛设置商业新主播、“拿手好菜”竞赛、垃圾分类知识竞赛、收银员竞赛、美容美发竞赛、妇联专场竞赛等活动，近万人参与。通过开展系列活动，引导企业适应新消费环境变化，提升商业服务业服务品质，加强特殊时期商业人才的培养与储备。

（孙绍锋）

【海淀品牌消费节】 6月至10月，由市商务局指导，区商务局支持，区商业联合会主办的第十六届海淀品牌消费节举行。本届消费节以“商商联动 通惠促销”为主题，以文化、科技两条主线为纵轴，以商圈发展和科技产品为横轴，彰显海淀商业发展特色。通过消费季开幕式及“点亮海淀”中关村灯光秀，帮助海淀区的企业更好地进行展示和销售，全力推动复商、复市、复产、复工；通过“智能商业+消费扶贫展”“消费扶贫活动”“‘马上清（青）西’地区百姓饮食文化节”“联动惠民消费活动”“商业服务业社区行”等主题板块，整合全区商业资源，提升海淀消费环境，拉动区域零售额提升。国庆黄金周期间，海淀区重点监测的大型商场、购物中心和连锁超市企业销售额比上年增长5.6%。

（孙绍锋）

【中关村国际美食节】 8月8日，由市商务局指导，区商务局、区文明办支持，海淀饮服协会主办，城乡购物中心协办的第十八届中关村国际美食节在城乡购物中心开幕。本届美食节是2020年北京消费季·悦动海淀分会场活动之一，持续至10月8日。全区有餐饮企业8000余家，受疫情影响较大，本届美食节有利于进一步释放消费潜力，加速促进消费人气回暖、信心回升。开幕式上，海淀饮服协会发布海淀美食汇小程序，上线致敬最美逆行者、“深夜食堂”、名店名菜、附近美食等板块，推荐宣传海淀品质餐饮；餐饮企业代表发出“倡导公勺公筷，建设文明餐桌”的倡议。美食节组委会联合稻香湖景酒店、朗

6月1日，华熙LIVE·五棵松“调调街”开街（区商务局 供图）

6月6日，“北京消费季之悦动海淀”活动启动（田峰 摄）

丽兹西山花园酒店、四季御园等餐饮企业，推出深夜食堂活动，繁荣夜间经济；在五彩城、万柳华联、新中关等商场购物中心举办国际休闲零食展、“全民吃货日”等活动；在七叶香山欧式园林会所举办第十届香山德国啤酒节活动；在基辅罗斯餐厅推出第三届俄罗斯美食节；餐饮食材博览会等。美食节期间开展美食进社区、餐饮食材博览会等活动。

（钟冷）

【IC PARK 特色商街消费季】 8月21日，IC PARK 特色商街消费季在园区喷泉广场开启。消费季包括露天电影、爆款美食优惠、科技潮玩、文艺节目等活动，提供智能仿生扑翼飞行机器人“出头鸟”、新石器 AI 无人车、华为电子产品等应用科技潮品供现场展示试玩。消费季持续至10月8日，以进一步促进海淀北部消费潜力释放，加速消费人气回暖，全力推动复商复市。

（钟冷）

【第三届上地美食嘉年华】 8月26日至9月2日，由区商务局支持、上地街道办事处主办、海淀饮服协会承办的上地欢乐季之“嗨•吃不够”第三届上地美食嘉年华在中关村软件园广场举行。参加开幕式的有区政府、区政协、区相关委办局领导，上地地区的科技企业、餐饮企业、新闻媒体的代表80余人，来自聚宝渔港、三样菜、中同家餐饮、吉川谷谷、鸿毛饺子、京嘴儿等品牌餐饮企业的美食。来自越南、土耳其、韩国及国内各省市的预包装食品在展卖区出售。

（李利）

【参展中国国际服务贸易交易会】 9月4日至9日，2020年中国国际服务贸易交易会（简称服贸会）在京举行，海淀设置文化服务板块海淀展区、“旅游＋科技”板块海淀展区、金融服务板块海淀展区、媒体融合创新技术板块海淀区融媒体中心展区4个展区。文化服务板块展区围绕数字文化产业，聚焦北京市精品游戏研发基地——中关村科学城数字文化产业园，集中体现中关村科学城北区发展战略和数字文化产业发展方向，展示海淀具有鲜明“文化科技融合”特征的数字文化产业创新成果。“旅游＋科技”板块展区，以“人生必达青春海绿意山水中关村”为主题，围绕科技赋能旅游及沉浸互动体验，打造出“线上＋线下”双展模式，体验3D重建皇家园林带来的震撼效果；北京电视塔、国家图书馆、颐和园等19家海淀文旅单位播放宣传片，推介海淀旅游资源。金融服务板块展区，以“科技助力金融，创新引领发展，努力打造国际一流的金融科技示范区”为主题，利用“触摸屏＋大屏幕”双屏互动，通过图文、动画、视频、声音等多媒体数字化形式，全面展现北京金融科技与专业服务创新示范区的建设情况和风采。海淀区融媒体中心展区围绕“引导群众服务群众”主题，以媒体融合技术和应用场景为载体，展现区级融媒体中心建设“海淀模式”“海淀经验”。6日至8日，海淀区融媒体中心携手区文旅局，在旅游专题展海淀展区直播“带货”，双清别墅环保袋、马克杯、钥匙扣、书签以及香山公园、中国国家图书馆的原创文创产品。

（钟冷）

【中关村科学城北区首届科技文化潮流节】 9月11日至14日，由海淀区融媒体中心联合实创股份公司、中关村壹号共同举办的第二届全球硬科技嘉年华暨中关村科学城北区首届科技文化潮流节举行，全国80余家硬科技知名企业参加，促进海淀夜经济繁荣。第二届全球硬科技嘉年华——北区首届科技文化潮流节以大众活动为主，打造集科技、文化、艺术、生活于一体的特色奇妙夜，形成中关村科学城北区城市节日。潮流节包括中关村科学城自动驾驶嘉年华活动、Future 市集展卖、王者荣耀现场赛、cosplay 假面巡游、大型灯光秀五大主题活动。9月11日晚，海淀融媒对北区首届科技文化潮流节进行全程直播，直播在海淀融媒的快手、微博、今日头条、百度、知乎等官方账号同步进行，直播累计观看量达340万人次。其间，上演中关村壹号园区20栋楼宇及喷泉组成的大型灯光秀。

（钟冷）

【海淀“悦界”主题街区开街】 12月30日，海淀“悦界”主题街区正式开街。“悦界”主题街区位于海淀北部永丰产业基地，占地3.5万平方米，为室外生活方式主题街区，是 E—ZIKOO 智慧谷阿尔法学园的一期产品。E—ZIKOO 智慧谷是由大悦城控股、天恒集团及西北旺联社携手打造的城市级全场景智慧应用市镇，已纳入中关村科学城北区核心规划，核心启动区共75万平方米，一期阿尔法学园规划有阿尔法之家、阿尔法学园及海淀“悦界”主题街区，构建集居住、生活、办公、商业为一体的美好生活能量场。24 小时营业不打烊，成为海淀北部夜经济新地标，满足周边科技园区、办公人群和周边社区的生活需要。

（钟冷）

对外经济贸易

【概况】 2020 年，海淀区外贸进出口总额 2754.5 亿元，比上年增长 10.1%，占北京市的比重为 11.9%。其中，进口额 1509.2 亿元，比上年下降 0.3%；出口额 1245.3 亿元，比上年增长 25.5.1%，占比 26.8%，完成年度出口任务指标（1065 亿元）的 116.9%。全年实现离岸服务外包 14.27 亿美元，比上年下降 6.4%；监测的重点企业实现服务贸易收入 53.07 亿美元，比上年增长 5.5%。新设立外商投资企业 249 家，比上年下降 31.40%；合同外资金额 49.03 亿美元，实际利用外资金额 56.60 亿美元，比上年下降 7.99%，在全市占比 40.13%，居北京市首位。

（杨换杰　周娅楠）

【服贸会成交 55 个项目】 9 月 4 日至 9 日，区商务局组织 397 家企业参加中国国际服务贸易交易会。日电、路孚特、字节跳动、旷视、爱奇艺等 50 余家企业线下参展，185 家企业线上展览。举办央视北京对话会、智慧服务峰会暨第八届软件与信息服务国际企业对接会和海淀之夜活动，推介中关村科学城营商环境。成交投资类项目 55 个，金额 9.8 亿美元，占北京交易团总额的 14.2%，位居北京市各区交易团之首。

（杨换杰）

11 月 5 日至 10 日，区商务局组织海淀企业参加第三届中国国际进口博览会（区商务局 供图）

【参加第三届中国国际进口博览会】 11 月 5 日至 10 日，区商务局组织 212 家高科技企业、医药企业、医疗机构、商业企业参加在上海举办的第三届中国国际进口博览会。海淀分团参加北京主题日活动，特聘区长助理靳晖介绍海淀“两区”建设的基本情况，推介海淀区科技创新生态，邀请企业参与海淀区“两区”建设。海淀分团完成 25 笔意向签约，签约金额 19.8 亿美元，居全市第一位。

（杨换杰）

旅游业

2021
北京海淀年鉴

综述

【概况】 2020年，海淀区文化和旅游局（简称区文旅局）以抗击新冠肺炎疫情为主线，全力推进各项重大工作任务完成。海淀区取得“三山五园”国家文物保护利用示范区创建资格。三山五园艺术中心工程开工建设，马首入藏圆明园、公共文化产品数字化供给取得新突破，全区文化和旅游市场安全稳定。海淀辖区有旅游星级饭店62家，A级旅游景区（点）18家。

海淀区文化市场综合执法大队获得中宣部等三部门颁发的第八届全国服务农民、服务基层文化建设先进集体称号；获中国服贸会北京旅游博览会文旅融合创新奖等四项大奖。

（丁宇宁）

【旅游企业疫情防控】 年内，区文旅局根据《北京市市对区旅游发展补助资金管理办法》《关于使用2020年旅游发展补助资金支持旅游企业共渡难关的通知》和《海淀区促进旅游产业发展支持办法》《海淀区关于落实北京市促防疫稳增长政策加大力度支持企业稳定发展的若干措施》，帮助旅游企事业单位应对新冠肺炎疫情、提振信心、持续发展。加强政策宣传引导，提高知晓率，做好政策解读，确保落实到位，引导企业用好政策；主要领导深入企业协调解决问题，帮助企业共渡难关；使用旅游产业资金2691万元，支持企业抗疫、产品创新转型升级、旅游公共服务设施提升类项目57个；落实市、区培训补贴、优惠贷款等各项优惠政策；为企业协调发放防疫物资7批次53268件。

（温力宏）

【促进旅游产业发展支持资金拨付完成】 5月，区文旅局依据《北京市市对区旅游发展补助资金管理办法》，分两批在“海淀区支持核心区自主创新和产业发展专项资金项目申报平台”公开征集项目，重点用于奖励企业抗疫、进行产品创新转型升级和旅游公共服务设施提升等方面，共征集67个项目。委托第三方评审机构对申报项目进行初审，对除奖励抗疫酒店和服务品质提升类项目外的其余24个项目进行专家评审、实地踏勘和投资审核外，同中关村科学城管委会、发改委、财政局、商务局、宣传部、金融办、司法局等部门进行会商沟通，使用2020年旅游产业发展引导资金，支持企业抗疫、进行产品创新转型升级和旅游公共服务设施提升等57个项目、总计2691万元。

（温力宏）

【旅游资源对口扶贫协作】 5月至12月，区文旅局联合区海淀融媒体中心，到内蒙古科右前旗那达慕节庆、河北赤城、湖北丹江口水库等地，对乡村民俗和非遗手工艺进行行进式直播，宣传推介特色文化旅游资源。邀请专家录制乡村旅游管理和非遗管理保护两场专题讲座，在线培训对口受援地区从业人员。协调区图书馆，为河北易县图书馆捐赠价值20万元的图书。

（于文艳）

【乡村旅游评定复核】 8月11日，区文旅局开展2020年海淀区乡村旅游评定复核工作。对四季青镇、苏家坨镇、上庄镇、温泉镇、西北旺镇的民俗村、民俗户、特色业态以及精品民宿项目进行全面摸底调查，建立台账，并协调公安、规自、环保、消防、市场等部门进行联合审核，组织专家进行实地评审。新评定特色业态企业2家、三星级民俗户3户，取消3家特色业态企业截至12月31日，海淀区有乡村旅游特色业态11家，三星级民俗户3户。

（温力宏）

【“一机游海淀”上线发布会】 9月8日，“一机游海淀”程序上线发布会在2020年中国服贸会旅游专题区海淀馆举办，最新“海淀网红打卡地”以及6条具有海淀特色的“漫步中关村之旅”的旅游线路同时发布。“一机游海淀”程序由中关村科学城城市大脑股份有限公司研发，具有“一站服务、一机畅游、一店购物、一键投诉、一号通用”五大亮点，运用物联网、云计算、大数据、人工智能、移动互联网等技术，整合、开发海淀丰富的文化、历史、教育、科技、自然资源，发展融合业态、升级产品供给，以手机端为载体，为游客提供权威、快捷、高效的信息发布和沟通渠道，市民和游客可尽享精准化、个性化、智能化、高端化、权威化的旅游服务。

（杨帆　钟冷）

【红色旅游景区复核】 9月22日至24日，区文旅局根据《北京市红色旅游景区（点）评定规范》，要求各景区（点）进行自评。全区12家红色旅游景区（点），对各自景区（点）进行功能、设施配备、教育与游览、综合管理四大项进行自检评分，完成自评报告。区文旅局进行审核，对不符合相关规定的项目进行整改。由市、区两级文化和旅游部门人员以及相关专家组成若干个检查组，对已开展自评的红色旅游景区集中开展实地检查。圆明园“三•一八”烈士纪念园、北京市海淀百望山森林公园、香山双清别墅、中华世纪坛、西山无名英雄纪念广场、一二•九运动纪念亭、李大钊烈士陵园、中国人民革命军事博物馆、抗战名将纪念馆、东北义园十家单位通过复核，北京艺术博物馆因景区不开放，放弃复核，救死扶伤纪念坛有待提升。

（于文艳）

【旅游经济形势分析培训工作会】 12月4日，区文旅局召开2020年海淀区前三季度旅游经济形势分析培训工作会，全区旅游景区、酒店、旅行社及其他旅游企业80余家的150人参加会议。会议邀请中国社会科学院旅游研究中心等国内和北京市的知名专家教授，聚焦新冠疫情对旅游业的影响、旅游业恢复与振兴态势等方面的内容做专题授课，就前三季度旅游经济形势与全年趋势预测进行深入研讨。旅游企业代表分享在疫情状态下怎样做好疫情防控和企业复工复产等内容。区文旅局分析全区旅游经济形势，全面了解本年度旅游经济运行状况、企业和行业经营状况，撰写三期《海淀区旅游经济形势分析》季度报告，清晰准确反映海淀区旅游业发展现状。

（温力宏）

旅游景点

【星级饭店、旅游区（点）】 2020 年，海淀区辖域共有旅游星级饭店 62 家，A 级旅游景区（点）18 家。其中，阳台山自然风景区由 AA 级旅游景区升级为 AAA 级旅游景区。

（吕言博）

【18 家 A 级旅游景区（点）名录】

1. 颐和园（AAAAA）
2. 圆明园遗址公园（AAAAA）
3. 北京植物园（AAAA）（内有曹雪芹纪念馆、卧佛寺）
4. 香山公园（AAAA）（含碧云寺）
5. 中央电视塔（AAAA）
6. 玉渊潭公园（AAAA）
7. 紫竹院公园（AAAA）
8. 凤凰岭自然风景公园（AAAA）
9. 太平洋海底世界（AAA）
10. 北京林业大学实验林场（鹫峰国家森林公园）（AAA）
11. 百望山森林公园（AAA）
12. 西山国家森林公园（AAA）
13. 北京西山大觉寺（AAA）
14. 阳台山自然风景区（AAA）
15. 皇家菜博物馆（AAA）
16. 汇通诺尔狂飚运动休闲乐园(AAA)
17. 北京龙徽葡萄酒博物馆（AAA）
18. 稻香湖公园（AA）

（吕言博）

【颐和园】 2020 年，颐和园接待中外游客 713 万人次，比上年下降 53.73%；完成国内、外事任务接待 107 批次。为游客提供非紧急救助咨询，办理游客诉求建议 384 件。开通“颐和园”线上实名预约平台，可实现身份证实名购票、分时段预约、分时间预售、实时显示余票量、港澳台和外籍游客通道五大功能。2020 年，颐和园入选 2020 年历史遗址型景区品牌 100 强榜单第二名。

活动与展陈。举办颐和园“园说Ⅱ”系列活动、“2020 京杭对话—诗画浙江文旅周”活动、自然和文化遗产日宣传活动、重阳文化活动、“12•4”国家宪法日宣传活动、国际友人环昆明湖长走活动。推出颐和园园林文化系列节目、“园说 II 文物特展”、颐和园建园 270 周年摄影展等展陈。

修复绿化工程。实施植物调整工程、水生植物管理项目、地被更新改造工程、耕织图宿根花卉改造工程、古树养护及复壮工作等修复、绿化工程。

文物修缮保护。完成画中游建筑群修缮、辇库修缮、澄怀阁修缮、水操学堂大堂原状陈列仿制、原状陈列殿堂和古建库房的虫害清消、棚壁糊饰修补、原状陈列殿堂和古建库房的熏蒸等工作。

科研项目。完成“一种西府海棠枝干新病害的鉴定及生防芽孢杆菌的筛选”“颐和园万寿山西桃花沟园林遗址综合研究”“颐和园历史植物景观研究中历史照片资料与其他资料的整理运用”“颐和园特色乡土植物大果榆的繁育养护及应用推广研究”“18—19 世纪中英皇家园林造园思想与造园艺术比较研究——以中国清漪园（颐和园）与英国邱园为例”“颐和园水域摇蚊的环境影响及防治措施效果评价”“基于雷达波的颐和园古树名木无损伤监测”7 项课题。

（王祁　邢飞　颜素）

【圆明园遗址公园】 2020 年，圆明园综合电子票务系统投入使用，实现景区实名、分时段预约购票。接待游客 335.47 万人次，门票收入 3204.28 万元，经营收入 3331 万元。圆明园官方微信公众号粉丝达 2314103 人，官方微博粉丝达 520405 人。

回收文物 29669 件。开展清代铜鎏金钟表残件、“修复 1860”第三期文物的修复工作。开展澹泊宁静遗址考古发掘，完成远瀛观、大水法遗址数字化文物数据采集工作。

完成荷花摄影作品著作权登记，完成中国商标网网上账户转移工作。与中国商标专利事务所有限公司合作开展圆明园简体、圆明造办、圆明冰窖、朕的水、圆明御泉、圆明玉泉商标的注册以及圆明园商标未来保护、使用工作。完成荷花雪糕专利权转让工作。完成 10 件原创作品，包括荷花、荷花冰棍包装（草莓、荷花、开心果、朗姆提子、玫瑰）、冰嬉图—鉴碧亭、海晏堂马首、卡通妃子、马首卡通形象的网上著作权登记。

完成释放天敌瓢虫卵卡等植物养护工作；开展水生态修复治理工作，圆明园河湖水系被评定为“2020 年度北京优美河湖”，“圆明园再生水补水浅水湖泊生态修复技术”作为附件被列入北京市水务局印发的《北京市水生态修复技术要求（试行）》。在得胜概、万方安和、风荷楼、廓然大公等地投放锦鲤 11 万尾。

举办圆明园研究高校联盟成立仪式暨首届高校研究成果展、曾宪梓雕像落成一周年纪念仪式、圆明园马首铜像划拨入藏仪式与百年梦圆——圆明园马首铜像回归展、《传家》云端文化大赏——走近圆明园“十二兽首”直播、上元云灯会、荷花主题的飞花

2020 年海淀区星级饭店、旅游区（点）统计表

表 11

旅游星级饭店	数量（家）	旅游区（点）	数量（家）
五星	10	AAAAA	2
四星	21	AAAA	6
三星	26	AAA	9
二星	5	AA	1
一星	0	A	0
合计	62	合计	18

（吕言博）

令及“七夕巧市”等活动。

2020年1月7日，北京市海淀区圆明园景区被文化和旅游部评定为国家AAAAA级旅游景区。

（胡晓薇）

【香山公园】 2020年，香山公园完成静宜园（香山）——昭庙碑亭、围廊修复工程、静宜园二十八景（二期）工程等，实施古树复壮工程和植物保护工作。承担的“香山公园古树下环境调查与共生地被筛选”“香山黄栌黄点直缘跳甲生物学特性及生物防治技术研究”课题通过验收。举办端午节、七夕节、中秋节、重阳节传统文化系列活动等，推出“线上游香山”“香山云科普小课堂”等线上活动；开展“自然笔记”线上科普互动活动、“多彩的秋叶”自然体验科普活动等。参加“公园礼物•迎新春”市属公园文创市集活动，选出四类17种文创产品参加展卖。“香山福神”获2020中国卡通形象营销大会卡通形象设计类优秀作品奖，《香山奇妙夜》项目获2020中国文创新品牌榜（文创100）暨文化产业隐形冠军企业100强。完成公园标识及双清别墅手绘景观等15个图案版权注册，完成24件到期商标续展工作。召开新闻发布会2次，各类媒体宣传报道1498篇次。协助中央电视台、北京电视台、北京人民广播电台等各主流媒体拍摄宣传。香山公园被评为全国机要密码革命传统教育基地，获第六届住建系统全国文明单位称号。中共中央北京香山革命纪念地文物保护修缮项目获“全国革命文物保护利用十佳案例”；“小猪佩奇的健身花园”获首届北京国际花园节市民花园展赛（迷你花园）作品金奖。

（王奕）

【北京植物园】 2020年，北京植物园接待游客240.57万次，在微信平台推出“植物‘云’科普”系列题材、播出“植趣不凡”系列科普微纪录片，进行在线植物展览、植物画展、植物知识等科普宣传，在《北京日报》平台北京号进行转发，在线赏花、在线科普，形成线上线下互动的科普教育新模式。园艺生活馆项目是北京市为民办实事项目，完成并挂牌。经国家人力社保部批准，设立国家级博士后科研工作站，成为公园行业第一家可招收博士后的单位。召开线上国际会议5次。北京市科委课题“园艺体验技术产品研发与应用示范”立项。12个自育小菊新品系在园内首次亮相。与系统与进化植物学国家重点实验室开展合作交流，与昌平区园林绿化局签订结对帮扶工作框架协议。

做好新冠肺炎疫情防控工作，游客实行实名预约入园；强化疫情期间客流管控，动态监测入园游客数量、在园游客数量；封闭部分场所。开展垃圾分类工作，园区产生的园林绿化垃圾全部内部消化。

10月16日，香山公园“小猪佩奇的健身花园”作品获首届北京国际花园节市民花园展赛（迷你花园）金奖（王雪涵 摄）

完成商标注册核准工作，吉祥物标通过申请2项，园标通过申请13项。获第十届中国月季展览会盆栽月季金奖2项、银奖2项、铜奖1项。北京植物园被评选为“北京园林绿化科普基地（2021—2023年）”并被授予标牌及证书；北京植物园国家海棠种质资源库正式列入第二批国家花卉种质资源库，科普中心获北京市“环保先锋集体”称号。樱桃沟获2020年首届北京网红打卡地榜单自然景区类网红打卡地称号。

（石鑫）

【玉渊潭公园】 2020年，玉渊潭公园接待游客745.61万人次。完成西南部景区（南山观樱）提升工程一期二标段工程、增彩延绿景观建设工程。栽植播种鲁冰花、百日草、羽衣甘蓝等43.6万株，节日环境布置用花8万余盆（株）。编制《北京市玉渊潭公园“十四五”时期事业发展规划纲要》《玉渊潭公园商业规划》《玉渊潭公园游乐规划》。樱花文创店重装增项开业，上新玉渊潭定名60周年邮折（限量600套），新研玉渊潭樱花系列特色文创产品：油纸伞、小团扇、丝带巾等新品11款。首次举办野生动物生态科普摄影展、“万物共生”光影艺术季活动；举办“赏民俗 庆团圆”新春文化展、“万古清光此夜圆”中秋文化展等宣传活动；增设科普牌示670余块，组织湿地导赏、自然笔记、鸟类调查等主题活动125次。全年开展各类科普活动12项132次，现场受众1.3万余人次，总受众10万余人次。探索“互联网＋科普”服务模式，协办北京市公园管理中心首届线上“云赏园林科普，共享智慧公园”科普游园会，推出“玉渊樱智会”科普小程序，满足线上线下科普需求。完成《安全生产责任制》相关评估，通过安全生产标准化复评，取得安全生产标准化证书。更新垃圾桶204个，落实垃圾分类。

（刘丹）

【百望山森林公园】 2020年，百望山森林公园接待游客116.49万人次，其中免票人数34.43万人次。门票收入 366.08 万元，比上年增长 39%。公园举办彩叶摄影作品展、雪景摄影作品展、西山永定河文化带图片展、北京林木保护资料展等展览。收集、整理 12 家单位和 20 位个人捐赠的文史资料 14321 件，其中图书文献类 2077 件、文书类 307 件、实物类 208 件、照片类 10623 件、声像类 249 件、电子类 728 件，图纸类 129 件。

实施景观提升及森林健康经营，栽植乔木等 3000 余株，补植花草 80 平方米。对近 2 年新栽种的 1282 棵白皮松和 115 棵珙桐进行抚育；对近三年新栽树木浇冻水、刷涂白剂防寒、防病虫害；对碑亭广场 4 棵国槐树安装竹板树盘保护。采取多种措施防治病虫害，释放管氏肿腿蜂 16 万头、花绒寄甲 5000 头、周氏啮小蜂 900 万头、赤眼蜂 2400 万头；悬挂桃潜叶蛾诱捕器 400 个、白蜡窄吉丁诱捕器 3 个、黄绿粘板 100 张、美国白蛾诱捕器 2 个、黄色黏虫板 2000 张；病虫害防治面积 208.8 公顷。

修订森林防火应急响应预案、编印防火指导手册 100 册、制定森林防火隔离技术实施指导手册；采取在高火险期租用无人机进行空中防控、增设 3 处瞭望点、配置高压细水雾灭火机等防火扑救设备等措施，严保森林消防安全。组织抢险队伍开展防汛演练 1 次、业务技能培训 1 次；开展排洪沟等排水设施隐患排查，排查并整改隐患 37 条、处理险情 2 次。设计安装防火标志牌等提示牌、警示牌 362 块。

碑林微信公众号发布生态文化、生态文明建设等主题文章 27 篇；百望山森林公园微信公众号发布防疫防火、百望山四季风光等文章 110 篇，公众号关注人数达 10 万余人。

（何慧敏）

【紫竹院公园】 2020 年，紫竹院公园事业收入 1813 万元，接待游客 556 万人次。举办第二十七届竹荷文化展、“紫竹问月”品牌展览、对话紫竹之“大道至简”传承艺术展等 9 期，举办插花品菊、书画临摹、科普观鸟等亲民惠民文化活动 28 场。启动“云展览”“云推介”“云课堂”模式，媒体报道 283 篇次，微博微信等发布 1450 条，总阅读量达 117.1 万人次，推动公共文化服务“不打烊”。“智游紫竹院公园”科普导览程序上线，打造诗韵文化、寻竹两条游览路线。举办“东方经典”微展系列之“美年记忆”展并开展“玩转新春”“名家春联”“雕版刷福”等春节系列文化活动。举办“爱满京城相约幸福”七夕系列活动。开展“倡导绿色生活、共建生态文明”主题宣传活动、“绿野识英”科普活动、“新年伊始，团团圆圆”编制节日花环线上科普活动以及“纸曰”中国传统技艺线上展览活动。完成服贸会展品推介、文化传播工作，利用线上直播和线下展台，展出紫竹院公园特色文创展品 6 类 15 种。十一期间举办国家级非遗京绣展示、“网红”解读中秋传统节日等 5 项主题活动。友贤山馆书房被北京市委宣传部评为“2020 年度北京市最美书店”。

（边娜）

11 月 6 日，紫竹院公园友贤山馆书房被评为“2020 年度北京市最美书店”（紫竹院公园 供图）

【西山国家森林公园】 2020 年，西山国家森林公园接待游客 145 万人。开展全国政协机关义务植树活动，栽植苗木 2600 余株。结合森林公园运营维护项目，补植各类苗木 626 株，播种甘野菊 20 千克，补植草坪 1500 平方米，补植品种月季 500 株，补植地被花卉 3 万余株。继续实施昌华景区节点景观提升工程，完成北法海寺院内水道修复 123.3 米，同步完成水池、泵井等配套设施建设。编制《牡丹管护月历》，初步鉴定牡丹品种 100 余种。开展丝绵木、肉花卫矛引种和古银杏种子实生苗繁殖工作。对公园植物进行调查及照片资料统计，搜集整理 66 个科、145 个属共计 215 种植物的图片及资料。制作 38 株林木解析木，对林木生长状况进行科学研究。

（成新新）

【团城演武厅】 2020 年，团城演武厅闭馆未开放。线上推出《刀剑魅力——中国古代刀剑文化展》《中国古代盾牌文化展》。端午节推出“端午云课堂——巧制五彩绳、香包”，中秋节推出“线上云课堂——巧制冰皮月饼”活动。推出线上中国传统弓箭文化科普活动、“顾太清眼中的七夕”线上告白活动。线上总参观人数 4.78 万人次。与志愿者、社区居民交流互动，举办“福”字的书写与文化专题讲座、开展“小小巴图鲁”之射箭文化体验活动。

（田硕苗）

【凤凰岭自然风景公园】 2020 年，景区接待游客 100 万人次，旅游总收入 1500 余万元。举办凤凰岭端午节文化活动、凤凰岭七夕节文化活动、第七届金秋山地登高节、国庆中秋非遗游园会、户外阅读活动、山地徒步大会活动、金秋健步走等活动。

（刘峥）

【阳台山自然风景区】 2020年，经海淀区旅游景区质量等级评定委员会批准，升级为国家AAA级旅游景区，接待游客约11万人次。受新冠肺炎疫情影响，未举办各类线下聚集性活动。参与苏家坨镇“赴四季之约·乐游苏家坨”主题打卡活动，参与大西山旅游网智慧旅游线上游览拍摄。完成阳台山自然风景区标识及延展设计。

（魏敬）

【北京稻香湖景酒店】 2020年，北京稻香湖景酒店以文化为引领，文商旅融合发展为战略方向，构建住宿、餐饮、会议、婚庆、亲子、文化、体育等板块，打造稻香湖国际旅游休闲度假区。围绕客户“全生命周期”开发设计新产品、新服务，全力打造成为区域性文旅融合发展的网红打卡地。酒店湖景喜事婚事品牌稻香湖景酒店蝉联2020中国秋季婚博会十连冠，连续排名中国酒店婚博会星级酒店签单第一名，销售额同比增长104%。全年实现营业额1.36亿元。随着疫情变化情况，不断完善和调整园区防控措施，用餐模式丰富多样，推行公勺公筷，让客人“放心吃”；实施“安心住”，严格按照防疫工作政策指引，随时调控入店检测要求，确保“健康行”。五、六、七号楼客房作为海淀区抗疫医务人员的休养场所，酒店全力做好服务保障工作。荣获北京市消费协会诚信服务承诺单位、中国饭店协会2020年饭店业会议宴会接待服务创新奖、中国饭店协会2020放心示范餐厅、中国饭店协会2020年中国酒店品质服务TOP100、海淀区妇女联合会三八红旗集体、海淀区饮服行业协会优秀管理者奖等多项称号。

（李静磊）

【海淀公园】 2020年，海淀公园开展新冠肺炎疫情防控、科技公园建设与运维、垃圾分类管理、义务植树基地建设、提升公园景观、打造园林文化品牌等工作，接待游客143万人次。举办中关村论坛午餐交流会、百姓周末大舞台等市、区级活动8个，其中百姓周末大舞台演出60场，观众约1.5万人次。制定疫情防控工作方案和大客流应急预案，暂停密闭场所“未来空间”展厅参观接待和“无人驾驶小巴车”乘坐体验。门区安装人脸识别测温仪，每日对重点区域进行两次消毒，确保疫情防控措施落实到位。科技主题公园项目各项建设工作全部建成并投入使用，科技体验项目全面提升；接待单位、组织16个。完成区政府重点督办事项，支持北京城市副中心办公区、城市绿心森林公园科技建设。建成海淀区“互联网+全民义务植树”（海淀公园）基地。完成节日花卉布置、全园病虫害防治、杨柳飞絮综合防治等绿化养护工作。完成“中关村论坛冷餐会”重大活动保障及小型活动设施保障65次。全面落实安全生产主体责任，例行安全检查14次，重大活动和节日安全专项检查8次；对全体员工进行安全生产、消防知识和防疫常识等内容培训14次；举行消防演练2次、安全疏散演练3次。全面推行垃圾分类工作，设置垃圾暂存点1处、四类垃圾桶站点5处、规范分类标志牌240个、分类指导牌5个。

（赵晨轩）

【翠湖国家城市湿地公园】 2020年，翠湖国家城市湿地公园（简称翠湖湿地公园）审核通过个人预约游客10233人，实际入园8796人。完成重要调研接待13批次、279人，完成其他参观接待167批次、1391人。翠湖湿地公园管理处多措并举做好疫情防控和复工复产。管理处党员干部到东小营小区完成141天社区疫情防控值守工作。开展线上、线下科普活动15次，承办中国科普作家协会生态科普云沙龙活动。启动2020年翠湖湿地环志鸟类迁徙及疫病研究项目，完成秋季鸟类环志工作，共环志2007只次鸟类，分属于6目19科50种，新环志到绿头鸭、淡脚柳莺、暗绿柳莺。通过设置树木围环、悬挂诱捕器、释放天敌等方式防控病虫害，救助鸟类27只，救助野生动物75只，协助市野生动物救护中心等单位完成公园野生动物保护情况与疫源疫病监测工作。发布“翠湖国家城市湿地公园”微信公众号文章28篇，发布“翠湖科普”微信公众号文章46篇，传递专业科普知识信息。协助北京电视台完成北京生态文化周录制与采访工作，协助国家开放大学录制《五分钟课堂》《鸟类环志》教学影片，提升翠湖湿地公园影响力。

（叶正茂）

【北京石刻艺术博物馆】 2020年，北京石刻艺术博物馆接待观众91025人次，门票收入104.28万元。受新冠肺炎疫情影响，1月24日至4月30日闭馆，5月1日恢复开放。完成北京真觉寺金刚宝座塔座顶面排水防渗工程、金刚宝座激光三维测绘项目、石刻馆两棵古银杏树（一级古树）保护与维护（一期）工程项目。与北京科技大学合作，完成北京市文物局课题“石墨烯增强纳米材料在石质文物保护中的应用研究”并通过专家验收。完成中南海内乾隆御制《题瀛台流杯亭瀑布水》刻石的保护，并通过验收。举办第八届“端午文化嘉年华”，推出《诗情画意谈端午——端午民俗展》。与北京大学校友书画协会、亭林印社联合举办《金石为谊——北大校友书画协会·亭林印社篆刻交流展》。主办“博物馆之城建设初探论坛——博物馆之城建设谋划思享汇”研讨会。举办“金石大讲堂”等讲座5次，开展网络直播9次，受众560余万人次。

（郭豹）

【北京西山大觉寺】 2020年，北京西山大觉寺（简称大觉寺）举办《中国传统民俗展——腊八节》《端午节文化展》《中秋文化展》3项传统节日展览以及《西山银杏文化展》，推出《大觉寺历史文化展》固定展览和《乾隆皇帝与大觉寺》临时展览。直播《寻幽古刹——探访乾隆与大觉寺》，累计观看13万人次。《大觉寺·云赏花》阅读量达到2584，云赏花图片点击量达55万人次。大觉寺微博平台发布或转发内容148条，进行直播18次。微信公众号“大觉寺文化”推送专栏文章29期。协助举办“千里共婵娟北京—巴黎赏月雅集”活动，联合中央广播电视总台“央视频”平台，以“满园秋日关不住”为主题，举办专场在线直播互动活动，14.27万余人次观看。联合海淀区和平小学开展校外拓展活动。接受中国农业博物馆研究员贾文忠捐赠的个人藏书和大觉寺原弥勒造像微缩复制品。完成大觉寺AAA景区质量等级复核工作。完成“大觉寺及周边红色史迹调研”课题。开展古树复壮及绿化养护项目。启动安技防项目改造提升工作。受新冠肺炎疫情影响，1月24日至4月30日闭馆，社教宣传工作以线上直播为主。在预约开放的9个月时间，参观人数较2019年同期增加22446人次，增长18.7%；门票收入增加10.4万元，增长5.7%。门票收入比上年减少87.7万元。

（张蕴芬）

【鹫峰国家森林公园】 2020年，北京鹫峰国家森林公园全年接待游客3.12万人次，门票收入28万元。由北京市大学生体育协会主办、北京林业大学承办的“首都高等学校第十七届越野攀登赛”在公园举行。鹫峰国家森林公园是国家AAA级旅游景区和全国青少年科普活动基地，位于北京西部大西山风景区中部，占地1.2万余亩（765.2公顷）。园内最高峰海拔1153米，鹫峰主峰海拔465米，森林植被覆盖率高达96.5%，有陆地植物121科447属955种（包括变种、引种），昆虫种类14目122科539种。公园划分为以林海景观和较高质量的人文古迹为基础的鹫峰中心区、以奇石地貌和木本观花（叶、果）植物为构景主体寨儿峪谷壑区、具有高山落叶松林和高山草甸景观的萝芭地山顶区三大景区。以登山健身、休闲度假、会议培训和科普拓展为一体的生态旅游格局。

（乔永）

【北京龙徽葡萄酒博物馆】 2020年，北京龙徽酿酒有限公司在北京市疏解非首都核心功能的背景下，将原有劳动密集型的生产功能迁移至河北怀来，留下的老旧工业厂房转型升级。2018年，龙徽1910文化创意产业园项目正式启动，总占地约100亩，建筑面积约5万平方米，由北京一轻控股和北京海淀国投共同建设运营。龙徽1910文化创意产业园区定位为“一个街区、两个中心”，即文化与科技融合示范街区、国际葡萄酒文化传播中心和科技商务交往交流中心，重点引入数字文化、公共艺术、文创商业等相关业态。园区规划建设文创商业综合体、拱廊街文创市集、酿酒大师公共艺术馆、国际葡萄酒文化博物馆、二次元共享办公空间、品质企业独栋总部等文创空间。龙徽1910酒文化创意产业园初具规模。

（李婧）

旅游设施建设

【颐和园服务设施新增及维修】 年内，颐和园新增设新冠肺炎疫情防控类、票务服务类、节日临时类牌示共计2300余块、节日礼宾杆60对。更新牌示展架50个、防滑条2200余延米、轮椅31把、山体区域路椅120把。油饰锈、蚀护栏1300余延米、警戒线800余延米。维修牌示6处、无障碍坡道23处；改造迁移电子屏线路100延米；广播巡检维保25次，电子巡检维保20次。

（朱亦丹）

【百望山森林公园基础设施维修改造】 年内，百望山森林公园完成望乡亭和友谊亭防雷设施改造；在东门出口处安装电动伸缩门；在两个门区停车场安装无障碍线路图说明牌，修整北区停车场地面，铺设透水砖58平方米；在2号路桃花源景点安装竹木亭一座；在2号路东南侧入口处新砌护坡墙长25.8米；修复2号路石质护坡、3号路土质护坡以及路肩护坡；修补游览步道路面620平方米；对曲径烟深木栈道进行维修加固，维修护栏110延米、对木栈道平台刷桐油养护、木栈道钢结构除锈刷漆养护。

（何慧敏）

【百望山森林公园蓄水池修建】 年内，百望山森林公园在黑山头、友谊亭、望乡亭及圣母院区域修建4座蓄水池，总蓄水量444立方米，蓄水池用于收集道路径流。建两处泵站，铺设输水管线1658米，将道路积水输送至蓄水池，削减雨季洪峰流量，缓解城市防洪压力，同时为公园提供消防应急、林木灌溉以及野生动物和鸟类饮用水源。

（何慧敏）

【凤凰岭景区旅游厕所改造提升】 年内，完成凤凰岭景区南线入口厕所及明德茶苑南侧公共活动区厕所改造项目。在凤凰岭景区南线入口卫生间增设家庭卫生间、改造取暖设施及无障碍坡道等。在明德茶苑南侧公共活动区改造厕所一处，增加厕位，改善如厕环境，完善公共如厕需求。完成市文化和旅游局下达的2020年完成“旅游厕所改造2座，家庭卫生间1座”的指标任务。

（蔡民　刘峥）

【凤凰岭景区青少年户外活动基地】 2月，凤凰岭景区在景区内森林派出所北侧修建一个集休闲娱乐、文化教育、自然体验于一体的青少年户外活动基地。至年底，完成土地平整、水电路改造等相关的配套设施，建设面积约3000平方米，完成总工程量的70%。

（刘峥）

【香山公园索道运营】 5月13日，国家索检中心对香山索道进行检测。完成索道单边重载、抱索器防滑力、脱索实验、防断轴实验以及主、辅、紧急驱动转换等180项内容检测。6月2日，香山索道投入运行营业。12月14日，公园索道停止运行，进行冬季检修维护。索道运营175天、1586小时，服务游客35.52万人次。

（任艳　夏芳）

【紫竹院公园筠石苑景区景观提升工程】 5月29日竣工，6月3日通过北京市园林绿化局质监站竣工验收。

�石苑景区景观提升工程主要包括景点提升、园路及广场、水系调整、植物景观提升、电力、给排水、照明、小品设施和导览系统等配套设施改造。种植面积为29845平方米，铺装面积为8368平方米，构筑物面积334平方米。工程于2018年6月20日完成财政评审，10月26日开工。

（尹淑春）

【阳台山南线道路提升项目】 5月竣工，通过验收并投入使用。阳台山南线道路位于大水洞售票处东500米，南线道路自底到上直线距离1500米，施工内容包括道路整体修葺、建设护栏增加路灯、建设13个监控摄像头、增设中途休息区及三处景观、增加座椅20把、垃圾桶10个。项目于2019年5月开工。

（魏敬）

【玉渊潭公园南山观樱提升工程一期二标段工程】 6月24日，工程完成竣工验收。工程共整理绿化用地2.23万平方米，种植樱花等植物万余株，搭建木平台、木栈道、监控等设备设施。景区改造后延续公园樱花特色，开辟“山地观樱”新模式，丰富水岸樱花观景线；利用山体绿地，增加夏花为主的植物种类及地被，拓展游览空间，有效疏导集中在北部樱花园的游客。工程于2019年5月20日开工。

（刘东骏）

【凤凰岭景区安全防护网维修项目】 6月竣工。工程于5月开工，对北线主干道安全防护网进行改造和维护，包含景区防护网基础修建、老旧破损严重防护网更换和维护。

（刘峥）

【团城演武厅电器火灾监控系统改造】 7月27日至9月19日，团城演武厅实施电器火灾监控系统改造项目。项目对17个配电箱及新建电器火灾用电监管平台进行全面升级改造，更换177个断路器为智能断路器，新建电源及防浪涌模组等。

（田硕苗）

【紫竹院公园景区旅游厕所等级评定】 7月30日，市文旅局景区旅游厕所等级评定专项检查组开展景区旅游厕所等级评定工作。对紫竹院公园11个厕所外观与环境、男女分区的厕位比率、厕所保洁工具配置、厕所管线、无障碍厕位与家庭卫生间建设等方面进行等级评定，给予评定等级，陆续完成挂牌。

（史慧娟）

11月15日，团城演武厅道路修缮后面貌（田硕苗 摄）

【团城演武厅道路改造】 8月1日至12月底，团城演武厅实施道路改造项目。项目改造内容包括对博物馆内道路进行全面改造，将破损严重的石板路、水泥路更换为花岗岩道路；改造工程细划观众参观、消防通道等路线，在星级厕所南侧开辟广场，可满足到馆参观观众集合停车等需求；规划人车路线管理，提升博物馆的安全系数及车辆进出效率。

（田硕苗）

【凤凰岭景区中线休憩长亭改造】 8月竣工。工程于5月开工，对中线明德茶苑公共服务区的休憩长亭进行结构加固，对原防腐木进行保养维护等，改造面积120平方米。

（刘峥）

【凤凰岭景区南线入口卫生间改造】 8月竣工。项目于6月开工，对南线入口卫生间进行改造，增设家庭卫生间，改造取暖设施及无障碍坡道等。

（刘峥）

【凤凰岭景区白塔水库观景长廊升级改造】 8月竣工。工程于6月开工，对损坏严重的白塔水库观景木长廊栈道进行维修改造，包括白塔水库本体栈道及周边廊道进行维修改造，面积约230平方米。

（刘峥）

【颐和园2处厕所改造】 9月23日，工程通过竣工验收。工程于5月22日开工。仁寿殿厕所位于仁寿殿西侧、德和园南侧，改造建筑面积87平方米，更新提升智能坐便器2个，更换改造蹲便16个、小便池7个、洗手池6个，设置3处无障碍厕卫。东宫门外厕所改造建筑面积49平方米，更新提升智能坐便器4个，更换改造蹲便9个、小便池4个、洗手池3个，设置2处无障碍厕卫，1处家庭式第三卫生间。两处厕所均新增VRV空调新风循环系统，从隔断板厕卫标识，厕卫门把手及挂衣钩等均融入颐和园特色元素。

（常耘硕）

【玉渊潭公园增彩延绿景观建设工程】 9月29日，工程完成竣工验收。工程于5月8日开工，重点对万柳堂东侧1.1公顷绿地植物进行梳理，开辟小型水面，建设遐观亭、漱玉亭等新景观，新栽樱花等植物百余株。结合原有银杏、丽红元宝枫秋色叶树种，突出春、秋两季景观效果，与西侧湿地园水系和东侧芝径园相呼应，进一步丰富公园东北部整体绿化景观，提升游园体验。

（刘东骏）

6月24日，玉渊潭公园南山观樱景区开放（玉渊潭公园 供图）

【卧佛寺保护性修缮】 10月1日，工程完工并重新开放，市民游客可通过畅游公园购票平台预约参观。工程于6月11日开工，进行屋面修缮。经国家文物局审批，对卧佛寺内山门殿、藏经楼等14个文物建筑屋面进行保护性修缮，主要内容包括局部挑顶、更换糟朽瓦口等。

（石鑫）

【紫竹院公园问月楼文化展示中心试运营】 10月1日，紫竹院公园问月楼文化展示中心完成改造修缮，向市民开放试运营。问月楼文化展示中心位于紫竹院公园大湖东岸、明月岛西侧，是北京市重要民生实事项目，是高档餐饮转型为集文化艺术展示教育、文创产品展览展卖等多种功能复合一体的文化展示平台。全新开放的问月楼分为文化艺术功能区、观景休闲功能区，建筑面积780平方米。推出“紫竹问月——当代名家画展”；举办“为时代而剪，为生命而歌——中国传统文化与民间剪纸艺术”专题讲座；举行《读诗与远方品书香生活》大型诗词文化系列活动开幕式，在央广网艺直播及新浪微博等平台开展线上直播活动。

（边娜）

【团城演武厅市政自来水给水接入工程】 10月5日至11月4日，团城演武厅实施市政自来水给水接入工程，重新铺设自来水管线，对自来水管网进行改造，全面提升供水保障能力，结束馆内30余年来没有自来水的现状。

（田硕苗）

【凤凰岭景区文物安防系统建设】 10月竣工。项目内容包括对景区内的7处区级文物和9处区级普查项目文物及周边重要点位增设物理围栏、监控系统。项目于2019年开工，当年完成90%的工程量。

（刘峥）

【金刚宝座塔座顶面排水防渗工程】 11月7日，工程通过竣工验收。真觉寺金刚宝座（五塔寺塔）是国务院1961年公布的第一批全国重点文物保护单位。工程于6月15日开工，北京石刻艺术博物馆组织专家进行论证，由中国文化遗产研究院进行施工方案设计并报国家文物局批准，申请财政资金240.83万元，由北京市文物古建工程公司施工。工程通过去除失效防水层，重新涂刷防水层，改进排水通道，夯筑保护层并铺墁传统黏土砖，彻底消除塔顶失效防水层对金刚宝座造成的危害。

（郭豹）

【大觉寺安技防项目通过验收】 11月11日，项目通过竣工验收。项目于7月启动，安技防项目新系统主要包含视频监控系统、门禁系统、入侵报警系统和周界报警系统，采用人防与技防相结合的方式，消除安全死角，实施全方位监控。

（张蕴芬）

【玉渊潭公园樱花商店重装开业】 12月10日，玉渊潭公园樱花商店重装增项开业。樱花商店位于公园西北部樱花园内，面积100平方米，由图书、文具、旅游纪念、白瓷等4个功能区构成，集合“小樱”IP形象系列、我们的节日系列、联名系列等商品逾千件。此次开业上新玉渊潭定名60周年邮折（限量600套）和自研玉渊潭樱花系列特色文创新品11款。公园设置宣传道旗、公告牌示等60处，并采取微信、抖音等线上宣传方式，加大品牌宣传力度。

（李倩）

旅游活动

【“美年记忆玩转新春”文化活动】 1月10日至23日，紫竹院公园、国家图书馆联合举办“美年记忆玩转新春”文化活动。活动分为“美年记忆”年俗展、微庙会、少儿主题展览及互动三个部分，分别在友贤山馆、中心地带商业区茶点部、澄碧山房举行。邀请北京山水民乐艺术团和“老北京叫卖”非物质文化遗产传承人进行演出，接待游客约10万人次。

（蔡澍光）

【“颐和讲堂”新闻发布会暨讲堂第一讲】 1月12日，颐和园与北京颐和园学会共同举办“颐和讲堂”新闻发布会暨讲堂第一讲。颐和园与文物出版社联合举办文化研究成果展，展出《园说——北京古典名园文物珍萃》《名园旧影——颐和园老照片精粹》《名园记胜——颐和园民国时期诗文选粹》《中国古典园林建筑研究与保护学术论文集》《颐和园》《颐和园日历•2020（二十四节气）》共6本颐和园文化研究成果。第1讲主讲嘉宾为北京市公园管理中心副主任张亚红，讲座内容以城市与园林关系为切入点，结合“园说——北京古典名园文物展”，讲述历史名园的文化内涵，介绍2020年北京古典园林展览内容。现场观众100余人，颐和园官方微博线上观众数千人。在“园说Ⅱ——颐和园建园270周年文物特展”展览期间，“颐和讲堂”联手中国园林博物馆园林文化大讲堂，邀请业内名家学者为广大园林文化爱好者带来精彩的专题讲座。自1月12日至12月12日，“颐和讲堂”共举办7期公益性讲座，讲座现场及颐和园官方微博、北京颐和园学会官方微博线上听众共3.8万余人次。

（张巍）

【玉渊潭公园新春文化展】 1月17日至24日，玉渊潭公园举办“赏民俗庆团圆”新春文化展，同时开展新春雅集活动。活动中，游客可品年俗、赏春联、迎百福，欣赏中正平和、宁静古朴的古琴演奏，共庆新春佳节。

（杨亮）

【《我在颐和园等你》播出】 3月15日至8月7日，《我在颐和园等你》节目在颐和园完成拍摄工作。该节目由颐和园、北京广播电视台联合制作出品，共10集，主要内容是明星嘉宾在不同游园线路中完成互动任务，回顾颐和园建成史，呈现颐和园历史文化。10期节目在北京卫视播出，蝉联同时段文化类综艺TOP1，蝉联同时段文化类综艺TOP1，占微博热播榜文化综艺TOP1，爱奇艺飙升榜TOP2，热搜超60次，微博热搜29次，主题话题阅读量近20亿，讨论超800万，衍生生活讨论量近50亿。

（朱奕丹）

【红色香山线上“云课堂”】 3月25日，香山公园推出“线上游香山——红色香山专栏”，通过“红色历史大事记”“红色故事我来讲”“红色景点带您游”“红色展品带您看”等板块，向游客介绍香山的红色历史和革命纪念地情况。4月5日，香山公园在官方微信平台推出“缅怀先辈情思华夏”线上“云课堂”，让游客了解香山革命纪念地旧址和碧云寺孙中山纪念堂的历史。

（任艳）

【科普游园会】 6月5日，由北京市公园管理中心主办、玉渊潭公园承办的2020年科普游园会在“科普公园”微信公众平台正式上线。活动主题为“云赏园林科普 共享智慧公园”，面向大众展现“一园一品”科普品牌优秀成果和特色科普资源，涵盖科普视频、科普文章、科普答题及园景绘画等形式。参与者可通过看•神奇园林、听•园林声音、品•园林故事、绘•异彩园林、讲•园林科技、园林大闯关、共享云导览七大版块，感受园林魅力，了解园林文化，学习园林知识。玉渊潭公园展播樱花、湿地鸟类、湿地科普、鲁冰花科普4部视频，科普文章4篇，将樱花小湖、知鱼榭、玉渊亭等经典景观照片与绘画在线上与公众分享互动。

（梁莹）

【凤凰岭端午节文化活动】 6月25日，凤凰岭景区举办“和满京城奋进九州”——凤凰岭端午节文化活动。活动以端午节文化为主线，开展端午文化“云”上小课堂、“云游”凤凰岭、端午节文化展示、端午节文化体验等内容。参加人数达6000余人次。

（刘峥）

【香山公园传统文化系列活动】 6月25日至27日，香山公园举办主题为“和满京城奋进九州”的端午节线上活动。布置橱窗3块、拍照板4组、道旗80面，环境视觉亮点沿用香山福神IP“福婆婆和寿公公”。体验活动均通过拍摄视频发布到网络平台，视频内容分为“香山花之香”“香山茶之香”“香山药之香”“端午香山诗会”。推出4款草药香囊，传播“佩香囊、避五毒”的传统文化。视频转发量500余次，观看视频人数2000余人。10月1日，在小南园美学艺术馆（碧云寺跨院），以“秋花朝月夕”为主题，邀请古典插花老师，讲述古典插花知识，选取中秋时节特色花卉，参与者现场完成插花作品。在北门柿子林广场举办“创意灯笼浓情中秋——制作红叶满月灯”亲子活动，25组家庭以香山黄栌叶、红枫叶和其他特色植物为原材料，制作独特的红叶满月灯。10月25日，举办以“孝满京城德润人心”为主题的重阳节活动举办，邀请民乐、戏曲、合唱等知名艺术家与60名文明引导员、公园老干部、志愿者等老年朋友和社会劳动者共度佳节；开展老年健康保健咨询、老年人保护法律咨询、为老人书写福字等活动，近400名游客参与，书写福字300余张。松林餐厅为用餐的老年游客送出糕点50份，文创店为游客赠送香山文创香囊等小礼品300份。

（张寅子）

【“新古典生活”直播活动】 6月至7月，颐和园、北京颐和园学会、中国公园协会公园管理专业委员会与《时尚旅游》杂志合作推出以守护非物质

10月25日，香山公园开展重阳节传统文化系列活动（张寅子 摄）

文化遗产、弘扬中国传统文化为主题的全媒体内容IP“新古典生活”活动。其中，组织“文化和自然遗产日”《老手艺遇见酷灵魂》、“时尚生活节”两场直播活动，介绍清朝宫廷礼仪和端午文化，推广端午粽子、菜百首饰、口红等文创产品，19位明星及相关专家参与直播或进行联动文化推广，邀请多位非遗传承人在直播中讲述非遗故事，与微博直播台和一直播合作，一直播时尚旅游NGT、时尚健康、时尚家居和微博直播时尚旅游NGT、时尚健康、时尚家居、座驾car、四号联播等浏览量共计近千万，话题总阅读量超过1553.4万，10小时持续热搜。

（杨华）

【第二十七届竹荷文化展】 7月17日至8月16日，紫竹院公园举办以“荷风送香气，竹露滴清音”为主题的第二十七届竹荷文化展。同时举办别样识竹、科普课堂、线上展览等一系列线上活动，在园内悬挂竖旗40对，文化宣传展板20余块，别样识竹二维码宣传展板1块。利用微信公众号、微博等方式开展线上竹荷文化活动2次，举办线上音乐会1次。共接待游客51.88万人次。

（史慧娟）

【野生动物生态科普摄影展】 8月10日，野生动物生态科普摄影展在玉渊潭公园东湖北岸千米樱堤生态科普展廊举行。本次科普摄影展以“情系玉渊 和谐共生”为主题，由中国野生动物保护协会、玉渊潭公园和自然影像中国共同主办，飞羽视界文化传媒承办。展览分为潭有玉鸳、苇丛有家、林间美羽、荷塘小翠、金枝玉燕、空中霸主、秘野仙踪七个版块，汇集摄影作品200余幅，其中包含玉渊潭公园的野生动物80余种。摄影展持续至2021年3月15日。

（梁堂）

【“万物共生”光影艺术季活动】 8月20日至12月25日，玉渊潭公园举办“万物共生”光影艺术季活动。公园联合歌华集团，打造全国首个城市公园景观户外沉浸式光影艺术体验空间，成为新晋网红打卡地，在大众点评多个榜单排名第一，累计接待游客5.2万人次。公园联合首农集团，在活动外围广场开设商业服务摊位，向游客集中展示公园8类29种自研文创产品以及首农集团旗下的10大品牌商品，满足游客夜间游园购物需求，为首都夜间经济再添新亮点。

（董璐璐）

【凤凰岭七夕节文化活动举办】 8月22日至25日，凤凰岭景区举办“爱满京城相约幸福”——凤凰岭七夕节文化活动。开展赏浪漫花海、七夕说爱语、打卡爱情林、品七夕茶、登高表白等丰富浪漫的七夕文化互动环节。参加人数达8000余人次。

（刘峥）

【七夕主题文化周活动】 8月22日至27日，香山公园举办主题为“爱满京城相约幸福”的七夕节游园活动周。园内布置七夕道旗80组、趣味拍照板4组、玻璃钢雕塑4个、橱窗3块。其间举办三项手工制作互动体验活动：在勤政殿、致远斋、见心斋等景区开展“全民来刺绣”活动，摆放香山特色七夕节“福奶奶寿公公”戳戳绣和针线若干，游客可按照画作纹路开展刺绣，参与人数近500人；亲子类“簪花烂漫时”手工头饰制作，增加儿童手工制作能力，认识和了解香山的金莲花典故，23组家庭参加；“七夕手鞠传情”传统手鞠球绣制，26人参加。

（张寅子）

【“北京科技周”暨“爱绿一起”暑期线上活动】 8月23日至29日，北京植物园通过线上科普课堂及有奖答题两种方式，组织开展“寻子遗赏名木”有奖答题、“自然礼物——纸艺荷花制作”线上课堂、“自然礼物——长翅膀的果实”线上课堂等活动，为公众普及中国特有植物知识，2548人参与。

（石鑫）

【参展服贸会旅游专题展】 9月5日至9日，2020年中国服务贸易交易会在京举行。作为服贸会重要专业板块之一的旅游专题展，区文旅局承担海淀展区的参展工作和北京市“旅游+科技”主题板块的展示任务。海淀展区以“人生必达青春海绿意山水中关村”为主题，设立“海淀礼物”旅游商品展陈墙，精选国家图书馆、香山公园、圆明园等单位的系列文创精品，设立扫码线上购买；组织三场现场“带货直播”，在多平台同步直播促销区域景区、旅行社、酒店等企业的旅游产品，总观看量达到687万次。其间，10余家各级媒体参访海淀展区，新闻报道20余次；微博话题：#沉浸式体验重建圆明园#登上微博热搜榜，吸引千万网友。海淀展区获服贸会旅游专题展组委会颁发的最佳组织奖、文旅融合创新奖、最佳创意奖和最佳人气奖四个奖项。

（于文艳）

【北京植物园参展服贸会】 9月5日至9日，北京植物园文创产品亮相2020年中国国际服务贸易交易会。中国国际服务贸易交易会根据疫情防控需要和数字展览发展趋势，采取线上线下结合的方式。北京植物园5件展品在线下固定展区参展，分别为“梅花九九消寒图”套装、红楼十二钗填色套装、“占花名”红楼酒令、2020年《红楼梦日历》（雅居版）、蔷薇真花耳环；参加线上服贸会公园礼物直播间活动，对公园文化及文创产品进行深度解读，植物园文创产品在云展台上架展示。

（石鑫）

【第七届金秋山地登高节】 9月15日至11月15日，由凤凰岭景区主办的第七届金秋山地登高节在凤凰岭景区举行。登高节包括登高赏叶、国庆中秋非遗游园会、金婚公益活动、凤凰岭山地徒步大会、特色徒步线路行、品茗赏秋等文化休闲活动。参加人数达12万人次。

（刘峥）

【2020京杭对话——诗画浙江文旅周】 9月23日至25日，颐和园在八方亭区域与浙江省文化和旅游厅，浙江省文化和旅游宣传推广信息中心、浙江各市文化和旅游局、中国新闻社浙江分社、北京市文化和旅游局、

北京市公园管理中心联合举办2020中国大运河文化带京杭对话活动的重要活动——诗画浙江文旅周（杭州日）暨2020浙江（北京）旅游交易会活动。在开幕式上，举办杭州市迎国庆暨秋季“四新”文旅产品发布仪式、西湖女子巡逻队亮相仪式，发布浙江旅游消费券。活动现场设有浙江11个县市文旅特色展台，浙江杭州十一个地市文旅系统展示龙泉青瓷、泰顺木偶等非遗传统技艺，展示浙江各地的风土人情。北京市委宣传部、浙江省委宣传部、杭州市委宣传部有关领导，北京市公园管理中心、颐和园等单位负责人参加开幕式。

（朱奕丹）

9月5日，颐和园参加2020中国服贸会旅游专题展作品（颐和园 供图）

【颐和园“园说Ⅱ”系列活动】 9月25日，颐和园和《北京青年报》联合推出云直播：“见所未见”穿越270年——云游“园说Ⅱ——颐和园文物特展”，以网络在线的形式展现颐和园从皇家禁苑到人民公园的历史变迁，当日观看量为95万。同日，配合“园说II”展览开幕式活动，在中国园林博物馆展览大厅开展耕织图石刻拓印和龙纹梅瓶装饰画制作两项科普活动。9月25日至12月27日，北京市公园管理中心主办、颐和园和中国园林博物馆承办，故宫博物院、中国国家博物馆、国家图书馆、沈阳故宫博物院等9家单位协办的“园说Ⅱ——颐和园建园270周年文物特展”在中国园林博物馆举行。展览分为“山称万寿水清漪”“无双风月属昆明”“中间宫殿排云起”和“观鱼胜过富春江”四部分，甄选展品398件/套，以颐和园发展变迁为脉络，多角度、深层次、系统性展示颐和园270年间，在北京城市建设和历史变迁中具有的水利、农业、军事、宫廷文化、政治、外交等方面的社会功能和价值。9月25日至12月31日，在东堤沿线开展园博馆“园说II”推介展，制作展板20块。9月30日，与《北京日报》新媒体客户端合作，推出“园说Ⅱ颐和园建园270周年文物特展”，展览设置“山称万寿水清漪”“无双风月属昆明”“中间宫殿排云起”“观鱼胜过富春江”四个篇章，新浪微博、抖音、快手、优酷等直播平台同步播出，当日观看量达133.9万。9月至12月，举办6期“园说II文物特展”专题讲座，主题分别为“园说II——颐和园建园270周年文物展览”筹备工作，“长河连昆明，水脉润京城：昆明湖与大运河的渊源”，以世界遗产视角下的颐和园，中国园林之冠——颐和园之园林艺术浅析，清帝园居理政研究——以清漪园为中心，昆明湖水及其风景的由来与演变。六期讲座现场观众800余人，颐和园和北京颐和园学会的官方微博、直播及讲座视频总播放量近38万余次。

（张梦研　张利芳　颜素）

【首届“绿美京华”主题摄影展】 9月25日至11月1日，首届“绿美京华”主题摄影展在北京植物园举行。在中轴路展出摄影爱好者摄影作品200幅，作品从全民义务植树、城市风貌、风景园林、野生动植物及人与自然和谐共生等不同角度，展现北京市的绿化成果。活动由北京绿化基金会、北京摄影爱好者协会、北京市园林绿化局宣传中心主办，北京市公园绿地协会协办，北京植物园承办。

（石鑫）

【第二十八届市花展】 9月26日至11月1日，北京植物园第二十八届市花展开幕。本届花展以“传递美好•引领健康生活”为主题，展出以菊花、月季为主的各类花卉30万株。花展分为市花展核心展区、独本菊展区以及月季园展区三大展区。以科普馆周边7000平方米“菊满梯田”为核心区域，设置立体花坛2座、花带3条，布置精品独本菊长廊1处，展示180个品种的精品独本菊。市花展期间，植物园热带展览温室内举办珍稀植物展、盆景园内举办北方作品秋季盆景展、中轴路沿线举办摄影展首届“绿美京华”主题摄影展等活动。

（石鑫）

【“万古清光此夜圆”中秋文化展】 10月1日（中秋节），玉渊潭公园举办“万古清光此夜圆”中秋文化展。展览设置佳期圣赏百代芸香、秋日况味名家经典、素秋千顷玉做人间、丹青映月翰墨流芳四个版块，向游客展示传统节日中秋节文化，在主题区开展巧手绘中秋、深情寄中秋、妙思猜灯谜互动活动。同时举办“万家团圆，祝福祖国”宣传实践活动、“走进湿地喜迎中秋”生态文明体验活动，向游客赠送文创团扇100份。

（杨亮）

【2020影像见证脱贫攻坚主题公益摄影展】 10月16日至12月25日，玉渊潭公园联合北京电影学院摄影学院、贵州省摄影家协会，在玉渊潭公园举办2020影像见证脱贫攻坚主题公益摄影展。展览通过128幅摄影作品，展示作为全国脱贫攻坚主战场之

一的贵州人民为“打赢脱贫攻坚战”付出的辛勤劳动和取得的丰硕成果。部分展览作品在《人民日报》头版刊发并多次入选国家级展览。

（张轩）

【凤凰岭山地徒步大会活动】 10月24日，由区体育局、北京市徒步运动协会主办，凤凰岭景区承办的时代足迹“走向2022三山五园行”2020海淀凤凰岭山地徒步大会活动举行，吸引60余家团体单位参加。

（刘峥）

【重阳节系列文化活动】 10月24日至25日，紫竹院公园围绕“孝满京城德润人心”主题，开展重阳节系列文化活动。在福荫紫竹院、友贤山馆、紫竹院文化展示中心分别开展全民健身科学大讲堂、插花体验、赏花品茶、雕版刷五福、重阳画菊、书画送祝福等7项活动，在园内主要游览路线展出公园培育的精品菊花“瀑水流冰、国华强大、百鸟朝凤”等185个品种400余盆。接待游客320人。

（边娜）

【“颐和园·华服赏乐”国风盛典活动】 10月25日，由颐和园主办，清尚设计、颐和集祥、酷狗音乐、稚子歌联合承办的《颐和园·华服赏乐》活动在颐和园听鹂馆举办。颐和园推出颐和园联名汉服及颐和园国风歌曲专辑，首款颐和园联名汉服命名为“凤霄”，设计灵感及元素来自颐和园乐寿堂藏品粤绣屏风《百鸟朝凤》，衣服上织有象征祥瑞的凤凰、象征高洁的白玉兰及象征富贵的牡丹等诸多寓意美好的图案。颐和园主题国风数字音乐专辑《颐和风华》发布，专辑包含九首曲目，创作灵感来源于颐和园最美护照打卡的九大景点，包括乐寿堂、排云殿、十七孔桥、铜牛、苏州街、清晏舫、文昌院、仁寿殿、德和园，以国风音乐解读宝藏园林之美。

（杨然）

【凤凰岭户外阅读活动】 10月至12月，凤凰岭景区举办“书香飘海淀阅读E起来”2020年凤凰岭户外阅读活动。活动包括户外“悦读”时光活动和12场凤凰岭户外读书会活动，设置户外“悦读”区和帐篷“悦读”区，开展9场户外读书会活动、3场主题阅读课堂和主题阅读演讲以及4场线上图书荐读、有奖互动活动。参加活动达8000余人次

（刘峥）

【第八届金婚夫妇相聚凤凰岭大型公益活动】 11月7日，凤凰岭景区举办“凤凰于飞一生相随”第八届金婚夫妇相聚凤凰岭大型公益活动邀请包括金婚夫妇、抗疫最美家庭夫妇在内的50对老人，开展金婚夫妇穿婚纱走红毯、子女敬孝道茶、蒙眼找妈妈、儿童传统文化汇报演出等活动。特别邀请“抗疫最美家庭”金婚代表，现场讲述全家齐动员团结奋战在抗疫一线的感人故事。

（刘峥）

【3人获北京红色故事讲解员大赛金牌】 11月30日，区文旅局组织海淀区2020年北京红色故事讲解员初选会，经过现场讲解、专家打分、现场评选等环节，推荐香山公园管理处的姜楠和颐和园公园管理处的张成瑞参加专业组比赛，香山公园管理处的王川参加志愿组比赛。12月7日，在市文化和旅游局主办“讲好红色故事展现时代风采”2020年北京红色故事讲解员大赛上，推荐的三名参赛选手均取得专业组和志愿组金牌。

（于文艳）

旅游行业管理

【概况】 2020年，区文旅局统筹行业单位做好重点领域、重点时期的疫情防控工作，完成端午、五一、红叶观赏期等节假日旅游服务保障。加强对行业疫情防控措施、安全生产督导检查，开展疫情防控网上培训，发布工作提示8000余条，发放防疫宣传材料万余份，实现行业无疫情发生、无大人流聚集、无重大安全事故。

（吕言博）

【旅游市场整治】 年内，区文旅局成立旅游市场秩序治理整顿工作领导小组，多次组织召开协调和调度会议，部署治理整顿工作，协调公安、城管、交通执法六队、属地街镇等部门研究工作方案，对颐和园、香山公园、圆明园等热点景区、重点旅游线路、点位周边开展联合执法检查56次，检查旅行社13家次，导游72人次，购物店11家次，处理案件3起，罚款3000元。协助海淀公安分局关闭2家购物店。下半年，平均每月完成市文旅局下达的双随机任务3至5家，对导游人员、旅行社和星级饭店进行检查。

（唐晓东）

11月7日，第八届金婚夫妇相聚凤凰岭大型公益活动举办（凤凰岭景区 供图）

【假日旅游工作会】 1月13日，区假日办组织召开2020年春节假日旅游工作会，区假日旅游工作领导小组成员单位主管领导和文化旅游企业代表共100余人参加大会。会议部署海淀区春节假日旅游工作；圆明园管理处、青龙桥街道、海淀公安分局就假日期间景区管理、热点景区周边旅游市场秩序整治、重大文化旅游活动安全管理等方面工作进行汇报。4月26日，区文旅局组织召开五一假日旅游工作会，区假日旅游工作领导小组相关成员单位、相关街镇、正常营业的A级旅游景区等相关单位参加会议。区文旅局部署五一假日旅游工作方案；区卫生健康委分析全区疫情防控形势，从抓住关键环节、控制游客数量、落实消杀措施等方面，对景区和宾馆做出重要提示；区交通支队分析景区公园的特点，制定人流和车流的周密方案；香山街道、颐和园、凤凰岭景区就建立分时分类动态管控和开展网上云体验交流经验。9月27日，区假日办组织召开国庆节、中秋节假日旅游工作会，区文旅局传达北京市假日旅游工作视频会议精神，部署全区国庆节、中秋节假日旅游工作。区卫健委分析国庆节、中秋节假期疫情防控形势，介绍文化和旅游单位应关注的疫情防控工作重点，并针对室内景区和室外景区不同疫情防控特点进行重点提示。区交通支队加强执法力量、整合停车资源、优化交通流量、落实处突力量、加大执法力度五个方面明确交通疏导措施。青龙桥街道就落实属地责任、做好假日期间“两园”周边环境整治、安全管控、疫情防控等进行交流发言。颐和园、圆明园、玉渊潭公园等景区就人员流量控制、环境氛围营造、旅游服务保障等内容发言。

（吕言博）

【防汛和应急处置演练】 6月2日，区文旅局在凤凰岭景区开展2020年山区旅游景区开展防汛和应急处置演练，9家山区旅游景区观摩演练。本次演练模拟两个场景：汛期内发生的暴雨泥石流事件，景区组织应急救援队伍和驻园单位开展应急处置；游客抄野道迷路并发生扭伤事件，景区协调上级救援力量和消防人员进行应急处置。演练历时32分钟，125人参与演练。

（吕言博）

【星级饭店消防演习】 8月27日，区文旅局在万寿庄宾馆组织开展2020年星级饭店消防安全演习。区文旅局、万寿路街道办事处、区消防救援支队、万寿庄宾馆等单位领导到场指导演习，全区各星级饭店的80余名安全工作负责人到场观摩。此次演习是全区文化和旅游行业在北京新发地疫情控制后进行的第一次应急救援演习，设置三个环节：消防演习，模拟接警与报警，出动与扑救，指挥与疏散，救援与善后；安全培训，进行灭火器使用培训与体验，以及受伤人员心脏骤停的心肺复苏培训与体验；安全逃生模拟体验。

（吕言博）

6月2日，区文旅局在凤凰岭景区开展山区旅游景区防汛和应急处置演练（区文旅局 供图）

【文旅行业有限空间治理培训会】 9月2日，区文旅局举办文化和旅游行业有限空间治理培训会，全区文化和旅游行业宾馆饭店220余名有限空间管理工作负责人参加培训。培训分两个环节：理论授课环节，对有限空间作业安全生产形势、有限空间基本常识、生产经营单位职责、主要负责人职责、五必须五严禁五个方面进培训；实际演练环节，作业人员演示有限空间作业物资准备、作业许可准备、设施设备检查、作业前通风、作业实施、受伤人员施救等环节。

（吕言博）

【水上应急救援演练】 9月21日，区文旅局在圆明园举行海淀区旅游景区水上应急救援演练活动。区应急管理局、青龙桥街道主管领导应邀出席活动，颐和园、圆明园、玉渊潭公园、紫竹院公园、稻香湖公园等涉水旅游景区安全应急工作负责人到场观摩。演练共出动各类船只15艘次，参加演练人员50人，演练设置三个科目：因突发恶劣天气（大风）对游客和湖面船只进行施救和疏散转移；对游船意外冒烟起火实施消防救援和应急处理；对游客意外落水实施救助和紧急处理。

（吕言博）

【“黄丝带行动”十周年系列活动】 11月，区文旅局开展线上安全生产月“黄丝带行动”十周年系列活动。活动主题为“平安海淀，文旅同行”，邀请安全生产、应急管理、消防安全三个不同领域的专家录制视频课程，文旅行业从业人员线上学习，云端听课，课后进行安全知识活动，2265名行业经营者参与活动。设计制作“黄丝带行动”十周年宣传片，通过深入企业进行采访和了解企业安全生产的情况，展示十年来“黄丝带行动”的开展过程和取得的成果。

（吕言博）

城市建设与管理

2021

北京海淀年鉴

规划与自然资源管理

【概况】 2020年，北京市规划和自然资源委员会海淀分局（简称市规划自然资源委海淀分局）下设北京市海淀区规划和自然资源执法队1个监察执法机构和北京市海淀区不动产登记事务中心、北京市海淀区土地利用事务中心、北京市土地整理储备中心海淀区分中心、北京市规划委员会海淀分局机关服务中心4个事业单位。梳理在途项目，紧盯“3个100”①、市级重点工程清单、土地供应项目等口径，建立区级专班调度项目台账；推进清河集租房、巨山创意园等项目开工。

接收区城市指挥中心“接诉即办”转办件5635件次（其中承办1781件次，退回平台3854件次）。针对“接诉即办”工作，出台《开展接诉即办问题整改方案》，明确各部门任务分工，保障分局“接诉即办”工作的运行。

（宋启晨　张烁）

【国有自然资源资产管理情况报告】 年内，市规划自然资源委海淀分局落实区政府向区人大常委会报告国有资产管理情况制度，会同区园林局、区水务局等部门编写完成海淀区2019年度国有自然资源资产管理情况专项报告以及土地资源、矿产资源子报告，相关内容纳入国有资产管理综合报告，接受区人大常委会审议。编制完成海淀区2016年度、2017年度、2018年度自然资源资产负债表。

（宋启晨　张烁）

【规自领域专项治理】 年内，市规划自然资源委海淀分局按照《关于治理基层涉地乱象和涉地腐败的意见》《关于加强规划和自然资源领域内部约束监督的意见》两个意见要求，加大规划自然资源领域监管，强化监督执纪问责，着力解决重点、难点关键问题，持续推进违法建设拆除清理，规范农村集体土地资源管理，加大绿地认建认养整治和公园配套用房清理力度。在规范、标准、审批等方面打通堵点，为规划自然资源领域高质量发展扫除历史遗留障碍。形成《关于海淀区2020年度规划实施和土地资源管理情况的报告》，专项治理工作取得阶段性成效。

（宋启晨　张烁）

【海淀分区规划实施】 年内，市规划自然资源委海淀分局实施《海淀分区规划（国土空间规划）（2017年—2035年）》，划定“两线三区”即生态控制线和城市开发边界，生态控制区、集中建设区和限制建设区。建立并完善分区规划数据库，纳入全市统管系统。开展分区规划宣传，制作分区规划动画宣传视频及公众宣传一张图解；创新引入“海师”（海淀区街镇责任规划师）形象，推动分区规划与责任规划师两项重点工作优势互补；通过网络推送、现场展示、手册制作等多种宣传方式，强化宣传效果。

（宋启晨　张烁）

【街区控规编制】 年内，市规划自然资源委海淀分局开展海淀详细规划街区指引编制，组织29个街镇协作，建立“部门协作、街镇支撑、海师助力、技术统筹”的编制工作机制。完成188个街区指引成果编制，并按要求报至市规划自然资源委。制定海淀区控规编制计划，按需推进控规试点单元编制，其中西北旺镇HD00-0403街区控规成为分区规划批复后全市首个获批的街区控规。

（宋启晨　张烁）

【责任规划师参与项目243个】 年内，责任规划师参与海淀区项目243个。开展“小空间大生活”——百姓身边的微空间改造行动，完成牡丹园北里1号楼南侧公共空间改造、北太平庄“咱家这块儿地”、清河背街小巷换新颜、紫竹院“规划有你更精彩”等项目实践。推进“大师做小品”行动计划，完成大牛坊、六里屯幼儿园设计。探索疫情防控常态化下社区更新治理模式，马连洼街道高校合伙人梁思思老师团队打造的梅园社区玄关项目建成。以市、区量级的“种子计划”推动全区结构性系统改善，开展京张铁路遗址公园规划建设，对清河海淀段长度11.6千米、辐射沿线西三旗街道、清河街道、上地街道、马连洼街道和青龙桥街道，海淀镇和东升镇“五街两镇”69.5平方千米的区域开展专项研究，重点围绕交通组织优化、滨水空间重塑、低效空间活化、科技文化赋能、治理运营增效，开展清河沿线整治提升。

（宋启晨　张烁）

【轨道交通一体化研究】 年内，市规划自然资源委海淀分局推进轨道交通一体化研究。组建海淀区轨道交通一体化工作专班，制定《海淀区轨道交通一体化专班工作方案》。13号线五道口站、19号线牡丹园站和昌平线南延学清路站被列入北京市第一批轨道交通微中心项目库。

（宋启晨　张烁）

【23个保留村村庄规划简本编制】 年内，市规划自然资源委海淀分局组织苏家坨镇、上庄镇开展保留村村庄规划简本编制。提出环境、建筑、绿化、道路、基础设施、公共服务、环卫设施、安全设施、运营维护九个方面整治要求。依据《北京市村庄规划导则（修订版）》中村庄规划简本内容及美丽乡村建设方案编制要求，委托专业团队，对村庄规划简本方案开展多轮技术审查。截至年底，全区24个保留村庄中，七王坟村村庄规划于2016年获区政府批复，其余23个保留村完成村庄规划简本编制和技术审查。

（宋启晨　张烁）

【土地供应】 年内，市规划自然资源委海淀分局超额完成年度供地任务。7个经营性项目入市成交，总

① 100个战略性强、事关全局和长远发展的重大基础设施项目，100个功能性强、关系群众切身利益的重大民生改善项目，100个带动性强、具有龙头和引领作用的高精尖产业项目。

用地面积约43公顷，建筑规模约83万平方米，其中玲珑巷商业金融服务业用地、树村居住用地项目、辛店BCD居住项目3个经营性用地项目挂牌，总用地面积22.88公顷，建筑规模约52.31万平方米。商品住宅用地供地完成率300%，入库完成率183%，均为全市第一。

（宋启晨　张烁）

【优化营商环境】 年内，市规划自然资源委海淀分局优化营商环境提升服务水平，梳理在途项目，形成台账，制定成册。落实优化营商环境3.0版系列政策，在全市率先开展不动产登记“预约服务＋延时服务”，将工作日的“早晚弹性办”和“午间不间断”的服务延伸至周末。海淀区不动产登记事务中心完成全市第一笔企业间存量非住宅转移登记不见面审批，完成全市首例“一网通办”的网上缴税、存量房过户业务，现场办理用时15分钟。疫情期间，推出“1平台＋多端接入”方式，倡导“不见面”“网上办”，协助防疫企业高效办理抵押登记，开展延时服务。多方募集简易低风险项目，包括大院大所增减平衡类项目、新建扩建补齐短板类项目、集体产业类项目、新建电梯等小规模配套类项目、需进一步完善程序类项目5类项目完成22件简易低风险建设项目规划审批及4个全流程案例。

（宋启晨　张烁）

【行政审批制度改革】 年内，市规划自然资源委海淀分局研究制定《海淀区施工暂设规划许可审批办理实施细则》，为17个施工暂设项目完成手续补办；完善细化《关于海淀区建设工程居住建筑间距的暂行标准（试行）》。

（宋启晨　张烁）

【《中关村科学城国际人才社区建设发展总体规划》编制】 年内，市规划自然资源委海淀分局组织编制《中关村科学城国际人才社区建设发展总体规划》（简称《规划》），形成初步成果。《规划》明确定位为营造国际人才宜居宜业宜学宜创的“类海外”环境，打造国内一流、国际知名的国际创新创业人才聚集区。统筹抓好“1+4”① 工作布局、“五抓五聚焦”② 联动的工作策略，构建“一区多节点”③ 的整体布局。

（宋启晨　张烁）

【规划国土审批】 年内，市规划自然资源委海淀分局核发城镇建筑工程建设工程规划许可证91件，建筑规模491.91万平方米，核发临时建设工程许可证39件，建设项目选址意见书1件，建设项目选址意见书及用地预审合并办理17件。核发市政基础设施建设工程规划许可证200件，线性规模12.48万延米，建设项目选址意见书及用地预审合并办理3件。核发乡村建设规划许可证5件，建筑规模50.8万平方米。核发社会投资简易低风险项目8件，建筑面积0.74万平方米。核发划拨决定书17件，宗地面积26.29公顷。核发乡镇村企业使用集体建设用地2件，总用地面积17.67公顷。用地预审意见函1件，总用地规模18.87公顷。

（宋启晨　张烁）

【《海淀区市政基础设施专项规划》编制完成】 年内，市规划自然资源委海淀分局在对供热、供电、环卫体系、电信系统等市政基础设施现状进行全面评估的基础上，制定“高水平（打造高水平市政设施）、高覆盖（引领高覆盖各级规划）、高落地（确保高落地精准实施）、高复合（力争高复合集约用地）”的规划原则及目标，统筹各市政专业单位制定相应的规划策略及规划方案，组织编制完成《海淀区市政基础设施专项规划》，指导下一步控制性详细规划、乡村规划、镇域规划等各专项规划编制。

（宋启晨　张烁）

【《海淀区智慧基础设施规划研究》编制完成】 年内，市规划自然资源委海淀分局按照《海淀区分区规划（国土空间规划）（2017年—2035年）》关于创建智慧平行城市的目标，布局智慧城市基础设施，搭建智慧城市应用体系，组织开展智慧城市基础设施专项研究，编制完成《海淀区智慧基础设施规划研究》，探索相关规范、标准和导则，为智慧城市建设提出解决方案。

（宋启晨　张烁）

【市政交通基础设施审查】 年内，市规划自然资源委海淀分局核发道路及市政管线多规审查函60件，重点支持大工村建筑垃圾处理、海淀区再生资源预处理中心等项目建设，完成温泉供水厂、稻香湖再生水厂二期、土井110千伏变电站等项目初步审查。

（宋启晨　张烁）

【规划核验】 年内，市规划自然资源委海淀分局办理完成建设项目规划核验事项71件，总核验建筑规模约382.3万平方米。市政线性工程备案事项32件，备案管线总长度约21160米。对205个项目开展全过程服务监督。

（宋启晨　张烁）

【征地及农用地转用项目管理】 年内，中关村翠湖科技园E6地块土地一级开发项目、京昌路楔形绿地棚户区改造项目（一期）回迁安置房及幼儿园项目2个征地项目和1个温泉镇“一镇一园”中关村创客小镇二期项目取得市政府批复，总用地面积约

---

① 围绕一个示范点位建设，实施四项策略：挖潜促新，进一步提升公共服务设施的国际化服务水平和一站式服务能力，吸引更多国际人才在海淀安居乐业；场景营造，构建促进无界交往和丰富体验的交往空间，打造有海淀特色的空间环境；外引内育，抓事业平台建设，打造国际化双创品牌城市；多元协作，构建国际人才社区长效管理和实施机制，搭建多元协作平台。

② 聚焦“三厅一道”抓示范点位打造；聚焦“提档升级”抓服务体系完善；聚焦“外引内育”抓事业平台建设；聚焦“资源联动”抓国际氛围营造；聚焦“挖潜促新”抓生活配套提升。

③ 一区是中关村科学城核心地区，以“中关村大街—成府路—知春路—学院路”沿线H型区域为核心，多个特色节点为翠湖节点、永丰节点、上地节点、西三旗节点、五棵松节点、北下关等节点，形成具有海外氛围、多元文化、创新事业、宜居生活、服务保障的综合特色区域。

32.5 公顷，其中新增建设用地约 19.6 公顷（含耕地约 0.5 公顷）。办理征地结案 4 件，结案面积约 29.2 公顷。

（宋启晨　张烁）

【区片综合地价制定】 年内，市规划自然资源委海淀分局开展区片综合地价制定，主要包括划定区片（划海淀区Ⅰ区片、Ⅱ区片、Ⅲ区片）、确定区片综合地价、确定土地补偿费和安置补助费比例等事项，完成调查测算、区级平衡、市级平衡等工作。

（宋启晨　张烁）

【耕地保护】 年内，市规划自然资源委海淀分局完成市政府下达海淀区的 733.33 公顷永久基本农田和永久基本农田储备区保护任务。完成耕地保护空间落图落地，组织开展 1000 公顷耕地保护空间落实核查及调整优化，梳理耕地保护空间现状及保护空间之外的现状耕地情况，优化调整耕地保护空间。完成 2020 年度市区耕地保护目标管理暨永久基本农田保护责任书签订工作，形成区、镇、村、国有农场共同保护耕地体制。组织开展苏家坨镇集体租赁住房等 4 个项目耕地耕作层土壤剥离利用工作验收，并完成验收批复。通过申请跨省域调入增减挂钩节余指标、使用温泉镇太舟坞村和苏家坨镇周家巷村城乡建设用地增减挂钩新增耕地指标等方式，确保耕地保护和耕地占补平衡数量、质量、生态三位一体到位。推进翠湖科技园（新）A1 地块城乡建设用地增减挂钩项目拆旧区土地复垦，取得竣工验收批复。

（宋启晨　张烁）

【地理国情监测】 年内，市规划自然资源委海淀分局参与开展海淀区地理国情监测，完善自然资源调查监测体系，实际调查完成 4.7 万余个图斑。

（宋启晨　张烁）

【地质灾害隐患点治理】 年内，市规划自然资源委地质专家评审组对苏家坨镇七王坟南沟泥石流地质灾害隐患点、温泉镇白家疃南横山崩塌和簸箕水村坡面泥石流地质灾害隐患点治理工程进行竣工评审验收。大工村不稳定斜坡、大工村南庄隧道出口附近崩塌点、大工村南庄隧道出口东不稳定斜坡和大工村南庄隧道出口南崩塌 4 处地质灾害隐患点符合销账条件，同意销账。

（宋启晨　张烁）

【土地卫片检查】 年内，市规划自然资源委海淀分局开展卫片执法检查，核查各类卫片图斑 949 个，发现一般违法项目 176 个，均依法进行处理。

（宋启晨　张烁）

【自然资源督察整改】 年内，市规划自然资源委海淀分局牵头推进督察整改任务 1211 个，其中限期类问题 456 个、持续类问题 755 个。截至年底，累计整改到位 533 个（限期类到位 379 个、持续类 154 个），未整改到位 678 个（限期类 77 个、持续类 601 个）。

（宋启晨　张烁）

【非农占耕一般违法整改】 年内，全区拆除非农占耕一般违法整改 180 宗，剩余项目 62 宗均已分类施策，按照职责分工继续推进。

（宋启晨　张烁）

【浅山区违法占地违法建设整改】 年内，全区新拆浅山区一般违法占地违法建设项目 49 宗。截至年底，累计拆除整改 133 宗、未整改 3 宗。未整改到位项目均位于香山街道，存在民事涉诉，履行程序中。

（宋启晨　张烁）

【“创建无违建街镇”工作】 年内，市规划自然资源委海淀分局审核 29 个街镇上报待完善类图斑 1.2 万余件个，累计审核约 1.3 万件次。

（宋启晨　张烁）

【农村乱占耕地建房摸底排查】 年内，市规划自然资源委分五批下发海淀区农村乱占耕地建房问题摸底排查图斑 1218 个。截至年底，下发图斑全部摸排完毕，经核实纳入摸排范围图斑共 236 个，项目总占地面积 25.7 公顷，占耕地面积 9.26 公顷，占永久基本农田 0.005 公顷。

（宋启晨　张烁）

【工业用地违法炒卖核查】 年内，市规划自然资源委海淀分局通过信息系统筛查和现场走访检查，分园区内外两部分对海淀区工业用地违法炒卖情况开展核查工作。截至年底，核查 156 宗已登记工业用地项目，未发现工业用地违法炒卖情况。

（宋启晨　张烁）

【不动产登记审批】 年内，区不动产登记事务中心累计受理各类登记业务约 10.1 万件，办结业务约 9.8 万件。颁发不动产权利证书约 5.6 万件，不动产登记证明约 2.6 万件。办结不动产权籍调查事项 185 件，不动产权属审查事项 75 件，完成不动产档案查询 74657 件。完成信息公开和信访书面回复 96 件，处理 12345 热线 1689 件，处理行政诉讼 35 件，无有责败诉发生。

（宋启晨　张烁）

【不动产登记历史遗留问题解决】 年内，海淀区不动产登记中心排查出未颁发房产证小区项目 52 个，涉及 6 万余户居民；交大东路 66 号院、马连洼梅园、宝盛里等 15 个小区 10400 户打通办证通道。

（宋启晨　张烁）

【行政复议和行政诉讼办理】 年内，市规划自然资源委海淀分局办理行政案件 76 件（其中行政复议案件 19 件、行政诉讼案件 57 件），比上年下降 52.20%。全年有责败诉 0 件，有责败诉率为 0。登记领域无责败诉 8 件，行政负责人出庭应诉 5 次。

（宋启晨　张烁）

【地名及建筑物名核准】 年内，市规划自然资源委海淀分局核准建筑物名 17 件个：海悦青棠佳园、清泽园、魏公村佳苑、轻工科创楼、金隅尚林家园、岚山悦府、和义广业楼、颐景四季嘉园、枫和雅苑、毓润嘉园、牡丹融媒体楼、双泉嘉苑、四维图新大厦、铭润嘉园、邻中心、金隅凤栖家园、瑞泽家园 。核准地名 39 个：极乐寺东街、萃泉西路、萃泉东路、鸣泉街、禾瑞北街、禾瑞南街、萃泉中路、正福寺中街、清河站东街、车耳营北路、凤凰岭东二路、星光东路、钓鱼台山庄路、哨子营北路、燕东园北小街、大有庄大街、海淀小关斜街、中关村南三条、阜南小街、五路桥北街、红联村小街、冠城园东街、润尚路、清河五街、宝盛南路（延长）、上清桥滨河东路、上清桥滨河西路、旺科中路、旺科东路、件园中街、软件园南街、软件园北街、云科路、旺科西路、尚悦路、尚禧路、枫叶泉街、枫叶泉西路、厢红旗北路。

（宋启晨　张烁）

【“区块链＋不动产登记”应用场景实施】 1月1日，市规划自然资源委海淀分局正式启用不动产登记电子证照，经审核予以登记的不动产权利或事项，在完成登簿后自动生成不动产登记证照。2月，推出“区块链＋不动产登记”7个应用场景，实现申请信息、共享数据和登记结果等内容的不可篡改和可追溯。12月，依托“北京市不动产登记网上办事服务平台”，推出存量房买卖“一网通办”（填报信息、联合预审、材料核验、税费登记费缴纳全程网上办理）举措。

（宋启晨　张烁）

【第三次全国国土调查统一时点更新】 1月至5月，市规划自然资源委海淀分局完成海淀区第三次全国国土调查统一时点更新。6月2日，向北京市第三次全国国土调查领导小组办公室（简称市三调办）提交初始库数据等资料。8月10日，向自然资源部提交统一时点更新成果数据。9月30日，向市三调办提交统一时点更新整改成果。

（宋启晨　张烁）

【地质灾害防治】 5月12日，市规划自然资源委海淀分局在凤凰岭景区开展第12个全国“防灾减灾日”宣传活动主题为“提升基层应急能力，筑牢防灾减灾救灾的人民防线”。活动现场市规自委海淀分局主管领导和苏家坨镇领导向凤凰岭游客及周边群众300余人现场宣讲地质灾害防灾减灾知识，发放通俗易懂的宣传折页、环保购物袋、水杯以及围裙等宣传品1500余份。6月初，向险户（受地质灾害隐患威胁的住户）发放“北京市突发地质灾害村级避险明白卡”；在香山防火通道开展“防火通道防汛防灾应急处置演练”活动。对山区和半山区进行隐患巡查，核查41处地质灾害隐患点，更新隐患台账、完善防灾预案方案。组织进行防灾培训并签订防灾责任书。发布蓝色地质灾害气象预警4次。

（宋启晨　张烁）

【京张铁路遗址公园设计方案评选】 5月，市规划自然资源委海淀分局依据“文化性、开放性、集约性、生态性、可实施性”原则，组织11位各领域权威专家评审和超过10万人次公众投票，从征集的方案中评选出全线概念设计优胜方案3名，4个节点详细设计优胜方案各1名。依托北京海淀等官微平台，在重要工作节点开展公众宣传，发布公众号文章30余篇，阅读量超50万。

（宋启晨　张烁）

房地产开发

【北京海淀科技园建设股份有限公司】 2020年，北京海淀科技园建设股份有限公司下属控股公司有北京德成置地房地产开发有限公司、北京德成兴业房地产开发有限公司、中关村青创（北京）国际科技有限公司、北京盛世翌豪房地产经纪有限公司。主要承担西北旺新村综合开发和冠城大通百旺府的开发建设。全年实现开复工面积46.9万平方米，竣工面积4.9万平方米，完成销售面积1.11万平方米西北旺村腾退项目拆除面积3.11万平方米。

（程建华）

【北京海开房地产集团有限责任公司】 2020年，北京海开房地产集团有限责任公司（简称海开集团）实现利润－2328.44万元，比上年下降146.53%，归属母公司所有者的净利润－7498.27万元，归属母公司净资产收益率－7.67%，营业收入增长率288.53%，已获利息倍数0.9倍。海开集团持股企业北京海开房地产股份有限公司（简称海开股份公司）实现利润722.57万元，比上年增长208.24%，归属母公司所有者的净利润988.59万元，归属母公司净资产收益率1.67%，营业收入增长率1407.63%，已获利息倍数1.03倍。海开集团与扶贫结对地河北省易县富岗乡、武家沟村签订三方协议，拨付30万元扶贫捐赠款，用于核桃种植。为内蒙古敖汉旗捐赠90万元纾困资金。疫情防控期间，为29家中小微企业减免租金和物业费838.16万元。

12月，海开集团向北京翠微集团转让所持有的北京海开房地产股份有限公司68.8%股权，海开集团不再实行海淀区和中关村发展集团共管模式，由后者对海开集团履行党建主体责任，并逐步实现对管人、管事和管资产相统一。北京海开房地产股份有限公司更名为北京海开控股（集团）股份有限公司（简称海开控股），作为一级监管企业受区国资委直接监管，翠微集团作为海开股份出资和持股平台。

基金管理。海开集团（含海开股份公司）持有6只基金，其中管理中海双创二期基金、中关村启航创新基金、翠科基金和海国东兴基金4只基金。上述4只基金已经部分退出，并留存在海开集团。截至年底，管理的4只基金共收回本金14927.63万元，收回收益3915.33万元，总收回18842.96万元。其中2020年当年收回本金14898.05万元，收益3693.44万元，当年总收回18591.5万元。另2只基金海国金岳快速成长基金、北京海国睿鑫股权投资基金管理中心（有限合伙）由海开智慧（北京）科技服务有限公司（海开股份公司的全资子公司）作为投资平台，参与海国金岳快速成长基金、北京海国睿鑫股权投资基金管理中心（有限合伙）相关业务，2只基金认缴金额各5000万元，重点围绕移动互联网、人工智能、集成电路、大数据、新兴消费、新基建、5G信息技术应用、智慧城市等海淀区战略新兴产业进行投资。

（王智）

【4项自主开发项目】 年内，海开集团完成两园安置房三期项目：取得多规合一初审意见，完成立项编制、市

政设计综合、权属审查、环评、交评、水评、稳评、节能评估、房建设计、大市政管线设计等设计、咨询合同的签订。签订两园三期征地补偿框架协议。瑞泽家园共有产权房项目：海开股份公司和北京建工地产有限责任公司联合体竞得“海淀北部地区整体开发”永丰产业基地（新）HD00-0403-013、122 地块 R2 二类居住用地、A33 基础教育用地。6 月 20 日提前土护降开工，11 月 16 日总包进场施工。12 月 21 日“瑞泽家园”取得预售许可证，12 月 30 日京籍房源售罄。树村 5 号南地块项目：7 月，海开集团公司接管树村项目地块现场。11 月 17 日，取得地块《不动产权证》，总用地面积 60461.47 平方米，用途为住宅和综合。完成树村现场地勘初勘、详勘，年底取得树村项目临时用电、用水方案批复，推进现场实施。西三旗砖窑改造项目：项目东侧紧临北大附中及人大附幼、南侧为金隅制造工厂、西侧为国管局公寓。海开智慧（北京）科技服务有限公司作为该项目投资及后续运营实施主体，统筹项目推进。项目设计方案获得“2020 年度中国产业园区金梧桐奖”最美空间十强荣誉。

（王智）

【6 项政府投资类项目】 年内，海开集团完成电力外线项目：为一级开发项目，2 月完成竣工验收，6 月完成移交前线缆公司现场验收，进行二类费结算工作。凤凰岭项目：4 月 2 日复工，完成市政道路管线工程、桥梁工程、道路绿化工程，满足中国佛学院市政接入和道路通车条件。五塔寺项目：完成与街道及清华同衡公司合同签订及首付款支付工作。北大科技园项目：完成北部、土储、北大、西北旺镇、同衡等单位的对接和一级开发发债及国家重点项目填报工作。中关村科学城北区政务中心项目：完成初步方案设计工作及与项目管理合同签订工作。巨山产业园项目：完成规划实施单元及实施方案编制，由于规委新规一直未下发，四季青镇已更换申报路径，开展综合实施方案的编制工作。

（王智）

【5 项政府项目建设管理】 年内，海开集团完成区教委项目：与区教委签订项目管理合同 35 份，工程项目管理费总计 660.77 万元，收到资金 229 万元。区公安分局项目：分局基层单位改建项目，签订合同 10 份，总投资额 3584.96 万元，项目建设管理合同总额 70.86 万元，实际收取项目建设管理费 42.27 万元；执法办案管理中心项目及拘留所改扩建项目，完成“多规合一”会商申报；清河派出所项目，建设工程取得不动产权证书，完成环境影响登记表备案，取得绿建预评审意见，推送多规会商，完成设计方案调整确认等。唐家岭项目：协助完善唐家岭项目后续手续办理工作，收取代建管理费 40 万元。中关村科学城北部政务中心项目：完成初步设计方案编制，签订项目管理合同。明光村安置房项目：配合海保发公司做好明光村项目的各项工作，推进明光村项目管理协议签订工作。

（王智）

【8 项环境整治项目】 年内，海开集团实施 8 项环境整治项目。笑祖塔院项目：笑祖塔项目进入后期收尾阶段，尾户拆迁协议完成。中关村一小南侧平房项目：完成签约 35 户，已签约 34 户，剩余 1 户未签约。颐源居项目：海开东方为主体实施单位，项目占地面积 1 公顷，非住宅房屋面积 2500 平方米，产权户数 3 户，全部签约。中坤广场 A 地块甩项区域环境整治项目：完成签约 43 户，完成签约比例 68%。交房院落 23 个，拆除 18 个。融通集团总部西侧住宅平房环境整治项目：完成签约 20 户，1 户未签约，3 户未交房。五塔寺地区环境整治项目：完成签约 308 户，其中公房 185 户、私宅 123 户，签约率达 70%。“边角地”环境整治项目：学院南路乙 10 号楼北侧平房区项目，共有 15 个承租人，11 户同意搬迁，4 户不同意，同意签约率未达到 90%，故暂缓实施；永定路一号院项目，共有 24 个承租人，21 户同意搬迁，3 户不同意；志强园晒图厂宿舍项目，4 户私房完成签约；红联北村、红联南村 2 个项目，正在确权中，尚未进行拆除作业。明光村项目：完成明光村地区环境整治项目入户工作，制定搬迁补偿方案及前期投资估算工作。

（王智）

【房地产企业资质审核】 年内，海开集团完成区住建委对房地产企业新设立事项核定 3 家，暂定级延续审核 23 家，暂定级升四级核定 8 家，四级资质延续审核 53 家。截至年底，海淀区共有有效房地产开发企业 167 家，其中一级资质 11 家、二级资质 3 家、三级资质 7 家、四级资质 123 家、暂定资质 23 家。

（张杨）

【商品住宅项目】 年内，区住建委推进全区 2019 年度供地商品住宅用地项目建设，完成开工建设面积 24.19 万平方米。

（张杨）

市政基础设施建设

【概况】 2020 年，海淀区住房和城乡建设委员会（简称区住建委）监管施工现场 603 个，执法检查施工现场 3934 个次，发现并整改隐患 4962 条，行政处罚 522 起。完成 3 项道路工程。接到 12345“接诉即办”平台案件 5920 件，直退 4752 件，处理 1168 件。受理群众来信和上级转办信访案件 569 件，接听投诉咨询电话 3856 次，接待来访群众 238 批、810 人次。

（于博）

【北京市海淀区市政服务集团有限公司】 2020 年 3 月 24 日，北京市海淀区市政服务集团有限公司（简称海淀市政集团）完成工商注册，6 月 28 日正式揭牌，7 月 1 日投入运营。这是全市首家整合环卫、路政、园林三个板块业务为一体的市政服务企业。海淀市政集团为海淀区国资委一级监管企业，下属 6 家公司，分别为区园林局所属北京市新海园林工程有限公司、北京市海淀园林工程设计所有限公司，区城管委所属北京市时代市政工程有限公司，区环卫中心所属北京市超环海城市环境服务有限公司、北京市海环佳兴科技发展有限公司，北京市海淀环境工程有限公司（新成立）。集团从业人员合计4500余人，其中安置密云区、延庆区农村劳动力转移就业人员705人，拥有专业作业车辆495部。集团业务范围包括：工程设计；城市生活垃圾清扫、收集、运输、处理；道路货物运输。市政设施管理；施工总承包、专业承包、工程监理服务；城市园林绿化；建设工程项目管理、规划管理；再生资源回收（不含固体废物、危险废物、报废汽车等需经相关部门批准的项目）；环境监测；制造环境保护专用设备；机动车公共停车场服务；出租办公用房、出租商业用房；汽车租赁（不含九座以上乘用车）、机械设备租赁（不含汽车租赁）；物业管理；房地产开发。截至年底，集团信息化平台共接收处理案件14761件，其中“接诉即办”1153件；区指考核案件7276件，处理网格化案件6332件，及时率、结案率均为100%。

（赵玉辰）

【北京市时代市政工程有限公司】 北京市时代市政工程有限公司（简称时代公司）成立于2000年，国家市政公用工程施工总承包贰级，注册资金2000万元。2020年7月划入海淀市政集团。公司负责日常养护、维修道路613条，桥梁87座，总面积1009.1万平方米；负责管理路侧停车泊位2672个，公共自行车站点34个，年经营业额约1.5亿元。中标项目6个项目，中标金额8418万元。完成工程项目69个，其中沥青面积134264.2平方米，步道面积156003平方米。完成养护任务4918项，面积146771.3平方米。

完成86次应急抢险，维修沥青路面1042.6平方米，人行步道1263平方米。填筑筑路材料517.19立方米，铺设沥青砼265.58吨。

对2636个车位、255名停车管理员进行180余次现场督查，纠正各类不规范行为100余次，实现实缴率85%的目标。完成中央、市、区各级重大活动的停车保障任务30余次。完成各类案件11449件，办结率97.77%。

（赵玉辰）

【北京海融达投资建设有限公司】 北京海融达投资建设有限公司（简称海融达公司）是海淀区国有独资公司。2020年，海融达公司完成政府固定资产投资纳统26.68亿元，实现建安投资8.72亿元。承担180项建设项目，其中正式项目81项，储备项目99项。按领域分：区住建委项目88项（正式32项、储备56项），区城管委项目35项（正式27项、储备8项），水务项目27项（正式6项，储备21项），园林项目20项（正式13项、储备7项），房建项目4项（正式项目3项，储备1项），无煤化项目6项。全社会固定资产投资任务18.53亿元，涉及固定资产投资建设项目27项，其中区住建委18项、投资13.03亿元，区城管委3项、投资3.34亿元，水务6项、投资2.16亿元。计划完成投资30.75亿元，实际完成投资35.21亿元，投资完成率114.51%。其中住建委项目完成投资19.17亿元，园林项目完成投资1.17亿元，水务项目完成投资1.3亿元，区城管委项目完成投资4.25亿元，无煤化项目完成投资1.49亿元，房建项目完成投资7.83亿元。实现通车里程4.5千米，新建管线16千米。开展前期工作项目96项，完成76项行政审批手续，其中取得“多规合一”审查意见14项，实施方案批复7项，立项批复6项，初步设计概算批复6项，工程规划许可证4项。推进拆迁项目55项，完成15个非住宅及677户住宅的拆迁工作。重点实施阜成路北二街、邓庄南路西延安宁庄西路等10项工程，新建道路约2.7千米，改扩建道路约1.7千米，雨水管线约7.8千米，污水管线约4.2千米，上水管线约1.1千米，中水管线约1.2千米。绿化项目推进20项，总建设面积27.91万平方米。取得四季青4s店、上庄B-10项目初设批复，新永丰景观提升项目的立项批复。完成平原造林、东升科技园二期绿化、温泉c地块东侧绿地等17个项目，栽植乔木16492株，灌木29907株，地被27.91万平方米。完成道路大修总面积45.9万平方米，慢行系统建设70余千米，完成稻香湖路口、中关村南三街、中关村二小东侧路、天秀路东口4项交通疏堵以及10条无灯路完善工程。新开工24个项目，竣工20个项目。

（郭欣）

【监管施工现场603个】 年内，海淀区在监施工现场603个，建筑面积为1987万平方米。其中，一般建筑工程546个，建筑面积1923万平方米；地铁工程29个标段，面积64万平方米，市政工程28个，长度10.3万延米。全年执法检查施工现场3934个次，发现并整改各类隐患4962条，进行行政处罚522起，罚款金额233.7万元。

（张宏宇）

【房地产企业资质审核79项家】 年内，区住建委对房地产企业新设立事项核定18家，暂定级延续审核8家，暂定级升四级核定15家，四级资质延续审核38家。截至年底，全区有效房地产开发企业共计179家，其中一级资质企业12家、二级资质2家、三级资质9家、四级资质135家，暂定级资质21家。

（张杨）

【促进商品住宅项目开工和入市】 年内，区住建委着力推进已供地商品住宅项目建设、尽快形成市场供应。截至12月底，推进完成商品住宅用地项目开工建设面积111.84万平方米。

（张杨）

【工程竣工验收备案86项】 年内，区住建委办理竣工备案项目86项，总规模337.9万平方米。其中，房建工程54项，规模为313.2万平方米；装修项目29项，规模24.6万平方米；市政3项，造价8000万元。

（卞丽宏）

【商品住宅项目备案10项】 年内，区住建委共完成建设方案备案10项，总建筑面积186万平方米。配建配套公共服务设施：幼儿园21147.51平方米、社区卫生服务站 567.85 平方米；社区管理服务用房 1415.29 平方米；托老所 3215.74 平方米；老年活动站 849.15 平方米；社区助残服务中心 820.76 平方米；机构养老设施 15236.85 平方米；社区卫生服务设施 12751.58 平方米；社区文化设施 700 平方米；派出所 5387.46 平方米；邮政所 200 平方米。

（卞丽宏）

【办理安全生产许可证 74 项】 年内，区住建委办理安全生产许可证 74 件，准予许可 55 件，不予许可 19 件。其中首次申请 54 件，延期不审查 11 件，重新核定 9 件。

（卞丽宏）

【绿色建筑标准建设】 年内，区住建委按照《北京市海淀区人民政府关于推进海淀区绿色建筑建设的实施意见》要求，新建建筑在方案评审阶段由节能科组织专家进行评审，并出具相关绿色建筑意见。克服疫情影响，采用线上、线下结合的方式，对 54 个项目进行海淀区的绿色建筑设计方案预评审，建筑面积 4989973.94 平方米。其中二星级 32 个项目，三星级 22 个项目。

（李政旸）

【政策性住房建设】 年内，海淀区实现建设政策性住房 8680 套，竣工政策性住房 14173 套。

（张莹）

【棚户区改造】 年内，海淀区以“疏功能、补短板、惠民生”为工作导向，采取片区更新、单元更新与微更新相结合的策略，以“三山五园”、中关村大街沿线等重点地区为目标，完成棚户区改造和环境整治 900 户，疏解人口约 2400 人，拆除建筑面积约 20 万平方米，完成棚改拆迁任务。

（赵晶）

【征收拆迁】 年内，海淀区共完成搬迁 2045 户、建筑面积 391262.38 平方米，其中完成住宅搬迁 1837 户、建筑面积 117645.6 平方米，非住宅搬迁 208 户、建筑面积 273616.8 平方米。

（赵盈盈）

【持续推进老旧小区综合整治工作】 年内，区住建委按照“基层组织、居民自愿、社会参与、政府支持”的工作思路，在各街镇和各实施主体的共同努力下，推进清华东路 27 号院、悦秀园等 13 个老旧小区综合整治项目，共计 75 栋楼，6762 户，57.4 万平方米。同时新启动双清路 14 号院等 10 个老旧小区综合整治项目，共计 99 栋楼，约 59.7 万平方米。

（王亚昆）

【新开工 24 个项目】 年内，海融达公司新开工 24 个项目，即阜成路北二街工程、三虎桥中路工程、冷泉二号街工程、邓庄南路西延道路工程、中关村西区大修工程、中关村西区多杆合一工程、中关村西区架空线入地工程、中关村第二小学东侧路疏堵改造工程、中关村南三街疏堵改造工程、2020 年慢行完善工程工程、稻香湖路疏堵改造工程、2019 年田村片区道路大修工程、2019 年恩济东街道路大修工程、2019 年黑龙潭道路大修工程、2019 年中关村第一片区道路大修工程、2019 年香山区道路大修工程、2019 年黑塔路道路大修工程、2019 年冷泉片区道路大修工程、2019 年柳林路道路大修工程、温泉 c 地块东侧绿地工程、四季青 4S 店拆除区域绿化工程、水岸家园西侧绿地工程、安宁庄路西侧绿地建设工程、上庄 B-10 地块绿化工程。

（郭欣）

【8 个冬奥场馆项目建设完成】 年内，海淀区域完成 8 个冬奥场馆项目建设，包括首都体育馆园区一个竞赛场馆、三个训练场馆、两个配套设施以及五棵松冰上运动中心、五棵松体育馆。12 月底，首都体育馆改扩建工程正式完工，为 2022 年冬奥会短道速滑、花样滑冰比赛场馆。改造后总建筑面积 4.54 万平方米，内部增加制冰功能并建设一块 31 米 ×61 米的多功能转换标准冰场；场馆顶部采用铝合金框架结构悬挂 36 个 37 平方米的网格膜，形成 1332 平方米的巨型投影屏幕，打造“最美的冰”。首都滑冰馆拥有两块 31 米 ×61 米符合国际赛事标准的冰场，可用于短道速滑和冰壶训练。五棵松体育馆，作为 2022 冬奥会冰球比赛场馆，建筑面积 6.3 万平方米，可容纳 1.8 万人。通过创造性地利用“冰坝”技术，改造为拥有 30 米 ×60 米和 26 米 ×60 米两种可转换冰面的冰球场馆。五棵松冰上运动中心，作为北京冬奥会冰球训练场馆，建有两块冰面，为运动员热身和训练场地。

（钟冷）

【肖家河南街西段道路工程】 4 月竣工。工程于 11 月开工，总投资 22130.58 万元。工程起始于肖家河西路，终点至上河沿东路，长 341 米，红线宽度 30 米，规划道路等级为城市次干路。由北京海融达投资建设有限公司建设，北京市市政专业设计院股份公司设计，北京城建一建设发展有限公司施工，北京正宏监理咨询有限公司监理。

（王宇佳）

【清河交通枢纽主体工程完工】 5 月 31 日，2022 年北京冬奥会配套工程——北京清河交通枢纽主体工程完工。清河交通枢纽紧邻京张高铁清河站，项目总占地面积约 9.2 公顷，总建筑面积约 1.4 万平方米，主要建设内容包括换乘广场、枢纽主楼、地面换乘空间、地下通廊、公交场站及出租场站、便民服务设施等，其中枢纽主楼建筑面积 10600 平方米。整个枢纽涵盖高铁、市郊铁路、地铁、公交、自行车五大公交体系，未来可引入 12 条公交线路，实现高铁与公交、地铁、出租车、私家车等出行方式无缝换乘可承载的日流量最大可达 64.8 万人次。京张高铁清河站是北京市铁路枢纽“8 客 3 编 13 货”中八个主要客运站之一，是 2022 年冬奥会奥运专线的起点站之一，主要承担京张高速铁路部分始发终到作业任务，通过京张城际高速铁路及支线，实现北京到张家口 1 小时商务圈的覆盖以及对延庆 1 小时通勤圈的覆盖。

（钟冷）

【稻香湖路疏堵改造工程竣工】 5 月开工、竣工。位于苏家坨镇，全长 80 米，规划等级为城市支路，总投资20万元。北京海融达公司建设，中国华西工程设计建设有限公司设计，北京市时代市政工程有限公司施工，北京路建工程监理有限责任公司监理。

（郭欣）

【京张高铁清河站周边3条道路建成】 5月底，京张高铁清河站周边的安宁庄西一条、安宁庄西二条、上地东路3条道路建成。安宁庄西一条按城市支路标准建设，西起站东街，东至安宁庄西路，全长约620米，机动车道宽8米，一上一下，机非混行，外侧人行道各宽6米；随路实施下穿铁路的1.2千米公交专用通道和0.7千米慢行通道。安宁庄西二条按城市支路标准建设，西起站东街，东至安宁庄西路，全长约600米。上地东路按城市次干路标准建设，南起上地三街，北至上地七街，全长约1.6千米，道路拓宽至45米。3条道路完工后，大幅疏解清河火车站周边交通压力，保障周边路网与轨道站点接驳通畅。

（钟冷）

【林萃路建成通车】 6月30日，林萃路建成通车。林萃路南起北五环路，北至回南北路，跨越海淀、昌平两区，纵跨清河、西三旗、霍营、回龙观等地，下穿市郊铁路S2线、S5线、东北环线铁路、地铁13号线等国铁、地铁线路，道路全长7.6千米，道路性质为城市主干路，由北京市市政六建设工程有限公司建设，工程自2006年开建，除西三旗北路至黄平东路930米路段受拆迁影响一直未能实现规划外，其余路段均已通车。

（王宇佳）

【首条自行车专用路西延工程完工】 7月，北京市首条自行车专用路西延工程完工。工程于5月开工建设，道路全长3.8千米，与回龙观至上地的自行车专用路连接，向西途经后厂村路（上地西路至永丰路段）、茉莉园南路（永丰路至永丰南路段），穿过百旺公园（永丰南路至太舟坞路段），到达京密引水渠绿道。西延工程区别于之前的完全封闭式管理模式，采用振荡标线加突起路标的方式，对机动车道与非机动车道进行隔离；对全线12处公交站台采用非机动车道外绕处理，并在具备改造条件的路口增设二次过街行人安全岛，提升非机动车行驶和行人通行的安全性和连续性。西延工程完工后，自行车专用路全长增至10.3千米，其中全封闭路段5.46千米、开放路段4.84千米，同时实现巡河路、园林绿道与城市慢行系统的有机衔接，推进“水路绿”三网融合，鼓励市民更多采用“步行+自行车骑行”的方式出行。

（钟冷）

【2019年西三旗片区道路大修工程竣工】 7月竣工。工程于5月开工，位于西三旗街道，全长2908米，规划等级为城市支路，总投资2062万元。北京海融达公司建设，中国华西工程设计建设有限公司设计，北京市政路桥管理养护集团有限公司施工，北京海建工程建设监理有限责任公司监理。

（郭欣）

【2019年柳林路道路大修工程竣工】 7月竣工。工程于5月开工，位于苏家坨镇，全长1220米，规划等级为城市次干路，总投资1026万元。北京海融达公司建设，城联基业（北京）工程设计有限公司设计，北京市政路桥管理养护集团有限公司施工，北京海建工程建设监理有限责任公司监理。

（郭欣）

【2019年恩济东街道路大修工程竣工】 7月竣工。工程于6月开工，位于八里庄街道，全长780米，规划等级为城市支路，总投资578万元。北京海融达公司建设，城联基业（北京）工程设计有限公司设计，北京政平建设投资集团有限公司施工，北京路建工程监理有限责任公司监理。

（郭欣）

【2019年香山片区道路大修工程竣工】 7月竣工。工程于6月开工，位于香山街道，全长875米，规划等级为城市次干路，总投资349万元。北京海融达公司建设，中国华西工程设计有限公司设计，北京市政路桥管理养护集团有限公司施工，中科金石（北京）工程咨询有限公司监理。

（郭欣）

【2019年田村片区道路大修工程竣工】 8月竣工。工程于4月开工，总投资3293万元。工程位于田村街道，全长3608米，规划等级为城市支路，北京海融达公司建设，西安长安大学工程设计研究院有限公司设计，北京市政路桥管理养护集团有限公司施工，北京路建工程监理有限责任公司监理。

（郭欣）

【杰王府西路道路工程竣工】 8月竣工。工程于4月开工，总投资16621.44万元。道路南起杰王府北路，北至香泉南路，全长298.185米，规划等级为城市支路。由北京海融达投资建设有限公司建设，中国华西工程设计建设有限公司，北京城建集团二公司施

6月30日，林萃路建成通车（区住建委 供图）

工，中科金石（北京）工程咨询有限公司监理。

（王宇佳）

【冷泉二号街工程竣工】 8月竣工。工程于6月开工，位于温泉镇，地处中航工业北京航空材料研究院北侧、京密引水渠南岸，全长205.864米，规划等级为城市支路，总投资949.24万元。海融达公司建设，北京市市政专业设计院股份公司设计，北京市时代市政工程有限公司施工施工，北京恒达诚信工程咨询有限公司监理。

（郭欣）

【三虎桥中路工程竣工】 9月竣工。工程于2019年5月开工，位于紫竹院南路以南地区，全长261.36米，规划等级为城市支路，总投资4494.48万元。北京海融达公司建设，北京市市政专业设计院股份公司设计，北京市时代市政工程有限公司施工，北京致远工程建设监理有限责任公司监理。

（郭欣）

【安宁庄西二条工程竣工】 9月竣工。工程于2019年8月开工，道路西起站东街，与清河站东广场衔接，向东至终点安宁庄西路，道路全长约0.6千米，规划等级为城市支路，项目总投资8602万元，设计速度30千米/小时，规划红线宽30米。工程由北京市公联公路联络线有限责任公司建设，2019年8月开工，2020年9月完工，有助于进一步缓解清河火车站周边交通压力，改善群众出行环境。

（王宇佳）

【中关村西区多杆合一工程竣工】 9月竣工。工程于5月开工，位于中关村，全长9469米，规划等级为城市支路，总投资5552万元。北京海融达投资建设有限公司建设，北京创毅力源工程技术咨询有限公司设计，北京创安利市政建设（集团）有限责任公司施工，中科金石（北京）工程咨询有限公司监理。

（郭欣）

【温泉C地块东侧绿地景观建设工程竣工】 10月30日竣工。工程于4月1日开工，总投资约3110.33万元。项目位于温泉镇中心区，北邻温北路，南至温泉凯盛家园一区北侧显龙山路，东至双坡路，西至北京市京密引水管理处温泉管理所东侧，总面积约10.1公顷。北京海融达公司建设，北京创新园林设计有限责任公司，北京市新海园林工程有限公司，北京国金管理咨询有限公司。

（郭欣）

【上地东路工程竣工】 10月竣工。工程于2019年8月开工，道路南起上地三街，向北经上地四街、上地五街、上地六街，至终点上地七街，南北两端与现状路顺接，道路全长约1.2千米，规划等级为城市次干路，总投资19405万元，设计速度40千米/小时，道路红线宽45米，工程由北京市公联公路联络线有限责任公司建设。

（王宇佳）

【2019年中关村第一片区道路大修工程竣工】 10月竣工。工程于7月开工，位于中关村街道，全长1386米，规划等级为城市支路，总投资480万元。北京海融达公司建设，北京特希达交通勘察设计院有限公司设计，中壤建设股份有限公司施工，北京海建工程建设监理有限责任公司监理。

（郭欣）

【2019年黑塔路道路大修工程竣工】 10月竣工。工程于8月开工，位于四季青镇，全长488米，规划等级为城市次干路，总投资600万元。北京海融达公司建设，中外建华诚工程技术集团有限公司设计，北京时代市政工程有限公司施工，中科金石（北京）工程咨询有限公监理。

（郭欣）

【四季青4S店拆除区域绿化工程竣工】 11月1日竣工。工程于4月29日开工，总投资约2465.63万元。项目位于四季青镇闵庄村，北至闵庄路，南至小区居民楼（京泉馨苑东里、闵庄路15、16号院），西至影泉路，东至闵航路，总面积约7.63公顷。北京海融达公司建设，北京易景道景观设计工程有限公司，北京市新海园林工程有限公司，北京国金管理咨询有限公司。

（郭欣）

【北部医疗中心建设项目开工】 11月6日，海淀区北部医疗中心建设项目正式开工。项目位于亮甲店3号地块，建设用地面积75138.251平方米，总建筑面积182998平方米。建成后，北京大学第三医院和海淀区妇幼保健院将入驻开展医疗服务。

（钟冷）

【中关村西区大修工程竣工】 11月竣工。工程于6月开工，位于中关村，全长9619米，规划等级为城市支路，总投资4940万元。北京海融达公司建设，中国华西工程设计建设有限公司设计，北京市时代市政工程有限公司施工，中科金石（北京）工程咨询有限公司监理。

（郭欣）

【2019年冷泉片区道路大修工程竣工】 11月竣工。工程于6月开工，位于西北旺镇，全长943米，规划等级为城市次干路，总投资637万元。北京海融达公司建设，西安长安大学工程设计研究院有限公司设计，北京城建道桥建设集团有限公司施工，北京海建工程建设监理有限责任公司监理。

（郭欣）

【中关村西区架空线入地工程竣工】 11月竣工。工程于8月开工，位于中关村，全长2500米，规划等级为城市支路，总投资3552万元。北京海融达公司建设，北京京电电力工程设计有限公司设计，北京海淀供电实业开发有限公司施工，北京华城工程管理咨询有限公司监理。

（郭欣）

【2019年黑龙潭道路大修工程竣工】 11月竣工。工程于10月开工，位于青龙桥街道，全长933米，规划等级为城市支路，总投资447万元。北京海融达公司建设，中外建华诚工程技术集团有限公司设计，北京时代市政工程有限公司施工，北京路建工程监理有限责任公司监理。

（郭欣）

【中关村第二小学东侧路疏堵改造工程竣工】 11月开工，当月竣工。位于中关村街道，全长 61 米，规划等级为城市次干路，总投资 52 万元。北京海融达公司建设，中国华西工程设计建设有限公司设计，北京正宇恒通建设工程有限公司施工，北京中建协工程咨询有限公司监理。

（郭欣）

【中关村南三街疏堵改造工程竣工】 11 月开工，当月竣工。位于中关村街道，全长 120 米，规划等级为城市次干路，总投资 139 万元。北京海融达公司建设，中国华西工程设计建设有限公司设计，北京正宇恒通建设工程有限公司施工，北京中建协工程咨询有限公司监理。

（郭欣）

【2020 年慢行完善工程竣工】 11 月开工，当月竣工。工程跨苏家坨镇、西北旺镇、上地街道、马连洼街道、曙光街道，全长 29952 米，规划等级为城市支路和城市次干路，总投资 360 万元。北京海融达公司建设，中国华西工程设计建设有限公司设计，北京正宇恒通建设工程有限公司施工，北京中建协工程咨询有限公司监理。

（郭欣）

【安宁庄西路北延道路工程竣工】 11 月竣工。工程于 2018 年 11 月开工，总投资 8428.55 万元。道路南起安宁庄路，北至西二旗大街，全长 798.03 米，规划等级为城市次干路。由北京海融达投资建设有限公司建设，北京市市政专业设计研究院股份公司设计，北京住总正通市政工程有限公司施工，北京致远工程建设监理有限责任公司监理。

（王宇佳）

【颐西路北延道路工程竣工】 11 月竣工。工程于 10 月开工，总投资 1937.24 万元。道路南起颐西路终点，向北上跨北长河，沿现状道路向西再折向北，终点与现状玉泉山路相交，全长 399.70 米，设计道路等级为城市支路。由北京海融达投资建设有限公司建设，北京市市政专业设计院股份公司设计，北京市时代市政工程有限公司施工，北京恒达诚信工程咨询有限公司监理。

（王宇佳）

12 月 31 日，地铁 16 号线中段正式开通运行（田峰 摄）

【农村房屋安全排查整治】 截至 12 月 28 日，按照党中央、国务院和北京市开展农村房屋安全隐患排查整治工作总体部署，根据市、区相关工作要求，区住建委牵头开展并完成 48 个行政村、1280 户家庭的农村用作经营性自建房屋的安全排查和整治工作，消除农村房屋的安全隐患。

（王亚昆）

【京张高铁正式运营通车】 12 月 30 日，京张高铁正式运营通车。京张高铁于 2016 年 4 月 29 日开工建设，起自北京北站，途经海淀区、昌平区、延庆区，由延庆区康庄镇入河北省境内，最终到达张家口站，呈东西走向，全长 173.964 千米，其中北京市境内 70.503 千米，海淀段全长 16.39 千米，设计速度 350 千米 / 小时。由中国铁路北京局集团有限公司建设，中铁工程设计咨询集团有限公司设计，中铁建工集团有限公司施工，北京铁建工程监理有限公司监理。京张高铁是全国《中长期铁路网规划》“四纵四横”客运专线重要组成部分，是铁路“十三五”规划的重大项目，是 2022 年北京—张家口冬季奥运会的重要交通配套设施。

（王宇佳）

【地铁 16 号线中段开通运营】 12 月 31 日，地铁 16 号线中段开通运营，设有万泉河桥站、苏州街站、苏州桥站、万寿寺站、国家图书馆站、二里沟站、甘家口站 7 座车站，包含国家图书馆站、苏州街站、苏州桥站、二里沟站 4 座换乘站。地铁 16 号线中段北起西苑，南至甘家口，长度 10.9 千米，由北京城市快轨建设管理有限公司建设。2019 年 6 月开始铺轨施工。地铁 16 号线中段运营后，中关村科学城北区和中关村地区将通过轨道交通实现连通，有效缓解圆明园西路、万泉河路的交通压力。

（王宇佳）

房屋管理

【概况】 2020 年，海淀区房屋管理局（简称区房管局）以生活垃圾分类和疫情防控常态化为抓手，推动构建党建引领社区治理框架下的条块共管、多方共治的物业管理新体系。优化住房保障工作体系，加大对低保低收入等特殊困难家庭住房保障力度，完成“七有”“五性”[①] 住有所居保障

① 七有：幼有所育、学有所教、劳有所得、病有所医、老有所养、住有所居、弱有所扶。五性：便利性、宜居性、多样性、公正性、安全性。

任务。各类公租房补贴应补尽补，实施市场租房补贴扩面。加强房地产市场监管和房屋安全管理，开展房屋安全大排查大整治，拓展信息化应用，上线“时空一张图”项目、房屋安全综合管理系统、海淀阳光物业 App。审批“接诉即办”1.16 万件，办理群众诉求 18705 件，接收海淀区网格化城市服务管理系统转办案件 4174 件。

（沈鑫）

【北京市海淀区保障性住房发展有限公司】 北京市海淀区保障性住房发展有限公司成立于 2017 年 6 月 16 日，是由北京市海淀区国有资本经营管理中心全资控股的一家特殊功能公益性企业。2020 年，公司通过趸租、收购等方式新筹集房源 500 余套，完成指标任务；累计筹集、接收保障房房源 3.5 万余套。疫情期间，为中小微企业减免租金 141 余万元，减免湖北籍公租房承租人租金 110 余万元。4 月 29 日，公司加入北京海国合创共享股权投资基金合伙企业（有限合伙），完成备案工作。5 月 19 日，公司完成北京海安居置业有限公司注册工作，6 月 9 日取得区政府明光村项目实施主体授权批复。

（王璇）

【北京海房投资管理集团有限公司】 北京海房投资管理集团有限公司（简称集团公司）为海淀区国资委一级监管企业，有 6 家全资二级控股企业（北京海房供热有限公司、北京海房安泰置业有限公司、北京海房物业管理有限公司、北京海测易达有限公司、北京海房惠恒基投资管理有限公司、北京海房金润房地产开发有限公司）。

2020 年集团公司完成 6 项工程建设项目。既有多层住宅增设电梯：完成 34 部既有多层住宅增设电梯综合管线改移工作，完成电梯验收 100 部。区公安分局办公区项目：位于志新西路 14 号，总建筑面积 11762 平方米，总投资约 8200 万元。中科大厦外立面改造工程：位于中关村大街 22 号，改造面积 2654.26 平方米，总投资为 428.85 万元。海淀区汽修五厂宿舍环境整治项目：位于清河街道，东至安宁庄东路，南至汽修五厂，西至中国石化，北至清河医院，占地面积约 6000 平方米，被搬迁房屋总建筑面积 2361.14 平方米，涉及住户 85 户，搬迁签约率 100%。海淀区会城门环境整治项目：位于会城门东路与东双贝子坟路交界处，项目用地为国有土地，占地面积 5662.10 平方米。搬迁房屋建筑总面积 3460.81 平方米，其中住宅建筑面积约 3153.95 平方米、非住宅建筑面积约 306.86 平方米，完成被搬迁户交房 25 户。海淀区 57 中东侧环境整治项目：位于羊坊店街道，东至会城门公园西门，南至北蜂窝中路甲 2 号北墙外，西至北蜂窝中路 2 号院东墙外，北至北蜂窝路 22 号院东南角，占地面积约 2500 平方米，被搬迁房屋建筑面积 689.82 平方米，完成被搬迁户交房 5 户。

（张国辉）

【疫情防控】 年内，区房管局联动物业行业，第一时间将物业行业纳入社区防控体系，将疫情防控工作情况纳入物业企业项目评价考核体系；总结提炼“物业疫情防控十字工作法”，帮助企业协调解决物资紧缺等困难。联动中介行业，要求中介机构门店责任人主动到社区报到，配合做好出租房屋摸排工作。联动群租房整治，集中对医院周边社区和群众反映群租问题突出社区开展群租房清理整治。联动公租房管理，协调海保发公司为滞留湖北省的公租房承租人申请减免租金，为群租房清退承租人提供 30 套平价短期周转房。联动普通地下空间管理，开展发热门诊医院周边普通地下室专项检查，规范自用性宿舍管理。联动房地产市场，鼓励开发商采取在线看房进行销售，要求做好售楼处防控工作。联动房屋安全鉴定，海淀区房屋安全鉴定站对全区疫情防控医学隔离场所进行安全大检查，共检查 44 处隔离场所，检查房屋面积 42 万平方米。完成 7 处境外返京人员疫情防控医学隔离场所的安全鉴定、评估工作，鉴定评估房屋面积 3.4 万平方米。

（沈鑫 徐卫）

【“区—街镇—社区”三级物业管理体系建立】 年内，海淀区成立物业管理综合协调联席会，负责统筹协调、跟踪推进全区物业管理工作重点任务，联席会办公室设在区房管局。各街镇将物业管理工作纳入“一把手”工程，设立街镇物业管理工作专班。社区党组织书记为社区物业管理第一负责人，全区 581 个社区确定 2057 名专（兼）职物业管理干部，形成“社区书记抓物业、社区干部懂物业”的工作局面。64 名房管专员下沉街镇，开展物业管理日常检查和监督指导。

（李春然）

【物业“三率”提升】 年内，各街镇全面摸排全区 2140 个自然小区，梳理划分为 1319 个物业管理区域，组建物管会 899 个，原有业委会 136 个，业委会（物管会）组建率由 6.8% 提升至 78.5%。成立业委会（物管会）党组织 956 个，物业企业党组织 518 个，党的组织覆盖率由 12.3% 提升至 94.7%。有物业服务企业管理的小区 1151 个，物业服务覆盖率由 73.5% 提升至 87.3%。党建引领的物业管理体系充分发挥作用，解决 500 余件物业管理问题。

（李春然）

【老旧失管小区物业管理服务提升试点】 年内，区房管局在 24 个试点街镇启动老旧失管小区综合整治，同步探索建立引入专业物业管理机制。东升镇、学院路街道 2 个试点小区成功引入专业物业企业；4 个试点小区启动前期调研接洽。

（李春然）

【商品房住宅专项维修资金使用管理】 年内，区房管局审核审批商品房住宅专项维修资金 402 笔，涉及资金近 1.34 亿元，解决 37 个小区 115 栋楼房屋漏水问题、24 个小区 45 栋楼外墙裂缝渗漏和污水管破裂问题、25 个小区 131 栋楼或单元 225 部电梯安全隐患问题，恢复 20 个小区消防、安防、门禁系统功能瘫痪问题，改造 10 个小区 17 栋楼二次供水系统。

（李春然）

【安置房房源调配】 年内，区房管局为会城门、57中东侧环境整治项目、融通集团总部办公地西侧住宅平房环境整治项目、五塔寺地区环境整治项目调配天合家园项目安置房源843套。

（李翔宇）

【公有住房出售备案审批】 年内，区房管局备案、审批133家中央国家机关、市属单位和区属单位办理出售公有住房1611套、面积111404.05平方米。其中，备案130家中央国家机关和市属单位出售公有住房1043套、78905.52平方米；审批3家区属单位出售公有住房568套，32498.53平方米。

（李翔宇）

【公有住房专项维修资金支取审批】 年内，区房管局审批12家产权单位使用公有住房专项维修资金，对申请使用专项维修资金的产权单位进行7次现场检查，确保资金专项用于房屋和设备维修。

（李翔宇）

【保障性住房资格审核】 年内，区住房保障事务中心受理保障性住房资格申请2028户，完成7434户已备案家庭资格复核工作，涉及三嘉信苑、唐家岭、美和园及散租房源项目，完成1861户已配售经济适用房、限价房家庭的公租房资格终止工作。

（史周青）

【“七有”“五性”住房保障】 年内，海淀区纳入“七有”“五性”住房保障考核范围的家庭备案总数为2762户，确认待保障的四类公租房家庭581户。区房管局两次开展面向海淀区具有保障房资格的城镇低保家庭（含分散供养的特困家庭）、低收入家庭、患大病或做过大手术家庭、重度残疾家庭和计划生育特殊困难家庭开展公共租赁住房专项配租工作；针对其中特殊困难家庭采取本人申请、街镇查访、提请廉政风险会审议最终根据需求精准服务、定点配租；配合市场租房补贴政策调整，鼓励家庭通过市场租场、申领补贴解决住房困难，进一步扩大保障范围；对于个别情况特殊家庭申报剔除材料。全区保障率达100%。

（史周青）

【公共租赁房房源筹集】 年内，区房管局通过趸租及收购模式筹集公共租赁房房源520套。区保障性住房发展有限公司完成北坞嘉园小区房源续租工作，续租率91.05%。

（魏新平）

【保障性住房补贴审核发放】 年内，区住房保障事务中心完成保障性住房补贴资格备案1474户，向10789户家庭发放各类住房补贴18240万元。

（李红霞）

【保障性住房配租配售】 年内，区住房保障事务中心完成保障家庭配租房源424套。推进低保、低收入等特殊困难家庭专项配租工作。组织开展金隅尚林家园、金隅凤栖家园和瑞泽家园三个共有产权住房项目的申购登记、资格审核、复核、摇号及现场选房工作，配售共有产权住房4681套。

（贾晨）

【保障性住房使用监管】 年内，海淀区保障性住房发展有限公司完成海悦梧桐苑公租房服务站建设，并投入运营。受理已配租家庭再购房和已领取补贴家庭再购房的违规案件2498件，受理率100%；处理违规案件2336件，处理率94%。为274户申请家庭办理“对已购经济适用住房出具政府优先回购意见”业务。

（庄华）

【商品房销售】 年内，区房管局受理商品房预售许可初审14件，现房销售备案47件，房产实测绘成果审核80件。全年新建商品房销售金额362.55亿元。

（曹晓玮）

【存量房屋交易】 年内，全区存量房签约套数22504套，房屋交易大厅受理购房资格审核申请及复核3646件，合同信息录入3739套，合同信息注销968件，托管存量房交易资金6.19亿元，其他个性化服务654件。

（刘宇思）

【房屋安全检查】 年内，区房管局开展城镇房屋安全检查，共查房屋总面积1.12亿平方米（其中物业管理9094万平方米，单位自管2128万平方米）；电梯20104部；二次供水水泵6679台；避雷系统41932个。成立区房屋防汛专项分指，组织各街镇和相关单位开展房屋防汛相关工作。危房台账在账220处，制发解危通知书13处。督促产权单位完成解危10处。部署、组织、完成11996个房屋建筑的摸排工作。开展安全生产检查，出动检查人员11495人次，组织检查组4808个，查单位5167家次。

（王璐　尹子峰　陈溪林　孔菊）

【房屋安全鉴定】 年内，海淀区房屋安全鉴定站出具鉴定报告663份，鉴定房屋面积98.53万平方米；直管公房结构安全排查定案房屋810栋（幢），排查总建筑面积为158.98万平方米；鉴定危险房屋23幢，建筑

5月12日，区房管局组织参加城镇房屋防汛抢险演练活动（张国辉　摄）

面积 1.4 万平方米。

（徐卫）

【房屋租赁合同登记备案】 年内，区房管局共受理住房租赁合同登记备案 677 件，非居住房屋租赁合同登记备案 210 件。

（汪时雨）

【房地产经纪行业监管】 年内，区房管局受理审批住房租赁企业备案 79 件，检查房地产经纪机构和租赁企业 231 家，责令整改 4 件。行政执法处罚 5 件，处罚金额 11 万元。

（高光）

【普通地下室监管】 年内，区房管局检查普通地下室 11247 处次，联合相关职能部门、各街镇检查普通地下室点位 225 处，联合市级部门检查普通地下室重点区域、重点点位共计 129 处，确保普通地下室安全、规范使用。开展普通地下室综合整治专项工作。疫情期间发布《疫情防控期间海淀区普通地下室自用性宿舍管理使用指南》，提高责任单位、责任人员的防控意识和能力，筑牢自用性宿舍疫情防控防线。

（冯俊杰）

【直管公房管理】 年内，区房管局入户检查直管公房 5354 户。对直管公房维修项目组织现场抽查 8 次，2017 年度修缮项目施工全部完成，进入尾款支付阶段；2018 年度修缮施工全部完成，资料报送审计；2019 年度修缮项目基本完工，处于验收中；2020 年度修缮项目正在申请资金立项。承接涉及直管公房的行政诉讼案件 2 件。

（董菲菲）

【既有建筑物信息采集更新】 年内，区房管局开展本年度既有建筑物基础信息采集更新工作。结合区住建委建筑工程和征收拆迁数据、区城管执法局查违数据、区城指中心遥感影像图更新既有建筑物基础数据，既有建筑物数据更新至 17 万幢，建筑面积 1.92 亿平方米。

（闫雪南）

【房屋管理行政执法】 年内，区房管局通过助力区物业管理专班推进政策法规落地，组织开展居住类物业执法检查专项工作，线上打击违规发布虚假房源等执法工作。完成辖区内物业管理、房地产经纪机构和房屋租赁、房屋安全、商品房销售、普通地下室管理等领域执法检查 5724 次，行政处罚案件 67 件，履行行政处罚职权 14 项，行政处罚金额 63.55 万元。

（卢杨）

【房屋档案管理】 年内，区房管局档案中心共接收房屋档案 20265 卷，其中行政审批类 15119 卷、其他类 5122 卷、资料类 24 卷；完成数字化加工并入库档案为 28165 卷。档案库存总量为 233445 卷、4503 件。

（林昭昭）

【海淀阳光物业 App 运行】 4 月，海淀阳光物业 App 上线运行。App 设置疫情防控功能模块、垃圾分类工作模块，采用五定照片技术（时间、地点、摄像头正面、摄像头背面照片、物业服务操作员）实现物业项目工作照片及时上传，监管人员在手机上登录软件可查看物业服务动态、完成效果，实现工作内容标准化、服务过程透明化、监督管理远程化。全区共有 887 个物业项目使用海淀阳光物业 App，累计疫情防控、垃圾分类工作打卡近 45.94 万次。

（沈鑫）

【市场租房补贴扩面】 8 月 1 日，全区实施市场租房补贴扩面，收入门槛由人均月收入 2400 元调整至 4200 元，实行定额补贴，在市级标准基础上提高补贴金额，2 人及以下家庭最高补贴 3500 元，3 人及以上家庭最高补贴 3800 元。强化补贴家庭市场租赁行为合法性审查，办理租赁合同备案并缴纳房屋租赁税后方可领取补贴。

（刘霞）

【物业管理三年行动计划印发】 9 月，区委办、区政府办联合印发《关于加强海淀区物业管理工作提升物业服务水平三年行动计划（2020—2022 年）》，明确建立海淀区物业管理综合协调联席会、制定年度计划、细化工作任务，明确建立区街镇社区三级工作机制、提高党建引领物业管理“三率”、促进物业服务市场健康发展、推动解决重点难点问题、加强信息化建设、建立健全物业项目监督考核评价机制等六大类 30 项具体任务，实现以党建引领为核心，将物业管理全面纳入社区治理体系，构建高效、科学、民主的管理体制机制，形成党委领导、政府主导、居民自治、多方参与、协商共建、科技支撑的工作格局，有效治理物业领域的突出问题。

（李春然）

【违法群租房专项整治】 10 月，区房管局与各街镇、各相关部门联动开展为期一个月的违法群租房专项整治行动。其间，各街镇报送上账违法群租房点位 367 处，全部完成整改并销账，疏解人员 1611 人，全区复查账上违法群租房点位 1814 处。全区全年上账违法群租房点位 648 处，全部完成整改，建筑面积 5.15 万平方米，拆除违法群租房隔断 1386 间，涉及 2313 名租赁人员，实现违法群租房“动态清零”。开展多部门会商和联合执法，各街镇、房管、公安等部门开展违法群租房联合执法 200 次，约谈告诫违规企业、个人 222 次。联合上地街道开展“规范房屋租赁管理，创建平安和谐社区”为主题的违法群租房整治宣传活动。

（汪时雨）

【海淀区房屋安全综合管理系统上线】 11 月，区房管局上线运行海淀区房屋安全综合管理系统。该系统实现房屋综合信息采集及房屋安全监督管理，建立房屋安全健康档案，主要包括街镇排查、年度房屋安全检查及 App 三部分功能。

（闫雪南）

【全市首个物业行业综合党委成立】 12 月 29 日，海淀区物业行业综合党委成立，为全市首个物业行业综合党委。综合党委性质为功能性党组织，党组织关系隶属于区住建委机关党委。物业行业综合党委以区物业管理行业协会 121 家会员企业为重点，面向全区物业企业开展党建工作和业务指导，协助和支持街道乡镇党（工）委抓好属地物业企业和物业项目党建工作。

（沈鑫）

市容环境

【概况】 2020年，海淀区城市管理委员会（简称区城管委）完成重大活动保障任务，区域环境品质明显提升，垃圾分类工作全面推行，交通治堵力度显著增强，城市运行安全稳定。承担市、区重点工作、折子工程、为民办实事任务82项，均按期完成。作为区疫情防控工作领导小组交通保障组牵头单位，区城管委加大城市管理、协管、志愿者力量投入，强化公共交通行业管理，开展交通违法专项整治，开展公共文明健康宣传，构建交通领域防控体系。发送道路停车欠费催缴短信378854份，开具处罚单74份。“接诉即办”围绕疫情防控、复产复工等中心工作，处理区中心派发案件1.4万余件，其中签收承办4583件，比2019年上升43.76%。把符合接收条件的道路纳入区级或街镇保洁作业，共接收72条新建道路保洁、面积207万平方米，其中57条纳入区级作业。出动作业人员20145人次，出动多功能除雪车、融雪车、清扫车等各类作业车辆1502次进行扫雪铲冰工作。通时双联系双报到应急响应机制，派出5360人次在职党员参与社区疫情防控值守。

（杨艳芳）

【建筑垃圾综合治理】 年内，区城管委继续推进大工村建筑垃圾终端设施建设。四季青和南安河两处建筑垃圾临时资源化处置设施共处置建筑垃圾67.93万吨，较2019年增长26%；销售各类再生产品81.4万吨，较2019年增长2.25倍。开展建筑垃圾专项整治，加大渣土车管控力度，不断完善建筑垃圾规范收集、运输、处理综合监管体系。区城管委建筑垃圾综合管理日常执法、综合执法查处量均居全市前列。城管执法等部门查处各类建筑垃圾违规运输行为785起，城管执法、住建委等部门处罚工地419处，公安交管部门查处货运、建筑垃圾运输车辆等违规运输行为6万余起，协调开展联合督导执法检查60余次。

（杨艳芳）

【市政道路修建】 年内，区城管委统筹实施113万平方米道路大中修工程，解决道路路面破损、坑洼问题。完成10项疏堵工程，解决群众反映突出的交通堵点。打通4条断头路，改善道路微循环。完成10条无灯道路路灯安装工程。接收移交道路31条、代征用地14.2万平方米。

（杨艳芳）

【出行条件改善】 年内，区城管委组织开展70千米自行车道综合治理，优化撤除隔离护栏24千米，试点推进八一湖、小清河周边道路滨水、绿道与慢行系统融合开放，配合完成自行车专用路西延项目建设，推进中关村大街城市客厅慢行系统建设。协调新开公交线路3条，优化增设辖区18条公交线路中途乘车站点，开通定制公交线路48条。完成中关村软件园、五道口城铁站、公交展春园西路电子围栏规范引导区设置工作，规范共享自行车运行管理。

（杨艳芳）

【生活垃圾分类】 年内，区城管委贯彻“党建引领、政府推动”工作原则，制定“一大四小”工作规范，构建“两横十纵”工作格局，全面调动全区各职能部门落实“管行业管垃圾分类”职责。实现垃圾分类知晓率100%全覆盖、垃圾分类桶站规范设置率100%全覆盖、各品类垃圾收运能力100%全覆盖，生活垃圾治理实现全品类、全行业、全过程监管。全区家庭厨余垃圾分出率稳定在18.5%以上。设置大件垃圾暂存点810余处、装修垃圾暂存点760余处、再生资源回收网点近400处，确保各品类垃圾有序投放。采取“桶车对接”直运终端运输模式，实现厨余垃圾全覆盖；采取垃圾楼转运模式，密闭式清洁站延时开放，确保全区其他垃圾日产日清；依托建成的25个大件垃圾中转站、1个有害垃圾暂存点实现大件、低值可回收物及有害垃圾收、运全链条贯通。

（杨艳芳）

【停车位供给】 年内，区城管委依托《海淀区鼓励社会力量增加停车设施供给资金奖励办法（试行）》，在属地街镇支持下，充分调动社会力量积极性，通过立体化改造、拆违腾退、环境整治、空闲用地利用、设置道路停车位等方式，挖潜停车位5407个。组织各街镇统筹区域内居住停车收费道路和出行停车收费道路停车资源，为居民办理居住停车认证13720个。统筹推动公共建筑停车设施错时共享试点工作，完成错时共享停车62处，为居民提供停车位4053个，达成错时共享停车2141个，缓解停车供需矛盾和群众停车难问题。

（杨艳芳）

【道路大修项目管理】 年内，区城管委完成《海淀区城市道路桥梁大修管理规定》编纂工作。养路队参与中关村西区、黑塔路、卧佛寺西路、中关村南路、冷泉片区等58条路的检查工作，通过《大修检查报告》的方式及时通告监理和代建单位。对区属大修项目中关村西区、黑塔路、黑龙潭路等7项工程进行竣工验收，根据现场情况提出整改建议，督促监理单位监督施工单位进行整改，整改完成后进行复查，合格后进入质量保修期。更新绘制2020年海淀区道路分布图，包括32个街道及地区的区属道路、市属道路、街道管理道路、河湖道路、开发商管理道路、其他单位管理道路、无主道路共7大类，其中区属道路761条、长1664余千米。

（杨艳芳）

【道路中修项目管理】 年内，区城管委编制《北京市海淀区区管城市道路养护检查考核管理办法》《区属城市道路桥梁中修、零小修管理办法》等规定。组织并参与2020年中修工程共9项，从设计踏勘到施工过程中检查、到竣工验收全过程，总里程16.03千米，道路养护面积121143.31平方米，步道养护面积7186.96平方米。组织设计公司对9条道路进行前期调查，组织召开设计研讨会，最终确定方案。

在中修道路工程实施过程中，对工程进行共计49次检查，开具检查记录12张，针对具体存在的问题，多次与监理和施工单位沟通落实。

（杨艳芳）

【供热管理】 年内，区城管委推行供热服务考核工作。建立供热服务保障综合考核机制，重点考核服务质量和居民投诉情况，将考核成绩与供热补贴挂钩，打破供热补贴大锅饭，引导供热单位提高服务质量。将无煤化供热工作纳入区级供热一体管理，集中供热项目给予供热补贴，平房区供热服务质量标准参照居民楼房标准管理，确保室温不低于18摄氏度。海淀区集中供热总面积12164万平方米，其中居民7635万平方米，公共建筑4529万平方米，居民集中供热规模位居全市第二，约占全市的五分之一。全区有供热单位335家，区域锅炉房和换热站829座，锅炉房数量位居全市第一，约占全市的四分之一。居民供热投诉率持续低位，2019—2020年采暖季万平方米投诉率0.59个。做好供热应急抢修保障工作，出现险情，两支区属供热应急抢修保障队伍第一时间进行抢修保供热作业，确保供热平稳运行。

（杨艳芳）

【户外广告牌匾标识专项治理】 年内，按照市城管委统一部署，区城管委联合相关部门，开展违规户外广告牌匾标识专项治理，建筑物屋顶牌匾标识规范工作基本完成。屋顶牌匾标识规范16处、25块，账外拆除屋顶牌匾24处、46块。结合首都城市环境管理委员会环境办公室《关于组织开展违规户外广告设施执法查处工作的通知》工作要求，开展违规设施排查治理工作。市级下达的97处、166块违规设施基本全部完成治理。

（杨艳芳）

【公益广告管理】 年内，区城管委在利用公益宣传设施开展氛围营造基础上，动员辖区户外广告设施、夜景照明运行管理单位开展公益宣传，发布公益宣传画面近90幅，户外广告设施近600处。在疫情防控、垃圾分类、爱国卫生月、京范儿消费季等工作宣传中，发挥行业管理部门协调调度作用，组织户外广告运行管理单位配合开展宣传工作。

（杨艳芳）

【既有景观照明设施管理】 年内，区城管委组织开展既有景观照明设施隐患治理，完成14处建筑大修工作，累积检查建筑777处，消除隐患29处。出动人员3310人次，车辆1046辆次，对景观照明设施进行巡查，巡查里程约32180千米，景观照明亮灯约530小时。完成阜成路、万泉河路、长春桥远大路景观照明建设工作。

（杨艳芳）

【环境整治提升】 年内，区城管委完成环境建设、背街小巷、架空线入地、农村地区4类共144个环境整治提升任务。统筹组织1个市级、20个区级重点环境整治提升项目，完成4个市级达标大街建设。更新道路废物箱6000个。按照无私搭乱建、无开墙打洞、无乱停车、无乱占道、无乱搭架空线、无外立面破损、无违章广告牌匾、无道路破损、无违规经营、无堆物堆料创建文明街巷“十无一创建”标准，完成110条背街小巷环境精细化整治提升任务，其中精治类40条、达标类70条。完成99条背街小巷架空线入地工作；完成美丽乡村人居环境三年行动计划；完成落实中央环保督查整改。二里庄环巷获评“北京最美街巷”。

（杨艳芳）

【公共服务设施管理】 年内，区城管委完成268组公共服务设施问题整治，完成200条道路约3700件设施二维码安装，实现四环路以内道路设施二维码全覆盖。持续开展日常巡查管理工作，提高道路公共服务设施的科技化管理水平。

（杨艳芳）

【公厕品质提升改造】 年内，区城管委继续实施公厕品质提升改造行动计划，创新“移交管理权、不移交产权”工作模式，以137座公厕改造和农村旱厕改造为重点，推进厕所革命，改造完成公厕350座，实现全区旱厕清零。

（杨艳芳）

【城市清洁日活动】 年内，区城管委定期组织开展城市清洁日活动，牵头开展爱国卫生月、环境卫生月集中整治活动。全年开展城市清洁日活动43次，时间为每月最后一个周六，重点清理易燃垃圾，消除火灾安全隐患。清理暴露垃圾、堆物堆料、清除小广告，结合垃圾分类工作清掏果皮箱、垃圾箱，累计参加人员约31.78万人次，清理垃圾约1.14万吨，清除小广告约12.43万张。动员辖区单位6802个，出动作业人员88691人次，清理机关大院783个、街巷5043个、居民小区4717个，清理堆物堆料3741.54吨，配置垃圾桶19566个，清理白色污染20390.94千克，出动垃圾分类“桶前值守”12276人次。

（杨艳芳）

【国家卫生城区创建】 年内，区城管委围绕市容环境卫生创建指标，全面推进各项工作任务落实。提升道路保洁机械化作业能力，全区城市道路车行道“冲、扫、洗、收”新工艺作业率达到92%。开展市容环境整治，治理垃圾乱倒点位103个，清理暴露垃圾约5.6万吨，清理非法小广告约78.3万张。开展城市清洁日活动。提高公厕运维水平，申请财政专项资金约1078.05万元，更新30组移动公厕，移交区环卫中心运维管理。完成市容环卫创建档案8项内容228份文件资料的收集和整理。

（杨艳芳）

【两节景观布置】 春节元宵节期间，由区城市管理委牵头，会同各属地街镇共同组织开展全区节日景观布置工作。以中国红为主色调，营造“创新与传统、喜庆与祥和”的节日氛围，打造昼夜兼顾的节日景观效果，形成多元化、多层次、趣味性强、参与度高的节庆景观氛围。在160余条道路累计安装景观灯笼、中国结2.3万套，布置创新灯饰及树木挂饰，设置景观小品7处，区域亮化布置2处，过街天桥1座。

（杨艳芳）

【疫情期间城市道路保洁】 1月28日起，在疫情期间，区城管委严格按照标准规范，做好城市道路清扫保洁，不漏段、甩段，确保路面作业质量；道路两旁果皮箱及时清掏，避免出现垃圾满冒现象，每日开展消毒工作。对火车站、客运站、医院、商超市场以等人流密集场所周边、重点区域等进行消毒作业。

（杨艳芳）

【共享单车管理】 4月28日，区城管委约谈滴滴青桔单车公司，要求回收超投车辆，做好共享单车清运管理。7月至11月，区城管委会同海淀交通支队约谈美团摩拜、滴滴青桔共享单车公司、哈啰共享单车公司，要求回收超投车辆，做好共享单车清运管理；约谈芒果、小蜜共享电单车公司，按照《北京市非机动车条例要求》，退出海淀区运营。

（杨艳芳）

【环卫事企分离】 7月1日，区城管委与海淀区市政服务集团有限公司完成道路保洁业务划转及协议签订工作；海淀区养路队完成事企剥离，北京市时代市政工程有限公司划归北京市海淀区市政集团有限公司。

（杨艳芳）

【城市道路慢行交通数据采集】 7月14日至9月30日，区城管委完成海淀区域内市管道路慢行交通考核评价指标数据采集和数据审核工作，调查道路80条，总长度522千米。投资417万元，实施慢行系统建设72千米。

（杨艳芳）

【施工遗撒案件移送机制建立】 11月，区城管委建立施工遗撒案件移送机制。会同交通、属地街镇及环卫作业单位，协商制定处罚及应急清理赔偿方案，从源头解决问题。环卫作业单位第一时间追溯问题源头，形成案件线索闭环；城管委制作案件移送单至属地政府，由属地政府牵头处置，组织各相关部门对违规工地进行联合约谈，在严格查处的同时由遗撒单位缴纳应急清理费用。截至年底，通过案件移送机制共处理施工遗撒问题7次，追缴应急清理费用共86761.92元。

（杨艳芳）

【道路停车移动视频设备上线】 12月30日，道路停车移动视频设备正式上线，金沟河东路等10条道路启动移动电子视频技术开展电子收费。区城管委（交通委）对涉及的6个管理公司的停车管理员进行培训、多次对上线的10条道路进行现场检查。在道路停车电子收费工作中，探索应用新技术，通过与北斗、RFID等技术融合，实现对车辆行驶轨迹和车位坐标位置精准定位。

（杨艳芳）

环境卫生

【概况】 2020年，海淀区环境卫生服务中心（简称区环卫中心）所属基层单位13个，主要负责道路清扫保洁，生活垃圾（含餐厨垃圾）收集、清运、转运，公厕管理、粪便清运和处理。负责清扫保洁道路212条、立交桥45座、广场绿地6个、地下通道32座，过街天桥174座，道路总长度为429.68千米、总面积1545.82万平方米，绿地保洁面积369.05万平方米，机扫面积850.24万平方米，机械清扫率达95.66%。道路机械清洗面积846.14万平方米，车行道道路冲刷面积841.24万平方米，步道冲刷面积117.19万平方米。维保公厕806座，其中二类以上公共卫生间476座，达标公厕304座，三类公厕26座；全年粪便作业清运量38.11万吨，粪便集中处理率100%。维保垃圾站数量为3838座，其中255座密闭式清洁站、354座桶站、78座活动箱站、1759座厨余垃圾站、1416座餐厨垃圾站，清运垃圾85.37万吨（含其他垃圾69.1万吨、厨余垃圾9.38万吨、餐厨垃圾6.56万吨，保洁土0.33万吨）。处理"接诉即办"案件3128件，非权属退回1622件，处置回复1506件，处理区城市服务管理指挥中心信息平台网格化案件1405件，所有案件响应率100%。各作业单位在重点区域、重点道路实施严格规范的作业工艺，增频步道冲刷、道路清洗、洒水降尘措施，人工保洁延时作业至24时。完成各类临时性保障任务65次，保障120天。通过国家卫生区的创建和文明城区建设复检工作。区环卫中心获2019年度首都城市环境建设样板单位、"感动海淀"文明集体等称号。

（周丽媛）

【北京绿海能环保有限责任公司】 是海淀区国资委监管的一级国有企业，负责海淀区建筑垃圾循环利用综合处置项目、海淀区循环经济产业园餐厨厨余垃圾处理厂项目、厨余垃圾就地处理项目、六里屯生态修复项目等海淀区垃圾终端处理设施建设及运营工作。2020年11月16日，绿海能成立

2月29日，北京绿海能环保有限责任公司的餐厨废水三相分离系统（王娜 摄）

全资子公司——北京海能环境治理有限公司，开展厨余垃圾处理终端产品销售及建筑垃圾、动力电池、土壤修复项目的专业经营及运营管理等业务。

海淀区循环经济产业园餐厨厨余垃圾处理厂。全年处理餐厨厨余垃圾总量11.77万余吨，其中餐厨垃圾近6.45万吨、厨余垃圾5.32万吨，生产土壤调理剂近1.46万吨，生产工业用粗油脂1322.54吨。处理总量比上年增长18.78%。完成项目设备增量改造提升工作，完成第二阶段系统性能测试工作。开展混合应急处理线建设，与业内企业共同研发适用于家庭园艺植物培植的微生物有机肥“花粮”和土壤调理剂产品。

海淀区建筑垃圾循环利用综合处置项目。位于苏家坨镇大工村，占地约11公顷。项目设计年处置100万吨建筑垃圾（其中建筑垃圾89.8万吨、装修垃圾3万吨、炉渣约7.2万吨）。设置2条处理线，一条处理建筑垃圾，一条处理炉渣。进行项目“多规合一”、项目可研调整等手续办理，开展桥梁桩基勘探、穿河管线洪评、迁坟及外围配套河道治理工程、道路工程、市政配套管线工程建设工作。

厨余垃圾就地处理项目。完成西北旺镇青棠湾2吨液化处理项目建设工作，7月28日投产。截至12月31日，累计处理厨余垃圾142.8吨，日平均处理1.1吨/日。完成北京林业大学6吨液化处理项目建设及设备安装调试工作。

六里屯生态修复项目。项目通过对六里屯垃圾填埋场进行环境改造与推进再利用，实现填埋气体收集处理、渗滤液收集导排、快速导排雨水、垃圾封场堆体稳定，建成生态公园，增加绿量。年内完成项目专家评审、风险防控工艺方案征集等工作，并委托市政设计研究总院编制项目实施方案。

厨余处理厂项目。项目设计规模为800吨/日，设置三条生产线，每条线处理能力为250～300吨/日。年内开展项目技术工艺论证及申报海淀区政府投资建设储备库工作。

垃圾分类。公司完成上庄镇25个点位分类驿站及投放点位布置、分类方案编制，公示牌、地面指导线制作。完成苏家坨镇垃圾分类巡查方案制定及强制单位垃圾分类巡查合同签订，并开展垃圾分类培训等工作。

（刘燕）

【北京市超环海城市环境服务有限公司】 2020年7月，进行事企剥离，由区环卫中心划入海淀市政集团。12月，经股权划转、改制，北京市超环海经贸总工会更名为北京市超环海城市环境服务有限公司。

业务拓展。中标区城市管理委员会“上庄大街道路清扫保洁项目”，中标合同金额339.6万元。参与北京市市级行政事业单位2020—2022年度物业定点服务政府采购项目备案项目电子投标，取得资格。中标区城市管理委员会“马北路道路清扫保洁项目”，中标合同金额724.98万元。12月10日，中标区圆明园管理处“圆明园保洁社会化服务”项目，中标合同金额397.5万元。

重大任务及应急任务。完成保障任务7次，应急抢险任务3次。对所辖作业区域和管理区域开展全面的定期和不定期安全检查20次，发现问题10处并全部整改完毕。

（赵玉辰）

【北京市海环佳兴科技发展有限公司】 2020年7月，进行事企剥离，由区环境卫生科学研究所划入海淀市政集团。12月，经股权划转、改制，更名为北京市海环佳兴科技发展有限公司。

2020年，在稳定原有业务（万寿路垃圾分类监理项目、万寿路城市管理服务项目）同时，逐步恢复招投标业务，承接海淀市政集团比选、竞争性谈判、招投标等。与北京陇兴集源石油有限公司达成合作意向并签订框架协议。初步达成万寿路街道2021年垃圾分类、城市管理服务、农村户厕改造技术咨询项目以及资产盘活合作共赢项目意向。

（赵玉辰）

【北京市海淀环境工程有限公司】 北京市海淀环境工程有限公司是北京市海淀区市政服务集团有限公司（简称海淀市政集团）的全资子公司。2020年6月，由北京市海淀区环境卫生服务中心原四所独立法人清扫保洁单位整合组建而成。完成海淀区域内255条道路、作业区域横跨海淀南北1539.8万平方米的清扫保洁任务。

中标区管委招标的景天路等39条道路清扫保洁服务项目，中标金额207.4万元。确立试运行作业体系，确保完成占地107.5万平方米道路的日常作业任务。结合中关村西区商务区、万柳生活区、世纪坛京西宾馆政务区、玉泉山重点区域特殊地位，采取“以道路清扫、冲刷洗地、步道新工艺为主，人工快速保洁为辅”的全新作业模式，打造具有海淀特色的模范标杆精品区。完成道路遗撒、大件垃圾清理等临时性工作任务1352次，清理垃圾渣土数量300余吨，清除小广告约4万张。完成重大政治活动和节日期间的保障工作40余次。完成海淀文明城区复查测评任务，达到创建国家卫生区迎检指标。

（赵玉辰）

【疫情防控】 年内，区环卫中心制定《新冠肺炎业务防疫工作方案》，对密闭式清洁站、公厕、环卫车辆在疫情期间的工作规范和消毒消杀方法进行全面部署，确保公厕每日消杀4次（重点地区6次），密闭式清洁站每车垃圾消杀1次。对密闭式清洁站、公厕、大型环卫设施开展新冠疫情防控专项检查300余次，提示整改问题46个。负责海淀区集中医学观察点垃圾清运任务，对接隔离点位32个，出动清运车辆300余车次，出动作业人员1300余人次，清运医学观察点垃圾251吨。为四季青绿馨家园核酸检测点位提供2部拖挂式公厕和2组单体临厕的保障服务，并负责场内保洁和垃圾清运工作；为青龙桥街道、永定路街道等单位的核酸检测点位提供10余次公厕保障服务。

（周丽媛）

【垃圾分类】 年内，区环卫中心配合城管委构建垃圾分类投放、收集、运输、处理体系，充实细化垃圾分类系统中的运输子系统，提质分类运输软硬件管理，对大系统起到坚实的支撑作用。自4月22日开始，启动点位对接工作，100%对接全区29个街镇的2107个垃圾分类小区，与3300余家餐饮企业签订餐饮单位厨余收运服务合同1302余份，每日清运其他垃圾1888吨，厨余垃圾256.71吨，餐厨垃圾179.73吨。配合做好“城市大脑”全流程排放登记系统建设，在密闭式清洁站、压缩式垃圾车和厨余垃圾车上安装身份识别和称重系统，实现其他垃圾和厨余垃圾的精确计量和可追溯管理。每日统计数据，测算各街镇厨余垃圾分出量、其他垃圾产生量、各街镇的垃圾分出率，为全区垃圾分类工作决策提供基础数据。

（周丽媛）

【农村人居环境整治考核验收】 年内，区环卫中心负责农村人居环境整治考核验收的迎检工作。成立迎检专项工作小组，结合《北京市农村地区人居环境整治考核验收评分标准》，对管理的农村地区垃圾站点、公厕进行排查梳理，建立专项整治台账。根据前三批验收工作涉及的6个镇41个村的具体点位，开展环境整治和设施改造提升。以4+8+X检查体系为依托，加大环卫设施的检查整改力度，确保在迎检前完成区环卫中心相关设施、台账点位的整改工作，保障垃圾收运及公厕管理体系的正常运转。通过北京市农村人居环境整治市级考核验收。

（周丽媛）

【环境应急保障】 年内，在重大活动、节日期间，区环卫中心制定环境保障工作方案和应急预案，要求各清扫保洁作业单位实时启动保障方案，完成全国两会、中央市区领导视察路线环境保障、中非论坛等重大活动以及重大节日期间的环境保障共计120天，各类临时性保障任务65余次。开展冬季扫雪铲冰作业4次，夏季防汛作业3次，应急清理道路遗撒和盗卸垃圾1883处。

（周丽媛）

【环卫体制改革】 2月20日，区委全面深化改革委员会第九次会议和4月21日区长专题会研究决定，成立海淀区市政服务集团有限公司（简称海淀市政集团），区环卫中心所属企业超环海公司和海环佳兴公司以及下属一队、二队、三队、机扫队承担的道路环卫作业全部划转至海淀市政集团，油料供应管理站划转至海淀市政集团，涉及的事业单位在编人员根据自愿选择进入海淀市政集团或留在事业单位，编外职工随业务全部进入海淀市政集团。7月1日，区环卫中心道路作业职能划归至海淀市政集团，编外人员按照人随事走、编内人员自愿选择以及资产随业务划转原则，区环卫中心共有1517人调转至海淀市政集团。

（周丽媛）

【公厕品质提升改造】 5月3日，按照区政府三年完成厕所革命的要求，区环卫中心负责的255座公厕服务品质提升项目完成预算评审。7月7日，取得公厕革命施工、监理、项目管理、公厕租赁、设备采购的政府采购项目执行通知书。9月26日至10月14日，完成所有招标项目的评标工作。至年底，完成第一批47座公厕改造任务并全部投入使用。完成29座模块化移动公厕的更新设置工作，已全部投入使用。区环卫中心对街镇改造旱厕进行指导、验收和接收，接收、管理改造完成公厕290座。

（周丽媛）

【中央环保督察件办理】 9月，区环卫中心接收中央环保督察组提出的公厕、粪便消纳站等案件8件，其中关于四季青粪便消纳站5件（含1件重点案件），公厕1件，垃圾站2件，均为协办案件。环卫中心督促运行方做好除臭设备升级及维护，逐一排查异味产生根源，采取针对性的治理措施，工程改造完成。公厕和垃圾站方面的问题均为噪音、异味扰民，区环卫中心完成整改。

（周丽媛）

城市管理综合执法

【概况】 2020年7月1日，根据《北京市人民政府关于向街道办事处和乡镇人民政府下放部分行政执法职权并实行综合执法的决定》，原由城管执法部门行使的市政管理、园林绿化管理、环境保护管理、施工现场管理、停车场管理、交通运输管理、食品摊贩管理等方面和对流动无照经营、违法建设、无导游证从事导游活动等行为的全部行政处罚权、行政强制权和原由城管执法部门行使的市容环境卫生管理、公用事业管理、能源运行管理等方面的部分行政处罚权、行政强制权共计393项，下放至街道办事处和乡镇人民政府，并以其名义相对集中行使。石油天然气管道保护的行政检查权由城管执法部门和街道办事处、镇人民政府共同行使，行政处罚权仍由城管执法部门行使。截至12月31日，城管执法部门行使市容环境卫生管理、公用事业管理、能源运行管理等方面的部分行政处罚权、行政强制权共计134项。

海淀区城市管理综合行政执法局（简称区城管执法局）完成区政府临时授权城管执法局负责7大领域企业以及7小门店复工复产防疫检查工作。现场检查各类场所14.1万家次，收集企业自查反馈情况418149家次，发现3733家企业存在问题，公示疫情防控检查中不合格单位1253家，贴出全市第一张“企业复工复产疫情防控落实检查结果不合格公示单”，对不合格单位均现场责令整改。拍摄疫情防控纪实音乐短片《城管去哪儿了》，开展防疫主题文艺创作，营造防疫文化氛围。组织机关4个党支部对青龙桥街道的20个社区的54个小区开展全覆盖督导检查。

发挥区治理违法建设领导小组办公室（简称治违办）、区城管执法协调领导小组办公室（简称协调办）的职能作用，推进环境秩序综合治理工作，着力打造安全、整洁、有序、舒适的城乡环境。立案查处各类违法行为5.3万余起，罚款1986.9万元；核验销账违法建设137.6万平方米，腾退土地面积136.7公顷，提前完成市折子工程任务，实现市折子任务核验销账“场清地净”、拆除违法建设和腾退土地“双达标”。

（王淑凤）

【违法建设治理】 年内，区城管执法局按照“摸底数、控增量、减存量、提质量”的工作思路，拆除苏家坨镇大护国保安寺文物遗址、曙光街道鲁园上河村违建健身会所等一批重点点位违法建设，拆除违法建设137.6万平方米，腾退土地面积136.7公顷，实现新生违法建设“零增长”，实现市折子任务核验销账“场清地净”、拆除违法建设和腾退土地“双达标”。

（王淑凤）

【“基本无违建”创建工作】 年内，区城管执法局推进市级“基本无违法建设”街道创建工作，完成市严厉打击违法用地违法建设专项行动指挥部办公室下发的98218个手续待核查类图斑的分类处理、分类举证认定工作，建筑面积18894595.79平方米。

（王淑凤）

【占道经营违法行为治理】 年内，区城管执法局立案处罚占道经营违法行为10507起，罚款145.5万元，213处挂账重点点位均已销账，无新增挂账重点点位。12345热线占道经营类举报环比下降，占道经营违法行为实现“动态清零”。

（王淑凤）

【生活垃圾分类执法检查】 年内，区城管执法局开展6个波次的生活垃圾专项执法行动，检查各类单位11.2万余个，批评教育4193起，责令整改4002起；立案3078起，罚款256.3万元。

（王淑凤）

【大气污染防治攻坚行动】 年内，区城管执法局会同区城管委、区住建委、区生态环境局、海淀交通支队等部门开展大气污染防治攻坚行动，立案查处施工管理类案件647起，罚款463.3万元；立案查处渣土运输类案件1237起，罚款202.6万元。

（王淑凤）

【燃气专项整治】 年内，区城管执法局开展“蓝盾一号”燃气专项整治行动和“应急宣传进万家”活动，查处违反燃气安全违法行为412起，罚款26.9万元。

（王淑凤）

【城管文化建设】 年内，区城管执法局设立“城管文化墙”，分为“党建引领”和“文艺园地”两个版块，集中展示城管队员原创文艺作品；以海淀城管党员干部抗疫期间的突出事迹为创作蓝本，拍摄疫情防控纪实音乐短片《城管去哪儿了》，被住建部“大城管”公众号、“学习强国”App、中国新闻网、北京时间、《北京日报》、首都之窗等媒体平台转发，点击率超过20万次。以社区防疫、垃圾分类等工作为创作背景，拍摄实战情景诗演诵《海淀日记》，用诗话语言，还原海淀党员深入社区参加疫情防控、参与规范垃圾分类的工作场景。

（王淑凤）

【群众诉求案件办理】 年内，区城管执法局处理各类举报案件1903件。其中受理城管热线案件1819件，包含占道经营类案件592件，违法建设类案件232件；受理“接诉即办”直派案件42件；受理区网格化平台指挥中心上报类案件42件。接待来电来访群众41批次、63人次，开展矛盾纠纷排查化解工作16次。区城管执法局承办的海淀区综合考核涉及的案件办理均为满分。

（王淑凤）

【街镇执法人员培训】 年内，区城管执法局与区司法局合作，对街镇执法人员开展专题培训，开展各类现场指导、案卷评查、经验交流等活动40余次，发放法规文件1500余册，保证各项法律法规的具体落实、正确实施。梳理城管部门下放的393项职权，编辑典型案例供街镇在执法实践中参考使用。调整535名执法队员信息，组织87人完成执法资格考试。

（王淑凤）

【疫情防控交通保障】 年内，海淀区新冠肺炎疫情防控领导小组交通保障组（简称交通保障组）由区城管委（交通委）牵头组织协调，负责公共交通疫情防控工作。交通保障组协调联动、配合铁路、地铁、公交、交通枢纽等单位联防联控，牵头交通保障组各成员单位，将清河站、公交集团、地铁公司、京港地铁、公联公司等公共交通行业企业单位的疫情防控工作纳入督促检查范围，督促落实交通枢纽场站公共区域和公交地铁车厢通风消毒，以及轨道交通乘客体温检测等措施；做好对高铁车站、交通枢纽、公交地铁等地区交通疏导、管控和疫情处置。宣传推介定制公交服务，42条定制公交线路累计向中关村、上地等企业聚集地区运送乘客14971人次。推动新技术新产品应用，在清河站和部分地铁站设置AI智能测温系统，实现对大流量人群进行快速高效体温检测，快速排查出疑似高热人群。运用高科技产品，引导车辆有序到达清河火车站，防止车流客流过于集中，避免客流聚集和交通拥堵。辖区内部分大客流地铁站和枢纽接驳车站采用非配合式热成像测温仪进行测温，对大流量人群进行快速高效检测。通过高德地图地铁客流查询功能，实时监控地铁站点客流满载情况。

（交通保障组）

【随意倾倒建筑垃圾案件查处】 4月23日，区城管执法局查处全市首例疫情期间随意倾倒建筑垃圾案件。该案件发生在西四环北路南向北辅路定慧桥桥下，违法当事人北京瀚腾清洁服务有限公司主要从事社区清运生活垃圾业务，公司雇佣的司机私自拉运建筑废弃物并随意倾倒，致使约45平方米人行步道通行受阻。区城管执法局通过非现场执法手段，经调查视频监控，准确定位违法车辆，回溯查找主责单位，健全执法取证链条，按照《北京市市容环境卫生条例》中“违反规定倾倒建筑废弃物”予以查处，罚款4万元整，并责令清理完毕。

（王淑凤）

【擅自改变绿地性质和用途案件查处】 6月30日，区城管执法局查处北京寅丰房地产开发有限责任公司（简称寅丰公司）擅自改变绿地性质和用途案件，认定寅丰公司的行为违反《北京市绿化条例》第五十七条第一款的规定，属于擅自改变绿地性质和用途的行为；责令寅丰公司在属地街道找到可替代停车空间后，恢复公共绿地性质和用途，作出处以罚款6382732.5元的行政处罚决定。7月14日，寅丰公司完成罚款缴纳。2019年11月8日，区城管执法局接区委督查室“关于落实清林苑小区绿地整改情况”的公文批办单，遂委托学院路街道城管执法队落实此案。同日，学院路街道城管执法队至清林苑小区进行现场检查，确认清林苑小区东侧停车场面积为4727.95平方米，寅丰公司为停车场建设单位，其行为涉嫌违反《北京市绿化条例》第五十七条第一款之规定，遂予立案调查。2019年11月12日至2020年6月23日，学院路街道城管执法队调查查明：2001年5月22日，寅丰公司与海淀区园林市政管理局（由海淀区园林市政管理局行使的关于绿地认建认养的职权已由海淀区园林绿化局承接）签订《寅丰房地产公司代征绿地认建认养协议书》，寅丰公司认建认养位于海淀区清河窑洼村双泉堡住宅小区东西侧公共绿地，2002年至2003年间出资聘请北京市新海园林工程有限公司将上述部分公共绿地建设为停车场。2013年1月30日认建认养期限届满后，寅丰公司亦未将上述停车场恢复公共绿地的性质和用途，也未交还给海淀区园林绿化部门进行养护管理，仍作为小区停车场使用。认定寅丰公司的上述行为违反《北京市绿化条例》第五十七条第一款的规定，属于擅自改变绿地性质和用途的行为。

（王淑凤）

【393项职权下放街镇】 6月30日，区政府印发《关于街镇综合行政执法系列文件》，明确区城管执法局是街镇综合行政执法工作的业务主管部门。自7月1日起，原由城管执法部门行使的393项行政处罚权、行政强制权下放至街道办事处和镇人民政府，并以其名义相对集中行使。

（王淑凤）

电力供应

【概况】 2020年，国网北京海淀供电公司（简称海淀供电公司）架混线路260条，总长1366千米；电缆线路1144条，总长7063千米。配电自动化覆盖率100%。实现全年安全生产无事故目标，累计安全生产长周期5254天。完成售电量148.68亿千瓦时，比上年下降1.20%；综合线损率实现1.92%，实现内部利润7.18亿元。

（左若冲）

【优化电力营商环境】 年内，海淀供电公司打造优化营商环境典型案例6项，服务“三零”[①]项目2536户，压减“三省”[②]平均接电时长至16个工作日，客户投诉、多户报修数量分别下降64.56%、28.7%。拓展线上服务渠道，“网上国网”App累计注册15万户，绑定14.69万户，线上办电完成率达99.93%。完善首都体育馆北京2022年冬奥会测试赛保障措施，提前完成配套过渡电源发电。开展“煤改电服务日”宣传，做好电采暖外电源情况梳理及隐患排查，确保用户安全温暖度冬。完成1234个台区、19.8万户电表模块升级改造任务，采集抄通率提升至99.96%，购电下发平均时长降至1.72分钟。

（左若冲）

【电力安全生产】 年内，海淀供电公司开展现场检查2429次，下发各类违章通知单25张，现场作业不规范行为和习惯性违章得到有效管控。针对季节性气候特点，制定差异化防火措施，开展专项检查76次。分析预测电网负荷趋势，调整运行方式240次，发布三轮风险预警127次。加强输电线路信息化监控，升级改造配网自动化设施，输电通道保持“零故障”，配网故障次数、停电时间分别下降15%、54%。应对全国大范围寒潮等极端恶劣天气，电网经受住迎峰度夏和308.2万千瓦冬季历史最大负荷考验。完成重大保电任务120项、342天。

（左若冲）

【电网建设】 年内，海淀供电公司加快提速“三年强网”[③]战略攻坚，建

12月12日，海淀供电公司对首都体育馆变电站进行发电前综合检查（王洋 摄）

① 低压客户报装接电“零上门、零审批、零投资”。
② 10千伏临时用电“省力、省时、省钱”。
③ 计划用2019—2021年三年时间，坚持保障冬奥主要目标，发挥海淀电网规划“一张蓝图”引领作用，以现状电网“卡脖子”薄弱环节及突出问题为导向，建立多专业高效协同平台，“制度、标准”双重体系保障，三个试点区域高可靠先行，打造海淀“安全可靠、智能灵活、绿色低碳、经济和谐、泛在物联”的高品质智慧电网。

立“区、街镇、电力”三方规划联动机制，推动规划22座变电站纳入海淀区“十四五”电网发展布局，规划100座变电站25.73万平方米用地指标纳入2035年地区规划及街镇单元指引。中关村科学城北区智慧电网工程列入地区智慧城市专项规划和发展行动计划重大项目清单，新增落实创新园变电站北侧U12指标6000余平方米能源中心站建设用地，前期工作进展大幅推进。首都体育馆工程12月22日投产，完成冬奥配套。220千伏玉渊潭及配套切改，110千伏稻香湖、庄皇迁改、西山—闵庄线路工程竣工，主网项目投产数量为“十三五”以来最多。解决88个小区、7.27万户居民供电能力不足、设备故障频发等问题，全部106项工程按期完成决算转资。

（左若冲）

【电力基础管理】 年内，海淀供电公司清查资产和设备卡片5.86万张，延寿使用有效资产4414.81万元。完成转资248项、18.9亿元，其中竣工决算各渠道外部资金工程151项、9.2亿元。64项、6.9亿元长期挂账工程实现见底清零。深化线损典型案例分析，加强问题销项闭环管控，提高专业协同治理效率，分线、分台区线损合格率分别达96.27%、97.67%，综合线损率实现1.92%，位列北京公司第二。追补电费及违约金共计684.15万元，电费回收率完成100%。

（左若冲）

【疫情电力保障】 年内，海淀供电公司在海淀区初期疫情和6月突发聚集反弹阶段，保障定点医院、隔离场所、核酸检测机构等48家防疫重要用户和城市电力运行。执行阶段性降低用电成本等各项措施，减免地区企业电费成本约3.41亿元。

（左若冲）

【智慧能源建设】 7月，海淀供电公司与海淀区城市大脑专班签署合作协议，成为首家独立开展智慧能源版块建设的企业单位。10月，与区政府签订中关村科学城北区组团第一批6项输变电工程投资划分协议，在每年持续提供4亿元电力配套资金基础上，再增加电力专项配套4亿元。12月4日，智慧能源版块上线，为区政府提供决策支撑。促成国网北京市电力公司与区政府签署《关于建设海淀区国际领先的能源互联网合作框架协议》。

（左若冲）

气象

【概况】 2020年，海淀区气象局承担并完成市政府折子工程任务1项，区委、区政府重点工作任务1项。完成北京2022年冬奥会重点工程京张高铁清河站、杨柳飞絮气象条件预测、2020年春运气象服务、中（高）考、中关村论坛等气象服务保障任务20余次。组织2020年度海淀区气象信息员表彰暨业务培训会。北京市自然科学基金项目《北京市海绵城市渗透调蓄技术干预下的降雨径流和渗流模拟与机制分析》结题并通过验收。“智慧海淀”项目《海淀区人工智能气象预报预警服务》第二阶段服务期成果通过验收。启动2021年自然灾害综合风险普查准备工作，协助开展全国综合减灾示范社区评审，落实冬奥属地保障、蓝天保卫战、安全风险形势重点专项任务。

开展执法检查203次，其中防雷安全执法125次、施放气球执法巡查66次、人工影响天气执法2次、气象信息服务执法5次、气象预报发布与传播执法3次、气象设施与气象探测环境保护执法2次。办理施放气球类一般程序行政处罚1件。办理行政审批5件，其中防雷装置设计审核3件，防雷装置竣工验收1件，施放气球活动审批1件。

发表论文7篇，其中1篇获北京市气象局第六届基层综合业务技术交流研讨会优秀论文二等奖。设计制作的《气象预报有章法非法发布要受罚》普法动漫获全国气象部门法治动漫微视频征集评选一等奖、获北京市法治动漫微视频作品征集评选动漫类三等奖，《海淀气象防灾减灾云课堂》获中国气象学会第十一届全国优秀气象科普作品三等奖。

区气象局通过“全国文明单位”复查保留称号。1人获全国气象部门优秀党务工作者称号，1人获全国气象部门优秀党员称号，1人获北京市“应急先锋·北京榜样”周榜和月榜人物，1人获北京市气象局颁发的北京市青年气象之星。

（史辰）

【“十三五”时期气象工作】 “十三五”时期，海淀区气象工作完成8个方面工作。气象台站建设改造：区政府投入3000余万元支持台站建设，打造精细气象服务“海淀模式”。监测体系更加完善：闪电定位仪、毫米波测云仪、微波辐射计、拉曼米激光雷达等新型观测设备落地；打造中关村核心区梯度观测网；建立“翠湖生态观测试验基地”。预报能力不断提升：应用人工智能机器学习和大数据等前沿技术，建设开发“海淀区人工智能预报预警服务平台”，实现海淀区内未来2小时逐6分钟的降水精细预报和分辨率为1千米的大风预测模型，强对流天气预警平均提前量达到76分钟。预警信息智慧发布：完成“海淀区预警信息发布平台项目”建设，实现200块违章拍显示屏、435块社区公共信息发布显示屏、微博、微信等多种预警信息一键智慧发布。精细服务：做好定时、定点、定量预报服务，构建特色鲜明、服务精细的气象服务“海淀模式”。科技创新：引进人工智能进驻业务应用提高降水预测准确率，降水、大风预测产品无缝对接城市网格管理体系；牵头推动“海淀区降水决策信息共享系统”“海淀菜篮子气象服务保障项目”建设；获批气象灾害国家重点实验室项目、市自然基金项目、市气象局科技项目等，获6项软件著作权，10余篇科研文章发表。重大活动气象保障：高质量完成国庆70周年庆祝活动、中关村论坛、中高考等重大活动，冬奥重点配套工程“京张高铁”清河站等重点

5 月 22 日，区委常委、常务副区长李俊杰（前排右二）到区气象局调研（北下关街道 供图）

工程保障任务，完成年度汛期气象服务保障任务，重大活动气象服务满意度 100%。依法行政：完成市地标项目《公共场所气象灾害警示标志设置规范》；编制《基层雷电灾害防御指引》《海淀区加油站、液化气站等易燃易爆场所雷电灾害防御 12 个得知道、12 个要注意》《海淀区学校防雷安全工作须知》，在全国气象部门推广；创新开展“互联网 + 监管”，基层执法办案能力不断提升，防雷安全行业监管成效显著，区气象局获 2018 年“北京市区级行业部门安全监管示范单位”称号。

（史辰）

【疫情防控专项气象服务】 疫情期间，区气象局重点对全区室外核酸检测站点开展未来 3 天逐 6 小时精细化天气预报，实时跟进持续高温、强降雨等预警服务信息，发布服务保障专报 28 期。在新发地市场受疫情影响暂时关停期间，依托“菜篮子气象服务保障系统”，提供重点蔬菜供应基地运输线路气象情况，精准气象服务助力首都菜篮子保供应，发布专报 37 期。精细服务助力疫情防控做法，得到市气象局领导肯定，并在全市各区气象局推广。

（薛志磊）

【公众气象服务】 年内，区气象局以原创气象科普文章为主，聚焦防汛重要节点、高影响天气、二十四节气文化等，“海淀气象”微信公众号发布 134 篇，其中 2 篇被“北京海淀”“文旅海淀”转载。打造“海淀气象”科普品牌；微博海淀气象正式通过“企业蓝 V”认证，发布以高影响天气过程、中高考、疫情应对气象预报服务信息等相关微博 204 篇。

（史辰）

【重大气候事件】 年内，海淀区出现大雪、大风、强对流天气 3 种重大气候事件。大雪：受持续的低层偏东风和短波槽的影响，2 月 5 日 09 时 30 分至 6 日 16 时，普降大雪，北部街镇局地暴雪。此次降雪持续时间长，累计雪量大，降雪相对集中的特点。累计降雪量全区平均 6.3 毫米，最大北安河 11.7 毫米，其次凤凰岭 9.4 毫米，平原积雪深度 7 ~ 8 厘米，高山积雪深度 9 ~ 15 厘米。大风：受冷空气影响，2 月 21 日 12 时至 22 日 08 时，出现大风天气，全区 15 个站中阵风风力最大北安河 9 级（22.3 米 / 秒，21 日 23 时 59 分），凤凰岭达 8 级；受较强冷空气影响，3 月 18 日至 19 日，出现最强大风天气，并伴有短时扬沙。全区 15 个站中阵风风力最大海淀本站 9 级（23.2 米 / 秒，18 日 17 时 03 分），北安河、闵庄、翠湖湿地、车道沟达 9 级，其余站点 7 到 8 级，伴有扬沙。全区 15 个站中阵风风力最大北安河 9 级（23.7 米 / 秒，11 日 18 时 30 分），车道沟达 9 级，凤凰岭、闵庄达 8 级，海淀公园、永丰中学、香山、翠湖湿地、上庄、五棵松达 7 级（有自动气象站的地名）。受高空槽和偏东风影响，5 月 21 日 15 时至 17 时，出现雷阵雨天气，短时雨强较大，雷电活动强烈，并伴有分散性小冰雹。厢红旗路御园公共设备受雷击损坏 2 块门机板。15 时 50 分魏公村出现小冰雹。强对流天气：受冷空气和偏南暖湿气流的共同影响，7 月 2 日至 3 日，出现大雨，局地大暴雨，此次降雨具有持续时间较长、沿山及山后四镇累积雨量大、短时强降水特征明显的特点。2 日 08 时至 3 日 07 时，降雨量全区平均 40.3 毫米，排名前三的站点为凤凰岭 122.4 毫米、苏家坨（水文）110.0 毫米、五七水库（水文）92.0 毫米。最大小时雨强海淀公园 41.1 毫米，出现在 3 日 00—01 时；累计降水量超过 100 毫米站点 2 个，超过 70 毫米站点 7 个，超过 50 毫米站点 15 个。受副高外围偏南暖湿气流和高空槽共同影响，8 月 12 日 12 时至 13 日 08 时，自南向北出现大暴雨，呈现出暴雨覆盖面广，降雨极端性强，强降雨时段集中的明显特征。其中 12 日 20 时至 13 日 01 时为强降雨集中时段。累计降雨量全区平均 123.1 毫米，排名前三站点为：四季青（水文）165.0 毫米、香山干休所（水文）163.0 毫米、清河火车站（水文）158.6 毫米，全区气象水文共享 52 个站点中超过 130 毫米的站点 27 个，超过 100 毫米的站点 48 个。最大小时雨强清河火车站（水文）85.1 毫米（时间 12 日 21:55—22:55）。

（牛敏　李春玲）

【气象科普】 年内，区气象局结合疫情防控形势，以线上宣传为主要形式，在“3•23”“5•12”等主题宣传日活动中，推出“3•23 海淀气象 VR 云游开放日”等“花样云端气象科普”系列产品，用户访问量 400 余次。原创“海淀气象防灾减灾云课堂”科普视频，在新浪微博“气象北京”、抖音“悦天气”同步直播。围绕雷与电、雷电灾害的分类等内容，采取在线访谈、网上知识竞答等形式，面向社会公众，普及气象科普知识，点击播放 600 余次。

（史辰）

【海淀区气候概况】 年内，根据海

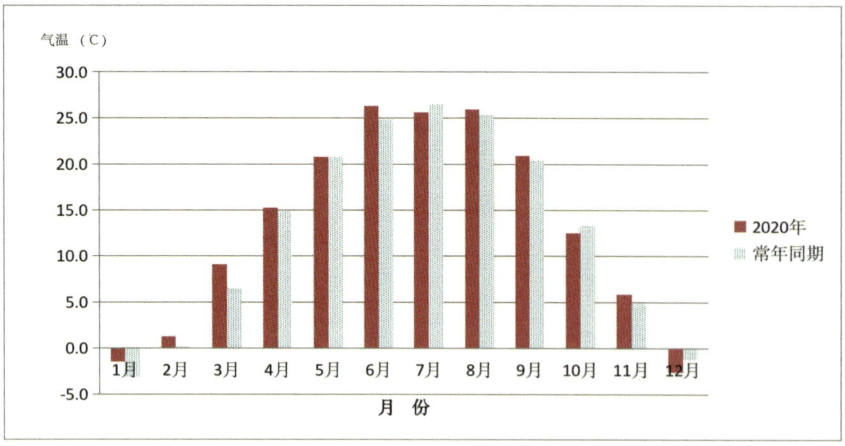

2020 年海淀区月平均气温及常年同期比较图

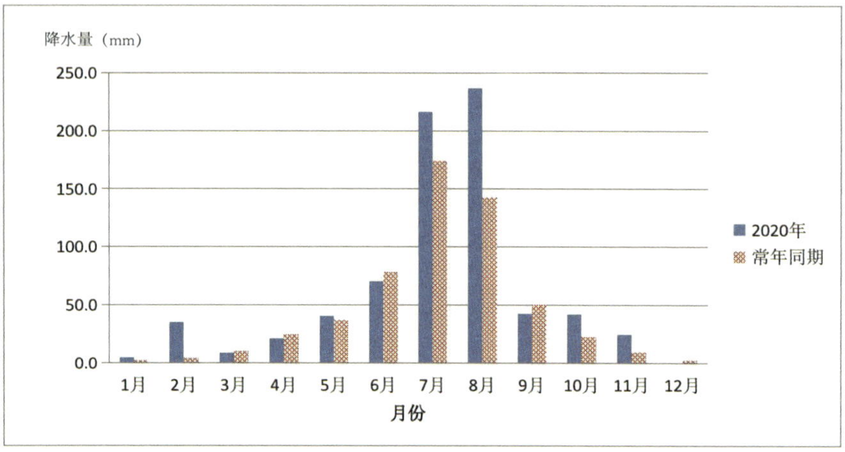

2020 年海淀区月降水量及常年同期比较图

淀国家气象观测站数据统计，全区日平均气温为 13.3℃，比常年平均气温（12.8℃）偏高[①]。年极端最高气温 37.8℃，出现在 8 月 4 日；年极端最低气温为 –12.8℃，出现在 12 月 30 日。高温日（气象上，将日最高气温 ≥ 35℃定义为高温日）数 12 天，比常年（9 天）偏多。降水量 704.4 毫米，比常年（557.5 毫米）偏多近 3 成，较 2019 年（502.7 毫米）偏多 4 成。其中 2 月降水量 35.1 毫米，比常年（4.1 毫米）明显偏多 8 倍，为 2 月降水量历史最高值。暴雨日数 3 天，最大日降水量为 101.6 毫米，出现在 8 月 13 日。年日照时数 2183.3 小时，比常年（2480.8 小时）偏少 297.5 小时。春季（3 月至 5 月）平均气温为 15.0℃，比常年平均值（14.0℃）偏高；降水量为 70.0 毫米，接近常年平均值（72.2 毫米）。夏季（6 月—8 月）平均气温 25.9℃，接近常年平均值（25.5℃）；降水量为 523.3 毫米，比常年平均值（394.5 毫米）偏多 3 成。秋季（9 月至 11 月）平均气温 13.1℃，接近常年平均值（12.8℃）；降水量为 71.3 毫米，比常年平均值（82.3 毫米）偏少 1 成。冬季（2019 年 12 月至 2020 年 2 月）平均气温为 –0.4℃，较常年平均值（–1.4℃）偏低；降水量为 44.2 毫米，比常年平均值（8.5 毫米）明显偏多 4 倍以上。

（张希　牛敏）

【地面探测业务自动化】 4 月 1 日起，根据《北京市气象局关于北京市地面气象观测自动化正式业务运行的通知》，海淀国家气象观测站取消露、霜、结冰人工观测，转为国家级综合判识；降水天气现象进入自动观测单轨业务运行，取消人工观测；取消每日人工定时观测（08、14、20 时）、地面观测记录簿记录（气簿 –1）等工作任务。

（李春玲　张希）

【气象预报预警】 6 月 1 日，由区气象局与区应急局确定的“气象局预警信息 + 应急局提示信息”提示信息发布机制正式运行，共同编制、发布暴雨、雷电、大风、冰雹的四色预警信号的提示信息内容，以“突发事件预警信息发布中心”的名义发布短信提示 20 余万条。区气象局发送服务短信 839 余万条，其中天气情况 460 万余条，天气实况 120 万余条，重要天气报告 12 万余条，重大活动服务专报 5 万余条。制作气象快报 197 期，电视天气预报 366 期，显示屏更新 3000 余次，微信 4 万余条。发布灾害性气象预警信号 135 期，其中，发布暴雨蓝色预警 10 期，黄色预警 3 期，橙色预警 3 期；发布雷电蓝色预警 22 期，黄色预警 15 期；发布冰雹黄色预警 3 期；发布高温蓝色预警 3 期，黄色预警 1 期；发布大风蓝色预警 48 期，大风黄色预警 5 期；发布大雾黄色预警 6 期；发布道路结冰黄色预警 9 期；发布寒潮蓝色预警 3 期；发布持续低温蓝色预警 1 期；发布沙尘蓝色预警 3 期。与北京市规划自然资源委海淀分局联合发布地质灾害气象风险蓝色预警 2 期，地质灾害气象风险黄色预警 2 期。

（李春玲　张希）

【汛期气象服务】 8 月 12 日强降雨，区气象局开通抖音账号，云追踪天气过程，精密监测研判天气形势和演变情况，率先在全市升级发布暴雨橙色预警，区领导应急调度 5 次，利用海

① 常年值为海淀 1981 年至 2010 年 30 年有效资料平均值。

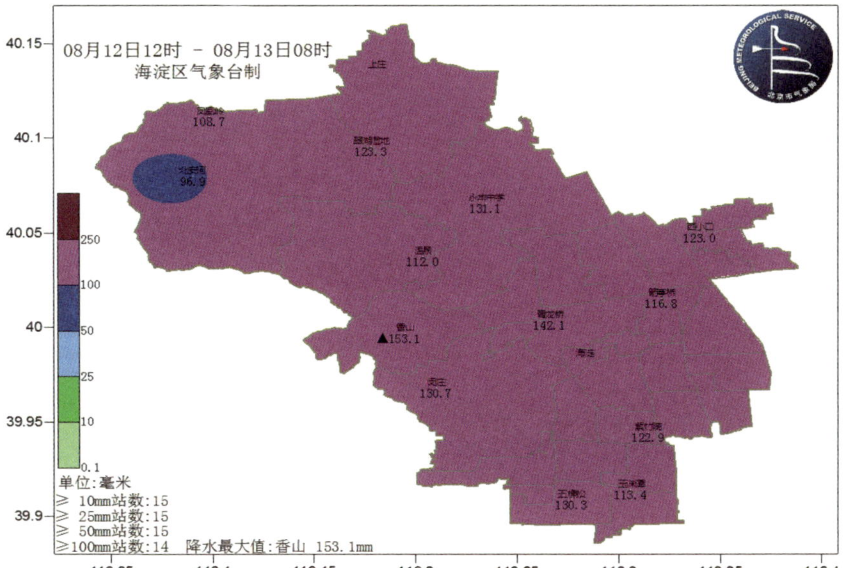

8 月 12 日 12 时至 13 日 08 时，海淀区累计降水雨量图

淀图像实景监控系统汇报积滞水点 8 处，组织参与天气形势会商 6 次。发布暴雨黄色、暴雨橙色、雷电黄色、大风蓝色预警信号 4 期，发送短信 189110 条，重要天气报告 2 期，天气情况 3 期，雷达图 30 期，极大风速图 2 幅，雨量分布图 5 幅，天气快报 25 期，海淀信息“应急专刊” 1 期，联合应急局发布提示信息 5 期。微信专题文章 1 篇，官方微博实时跟进雨情 13 期，抖音发布短视频 2 期。

（李春玲　张醇）

【气象监测】 10 月，区气象局围绕冬奥服务、观光农业、三山五园、城市大脑领导指挥舱等应用场景，借助区城市大脑“海淀图像”智能灯杆资源，在全区布设安装 16 套小型智慧气象观测站。设备（小型智慧气象观测站）包括气温、湿度、气压、风向、风速、雨量、雨感七要素以及全天空成像功能，可充分感知城市运行的气象灾害风险。小型智慧气象观测站系统依托“城市大脑”智能感知体系，建立融入式智慧气象观测模式，充分满足智慧城市运行的气象监测需求，建立借助城市泛在感知设备加载智能气象监测终端的工作机制，实现“城市大脑”与“气象皮肤”感知城市灾害的融合。

（张希）

消防救援

【概况】 2020 年，海淀区消防救援支队执行安保勤务 520 场次，日均勤务 1.4 场次，累计投入执勤力量 4092 人次、消防车 1210 辆次驻点备勤，完成重大消防安保任务。接处火警 1599 起，抢险救援 1310 起，社会救助 640 起，抢救疏散群众 749 人，挽回经济损失 1530 万元。全区实际发生火灾 266 起，较 2019 年下降 11.63%；亡 6 人，较 2019 年增加 4 人；伤 4 人，较 2019 年减少 5 人。检查单位 2.4 万家，整改隐患 2.4 万处，印发责令改正通知书 1.6 万份；“三停”[①] 单位 130 家，临时查封 169 处，罚款 667.05 万元，拘留 6 人。全力保障涉疫场所，排查 9 家定点医疗单位、12 处集中隔离点、19 处医学观察点、1 家卫生防疫物资生产存储企业等“四类场所”，督改火灾隐患 41 处；联合区卫健、应急等部门对 42 家拟作为隔离点使用的宾馆开展联合检查服务，督改隐患 52 处。全力服务复产复工，向电力、燃气等 5 家民生保障单位发送《提示函》；对 28 处工地、43 个项目开展 2 轮联合排查，制定 8 条刚性措施；采取技术指导、远程督导、系统监控、上门服务等方式，排查 44 个园区、1913 家复产场所，指导整改隐患 927 处。护航复学复课，排查 31 所高校、229 所中小学校、342 家幼儿园、56 家图书馆、78 处实验室、105 栋宿舍楼，排查整改问题 498 处，确保复学复课消防安全、隐患清零。

（秦鹏宇　尚艺璇）

【消防工作联席会】 2 月 8 日，区政府召开 2020 年消防工作第一次联席会暨疫情防控期间消防安全工作部署会，相关委办局、各街镇参会。会议落实疫情期间火灾防控工作，研究部署元宵节、全国两会消防安保工作。会议播放近期典型火灾案例视频片；区消防救援支队通报分析近期消防安全形势，围绕消防责任落实、重点单位指导、火灾风险防控、重大活动安保、应急救援处置、消防宣传提示等方面进行重点提示。

（秦鹏宇　尚艺璇）

【清明节消防安全检查】 3 月 15 日，区消防救援支队联合区政府办、区民政局、区疾控中心、区公安分局、区城管局、区交通支队等部门，实地对万安公墓、金山陵园、西山骨灰林清明节前消防工作进行检查指导。区领导听取海淀消防救援支队火灾防控工作部署情况介绍，重点了解区消防救援支队对祭扫场所的检查指导、宣传教育、应急演练等工作的开展情况以及周边消防救援站对墓区基本情况和周边水源道路的调研摸底工作的开展情况。

（秦鹏宇　尚艺璇）

【消防安全网课堂】 4 月，围绕全国第 25 个中小学生安全教育日主题，区消防救援支队协助区教委推出“云

① 停止施工、停止使用、停产停业。

上话安全，普法进校园”系列消防安全网络课堂，借助“云直播”平台面向全区30万名中小学生同步直播。

（秦鹏宇　尚艺璇）

【试开学消防检查】　4月，区消防救援支队联合区教委、公安海淀分局、区交通支队、区市场监管局、区卫健委等部门及各街镇，成立20个检查组，对试开学学校进行消防安全检查。共检查学校51所，发现消防隐患问题83处，推送宣传视频2期，发放宣传海报、知识手册5000余份。

（秦鹏宇　尚艺璇）

【“快安全直播季”活动】　5月12日，区消防救援支队联合区融媒体中心、协同快手平台共同开展“快安全直播季”直播活动，通过北京海淀消防官方微博和北京海淀消防今日头条号等平台同步直播。全国两会代表驻地及周边单位员工、辖区重点单位、各社区组织收看，平台高峰流量90余万。

（秦鹏宇　尚艺璇）

【消防标识检查】　7月，区消防救援支队联合区应急局、区交通支队、区城管执法局、区城管委、区房管局等部门对全区各单位、各社区的消防标识进行督导检查。316个高层住宅小区、81个普通小区、102个社会单位均在消防车通道出入路口和路面及两侧划设醒目标志标线，设置警示标识标牌，引导车辆规范停放。

（秦鹏宇　尚艺璇）

【高等院校消防安全专项检查】　9月，区消防救援支队联合相关街道、城管委、派出所、工商、食药等部门，对辖区38所高等院校的学生宿舍、教师、实验室、办公楼等重点部位的消防安全管理、消防设备设施、消防疏散通道进行全面检查，发现并督促整改火灾隐患120余处。

（秦鹏宇　尚艺璇）

防震减灾

【概况】　2020年，北京市海淀区地震局（简称区地震局）处理前兆监测站故障8次，维修微观监测台站5次。与8个区属微观观测站签订管理协议，完成7个镇和6个宏观观测站观测员信息更新及台站定岗定责制改革。完成北京市第20中学、海淀区民族小学等6处地震监测预警系统建设。组织各街镇防震减灾负责人、助理员、地震宏（微）观观测员、强震台管理员开展地震监测业务培训。首次开启线上教学宣传，举办3次防震减灾“专家云讲堂”活动。在全市首推防震减灾“空中课堂”，作为“开学第一课”的重要内容，对全区中小学生开展防震减灾科普教育。编制《海淀区地震局震情应急响应工作表》。组织开展2020年全国“防灾减灾日”地震应急桌面推演。为全区21处应急避难场所分类公示和挂牌，与场所管理单位签订《应急避难场所管理责任书》。完成13所防震减灾科普示范学校评定工作，依托防震减灾科普宣传教育基地开展防震减灾宣传及培训活动。编制完成《北京市海淀区“十四五”防震减灾规划（征求意见稿）》。组织80名地震应急志愿者开展应急救援实操演练，学习《地震救援基本常识》《防震减灾科普知识与志愿者工作》和应急救护技巧。配合完成知春公园防震减灾科普园项目绩效评价工作。全体党员沉社区防疫值守182天。区地震局获2020年度北京市区县防震减灾综合考评先进单位。国家地震紧急救援训练基地教官刘卫康获“第四届全国防震减灾科普讲解大赛”决赛一等奖，获得“防震减灾科普大使”称号。

（崔清山　张建平　吴智）

【防震减灾“专家云讲堂”活动】　年内，区地震局举办3次防震减灾“专家云讲堂”活动，分别邀请中国地震台网中心研究员孙士鋐作题为《解读地震灾害》的地震科普讲座；邀请中国地震局地球物理研究所原副所长、研究员高孟潭作题为《地震灾害韧性城市》的地震科普讲座；邀请北京市地震局重大项目总技术指导、研究员邢成起作题为《地震预警》的地震科普讲座。通过网络向各委办局、街道（镇）、社区（村）、企事业单位同步直播，吸引社会公众线上参与，增强全社会地震安全风险防范意识。3次活动共吸引15万余人次观看、讨论。

（张建平）

【应急避难场所管理】　年内，区地震局组织开展避难场所专项巡查工作，对全区Ⅲ类以上地震应急避难场所开展安保专项巡查和检查。对已规范认定的21处应急避难场所按照Ⅰ类、Ⅱ类、Ⅲ类进行分类公示和挂牌，与应急避难场所管理单位签订《应急避难场所管理责任书》。完成全区21处规范认定应急避难场所及29个街镇的70处插牌场所外语标识的核查纠错工作。完成全区地震应急避难场所资源场地调查，汇总29个街镇地震应急避难场所，建立《海淀区地震应急疏散场地资源登记表》。与海淀区城市服务管理指挥中心协调，开通海淀区图像信息系统，开辟应急避难场所专门服务端口，共享120个点位视频资源，实现对全区的地震应急避难场所开展远程、实时的动态监控。

（崔清山）

【地震应用服务场景纳入城市管理体系】　年内，区地震局进入海淀“城市大脑”工作专班，探索将地震应用服务场景纳入海淀城市管理体系，全面赋能地震部门数字化技术升级，探索地震灾害应急综合防控治理新形态，推动海淀区防震减灾现代化建设。

（楚晓兵　张建平）

【震情会商】　年内，区地震局修订海淀区震情会商制度，加强会商组织体系建设和管理机制建设。开展周会商55期、月会商12期、季会商4期、年会商2期，完成2020年年中和2021年度的地震趋势会商报告。

（楚晓兵）

【智慧测震站网项目建设】　年内，区地震局邀请地震专家、北京市地震局领导，12次对申报的《海淀区智慧测震站网项目》涉及的地震台网站进行现场调研。该项目信息化部分向区科信局成功申报“智慧海淀专项”土建工程部分项目成功申报区财政专项。启动8个测震基准站及1个地震震情会商中心建设。

（张建平 楚晓兵）

【建筑物基础信息采集】 年内，区地震局完成马连洼街道15个社区建筑物基础数据采集试点工作。与区房管局加强数据互通，采集全区既有建筑物部分基础信息数据，开展海淀街道、万寿路街道、海淀镇建筑物抗震性能外业调查，收集、采集9.4万余栋建筑物的基础信息。

（张建平）

【防震减灾科普宣传】 5月6日，区地震局正式上线“海淀区地震局”微信公众号，设置防震减灾工作动态、地震科普、法律法规三个板块，面向公众宣传防震减灾知识。5月9日至15日，与海淀有线电视台、《海淀报》、融媒体中心合作，在《海淀报》刊登海淀区开展防震减灾宣传活动新闻稿，在海淀电视台播放由市地震局宣教中心推荐的20部动画视频。组织各街镇、北京航空航天大学、海淀公共安全馆等防震减灾科普教育基地、防震减灾科普示范学校，利用微博、微信和新闻客户端平台刊发防灾减灾日主题海报，播放科普知识视频动画，开展多种形式的线上宣传活动。7月27日至8月2日，联合区融媒体中心在北京新闻频道（海淀新闻）滚动播出《家庭地震应急》动画片和《唐山•爱》沙画宣传片。12月1日，宣传《中华人民共和国防震减灾法》，普及震害防御方面的法律常识。

（张建平 崔清山）

【地震应急桌面推演】 5月9日，区地震局在局机关开展2020年全国“防灾减灾日”地震应急桌面推演。演练模拟以西北旺镇附近发生4.9级地震为背景，区地震局迅速启动地震应急预案和应急工作响应，全局人员分编成综合协调组、震情监测组和现场工作组三个应急小组，按照震情应对先后顺序，依次开展模拟震情、震情报告、启动预案、工作组汇报震情、震情会商、现场处置、灾情评估和抗震救灾建议等8个演练科目和工作环节。演练首次以视频会议的形式，模拟演练区地震局向区委办公室、区政府办公室、区应急管理局即时报告震情，向地震现场街镇了解灾情的工作环节，以桌面推演的形式全面检验区地震局应对突发地震事件的响应能力。

（崔清山）

【防震减灾“空中课堂”】 5月9日至15日，区地震局和区教育科学院联合首次开设防震减灾“空中课堂”，利用区空中课堂平台推送地震科普、地球档案、话评科普系列课程，推出20部动画短视频。

（张建平 楚晓兵）

【参与“安全知识云体验”直播活动】 5月11日，区应急局联合区融媒体中心、区地震局、区司法局、区生态环境局、区气象局等部门在海淀公共安全馆围绕防灾减灾救灾主题，以疫情防控、地震灾害、环境安全、气象灾害等为重点内容，将知识点讲解和切身体验相结合，通过在线直播产生安全应急与防灾减灾意识共鸣，帮助民众掌握灾害环境或突发情况下的应急处理技能，直播受众45.2万人。

（崔清山）

【参与“防灾减灾知识直播间”活动】 5月12日，区应急管理局联合区融媒体中心、区地震局、区司法局、区生态环境局、区气象局等部门开展“防灾减灾知识直播间”云上普法宣教活动。以《中华人民共和国防震减灾法》《中华人民共和国突发事件应对法》等应急管理相关法律法规为主线，开展应急安全知识互动讲解。区地震局宣传普及家庭地震应急方案、应急避震要点、应急避难场所等避灾自救互救技能，提升市民安全意识和应急能力，直播受众18.3万人。

（崔清山）

【震情应急处置】 5月26日、7月12日，门头沟区和河北唐山分别发生3.6级、5.1级地震，造成北京地区大面积有感。区地震局按照应急预案，第一时间开展震情应对处置工作，对震情进行会商和判定，按照区政府指令部署开展震害调查工作，对全区震感范围进行摸底，制作《震情简报》，编制《海淀区地震局震情应急响应工作表》。

（崔清山）

【2021年地震趋势会商会】 12月17日，区地震局召开海淀区2021年地震趋势会商会。会议听取区地震局《海淀区地震局2021年地震趋势会商报告》、区气象局《气象与地震的交流》报告、区水务局《海淀区地下水情况汇报》，昌平区地震局、大兴区地震局分别介绍本区的地震监测工作情况及业务发展方向，对2021年的地震监测工作提出建设性思考。中国地震局台网中心原研究员孙士鋐作《北京地铁交通网的震害隐患》讲解，区地震局党组书记、局长张燕辉提出2021年区地震局的发展思路。市地震局、区地震局、区水务局、昌平区地震局、大兴区地震局有关领导以及中关村科学城城市大脑股份有限公司、北京国研科技咨询有限公司、北京泛在云科技有限公司代表参加会议。

（楚晓兵）

2020年海淀区震情一览表①

表12

序号	发震日期	发震时间	纬度（°）	经度（°）	深度（千米）	震级	参考地点
1	2020-01-15	04:29:03.43	40.066	116.110	8	0.4	北京海淀

① 摘自中国地震台网统一地震目录。

续表 12

序号	发震日期	发震时间	纬度（°）	经度（°）	深度（千米）	震级	参考地点
2	2020-01-15	04:29:03.07	40.081	116.135	8	0.4	北京海淀
3	2020-01-29	20:10:41.38	40.083	116.269	13	0.2	北京海淀
4	2020-02-04	06:26:09.27	40.064	116.156	11	1.0	北京海淀
5	2020-03-02	17:58:14.05	40.102	116.248	19	1.9	北京海淀
6	2020-03-20	04:07:34.25	40.082	116.151	16	1.5	北京海淀
7	2020-04-02	21:16:56.95	40.026	116.221	18	1.0	北京海淀
8	2020-04-05	05:53:04.11	40.064	116.103	10	-0.0	北京海淀
9	2020-05-03	17:44:34.18	39.995	116.158	21	1.2	北京海淀
10	2020-05-27	22:25:55.91	40.044	116.332	21	0.8	北京海淀
11	2020-05-31	04:57:55.79	40.023	116.301	16	0.6	北京海淀
12	2020-06-09	02:59:21.80	39.966	116.294	5	0.6	北京海淀
13	2020-06-30	23:50:25.40	40.059	116.153	7	0.7	北京海淀
14	2020-07-11	14:01:28.59	40.044	116.175	10	1.4	北京海淀
15	2020-07-16	00:13:11.47	39.991	116.204	20	0.2	北京海淀
16	2020-07-17	17:58:48.42	40.011	116.193	12	0.7	北京海淀
17	2020-07-20	08:39:20.26	40.077	116.158	14	0.7	北京海淀
18	2020-07-27	17:35:06.46	40.069	116.076	5	0.5	北京海淀
19	2020-08-01	16:30:51.62	40.008	116.242	9	0.8	北京海淀
20	2020-08-27	01:26:42.95	39.931	116.216	10	0.6	北京海淀
21	2020-08-30	05:01:31.66	40.144	116.173	4	0.4	北京海淀
22	2020-08-30	05:05:08.51	40.142	116.194	10	-0.1	北京海淀
23	2020-09-07	00:52:12.58	40.029	116.214	12	0.7	北京海淀
24	2020-09-14	07:49:21.95	39.986	116.205	12	1.0	北京海淀
25	2020-09-19	14:08:34.80	40.026	116.198	13	0.8	北京海淀
26	2020-09-23	08:21:04.64	40.039	116.267	15	0.3	北京海淀
27	2020-10-10	11:39:11.05	40.016	116.267	14	0.8	北京海淀
28	2020-10-19	19:39:26.59	39.967	116.307	11	0.2	北京海淀
29	2020-10-30	07:20:54.32	39.937	116.216	13	0.9	北京海淀
30	2020-11-06	23:34:51.47	39.958	116.374	20	0.3	北京海淀
31	2020-11-09	03:37:05.94	40.042	116.166	21	0.8	北京海淀
32	2020-11-24	23:54:38.97	39.990	116.324	13	0.9	北京海淀
33	2020-11-30	21:20:26.79	40.040	116.307	12	1.0	北京海淀
34	2020-12-02	19:28:38.58	39.983	116.163	12	0.9	北京海淀
35	2020-12-18	02:43:02.81	40.024	116.200	10	0.4	北京海淀
36	2020-12-27	05:05:19.56	40.054	116.297	10	-0.0	北京海淀

（楚晓兵）

应急管理

2021

北京海淀年鉴

综述

【概况】 2020年，海淀区应急管理局（简称区应急局）贯彻落实各级决策部署，有效防范各类生产安全事故发生，及时妥善处置各类突发事件，为打赢疫情防控阻击战和全区发展营造安全稳定的环境。海淀区被评为2019年度北京市安全生产工作先进单位；区应急局创建的"海淀区应急公共服务平台"及"海淀区应急学习平台"获2020年首都应急创新案例征集评选二等奖、北京市绩效考核创新项目。

疫情防控。落实防控疫情安全生产"双16条"标准，开展工业企业复工复产和防控隔离点安全专项执法检查行动，检查企业1.1万家次。"海淀区应急公共服务平台"在区应急局微信公众号上线，为疫情防控提供有效服务。调拨救灾帐篷724顶、组合桌椅100套、棉大衣584件，下发消毒剂20余吨等防疫物资。局机关干部下沉辖区两个街道参与疫情防控值守1000余人次。

政务服务。完成"一网通办"及"全程网办"工作，实现10个事项区块链应用场景落地。通过完善和优化办事指南和办事流程，减少申请材料、缩短办事时限等措施，优化危险化学品经营许可、烟花爆竹经营（零售）许可等政务服务事项办理流程。

宣传培训。组织培训企业负责人和安全管理人员6000人，培训全区应急系统80个单位的处级领导、科室负责人及干部各100名；培训兼职安全生产巡查员与专职安全员1932人次。开展"云上话安全 普法进校园"活动，以"线上+线下"模式，开展应急安全大讲堂、应急演练等宣教活动，电影《妈妈你真棒》、皮影戏《风雨真情》获第一届全国应急管理优秀公益普法作品一等奖；全国首部应急普法剧《安小吉一家人》获2020年北京市应急管理青年情景剧大赛决赛三等奖。区应急局获北京市"七五"普法先进集体、北京市"应急宣传进万家"暨"安全生产月"优秀组织单位。2人获北京市"应急先锋"称号，1个集体获"应急先锋号"集体称号。

（王姝 王蕊）

【应急物资保障体系建设】 年内，区应急局会同京东集团上线全国第一家"公共应急服务平台"，提供防疫物资信息发布和保障对接。探索研究应急物资"虚拟仓"建设，会同京东集团、超市发连锁建立一般应急物资和生活物资本地12小时保障、特殊应急物资京津冀24—72小时保障、稀缺物资全球2天至7天采购的应急物资保障系统。

（殷灵智）

【工业企业复工复产检查全覆盖】 2月21日，区应急局成立由副区长沙海江任组长，组织6个执法检查组，联合各属地街镇，采取四项有力措施，至2月24日15时，对全区385家规模以上工业企业复工复产疫情防控情况开展第一轮全覆盖检查工作。2月27日，按照市委、市政府和区委、区政府部署要求，区应急局出动11个检查小组，对全区工厂复工复产疫情防控情况开展第二轮全覆盖检查工作。6月13日起，区应急局分派10个执法检查小组与属地街镇加强联系协作，对全区工业企业疫情防控工作开展第三轮全覆盖监督检查。6月30日至7月3日，根据市应急管理局部署要求，区应急局10个执法检查小组划区包片，联合属地街镇对全区工业企业疫情防控工作开展第四轮全覆盖监督检查。12月20日至23日，落实北京市复工复产防控组紧急会议精神，区应急局出动10个检查小组，与各街镇联动，对全区工业企业开展全覆盖、全方位复工复产疫情防控执法检查。全年共检查工业企业1.1万余家次。

（李旭光 杜娟）

7月9日，区人大代表视察区应急综合救援队营地和应急管理物资储备仓库（区应急局 供图）

安全生产监督管理

【概况】 2020年，区应急局督促街镇、部门严格落实党政领导干部安全生产责任制，29个街镇均明确由党（工）委委员分管安全生产工作，将各级领导履行安全生产工作列入述职情况纳入年度目标任务书及考核细则跟踪督办。建立海淀区安全生产督察工作制度，成立区委区政府安全生产督察组，印发《海淀区安全生产督察方案（试行）》，对8家行业部门和10个街镇开展度安全生产督察工作。安全生产监督检查生产经营单位745家，组织参加市应急局行政处罚执法案卷评查工作，12个案卷评查均为合格。实现单位地区生产总值安全生产事故死亡率下降20%的"十三五"规划指标任务。

（张磊 王姝 王亚楠）

【"十三五"安全生产规划结项】 年内，区应急局完成《海淀区国民经济和社会发展第十三个五年规划纲要》涉及安全生产指标实施进展情况的评估工作以及对《海淀区“十三五”时期安全生产规划》实施情况的评估结项工作，提前、超额完成单位地区生产总值安全生产事故死亡率下降20%的“十三五”规划指标任务。

（王姝）

【“十四五”应急管理事业发展规划编制】 年内，区应急局组织开展《北京市海淀区“十四五”时期应急管理事业发展规划》编制工作，结合海淀区实际，采取“1+8”① 的规划格局，内容涵盖应急管理、安全生产和防灾减灾抗灾救灾，已完成初稿。

（王姝）

【“百名专家服务万家企业”活动】 年内，区应急局联组织市应急局安全生产专家组成员，对400家小微企业的安全生产情况进行检查和指导，查出并整改隐患问题1263余条。在检查现场，专家组就安全管理制度建立、安全培训教育开展、消防安全措施、用电用气安全等方面向企业负责人进行讲解，针对存在的安全隐患问题提出整改意见。

（王蕊）

【安全生产责任保险】 年内，全区5188家企业参保安全生产责任保险，累计提供超过517.68亿元的风险保障，为5198家企业提供隐患排查服务，帮助企业提升安全生产管理水平，增强应对事故风险的能力。

（王姝）

【危险化学品安全监管】 年内，区应急局强化危险化学品经营、运输、使用等重点环节安全监管。受理危险化学品经营许可申请77家，易制毒化学品备案12家，烟花爆竹经营（零售）许可1家。完成2家加油站的危险化学品建设项目安全条件燃气安全使用专项培训审查和安全设施设计审查，4家危险化学品储存单位评审。

（席晓敏）

【第二次生产经营单位安全生产条件普查】 5月至12月，按照全市统一部署，海淀区开展第二次生产经营单位安全生产条件普查。普查领导小组办公室设在区应急局。采取地域分片、人员分组、逐户走访的方式开展信息核对和数据采集，后期进行质量抽查、数据审核和统计分析。普查期间，印制、张贴宣传海报6000余份，悬挂横幅标语97条，印制发放《告生产经营单位的一封信》25万余份，通过电子屏、微信公众号等方式开展宣传；开展业务培训41次，累计培训612人次；派出普查人员2.66万余人次、街镇专职安全员384人开展入户信息采集工作。截至12月底，入户普查生产经营单位16.78万家，采集有效信息22138家，由市应急局统一导入全区安全生产监管台账，纳入监管；入户核查已纳入监管台曲涉及重点安全因素的生产经营单位1583家。

（王月菊）

【安全生产专项整治三年行动】 6月8日、7月2日，按照市应急局5月27日印发的《北京市安全生产专项整治三年行动计划》要求，海淀区分两次召开安全生产专项整治三年行动工作协调会，通报安全生产专项整治三年行动工作开展情况并提出工作要求。7月7日，区应急局召开非煤矿山企业（单位）座谈暨海淀区非煤矿山安全专项整治三年行动动员部署会，28家非煤矿山企业（单位）参加会议。各参会企业（单位）就企业情况和安全管理现状做汇报交流；区应急局对《全国安全生产专项整治三年行动计划》进行阐述说明，就《海淀区非煤矿山安全专项整治三年行动方案（草案）》进行解读，并对下一步海淀区非煤矿山安全专项整治工作进行动员部署。7月15日，经区政府常务会、常委会审议后，印发《海淀区安全生产专项整治三年行动计划》，明确由区长负责，常务副区长及相关副区长分管负责的领导机构；构建“一办九组”的组织架构和“1+3+8”② 三年行动计划方案体系。7月22日，印发《海淀区安全生产专项整治三年行动目标任务清单（2020版）》，以问

8月13日，海淀区第二次生产经营单位安全生产条件普查工作启动暨培训会召开（区应急局 供图）

① 1指《北京市海淀区“十四五”时期应急管理规划》，内容包括应急管理、安全生产和防灾减灾救灾三个方面；8指防灾减灾救灾规划、安全生产规划、应急管理发展规划、防震减灾规划、消防事业发展规划、地质灾害防治规划、洪水干旱灾害和城市内涝防治规划、森林火灾防治规划等专项规划。

② 1个总方案指《海淀区安全生产专项整治三年行动计划》；3个专题方案指《海淀区学习宣传贯彻习近平总书记关于安全生产重要论专题实施方案》《海淀区落实企业安全生产主体责任三年行动专题实施方案》《海淀区隐患排查治理体系建设三年行动专题实施方案》；8个专项方案指《海淀区危险化学品安全专项整治三年行动实施方案》《海淀区非煤矿山安全专项整治三年行动实施方案》《海淀区消防安全专项整治三年行动实施方案》《海淀区交通运输安全专项整治三年行动实施方案》《海淀区城市建设安全专项整治三年行动实施方案》《海淀区城市运行安全专项整治三年行动实施方案》《海淀区地下空间安全专项整治三年行动实施方案》《海淀区危险废物等安全专项整治三年行动实施方案》。

题隐患、目标任务“两个清单”为重点，统筹各专题、专项牵头单位，结合区域实际，梳理217项年度目标任务。7月21日、11月9日，区专班办公室充分发挥统筹协调作用，两次召开海淀区召开安全生产专项整治三年行动专班联络员会议，通报工作进展情况，就完善目标任务清单及做好下阶段重点任务及信息报送相关工作进行部署。年内，通过“隐患排查治理三年行动信息系统”挂账问题隐患444项，其中442项一般隐患，1项重大隐患，1项突出问题，100%完成整改，217项目标任务清单全部完成。

（孙一僮　杜娟）

【危险化学品安全专项整治】　7月27日至8月4日，区应急局组织安全生产专家，对全区32家化工、医药制造企业危险化学品安全管理开展专项检查工作。检查组重点对各单位是否涉及危险化学品使用，危险化学品存放场所类型，危险化学品安全管理机制建设等内容进行检查。对部分单位存在的安全隐患或问题，要求限期整改，并将整改报告报送至区应急局，确保隐患或问题及时整改完毕。

（刘辉）

【国家安全发展示范城市创建工作】　9月17日，海淀区召开国家安全发展示范城市创建工作推进会，区安委会有关成员单位主管领导参会。会议贯彻国务院会议精神，对海淀区相关工作进行部署，提出进一步凝聚创安工作合力；发挥区域优势，全力推进示范城市创建；加强舆论引导，大力营造创安工作氛围的工作要求。9月25日，市安委会办公室委托第三方专业机构对我区进行城市安全发展工作推进情况及城市安全发展现状进行评价与抽查。各相关街镇、部门以此次评价抽查为契机，进一步补短板、强弱项，扎实做好“城市体检”，实施源头管理、基础提升、精细监管，建立健全预防双控、广域防灾、应急救援体系，强化社会化服务和科技文化支撑，全面提升风险防控与本质安全水平，为创建国家安全发展示范城市奠定基础。

（孙一僮）

【液化石油气专项安全检查】　12月25日，海淀区召开海淀区液化石油气专项安全检查工作部署会，对海淀区开展液化石油气专项安全检查工作进行部署。区安委会、区安办、区应急局、各有关部门分管领导在区政府主会场参会，区应急局、各街镇主管燃气和安全生产的领导及相关科室负责人在本单位分会场参会。12月31日，印发《关于开展液化石油气专项安全检查工作的通知》，按照“区安委会统筹、行业部门（区城管委）牵头、相关部门联动配合、属地全覆盖检查”的原则，开展液化石油气安全检查相关工作。

（孙一僮）

安全隐患排查治理

【概况】　2020年，区应急局加快海淀区城市安全隐患治理三年行动与安全生产专项整治三年行动无缝衔接，构建“1+3+8”安全生产专项整治三年行动方案体系，217项年度目标任务全部落实，系统挂账问题隐患444项全部整改，整改率100%；“一企一标准、一岗一清单”试点企业系统使用率达98%，列全市各区第一；完成12117家生产经营单位安全风险评估工作，安全生产隐患排查治理信息系统推广使用率达90%以上，均超额完成市级考核任务。推进危险化学品非法储存、非法经营、危化品道路运输安全、实验室使用安全、有限空间作业、公交车行驶安全和桥梁防护、城乡接合部重点地区安全生产、建设工程施工现场起重机械、燃气使用安全等重点领域的整治行动，扫除隐患治理死角、盲区。

（孙一僮）

【涉爆粉尘企业事故隐患检查】　年内，区应急局对涉爆粉尘企业组织开展事故隐患“清零行动”和安全隐患治理“回头看”执法检查，督促企业深化巩固隐患治理工作成果，有效防范和化解粉尘爆炸安全风险，遏制安全生产事故的发生。全区现存的6家涉爆粉尘工业企业全部完成整改和验收。

（崔欣）

【安全生产隐患排查治理信息系统应用】　5月29日，区应急局组织召开安全生产隐患排查治理信息系统推广应用工作部署会，29街镇安办主任、专职安全员检查队队长，以及6家中介帮扶服务机构负责人、相关工作人员80余人参加会议。会议详细介绍系统推广应用工作的目标、推广应用企业的选择范围，明确该项工作的具体实施步骤、时间安排、帮扶机制、工作要求，并对开展工作的关键环节进行着重提示。全年完成4061家企业的基础信息、个性化排查标准、岗位清单的创建录入，全部完成企业信息的录入，培训系统使用，确保系统使用率90%以上，完成系统推广使用占生产经营单位台账（A库+B库）的18%，超过10%的考核指标。

（杜娟）

危险化学品安全监管

【危险化学品行政审批】　年内，区应急局向79家危险化学品经营单位发放危险化学品经营许可证，向12家易制毒化学品经营单位发放备案证明，向1个烟花爆竹销售网点发放烟花爆竹（零售）经营许可证。

（席晓敏）

【涉危使用事故隐患治理专项行动“回头看”】　年内，区应急局在总结2018、2019年46家涉危工业企业专项整治的基础上，按涉危企业专项治理和工业企业隐患三年整治的要求，开展工业企业涉危使用事故隐患治理专项行动“回头看”执法检查。在开展涉危使用专项行动中，结合安全生产标准化建设、隐患排查治理、较大危险因素辨识管控等工作，组织开展安全生产培训，加大安全生产执法检查力度，督促使用危险化学品的工业企业深入贯彻落实危险化学品安全管理有关法律法规及标准政策，建立涉危使用安全生产管理常态化机制，全面提升全区工业企业安全生产管理水平。

（崔欣）

【易制毒危化品安全整治】 1月2日，区应急局组织召开化工、医药制造企业易制毒危险化学品安全专项整治工作部署会，对专项整治工作进行动员部署。全区32家化工、医药制造企业开展隐患自查整改工作。9月，组织有关专家开展验收工作，专家组对照方案逐项检查、逐项确认、逐项签字，责令对2家存在的安全隐患或问题限期整改，整改情况报送区应急局。10月下旬，完成全面验收工作。

（刘辉 席晓敏）

【危化品企业安全管理】 1月10日，区应急局组织召开2020年危险化学品企业安全管理工作部署会，全区危险化学品企业负责人等170余人参会。会上，区应急局解读《北京市生产经营单位安全主体责任规定》和《危险化学品常压储罐规范》，总结2019年全区危险化学品安全生产工作，区应急局全年检查行业单位136家次，发现问题31项，全部整改完毕，隐患整改率100%；对2020年第一季度重点工作进行部署。

（陈刚）

【危险化学品“打非”专项整治】 7月10日，区应急局联合区公安海淀分局召开危险化学品“打非”（非法经营）工作协调会，将海淀区科研机构危化品使用管理情况纳入专项整治工作中。7月31日，召开辖区安办主任工作专题会议，对辖区危险化学品“打非”工作进行再部署，明确各街镇职责分工和工作措施，确定全区危险化学品经营单位和检查重点内容。专项行动中共检查重点单位、点位711处，发现并消除安全隐患134处，依法查处非法违法行为8起，有效提高执法检查效能。

（陈刚）

【实验室危险化学品安全专项检查】 10月30日，区应急局、区教委联合召开海淀区实验室危险化学品安全专项检查工作初步部署会，区教委领导和各科室及中学教学干部、安全干部、化学学科教研组长、备课组长、化学实验员等500余人参议。专项行动将中小学校、科研单位、医疗机构等领域的实验室危险化学品使用安全列为整治工作重点，主动服务驻区单位和高校开展安全整治。鼓励加大力度对单位内“涉危单元”进行安全现状评价，促进各行业部门、属地齐抓共管，细化措施、夯实基础、完善机制、形成合力。

（席晓敏）

【危险化学品道路运输安全集中整治】 11月13日，区应急局、区城管委、区公安海淀分局、区市场监管局等部门联合召开海淀区危险化学品道路运输安全集中整治工作座谈会，各单位对照职责分工认领工作任务，并就开展集中整治工作提出意见及建议。海淀区积极采取多种工作措施，组织力量开展多层次、高频次、高密度拉网式全覆盖检查工作，各相关单位依据职责分工，细化检查重点，确立三层次全覆盖检查体系，区应急管理局、公安海淀分局、区交通部门组成联合检查组，各街镇安全生产办公室积极协助，指导各相关企业完成全覆盖检查。检查企业2623家次，发现各类隐患289项，下达责令整改指令书127份，对检查中发现的问题各检查组要求被检查单位限期进行责令整改，经复查问题隐患整改率达100%。

（卢泽华）

安全生产标准化建设

【安全生产标准化创建】 年内，区应急局组织完成310家企业的三级标准化创建工作、1088家小微企业的岗位达标创建工作，合计1398家企业完成安全生产标准化创建工作，完成年任务量的279.6%。

（杜娟）

【安全生产标准化创建工作协调会】 6月11日，区应急局组织召开2020年安全生产标准化创建工作协调会。有关行业部门相关科室负责人、中介机构负责人及技术负责人50余人参加会议。会议通报2019年全区标准化创建工作完成情况和“百项地标”评审新系统使用过程中出现的问题，明确2020年全区标准化创建工作的任务目标，同时对新年度标准化创建工作提出具体要求。

（杜娟）

【安全生产标准化核查】 10月26日至11月6日、11月19日至30日，海淀区安全生产标准化办公室（简称区标准办）组织两批次安全生产标准化核查，完成40家三级达标企业、150家岗位达标企业核查工作。经核查发现，被核查企业安全管理情况整体较好，少数企业核查发现问题。检查组要求企业在规定时间内完成整改，并将整改报告提交到街镇安办，待街镇安办现场复核合格后上报区标准办。

（杜娟）

宣传培训

【概况】 2020年，区应急局开展市级文化建设示范企业创建工作、安全生产领域典型先进选树活动等企业安全生产宣传活动。制作推出校园安全教育电影、应急科普情景剧。组织应急管理法制宣讲员巡回讲演5场次，1人被市应急局评为金牌法制宣讲员。5家企业被评为市级安全文化示范企业，评选30名应急普法先进个人、应急安全标兵、金牌安全管理员，推选2个“北京市青年安全生产先锋岗”。

（王蕊）

【燃气安全使用专项培训】 年内，区应急局会同中关村街道和北太平庄街道，举办安全责任险参保企业燃气安全使用专项培训，260余家参保企业的从业人员参加培训。此次培训采用实物教学的形式，聘请专业的液化气公司为企业现场展示联动报警装置的工作机理和燃气有关安全附件的作用，应急救援队导师向参会人员介绍发生中毒现象的救助和应急处置方法。同时，保险公司为企业介绍安责险的保险保障机制，承保和理赔方式和流程。结合海淀区安责险的事故预防工作，导师还针对 AED 自动体外除颤器的使用和心肺复苏的操作步骤进行详细讲解。

（王姝）

【国内首部校园安全教育电影《妈妈你真棒》获奖】 3月29日，区应急局推出国内首部校园安全教育电影《妈妈你真棒》。该电影由区应急局、区教委联合教育部规建中心、应急管理部宣教中心、共青团中央网络影视中心、国家行政学院影视，音像中心、北京师范大学、东方核芯力等单位共同制作完成。在海淀教育网及腾讯视频播出，受到30余万名师生的好评和称赞。中央电视台 CCTV-1《新闻联播》、中央电视台 CCTV-1、CCTV-13《朝闻天下》栏目，中国教育电视台、新华网、人民网等官方媒体进行报道。4月，获第53届休斯敦国际电影节最佳叙事长片银奖。11月，获由应急管理部、司法部、全国普法办共同举办的第一届全国应急管理普法作品展播一等奖；获由中央政法委举办的第五届平安中国“三微”比赛电影优秀作品奖。

（王蕊）

【“安康杯”竞赛活动】 6月5日，2020年海淀区“安康杯”竞赛活动启动仪式在中建二局举行。活动由区总工会、区应急局、区住建委、区住建房管行业工会联合会联合主办，由中建三局集团有限公司协办，活动以“强意识、查隐患、促发展和保安康”为主题，围绕劳动保护、安全生产、普法宣传和心理服务等方面开展。在启动仪式上，中建三局科研管理中心项目部100余名工人参加职业健康教育、安全生产讲座、普法宣传和心理关爱辅导等活动。为期100天的“安康杯”线上知识竞赛同步开展，试题涉及疫情防控。落实防控疫情安全生产“双16条”标准，开展工业安全生产、劳动保护、职业健康和疫情防控等内容，3万余人通过微信公众号小程序参与答题。11月2日，2020年海淀区“安康杯”知识竞赛决赛举行，经过前期筹备和地区分赛，共有六支队伍进入决赛。中建八局代表队获得“安康杯”知识竞赛一等奖，中建三局获得最佳组织奖。

（王蕊）

【安全生产培训】 9月11日至11月6日，由区应急局牵头，各街镇组织实施、培训机构承办的全区大培训工作举行。将3000家企业的6118名负责人和安全管理人员通过培训考核合格。大培训主要围绕安全生产主体责任、隐患排查治理、安全生产标准化、安全生产警示教育等内容。10月19日至11月6日，区应急局举办专职安全员安全生产检查业务培训班开班。培训班分为三期，每期五天，共640人参加培训。培训邀请行业内知名专家，以生产经营单位存在的共性问题为切入点，结合安全生产法律法规，重点对人员密集场所和物业管理、危险化学品、实验室安全、有限空间、燃气安全、仓储物流等行业领域进行讲解。

（李旭光　王蕊）

【干部业务专题培训】 9月16日至18日，区应急局举办为期三天的全局干部业务专题培训班，局机关各科室、安全生产执法监察大队、应急事务管理中心、突发事件预警信息发布中心以及2020年新入职人员等100余人参加此次培训。培训内容设置事故典型案例分析、应急管理与安全生产法律法规知识业务培训、应急救援培训、森林防灭火业务培训等12个课程。10月23日至11月10日，区应急局举办2020年应急系统处级主管领导培训班。培训采取线上学习形式，完成安全生产法、生产安全事故应急条例、事故致因理论等11门线上课程共41学时的学习。各属地单位和行业部门分管安全生产的处级领导77人参加培训。

（王蕊　刘玥）

【应急科普进公园】 9月，区应急局联合区总工会、区司法局，在区属12家公园设置应急安全宣传普法专栏。截至年底，发布应急安全、职工权益保护等普法宣传专栏50余期。

（王蕊）

【应急科普情景剧《安小吉一家人》】 10月23日，区应急局推出应急科普情景剧《安小吉一家人》。该剧以新时代普通居民“安小吉”一家人为基本元素，辐射家庭、学校、社区、企业等方面，透过“安小吉”一家人在日常生活、学习和工作中的所见、所闻、所听、所感、所学、所用，传播应急安全理念，普及应急安全法律法规、科普应急安全知识。在海淀应急官方微信公众号、快手平台播出后，累计点击量超过10万次。11月27日，获由市应急局、共青团北京市委员会联合主办的“2020年北京市应急管理青年情景剧大赛”三等奖。

（王蕊）

【安全生产大讲堂活动】 11月4日，区应急局组织全区73家安委会成员单位的主管领导、相关科室负责人300人开展安全生产大讲堂活动。大讲堂活动是安全生产月的延伸性活动之一，对全国近年来重特大事故案例进行分析讲解。区安委会各成员单位要据本部门、本地区实际，分别组织机关干部、辖区企业、重点行业开展“安全生产和应急管理”大讲堂活动。11月5日，区应急局举办“学习宣传贯彻落实习近平总书记关于安全生产重要论述”专题大讲堂活动，全区应急系统科级及以下干部等80余人参加。特邀应急管理部宣传教育中心安全文化研究所所长董成文，围绕“以习近平总书记关于安全生产重要论述为引领扎实推进安全生产治理体系和治理能力现代化”进行讲解。

（王蕊）

【应急业务培训班】 11月4日至6日，区应急局举办2020年海淀区应急系统年度培训班，来自全区应急系统、安委会成员单位的应急管理人员共60余人参加培训。邀请多位专家学者、业务骨干，围绕习近平总书记关于安全生产重要论述、突发事件应急准备工作、应急救援技术、森林防灭火、安全生产隐患排查治理与实践等内容进行授课，并通过现场教学和交流互动的方式强化学习效果。

（王蕊）

【基层安全生产检查单位星级评定】 12月3日至8日，市应急局会同市安全生产联合会及专家组，对海淀区东升镇等9个街镇安全生产检查队开展基层安全生产检查单位星级评定工作。通过工作汇报、座谈交流、系统抽查、实地检查、情况反馈等形式，专家组重点围绕办公条件、装备配备、岗位设置、规范履职、规章制度管理、组织建设、教育宣传、档案管理、效能提升等，对区安全生产专职安全员队伍建设工作进行综合考评，其中，东升镇5星，紫竹院街道、海淀镇、中关村街道、上地街道、苏家坨镇、北下关街道、北太平庄街道4星，曙光街道3星。

（李旭光）

执法监察

【概况】 2020年，区应急局检查生产经营单位3383家次，行政处罚287家，处罚金额84.5余万元。开展重点行业领域专项执法检查6次，完成重大活动安全保障任务31次。受理群众举报投诉164件，办结率100%；年度人均执法量147.21件，使用移动终端开展现场执法检查率99.71%，超额完成市级考核任务。依法调查生产安全事故15起，立案15起，对19家生产经营单位行政处罚387万元。

（李旭光）

【"岁末年初"安全生产联合执法检查】 1月20日至21日，区应急局联合清河街道、上地街道，对辖区重点地区生产经营单位进行执法检查。检查组重点检查零售、餐饮企业的安全出口、后厨、配电箱等重点部位，查看企业安全生产规章制度建立、应急预案及演练、从业人员教育培训等情况，要求生产经营单位对发现的问题立即整改，加强从业人员安全教育和培训，加强日常检查，确保"岁末年初"海淀区安全生产形势平稳有序。

（李旭光）

【区领导检查人员密集场所】 1月22日，区委书记于军、区长曾劲分别带队，对全区人员密集场所的安全生产、应急管理等工作进行检查。检查组分别对学院路幸福超市、超市发双榆树店的应急管理、应急物资储备等情况进行检查，指出重点行业领域企业要增强安全意识，完善安全预案，做好各项应急准备工作；要运用综合手段，加强人防技防，做好巡查防控；要落实好各项安全管理措施，进一步加强巡视巡查，消除隐患，提高应急反应能力。

（李旭光）

【疫情防控检查】 2月20日至3月3日，市应急局、区应急局领导分别带队，联合属地街道，对开复工企业以及人员密集场所的疫情防控、安全生产工作进行执法检查。经检查，人员密集场所严格落实疫情防控主体责任，建立健全防控工作责任制和管理制度，执行人员体温监控和卫生消毒措施，每个入口都有工作人员值守，设立体温检测点，对顾客进行体温检测，并劝导顾客做好自我防护，积极佩戴口罩进入，营业区内疏散指示标志明显，疏散通道良好畅通。检查组要求生产经营单位要切实做好疫情防控措施，严格落实安全生产责任制，做好安全生产隐患排查检查，在复产复工中确保安全生产。

（李旭光）

【危险化学品经营单位检查】 5月13日至19日，区应急局对辖区32家危险化学品经营单位开展执法检查工作。执法人员重点对各单位教育培训、应急预案演练及物资配备、领导及安全管理人员值班值守、加油卸油作业等情况进行检查，要求各单位切实做好重大活动期间日常安全管理工作，严防重大活动期间各类事故发生。

（席晓敏）

【重大危险源单位联合检查】 5月20日，区应急局联合区消防救援支队，对辖区1家重大危险源单位进行联合检查。联合检查组重点检查企业安全生产、消防安全主体责任落实情况；《危险化学品安全专项整治三年行动实施方案》关于罐区等重大危险源要求的落实情况；《消防安全专项整治三年行动实施方案》关于化工企业消防安全能力建设项目的推进落实情况。针对检查中对发现的问题，检查组责令企业建立隐患台账进行限期整改，整改结束后，由区应急管理局将联合区消防支队组织专家对企业消隐情况进行验收。

（陈刚）

【重大危险源企业检查督导】 5月26日，市应急局、市消防救援总队组成联合检查组，到海淀区抽查相关企业安全生产工作。检查组听取企业负责人安全生产工作情况汇报，重点检查液氨制冷设备设施、配电室、消防器材等重点部位，查看各单位日常教育培训、隐患排查、应急预案及演练记

6月7日，区应急局联合属地部门检查人员密集场所（区应急局 供图）

录等资料。检查组要求重大危险源企业切实落实相关管理措施，进一步加大日常巡查检查力度，及时消除安全隐患，严防各类安全生产事故发生，保证全市安全生产形势持续稳定好转。

（陈刚）

【重大活动安全保障工作抽查】 6月20日，区应急局对重大活动驻地周边的加油站、人员密集场所安全监管情况进行抽查，重点对生产经营单位安全出口及疏散通道畅通、特种作业人员持证上岗、配发劳动防护用品、配电箱张贴安全警示标志等进行检查。要求各相关单位要深刻汲取浙江温岭罐车爆炸事故和大兴区百联清城商务楼火灾事故教训，立即开展自查再改，全面落实安全生产和疫情防控主体责任，全力保障重大活动顺利进行。

（李旭光）

【危险化学品"打非"专项检查】 7月17日，区应急局联合区公安海淀分局及属地青龙桥街道对危险化学品带储存单位进行专项检查。重点检查规范存储危险化学品、应急预案制定及演练、应急设备设施配备管理、重点岗位人员值班值守等情况。现场检查发现，企业存在值班人员对应急处置措施掌握不够熟练、氢气储存场所安全措施不到位、危险化学品储存使用不符合安全规范等问题，检查组已责令其限期整改，切实消除安全隐患，确保安全生产。7月23日，区应急局联合公安海淀分局，对温泉镇辖区内涉危企业开展危险化学品"打非"专项检查行动。重点对企业安全生产规章制度制定落实情况、安全操作规程、危险化学品储存安全管理等内容进行查看。针对检查过程中发现的问题，下达整改通知书，要求企业按照标准和时限完成整改，全面落实主体责任，完善各项安全措施，确保危险化学品使用储存符合安全要求。

（席晓敏）

【工业企业有限空间作业专项检查】 7月17日，区应急局集中区、街镇安办二级安全生产执法检查力量，开展为期60天的有限空间作业"双防一推进"专项执法检查行动。区应急局出动执法力量302人次，对全区31家涉及有限空间工业企业完成全覆盖检查，检查非工业企业120家次；查处隐患33处，下达限期整改指令35份，立案3起，处罚1.3万元。镇、街道出动执法力量5574人次，检查企业2787家次；查处隐患1010处，下达限期整改指令649份。

（闫明）

【文化娱乐场所安全生产检查】 8月13日至14日、8月19日至20日，区应急局联合区文旅局、区卫生健康监督所、区疾控中心、区海淀公安分局、海淀消防救援支队，对海淀区15家文化娱乐场所开展暑期专项安全生产联合检查。执法人员重点对安全生产岗位责任制建立落实情况、生产安全事故隐患排查治理、安全教育培训、生产安全事故上报、应急预案与演练等制度建立落实情况，以及配电箱、疏散通道等日常安全管理情况进行检查。

（李旭光）

【游泳场所检查】 8月17日至18日，区应急局联合区体育局、区卫健委对4家游泳场所开展专项检查工作。执法人员重点对安全生产岗位责任制建立落实情况、安全教育培训、日常安全检查、生产安全事故隐患排查治理、应急预案与演练、意外事故上报等制度建立落实情况以及安全警示标志、配电箱等安全设施安全管理等情况进行检查。

（李旭光）

【国庆餐饮企业液化气安全检查】 9月4日至29日，区应急局联合区城市管理综合行政执法局、海淀消防救援支队、区市场监督管理局、区商务局、清河街道、学院路街道、曙光街道、销售从业人员、和安保人员80余人参加，北京市液化石油气公司等单位对安宁庄东路餐饮企业、中关村东升科技园内的餐饮、世纪金源购物中心内的餐饮生产经营单位进行执法检查。9月27日，区应急局成立三个联合检查组，对学院路街道中关村东升科技园内的餐饮生产经营单位进行抽查检查。本次联合检查重点包括：液化石油气储存使用、烟道清理、经营区用火用电、安全出口和应急疏散通道等情况，检查中发现个别单位存在的安全出口通道堆积杂物、燃气阀门附近临时线敷设不规范和杂物遮挡等问题，责令其限期整改，并将按时复查，确保隐患消除不反弹。

（李旭光　杜娟）

【危险化学品安全监管工作督查检查】 9月15日，市应急局督查组到海淀区，就危险化学品安全监管工作进行督查检查。督查组听取区应急局关于海淀区落实中共中央办公厅、国务院办公厅《关于全面加强危险化学品安全生产工作的意见》《危险化学品安全专项整治三年行动实施方案》、危险化学品安全专项整治三年行动工作、危险化学品"打非"专项检查等方面的工作汇报，督查检查辖区加油站、工业气体经营、危险化学品运输等单位的落实情况和安全监管情况。市督查组对海淀区危险化学品安全监管工作成效与实地检查结果给予高度肯定。

（陈刚）

【卢映川督导检查危化品企业】 10月4日，副市长卢映川到海淀区北京氦普北分气体工业有限公司开展安全生产督导检查。市应急局局长张树森、副区长沙海江，北京市消防救援总队总工程师李云浩等参加。卢映川听取企业负责人关于危险化学品储存管理、应急值守、应急演练、特种作业人员管理和消防安全管理等工作汇报，现场检查企业安全管理现状。

（陈刚）

应急工作

【概况】 2020年，区应急局持续推动应急管理体制机制建设，起草《北京市海淀区突发事件应急委员会工作规则》《北京市海淀区突发事件应急指挥与处置办法》等文件；修订《北京市海淀区突发事件总体应急预案》、完成海淀区突发事件应急委员会销售从业人员、和安保人员80余人参加，各专项应急指挥部、各街镇应急委领导成员和机构设置调整工作。区政府总值班室接报处置突发事件413起，现场处置29次，区内查班点名268次，发布极端天气预警信息88次，服务保障领导集中指挥调度39次，落实区领导批示指示文件591件。8月1日，海淀区突发事件应急值守工作正式由区城市服务管理指挥中心移交至区应急局。

（樊雪华　时野）

【城市安全风险评估】 年内，海淀区在北京市安全风险云服务系统填报新增企业1.21万家（小微企业11608家，非小微企业492家），完成全年任务的123%；动态更新企业105家（小微企业3家，非小微企业102家），累计填报企业12.75万家（1500家非小微企业，11250家小微企业），填报风险源数量总计44647条，其中低风险36585条、一般风险7282个、较大风险763个，重大风险17个。形成辖区企业安全风险源清单，绘制安全风险电子地图，明确各级风险管控措施，摸清各级应急资源和应急能力，丰富海淀区应急基础数据。

（樊雪华）

【冬奥场馆外围应急预案初稿完成】 年内，区应急局完成海淀区冬奥场馆外围应急预案初稿修改工作。预案初稿主要内容包括，根据场馆外围街道、社区、企业风险特点，设立不同级别的保障区域；根据测试赛、冬奥会两个时段的季节特点做出不同的任务计划；对组织机构职责、监测预警、应急响应、灾后处置、灾害链分析等方面进行完善。

（樊雪华）

【应急预案体系建设】 年内，区应急局起草《北京市海淀区应急预案体系建设三年行动计划(2021—2023年)》，推动海淀区应急委下设的20个突发事件专项指挥部专项应急预案，以及29个属地街镇地区总体应急预案修订完善工作。

（樊雪华）

【街镇应急小分队组建】 9月1日，区应急局印发《北京市海淀区突发事件应急委员会办公室关于建立应急小分队的通知》，明确基层应急队伍的建设工作的目标及要求，各街镇应急小分队负责本辖区内突发事件的先期处置工作，配合街镇，对应急物资及装备进行日常管理与维护等。根据摸排整理全区应急小分队建立情况，最终推选出北太平庄街道、学院路街道、西北旺镇、北下关街道、香山街道五个街镇作为应急队伍建设的先进典型示范。每个街镇视实际情况，小分队50至100人不等。

（樊雪华）

【自然灾害综合风险普查部署】 12月1日，区应急办组织区应急局、区财政局、区住建委等单位召开海淀区全国第一次自然灾害综合风险普查工作座谈会，明确风险普查目标，落实普查任务。12月16日，区应急办印发《关于开展海淀区第一次全国自然灾害综合风险普查工作方案》，书面征求区发改委、区财政局等25个部门和各街镇意见，并通过区司法局进行的行政规范性审核。

（樊雪华）

森林防火

【概况】 2020年，区应急局完成区森林防火指挥部成员单位和组成人员调整，明确各成员单位工作职责。在西山林场卧佛寺分场及西山森林公园组建两支共计80人的森林消防综合应急救援队；组织开展森林防灭火应急演练；完成森林防灭火重点领域春季专项执法检查行动，累计出动巡查人员16246人次，巡查总里程达51746.3千米，发现并消除隐患65处。及时妥善处置“4•2”百望山森林公园火情。

（史立奇）

【反恐防火应急预案演练】 1月13日，区应急局、区公安海淀分局、区消防救援支队、西北旺镇政府联合进行反恐、防恐和火灾防控的应急预案演练。辖区烟花爆竹销售从业人员和安保人员80余人参加，演练科目包括事故发生、抢险自救、消防救援、应急处理等。

（席晓敏）

【应急局检查森林防灭火工作】 3月5日，区应急局党委书记、局长刘磊刚带领局班子成员到西山地区检查森林防火工作，重点检查瞭望塔、检查站人员值守及疫情防控工作。4月4日，刘磊刚带队检查四季青镇、西山林场、西山墓园清明节期间森林防灭火工作。4月17日，刘磊刚带队对四季青镇、西山林场大风黄色预警期间森林防灭火工作措施落实情况进行现场检查，并赴森林消防局机动支队西山驻地，对驻防指战员值班备勤情况进行检查。4月22日，傅君、臧传厚以“四不两直”方式对香山街道、四季青镇、西山林场、温泉镇等地区对森林防灭火工作进行检查，重点查看防火道路沿途灭火器具设置数量及维护管理情况、森林防火宣传工作落实情况、“以水灭火”设施（蓄水池）建设情况及检查站、瞭望塔人员值守情况。10月29日，刘磊刚带队到凤凰岭地区检查森林防灭火工作，听取凤凰岭森林公安派出所关于近期森林防灭火工作汇报，调研森林防火视频监控的分布和指挥运用，检查车耳营森林防火检查站的防灭火设施及人员值守情况，检查阳台山自然风景区入园检查措施及检查设备，就森林防灭火形势提出工作要求。12月23日，区应急局对四季青镇、温泉镇和北京西山试验林场三个地区森林防灭火工作进行检查。

（史立奇）

【森林防火指挥部第一次全体会议】 3月10日，海淀区森林防火指挥部召开2020年第一次全体会议，传达国家及北京市森林防灭火电视电话会议精神，部署海淀区2020年春季森林防灭火工作。

（史立奇）

【区领导检查森林防灭火工作】 3月20日，区委书记于军带队检查海淀区森林防灭火工作，区委常委、副区长梁爽，副区长沙海江参加。于军一行现场观摩机动支队海淀驻防分队及西山林场专业扑火队应急拉动演练。演练结束后，召开座谈会，分别听取区应急管理局、区园林绿化局、四季青镇、西山林场、机动支队海淀驻防分队等有关单位关于清明期间森林防灭火工作方案的汇报。4月2日至4月3日，于军以“四不两直”方式到区域重点点位检查森林防火和应急值守工作。5月1日，沙海江带队检查森林火险橙色预警及“五一”小长假期间各单位森林防灭火工作措施落实情况。

（史立奇）

【市森防办检查森林防灭火工作】 3月26日，市应急局副局长唐明明带领市森防办联合检查组以“四不两直”方式，对海淀区森林防灭火工作进行检查指导。检查组在温泉镇政府召开座谈会，分别听取区森防办和各相关单位森林防灭火工作情况汇报；检查组到北京市温泉墓园、北京市西山试验林场、西山国家森林公园、四季青镇林业管理站进行实地检查；在四季青镇林业站召开座谈会，就市、区两级森林防火队伍建设、队伍调动机制、森林火灾扑救应急指挥机制、森林火灾扑救水源保障等内容进行交流。4月21日，市森防办联合检查组对区森林防灭火工作措施落实情况开展“回头看”专项检查，检查组对于海淀区森林防灭火工作及“三大行动”开展情况给予充分肯定，要求各单位高度重视森林防灭火工作，高标准、严要求，积极采取“人防、物防、技防”等多种防范措施，确保辖区森林生态安全。

（史立奇）

【森林防灭火应急演练】 4月28日，区应急局、区森林消防局机动支队、香山街道联合开展西山地区森林防灭火应急演练。调动专业、半专业扑火队8支，出动扑火队员200余人，专业车辆15辆，风力灭火机20余台，油锯10余台，背负式水囊30个，二号工具100个，铺设水带1000余米，供水20吨。11月下旬，香山街道森林防火分指挥部以“森林防火宣传月”为契机，组织开展规模跨地区、跨部门、跨兵种的森林防火应急救援拉动演练。演练首次使用无人机进行投弹灭火，并对火场范围、火力情况进行高空侦察。共调动地区专业化队伍4支、半专业化队伍11支，出动扑火队员150余人，调动装备车辆20部、供水30余吨、背负式水囊50个、打火鞭100个、铺设水带500余米。

（史立奇）

【国家森防办督查森林防灭火工作】 5月5日，应急管理部火灾防治管理司副司长崔洪浩带领国家森防办联合督查组，对海淀区森林防灭火工作进行督导检查，市应急局副局长唐明明参加。督查组兵分两路，通过听取汇报、实地检查、查阅资料等方式，对苏家坨镇、凤凰岭公园、香山公园、西山林场森林防灭火工作措施落实情况进行检查，对海淀区的森林防灭火工作给予充分肯定。

（史立奇）

【森林防火宣传】 11月2日，海淀区在西山国家森林公园内开展2021年度森林防火集中宣传活动。宣传现场通过摆放宣传海报，发放宣传资料，扑火装备讲解，无人机展示以及文艺汇报演出等多种形式展开。各森林防火分指挥部同步开展形式多样的宣传活动。共发放宣传材料1万余份，宣传覆盖群众3万余人。

（史立奇）

防汛抗旱

【概况】 2020年，区应急局组织完成《海淀区防汛应急预案》的修订及区防汛抗旱指挥部领导成员、成员单位及职责的调整工作，形成“1+10+29”的组织机构。组建防汛抢险队伍209支、8242人，储备水泵、救生衣、编织袋等15大类防汛抢险物资约18万件。汛期共启动防汛蓝色预警响应10次，黄色、橙色预警响应各3次，完成防汛任务。推进重点区域、重点工程防汛隐患整改，完成苏家坨镇七王坟村南沟泥石流地质灾害隐患点、上地东路积滞水点治理工程。实施黑山扈路雨水利用工程，消除地质灾害隐患，缓解道路积水问题。

（赵海潼）

【区领导检查防汛重点部位】 5月14日，副区长沙海江对上清桥G6辅路、安宁庄西路、上地东路三处防汛重点积滞水点进行现场调研，要求区水务局要多措并举，加快推进各积滞水点工程治理；属地街道要强化责任意识，针对重点防控部位制定防汛工作方案并落实责任人；区防汛办要统筹

5月5日，国家森防办联合督查组督导检查海淀区森林防灭火工作（区应急局供图）

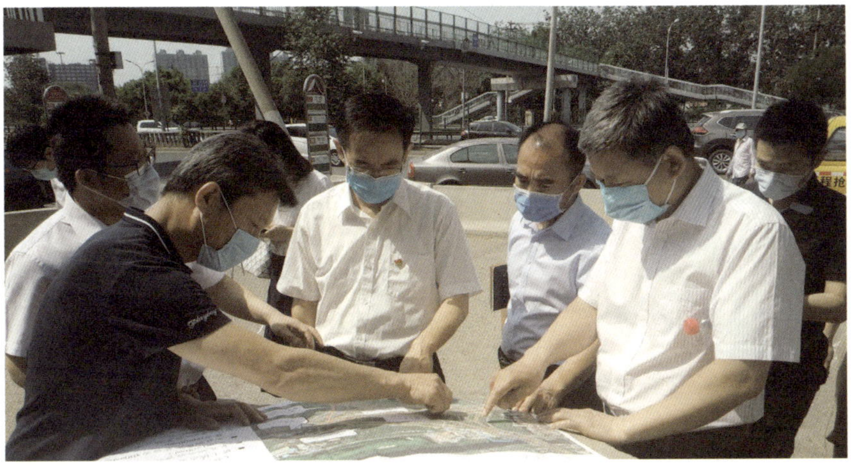

5 月 14 日，区领导调研重点积滞水点治理项目推进情况（区应急局 供图）

抓总，督促各防汛专项分指挥部、各街镇及相关单位做好汛前准备，落实防汛物资、队伍，全面开展隐患排查整改，确保全区安全度汛，实现“不死人、少伤人、少损失”的防汛工作目标。8 月 11 日，区委书记于军带队对翠微路 2 号院平房区、砂石厂路易积滞水点等重点防汛隐患点位进行现场检查，强调在 8 月 12 日强降雨期间，各单位主要领导和主管领导必须全部上岗到位，落实好领导带班值班值守工作，备足抢险队伍及防汛物资，针对防汛重点部位提前布控到位，坚决杜绝泡车、亡人事件发生，全力确保人民群众的生命财产安全。

（赵海潼）

【防汛专项检查】 5 月 14 日，区防汛抗旱指挥部办公室（设在区应急局防汛抗旱科）检查组对后厂村路积滞水点、黑山扈路积滞水点、五七水库、七王坟村南沟泥石流地质灾害隐患点等防汛重点部位进行专项检查。检查组听取区水务局、市规划自然资源委海淀分局关于后厂村路及黑山扈路积滞水点、七王坟村南沟泥石流地质灾害隐患点治理项目推进情况的汇报；实地查看五七水库现状库容情况，听取防汛预案修订、设备设施隐患排查、应急值守部署等汛前准备工作情况的汇报；听取苏家坨镇 2020 年防汛体制机制改革情况及汛前准备工作落实情况的汇报，并就地质灾害隐患点、农村旱期防空洞防控及群众避险转移措施等相关内容进行座谈交流。

（赵海潼）

【防汛工作动员会】 5 月 29 日，2020 年海淀区防汛工作动员会召开，会议强调“三个务必”，即务必增强防汛工作责任感紧迫感、强本固基，多措并举，务必夯实防汛工作基础、贯彻落实履职尽责，务必担起防汛工作责任，并对实现 2020 年防汛工作目标、履行防汛职责、隐患排查、汛情会商、舆论引导、应急值守等工作提出明确要求。会议发布“6 月 1 日 8 时，海淀区正式上汛”上汛令。

（赵海潼）

【涉河工程专项检查】 7 月 8 日，区防汛办联合区水务局，对海淀区重点涉河工程开展安全度汛专项检查。联合检查组检查中关村软件园及后厂村路应急排涝工程、永丰加压泵站配套管网工程、海淀区周家巷沟生态治理工程（二标段）、海淀区稻香湖片区补水及循环工程（一标段）、黑山扈排洪沟截污工程 5 个涉河工程，现场听取各项目建设单位及施工单位关于工程进展、安全度汛措施、应急排水方案、防汛隐患排查及治理等方面情况的汇报，重点查看水泵、发电机等防汛物资储备情况及施工范围内河道行洪畅通情况。

（赵海潼）

【主汛期工作部署会】 7 月 20 日，区防汛办组织召开 2020 年海淀区主汛期工作部署会。会议对人民生命安全保障、强化部门协同、汛情监测预报预警、防汛突发事件应急处置、积滞水点隐患治理、防汛值班值守和信息报送 6 个方面工作提出要求，确保海淀区安全度汛。

（赵海潼）

【区领导召开防汛调度会】 8 月 12 日，防汛视频调度会召开，张强、吴计亮、梁爽、沙海江等区领导，区委办、区政府办、区应急局相关负责人在主会场参加调度，全区各防汛专项分指挥部、各街镇和有关部门主要领导及应急值守人员在各视频分会场参会。会议强调，各单位要强化应急值守，密切关注雨情、汛情，及时处置各类防汛突发事件，确保人民群众生命财产安全；水务、消防及各街镇加强应急排水处置，合理调配各种救援力量，提高突发事件处置应对工作；强化地质灾害与地下空间巡查，严防死守，做好地质灾害等突发事件应对工作，组织巡防队员加强重点部位巡查巡视。

（赵海潼）

震灾应急救援

【概况】 2020 年，区应急局完成基层灾害信息员与应急局工作人员共 983 人的灾害信息员培训，启动 60 个防灾减灾知识进社区项目，新申请评选全国和北京市防灾减灾示范社区 19 个，累积培训近 2500 名防灾减灾救灾志愿者，应急救灾保障能力和保障体系建设日趋完善。

（殷灵智）

【应急避难场所摸底调查】 年内，区应急局组织全区 29 个街镇开展应急避难场所调查摸底工作，分类别梳理辖区地震、人防、防汛应急避难设施。海淀辖区内共有各类应急避难场所 290 处（不含人防应急避难场所），其中经区地震局审批备案的应急避难场所 21 处，防汛应急避难场所 44 处，其他用途的应急避难场所 225 处。

（王姝）

【应急物资配置】 年内，区应急局启动应急物资“虚拟仓”保障机制，通过“绿色通道”采购方式，紧急采购2930顶保温帐篷、2700台电暖器等应急保障物资，为全区各街镇冬季核酸检测工作应急使用。为27个街镇调拨应急救灾帐篷471顶、桌椅36套、棉大衣240件。

（殷灵智）

【灾害信息员线上培训】 年内，区应急局探索疫情常态化条件下防灾减灾救灾和应急管理新模式，通过网络终端学习形式开展应急管理人员大培训，形成线上学习和集中培训相结合的长效机制。由区应急局牵头组织、北京京东尚科信息技术有限公司提供技术服务、国家减灾中心专家老师授课并制作音像资料，三方共同完成海淀区应急学习平台的建设和运营。应急局工作人员与基层灾害信息员有983人参加线上防灾减灾救灾理论科目的学习，学习考试通过率近90%。

（殷灵智）

【减灾示范社区申报】 年内，区应急局聘请第三方专业培训机构，参与社区培训和指导安全社区建设及综合减灾示范社区创建工作。申报14个社区参加北京市综合减灾示范社区评审、3个社区参加全国综合减灾示范社区评审。

（殷灵智）

【区领导调研应急物资储备库】 2月11日，副区长沙海江到区应急物资储备库，调研库区的整体布局，询问各委办局应急物资存储情况，要求加强仓储调研，创新储备模式，保障应急物资供应；更新应急物资储备种类，适应应急管理局处置应急事件的全面能力；加强研究探索，解决应急物资因过使用期造成的浪费。2月15日，副区长李俊杰、政协副主席陈双、副区长沙海江到海淀区应急管理局物资储备库调研检查，实地查看库区布局，全面了解应急物资数量、性能、质保情况，检查储备库的消防设施和突发火情的处置能力。3月3日，区委书记于军、区长曾劲以“四不两直”的方式应急物资储备库检查指导工作。于军、曾劲逐层察看救灾帐篷、组合桌椅、行军床、暖水壶、多功能应急灯、居民生活必需等区级应急物资、相关委办局代存物资以及商务局接收捐赠的消毒物资。

（张好）

【基层应急救援员培训】 9月22日至29日，区应急局举办应急救援员培训班。培训班分3批次进行，每批培训时间2天，共计培训应急救援员402名。培训委托具有防灾减灾救援师资力量和丰富防灾减灾救援经验的专业培训机构，对应急救援员进行灾害识别知识，灾害应对方法，急救和救援基本技能等方面的专项培训和考核，考核合格后颁发社区（村）救援员职业资格证书。培训合格的救援员组建社区（村）突发事件应急救援队伍，保障当灾害发生时，在专业救援队伍到达之前，社区（村）救援志愿者队伍可以在第一时间到达现场，控制灾情、组织疏散、进行自救互救，把握黄金救援时间，做专业救援力量的有力补充，最大限度降低因灾害带来的人员财产损失。

（殷灵智）

【防灾减灾“六进”宣讲活动】 10月28日至11月26日，区应急局开展防灾减灾知识进社区宣教培训，委托第三方专业机构中关村共建军民融合技术创新产业联盟进行防灾减灾宣讲服务。10月28日，启动仪式在万寿路街道举行，联盟宣讲组5位老师向居民们普及防火知识、灾害应急避险，家庭日常急救等防灾减灾基本常识，指导居民预防、自救、互救等技能。此次宣讲活动覆盖15个街道的60个社区，接受培训的社区居民达2100余人，通过调查问卷反馈居民满意率达90%以上。

（殷灵智）

【应急指挥演练】 12月7日至8日，区应急局在中国地震救援搜救中心开展应急指挥演练。此次演练内容包括应急管理系统推演、应急技能教学、模拟灾害场景体验、4D影院体验灾害场景、参观应急物资装备展示等环节。

（张莉敏）

【应急物资装备购置】 12月28日，区应急局通过竞争性磋商招标方式，完成应急物资装备招标开标任务，包括400顶8平方米棉帐篷、300顶12平方米棉帐篷、2顶指挥帐篷、10顶学校/医疗帐篷、10顶厕所帐篷、300件救生衣、300个应急包，使用资金183万元。

（殷灵智）

生态环境

2021
北京海淀年鉴

环境保护

【概况】 2020年，海淀区生态环境局（简称区生态环境局）统筹推进疫情防控和生态文明建设，完成污染防治攻坚战阶段性目标任务。氮氧化物削减9.2%、挥发性有机物削减5.4%、化学需氧量减排281吨、氨氮减排26吨，生态环境质量持续改善，空气质量和地表水环境质量均为城六区最优，土壤环境质量总体状况良好，噪声和辐射环境保持稳定，环境风险得到有效控制。完成第二次全国污染源普查收尾工作，《北京市海淀区第二次全国污染源普查技术报告》被国务院第二次全国污染源普查领导小组办公室评为“第二次全国污染源普查优秀技术报告一等奖”；区生态环境局被国务院第二次全国污染源普查领导小组办公室评为“第二次全国污染源普查表现突出的集体”。组织开展“海淀区持续改善生态环境质量”和“海淀区创建国家生态文明建设示范市县评估”两项规划前期重点课题研究，启动“十四五”时期生态文明建设规划编制工作。牵头制定《海淀区迎接第二轮中央生态环境保护督察工作方案》，牵头成立“一办八组”工作专班和局内督察工作领导小组，制作《海淀区配合中央生态环境保护督察工作手册》，编发《中央生态环境保护督察海淀工作信息》30期；全区完成督察组调阅资料上报20项96件，受理转办信访案件32批次228件。办理“接诉即办”1583件。持续优化环评审批服务，审批时限压缩55%；通过“互联网+政务服务”、EMS快递送达等方式，实现“全程网办”。窗口接待各类咨询7200余件，受理许可项目60项。梳理网上备案项目5000余项，审查多规合一平台项目10个。发布微信、微博2740条，累计阅读量达到101万人次，其中微信原创198篇；《中国环境报》、北京电视台、海淀台等媒体报道海淀区污染防治攻坚战、环境监察执法、疫情防控等重点工作70余次。全局154名干部职工参与社区防疫值守。

（李紫剑）

【生态环境质量监测】 年内，海淀区空气中细颗粒物（$PM_{2.5}$）年均浓度为36微克/立方米，比上年下降10%；二氧化硫（SO_2）年均浓度为3微克/立方米，比上年下降25%；二氧化氮（NO_2）年均浓度为31微克/立方米，比上年下降18.4%；可吸入颗粒物（PM_{10}）年均浓度为56微克/立方米，比上年下降15.2%；降尘量5.1吨/平方千米·月，比上年下降5.6%；优良天数292天，比上年增加31天。监测河流10条（段），总长79千米，京密引水渠、昆玉河、长河、土城沟、清河上段、清河下段、小月河、永引上段、万泉河、南沙河等10条河流水质全部达标，其中Ⅰ—Ⅲ类水质河长占监测总长度的94%。监测湖泊6个，水域面积427万平方米，其中团城湖水质达标，昆明湖、八一湖、玉渊潭湖、圆明园湖和紫竹院湖水质均未达标，主要原因是全年降雨量明显大于往年（较2019年增加40%），汛期面源污染入湖加剧湖内水质恶化，同时生态补水不足、整体流动性差、自净能力弱等因素，造成湖泊水质不达标。水源三厂、团城湖集中式饮用水水源水质稳定达标；大牛坊地下水监测点位水质良好。区域内声环境质量基本稳定，空气、水体、土壤中的放射性水平与往年相比无明显变化，属正常环境水平。生态环境状况指数（EI）达到60.2，达到生态文明建设示范区标准。

（李紫剑）

【固定污染源排污许可“全覆盖”】 年内，区生态环境局推进清理整顿库与排污许可证核发数据库等多系统匹配、多表格协同核对和多数据排查。开展生物药品制造、印刷、加油站、汽修、医院等行业全部排污许可发证和登记工作，实现固定污染源排污许可“全覆盖”。区生态环境局被生态环境部评为全国固定污染源排污许可全覆盖工作中表现突出集体。

（李紫剑）

【医疗机构环评】 年内，区生态环境局以“医疗机构及设施环境监管和服务100%全覆盖，医疗废物、废水及时收集转运和处理处置100%全落实”为目标，建立信息共享和日报告机制，实现医疗废物、废水和重点管控生活垃圾的全覆盖、全流程、全链条监管，对医疗卫生机构、密接隔离点、污水处理厂等单位累计现场帮扶指导287家次。执行环评审批和监督执法“两个正面清单”，对能够提供和生产医用物资保障的企业开辟通道、增设豁免，完成符合“简易低风险项目”管理要求的企业登记备案5家，对10个行业30个小类项目累计2000家单位实行环评备案豁免，对56家符合条件企业

8月26日，海淀区召开迎接中央生态环境保护督察工作调度会（区生态环境局 供图）

减免现场执法检查。

（李紫剑）

【空气重污染应急减排清单修订】 年内，区生态环境局按照“夯实减排基础，提升应急减排清单的科学性和准确性，做好涉气企业全覆盖，确保应急减排最大化”等标准，组织开展应急减排清单修订工作，形成129家重点企业、293家施工工地、275条区级重点道路的年度重污染减排清单。对其中129家重点行业企业定级分类，对照“黄、橙、红”等不同预警级别，制定差别化应急减排措施，确保最大限度实现“削峰降速”。

（李紫剑）

【碳排放管理】 年内，区生态环境局引导重点碳排放单位披露碳排放信息，督促全区重点碳排放单位和一般报告单位在规定时间内报送2019年度碳排放报告和第三方核查报告，重点单位履约率100%。全区2019年碳排放总量为1261万吨二氧化碳，年碳排放强度比2018年下降10.08%。2016—2019年碳强度累计下降27.59%。

（李紫剑）

【饮用水源保护】 年内，区生态环境局完成饮用水水源保护区“划”“立”“治”工作，即完成农村饮用水水源保护区划分工作，涉及43个集中式饮用水水源地；完成青龙桥水厂水源保护区标识牌设立；完成水源三厂以及镇级水源地内所有餐饮、汽修等清理整治和京密引水渠交通穿越应急设施工程。

（李紫剑）

【地下水污染监测】 年内，区生态环境局每季度对78家加油站进行地下水监测和防渗漏监测。组织开展地下水大牛坊点位水质分析及污染溯源研究，结果显示地下水超标因子属于原生背景超标。

（李紫剑）

【水生态环境建设】 年内，区生态环境局贯彻实施中关村科学城北区污水治理方案，全区污水处理率达到99.3%。组织开展河道生态治理，完成11条沟道生态修复和34条小微水体整治。加强生态补水，通过稻香湖、翠湖循环补水工程为主要支流补水，恢复河道生态基流。推进污水治理，协调解决多家部队排污问题。南沙河水质首次达到Ⅳ类功能水体标准。

（李紫剑）

【土壤环境质量评价】 年内，区生态环境局开展辖区土壤环境质量状况分析评价工作，编制《海淀区土壤环境质量状况分析评价报告》，摸清自土壤污染防治工作开展以来辖区的农用地、水源地、重点工业企业用地、关停企业用地以及土地用途变更地块的土壤状况、土壤变化趋势和土壤环境质量，科学分析成因，评价结果将作为下一步土壤环境管理重要依据。综合判断得出，海淀区土壤环境质量状况良好，趋势平稳，总体安全。

（李紫剑）

6月25日，区生态环境局检测人员检测水样（张婧 摄）

【建设用地污染防控】 年内，区生态环境局完成2019年淘汰退出企业原址用地污染筛查，围绕16个地块监测54个点位，结果显示均未超出相关标准。会同规划部门完成中关村南大街11号院项目地块、西北旺镇4-1-016（E-1）集体租赁房项目地块和永丰产业基地（新）HD00-0403-013、122地块土壤污染状况调查与评审，结果显示，3个地块土壤及地下水未受到污染。

（李紫剑）

【危险废物监管】 年内，区生态环境局推进危险废物收集许可证试点工作，为北京安顺达有限公司核发首张危险废物收集许可证。全区共有产废单位554家，年产废约2.3万吨（不包含医疗废物6000吨）。按照《北京市危险废物处置生态环境补偿转移量及处置量核算办法》核算，全年医疗废物、其他危险废物跨区处置转移量共计10485.86吨，涉及生态环境补偿资金1346.60万元。

（李紫剑）

【移动污染源监查】 年内，区生态环境局累计监测各类机动车93.7万辆次，其中重型柴油车6万余辆次、轻型汽油车1073辆次，查处超标重型柴油车6180辆次、超标轻型汽油车54辆次。检查非道路移动机械605台次，查处超标机械48台次，发放机械编码登记条码832条。巡查加油站523家次，抽测211家次，处罚违规加油站8家次。

（李紫剑）

【固定污染源监查】 年内，区生态环境局突出“精准、科学、依法”三个治污原则，坚持“时间、区域、对象、问题、措施”五个精准，组织开展33个固定污染源专项执法行动，检查各类单位7033家次，比上年增长70%。立案查处环境违法行为274件（其中重大案件7起，查封6起、按日计罚1起），罚款659万元。召开听证会3次，办理行政复议案件3件，向法院申请强制执行5起。

（李紫剑）

【环境噪声监测】 年内，海淀区建

12 月 17 日，区生态环境局执法人员对射线装置使用单位开展辐射安全监督检查（白东方 摄）

成区有噪声网格测点 136 个，达标网格数 116 个，达标率 85.3%。区域环境噪声平均值为 52.9 分贝（A），达到国家 55 分贝的限值要求。建成区交通噪声监测路段 60 条，昼间达标路段 34 条，达标率 56.7%；道路交通噪声昼间平均值为 70.4 分贝（A）。

（李紫剑）

【辐射环境安全监管】 年内，区生态环境局开展各类涉源、射线装置使用单位的辐射安全日常监督检查和隐患排查，督促存在辐射安全隐患的单位及时整改。对 41 家涉源单位的 312 枚放射源、592 家射线装置单位的 116 台 II 类射线装置和 1418 台Ⅲ类射线装置实施全程监管，依法对 3 家辐射单位的违法行为给予行政处罚，罚款金额 4 万元，下发责令整改 21 份。办理辐射安全许可证审批 255 件、同位素备案 71 件，全区核技术利用单位辐射安全许可证持证率达 100%。组织开展辐射安全隐患排查三年行动。受理辐射类投诉举报案件 42 起，处理率 100%。全区未发生辐射事故和涉核恐怖事件，辖区辐射环境状况良好。

（李紫剑）

【区委生态文明委第二次会议】 3 月 19 日，区委书记于军主持召开区委生态文明建设委员会第二次会议，各成员单位委员及街镇主要领导通过视频形式参会。会议审议通过《区委生态文明委部分成员调整建议》《关于海淀区污染防治攻坚战 2019 年度完成情况的通报》《海淀区污染防治攻坚战 2020 年行动计划》和《区委生态文明建设委员会 2020 年工作要点》。会议强调要加快推进生态环境治理体系和治理能力现代化，突出精准治污、科学治污、依法治污；坚决打好污染防治攻坚战，提高全社会生态文明意识。

（李紫剑 钟冷）

【挥发性有机物专项治理】 6 月至 9 月，区生态环境局贯彻《落实〈2020 年挥发性有机物治理攻坚方案〉北京市 VOCs 专项行动方案》，推进细颗粒物（$PM_{2.5}$）和臭氧（O_3）协同治理。开展 VOCs（挥发性有机物）含量限制标准和相关技术规范宣贯，召开培训视频会议 5 次。摸底排查涉 VOCs 企业情况，督促企业加强含 VOCs 物料全环节密闭管理、涉 VOCs 废液废渣集中清运；落实重点行业三率自查和停检修企业错峰停检修等重点工作。组织专家团队对全区 180 家涉 VOCs 企业进行排查，提出存在的问题和整改建议，对重点行业、企业集群在提升整改过程中存在的问题进行现场指导。

（李紫剑）

【辐射事故联合应急演练】 9月22日，区生态环境局联合北京市城市放射性废物管理中心、公安海淀分局和北京大学，开展辐射工作场所 V 类放射源包壳破损处置联合应急演练。演练围绕事故报告、应急启动、现场监测、科学处置、舆情应对等环节开展，以贴近实战化的方式，展现应变能力，全面检验辐射事故应急处置能力和水平。

（李紫剑 钟冷）

【检测能力扩项】 12 月 27 日，区环境监测站扩项工作通过北京市市场监督管理局资质认定评审组的现场评审，涉及水和废水、噪声、环境空气和废气等 3 大类 23 项检测能力。区环境监测站的检测能力由 7 大类 88 项增至 7 大类 111 项。

（李紫剑）

园林绿化

【概况】 2020 年，北京市海淀区园林绿化局（简称区园林绿化局）下辖区园林绿化服务中心、区绿化队、区绿化二队、区绿化三队、区海淀公园管理处、区翠湖湿地公园管理处、区林业工作总站（区林业保护站、区林业种苗管理总站、区生态林管护中心）7 个事业单位。

区园林绿化局加强精准建绿、精细管绿、惠民兴绿、依法治绿，实施平原重点区域造林等新一轮百万亩造林工程，新增林地 52.26 公顷、绿地 56.19 公顷，栽植乔灌木 14.7 万余株。落实森林火灾综合防控和以生物防治、物理防治为主的林木有害生物绿色防控措施，强化野生动植物保护和林政执法管理。实施生态林地分级分类管理，开展林分结构调整试点，推进科技公园建设，提升公园绿地品质。全区森林覆盖率 35.78%，城市绿化覆盖率 51.22%，人均公园绿地面积 13.99 平方米 / 人（按 2019 年常住人口计算），公园绿地 500 米服务半径覆盖率 91.52%。

四季青镇、温泉镇、北京市西山实验林场、海淀公园被评为“首都全民义务植树先进单位”，西三旗街道、北京市海淀区园林绿化服务中心、北京甲板智慧科技有限公司被评为“首都绿化美化先进单位”，北京金隅文化科技发展有限公司、北京市海淀区枫丹实验小学、北京万科物业服务有限公司如缘物业服务中心、中国电力科学研究院有限公司被评为“首都绿化美化花园式单位”，曙光街道晨月园社区、北京市海淀区学院路街道逸成社区被评为“首都绿化美化花园式社区”。

（田源　罗勇　白云　鲁雁）

【北京市西山试验林场】 北京市西山试验林场（简称西山林场）地跨海淀、石景山和门头沟三个行政区，直属市园林绿化局（首都绿化办）领导，为城市景观生态公益型国有林场。2020年，林场按照局党组批准的温泉苗圃改革方案、场圃融合发展方案，推进场圃人员融合、资产融合、事业融合。开展消费扶贫工作。依法申办林地、林木审批手续。丹青公司中标承担56项园林绿化工程，工程合同额达到5.1亿元。专题部署全国政协义务植树、北法海寺周边环境整治工程等重点工程和资源管护工程复工复产工作。开展全国森林经营试点项目。完成森林管护项目—中幼林抚育部分建设内容、2020年中央林业改革发展资金（森林生态效益偿）项目。履行《联合国森林文书》示范单位建设补助项目（第二阶段）、《联合国森林文书》示范单位建设项目（第二阶段）配套资金项目。《西山林场森林经营方案（2021年—2030年）》通过市园林绿化局组织的专家验收。部署开展“以案为鉴，举一反三破坏森林资源行为排查整改”工作。修建狮子窝摩崖石刻护栏20米，树立文物保护提示牌2块。开展安全培训和应急演练。转发各类预警36次。

（成新新）

【北京林业大学实验林场】 北京林业大学实验林场（简称实验林场）原名北京林业大学妙峰山教学实验林场，建于1952年，是北京林业大学重要的教学、科研、实习基地，为学校教学和科研工作提供服务。实验林场位于苏家坨镇，横跨海淀区和门头沟区，面积765.19万平方米，森林覆盖率96.4%，最高海拔1153米，共划分为6大经营区、12个林班、106个小班。实验林场有陆地植物121科447属955种（包括变种、变型），昆虫种类14目122科539种。2020年，实验林场教学实习的课程有营林生产实践、林木种苗培育技术、土壤学、地质与地貌、生态学、昆虫分类学、植物学、园林树木学、气象学、地图学、苗圃学、园林设计、旅游规划、森林保护、环境规划、森林防火；接待林学、水保、园林、自然保护区和工学院500多人次的科研活动，接待实习师生6000人次。完成办公区、秀峰寺周边等区域3500平方米绿化养护工作；完成1600株梅花管护工作，完成梅园及防火公路沿线周边可燃物清理工作。打设防火隔离带43万平方米，清理防火小道20千米。在重点区域、重点部位进行药物防治，对林场海拔高度较大的区域，通过释放肿腿蜂、周氏啮小蜂等进行生物防治。启动消防、安防监控系统建设工程，安装高清红外热源探头2个、车辆智能识别系统3套、视频监控探头174个、消防自动喷淋灭火系统2套、烟感报警器238个、可燃气体探测器27个，实现森林防火及消防安全监控无死角全覆盖，林场森林防火及安全防范等级得到提升。

（乔永）

【北京市新海园林工程有限公司】 北京市新海园林工程有限公司成立于2000年8月28日，由原北京市海淀区市政园林服务中心（区园林绿化局前身）组建成立，是集园林工程建设和绿化养护管理于一体的专业企业。2020年7月，进行事企剥离划入海淀市政集团，年12月正式完成股权划转。现为北京市园林绿化行业协会副会长单位；北京市园林职业技能等级认定资格企业。获高新企业认定资格；全面通过园林二级安全标准化复评认证。世园会项目荣获2020年度中国风景园林学会科学技术奖（国家级园林工程奖）。在2020年北京市第五届职业技能大赛园艺修剪（金剪子）竞赛中荣获金奖、银奖、优秀组织奖、先进工作者奖。编制标书300余册，共投标项目17项，中标17项，中标总额约1.21亿元，意向参与工程投标中标率100%。签订自揽工程4项，合同收入155.7万元。承揽并实施绿化工程21个，新开工绿化面积约44.2万平方米，工程总额1.06亿元。组织开展安全教育培训及演练，完成《新海园林安全管理规章制度和操作规程汇编》。

（赵玉辰）

【北京市海淀园林工程设计所有限公司】 北京市海淀园林工程设计所成立于1993年7月20日，隶属北京市海淀区园林绿化局，具风景园林工程设计专项乙级资质。2020年7月，进行事企剥离划入海淀市政集团；12月18日，经股权划转、改制，更名为北京市海淀园林工程设计所有限公司。完成设计项目46项，设计面积约165.3万平方米，主要包括2020年花卉布置、2020年翠湖国家城市湿地公园湿地保护资金补助项目、2020年五棵松场馆区域环境建设、武警总医院代征地、小月河公园等。荷清园绿地提升工程二期获2020年北京园林优秀设计二等奖，温泉体育中心绿地景观工程获2020年北京园林优秀设计三等奖。

（赵玉辰）

【西山林场森林防火】 2019年至2020年森林防火期，西山林场召开森林防火部署会12次，逐层签订森林防火工作责任书150份。清明节和“五一”期间增派护林员人数，在23处主要进山路口和检查站点配备火源检测仪、火源收缴箱和安检公示牌。加强公园内道路两侧洒水湿化作业、无人机巡查等防火措施。发放宣传材料5.5万份，张贴宣传海报1300份，集中开展护林防火宣传活动49次，受众人员14万人次。防火阻隔系统安全稳定，12个护林防火检查站、4个防火瞭望塔、及全场防火公路运转正常。林场辖区未发生森林火情。

（成新新）

【森林管护项目】 年内，西山林场完成林场森林管护（中幼林抚育）项目，抚育面积405.67公顷，其中间伐1024亩（68.26公顷），补植3117.5亩（208公顷），割灌4935亩（329公顷），扩堰2697.5亩（180公顷），浇水1505.5亩（100公顷），抚育剩余物处理2131亩（142公顷），林地清理1996.5亩（133公顷）。完成林场2020年中央林业改革发展资金（森林生态效益偿）项目，完成抚育面积793.5亩（53公顷），包括间伐793.5亩（53公顷），人工促进天然更新167亩（11公顷），播种622.5亩（42公顷），修建作业小路2000米，抚育剩余物处理793.5亩（53公顷）。履行《联合国森林文书》示范单位建设补助项目（第二阶段）工作任务，编制《西山林场森林经营方案》，建设森林景观游憩示范林300亩（20公顷），增设中英文牌示50套，开展森林经营成效监测体系建设，开展技术培训及对外交流和宣传活动。履行《联合国森林文书》示范单位建设项目（第二阶段）配套资金项目内容，完成修建景墙护坡1处、铺设森林步道800米、营建野生动物饮水点1个。

（成新新）

【森林资源保护】 年内，西山林场完成2020年森林督查暨森林资源管理"一张图"年度更新工作，完成年度自查核查任务。依法办理占用林地手续3件，占用林地0.76公顷。办理采伐手续3件，其中工程采伐手续1件，采伐林木8株；抚育采伐手续2件，采伐林木66621株。完成香山南正黄旗甲17号院（永福山庄）违建拆除工作。

（成新新）

【林业有害生物防治】 年内，西山林场开展年度林业有害生物普查工作，完成侧柏普查面积3212.9公顷，油松普查面积2445公顷，常发性林业有害生物发生面积有所下降，危害程度总体表现为轻度发生。悬挂桃潜叶蛾、红脂大小蠹等常发性林业有害生物和检疫性林业有害生物诱捕器1088套，监测面积5852公顷；开展物理防治面积74公顷；释放管氏肿腿蜂280万头、周氏啮小蜂1.7亿头、赤眼蜂3.5亿头、花绒寄甲11万头、蒲螨3.9亿头。发布6次虫情信息。掌握病虫害的发生时期和发生虫态。

（成新新）

【古树名木管理和保护】 年内，西山林场开展古树复壮及养护项目。进行古树生长状况巡查45次。对魏家村、静福寺等处13株古树进行复壮。

（成新新）

【野生动植物保护宣传与调查】 年内，西山林场印刷相关法律法规、名录和《野生动植物保护工作手册》200册。重点宣传学习《北京市野生动物保护条例》（简称《条例》）内容，制作《条例》亮点解读宣传海报32份。开展林区范围内野生动植物初步调查12次，累计记录鸟类等野生动物71种、900余只（次），记录黄檗、白首乌等重点保护野生植物8种。

（成新新）

【森林文化建设】 年内，西山林场举办2020年西山线上森林音乐会，举办10场全国中小学生研学实践活动和生态文明体验活动，拍摄视频5部。西山无名英雄纪念广场接待参观团体89个约3000人，接待零散游客数量超过5万人次。完成西山无名英雄纪念广场海淀区爱国主义教育基地申报评审和北京市文化和旅游局红色旅游景区复核工作，复合结果达到优秀水平。持续开展红色文化资料整理等工作。

（成新新）

【森林防火】 年内，全区落实森林防火行政首长负责制和区域管护责任制，从区森林防火指挥部，到镇、街、林场和有林单位森林防火指挥部，层层签订各类森林防火责任书1万余份。投资300万元维修山区防火路，投资126万元对18座防火瞭望塔进行维修，投资112万元对16座防火检查站进行维修，投资60万元购置森林消防物资器材。在重点森林防火期，与森林消防局机动支队驻防中队举办森林消防队、半专业扑火队，护林员培训，420余人参加森林消防培训。重点时段，消防员与公安民警、各分指防火办、护林员联合对重点林区进行日常巡逻，检查火险隐患。区森林防火办公室召开防火办主任办公会5次，组织联合检查8次，下发通知26次，及时发布森林火险红色预警1次6天、橙色预警3次21天。开展为期5个月的森林火灾隐患排查整治工作，18支巡查队开展巡查检查，4千余名生态管护员定点看护，出动执法人员169人次，排查各类火灾风险隐患31次，发现各类风险隐患20处，发放隐患整改通知书7份，均整改完毕。本防火年度无森林火灾，无人员伤亡。

（莫军）

【林政执法】 年内，区森林公安处共接处警情127起，立案70起，其中行政案件57起、刑事案件13起。抓获犯罪嫌疑人42人，查获涉案野生动物79只、野生动物制品6448克，市场价值153万余元，涉及国家一级、二级重点保护野生动物及国际濒危物种3类7种。开展重点区域巡逻巡控1.5万余千米，救助各类野生动物370余只（头），检查涉林重点敏感单位及区域390处，消除森林火险隐患120余处。

（莫军）

【公共绿地设计方案审查】 年内，区园林绿化局审查公共绿地设计方案14项，包括四季青4s店拆除区域、崔家窑湿地生态治理、水岸家园西侧绿地、上庄镇浮青园（B-10三元嘉业代征绿地）、上庄镇沙阳路两侧景观提升、邓庄南路北侧绿地、海淀镇功德寺地区、首都体育馆南路绿化改造、西郊机场周边区域绿化改造、京张高铁海淀段绿色通道、颐和园西侧三角地、中关村大街城市客厅（公共空间改造提升）人大段、中关村大街城市客厅（公共空间）改造提升一期工程一标段和二标段绿化工程设计方案，均取得市园林绿化局批复，总面积143.75公顷。

（王铮）

【代征绿地接收】 年内，区园林绿化局接收西北旺镇永丰产业基地（新）C地块的土地一级开发项目、海淀北部地区1片区西郊农场东部局部地块

（北区）棚户区改造定向安置房项目、海淀区清河路（三建平房宿舍区危改土地一级开发项目）C2商业金融用地项目等代征绿地22项，总面积72.63公顷。

（王铮）

【“留白增绿”专项工作】 年内，海淀区“留白增绿”专项工作完成绿化面积25.9公顷，涉及四季青、海淀、西北旺镇的49个点位，利用拆违腾退地、城市边角地，建设功德寺地区城市森林建设工程、西郊机场周边区域绿化建设工程等公园绿地。

（史一然）

【新一轮百万亩造林绿化工程】 年内，全区完成造林任务108.45公顷，全部为新增造林绿化，其中城区绿化56.19公顷、平原造林52.26公顷，共15项绿化工程，栽植乔灌木14.7万余株。

（史一然）

【森林健康经营示范工程】 年内，全区完成森林健康经营项目任务200公顷，项目位于苏家坨镇车耳营村和七王坟村，建设标准为市级示范区，建设内容包括林木抚育和附属工程。林木抚育完成人工补植23.33公顷、割灌除草7.27公顷、修枝28.64公顷、扩堰52.32公顷、定株13.13公顷、疏伐12.8公顷、人工促进天然更新62.51公顷；附属工程完成作业步道2478米，设置工程牌匾1块、指示牌3块、坐凳8个。

（张强）

【野生动植物保护】 年内，区园林绿化局对全区3936株古树进行专业性养护；新增古树16株、名木1株，死亡确认2株。组建海淀区野生动物应急处置组，妥善处置野生动物救助事件115起，救助野生动物144只，处置死亡野生动物20只；设置野生动物疫源疫病监测点5个，开展野生动物疫源疫病监测活动1825次，观测野生动物70余万只。首次使用无人机开展反盗猎侦查行动，累计派出无人机636架次，飞巡西山等重点野生动物栖息区域848处，拍摄重点时段热成像图片1.2万余张，采集视频影像6000余分钟。

（赵敏　邵晓伟）

【行政许可】 年内，区园林绿化局受理行政许可及服务事项888件，发放许可证及复函651件，接待咨询人员1981余人。审批林木伐移225件、树木伐移293件，减少采伐林木300余株。审核林地备案及临时占用手续39项，市园林绿化局批复绿地占用（含临时占用）78项；完成绿地率审核62项（多规平台54件）。承接市园林绿化局关于永久占用林地审批权和城市大规格树木砍伐审批权限，其中工程建设永久占用林地面积1公顷以下的行政许可下放区局实施，砍伐城市树木不满20株、胸径30厘米以上的行政许可委托区局实施。受理核发林木种子生产经营许可证4份，签发“产地检疫合格证”“植物检疫证书（出省）”14份，检疫树木0.8万株、花灌木3万余株，开具《森林植物检疫要求书》1207份。

（朱希　李清）

10月15日，新一轮百万亩造林绿化工程（温泉公园三期）（区园林绿化局 供图）

【生态公益林资金拨付】 年内，海淀区拨付山区生态公益林生态效益促进发展机制生态补偿资金181.84余万元，其中拨付苏家坨镇104.44万元、西北旺镇14.70万元、温泉镇31.13万元、四季青镇31.56万元。完成四季青镇、西北旺镇、苏家坨镇、温泉镇总计3443.53公顷山区生态公益林的综合保险，投入保险金9.29万元，总保险金额6198.36万元。

（仉程）

【花卉布置】 年内，区园林绿化局投资1755.62万元，完成花卉布置工程4.17万余平方米，涵盖玉泉山地区、万寿路地区、中关村地区、山后地区等主要区域。其中，地栽花卉工程2.8万余平方米，涉及长春桥、紫竹桥等2处重点桥区，中关村大街、长春桥路、万寿路、北坞村路、颐和园路、西郊机场路、北清路、厂洼中路、后厂村路及中关村西区等10处重要道路，京西宾馆1个重点场所；花钵花卉工程6687平方米，涉及四环路、万泉河路、长春桥和中关村1、2、3号桥等4处，布置花箱花钵3260个，栽植苏铁766株；垂直花卉布置工程7011平方米，涉及田村城市休闲公园、万泉河桥区、北清路—永丰路至永泽北路、北清路—永丰路至稻香湖路、同泽春园、同泽秋园、苏家坨经适房代征地等7处公园和路段，种植藤本月季2711平方米、荆芥4300平方米。

（吴迪）

【生态林管护】 年内，海淀区纳入生态林地补偿机制政策林地6973.33公顷，其中精品公园100公顷、一般公园313.33公顷、一级林地100公顷、二级林地946.67公顷、三级林地2000公顷、四级林地980公顷、五级林地2533.33公顷。落实生态林地补偿机制政策，拨付政策资金28734.85万元，其中东升镇1834.85万元、海淀镇667.49万元、四季青镇6427.28万元、西北旺镇4763.30万元、温泉镇3023.78万元、上庄镇2952.47万元、苏家坨镇8352.44万元、西农投资公司379.50万元、国有林地养护资金333.74万元。完成整形修剪127万株、林木浇水6926.67公顷次，补植补造乔、灌木和绿篱6万余株，施肥244.6公顷，病虫害防治面积1.35万公顷。

（李清）

【农村街坊路绿化】 年内，全区纳入农村街坊路绿化管理涉及上庄、苏家坨、温泉镇的29个村，绿地面积32.7万平方米，下拨资金83万元。

（李清）

【林木有害生物防控】 年内，全区设置美国白蛾、白蜡窄吉丁、红脂大小蠹、松墨天牛等24种虫害区级监测点560个，在24个街镇的203个社区（村、公园）监测到美国白蛾成虫2044头，巡查发现美国白蛾幼虫危害树木849株。推行以生物防治、物理防治为主的绿色防控措施，释放周氏啮小蜂、管氏肿腿蜂、异色瓢虫等有害生物天敌4亿余头，悬挂国槐小卷蛾诱捕器、黏虫板等物理防控用品7000余套。完成春、夏、秋三季飞防作业150架次，累计防控面积1.5万公顷。开展林业有害生物执法检查847次。

（李清）

【湿地保护与修复】 年内，翠湖湿地公园承担的中央财政湿地保护和修复项目通过验收。其中，水体净化人工湿地设计计划分为7个净化处理单元，通过改善局部水质，带动提升公园整体水环境质量；生态监测系统共设置4组小型水质自动监测设备，可在线实时采集水质和物候数据，有助于了解翠湖湿地生态系统变化状况；生态浮岛包含净化型浮岛3座、鸟类栖息地型浮岛2座，在改善水质同时，提升园内水体景观效果，为鸟类提供良好的栖息环境。

（刘颖杰）

【紫竹院公园花灌木分级养护】 年内，紫竹院公园制定竹林抚育计划和养护标准，实现竹林自然生态景观可持续的预期目标。持续开展杨柳飞絮治理和古树养护工作，完成全园345株杨柳树药物注射任务，有效抑制杨柳飞絮；将三株古树根系地面硬质铺装变为悬浮式木栈道，为古树营造生长空间。

（范蕊）

【玉渊潭公园樱花养护管理】 年内，玉渊潭公园为解决樱花与冷季型草坪的生长矛盾和早春樱花生长出现的问题，更换大山樱区域地被材料，解决困扰已久的树草矛盾；扩大树堰，解决樱花根系的呼吸问题；覆盖木屑5厘米，防止夏季高温暴晒对浅根系造成伤害。针对园区樱花出现的早落叶问题及土壤重茬问题，聘请北京林业大学森林保护专业、中国农业科学院植物保护研究所专家教授进行培训，现场察看情况、提出解决方案，并指导秋季樱花的复壮改造。对樱花苗圃引种苗木加强养护，施用硫酸镁、硫酸亚铁、氨基酸螯合铁、硫酸锌等肥料，并开展除草、松土等工作。撰写《樱花分级养护》《樱花品种发展规划》《温室樱花品种建议》，为公园特色植物樱花的养护提供参考依据和发展思路。由山东地区引种樱花品种苗木260株。播种成活籽播苗1208株全部完成下地栽植工作。夏季开展品种樱花扦插繁殖试验，扦插幼苗109株。完成樱花基地可移动喷灌安装、遮阴网搭建、排水沟清理等工作，保障苗木顺利越夏；加强苗木的日常水肥管理，完成2020年夏季樱花移栽和秋季栽植工程。

（刘丹）

【蜂产业】 年内，全区有养蜂户9户，蜂群386群，产普通蜂蜜9390千克、蜂王浆215千克、蜂花粉20千克、蜂胶10千克、蜂蜡405千克，实现收入67.42万元。抽查2个蜂蜜样本，经农业农村部蜂产品质量监督检验测试中心（北京）检测，均合格。

（赵险峰）

【种苗产业】 年内，全区有苗木生产企业35家，苗圃面积298.27公顷，实际育苗面积203.67公顷，苗木总产量54.14万株。

（李清）

【全民义务植树】 4月4日，区园林绿化局组织开展首都第36个义务植树日活动，区四套班子领导、区政府特聘专家等80余人，在温泉镇太舟坞公园参加义务植树活动，种植白皮松、云杉、白蜡、银杏、银红槭、樱花等2368株，其中乔木380株、灌木及绿篱1988株。全区参加植树人数3320人，植树1.4万余株，动土4.34万立方米，养护树木13.98万株，清扫绿地48.21万平方米，设宣传咨询点2个，出动宣传车2辆，发放

4月9日，全国政协领导及机关干部在西山森林公园参加义务植树活动（刘晓龙 摄）

11 月 8 日，真觉寺金刚宝座塔及塔前六百年树龄的银杏树（闫霞 摄）

宣传材料 0.7 万份，出动绿色小信使 150 人，悬挂宣传标语 22 幅。4 月 9 日，全国政协领导和全国政协机关干部职工 100 余人，到海淀区西山国家森林公园参加义务植树活动，种植白皮松、栾树、稠李、山桃、连翘等乔灌木 400 余株。10 月 25 日，海淀区首个“互联网 + 全民义务植树”基地在海淀公园挂牌成立，基地设置 10 位经验丰富的尽责导师，在园林、植保、野保等方面为市民参加义务植树提供技术指导；招募 42 名志愿者参加抚育管护劳动尽责；举办 3 场义务植树尽责活动。12 月 4 日，北京植物园园艺生活馆园艺驿站挂牌成立。

（鲁雁　牛卓）

【平原重点区域造林工程】 4 月 16 日开工，12 月 20 日竣工。工程分布在上庄镇、苏家坨镇、西北旺镇、东升镇 4 镇，涉及西闸村、白水洼村、后沙涧、前沙涧、西玉河、六里屯村、河北村等 7 村，总面积 52.25 万余平方米，造价 5043.87 万元，建设内容包括绿化工程、庭院工程、给排水工程、渣土清理工程。种植乔木 16474 株、灌木 4982 株、地被植物近 16.23 万平方米。

（吴迪）

【古银杏树保护与维护（一期）工程通过验收】 4 月 23 日，北京石刻艺术博物馆两棵古银杏树（一级古树）保护与维护（一期）工程开工。两棵古银杏树植于明永乐时期，树龄约 600 年，具有重要历史、文化、生态及科研价值。2016 年开始出现叶片失绿、结果过多等问题，长势趋于衰弱。石刻馆组织古树保护专家进行会商，并申请财政资金 19.54 万元，由北京巨木园林绿化工程有限公司施工，采取设置复壮井、外围硬化路面增设透气孔等措施，改善土壤状况和古树的生长环境，遏制古树衰弱的趋势。8 月 14 日，工程通过专家验收。

（郭豹）

【大觉寺古树复壮及绿化养护项目】 5 月 11 日，大觉寺聘请北京市林业保护站专家现场踏查寺内古树，并提出管护措施建议。对 30 棵古油松、古白皮松、古桧柏、古侧柏等古树实施改良根系生长环境、树体修复措施、防治病虫害、枝条整理、支撑围栏等措施，实施肥、水、病、虫、剪五个方面的养护工作，做到从土壤到树体以至人工防护方面分别对古树进行科学管理。

（张蕴芬）

【西郊机场周边区域绿化工程】 5 月 20 日开工，12 月 18 日竣工。工程位于西四环外，紧邻西郊机场东西两侧，总面积 17.92 万平方米，造价 4291.58 万元，建设内容包括绿化工程、庭院工程、土方工程、浇灌工程、照明工程。种植乔木 5628 株、灌木 49025 株、地被植物近 11.76 万平方米。

（吴迪）

【绿绒蒿首次在平原露地栽培开花】 5 月，北京植物园栽培的绿绒蒿首次在平原露地开花。绿绒蒿被誉为“高原美人”，植物园分别于 2017 年、2018 年引进种子，经过冷库春化处理等手段，5 月中旬开始开花并在宿根花卉园展示，这是绿绒蒿在我国平原地区的首次露地栽培开花。

（石鑫）

水资源保护与管理

【概况】 2020 年，海淀区水务局完成“十三五”规划中涉及水务的各项任务，全区地表水环境质量稳中有升，南沙河断面水质均值全年首次达到 IV 类，优于历年同期。《“水清岸绿”行动计划（2020—2025）》发布实施。稻香湖、翠湖、玉泉山地区水网循环系统构建完成。有河道 35 条、总长 204.7 千米，沟渠 63 条、总长 113.82 千米，湖泊 10 个，水库 1 座，涉及北运河、城市河湖、京密引水渠、凉水河、清河 5 个流域。所有河道沟渠实现三级河长全覆盖，10 个湖泊均设立湖长，全部建立“一湖一档”。南沙河断面实现历史性突破，达到功能水体要求的Ⅳ类标准，纳入全市地表水环境质量评价的十河六湖首次全部动态达标，水环境质量居城六区首位。编制《海淀区“十四五”水务发展规划》。

市级下达计划用水总量 3.0626 亿立方米（其中区管单位指标 6314.81 万立方米），比上年实际用水量消减 800 万立方米。在用水指标继续压减下，全面完成市级下达水耗任务，万元地区生产总值水耗比上年下降 10%。12 月全区地下水平均埋深 28.21 米，地下水位同比回升 0.59 米。黑山扈路、安宁庄西路积滞水点治理难题得到解决；镇级、村级巡河率 100%；污水处理率达到 99.3%。“水务大脑”平台建设使水务管理模式智慧化，在动态河道管理、精准防汛抢险工作中初显成效。

12 月，海淀区获评第三批节水

型社会建设达标区。海淀区河长制工作办公室获水利部“全面推行河长制湖长制先进集体”称号，河长制工作科获“北京市第二次全国污染源普查表现突出的集体”称号。

（李月霞）

【水环境保护】 年内，中关村科学城北区有稻香湖、翠湖、上庄、永丰、温泉等污水处理厂5座，污水处理站33座（含上庄水循环代谢系统），临时污水处理设施22座，污水处理能力达到21万立方米/日。处理污水5270.41万立方米，实现COD（化学需氧量）削减量935.3吨，氨氮削减量210.31吨。全区污水处理率提升至99.3%。围绕南沙河出境断面水质达标目标，成立南沙河水环境保障工作专班，制定印发《2020年南沙河出境断面水质达标工作方案》，强化部门联动，建立信息共建共享机制，解决污水入河问题。通过种植水生植物、曝气设备运行、生态补水、水体循环等措施，不断提升水体流动、自净能力，南沙河出境断面水质均值为Ⅳ（四）类，首次达到水体功能类别Ⅳ（四）类，优于市级考核目标Ⅴ（五）类。继续通过铺设截污管线、安装临时污水处理设施、封堵、执法等措施，加强排水口治理。各镇加大实施农村地区沟道、坑塘、马路边沟、公园池塘等小微水体整治力度。以河湖水系连通循环补水工程为支撑，形成生态补水循环水网。北部地区完成翠湖、稻香湖两处循环补水工程，实现9条沟渠（前沙涧沟、后沙涧沟、前柳林沟、后柳林沟、周家巷沟、东埠头沟、大寨渠、团结渠、宏丰渠）的循环补水；南部地区建设“三山五园”地区水网循环系统（玉泉山片区、圆明园片区水网循环系统），重点塑造一区两轴三循环的慢行空间和亲水岸线。

（李月霞）

【水土保持监管】 年内，区水务局建立水土保持动态监管台账和巡检监管流程，纳入水保现场监管的项目77个，开展工地巡检80余次，联合检查15次，移交中国佛学院校舍项目、中国航空工业集团公司北京航空材料研究院生活区总体改造一期职工住宅项目、国家卫星气象中心北京卫星地面站数据处理和储存中心等13个违法项目并进行处罚。中国佛学院校舍项目项目的执法是首次水保执法，对推动建设项目文明施工、依程序建设有明显的警示效应。在水保监管和执法过程中，同步完成水土保持费征收和催缴工作，征收水土保持费430万余元，是2019年的6倍。结合卫星遥感等科技手段，全面推进疑似违法图斑核查工作，对80处图斑进行现场核查，并将项目信息、水保信息按要求准确上报至水利部信息系统；完成2017—2019年水评批复建设项目的水保措施跟踪调查工作，跟踪调查建设项目200余个，促进水保验收的报备和补偿费上缴工作的开展。

（李月霞）

【排水管线管理】 年内，区水务局完成排水管线确权工作，对辖区内企业管线、权属不清及山后截污新建排水管线进行排查、确认。市政排水主管线2760.86千米，其中市排水集团运营2089.84千米（雨水1012.55千米；污水972.69千米；合流104.6千米）。区属排水管线73.07千米（雨水6.99千米、污水65.28千米、合流0.8千米），主要为老旧权属不清及新建临时截污管线。新农村五项基础设施建设雨水、污水管线597.950千米，分别由温泉镇、苏家坨镇、四季青镇、西北旺镇、东升镇、上庄镇负责日常管护。

（李月霞）

【节水型社会建设】 年内，区水务局持续推进海淀区节水型社会建设工作。完成区政府第一办公区、交大附小等机关、学校公共单位的5000套节水器具换装工作、区水务局水务系统节水机关创建工作，推进一零一中学（圆明园校区）高效节水器具改造换装项目、北京交通大学学生公寓微中水节水改造项目。试点将水影响评价审查、节水方案审查、临时用水审批、节水“三同时”[①]验收、正式用水指标下达等整合成延续性的管理链条，推行节水措施。围绕绿化用水“五杜绝”[②]，联合区园林绿化局开展节水专项执法行动；开展高耗水行业用水检查，联合区科信局对石化、电力、桶装水生产等高耗水用水单位进行现场调查。提速再生水专项利用，组织对北部地区67.8千米再生水管网、3座再生水泵站进行日常巡查维护。完成北部翠湖、温阳路、青棠湾等12处再生水加水点建设，完成北部地区市政杂用水新水置换。完成2019年度海淀区“两田一园”高效节水灌溉项目建设，对四季青镇和上庄镇7000余亩灌溉面积实施高效节水灌溉工程，保障2020年农田灌溉水有效利用系数达到0.75以上，亩均农业用水降至227立方米。

（李月霞）

【河长制工作】 年内，区水务局印发《2020年海淀区河长制湖长制工作要点》和《海淀区河长制治水责任制任务清单（2020年度）》，明确全区各相关单位和街镇的年度河长制工作重点任务。印发《海淀区引导市民安全文明游河专项行动工作方案》，开展引导市民安全文明游河专项行动。完成对各街镇2019年度河长制考核工作。对小微水体进行调整，全区数量调整为337条，其中存在问题有95条，当年完成34条整治，累计完成小微水体整治64条。河长巡河履职工作因受疫情影响，上半年基层河长巡河未纳入考核。从6月起，巡河率恢复至100%。

（李月霞）

【大中型水库移民后期扶持】 年内，区水务局按市移民办要求，完成2020年度水库农村移民扶持和大中

---

① 生产经营单位新建、改建、扩建工程项目的安全设施，必须与主体工程同时设计、同时施工、同时投入。

② 杜绝绿地水汪汪、工地水哗哗、公共场所水滴答、道路水渍渍、农田地面水漫流。

型水库农转非移民培训人员的登记、核定工作。全区新增农业移民 0 人，减少 7 人，全区登记在册农业户口移民 96 人，涉及 7 个镇 38 个村。按照 600 元 / 人 / 年的标准，发放扶持资金 5.76 万元。全区农转非移民培训人员 495 人，发放标准为 0.056 万元 / 人 / 年，共发放扶持资金 27.72 万元。

（李月霞）

【“水务大脑”新平台建设】 年内，区水务局将水务工程项目基础建设和新基建相结合，启动并初步建设国内领先的“水务大脑”新平台，编织一张全感知的水务信息网，搭建一个全汇聚的数据资源池，绘制一张全掌控的三维指挥图，形成一个立体化的智慧新平台。平台搭建水安全、水资源、水生态、水工程、水行政五个核心业务模块。整合河湖及水利设施基础信息、断面水质监测、河湖问题上报处置、信息报送及共享、考核管理等功能，平台在 2020 年动态河道管理、精准防汛抢险工作中初显成效。

（李月霞）

【海绵城市建设】 年内，区水务局遵循海绵城市“渗、滞、蓄、净、用、排”的建设理念，继续实施海绵城市建设工程。在黑山扈路雨水边沟两侧、百望山公园内铺设 249 米输水管道，建设一座 500 立方米的模块式蓄水池，平均每年可利用雨水 5400 立方米。百望山公园打造“能呼吸会喝水”的绿色海绵公园，建设多处雨水利用设施，总容量约 10 万立方米。百望山公园的天澄湖蓄水量达到 8 万立方米，实现雨水积存、集蓄，补充地下水资源。在北京一零一中学试点建设全区首家综合性海绵校园，在校园湖泊内构建“湖体水质循环净化与生态修复技术体系”，在湖泊岸坡带构建“岸坡景观生态提升与海绵化融合技术体系”，实现海绵与景观相互融合；在校园南部近湖区构建“路面雨水径流污染控制与净化回用技术体系”，将雨水充分净化后排入湖泊；在校园北部远湖区构建“内涝积水点消除与雨水调蓄净化回用技术”，通过建设雨水调蓄池及配套雨水管线和径流，将雨水引入调蓄池消纳、净化并储存，用于校园日常绿化浇灌。完成北京育英学校雨水收集利用工程、青棠湾小区海绵化改造示范工程。海绵城市建设项目对既有设施溢流系统补充改造、绿地地形改造引流收集改造等措施，实现下雨时吸水、蓄水、渗水、净水，需要时将蓄存的水“释放”并加以利用，达到提升城市生态系统功能和减少城市洪涝灾害发生的目的。

（李月霞 钟冷）

【水资源管理】 4 月，区水务局开展地下水超采综合治理工作，组织各行业、各街镇对管辖机井进行全面普查，完成区管 1314 眼机井的核查建档。完成 77 处自备井置换、62 处老旧小区供水改造，整理报废、停用 157 眼自备井。根据全区地下水监测点的数据，12 月，全区地下水平均埋深 28.21 米，三个水文地质单元地下水位变化情况与上年同期相比，地下水位上升 0.59 米。协调市水务局为园外园地区争取补水指标 1270 万立方米，累计补给 985 万立方米左右，使北坞地下水位较年初回升 3.76 米。

（李月霞）

【水旱灾害防御】 6月1日，区水务局开展“清管行动”，修编防汛预案，整治雨污混接错接处。汛期组织防汛抢险 50 余处，排查积水点 99 处。完成上地东路积水点治理工程和西王庄、富润两个社区积水点消隐改造工程。6 月至 9 月汛期期间，全区累积降水量 515 毫米，比常年同期（1981—2010 年平均值，379.7 毫米）偏多 35.6%。明显降雨过程（累计降雨量全区平均 ≥30 毫米）有 5 次。

（李月霞）

【“水清岸绿”行动计划（2020—2025）发布】 7 月 15 日，区水务局会同区委宣传部召开《海淀区“水清岸绿”行动计划（2020—2025 年）》（简称《行动计划》）新闻发布会，介绍计划的制定背景、方案解读、各专项及重点项目等情况。《行动计划》涵盖水务科技创新、城市功能的完善、新型城市形态的构建、山水林田湖草全域生态治理等内容。未来 5 年，将以南沙河主河道为骨架，重点推进西玉河、苏家坨、崔家窑湿地建设，建成各功能互补的水系生态系统，结合现有翠湖湿地，打造北部生态湿地群。至 2025 年，全区水面覆盖率由 2.6% 增加到 5.2%，生境、理化、生物等水体指标逐年上升，实现“水清岸绿”生态目标。副区长邸慧清通过海淀融媒发布厅，向公众解读海淀区近年来“水清岸绿”建设成果。直播在海淀区政府网、微博、快手、百度、央视频、知乎、“掌上海淀”移动客户端播放，累计观看量达 421 万。《人民日报》、新华社、中央广播电视总台、《经济日报》《科技日报》《北京日报》、北京电视台、北京人民广播电台、《新京报》《北京青年报》《劳动午报》、千龙网等媒体记者参加发布会并进行专题报道。

（李月霞 钟冷）

【“水清岸绿”行动计划实施】 7月 15 日，《“水清岸绿”行动计划（2020—2025）》发布后，区水务局加速推进“水清岸绿”项目进展，稻香湖片区补水及循环工程、翠湖片区补水及循环工程、生态清洁小流域综合治理工程、周家巷沟（军庄路—温阳路）生态治理工程、永丰调蓄水厂（永丰加压泵站）、中关村软件园及后厂村路应急排涝工程、海淀区两田一园高效节水灌溉项目（一期）、永丰调蓄水厂配套工程（永丰加压泵站及配套管网工程）、闫家洼排水渠治理工程（海淀段）项目、香山地区供水管网完善工程（一会三函项目）、北清路中水管线工程、大寨渠综合治理工程等 12 个在施工程按期完工，完成固定资产投资 3.4 亿元。21 年来首次实现柳林河全线有水，建成玉泉山南支沟林下小溪精品生态景观，打造以水生态为主、人水和谐的大寨渠渠首段湿地公园。稻香湖、翠湖、玉泉山地区水网循环系统构建完成。

（李月霞 钟冷）

【海淀区河湖水质监测系统项目二期竣工】 10月，海淀区河湖水质监测系统项目（二期）完成竣工验收，在一期基础上，新增 100 个监测点位，总数达到 129 个。二期项目安装的 100

个终端设备，包括70个普通型设备及30个增强型监测终端，增加PH、电导率、溶解氧三项监测指标和太阳能供电、镜头自行清理、设备姿态监控告警等功能。129个地表水点位覆盖区内全部常年有径流的河流和昆明湖、未名湖、圆明园湖、玉渊潭湖、紫竹院湖、水木清华等区内主要公园、校园湖泊，涉水管理部门和属地街镇能够实时掌握区内水体的水质信息。区水务局采用量子点光谱检测方法，实时监测河道水质，同时配套建设水质监测管理软件系统和移动端App，可实现对水体污染预警、排污溯源的远程在线监控。河湖水质监测系统后期将并入海淀区智慧河长体系。

（李月霞　钟冷）

【上庄再生水厂（一期）工程运营】 10月1日，上庄再生水厂（一期）工程进入正式商业运营。实际处理水量为0.5万立方米/日，污泥无害化处理处置符合相关行业标准规范，出水水质满足《城镇污水处理厂污染物排放标准》（DB11/890-2012）A标准。上庄再生水厂（一期）工程占地面积1.47公顷，设计规模为日处理量1.2万立方米。工程于2017年12月开工建设，2019年6月竣工，同年8月15日进水调试，2020年1月3日进入试运行阶段。上庄再生水厂是全地下水厂，地面场地为周边地区提供近万平方米的休闲绿地。

（李月霞　钟冷）

【翠湖片区循环补水工程建成通水】 11月25日，翠湖片区循环补水工程正式建成通水，为上游前柳林沟、后柳林沟、前沙涧沟、后沙涧沟进行补水，标志着海淀北部地区首个循环水网通水。翠湖片区补水及循环工程位于翠湖湿地与京密引水渠之间，涵盖南沙河及上游的前柳林沟、后柳林沟、前沙涧沟、后沙涧沟4条沟渠。在南沙河设置取水泵站1座，沿途敷设11.85千米管线勾联4条沟渠，泵站每天从南沙河取水10.7万立方米，通过泵站将河水加压打入管线内，逆流至4条沟渠，再通过自流的方式回到南沙河，实现水体的循环和流动。实现水体循环之后，增加水动力，恢复河道内水的流动性，逐步恢复河道健康的生态系统。补水后，四条沟渠的水面宽度在10米至30米之间，水深1米左右。

5月23日，治理后的南沙河水质得到改善（代庆军 摄）

（李月霞　钟冷）

【《海淀区农村供水工程运行管理办法》印发】 12月17日，区水务局以“节水优先、空间均衡、系统治理、两手发力”的治水方针和“以水定城、以水定地、以水定人、以水定产”的城市发展原则，编制完成《海淀区农村供水工程运行管理办法》（简称办法），并以区政府名义印发。《办法》包括总则、管理责任主体、运行维护经费保障、水源与水质管理供水日常管理、供水应急管理、水价核定、水费征收及管理、考核问责等内容。

（李月霞）

交通 邮政 通信

2021
北京海淀年鉴

交通管理

【概况】 2020年，北京市公安局公安交通管理局海淀交通支队（简称区公安交通支队）下辖中关村、清河、黄庄、公主坟、温泉5个执勤大队和1个机动中队。区公安交通支队立足“打造首都交管升级版”和“事故少、秩序好、道路畅通、群众满意”的总体工作思路和目标，全面推进海淀区交通管理工作和交警队伍建设，完成复工复产交通保障工作、交通安保工作等各项交通保卫和交通秩序维护工作，全区交通安全形势稳定。区交管局选取中关村大队执法站作为全局第一批规范化执法站改造试点窗口，开展规范化改建。疫情期间，支援房山外围检查站工作，围绕涉疫地区、40处核酸检测岗位、重点医院等周边岗位，开展定点值守，加强交通疏导。

（樊畅）

【重点地区交通组织优化】 年内，区公安交通支队结合清河火车站、软件园二期周边交通和友谊路后场村路慢行交通系统现状及特点，经过实地勘察、设计，推进清河火车站路引设施设置，优化软件园二期渠化，友谊路后场村路自行车慢行系统西延等重点地区交通组织建设。

（樊畅）

【道路非现场执法】 年内，区公安交通支队依托海淀区视图大数据平台现有模块和功能应用，发挥微卡口系统和视频结构化、网格化的技术优势，完善海淀区交通管理工作。筛选出800余条道路进行非现场执法赋能，将执法种类扩展为渣土车管控、尾号限行、外埠车管控、假套牌打击、不系安全带、开车打电话6大类。

（樊畅）

【车管政务服务】 4月27日，区公安交通支队车管站大厅正式入驻海淀区政务服务中心联想桥办公区，为群众提供交管一站式服务，日均办理车管及非机动车业务800余笔。

（樊畅）

【商家代办非机动车牌照】 4月，区公安交通支队选定辖区5家销售商家，作为非机动车代办登记上牌点，为群众提供非机动车号牌登记业务。代办点每月可为群众办理1000余辆非机动车登记上牌业务。

（樊畅）

【中考高考交通保障】 6月底至7月初，中考、高考期间，区公安交通支队针对辖区高考、中考考点多、考生多，疫情防控压力大、社会关注度高的情况，与属地政府、学校联系，形成提前谋划、主动协调、科学组织、广泛宣传的闭环式传动链条。中关村大队为每个考点量身定制交通秩序维护方案；清河大队创建护学“六秒钟工程”；黄庄大队在考场周边设置警示标牌、分流岗位；公主坟大队通过“至家长一封信”的形式，深入考场周边进行交通维护宣传；温泉大队落实真空区、管控区、疏导区工作要求。

（樊畅）

7月31日，区公安交通支队社区巡逻队维护社区交通环境（区公安交通支队供图）

【街镇专业交通安全管理队伍组建】 8月6日，区公安交通支队协调29个街镇，分别组建街镇专业交通安全管理队伍，共有165名队员，负责各自辖区的交通秩序维护、交通乱象治理、交通综合整治等工作。

（樊畅）

【交通秩序专项治理】 8月，区公安交通支队组织开展改装车炸街违法扰序专项治理工作。联合海淀公安分局会商研究执法意见，抽调骨干力量成立整治小组，整治效果显著。根据“12345”市长热线社情民意反映，区公安交通支队组织召开渣土车闯红灯打击工作专题部署会，通过前方观察、视频取证、电台通报、后方拦截的方式开展专项治理工作，查处渣土车违法7024起。

（樊畅）

【交通文明示范街创建】 9月24日，海淀区文明交通示范街创建活动启动。区公安交通支队围绕“巩固海淀创文优秀成果”“提升群众交通安全体验”的目标，开展交通文明示范街创建工作。公主坟大队以“木樨地—五棵松”示范路口创建为切入点，以“双优双美”为创建标准，以“路段民警责任制”为基础，严格落实定人、定段、定时、定责“四定”工作要求，治理乱穿马路、乱闯红灯、乱停车“三乱”行为，改善道路交通秩序，提高道路通行能力。成功创建文明示范样板街1处、一类示范路口25处。

（樊畅）

【交通安全家长志愿者队伍建立】 9月24日，区公安交通支队协调区教委，建立家长交通安全志愿者行动工作机制，依托“一校一策”方案研究制定《家长志愿者工作规范》，在全区中小学临街学校、幼儿园成立40支交通安全家长志愿者维护队。结合上、下学时间及校园周边交通秩序情况，在早、晚高峰学生上、下学时段，家长志愿者维护学校门前交通秩序工作，引导接送学生车辆远端停放和即停即走，定期开展道路交通安全宣传服务活动。

（樊畅）

交通运输管理

【概况】 2020年，海淀区共有853户交通运输企业，其中货运企业457户、出租企业28户（含1家个体出租管理站）、旅游企业4户（含1户停业）、租赁企业63户、修理企业284户、驾校9户、游船单位7户、网约平台2个（阳光出行、滴滴出行）。有17132辆（艘）营运车（船），其中货运营运车2183辆、出租巡游车运营车3063辆、出租网约车运营车1879辆、旅游运营车105辆、租赁运营车6548辆、教练车2084辆、游船1270艘。承接辖区交通运输业务4831件，受理4614件，补齐补正217件，咨询1.2万余次，发放各类证件5895个。注销26个经营性道路旅客运输驾驶员从业资格证件、25个经营性道路货物运输驾驶员从业资格证件、27家道路货物运输经营企业道路运输经营许可证、151个道路运输车辆道路运输证。

北京市交通委员会海淀运输管理分局（简称海淀运输管理分局）完成全国两会、服贸会等重要节假日和重点时期交通运输保障任务，出动执法人员463人次。组织辖区旅游客运企业对全体驾驶员的身体、心理健康状况和家庭成员情况进行摸底评估，做好思想和帮扶解困工作。采取视频宣贯的方式，与中国农大附属实验小学40余名师生开展水上安全知识进校园活动。疫情期间，为企业送出5000余个口罩以及消毒用品。完成辖区出租企业运营补贴的申请、审核和发放工作。通过北京市公共就业服务平台等渠道助力企业复工复产。安全生产月期间，采取远程讲授方式，查找行业领域内近两年普遍存在的安全隐患问题，录制视频7段，涉及出租、旅游客运、汽车租赁、货运、机动车维修、驾培、水运7个行业。受理信访投诉3334件，是上年的6.6倍，其中“12345”市长热线2798件、“12328”投诉热线526件、其他渠道10件。

（胡德国 刘航麟 张磊）

2月6日，海淀运输管理分局检查北京液化石油气公司（海淀运输管理分局供图）

【货运行业疫情防控】 年内，海淀运输管理分局根据运输企业类别，划分四个风险等级，组织辖区企业成立海淀区道路货运应急保障车队，协调企业纳入北京市应急保障车队，保障疫情防控物资运输顺畅。做好涉鄂应急物资运输车辆监控，其中江苏京东信息技术北京分公司开通驰援武汉医疗物资班车通道，向武汉发出15车次，运输各类应急物资90吨。新发地市场出现疫情后，开展新发地市场关联货运驾驶员摸排工作，摸排辖区道路货运企业100家，协调54名相关驾驶员接受核酸检测，结果均呈阴性。出动执法人员24人次，开展锦绣大地批发市场疫情专项检查，动态掌握农产品上市量、市场运力、进出货车量和疫情防控，协调常驻市场货运驾驶员统一进行核酸检测200余人次。

（郭玉彬）

【冷链运输专项检查】 年内，海淀运输管理分局开展辖区冷链运输专项检查和冬春季疫情防控工作大检查，出动执法人员80人次，入户检查企业40户次，检查营运车辆320车次，抽查从业人员体温检测及场所工具消杀记录228份，与冷链运输企业签订疫情防控《承诺书》41份。

（郭玉彬）

【机动车维修行业检查】 年内，海淀运输管理分局摸底检查备案机动车维修企业284户，其中一类维修企业101户、二类维修企业72户、三类维修企业108户、二类摩托车维修企业3户。全区有机动车维修行业从业人员7191人，机动车维修量110.78万余辆次，维修收入58.3亿元。

（王靖翔）

【企业质量信誉考核】 年内，海淀运输管理分局对164家机动车维修企业、3家旅游企业和56家汽车租赁企业进行质量信誉考核，其中机动车维修企业AAA级企业76家、AA级企业43家、A级企业43家、B级企业2家。旅游企业北京水木通达运输有限公司和中苑出租汽车有限公司获得AAA级评级，北京海淀颐海出租汽车有限公司获得AA级评级，中广国际旅行社停业待注销，不予以评级。汽车租赁考核优秀企业2户，良好企业4户，合格企业50户。

（王靖翔 张磊）

【道路运输车辆综合检测资金补贴发放】 年内，海淀运输管理分局审结道路运输营运车辆综合等级评定单据2316份，客运车辆等评复核93份，罐体车辆检测单据1份，拨付道路运输车辆综合检测国家补贴资金48.85万元。

（王靖翔）

【机动车维修喷漆房标准化建设】 年内，海淀运输管理分局排查在用漆房165台，涉及企业110家。截至年底，96户企业提交漆房改造计划，16户企业完成喷烤漆房北京市地方标准改造。

（王靖翔）

【旅游客运行业运力需求调研】 年内，海淀运输管理分局与市交通委道路客运处联合开展辖区企业运力使用及需求情况专项调研。分析运营数据，合理调配车辆运力，制定下年运力需求计划。

（张磊）

【货运行业污染防治】 年内，海淀运输管理分局通过宣传，引导道路货运企业加快淘汰国Ⅲ排放柴油货运车辆。截至年底，辖区内营运性国Ⅲ排放柴油货运车辆全部注销清零。1家企业被评为2019年度北京市“绿色货运企业”，获得污染物减排资金奖励和车辆通行便利。

（郭玉彬）

【货运行业安全监管】 年内，海淀运输管理分局通过智慧货运电子运单子系统，开展化危企业非现场抽查116户次，出动执法人员232人次。联合综合交通执法总队第六支队，对企业长期不录入电子运单、有轨迹无运单现象进行整改纠正。检查液化石油气运输企业8户次，出动执法人员21人次，指导、督促企业完善各项安全生产管理制度，落实车辆动态监控主体责任。

（郭玉彬）

【危险化学品“打非”专项检查】 年内，海淀运输管理分局联合区应急局、海淀公安分局等部门开展辖区危险化学品“打非”专项检查，出动执法人员118人次，检查危险货物运输企业59户次，检查危险品运输车辆120辆次，辖区7家危险货物运输企业均合法运营。联合昌平公路分局路政执法大队，对海淀区内涉嫌多次超限超载违法的2户货运企业入户执法检查。开展公路货物运输量抽样调查工作，涉及货运企业63家，营运车辆86辆。优化4.5吨及以下普货车辆的行业监管，辖区内危险货物运输企业全部完成负责人和安全生产管理人员安全考核工作。

（郭玉彬）

【水上安全培训】 年内，海淀运输管理分局编制2020年度水上安全培训计划，以PPT授课的形式，从海事基本职责、水上安全检查管理流程及重点、案例分析、处罚措施、救生消防器材、船舶航行和驾驶规则、应急与救助等12个方面，通过图、文、视频、案例等形式，培训从业人员100余人次。

（夏旻辰）

【交通运输政务系统上线】 6月28日，海淀运输管理分局贯彻推行新版从业人员信息化系统上线运行。12月25日，维修、驾培、海事、水运、安全应急行业新系统上线。12月31日，客运、货运行业新系统上线。

（李倩）

邮政

【概况】 中国邮政集团有限公司北京市海淀区分公司（简称海淀区分公司）服务区域覆盖海淀区全部辖区，服务面积430.8平方千米，服务人口近312万人，提供普遍服务、便民服务、直邮服务、集邮服务和文化服务五大类邮政业务服务。设寄递部、金融业务部、集邮与文化传媒部、渠道平台部4个专业经营部门和9个职能部室，下属17个邮政支局、103个邮政所（其中有代理金融业务的支行73个）、25个村邮站、21个普邮投递部、30个揽投部。截至年底，共有职工2961人，正式工1543人，大专以上1483人（包含劳务工承揽工），管理人员77人。疫情期间，建立网格化管理、拉网式排查、跟踪式管理、多形式宣传的联防联控、群防群治工作机制。与属地社区共同组织防电信诈骗、防假币知识讲座上百场。参与社区垃圾分类宣传、防疫值守等工作。

（胡柏峰）

【邮政业务】 年内，海淀区分公司业务收入完成7.85亿元，比上年增加1.85亿元，增幅30.9%。金融收入完成2.29亿元，寄递收入完成2.42亿元，集邮收入完成1.24亿元，函件收入完成5982万元，发行收入完成5276万元，渠道平台收入完成3661万元。与驻海淀区的89所学校达成合作，开展专车投递“手递手”活动，寄递教材58982件，寄递大学毕业生包裹7.64万件，业务量较上年增长2倍多。承担4个单位的第五轮中央巡视信箱的邮件投递工作，投递邮件近2万件。建有8家惠民驿站，以果蔬类产品为主，兼营米面副食、酒水饮料等多品类的综合性门店。可为约20万名居民提供服务。

（胡柏峰）

2月12日，邮政惠民生活驿站正常营业，服务周边百姓（海淀区分公司 供图）

9月19日，中国邮政发行《中国现代科学家（八）》纪念邮票（海淀区分公司 供图）

【专项主题营销】 年内，海淀区分公司完成8项专项主题营销项目。全国两会专项服务项目：全国两会期间，采用非接触式服务与电子商务服务形式，实现业务收入约650万元。易车网积分换礼项目：项目在市分公司的支持下，成为易车网唯一快递供应商，业务收入197万元。“由你行”文化旅游套票协同营销项目活动：围绕“项目协同 产品创收”经营主线，开展“由你行”文化旅游套票协同营销项目活动，销售383套，实现收入140余万元。锦绣大地集群市场项目：以新的市场营销手段，精准直达的网络邮路，专业的团队服务，配以行之有效的奖励机制，开发锦绣大地物流港项目，形成收入300余万元。百度深度开发项目：深度挖掘百度客户，业务量逐步增加，形成业务收入720余万元，较上年增加210余万元。军队喜报项目：开发军队喜报专递项目，在央视新闻频道、军事频道、各大官媒、纸媒等平台进行广泛宣传，形成收入1400余万元。主题邮局项目：福寿邮局创新开发福寿定时寄产品和主题丰富的福寿系列、生肖系列、传统节日系列纪念邮资机戳，形成收入180余万元。香山革命纪念馆主题邮局挖掘海淀区红色旅游文化景点资源，打造北京邮政红色文化主题示范点，通过在香山革命纪念馆举办“文创样板间”揭幕仪式，形成业务收入190余万元。

（胡柏峰）

【邮政基础设施建设】 年内，海淀区分公司完成马神庙、永泽北路、甘家口、建材城西路西口、科学院南路、田村中路、恩济庄7处金融网点的整体改造，5处营业网点及8处邮件处理场地的微改造，21处无障碍设施的改造，改造面积7852平方米。新建清河安宁华庭小区、西北旺镇友谊嘉园中里、西北旺镇六里屯永旺家园社区、大牛坊社区配套邮政所4处，总面积1150.91平方米

（胡柏峰）

【疫情防控】 年内，海淀区分公司完成3项疫情防控工作。抗疫物资寄递：累计妥投包裹快递类邮件3005万件，比上年增加809万件，日均投递8.23万件，比上年增长36.71%；开通绿色通道，为新华社、腾讯等44家企事业单位免费运送61.8万公斤抗疫物资。全国两会服务：采取“远端无接触”方式投递，专投人员每日投递三个频次，共计投递邮政报刊近8万份。维和部队防疫物资寄递服务：全面保障中国人民解放军驻海外维和部队防疫物资优先排仓排航、优先上机，克服中转机场突然关闭，国际航空公司临时提价等意外情况频发的不利局面，将防疫物资运送到黎巴嫩、刚果（金）、苏丹、南苏丹、布隆迪等国家，共计运送物资27吨。爱心包裹项目：疫情期间，协助海淀区侨联启动“海侨爱心包裹通达行动”，为海外侨民及学子寄递爱心包裹1100余件。

（胡柏峰）

通信

中国联通北京市分公司

【概况】 中国联合网络通信有限公司北京市分公司（简称北京联通），隶属于中国联合网络通信有限公司，为全市公众、商企和政府机构等客户提供包括固定电话、移动电话、数据传输、互联网、宽带接入等基础电信业务和增值电信业务以及与上述业务相关的行业应用、系统集成、技术开发、技术服务、信息咨询、工程设计施工等相关服务。

2020年，北京联通下设6个市区分公司，其中二区、八区、三区分公司为海淀区提供服务。二区分公司位于海淀区皂君庙9号，是亚洲最大的通信枢纽，下辖11个营销服务中心，分别是中关村营销服务中心、北太平庄营销服务中心、上地营销服务中心、清河营销服务中心、西直门营销服务中心、皂君庙营销服务中心、二里庄营销服务中心、大有庄营销服务中心、温泉营销服务中心、西三旗营销服务中心、永丰营销服务中心。八区分公司位于海淀区茂林居甲14号，下辖9个营销服务中心，分别是五棵松营销服务中心、展览路营销服务中心、紫竹院营销服务中心、石景山营销服务中心、鲁谷营销服务中心、四季青营销服务中心、茂林营销服务中心、金顶街营销服务中心、恩济庄营销服务中心。三区分公司的西客站、莲花桥营销服务中心属于海淀区。在海淀区内的北京联通的通信局所还有北京联通管线中心（复兴路65号）、北京联通移动中心（羊坊店路9号）、北京联通平台中心（羊坊店路9号）、北京联通网优中心（羊坊店路9号）。

北京联通客服服务电话“10010”为客户免费提供 7×24 小时的业务咨询、信息查询、投诉建议、业务办理等人工与自助的综合服务。电话“10011”为中国联通客户提供全国“一卡充”充值服务。“116114”信息导航平台全方位提供查号、订餐、机票、预约挂号等各种便民服务。

（陈育红）

【5G 建设】 年内，北京联通践行共建共享，实现 5G 网络规模和使用感知全国领先。围绕“SMART 智慧冬奥”总目标，做好冬奥会筹备各项工作，推动冬奥权益赋能企业发展。逐年实施提速降费，普及千兆宽带。落实国家新基建战略，北京邮电大学 5G 智慧项目获“工信部第三届绽放杯 5G 应用大赛决赛全国优秀奖”和“中关村 5G 创新应用大赛总决赛”三等奖。签约中国航空油料集团有限公司生产专网项目，获工信部颁发的 2020 年工业互联网示范项奖。

（陈育红）

【疫情通信保障】 年内，北京联通贯彻落实全面数字化转型重大战略部署，克服疫情影响完，成千兆网络优化，扩大网络覆盖区域，提高网络承载能力。利用云大物等创新业务有效服务海淀区委、区政府的疫情防控工作，提供“全国返程人口态势”“疫区流入海淀区趋势分析”。为辖区居民免费发送防病毒知识短信 216 万条，为区教委在线教学云平台提供大带宽专线，完成全国两会、服贸会、“双十一”等重大活动的通信重保任务。

（陈育红）

【服务质量提升】 年内，北京联通规范服务行为，减少服务环节，压缩服务时长，加快客户响应，建立服务感知修复体系，实现闭环管控，以体验为抓手提升客户口碑。完善服务解决体系，实现“专业化、网格化”协同管控，提高服务质量。投诉量压降 67%，触点服务同比降幅 44%；构建“吹哨即办”运营机制，实现一线吹哨、部门报到、接诉即办、责任串联，重点解决外呼营销不规范、权益领取不成功、销号退费不及时等服务难点问题。

（陈育红）

2020 年海淀辖区北京联通营业厅名单一览表

表 13

单位	序号	营业厅名称	地址
二区分公司	1	北太平庄营业厅	海淀区北三环中路 33 号
	2	温泉营业厅	海淀区温泉乡太舟坞
	3	上地营业厅	海淀区上地电话局
	4	中关村营业厅	海淀区海淀路 54 号
	5	清河营业厅	海淀区清河毛纺路清河电话局
	6	二里庄营业厅	海淀区志新路 11 号
	7	皂君庙营业厅	海淀区皂君庙路 9 号
	8	西三旗营业厅	海淀区西三旗建材城东路 28 号
	9	中关村东路营业厅	海淀区中关村东路 1 号院 2 号楼 108 室
	10	苏州街营业厅	海淀区苏州街 55 号 101
	11	马连洼营业厅	海淀区马连洼兰园小区 14 号楼一层 2-5 号
	12	上地信息路营业厅	海淀区农大南路 1 号院 2 号楼 B104A
	13	西直门营业厅	海淀区西直门北大街 32 号院 1 号楼一层 106- 第 72 至 76 号房间
	14	西土城路营业厅	海淀区西土城路 10 号综合楼一层
	15	中关村南大街营业厅	海淀区中关村南大街乙 12 号院 1 号楼 1 层 1-17
	16	北科大营业厅	海淀区学院路 30 号 2 区 10 幢一层 101 室
	17	新街口外大街营业厅	西城区新街口外大街 28 号 30 幢 28-16
	18	万柳中路营业厅	海淀区颐和园路 5 号北京大学校内 29# 学生集体宿舍楼地下一层内 15 号
	19	永泰中路营业厅	海淀区永泰东里 52 号楼首层 4 号北侧
	20	花园路营业厅	海淀区花园路 B3 号一层南侧

续表 13

单位	序号	营业厅名称	地址
三区分公司	21	莲花桥营业厅	海淀区什坊院甲 3 号
	22	西客站营业厅	海淀区羊坊店路 9-1 号
八区分公司	23	五棵松营业厅	海淀区复兴路 65 号
	24	远大路营业厅	海淀区远大路 1 号金源时代购物中心一层 1022、1069 号
	25	田村营业厅	海淀区永定路乙 1 号院 8 号楼 6 单元 101
	26	紫竹院营业厅	海淀区西三环北路昌运宫 1 号
	27	四季青营业厅	海淀区昆明湖南路 12 号
	38	茂林居营业厅	海淀区茂林居小区甲 14 号
	29	公主坟营业厅	海淀区复兴路 21 号国美大厦 1 层
	30	四通桥营业厅	海淀区中关村南大街 1 号
	31	恩济庄营业厅	海淀区八里庄路 63 号院 1 号楼 1 层 08 号

（陈育红）

中国移动北京公司城区三分公司

【概况】 2020 年，中国移动通信集团北京有限公司（简称北京移动）隶属于中国移动通信集团有限公司，下设 41 个二级单位，员工超过 7500 人，主要经营移动话音和流量、有线宽带、集团客户以及其他通信信息服务。建有 4G 基站 5.7 万站，5G 基站 1.9 万站。北京移动坚持“质量是通信企业的生命线”和“客户为根，服务为本”的理念，不断改善提升，通信网络质量和信息服务能力保持行业领先水平。

（刘彬）

【宽带网络建设】 年内，海淀区 5G 网络覆盖率达到 96% 以上，网络架构从 NSA 网络切换为 NSA/SA 双网络，初步实现海淀区城市、农村、郊区 5G 网络广覆盖。宽带建设历经 5 年，社区覆盖率达到 75% 以上，为智慧家庭构建提供网络基础。疫情期间，城区三分公司为属地客户提供多种信息化产品，完成重要通信保障任务。

（刘彬）

【海淀辖区北京移动营业厅名单】 年内，海淀辖区内有北京移动营业厅 33 个。

（刘彬）

2020 年海淀辖区北京移动营业厅名单一览表

表 14

序号	营业厅名称	营业厅地址
1	永定路营业厅	海淀区永定路乙一号乐府江南乙 1-20 号底商
2	锦秋国际营业厅	海淀区知春路 6 号 1 层 01A02
3	交大营业厅	海淀区交大东路 18 号院 9 号楼一层
4	清华营业厅	海淀区清华园街道清华大学 16 区
5	林大营业厅	海淀区清华东路 35 号北京林业大学校内信息楼东侧
6	科大营业厅	海淀区学院路 30 号 6 区北京科技大学学生公寓 3 号楼一层
7	紫竹桥营业厅	海淀区紫竹院路 1 号人济山庄 D 栋 101 号
8	中关村西区营业厅	海淀区彩和坊路 8 号天创科技大厦 104、105 商铺
9	北太平庄营业厅	海淀区北三环中路 35 号二层
10	首享大厦营业厅	海淀区学院路 51 号首享科技大厦一层
11	清河营业厅	海淀区清河家园东区 1 号楼 108

续表 14

序号	营业厅名称	营业厅地址
12	主语国际营业厅	海淀区首体南路 9 号主语商务中心 5# 楼 1 层 0101
13	北理工营业厅	海淀区北京理工大学内职消社超市二层
14	上地科实营业厅	海淀区信息路甲 28 号 1 楼 1 层 F
15	五棵松营业厅	海淀区西翠路 12 号
16	枫蓝国际营业厅	海淀区西直门北大街 32 号枫蓝国际中心商场 1 层
17	北下关营业厅	海淀区大柳树富海中心 2 号楼 101 室
18	万柳营业厅	海淀区万柳东路 9 号 106 室底商
19	保福寺营业厅	海淀区北四环西路 9 号一层 105、107 单元底商
20	学清路营业厅	海淀区学清路 38 号金码大厦 B 座 1 层 A2 区
21	人大营业厅	海淀区中关村大街 59 号中国人民大学后勤集团餐饮管理部办公楼一层
22	北医营业厅	海淀区学院路 38 号
23	北航营业厅	海淀区学院路 37 号北京航空航天大学校园内
24	北师大西门营业厅	海淀区新街口外大街 19 号北京师范大学校内小西门旁底商
25	西山林语营业厅	海淀区冷泉林语山庄二区 13 号楼 1 至 2 层 107
26	玲珑路营业厅	海淀区西四环北路 160 号
27	中关村软件园营业厅	海淀区东北旺西路 8 号院 41 号楼底商
28	永泰庄营业厅	海淀区永泰东里 41 号
29	民大营业厅	中央民族大学 1 号公寓南侧对面
30	北大营业厅	海淀区海淀路 5 号北京大学内 45 甲号楼地下一层
31	博雅西园营业厅	海淀区厢黄旗 1 号楼一层 D04 底商
32	公主坟城乡营业厅	海淀区复兴路甲 23 号一层 1-02
33	远大路营业厅	海淀区远大路 1 号金源时代购物中心 B 段 1 层 1125 号

（刘彬）

科技

2021
北京海淀年鉴

综述

2020年，海淀区科学技术和经济信息化局（简称区科信局）贯彻落实区委、区政府决策部署，科学应对新冠肺炎疫情，实施“两新两高”战略，全面提升创新能级，着力打造支撑引领海淀区乃至首都高质量发展的核心引擎。软件信息服务业收入1.16万亿元，比上年增长18%；规模以上工业总产值2480亿元，比上年增长8.9%；技术合同成交额2040亿元，比上年增长7.4%；每万人发明专利拥有量超过500件，是北京市的3.2倍、全国的31.9倍；新引进收入5亿元以上企业13家。中关村科技园区海淀园总收入突破3万亿元，比上年增长10%；科技企业研发费用比上年增长20%以上。海淀区有国家高新技术企业10604家、中关村高新技术企业14709家。有独角兽企业48家；上市公司累计244家，居全国地级市之首。北京量子信息研究院、全球健康药物研发中心、智源人工智能研究院、中关村海华信息技术前沿研究院等新型研发平台加速发展。北京市自然科学基金——海淀原始创新联合基金支持55个项目，新加入国家自然科学基金区域创新发展联合基金（北京），规模达到8000万元。强化高校院所、企业等各类创新要素协同发展，促进科研成果市场化、效益化。概念验证计划进一步实施，建立以北京航空航天大学、中国科学院、清华大学概念验证中心为代表的一批验证中心，推动成果转化；多元开放、高度聚合的区域创新体系逐步完善。自贸区科技创新片区挂牌。在全市率先发布21个新场景，布局建设一批新基建。继续实施研发投入倍增计划。

（程晓荷）

科技产业与成果

【北京量子信息科学研究院】 2020年，北京量子信息科学研究院超导量子计算取得阶段性成果，制造出具有自主知识产权的高性能量子计算芯片，实现量子态精确操控，量子计算中衡量测试水平的“硬核”指标两比特门保真度达到99.53%。研发建成硬件平台和自制科研仪器设备11套，搭建完成一套完整的微纳米加工流水线。完成1500平方米洁净间和4800平方米普通实验间建设。开展量子光源、量子点级联探测器等35个项目和课题研究工作，在国内外刊物发表论文140余篇。

（陈晓曦）

【北京石墨烯研究院】 2020年，北京石墨烯研究院超洁净石墨烯薄膜、石墨烯单晶晶圆、超级石墨烯玻璃、超级石墨烯光纤、石墨烯玻璃纤维、烯铝集流体、石墨烯基LED发光器件等科技成果国际领先。自主设计开发A3尺寸石墨烯CVD生长装备、四英寸石墨烯单晶晶圆生长装备等石墨烯原材料规模化制备装备。成立石墨烯薄膜生产示范中心。专利申请数量累计达165项，发表论文83篇。全方位推进石墨烯薄膜材料的规模化和产品化进程。

（陈晓曦）

【原始创新联合基金计划】 年内，北京市自然科学基金——海淀原始创新联合基金围绕无线通信、疫苗和流行病学、智慧骨科、儿童用药和罕见病用药4个领域，支持55个项目，支持金额2299万元。在海淀原始创新联合基金的基础上，新加入国家自然科学基金区域创新发展联合基金（北京），基金规模达到8000万元/年，43家企业联合高校院所参与项目申报，8家企业获得支持。

（孙猛）

【中关村协同创新服务平台升级】 年内，中关村协同创新服务平台进行升级改造，形成在线完成申报、审核和支付的工作流程。平台注册企业279家，入库服务机构125家，协创券申领项目149项。

（陈晓曦　程晓荷）

【高新技术企业评审认定】 年内，区科信局完成区域内国家高新技术企业和中关村高新技术企业认定受理和评审工作。其中，受理国家高新技术企业认定申请4624家，受理中关村高新技术企业认定申请3962家。截至年底，中关村科学城国家高新技术企业总数为10604家，中关村高新技术企业总数为14709家。

（陈晓曦）

【银河航天首发星发射成功】 1月16日11时02分，由海淀企业银河航天（北京）科技有限公司自主研发、国内首颗通信能力达到10Gbps的低轨宽带通信卫星——银河航天首发星在酒泉卫星发射中心用快舟一号甲运载火箭成功发射升空，顺利进入预定轨

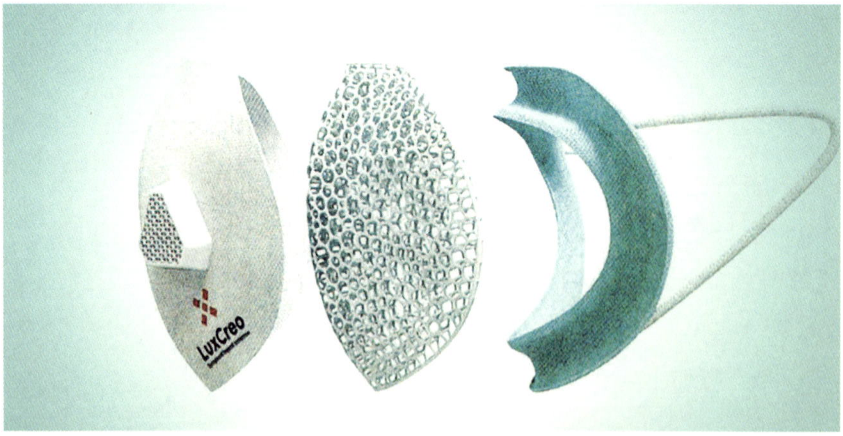

3月中旬，海淀企业北京青锋时代科技有限公司和中科随能科技有限公司合作开发的3D打印高性能防护口罩（《中关村导刊》供图）

道。银河航天首发星是具有国际先进水平的低轨宽带通信卫星，采用Q/V和Ka等通信频段，通信能力达到10Gbps，单星可覆盖30万平方千米，通过卫星终端为用户提供5G通信服务，技术达到国际先进水平。

（钟冷）

【百度Hi企业智能远程办公平台开放】 2月11日，百度公司宣布，百度Hi企业智能远程办公平台对外开放，并将免费为湖北等疫区企业提供高清音视频会议、企业云盘、企业IM和应用中心平台等多项服务，满足疫情期间不断增长的远程办公需求，支持企业快速恢复生产能力，减少疫情对于企业和社会经济的影响。百度Hi支持企业搜索、企业通讯录、企业畅聊、企业群聊、回执消息等，便捷高效地实现企业内快速找人、回复信息，提高沟通效率；支持创建日程、网络电话，会议安排，组织会议高效便捷，“会议室”分分钟搭建好；支持12小时连续电话会议，参会人可随时入会、及随时重新加入会议；同时解放手机，不影响手机接听紧急电话。同步支持企业云盘，轻松管理文档、协同办公；支持移动签到、企业通知、企业后台，便捷组织管理员工内外勤等事宜和下发公司通知；支持智能客服和智能机器人。首创端到端的安全加密技术，为远程沟通提供有力的安全保障。推出“Web版视频会议”功能，会议组织者在百度Hi上创建会议链接后，其他参会人员无需安装百度Hi客户端，点击链接即可加入视频会议。建立疫情报备采集分析跟踪平台，通过百度Hi的服务号能力推送全员疫情报备，实时将疫情数据推送给企业相关部门，帮助企业更好了解员工身体状况、保障员工安全。

（魏颖 林琳）

【便携式智能体温及行动轨迹监测物联终端推出】 2月25日，海淀企业博立信（北京）科技有限公司（Polysense）推出“便携式”智能体温及行动轨迹监测物联终端WxSX800-061（NB-IOT）+GPS定位+贴附式测温。该产品是国内首款可根据实际场景灵活增减检测功能、更换通信方式的低功耗物联网端到端“实时人体定位及体温监测”解决方案。特别针对快递、外卖、物流、出租车司机、环卫、政府相关部门等人群进行实时测温和追溯行动轨迹监测。

（程晓荷）

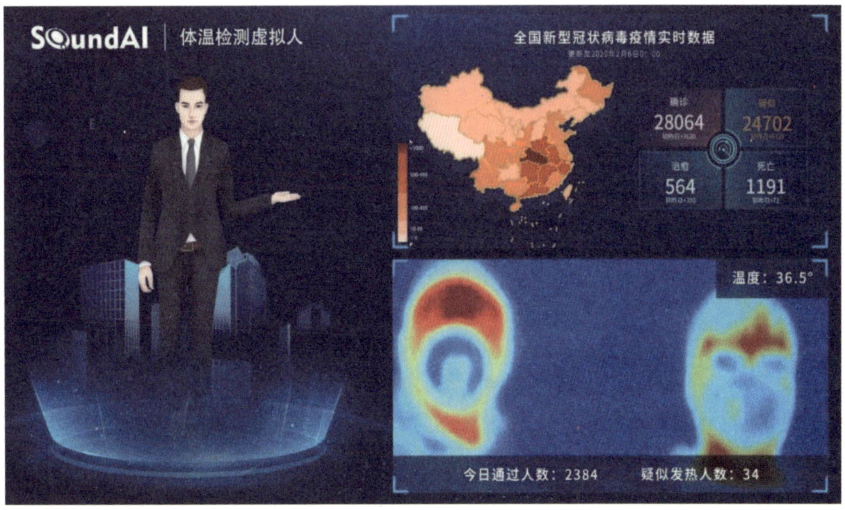

年内，便捷式职能体温及行动轨迹监测物联终端面市（中关村科学城 供图）

【“无接触”无人售货小车】 2月，北京优时科技有限公司推出“无接触零售”无人售货小车出现在北京银座mall购物中心。无人售货小车采用独立上锁的分格货柜，占地仅一辆婴儿车大小，室内外都可实现自主导航，可以在手机上自助选购商品，现买现取，在货物卖光后可自行回到店面补货，消费者享受从“人到人”转变为“人到车”的购物乐趣。在技术路径上选择“纯视觉”方案以及特有的“超低底盘”实现全地形行驶；与国内其他用激光雷达的自动驾驶的小车相比，解决无人车量产落地的成本难题；自动避障功能和车体前后的轻碰式安全保险杠，让小车能够远远感应到障碍物或在车体被轻轻碰到时自动停下来；配备无线自主回充功能，可自行回店面充电、补货，真正实现无间断自主运营。

（余婧雯 林琳）

【全国首款“AI语音电梯”试用】 3月7日，北京声智科技有限公司设计的全国首款“AI语音电梯”在海淀医院、北医三院试用。“AI语音电梯”融合语音与图像等人工智能交互技术，不用更换电梯厢或按键，只需接入一个系统模块，通过语音可以完成“上/下行”“电梯开/关”“到达指定楼层”“取消楼层”等全部乘梯操作，实现乘坐电梯全程“零接触”。系统支持粤语、四川话等8种方言，支持楼层索引。“AI语音电梯”在海淀区政府大楼、海淀医院等安装试运行，在全国多个省市落地应用，有效降低公共场所因电梯按钮接触导致交叉感染的风险。

（程晓荷）

【开源天元深度学习框架】 3月25日，人工智能企业旷视科技举办线上发布会，发布开源「天元」深度学习开源框架。AI生产力平台Brain++的核心组件——天元（MegEngine）。Brain++是由旷视研究院于2014年自主研发的端到端人工智能算法平台，针对框架、算力和数据3个核心要素，在总体架构上分为学习框架MegEngine、深度学习云计算平台MegCompute、数据管理平台MegData3个部分。其核心组件天元（MegEngine）可帮助开发者用户借助编程接口，进行大规模深度学习模型训练和部署，具备训练推理一体化，动静合一，兼容并包和灵活高效的特点。

（程晓荷）

【科技创新奖励专项出台】 4月7日，区科信局发布《2020年海淀区重大科技项目和创新平台奖励专项申报指南》，鼓励企业、新型研发平台承接建设科技创新平台、重大科技项目，对获得科技奖的机构进行奖励。专项分为创新平台奖励、国家和北京市重大科技计划奖励、科技奖奖励3部分，给予获得新认定创新平台的企业、新型研发平台支持；对承担科技创新2030重大项目等国家重大科技战略任务和项目，以及国家和北京市科技重大专项的企业、新型研发平台给予支持；对获得国家和北京市科技奖的企业、新型研发平台给予支持。申报单位最高可获得200万元奖励支持。全年共支持107家单位，支持金额4176万元。

（陈晓曦　程晓荷）

【疫情防控云平台落地北京百余商超】 4月，北京千方科技股份有限公司联手旗下宇视科技有限公司以及战略合作伙伴阿里云计算及人工智能科技公司，全面推广落地千方疫情防控云平台，覆盖北京的12个区，接入首航超市、华润万家、家乐福、盒马鲜生、幸福超市、顺天府超市等120多家连锁商超，日检测量超过20万人次。千方疫情防控云平台主要针对新型冠状病毒肺炎疫情防控中存在的检测设备成本高、对人员依赖性强、缺乏信息联通共享、主动预警能力差等问题，通过无线网络传输方式上传到疫情防控云平台，对数据进行比对分析处理，形成报警、预警信息，并通过PC端、移动端与管控人员进行报警、预警信息实时交互，形成“感知—传输—分析—决策—行动”一体的疫情防控协同体系，实时掌控重点区域、重点人员风险动态，提升疫情主动防控能力。实现“请对准人脸框”“体温正常请通行”等温馨提示实时播报，体温数据实时显示，遇到温度异常人员，设备会语音告警；“热影66”支持未戴口罩识别及提醒等功能，测温距离0.5米/1米配置可选，测温误差≤0.3℃，能实现快速测温，该设备已纳入国家工信部推荐防疫产品清单。

（余婧雯　林琳）

【海淀创业园企业获CMMI3证书】 5月，海淀创业园企业普强信息技术（北京）有限公司通过评审并获得CMMI3证书，在软件研发流程标准化、过程改进、项目管理等方面已跻身业界先进水平，技术研发实力获得国际权威机构认可，为500+大中型企业提供完整的AI技术咨询和解决方案服务。CMMI模型分为初始级、可管理级、已定义级、量化管理级、优化管理级5个等级，评估范围包括组织级过程改进、研发管理过程、项目支持过程、项目管理过程等一系列活动。5个级别，代表软件团队能力成熟度的5个等级，数字越大，成熟度越高，高成熟度等级表示有比较强的软件综合开发能力。

（李冰漪　林琳）

【京津冀国家技术创新中心建设】 6月1日，科技部批准以海淀区协同创新院为主体，组建第一个综合性国家技术创新中心——京津冀国家技术创新中心。北京市政府作为牵头建设主体，会同有关方面启动京津冀国家技术创新中心的组建工作，在基础设施、资金投入、政策配套、创新环境等方面提供支撑与保障。12月26日，京津冀国家技术创新中心揭牌。中心承担区域协同创新、差异化平台建设、关键技术协同攻关、科技成果区域内转移转化等重点任务；中心以技术创新和成果转化为核心定位，搭建高校（院所）和市场需求的纽带桥梁，为京津冀区域发展提供源头技术供给，为区域发展培养创新创业人才，为中小企业提供创新服务。

（陈晓曦）

【防疫采样隔离舱和检测移动舱投用】 6月20日，同方威视技术股份有限公司28小时攻关研制出防疫采样隔离舱和检测移动舱在清华大学校医院投入使用，当日完成1400人核酸检测采样工作。该设备可以随时拖挂移动任何地方进行检测，具有负压隔离、空调降温、紫外线消毒等功能。两款设备把采样的工作人员和参加核酸检测的人员分离开，对医护人员起到保护作用。

（林琳）

【新建2个概念验证中心】 8月24日，中关村科学城管委会第十四次专题会审议通过推进实施概念验证计划。中关村科学城在原北京航空航天大学概念验证中心基础上，联合中国科学研究院、清华大学建立2个（中关村科学城—清华大学概念验证中心，中关村科学城—中科院北京分院概念验证中心）概念验证中心，海淀区概念验证中心达到3个。北京航空航天大学概念验证中心的《易穿戴的高频稳态视觉诱发脑机控制系统》《新型LED有机硅封装胶》等7个验证项目日趋成熟。清华大学概念验证中心建立专家与项目团队，筛选4个待验证项目进入下一步环节。中国科学研究院北京分院概念验证中心推进“CAS概念验证计划”，筛选13个项目进行6场路演。

（陈晓曦　程晓荷）

【第四代移动机器人灵动科技V—AMR全球首发】 8月26日，灵动科技Max新品发布会暨渠道合作伙伴签约仪式在中关村国家自主创新示范区展示中心举行，这是第四代移动机器人首个线下新品发布暨渠道大会。灵动科技ForwardX MaxTM系列产品首次公开亮相，标志着第四代移动机器人正式。第四代移动机器人的新旗舰——灵动科技Max600最高负重600公斤，具有99.9%安全性、无故障率运行、360度低矮避障，可实现4小时快速部署、1小时培训上手，既可广泛应用于制造业的产线物料、尾料、成品运载，又可无缝衔接物流业的仓储搬运，多场景复用，柔性智能，稳定可靠。V-AMR之前的三代移动机器人依次是：磁条及导轨AGV、二维码AGV、激光AGV。

（程晓荷）

【75个项目获北京科技奖】 9月10日，2019年度北京科学技术奖励大会举行。大会共评出154个获奖项目。其中海淀区驻区单位主持完成（第一完成单位）的75个项目分获北京自然科学奖、北京技术发明奖和北京科技进步奖，占北京市项目获奖总数的48.7%。在75个获奖项目中，获北京自然科学奖13项，占总奖项目的

86.6%；北京技术发明奖9项，占北京市技术发明奖项目的75%；北京科技进步奖53项，占北京市科技进步奖项的41.7%。

（陈晓曦）

【研发倍增计划】 9月15日，中关村科学城管委会发布《2020年海淀区企业研发费用补贴专项申报指南》，继续实施研发倍增计划。支持内容及标准包括支持企业可持续创新，对成立3年以上按照不超过2019年新增研发费用30%的比例进行支持，最高300万元；支持初创期和技术驱动型企业加大研发投入，对成立时间在3年（含）以内、2019年研发费用占全年企业总收入超过40%的企业，通过后补贴的方式，按照不超过2019年比2018年新增研发费用30%的比例进行支持，最高补贴150万元。全年支持236家单位，支持金额17208万元。

（陈晓曦　程晓荷）

【中关村论坛技术交易大会】 9月17日至19日，由中关村论坛技术交易大会组委会主办，中国国际科技交流中心、中关村管委会承办的2020中关村论坛技术交易大会在中关村示范区展示中心举办。大会以“和合共生，聚享未来”为主题。技术交易大集聚焦“人工智能与智能制造”“生物技术与大健康”“节能环保与绿色创新”“新一代信息技术与智慧交通”4个领域，发布首个产业创新技术百强榜单，促成一批高价值的技术交易，初步形成“全球买、全球卖”的格局。技术交易大会汇聚线上、线下7000余个优秀技术成果、600余个技术需求，以及300余家国内外知名技术转移机构和服务机构。来自30余个国家的1000余位外籍嘉宾参与技术路演和洽谈对接。来自中国、巴西、英国、美国、印度等18个国家和中国香港地区的103家机构加入联盟，包括66家中方机构、37家境外机构。技术大集集中推出200余个国内首发产品，重点推介300余个国际领先技术项目；3类16个重磅项目签约。其中，4个重大项目包括新材料领域的中科院金属所、中科普金、山西太钢不锈钢3家签约达成技术合作，物联网和人工智能领域的百度网讯科技与北京升哲科技签约，集成电路领域的中国工业互联网研究院与北京电子城高科技集团签约达成技术合作，新能源汽车领域的北京科易动力与清华大学签约以作价入股的方式达成合作，9个成果转化项目和3个平台类合作机构签约。发起成立国际技术交易联盟，首批邀请加入联盟的成员单位达103家。中关村会展与服务产业联盟发布国内首个区域级企业云上展服务平台“云上中关村”——千企云展平台首次与公众见面。

（孙树昆　钟冷）

【区领导走访调研北京协同创新研究院】 10月25日，区委副书记、代区长王合生走访调研北京协同创新研究院，参观协同院生物成像实验室及科研创新成果展厅，了解协同院发展历程、体制机制等情况，察看科研成果展示。北京协同创新研究院是新型先进技术研究机构，6月1日被科技部批准为第一个综合性国家技术创新中心京津冀国家技术创新中心。

（程晓荷）

【小马智行首条自动驾驶系统产线发布】 11月5日至10日，第三届中国国际进口博览会在上海举行，海淀企业北京小马智行科技有限公司在会上发布首条自动驾驶系统产线，可实现其新一代L4级自动驾驶软硬件系统PonyAlpha X的标准化生产，并开始小规模生产。新一代系统的传感器主要集成在车顶，整体重量下降22%，螺栓数减少90%，感知范围能够覆盖车身周围200米；新的自动驾驶系统生产流程包括40多道生产工序，1000件装配器件，200多项质检项目。该系统已批量搭载于丰田旗下雷克萨斯RX450h车型。

（钟冷）

【长征六号遥三运载火箭成功升空】 11月6日11时19分，天雁05卫星搭载长征六号遥三运载火箭成功升空，顺利进入预定轨道。该卫星由海淀企业北京微纳星空科技有限公司研制，为70公斤级卫星，由综合电子分系统、姿控分系统、电源分系统、结构分系统、测控分系统、数传分系统、导航分系统和热控分系统8个分系统组成，应用于海洋环境监测、农作物灾情监测、林业森林防火、林业资源调查、环境监测、地震监测、气象监测、水利和山洪灾害监测等领域。至此，微纳星空已完成8颗卫星的研发制造和在轨交付服务。

（钟冷）

【新一代22nm北斗高精度定位芯片发布】 11月23日，在第十一届中国卫星导航年会上，海淀企业北京北斗星通导航技术股份有限公司旗下企业和芯星通发布最新一代全系统全频厘米级高精度GNSS芯片——和芯星云Nebulas Ⅳ。此款芯片在工艺迭代演进到22nm的同时，首次在单颗芯片上实现基带+射频+高精度算法一体化，支持片上RTK，满足车规要求，在性能、尺寸、功耗等方面都较上一代芯片取得突破性进展，满足大众智能驾驶、无人机等高端应用需求。Nebulas IV支持全球所有卫星导航系统和频点，包括最新的北斗三B1C、B2a、B2b。

（钟冷）

【北斗星通与美团签署战略合作协议】 11月23日，在第十一届中国卫星导航年会上，北斗星通导航技术股份有限公司与北京三快在线科技有限公司旗下美团正式签署战略合作协议。根据协议，双方合作成立专项联合实验室，研发针对无人配送、自动驾驶领域的高精度多源融合定位算法，形成系统级解决方案，推进无人配送车与自动驾驶技术发展与应用落地。

（钟冷）

【遨博智能公司成立】 12月2日，遨博（北京）智能科技有限公司的全资子公司北京遨博智能科技发展有限公司正式在海淀注册成立。公司面向协作机器人核心部件国产化需求，研制一系列协作机器人国产化高性能核心部件，打破国外机器人核心部件对中国机器人产业的垄断，解决“卡脖子”问题，同时开展协作机器人操作系统、核心算法、柔顺控制等关键技术研究，解决机器人技术“自主可控”问题。

（田京京　程晓荷）

知识产权保护

【概况】　2020年，海淀区专利申请量和授权量较上年稳步增长，继续稳居全市首位。推进知识产权运营服务体系建设，实施高价值专利培育计划，举办2020中国•海淀高价值专利培育大赛。中关村知识产权保护中心开展备案及预审工作，推进维权调解和维权援助工作。举办“4•26”系列活动及中关村知识产权论坛，开展重点产业专利导航研究工作，推进高校院所知识产权运营办公室建设工作，建立北京旷视科技有限公司、北京理工大学为代表的第二批12家高价值培育运营中心。提升知识产权服务能级。调研完成驻区高校及区属科研机构专利申请及成果转化情况，推进区属科研机构以及驻区高校院所职务科技成果权属改革。

（石蕾　程晓荷）

【专利申请与授权】　年内，海淀区专利申请量95140件，比上年增长10.7%，占北京市的37%。其中，发明专利申请量65222件，比上年增长8.5%，占全市的44.6%。专利授权量60929件，比上年增长24.9%，占北京市的37.4%。在专利授权量中，发明专利授权量33829件，比上年增长26.3%，占全市的53.5%。海淀区PCT（国际专利申请）专利申请量3497件，比上年增长32.9%，占北京市的42.2%，位列全市首位。有效发明专利拥有量157690件，占全市的47%，居全市首位。每万人发明专利拥有量达503.8件，是北京市的3.2倍、全国的31.9倍。

（石蕾　程晓荷）

【技术合同成交5.66万项】　年内，海淀区技术合同成交5.66万项，技术市场成交总额达2040.1亿元，比上年增长7.4%，占北京市的三成以上，位居16个区之首。输出技术服务合同37789项，成交额1163.4亿元；技术开发合同16128项，成交额708.4亿元；技术转让合同1265项，成交额150.8亿元；技术咨询合同1442项，成交额17.5亿元。

（傅固安）

【科技成果转化权属改革】　1月6日《中关村科学城关于落实〈北京市促进科技成果转化条例〉的若干措施（试行）》出台，提出“推动科技成果权属深度改革试点”“推动重大科技成果落地转化”等8项举措，全面推进落实北京市科技成果转化条例。与驻区高校院所、科研机构深入对接，推进区属科研机构以及驻区高校院所职务科技成果权属改革。北京市科学技术研究院、国家纳米科学中心、国家卫生健康委科学技术研究所、中国农业科学院北京畜牧兽医研究所、北京航空航天大学、北京理工大学6家驻区高校院所入选职务科技成果所有权或长期使用权试点单位。区科信局跟进驻区试点单位建立赋予科研人员职务科技成果所有权或长期使用权的机制和模式，加快推进科技成果权属改革案例突破。

（李鑫）

【快速维权合作协议签署】　3月30日，中关村知识产权保护中心与北京知识产权保护协会、海淀区生物与健康产业协会签署快速维权战略协议。根据协议，三方通过开展培育高质量专利申请、快速维权服务、共同开展宣传培训等方式，调动和整合社会资源，构建知识产权快速协同保护工作机制，了解产业知识产权快速协同保护需求，合理分配专利预审资源，协助企业高质量专利申请获得快速审查和确权，提升企业知识产权风险防范和纠纷应对能力，提高企业的创新能力。

（程晓荷）

【专利导航成果（2019年）线上宣讲会】　4月23日，中国（中关村）知识产权保护中心举行专利导航成果（2019年）线上宣讲会。来自高校科研院所、行业协会、生物医药企业、新材料企业、知识产权服务机构等单位的近60人参会。会上发布《新材料产业石墨烯领域专利导航分析报告》和《生物医药产业靶向药领域专利导航分析报告》；以《面向企业高质量创新的专利导航实务》为题，详细讲解如何利用专利信息大数据，提升企业技术创新水平与市场竞争力。

（石蕾　程晓荷）

【中国•海淀高价值专利培育大赛】　4月26日，由海淀区知识产权局、知识产权出版社有限责任公司共同主办的2020中国•海淀高价值专利培育大赛（海高赛）启动。来自北京、山东、广东、辽宁、云南、天津、上海、江苏、黑龙江、贵州、安徽等省市的优秀高价值专利培育项目报名参赛，项目涵盖人工智能、高端装备制造、新一代信息技术、新材料、生物医药等行业领域。16个优秀高价值专利培育项目进入12月3日的决赛。评出一等奖1名、二等奖2名、三等奖5名、优胜奖7名及最佳组织奖1名。其中，盛瑞传动股份有限公司的“前置前驱8挡自动变速器（8AT）研发及产业化”项目获一等奖，北京忆芯科技有限公司的“NVMe企业级SSD主控芯片”和北京索瑞特医学技术有限公司的“全球首创基于影像引导的无创肝纤维化诊断系统”两个项目获二等奖，北京大米科技有限公司等5家企业的项目获三等奖，京东城市（北京）数字科技有限公司等7家企业的项目获优胜奖，中关村意谷（北京）科技服务有限公司获最佳组织奖。

（程晓荷）

【2020中关村知识产权论坛】　4月26日，由区政府、中关村科学城管委会主办的2020中关村知识产权论坛在线举行。国家知识产权局、海淀区知识产权局等部门负责人，以及驻区高校院所、企业、中介机构等单位的代表230余人参加。论坛以“高价值专利培育运营、技术成果转移转化”为主题，探讨高价值专利培育运营和技术成果转移转化，加强知识产权宣传和交流。论坛上，2020中国•海淀高价值专利培育大赛启动；有关专家作“高价值专利培育与运营”“IP运营中的一点观察”“进一步提升专

2020 中国·海淀高价值专利培育大赛获奖名单

表 15

奖项	参赛团队	参赛项目
一等奖	盛瑞传动股份有限公司	前置前驱 8 挡自动变速器（8AT）研发及产业化
二等奖	北京忆芯科技有限公司	NVMe 企业级 SSD 主控芯片
	北京索瑞特医学技术有限公司	全球首创基于影像引导的无创肝纤维化诊断系统
三等奖	北京大米科技有限公司	VIPKID 超级 AI 教师
	北京星际荣耀空间科技有限公司	运载火箭回收系统和方法
	中科驭数（北京）科技有限公司	基于 KPU 专用架构的数据库与网络一体化加速产品解决方案
	北京京东尚科信息技术有限公司	无人配送站
	致晶科技（北京）有限公司	钙钛矿量子点原位制备技术
优胜奖	京东城市（北京）数字科技有限公司	联邦数字网关
	哈尔滨鼓润生物技术有限公司	超净配药器
	弘大科技（北京）股份公司	减压干燥制备气凝胶的方法
	北京晖丰能源科技有限公司	复合相变中温储能供热、供蒸汽系统
	北京必示科技有限公司	必示科技 AIOps 智能运维项目
	北京国双科技有限公司	互联网用户行为分析项目
	当家移动绿色互联网技术集团有限公司	51 Sim-One 自动驾驶仿真平台
最佳组织奖	中关村意谷（北京）科技服务有限公司	

（石蕾　程晓荷　钟冷）

利保护质量 更好支撑高校科技成果转化”等主旨演讲，交流高价值专利培育运营和技术成果转移转化的新理念、新思考、新路径。

（程晓荷）

【专利快速预审政策解读】 5月21日，中关村知识产权保护中心负责人做客海淀融媒直播间，参加“护航企业，政策先行”海淀区优化营商环境惠企政策云解读系列直播第五场，讲解专利的重要性、海淀区专利创造情况、中关村保护中心的职能和专利快速预审的流程和要求，并与网友进行现场互动。此次直播在海淀区政府官网、海淀网、“掌上海淀”移动客户端、“海淀新闻”微博、“海淀融媒”微博、“海淀融媒”快手号、“北京海淀”头条号、“北京海淀”百家号同时进行，在线观看人次达 64 万。

（石蕾 程晓荷）

【“海高大咖说”系列论坛】 5月28日，由区知识产权局、知识产权出版社有限责任公司共同策划的“海高大咖说”系列论坛第一期举办。论坛邀请中国社科院“创新工程”执行研究员杨延超、联想集团全球法务知识产权总监陈媛青、北京隆源知识产权集团董事长闫东，分别从企业人工智能高价值专利培育及运营、人工智能产业发展及法律保护、高质量专利申请助力高价值人工智能专利实现的专业视角展开深入探讨，并与参会人员进行线上互动，吸引近 150 位观众参加。6月11日，主题为《技术创新与高价值专利培育》的第二期“海高大咖说”在线上举办，约 200 人参加论坛。世界知识产权组织中国办事处顾问吕国良、北京航空航天大学知识产权转移办公室主任汤鹏翔、北京墨丘科技有限公司 CEO 黄伟才分别作题为基于国际视角的高价值专利、高价值专利培育与运营的高校策略选择、高价值专利培育中的技术创新与专利规划的主题演讲。

（程晓荷）

【市人大常委会领导检查海淀科技成果转化工作】 6月2日，市人大常委会副主任闫傲霜一行到海淀检查《中华人民共和国促进科技成果转化法》《北京市促进科技成果转化条例》有关法规落实情况。闫傲霜一行参观北京交通大学轨道交通运行控制系统国家工程研究中心和轨道交通控制与安全国家重点实验室，中科院热物理工程研究所，听取中科院热物理所、海淀区促进科技成果转化法规的落实情况汇报。林剑华代表海淀区就政策引导、搭建平台、对接服务、探索权属改革突破等方面，汇报海淀区促进科技成果转化有关法规的落实情况。

（程晓荷）

【中关村科技成果转化与技术交易综合服务平台发布】 8月18日，由中关村管委会主办，中国技术交易所、中关村天合科技成果转化促进中心、中关村技术经理人协会共同承办的“中关村科技成果转化与技术交易综合服务平台发布活动”在中关村展示中心举行。科技部火炬中心、教育部科技发展中心、中科学科技创新中心、中国国际科技交流中心及市科委、市科协等部门领导，中关村技术转移服务机构、行业联盟协会、科技企业代表等百余人，通过线上、线下参加。该平台运用人工智能和大数据手段，实现供需信息精准匹配，并通过技术经理人专项推广、线上自动撮合交易等方式，对可转化科技成果实施精准匹配对接；采取“线上＋线下”科技成果转化联动，支持开展线上线下项目公示、挂牌、结算、路演、竞价、拍卖等交易活动，为成果“提供方”和“需求方”实地对接提供沟通平台；建立科技成果专业化、市场化定价机制，能够指导科技成果所有方以技术交易市场挂牌交易、协议出让、股权投资等采用挂牌、拍卖、进行技术成果交易。采用线上3D展厅、在线路演、直播功能等，为优质项目、优质创新型企业、高校院所等创新资源进行专属展示。

（程晓荷）

【《知识产权协同保护合作框架协议》签署】 8月21日，区人民法院与中关村知识产权保护中心签署《知识产权协同保护合作框架协议》。根据协议，双方合作共建知识产权纠纷诉源治理联动机制，开拓纠纷解决新格局；推动知识产权行政保护与司法保护有效衔接，助力区域营商环境的优化；回应社会关切及法治需求，发挥知识产权保护对产业创新的激励作用。海淀法院建立诉调对接工作机制，由中国专利保护协会人调委、北京知识产权保护中心安排调解员进驻海淀法院，成立调解工作组，接受法院委托。截至年底，调解工作组共受理知识产权纠纷委托调解案件48件；办结30件，办结率62.5%。其中6件促成当事人签订和解协议，调解成功率为20%，调解平均周期20天。

（程晓荷　钟冷）

【北京知识产权交易中心落户】 9月9日，北京知识产权交易中心在海淀揭牌成立。北京知识产权交易中心依托中国技术交易所建设和运营，立足北京市的政策优势、资源优势、区位优势，整合优化中国技术交易所现有技术交易定价、科技成果转化等服务功能，建立健全知识产权登记、定价、专业、金融一体化服务体系，成为全国科技创新中心的重要基础设施及国际知识产权跨境交易市场的重要枢纽。

（石蕾　程晓荷）

【首届京华知识产权论坛】 9月22日，由首都知识产权服务业协会、北京市专利代理师协会联合主办的首届京华知识产权论坛在北京（中关村）国际知识产权服务大厅举行。北京市知识产权局副局长、一级巡视员李钟，科学城管委会专职副主任吴宝华，东城区司法局副局长张洪亮出席，首都各界知识产权专业人士参加。论坛以“发挥知识产权服务优势，强化知识产权保护能力”为主题，围绕知识产权保护中社会关注度高的知识产权公证、知识产权司法鉴定、文化产业知识产权保护以及区块链存证等方面进行讲解。论坛上，海淀区知识产权海外维权援助基地揭牌；首都知识产权服务业协会分别与北京市信德公证处、北京文化产权交易中心签署合作协议。

（林琳）

【海淀区知识产权海外维权援助基地揭牌】 9月22日，在首届京华知识产权论坛上，海淀区知识产权海外维权援助基地揭牌，进驻北京（中关村）国际知识产权服务大厅。海淀区累计搭建10个海外维权援助基地，覆盖英国、法国、德国、芬兰、意大利、美国、日本等国家。

（石蕾　程晓荷）

【《知识产权纠纷协同调解合作协议》签约】 9月25日，区工商联与中关村知识产权保护中心签署《知识产权纠纷协同调解合作协议》。根据协议，双方加强相互支撑和信息共享，协力推动知识产权行政保护与社会化保护有效衔接，为中关村科学城建设和营造良好的营商环境提供强有力的支撑。

（石蕾　程晓荷）

【2家知识产权纠纷人民调解室获授牌】 12月10日，市知识产权局、市司法局联合举办知识产权纠纷人民调解工作室授牌仪式，为第一批7家知识产权纠纷人民调解工作室授牌。海淀区中心知识产权纠纷人民调解室、中关村软件园工作站调解室获得授牌。授牌的7家知识产权纠纷人民调解工作室将推进诉源治理，打造“做得好、信得过、叫得响”的调解工作品牌，为中小企业提供便捷、高效、低成本的知识产权纠纷解决渠道，助力提升知识产权治理能力，完善知识产权公共服务供给，优化首都营商环境，激发首都创新活力。

（石蕾　钟冷）

【专利预审与培育政策和实务培训】 12月16日、24日，中关村知识产权保护中心联合中关村高新技术企业协会，举办两期专利预审与高价值专利培育政策与实务培训，120余名创新主体和知识产权服务机构相关工作人员参加培训。资深知识产权讲师和专利代理人徐圣，中关村知识产权保护中心专利预审服务部负责人详细解读专利预审的条件、要求和流程，生物医药高价值专利培育策略与实务，对常见的专利预审相关问题、生物医药高价值专利培育策略及实务问题进行详细介绍，提供翔实具体的解决方案。

（程晓荷　石蕾）

【12家高价值专利培育运营中心建立】 12月31日，区知识产权局围绕人工智能、新一代信息技术、新材料、生物医药等重点产业，批准建立12家高价值专利培育运营中心。12家高价值专利培育运营中心包括北京旷视科技有限公司、中国核电工程有限公司、飞天诚信科技股份有限公司、北京锐安科技有限公司、北京搜狗科技发展有限公司、中国铁道科学研究院、北京卫星制造厂有限公司、中国恩菲工程技术有限公司8家企业，以及北京理工大学、北京邮电大学、中国科学院工程热物理研究所、中国科学院自动化研究所4家院校单位。2019—2020年，分两批共支持建设23家高价值专利培育运营中心。

（程晓荷）

教育

2021
北京海淀年鉴

综述

【概况】 2020年，海淀区教委（简称区教委）下辖教育单位419个，其中幼儿园201所（教育部门办园21所、其他部门办园17所、地方企业办园4所、事业单位办园26所、部队办园36所、集体办园24所、民办园72所、中外合作办园1所），另有附设幼儿班9所。小学122所（教育部门办校97所、其他部门办校9所、民办校16所），初级中学6所（教育部门办校6所），完全中学38所（教育部门办校29所、其他部门办校4所、民办校5所），高级中学3所（其他部门办校1所、民办校2所），九年一贯制学校11所（教育部门办校9所、民办校2所），十二年一贯制学校24所（教育部门办校12所、其他部门办校1所、民办校11所），特殊教育学校2所，工读学校1所，职业高中1所，其他法人单位45个。招生103243人（幼儿园27898人、小学34204人、初中25188人、普通高中15046人、职业高中907人）；毕业70996人（幼儿园10249人、小学26537人、初中19452人、普通高中14082人、职业高中676人）；在校生364700人（幼儿园72439人、小学179579人、初中69748人、普通高中40302人、职业高中2152人、特殊教育学校480人）。教职工38197人（幼儿园13130人、小学8390人、中学15914人、中等职业学校416人、特殊教育270人、工读教育77人），包括高级职称4835人、中级职称8577人。北京市特级教师211人、北京市骨干教师305人、北京市学科教学带头人63人。全年教育总投入141.59亿元，中小学固定资产总值140.18亿元。新建小学2所、九年一贯制学校1所。设立学区17个。

2020年，全区教育系统统筹疫情防控和教育改革发展，推进海淀教育高质量发展。

扩大优质教育覆盖面。在海淀北部地区引入优质资源，和平小学加挂“北京市海淀区教育科学研究院未来实验小学”校牌，引入十一学校、育英学校、中关村一小、中关村二小、中关村三小到北部办学，人大附中翠微学校、上地实验学校、育英中学三所学校增设小学部并实现招生。推动中国地质大学支持实验三小和地大附中、中国政法大学支持中关村四小和十九中学。深化集团化改革，初步形成以名校为核心的教育发展共同体，孵化培育出优质教育品牌。促进义务教育优质均衡高中教育多样化特色发展。评选第二批26所优质学校；开发初中“开放性科学实践活动和综合社会实践活动”课程。全面落实义务教育课程计划，优化学校课程体系，建设特色地方课程，加强校本课程建设指导和监管。认定18所新品牌学校，完成“十三五”时期高中学校分层分类发展规划。完成中国教育学会高中新课程新教材实施“领航计划”培训团队研修和省域研修实施方案的研制和部分实施工作。

“互联网＋教育”。成立海淀区互联网教育研究院。启用全市首个区级中小学资源平台，提供五大资源库，快速建成支持6000个自然班同时在线授课的云直播平台。研制2020春季、秋季学期中小学全学段、全学科9007个“海淀·空中课堂”微视频课程资源，保障疫情期间区域教育教学工作顺利开展。承担教育部2020年秋季学期国家中小学网络云平台和中国教育电视台“同上一堂课”课程资源建设工作，完成中小学共11个学科2084个课程资源包研发工作。海淀区获批教育部“基于教学改革，融合信息技术的新型教育学实验区”。加快智慧校园建设，推进中关村科学城“未来实验学校”等70个智慧校园建设工作。完成1078间智慧教室升级改造工作。

教育改革。海淀区入选普通高中新课程新教材实施国家级示范区，3所学校被教育部确定为普通高中新课程新教材实施国家级示范校。推进高中课改和高中多样化发展，形成区教育两委行政统筹、教研科研支撑、三所示范校引领、全体高中学校同步推进的工作机制，促进高中整体育人质量提升。

职业教育。开设“3+2”中高职衔接专业，推进职普融通，与人大附中合作，开办综合高中班。开展校企合作，建设市级特高骨干专业（群）、工程师学院，全国中职首家NISP（国家信息安全水平考试）授权认证中心落户海淀。探索“互联网＋德育”教育新模式，打造北京市“一校一品”德育品牌。继续推进创新创业教育，推进双创课程实施和平台建设。

教育对口支援。疫情期间“停课不停学、帮扶不断线”，海淀区中小学资源平台向各结对地区中小学师生免费开放。开辟“多元文化”栏目，组织区内外骨干教师、专家特别设计并录制一批防控情境下心理健康与情绪管理、居家学习太极拳开展体育锻炼、线上领略海淀历史文化精神等内容的微课；为受援地中小学师生增加“空中课堂”栏目模块，为各受援地各增加100个用户，提供上万余节免费优质课程。承接115名受援地干部教师到京跟岗培训。新增结对学校47所，其中与河北赤城县第二批15所学校结对，赤城县所有乡镇学校实现结对全覆盖；与内蒙古敖汉旗新建立7对“手拉手”学校。选派40名干部教师赴新疆、45名教师赴内蒙古与河北开展援助任务。组织学科专家、党建专家到各受援地送教讲学。区教委获“北京市扶贫协作奖组织工作奖”。

招生考试。完成小学入学34204人，初中入学25188人。首次进行民办学校电脑派位，1087名适龄儿童派入16所民办小学，1796名小学毕业生派入16所民办初中。扩增普高招生计划1900人，增加职技类学校录取人数1000余人，增幅达43%。完成17526人（991个考场，增幅117%）中考、12205人（678个考场）高考组织任务。中考总分570

分以上考生269人，分布在32所学校；单科最高分分布在73所学校。高考高分段考生在全市占比进一步提高，700分以上考生57人，占全市的71.25%，600分以上考生3825人，分布在39所学校。

教育交流合作。建成涵盖幼、小、中各学段，中外课程融通的涉外教育服务体系，13个高中中外合作办学项目和5所国际化民办学校质量不断提升。成立北京市海淀区清华附中外籍人子女学校。在疫情防控常态化形势下，创新对外交流与合作方式，多所学校举办线上与线下融合的国际会议、“一带一路”教育活动及校际交流活动。

德育工作。推进德育、智育、体育、美育、劳动教育，五育并举，有机融合；建立全方位育人的德育工作格局，构建“学校、家庭、社会”三位一体全员育人体系。在全国率先建立大中小学思政课一体化教研机制，探索新时代思政课有效实施策略和路径。“绿色成长”学科德育项目持续推进，海淀德育经验在上海、重庆教育系统分享。区委教育工委获全国未成年人思想道德建设工作先进单位称号。成立9家团委书记工作室、8家少先队辅导员工作室。

学生心理健康。在全市率先推出区级心理支持热线和网络心理咨询答疑，减轻疫情所致的心理压力与心理伤害。对于严重心理问题的群体，转介并推荐到专业的心理机构。利用“海淀区中小学资源平台”向学生、家长提供60节有关心理疏导、心理知识的课程，帮助学生及家长做好情绪管理、亲子沟通、直面挫折、自主学习。开展海淀区中小学生心理危机干预项目，通过调查问卷、讲座、在线论坛等方式，编制《海淀区中小学心理危机干预指导意见》。开展“中小学心理安全教育”项目，完成中小学生心理安全测评7203份，组织心理安全教育家长讲座，224602名家长收看。

艺术教育。在第58届北京市中学生运动会上，包揽初中组、高中组和中学组三个组别的团体总分第一名。认定37个金帆团、7个金帆书画院承办学校；认定60所海淀区中小学艺术教育示范学校。评审认定27所北京市中小学科技教育示范学校、60所海淀区中小学科技教育示范学校。在第40届北京市科技创新大赛中，海淀区获一等奖37项；3人获第十八届北京青少年科技创新市长奖；1人获中国青少年科学技术创新奖。

教研科研。规范实施混合式学科教师研修课程，在线教研726次。开展高一、高二新课程新教材全员培训，新高三年级培训，初中统编三科教材培训，促进新课程、新教学、新中考、高考落地。启动海淀区“中小学线上教学设计与实施研究”紧急攻关项目，在全国首发“海淀区中学学科线上教学评估标准1.0”。成立海淀“在线教学与教研实验室”，召开9次线上教学研讨会，全国累计40万余人次参与。召开中国教育学会初中教育专业委员会第十八次学术年会暨第四届教师专业发展学术会议，展示海淀育人成果。

教师队伍建设。持续实施“成长中的教育家”工程，召开宋诗伟、周曼云、邵文武、汪春燕、张尊高教育教学实践研讨会，为61名教师举办“成长中的骨干教师论坛”。评选正高级教师29名。推荐特级教师参评36人，获称号33人，通过率91.67%。评选市级学科带头人63人，班主任带头人93人，市级骨干教师305人。市政府特殊津贴1人，推荐国培计划专家库候选人6人，14人入选教育部基础教育专家指导委员会。推荐3名优秀挂牌责任督学获评市“督学之星”称号。评选874名优秀“四有”教师（标兵）。开展“十三五”时期教师培训市级评估验收工作，得到市教委和专家组肯定。实施党组织书记“头雁领航工程”，通过线上“海淀云课堂”和线下结合的方式，开办“一肩挑”书记班和民办学校党组织书记班。组织1300余名新任教师完成40学时线上学科培训、20学时线下公共培训。开展“教委主任第一课”特色课程。组织91名新任教师参加第四届北京市中小学新任教师“启航杯”教学风采展示，40人获一等奖（获奖率44%，比全市高出23.9%）。2人获北京市中小学紫禁杯优秀班主任特等奖，30人获一等奖，34人获二等奖，36人获评北京市中小学学生喜爱的班主任。完成中小学26个学科1200余名骨干教师学科研修。研制“海淀•空中亲子乐园”指导家长科学育儿。面向全区332所幼儿园和社区办学点开展研修活动111次，园长、业务干部和教师共计1.8万余人次参与。

校园安全建设。370所学校为“平安校园”达标校，100%通过区级验收。开展“云上话安全”与“百校百剧”系列安全教育活动。开展校园周边交通综合治理，建立家长志愿者队伍191支，协助学校缓解周边交通压力。加强校园食品安全自查，建立健全监督联动制度，强化第三方监管模式，不断提高校园食品安全系数。

（尹涛　宋亚甫）

【“互联网＋教育”应用研讨会】 3月6日，区教委召开“互联网＋教育”应用研讨会。会上听取区教科院关于海淀智慧教育的发展现状介绍，与会代表就教育科技应用场景的落地、筹建成立“互联网＋教育”研究院等事宜进行研讨交流。一零一中学作为中关村科技应用场景中唯一的教育项目落地学校，介绍学校在智慧校园建设方面的总体设计和实践探索。云知声、闪联、好未来、旷视科技等企业代表分别介绍各自企业在互联网方面的特色优势和创新发展，并就互联网科技如何更好服务海淀教育发展，促进多领域深度合作进行交流研讨。区教委、区教科院、区科信局、一零一中学及部分海淀区互联网科技企业代表参加会议。

（宋亚甫）

【垃圾分类承诺签约】 4月30日，区委教工委、区教委通过视频会议形式举行生活垃圾分类承诺签约仪式。采取现场＋云签约两种形式并启动面向教育系统各单位、全区学生和家长进行生活垃圾分类承诺的部署。在视频会议主会场，第二十中学、北京交通大学附属小学、颐慧佳园幼儿园、北京市信息管理学校、北京市师达中学5所学校和幼儿园与区教委签署落实生活垃圾分类责任的承诺；在北京交通大学附属小学分会场，进行学校、学生和家长签署家校携手践行生活垃圾分类承诺书。海淀中小学资源平台开设专栏，将环境保护、城市文明、垃圾分类等教育视频资料集中上传，供全区30余万名中小学生学习。

（宋亚甫）

【高中教育创新发展·校长论坛】 6月13日，“高中教育创新发展·校长论坛”开幕式暨第一场论坛在ClassIn和抖音平台同步直播。论坛由北京师范大学未来教育学院、教育学部、中国教育创新研究院、高中教育研究中心联合策划。来自北京、广东、江苏、河北、山西、福建、贵州、山东、浙江、河南、湖北、甘肃等全国各地的教育部门领导、校长、教师、教研员、在读学生等共7200余人线上参与直播。论坛上，特邀访谈专家与主讲嘉宾围绕“高中教育未来发展的突破点和创新点是什么”“高中阶段学生的培养目标是什么”“如何看待高中教育全面有余而个性不足的现象”等议题展开探讨。

（申政）

【国家教育考试综合管理平台投入使用】 7月7日，海淀区国家教育考试综合管理平台建成并投入使用。海淀区作为北京市国家教育考试综合管理平台试点地区，遵循《国家教育考试综合管理平台建设指南》，通过“一网、三库、五系统”①，建设“区—考点—考场”三级共享的国家教育考试管理云平台，实现考情数据全入库、高清视频全覆盖、指挥指令实时达、考务管理电子化，形成海淀特色的六全六化，即试卷流转全周期可视化跟踪、视频巡查全方位高清化监控、保密环节全智能信息化管理、考务专网全覆盖安全化应用、考试终端全过程电子化留痕、异常行为全自动智能化分析（试点）。

（宋亚甫）

7月14日，2020海淀互联网教育研究院成立暨新技术应用高峰论坛举办（张洪军 摄）

【入选高中新课程新教材实施国家级示范区】 7月10日，教育部发布《关于做好普通高中新课程新教材实施国家级示范区和示范校建设工作的通知》，公布“普通高中新课程新教材实施国家级示范区和示范校”名单。海淀区被确定为国家级示范区，中国人民大学附属中学、北京市第一零一中学和北京市十一学校被确定为示范校。根据通知内容，国家级示范区、示范校从2020年开始分批启动建设，每批建设周期为3年。本年启动20个省（区、市）示范区和60所示范校建设，包括海淀区示范区以及3所示范校。

（宋亚甫）

【海淀区互联网教育研究院成立】 7月14日，海淀区互联网教育研究院成立暨新技术应用高峰论坛举办。该研究院由区委教工委、区教委、区科信局牵头，高等院校、科研院所、中小学和多家互联网教育企业联合发起成立，属于非营利性社会组织。研究院办公室设在海淀区教科院，将着力加强互联网教育创新研究，结合海淀区互联网产业和教育优势，关注4G/5G、人工智能等技术发展，并致力于信息技术与教育的深度融合。新技术应用高峰论坛同时举行，论坛以“互联网教育与新技术应用”为主题，学校、企业及驻区高校、科研院所相关负责人共同探讨“互联网+教育”的深度应用和创新发展。区委、区政府、区教工委、区教委、区科信局主要领导，驻区高校科研院所、互联网企业、中小学校校长和代表参加活动。

（宋亚甫）

【入选国家级信息化教学实验区】 8月5日，海淀区获批教育部“基于教学改革、融合信息技术的新型教与学模式”实验区（简称国家级信息化教学实验区）。海淀区已实现区内中小学万兆网络覆盖、光缆光纤高畅通、网络视讯全覆盖、远程会议随时进行等信息化环境建设。全区中小学数字化演播厅覆盖率100%，中小学教师计算机拥有量人均2.1台，中小学生计算机拥有量达10∶1；建立高中学生发展管理平台、海淀中小学教育资源平台、海淀网站群平台、海淀教育系统

① 一网指区、考点、考场三级联通的考试专网，实现传输的通畅性和数据的安全性；三库指考生库、工作人员库、考试场所库。实现快速查询考点、考场、考生情况；五系统指试卷流转跟踪、远程电子高清巡查、试卷智能保密、身份识别认证、可视辅助决策等系统，形成可视化综合管理指挥平台。

云课堂直播平台等，基于互联网的“云教育”“移动学习”“泛在学习”“微课程”“项目式学习”等新型学习方式在海淀区进行大面积实验探索。在“2019年新媒体新技术教学应用研讨会暨第十二届全国中小学创新课堂教学实践观摩活动”上，海淀区有23节课例（含5节人工智能课的教学展示）获得一等奖并通过网络向全国直播。

（宋亚甫）

【教育创新人才培育工程】 10月21日，海淀区教育创新人才培育工程启动。该工程由区委教工委、区教委、十一学校教育联盟总校、李希贵校长工作室联合实施。经过全区教育系统各单位推荐、笔试、面试、考察等环节，遴选首期学员33名。活动现场，区委、区委教工委、区教委领导为学员颁发录取通知书、为学员代表赠书，学员进行“价值观拍卖会”体验式课程学习。海淀区教育创新人才培育工程以三学年为期，每学年分为春季、夏季、秋季三个学期，每学期集中学习一周，其他时间自主学习或在线交流。通过创设一系列主题情境，改变思维模式，学会应用多元思维模型解决复杂问题，着重提升青年管理干部的组织能力、决策能力和问题解决能力等关键能力，培育一批政治过硬、品德高尚、业务精湛、治校有方的领导人才。

（宋亚甫）

【导师制研修工作第五期开启】 10月21日，区委教工委、区教委启动第五期导师制研修工作。本期选拔学员380人，聘任导师组长20人、导师副组长3人、导师177人。同时举办第二十中学物理特级教师宋诗伟教育教学实践研讨会，宣读《关于聘任海淀区名师工作站第五期导师组长及导师的决定》，有关领导为导师组长代表颁发聘书，研讨会播放短片《擦亮海淀教育金名片的人》，展示近年来海淀区名师工作站工作和取得成果。

（宋亚甫）

【义务教育学校社会满意度调查】 11月6日，区教委召开2019年义务教育学校社会满意度调查结果通报会。调查结果显示：2019年海淀区义务教育学校的总体社会满意度达到“非常满意”区间，是2014年开展社会满意度调查工作以来满意度最高的一年。2019年的满意度调查工作设计12个一级指标及若干二级指标，面向学生、家长、教师三个群体，海淀区所有义务教育学校学生、教师和家长均参与调查，其中小学103所、初中69所。最终采集有效样本10万余个，汇总形成1份总报告，核心素养、课业负担、校园安全等3份专题报告以及17份学区报告和189份学校报告。2014年，海淀区启动义务教育学校社会满意度调查工作，每3年为一个周期。6年来，初中满意度整体呈上升趋势，小学满意度比较稳定，仅2018年有所下降，2019年有较大幅度提升。

（宋亚甫）

【海淀区“十三五”教育发展成果发布】 11月18日，区教委举办“回顾十三五 展望十四五”教育专题新闻发布会，发布近五年海淀区的教育发展情况以及未来五年的初步思考。“十三五”期间，海淀区中小学幼儿园在校生增幅15%，办学规模占全市的五分之一且持续扩大，位居全市16区之首，超过90%的中小学生就读于优质校；扩大优质教育资源覆盖面、以学区制改革促进基础教育的优质均衡发展，居民在家门口上好学的愿望不断得以实现；大力发展素质教育，“立德树人”根本任务得到全面落实。完成48个基本建设项目，通过“新建改扩建”，新增中小学学位13760个；学前教育增加2.8万个学前学位，其中普惠性学位增加1.64万个。“十四五”时期，计划实施基建项目50余个，建设总规模106万平方米，可新增中小学及学前学位近4万个。

（宋亚甫）

学前教育

【概况】 2020年，海淀区有幼儿园201所（教育部门办园21所、其他部门办园17所、地方企业办园4所、事业单位办园26所、部队办园36所、集体办园24所、民办园72所、中外合作办园1所），另有附设幼儿班9所。招生27898人，毕业10249人，在园72439人，有教职工13130人。

区教委持续完善学前教育工作联席会议制度，按照“教委主体、街镇保底、社会补充”的工作思路，扩增入园学位；加大对普惠性幼儿园的经费支持力度，推进小区配套幼儿园转普惠工作，鼓励社会资本举办普惠性幼儿园，持续扩大普惠学位供给。实施科学保教，确保各类幼儿园规范管理。全区共扩增幼儿园学位9300个，三年累计增加学位2.43万个，完成《海淀区第三期学前教育三年行动计划（2018—2020年）》各项任务。

（宋亚甫）

【第三期学前教育三年行动计划完成】 年内，区教委完成《海淀区第三期学前教育三年行动计划》各项任务。学前毛入园率达91%，全区普惠性幼儿园达173所，普惠性学位达6.6万个，普惠性学前教育覆盖率达92%。完成304所幼儿园（点）的办园质量督导评估自评工作，对21所幼儿园开展办园质量督导评估，督评结果为A等级园6所，B等级园13所，C等级园2所。

（宋亚甫）

【“海淀空中亲子乐园”上线】 3月3日，“海淀空中亲子乐园”上线。该资源由海淀教师进修学校研制，面向全区所有幼儿园，为幼儿家长提供亲子活动视频资源，涵盖体育游戏、益智游戏、艺术表达、语言活动、健康保健、家务劳动等类型，指导家长综合幼儿年龄和家庭特点，在家中科学开展亲子活动。共研制视频资源120个，为海淀区6万余个家庭科学育儿、6000余名专任教师家园共育能力提升提供专业支持。

（宋亚甫）

【街校合作办园】 7月21日，由八里庄街道与首都师范大学合作举办的首都师范大学附属幼儿园八里庄分园签约仪式在八里庄街道举行。八里庄分园位于八宝庄小区33号，为两层独栋楼，在区教委牵头推动下，八里庄街道提供办园场所，不收取房屋租赁费，首都师范大学附属幼儿园对该园进行一体化运营和管理。区教委按照相关文件规定，给予幼儿园市、区专项资金支持和政策支持。

（宋亚甫）

【秋季开园工作部署会】 8月21日，海淀区教育系统召开幼儿园2020—2021学年秋季学期开园工作部署会。会议传达市教委关于2020年秋季学期幼儿园开园工作会议精神，部署海淀区秋季学期重点工作，明确各类型幼儿园大班、中班、小班开园时间，要求各幼儿园压实四方责任，精确无误做好人员管理、环境消杀和物资储备；严格执行全封闭管理，做好家园沟通，合理安排保教工作；制定切实有效的应急处置预案，严格落实“双报制”。会议对幼儿园招生工作提出要求，各幼儿园做到满班额招生，统筹全园各年龄班学位，尽可能让更多的适龄儿童入园。区委教工委区教委领导，相关科室、部门、各学区管理中心负责人参加会议，全区各类型幼儿园园长、社区办园点负责人在分会场参会。

（宋亚甫）

【8所普惠幼儿园开园】 9月，新建的两所普惠性幼儿园开园。四季阳光幼儿园被区教委认定为北京市普惠性民办幼儿园，位于四季青镇常青路5号院，占地面积2085平方米，校舍面积2474平方米，有教职工35人，专任教师16人，可开设11个教学班，提供学位330个；首批开设8个班，招收幼儿230名。北京十一晋元幼儿园为教育部门办园，位于田村路与上庄东路交汇处，占地面积4200平方米，建筑面积3400平方米；有教职工33人，专任教师16人。可开设10个教学班，提供学位300余个；首批开设6个班，招收幼儿162人。10月至11月，6所普惠幼儿园相继开园。区教委委托北京城市学院承办海淀区京童未来幼儿园开园，该园占地面积近1万平方米，户外使用面积约1800平方米，设有益智区、拼插区、科普区、建构区、美工区等；设置24个教学班，可容纳720名幼儿，首批开设4个班级。恩济里体大幼儿园由区教委与北京体育大学合作举办，占地总面积1万余平方米，建筑面积3000余平方米，户外活动场地3000余平方米，设有回形跑道、小型足球场、大型滑梯等活动设施；有12个教学班，可容纳幼儿360名，首批开设5个班级，招收幼儿150名。北师大实验幼儿园明光分部是北京师范大学与海淀区教委战略合作项目，与本园实行一体化管理；园区占地面积7373.63平方米，设置18个教学班，可容纳幼儿500余名，首批开设4个小班，有教职工39名。区教委直属公办幼儿园北京一零一中实验幼儿园，位于上地信息产业高科技园区，占地面积4200平方米，建筑面积4535平方米，设9个教学班，首批90名小班幼儿入园。清华附中上庄学校附设幼儿班，规模为6个班，首批招收3个小班，80余名幼儿入园。台头小学附设幼儿班，由台头小学红星校区改造而成，占地面积1.4万余平方米，开设9个班，可容纳幼儿270余名。

（宋亚甫）

【2所幼儿园开园】 11月26日，海育幼儿园开园。该园隶属海淀区国有资产投资集团有限公司旗下的北京海国恒泰幼儿教育科技有限公司，为公办性质幼儿园，占地面积6600平方米，总建筑面积为6557平方米，规模18个班级，设有音体室、美术室、游戏室等专用教室。现招收3个小班、1个大班，100余名幼儿。12月7日，常青幼儿园田村分园开园，首批招收2个小班，幼儿59人。该园是区教委委托四季青镇政府承办田村地区馥霞里小区配套幼儿园，作为常青幼儿园直属分园，与总园实行统一办园理念、统一师资调配、统一保教标准、统一人财物管理“四统一”管理模式。田村分园占地面积3093.74平方米，开设9个班级，可容纳幼儿270人。幼儿园设有图书室、多媒体教室、备课室等专用教室。

（宋亚甫）

基础教育

【全国首部校园安全教育电影首播】 3月29日，由区教委联合教育部规建中心、应急管理部宣教中心、共青团中央网络影视中心、北京师范大学、国家行政学院影视音像中心、东方核芯力等单位出品的国内首部校园安全教育电影《妈妈你真棒》在腾讯视频首播。影片时长90分钟，展现火灾、野外求生、交通安全、医疗急救、社会安全事件等20余种灾害的应对知识和应急技巧。该电影2019年9月入选教育部、中宣部《第39批向全国中小学生推荐优秀影片》，2020年2月27日，入围第53届休斯敦国际电影节最佳叙事长片。

（宋亚甫）

【8万名中小学生返校】 6月1日，根据市教委通知，全市普通中学高一、高二年级，初一、初二年级和小学六年级返校上课，海淀区约8万名学生，占全市当日返校学生的18%。同日，海淀区召开中小学返校复课指挥调度工作视频会，实时查看全区各中小学校学生入学和放学情况，在上午入学结束和下午放学后两次听取小学、学区和街镇的情况通报。此次返校复课工作采用四级调度指挥体系，区委、区政府主要领导通过视频观看各中小学校学生入校情况；区委教工委、区教委、区委卫健工委、区卫健委等主管领导通过视频调度指挥返校复课工作；各街镇主管领导、学区管理中心负责人等在学区管理中心通报学校返校复课周边治安交通等情况；各中小学校长、各学校联络员、责任督学等在学校通报情况。

（宋亚甫）

【初高三年级心理健康教育工作会】 6月9日，区教委召开初三、高三年级心理健康教育工作会。会议强调各学校在疫情期间必须坚持“健康第

6月1日，海淀区8万名中小学生返校（区教委 供图）

一”“生命第一”的思想，通过学校干部、教职员工，特别是德育干部、年级组长、班主任、心理教师向学生家长传递生命健康的理念以及客观看待考试成绩的价值观念，形成健康畅通的家校共育机制。会上解读《2020年海淀区初高三年级开展积极心理健康教育工作方案》，开展《以积极心态应对防疫下的中高考》培训，从如何科学开展学生心理问题观察、如何基于积极心理学开展心理干预、如何开展备考期间的心理教育三个方面解读。各中学书记校长、德育副校长、初高三年级组长、心理教师、各学区管理中心主任等500余人在分会场参加会议。

（宋亚甫）

【中学增设小学部首次电脑派位入学】 6月13日，区教委实行中学增设小学部首次电脑派位入学。副区长张若冰、区委教工委书记尹丽君、区教委主任王方等领导及驻海淀区教育工委、区教委纪检监察组、相关5个学区、3所中学增设小学部校长、部分家长代表共同见证派位全过程。280名适龄儿童被派位到北京教育科学研究院实验小学、人大附中翠微学校小学部、上地实验学校小学部3所中学增设的小学部。2020年起，海淀区在部分中学新增设小学部，原则上实施多校划片。

（宋亚甫）

【中学生党团校线上培训】 7月14日，海淀区中学生业余党校、少年先锋团校举办线上培训。本期培训以“全民抗‘疫’彰显中国特色社会主义制度优越”为主线，培训内容以弘扬当代中国青少年投身疫情防控的担当精神为重点。邀请中国人民大学马克思主义学院专家作《党的领导力在疫情防控中的鲜明体现》和《让青春在党和人民最需要的地方绽放绚丽之花》报告。培训包括线上主题讨论和团队风采展示，在“线上主题讨论”环节，参训学员分组分主题探究如何在疫情背景下发挥团组织的先进性，有效落实共青团的各项工作；在“坚定信念 战疫有我”——榜样与中学生云对话主题沙龙环节，学员进行分享和交流。各学校党团校学员237人参加培训并全员结业。

（宋亚甫）

【合建中关村中学数学实验室】 8月31日，中关村中学与中国科学院数学与系统科学研究院签订合作协议，双方联合中国科学院大学数学科学学院、中国数学学会共同建设中小学数学素质教育联盟“中关村中学数学实验室”，旨在探索数学前沿、数学建模、数学文化等，并形成大中贯通教育、院校联合的科技后备人才培养创新模式。四方将共同开发系统的校本课程，提升中学生数学学习的志趣及思维品质，利用各方资源联合开展“科学人大课堂”、数学建模、数学竞赛、STEM教育、数学学科实践等课程，共同探索面向未来、科技创新的数学后备人才培养路径。

（宋亚甫）

【北京市思政课一体化建设现场会】 9月14日，北京市大中小学思政课一体化建设现场会在海淀区召开。现场会由市学校德育研究会、区委教工委、区教委联合主办，区教师进修学校承办，人大附中协办。会议采取“现场＋直播”方式，通过中国教研网向全国同步直播。来自教育部、市委教工委、市教委、市学校德育研究会、各区教育行政部门领导，各区大、中、小学思政课骨干教师、教研员代表等200余人参会。来自中关村三小、人大附中、中央财经大学的3名教师围绕“疫情大考的中国答卷”主题分别进行说课和微格教学展示。交流环节，听取《创新育人机制 思政一体化铸魂》主题报告，北京师范大学、区教师进修附属学校、人大附中围绕“大中小学思政课一体化建设的实践与思考”主题展开对话，展示大、中、小学思政课理念与实践创新成果。区委教育工委宣读《大中小学思政课一体化建设倡议》。2020年，区教委联合区内4所高校马克思主义学院、7所中小学校、海淀教师进修学校成立“海淀区大中小学思政课一体化教研组”；设立思想政治理论课教师培训基地；研制思政课学业标准，促进大中小学思政课教育与评价变革；建立课程一体化设计、实施与评价、教师培养机制；与清华大学马克思主义学院联合举办“海淀区中小学思政课骨干教师清华大学浸润式研修班”。

（宋亚甫）

【中小学生阅读素养教育研讨会】 9月22日，教育部教育装备研究与发展中心（简称研发中心）联合北京师范大学召开“2020年全国中小学生阅读素养教育研讨会”。全国28个省、市、自治区教育部门负责人出席会议。会议围绕推动中小学书香校园建设，发挥图书馆服务教育教学和育人功能，进一步提升中小学校长、教师

9 月 26 日，“强基计划与高中育人方式改革论坛”暨高中育人方式改革系列高端论坛举行（区教委 供图）

人文素养展开研讨。研发中心与北师大签订“中小学校长、教师人文素养提升计划”战略合作协议，中小学阅读素养教育研究中心揭牌。

（申政）

【强基计划与高中育人方式改革论坛】 9 月 26 日，“强基计划与高中育人方式改革论坛”暨高中育人方式改革系列高端论坛在海淀区教科院举行。论坛由中国教育发展战略学会高中教育专业委员会、海淀区教委、海淀区教科院联合举办，论坛分为主旨报告和专家圆桌对话两个环节。主旨报告环节，从政策背景意义、发展思路、强基计划与考试改革、强基计划与“强基”战略、创新能力培养与教育改革等方面对强基计划进行深入分析，提出相关建议；从公平性、科学性、精准性和可行性四个维度对“强基计划”进行全面深入分析，并对高中大学衔接、教育评价改革未来走向等重要议题做前沿展望，对高中教育发展提出思考和建议；一零一中学、人大附中和十一学校校长分别结合学校教育教学改革实际做经验介绍和典型发言，从新课程新教材实施、教学方式、评价体系、高中与大学贯通人才培养模式、拔尖创新人才综合育人体系等方面对强基计划背景下学校育人方式改革进行分析和介绍。圆桌对话环节，5 名专家校长就强基计划对高中教育的影响、高校实施强基计划选拔和培育人才的理念和实践指向、高中育人方式改革面临的机遇和挑战、强基计划的进展变化及未来走向、中学与高校共同协作、衔接贯通培养等问题做回答和深入研讨。7 月，海淀区被确定为普通高中新课程新教材实施国家级示范区，一零一中学、人大附中和十一学校被教育部确定为普通高中新课程新教材实施国家级示范校。

（宋亚甫）

【心理安全教育项目启动】 10 月 20 日，区教委召开心理安全教育项目启动会。八里庄学区作为试点学区，面向辖区内 8 所中小学开展心理安全教育项目。八里庄学区管理中心通过建设“一个团队”“一个机制”和“五个平台”，以问题为导向，以心理安全教育为抓手，突出生命教育，以正面教育和问题干预相结合的方式，化解心理危机，逐步消除涉及学生人身安全的心理隐患，引导学生养成阳光向上的积极心理品质，致力于提升教师的心理育人水平，指导家长建立正确的家庭教育观和成才观。八里庄学区采用线上线下相结合的方式，通过心理健康教育服务云平台的应用、贴近师生家长需求的课程体系的创建和心理专业师资队伍培养等举措，提升学区中小学校心理健康教育水平。区教委组织项目组录制系列专家讲座视频课程。

（宋亚甫）

【宋诗伟教育教学实践研讨会】 10 月 21 日，区委教工委、区教委召开第二十中学物理特级教师宋诗伟教育教学实践研讨会。会上播放“学生和老师眼中的宋老师”视频，研讨宋诗伟“求真于物 育人以理”的物理教育理念和“教师是学生发展潜能的激发者、学生思想品行的引领者、学生人格价值的重塑者”教育感悟。各中学教学工作主管校长，区名师工作站物理学科学员教师、德育学科专家、全区物理教师、外省市、北京市各区物理教师参会。活动通过海淀云课堂直播平台进行同步直播。宋诗伟，北京市特级教师、二十中学高中物理教师、海淀区高中物理教研基地校首席教师，海淀区名师工作站物理学科负责人。

（宋亚甫）

【学生体质健康“三精准”测试】 10 月 27 日至 11 月 10 日，区教委联合北京师范大学专家团队进行学生“三精准”① 测试工作。本次测试增加健康体适能拓展测试项目，检测和评估学生出现较多的感统失调、上肢及抓握能力弱等问题，后续对测试结果进行精准分析以及对学生体质健康进行精准干预。来自海淀区 8 所学生体质提升试点校小学 1—5 年级和初一、初二年级的 8164 名学生参加测试，包括身高、体重、BMI 指数、坐位体前屈、肺活量、仰卧起坐、1 分钟跳绳等《国家学生体质健康标准》测试项目，增加平衡能力、身体成分、握力、纵跳能力、反应速度等测试项目。测试后，专家和专业团队将对数据进行精准分析，为区级、每所学校从学校、年级、班级、体育教师和学生本人等 5 个层次，出具分析报告；专家团队将从学生和学校两个层面进行干预指导。为每名学生设计个性化“运动处方”，并结合微信小程序，呈现学生过往和实时的体测数据与状态分析，

① 精准测试、精准分析和精准干预。

10月20日，区教委在六一小学召开八里庄学区心理安全教育项目启动会（区教委供图）

及时对“运动处方”进行定期动态更新。学校整体性干预从“零点体育”、大课间活动、体育课堂教学、体育社团、课后330、寒暑假体育锻炼指导六大环节着手，帮助学校制定符合本校特点和学生实际的学生体质健康工作实施方案。

（宋亚甫）

【全民终身学习周暨职业教育周】 11月11日，北京市第十六届全民终身学习活动周暨2020年职业教育活动周开幕。本届活动周以“全民智学促治理，素质提升增效能”为主题。区教委总结2020年全民终身学习工作，包括主要做法、特色亮点，学习之星代表分享学习收获和体会，北京市信息管理学校学生进行职业技能展示。授予“圆明园廉政文化基地”等30个项目为2020年“海淀区终身学习品牌”，授予100人为2020年“海淀学习之星”；聘请15人为区教委职业教育与成人教育专家。各委办局、街镇代表，聘任专家，2020年度“学习之星”个人和“学习品牌”获奖单位代表参加。

（宋亚甫）

【全国首个高中“航空国防班”开班】 11月18日，全国首个高中“航空国防班”开班仪式在八一学校附属玉泉中学举行。北京市八一学校附属玉泉中学“航空国防班”是由北京市飞行者航空科普促进中心发起，由北京市公益领域第三联合党委支持的“中央航校—航空国防班”。该班是全国首个以高中统招为起点建立的“航空国防班”，玉泉中学36名高一学生成为高中首届“航空国防班”成员。该班在完成国家规定文化课程基础上，开展航空特色教育训练，包括航空国防教育、军事体育训练、航空知识学习、飞行技术训练等。经过三年学习，除正常高考外，对学习成绩达标、身体素质好的优秀学生，优先推荐民航、军航等大学。

（宋亚甫）

【学习心理品质调查项目】 11月19日，区教委启动中小学生学习心理品质调查项目。该项目是区教委与北京师范大学基础教育质量监测协同创新中心开展的合作项目，旨在建立中小学生心理发展数据库，客观了解全区中小学生的学习、生活状况，针对性地开展心理辅导与干预，帮助学校按需为学生提供适切的心理健康服务与支持。调查项目针对小学五、六年级学生和全体中学生124520人，结合日常观察和访谈，建立心理档案，开展分层心理服务。教育部、北师大专家、区教科院，中小学生学习心理品质调查项目组成员，区所属各中小学校长和心理教师200余人全程参加。至年底，该项目全部完成，形成1份海淀区中小学生学习心理品质调查报告，包括海淀区中小学生学习心理品质整体状况、影响中小学生学习心理品质的关键因素、需要重点关注的学生群体和学校中小学生心理健康预防与促进建议；246份中小学生学习心理品质学校反馈报告，包括学生学校心理品质整体状况、影响中小学生学习心理品质的关键因素情况及建议；246份心理健康风险人员名单，有抑郁倾向、焦虑倾向、自杀或自伤意向（重度、中度、轻度）的学生名单。

（宋亚甫）

【周曼云、邵文武教育教学实践研讨会】 12月11日，区委教工委、区教委召开周曼云、邵文武“教研创新：赋能海淀师生”教育教学实践研讨会。会上播放短片《向着光亮那方奔跑》，4名专家教授从学科、教学、研究、引领等方面，探讨“教研的力量”；周曼云以“深潜精研 做教师成长的陪伴者”为题，介绍促进“5+M+N”教师研修课程实施、提高基于标准的课程评价能力的从教经历；邵文武围绕“潜心研教 伴良师育英才”，讲述引领学生积极探索、理解数学的本质，培养学生创新能力、带领教师探索数学学科育人的经验。有关专家、领导、学校教师400人参加活动。周曼云，海淀区教师进修学校语文教研室主任、语文特级教师、“北京市中小学特级教师工作室”项目实践导师、海淀区名师工作站中学语文组导师；邵文武，海淀区教师进修学校中学数学教研员、数学教研室主任、数学特级教师、教育部“国培计划”名师领航工程海淀进校基地实践导师，北京市名师发展工程实践导师，海淀区名师工作站中学数学组导师组长。

（宋亚甫）

【汪春燕教育教学实践研讨会】 12月25日，区委教工委、区教委召开汪春燕教育教学实践研讨会。研讨会以“细心耕耘 无问西东”为主题，播放专题片《润物无声 潜心问道》，听取汪春燕《细心耕耘，无问西东》报告。她在教学中引导学生注重知识形成的思维逻辑，构建以核心概念为基础的知识体系，关注学生思维状态的外显，逐步引导学生建立地理认知的思维习惯，在地理教学中体现育人价值，在言传身教中彰显个人魅力。汪春燕，十一学校高中地理教师、北京市特级教师、中国教师教育家成长工程首批入选教师。区委教工委、区教委领导和海淀区中学主管校长，区名师工作站地理学科学员教师，全区地理教师，外省市、北京市其他区地理教师在十一学校主会场或在各分会场通过视频直播参加研讨会。

（宋亚甫）

【张尊高教育教学实践研讨会】 12月25日，区委教工委、区教委召开张尊高教育教学实践研讨会。研讨会以“以美育人 美动心灵”为题，播放短片《美动心灵》，张尊高分享美术鉴赏微课《走进富春山居图》，首都师范大学、北京教育科学研究院专家分别对张尊高教育教学经验和成果进行点评和分析。张尊高在32年教学生涯中形成的教学模式和教学体系，特别是“中国画欣赏”教学模块在课堂教学、课后拓展以及学校美术社团中取得非常好的教学效果。张尊高，北京市特级教师、八一学校美术组教研组长、海淀名师工作站美术学科导师组长、北京市教育学院卓越教师工作室成员，首都师范大学美术学院“中国好教师”行动计划卓越教师“金种子”培养项目美术学科指导专家。

（宋亚甫）

高等教育

【概况】 海淀区是全国高等院校最密集、高等教育最发达的地区。2020年，辖区有普通高等学校37所。有中共中央党校（国家行政学院）、中国人民解放军国防大学、中央社会主义学院、中央民族干部学院、中国青年政治学院5所党、政、军、团高级干部培训学府。辖区内有北京天主教神哲学院和燕京神学院。

（钟冷 郭君兮）

【动画电影《最可爱的人》完成】 年内，为纪念抗美援朝70周年，北京电影学院承担中宣部动画电影《最可爱的人》创作任务。作为“抗美援朝系列电影”中的动画影片，《最可爱的人》以真实历史为依托，聚焦国人耳熟能详的英雄战士，包括“爆破大王杨根思”“烈火永生邱少云”“全能战士黄继光”“九星战鹰王海大队”和“狙击天才杨桃芳”五个章节，以高燃热血的动画形式呈现战场上中国人民志愿军英雄的英勇无畏精神。

（毕晟）

【北京开放大学系列“智慧助老”活动】 年内，依托北京开放大学建立的北京老年开放大学开展系列“智慧助老”行动。以线上直播平台为媒介，对老年人开展智能手机等相关主题的公益讲座；开展线下教学，把智能手机培训等系列课程送进养老服务机构，推动老年人智慧生活建设，增强老年人的获得感、幸福感；开通北京老年开放大学官方微信公众号“乐龄学苑”，上传智慧生活类视频课程，内容涵盖智能手机使用的基础知识、微信使用方法、出行软件使用方法等知识。完成全市17个（16个区和燕山）分校和1个行业学院挂牌工作，初步形成全市老年开放大学系统架构。

（李玥）

【习近平给世界大学气候变化联盟学生代表回信】 1月6日，国家主席习近平给世界大学气候变化联盟的学生代表回信，对大家就关乎人类未来的问题给予的共同关切表示赞赏，期待同学们为呵护好全人类共同的地球家园积极作为。在2019年1月的世界经济论坛年会上，清华大学倡议并邀请多所世界著名高校，共商一流大学在应对全球气候变化进程中应承担的历史责任，获得积极响应。同年5月，“世界大学气候变化联盟”在清华大学成立，来自6大洲9个国家的12所高校成为创始成员，清华大学担任联盟首届主席学校，首届联盟秘书处设在清华大学。2019年11月17日至19日，世界大学气候变化联盟研究生论坛在清华大学举办，来自55所国内外高校的150余名研究生展开学术交流，研讨当今世界气候变化研究与行动的新进展、新思路和新方案。“世界大学气候变化联盟”的学生代表向习近平主席致信，汇报参加联盟活动的学习和实践收获，以及在应对气候变化、推动生态文明建设方面自觉肩负起时代责任的思考。

（钟冷 吴筱君）

【北京语言大学“一带一路”研究院成立】 1月7日，北京语言大学一带一路研究院成立并举办首届“一带一路”汉学与文化发展论坛，启动北京高校卓越青年科学家计划“一带一路汉学话语体系研究”项目。“一带一路”研究院将致力于打造以汉学家为“思想源”的智库，整合“一带一路”的中国问题研究知识资源，以非洲、拉美和中东地区作为研究基础，以俄罗斯等具有区域带动性的国家作为研究重点，以蒙古、尼泊尔、伊朗等周边国家作为首要研究对象，围绕国家文化外交战略，逐渐形成单点突破、由点及面、辐射全球的研究趋势，进一步建立和健全与重点国家地区的有关机构在学术交流、论坛会议、课题研究等方面的合作机制。

（费凡）

【北京体育大学中国冰上运动学院揭牌】 1月18日，北京体育大学中国冰上运动学院揭牌暨签约仪式举行。北京体育大学与中国滑冰协会、中国花滑协会、中国冰球协会合作共建中国冰上运动学院，贯通化培养短道、速滑、花滑、冰球等冰上运动项目专业人才。依托北体大国家冰雪运动训练科研基地，把中国冰上运动学院打造成为国家冰上后备人才培养基地、国家冰上教练员裁判员培养培训基地，搭建冰上运动项目赛事平台、国际交流平台。

（马嘉悦）

【公共艺术亮相地铁】 1月，中央民族大学美术学院师生创作的“大运河文化”“德韵清风”公共艺术亮相北京地铁7号线东延段。花庄站的公共艺术核心主题是“大运河文化”，高楼金站的核心主题是“德韵清风”。两项目由环境设计系主任何威担任项

1 月 18 日，北京体育大学中国冰上运动学院揭牌（北京体育大学 供图）

目主持人，学院院长芮法彬、教师牧婧等与研究生共同创作。

（周翊兰）

【蔡奇检查清华大学疫情防控工作】 2 月 11 日，市委书记蔡奇到清华大学检查调研新型冠状病毒肺炎疫情防控工作。蔡奇到学校东南门、新斋、法律图书馆、蓝旗营社区，详细了解校门人员出入管理、学生管理与集中住宿健康观察、线上教学及居民生活保障情况。蔡奇充分肯定清华大学“统筹全局、全员动员、科学防治、发挥优势、精准施策”的疫情防控做法，强调要坚决贯彻习近平总书记在北京市调研指导新型冠状病毒肺炎疫情防控工作时的重要讲话精神，把师生安全健康放在第一位，全力抓好校园疫情防控工作。

（吴筱君）

【六项呼吸道病毒核酸检测试剂盒被批准应用】 2 月 22 日，六项呼吸道病毒核酸检测试剂盒获国家药监局新型冠状病毒应急医疗器械审批批准，并被迅速应用于疫情防控中。由清华大学医学院程京院士团队联合四川大学华西医院、博奥生物集团有限公司共同设计开发的“六项呼吸道病毒核酸检测试剂盒（恒温扩增芯片法）”，是全球首个能在 1.5 小时内检测包括新型冠状病毒在内的六项呼吸道病毒核酸检测芯片试剂盒。

（吴筱君）

【中国政法大学原创歌曲助抗疫】 2 月 25 日，由中国政法大学学子制作的抗疫原创歌曲《远方的守望》在教育部官网发布，被新华网等多家主流媒体转发，单日点击量破百万。该歌曲时长 3 分 29 秒，献给疫情期间“共克时艰的守护者和守望者”，旨在积极传播正能量，激励大学生与国同心、与校同行，共克时艰。

（陈泉廷）

【北京国际奥林匹克学院建立】 2 月，北京国际奥林匹克学院正式被国际奥委会列入全球奥林匹克研究机构名录，成为世界上第三所由国家政府成立的国际奥林匹克学院，同时也成为北京冬奥会第一个人文知识遗产。2019 年 8 月，北京市委市政府确定依托首都体育学院建设北京国际奥林匹克学院。北京国际奥林匹克学院实施冬奥服务及奥林匹克教育行动计划。培养冰雪方向学生 700 余人，建成气膜滑冰馆，推动在校学生“人人上冰雪”。新引进顶尖冰雪人才 8 名，近 40 名教师入选冬奥组委竞赛项目官员团队。入选首批北京 2022 年冬奥会和冬残奥会培训基地，扩建全球首个奥林匹克教育博物馆，推进北京 200 所奥林匹克教育示范校和 100 所冰雪示范校开展活动近千次、受众 10 余万人，塑造双奥城市奥林匹克教育国际品牌。

（申珊）

【习近平考察新冠肺炎防控科研攻关工作】 3 月 2 日，中共中央总书记、国家主席、中央军委主席习近平在中国人民解放军军事科学院军事医学研究院（简称军事医学研究院）、清华大学医学院考察新冠肺炎防控科研攻关工作，代表党中央向奋斗在疫情防控科研攻关一线的广大科技工作者表示衷心的感谢和诚挚的问候。习近平首先到军事医学研究院，听取关于新冠肺炎疫情防控科研攻关的总体情况汇报，结合展板和实物了解疫苗和抗体研制、药物筛选、病毒致病机理研究、快速检测试剂研究和应用等进展情况；在仪器测试楼，习近平察看重大疫情应急防控药物研究室，向坚守岗位、奋力攻关的一线专家和科研人员表示亲切慰问。习近平随后到清华大学医学院考察调研，在全球健康与传染病研究中心、生物医学检测技术及仪器北京实验室，向专家详细了解创新药物研发进展情况和新型检测试剂、检测设备研发应用等情况，并观看正在进行的酶联免疫吸附试验。随后，习近平在清华大学医学院主持召开座谈会，听取科技部关于全国药品和疫苗研发工作，国家卫生健康委关于有效临床应用经验和有效诊疗方案总结推广工作的情况汇报。听取汇报后，习近平发表重要讲话，强调要把新冠肺炎防控科研攻关作为一项重大而紧迫任务，在坚持科学性、确保安全性的基础上加快研发进度，尽快攻克疫情防控的重点难点问题，为打赢疫情防控人民战争、总体战、阻击战提供强大科技支撑。丁薛祥、刘鹤、许其亮、张又侠、蔡奇、肖捷和科技部、国家卫生健康委负责人出席有关活动。

（钟泠）

【《北京学观点》被市文物局采纳】 3 月 16 日，由北京联合大学北京学研究基地报送的成果专报《北京学观点》第 5 期《北京中轴线的起源、发展与地位认识》被北京市文物局采纳。市文物局《成果采纳证明》认为，《北京中轴线的起源、发展与地位认识》研究很有深度和高度，结论很有价值，为北京中轴线申遗保护相关工作提供很好的学术支撑和工作参考。

（原迪）

【大学抗击新冠疫情特别工作会议】 3月26日，由亚洲大学联盟主办的大学抗击新冠疫情特别工作会议在清华大学举行。会议贯彻落实中国国家主席习近平在二十国集团（G20）应对新冠肺炎特别峰会上重要讲话精神，进一步加强海内外高校间疫情防控交流，深化教育科研合作。亚洲大学联盟主席、清华大学校长邱勇出席会议并致辞，来自12个国家和地区的14所大学校长或防控疫情委员会主席在线参加会议。会上，邱勇分享疫情发生以来清华大学采取的一系列举措和成效，宣布设立春风基金国际科研项目支持计划，鼓励和支持开展疫情相关的国际联合研究。泰国朱拉隆功大学、香港科技大学、新加坡国立大学、哈萨克斯坦纳扎尔巴耶夫大学、印度尼西亚大学、瑞士日内瓦大学代表发言，分享各高校疫情防控、在线教育、科研创新等方面的经验做法，表达加强务实合作、携手打赢疫情阻击战的强烈意愿。

（吴筱君）

【抗新冠病毒的单克隆抗体成功分离】 3月30日、5月26日，由清华大学医学院教授张林琦、生命学院教授王新泉、深圳市第三人民医院教授张政团队合作研发成果在《自然》杂志在线发表。研发团队成功分离出200多株抗新冠病毒的单克隆抗体及其编码基因，揭示受体ACE2特异性介导新冠病毒细胞侵染的结构基础，为治疗性抗体药物开发以及疫苗的设计奠定坚实的基础。

（吴筱君）

【北京信息科技大学抗"疫"视频火遍全网】 3月，由北京信息科技大学通信学院1604班徐云岫聚焦"为何大学生还不能返校""为何发放消费券"等社会热点话题，应用可视化编程数据模型制作2个视频，被《人民日报》《光明日报》《中国教育报》、央视新闻、新闻联播等央媒，多省教育厅及多所高校官方平台报道和转载，均获得过亿点击量。

（孙旭）

【清华大学成立国家治理与全球治理研究院】 4月3日，清华大学国家治理与全球治理研究院成立大会暨国家高端智库2020年工作会议召开。作为学校承接国家高端智库建设的平台，清华大学将研究院建设成为能够代表清华水平的高端智库，在国家治理与全球治理方面发出更多清华声音、作出清华贡献。

（吴筱君）

【"新冠肺炎疫情全球大流行与我国生物安全体系建设"专题政策研讨会】 4月15日，国际关系学院主办的"新冠肺炎疫情全球大流行与我国生物安全体系建设"专题研讨会在京召开。中央和北京市有关部门、各高等院校的专家学者参加会议。与会专家学者围绕"生物安全体系的构建及其在国家安全体系中的地位"和"疫情世界大流行对全球治理体系变动的深刻影响"展开讨论。会议正式推出国际关系学院编写的《国家安全教育》（中小学版）系列教材（修订版），并首次发布国际关系学院教授刘跃进《刘跃进国家安全文集（上册）》。

（任婉君）

【北京语言大学启动"国际仓颉在线——全球中文信息共享云平台"】 4月19日，北京语言大学在线举办"疫情下的世界汉学发展与中文传播"国际人文论坛，来自35个国家的专家学者和留学生参加。论坛上首发《战"疫"，我在中国》（英文版），同时启动"国际仓颉在线——全球中文信息共享云平台"，面向北京语言大学20万名海外校友和140余国留学生及汉学家发布"国际仓颉计划倡议"，推动世界范围内中国故事本土讲述，向全球97国的700名汉学家和140个国家的5000名北语留学生分别赠送10册中外文防疫书籍。

（贵凡）

【"全球大学特别对话：新冠疫情下的大学在线教育及展望"会议】 4月24日，清华大学与联合国教科文组织联合举办线上"全球大学特别对话：新冠疫情下的大学在线教育及展望"会议。清华大学校长邱勇与耶鲁大学、剑桥大学、帝国理工学院、米兰理工大学、多伦多大学、早稻田大学、澳大利亚国立大学、智利大学、内罗毕大学、麻省理工学院等来自6大洲、15个国家、21所大学校长、副校长和专家学者，以及联合国教科文组织代表相聚"云端"，共商全球疫情蔓延下的在线教育挑战与变革，共谋交流合作新发展。会上发布《清华大学疫情期间在线教育阶段性研究报告》。近百位联合国教科文组织全球代表处官员、国内外专家学者以及媒体代表旁听会议。

（吴筱君）

【大学生心理健康月活动】 4月，由教育部思政司主办，市委教工委、北京师范大学共同承办的大学生心理健康日活动启动。活动以"聚力同心，战疫同行"为主题，各地各高校按照组织"一次专题辅导报告""一次关爱谈心帮扶""一次网络专题推送"和"一次在线集中会诊"的专项活动要求，通过云课堂、直播平台等方式，组织专题辅导报告、开展谈心谈话、专题推送和集中展示心理健康知识、组织专家交流分享预防干预措施，全过程、全方位为学生提供心理指导服务。5月25日，大学生心理健康教育月（简称心理健康月）线上集中会诊暨总结交流会在北京师范大学举行。会议交流展示心理健康月活动的成果，总结疫情发生以来各地各高校心理健康教育工作取得的进展和成效，对常态化疫情防控形势下进一步发挥队伍作用、加强心理健康教育，提出工作要求、进行工作部署。

（申政）

【北京体育大学推出强体助肺健身术】 4月，推出《新冠肺炎出院患者运动康复指南》《诊间健身操》和视频《强体助肺健身术》，在湖北疫区推广。《强体助肺健身术》被翻译成英、法、德、西班牙等多国语言。《新冠肺炎出院患者运动康复指南》在循证实践和前期病例研究基础上，对新冠肺炎的临床特征和出院患者主要功能障碍、功能评估方法、运动康复方法以及特殊患者的注意事项等方面问题进行详尽清晰的介绍和说明，具有很强的科学性、针对性和实用性，得到国内外心肺康复领域专家的高度评价。《强体助肺健身术》由中国武术学院博士生导师、教授胡晓飞创作，针对各种肺炎的发病原因及特点，汲取八段锦、五禽戏、马王堆导引术等古代导引精华，结合现代有氧运动理论，应用中医“君臣佐使”组方思路创编而成。

（马嘉悦）

【中国—东盟高校医学联盟抗疫经验分享视频交流会】 5月19日，由中国—东盟中心、北京大学和泰国玛希隆大学共同主办的中国—东盟高校医学联盟抗疫经验分享视频交流会在北京大学举行。此次交流会的主题为“新冠肺炎的诊疗、救治和预防控制”。中国教育部国际合作与交流司副司长方军，中国—东盟中心秘书长陈德海，北京大学常务副校长、医学部主任、联盟中方主席詹启敏，泰国玛希隆大学诗里拉医院/医学院院长、联盟东盟方主席 Prasit Watanapa 通过视频连线出席开幕式并致辞。来自联盟中方18所院校、东盟方22所院校参会。各国医学专家结合抗疫相关问题进行深入交流，希望中国、东盟能就疫情诊疗与防控、疫苗和药物研发以及人才培养等课题继续开展交流，进一步促进合作抗疫，为维护本地区乃至世界公共卫生安全作出更大的贡献。

（徐聪颖）

【“北航4号”临近空间火箭动力飞行器发射】 5月27日，北京航空航天大学学生大型综合项目“北航4号”临近空间火箭动力飞行器成功发射。“北航4号”临近空间火箭动力飞行器全长8.7米，重约1300千克，由固体动力助推器和固液动力巡航主级组成。其中，固体助推火箭发动机推力约150千牛，工作时间8.2秒；固液巡航火箭发动机采用98%过氧化氢H_2O_2/端羟基聚丁二烯推进剂组合，最大推力约3千牛，推力调节能力3：1，工作时间大于200秒。飞控采用GPS/北斗双模光纤惯导系统，实现有控巡航飞行。此次飞行主要完成有动力临近空间飞行的演示验证，平飞高度24千米，平飞速度3Ma，飞行距离近200千米。此次飞行试验成功验证长时间变推力固液火箭发动机技术和大空域、宽速域火箭动力飞行器总体设计、导航制导与飞行控制技术，可应用于临近空间大气参数测量、对地观测和空中数据快速传输，未来可发展成为低成本/快速响应小型运载火箭等新型火箭动力飞行器。

（朴悦嘉）

【“一带一路”发展：机遇与挑战研讨会暨中国人民大学国家发展与战略研究院“一带一路”国别系列智库丛书发布会举办】 5月28日，“一带一路”发展：机遇与挑战研讨会暨中国人民大学国家发展与战略研究院“一带一路”国别系列智库丛书发布会举办。来自政商学界的各领域专家围绕国际关系、能源安全、经贸合作、人文交流、海外安全等议题展开讨论，各抒己见，为“一带一路”高质量发展贡献智慧和方案。

（吕鹏军）

5月27日，北京航空航天大学“北航4号”临近空间火箭动力飞行器成功发射（北京航空航天大学 供图）

【北京邮电大学—中国移动研究院联合创新中心揭牌】 5月30日，北京邮电大学与中国移动研究院联合建设的北京邮电大学—中国移动研究院联合创新中心（简称联合创新中心）在北京邮电大学正式揭牌成立，同时举办首届移动通信学术前沿论坛。联合创新中心将通过科技创新与业态创新相结合，提高科技创新支撑能力，增强经济发展新动能，提升北京邮电大学的原始创新和技术供给能力，优化中国移动的差异化创新资源配置能力，统筹推进基础研究、应用基础研究、技术创新、成果转化和高新技术产业化一体化实施、全链条发展。

（王学飞）

【北京地质大学47支队伍获MCM/ICM奖项】 5月，2020年美国大学生数学建模竞赛（MCM/ICM）成绩揭晓，北京地质大学3支队伍获得特等奖提名奖、6支队伍获得一等奖、38支队伍获得二等奖。参与方式为三名学生为一组，在四天时间内，就指定的问题完成从建立模型、求解、验证到英文论文撰写的全部工作。本届大赛共有来自中国、美国、英国等国家和地区的千余所高校的20956支队伍参加，共评出特等奖37项、特等奖提名414项。

（李媛媛）

【北京林业大学与联合国粮食与农业组织签署合作备忘录】 6月3日，北京林业大学与联合国粮食与农业组织（简称联合国粮农组织）签署合作备忘录，正式建立合作伙伴关系。合作备忘录旨在为北林大与联合国粮农组织开展森林与生态保护领域的全方位合作提供框架基础，合作内容涉及森林健康、森林入侵生物防治、古树复壮、森林防火、森林生态恢复等。合作形式包括共建“联合国粮农组织——北京林业大学森林健康与保护能力建设与技术推广中心”，推荐学校师生赴联合国粮农组织任职或实习，通过举办国际会议、研讨会、培训班等进行专业学术交流，共同开展森林健康与保护专业技术推广等。

（焦隆）

【蔡奇检查高校返校复课后疫情防控工作】 6月5日，市委书记蔡奇检查高校返校复课后疫情防控工作，并在中国人民大学主持召开市委教育工作领导小组会议。蔡奇强调，常态化疫情防控要压实责任，保障广大师生健康和校园安全稳定；要把高校思想政治工作同疫情防控结合起来，讲好抗疫故事，进一步筑牢思想阵地，不断提高首都高校思想政治工作水平；加强北京高校思政课高精尖创新中心等平台建设，用党的最新理论成果丰富思政教学；坚持用习近平新时代中国特色社会主义思想武装头脑，把党领导抗疫斗争中付出的艰苦卓绝努力、取得的重大战略成果作为生动教材；充分挖掘学校思想政治教育资源，使各类课程与思政课同向同行、形成协同效应。

（张珊）

【世界首个超高压柔直电网工程】 6月9日，世界首个超高压柔性直流电网工程人工短路试验中，清华大学与北京电力设备总厂联合研制的2台超高压535kV直流断路器圆满完成规定操作，在3ms内完成故障电流开断，之后成功实现重合闸，标志着技术指标国际最高的535kV/25kA/3ms直流断路器满足工程应用要求，为“张北可再生能源柔性直流电网试验示范工程”的正式投运奠定扎实基础。

（吴筱君）

【“五四运动的历史意义和时代价值研究”开题】 6月10日，中宣部“马克思主义理论研究和建设工程”重大项目暨国家社科基金重大委托项目“五四运动的历史意义和时代价值研究”开题论证会在中国青年政治学院召开。会议围绕习近平总书记在十九届中央政治局第十四次集体学习时的重要讲话精神和在纪念五四运动100周年大会上的重要讲话精神，强调要让研究工作更有利于新时代中国青年牢记五四运动、传承五四精神；要重点突出对新时代青年的思想政治引领，引导青年坚定理想信念，坚定跟党走中国特色社会主义道路的决心和信心；要紧扣学习宣传贯彻习近平新时代中国特色社会主义思想主线，把握增强青年理论武装工作的实效性，力争取得更多高质量研究成果。

（李成）

6月9日，清华大学团队进行世界首个超高压柔性直流电网工程人工短路试验（清华大学 供图）

【在线教育数据安全与个人隐私保护研讨会】 6月18日，“在线教育数据安全与个人隐私保护”国际网络研讨会召开。研讨会由联合国教科文组织教育信息技术研究所、农村教育研究与培训中心、阿拉伯教科文组织、北京师范大学智慧学习研究院、国际智慧学习环境协会联合召开，网龙旗下在线社区Edmodo为研讨会提供支持。会上发布《在线学习中的个人数据和隐私保护手册》《在线教育平台的个人数据技术安全指南》。

（申政）

【2020年全球抗疫复工劳动关系系列讲座】 6月26日至9月22日，由中国劳动关系学院主办、中国人力资源开发研究会劳动关系分会协办的主题为“2020全球抗疫复工劳动关系系列讲座”共计举办8次，依托腾讯会议平台进行现场直播。系列讲座分12场举行，邀请来自不同国家和地区的12位专家学者参与主讲，系列讲座吸引包括本院及中国人力资源开发研究会劳动关系分会所属高校的师生、政劳资三方的官员和研究人员、中国劳动和社会保障科学研究院研究人员等共计1800余人次在线参与和交流，平均每场讲座在线人数约150余人，最高达350余人。

（周敏）

【北京工商大学国家环境保护食品链污染防治重点实验室获批】 6月30日，生态环境部批准以北京工商大学为依托单位，建设国家环境保护食品链污染防治重点实验室。该重点实验室的主要任务是面向国家生态环境精细化管理需求，开展污染物在食品链中的赋存特征和迁移转化规律、食品生产与加工过程污染物的排放特征和环境风险、食品链污染控制和综合治理关键技术、食品链全过程污染防治策略与智能化管控平台研究，提高中国食品链污染控制和综合治理及智能化管理水平。

（杨蓉　张凯伟）

【北京交通大学詹天佑未来技术学院成立】 7月，北京交通大学成立北京交通大学詹天佑未来技术学院。学院实施八年一贯制本研连读的“3+5”培养模式，以“为国选才育才”为宗旨，旨在选拔一批有志向、有兴趣、有天赋的青年学生开展未来科学家和未来技术领军人才的培养。学院全面落实导师制，形成全人培养、全面成才模式，强化科教融合和跨学科交叉培养，注重国际交流能力和全面素质培养。首届共选拔312名优秀学子进入詹天佑学院学习。

（高杰）

【全国人大法工委设立“立法联系点”】 8月3日，全国人大常委会法制工作委员会立法联系点启动会在中国政法大学学院路校区召开。全国人大常委会委员、全国人大常委会法工委主任沈春耀为中国政法大学颁授“全国人大常委会法工委立法联系点”标志牌，这是全国高校中唯一的立法联系点。立法联系点的设立是中国政法大学与全国人大常委会法工委合作的一个重要纽带，是中国政法大学全面服务国家立法、参与国家立法、推进国家立法工作的重要平台。

（陈泉廷）

【中俄科技创新年开幕】 8月26日，由科技部主办、清华大学俄罗斯研究院承办的中俄科技创新年开幕式通过视频连线方式举行。国家主席习近平和俄罗斯总统普京分别致信祝贺中俄科技创新年开幕。国务院副总理孙春兰与俄罗斯副总理戈利科娃共同出席开幕式活动。清华大学校长邱勇与圣彼得堡国立大学校长代表、第一副校长切尔诺娃通过视频连线的形式签署协议，双方将在专业化、多样化俄语创新人才的联合培养方面展开合作。

（吴筱君）

【“超越意识形态差异，共建人类命运共同体”国际高端智库云端论坛】 8月31日，“超越意识形态差异，共建人类命运共同体”国际高端智库云端论坛举办。论坛指导单位为“一带一路”智库合作联盟，由中联部当代世界研究中心和中国人民大学重阳金融研究院共同主办，以网络视频连线形式召开。来自20多个国家的30多位政要和智库学者围绕“消除意识形态偏见，共同应对全球性危机”“合作共赢是中美两国相处的正确选择”进行深度交流。论坛发布全球百家智库的《关于加强国际合作、推动构建人类命运共同体的共同倡议》，体现国内外专家学者对超越意识形态分歧、维护中美关系稳定、加强国际交流合作、推动构建人类命运共同体的期待。

（楚艳红）

【北京理工大学建校80周年纪念活动】 9月19日，北京理工大学建校80周年纪念大会举行。党和国家有关领导人对学校工作作出批示，工信部、北京市主要领导到校看望慰问师生代表。校庆期间，举行“红色育人路”高等教育论坛、“挑战与机遇——世界格局变化中的高等教育”大学校长论坛、卓越大学联盟第十一次校长联席会、“光荣与梦想”建校80周年纪念晚会、国防文化主题广场落成仪式等系列活动。挖掘校庆文化内涵，高度凝练党创办和领导中国特色高等教育的“红色育人路”等成功办学经验，凝练总结出“北京理工大学精神”，举办建校80周年成就展，出版《北京理工大学志（第三卷）》，创作《精工》《盛典》《回家》等一批校庆文化作品。完成校史数字化、口述史采集、学科专业史编纂等“三大校史工程”，建成3700余平方米的国防文化主题广场。

（岳鹏）

【“一带一路”科技与经济合作联合培训中心揭牌】 9月25日，北京工商大学—经济合作组织科学基金会（BTBU—ECOSF）“一带一路”科技与经济合作联合培训中心揭牌，并为专家代表颁发聘书。中国科协书记处书记宋军、北京工商大学党委书记黄先开、经济合作组织科学基金会主席曼佐•侯赛因•索默洛、巴基斯坦驻华大使馆科技参赞阿塔•拉赫曼、中国科协国际联路部副部长王庆林出席揭牌仪式。宋军在发言中表示，期望以北京工商大学联合培训中心为代表的国际科技合作平台在未来的建设中，深入了解“一带一路”国家科技合作的需求，推动“一带一路”产学研一体化发展，积累“一带一路”高质量发展的合作经验。索默洛在发言中指出，联合培训中心将成为国际“南南合作”的典范，有助于中国与经济合作组织成员国基于优势互补，实现快速、包容、可持续的增长。

（杨蓉　张凯伟）

【北京交通运输职业学院6个项目入选“特高”实训基地建设名单】 9月28日，北京市教委、市人力社保局公布第二批51个北京市职业院校特色高水平实训基地建设名单，北京交通运输职业学院申报的3个工程师学院[首发公路、庞贝捷（PPG）汽车涂装和京港地铁城市轨道交通工程师学院]、3个技术技能大师工作室（张术华高速公路智能运维、阚有波汽车技术和周绪利道路桥梁工程大师工作室）入选。项目建设周期三年，每年将组织绩效评估和检查验收。

（赵蕊）

【高校“资源环境扶贫联盟”成立】 9月30日，高校“资源环境扶贫联盟”成立大会暨生态扶贫主题研讨会在中国地质大学（北京）举行。联盟由中国地质大学（北京）与北京科技大学、中国矿业大学（北京）、中国石油大学（北京）、东北大学、华东理工大学、中国矿业大学、河海大学、中国地质大学（武汉）、青海大学共10所高校共同发起成立。以“平等、共享、发展、互补”为原则，开展高校组团式的扶贫协作模式，以自然资源开发利用和生态环境保护助力脱贫攻坚，着力提高脱贫攻坚质量，提升贫困地区人民的幸福感、安全感和获得感。积极推进生态产业化、产业生态化，在保护中实现绿色转型发展，促进生态建设与经济发展良性循环，支持创建一批绿水青山就是金山银山的典型项目。大会审议通过《高校资源环境扶贫联盟章程》，通过联盟理事长、副理事长、秘书长名单。

（李媛媛）

【北京大学团队发现新冠传播机制】 9月，由北京大学环境科学与工程学院要茂盛教授团队与北京市朝阳疾病预防控制中心合作完成的研究成果，以“COVID-19 patients in earlier stages exhaled millions of SARS-CoV-2 per hour”为题在线发表（Advance Articles）在美国传染病学会的核心期刊 Clinical Infectious Diseases（IF：9.055）杂志上。该研究成果利用北大团队发明的呼出气采集方法以及RT-PCR（核酸扩增）技术，发现早期新冠患者通过呼吸排放的新冠病毒量高达每小时几百万个。团队研究发现新冠患者呼出气的新冠病毒阳性率高达约27%（总样本量n=52），而新冠患者所处环境相关物体表面的阳性率只有5.4%（总样本量n=242）。该研究揭示气溶胶传播扩散新冠病毒的事实，为更好阻断空气传播、防控新冠病毒感染提供重要的科学依据，也为利用呼出气结合生物传感开展现场无创快速新冠肺炎患者（包括处于潜伏期的和无症状的感染者）筛查提供新的技术思路。

（刘鹏）

【入选国家首批“基础学科拔尖学生培养计划2.0基地”】 9月，中央财经大学“数字经济时代经济学拔尖学生培养基地”入选国家首批基础学科拔尖学生培养计划2.0基地。中央财经大学《拔尖学生培养2.0版工作方案》确立跨学科优势培养拔尖人才的思路与机制，强调打破学科专业界限，促进新兴学科专业与优势学科专业之间的交叉融合，试点跨学科教师合作与人才培养模式，培养以基础研究为导向的高层次学术人才。

（王卉乔）

【国内首部《体育旅游绿皮书》出版发行】 10月7日，由北京体育大学组织编写的《中国体育旅游发展报告2019—2020》(《体育旅游绿皮书》)

11月17日，“首都当代中国马克思主义论坛·2020”举办（中国人民大学 供图）

出版发行。该报告由北京体育大学中国体育战略研究院研创，研究团队以北京体育大学体育（奥运）旅游研究学科团队为核心，以北京体育大学与联通大数据公司共建的“体育（奥运）旅游大数据实验室”为平台，聚合上海体育学院、首都体育学院、复星文旅、联通大数据等国内相关院校与机构专家共同组成。作为中国首部体育旅游绿皮书，该报告提出中国体育旅游的发展环境持续优化，认为中国体育旅游的发展质量不断提升，指出中国体育旅游将迎来更广阔的发展空间。

（马嘉悦）

【《身体运动功能训练》被认定为国家级一流本科课程】 10月30日，教育部公示首批国家级一流本科课程认定结果，首都体育学院体育教育训练学院尹军教授教学团队的《身体运动功能训练》课程被认定为首批国家级线上一流课程。本次认定首批国家级线上一流课程共717门，其中体育类线上一流课程共11门。

（申珊）

【托育服务发展论坛】 10月31日至11月1日，北京师范大学第二届托育服务发展论坛举办。本次论坛以“新托育·新希望”为主题，分为1个主论坛和6个分论坛，国家和地方相关部门领导、高校和医疗卫生领域的专家学者、托育行业机构负责人等400余位嘉宾参加现场活动，来自30个省、市、自治区的700余人参加线上论坛直播。分论坛分别从托育服务政策解读与实践、托育服务行业标准与质量评估、家庭养育指导与婴幼儿照护公益服务、婴幼儿发展特点与规律、婴幼儿照护服务人才队伍的建设与培养、后疫情时代托育机构的运营管理等方面展开。与会嘉宾从政策、学者和行业机构等不同视角，就如何更好促进婴幼儿照护事业健康发展开展圆桌、在线互动交流。

（申政）

【北京市学分银行启动】 11月11日，在北京市第十六届全民终身学习活动周暨2020年职业教育活动周开幕式上，市教委和北京开放大学共同启动北京市学分银行，18家学分银行管理分中心和19家学分银行联盟成员单位获授牌。北京市学分银行建设按照“统一规划、试点先行、分期推进”的原则开展，北京市学分银行管理中心设在北京开放大学，负责学分银行的建设、运行和管理等日常工作；学分银行管理分中心依托各区开放大学分校设立，负责区域内学分银行的运行和管理工作；学分银行联盟成员单位由高等学校、中等职业学校、成人院校、行业企业等单位组成，共同倡导资源共享、课程互选、学分互认，主要负责为本单位学习者办理业务。

（李玥）

【北京信息科技大学全国高校机器人竞赛获奖指数第一】 11月14日，中国高等教育学会工程教育专业委员会联合浙江大学机器人研究院发布“全国高校机器人竞赛指数2020版（本科）”，北京信息科技大学机器人创新竞赛项目共获255项奖项，在参加机器人竞赛的546所本科高校中排名第一。

（孙旭）

【陈吉宁到北京大学宣讲调研】 11月17日，市委副书记、市长陈吉宁到北京大学调研，与师生举行座谈，宣讲党的十九届五中全会精神。陈吉宁到北京大学碳基电子学研究中心、大数据分析与应用技术国家工程实验室考察。在英杰交流中心为师生宣讲党的十九届五中全会精神。陈吉宁希望北京大学坚持以习近平总书记关于教育和青年人成长的重要论述为指导，深入落实中央对教育工作的重要部署，奋发有为推动高等教育内涵式发展、高质量发展，为我国现代化建设培养造就更多高素质优秀人才。市政府秘书长、办公厅主任靳伟等随同调研并出席座谈会。北京大学领导班子成员，各院系、职能部门负责人出席座谈会。

（刘鹏）

【“首都当代中国马克思主义论坛·2020”举办】 11月17日，北京市委宣传部、北京市习近平新时代中国特色社会主义思想研究中心、北京市中国特色社会主义理论体系研究中心、北京市社会科学界联合会等主办的“首都当代中国马克思主义论坛·2020”在中国人民大学举办。主题为“21世纪马克思主义的理论创新与时代价值”。首都当代中国马克思主义论坛是首都党的创新理论研究领域的高层次论坛，论坛的前身是2006年创办的马克思主义中国化论坛，到2020年已是第15届。

（徐筱婧）

【《清华大学藏战国竹简（拾）》成果发布】 11月20日，《清华大学藏战国竹简（拾）》成果发布会在清华大学举行。《清华大学藏战国竹简（拾）》共收录竹简五种八篇，包括《四告》《四时》《司岁》《行称》与《病方》，皆为前所未见的佚文。清华简整理报告发布会以直播方式举行，海内外著名学者通过“学堂在线”平台观看发布会。

（吴筱君）

【中国农业大学学生获国际遗传工程机器大赛金牌】 11月22日，中国农业大学本科生代表队在2020年国际遗传工程机器大赛中获得金牌。全球超过40个国家和地区的249支代表队参加大赛，其中中国队伍116支（本科生组、研究生组和高中组）。中国农业大学获奖团队主要解决针对蝗虫农业灾害设计基于RNAi技术的生物农药。《国际遗传工程机器大赛iGEM》由美国麻省理工学院（MIT）于2003年创办，已发展成合成生物学领域的国际顶级大学生科技赛事。

（孙桂凤）

【首届国际中文教育发展智库论坛暨国际中文教育发展智库联合体揭牌仪式举行】 11月22日，首届国际中文教育发展智库论坛暨国际中文教育发展智库联合体揭牌仪式在北京语言大学举行。本次论坛的主题为“大变局背景下国际中文教育发展战略、路径与趋势”，就大变局背景下国际中文教育的发展提出新的观念、路径和思路。国际中文教育发展智库联合体协作机制的形成将进一步激发国际中文教育领域专家学者开展智库研究的积极性，开展更多的国际中文教育事业研究，更好地服务中文教育事业和中华文化走出去。

（费凡）

【北京邮电大学成立应急管理学院】 11月27日，北京邮电大学应急管理学院揭牌成立。北京邮电大学应急管理学院建设“信息科技＋公共管理”的特色新文科，推动“工文融合、学科交叉”，为国家应急管理体系与应急能力现代化提供人力资源保障与科学技术支撑，为加强数字社会、数字政府建设，提升公共服务、社会治理等数字化智能化水平服务。

（王学飞）

【习近平法治思想研究中心成立】 11月29日，中国人民大学习近平新时代中国特色社会主义思想研究院习近平法治思想研究中心成立。中心是综合性全国重点大学中成立的第一家习近平法治思想研究中心，全面、系统、深入开展习近平法治思想的研究、阐释和宣介，对习近平法治思想进行原本性、理论性、实践性、传播性、政策性和专题性研究。

（张珊）

【首届世界慕课大会】 12月9日至11日，清华大学与联合国教科文组织教育信息技术研究所联合主办的世界慕课大会在京举行。教育部党组书记、部长陈宝生出席并作主旨报告，联合国教科文组织助理总干事斯蒂芬妮亚·贾尼尼，世界慕课联盟创始主席、清华大学校长邱勇，经济合作与

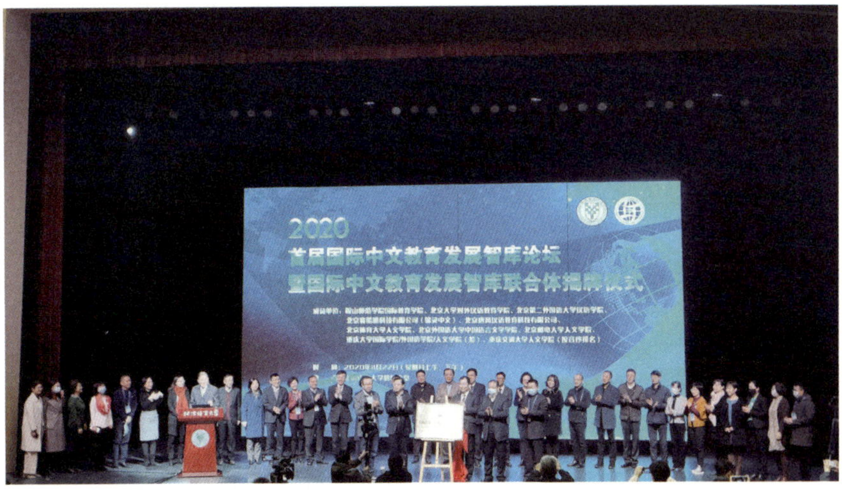

11月22日，首届国际中文教育发展智库论坛暨国际中文教育发展智库联合体揭牌（北京语言大学 供图）

发展组织教育技能司司长安德烈亚斯•施莱歇尔致辞。清华大学党委书记、校务委员会主任陈旭出席主会议。来自全球2000余家国际组织、政府机构、高校和在线教育机构的代表和嘉宾，以线上线下融合的方式参加大会。11日，世界慕课联盟正式成立，《慕课发展北京宣言》同期发布。来自六大洲14个国家的17所大学与3家在线教育机构共同创立世界慕课联盟，联盟秘书处设在清华大学，清华大学担任联盟首届主席单位。

（吴筱君）

【应急管理部国家安全科学与工程研究院挂牌】 12月30日，由应急管理部、教育部共同支持建设，依托中国安全生产科学研究院和中国矿业大学（北京）联合建设的应急管理部国家安全科学与工程研究院挂牌成立。研究院以解决重大科技和行业共性关键技术难题为导向，聚焦国家重大战略需求，围绕国际科学前沿，真正实现开放创新、优势科研资源融合，提高应急管理自主创新能力，打造安全科学与工程领域的高端智库、科技研发基地、创新团队培育基地、高端人才培养基地。

（杨恬）

【海淀辖区普通高等学校名单】 2020年，海淀辖区有普通高等学校37所（校区），其中本科普通高校33所，专科普通高校4所。

本科普通高校（校区）：

1. 北京大学
2. 清华大学
3. 中国人民大学中关村校区
4. 北京师范大学北京校区海淀校园
5. 北京航空航天大学学院路校区
6. 北京理工大学中关村校区、西山校区
7. 中国农业大学
8. 中央民族大学
9. 中央财经大学学院南路校区
10. 中国矿业大学（北京）学院路校区
11. 中国地质大学（北京）
12. 国际关系学院
13. 北京外国语大学
14. 北京交通大学本部
15. 北京科技大学海淀校区
16. 北京邮电大学西土城路校区
17. 中国政治学院
18. 北京林业大学
19. 北京语言大学
20. 北京体育大学
21. 中国劳动关系学院北京校区
22. 北京舞蹈学院
23. 北京信息科技大学小营校区、清河校区
24. 首都师范大学本部、北校区、东校区
25. 北京电影学院
26. 首都体育学院
27. 北京工商大学阜成路校区
28. 北京城市学院中关村校区、航天城校区
29. 中国政法大学
30. 中国科学院大学中关村校区
31. 北京化工大学西校区
32. 北京联合大学应用文理学院
33. 北京开放大学

专科普通学校：

1. 北京培黎职业学院
2. 北京艺术传媒职业学院
3. 北京交通运输职业学院海淀校区
4. 北京农业职业学院北校区

（林琳）

职业教育和继续教育

【海淀区职业学校】 北京市海淀区职业学校（简称职业学校）是全国重点就业训练中心，有3个校区，占地面积45746平方米，建筑面积14840平方米。中关村北大街47号校区，主要进行中等专业学历教育，2020年招生143名；61名中专学生毕业，全部就业。北四环中路275号校区，主要进行各种职业技能培训，涵盖城镇下岗失业人员、农村富余劳动力、残疾人和官兵人才技能提升、特种作业、社会职业技能、社区居民素质提升、农民职业技能提升等培训。知春东里15号楼校区，主要承担区财政局委托的会计考试相关工作、区属企业和对社会财会人员专业技术职称考前培训和财会人员的继续教育培训。职业学校全年完成各种政策性培训和社会职业技能培训5530人，完成财政局、安监局及其他社会考试4566人次。学校全体党员干部到三个“双联系”对接社区，开展疫情防控值守工作172天1099人次。

（张凌）

【中关村学院】 2020年，中关村学院（海淀区职工大学、北京市海淀区文明市民学校、北京开放大学海淀分校）修订完善2020版《歌舞表演》《会计》《计算机应用技术》（脱产和业余）、《学前教育》（脱产和业余）、《健康管理》《酒店管理》《空中乘务》《旅游管理》《美术》《软件技术》《商务管理》《数字媒体艺术》《物业管理》《艺术设计》共16个专业人才培养方案，形成一套规范课堂教学的指导性文件。将“北京市高精尖产业技能提升培训”信息公开化、培训项目目录化，研发高精尖产业技能线上课程并进行推广；研发《3D智造》《创意动画》《人工智能》《智慧生活》《梦想飞行家》等中小学STEAM线上系列课程。研发初中开放性科学实践线上课程，持续推进送课到校等授课新形态，对海淀区中小学生开展科技实践教育培训。面向全国中小学生开展一日研学主题活动，包含科技主题、文化主题、红色教育等主题，提升中小学生创新能力和创业意识。北部新区专业技能培训项目培训175人；开展76场以体验为主的社区教育课程，包括西式烘焙、中式面点、绿植养护、手工制作、老北京特色小吃等，1828人次体验。完成2020年海淀区中小学“十三五”期间教学辅助岗位教师“人文与艺术素养提升”培训，设书法、国画、篆刻、声乐、西点、厨艺6个专题、8个班次，262人参加培训。艺术培训中心完成艺术节系列课程培训，共培训市民16843人次。海淀区党支部书记学院完成12期基层党支部书记培训工作。北京开放大学海淀分校获海淀区老年开放大学授牌，成为北京市学分银行管理分中心。

（卞爱美）

【海淀区党支部书记学院】 年内，依托中关村学院设立的海淀区党支部书记学院完成12期（第12期至23期）党支部书记培训班，每期四天，来自区直属机关、街镇组织系统、国资委系统、卫健委系统、政法委系统、教工委系统基层党支部书记及党务干部共932人参加培训。教学内容包括党支部的性质任务、党支部党员大会专题、党小组会专题、党课专题等13个模块。

（卞爱美）

【中关村学院混合式教学改革】 年内，中关村学院有57位教师通过中关村学院在线教学平台开展线上教学，进行混合式教学工作。在线教学综合平台共上线课程138门，上传资源7363个，其中自录视频资源4013个，1253名学生参加教学平台线上课程学习，学生登录平台次数达72022人次；教师在线评阅作业16680次，在线评阅试卷3221份，平台进行8次改版更新。中关村学院于2017年启动混合式教学改革，以“为学生自主学习服务”为出发点，开展各种线上教学活动，通过外出调研、购置平台、出台相关指导文件、专家讲座指导和教师系列培训等措施，推进学院线上线下混合式教学改革。

（卞爱美）

【文明市民学校校长培训项目】 11月3日至6日，中关村学院举办海淀区文明市民学校校长线上直播培训，218名校长参加培训。培训内容有《抖音制作》《公文写作技巧》《国学智慧与领导韬略》等课程。

（卞爱美）

【中关村电竞学院揭牌】 11月8日，海淀文旅集团与中关村学院、中关村电竞产业协会签署战略合作协议，中关村电竞学院在中关村学院正式揭牌。三方建立战略合作伙伴关系，在电竞教育和电竞培训等方面展开深入合作，推进课程研发、加速项目落地、深化教育服务。中关村电竞学院是由市教委业务指导，区政府创办举办并管理，经教育部注册独立设置的成人高等教育学校，将开展电竞专业相关学历和非学历教育，开设游戏开发、电竞运营、电竞直播、电竞解说等专业，并逐步开发新专业、拓展教育范围和规模。

（卞爱美　钟冷）

民办教育

【概况】 2020年，海淀区教委督促、检查各民办教育学校和校外培训机构落实疫情防控责任，校外培训机构确保在延期开学期间“零开课”。引导培训机构签订主动退费承诺，实施无条件按比例退费，组织60家培训机构签订承诺书。分类推进无证园治理，推进社区办园点转化，基本消除无证园。设立审批民办幼儿园15所，增加学前学位4800个；设立民办学校2所，增加学位2000个；新审批营利性校外培训机构26个，开展不定期巡查，引导其依法依规办学。

（宋亚甫）

【校外培训机构工作会】 1月17日，区教委召开校外培训机构寒假工作会。大会总结2019年海淀区民办教育工作，布置2020年民办教育重点工作，提出规范办学要求和安全管理要求。会议印发《海淀区教育培训服务合同示范文本（征求意见稿）》和《北京市现有民办学校变更法人登记类型实施办法（试行）》，解读民办学校变更法人登记类型政策，对海淀区民办教育管理平台的操作进行培训；海淀公安分局高校内保支队负责人对培训机构安全工作提出建议和指导。市教委、区教委、海淀区校外培训学校、预审批培训机构负责人500余人参加会议。

（宋亚甫）

【校外培训机构规范办学工作会】 10月13日，区委教工委、区教委组织召开学科类校外培训机构规范办学工作会。会上，就规范办学提出具体要求，包括严格做好疫情常态化防控工作、严格规范办学、明确基本办学标准、规范教学行为、规范收费退费、规范宣传、规范纪律等。海淀区教育环境综合治理中心负责人从合规问题、校外机构治理工作脉络以及机构治理特点三方面，讲解校外培训机构依法合规办学具体工作要求。区教委将培训学校退费纠纷处理情况纳入学校年检考核，并依法处理违规办学行为。90余家学科类培训机构负责人参加会议。

（宋亚甫）

特殊教育

【概况】 2020年，海淀区有特殊教育学校2所，工读学校1所；特殊教育学校有在校生480人，工读学校有在校生315人，有特殊教育教职工270人、工读教育教职工77人。新建学区资源中心5个，学校资源教室5个。为40所学校的500余名学生提供筛查评估，为重难点个案提供1780课时的直接教学支持。开展专业主题线上培训，辐射5个省、市的5万余名特殊教育教师、资源教师。随班就读工作经验在教育部官网作为典型经验推广。特教中心开展“一生一案”实践，对56人次进行入学评估，组织专家进行3场线下教育安置研讨会，解决49名重残儿童的教育安置。召开28场个别化教育研讨会，累积为213名学生建立档案。推出“海淀特教课程资源云平台”，组织教师录制330个课程资源，向全区师生和湖北省丹江口等省、市开放。

（宋亚甫）

【北京市盲人学校】 2020年，北京市盲人学校（简称盲人学校）占地面积2.97万平方米，建筑面积3.14万平方米，运动场地面积8271平方米（室外4959平方米、室内3312平方米）。图书馆藏书3.17万册，电子图书33册，包括盲文版书0.43万册。固定资产总值14512.64万元，全年教育经费投入5022.48万元，学校信息化经费投入54.87万元。有教职工123人，包括高级职称31人、中级职称 33 人。专任教师 86 人，包括特级教师 1 人，北京市骨干教师 2 人、北京市学科教学带头人 1 人。开设教学班 17 个（小学 7 个、初中 4 个、职业高中 6 个）。毕业 45 人（小学 11 人、初中 11 人、职业高中 23 人）；招生 32 人（小学 7 人、初中 12 人、职业高中 13 人）；在校生 131 人（小学 59 人、初中 42 人、职业高中 30 人），其中，视力残疾 110 人、智力残疾 5 人、多重残疾 16 人。寄宿生 72 人。

盲人学校应对疫情常态化，开发适合学生的课程资源，开展个性化学习和学科辅导。2 月 17 日至 7 月 10 日，盲人学校"停课不停学"，83 位教师利用腾讯会议、微软听听、问卷星等信息化手段，利用图片、音频、视频、文字等教学媒介，完成"停课不停学"线上辅导工作。通过 2018 年北京市职业院校教师素质提升计划选拔计划项目验收。应对职业教育障碍类型变化（单一视力障碍转变为多种障碍兼有），及时调整教学方法，对个别学生进行认知、社交、语言沟通综合评估，为针对性教学提供重要依据。突出以学生为主体的康复教学，每周开设个别化课程近百节。开展为全市视障学生提供送教上门、早期干预训练与家庭指导等工作。以德育主题活动为载体，把抗击疫情与爱国主义教育、思想道德教育、劳动教育、心理健康教育、传统文化教育、体育、美育融合，提升学生综合素养。重视班主任队伍专业化发展，探索后疫情时期带班育人策略。体育美育成果显著，学校艺术团公益演出受到中残联和社会各界高度赞誉。共青团、少先队工作获北京市红十字青少年活动特别奖。启动学校"十四五"发展规划制定工作。参与教育部高考入围制卷、长春大学特教学院北京考区组考以及人教社盲校义务教育部分学科教材工作。

（单纬华　赵瑜　茹甜子　高爽）

【北京市健翔学校】　2020 年，北京市健翔学校（简称健翔学校）包括海培、牡丹园 2 个校区。健翔学校固定资产总值 9195.99 万元，教育经费投入 9273.39 万元，学校信息化经费投入 162.79 万元。

海培校区占地面积 17938.25 平方米，建筑面积 18025.23 平方米，运动场地面积 4528.6 平方米。图书馆（室）藏书 56298 册，电子图书 5000 册。海培校区在编教职工 71 人，包括正高级教师职称 1 人，高级教师职称 9 人，中级职称 41 人。专任教师 70 人，包括特级教师 1 人，北京市骨干教师 2 人（含骨干班主任 1 人）。开设教学班 46 个班（小学阶段 29 个，初中阶段 16 个，附设幼儿班 1 个）。毕业 23 人（均为初中阶段）；招生 39 人（小学阶段 36 人，幼儿班 3 人），在校生 357 人（小学 230 人，初中 123 人，幼儿班 4 人），其中智力残疾 139 人，精神残疾 118 人，多重残疾 100 人，其他为 0。无寄宿生。

受疫情影响，在春季学期延期开学期间，海培校区采用线上教学方式，按照学生个别化学习与实践需求，为学生规划和提供居家学习和训练的教学资源。研发录制特殊教育线上教学资源，深受家长和学生的好评。秋季学期，采用活动区域明确、活动时间错峰、减少环境交叉、减少人员交叉，阻隔传播疫情。班级开展教学个别化辅导、分组教学等形式的教学，并补充和开发实物教具学具，提升个别化教学效果，最大限度满足学生个别化学习需要。完成 2 项国家级、2 项市级、8 项校级课题的开题论证会，完成 2 项市级课题、9 项区级课题的中期检查专家指导。2 项课题立项，均为自闭症儿童核心的教育教学问题。在学校微信公众号平台开设疫情防控、家庭指导、莘莘学子等板块，累计发布 74 篇家庭指导内容。校区 30 名党员老师参与社区值守，累计值守超过 200 小时。

牡丹园校区由十三年一贯制听障部和三年制培智高中部组成。占地面积 11697.03 平方米，建筑面积 12779.03 平方米，运动场地面积 3208.6 平方米。图书馆藏书 45616 册，电子图书 5000 册。固定资产总值 5313.71 万元，教育经费投入 927.33 万元，信息化经费投入 64 万元。教职工 79 人，其中高级职称 22 人、中级职称 32 人。专任教师 67 人，包括特级教师 1 人、北京市骨干教师 1 人。开设教学班 25 个（小学 1 个、初中 3 个、职业教育 21 个）。毕业 58 人（小学 3 个、初中 8 人、职业教育 47 人）；招生 36 人（职业教育 36 人）；在校生 169 人（义务教育 23 人、职业教育 146 人，其中寄宿生 57 人）。有金贝鼓、古筝、萨克斯、合唱、戏剧游戏、特奥篮球、健翔舞团、版画 8 个社团。听障部高中部 5 名毕业生全部考入北京联大特教学院，培智高中部高考班毕业生分别被北京农业职业学院、北京网络职业学院等高校录取。培智部职业教育设置中餐烹饪、工艺制作、酒店家政、艺术休闲等专业。开设萨克斯、金贝鼓、空竹、太极、摄影、软陶、阳光体育等 20 项选修课程。手语中心开设的手语选修课"通用手语一起学"获评 2020 年度海淀区中小学语言文字优秀项目，7 名学生获花园路学区"读经典、品经典、诵经典"中学生阅读展示活动诵读类特等奖。

疫情期间，牡丹园校区停课不停学，组织"不同的课程、同样的精彩""成长不停歇，居家展才艺""为武汉加油""不平凡的女神节——致敬不平凡的英雄""携手保护环境卫生""弘扬五四精神，争做时代先锋""停课不停学，班主任在行动"等线上教学教育课程及活动。承担 13 项课题研究，其中申请北京市规划课题 1 项、参与海淀区群体课题研究 1 项、海淀区重点关注课题 3 项、海淀区重点课题 3 项、海淀区一般课题 5 项。

（崔盼盼　钱京京　张瑶　孙艳　曲亚迪）

【北京市海淀寄读学校】　2020 年，北京市海淀寄读学校（简称寄读学校）图书馆藏书 2.54 万册，电子图书 3.3 万册。教育经费投入 4882.08 万元，学校信息化经费投入 333.37 万元。拥有网络多媒体教室 36 个。教职工 83 人（在职在编 75 人），专任教师 73 人，包括北京市骨干教师 1 人；本科及以上学历 74 人，占 98.7%。开设教学班 16 个（初中 9 个、职业高中 5 个、计算机实验班2个）。毕业146人（初中110人、职业高中16人，计算机实验班20人，高二有29名同学升入本校2020级计算机实验班继续学习）；招生135人（初中94人、职业高中41人）；在校生316人（初中178人、高中138人），包括寄宿生316人、外省市借读生93人。有校本课程22门，社团10个。

寄读学校推进课程重构研究，初二年级继续落实《海淀寄读学校课程重构实施方案（试行）》，推出教师实践成果。高一年级学生组织开展垃圾分类知识宣传活动。开展“立足岗位强本领，双向培养树标杆”党员教师示范课活动。学校微信公众号设置寄读党员、寄读青年、寄读声音等栏目，拓宽宣传途径。疫情期间，寄读学校成立专门工作组，根据学生住宿实际制定10余项防控措施和应急预案，组织6次疫情防控应急演练。居家在线学习期间，每位班主任每天与学生联系的次数不低于30人次。9月9日，北京市人民检察院党组书记、检察长敬大力一行领导、专家莅临学校，和全校师生一起参加“不忘初心共叙工读情”教师节活动。11月10日，区人大常委会法制办公室主任李友成等一行13人，视察寄读学校青少年法治教育基地。本年，寄读学校再次被认定为北京市中小学校科技教育示范学校。

（王常智）

【居家展才艺系列推送】 疫情期间，健翔学校牡丹园校区培智高中部发布“不同的课堂，同样的精彩”“成长不停歇，居家展才艺”共21期系列微信公众号推送，播报学生居家学习成果，对学生美术手工艺作品、学科优秀作业、烹饪家政技能全方位进行展示，及时总结固化线上教学经验成果，稳定学生情绪，调动学习积极性。

（董金亮 曲亚迪）

【2名教师担任手语翻译】 疫情期间，健翔学校牡丹园校区教师刘丹、王茜娜，多场次担任北京市人民政府新闻办公室组织的市新型冠状病毒肺炎疫情防控工作新闻发布会现场手语翻译工作。

（薛晓侠 曲亚迪）

【学生心理健康教育】 疫情期间，寄读学校心理中心开展学生情绪和家长家庭教育调研，形成情绪指导策略报告和家庭教育指导报告。心理教师、心理辅导员通过班级微信群互动、专题辅导群支持、私信个别化辅导实现对学生的三级关注。心理热线服务师生家长50人次，心理辅导员开展个体交流与辅导1322人次，与班主任沟通243次，参加视频班会或班级活动189次。推出21期家庭教育问答推文，对疫情期间家长的心理调适和教育方式给予具体指导。

（王常智）

【居家亲子游戏赛】 疫情期间，寄读学校心理中心发起亲子游戏赛。共收集学生与家人的多种亲子游戏作品260余件，涉及挑棍、翻花绳、拍方宝、猜词游戏、手工制作、运动竞赛等。亲子游戏活动增进学生与家长的沟通和合作，提升家长的亲职能力。

（高亚娟）

【北京市教学资源开发】 年内，健翔学校海培校区引领四校联盟学校（包括石景山区培智中心学校、门头沟区特殊教育学校、昌平区特殊儿童教育学校）承担北京市9至12高年级段的秋季线上教学资源开发任务。完成20个主题活动35节视频资源以及近百节教学设计及教学PPT、教学练习、教学音频等相关资源包的开发。4校共有35人次参与视频录制，完成40余个教学资源包开发。

（曹燕）

【自闭症日系列宣传活动】 3月31日至4月3日，区教委开展自闭症日系列活动。围绕“构建融合生态，助力健康成长”主题举办“云宣传”活动，展播《绘声绘色》短片，向自闭症儿童捐赠《走开，冠小毒》绘本。开展“云宣传”现场直播活动，远程邀请浙江工业大学、陕西师范大学教授与自闭症学生家长代表和资源教师代表互动交流。举办“云讲堂”活动，特邀北京师范大学特殊教育专家作自闭症学生居家指导的策略讲座。为做好特殊教育学生延期开学工作，海淀特教中心推出“绘声绘色”线上学习交流平台，指导学生家长开展亲子阅读和亲子手工制作，每周推出“绘声绘色之星”和电子奖状。

（宋亚青）

【线上德育活动】 3月至6月，健翔学校海培校区开展学校、班级双层面线上德育活动。活动包括“居家技能”“居家诵读”“居家运动”“居家表演”“居家卫生”等展示活动以及“云游博物馆”“走进《国家相册》”“浸润书香 乐享阅读”“科技小制作 居家学科学”等教育活动。

（白芸 刘娟）

【线上课程资源录制】 4月，根据海淀区特殊教育指导与研究中心工作要求，健翔学校牡丹园校区组织开展教

2月6日，北京健翔学校牡丹园校区教师刘丹担任北京市政府疫情发布会手语翻译（张轩 摄）

师录制课程资源工作，每位教师录制一节线上课程资源，每位区级学科带头人、区级学科骨干及区级教研员录制两节线上课程资源。共录制提交52节课，其中26节入选区级线上精品课程，作为线上课程资源供学生居家学习。

（董金亮　曲亚迪）

【初三教学专项研讨会】 5月6日至7日，寄读学校组织召开主题为“精准谋划抓实效 巩固获得促提高”专项研讨会。研讨会采用线上线下相结合的方式进行，从班级和学科两个维度分别进行汇报，学校领导和初三全体教师共40余人参会。初三各班班主任以班级特点和落实中考各项措施为重点，进行班级汇报。全体初三教师利用腾讯会议App进行初三教学学科交流专项研讨。各学科组代表从复习目标、复习方法、教学措施等方面进行汇报，处方式教学是中考最后冲刺的最好方法。教学副校长作题为“精准谋划抓实效 巩固获得促提高”的总结发言。

（吴佳熙）

【“小小法治导航员”团队】 9月9日，北京市人民检察院、区人民检察院与寄读学校联合成立“小小法治导航员”团队。启动仪式上，寄读学校德育副校长石蕴茹介绍“小小法治导航员”团队成立的意义，解读“小小法治导航员”四叶草徽标，“小小法治导航员”团队以象征“付出、爱、幸福、希望”的四叶草为标志。首批导航员团队包括12名学生导航团队成员，配备4名检察官、4名教师作为团队辅导教师。北京市人民检察院检察长、海淀寄读学校法治副校长敬大力和寄读学校校长肖建国共同为“小小法治导航员”授徽。“小小法治导航员”是推进“检校共建”，促进学生普法自我教育的重要创新措施。成立“小小法治导航员”团队，让未成年人的事务由未成年人来参与，把孩子的自我教育和普法宣传结合起来，是先进的未成年人保护理念。2019年11月，北京市检察院在海淀探索“检校共建”，建立检察机关与专门学校未成年犯罪预防和教育矫治机制，“小小法治导航员”团队旨在有效帮助学生树立法治意识，提升学生的法治能力，推进海淀区法治校园、平安校园建设。

（宋亚甫　王常智）

【“检校共建”机制座谈会】 9月9日，由市、区检察机关与北京市6所专门学校共同举办的“推进北京市检察机关与专门学校共建机制深入发展座谈会”在海淀寄读学校召开。座谈会，海淀寄读学校汇报一年来学校教育矫治工作情况，介绍为学生搭建多彩平台取得的教育效果。座谈会围绕专门学校与检察机关共建机制进行研讨，介绍共建机制工作开展情况、推进情况，与会领导专家对共建机制的未来发展提出建议。市、区检察机关，区委教工委领导以及6所专门学校领导、教师40余人参会。

（宋亚甫）

【万花筒进校园活动】 10月15日，北京万华镜科学馆的万花筒走进寄读学校。万花筒进校园活动分观看展区、互动展区和体验展区。学生们通过“透视墙”“变装万花筒”和“蜂巢万花筒”以及“书本”万华镜等观看五十余件万花筒艺术品的成像效果，探讨内部结构，尝试用手机记录万花筒内部的奇幻场景，提升对光学知识的认知。

（王飞）

【获北京市第十五届民族健身操大赛银奖】 10月20日，寄读学校舞蹈队15名队员参加北京市民族宗教事务委员会、北京市体育局、北京市教育委员会主办的第十五届民族健身操大赛决赛获得银奖。

（李云飞）

【“筋骨平衡”疗法工作室主题学习活动】 10月27日，盲人学校中医康复保健专业教研组和“筋骨平衡”疗法工作室联合举办以“呼吸的训练和评估”为主题的学习活动。国家健美队总教练杨静民嫡传弟子容鹏光受邀到校指导，职康科、中医康复保健专业教研组、“筋骨平衡”疗法教师参加活动。

（李元）

【“众志成城 共抗疫情”百姓宣讲团走进盲校】 11月23日，盲人学校举办“众志成城 共抗疫情”百姓宣讲团走进盲校暨北京市盲人学校2020年“传递生命的力量”感恩月主题活动。会上，6名宣讲员讲述首都各行各业工作者在党的领导下抗击疫情、服务群众、守护生命的感人事迹。

（茹甜子）

【市社区残疾人文艺汇演获奖】 11月25日，盲人学校学生赵厚人在2020年“爱满京华”第十届北京市社区残疾人文艺汇演中，演出二胡独奏《阳光照耀在塔什库尔干》获一等奖，学生程子淇、杨瑞临、姜壮壮小

11月23日，“众志成城　共抗疫情”百姓宣讲团走进盲校暨北京市盲人学校2020年“传递生命的力量”感恩月主题活动举办（盲人学校　供图）

合唱《一个也不能少》获二等奖。

（孙欣　高爽）

【班主任专业素养提升】 11月，健翔学校牡丹园校区以“疫情下的校园·我的安全秘籍”“冬奥知识讲座”“校园文明”“垃圾分类”等为主题，开展班会教育，完成校级班会课6节，组内班会课7节。在校级“德育心得体会”评比中，2篇德育心得体会获一等奖，4篇获二等奖，其余获三等奖和优秀奖。开展班主任工作大讲堂、德育培训展示交流工作，4位班主任进行“疫情期间的班主任工作”“小程序大作用”“快乐减压小课堂”“把德育渗入到学科教育之中”的班主任经验交流分享。班会活动持续至2021年1月。

（李营营　曲亚迪）

【承办市职教项目中检会】 12月21日，市职业教育教学改革项目《特殊教育职业高中支持性终身学习体系的探索与实践》中期检查会在健翔学校牡丹园校区举行。项目组汇报立项以来学校在培智高中课程建设、学生评估体系建立、课程标准制定等方面的进展与成果，高培志、叶立言等专家指导评定，充分肯定项目优势，并表示项目中期推进有序，给予鼓励和支持。

（董全亮　曲亚迪）

【“新课标背景下创新盲聋学校课堂教学模式的实践研究”教学研讨会】 12月31日，北京市特教中心关于“新课标背景下创新盲聋学校课堂教学模式的实践研究”第二场教学研讨会在北京市健翔学校牡丹园校区举办。北京市特教中心博士陆莎，北京市盲聋教育教研组特聘专家叶立言、宋晓华、宋雯，平谷区特教中心王彦校长等参会。研讨会采用线上线下相结合的方式，线下活动现场设在健翔学校牡丹园校区，线上活动采取腾讯会议及云平台直播的方式进行。研讨会上，健翔学校牡丹园校区教师岳春艳以“科学探究模式在聋校物理课堂中的运用”为主题做研究课，与会领导和专家对该校区的研究成果给予充分肯定。

（薛晓侠　曲亚迪）

教育督导

【概况】 2020年，海淀区人民政府教育督导室（简称区教育督导室）完成相关国家部委、北京市责任督学16项挂牌督导任务，到校1850余校（校区）次，提交市平台督导报告单2620份。完成2020年国家义务教育质量监测任务、全区中小学校2020年度绩效考核工作。高标准遴选599名督学，完成第11届挂牌责任督学、学科督学、身心健康督学、校外教育督学换届聘任工作。疫情期间，督学按照防疫工作要求，开展线上心理咨询、线上公开课等督导工作。

（宋亚甫）

【“学科督学讲学科”系列微课录制】 年内，区教育督导室组织英语、数学、物理、小学科学等学科团队，录制系列微课“学科督学讲学科”。“学科督学讲学科”微课面向家长、学生、教师及干部录制微视频，包括国家课程在课堂教学中的执行情况、社会主义核心价值观和学科核心素养在学校课程建设和课堂教学中的落实情况等内容。

（宋亚甫）

【幼儿园办学质量督导评估】 1月8日，区教委召开2019年幼儿园办园质量督导评估工作会。会上通报在全市教育满意度调查中海淀区幼儿园情况，总结2019年幼儿园办园质量督导评估工作，分析工作中存在的问题，就下阶段督评工作进行部署；北京世纪阳光幼儿园、中国石油集团科学技术研究院幼儿园分享迎接督评工作经验与体会；3名学前兼职督学分别就幼儿园办园质量督导评估指标体系管理、保教、保健部分等内容进行解读。2019年，区教育督导室对全区72所注册幼儿园（包括分园分址1所）进行督导评估。区教委领导及全区注册幼儿园园长、副园长400余人参加会议。

（宋亚甫）

【办园质量督评自评工作部署培训会】 9月16日，区教委召开海淀区幼儿园办园质量督导评估自评工作部署及培训视频会。会议部署2020年幼儿园办园质量督导评估自评工作，包括自评目的、领导小组构成、工作任务、职责分工、工作流程、工作要求、特别关注点等内容。此次评估面向全区为3至6岁儿童提供保教服务的幼儿园（点），包括教育部门办园、其他部门办园、地方企业办园、事业单位办园、部队办园、集体办园、民办幼儿园和社区办园点。其中，幼儿园分园、分址、分部和附设在中小学的幼儿园（班）均作为独立主体参加督导评估自评。会议邀请北京市教育督导项目工程师进行幼儿园办园质量督导评估网上自评填报培训。区教委、海淀教科院、各幼儿园（社区办园点）园长、副园长、信息员300余人参会。

（宋亚甫）

【学前教育督导工作会】 10月21日，区教委召开学前教育督导工作会，总结和部署学前教育督导工作。会上做海淀区2020年学前教育督导工作报告，全面分析海淀区幼儿园责任督学挂牌督导及办园质量督导评估工作情况，部署10月挂牌督学经常性督导工作任务以及下半年幼儿园办园质量实地督评工作，解读海淀区开展A等级幼儿园办园质量督导评估工作规范。大会对幼儿园办园质量实地督导评估材料使用方法和《北京市幼儿园办园质量督导评估信息管理系统》专家督评操作进行培训。区教委领导及督政督学、综合督学和学前教育督学100余人参加会议。

（宋亚甫）

【599名兼职督学上岗】 11月25日，海淀区召开第十一届督学聘任暨表彰大会。会议回顾总结第十届教育督导工作，围绕“加强教育督导队伍建设服务海淀教育改革发展大局”主题，从教育督导工作在顶层设计、体制机制建设、队伍建设、在“督政、督学、评估监测”等重点领域的工作成效，对第十届督学工作成果进行全面梳理总结，安排部署下一阶段重点工作任务。2名督学代表分享对教育督导工

作和督学角色的理解和认识，新任学科督学作表态发言。会议对第十届147名优秀督学、18个优秀督学团队、42名督导工作特别贡献奖、62名优秀视导员进行表彰奖励。为599名第十一届兼职督学颁发聘书，全体督学进行集体宣誓。599名兼职督学覆盖督政综合、中小学教育、学前教育、职业教育、特殊教育、卫生心理等领域。其中，续聘督学占督学总数三分之二以上，一线在职人员占督学总数的80%；平均年龄50.8周岁，副高级及以上职称督学占比83.6%。

（宋亚甫）

教育系统疫情防控

【概况】 2020年，海淀区新冠肺炎疫情防控领导小组学校工作组（简称学校工作组），区委教工委（区教委）为成员单位。学校工作组根据市、区和北京教育系统新冠肺炎疫情防控工作领导小组统一部署要求，统筹协调、科学设计、高效部署，确保全区教育系统疫情期间教学活动有序进行。同时成立以区委、区政府主管领导为组长的海淀区教育系统新冠肺炎疫情防控工作领导小组（简称区教育系统领导小组），领导小组办公室设在海淀教育卫生保健中心，办公室下设若干个工作组。

1月22日，全区教育系统开展线上线下疫情联防联控联动，确保疫情防控无死角、无盲区。26日，召开教育系统疫情防控工作电视电话会，迅速落实疫情防控工作要求，防止疫情在中小学、幼儿园和校外培训机构传播。不定期以“四不两直”方式开展疫情防控工作检查，指导中小学做好日常排查和中小学、幼儿园日常监测和健康管理等工作。

启用海淀中小学资源平台，为全市和对口支援地区提供30余万个中小学师生免费账号，使用全网资源。免费向全国中小学生推出“海淀·空中课堂”，免费提供优质学习资源、线上辅导等服务。

（区教委 学校工作组）

【中国农业大学附中疫情防控】 中国农大附中是全区唯一一所整个寒假和延期开学阶段有学生在校学习生活的学校，学校内高班在校学生共计320人。各级领导高度重视和关注学校的疫情防控工作，市教委督导室多次采取“四不两直”方式到校检查，市教委多次到校调研，了解关注学校的防控、教学工作以及遇到的问题困难，解决口罩等防控物资。区委、区政府、区委教工委、区教委以及属地街道领导多次到校调研、指导疫情防控工作。学校工作组从思想教育、疫情防控、学习开展、体育锻炼、视力保护、心理疏导、随读生关注等方面开展工作，确保学校不发生疫情。自1月20日起，学校停止学生集体外出，切断外部输入传染的途径。寒假及延期开学期间，学校以微课、远程教学、微信个性化辅导等方式，对初一至高三六个年级学生进行教学辅导，保障学生的学习不受影响。开设“心灵有约”空中心理课堂和心理热线，答疑辅导、心理疏导，化解学生学习焦虑和长时间不到校学习、见不到老师引发的焦虑。9月，学校党委获评北京市抗击新冠肺炎疫情先进集体；10月，校长王军获评“2020年第三季度感动海淀文明人物”。

（区教育系统领导小组）

【疫情防控知识宣传】 年内，学校工作组参与教育部《幼儿园新型冠状病毒肺炎防控指南》和《中小学校新型冠状病毒肺炎防控指南》的编撰工作，编写区教育系统新冠肺炎疫情防控工作《每日快报》及《信息摘要》，形成近100万字的疫情防控资料。通过空中课堂转发或直播疫情防控、新闻直播、特色共享、个人防护、提振信心等10个方面健康教育718课次。通过三个健康教育公众号、工作群印发新冠肺炎防控知识、新冠肺炎防控技能、提升防控信心等36篇权威资料。

（区教育系统领导小组）

【防疫物资保障】 年内，学校工作组重点保障重点关注学校农大附中、人大附中等学校的疫情防控物资供给；8次为各校统一配发防控物资包括医用口罩、防护服、呕吐物处理包、体温枪、消毒用品等，为人数最多的10所中学安装“校园防疫智能管理系统”，物资保障实现所有中小学校全覆盖。保障全区教育系统疫情防控重要节点的疫情防控物资供给。

（区教育系统领导小组）

【学校疫情防控】 疫情期间，学校工作组每日统计教育系统1084个单位、近46.53万余人（含离退休、培训机构等师生员工）14天内隔离等动态分类情况；对区属256个教育单位的近37.66余万人春节期间离京、返京、未返京师生情况以及到过高风险地区的人员动态情况进行追踪，每天、每人、每校和每个动向数据精准。完

4月27日，中国农业大学附中高三学生返校复课（田峰 摄）

成教育系统1084个单位和区属256个单位的疫情防控指导及应急处置；完成中学毕业年级及小学四、五、六年级开学复课期间的疫情防控指导及应急；完成中学毕业年级及小学四、五、六年级开学复课“全流程全要素演练”工作。为1万余名“四类人”① 师生进行核酸检测，为2580余名食堂员工进行健康体检。为北京市新发地市场疫情发生以来近5.6万名（不包括1万余名“四类人”）师生进行核酸检测。

（区教育系统领导小组）

【返校复课疫情防控】 年内，各校成立专门工作组，详细周密设计开学每个环节的疫情防控措施，严格落实学校主体责任和教职员工及学生个人防控责任，制订新冠肺炎防控工作方案、疫情应急预案和学校传染病疫情报告制度、师生晨午检制度、学生因病缺勤登记追踪制度、复课证明查验制度、健康管理制度、免疫接种证查验制度、传染病防控健康教育制度、通风消毒制度、环境卫生检查通报制度等“两案九制度”，健全规范管理体系。各校建立健康状况台账，实行“日报告”“零报告”制度，每日完成市教育系统常态化恢复后疫情防控汇总表的统计上报工作。各校按要求设置两间以上临时健康观察室，与就近的定点发热医疗机构建立联系，确保就医通道通畅。8月29日至9月11日，经复学复园评估检查，按照分期分批、错时错峰的原则，完成全区中小学、幼儿园（园所）、社区办园点的开学、开园工作。全区5.9万名幼儿到园，17.6万名小学生、10.6万名中学生到校上课。

（区教育系统领导小组）

【高校外籍师生疫情防控】 年内，学校工作组要求各高校把留学生、外籍教师纳入本校疫情防控整体工作，将疫情防范宣传教育传达到每一名留学生和外籍教师。实时追踪留学生、外籍教师情况，出现疫情第一时间上报。校地联动，督促校外住宿留学生和外籍教师主动与居住地所在社区联系，把校外住宿留学生和外籍教师疫情防控同步纳入社区防疫防控体系。

（区教育系统领导小组）

【校外培训机构疫情防控】 1月26日起，根据北京市统一部署，所有校外培训机构暂停所有线下课程和集体活动；严格落实单位主体责任，严禁擅自举办或参与举办违规竞赛；严禁将校舍出租出借用于违规办赛；严禁机构员工参与未经批准举办竞赛活动的命题、指导或组织工作。暑期不组织、不接待暑期境内外夏令营、社会实践等聚集性活动，继续暂停开展线下课程和集体活动。

（区教育系统领导小组）

【中小学疫情心理支持热线电话开通】 1月30日，区教委开通中小学疫情心理支持热线电话。疫情心理支持热线由心理志愿服务专业团队负责，由32名专家组成，包括科研院所心理健康专家、一线优秀心理教育师资。设置接线团队与督导团队，疑难个案及时线上研讨，督导专家一对一给予接线人员专业指导；开展疫情心理支持技能线上培训，确保热线服务的科学、专业与高效。每天9:00–17:00为师生、家长提供心理疏导、心理支持咨询服务。

（宋亚甫）

【延期开学期间防控工作】 2月17日，春季学期延期开学，区教委面向全区提供云课堂直播平台，“停课不停学”，学生居家学习和生活。开展“线上教学”，把线上教学与线下自主学习、自主阅读、自助锻炼、自主居家劳动相结合，巩固居家学习的教育成果。小学阶段从4月15日开始结合实际线上线下教学优势互补、科学衔接、有序实施课程教学计划。延期开学阶段不上新课，不组织线下集中教学，不留作业。各校加强学生心理防护，开通心理健康教育微课，开通心理咨询热线或网上在线咨询，及时与学生进行沟通和有效指导。从4月15日起用13周时间，总体完成各学科教学任务。

（区教育系统领导小组）

【海淀区中小学资源平台启用】 2月17日，海淀区中小学资源平台启用。

2月17日，海淀区中小学资源平台启用（区教委 供图）

① 指3月25日后从湖北（除武汉）返京；4月8日后从武汉返京；开学前三周从境外和京外其他地区返京；本人或家庭成员曾为确诊病例、核酸检测阳性者、疑似病例、密切接触者的师生员工。

资源平台包括人文、科学、信息、学科、综合五大资源库，“空中课堂”和“多元发展”两大资源包，为全北京市和海淀区对口支援地区提供30余万个中小学师生账号，免费使用全网资源。平台提供每周7天、每天24小时问题答疑和指导帮助等在线服务，为学生提供内容丰富、寓教于乐，探索性、创新性强的居家自主学习资源。平台注册用户62万余人，高峰日浏览量40余万，累计浏览量逾4000万。建成云课堂直播平台，支持6000个自然班同时在线授课，同时为教师线上培训、远程支教提供渠道。

（宋亚甫）

【张家明检查学校疫情防控工作】 3月4日，副市长张家明到海淀区督查指导学校疫情防控工作。张家明先后到中关村第三小学、八一学校，深入校园教室、食堂、图书馆及在建工地，实地查看校园疫情防控工作情况，看望慰问值班值守干部职工，并与学校主要负责人、中小学生家长代表座谈，听取对校园疫情防控、延期开学、中高考准备等工作的意见建议。

（宋亚甫）

【“海淀·空中课堂”上线】 3月17日，区教委联合爱奇艺、字节跳动（今日头条）等五大网络视频平台，免费向全国中小学生推出的“海淀•空中课堂”正式上线，包括“爱奇艺知识”、今日头条。“爱奇艺”上线的“海淀•空中课堂”，涵盖小学、初中、高中等85个学科精品课程、34个科目、206个视频。“今日头条”共上线小学、初中、高中三个学段的语文、数学、英语三个学科58个视频资源。课程来源于海淀区中小学资源平台中“空中课堂”“多元发展”两个栏目下的部分课程资源，全部由区教委组织区教科院、区教师进修学校、各中小学优秀教师录制开发，免费向全国开放。“海淀•空中课堂”日访问量逾40万。与优酷、爱学习教育集团等10家驻区企业合作，为海淀师生免费提供优质学习资源、线上辅导等服务。

（宋亚甫）

【高三试开学疫情防控全流程全要素演练】 4月23日，区教委举办中学毕业年级试开学新型冠状病毒感染肺炎疫情防控全流程全要素演练。此次演练针对学校门口、食堂、教学楼、教室、学生宿舍等7个点位，围绕学生在校全天学习生活的轨迹，包括晨检、课间活动、教学环节、食堂就餐、放学、住宿等环节以及如出现发热、咳嗽等疑似症状进行应急处置的9项内容进行模拟演练。区政府与区委教工委、区教委、区卫生工委、区卫健委、区疾控中心、区卫生监督所、区公安分局、区交通支队、区市场监管局等相关部门负责人共同观摩演练，并对部分演练环节提出进一步完善意见和建议。

（宋亚甫）

文化

2021

北京海淀年鉴

综述

【概况】 2020年，受新冠疫情影响，公共文化服务面临严峻考验。区文旅局主动适应疫情防控的新常态，稳步推进市、区重点实事、任务进展，进一步夯实基础设施建设，着力提升公共服务效能。为满足市民群众安全、有序参加公共文化活动的迫切需求，制定下发《海淀区三级公共文化设施安全有序开放工作方案》，指导三级公共文化设施在做好疫情防控的同时，采取线上线下相结合的方式为百姓提供便捷的文化服务。截至2019年年底，街镇级综合文化中心开放28个，社区村级综合文化活动室开放585个，开展线上线下文化活动7161场次，参与130万人次。区级图书馆接待类读者52.8万人次，借阅文献53万余册次，解答读者咨询8.8万余人次，举办阅读活动场2475场，337万余人次参与，获得各类市级表彰35个。区级文化馆举办线上线下活动200余场，服务1440万人次，开设培训班2717个，培训超过49万。

三山五园艺术中心地下工程开工建设，实现马首铜像入藏圆明园，公共文化产品数字化供给取得新突破，全区文化和旅游市场安全稳定。区文旅局筹措资金为230家文化企业发放口罩、额温枪等防控物资94690片（支）。

海淀区取得三山五园国家文物保护利用示范区创建资格。海淀区文化市场综合执法大队获得中宣部等三部门颁发的第八届全国服务农民、服务基层文化建设先进集体称号。

（南燕　杨立辉）

【北京海淀文化旅游产业发展集团有限责任公司】 2019年5月23日，北京海淀文化旅游产业发展集团有限责任公司（简称海淀文旅集团）成立，海淀区属一级国企。2020年，海淀文旅集团针对疫情对产业发展影响，研究制定快速复苏海淀区疫后文旅产业的行动计划，建立海淀文旅产业联盟，助力文旅产业复苏。举办“纪念中共中央进驻香山71周年”云课堂活动；开展2020年北京青少年线上运动挑战赛活动，赛事挑战次数过万；开发校园体教通小程序，建立线上体育培训教育系统；设计“慧海金帆”线上艺术课堂，开展线上艺术培训业务；联合海淀区青少年活动管理中心，开展“慧海金帆杯”公益艺术系列展示活动。

文化品牌打造。打造海淀剧院文化空间，增设书店、衍生品等文化业态，推动区属实体书店品牌建设。协助区文旅局搭建2020中国国际服务贸易交易博览会旅游海淀展区。推进五道口国际艺术区项目；落实大型历史舞剧《人生若只如初见》的版权收购，投资开发音乐剧《在那遥远的地方》，推进各剧目在剧院落地及各地商演。承办首届北京国际音乐产业高质量发展促进大会BME音乐盛典活动，举办2020中国数字艺术产业高峰论坛活动。

电竞产业。注册成立中关村电竞产业协会。持续推进定慧里电竞文化中心项目。签署两项电竞合作协议，VRES电子竞技国际大赛、IEM英特尔极限大师赛连续三年落户海淀。与中国联合网络通信有限公司北京市分公司、北京中联合超高清协同技术中心有限公司签署战略协议，在文化活动、体育赛事、园区运营等方面进行深度合作，为首都电竞产业发展培育新的增长点。

体育产业。推进冬奥测试赛各项筹备工作；整合区域体育场馆和设施资源，推进中小学体育场地委托运营业务，探索全区群众休闲、全民健身和体育产业共赢发展新模式。文体培训服务。与训练狮国际教育科技（北京）有限公司合作创立“海狮体育”体育培训品牌。创建“慧海金帆”艺术培训品牌，定期在海淀剧院举办公益演出活动。与北京高思博乐教育科技股份有限公司签署战略合作协议，深化文化研学、科技体育、艺术培训等方面的合作。与中关村学院签署战略合作协议，共同打造文化培训、国际文化交流、推动电竞产业创新发展等项目。

（王宇澄）

【海淀区青少年新动力基金发布】 1月19日，海淀金帆公益项目演出暨海淀区青少年新动力基金发布仪式在海淀剧院举行。发布会上，海淀文旅集团介绍金帆公益演出项目情况，团区委介绍青少年新动力基金项目情况，海淀区青年联合会对青少年新动力公益基金项目进行捐赠。海淀文旅集团将通过“海淀区青少年新动力公益基金”引导、扶持、整合海淀区艺术教育资源，组织开展海淀金帆乐团公益演出活动、对口支援地区青少年公益演出活动、青少年艺术交流活动等海淀金帆公益项目。发布仪式后，海淀金帆公益演出系列的首场音乐会拉开帷幕。

（王宇澄）

【文化公共场所关停】 1月24日除夕夜，北京正式启动突发公共卫生事件一级响应机制，区文旅局成立新型冠状病毒肺炎疫情防控应急指挥组，在4小时内完成全区所有图书馆、文化馆和文化娱乐场所（网吧、歌厅、游戏厅）、演出场所的通知、通告发布和关停工作。

（杨立辉）

【区图书馆数字资源云服务】 1月下旬，区图书馆为分布在全区企业、社区，公共服务空间的153台数字终端，重点开展文献资源云阅读服务，以解决因疫情闭馆和预约到馆给读者带来的种种不便。截至12月底，全区各类数字终端总点击量31万余次，总下载量10万余次。有声读物点击量和播放量达63万余次；电子期刊总阅读量超20万次；电子图书资源阅读量达26万余次，少儿资源阅读量超42万次。图书馆利用线上平台组织开展“‘唤’书大集•阅读接力”活动、“妈妈导读师•为爱发声”活动、“为爱发声”诵读比赛、科幻征文等活动1300余场，260余万人次参与线上活动。

（向华）

【区人大常委会领导调研公共文化发展】 5月12日，区人大常委会副主任吴琢如一行，到云中图书馆和曹氏风筝工艺坊调研公共文化发展情况。吴琢如一行在云中图书馆了解图书馆项目建设背景、功能设置和运营管理等情况，对图书馆的运营模式和运营团队专业化水平给予高度肯定；在曹氏风筝工艺坊，听取上庄镇李家坟村关于曹氏风筝的发展历程、传承及发展情况等介绍，参观风筝制作工艺及成品展示。吴琢如对公共文化设施建设、传统文化传承发展、公共文化产品分类供给等方面取得的成绩充分肯定，对下一步全力做好复工复产，加强在文旅融合、文化和科技融合等方面的创新引领，为全区人民群众提供更高标准、更高质量的公共文化服务提出要求。

（南燕）

【《海淀区文化和旅游融合发展三年行动计划》编制完成】 5月22日，区文旅局编制完成《海淀区文化和旅游融合发展三年行动计划（2020—2022）》（简称《三年行动计划》）。《三年行动计划》围绕海淀分区规划及战略定位，落实西山永定河文化带保护发展规划、大运河文化带保护发展规划以及《北京市推进文化和旅游融合发展的实施意见》，聚焦海淀区文化和旅游产品供给体系、公共服务体系、综合管理体系以及宣传推介体系，提出空间布局整合优化、公共服务补短提质、文旅产品融合提质、文化旅游消费促进、综合管理融合创新“五大行动”及100项具体措施。力争用三年时间，通过全区文旅资源整合和文化旅游双向赋能实现景区倍增计划，打造国际化文化旅游服务环境，建设北京市文化和旅游融合发展的“海淀样本”。

（温力宏）

【基层文化组织员线上培训班】 11月2日至12月12日，区文旅局委托中央文化和旅游管理干部学院举办海淀区基层文化组织员线上培训班。培训课程共计25项，56学时，包括后疫情时期文旅融合发展的新趋势，文化馆总分馆体系下的公共文化服务，社区文化治理，运用短视频助力信息视觉化、分众化传播等内容，从政策理论到实际操作全方位覆盖。700余名基层文化组织员通过线上自主学习、结业考核、提交心得体会的方式参加培训。

（南燕）

【基层公共文化服务提质增效评估】 11月，区文旅局委托第三方公司对区文化馆（含北馆）、区图书馆（含北馆），各镇街、社区（村）文化活动中心面向市民开放情况开展暗访、现场和满意度调查。街镇综合文化中心暗访1轮，逐一督导1轮。满意度调查每个街镇随访有效样本50份，全区总共1450份。通过对各指标的调查数据分析，海淀区公共文化服务公众综合满意度为86.28分，达到优秀等级。进一步加快推进北京市政府2020年拟办重要民生实事项目第24项“重点提升100个街道（乡镇）社区活动中心服务品质，更好满足市民多样化文体活动需求”目标任务落实。

（南燕）

【海淀文旅集团与高思教育签署战略合作协议】 12月15日，海淀文旅集团与高思教育签署战略合作协议，就未来合作的方向进行探讨。双方将依托区域丰富的文化与教育资源，搭建优质教育培训服务平台，加快构建完善青少年教育培训服务体系。

（王宇澄）

文化设施

【海淀区文化馆】 海淀区文化馆为国家一级文化馆。2020年，区文化馆采取线上线下相结合的方式开设599个班，涉及声乐、舞蹈、摄影、书法、合唱等艺术门类，培训学员41万余人次。以总馆为中枢，根据各分馆、服务点需求，开展艺术培训及文化活动服务配送，精准对接群众需求。其中开设4期覆盖25家分馆、240个艺术培训班的线上直播课程，培训学员75876人次；在25个分馆开设1期共75个艺术培训班的线下培训课，培训学员18575人次；在25个分馆举办惠民演出62场，涉及21家演出团体，观看群众1万人次。为27家分馆培训群文专干及文组员共计2056名，培训学员5038人次。区文化馆组织文化志愿者和地区群众文艺团队，举办118场线上线下惠民公益文化活动，惠及1000万人次。举办4场“品鉴民俗巧手绘梦”系列文化活动，在国家文化云、北京数字文化馆、文旅海淀抖音、快手公众号等多家平台播出，观众浏览量总计近30万人次。出版《红叶》杂志4期，培养、辅导的作者、演员获得48项省级及以上群众文化类奖项。

（陆丽明）

【海淀区文化馆（北馆）】 2020年，海淀区文化馆（北馆）（简称北部文化馆）开展各类文艺培训班298个，包括6个老年班、30个少儿班，服务5.6万人次。疫情期间将237个现场培训转为线上培训，培训学员5.1万人次。开展各类文艺演出、讲座等活动93个，展览13个，“云端剧场”演出活动25场，服务4.67万人次。在7个月的闭馆时间里，利用“海淀公共文化”和“海淀北部文化馆”的公众号平台，开展抗击疫情、歌颂白衣战士的宣传工作，开展文艺课堂、网上培训、演出直播等活动。协助完成“星耀海淀——院士专家海淀行”欢迎仪式活动中的“科技文化节目展演”。参加2020海淀区“中国农民丰收节”暨海淀区第31届农民艺术节开幕式演出活动。全程参与2021年“我们的中国梦”——文化进万家活动启动仪式暨首场慰问演出及此次活动的组织实施，完成第十六届海淀文化季之“节日欢歌”新年系列音乐会的三场演出活动，主办“海之春”新春文化季的“送福到家”活动，开展海淀北部文化馆走进IC-PARK慰问演出活动，举办2020年全民阅读季活动之“书香海淀E企阅读”活动等。开展线上推广群众文艺作品创作活动。“海淀北部文化馆”微信公众号发布各类活动信息402条，关注量达到2.4万。依托“文化@海淀”数字平台，发布活动数量404个，活动订单52080个，预约62121张电子票。开展线上课程120个，子视频128个。通过开展线上培训、云端剧场、文艺课堂、云端再现、专家慕课、线上座谈会等，形成多角度增加线上文化产品供给，在常态化疫情防控时期保障公共文化服务不“打烊”。

（张春）

【海淀区图书馆（南馆）】 2020年，海淀区图书馆（简称区图书馆）包括“2+28+37”总、分馆服务体系（即南馆、北馆2个总馆，28个分馆，37个社区、村图书馆）。南馆位于海淀镇丹棱街16号海兴大厦C座，365天免费开放，全年接待读者33.6万人次，借阅文献35.2万余册次，解答读者咨询8.8万余人次，举办各类阅读活动场1862场，332万余人次参与。为南、北两馆及基层图书分馆采购分编图书85224种、131660册。云借阅平台新增注册用户4800个，流转图书1.5万余册次。利用EMS特快专递，为有需求的读者提供点单式的投递到家服务。按照“一步书香”①的工作部署，区图书馆在4家酒店、3个景区落地11套电子资源终端，为游客提供便捷的终端电子阅读和听书服务。在全民阅读月期间推出“三山五园号”——西郊线专列，以车厢为载体为广大游客提供相关电子资源的阅读服务。全馆全体党员两次下沉社区参加防疫值守。

（向华）

【海淀区图书馆（北馆）】 2020年，海淀区图书馆（北馆）（简称海图北馆）接待到馆读者近19.18万人次，文献借阅量17.62万册次，办理读者卡3690张。持续建设“幸福来敲门”“青青育苗”“走读海北”等活动品牌；创建“海北书院”“海北书历”“民生•民声”“海北云展”等栏目品牌。举办传统文化、讲座、培训、展览等线上线下活动613场，参与读者总计54376人次。媒体宣传投稿1824篇，微信公众号报道1687次，新闻媒体有关海图北馆的报道137次。启动“丝路美食文化项目”，建设“丝路美食文库”文化平台、“新时代文明实践基地”“助残服务培训基地”，共建“海北云图”，与温苏学区共建“红色教育实践基地”，筹建“陈孝英喜剧美学资料馆”。受新冠疫情影响，2月24日起实施闭馆，5月6日、5月13日、9月1日、12月28日经历4个阶段有序开馆，读者日均到馆量达到疫情前50%至60%的水平。通过新增线上服务、线上活动的方式，利用线上平台开创线上线下相结合的阅读推广新模式。

（赵毅　董颖昕）

1月18日至22日，海图北馆新春季系列活动——“美哉过年乐哉文化”系列传统文化讲座举办（海图北馆 供图）

【海淀区文物保护中心（海淀区博物馆）】 2020年，受新冠疫情影响，海淀区博物馆全年闭馆未开放。完成《海淀石刻展》策展（未展出）。“海淀博物馆”微信公众号刊发《文物背后的那些事儿》系列文章7篇。扩充网上展览资源，首次启动视频展示项目《古菱齿象—新生代的巨兽》。升级永山宅院智能钥匙云端管理系统。迭代大慧寺人脸识别功能，搭建监控系统远程操作平台。签订大慧寺普测项目合同。完成延庆寺文物建筑认定、历史资料收集整理工作及历史信息调研。开展19处不可移动文物现状测绘。将“敕赐静安苑”石匾额移交海淀镇六郎庄村村民委员会。完成大慧寺文物保护规划、大慧寺消防升级改造项目及恩济庄关帝庙修缮工程的方案审批、事前绩效评估及财政评审。征集区文化馆小剧场老式放映设备并入库保存、张祚晗昌平常乐村土地房产所有证1件、个人收藏的近现代与海淀生活相关物证19件。慈恩寺修缮工程、隐修庵修缮工程进场施工。完成海淀区2019年度文物应急项目审计及结算工作和2018年度文物应急项目结算工作。

（赵婷婷）

【海淀区非遗展示中心（北馆）】 2020年，海淀区非遗展示中心（北馆）运用线上新媒体平台，推出微课、直播教学158期，非遗云展厅举办“和满京城奋进九州端午”系列文化活动，皮影制作技艺、香囊纳福体验项目，垃圾分类知识分享等线上公共文化活动。举办“乐在国庆非遗传承”“中秋节的兔爷文化”、重阳节“家国情千帆共舞中关村万众欢歌”、冬至“家

① 作为海淀区文旅融合“头雁行动”三大项目之一，于2019年末正式启动。在有条件的景区和宾馆免费提供电子图书、报纸、期刊、有声听书等数字资源及纸质图书。通过公共文化服务进入，以“一步书香”阅读送达方式，让阅读在宾馆景区等随处可见、随手可得，以最便捷的送达渠道使科教强区的书香阅读全面拓展到旅游全程每一步，从而快速推动海淀区迈向全国一流旅游强区行列。

国情千帆共舞中关村万众欢歌”等公共传统文化系列活动。总计参与22.11万人次。

（李静磊）

【海淀剧院】 2020年，受新冠疫情影响，1月23日停止营业，8月1日复工复产。16名党员参与对口社区中关村街道东里北社区的防疫值守。截至12月31日，海淀剧院放映电影1708场，观影66197人次，票房261.09万元。演出曲剧12场、“开心麻花”演出舞台剧83场、中国评剧院演出评剧2场、会议5场。累计演出102场，收入410.65万元，观剧4万余人次。

（张伟）

【中国知网】 2020年，中国知网累计收录国内外75个国家和地区的重要全文文献2.8亿篇，摘要3亿余篇，知识元82亿条。取得技术专利、软件著作权300余个，打造覆盖数字化、网络化、大数据与人工智能各领域的知识管理与知识服务产品体系。服务于56个国家和地区的教科研、党政军、立司法、工农卫、社团智库、公图文博等各行各业的3.3万家机构用户及超1.7亿个人用户，年下载文献总量达23.3亿篇，用户使用量居全球科教类网站前三名。中国知网获国家文化出口重点企业、北京软件和信息服务业综合实力百强企业、北京软件企业核心竞争力评价（规模型）企业、2019—2020年度社会责任贡献单位等荣誉。

（王涛）

【海淀美术馆（北馆）】 2020年，海淀美术馆（北馆）推出线上展览抗疫系列、雅风名人大讲堂系列、新春文化季系列、清明节缅怀系列，传统节日主题系列、全民阅读季、第十七届海淀文化季等公共文化活动，推出云展85场，雅风海淀——名人大讲堂80期，点击阅读量180万余次。8月28日恢复开馆，至年底，参观人数18440余人。

（李静磊）

【文化和旅游系统无障碍环境建设】 年内，区文旅局负责的无障碍环境建设主要涉及各类文化旅游服务场所，共计六类191家。确认已上账待整改元素934条。其中，星级酒店和四环以内的经济型酒店135家706条，旅游景区12家15条，文图博等区级公共文化场所5家13条，影剧院38家193条，对公众开放重点文物保护单位1家7条。

（南燕）

【中国国家画院扩建工程竣工】 1月8日，国家级重要美术机构——中国国家画院扩建工程竣工。中国国家画院扩建工程位于海淀区西三环，总投资近5亿元，项目占地面积1.06万平方米，建筑面积3.37万平方米。其中，地下建筑面积为1.18万平方米，地上建筑面积为2.18万平方米。分地下2层，地上13层，包括陈列厅、国际会议交流中心、教学观摩厅和创造室等。工程于2015年立项，2016年10月31日奠基，2018年1月8日正式开工，2019年1月8日主体结构封顶，工程获评北京市建筑（结构）长城杯工程金质奖。

（钟冷）

【文化和旅游系统无障碍环境建设工作培训会】 1月9日，区文旅局组织召开海淀区文化和旅游系统无障碍环境建设工作培训会，区文化馆、区图书馆、区博物馆，影剧院、酒店、景区等200余家单位工作人员参加培训。培训会邀请区残联从无障碍环境建设法律依据、标准规范等方面讲解无障碍环境建设知识，介绍台账管理系统的操作流程，解析《北京市无障碍环境建设标准化图示图集》，对无障碍环境建设信息管理系统台账指标进行说明。区文旅局对无障碍环境建设工作提出3点要求：各建账单位要确保完成北京市无障碍环境建设信息管理系统建账任务；对无障碍设施闲置、被占用等可立行立改、成本低的问题立即启动整改，对短时间无法完成整改的项目，按照市、区规定的时间安排尽快整改；各建账单位要积极推进无障碍设施管理长效机制研究，加快推进无障碍设施管理的科学化、制度化、规范化。

（南燕）

【公共文化设施有序开放安全检查】 8月26日，区文旅局、区疾控中心、区卫生监督所联合对区文化馆、区文化馆（北馆）、区美术馆（北馆）、区非遗展示中心（北馆）等公共文化设施开放筹备情况进行实地检查，确保各场馆在8月底安全、有序向公众开放。对各场馆开展安全隐患排查和防疫工作指导，对群众实名网络预约、空间限流开放、消杀防疫用品配备、场馆通风、应急情况处置等工作环节进行检查并提出具体建议。要求各单位要在恢复开放前再次进行场馆整体消杀工作，确保各类文化设备设施消毒到位，进一步排查安全隐患，在确保各项防疫措施落实到位的基础上恢复场所开放。

（南燕）

文化产业

【概况】 2020年，海淀区有979家规模以上文化及相关产业单位，占全市企业总数的20%；收入合计7710.7亿元，比上年增长12.1%，占全市总收入的54.3%；有从业人员22.5万人，占全市总人数的30%。以16个文化新业态为代表的数字文化产业收入占全市的3/4，占全国的1/5。字跳网络（今日头条）、抖音（微播视界）、三快在线（美团）、腾讯文化、快手、百度、爱奇艺等骨干文化企业在全市乃至全国居于领先地位。

（于佩丽　韩笑）

【香山公园文创产品开发】 年内，香山公园自主研开端午香包四款、香山·双清别墅文化桌垫，根据中国传统文化节日七夕节、中秋节、重阳节推出三组福神主题戳戳画。与王府井梦工厂合作开发香山红叶锁骨链——秋叶私语；与智维思创合作开发双清纪念币。推出《红色记忆套餐》文创餐饮，选取红色记忆套餐中最具代表特色的菜品，突出红色品牌餐饮，为香山革命纪念馆提供外卖盒餐服务。推出500毫升大瓶及350毫升小瓶共计 5 款香山双清文创水，水标设计包括香山最具特色的香山红叶、文物古迹、历史人文、IP 图案等元素，销售 5 万余瓶。开发红叶雪糕，分黄栌叶、红枫叶两种造型，草莓、芒果两种口味。遴选 14 类 37 种 302 件文创产品，参加中国国际服务贸易交易会“海淀礼物”展品展示及直播，在线观看 3 万余人次；现场销售文创产品 168 件，销售金额 8000 余元。

（李晓影）

【第十七届中国文化产业新年论坛海淀文化产业对话会】 1 月 4 日至 5 日，第十七届中国文化产业新年论坛海淀文化产业对话会在北京大学举办。对话会由文化和旅游部、北京大学主办，以区委宣传部、海淀区文化发展促进中心（简称区文促中心）等单位协办，文化和旅游部相关负责人、国内外知名专家学者和业界精英出席对话会。新年论坛以“新使命：大国文创与文化小康”为主题，包括 1 个主论坛；1 个青年学者研讨会；4 个主题论坛，即文旅融合与城乡协同、海淀对话会：科技创新与文化创意、第五届创意管理峰会：文化新业态与商业新模式，艺术、科学与创造性；1 个创青春•大学生文创项目展演赛，1 个智库对话 2020：回顾与展望（闭门会议）。对话会通过多元对话，推动新时代文化和旅游产业融合的理论思考与实践关怀，总结新中国成立七十周年我国文化和旅游发展的成就、经验与教训，探索如何提高大国文创吸引力，进而提升国家文化软实力、中华文化影响力，力求为中国文化和旅游产业的未来发展集思广益。

（于佩丽　韩笑）

【文创推荐官签约暨颐和园端午礼盒发布活动】 5 月 25 日，颐和园文创推荐官签约暨颐和园端午礼盒发布活动在颐和园文昌院举行。颐和园联合北京清尚集团，推出游园赏景款、龙舟款和福禄刺绣款三款各具特色的端午文创礼盒。礼盒设计结合颐和园园林文化及端午习俗文化，用生动青春的表现形式来打造全新的文创产品。颐和园党委书记马文香在发布活动现场授予演员胡兵“颐和园文创推荐官”称号。《北京晚报》《新京报》《北京青年报》、人民网等十余家媒体进行现场报道。

（杨然）

【颐和园珠宝文创新品发布会】 6 月 8 日，“百里挑颐”——颐和园 & 菜百首饰战略合作签署仪式暨珠宝文创新品发布会在颐和园文昌院举办。颐和园和北京菜百公司签署《颐和园 & 菜百首饰战略合作协议》，珠宝文创饰品“一生颐世”系列开市。此次推出的珠宝文创新品共 18 款，设计灵感分别来源于园中极具代表性的“金桂”“文昌帝君”“灵鼍”“铜牛”。每一件产品均是将颐和园文化推敲提炼，再配以高端工艺，打造成带有美好祝福寓意并且造型雅致的文创饰品。央视新闻、北京新闻、《北京晚报》《中国日报》等十余家媒体到场对活动进行报道。

（杨然）

【颐和园推出防晒服饰系列】 6 月，颐和园与“马龙鼠 MALONERAT”品牌合作推出联名款服饰防晒系列“云中游”主题产品。产品以颐和园“画中游”建筑为灵感，定位“云中游”主题；提炼三种代表吉祥寓意的园林鸟类——丹顶鹤、燕子及鸳鸯作为设计蓝本，推出帽子、口罩、套袖等防晒用具以及真丝加热眼罩等共计七类 33 款产品。全线产品同步上线颐和园官方淘宝店、微信小程序“最美颐和”微店、马龙鼠天猫旗舰店。

（范艺斐）

【2020 北京文化创意大赛海淀赛区】 7 月 24 日，以“奋进新时代创意赢未来”为主题的歌华传媒杯•2020 北京文化创意大赛在延庆世园公园启动。8 月 7 日，“歌华传媒杯•2020 北京文化创意大赛”海淀分赛场决赛在中关村创业大街举办。海淀分赛场活动由区委宣传部指导，区文促中心主办、北京中关村创业大街科技服务有限公司承办，参赛项目包括数字创意、创意设计、文化科技、非遗文化、文化旅游、文化体育、文化装备、初创项目等九个行业领域，报名参赛的文创项目近 80 个。经过激烈角逐，极睿科技 ECPro 项目获二等奖，并获得创新创业鼓励金 2 万元。8 月 19 日，歌华传媒杯•2020 北京文化创意大赛海淀区复赛分赛区举行。海淀分赛场第一名唐块积木（中国榫卯积木）获北京赛区一等奖、全国总决赛二等奖，清华启迪之星获得最佳文创空间奖，VR、MR 混合宇宙场景项目获年度行业引领奖。海淀区分赛场获最具成就赛场奖，清华大学直通车赛场获得最佳赛区奖，东升科技园获最佳文创空间奖。2020 北京文化创意大赛海淀主办及参与举办的赛区及赛事有：海淀分赛场、清华直通车赛场、海淀区复赛分赛区、AI 文化创意赛区、新主播新文旅赛区。

（于佩丽　韩笑）

【IEM、VR 两大国际赛事落户海淀】 8 月 15 日，首届北京国际电竞创新发展大会与“电竞之光”展览交易会举办。活动中，海淀文旅集团联合中关村电竞产业协会、北京卓樾网络科技有限公司签署《IEM 英特尔极限大师赛落地海淀区三年计划战略合作协议》，IEM 赛事将落地海淀三年。北京当红齐天国际文化科技发展有限公司、海淀文旅集团、北京卓樾网络科技有限公司现场共同签约《VR 电子竞技国际大赛落地北京海淀区三年计划》的战略合作协议，VR 电子竞技国际大赛全球总决赛落地海淀，将采用“5G+8K”的技术进行赛事直转播，成为全球首个“5G+8K”直转播的电子竞技赛事。

（王宇澄　钟冷）

【电竞北京 2020 王者荣耀世界冠军杯总决赛】 8 月 16 日，由市委宣传部指导、市文资中心及区委宣传部支持，海淀文旅集团承办的电竞北京 2020 年王者荣耀世界冠军杯总决赛在北京凯迪拉克中心（五棵松体育馆）举办。受新冠疫情影响，2020 年王者荣耀电竞赛事至半决赛均为线上形式或线下空场无观众形式，总决赛是疫情防控等级下调后国内首个恢复公开售票的大型体育赛事。总决赛采用线上“云观赛”及现场观赛两种方式开展，全

8月16日，电竞北京2020王者荣耀世界冠军杯总决赛举办（区委宣传部 供图）

平台线上直播参与5.7亿人次。2020年KPL春季赛冠军TS和首次进入总决赛的DYG进行巅峰对决，经过7局比拼，TS以4:3的战绩击败对手，夺得电竞北京2020·王者荣耀世界冠军杯总冠军。市委宣传部副部长赵磊，海淀区委书记于军，北京市国有文化资产管理中心主任刘绍坚，腾讯互娱移动电竞业务部总经理、王者荣耀品牌总负责人、KPL联盟主席张易加为总冠军战队颁发冠军奖牌；腾讯互娱天美L1工作室总经理、《王者荣耀》制作人李旻为总决赛FMVP选手TS. 暖阳颁发FMVP奖杯。

（钟冷 王宇澄）

【“颐品C味”沙棘汁推出】 8月，颐和园与山西省吕梁野山坡食品有限公司合作推出“颐品C味”沙棘饮品。设计师将颐和园历史悠久的皇家园林文化融入包装中，三款瓶身设计元素取自颐和园重要建筑景观听鹂馆、佛香阁、十七孔桥，纹样则来源于三件园藏文物。颐和园将颐养天和的皇家园林文化赋能于吕梁的沙棘产业，引导山区群众走出一条产业和业态协同发展的双赢之路。产品同步上线颐和园官方淘宝店、微信小程序“最美颐和”微店。

（杨然）

【中关村文化产业五十人咨询委员会研讨活动】 9月3日，由区委宣传部、中关村文化产业五十人咨询委员会主办，区文促中心、北京太立圣汇文化传播有限公司承办的主题为“新时代海淀数字文化产业发展新机遇与新趋势”的2020年中关村文化产业五十人咨询委员会研讨活动举行。研讨活动旨在助力海淀数字文化产业发展，破解数字文化产业发展的新难题，推动数字文化产业跨行业跨领域融合发展。区融媒体中心副主任张东旭介绍《海淀区数字文化产业发展三年行动计划（2020年—2022年）》研究情况。

（于佩丽 韩笑）

【第四届中国“网络文学+”大会】 9月4日至6日，第四届中国“网络文学+”大会开幕式暨高峰论坛在海淀举行。大会由国家新闻出版署和市政府指导，市委宣传部（北京市新闻出版局）、中国音像与数字出版协会、中共北京市委网络安全和信息化委员会办公室、市广播电视局、市文联会、海淀区委共同主办，中宣部副部长梁言顺，市委常委、宣传部部长杜飞进，国家新闻出版署、市委宣传部、市广播电视局市委网信办相关负责人以及于军、张劲林、吴计亮等区领导出席开幕式。区委书记于军在开幕式上致辞。大会以“价值引领、精品孵化、作家培育、融合发展”为重点，以“网映时代，文谱华章”为主题，举办高峰论坛、平行主题论坛、企业分论坛、“IP嘉年华”等系列活动。高峰论坛上，中宣部出版局副局长冯士新发表题为《用网络文学之光映照时代之美》的主旨演讲，中国音像与数字出版协会发布《2019中国网络文学发展报告》。国家新闻出版署印发《关于进一步加强网络文学出版管理的通知》。网络文学作家蒋胜男、阅文集团首席执行官程武、爱奇艺首席内容官王晓晖、今日头条CEO朱文佳、百度副总裁互动文娱平台总负责人曹晓冬分别作《中国网络文学的精品创作》《记叙中国故事，传递时代声音》《好故事不止于文字》《新全民阅读时代的网络文学》《人工智能时代AI为阅读赋能》主题演讲。大会专家团从近期上万部网络文学作品中评审出的60部优秀网络文学作品，参加优秀作品展，包括有全面建成小康社会题材优秀作品22部、脱贫攻坚题材优秀作品4部、其他现实题材优秀作品17部、多元题材优秀作品17部。22家参展单位参展“IP嘉年华”，观众可现场体验各式各样的IP场景体验与互动游戏。通过大会平台，累计推荐网络文学IP作品超过1500部，完成交易作品超过400部，交易金额超过21亿元。

（韩松 钟冷）

【服贸会文化服务主题海淀展区】 9月5日至9日，2020年中国国际服务贸易交易会（简称服贸会）在京举行。海淀区组织文化服务板块海淀展区，以“数字创新驱动力，文化赋能科学城”为主题，围绕数字文化产业核心，聚焦北京市精品游戏研发基地——中关村科学城数字文化产业园，将中关村科学城北区发展战略和数字文化产业发展方向通过园区展示集中体现。同时展示《中关村科学城北区发展行动计划》和《关于中关村科学城新时期再创业再出发提升创新能级的若干措施》等发展政策与数字文化产业强劲发展态势，展现海淀文化国际化交流水平和服务贸易成果。

（于佩丽 韩笑）

【原创古典舞剧《曹雪芹》首演】 9月16日至18日，由区委宣传部出品、北京曹雪芹学会等单位支持的原创古典舞剧《曹雪芹》在国家大剧院首演。

古典舞剧《曹雪芹》首演剧照（区委宣传部 供图）

该剧由中关村国际舞蹈中心、特邀中国歌剧舞剧院、北京歌剧舞剧院演员联合演出，导演为北京舞蹈家协会副主席、北京市海淀舞蹈家协会主席、北京舞蹈学院青年舞团团长刘震。历时两年精心创作的《曹雪芹》，设计四幕剧情，以人物经历为背景，打破时空界限，使用时间倒序、时空交错的编排手法，展现主人公一代文豪曹雪芹从富贵到寥落、相爱到分离、思念到聚首、抱负到幻灭、写作艰辛到高峰呈现的一生。舞剧以中国古典舞为主要呈现方式，同时汇集多种舞蹈形式，引导观众走进曹雪芹的人生及精神世界。

（韩松）

【北京设计周博览会海淀文化专区】 9月23日至26日，主题为“青春创意、工美品质——开启海淀文创新征程”的2020北京设计周博览会海淀文化专区展出。海淀文化专区由区文促中心主办，北京博特纳文化传播有限公司承办，展览内容包括曹雪芹研究会、纳兰研究中心、三山五园展、贝家花园、艺术中关村、北京工美研究院国礼文创、北京培黎职业学院大学生文创共计七个部分的成果展示及相应文创产品的展售活动。设计周分会场活动在龙徽1910文化创意产业园同步进行。

（于佩丽 韩笑）

【首届北京国际游戏创新大会】 9月25日至27日，以“科技·未来·创新”为主题的首届北京国际游戏创新大会暨游戏产业创新峰会（BIGC）在海淀召开，市委常委、宣传部部长杜飞进，区委副书记、代区长王合生，区委常委、区委宣传部部长张劲林出席开幕式。大会由市委宣传部、海淀区委、中国音像与数字出版协会指导，海淀中关村科学城电子竞技产业协会、北京时度效文化传播有限公司共同主办，百位国内外知名游戏人、80余家游戏相关企业参会。大会设置主体活动、配套活动两大板块。主体活动采用“1+N+1”的模式展开：大会开幕式暨游戏产业创新峰会，权威发布《2020中国游戏创新及发展趋势报告》，来自腾讯、网易、暴雪、微软和索尼等国内外头部游戏企业的领军人物出席。“N”是N场主题分享，围绕内容创新、游戏引擎、硬件开发、发行平台、制作人、融合营销六个方面进行125场主题分享，腾讯、网易、微软、索尼、Unity、Wegame6家企业分别举办企业主题分享会。北京师范大学、中国传媒大学等研究机构邀请国内外游戏理论研究学者举办游戏理论研究论坛。微软带来《图形学（真实感绘制/人脸动画等）在游戏中的应用》《MicrosoftAzure全球低延时架构助力游戏出海》《人工智能在游戏当中的应用》和《游戏实时运营利器：PlayFab》等内容。大会的配套活动包括游戏前沿科技展和各企业主办的交流活动，其中前沿科技展示将集中展示游戏领域最新的科技成果和产品，展示的内容包括游戏的动作捕捉系统、Unity的图形渲染技术与引擎、腾讯的云游戏技术、网易伏羲实验室的人工智能技术、HTC的VR虚拟设备，微软实验室的最近科技成果，5G+8K游戏展示等，索尼、任天堂、完美世界、西山居等15家世界知名企业带来最新游戏体验。在游戏创新盛典上，揭晓8部2020年度优秀游戏作品和提名作品。

（钟冷）

【“颐式生活”全智能茶具推出】 9月，颐和园与广东海利集团有限公司旗下高端茶具品牌“金灶”合作推出“颐式生活”系列全智能茶具。此次推出涌泉式全智能玻璃茶艺炉、玻璃吸管花茶杯、可拆洗飘逸杯、小青柑专用茶壶套组等共计六款产品，产品涂装

9月25日，BIGC游戏产业创新峰会在海淀开幕（区委宣传部 供图）

设计取自颐和园“莲红坠雨”景观元素，外包装设计融合园内建筑十七孔桥、佛香阁、万寿山，将盛世太平、吉祥如意和生生不息等文化寓意与产品有机融合。产品同步上线颐和园官方淘宝店、微信小程序“最美颐和”微店、金灶天猫旗舰店。

（范艺斐）

【“大雅颐和”电子产品推出】 9月，颐和园与联想集团联名推出三款“大雅颐和”电子产品，正式上线联想官方网上商城。三款产品包括“YOGAC940”颐和园定制版电脑、联想智能体脂秤、颐和园定制版US100超薄SSD移动硬盘。“大雅颐和”系列创意灵感源自颐和园十七孔桥，十七孔桥的“金光穿洞”久负盛名，光影通过桥洞经过角度变换，形成的图形与月相变换有异曲同工之妙。“月下十七孔桥”以乾隆66次到访清漪园未赏之月为引，将满月呈现在创意中，隐喻科技与传统文化的相互圆满。

（范艺斐）

【北京大学第五届音乐剧学院奖颁奖】 10月6日，北京大学第五届音乐剧学院奖决赛及颁奖晚会举行。“音乐剧学院奖”是海淀区校地合作重点文化项目，由北京大学艺术学院和北京大学国际合作部联合举办，北京大学民族音乐与音乐剧研究中心、中国音乐剧孵化基地承办，南京艺术学院天星音乐剧学院协办，中国戏剧家协会与区文促中心支持。第五届音乐剧学院奖收到来自国内外50余所综合高校、专业院校及其他艺术单位的申请材料近200份。经过2个多月的评审，评出最佳音乐剧男演员1名、最佳表演团队1名、优秀表演团队3名、最具风采音乐剧演员6名、元培助学奖8名、最聚人气音乐剧演员1名、最聚人气音乐剧组合1组、优秀指导奖9名、团队指导奖6名。6月，北京大学“音乐剧学院奖”项目成功入围2020年“泰晤士高等教育亚洲大奖”（THEAwardsAsia）的艺术领域卓越与创新奖。

（钟冷　于佩丽　韩笑）

【BME音乐盛典】 10月9日至11日，首届北京国际音乐产业高质量发展促进大会（BME大会）在五棵松体育馆举行，大会以“音乐点亮城市、创意美好生活”为主题，以“活动发布+内容化定制演出+音乐人互动+全媒体直播”的创意展现方式，助力华语音乐高质量发展。作为压轴活动板块的BME音乐盛典，于10月11日在凯迪拉克中心（五棵松体育馆）举行。BME音乐盛典由市委宣传部（北京新闻出版局）、中国音像与数字出版协会指导，区委宣传部、金悦文化传播主办，海淀文旅集团、亚洲星光娱乐联合主办，北京海旅尚艺文化艺术有限公司、北京爱亦科文化科技有限公司承办。盛典现场颁发年度优秀新势力、年度优秀乐队、年度优秀歌曲、年度优秀男、女歌手等奖项，部分音乐人现场演唱，全媒体直播。

（王宇澄）

10月11日，首届北京国际音乐产业高质量发展促进大会——BME音乐盛典活动现场（海淀文旅集团 供图）

【《颐和园日历·2021（长廊彩画）》发行】 10月13日，由颐和园与文物出版社共同编辑的《颐和园日历·2021（长廊彩画）》出版发行，在颐和园举行新闻发布会。该书为颐和园日历系列图书之一，收录颐和园长廊彩画图332幅、长廊古建筑和彩画科普小知识图53幅、景观摄影图21幅、线描立面图9幅，涵盖长廊彩画全部类别，从不同角度展现长廊彩画的文化内涵，并兼具趣味性和科普性，充分展示中国古典园林绘画技艺与工匠精神。

（赵晓燕）

【2020英特尔极限大师挑战赛】 11月2日，由海淀文旅集团和北京卓樾网络科技有限公司主办，北京海旅文科会展服务有限公司承办的2020英特尔极限大师挑战赛在华熙LIVE•五棵松M空间举办。英特尔大师挑战赛设置全国最热门的两款电竞游戏赛事：《英雄联盟》和《CS：GO》。SDX青训获得2020英特尔大师挑战赛全国总冠军。大赛以线上的方式向全球直播，总观看量5100万次，每小时观看量1100万人次，每分钟观众数333万人次，同时观看峰值1153万人次，独立访问者数量2300万人。

（王宇澄）

【第三届VR电子竞技国际大赛全球总决赛】 11月8日，由市委宣传部和市国有文化资产管理中心指导，区委宣传部、中关村电竞产业协会支持，当红齐天集团、海淀文旅集团和北京卓樾网络科技有限公司联合发起的电竞北京2020系列赛事——VR电子竞技国际大赛全球总决赛在华熙LIVE•五棵松的M空间举行。VRES是全球首个专业的VR电竞赛事，本届赛事为第三届，设立中国、韩国、泰国、新加坡四个赛区六个分站赛，吸引全球2000余支战队报名参赛，覆盖10万余名电竞用户。进入总决赛的2支战队经过比拼，TCK战队获冠军，Tx6战队获亚军。总决赛在食宝街、五棵松商圈等地设置户外线下第二现

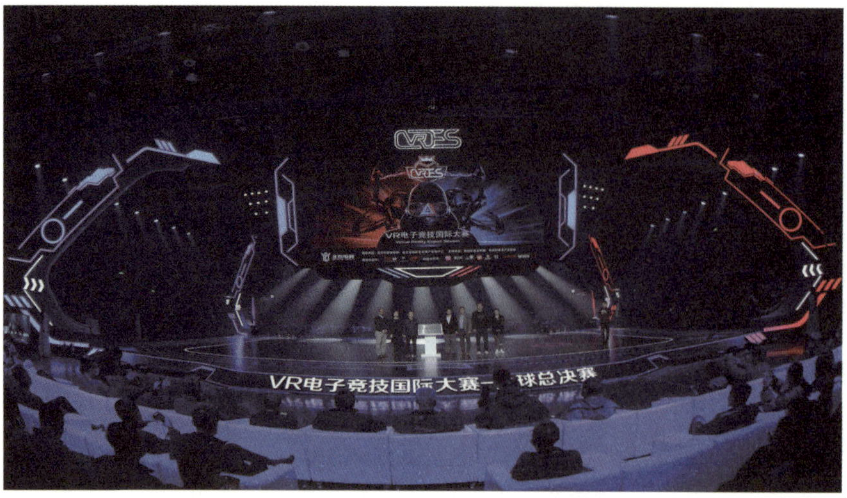

11 月 8 日，2020VR 电子竞技国际大赛全球总决赛现场（区委宣传部 供图）

场观赛体验，设置 VR 滑雪等互动体验冬奥项目，场外的观众可近距离体验 VR 游戏设备的魅力。本次比赛首次采用 5G 网络技术进行网络直转播，在斗鱼、虎牙、B 站等网站独家直播，现场采用 8K 技术（超高清视频技术）为观众呈现超高清画质的比赛画面，成为电子竞技与科技融合成就智慧体育的典型代表。

（钟冷　王宇澄）

【2020 中国数字艺术产业论坛】 11 月 9 日至 10 日，由北京市文化和旅游局、海淀区人民政府、中国动漫集团、H.629.1 数字艺术显示国际标准产业联盟主办，区委宣传部、中关村数字文化产业联盟等单位协办，海淀文旅集团等单位承办的 2020 中国数字艺术产业论坛在稻香湖景酒店举办。论坛以“新融合 • 新动力 • 新发展——数字艺术助力文化和旅游产业创新发展”为主题，以数字艺术内容供给与消费、文化和旅游消费业态探索、数字艺术展示、数字内容技术提升、成功案例分析和数字艺术产业投融资等为核心讨论议题，设一个主论坛、两个分论坛、新技术 / 新产品展示等活动。大会主论坛聚焦“数字文化新动力 • 城市发展新活力——数字艺术产业赋能城市软实力”主题，通过前沿技术、趋势展望、理论研讨、创作交流、成功案例解析等环节，解读行业政策、数字艺术与技术、文化和旅游消费、金融支持等关键问题；展示数字艺术产业发展成果，勾画数字艺术产业发展新未来。两个分论坛主题分别是“数字赋能 • 万物互联”——数字艺术产业的创新发展、“融合 • 创新 • 共赢”——数字内容供给与文化和旅游消费创新。论坛上，正式启动“百万数字艺术体验场景计划”，通过技术创新、示范应用、普及推广，将艺术与科技相融合的创新产品及服务，应用到文博机构、公共空间及家庭空间，建设技术含量高、内容丰富、形态多元、部署灵活的数字艺术体验场景；到“十四五”期末，实现 H.629.1 数字艺术显示国际标准产业联盟成员单位 500 家以上，建成产业联盟基地 5 个以上，建设数字艺术体验场景 500 万个以上，汇集数字艺术内容 5000 万件以上，触达人数 5 亿人以上，带动产业链相关企业产值 500 亿元以上。来自全国的 100 余家企业代表等 600 余人参会。新华网、人民网、《中国文化报》《中国旅游报》、今日头条、新浪等 30 余家新闻媒体进行现场报道，《求是》杂志社圆点直播进行现场直播，实时在线观众最高达到 52 万人次。

（钟冷　王宇澄）

【第九届英雄联盟全国高校联赛在启动】 11 月 13 日，由腾讯官方举办的电子竞技赛事——第九届英雄联盟全国高校联赛在五棵松体育馆启动，《英雄联盟》高校新文创大赛、高校解说大赛等高校电竞生态体系合作同步启动，第九届《英雄联盟》高校联赛年度合作发布仪式举行。第九届《英雄联盟》全国高校联赛解说大赛与中国传媒大学合作，建立电竞人才孵化与输送试点，高校解说大赛优秀人才可晋级到全运会主播解说大赛。第九届《英雄联盟》全国高校联赛新文创大赛与中国青年报合作，以提高高校新文创大赛赛事影响力，完善高校电竞生态体系建设。区委宣传部与腾讯互娱电竞战略合作签约，双方将共创赛事品牌、共同探索高校电竞新模式，将海淀区打造成为《英雄联盟》高校电竞赛事基地，形成全国知名的高校电竞中心。赛程分四个环节，即周选拔赛（11 月至 12 月）、省赛（2021 年 3 月至 4 月）、大区赛（2021 年 5 月）、全国总决赛（2021 年 6 月）。

（钟冷）

【第十八届中国文化产业新年论坛特别专场——海淀文化产业对话会】 12 月 28 日，第十八届中国文化产业新年论坛特别专场——海淀文化产业对话会举办。本届论坛由区委宣传部、北京大学艺术学院共同主办，区文促中心、北京大学文化产业研究院、北京大学文化传承与创新研究院共同承办。对话会主题为“新技术新文化新生活”，探讨“十四五”期间在数字新基建不断加强的条件下，如何用新技术、新文化提升文化治理能力，推动海淀文化产业高质量发展，提高新旧动能转换效率，促进产业升级，创造新生态、新生活，提升人民生活新品质，推动社会进入新发展。北京市文化创意产业促进中心主任梅松作题为《充分发挥科创文创叠加优势加快发展智慧文化产业》的主旨演讲，北京科学技术研究院中国创意产业研究中心主任张京成分享《科技创新驱动北京文化产业高质量发展——海淀的基础与优势》，北京大学新结构经济研究院国内智库部主任黄斌作题为《高质量支撑全国文化中心建设的文化产业创新发展路径思考》的发言，北京大学文化产业研究院副院长、北京大学文化传承与创新研究院常务副院长向勇分享《新发展阶段文化产业高质量发展的策略与机制》。在圆桌研讨环节，与会专家围绕“十四五”时期海淀文化产业的发展进行讨论，提出建议。对话会增加海淀与江西省抚州市交流环节，海淀和抚州的部分文创产品在会议现场进行展示。

（钟冷　于佩丽　韩笑）

区域特色文化

【“大觉寺及周边红色史迹调研”课题完成】 年内，大觉寺管理处完成北京市文物局“大觉寺及周边红色史迹调研”课题。作为课题负责单位，大觉寺管理处成立课题小组，多次召开专项会议。以西山永定河文化带区域内大觉寺及周边红色史迹为坐标，对分布在海淀区、门头沟区的红色文化资源的总体概况、历史文化价值、利用情况和长远发展等方面开展调研，对北京西山一带的红色文化和革命精神进行发掘阐释和深入研究。查阅书籍资料50余册，论文70余篇，拍摄照片资料1000余幅。完成10余处红色史迹实地踏查工作，完成近2万字的课题报告撰写和报送。

（张蕴芬）

【曹雪芹讲坛】 1月10日至6月11日，中国国家博物馆举办“隽立千古——《红楼梦》文化展”期间，区文促中心在中国国家博物馆学术报告厅举办配套项目“曹雪芹讲坛”10期，其中2期线下、8期线上，5万余人次参与线上直播。讲坛从文学、历史、艺术、哲学、经济等方面阐释、讨论曹红学的价值和对当下社会的意义，利用“隽立千古——《红楼梦》文化展”的影响力传播海淀特色文化之曹雪芹“红文化”。

（高洁　邵晶森）

【第六届三山五园研究院学术研讨会暨第四届中法人文交流海淀论坛】 1月11日，主题为“三山五园历史文化与生态文明”的第六届三山五园研究院学术研讨会暨第四届中法人文交流海淀论坛在京举行。研讨会由区委宣传部、北京联合大学、欧美同学会法比分会、北京外国语大学法语语言文化学院联合主办，北京联合大学三山五园研究院、北京学研究基地、应用文理学院、北京大学文化产业研究院和海淀区文化发展促进中心承办。来自京内外高等院校、科研机构以及文化产业等领域的专家学者、国外专家代表及研究生150余人与会。与会专家学者围绕三山五园与北京生态文明建设、三山五园历史文化内涵发掘与传播、中法人文交流互鉴等问题展开讨论。中法人文交流海淀论坛设三个分论坛，主题分别为“三山五园生态变迁与文化传承”“三山五园文化资源发掘与创新利用”“中法人文交流互鉴”，与会专家提出三山五园建设国家文化公园的优势及必要性，为三山五园的历史文化遗产保护与建设规划提供新的思路。欧美同学会法比分会秘书长、北京外国语大学法语语言文化学院院长对中法人文交流论坛发挥的平台作用予以充分肯定，中国工合国际委员会主席、北京欧易国际文化有限公司总经理、《贝熙业传奇》作者、法国波尔多葡萄酒行业协会宣传大使等文化专家、学者、企业代表围绕中法人文交流互鉴展开讨论。

（高洁　邵晶森）

【香山革命纪念地第一期读书分享会】 4月23日，香山公园与香山革命纪念馆联合举办香山革命纪念地第一期读书分享会。分享会主题为“奠基之路”，活动主要以《新中国的奠基》一书为主，由图书著者谈感受、读者分享互动、知识竞答以及香山革命纪念地虚拟展上线等环节组成。香山革命纪念地虚拟展结合全景展现、音频视频等形式，展现香山革命纪念地旧址和革命纪念馆的展览内容，同步在香山公园和革命纪念馆官方网站上线。中共中央党史研究室，市委宣传部，市委党史研究室、市地方志编纂委员会办公室，市公园管理中心等单位领导共同启动香山革命纪念地虚拟展。

（任艳）

【“一二·九”运动纪念地通过复核检查】 9月24日，北京市文旅局对北京植物园红色景区“一二•九”运动纪念地进行复核检查。检查组实地考察“一二•九”运动纪念地卫生环境、宣传牌示、展览展陈、红色驿站等软硬件设施，查看服务登记簿、现场观摩讲解，听取植物园红色基地工作开展情况汇报。“一二•九”运动纪念地通过复核检查。

（石鑫）

【第十一届曹雪芹文化艺术节·红迷嘉年华】 10月16日至18日，由北京曹雪芹学会、北京曹雪芹文化发展基金会发起，北京曹雪芹学会、北京市公园管理中心、区委宣传部共同主办，北京植物园、红迷会承办的第十一届曹雪芹文化艺术节•红迷嘉年华在黄叶村曹雪芹西山故里举行。文化艺术节以“《红楼梦》开始的地方”为主题，设置梦之书•曹雪芹文化装置展、梦之钥•曹雪芹《红楼梦》资料馆馆藏展、梦之域•“品红说”系列讲座、梦之娱•曹红主题线下游戏体验、梦之羽•红楼梦精雅生活体验、梦之结•梦境希望与你有更多的联结六个篇章，包括曹红文化展览、曹雪芹文化讲座、曹红主题线上线下游戏、红楼梦精雅生活体验、户外沉浸式曹雪芹文化装置展等等系列活动，红迷和游客可从不同视角、不同形式感受曹雪芹，走近《红楼梦》。作为红迷嘉年华重要单元的“品红•说”，邀请四位曹红研究领域的专家学者，围绕曹雪芹与三山五园、曹雪芹在北京、大观园、曹雪芹小道等主题展开讲座。艺术节期间，红迷会携手京港地铁进行“云上走曹雪芹小道”的直播活动，在线直播品红说讲座4场，覆盖受众近20万人次。艺术节相关话题在新浪微博引起受众转发，宣传覆盖总计近300万人次。

（高洁　邵晶森　石鑫）

【“纪念纳兰性德诞辰365周年”纳兰文化艺术节】 10月18日至11月12日，海淀区纳兰文化研究中心与区文促中心、北京一零一中学在纳兰家族曾经的封地上庄联合主办“纪念纳兰性德诞辰365周年”纳兰文化艺术

10 月 18 日，纳兰文化艺术节开幕（纳兰文化研究中心 供图）

节开幕式暨纳兰书院授牌仪式、纳兰文化融媒体中心成立大会。活动由区委宣传部、区文联、上庄镇人民政府指导，中国宋庆龄基金会、宋庆龄故居管理中心及纳兰文化融媒体中心成员单位共同支持。包括“纪念纳兰性德诞辰 365 周年——纳兰文化艺术节”开幕式、纳兰书院授牌仪式、纳兰文化融媒体中心成立大会、纳兰寻踪、专家研讨、纳兰文化大讲堂、纳兰诗会等内容，与会领导和知名专家学者对纳兰文化进行深度解析，探讨纳兰文化的历史传承和现实意义，构建特色鲜明、优势突出的区域文化传承和创新体系。永泰庄纳兰文化公园露天纳兰纪念馆公共文化空间免费开放。纳兰文化研究中心与北京一零一中学合作成立国内首家以传承纳兰文化为主的“纳兰书院”；与线装书局、人民东方出版传媒集团、腾讯、新浪、今日头条等多家单位合作，成立纳兰文化融媒体中心，以官网、两微一抖，结合小程序开发、线上推广等形式，形成纳兰文化可持续研发、推广的主力平台。艺术节期间，以“线下活动 + 线上直播”的形式，分别于上庄纳兰文化公园、纳兰家庙（东岳庙）、北京一零一中学双榆树校区、深影国际影城学院南路店举办纳兰寻踪、专家研讨、纳兰文化大讲堂、纳兰诗会、包场观影等活动。2020 年是清初第一学人、宋后第一词人纳兰性德诞辰 365 周年。以纳兰性德为代表的“兰”文化是海淀区特色文化的重要组成部分，是海淀区乃至北京市的特色民族文化名片之一。

（韩松 高洁 邵晶森）

【艺术中关村 2020 年联展】 11 月 17 日至 24 日，由区委宣传部、区网信办、区科协、区文联、区文旅局、区融媒体中心等单位指导，区文促中心主办，艺连科技、海淀文化公社承办的“艺术中关村 2020 年联展”在中华世纪坛举行。展览涵盖国画、油画、雕塑、海淀特色文创四大部分，参展艺术家 90 余位，展出展品 190 余件。本次展览是海淀区全民阅读季系列重点活动之一、第八届北京惠民文化消费季系列活动之一，是艺术中关村项目运营三周年成果展。艺术中关村项目运营三年来，围绕“一村三山五园”开展主题写生活动 20 余场，参与艺术家 500 余位，创作海淀相关题材艺术作品 200 余幅；组建中关村艺术研究院，建立曹雪芹纪念馆、贝家花园、江西庐山等 5 个写生基地；与创业公社、中关村村史馆、中国水墨画院、贝家花园达成战略合作，品牌影响力初步形成。

（韩松 高洁 邵晶森）

【第五届中法人文交流海淀论坛暨 2020 中法文化交流青年沙龙】 12 月 18 日，由区委宣传部、北京外国语大学法语语言学院、欧美同学会法比分会主办，海淀区文化发展促进中心、北京联合大学应用文理学院、北京大学文化产业研究院承办的“第五届中法人文交流海淀论坛暨 2020 中法文化交流青年沙龙”在中关村创业公社举行。论坛以“中法文化交流青年的角色与发展”为主题，围绕城市青年活力创新、新生代品牌国际化合作、东西方文化传播、传统文化遗产传承等主题，探讨青年在中法人文交流中的角色与担当。巴黎早安上海创始人杨晶，中国国际电视台 CGTN 法语频道制片人王波涛，中国旅法工程师协会原会长邢镔、北京中法实验学校校长孙继刚，中法文化艺术交流协会常务副会长高雷，海淀区文化发展促进中心特色文化科科长邵晶森等嘉宾，同与会者分享中法文化品牌合作如何激发多元文化创造力、中法文化传播成果及项目案例、青年角色在多元文化中融入与拓展等等，探讨中法文化交流当代青年合作的发展与未来。论坛期间举办 2020—2021“艺术的流动”中法艺术交流展，展出 6 位中法两国当代国际知名青年艺术家的 20 余件国际展览及获奖艺术品。来自外交部、教育部、欧美同学会、海淀区政府及中法两国工商界、教育界，中法知名品牌企业等单位的 100 余人参加论坛。

（高洁 邵晶森 钟冷）

文化活动

【概况】 2020 年，区文旅局根据疫情防控给公共文化供给带来的新变化，充分发挥文旅 @ 海淀平台线上供给主阵地作用，以数字产品内容建设为统领，推出品种多样、内容丰富、获取便捷的“云培训”“云活动”“云创作”等线上产品，丰富群众的文化生活，为疫情防控新形势下公共文化产品的供给方式提供新路径。依托“海之声”新年演出季、“到人民中去”精品演出进基层、百姓周末大舞台、星期五艺术 PARTY 等品牌活动，线上线下开展公共文化活动 8576 场，覆盖 4750 万人次。其中线上活动3661场，覆盖4645万人次；线下活动2560项、4915场，覆盖105万人次，线上活动规模及惠及人次均创最高。

（杨帆）

【星期五艺术PARTY】 年内，区文化馆推出品牌系列活动——星期五艺术PARTY。活动围绕音乐的“国之大器”主题，邀请古琴、编钟、埙、箜篌、笙、琵琶、鼓、笛箫八大传统器乐的演奏家和学者，通过录制+云直播的形式，举办10场国乐经典，为观众讲述中国礼乐文明，分享艺术见解，进行线上互动交流，观众浏览量超1000万人次。

（陆丽明）

【京津冀云上好声音全民歌唱评选展演活动】 年内，区文化馆与北京文化艺术中心、全民K歌平台合作，开展2020京津冀云上好声音全民歌唱评选展演活动。线上线下相结合，吸引来自京津冀地区的2240名K歌爱好者云上参与，观众浏览量294万人次。经过海选和复赛，洪军、朱雅霞等10人分别获得中老年组金奖、银奖、铜奖和优秀奖；李雪、孙鹏等10人分别获得青年组金奖、银奖、铜奖和优秀奖；邱潇涵、邢议文等10人分别获得青少儿组金奖、银奖、铜奖和优秀奖。

（陆丽明）

【2020年“海之春”新春文化季】 1月17日至22日，2020年“海之春”新春文化季完成原计划项目中的15个，已开展未执行完毕项目19个（含展览类项目8个）。此次“海之春”新春文化季原计划于1月17日至2021年3月8日举办，以“非遗大年春风千里文化送福温暖万家”为主题，突出优秀传统文化传承、文旅融合新发展两大特点，包括红梅报春、文化暖春、民俗欢春、非遗染春、名园尽春、精品亮春、筑梦迎春、歌舞赞春八个主题单元67项、250余场文化活动。受新冠疫情影响，1月23日起取消春节假期及后续所有文化季项目。

（杨帆）

【新春民俗系列活动】 1月20日至2月8日，海图北馆举办主题为“福泽淀阁文韵传香”的2020新春系列活动。活动由新春文化展览、新春民俗互动墙、传统文化讲座、冬奥年味市集、元宵寻宝之旅五大版块组成，从弘扬中国传统文化的角度，集合古六艺——礼乐射御书数，加入科技互动、“平语近人”展览、改革开放画册展、传统文化展、特色朗读亭等内容。参与读者1128人，千龙网、人民网、北京时间等纸媒、网媒、电台媒体进行报道宣传。

（赵毅）

【2020年“海之声”新年演出季】 1月24日，为期一个月的2020年第十届“海之声”演出季结束，完成64项176场演出。本届“海之声”演出季原计划从2019年12月至2020年2月，在区内10家演出场所上演88项、208场国内外精品文艺演出。受新冠疫情影响，自1月24日起后续演出季项目全部取消。

（杨帆）

【“以文为援抗击疫情”群众文艺创作】 2月6日至3月27日，北部文化馆在“海淀北部文化馆”微信公众号“以文为援，抗击疫情，群众文艺创作在继续”群众文艺作品展示活动。收到群众“抗疫”主题文艺创作投稿100余篇，发表作品50余个。通过诗歌、诗词、朗诵、舞蹈、戏曲等艺术形式，分享感动的故事和关切的心情，记录时代，致敬英雄，表达祝福。开展“以文为援抗击疫情群众文艺创作在继续”活动10次；“抗疫”主题儿童画作品展4次，征集200余幅书画作品，70幅作品在线上平台展出；“抗疫”主题学员书画作品展6次，展出作品90余幅。举办“以歌为武群众原创歌曲为战疫助力”活动、原创情景诗朗诵《巾帼英雄》——致敬抗疫一线的女英雄活动、“云端的思念”清明主题文艺作品展、“垃圾分类放，环保靠大家”垃圾分类知识大挑战、“缤纷童年——六一儿童节线上书画作品展”“端阳雅韵古琴赏析”等活动。

（张春）

【“慧海金帆杯”公益艺术系列展示活动】 3月至5月，由海淀文旅集团主办、海淀区青少年活动管理中心和北京海旅尚艺文化艺术有限公司承办的2020年“慧海金帆杯”公益艺术系列展示活动举行。活动以“春·逆行天使”为主题，在集团旗下慧海金帆公众号展示广大海淀学子创作的绘画、书法、诗歌创作、公益歌曲等作品，海淀区20余所学校的150余位学生参与。

（王宇澄）

【承办2项首都市民系列文化活动】 清明节期间，区文化馆承办首都市民系列文化活动——“忆满京城情思华夏”2020年海淀区清明节特别节目“春暖清明”云诗会活动。活动邀请知名朗诵艺术家和来自海淀区各行各业的朗诵爱好者，通过线上朗诵“云诗会”，弘扬传统文化，情暖人间的节日氛围。活动通过国家公共文化云微信公众号、北京文化艺术活动中心官网、微信公众号、微博、快手、区文化馆网站、等网络平台进行线上播出并进行线上的交流互动，吸引近100万人次观看。6月，区文化馆举办2020年首都市民系列文化活动暨首届“海之星”少儿书画作品展活动。收到全市少年儿童的400余幅参赛作品。活动设儿童书法组（5—10周岁）、儿童绘画组（5—10周岁）、少年书法组（11—16岁）、少年绘画组（11—16岁）四个组别，每个组别分别评选出明日之星、人气之星、潜力之星、成长之星，共评178名获奖者，另有88名少年儿童获得作品入围奖。

（陆丽明）

【七夕系列活动】 8月23日至25日，海图北馆举办主题为“爱满京城相约幸福”的七夕系列活动。活动由品读《浮生六记》，畅谈爱情人生为主题的大型谈话类活动、非遗互动创作系列活动以及针对少年儿童读者的“七夕：读绘本，做手工”活动三个部分组成，包含彩绘葫芦、DIY衍纸、毛猴、面塑、团扇、花艺等活动，传承中国传统文化。活动同步在线上通过文旅局快手直播、斗鱼直播、新浪直播及抖音直播等平台进行直播，

417 名读者参与活动。

（赵毅）

【首届中关村舞剧节】 9月6日，由中国舞蹈家协会、北京市委宣传部、海淀区委宣传部等单位指导，中关村国际舞蹈中心及北京九维文化传播有限公司主办的首届中关村舞剧节在海淀区中关村广场开幕。舞剧节以“破界融合”为主题，实现剧场、户外、线上三方联动，探索疫情防控常态下群众艺术供给的多样化形态，形成“一万在剧场、十万在现场、亿万在线上”的文化氛围和参与热潮。舞剧节期间，9 部经典中国舞剧线下展演、10 余部国内外顶尖舞剧线上云播，汇聚 9 位中国顶尖舞者、10 余位中外艺术行业专家、600 位表演艺术家。舞剧节共安排 9 部 22 场国内经典舞剧的剧院展演，其中包括《人生若只如初见》《赵氏孤儿》《青衣》《曹雪芹》《弧》《记忆深处》《红色娘子军》《永不消逝的电波》等中国精品舞剧。10 部来自亚、非、欧、美四大洲的国际舞剧登陆优酷等新媒体平台，包括中国民族舞剧《丝路花雨》《草原英雄小姐妹》及“新古典芭蕾”《浮士德》和传奇舞王迈克尔•弗莱利的《王者之舞》等作品。舞剧节特设“8 小时舞不停”的户外展演环节，480 分钟不间断的舞蹈体验，邀请近百位国内知名舞蹈艺术家、艺术高校、专业院团、舞蹈工作者，在中关村最繁华的 300 米商业街区舞台接力表演古典舞、民族舞、现代舞、街舞、非洲舞。舞剧节持续至 9 月 26 日。

（韩松）

【“中国农民丰收节”暨海淀区第 31 届农民艺术节开幕式】 9月26日，“梦圆小康礼赞丰收”——2020 海淀区“中国农民丰收节”暨海淀区第 31 届农民艺术节开幕式在上庄镇西马坊村京西稻保护区基地举行。此次活动由区委、区政府主办，区农业农村局承办，北部文化馆等单位协办。演出节目包括开场鼓表演《丰收鼓舞》，抗击疫情主题的歌舞《吉祥的春天》《平凡的感动》，非遗展示太平鼓和皮影戏《京西稻的传说》，宣传垃圾分类的舞蹈《绿色时尚》，歌曲《看山看水看中国》，文化馆创编的民乐合奏作品《丰收的希望》等；区农业农村局制作的《保护文化遗产传承乡村文明》视频首播，系统梳理海淀区的 20 余项非物质文化遗产。

（张春）

【第十七届海淀文化季】 10月1日，由区文旅局主办的第十七届海淀文化季以中央民族乐团《花好月圆》音乐会拉开帷幕，暂停 8 个多月的线下文化活动在疫情进入常态化精准防控背景下全面启动。本届海淀文化季分为两个阶段开展。第一阶段活动于 10 月 1 日至 8 日举行，由“家国情千帆共舞 中关村万众欢歌”——中关村金秋精品演出周和“月圆京城 情系中华”——2020 年中秋国庆文化活动两大版块、32 个项目、69 场活动组成。第一版块有 5 家国内顶级院团为大众奉上 8 天的精彩演出，共计 6000 名观众观看演出。其中 5 场演出通过央视频“北京海淀”官方平台、“北京海淀”今日头条官方平台、海淀区官方快手、抖音等共 8 个平台同步直播，累计吸引 1245 万网友线上观看，《人民日报》《北京日报》《光明网》《北京青年报》、BTV 北京时间等十余家新闻媒体对演出活动进行宣传报道。第二版块包括区文化馆“品鉴民俗 巧手团聚”——2020 年海淀区畅享中秋活动、区图书馆“中秋节读李白”展播、海淀区美术馆（北馆）金秋放歌美术作品展等在内的各类公共文化活动共 31 项、159 场，其中，线上活动 15 项、56 场，线上线下参与市民达 10.4 万余人次。第二阶段活动包括“海之魂 精神丰碑”“海之韵 文化传承”“海之潮 欢歌悦舞”“海之蓝 翰墨丹青”“海之途 时代风帆”五大主题单元、51 个项目，于 10 月中旬至 12 月举办，有 42 个项目执行完毕，5 个项目因疫情原因暂停，1 个项目在执行中，1 个项目弃权，2 个项目未开展。第十七届海淀文化季共计举办 876 场活动，其中线上 138 场、线下 738 场，线上参与 214.89 万人次、线下参与 29.58 万人次。

（杨帆）

【2020 海淀全民阅读季】 10月至12月25日，以“书香飘海淀 阅读 E 起来”为主题的 2020 海淀全民阅读季举办。2020 海淀全民阅读季由区文化和旅游局指导，区图书馆主办，包括“读经典•赞小康”主题阅读活动、“海淀大讲堂”公益文化讲座、“阅读分享，你我共读”全民阅读宣传推广系列活动、“一街一品”特色阅读活动、实体书店特色阅读活动、“文旅融合”海淀特色文化阅读活动、“文化与科技”系

9月6日至26日，首届中关村舞剧节举行（区委宣传部 供图）

列阅读活动 7 大板块共 32 个项目，线上线下同步举行。围绕全面建成小康社会、决胜脱贫攻坚主线，结合海淀“红兰皇法中”五大文化特色，开展“红色阅”“三山五园阅读”“青春阅读”“书香非遗”等特色阅读和典型评选活动；推动“阅读＋旅游”“阅读＋科技”“阅读＋景区”等创新模式；围绕社会主义先进文化、中华优秀传统文化，将“传承经典”纳入其中，开展“全民读书月”活动；利用大数据、云计算等科技手段，创新阅读模式，提升阅读体验。

（钟冷）

【海淀区第十一届文明艺术节】 11 月 10 日至 12 日，由区委宣传部、区文明办主办，中关村学院、海淀区文明市民学校总校承办的海淀区第十一届文明市民艺术节活动举行。受新冠疫情影响，本届艺术节由线下比赛调整为通过网络直播的方式进行，设置书法、国画、摄影三个比赛项目。来自全区 29 个街镇的 576 名选手参赛，其中参与摄影比赛决赛的选手 276 人、参与书法比赛决赛的选手 225 人、参与国画比赛决赛的选手人数为 75 人。采取现场直播方式，线上同步传送评委评审现场。各比赛项目分别选出一等奖 2 名，二等奖 4 名，三等奖 6 名。

（卞爱美）

【海淀区业余文艺团队大赛】 11 月至 12 月，区文化馆举办 2020 年海淀区业余文艺团队大赛。大赛分戏曲、器乐、合唱、舞蹈四个门类，来自全区各街镇的 71 支团队、2300 余团员参赛。每个门类决出一、二、三等奖。其中，戏曲门类，西三旗街道豫剧队和温泉镇舞台姐妹越剧社摘取桂冠，万寿路街道翠中社区京剧队等 3 支团队获得二等奖；曙光街道晴雪园社区海纳艺术团等 4 支团队获得三等奖。器乐类，田村路街道玉海园二里社区民乐团、北太平庄街道枝梅民乐团等 4 支团队获得一等奖，曙光街道时雨园社区乐器队、永定路街道采石路 7 号手风琴队等 4 支团队获得二等奖，中国林业大学金丝艳舞队、花园路街道牡丹园和谐民乐团等 5 支团队获得三等奖。合唱类，西三旗街道五色土合唱团、温泉镇泉之声合唱团、学院路街道石油春天合唱团等 6 支团队获得一等奖；八里庄街道唱裕合唱团、曙光街道秋水长天合唱团等 7 支合唱团获得二等奖，北下关街道霞光合唱团、花园路街道 43 号院合唱团等 7 支团队获得三等奖。舞蹈类，田村路街道玉泉嘉园军休舞蹈队、北下关街道齐舞飞扬舞蹈团等 8 支团队获得一等奖，曙光街道俏喜鹊舞蹈队、西三旗街道舞梦舞蹈团等 13 支团队获得二等奖，万寿路街道万寿路 1 号社区钊舞团、上地街道红星舞蹈队等 8 支团队获得三等奖。

（陆丽明）

【冰雪嘉年华大型主题活动】 12 月 15 日至 21 日，由区图书馆（北馆）主办的“家国情千帆共舞中关村万众欢歌”第十七届海淀文化节“冰雪文化嘉年华”活动举行。本次活动得到中国残联、冬奥组委和中华文促会、温泉镇政府支持，周边社区、科技园区、温苏学区师生和企业的支持与参与。开幕式上，冬奥组委残奥会部领导介绍 2022 年北京冬奥会的申办、筹备过程，比赛项目以及比赛场馆分布，对本届冬奥会的赛事文化：会徽、吉祥物、主题口号的文化渊源、象征意义进行讲解；2016 年中国杯花样滑冰大奖赛冠军张昊分享自己的奥运故事，讲述“重在参与、自强不息、顽强拼搏”的“奥林匹克精神”和“奥林匹克价值观”。活动设置冬奥知识大寻宝、非遗冰雪小镇、冬奥项目沉浸式体验、冬奥徽章展等 14 项文化、冬奥和冰雪体验项目。中国教育电视台、北京电视台、文旅中国、人民网、《图书馆报》《北京日报》等多家电台、纸媒和网络媒体进行报道。

（赵毅）

【“到人民中去”精品演出进基层活动】 12 月，区文旅局推出“到人民中去”精品演出进基层活动。原计划在海淀区各大剧场免费为观众呈现 10 部精品佳作、34 场演出，线上平台开启 10 部优质剧目、进行 50 天的云赏乐系列联播。12 月 25 日前举办 3 场剧场演出以及 3 场文艺轻骑兵进街镇的演出。北方昆曲剧院的《西厢记》、中央歌剧院交响乐团的《2021 年海之声新年音乐会》超过 200 万的网友在线打卡观看、点赞及留言互动。12 月 25 日后因疫情防控最新要求，取消《东方有佳音》《四郎探母》等 8 场演出的线下观演，更改为线上直播。

（杨帆）

文化市场监管

【概况】 2020 年，海淀区文化市场综合执法大队把疫情防控安全、文化安全和生产安全作为文化市场执法监管的核心任务。组织开展 5 轮全覆盖执法检查，协调公安、应急、消防、卫生监督等部门联合检查 11 次；集中开展全国两会、中高考、开学季、服贸会等重大活动和重要时段专项整治行动 10 次；组织开展“清源”“固边”“秋风”“净网”“护苗”等“扫黄打非”专项行动 12 次。检查文化和旅游企事业单位 6352 家次，查办案件 413 件，罚没款 20.2 万元；停业整顿场所 1 家，没收非法出版物 7177 册（张），拆除非法卫星地面接收设施 5 套。区文化市场综合执法大队获评第八届全国服务农民、服务基层文化建设先进集体。2 月 2 日至 7 月 31 日，执法大队组织 28 名党员干部下沉永定路街道四街坊社区参加防控值守。

（高菲）

【网络文化执法分队组建】 4 月 27 日，海淀区文化市场综合执法大队组建全市第一支区级专业网络执法队伍，承担网络“扫黄打非”和网络文化执法监管任务。网络文化执法分队探索解决以往分片区监管的粗放型模式、分散式状态和随意性办案等问题，提升网络文化执法监管工作规范化、精准化和专业化水平。查办案件 326 件，占全队案件总数的 79.3%，约谈大型网络平台 32 家次，开展虐猫微博、涉毒音视频、惊悚恐怖音视频专项治理行动 3 次，督导网络平台删除有害信息和短视频105510条，解决群众反映问题450件。

（高菲）

【海淀区文物保护综合管理系统上线】 6月，海淀区文物保护综合管理系统上线运行。系统实现文物巡查、整改过程全部在线上可查、可追溯。全区各级文物行政部门通过系统自动下达的巡检任务开展437次文物安全检查，发现各类安全隐患6项，全部完成整改。

（高菲）

【海淀区文化市场综合执法队获先进集体称号】 11月，第八届全国服务农民、服务基层文化建设先进集体表彰名单公布，342家先进单位获得表彰。其中，海淀区文化市场综合执法大队荣获“基层文化市场综合执法队伍先进集体”称号。

（高菲）

文化遗产保护

【概况】 2020年，海淀区共有不可移动文物324处，其中全国重点文物保护单位22处、北京市级文物保护单位21处、海淀区级文物保护单位107处、文物普查登记项目174处。

（高五一）

【文物修缮保护】 年内，区文旅局使用文物保护专项资金1948.88万余元，支持大牛坊关帝庙修缮工程、圆明园澹泊宁静遗址考古项目、圆明园正觉寺的文物安防系统建设项目等17个文物保护项目。支撑文物保护修缮、安防、研究利用等项目开展。加强对街镇文物保护项目的指导和支持，提升属地和文物使用单位的保护利用积极性。

（高五一）

【大慧寺文物信息采集】 年内，区博物馆推进大慧寺文物基础信息采录工作，完成大慧寺大悲殿内34座彩塑、11铺共约255平方米平面壁画的文物保护级基础信息采录建模和后期制作；完成大悲殿建筑内、外部3D激光文物保护级采录、建筑彩绘等材质纹理采录、基础信息采录建模和后期制作以及大悲殿建筑藻井以上结构及材质3D复原展示。

3月15日，区博物馆采集大慧寺文物基础信息（郑昊然 摄）

（赵婷婷）

【区博物馆接收9件流失文物】 年内，区博物馆接收四季青街道玉泉山西宫门河边流散石刻3件、北下关街道皂南社区“顺天府宛平县人氏碑”1件、羊坊店街道会城门公园“静山堂郑宅茔地东北界碑”1件、学院路街道中国科学院生态环境研究中心陶瓷“竖穴式墓室中现存白瓷将军罐（含盖）”1件、东升镇马坊村“祖可法墓碑碑座”1件、海淀西屋国际西门柱础1件、四季青双新村“大明弘治十四年青石造像”1尊等流散文物并入库保管。

（赵婷婷）

【不可移动文物认定】 年内，区博物馆继续协助推进不可移动文物的认定保护工作。认定新增大工村元代摩崖石刻、“凤窝”摩崖石刻、莲花寺南和尚塔群、大工村古桥、尚善监太监张公墓、万安山法华寺遗址、中国铁道科学研究院科研专用铁路等共7处不可移动文物。

（赵婷婷）

【中国古迹遗址保护协会特别分享活动】 4月18日，中国古迹遗址保护协会在颐和园文昌院举办特别分享活动——共同守护，共享未来：中国世界文化遗产的培育与传播。本次活动采取线上直播模式，通过播放景迈山古茶林文化景观、西夏陵、江南水乡古镇、北京中轴线四个项目的宣传片，展现其丰富的遗产价值以及当前申遗工作的成果。与会专家针对项目的自然景观文化、历史文化价值、文化多样性、可持续发展等方面分别进行点评。活动累计约10万人在线观看直播，6000余人参与留言互动。

（荣华）

【圣母山遗迹文化挖掘与保护】 5月17日至7月20日，百望山森林公园实施圣母山遗迹文化挖掘与保护工作。根据查阅的文献资料、北京市天主教爱国会等人士提供的相关资料作参考进行挖掘与保护。遗迹保护工作包括改造圣母山前小路面积45.6平方米、在圣母山四周安装木制护栏长44米、制作圣母山遗迹指示牌、中英文介绍牌、墓碑说明牌、将倒下的墓碑从圣母山后移至圣母山前加装玻璃罩、由文物修复专家制作墓碑拓片保存。

（何慧敏）

【金刚宝座激光三维测绘项目通过验收】 5月22日，北京石刻艺术博物馆金刚宝座激光三维测绘项目开工。金刚宝座激光三维扫描项目使用财政资金173.01万元，由新维畅想数字科技（北京）有限公司实施，采集塔身内外2086平方米的高精度数据，纳入四有工作档案，既能为今后文物本体保护、修缮、病害分析提供翔实依据，也可用于展览展示、出版、文创开发。11月10日，项目通过专家验收。

（郭豹）

【文化和自然遗产日】 6月13日，区文旅局主办的海淀区2020年“文化和自然遗产日”主题宣传活动在贝家花园举办。北京大美西山文化传播有限责任公司、区文旅局、首都师范大学实验小学、中关村第四小学联合在贝家花园举办2020年文化和自然遗产日“文物赋彩•全面小康——少年TALK—文化遗产我的故事”主题活动，30余人参加，以线上+线下的方式开展。活动前期发起“文物赋彩全面小康”主题创作活动，活动现场集中展示60余幅学生绘画作品。4名学生代表围绕“文化遗产我的生活”“文化遗产我的创作”“疫情下的文化遗产守护者”三个方向进行主题演讲。活动，通过照片直播、抖音平台直播，让公众在话题参与、互动直播等网上体验中，关注和参与文化和自然遗产日活动，传承与弘扬文化与自然遗产的使命。

（高五一 杨雪飞）

【“寻访千年运河传承北京水脉”系列线上直播活动】 6月13日，颐和园与北京博物馆学会、北京颐和园学会联合推出“寻访千年运河传承北京水脉”主题系列线上直播活动第一讲“溯源北京运河水”，主讲嘉宾颐和园副园长秦雷、北京史研究会会长李建平、北京卫视主播祖冲亚，在颐和园景明楼围绕北京城与大运河的历史渊源、昆明湖与北京大运河关系，白浮泉在北京大运河地位等话题进行讨论互动。新浪微博、一直播、腾讯新闻、中国知网在线教育服务平台观看人数1万余人，累计观看9.8万次。

（郭鑫）

【“中共中央北京香山革命纪念地文物保护修缮项目”获全国十佳案例】 7月，由中国博物馆协会、中国文物学会、中国文物报社主办的“2020全国革命文物保护利用十佳案例宣传推介活动”启动。收到来市申报案例109项。经过推介活动办公室资格审核，95项案例参与初评。10月12日，在北京召开初评会，评选20项案例入围终评，案例涵盖革命文物维修保护、展示传播、社会教育、文创旅游等诸多方面，展现各地近年来革命文物保护利用工作的探索实践、创新成果和典型经验。12月11日，经过初评入围单位汇报和评审专家评议，香山公园申报的“中共中央北京香山革命纪念地文物保护修缮项目”被推荐为全国革命文物保护利用十佳案例。

（王奕 钟冷）

7月25日，百望山森林公园实施圣母山遗迹文化挖掘与保护后实景（高源 摄）

【张永忠剪纸作品展】 9月8日至12月10日，紫竹院公园在福荫紫竹院行宫举办对话紫竹之“大道至剪”传承艺术展。展览分为“传承与文化”“传统与创新”“园林与艺术”“责任与使命”“十二生肖”五大展区，展示剪纸艺术家张永忠的百余幅剪纸作品，让游客感受中国非遗传承剪纸艺术的魅力，共接待游客约2.4万人次。

（刘颖）

【凤凰岭国庆中秋非遗游园会】 10月1日至5日，凤凰岭景区举行“月圆京城情系中华”2020年海淀区凤凰岭国庆中秋非遗游园会。邀请非遗展示、非遗展演、传统游艺体验区、民间文学故事会讲堂等近50项海淀非遗文化项目传承人齐聚凤凰岭。参加人数近20000人次。

（刘峥）

【文物工作专题培训】 11月2日至6日，区文旅局举办2020年海淀区文物工作培训，全区相关委办局、街道、镇、文物管理使用单位的326名文物工作人员参加培训。培训采取线上培训方式进行，3位授课老师从北京“三山五园”的历史演进与价值地位、北京古典园林特点、文物建筑开放利用案例等方面进行的解读。全体学员按时完成课程培训，获颁结业证。

（高五一）

【“石墨烯增强纳米材料在石质文物保护中的应用研究”课题通过验收】 11月25日，北京市文物局科研课题“石墨烯增强纳米材料在石质文物保护中的应用研究”通过专家验收。课题由北京石刻艺术博物馆与北京科技大学合作开展，通过对北京地区石质文物的黑色结壳病害进行调查分析，研究风化机理，合成能够防治黑色结壳病害的石墨烯增强纳米材料，为北京市石质文物的病害防治提供新的选择。

（郭豹）

【大慧寺普测项目】 12月，区博物馆启动大慧寺普测项目，完成合同签订。至12月31日，完成大慧寺地下管线普测，其他测绘工作正在逐步推进中。

（赵婷婷）

海淀区域内国家级文物保护单位一览表

表 16

编号	名称	公布时间	编号	名称	公布时间
1	颐和园	1961-3-4	12	大觉寺	2006-5-25
2	圆明园	1988-1-13	13	静明园	2006-5-25
3	觉生寺	1996-11-20	14	健锐营演武厅	2006-5-25
4	真觉寺	1961-3-4	15	万寿寺	2006-5-25
5	景泰陵	2001-6-25	16	辛亥滦州起义纪念塔	2006-5-25
6	碧云寺	2001-6-25	17	慈寿寺塔	2013-3-5
7	清华大学早期建筑	2001-6-25	18	摩诃庵	2013-3-5
8	原燕京大学未名湖区	2001-6-25	19	大运河（广源闸、高梁闸）	2013-3-5
9	十方普觉寺(卧佛寺)	2001-6-25	20	双清别墅	2019-10-16
10	大慧寺	2001-6-25	21	醇亲王墓	2019-10-16
11	元大都城墙遗址	2006-5-25	22	宋庆龄儿童科学技术馆	2019-10-16

海淀区域内市级文物保护单位一览表

表 17

编号	名称	公布时间	编号	名称	公布时间
1	静宜园	1984-5-24	12	广济桥	1984-5-24
2	“三•一八”烈士纪念碑	1984-5-24	13	梁启超墓园	2001-7-12
3	黑龙潭及龙王庙	1984-5-24	14	碧霞元君庙	2001-7-12
4	李大钊烈士陵园	1984-5-24	15	清河汉城遗址	2001-7-12
5	旭华之阁及松堂	1984-5-24	16	上庄东岳庙	2003-12-15
6	钓鱼台养源斋	1984-5-24	17	孙岳墓	2003-12-15
7	乐家花园	1984-5-24	18	普照寺	2011-6-13
8	达园	1984-5-24	19	承泽园	2011-6-13
9	孚郡王墓	1984-5-24	20	鹫峰地震台	2011-6-13
10	魏太和造像	1957-10-28	21	贝家花园	2011-6-13
11	定慧寺	1990-2-23			

海淀区区级文物保护单位一览表

表 18

编号	名称	公布时间	编号	名称	公布时间
1	西禅寺	2001-11-01	7	法华寺	2001-11-01
2	孙传芳墓	2001-11-01	8	立马关帝庙	2001-11-01
3	齐白石墓	2001-11-01	9	紫竹院行宫	2001-11-01
4	怡贤亲王祠	2001-11-01	10	妙云寺	2001-11-01
5	周云端塔	2001-11-01	11	彩和坊 24 号四合院	1999-1-27
6	龙王圣母庙	2001-11-01	12	北坞金山寺及戏楼	1999-1-27

续表 18

编号	名称	公布时间	编号	名称	公布时间
13	香山八旗高等小学	1999-1-27	49	凤凰岭石刻	2013-11-11
14	龙王庙	1999-1-27	50	凤凰岭旮旯庵及石窟遗址	2013-11-11
15	马甸清真寺	1999-1-27	51	龙泉寺万缘茶棚	2013-11-11
16	金仙庵	1999-1-27	52	北安河关帝庙	2013-11-11
17	鹫峰山庄遗址	1999-1-27	53	北安河玉皇庙	2013-11-11
18	响塘庙	1999-1-27	54	周家巷娘娘庙	2013-11-11
19	秀峰寺	1999-1-27	55	车耳营妙觉寺遗址	2013-11-11
20	升平署	1999-1-27	56	妙峰山香道中北道遗址	2013-11-11
21	龙泉寺	1999-1-27	57	法海寺遗址	2013-11-11
22	瑞云庵明照洞	1999-1-27	58	晏公祠	2013-11-11
23	上方寺遗址	1999-1-27	59	瑞王坟	2013-11-11
24	香岩寺	1999-1-27	60	金河堤诗碑	2013-11-11
25	熊希龄陵园	1999-1-27	61	门头新村甲 8 号院四合院	2013-11-11
26	蓟门烟树	1981-2-13	62	万安公墓	2013-11-11
27	白塔庵塔	1981-2-13	63	田村关帝庙	2013-11-11
28	清代碉楼	1981-2-13	64	北坞关帝庙	2013-11-11
29	恩佑寺	1981-2-13	65	功德寺遗址	2013-11-11
30	恩慕寺	1981-2-13	66	小屯村侵华日军飞机掩体遗址	2013-11-11
31	六郎庄真武庙	2013-11-11	67	刘半农墓	2013-11-11
32	六郎庄烈士纪念碑	2013-11-11	68	佟麟阁墓	2013-11-11
33	六郎庄田世光故居	2013-11-11	69	镶白旗碉楼	2013-11-11
34	六郎庄茶棚	2013-11-11	70	镶红旗碉楼	2013-11-11
35	吴家花园	2013-11-11	71	刘天华墓	2013-11-11
36	蔚秀园	2013-11-11	72	梅兰芳墓	2013-11-11
37	火神庙	2013-11-11	73	马连良墓	2013-11-11
38	湖山罨画坊	2013-11-11	74	一亩园娘娘庙	2013-11-11
39	树村清真寺	2013-11-11	75	隐修庵	2013-11-11
40	肖家河延福庵	2013-11-11	76	慈恩寺	2013-11-11
41	城子山娘娘庙	2013-11-11	77	大有庄小学四合院	2013-11-11
42	高时明墓	2013-11-11	78	东公所	2013-11-11
43	护国佑民观音禅林	2013-11-11	79	309 医院天主堂	2013-11-11
44	莲花寺	2013-11-11	80	鲁班庙	2013-11-11
45	范长喜宅院	2013-11-11	81	董四墓娘娘庙	2013-11-11
46	中法大学附属中学旧址	2013-11-11	82	大高玄殿牌坊	2013-11-11
47	西埠头兴善寺	2013-11-11	83	温泉菩萨庙	2013-11-11
48	车耳营关帝庙	2013-11-11	84	显龙山石刻	2013-11-11

续表 18

编号	名称	公布时间	编号	名称	公布时间
85	护国寺戏台	2013-11-11	97	永山宅院	2013-11-11
86	冷泉关帝庙	2013-11-11	98	公主坟门殿建筑	2013-11-11
87	韩家川西庙	2013-11-11	99	北玉河关帝庙	2013-11-11
88	韩家川东庙	2013-11-11	100	恩济庄关帝庙	2013-11-11
89	冷泉村福泉寺	2013-11-11	101	极乐寺	2013-11-11
90	西北旺关帝庙	2013-11-11	102	清河制呢厂办公楼	2013-11-11
91	大牛坊关帝庙	2013-11-11	103	安宁庄兴隆寺	2013-11-11
92	唐家岭关帝庙	2013-11-11	104	马甸黑寺	2013-11-11
93	蒋家胡同四合院	2013-11-11	105	香山慈幼院址	2013-11-11
94	治贝子园	2013-11-11	106	正白旗北庙	2013-11-11
95	黄庄双关帝庙	2013-11-11	107	普安塔	2013-11-11
96	佰王园	2013-11-11			

海淀区非遗项目保护名录一览表

表 19

类别	序号	编号	项目名称	项目级别	保护单位
民间文学	1	Ⅰ-1	颐和园传说	市级	北京市海淀区文化馆
	2	Ⅰ-2	圆明园传说	市级	北京市海淀区文化馆
	3	Ⅰ-3	香山传说	市级	北京市海淀区文化馆
	4	Ⅰ-4	曹雪芹（西山）传说	国家级	北京市植物园
	5	Ⅰ-5	凤凰岭传说	市级	北京凤凰岭自然风景公园
	6	Ⅰ-6	民间气象谚语	区级	中国气象局
	7	Ⅰ-7	北京满族民间故事	区级	北京市海淀区人民政府曙光街道办事处
传统音乐	8	Ⅱ-1	京西佛乐	区级	海淀街道社区服务中心
	9		古琴艺术（泛川琴派）	区级	中关村学院
	10		京西吹打乐	区级	北京市海淀区文化馆
传统舞蹈	11	Ⅲ-1	海淀扑蝴蝶	市级	苏家坨镇文化服务中心
	12	Ⅲ-2	西北旺少林五虎棍	市级	西北旺镇文化服务中心
	13	Ⅲ-3	蓝靛厂少林棍	区级	四季青镇文化服务中心
	14	Ⅲ-4	六郎庄五虎棍	国家级	北京万柳置业集团有限公司
	15	Ⅲ-5	苏家坨太平鼓	市级	苏家坨镇文化服务中心
	16	Ⅲ-6	南安河武松打店棍会	区级	苏家坨镇文化服务中心
	17	Ⅲ-7	高跷秧歌	市级	西北旺镇文化服务中心
	18	Ⅲ-8	太少狮（京西蓝靛厂义振旗缘太少狮会）	区级	四季青镇文化服务中心
	19	Ⅲ-9	翰林院五虎棍	区级	北京市海淀惠泽社会工作事务所
	20	Ⅲ-10	苏一二单槌大鼓	区级	苏家坨镇文化服务中心
	21		前沙涧少林子弟棍会	区级	北京市海淀区苏家坨镇杨彤养殖中心

续表 19

类别	序号	编号	项目名称	项目级别	保护单位
传统戏剧	22	Ⅳ - 1	京西皮影戏	区级	北京龙在天文化传媒有限公司
	23	Ⅳ - 2	西路评剧	区级	北京市海淀区文化馆
曲艺	24	Ⅴ - 1	太平歌词	市级	海淀区文旅局（代管）
	25	Ⅴ - 2	单弦（荣派）	区级	北京市海淀区文化馆
传统杂技与竞技	26	Ⅵ - 1	踢石球（蹴球）	市级	北京体育大学
	27	Ⅵ - 2	花样空竹表演技法	区级	北京市海淀区文化馆
	28	Ⅵ - 3	传统弹弓术	区级	北京体育大学
	29	Ⅵ - 4	珍珠球	市级	首都体育学院
	30	Ⅵ - 5	纪氏太极拳法	区级	香山街道社区服务中心
	31	Ⅵ - 6	口技	市级	北京爱韵文化艺术中心
	32	Ⅵ - 7	宋氏三皇炮捶拳	区级	吴彬世泉（北京）国际武术俱乐部
	33	Ⅵ - 8	孙式太极拳	市级	北京市武术运动协会
	34	Ⅵ - 9	吴式太极拳	市级	北京一花一木文化传播有限责任公司
	35	Ⅵ - 10	屯佃中幡	区级	西北旺镇文化服务中心
	36	Ⅵ - 11	白猿通背拳（海淀）	区级	北京山脉商贸有限公司
	37	Ⅵ - 12	飞叉（海淀）	区级	海淀镇文化服务中心
	38	Ⅵ - 13	临清潭腿	市级	北京北禾源工贸有限公司
	39	Ⅵ - 14	祁家通背拳（海淀）	区级	北京静竹堂文化艺术中心
	40	Ⅵ - 15	五行通背拳	区级	北京山脉商贸有限公司
	41	Ⅵ - 16	六合拳	区级	北京中联炎黄影视文化有限公司
	42	Ⅵ - 17	少林五形八法拳	区级	北京东方尚武文化发展有限公司
	43		霍元甲迷踪拳（霍氏练手拳）	区级	北京平英一诺文化有限公司
	44		中幡（万柳）	区级	海淀街道汇新家园居委会
	45		蹓跤	区级	北京体育大学
	46		太极拳（王其和式）	市级	北京大学
	47		六子联方	区级	新莱蒙文化艺术（北京）有限公司
	48		梅花拳	区级	北京武悦体育产业发展有限公司
传统美术	49	Ⅶ - 1	面人（北京面人郎）	国家级	北京市海淀区文化馆
	50	Ⅶ - 2	传统插花	国家级	北京林业大学
	51	Ⅶ - 3	颖拓艺术	区级	海淀区老年大学
	52	Ⅶ - 4	团花剪纸	区级	北京红阳鸣文化交流中心
	53	Ⅶ - 5	金属锻錾	区级	四季青镇文化服务中心
	54	Ⅶ - 6	彩塑京剧脸谱	市级	北京玉海腾龙文化艺术有限责任公司
	55	Ⅶ - 7	面塑（潘大洪）	区级	北京市海淀区文化馆
	56	Ⅶ - 8	北京绢人（齐聪颖）	市级	北京市海淀区文化馆
	57	Ⅶ - 9	面人汤面塑（海淀分支）	区级	羊坊店街道社区服务中心
	58	Ⅶ - 10	平刻微雕	区级	上庄镇文化服务中心

续表 19

类别	序号	编号	项目名称	项目级别	保护单位
传统美术	59	Ⅶ - 11	剪纸（晓林剪纸张）	区级	新零（北京）设计咨询有限公司
	60	Ⅶ - 12	京剧脸谱（刘派）	区级	花园路街道社区服务中心
	61	Ⅶ - 13	京绣（海淀分支）	区级	北京龙凤鲲鹏商贸有限公司
	62	Ⅶ - 14	面塑（贾会珍）	区级	北京市海淀区文化馆
	63	Ⅶ - 15	齐派篆刻	区级	北京市海淀区京华印社
	64	Ⅶ - 16	京派内画鼻烟壶（铁华）	区级	北京市海淀区文化馆
	65	Ⅶ - 17	内画鼻烟壶	区级	北京市海淀区文化馆
	66	Ⅶ - 18	京绣（于静）	区级	北京静东润瀛工业设计有限公司
	67	Ⅶ - 19	烙画	区级	北京兴鑫京艺文化中心
	68	Ⅶ - 20	毛猴	区级	北京玉海腾龙文化艺术有限责任公司
	69		葫芦雕刻技艺	区级	诗书开世（北京）教育科技有限公司
	70		蛋壳雕	区级	北京市海淀区文化馆
	71		核雕	区级	北京玉海腾龙文化艺术有限责任公司
	72		连环画	区级	神州共享（北京）技术有限公司
	73		染色剪纸	区级	北京百美源文化艺术中心（有限合伙）
	74		剪纸（杨钺）	区级	北京玉海腾龙文化艺术有限责任公司
	75		北京雕漆	区级	北京博利宏泰商贸有限公司
	76		纸塑（胡青梅）	区级	北京三师汇文化传播有限公司
	77		面塑（姚惠敏）	区级	北京市海淀区翠微小学
	78		食品雕刻	区级	北京龙凤鲲鹏商贸有限公司
	79		石画	区级	北京玉海腾龙文化艺术有限责任公司
	80		剪纸（倪巧凤）	区级	北京静东文化传媒有限公司
	81		鸟虫篆	区级	文化部艺术发展中心鸟虫篆艺术研究院
传统技艺	82	VIII - 1	京剧盔头制作技艺	市级	北京玉海腾龙文化艺术有限责任公司
	83	VIII - 2	曹氏风筝工艺	国家级	北京市海淀区上庄地区民间工艺文化发展中心
	84	VIII - 3	风筝制作技艺（北京风筝哈制作技艺）	国家级	北京汉风至和文化发展有限公司
	85	VIII - 4	绣花鞋技艺（王冠琴）	市级	北京市海淀区文化馆
	86	VIII - 5	彩灯工艺（小灯张）	区级	北京市海淀区甘家口地区社会组织联合会
	87	VIII - 6	惠丰堂鲁菜制作技艺	区级	北京翠微大厦股份有限公司
	88	VIII - 7	京西水稻种植技术	区级	北京市农林科学院农业生物技术研究中心
	89	VIII - 8	颐和园听鹂馆寿膳制作技艺	市级	北京市颐和园听鹂馆饭庄
	90	VIII - 9	宏音斋笙管制作技艺	国家级	北京宏音斋民族文化发展中心
	91	VIII - 10	绣花鞋制作技艺（蒋丽娟）	区级	北京智网设计咨询有限公司
	92	VIII - 11	御膳制作技艺	市级	北京凯瑞豪门餐饮有限公司
	93	VIII - 12	蒙镶（郑旭映）	区级	北京市海淀区文化馆
	94	VIII - 13	山石韩叠山制作技艺	市级	北京山石韩风景园林工程有限公司

续表 19

类别	序号	编号	项目名称	项目级别	保护单位
传统技艺	95	VIII - 14	中式盘扣技艺（海淀）	区级	北京智网设计咨询有限公司
	96		京式旗袍制作技艺	区级	京华绣丽（北京）文化有限公司
	97		景泰蓝制作技艺	市级	北京铭客诚景泰蓝工艺品有限公司
	98		毛猴制作技艺	区级	北京市海淀区文化馆
	99		纸胎容器制作技艺	区级	北京诺信泰克信息技术有限公司
	100		中山装制作技艺	区级	北京市工贸技师学院
	101		八珍糕制作技艺	区级	上和元（北京）中医研究院有限公司
	102		吹糖人技艺	区级	北京玉海腾龙文化艺术有限责任公司
	103		制香技艺	区级	北京太平庚寅商贸有限公司
	104		绒布唐工艺	区级	新莱蒙文化艺术（北京）有限公司
	105		金镶玉制作技艺	区级	北京艺博鼎园商贸有限公司
	106		盘扣制作技艺	区级	新莱蒙文化艺术（北京）有限公司
	107		普洱茶膏制作技艺	区级	北京市海淀区东升青少年活动中心
	108		传统核桃油制作技艺	区级	诗书开世（北京）教育科技有限公司
	109		鹿胶膏制作技艺	区级	北京金丰餐饮有限公司
传统医药	110	IX - 1	蔡氏脉象	区级	北京蔡新长文化交流中心
	111	IX - 2	程氏针灸	市级	北京大诚中医针灸医院有限公司
	112	IX - 3	葛氏捏筋拍打疗法	国家级	首都医科大学附属北京世纪坛医院
	113	IX - 4	正体复本术	区级	北太平庄街道社区服务中心
	114	IX - 5	连氏艾灸	区级	上和元（北京）中医研究院有限公司
	115	IX - 6	千峰派内丹养生术	区级	北京金雀未来科技有限责任公司
	116	IX - 7	赵氏针灸	区级	中央民族大学
	117	IX - 8	“又一新”养生药膳	区级	北京中卫神州生物科技有限公司
	118		刘氏正骨技艺	区级	北京优逸互动广告有限公司
	119		道医按摩正骨	区级	北京金雀未来科技有限责任公司
	120		邢氏利水散	区级	北京中豪国研中医门诊部
	121		中医膏滋制作技艺	区级	北京城市学院
	122		连氏针法	区级	上和元（北京）中医研究院
	123		高氏点穴	区级	北京盛邦科华商贸有限公司
	124		何氏通络开结术	区级	何氏浩生（北京）国际中医药科学研究院
	125		连氏饮膳制作技艺	区级	上和元（北京）中医研究院有限公司
民俗	126	X - 1	喜轿习俗	区级	北太平庄街道社区服务中心
	127	X - 2	苏家坨立夏习俗	区级	苏家坨镇文化服务中心
	128	X - 3	妙峰山香道	区级	苏家坨镇文化服务中心
	129		京西北坞村普兴万缘净道圣会	区级	北京市海淀区玉泉工业公司
	130		前沙涧灯棚习俗	区级	北京市海淀区苏家坨镇杨彤养殖中心

（高五一）

媒体传播

【概况】 2020年，海淀区融媒体中心紧扣区委、区政府中心工作和重大决策部署，围绕全区中心工作和“两新两高”战略，全力做好新闻宣传舆论工作，服务疫情防控和复工达产。探索区级融媒体中心建设“海淀模式”，打造全市乃至全国区级融媒体中心样本。开展融媒平台建设、深化媒体融合，丰富业务形态。立足主流舆论阵地，高水平开展新闻舆论工作。精心策划重大主题宣传，“扶贫攻坚”系列刊播发新闻作品900余篇（条），“垃圾分类”系列刊播发新闻作品1000余篇（条），传统文化节日主题宣传特色鲜明。中关村科学城北区建设、“接诉即办”“扫黑除恶”专项斗争、优化营商环境、创建国家卫生区评估验收等报道精彩纷呈。北京服贸会、中关村论坛、全国双创周、第四届中国“网络文学+”大会、北京国际游戏创新大会、“悦动海淀消费季”、中关村舞剧节、首届海淀社区消费节等报道人气爆棚。“改善群众居住条件”“方便市民出行”“营造和谐宜居环境”“提高公共服务水平”“提升社区生活便利性”“促进社会保障”“确保群众生活安全”“美丽乡村建设”等报道，突出“办实事、暖民心”。

区融媒体中心传播矩阵发稿60625篇，是2019年的1.5倍；访问量达68.1亿次，比上年增长70%。其中，播放量过千万短视频66条；有410篇作品被中宣部“学习强国”采纳，为2019年的近2倍；“海淀新闻”微博、“北京海淀”微信公众号、“海淀抖一抖”抖音号、“海淀第一手”快手号、海淀网、掌上海淀移动客户端等新媒体平台粉丝量、阅读量均增长近20%。“一报两刊”（《海淀报》《都市周刊》《园区周刊》）共出版报纸246期，开办专栏30个，其中刊发记者稿件5000余篇、400余万字。完成365期电视《海淀新闻》，播出新闻3600余条，在中央电视台及北京电视台播出新闻200条。《海淀24小时》《援藏路上》获得北京新闻奖，《中外文化的典范——五塔寺》获评2020年第三季度北京市广播电视创新创优节目，《扶贫路上的“拼命三娘”》获得北京市广播电视局2020年第三季度优秀广播电视作品奖。

（赵知毅）

【疫情防控宣传报道】 年内，在疫情防控宣传报道中，区融媒体中心围绕更好引导群众和服务群众，发挥“四全媒体”优势，创新形式，融合传播，突出成效，打好主流舆论阵地保卫战。电视频道、报纸版面、新媒体联动，采取图文系列报道、大型专题、H5、短视频、·动画、直播、微博话题、vlog等多种形式，创作群众喜闻乐见的作品。至9月中旬，刊发关于疫情防控的新闻报道和抗疫信息23322条，总访问量超过16亿。原创短视频《你“戴”起来真好看》播放量超过4600万。

（赵知毅）

【融媒平台建设】 年内，区融媒体中心作为全市首个区级智慧媒体生产平台，“海淀云”为“掌上海淀”智能客户端提供强有力的内容生产支撑，更好发挥“掌上海淀”智能客户端全区为民、为企服务“总入口”的作用。与中关村科学城城市大脑公司共建“智慧城市融媒实验室”、与中国电信共建“5G融媒实验室”、与科大讯飞共建“AI融媒实验室”，为客户端新应用场景开发提供技术支持。服贸会期间，全新上线的“海淀云”“掌上海淀”智能客户端通过综合应用大数据、区块链、人工智能技术，整合区域内的人、事、物信息，形成智慧全媒体生态体系。

（赵知毅）

【创新新兴传播技术】 年内，区融媒体中心结合疫情防控和复工达产，创新推出政务直播、“海淀融媒发布厅”等新的业务形态，探索会、展、节等新的经营方式，打造“你好，北区”等新的传播品牌，拓展综合服务新本领。开展80余场网络直播，观看人数2.3亿。“才聚云端”系列云招聘12场直播，300余家中关村科学城领军企业参与，4500万人次网友观看，5位区领导走进直播间为企业揽才。“云招聘”创新模式吸引央视《新闻联播》《晚间新闻》《东方时空》《24小时》《第一时间》等中央及市属媒体报道。上线“海淀融媒发布厅”，聚焦海淀区新政策、新项目、新科技、新产品、新经验，服务政府、企业、基层信息发布。策划举办6场“你好，北区”大型系列“场景+体验+互动”式宣传推介活动，总访问量超过3600万。《海淀区融媒体中心乘“云”而上直播助力复工复产和脱贫攻坚》获市委宣传部部长杜飞进批

9月5日，2020中国服贸会上，“海淀云”和“掌上海淀”客户端上线（田峰 摄）

示肯定。

（赵知毅）

【香山街道融媒体中心揭牌】 10月13日，海淀融媒首家街镇分中心——香山街道融媒体中心（海淀融媒香山街道分中心）正式揭牌。这是海淀区融媒体中心的第一家分中心，将在打造特色品牌、做强街镇融媒品牌发挥作用，为区、街镇两级融媒体中心深度融合探索新路径。香山街道融媒体中心（海淀融媒香山街道分中心）从专业技术、智力支持、宏观策划等方面共同完成香山街道的宣传工作，协助街道打造多个终端呈现内容的全新全媒体生态，形成“一体策划、一次采集、多种生成、多元传播、科学评价、有效应用”的全新新闻生产流程和模式。

（韩松　赵知毅）

档案

【概况】 2020年，区档案局为加强全区各项档案业务工作，制发《关于做好海淀区新型冠状病毒肺炎疫情防控档案工作的通知》《北京市海淀区档案局关于开展2020年档案行政执法检查工作的通知》《北京市海淀区档案局关于原区档案局（馆）机关文件档案管理服务中心负责指导的单位档案接收工作计划》《北京市海淀区档案局关于汛期加强档案安全保管的通知》《海淀区档案局关于宣传贯彻〈中华人民共和国档案法的通知〉》等文件。制定《北京市海淀区档案事业“十四五”发展规划编制方案》。区委办公室（档案局）获评中国档案报社2019—2020年度发行先进单位。

区档案馆馆藏各类档案187个全宗，362309卷845323件、资料22870册。馆藏照片66446张，底图15435张。录音、录像磁带1483盘，实物1975件。开放1988年形成馆藏档案约3万件；接收29个涉改单位各类电子目录共计190171卷件。接待查档群众11392人次。民生档案异地跨馆利用工作取得新突破，档案的在线查询工作取得新进展，免费邮寄档案，实现群众办事“零跑腿”。全体党员干部下沉温泉镇5个社区（村）和青龙桥街道1个社区，参与疫情防控工作1778人次，2名党员参与境外返京人员排查转运工作。

（孟宪华　李京泉）

【重点在建项目档案管理】 年内，区档案局完成9家项目法人控、海淀区经济责任审查重大活动单位、6个新建项目、3个在建项目的市重点建设项目档案管理登记工作。

（孟宪华）

【重大事件档案管理】 年内，区档案局抽调专人负责新冠肺炎疫情防控、海淀区经济责任审查的重大事件文件材料规范化整理工作。制发《关于做好海淀区新型冠状病毒肺炎疫情防控档案工作的通知》，对疫情防控工作领导小组各工作组及全区各立档单位档案工作提出具体要求，确保档案工作与疫情防控同步开展，保障疫情防控文件材料应收尽收、应归尽归。新冠肺炎疫情防控工作形成文书档案4041件、照片309张，海淀区经济责任审查工作形成文书档案116件。

（孟宪华）

【档案执法】 年内，区档案局分析和梳理2019年档案行政执法实地检查情况，制发《海淀区2018—2019年档案行政执法检查情况通报》，对46家受检单位出具书面反馈意见。进行汛期档案实体安全检查和区属34家单位的执法检查。区档案局通过市档案局检查组执法检查。

（孟宪华）

【档案法制宣传】 年内，区档案局结合宪法宣传日等重要时间节点，加强档案法制宣传。面向全区各单位和街镇下属社区、村发放档案法制宣传海报1000余套。通过业务培训班等形式进行法制培训，600余人参加。在“档案见证小康路、聚焦扶贫决胜期”的“国际档案日”活动中，发放《小红的兰台奇遇记》漫画书、宣传手册及纪念品等档案宣传资料1000余份。宣传新修订的《中华人民共和国档案法》，发放宣传册500份。

（孟宪华）

【档案监督指导】 年内，区档案局对区属涉改机构、临时机构、立档单位，通过现场、电话、网络等形式进行档案工作业务监督指导3826次。对四季青镇集体经济产权制度改革工作形成的档案进行业务监督指导，保障集体资产处置原始资料的安全。

（孟宪华）

【档案业务培训】 年内，区档案局根据《北京市档案专业人员继续教育管理办法》及《北京市2020年档案专业继续教育指南》等文件要求，结合《北京市档案人员初任培训教程》的内容，举办海淀区2020年档案专

7月29日，北京市档案行政执法检查组对海淀区开展档案行政执法检查（区档案局 供图）

业知识培训班，立档单位新任档案干部41人参加。根据区属立档单位需求，承担档案基础业务知识7次培训，300余人参加。

（孟宪华）

【档案绩效专项考评】 年内，区档案局根据全年过程管理及年终考评情况，对全区2019年度各单位档案管理情况进行分析，撰写《海淀区2019年档案专项绩效分析报告》，对政府、党群、街镇等97家单位出具档案专项绩效评价意见和绩效考核评价表。

（孟宪华）

【档案数字化】 年内，区档案馆整理馆藏档案54卷，分别归入声像、实物、文书档案库。馆藏资料校对、查重、著录、补充、上架及重新上号22851册。落实“存量数字化、增量电子化”的要求，按照全宗流水顺序实施馆藏档案数字化工作，出库并加工至178号全宗，馆藏档案数字化22552卷、186654件、2837128页。校对数字化历史数据349130条。数字化馆藏音视频档案及著录357盘。

（李京泉）

【档案信息化】 年内，区档案馆数字档案馆二期项目六个子系统（电子文件归档管理系统改造、电子文件长期保存系统、照片档案利用软件、文萃与实物档案管理系统、馆内数据展示面板系统、图书资料管理系统）的系统优化、试运行和培训工作完成。区档案馆研究制定馆藏音视频档案采集、转码格式、数据库标准和著录细则，组织开展馆藏音视频档案的采集、编辑、转码和编目工作，完成音视频档案的数字化550小时。接收、整理立档单位各类进馆档案电子目录、数码照片和数字化加工档案数据，及时导入数据库提供利用。接收进馆和机构改革涉改29个单位各类进馆档案电子目录共计190171卷件。完成全部馆藏档案数据异地备份和在线备份16T。开展馆藏档案数字化及历史数据的校对和摘密。推进双套制进馆，为双套制进馆提供技术支持和指导。筹备创建“全国示范数字档案馆”。依照《数字档案馆系统测试办法》开展自测评估，区档案馆初步具备“全国示范数字档案馆”申报条件。

（李京泉）

【档案鉴定】 年内，区档案馆梳理馆藏档案开放鉴定工作情况，修订《海淀区档案馆档案开放划控指南》。完成“十四五”时期馆藏满25年到期应开放档案的测算，约70万卷件；完成馆藏1988年形成档案的开放鉴定及部分拟开放档案的复审审批，开放档案约3万件。1989年、1990年拟开放档案25981件，拟开放率约为20%。

（李京泉）

【档案利用】 年内，区档案馆接待查档群众11392人次，其中因公利用505人次，因私利用10887人次，开放档案查询30人次。接听电话查档咨询5000余人次。因私利用中，婚姻类档案查询10034人次（其中馆内利用759人次，婚姻登记处利用9275人次）、房产类档案查询434次、招工类档案查询124次、知青类档案查询46人次、其他类档案查询219人次。出具各类证明共2138份，复印证明5205页，打印3648份、13330页，调阅3150卷件。为区总工会、卫健委、水务局、北下关街道、青龙桥街道、环卫中心等单位和个人提供利用并复制照片430张。疫情期间，保证档案利用服务不间断，以电话咨询和预约方式开展档案查询利用服务，对未收到通告前来查询档案的群众，采用馆外现场核实当事人的信息，在将所需档案送交当事人；利用微信视频认证的方式，核对当事人的信息，通过邮政快递将所需档案送达当事人。为19名群众提供档案查询利用服务；采取发函和传真的方式完成各公证处有关当事人民生档案的核查事项，完成公证档案核查95次。

（李京泉）

【民生档案异地跨馆利用】 年内，区档案馆依托北京市档案馆开通的民生档案信息跨馆利用系统，为北京市120名群众提供婚姻档案的跨馆查询；通过民生档案跨馆异地利用合作平台，实现外地群众档案查阅，并通过邮政快递送达当事人。档案馆累计与49家档案部门签署民生档案跨馆异地利用合作协议，涉及14个省、3个直辖市、1个自治区、2个计划单列市，解决14例档案利用需求。

（李京泉）

【档案在线查询】 年内，区档案馆在“海淀通”政务App平台搭建民生档案便民服务模块。利用此平台对有民生档案查询需求的当事人通过身份认证，线上提出档案利用需求，档案馆根据当事人的需求提供线下档案查询服务，并开设档案邮寄专柜提供寄送服务。免费邮寄档案50件，实现群众办事“零跑腿”。

（李京泉）

【档案接收】 年内，区档案馆梳理2020年度档案接收单位名单，制定并印发2020年度档案接收工作计划。将区人力社保局、东北旺乡的历史遗留档案、海淀区经济责任审计迎审工作活动档案和部分新冠肺炎疫情防控档案提前进馆。接收17家单位、2项重大活动档案进馆，移交文书档案169636卷件、会计档案89卷、专门档案10994卷、实物档案136件、编研资料731套、照片档案4922张93册11.89GB。

（李京泉）

【档案征集】 年内，区档案馆征集档案、资料整理移交入库493件（张），其中纸质档案57件、实物档案7件、照片档案421张8册、资料8件。建立专门档案，围绕区重大活动、重大事件拍摄照片682张，视频17小时。

（李京泉）

【新冠肺炎疫情防控档案资料专题征集】 年内，区档案馆向全区各立档单位印发《海淀区档案馆关于征集新冠肺炎疫情防控工作照片的函》，同时面向社会发布《海淀区档案馆关于征集新冠肺炎疫情防控档案资料的通告》，对海淀区新冠肺炎疫情防控档案资料进行系统征集。征集区属33家单位及社会各方捐赠的资料、照片、音视频、实物等共计1230件。

（李京泉）

【档案编研】 年内，区档案馆编辑《海淀档案》电子杂志2期、《海淀区

2019年大事记》《海淀区四套班子领导重要政务活动汇编》5册、《共筑防护网抗疫勇担当》抗疫工作纪实画册、海淀档案微信公众号汇编等刊物。利用档案馆微信公众号“海淀档案”，开展网上宣传，策划红色微展“历史不容忘却”，创办“云游海淀”“海淀记忆”等栏目，与《中国档案报》达成微信转载协议，“北京海淀”“海淀故事”等微信公众号进行相关文章转载。

（李京泉）

【国际档案日活动】 6月9日，区档案馆举办以“档案见证小康路、聚焦扶贫决胜期”为主题的第13个国际档案日活动。依托“海淀档案”微信公众号等新媒体平台线上推出“战‘疫’海淀档案人在行动”“家庭档案微展览”“海淀档案馆征集照片展”等系列展览展示、互动体验、档案开放等模块，发放海报、宣传手册及纪念品1000余份。

（李京泉）

地方志

【概况】 2020年，海淀区党史地方志办公室（简称区史志办）完成《北京海淀区志（1996—2010）》发行工作。围绕永定河文化博物馆——东胡林人遗址——灵岳寺——沿河城进行第二阶段的实地考察，探寻永定河文化带承载的人文历史等社会科学知识。召开二轮区志特邀评审专家座谈会；到中关村科学城管委会开展年鉴工作调研；接待福建省永安市委党史和地方志研究室一行并就年鉴编写工作进行交流座谈。

年鉴工作。召开2次年鉴座谈交流会，完成《北京海淀年鉴（2020）》编纂出版工作。《北京海淀年鉴（2019）》入选中国地方志指导小组办公室评选的第四批中国精品年鉴、获第七届全国地方志优秀成果（年鉴类）特等年鉴、获北京市第三届年鉴综合质量评审特等年鉴。

地名志工作。完成《海淀区地名志之名胜古迹》《海淀区地名志之附录》《海淀区地名志之交通设施》《海淀区地名志之自然实体》《海淀区地名志之政区聚落》《海淀区地名志之中关村科技园区海淀园》《海淀区地名志之生产建筑与公共建筑》等资料长编撰写，完成书前彩页大部分艺术作品的征集，完成大事记编撰。召开海淀区地名志编辑部业务会议9次。

村镇志编纂。指导各镇志、村志编写，督促完成《车耳营村志》初稿，提请市地方志办评议。通过以会代训的方式，对全区上账村志镇志编纂单位及有意编写村志镇志单位的编纂人员进行培训，推进海淀区村镇志编纂工作。

《海淀史地丛书》编纂。完成《海淀史地丛书》之《古今妙峰山香道》第三次审校，进入印刷环节。《海淀史地丛书》之《元大都——土城史话》，进入出版环节。

（林琳）

【西山方志书院】 2020年，西山林场着力将西山方志书院打造成生态文明教育基地和展示首都生态文明建设成果的重要窗口。西山方志书院互动体验项目完成方志文化体验、森林文化体验和图书数据库的建设。西山方志书院配套设施项目完成家具布置、标识牌安装、垃圾桶座椅的布置。西山方志书院运营维护项目物业进驻，完成图书运维工作。西山方志书院展览展示项目完成方志文化展的布展工作，西山文化画卷、森林文化展、西山印迹展的布展工作有序推进。林场组建书院筹备办公室，全面做好展陈布展、讲解员队伍建设、图书管理、安全及后勤保障等工作。12月15日，西山方志书院挂牌。

（成新新）

【《车耳营村志》评议会】 1月9日，北京市委党史研究室、北京市地方志编纂委员会办公室召开《车耳营村志》评议会，市地方志办、区史志办、区农业农村局、苏家坨镇、车耳营村、《车耳营村志》编辑部人员参会。区史志办汇报海淀区镇志村志工作推进情况，市、区级专家对该志提出修改建议，要求督促各相关方按照评审意见进行修改完善。4月29日，区史志办召开《车耳营村志》网上评议会，北京市地方志专家对架构、行文等方面进行调整指导。10月28日，区史志办召开《车耳营村志》区级评议会，组织相关专家对志书进行评议。区农业农村局介绍撰写志书工作情况，镇、村、修志公司介绍《车耳营村志》编纂和修改情况。与会专家从村志文风体例、封面格式和前插图片要求、大事记、凡例、计量单位、章节内容等方面提出评议意见。

（林琳）

【《北京海淀年鉴（2019）》获三项大奖】 3月30日，由海淀区人民政府主办、区史志办承编的《北京海淀年鉴（2019）》，经中国年鉴精品工程学术委员会评选，入选第四批中国年鉴精品工程“中国精品年鉴”名单，成为全国唯一一部4次蝉联中国精品年鉴的区县级综合年鉴。该卷全面展现海淀区“接诉即办”为民服务的各项政策和措施，构建海淀新型城市形态以及实施“两新两高”战略，聚焦中关村科学城建设，为创建全国科技创新中心核心区而奋斗的历程和取得的成绩。12月，获评第七届全国地方志优秀成果（年鉴类）特等年鉴，是全国唯一一部五次蝉联此殊荣的年鉴。12月，获评北京市第三届年鉴综合质量评审特等年鉴。

（钟冷　林琳）

【地名志顾问交流会】 4月28日，区史志办召开《海淀地名志》顾问交流会议。《海淀地名志》主编周来升，北京大学副教授、著名历史地理学者、《海淀区地名志》顾问岳升阳出席会议，《海淀地名志》编辑部成员参会。会上，区史志办汇报《海淀地名志》工作进展，从自然实体、附录、交通设施、名胜古迹、海淀园、志书地图使用等方面介绍编纂进度，提出编纂过程中面临的问题。岳升阳从专业角度说明编写地名志的意义，对自然实体、交通设施、名胜古迹、附录4个部分的资料长编给予肯定，对地图、照片、资料查找使用、部分条目的解释给出建议。

7月10日，《北京市海淀区志（1996—2010）》出版发行暨总结会召开（区史志办 供图）

（林琳）

【《北京市海淀区志（1996—2010）》出版发行暨总结会】 7月10日，海淀区召开《北京市海淀区志（1996—2010）》出版发行暨总结会，回顾编修历程，总结编修经验。区委书记于军，市委党史研究室、市地方志办副主任张恒彬，区委常委、政法委书记、区委办公室主任吴计亮，《北京市海淀区志（1996—2010）》主编周来升，市委党史研究室、市地方志办区志指导处处长王鹏，区志编辑部各位副主编，海淀区地方志编纂委员会各成员单位及承编单位代表以及社区代表等60余人参会。会上，区教委教育研究院副院长林子尧、区志编辑部胥天寿作为承编单位和编辑部代表发言。周来升回顾编委会十年来的修志过程，经过四个阶段的撰写，6轮审核修改，整合数千条意见建议，形成156万余字的成书。张恒彬对《海淀区志》充分肯定。吴计亮认为《海淀区志》突出海淀特色，展现时代变化，为海淀区留下一部完整、可信的区情资料书。于军指出，修编《海淀区志》是积淀历史、尊重历史的重要工作，对提炼海淀发展精髓有重要的意义。

（林琳）

【福建永安史志办到海淀交流座谈】 10月13日，福建省永安市委党史和地方志研究室副主任杨文峰一行到区史志办，就年鉴工作进行交流座谈。座谈会上，区史志办主任李强介绍区海淀区聚焦中关村科学城建设、深化落实"两高两新"战略的区情。区史志办副调研员、《北京海淀年鉴》执行主编钟冷介绍《北京海淀年鉴》打造中国精品年鉴的做法和经验，科长田颖介绍年鉴编辑部的主要工作任务。杨文峰介绍永安市的基本情况，表示希望通过此次交流学习，能够与海淀区史志办进一步加强沟通，进一步提升《永安年鉴》整体的编纂水平。双方编辑人员在年鉴框架设置、如何确保稿件质量、如何提高组稿人的积极性等方面进行交流讨论。

（林琳）

【第四届西山历史文化研讨会】 11月6日，区史志办和北京史地民俗学会联合举办"胜景古韵文脉西山——第四届西山历史文化研讨会"。市委党史研究室、市地方志办，北京史地民俗学会，保定抗战历史研究会，纳兰文化研究中心，北京联合大学应用文理学院，京西稻文化研究会等单位负责人应邀出席。来自驻区高校及区史志办近40位领导、专家、学者及史志工作者参会。与会人员围绕与西山相关的历史人物和事件专题交流探讨，会后到永泰庄实地考察。

（林琳）

【《海淀史志》主题文化沙龙2020】 11月11日，区史志办举办"《海淀史志》主题文化沙龙2020"活动。驻区高校教授、学者，相关市、区公园、北京民俗文化研究者、海淀文史爱好者及区史志办人员共计50余人参加。区志编研室主任田颖、《海淀史志》执行主编宁葆新就办刊和刊物编发情况向与会人员予以介绍，2020年出版7期，刊登50余位作者的80余篇文章，约60万字。此次沙龙活动多视角阐述史志工作为现实服务的有效路径，对史志文化传承和工作方法创新具有促进意义，通过研讨座谈、读书会、沙龙、实地考察、参观交流等形式，拓展学术视野，以更多研究成果夯实海淀"两新两高"战略的史志基础。

（林琳）

【新冠肺炎疫情防控资料征集交流会】 12月3日，区史志办组织召开《北京海淀年鉴（2021）》征集新冠肺炎疫情防控资料交流会，共40人参加。《北京海淀年鉴》执行主编、副调研员钟冷介绍《北京海淀年鉴（2020）》编辑出版情况及征集街镇疫情防控资料的意义和目的，讲解疫情防控资料稿件撰写的要求。街镇代表分别介绍各单位疫情防控期间的做法及工作亮点。

（林琳）

【区史志办应邀在全国年鉴研讨会上发言】 12月8日至12日，区史志办主任李强应邀出席在福建三明市沙县召开的2020年全国年鉴研讨会暨中国地方志学会年鉴分会年度会议第四届全国年鉴论坛第五期全国年鉴主编培训班。研讨会和培训班由中国地方志指导小组办公室、中国地方志学会年鉴分会主办，中共福建省委党史研究和地方志编纂办公室承办，中共三明市委党史和地方志研究室、中共沙县县委党史和地方志研究室协办。在大会交流环节，4家中国年鉴精品工程试点单位交流试点工作、5家中国精品年鉴单位交流精品年鉴打造经验。作为5家中国精品年鉴单位之一，李强作题为《精品路上漫求索——〈北京海淀年鉴〉打造中国精品年鉴之路》的经验交流发言，从打造中国精品年鉴历程、打造中国精品年鉴的特点和亮点、质量管控、存在的问题、下一步工作打算5个方面，介绍《北京海淀年鉴》从创刊至今近20年来的成长历程、探索并逐步形成的做法和经验，受到与会者的关注和认同。

（钟冷）

【《北京海淀年鉴(2020)》出版】 12月，由海淀区人民政府主办、区史志办承编的《北京海淀年鉴（2020）》由方志出版社出版。此卷为第19卷，全面记述2019年海淀区自然、政治、经济、文化、社会、生态方面的基本情况。卷首设数字海淀、专题图片（大事要闻、国庆70周年活动服务保障）；正文设党和国家领导人与海淀、特载、专文、大事记、区情概览、中共海淀区委、海淀区人民代表大会、海淀区人民政府、政协海淀区委员会、中共海淀区纪委海淀区监委、民主党派、人民团体、法治、军事、中关村科学城、中关村科技园区海淀园、“三山五园”历史文化景区、经济管理、农业与农村建设、商贸服务业、旅游业、城市建设与管理、生态环境、交通邮政通信、科技、教委、文化、卫生、体育、社会工作、社会生活、街道镇（地区）、人物荣誉、统计资料、附录35个类目，有190个分目、30个次分目、2179个条目，其中29个类目为“类目—分目—条目”三级层级，6个类目为“类目—分目—次分目—条目”四级层级。部分类目之首设综述，部分分目、次分目之首设概况。全书有34张表格、15幅示意图、184张照片，117.6万字。该卷配有双重检索系统：书前刊有详细目录，中文目录详至条目，英文目录至分目或次分目；书后附有索引。该卷在突出海淀地域特色的同时，年度特点尤为突出。在行政区划图基础上，增加海淀交通运输设施图、海淀分区规划（国土空间规划）（2017—2035年）。增设“国庆70周年活动服务保障”专题图片和文字专题（分目），用图片和文字的形式，记述海淀区为国庆70周年活动所作的服务保障工作，突出“服务保障中央政务功能的重要地区”的功能定位。根据机构改革方案，对涉及的相关类目进行调整：撤销中关村国家自主创新示范区核心区类目，设中关村科学城类目，暂保留中关村科技园区海淀园，作为过度，做好机构变化前后的衔接记述；撤销功能区建设类目，部分内容归入中关村科学城类目；把“三山五园”历史文化景区分目升格为类目，更加突出海淀区“历史文化传承发展典范区”的功能定位。

（钟冷　林琳）

文联活动

【概况】 2020年，北京市海淀区文学艺术界联合会（简称区文联）下属北京市海淀区楹联学会、北京市海淀区四香书画协会、北京市海淀区四知文化研究会、北京市海淀区西山文院、北京市海淀区西山孟子书院、北京市海淀区电力行业企业家摄影协会、北京市海淀区戏剧家协会、北京市海淀区搜酷摄影家协会、北京市海淀舞蹈家协会、北京市海淀区纳兰文化研究中心、北京市海淀区摄影家协会、北京市海淀区枫林书画研究会、北京市海淀区美术家协会、北京市海淀区香山诗社、北京市海淀区京华印社、北京市海淀区作家协会、北京市海淀区书法家协会等17个单位会员，注册会员3726人，编辑出版《海淀文艺》6期，栏目主要有重点推介、中国叙事、小说实践、报告文学、散文擂台、海淀文脉、开卷有益、蓓蕾初绽、诗歌方阵、艺苑撷翠、艺术动态等，每期发文47—60篇（首），25万字左右。

编辑出版《稻香湖》诗刊4期，每期4万字以内。栏目设置有佳作品鉴（附短评）、会员平台、海纳百川、都市交响、铁血情怀、田野芬芳、巾帼心潮、蓓蕾初绽、散文诗苑、诗歌评论、诗人访谈、红叶烂漫等。

区文联以加强抗疫先进事迹宣传为抓手，围绕文化大区建设目标，加强脚力、眼力、脑力、笔力四力建设，促进海淀区文艺工作发展。全年创作文学作品206篇（首）、书法作品64幅、篆刻作品34件、美术作品42幅、原创歌曲8首、视频作品6部等共计360件。区文联宣传工作注册使用“新华号”，发表宣传文章20余篇，阅读量接近1500万。

作品创作。海淀作协组织抗疫诗歌朗诵会，组织作家撰写抗疫报告文学集《逆行》，聘请专家就如何写好社情民意信息进行有针对性的集中培训。海淀美协画家孙晓材完成《抗疫复工复产组画》。海淀作协创作发布小说作品和对口相声《请给垃圾找对家》，北京龙在天皮影艺术剧院创作发布皮影戏《垃圾总动员》，龙在天皮影艺术团推扶贫作品《江海同舟》。

文艺活动。中关村数字艺术中心成立。举办“百川汇海作家大讲堂”活动。纳兰文化研究中心举办纳兰文化艺术节开幕式暨纳兰书院授牌仪

6月22日，海淀美协画家孙晓材创作的《抗疫复工复产组画》之一（区文联 供图）

式、纳兰文化融媒体中心成立大会。海淀书协在新华号推出对六位中青年书画家的系列访谈，组织书协会员参加“大爱无疆•我们同在——首都书法家战疫情主题书法义捐活动”，40余位书法家捐赠150余幅作品。四季书画院在苏家坨镇文化中心举办“向抗疫英雄学习，庆国庆中秋双节”主题笔会。京华印社、摄影家协会等开展各类线上活动。杨永安松柏精神画展在国家画院美术馆举办，展出88幅作品。孟子书院携中国传统祭礼文化走进七王坟村。

（王彬）

【长篇小说《向爱而生》出版】 1月10日，海淀作协主席石钟山新作《向爱而生》新书首发式举办。《向爱而生》是一部缉毒题材长篇小说，取材于刑警深入制毒虎穴执行卧底任务，并与毒贩斗智斗勇的真实事件。《向爱而生》由百花文艺出版社出版发行，入选中国作协重点作品扶持项目“讴歌新时代、庆祝中华人民共和国成立70周年主题专项”。

（王彬）

【区作协制作抗疫朗诵视频】 2月5日，海淀作协原创诗歌朗诵专辑在《文海艺淀》微博发布。首发诗人崔墨卿诗作《致敬白衣天使》和诗人李虹诗作《武汉见证梅花的香魂》，分别由国家经典诵读工程特约播音员赵田、全国高校国学联盟传统文化贡献奖和经典诵读推广奖获得者柏荷朗诵。制作成朗诵视频的十首新诗（《致敬白衣天使》《武汉见证梅花的香魂》《零点后的武汉》《大朵大朵的阳光穿过隔离窗》《我的眼里落进了春雨》《请不要哭泣，我亲爱的宝贝》《九凤飞翔》《我一直很坦然》《拯救》《祖国我该怎样谢你》《我在你们的面前一次次泪崩》《春天的骨头》）都选自区作协原创抗疫作品。

（王彬）

【文联改革】 3月27日，区委召开全面深化改革委员会第十次会议，审议通过《北京市海淀区文联深化改革方案》。《方案》从着力强化团结引导职能、着力强化联络协调职能、着力强化服务管理职能、着力强化自律维权职能、改革调整区文联机构设置和人员配备、改革区文联及所属文艺家协会运行机制等6个方面入手，细化分解出34项任务65个项目，全面推进文联改革。截至年底，完成62个具体项目。

（王彬）

【“学习强国”推出海淀词作家抗疫歌曲】 4月25日，海淀词作家生吉俐主导创作的抗疫歌曲《请你相信》入选中宣部“学习强国”全国平台首页推荐抗疫作品精选集。该作品由生吉俐作词、林毅坚作曲。这是一首赞扬逆行者的歌，同时表达更信任也是一种不可或缺的社会力量的深层内涵。

（王彬）

【中关村数字艺术中心成立】 6月16日，区文联所属二类事业单位——中关村数字艺术中心正式成立。中关村数字艺术中心的职能是整合海淀优质资源，搭建中关村数字艺术平台，融合各艺术门类，打造融展览展示、教育培训、信息管理、艺术品交易、鉴证、评估的综合平台，实现“科技为艺术推开窗户，艺术为科技点亮灵感”的深度融合。发起成立中关村数字艺术联盟，组织中关村数字艺术论坛。10月26日，中关村数字艺术中心理事会成立大会召开，审议通过《中关村数字艺术中心章程》，选举产生第一届理事会，选举杜大恺为理事长，崔靖、纪小恒、郭培民、莫松为执行理事。

（王彬）

【三位作协会员作品入选语文教材读本】 7月，海淀作协张勇、王培静、陈家忠三位会员的作品入选不同的语文教材读本。张勇的《〈清明上河图〉上的戏剧性场面——乞讨》和《〈清明上河图〉中的柳树》两篇文章入选上海教育出版社出版的《语文主题学习——文明之旅》（八年级上册）。王培静的《编外女兵》入选山东人民出版社出版的《伴阅读语文素养核心读本》（五年级下第二册）、《羊与狼》入选山东人民出版社出版的《伴阅读语文素养核心读本》（九年级下第二册）。陈家忠散文《敬畏生命》入选东北师范大学出版社“十三五”改革创新示范教材五年制高等职业教育教材文化课系列《语文》（第二册）及《语文练习册》（第二册）。

（王彬）

【获“新主播新文旅大赛”创新主播奖】 9月29日，由北京市委宣传部文促中心、北京市扶贫支援办、阿里巴巴集团联合主办的“新主播新文旅大赛”落下帷幕。代表海淀区出战的纳兰文化中心主任刘子菲获得“我是家乡带货王”全国第四名“创新主播奖”。直播期间，刘子菲带领大家欣赏纳兰时代的非遗工艺品——福寿如意和其他唯美饰品，将许多注入纳兰文化内涵的文创产品京西皮影、北京绢人、京绣文化等呈献给网友。

（王彬）

【第三届城市舞步舞蹈短视频邀请赛颁奖盛典】 12月25日，由区文旅局支持，北京舞蹈家协会协办，区文联和中关村数字艺术中心联合举办的“第三届城市舞步舞蹈短视频邀请赛”颁奖盛典在中关村展示中心举办。3月初，第三届城市舞步舞蹈短视频邀请赛启动，作品征集范围遍及全国、海外，共征集267部作品，部分原创作品达到思想精深，艺术精湛，制作精良的新高度。颁奖典礼以艺术科技融合为主线，现场充满科技元素，共揭晓七项大奖：最佳创意奖《“罩”夕相处》，最佳表演奖《ALONG》，最佳制作奖《望》，最佳导演奖《如果没有理想》，最佳抗疫作品奖《大爱无疆》。共青团北京舞蹈学院委员会获最佳组织奖，舞蹈《疫时光》获组委会特别奖。国家大剧院副院长赵铁春、北京市青联副主席刘岩、区文联主席苗地等嘉宾为获奖代表颁发证书与奖杯。

（王彬）

卫生健康

2021

北京海淀年鉴

卫生监督与管理

【概况】 2020年，海淀区卫生健康委员会（简称区卫生健康委）推进完善海淀区公共卫生应急管理体系，加速推进发热哨点、发热门诊、负压病房、方舱实验室等设施建设，建成公共卫生应急事件医用物资储备库；探索推进公立医院综合改革，健全激励有效、精准高效的投入机制，继续推进上地医院、中关村医院等区属公立医院运行管理提质增效系列改革；推广家庭医生签约服务，完善家庭医生签约服务工作机制。启动社区卫生网格化管理服务；推进落实医疗卫生行业综合监管制度改革。探索开展“信用+综合监管”工作，全面推进以信用为基础的医疗服务多元化监管体系建设。进一步规范医疗卫生行业市场秩序，促进多元力量更好参与卫生健康服务供给。推动医疗服务领域多元主体共治格局，建立健全多元化监管体系和制度机制。

进一步健全完善医联体网络及运行机制建设，全面建立“6+5”医联体服务网络，涵盖6个综合医联体和5个专科医联体；推进紧密型医联体建设，形成以航天中心医院、西苑医院、北京市海淀医院、北京世纪坛医院直接带动永定路、双榆树、温泉、羊坊店社区卫生服务中心发展的试点。

有区属三级医院2家：北京市海淀医院、中西医结合医院。二级医院6家：中关村医院、羊坊店医院、海淀区妇幼保健院、四季青医院、上地医院、区精神卫生防治院。年度收入796252.64万元，其中本年收入762006.10万元，使用非财政拨款结余（暨用事业基金弥补收支差额）23251.65万元，结转和结余10994.89万元。全年支出总计796252.64万元，其中2020年支出765982.10万元，结余分配4586.06万元，年末结转和结余25684.48万元。新增新冠肺炎疫情专项资金投入60279.9785万元，其中，人员经费5796.43万元；疫情物资13838.13万元；核酸检测经费15000万元；疫情救治体系能力建设项目经费6660万元；重大疫情防控救治体系建设补助经费1171万元；区域医疗卫生服务能力提升项目经费18000万元；疫情患者救治经费8.74万元。

有医疗卫生机构1253个，其中非营利性475个、营利性778个。实有床位13546张。卫技人员38191人，其中执业（助理）医师14749人、注册护士16908人，其他人员6534人。户籍人口出生数15572人，户籍人口出生率6.46‰，自然增长率1.22‰。户籍人口死亡数12639人，其中男性死亡6977人，女性死亡5662人，死亡性别比为123（女子为100），粗死亡率为5.24‰。居民死因前十位依次为恶性肿瘤、心脏病、脑血管病、呼吸系统疾病、内分泌和营养代谢性疾病、消化系统疾病、损伤和中毒、神经系统疾病、泌尿生殖系统疾病和精神障碍。前十位死因总死亡人数为11662人，占全死因总数的92.29%；因病死亡人数12227人，占全死因总数的96.74%。户籍人口人均期望寿命83.04岁，较2019年82.96岁升高0.08岁。其中，男性人均期望寿命80.74岁，女性85.41岁。

审批新增医疗机构78家，变更422家，停业53家，解除停业31家，注销医疗机构83家，中医诊所备案18家，养老备案6家，校验1039家，暂缓校验4家。行政审批科窗口受理人员类案件4461件次，其中医师2081件次、护士2380件次。

（李玉莲　刘春红　李瑞新　陈麓）

【医疗工作】 年内，区属医院出院51563人次，病床使用率59.15%，平均住院日10.10日，住院手术20336人次。医护比1∶1.18。献血26681人次，献血量38899.65个单位。其中，街头献血12548人次，献血量22494.7个单位；团体献血人次14133人，献血量16404.95个单位。在团体献血中，全血献血12796人次，献血量14962.95个单位；成分血献血人次1337人，献血量1442个单位。自体采血人数8727人。

（刘春红　刘红霞）

【公共卫生监督】 年内，全区有公共场所3477户，应量化公共场所单位100%完成量化分级。区卫生健康委监督检查22694户次，覆盖率100%；处罚821户次，罚没款金额96.77万元。审批卫生许可证752个，其中新办424个、延续52个、变更182个、注销94个。有自备井341个，新办证23户、延续123户，变更62户，监督检查1763户次，其中农村自备井办证率93.2%。有二次供水2163个，新办证171户，延续616户，变更366户，监督检查6752户次。处罚82户次，罚没款金额20.01万元。未发生生活饮用水污染事故。监督检查28180户次，覆盖率100%，处罚100户次，罚没款金额157.20万余元。临床用血监督检查市血液中心、各临床用血医疗机构80户次。传染病防治检查32736户次。职业卫生监督22户次，学校卫生监督2630户次，放射卫生监督2533户次，控烟监督14585户次，计划生育监督171户次。“疏解整治促提升”专项行动50个无证点位全部销账。

（游水元）

【卫生应急工作】 年内，区卫生健康委参与各类保障工作161次，包括中高考、社招考试、法律考试、初高中学考等各类考试；2020中关村论坛、双创周、王者荣耀世界杯总决赛、中关村舞剧节、香山红叶节等各类大型活动，其中维稳保障37次，各类医疗保障124次，出动人员500余人次，救治病人27人。

（谢嘉沅）

【中医药工作】 年内，区卫生健康委启动第二批海淀区社区卫生中医药服务示范中心及第三批示范站的评选工作。评选北太平庄等9家社区卫生服务中心为第二批社区卫生中医药服务示范中心，矿大等3家社区卫生服务站为第三批社区卫生中医药服务示范站。开展海淀区艾灸工作室建设，评选蓟门里等6家社区卫生服务中心为“海淀区示范艾灸工作室”，清河等13家社区卫生服务中心及站为“海淀区艾灸工作室”。继续开展海淀区名老中医药专家学术经验传承工作，22名传承人完成为期三年的学习并通过第三年度考核。开展中医经方培训暨中医经方读书会活动，参与学员190余人。线上授课31次，读书辅导及专题讲座10次，累计培训约7000人次。持续开展中医药文化传播。与人大附中联合举办“海淀区第三届校园中医药文化节——人大附中站”活动，支持人大附中建设中医药文化体验教室；完成两个北京中医药文化健康体验馆建设。发挥中医药在抗击新冠肺炎疫情中的作用，投放中药预防用药代煎剂2749剂，颗粒剂12257剂，代茶饮110582剂，防疫香囊2.6万余个，中药防疫包686套；发放《新冠肺炎中医防治20问》近万本。各集中医学观察中心确诊密接高危人群个性化预防近60人次，所有使用中药预防用药在观人员（包括确诊密接人员）在集中医学观察期间转为确诊人数为0。持续推进北京名中医身边工程。51支名中医专家团队累计出诊2740次，接诊患者数50081人次，开具处方54390张。提升基层中医药服务能力。海淀区社区卫生服务中心100%建有中医综合服务区，中医类别医师占比31%，中医诊疗量占比28%，100%能够提供6类以上中医适宜技术；全区基本公共卫生中医药健康管理“一老一小”目标人群管理覆盖率分别为65.08%、73.43%。

（袁学勤　骆叶）

【食品卫生监测】 年内，区疾病预防控制中心采集食品食源性致病菌监测样品95件，监测项目16项，检测项目次数320项次。食品化学污染物及有害因素监测采集样品179件，其中海淀自采自检样品50件，采集送外区检测样品129件，检测项目99项，检测项目次数1499项次；接受外区送检样品207件，检测项目13项，检测项目次数880项次。其中1件鸽子肉样品氟苯尼考胺超标，检出值为104微克/千克，构成食品安全隐患，撰写《监测异常结果报告》，将检测结果报送于区卫生健康委及北京市疾控中心。超市售卖凉拌菜中食源性致病菌监测采集60件凉拌菜样品，监测项目10项，检测项目600项次；生畜禽肉中兽药残留监测采集生畜禽肉60件，监测项目9项，检测项目540项次。

（李玉莲）

【食源性疾患疫情处置】 年内，区疾病预防控制中心处理食源性疾患疫情4起，采集样品42件，其中可疑食品10件，涂抹15件，肛拭子（便）15件，呕吐物2件。13件样品检出致病物质，2起定性为食源性疾病事件。

（李玉莲）

【公共场所监测】 年内，区疾病预防控制中心完成国家公共场所健康危害因素监测35家公共场所，其中住宿15家，商标10家，理发8家，候车室2家。完成基本信息调查表35份，从业人员调查表230份，监测样本1320件，所有调查结果已上报。

（李玉莲）

【饮用水水质监测】 年内，区疾病预防控制中心开展市政水、二次供水、农村自备井水等监测工作，设置市政水监测点34个，实现街镇全覆盖；二次供水监测点10个；农村自备井按要求开展枯丰水期监测工作。监测结果均为正常。

（李玉莲）

【健康场所创建】 年内，区卫生健康委持续推进健康促进场所建设，创建健康的工作生活环境。2019年启动健康场所创建工作，至本年共创建健康社区355个，完成23家区级健康促进机关创建，占全区50人规模以上机关数量的76.7%；创建健康促进企业5家，占全区千人规模企业的20%；66家医院全部创成健康促进医院，实现全区健康促进医院全覆盖。健康促进学校169所。完成3所健康促进幼儿园创建试点工作。

（李玉莲）

【卫生健康教育】 年内，区卫生健康委以线上形式开展健康大课堂，全区医疗机构健康大课堂覆盖29个街镇，开展316场，受益21108人次。各医疗机构采用线上形式，对百姓进行健康指导，开展线上讲座429场。

（李玉莲）

【健康家庭促进行动】 年内，实区人口家庭服务中心实施健康家庭促进行动。组织区妇幼保健院专家编辑《孕产优生指导手册》5000册，向群众免费发放；组织家庭观看北京市“幸福家庭大讲堂——学龄前儿童防疫期间膳食秘籍”讲座在线直播、“关爱女性健康主题”公益直播，参加母乳喂养线上联合义诊等活动，累计参与近5000人次。投入40万元支持街镇开展“宝贝计划”基地早教活动。组织街镇开展“幼有所育温暖照护”国际家庭日主题活动、关爱女孩行动、男性健康日、世界艾滋病日等主题宣传活动，累计活动百余场，覆盖人群近2万人次。

（申卫东　杨彩云）

【老龄健康】 年内，全区有养老服务机构65家，老年驿站60家、医养结合服务机构29家。区卫生健康委确定中关村医院为海淀区老年健康指导中心，开展老年医学各类人才培训工作。承担四项国家级试点工作：国家级医养结合试点工作、国家级安宁疗护试点工作、国家级老年人认知障碍管理和心理关爱项目、失能老年人综合评估与健康服务试点项目。组织13家医疗机构完成老年健康服务示范基地评审，落实老年医疗服务优待政策，18家二级及以上综合医院全部实现为老年人提供挂号、就医等便利服务，14家医院成立老年医学科，开设老年科病床484张，老年人就医环境进一步优化。组织开展老年友善医院创建工作，25家医院完成创建。建设老年友善医疗机构32家，占应建机构总数51.6%

（王丹）

【智慧卫生建设】 年内，全区区属卫生医疗单位信息化建设总投入286.26万元。智慧卫生一期投入使用的各模块运行高效，区域卫生及公共卫生平台、医疗联合体平台已提交第三方测试，公卫平台妇幼保健系统具备初验条件。海淀医院自筹资金项目完成最终验收；医疗联合体平台完成与世纪坛医院联调测试。智慧卫生二期进展顺利，海淀区精神卫生防治院信息化建设项目通过初步验收；羊坊店医院项目门诊、住院等核心模块上线运行稳定；上地医院项目、中关村科学城科技应用场景智能语音项目及区域影像平台提升项目启动公开招标工作。继续加强医疗机构信息互联互通，构建区域整体医疗模式，完成69家非区属社区机构政务云集中部署，集中部署率达96%。完善智慧卫生项目顶层设计及项目管理工作，编制智慧卫生“十四五”规划；拟定《智慧卫生项目建设管理办法》，对区属各单位项目立项、项目审批、验收、测评、等级保护等方面进行规范。确保系统网络安全，开展两次卫生专网网络安全大检查。

（文博）

【医疗设施建设】 年内，全区在建医疗设施建设项目7项，基建总投资20715.7万元，全部为财政资金。其中，北京市中西医结合医院改扩建工程、北京市海淀医院改扩建医技综合楼项目、中关村医院改扩建及综合楼项目、北京市羊坊店医院建设工程的总建筑面积为142308平方米。社区卫生服务中心改造项目1项，八里庄社区卫生服务中心装修改造项目，改造面积3974.25平方米。改善村卫生室项目1项，三个农村卫生室改建项目面积527.27平方米。启动项目3项，即永丰新H地块，建筑规模6830平方米；翠湖新增D21地块，建筑规模3642平方米，拟建为两个社区卫生服务中心；北部医疗中心项目，总建筑面积183034平方米。

（马静）

【医疗对口支援】 年内，区卫生健康委完成对新疆、内蒙古、河北、湖北、四川等省（市、自治区）的8个贫困地区99家疗机构的对口支援任务。派出医务人员127人次，在当地组织培训153场次，培训专业技术人才1269人次；在京培训专业技术人才100人次，在京（通过网络）培训支援技术人才362人次；对当地群众开展义诊会诊6928人次，救治贫困人口4526人次。帮助受援地区医疗机构建立完善管理制度158个，输出医疗卫生技术80项。利用信息化技术手段，推进新技术、新方法和远程医疗系统，与受援医院搭建远程会诊平台，开展联合远程会诊。航天中心医院与受援医院均已联通远程会诊，组织远程诊疗服务49次、远程培训3次。海淀区妇幼保健院与受援医院开通远程诊疗服务，会诊29人次。

（刘春红）

【公立医院综合改革受国务院表彰】 5月8日，国务院办公厅印发通报，海淀区因公立医院综合改革成效较为明显，受到国务院表彰，享受由国家卫生健康委、财政部组织实施，在公立医院综合改革中央财政补助资金分配中予以倾斜，单独安排奖励资金500万元的奖励。海淀区在推进公立医院综合改革工作中，统筹实施医药分开、医耗联动综合改革两项改革任务。2017年4月8日，北京市全面实施医药分开综合改革。海淀区参改医疗机构382家，其中366家由区级组织协调，全部按时取消挂号费、诊疗费，取消药品加成，设立医事服务费，435项医疗服务价格得到规范调整，药品阳光采购工作有力推进。2019年6月15日，北京市全面启动医耗联动综合改革，海淀区参改医疗机构417家，其中区级归口管理的医疗机构399家。全面落实“五个一”改革举措：“一降低”，即降低医用设备检验项目价格；“一提升”，即提升中医、病理、康复、精神、手术等医疗服务项目价格；“一取消”，即取消医用耗材加成；“一采购”，即实施药品耗材集中采购；“一改善”，即进一步改善医疗服务，增强群众获得感。“一降低”“一提升”共涵盖6621项医疗服务价格调整，其中6468项被纳入医保报销范围。通过改革，破除“以药补医”和“以耗养医”机制，理顺医疗服务比价关系、健全公立医院运行机制，体现医务人员的劳动价值，现代医院管理、分级诊疗、全民医保等制度建设取得新成效。

（秦思 钟伶）

2月8日，海淀卫生健康监督所成立传染病防治督导组，对辖区医疗机构疫情期间诊疗活动进行监督检查（区卫生健康委 供图）

基层卫生

【社区卫生】 年内，全区建成50家社区卫生服务中心，194所社区卫生服务站。其中政府举办的中心28家，占56%；社会力量举办的中心22家，占44%。政府举办的服务站128所，占66%；社会力量举办的服务站66所，占34%。建立居民个人健康档案2672142份，常住人口建档率 82.54%。其中，电子健康档案 2543945 份，电子建档率 78.58%。在电子健康档案中，有动态使用的电子健康档案数 1254267 份，档案动态使用率 41.47%。

（刘春红）

【学校卫生】 年内，全区 2019—2020 学年度有中小学校（包括分校）199 所，其中 164 所学校参加体检。在校生 278581 人，实检人数 126098 人，占在校生总人数的 45.26%。其中，小学 80 所，学生 172794 人，实检人数 25588 人，占 14.81%；普通中学 81 所，在校生 103917 人，实检人数 98810 人，占 95.09%；职高 3 所，在校生 1870 人，实检人数 1700 人，占 90.91%。中小学生肥胖检出率 13.84%，营养不良检出率 4.19%，视力不良检出率 75.12%，贫血检出率 1.41%，恒牙患龋率为 23.99%，恒牙充填率为 77.44%。受新冠疫情影响，上半年小学的体检率明显减少。

（李玉莲）

【职业卫生】 年内，区疾病预防控制中心对全区放射性风险较高的三甲医院开展监测，杜绝职业性放射性疾病的发生。开展各级医疗机构放射诊疗设备医用辐射监测，医用辐射设备合格率由 2013 年的 65.7% 提高到 2020 年的 100%。完成 4 家非医疗机构放射性危害因素监测调查工作，完成率 100%。配合市疾控中心完成 6 家非医用辐射机构放射性职业病危害因素检测，完成率 100%。完成 231 家单位、5367 人次的个人剂量监测工作。完成 162 家企业的 3968 名接触重点职业病危害因素工人的职业健康监测及风险评估工作。完成职业病诊断鉴定 1 例。登记、审核职业病、疑似职业病、农药中毒病例 12 例，其中尘肺病例 2 例，包括 1 例新发尘肺病例、1 例复诊病例；4 例疑似职业病，包括疑似白内障 1 例、疑似苯中毒 1 例、疑似噪声聋 2 例等；农药中毒 6 例。访视新确诊病例 1 例。

（李玉莲）

【农村卫生】 年内，7 个镇设置社区卫生服务中心（乡镇卫生院）9 个，社区卫生服务站 58 个，村卫生室 8 个，基本形成以社区卫生服务机构为主，村卫生室为辅的覆盖方式。8 个村卫生室均为村办村管，辖区社区卫生服务中心（乡镇卫生院）对其进行业务指导。近年来，农村地区拆迁改造进程逐渐加快，行政村以新建社区卫生服务站为主，不再新增村卫生室，村卫生室自然消减。有在岗乡村医生 71 人，完成技能操作培训及考试，全部达到合格。

（李娜）

【爱国卫生工作】 年内，国家卫生区创建工作通过全国爱卫办组织的技术评估、综合评审和社会公示。全面落实《海淀区深入开展新时代爱国卫生运动三年行动方案》，全区共建有各级各类爱国卫生组织 21253 家。实施筒子楼简易楼专项整治行动，开展周末卫生日大扫除活动，改善和提升城乡环境卫生状况，助力常态化疫情防控。通过全国健康促进区北京市级评审工作。创成 61 家北京市控烟示范单位。开展冬季控烟专项整治行动；联合区烟草专卖局、区市场监管局开展校园周边控烟联合整治行动；开展控烟执法 14585 户次。

（李丹宁）

疾病防治

【传染病防治】 年内，全区甲类传染病累计报告 0 例。乙类传染病累计报告 1984 例，死亡病例 17 例。甲乙类传染病发病率为 61.29/10 万，其中乙类传染病发病率前三位的分别为肺结核、痢疾和梅毒。肺结核报告发病数 705 例，发病率为 21.78/10 万；痢疾报告发病数 459 例，发病率为 14.18/10 万；梅毒报告发病数 319 例，发病率为 9.85/10 万。

（李玉莲）

【结核病防治】 年内，全区报告肺结核患者 704 人，收治管理 395 人，比 2019 年下降 7.1%；报告患者的登记管理率为 56.1%，未达到 85% 的考核要求。收治患者 266 人，病原学阳性 135 人，病原学阳性率 50.8%，达到 50% 的考核要求；新病原学阳性患者 98 人，95 人进行耐药筛查，耐药筛查率为 96.9%，达到 80% 的考核要求；耐多药高危患者 51 人，49 人进行耐药筛查，耐药筛查率为 96.2%，达到 95% 的考核要求；发现耐多药患者 5 名，管理 5 名，纳入治疗率为 100%，达到 75% 的考核要求。登记管理活动性肺结核患者数 343 人，治疗成功患者 342 人，成功治疗率 99.8%，达到 90% 的考核要求。

（李玉莲）

【艾滋病防治】 年内，全区新报告 HIV/AIDS210 例。二、三级医疗机构筛查 801413 人次，较 2019 年 1160314 人次减少 30.9%，其中 155 例确认阳性，较 2019 年减少 177 例。4 家艾滋病免费自愿咨询检测门诊共为 1303 人提供自愿咨询检测及性病诊疗、心理辅导、转介治疗等服务，发现阳性 33 人，阳性率 2.53%。

（李玉莲）

【人畜共患疾病防治】 年内，全区累计报告布病 1 例。布病又称布鲁氏杆菌病，是由布鲁氏杆菌引起的一种人畜共患疾病，主要症状是反复发热、高热、出汗以及游走性关节疼痛，严重者可累及多个器官，造成器官衰竭。

（李玉莲）

【新冠肺炎防控】 年内，全区报告新型冠状病毒肺炎确诊病例 82 例，占全市本地病例（783 例）的 10.5%，无症状感染者 4 例；累计死亡 4 例，粗病死率为 4.88%（另有 2 例死于其他疾病），重症 19 例。第一阶段全区累计报告确诊病例 64 例，无症状感染者 1 例；第二阶段新发地疫情报告确诊病例 18 例，无症状感染者 3 例。累计对海淀区 366 例确诊病例及疑似病例开展流行病学调查，追踪管理密切接触者 4289 人次，发现全市首例无症状感染者，区疾病预防控制中心累计开展核酸检测筛查 4.3 万余件。

（李玉莲）

【慢病防治】 年内，区疾病预防控制中心推进国家慢阻肺监测工作实施，完成监测430人。开展全民健康生活方式行动，完成4家示范餐厅和4家示范食堂的创建并接受市级验收。推进国家级慢性病综合防控示范区复审工作，开展覆盖辖区29个街镇的慢性病及其危险因素监测工作，收集调查问卷5812份，采集并化验血样5800份。

（李玉莲）

【精神病防治】 年内，全区有在册严重精神障碍患者12233人，其中6类重性精神病患者12057人。全区报告患病率为3.64‰，严重精神障碍患者规律服药率为84.32%，规范管理率为93.78%。免费服药政策惠及患者8650人，政策惠及率为70.71%。

（侯林飞）

【免疫规划接种】 年内，全区有预防接种单位115个，其中卡介苗接种门诊2个，常规免疫规划接种门诊81个（AAA级门诊4个，AA级门诊15个，A级门诊61个，基本达标门诊1个），产科接种单位19个，狂犬疫苗接种门诊8个，成人门诊5个。发放免疫规划疫苗17种共计872688支，非免疫规划疫苗64种共计793383支。应急接种麻腮风、水痘等五种疫苗570支。接种各类疫苗1613417人次，报告疑似预防接种反应288例，与2019年277例基本持平，24小时报告率和调查率均为100%。其中一般反应129例，异常反应74例，偶合症78例，心因性反应5例，待定2例。

（李玉莲）

【流感疫苗接种】 年内，全区累计接种流感疫苗436115人，其中招标流感疫苗接种299749人。招标流感疫苗中学生应接种271102人，实际接种169836人，接种率为62.65%；60岁及以上老人应接种172796人，实接种119649人，接种率为69.24%。自费流感疫苗累计接种136366人。学生接种数较上年上升35.70%，老人接种数较上年上升40.38%，免费和自费流感疫苗接种总数较上年上升59.38%。全区77.59%的中小学校完成接种率达到50%的接种目标。

（李玉莲）

妇幼保健

【妇女保健】 年内，区卫生健康委为8886名适龄妇女进行免费宫颈癌筛查，诊断癌前病变54例，未发现宫颈癌；进行乳腺癌筛查9299例，诊断乳腺癌前病变7例，乳腺癌16例。继续承担国家农村妇女两癌筛查工作，包括宫颈癌TCT筛查8000例、宫颈癌HPV筛查4000例、乳腺癌筛查4000例。诊断宫颈癌检查人数1人，宫颈癌前病变70人，乳腺癌检查人数2人，高危型HPV阳性人数344人。为4904位新人进行婚前医学检查，检出疾病803人，建议暂缓结婚13人。

（王伟丛）

【孕产妇管理】 年内，海淀区社区卫生服务机构共管理户籍孕产妇15329名，其中高危孕产妇12804人，占比83.53%。高危管理率100%，孕产妇系统管理率98.70%。辖区孕产妇死亡2人，死亡率12.84/10万。

（王伟丛）

【儿童保健】 年内，全区19家助产机构接待25355名孕妇，分娩25899名新生儿，分娩量呈现下降趋势，活产数较上年减少8681人。其中剖宫产产妇数9834名，剖宫产率为38.79%，与2019年基本持平。免费为孕妇进行艾滋病、梅毒和乙肝检测28878例，筛查出HIV阳性孕妇0例；检出梅毒感染孕产妇4例，规范治疗3例；乙肝表面抗原阳性产妇350例，所娩活产数356例，24小时内注射免疫球蛋白356例。管理辖区0～6岁儿童142393名，为139999名0～6岁儿童开展免费健康体检和残疾筛查，儿童保健覆盖率为98.32%；系统管理138342名儿童，系统管理率为97.16%。为25924名新生儿进行疾病筛查，确诊先天性甲状腺功能低下24人，苯丙酮尿症8人，高TSH血症13人，肾上腺皮质增生症1人；为25009名新生儿进行听力筛查；为24671名新生儿进行免费先天性心脏病的筛查，其中筛查阳性数为759名，筛查阳性率3.0%。监测新生儿出生缺陷576人，缺陷率22.24‰，主要出生缺陷病种为先天性心脏病、外耳其他畸形、多指（趾）、隐睾、其他肾脏畸形和尿道下裂。在0～6岁儿童中，单纯性肥胖儿童2052名，肥胖发生率为2.74%。营养不良与佝偻病发生率为0。托幼园所在册儿童65745名，系统管理率为98.83%。其他儿童分别在社区卫生服务机构管理。新生儿死亡12人、死亡率0.77‰，婴儿死亡24人、死亡率1.54‰，5岁以下儿童死亡29人、死亡率1.86‰。

（王伟丛）

计生服务

【计生协会】 2020年，区计划生育协会完成35816户计生家庭投保意外伤害险，投保金额115.91万元，其中农村、低保、特殊家庭投保16436户，财政补贴保费37.41万元。计生特殊家庭父母住院补贴保险投保5284人，财政补贴保费52.84万元。做好“暖心计划”保险，为失独家庭发放暖心卡2400余张。投入90余万元，支持镇街开展计生特殊家庭帮扶活动。元旦、春节期间走访慰问计生家庭6000余人次。投入40万元支持街镇开展“宝贝计划”婴幼儿早期教育发展活动。组织各级计生协会开展主题宣教活动，累计活动百余场，覆盖人群近2万人次。

（申卫东　杨彩云）

【计生工作】 年内，区卫生健康委开展“海淀区母婴设施建设现状调查及落实创文指标督导项目”，制作下发母乳喂养宣传海报和母婴室铭牌，推进母婴设施建设。应配置母婴室场所157个，实际配置母婴室166个，配置率达105%，母婴设施占地总面积为940平方米。配合区委组织部、区委统战部等单位审核各类先进候选人计划生育情况信息250余人。办理两孩以内生育登记14671例，办理再生育行政确认287例，病残儿鉴定6例。区卫生健康委获“2018—2020年全国计划生育优质服务先进单位”称号。

（牛光鑫　江红英）

【计生关怀】　年内，海淀区为计划生育特殊家庭特扶对象缴纳2019—2020年度居家养老失能护理互助保险经费657.62万元。参保人年满65周岁后如不幸达到失能标准，可根据轻度、中度、重度等失能等级享受专业照护服务机构以“实物”形式提供的每月900元、1400元、1900元等相应标准的照护服务。入住属地养老机构的计划生育特殊家庭中的失能老年人或年满70周岁的老年人每人每月1000元，符合政策人数18人，发放福利机构补助金20.7万元。

（刘萍）

【计生奖励发放】　年内，全区共有享受符合计划生育奖励扶助政策的达57530人次，总发放金额7764.94万余元。其中，独生子女父母奖励符合政策人数32242人，发放金额177.27万元；农村计划生育家庭奖励扶助标准为每人每年2100元，符合政策人数3996人，发放金额839.16万元；独生子女父母年老时一次性奖励费标准为女方年满五十五周岁、男方年满六十周岁时每人1500元，符合政策人数5228人，发放金额784.2万元；计划生育家庭伤残、死亡特别扶助金发放标准分别为每人每月590元、720元，发放金额4098.26万元；发放独生子女父母一次性经济帮助金144万元；发放独生子女特扶家庭养老帮扶金915.7万元。计划生育困难家庭标准为每户5000元，符合政策家庭170户，发放金额85万元。

（高凌飞）

【计生药具服务管理】　年内，全区有免费避孕药具发放点3497个，累计发放药具582万个，价值163万余元。发放生殖健康宣传折页1万份，张贴海报1600张。举办街镇、村居“国家基本公共卫生服务项目——免费提供避孕药具”及“避孕药具管理应用系统”业务培训。组织驻区高校参加北京市青春健康知识竞赛；世界避孕日和世界艾滋病日期间，组织驻区高校开展避孕节育和防艾滋病健康知识宣传活动。

（申卫东　杨彩云）

新冠疫情防控医疗保障

【概况】　2019年12月8日，湖北武汉市登记报告1例不明原因肺炎病例。此种不明原因肺炎被证实为新型冠状病毒感染引起的急性呼吸道传染病，世界卫生组织将其命名为“2019冠状病毒病”，并于2020年1月31日凌晨宣布将新冠肺炎疫情列为“国际关注的突发公共卫生事件”。

快速建立指挥体系。2020年1月15日，区卫健委系统新冠肺炎疫情防控工作部署会召开，部署疫情防控工作。20日，海淀区出现首例新冠肺炎输入病例，区委、区政府立即按照中央、北京市的部署，把疫情防控作为首要政治任务和头等大事，把人民群众生命安全和身体健康放在第一位。25日，由区委书记、区长任组长的海淀区新型冠状病毒感染的肺炎疫情防控工作领导小组（简称领导小组）成立，并召开第一次会议，研究部署全区疫情防控工作。领导小组下设综合协调组、医疗保障组（下设流调防控小组、医疗救治小组、密接管理小组、监督指导小组）、交通保障组、商品供应组、重大活动服务保障组、舆情应对组、社会稳定组、监督组。按照“坚定信心、同舟共济、科学防治、精准施策”的总要求，强化对全区疫情防控工作的集中统一、坚强有力的领导，形成战时状态下的战时机制，确保中央、市委市政府各项部署要求全面贯彻、快速落实。2月14日，根据疫情发展，调整领导小组，更名为海淀区新型冠状病毒肺炎疫情防控工作领导小组，下设办公室、医疗保障组、交通保障组、物资保障组、社区防控组、宣传舆论组、社会稳定组、科技保障组、学校工作组、监督组共1办9组。按照全市重大突发公共卫生事件等级响应要求，压紧压实属地、部门、单位、个人“四方责任”。各级党组织履行领导责任、党政领导干部靠前指挥、党员干部冲到抗疫最前沿，区属单位692个党支部的70余万人次下沉社区防控一线。12月31日，领导小组再次调整，下设办公室、医疗保障组、社区防控组、检疫检验工作组、疫苗接种组织协调工作组、物资保障组、学校工作组、市场防疫工作组、复工复产防控组、交通保障组、科技保障组、爱国卫生运动工作组、宣传舆论组、社会稳定组、监督组共1办14组。区卫生健康委牵头组成办公室和医疗保障组。

免费医疗救治。组建流调队伍和“1+17+N”集中医学观察体系，完成283人流行病学调查，开展42.5万人医学观察。建立“1+29”核酸检测体系，累计采样检测292万人次，做到应检尽检、愿检尽检。建立“1+27+4”院感防控督导模式，加强医疗机构感染控制和医务人员防护。设置发热门诊20家，确定海淀医院为区级医疗救治定点医院。坚持集中患者、集中专家、集中资源、集中救治“四集中”原则，以“提高救治率、降低病死率”为疫情防控重要任务，不计成本、不惜代价、不遗余力救治患者。对辖区89家定点医疗机构预拨付医保基金共计82.45亿元，用于患者救治。截至12月31日，全区累计核酸检测2924585人。累计报告366例确诊病例、疑似病例（其中确诊病例82例），占全市本地确诊病例（783例）的10.5%；无症状感染者4例；累计死亡4例，病死率为4.88%。累计医学观察14411人，其中居家医学观察2369人、集中医学观察12042人。

（钟冷）

【流行病学调查】　年内，医疗保障组对全区366例确诊病例、疑似病例开展流行病学调查，追踪管理密切接触者 4289 人次，清晰地勾勒出病毒传播的路径图谱，确定传播链，发现全市首例无症状感染者；累计开展核酸检测筛查 4.3 万余例。

（医疗保障组）

【发热门诊和筛查哨点设置】 年内，海淀区有 20 家医院设置发热门诊，16 家发热门诊开放，4 家处于暂停状态。对 3 家医院新建发热门诊、13 家医院已设置的发热门诊进行改造，确保具备开诊条件。推进发热筛查哨点建设，健全分级负责、覆盖全市、贴近基层的新冠肺炎等呼吸道传染病监测网络，从源头上加强发热患者筛查管理。推进 18 家社区卫生服务中心和 1 家中西医结合医院建设，协调各社区卫生服务中心和发热门诊建立转诊关系。

（医疗保障组）

【出院患者管理服务】 年内，医疗保障组根据《北京新冠肺炎疫情防控领导小组医疗保障组关于加强新冠肺炎患者出院服务与管理工作的通知》精神，归口海淀区管理的其他确诊病例，确定专人负责信息管理，收到定点医院通报的治愈出院患者信息后，及时将信息反馈至卫健委疾控科和医管中心，并流转至区疾控中心和相关病例所在街道、社区卫生服务中心。指导治愈出院患者健康管理登记工作，组织指导社区卫生服务机构开展健康管理和健康监测等工作。3 月 3 日，海淀医院收治的新冠肺炎患者全部治愈出院，医院医务人员零感染。

（医疗保障组）

【核酸检测】 年内，海淀区有 39 家具有核酸检测能力的机构，有检测人员 621 人。按单样本计算，最大检测能力为 87537 人份每天，其中 12 家第三方医学检验实验室为 71167 人份每天。前期设立 9 个临时核酸检测集中采样点，其中医疗机构采样点 6 家，非医疗机构采样点 3 家。新发地批发市场聚集性疫情发生后，在全区 29 个街镇设立核酸检测采样点和区级绿鑫采样点，组建 3979 人的区级采样后备队伍。全区累计核酸采样检测 292 万人次。“应检尽检”人群核酸检测费用由医保基金和财政共同负担政策，对于本市其他参保人员因疫情防控需要，在本市定点医疗机构或定点医疗机构委托市卫生健康委指定的第三方检测机构发生的核酸检测费用，符合基本医保规定的予以支付，其余由个人负担。

（医疗保障组）

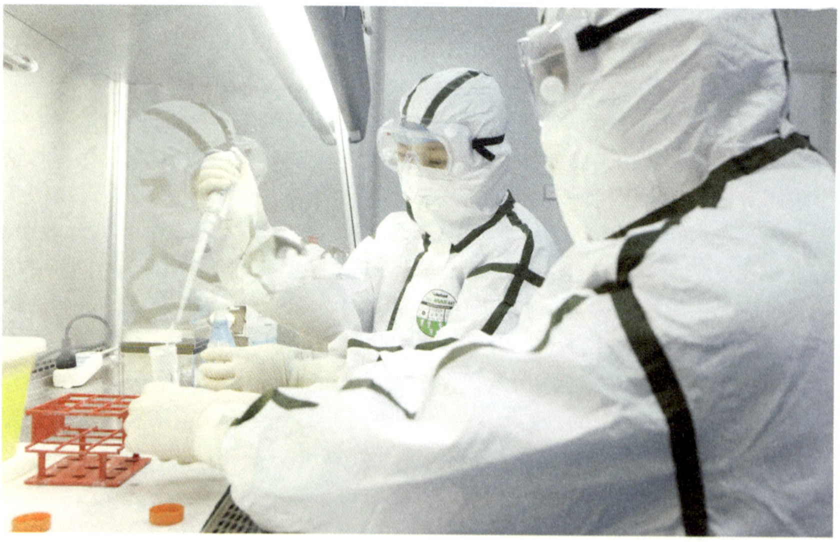

3 月 2 日，区疾控中心工作人员在实验室进行核酸检测（区卫健委 供图）

【惠企医保政策】 年内，海淀区落实国家、北京市有关惠企医保政策。对受疫情影响无法按时缴纳基本医疗保险费用的企业，1 月至 2 月的社会保险费征收期延长至 3 月底，并根据疫情继续放宽时限。旅游、住宿等十类受疫情影响较大的行业，企业可申请延期缴费到 7 月底。对本市参加职工基本医疗保险的单位，2 月至 6 月的职工基本医疗保险（含生育保险）单位缴费部分实行减半征收优惠政策，缴费比例由原来工资总额的 10.8% 降低至 5.4%，在实施减征期间，不影响参保人员享受当期医保待遇。全区共有 104757 家单位享受阶段性减征职工医保的政策，共减征医保费用 54.39 亿元，涉及参保职工 189.42 万人。

（医疗保障组）

【海淀区集中医学观察中心启用】 1 月 29 日，北京市第一家区级集中医学观察中心——海淀区集中医学观察中心正式启用，主要满足海淀辖区内与确诊病例或疑似病例密切接触、又不具备在家或在医院进行观察人员的医学观察需要。集中医学观察中心设置为单人单间工作模式，有房间 110 间，配有医生、护士、卫生防疫人员、服务人员和安保人员，可同时接待 110 人集中医学观察。至 3 月 25 日，海淀区区级集中医学观察中心达 11 家。

（医疗保障组）

【入境进京人员接管】 9 月 23 日，北京逐步恢复部分国际航班直航，海淀区正式启动入境进京人员的接收管理工作。截至 12 月 31 日，累计接收入境进京人员 3422 人，其中第一批接收入境进京人员 767 人，第二批接收入境人员 820 人，第三批接收入境人员 690 人，第四批接收入境人员 799 人，第五批入境人员接收 346 人。入境人员涉及中国台湾、香港地区和柬埔寨、加拿大、巴基斯坦、瑞典、丹麦等国家。

（医疗保障组）

体育

2021
北京海淀年鉴

综述

【概况】 2020年，海淀区体育局（简称区体育局）统筹疫情防控和体育事业发展，围绕全民健身，推进冬奥赛事筹备，完善全民健身公共服务体系，稳步提高竞技体育水平，推动冬季体育运动发展。区体育局下辖海淀区体育场馆管理中心、海淀区社会体育管理中心、海淀区体育局综合管理服务中心、海淀区体育科研所（海淀区全民健身科学指导中心）、海淀区体育运动学校、海淀区少年儿童业余体育学校、海淀区少年儿童游泳业余体校、海淀区重竞技业余体校、海淀棋院9个事业单位。全区有体育协会（分会）43个。

（高鑫鑫）

【体育设施建设】 年内，区体育局落实市、区两级重要民生实事，在西三旗街道八达岭辅路绿化带、苏家坨镇稻香湖酒店建设总长度4.4千米的2条健走步道。建设多功能运动场地42片，其中专项球类场地32片、棋苑10片。更新100套全民健身路径器材。全区累计配建全民健身路径1532套，专项球类活动场地274处，专项棋类活动场地577处，健身步道12条，各类足球场地106片。区属场馆完成10余支运动队的训练场地保障任务，服务复训19820人次；承办市、区活动及赛事4场；开展篮球、网球、足球、羽毛球、潜水项目培训5项，服务7194人次。区属场馆接待锻炼人数8万余人次，其中服务低收费、免收费7000余人次，开放1.4万余场。

（高鑫鑫）

【体育行业安全监管】 年内，区体育局开展城市安全风险评估工作，完成以高危性体育项目为主的体育经营单位安全风险评估144家；完成安全生产标准化三级创建任务17家；40家体育经营单位完成安全生产责任保险参保。开展安全生产专项整治行动，按照“开放一家、检查一家”的要求，对属地恢复开放的体育经营单位开展安全生产检查和隐患排查。开具行政执法检查单316份，开具安全生产督查检查通知单657份。

（高鑫鑫）

【体育产业】 年内，区体育局推动体育消费能级提升，支持华熙LIVE•五棵松提质升级，打造成为以体育、娱乐沉浸式体验为中心，多业态符合共生的城市夜经济新地标。华熙LIVE•五棵松入选全国首批体育服务综合体经典案例。服务保障北京体育消费节活动，征集全区53家体育健身打卡地，为市民提供线上线下丰富多样的体育消费活动。

（高鑫鑫）

【体育社团管理】 年内，区体育局完成7个协会行政脱钩工作。全区有体育协会（分会）43个。开展社会体育指导员线上注册，完成社会体育指导员现状摸底，共有注册社会体育指导员16832人。完成2000名社会体育指导员培训，将培训项目羽毛球、健美操、网球、自行车等竞技体育项目延伸，首次开展电子竞技、桥牌等项目培训。全区有1084支健身团队，每个街镇平均拥有健身团队37支。

（高鑫鑫）

【业训人员教育培训】 年内，区体育局制定《2020年业余训练继续教育培训工作计划》《2020年业余训练科研论文征集及评选工作方案》，推进海淀区业余训练人员继续教育培训科学化、规范化、制度化，加强全区竞技体育人才队伍建设，提升业余训练工作人员科学研究理论水平。结合疫情防控的相关要求，继续教育培训以线上方式为主开展。培训包含政治理论、政策法规、体育专项知识等12项学习内容，累计学时75学时。四所体校共有46人按照要求完成继续教育培训工作。其中9名工作人员共完成55学时的学习任务，37名教练员完成75学时的学习任务。

（高鑫鑫）

【北京冬奥会监督工作会】 4月14日，2020年度海淀区冬奥会监督工作领导小组第一次会议召开。会议强调，要落实中央纪委国家监委关于冬奥会监督工作的各项要求，落实“廉洁办奥”主体责任，确保监督工作取得实效。会议听取区住建委、区体育局及驻区住建委纪检监察组、驻区文旅局纪检监察组工作汇报；通报《2020年海淀区冬奥会监督工作重点任务》，从压实主体责任、履行好监督责任、形成监督合力等方面做出部署。

（高鑫鑫）

【国家国民体质监测项目】 10月中旬至12月10日，区体育科研所（全民健身科学指导中心）按照国家体育总局及北京市体育局国民体质监测工作部署，开展国家国民体质监测项目，进行现场数据采集工作。10月30日，

10月21日，国家国民体质监测项目进行现场数据采集（区体育局 供图）

完成新浪公司总部、圆明园管理处、区园林绿化局、东华软件、区环卫中心、区住建委、翠微集团（牡丹园店）、万寿路街道、学院路街道9个单位的数据采集工作。12月10日，区体育科研所召开国民体质监测项目验收工作会，项目负责人介绍国民体质测试项目整体情况，项目服务商汇报项目完成情况，经过询问和答疑，完成项目验收工作。

（高鑫鑫）

【“网球青少年训练信息反馈系统”研讨会】 12月10日，由国家体育总局网球运动管理中心主办的“网球青少年训练信息反馈系统”研讨会在海淀中心网球馆举行，国家网球运动管理中心、区体育局、区业体校等单位领导以及10名专家参加评审。北京市海淀区少年儿童业余体校受国家体育总局网球运动管理中心委托，与北京瑞盖科技股份有限公司合作研发“青少年网球训练信息反馈系统”，并将海淀中心网球馆定为全国首片试验研发场地。北京瑞盖科技股份有限公司负责人介绍“网球青少年训练信息反馈系统”研发历程及在青少年训练中的应用效果，区少年儿童业余体育学校负责人针对此系统的应用发表意见，区业余体校教练运用“网球青少年训练信息反馈系统”做现场演示。与会专家、嘉宾对训练系统进行论证与研讨，对该系统给予高度评价，并提出建议。国家体育总局网球运动管理中心主任刘文斌表示，整套系统所展示出的效果非常优秀，期待该系统在未来青少年网球训练中提供更多的帮助。

（高鑫鑫）

群众体育

【概况】 2020年，区体育局组队参加北京市《国家体育锻炼标准》测试赛、龙舟大赛、第十一届登高大会、市民羽毛球挑战赛等市级比赛活动17次，参加3857人次。组织时代足迹“走向2022三山五园行”2020海淀凤凰岭山地徒步大会、第十四届“和谐杯”乒乓球比赛、全民健身羽毛球积分赛、中关村国家自主创新示范区核心区体育健身（“一区一品”）骑跑两项系列活动等区级群众体育活动5次，参加2万余人次。组织各体育协会参加、开展体育活动赛事和培训17次，参加北京市社会体育指导员交流展示比赛、第三届全国健身气功·八段锦交流比赛等，参加3850人次。开展线上体育活动30次，举办网络健身气功赛、网络太极拳展示赛、桥牌网络公开赛等活动，参加8800余人次。监督指导2个全民健身示范街道、3个北京市体育特色镇按照创建标准逐条对照完善，增强体育品牌的示范效应；指导并推荐万寿路街道、永定路街道创建北京市全民健身示范街道、温泉镇创建北京市体育特色镇。评选优秀全民健身团队500个。完成10堂全民健身大讲堂录播工作。在19个街镇、高科技企业及机关事业单位，完成4553人体质监测及问卷调查工作，实现全流程线上管理。“海淀体育”微信公众号发布信息1350篇，关注人数68060人。

（高鑫鑫）

【线上直播教学】 5月5日至6月18日，区健身气功协会举办九次线上直播教学活动，吸引近700人次观看。邀请国家级社会体育指导员开设直播教学课程，内容包括健身气功八段锦、传统五禽戏、传统吴式太极拳、健身气功易筋经、精编十六式太极拳等，介绍疫情期间居家健身习练的功法套路，让群众居家抗疫锻炼方式多样化、趣味化。

（高鑫鑫）

【组织参加北京市民体质促进项目挑战赛】 8月28日，北京市体育局主办，北京市社会体育管理中心、各区体育局、北京经济技术开发区社会事业局、燕山体育运动中心承办，各区相关街道、乡镇协办的2020年北京市《国家体育锻炼标准》测试赛暨北京市民体质促进项目挑战赛在天坛体育场举办。比赛设25米×4往返跑、30秒单摇跳绳、立定跳远、十字象限跳、坐位体前屈、绕杆跑、仰卧起坐（女子）、俯卧撑（男子）、手卷辘轳、屈体移球、袋鼠快跳10个项目，全市共有2000余人参赛。区体育局组织青龙桥街道、温泉镇、西北旺镇、四季青镇、东升镇5个街镇的100余名运动员参赛，所有参赛队员均达标。

（高鑫鑫）

【2020年海淀凤凰岭山地徒步大会】 10月24日，由区体育局、北京市徒步运动协会主办，区社会体育管理中心、北京市徒步运动协会秘书处、凤凰岭景区、区徒步运动协会承办，安利（中国）日用品有限公司、北京建依体育用品有限公司协办的“九九重阳”北京市第十一届登山大会海淀区

10月24日，2020海淀凤凰岭山地徒步大会举办（区体育局 供图）

会场——时代足迹“走向2022三山五园行”2020海淀凤凰岭山地徒步大会在北京凤凰岭景区举行。活动以时代足迹“走向2022三山五园行”为主题，吸引驻区近百家团体、单位职工参加。活动现场安排适合老年人参与的太极拳健身气功展示及茶文化体验等活动，设置旱地冰壶球、冰球射门、越野轮滑体验等项目，设置“三山五园”文化知识答题抽奖等环节。现场提供健康监测体验项目，邀请森林消防局机动支队现场展示森林消防设备，向群众普及森林防火知识。

（高鑫鑫）

【核心区体育健身（“一区一品”）骑跑两项系列活动】 11月1日，由区体育局主办的2020年中关村国家自主创新示范区核心区体育健身（“一区一品”）骑跑两项系列活动（简称系列活动）首站在中关村森林公园举行，来自联想、百度、瑞萨和纳通等园区企业的300余名骑行爱好者参加骑跑活动。首站活动分为骑行组、跑步组、骑跑组，活动不竞速，不排名，旨在创建海淀区精品体育健身活动，促进全民健身与全民健康深度融合。11月7日，系列活动第二站在中关村软件园举行，来自百度、启明星辰、芯盾、华胜天成等数十家园区企业组队参与，完成骑车和跑步赛段。11月8日，系列活动第三场在中关村环保园齐物潭公园广场开启，以“魅力海淀美丽骑迹跑向健康”为主题，吸引20余家企业职工参与。11月14日，系列活动第四场在用友产业园举行，骑行5千米、跑步5千米，来自用友科技、百旺金赋等园区企业职工参加。11月22日，系列活动莫比乌斯收官站在中关村软件园举行，400余名选手参与骑行5千米、跑步5千米赛事。

（高鑫鑫）

11月22日，“一区一品”骑跑两项系列活动莫比乌斯收官战在中关村软件园举行（区体育局 供图）

竞技体育

【概况】 2020年，区体育局组队参加北京市田径、柔道、垒球、短道速滑、冰壶等U系列及锦标赛比赛。举办海淀区柔道、击剑、射箭、跆拳道等区级锦标赛。受新冠疫情影响，各项目运动员有近6个月未开展系统训练。全区有注册运动员7321人；完成审核运动员一级33人、二级65人、三级6人。在北京市各项体育比赛中，获139枚金牌、131枚银牌、152枚铜牌。

（高鑫鑫）

【全国冬运会摘一银一铜】 1月14日，在第十四届全国冬季运动会短道速滑少年组女子1000米决赛中，海淀籍运动员王晔为北京队摘得银牌。1月15日，在短道速滑少年组女子500米决赛中，王晔摘得铜牌，康梓童获第五名。

（高鑫鑫）

【获全国击剑冠军赛（南京站）团体第一】 9月26日至10月2日，2019—2020赛季全国击剑冠军赛（南京站）举行，来自全国30个参赛单位的580余名运动员参赛。本站冠军赛设成人、青年两个组别，最终决出18枚金牌。海淀区重竞技体校于梦雪和邢瑶获得成年女重团体第一名。

（高鑫鑫）

【张钦彤全国跆拳道锦标赛系列赛（第二站）夺冠】 9月27日至30日，2020年全国跆拳道锦标系列赛第二站在江苏无锡太湖国际博览中心举行。16岁的海淀小将张钦彤以36比19击败福建队选手陈鈺墐，夺得女子46公斤以下级冠军。

（高鑫鑫）

【谭仔珺获全国古典跤比赛67Kg组第三名】 10月5日至18日，2020年全国国际式摔跤锦标赛暨奥运会资格选拔赛在浙江温州举行。本次比赛分为女子自由式、男子古典式、男子自由式三个跤种，各设10个级别，来自北京、天津、河北、浙江等地的39支代表队和海淀区重竞技体校、广西体育运动学校等18支特邀队伍参赛，总参赛人数超过1600人。45支代表队的426名运动员参加男子摔跤项目比赛。海淀区重竞技体校运动员谭仔珺获男子古典式摔跤67Kg组第三名。

（高鑫鑫）

【荣登北京市青少年锦标赛金牌榜首】 10月17日至18日，2020年北京市青少年田径锦标赛在朝阳体育中心举行。该项赛事由市体育局主办，市体育竞赛管理中心、朝阳区体育局、朝阳区体育健身休闲公园联合承办，设男子甲、乙、丙和女子甲、乙、丙6个竞赛组别，竞赛项目涵盖竞赛类、田赛类、全能类共21项，包括100米、200米、400米、800米、1500米、

3000 米、5000 米、100 米栏、110 米栏、400 米栏、4×100 米接力、4×400 米接力、跳高、跳远、三级跳远、铅球、铁饼、标枪、四项全能、五项全能和七项全能等。来自全市 16 个区的 934 名青少年选手参赛。海淀区代表队获金牌 29 枚、银牌 16 枚、铜牌 21 枚，位金牌榜首，总分名列第一。

（高鑫鑫　钟冷）

【获市中学生田径运动会 3 个团体第一】 10 月 23 日至 25 日，由市教委、市体育局主办，北京学生活动管理中心、区教委、区体育局承办的第 58 届北京市中学生田径运动会在海淀体育中心田径场举行。运动会设高中男女组、初中男女组四个组别共 17 个小项，来自全市的 655 名学生运动员参赛。海淀区取得初中 A 组团体总分第一名、高中 A 组团体总分第一名、A 组团体总分第一名。

（高鑫鑫　钟冷）

【参加市青少年 U 系列冠军赛】 10 月 30 日至 11 月 1 日，2020 年北京市青少年 U 系列冠军赛举行。区手球代表队取得男甲（第一名），男乙（第一名）。区曲棍球代表队取得 U15 男（第一名）、U15 女（第一名）、U11 女（第一名）。区柔道代表队得取 20 金 11 银 10 铜，位列金牌榜第一、团体总分第一。区跆拳道代表队取得 5 金 6 银 6 铜。区拳击队获得 4 金 3 银 8 铜。区摔跤代表队取得 2 金 8 银。区花样滑冰青少年运动队取得 6 金 4 银 8 铜。

（高鑫鑫）

【获市青少年篮球锦标赛三项冠军】 10 月 31 日至 11 月 22 日，2020 年北京市青少年篮球锦标赛举行。来自全市 16 个区的 46 支队伍参加赛。海淀区代表队获得男子甲组、女子甲组、女子乙组冠军，男子乙组亚军。

（高鑫鑫）

【获市青少年足球锦标赛三冠】 10 月至 11 月，2020 年北京市青少年足球锦标赛举行。比赛设男子甲组 U16-U17、男子乙组 U14-U15、U13 和女子甲组 U16-U17、女子乙组 U14-U15、U13 共 6 个竞赛组别，全市 13 个区的 44 支球队近千名运动员参赛。海淀区代表队夺得三个冠军：男子甲组 U16-U17 第一名；女子甲组 U16-U17 第一名；男子乙组 U14-U15 第一名。

（高鑫鑫）

【区代表队获市青少年游泳锦标赛团体第一】 11 月 14 日至 15 日，北京市青少年游泳锦标赛举办。比赛共有来自海淀区、东城区、西城区等 12 个区的 727 名青少年游泳运动员参赛。海淀区代表队派出 161 名选手参赛，获 46 枚金牌、27 枚银牌、34 枚铜牌，团体总分第一名。

（高鑫鑫）

【区代表队参加北京柔道公开赛】 11 月 14 至 15 日，第十二届北京市体育大会暨北京柔道公开赛在海淀体育中心体育馆举行。比赛设置 U7 组——成年大师组多组别，来自全市 30 支代表队的 500 余名选手参加比赛。海淀区代表队获 32 枚金牌、24 枚银牌、36 枚铜牌。

（高鑫鑫）

【区青少年击剑锦标赛】 11 月 21 日至 22 日，2020 年海淀区青少年击剑锦标赛举行。这是海淀区首次举办的青少年击剑锦标赛，由区体育局主办，区重竞技体育学校承办，万国体育海淀国际击剑运动中心协办，来自海淀区 73 个代表队的 320 名青少年击剑运动员参加。比赛共产生 18 枚金牌、18 枚银牌、36 枚铜牌。

（高鑫鑫）

【获市锦标赛乒乓球项目比赛】 11 月 28 至 29 日，2020 年北京市锦标赛乒乓球项目比赛举办。比赛设置男女甲、乙、丙组六个组别的单打、双打、团体、混双项目比赛。吸引来自东城区、西城区、朝阳区、海淀区、延庆区、密云区等 10 个区代表队的 175 名运动员参赛。区业余体校派出 48 名运动员参赛，获得 6 金 8 银 3 铜以及团体总分第一名。

（高鑫鑫）

【刘佳玉获市室内射箭比赛冠军】 11 月 28 日至 29 日，2020 年北京市射箭运动协会室内射箭比赛由北京市民族传统体育协会与北京市射箭运动协会主办，风尚射箭俱乐部承办，北京市芦城体育运动技术学校协办。海淀区代表队获得团体第四名，队员刘佳玉获得反曲弓青年男子 B 组个人淘汰赛冠军。

（高鑫鑫）

【“羽众杯”2020 海淀区全民健身羽毛球积分赛总决赛】 11 月 28 日，由区体育局和甜区体育联合主办的“羽众杯”2020 海淀区全民健身羽毛球积分赛总决赛举行。来自 29 个街镇的 53 支队伍参加比赛。东升镇任我行队夺得街镇甲组冠军，海淀街道队获街镇乙组冠军，动享亿友阳光队获企业甲组冠军，动享亿友体育队位列企业乙组第一名。

（高鑫鑫）

【海淀区青少年跆拳道锦标赛】 12 月 5 日至 6 日，2020 年北京市海淀区青少年跆拳道锦标赛举行。锦标赛由区体育局、海淀区重竞技体校主办，北京奥康世纪国际体育文化发展有限公司承办，北京市跆拳道协会支持。比赛设男子、女子四个组别、60 个级别，275 名青少年运动员参加。

（高鑫鑫）

【海淀区青少年射箭锦标赛】 12 月 19 日至 20 日，2020 年北京市海淀区青少年射箭锦标赛举行。比赛由区体育局、海淀区重竞技业余体育学校主办，北京万峰尚嘉和体育发展有限公司承办。全区 34 名运动员参赛。

（高鑫鑫）

学校体育

【概况】 2020 年，区体育局推进体教融合，以区队校建的形式发展青少年足球、排球、篮球等项目。全区共有三大球基层网点校 29 所、重点示范校 18 所。有国家级青少年体育俱乐部 10 个；体育传统项目学校 66 所，其中国家级 6 所、市级 30 所、区级 30 所。与区教委联合举办海淀区中小学跳绳比赛、海淀区第三届中小学生短道速滑和花样滑冰比赛，参与人数达千余人次；共同承办第 58 届北京市中学生田径运动会。

（高鑫鑫）

【区重竞技体校与清华射击队合作】 9月11日，海淀区重竞技体校校长李海带队到清华附中，与清华射击队交流合作。双方将在探索训练方法创新、共建高水平运动队、培养高素质人才、打造体教结合学校等方面进行深度合作，在竞技体育、体育文化、体育产业等方面展开深度合作，推动实现资源共享、优势互补、合作共赢，有效推进双方体育事业改革发展，共同推进射击运动发展。清华射击队成立于1999年10月，是继国家跳水队后第二支在清华落户的高水平运动队，设有男子10米移动靶、男女气手枪、男女气步枪共5个奥运项目。

（高鑫鑫 钟冷）

【中小学短道速滑和花样滑冰赛】 10月24日至25日，海淀区第三届中小学短道速滑和花样滑冰赛在庞清佟健艺术中心举行。比赛由区教委、区体育局主办，区中小学体育运动促进中心等承办，参照国际标准赛制，设4个级别短道速滑比赛和4个级别精英组、大众组花样滑冰比赛，来自48所中小学的175名学生参赛。同时举办冠军大讲堂，双人花样滑冰世界冠军佟健与学生现场互动。区教委已认定50所中小学冰雪运动试点学校，参与冰雪运动学生人数约11万余人。在冰球、冰壶、短道速滑、花样滑冰、雪上等项目，开展丰富多彩的活动赛事。

（宋亚甫）

【获市中学生田径运动会三个组别团体总分第一名】 10月25日至27日，第58届北京市中学生田径运动会在海淀体育中心举行。运动会由市教委、市体育局主办，区教委和区体育局承办，全市655名运动员参赛，其中海淀区运动员48名。比赛设高中男女组、初中男女组四个组别17个小项比赛。海淀区代表队包揽初中组、高中组、中学组三个组别团体总分第一名，同时获优秀组织奖、体育道德风尚奖和突出贡献奖。

（宋亚甫）

冰雪运动

【概况】 2020年，区体育局推进北京2022年冬奥会赛事筹备工作。成立冬奥会测试赛专班、海淀区组委会和服务保障总指挥部，制定北京冬奥会测试赛海淀区工作方案和冬奥会测试赛服务保障工作总指挥部的构架方案。受疫情影响，按照北京冬奥组委的统一部署，原计划在海淀区举办三项测试赛，调整为测试活动和测试赛两部分；"北京赛区（海淀）2020国际滑联花样滑冰大奖赛总决赛等3项赛事组委会"更名为"相约北京系列冬季体育赛事北京赛区（海淀）组委会"。完成冬奥会测试赛申办工作。按照"1+7+1+33"[①]的模式，配合北京冬奥组委场馆管理部组建首都体育馆场馆群运行团队、五棵松体育中心场馆运行团队。完成国际冬季单项体育联合会来华考察卫生防疫、核酸检测、交通保障、安全保障、外围保障等各项任务，受到北京赛区分指挥部高度评价和充分肯定。

群众冰雪运动。全区有滑雪场1家、室内冰场5片、室外冰场5片、气膜冰场2片。开展冰雪技能培训和线上冰雪知识普及，培训冰雪项目社会体育指导员1000名，制作冰雪运动知识专题节目73期。举办"迎冬奥"2020海淀万人滑雪嘉年华活动，采取团体定向和社会公开发放两种形式，发放冰雪公益体验券1.5万张，其中"海淀体育"公众号发放3000张。

竞技冰雪运动。与延庆区体育局共同主办"延海杯"短道速滑邀请赛及"海延杯"冰球交流赛；与区教委承办海淀区第三届中小学生短道速滑和花样滑冰比赛。全区有20支区级青少年冬季项目运动队，1893名运动员，实现青少年冰雪运动项目队伍全覆盖。组织参加北京市短道速滑、冰壶、花样滑冰、滑雪U系列比赛，获14金15银14铜。

（高鑫鑫）

【"悦动青龙桥"群众冰雪季系列活动】 1月11日，2020"悦动青龙桥"群众冰雪季系列活动启动仪式在颐和园举办。系列活动由北京奥运城市促进发展中心、区体育局、青龙桥街道联合主办，海淀区青龙桥学区管理中心、新影联文化传播公司承办。"青龙桥志愿者之家"微信小程序上线，成为百姓学习冬奥知识，参与活动的重要渠道；成立青龙桥地区迎冬奥百

12月12日，"海延杯"冰球交流赛举办（区体育局 供图）

① 1个场馆主任、7个场馆副主任、1个场馆团队运行秘书长、33个业务领域经理。

姓志愿服务队，以“助力冬奥，志愿有我”为主旨，建立更加有效的冬奥百姓志愿服务力量。150 名中小学生、志愿者、群众参与颐和园冰雪健身嘉年华活动，开启旱地冰雪运动。持续至 8 月底结束，主要包括冰上冬奥（2020“悦动青龙桥”群众冰雪季启动仪式暨颐和园冰雪健身嘉年华活动）、光影冬奥（“我爱冬奥”群众摄影与微视频比赛）、志愿冬奥（“迎冬奥百姓志愿服务队”培育计划）。

（高鑫鑫）

【第二届凤凰岭冰雪文化节】 1 月 12 日，由中华全国体育基金会、北京市体育基金会、北京奥运城市发展基金会、北京市海淀区体育局、北京凤凰岭景区主办，北京市海淀区社会体育管理中心、北京凤凰岭景区承办的“助力冬奥有我更精彩”2020 北京市海淀区第二届凤凰岭冰雪文化节在凤凰岭景区举行。在启动仪式上，来自海淀区全民健身工作先进单位、亲子家庭以及学生代表共计 500 余人参加活动，亲子家庭代表宣读“助力冬奥有我更精彩”倡议书，号召大家做冬奥和冰雪文化的参与者、传播者和奉献者。现场设置冬奥知识、冰雪文化的宣传展览以及其他展示展览，内容主要包括逐梦冬奥展和冰雪文化展两大类，介绍冰雪文化和冬奥知识。冰雪体验者们分组参加滑雪圈、雪橇接力、堆雪人、夹雪球、雪地拔河等雪地趣味游戏体验。凤凰岭冰雪乐园占地近一万平方米，分为嬉雪区、滑道区、嬉冰区、凤凰雪乡、冰雪文化展示区五大区域，设置 30 余项冰雪娱乐体验项目；开启直滑雪道、S 弯雪道、百米冰道等 12 条滑道。嬉雪区设置雪地旋转飞碟、雪地挖掘机、儿童雪地黄包车、雪橇车、儿童碰撞球、成人碰撞球、TPU 悠波球、雪地香蕉船、雪地坦克、雪地小摩托等项目。嬉冰区有冰车、单人冰上自行车、儿童冰上自行车、双人冰上自行车、冰陀螺等项目。1 月 23 日，因疫情防控，根据市、区政府关于取消文化体育活动的要求，活动停办。

（高鑫鑫　钟冷）

【“延海杯”短道速滑邀请赛】 8 月 23 日至 24 日，由区体育局、延庆区共同举办的 2020 年“延海杯”短道速滑邀请赛在延庆举行。来自海淀区、延庆区、东城区、西城区、朝阳区、平谷区的短道速滑代表队共 144 名运动员参赛，邀请赛不排名。海淀区有 23 名运动员参赛。

（高鑫鑫）

【“海延杯”冰球交流赛】 12 月 12 日，“海延杯”冰球交流赛在昆玉湖举行。海淀队以 5 比 1 战胜延庆队，获得交流赛胜利。

（高鑫鑫）

【“迎冬奥”2020 海淀区冰雪挑战季万人滑雪嘉年华畅滑体验活动】 12 月 26 日，第七届北京市民快乐冰雪季系列活动暨“迎冬奥”2020 海淀区冰雪挑战季万人滑雪嘉年华畅滑体验活动在北京西山滑雪场启动。本届冰雪嘉年华活动由区体育局主办。在开展雪上畅滑体验的同时设置丰富的趣味体验活动，项目包括雪球竞速、雪地大脚板、勇攀高峰、团队飞毯、猜冬奥灯谜、雪地悠波球、戏雪乐园体验等。本届活动持续至 2021 年 2 月底，在北京西山滑雪场、北京凤凰岭冰雪乐园开展畅滑体验活动。活动针对海淀区机关干部、企事业单位职工、社区居民等不同群体，覆盖人群更为广泛，吸引更多的市民参与。参与方式采取团体定向和社会公开两种形式发放冰雪公益体验券，让更多群众参与到冰雪运动中。通过“海淀体育”官方微信公众号及微博账号参与相应活动，可以领取面向社会公开发放的滑雪公益体验券。

（高鑫鑫）

体育业训

【概况】 2020 年，全区教练员继续教育培训工作由线下转为线上，4 所体校有 46 人完成继续教育培训工作，完成率 100%。区体育局、区体育科研所完成 57 名业训工作人员业余训练科研论文征集及评选工作，参与率 100%，评选特等奖论文 2 篇、一等奖论文 3 篇、二等奖论文 3 篇、三等奖论文 36 篇。完成网球、足球、羽毛球、摔跤、柔道等 12 支队伍体能训练 350 学时；完成骨龄测试 300 余人。强化反兴奋剂宣传教育，印发《运动营养品管理制度》《反兴奋剂知识手册》《运动员用药指南》等文件。成立反兴奋剂专项治理工作小组，全面系统排查反兴奋剂工作存在的风险和隐患，未出现服用兴奋剂事件。

（高鑫鑫）

【雪上运动社会体育指导员培训】 1 月

12 月 26 日，“迎冬奥”2020 海淀区冰雪挑战季万人滑雪嘉年华畅滑体验活动启动（区体育局 供图）

13 日，区体育局、区体育总会在北京西山滑雪场、狂飚乐园滑雪场分别举办的 8 期海淀区雪上运动社会体育指导员培训班结束，来自 19 家机关事业单位、22 个街镇的 600 余名学员参加培训。通过培训，全部学员掌握雪上项目基础理论知识、滑雪基本姿势、现场实习演练及考核等；晋升二级社会体育指导的学员通过高山 s 型滑雪等知识和技巧考核。培训班于 2019 年 12 月 16 日开班。

（高鑫鑫）

【教练员职称评审】 8 月 31 日，区体育局召开教练员职称评审推荐评审小组工作会，推荐评审小组成员及本年度申报教练员职称人员参加会议。区体育局制定并印发《海淀区体育局体育教练员系列职称评审工作实施方案》。全区有 5 人申报教练员职称评审，其中申报高级教练 1 人、中级教练 1 人、初级教练 3 人。申报人员分别述职。推荐评审小组成员根据申报人员的申报条件和工作业绩进行投票，确定 5 名推荐人选。5 人均获得职称。

（高鑫鑫）

【63 人获雪上项目裁判员认证】 9 月 12 日至 13 日，9 月 19 日至 20 日，9 月 26 日，北京市体育竞赛管理中心举办越野滑雪、单板及自由式滑雪、单板滑雪裁判员培训班。全区有 167 人培训报名，其中越野滑雪 47 人、单板及自由式滑雪 53 人、单板滑雪 67 人。经市考核领导小组审核，63 人理论及实践考核成绩合格，17 人获得单板滑雪项目三级裁判员资格，21 人获得单板及自由式滑雪大跳台项目三级裁判员资格，25 人获得越野滑雪项目三级裁判员资格。

（高鑫鑫）

【首届海淀区国家社会体育指导员培训班（电子竞技项目）】 10 月 31 日、11 月 1 日、11 月 7 日，由区体育局主办，区体育科研所（区全民健身科学指导中心）与完美世界控股集团共同承办的首届海淀区国家社会体育指导员培训班（电子竞技项目）举办。培训班探索电子竞技社会体育指导员培训、管理新模式，包括 4 个专题内容：电子竞技运动基本理论知识；提高电子竞技运动基本技术和战术水平；电子竞技运动教学、训练和竞赛组织与裁判工作的基本技能；电子竞技运动专项体能训练理论与方法。共计 100 人参加培训。

（高鑫鑫）

【国家三级桥牌体育指导员培训班】 11 月 7 日至 9 日，由区体育局主办，区体育科研所（区全民健身科学指导中心）、区桥牌协会承办的 2020 年度海淀区国家三级桥牌社会体育指导员培训举办。本次培训课共分为社会体育指导员培训意义及管理办法，桥牌基础知识，打牌基本技巧，桥牌教学与组织，桥牌比赛的组织与常用桥规，结业考试，网络桥牌作业点评等六个部分。区桥牌社会体育指导员培训将分为两个层级：三级指导员达到会打迷你桥牌，能在受训单位辅导迷你桥牌；二级指导员会打定约桥牌，并能辅导定约桥牌。培训班结束后，所有参训人员将由区体育局统一建档，区桥牌协会负责具体管理，桥牌社会体育指导员走进基层，走进社区，为群众提供多元化的体育公共服务。

（高鑫鑫）

【冰上项目社会体育指导员培训班】 12 月 1 日，由区体育局主办，区体育科研所（区全民健身科学指导中心）、北京零度阳光体育文化有限公司冠军冰场承办的 2020 年海淀区冰上项目社会体育指导员培训班举办。本次培训共有 300 人参与，包括理论学习、技能练习、课程考核三方面内容。每组 5 节课，每节课 150 分钟，其中技能教学 90 分钟、理论课程 60 分钟。300 人全部通过培训考核，成为滑冰项目社会体育指导员。全区滑冰项目社会体育指导员累计超过 1000 人。

（高鑫鑫）

【雪上项目国家三级社会体育指导员培训班】 12 月 9 日，区体育科研所（区全民健身科学指导中心）、北京西山滑雪场共同承办的 2020 年海淀区雪上项目国家三级社会体育指导员培训班在北京西山滑雪场开班。2020 年雪上项目社会体育指导员培训分为三期，540 人参与培训，培训内容包括理论学习、技能练习、课程考核三个方面。技能练习由专业教练在现场进行滑雪技能培训；理论学习从社会体育指导员必备常识、冬奥会知识、冰雪运动项目、滑雪器材使用等方面进行讲解；课程考核根据所学内容，进行理论、技术两个方面考核。540 人全部通过考核，获得雪上项目国家三级社会体育指导员证书。

（高鑫鑫）

社会建设

2021
北京海淀年鉴

精神文明建设

【概况】 2020年，海淀区精神文明建设工作以习近平新时代中国特色社会主义思想为指导，围绕区委、区政府中心工作，以培育和践行社会主义核心价值观为根本任务，践行“举旗帜、聚民心、育新人、兴文化、展形象”使命任务，深化群众性精神文明“五大创建”活动，通过中央文明办文明城区复检，蝉联“全国文明城区”。区新时代文明实践中心建设取得新成绩，成为全国新时代文明实践10个“先行试验区”之一。强化文明城区的文明素养和人文情怀，提升市民文明素质和区域文明程度，为聚焦中关村科学城、深化落实“两新两高”战略提供强大的精神动力和良好社会环境。

海淀区入选全国500家新时代文明实践中心第二批试点中的10个重点联系县（市、区）。沈宁、陈薇上榜2020年“中国好人”榜。宋婷婷获2020“北京榜样”年度人物称号；陈文成、郭红阳、宋婷婷、周儒欣、盛娟登上2020年“北京榜样”月榜榜单；赵毅武、李紫莹登上2020年“北京榜样”周榜榜单；滴滴北京医护保障车队获2020年“北京榜样”特别奖。评选2020年度“感动海淀”文明人物十名、提名奖十名，文明集体五名。

（王桂芳）

【新时代文明实践工作】 年内，海淀区创新开展新时代文明实践工作，打造文明实践的“海淀模式”，探索“海淀友邻”文明实践志愿服务体系。印发《海淀区关于深入推进新时代文明实践中心全国第二批试点建设的若干措施》，将文明实践中心建设纳入区级绩效考核、纳入文明单位评选、纳入榜样选树必备条件；塑造“新思想加油站”“海淀友邻”宣讲、滴滴网约车“流动宣传车”等文明实践志愿服务品牌，成立区级志愿服务促进中心，出台志愿者招募、培训、激励、礼遇等11项措施，推进志愿服务精准化、常态化、便利化、品牌化，建立协调高效的志愿服务工作机制。全区共成立1781支文明实践志愿服务队，注册志愿者90余万人；依托高等院校、科研院所、科技企业等驻区单位，建立100家新时代文明实践基地，组建“夕阳再晨”科技助老等200余支科技志愿服务队伍；协调220家链家门店设立文明实践友邻志愿驿站，开展“新思想加油站”“志愿服务休息驿站”等文明实践项目，构建辖区志愿服务“15分钟生活圈”。协调辖区“滴滴出行”网约车、青桔单车，上线文明实践语音播报1000余万次，10万辆网约车、10万辆共享单车变身“理论宣传车”，扩大文明实践宣传覆盖面。组建马克思主义学院院长宣讲团、高校博士生宣讲团、“战疫有我”“红色文化”“科技创新”等宣讲队伍560余支，打造海淀特色宣讲品牌。统筹辖区科技资源优势，开展科技应用场景实践活动组织“党的创新理论进万家”宣传志愿服务，应用“云传播”和轻巧化视频化传播方式，科技企业党委书记网上微党课、马克思主义读书会等宣讲品牌深受群众喜爱。利用VR虚拟现实、LBS定位技术、大数据先进技术，整合5000余节慕课课程、85万余册电子图书和有声图书以及VR展厅、云图书馆等资源，打破地理和时间界限，让百姓随时随地享用精准化的科技服务。海淀区入选全国500家新时代文明实践中心第二批试点中的10个重点联系县（市、区）。“友邻志愿驿站”入选全国100个文明实践案例。在全国学雷锋志愿服务工作推进会上，海淀区介绍志愿服务工作经验；在中央文明办新时代文明实践工作推进会上，海淀区介绍文明实践工作经验；在全国文明实践志愿服务工作推进会上，海淀区介绍文明实践和志愿服务工作经验。

（王桂芳）

【群众性精神文明创建】 年内，按照区文明委工作部署，区文明办统筹协调指导全区各单位开展文明城区、文明单位、文明社区（村）、文明校园、文明家庭创建活动，全面迎接全国文明城区和全国未成年人思想道德建设工作先进城区三年一次的复检，蝉联“全国文明城区”。创建分类指导，拓展创建范围。基础创建以基层单位为重点，适当增加社区、村镇名额；增加高新技术企业创建名额180%，卫健系统名额增加71%。对存在问题的6个村镇和4个单位，取消首都级的推荐资格。扩大创建内容。完善各类文明创建的指标项目和实施办法，将志愿服务注册人数、占比，把开展结对共建帮扶情况加入创建内容；将开展禁烟、光盘行动、垃圾分类宣传等

7月1日，北京外研书店（东升科技园店）新时代文明实践基地揭牌暨青年马克思主义读书会启动（田峰 摄）

1月3日，2019“感动海淀”文明人物颁奖典礼举办（张洪军 摄）

情况作为考核项目；将农村基础设施建设、生态和环境建设、文化建设和移风易俗等24项具体指标作为文明村镇的测评项目；将思想教育、文明风尚培育、文化服务、文明设施、公益绩效等20项指标作为文明单位的测评项目。与区教委合作，实施“中华礼仪教育普及工程”，提升青少年文明礼仪素养。开展“创建故事分享会”“最美校园竞晒”等活动，征集文明校园创建优秀案例推广、文明校园创建故事分享会，推动优秀校园文化建设。与区妇联联合开展寻找“最美家庭”等系列活动，扩大文明家庭创建覆盖面和参与度，引导党员干部把家风建设摆在重要位置，带头做家庭美德的践行者，形成爱国爱家、向上向善、共建共享的家庭文明新风尚。

（王桂芳）

【公民思想道德建设】 年内，区文明委开展《文明有我健康行》主题宣传活动，向全区市民发出一系列文明健康倡议，发出让“一米线”成为“文明线”号召，制作刊播“文明有我健康行”系列主题公益广告，倡导大家从我做起，从日常点滴做起；推行分餐、公筷公勺、垃圾分类等，争做文明健康北京人。全区文明委136家单位积极响应，特别是驻区高校纷纷转载。利用区融媒体中心、海淀文明网等载体，采用海报、漫画、短视频、H5推文等形式，集中普及疫情防控知识，引导市民群众养成讲文明、讲卫生、讲科学的生活习惯；张贴公筷公勺、光盘行动、垃圾分类等海报、提示牌、餐巾纸、宣传折页12万册。设计制作《北京市文明行为促进条例》宣传折页6.2万张，海报3万张。打造“光盘行动”示范街，在中关村食宝街开展“崇尚节约风气，拒绝餐饮浪费”，发布拒绝餐饮浪费十大“光盘行动”。举办展示光盘送礼品、互动答题送纪念品、外卖宣传卡、专属小份菜、线下光盘行动体验展、AI小程序海报发布、背景墙签名活动。海淀文明网网站信息报送、信息采纳在首都文明网名列前茅。在《海淀区新时代文明实践工作简报》上开设海淀榜样抗疫情、新时代文明实践中心、并肩抗“疫”、文明养成、文明动态、垃圾分类等栏目，制作H5，开设“文明过大年”“学雷锋在行动”“好人365”“网上文明祭扫”等专栏15个。

（王桂芳）

【未成年人思想道德建设】 年内，区文明办建立健全未成年人工作考核和监督制度，对未成年人思想道德建设情况进行测评并专项督查，通过全国未成年人先进城区复检。开展“新时代好少年”学习宣传活动，选树21世纪国际学校童钰洁、北京市八一学校于小添参选首都“新时代好少年”；一零一中学亓子航、第十九中学程笑飞、清华大学附属中学永丰学校小学部褚子萱获2020年度首都“新时代好少年”称号。引导未成年人参加“我们的节日”国庆节等重大节日活动、“祭英烈”活动网上网下活动，清明节期间全区约40万人次在网上向革命先烈鞠躬献花、抒写感言寄语、祭扫献花、礼敬先烈。对未成年人进行国旗法、国歌法和党史国史教育，开展升国旗唱国歌、“我和国旗合个影”等线上活动，23万余人次参与文明网“我向国旗敬个礼”活动。通过故事征集、线上或线下展评、云欣赏、公益讲座等形式，组织开展优秀传统文化学习教育活动；学习宣传《北京市文明行为促进条例》；在全区广泛开展“中华美德少年行”活动；推荐16名在校中小学生参与北京市读书故事会分享。

（王桂芳）

【公共文明引导行动】 年内，全区有公共文明引导员1911名，572名引导员在136个重要交通路口服务、927名引导员在272个公交站台服务、412名引导员在55个地铁站台服务。678名公共文明引导员参与社区疫情防控的，涉及163个社区、282个点位，累计值守6.7万余人次，累计值守时长47.23万余小时。北京榜样、海淀区星级引导员薛英代表首都近万名公共文明引导员，在北京市政府新闻办召开的疫情防控发布会上发言，北京电视台、《光明日报》客户端等媒体跟踪采访报道相关事迹。保障重大活动，加强安全防范和应急处置培训，组建20人的应急分队全天候上岗；加强重点线路、重点地区、全国两会代表委员驻地周边的公交地铁站台的文明乘车秩序和维稳保障工作。开展公园观赏文明引导，“樱花节”“桃花节”“红叶节”期间，在玉渊潭、香山、颐和园、植物园、紫竹院等公园，引导游客文明游园。公共文明引导员在全区开展“我为条例代言”心得体会、“随手拍”等宣传活动。开展文明观赛引导，宣传观赛文明礼仪，编写文明引导服务手册，引导球迷懂球知礼、文明观赛，打造文明和谐、积极向上的赛场文化。

（王桂芳）

【诚信宣传教育主题活动】 年内，为深化全国文明城区创建工作，加快“诚信海淀”建设，区文明办开展诚信主题宣传教育活动。牵头组织开展海淀区诚信创建活动，成立区文明办、中关村科学城综合事务部、区卫生健康工委、区委社工委区民政局、区城市管理委、区文旅局、区市场监管局、区城管执法局、区商务局等部门组成的海淀区诚信创建活动领导小组，负责指导、协调和监督海淀区诚信创建活动的组织实施。制定《2020年海淀区诚信创建活动实施方案》，统筹区文明委各成员单位弘扬诚信理念、诚信文化、契约精神，构建诚信体系，加快个人诚信、政务诚信、社会诚信建设。开展“文明诚信创建活动”“文明商户 守信商户”等活动，参加“诚信聚力 全民战疫”第五届“诚信北京”3•15特别节目品牌活动，开展诚信主题宣传教育活动。创建东华软件股份有限公司等17家诚信单位，海淀区志愿者服务联合会等3家诚信行业，青龙桥地区义务指路队等4个诚信群体，东华医为科技有限公司董事长韩士斌等7名诚信标兵，创建北京永和大王餐饮有限公永定路分店“诚信经营示范店”、华熙LIVE•五棵松“诚信示范街区”等33个诚信典型。

（王桂芳）

【区域精神文明共建】 年内，区文明办利用文明委交流群、海淀驻区高校群、驻区全国文明联盟三个交流平台，开展区域精神文明主题活动。驻区文明委在“科技”抗疫、“医疗”抗疫、“文艺”抗疫、“知识”抗疫和“志愿服务”抗疫五个方面，形成强大文明合力，共保海淀平安。驻区文明委单位北京大学、中国农业大学、中央民族大学、小米集团、滴滴公司等加入海淀区新时代文明实践基地，共同传播新理论，弘扬新时尚，开展“制止餐饮浪费、践行光盘行动”“我们的节日”等文明主题系列活动，引导师生争做贯彻文明行为的宣传者和文明健康的实践者。调动58家驻区文明委、43家全国文明单位联盟以及32所驻区高校，开展社会主义核心价值观公益广告宣传，合力推动海淀文明城区创建，参加中央、市、区各级精神文明系统榜样典型的选树活动。北医三院副院长沈宁、军事科学院陈薇院士获“中国好人”称号。

（王桂芳）

【礼遇道德模范活动】 年内，区文明办号召区文明委成员单位北京大学、中国人民大学、中央民族大学等驻区高校，军事科学院等部队，小米集团、东华软件股份有限公司等企业参与“暖心战疫功臣”慰问活动，为北医三院、西苑医院等援鄂医务人员送去“至心通行证”，开辟“文明海淀”微信公众号“海淀榜样抗击疫情”专题，《海淀区新时代文明实践中心简报》“海淀榜样抗击疫情”专题，报道宣传40余位海淀区道德模范在抗击疫情期间的感人事迹。制作《文明海淀》节目10期，内容涉及光盘行动、垃圾分类、道德模范等内容。采取多种宣传途径礼遇道德模范先进人物，组织海淀区礼遇道德模范活动3场，组织150余位海淀区“中国好人”“北京榜样”“感动海淀”文明人物等参观2020亚洲数字艺术展，到驻区企业、区属单位传播模范人物精神力量。

（王桂芳）

1月8日，海淀区道德模范座谈会暨春节礼遇道德模范活动举办（区文明办 供图）

【新时代文明实践志愿者日主题活动】 12月4日，由中关村科学城党工委、中关村科学城管委会、海淀区新时代文明实践中心、海淀区志愿服务联合会主办，海淀区融媒体中心承办的“同心共建科学城 志愿服务新时代”2020年海淀区新时代文明实践志愿者日主题活动举行。区委副书记张强，区委常委、宣传部部长张劲林出席活动。此次主题活动是海淀区新时代文明实践中心组织开展的“国际志愿者日”系列主题活动之一，表彰2019年度海淀十大明星志愿者、海淀区优秀志愿服务团队、海淀区优秀志愿服务项目、2020年海淀区优秀文明实践志愿者、优秀文明实践志愿项目；发布《新时代海淀志愿服务蓝皮书》；“相约北京”系列冬季体育赛事志愿服务总队、海淀区科技先锋志愿服务总队成立并举行授旗仪式。在“国际志愿者日”系列主题活动中，海淀区开展全民志愿、全域志愿服务建设的系列文明实践志愿服务活动，新时代文明实践中心办公室、29个新时代文明实践所、648个新时代文明实践站、100个新时代文明实践基地、220个新时代文明实践友邻志愿驿站共开展700余项志愿服务主题活动。

（钟冷 刘峥）

社区建设与管理

【概况】 2020年，海淀区社区建设工作深化“街乡吹哨、部门报到”和

12 月 4 日，2020 海淀区新时代文明实践志愿者日主题活动举办，向志愿者服务总队授旗（区文明办 供图）

“接诉即办”，完善服务群众响应机制，健全完善社区治理体系，深化基层协商民主建设，完善社区服务体系，加强社工和义工队伍建设，不断夯实基层社会治理根基，全面提升社区治理能力和水平，全区社区治理各项工作蓬勃发展。

（于彬彬）

【社区准入】　年内，区委社会工委区民政局印发《海淀区社区工作准入管理办法（试行）》《海淀区 2020 年度社区工作任务计划清单》《海淀区社区挂牌保留目录》，明确社区工作准入的组织领导、工作机制和相关要求，确定 2020 年度社区工作任务计划清单 107 项、社区挂牌保留目录涉及工作服务机构类、评比达标表彰类、创建师范类等 3 类 15 个单位的挂牌名称，切实减轻社区行政负担，社区职责权力更加清晰。

（于彬彬）

【社区居委会调整】　年内，区委社会工委区民政局优化社区规模调整，落实《北京市社区居民委员会设置标准》，将永定路街道 31 个社区中的 22 个社区调整为 16 个社区，其余 9 个社区不调整。调整后，永定路街道共管辖 25 个社区；调整花园路、学院路街道等 5 个街镇的居委会规模。全区 29 个街镇共管理 587 个社区。

（于彬彬）

【社区治理】　年内，区委社会工委区民政局建成 45 个市级楼门院治理示范点。从“统起来、美起来、联起来、动起来、亮起来”五个方面，细化工作任务和建设标准。悬挂“楼门院服务管理公示牌”，开展人文关怀等主题活动，进一步推进基层治理重心下移，打通服务群众“最后一公里”。

（于彬彬）

【基层协商民主建设】　年内，区委社会工委区民政局建成 11 个市级社区议事厅试点和 40 个区级社区会客议事厅试点。成立社区议事协商委员会，建设“全科社工”队伍，建立居民需求清单、社区资源清单、议事项目清单，从物理空间提升、机制建设、队伍建设、民生实事、总结提升等方面有序开展。实施居民关注实事项目 104 个，梳理上报典型案例 44 个。

（于彬彬）

社会组织工作

【概况】　2020 年，区委社会工委区民政局持续推动社会组织高质量发展。加强对社会组织的政治领导，稳妥推进社会组织登记和备案管理工作，强化社会组织日常监督管理，开展社会组织培育扶持工作，全面推进行业协会商会与行政机关脱钩改革，进一步加强社会组织执法监察。

（朱捷　赵迎春）

【北京市海淀社会组织联合会】　北京市海淀社会组织联合会（简称联合会）由科技、经济、文体、服务、街道乡镇五大类 63 家社会组织构成。2020 年，联合会参加全区疫情防控协调工作会议，并将有关防控工作要求、任务等信息及时传达到各社会组织，助力社会组织的防疫和复工复产工作有序开展。联合会筹集口罩、消毒湿巾、消毒液等防疫物资，支持、慰问会员单位；与海淀区医院协会合作，推动助医帮扶工作，支持河北易县、赤城县医疗卫生事业，开展义诊服务 10 次，邀请 58 名专家出诊，出动团队服务人员 67 人次，服务群众 900 余人。其中对两名白内障患者实施人工晶体手术，恢复视力，帮助减少农村群众“因病致贫、因病返贫”现象。

（周恒）

【社会组织服务管理】　年内，全区有登记在册社会组织 942 个，其中社会团体 196 个、民办非企业单位 746 个。区委社会工委区民政局完成社会组织成立登记 25 件，注销登记 31 件，变更登记 91 件。其中，社会团体成立登记 10 件，注销登记 11 件，变更登记 15 件；民办非企业单位成立登记 15 件，注销登记 20 件，变更登记 76 件。备案社区社会组织 5839 个，服务领域涉及民生福利、治安民调、医疗计生、文体科教、环境物业、社区共建等。累计完成社会组织年度检查 695 件次，其中社会团体年检 145 件次、民办非企业单位年检 550 件次。办理到期换证 173 件次。完成 73 家社会组织等级评估工作。累计接待各类社会组织咨询 1 万余人次。

（朱捷）

【行业协会商会脱钩改革】　年内，经第 135 次区政府常务会议研究同意，区委社会工委区民政局联合区发改委、区委组织部、区委编办等 8 部门印发《北京市海淀区全面推开行业协会商会与行政机关脱钩改革工作方案》，参加全面脱钩改革工作的行业协会商会9家，全部完成脱钩改革工作任务（含注销2家）。

（朱捷）

【社会组织社会服务】 年内，区委社会工委区民政局完成市、区两级社会建设资金扶持社会组织服务项目征集与评审工作，使用社会建设资金256万元，对29个项目给予资金扶持。鼓励社会组织在垃圾分类、心理服务、老年人服务等领域开展专业服务。

（赵迎春）

【社会组织孵化基地建设】 年内，区委社会工委区民政局开展培育发展社区社会组织工作。制定《海淀区培育发展社区社会组织工作方案》，明确社区社会组织建设“两个目标、十项措施”。在甘家口、八里庄、学院路、北太平庄、田村路、北下关6个街道推进社会组织孵化基地（专业社会工作站）建设。街道（镇）社会组织孵化基地是为社区社会组织提供组织运作、活动场地、活动经费、人才队伍、专业指导、工作督导等方面支持的服务平台。建成16个（含区级基地1个）基地。

（赵迎春）

【社会组织扶贫工作】 8月至11月，区委社会工委区民政局组织社会组织参与扶贫工作。投入资金80万元，以项目制的方式支持北京中关村高新技术企业协会、海淀区文化创意产业协会、海淀区商业联合会等12家社会组织，参与结对内蒙古科右前旗、敖汉旗，河北赤城县、易县等31个贫困村扶贫工作，发挥社会组织科技、医疗、特殊儿童治疗、心理康复及“互联网+”、云技术、电子商务等优势，为结对贫困村脱贫助力。

（赵迎春）

社区工作者队伍建设

【概况】 2020年，全区29个街镇共有587个社区。社区工作者7152人，其中党员2743人，占比48.9%。区委社会工委区民政局通过集中式授课、理论学习与社区实践、全区统一与街道自主等形式，建立完善的社区工作者队伍教育培训体系。健全队伍关怀和激励机制，春节前走访慰问家庭困难的社区党组织人员、社区居委会人员、社区服务站人员、退离居委会老积极分子共416名。

（张永峰）

【社区工作者管理】 年内，区委社会工委区民政局修订《海淀区社区工作者管理办法》，以区委办、区政府办名义印发。推进规范公开招聘工作，制订《海淀区公开招考社区工作者工作方案》，充实社区工作者队伍力量。加强社区工作者培训，建立以居民满意度为主的社区工作者考核评价机制，考核结果与社区工作者年度奖惩、绩效、选录、退出等挂钩。开展社区居民委员会主任履职能力培训579人、全科社工培训38人。全区22个街道、7个镇设587个社区，配备社区工作者7152人。

（于彬彬）

【“优才计划”试点建设】 年内，按照市委社会工委市民政局《关于印发〈北京市优秀社区社会工作专业人才培养试点方案（“优才计划”）〉的通知》精神，区委社会工委区民政局制定《海淀区优秀社会工作专业人才培养试点方案（“优才计划”）》，确定甘家口街道、中关村街道为试点街道，在两个街道选拔6名优秀社区社会工作专业人才，通过脱产培训、岗位实训、专业督导等方式开展系统培训。工作中协调街道、社区、试点团队、区级督导、第三方评估团队定期展开工作交流，促进“优才计划”的落实。

（赵迎春）

【社会工作者培训】 11月16日至30日，区委社会工委区民政局举办社会工作者继续教育培训，采取线上授课、网络培训和实务课程相结合的形式，涵盖社会工作专业理论知识、社会工作实务方法和督导技巧、社会心理学及案例、社会工作相关法律、法规及政策文件等内容。全区500名符合条件的社会工作者参加培训，其中助理社会工作师258名、社会工作师242名。

（赵迎春）

社会生活

2021
北京海淀年鉴

就业和社会保障

【就业再就业】　年内，区人力社保局采集空岗信息7.98万个，帮助1.7万余名城乡登记失业人员实现就业，其中1.17万余名就业困难人员通过再就业援助实现就业。建立用人需求档案6462户，跟踪服务1.93万次；实现创业1006人，带动就业5671人。全区城镇登记失业率1.44%。

（张艺璇）

【精准帮扶】　年内，区人力社保局组织42家用人单位，分别到内蒙古科右前旗和河北易县、赤城县，联合当地对口部门举办扶贫协作招聘会，提供107个工种、4813个招聘岗位。通过网络平台，与对口支援地区开展扶贫招聘协作，4次向受援地推送招聘信息共计49家、146个工种、12698个岗位。帮助北京市生态涵养地区（延庆区、密云区、门头沟、怀柔区、平谷区）农民实现转移就业，优先招收低收入农户劳动力，计划开发岗位275个，实际开发岗位675个，全部完成招聘。

（张艺璇）

【“才聚云端”系列招聘】　年内，区人力社保局举办“才聚云端”系列招聘活动。举办“疫起同心才聚云端”线上招聘活动，组织百度、腾讯、小米、今日头条等136家领军企业、平台参与。招聘活动面向高校毕业生、归国人员、社会人员等各类人群，提供岗位10750个。举办“云直播”活动12场，300余家企业提供岗位1.5万余个，区委书记于军到直播间为企业揽才，快手、央视频、微博一直播等平台同步直播，观看量达4500万人次，收取求职者简历20万份，获央视《新闻联播》、北京电视台北京新闻、《人民日报》、学习强国等媒体宣传报道。

（张艺璇）

【五项社会保险基金收缴】　年内，海淀区养老保险、失业保险、工伤保险、生育保险、医疗保险五项社会保险基金累计收缴689.56亿元，比上年下降21.43%（受疫情期间减免缓缴政策影响）。支出328.08亿元（不含医疗总额预付款支出），比上年增长14.01%。全区参保单位13.01万户，比上年增长7.89%；参保人数384万人，比上年增长4%。

（张艺璇）

【社保待遇调整】　年内，区人力社保局为30.18万名企业退休职工调整养老金，调整后人均养老金达到4433.42元/月；为174名工伤职工调整定期待遇，人均增加366元/月；为460人调整工亡职工供养亲属抚恤金，每人每月增加200元；为1.2万人调整福利养老金，调整后人均达到754.5元/月；调整城乡居民养老金，基础养老金标准为64岁及以下1197.5元/月，65岁1207.5元/月，65岁以上1217.5元/月，比全市标准高出377.5元，基础养老金水平位居全市第一。

（张艺璇）

【劳动关系案件受理】　年内，区人力社保局检查用人单位7105家，查处各类劳动保障违法案件2360件，做出行政处罚105件，行政处理9件，受理社保稽核案件2780件，完成工伤认定2457件，办理行政复议69件，行政诉讼85件。区人力社保局劳动保障监察队被人力资源和社会保障部、国家市场监督管理总局评为“2020年全国清理整顿人力资源市场秩序专项执法行动取得突出成绩单位”，被市人力社保局评为2019年度劳动保障监察工作先进单位、2019年度“无拖欠工资”工作先进单位。海淀区人力资源公共服务中心获首都拥军优属拥政爱民模范单位。海淀区劳动人事争议仲裁院被北京市劳动人事争议仲裁院授予2019年度北京市劳动人事争议调解仲裁综合工作优秀单位、2019年度北京市劳动人事争议处理工作优秀单位称号。

（张艺璇）

【海淀区第四届“中国创翼”创业创新大赛】　4月，由区人力社保局主办的海淀区第四届“中国创翼”创业创新大赛暨第三届创业北京创业创新大赛海淀区选拔赛启动。选拔赛共收到186个创业创新项目，数量位居全市第一。项目涵盖新冠肺炎防控、人工智能、互联网大数据、装备制造、新材料新能源、医疗健康及文化创意等领域。参赛项目创始人包括高校毕业生、在校大学生、企事业单位科研人员、留学归国人员、复转军人等群体，其中高校学生项目占到近六成。7月14日至15日，第四届“中国创翼”创业创新大赛暨第三届创业北京创业创新大赛海淀区选拔赛决赛举行。通过网上审核和文审初赛，共有20个项目进入路演决赛。决赛采取“6+6+1”的“云路演”模式，即6分钟项目路演、6分钟评委提问、1分钟评委打分，评审现场利用网络实时连线参赛选手。在路演环节，选手针对项目创新性、核心竞争力、团队背景、社会价值、商业模式等方面进行介绍。直播观看量近万人次。决赛共评出创新组、创业组一等奖各1名、二等奖各2名、三等奖各3名、优胜奖各4名。“阿尔法智联物联网芯片”项目、“牵星医航：新一代骨科手术导航开拓者”分获创业组、创新组一等奖。海淀区推荐11个项目参加北京市选拔赛，有6个项目获奖。赛后，海淀区相关部门和机构将为参赛的优质企业和项目提供政策指导、需求对接、培训辅导等专业服务。

（钟冷　张艺璇）

医疗保障

【概况】　2020年，海淀区基本医疗保险基金共结算支付1754.23万人次、135.92亿元，跨省异地就医直接结算支付13.09万人次、25.94亿元，涉及全国30个统筹地区，辖区46家定点医疗机构。

海淀区医疗保障局（简称区医保局）贯彻落实北京市生育保险和职工基本医疗保险合并实施政策，实现两项保险参保同步登记、基金合并运行、征缴管理一致、监督管理统一、经办服务一体化。提高全区城乡居民医疗保险参保者的补助标准，全区城乡居民参保466598人，对辖区户籍454880名城乡居民医疗保险参保者平均每人上调1000元的补助，全额补助低保、残疾等13类困难人群11012人的参保费用，实现应保尽保。落实城乡居民大病医疗保险政策，按比例分档进行补助，补助人员1104人，补助金额1648.69万元。开展城镇职工大病医疗保障工作，辖区符合2019年城镇职工大病医疗保障范围的参保人员3037人，涉及1300余家参保企业。对享受最低生活保障人员、生活困难补助人员、低收入救助人员、特困供养人员及因病致贫家庭依申请开展医疗救助，共计7100余次，累计拨付救助资金1307万元。

完善“一窗受理、一次告知、一站办结”的“最多跑一次”服务体系，推行“早晚弹性办、周末不休息”的窗口服务。对医保政务服务大厅进行信息化项目改造，设置无声叫号系统和电子宣传屏，优化“好差评”评价系统。承办“接诉即办”诉求323件，信访事项14件。开展“履职尽责担使命，医疗保障惠民生—政务开放日”活动，建立“即时体验、即时反馈，即时整改、定期回顾”监督机制。完善热线服务管理机制，提供自助语音服务与人工坐席相结合的热线服务，医保服务热线正式独立运行。区医保局100余名在职党员干部下沉社区，参与疫情防控值守。

（甘述玲）

【新冠疫情防控】 年内，区医保局对承担新冠患者救治任务的海淀医院预付专项医保资金3392万元，对35家医疗机构支付核酸检测专项费用1378万元，对10万家单位医疗（生育）保险缴费减征54亿元。将慢病患者开药量从两周延长到三个月，将互联网复诊服务纳入基金支付范围，逾万人次实现“线上诊疗”。通过网络接收定点医疗机构、街镇申报材料，实现“不见面办”，对受疫情影响的特殊病患者备案及退单申报等业务实现“延期办”，在医保服务大厅设置“一米线”，查验“健康宝”，实现“放心办”。

（甘述玲）

【跨异地就医门诊直接结算试点】 年内，区医保局加快推进京津冀跨省异地就医普通门（急）诊医疗费用直接结算试点工作，组织12家定点医疗机构完成信息系统改造及验收，其中6家定点医疗机构接诊异地门诊患者，异地门诊持卡结算系统运行平稳。

（甘述玲）

【医保电子凭证结算】 年内，区医保局推动落实医保电子凭证实时结算工作。召开动员部署及政策培训会8次，发放宣传材料17万余份，组织辖区314家医保定点医疗机构开展信息系统改造验收350余次，拨打督导电话1254通，提前“刷码”测试演练，汇总编发常见问题及解决方法手册。制定《海淀区医疗保险信息结算系统应急保障工作方案》，召开全区定点机构应急保障部署会和医保局全体人员应急调度会，保障医保电子凭证实时结算。

（甘述玲）

【国家组织药品集中采购】 4月，区医保局制定《海淀区落实第二批国家组织药品集中采购和使用工作实施方案》，开展政策解读和培训、采购任务分解、信息系统升级、药品目录维护、信息系统切换联通、信息系统运行监测、现场督导检查及政策宣传与舆情监测等相关工作。组织实施第一批25种续约产品和第二批32种药品集中采购，药价平均降幅53%。11月，区医保局制定《海淀区医疗保障局落实第三批国家组织药品集中采购工作方案》，对接辖区所有定点医疗机构，汇总信息系统切换联通情况，通过视频连线采取实时调度督导，开展现场调研，保障集采药品价格调整到位、信息系统对接到位、药品供应服务到位。完成55种药品集中采购，药价平均降幅53%，最高降幅达90%以上。

（甘述玲）

【欺诈骗保专项治理】 6月13日，区医保局举行“打击欺诈骗保维护基金安全”集中宣传月启动仪式，介绍2020年打击欺诈骗保工作思路和安排，对海淀区2020年基金监管体系建设、全覆盖检查、专项治理、集中宣传月等工作进行全面部署。在宣传月期间，向全区412家定点医药机构、29个街镇发放打击欺诈骗保宣传海报、折页5万份，在198个应急救援亭滚动播放宣传片，制作发布政策小课堂微视频2期。完善日常与专项检查结合、机构自查与协议管理结合、现场检查与数据审核相结合、业务管理与纪检监察相结合的立体化监管机制。组织全区定点医药机构开展自查自纠，对定点医药机构上传数据进行全面筛查，对有异常数据的102家定点医药机构进行复查，对中草药费用数据异常的25家定点医疗机构进行

4月24日，区医保局进行第二批国家药品集中采购（王子寒 摄）

约谈，对全区定点医药机构开展预先告知的全覆盖现场检查。聘请第三方会计师事务所，对辖区45家非政府办社区卫生服务机构开展医保基金专项审计。开展定点医疗机构专项治理“回头看”工作。追回违规使用医保基金3025万元，收到举报事项19件，奖励举报4人，奖励金额9577元。

（甘述玲）

【3个信息化建设项目启动】 9月17日，区医保局召开海淀区医保电子化审核平台、海淀区医疗保障局信息发布管理平台、海淀医保微信公众号项目启动会，启动首批信息化项目建设。三个项目均由智慧海淀专项经费支持，预算批复资金275万元。

（甘述玲）

【人工晶体类产品纳入医保】 10月，区医保局按照全市统一部署，落实人工晶体带量采购工作。共有70个型号人工晶体产品纳入到北京市基本医疗保险中选范围，竞争方式中选产品价格平均降幅54.2%，议价谈判方式中选产品价格平均降幅34.0%。人工晶体医保支付限额标准由每只1215元调整为1835元，实际收费低于上述标准的，按实际收费金额纳入基本医疗保险的支付范围，同时调整相关单病种支付标准。

（甘述玲）

【冠脉支架集中带量采购】 12月，区医保局落实国家组织冠脉支架集中带量采购相关工作要求，组织辖区涉及冠脉支架置入的12家定点医疗机构做好采购、备货、应急预案及对医务人员教育培训等准备工作，保障政策平稳落地。

（甘述玲）

民政

【概况】 2020年，区委社会工委区民政局聚焦全区“两新两高”战略，坚持创新发展，养老服务体系更加完善，社会救助更加精准，基层社会治理能力不断提高，社会福利事业全面发展，基本社会事务服务水平显著提升。被中央文明委评为“全国文明单位”，被市委市政府评为“抗击疫情先进集体”。海淀区通过民政部、财政部第五批居家和社区养老服务试点验收，成为10个获得奖励的地区之一。

（张永峰）

【海淀区慈善协会】 2020年，海淀区慈善协会募集善款1244.36万元，使用善款973.16万元，救助困难群众7696人次。全区有32个慈善工作站。

慈善筹募。“春雨行动”筹募善款45.9万元。“共产党员献爱心”捐献活动，11万余党员干部和群众、461个单位捐款10734575.21元，用于帮扶生活困难党员，以及助困、助老、助学和应急救助等慈善项目。

慈善救助。“慈善助困暖人心”活动：为紫竹院街道群众发放1000个防疫口罩、2台臭氧空气净化器；救助生活困难群众2381人，使用善款3304500.69元。“海淀•慈善——爱心捐赠月”活动：各慈善工作站共救助困难群众1027人，使用善款534374.2元。“爱心助学子”活动：救助困难中小学生274人，困难大学生98人，使用善款103.8万元。“慈善情暖万家”活动：救助困难群众2255人，使用善款2160565.57元。

专项救助。“一对一助学”定向救助：救助3名困难学生，共计9000元。海淀区“特困知青救助资金”：定向救助特困知青58人，使用定向捐款40.2万元。困难党员帮扶专项资金，救助生活困难党员155人，使用专项资金80万元。区直机关救助活动：救助因大病导致生活困难的机关干部2人，使用慈善7万元。

关爱老人。筹集477420元善款，为辖区33家星级养老机构捐助医用血压仪等医用设备。“携手助老送健康——慈善医疗卡”项目，为辖区60岁以上的城乡低保老人每人发放500元的医疗救助金，救助769人，使用善款383126.3元。

日常救助。各工作站日常救助困难群众624人，使用善款490229.1元。

（常欣欣）

【新冠肺炎疫情防控】 年内，区委社会工委区民政局组建街镇集中医学观察、社区防控、重点地区返京人员接转、复工复产、绿馨集中核酸检测、养老机构防疫、党员下沉值守等13个工作专班。完成重点地区返京人员接返分流6万余人，完成核酸采样24万余人次。对22个街道的1960余个小区、重点对“三无小区”开展多频次、全覆盖、地毯式检查，健全完善街道、社区、小区、楼门四道防线。为防控一线的城乡社区工作者发放补助12524人次、共计5375.12万元。“1+17＋N”的集中医学观察中心（点）接收观察人员10542人。检查“七小场所”（小餐馆、小网吧、小旅馆、小浴室、小歌舞厅、小理发店、小便民店）1606家、67544次，检查人员31869人次。区委社会工委区民政局被北京市评为“抗击疫情先进集体”，区划管理和社区建设科被评选为“全国民政系统抗击新冠肺炎疫情先进集体”。

（张永峰）

【社会救助】 年内，区委社工委区民政局推进社会救助审批制度改革，特困、低保、低收入救助、教育救助、采暖救助、临时救助等事项的审核确认权限委托街镇实施，29个街镇全部建立街镇临时救助备用金制度。建立特困人员定期巡视探访制度，督促照料服务人和服务机构切实履行照料护理责任。建立完善困难群众主动发现和摸排机制。全区城乡低保人员低保金于7月从家庭月人均1100元上调至1170元。全区有城乡低保人员3197户、5155人，累计支出低保金7331.15万元；特困供养人员160户、164人，累计支出特困供养资金650万元，生活不能自理特困人员集中供养率73.5%；低收入家庭89户、171人，对城乡低收入家庭中16周岁及以下未成年人和16周岁以上接受全日制本科及以下学历教育的在校学生累计支出生活补贴7.78万元；实施教育救助134人，支出81.87万元；对遭遇突发事件、意外伤害、重大疾病或其他特殊原因导致基本生活陷入困境家庭（个人），实施临时救助136户，支出69.75万元。累计向城乡低保对象、特困人员发放价格临时补贴411.7万元。向3201户特困、低保（含生活困难人员）困难家庭发放“两节”慰问金222.5万元。对430名困难群众开展课业辅导、精神慰藉、社会融入等个案帮扶服务。救助流浪乞讨人员和暂时遇到困难人员626人次。

（柯胜英）

【养老服务】 年内，区委社会工委区民政局为80周岁及以上老人配置浴凳2000个，为90周岁及以上高龄老人家庭适老化改造1894户。新建16家社区养老服务驿站，出台《海淀区家庭养老床位建设试点实施方案》，新建9318张家庭养老照护床位。海淀区通过全国第五批居家和社区养老服务改革试点验收，被评为全国获得奖励的10个城市之一。

（赵迎春）

【儿童福利】 年内，区委社会工委、区民政局印发《海淀区困境儿童和留守儿童保障工作联席会议制度》《海淀区困境儿童和留守儿童保障工作联席会议制度成员单位职责任务分工》。认定新增困境儿童51名，困境儿童共计94人，发放困境儿童生活费123.82万元。为24名孤弃儿童（含视同孤儿的事实无人抚养儿童）发放临时价格补贴166人次、1.91万元。

（杨顺意）

【残疾人福利】 年内，全区享受残疾人护理补贴共计0.82万人，累计发放资金1462.86万元；享受残疾人生活补贴共计0.47人，累计发放资金4394万元。调整困难残疾人生活补贴，惠及4779人，补发资金25.26万元。

（杨顺意）

【老年人福利】 年内，全区享受困难老年人养老服务补贴共计4324人，发放资金697.36万元；享受失能老年人护理补贴16371人，发放资金9585.37万元；享受高龄老年人津贴116814人，发放资金21133.36万元。

（杨顺意）

【村务公开】 年内，区委社会工委区民政局指导67个村委会依法依规修订村规民约，纳入爱国守法、移风易俗、纠纷化解、农村人居环境整治、村庄规划、垃圾分类等内容，体现社会主义核心价值观，倡导健康文明绿色生活方式。按照“四议一审两公开”即村党组织提议、村“两委”班子商议、镇审核把关、党员大会审议、村民（股东）会议或村民（股东）代表会议决议、决议公开和实施结果公开的制度规范民主决策程序，强调镇政府审核把关，强化党员大会审议职能；规范村民会议的决策方式和村民代表会议的组成人员，充分发挥村民会议和村民代表会议民主决策作用。加强村务监督委员会规范化建设，各村通过法定程序，将村党组织纪检委员推选为村监会主任，加大对村级重大事项的决策、实施情况、村级财务开支、村务公开情况、村民自治章程和村规民约落实情况等方面的有效监督，确保村委会各项工作健康发展。

（杨萍）

【超转和地退人员服务管理】 年内，全区有在册超转人员33867人，其中市管977人、区管32890人；地退人员1030人，其中一般地退人员1002人、中华人民共和国成立前老工人27人、副高级专家1人。接收苏家坨、西北旺、上庄、海淀4镇40个村的超转人员11092人。全区农民户籍基本转为居民。为23578名征地超转人员调增生活补助待遇，人均增加203.51元、涨幅8.31%。发放超转人员2019年—2020年度采暖季住宅清洁能源分户自采暖补贴1322万元。发放超转人员生活补助费293184人次，总支出78187万元。为1113名地退人员调增基本养老金，月人均调增238元，调整至人均每月5990元。为101名地退无收入遗属调整生活补助标准，月领生活补助人均增加87.5元，每人每月由1375元调整到1462.5元。

（刘永海）

【见义勇为权益保护】 年内，区委社会工委区民政局确认见义勇为行为3起，不予确认1起。3起见义勇为行为是：穆金国2019年10月19日在西北旺镇韩家川港客隆超市救火；徐昕晔2020年6月10日在颐和园南如意门长河救落水男子；徐华2020年8月2日在海淀区万泉庄一号院4号楼救火。

（朱捷）

【既有多层住宅增设电梯】 年内，全区160个既有多层住宅增设电梯点位开工建设。至年底，完成109个点位电梯工程，惠及1416户居民，切实解决百姓出行问题。

（杨东）

【殡葬服务】 年内，区委社会工委区民政局完成为期23天的清明群众祭扫服务，11处扫墓点共接待祭扫群众86616人，车辆32650辆。核准

10月14日，西北旺镇整建制农转非超转人员接收工作座谈会召开（刘永海 摄）

989名城乡无丧葬补助居民丧葬补贴，涉及补贴资金494.5万元。全区有11个墓园，其中市属6个、区属5个。

（杨萍）

【扶贫送暖】 年内，区委社会工委区民政局开展“战疫情奔小康”主题社会捐助活动，共募集资金106万元、衣物4.6万余件。春节、国庆节向29个街镇拨付捐赠款53万余元，用于救助低保、低收入及异地返京知青困难家庭，受助困难家庭6920余户。匹配94万元，支持12个社会组织对口帮扶内蒙古敖汉旗、科右前旗，河北赤城县、易县31个贫困村。对口帮扶工作超过北京市“社会组织参与结对帮扶数比上一年增幅200%以上”的工作要求。

（李磊）

【福利彩票销售】 年内，全区共有福利彩票销售网点284个，电脑票销量2.732亿元，即开票销量0.18亿元，总计2.91亿元（筹集公益金0.99亿元），总销量居全市第二。

（周忠辉）

【29个行政村建制撤销】 年内，6个镇的29个村经村民会议讨论同意，报请区政府常务会审议，获准撤销村委会建制，占全区村委会总数的三分之一以上。

（杨萍）

【婚姻登记】 年内，海淀区婚姻登记处共办理结婚登记20394件，离婚登记12387件，补领婚姻登记证4381件，出具（无）婚姻登记证明98件，收养类登记2件。

（李洌）

【“园艺疗法与康复景观在养老服务中关键技术研究与示范”课题通过验收】 4月16日，由北京植物园承担的北京市科委绿通项目“园艺疗法与康复景观在养老服务中关键技术研究与示范”通过市科委视频会议验收。该课题建立康复景观植物评价体系1套，筛选出86种康复景观植物，形成适合北方地区的康复景观植物名录；制定《养老机构康复景观设计导则》1部；通过定量试验，获得生理数据和心理数据各1套，研究出园艺活动对健康、半失能、失智、孤寡4类老人的身心健康功效，制定操作规程1套；建立园艺疗法与康复景观结合的示范园2个；培训人员300余人次；完成出版著作1部，发表科研论文9篇。该课题对北京地区针对老人开展园艺活动具有指导意义和实践价值。

（石鑫）

【家庭养老照护床位建设】 7月8日至10日，区委社工委区民政局举办5场“海淀区推进家庭养老照护床位建设”工作论坛，全区29个街镇家庭养老照护床位工作负责人参加。5场论坛围绕“海淀区家庭养老照护床位建设工作”主题，就“干什么”和“怎么干”展开讨论。区委社工委区民政局对《海淀区家庭照护床位建设实施方案（试行）》进行详细解读，明确各街镇床位建设任务。区委社工委区民政局在完善政策宣传形式、招募服务机构、系统功能调试和培训等方面，与街镇合作推进此项工作。家庭照护床位通过针对老年人身体情况及照顾护理刚需，设计不同的服务包，将专业的服务送至老人家中。至年底，全区各养老机构共服务家庭养老床位9318张，其中高龄独居5244张，轻、中度失能2543张，重度失能1531张。

（赵迎春）

【高龄老人家庭适老化改造】 7月31日，区委社工委区民政局召开2020年海淀区高龄老人家庭适老化改造工作会，向通过公开招标方式遴选的2家评估机构和2家承担改造工作的机构，部署高龄老人家庭进行适老化改造工作。高龄老人家庭适老化改造，是区为民服务实事项目。为家里有需要的老人安装适老化产品，例如扶手等。全年完成2961户高龄老人家庭适老化改造任务。

（赵迎春）

【海淀区通过全国第五批居家和社区养老服务改革试点评审验收】 11月26日，民政部、财政部印发《关于公布第五批居家和社区养老服务改革试点验收结果的通知》，公布评审验收结果，26个试点地区得分90分以上，获得“优秀”等次，海淀区成为10个优中选优单位之一，将获得国家专项奖励。2月12日，民政部、财政部印发《关于确定第五批中央财政支持开展居家和社区养老服务改革试点地区的通知》，确定北京市海淀区等59个市（区、州）第五批中央财政支持开展居家和社区养老服务改革试点地区。9月30日，对全国59个试点地区开展评审验收。海淀区通过强化设施供给、人才保障、社会参与、服务标准、科技支撑等方面内容，开展养老护理职业发展体系改革试点、鼓励社会化连锁化品牌化运营、建设养老服务大数据中心和智慧管理中心，促进养老服务信息数据融合；推进智慧养老设备用品的研发与应用；加强智慧养老院建设和“智慧养老社

29个行政村建制撤销

表20

镇名	村委会名称
东升镇	八家村、塔院村、小营村
四季青镇	高庄村、常青村、兰靛厂村
西北旺镇	小牛坊村、马连洼村、唐家岭村、六里屯村、土井村、大牛坊村、东北旺村、东玉河村
温泉镇	高里掌村、辛庄村、杨家庄村、东埠头村、太舟坞村
苏家坨镇	北庄子村、苏一二村、徐各庄村、前沙涧村、车耳营村、三星庄村、南安河村、北安河村、周家巷村
上庄镇	河北村

（杨萍）

区”建设。初步形成“周边、身边、床边”的养老服务格局，建成区级养老服务指导中心 1 家、养老机构（街镇养老照料中心）63 家、社区养老服务驿站 97 家，养老服务涵盖文化娱乐、康复护理、精神慰藉、紧急救援等多个方面，老年人精神、物质需求得到充分满足，幸福感、获得感明显提高。

（钟冷）

退役军人事务管理

【概况】 2020 年，海淀区退役军人事务局（简称区退役军人局）结合常态化疫情防控，紧抓区—街镇—社区（村）三级服务体系建设，提升提质退役军人接收安置和就业创业，成功创建全国双拥模范城。海淀区退役军人服务中心及 19 个街镇退役军人服务站达到全国示范型退役军人服务中心（站）标准。健全“阳光安置”机制，推进“一站式”手续办理服务。完成接收、安置退役军人任务。

区退役军人局向武汉火神山医院等 4 家军队医院捐赠抗疫急需物品 14 万余元；全区军休干部职工捐款 458 万余元。军休干部邓传福驰援武汉火神山和雷神山医院建设的事迹在中央电视台综合频道《新时代最可爱的人》栏目播放。

区退役军人局机关常态化“结对子”联系退役军人，其中功臣模范和伤残军人 6 人、参战参试 2 人、特困退役军人 15 人。各街镇、社区（村）退役军人服务站常态化联系全覆盖。通过“结对子”，进一步增进与退役军人感情联系、畅通表达渠道、提升服务效能。

在各级各类报纸、杂志、期刊等媒体上刊发稿件 210 篇，其中中央级媒体 10 篇、市级媒体 42 篇、区级媒体 158 篇，协同《海淀新闻》制作电视新闻信息近 10 条。开通“海淀区退役军人事务局”微信公众号及视频号，发布信息 121 组，关注 4000 余人，回复留言 300 余条；编写《海淀退役军人工作》专报和《海淀退役军人》简报 12 期；在海淀报开设《海淀退役军人之窗》专栏，刊发退役军人事迹风采 12 期。在重大节日节点，制作“9•30”公祭日、“10•1”国庆、“10•25”抗美援朝纪念日、“11•11”人民解放军空军成立 71 周年电子宣传海报，通过区退役军人服务中心网站、海报、折页、电话、短信、微信公众号等方式进行宣传，发放折页海报 8.4 万余份，网络平台访问量 1.2 万人次，短信直推 1.6 万人次，一对一电话沟通近 500 人次，宣传范围覆盖全区 653 个社区（村）退役军人服务站。设计“海淀战友”卡通 IP 形象融入业务流程指南场景，提高退役军人宣传工作亲和度。

海淀区获“全国双拥模范城”称号，实现“九连冠”；获“北京市双拥模范区”称号。区退役军人局双拥工作办公室获北京市退役军人工作先进集体称号；区退役军人局军队离休退休干部安置办公室获首都拥军优属拥政爱民模范单位称号。苗晓红、邓传福被评为第五届“北京军休榜样”，刘晓文获“北京市退役军人工作先进个人”称号。

（张泽智）

【双拥共建】 年内，区退役军人局配合区水务局、区园林绿化局协调驻区部队实施污水治理、市容市貌整治。协调区城管委、区消防支队对驻区部队进行垃圾分类业务培训、开展火灾防控培训演练。弘扬优良传统创新拥政爱民工作，提升军地共建学校的教学办公环境。投入 160 万元对随军家属进行岗前技能培训；引入教育培训机构，帮助随军家属取得教师资格证，并推荐在海淀区中小学校实现就业。

（张泽智）

【优待抚恤】 年内，区退役军人局为 27 位有需求的残疾军人配置包括轮椅、助听器、光学助视器等康复辅助器具；为 150 位优抚对象换发伤残证件。走访慰问离休干部、英模功臣、特殊贡献、优抚对象、家庭困难人员，发放慰问金 892 万余元；为义务兵家庭发放优待金，为 823 名牺牲病故军人遗属及老干部遗属发放一次性抚恤金 3.6 亿余元，为 5300 余位烈士遗属等各类优抚对象、困难退役军人发放抚恤补助金 7287 万余元。印发《致广大官兵和优抚对象的慰问信》3 万份。开展立功受奖军人送喜报活动 23 次。完成辖区 28 处烈士纪念设施基本信息核查，投入资金近 8 万元，对北安河烈士纪念堂进行修缮维护。

（张泽智）

【军休干部“两个待遇”落实】 年内，区退役军人局落实军休干部“两个待遇”工作，保障军休干部政治待遇，按要求传阅文件资料，使军休干部及时了解掌握国家的形势与政策。生活待遇进一步优化，完成军休干部持卡就医、离休退休证件换发的信息采集工作；为 7 个军休所加装电梯 46 部，为 11 个军休所实施改造维修项目 23 项；完成海淀区军休人员住房物业货币化平稳过渡。疫情期间，为 12 个军休所的 2001 名军休干部上门体检。推进军休文化建设，拓展网上老年大学功能和内容，满足军休干部学习需求；开展军休服务信息化建设，退役军人事务部“军休服务 App”试点工作进展顺利。

（张泽智）

【《海淀烈士英名录》编撰启动】 4 月，根据市退役军人局《关于开展〈中华人民共和国烈士英名录〉编撰及烈士纪念设施信息核查工作通知》要求，区退役军人局启动《海淀烈士英名录》编撰工作。对海淀区 1300 余位烈士信息进行档案核查，通过整理烈士档案、查阅查询档案馆史料、访谈烈士遗属等形式，收集、查找、核对、完善烈士信息，撰写革命烈士事迹。

（张泽智）

【首届退役军人创业创新大赛】 5 月 30 日至 7 月 29 日，由区退役军人局主办、北京外企人力资源服务有限公司承办的首届海淀区退役军人创业创新大赛举行。大赛以“展退役军人风采，立创业创新潮头”为主题，来自全区的51家企业（团队）参赛。大赛设置新兴产业组、传统产业及生活服务业组、现代农业组、创新团队组、大学生退役士兵创业创新组5个赛道。经过初赛，42个团队进入决赛。在7月29日决赛中，新兴产业组20个、传统产业及生活服务业组10个、现代农业组2个、创新团队组9个、大学生退役创业创新组1个等42个团队角逐，参赛项目涵盖人工智能、智能医疗、生命科学、信息服务、航天测控、无人机、大数据等领域。决赛采用云上路演、现场点评、在“上直播”云端直播平台全程直播的方式，分1个主赛场和2个分赛场同步进行。21名专家分别对3个赛场参赛团队进行评审，6名公证人员负责全程监督。最终，新兴产业组、传统产业及生活服务业组、创新团队组分别产生一等奖1名、二等奖2名、三等奖3名。大赛组委会推荐现代农业组、大学生退役士兵创业创新组的3个团队参加北京市退役军人创业创新大赛，不参评奖项。海淀区的15个参赛团队入围北京市退役军人创业创新大赛决赛，获得14个奖项，占全市30个奖项的近半数，其中一等奖4个。军创企业北京鸢飞科技有限公司参加首届全国退役军人创业创新大赛，获现代农业组一等奖。

（张泽智　钟冷）

【退役军人就业实训活动】　7月20日至8月18日，区退役军人局在海淀区退役军人就业创业基地开展海淀区退役军人就业实训活动，14家企业提供实训岗位，包含物联网、人力资源、IT开发、系统测试、硬件研发、网络工程、市场营销、招标、通信、轨道交通、财务审计、设备运维、综合行政等领域。将退役军人与企业有效对接，通过实训学习和锻炼，积累工作实践经验，提升岗位适应能力，打通就业渠道。拓展退役军人就业能力，做好军地就业衔接。

（张泽智）

【朱天舒调研退役军人事务工作】　7月22日，退役军人事务部副部长朱天舒到海淀区调研退役军人事务工作。考察中关村国家自主创新示范区展示中心、区退役军人就业创业基地、田村路街道退役军人服务站。朱天舒对海淀区退役军人工作给予高度评价和充分肯定，强调要做好古田会议精神的海淀实践工作，打造街镇退役军人服务站+产业园区服务模式，加快基层退役军人服务站建设。

（张泽智）

【常正国调研退役军人创业工作】　8月25日，退役军人事务部副部长常正国一行到海淀区调研退役军人创业工作，实地走访自主择业军转干部、退役大学生士兵和复员军人创办的企业，了解企业发展情况，询问相关扶持政策落实和复工复产恢复情况。常正国对海淀区退役军人在科技创新、军民协同发展、区域经济建设、传播正能量和服务军民生活等方面发挥的作用给予高度肯定。

（张泽智）

【烈士纪念日公祭活动】　9月30日，海淀区在万安公墓李大钊烈士陵园举行烈士纪念日公祭活动，展出“纪念中国人民志愿军抗美援朝出国作战70周年”“英雄烈士传”专题展板，深切缅怀为革命事业和社会主义建设英勇牺牲的革命烈士。李大钊烈士亲属、区四套班子领导及部队领导、老战士代表、机关干部职工代表、学校师生代表以及驻区部队官兵代表参加公祭活动。

（张泽智）

【退役军人志愿服务队成立】　10月19日，“首都老兵·海淀战友”退役军人志愿服务队成立仪式举行，区退役军人局领导为志愿服务队授旗。“首都老兵”退役军人志愿服务队39名队员，将围绕退役军人困难帮扶开展法律咨询、心理咨询、健康咨询等社会志愿服务活动。

（张泽智）

【《退役军人人才工作战略合作协议》签约】　10月25日，区退役军人局与北京外企人力资源服务有限公司在北京高校毕业生就业指导中心举行《退役军人人才工作战略合作协议》签约仪式，整合优势资源，着眼搭建涵盖政策宣传、人才引进、人才培养、促进就业等全过程退役军人人才体系。同步启动2020年海淀区退役军人及随军家属线上招聘月与专场招聘会活动，169家企业提供岗位794个，现场吸引700余人参加。

（张泽智）

【“中国人民志愿军抗美援朝出国作战70周年”纪念活动】　10月，区退役军人局采取集中发放、入户走访、上门配发、座谈交流等形式，为海淀区健在的参加抗美援朝出国作战的300余名志愿军老战士、老同志颁发“中国人民志愿军抗美援朝出国作战70周年”纪念章。组织5名抗美援朝出国作战军休干部代表参加“全国纪念中国人民志愿军抗美援朝出国作战70周年大会”、30名代表参观军事博物馆“纪念中国人民志愿军抗美援朝出国作战70周年主题展览”、3名代表参加北京市军休安置事务中心“中国人民志愿军抗美援朝出国作战70周年纪念章佩戴仪式”。拍摄抗美援朝英雄宣传片，海淀有线广播电视台播放抗美援朝军休干部郑守忠专访节目。

（张泽智）

居民生活

【概况】　2020年，国家统计局海淀调查队（简称区国调队）统筹推进疫情防控和统计调查工作，围绕海淀高质量发展中心任务，完成各项统计调查任务。开展2次“疏解整治促提升”专项行动民意调查。完成4件人大代表建议办理情况评估工作。以“统计服务民生共创美好生活”为主题，在田村路街道建西苑社区举办“统计开放日”活动。在西三旗街道知本时代社区开展统计法治宣传进社区活动，发放《弘扬法治精神全面依法调查》统计法治折页、布袋等宣传资料300余份。完成《调查专报》18期，上报政务、经济信息259篇，其中被国家统计局内部信息网采用37篇，《中国信息报》采用15篇,《海淀信息》采用4篇,《海淀报》采用1篇。区国调队机关全体干部到田村路街道建西苑社区参加疫情防控值守172天,被国家统计局北京调查总队授予抗击新冠肺炎疫情个人记三等功奖励1人次,优秀共产党员1人次,区国调队团总支被授予“青年文明号”称号。

（张佳）

【居民收入】 年内,全区城乡居民人均可支配收入86742元,比上年增长2.4%。从全市范围看,全区居民人均可支配收入绝对量居全市第二位,高出北京市人均可支配收入17308元;收入比上年增长2.4%,增幅位居城六区并列第一。从收入构成看,在居民可支配收入四项组成中,工资性收入45315元,比上年增长2.1%,是拉动居民可支配收入增长的主要力量;经营净收入进一步收缩,人均绝对额787元,比上年下降11.6%;财产净收入(成本法)20768元,比上年增长3.7%;转移净收入19872元,比上年增长2.3%。

（张佳）

【居民支出】 年内,全区城乡居民人均消费支出51198元,比上年下降9.6%。从全市范围看,全区居民人均消费支出绝对量高出北京市12295元,居全市第二;消费支出比上年下降9.6%,降幅在城六区中位居第三,与北京市持平。从消费构成看,居民消费支出的八项组成全线下降,其中教育文化娱乐类消费降幅最大,比上年下降35.7%;交通通信类、其他用品和服务类消费降幅均超20%;居住类消费降幅最小,比上年下降0.3%。从绝对增量看,教育文化娱乐类消费绝对增量变化最大,人均值较上年减少2109元。

（张佳）

2020年海淀区居民人均可支配收入组成情况表

表21

	绝对额(元)	占比(%)	比上年增速(%)
可支配收入	86742	100	2.4
工资性收入	45315	52.2	2.1
经营净收入	787	0.9	-11.6
财产净收入(成本法)	20768	23.9	3.7
转移净收入	19872	22.9	2.3

2020年海淀区居民人均消费支出组成情况表

表22

	绝对额(元)	占比(%)	比上年增速(%)
生活消费支出	51198	100	-9.6
食品烟酒	8667	16.9	-2.5
衣着	2025	4.0	-17.2
居住	24714	48.3	-0.3
生活用品及服务	2488	4.9	-16.5
交通通信	4141	8.1	-25.4
教育文化娱乐	3797	7.4	-35.7
医疗保健	4305	8.4	-8.3
其他用品和服务	1061	2.1	-23.1

（张佳）

【“疏解整治促提升”专项行动民意调查】 年内,区国调队开展2次“疏解整治促提升”专项行动民意调查。在已完成疏解整治行动的地区随机访常住居民,对专项行动效果进行反馈评价,反映“疏整促”专项行动效果。调查点覆盖全区29个街镇,每季度样本1600个。撰写《群众打出满意“高分”提升仍需补短扶弱——2020年上半年海淀区“疏解整治促提升”民意调查报告》《满意度得分再创新高关注反弹需加强监管——2020年三季度海淀区“疏解整治促提升”民意调查报告》2篇报告,其中《满意度得分再创新高关注反弹需加强监管——2020年三季度海淀区“疏解整治促提升”民意调查报告》获区委领导批示。调研结果显示:群众普遍对专项行动高度支持,“疏整促”专项行动满意度连续维持在较高水平,整治效果明显。

（张佳）

【农业农村统计调查基层基础工作检查】 8月,区国调队在全区涉农各镇、村,完成农业农村统计调查基层基础工作检查。检查内容涉及2019年以来粮食生产(全面调查)数据、畜牧业生产数据、农产品生产者价格数据。对检查中发现和提出的问题,与各镇、村进行全面梳理,现场整改解决,并对平台操作、报表填报、指标解释等方面开展现场指导。

（张佳）

民族宗教

【概况】 2020年,海淀区民族宗教事务办公室(简称区民宗办)按照市区统一部署,坚决落实疫情期间宗教活动场所“双暂停、两延迟”措施,做好宗教活动场所有序开放工作。春节走访慰问少数民族困难群众,对24个街镇的224名困难群众进行慰问；疫情期间走访慰问少数民族流动人口。组织宗教界爱心捐助活动。推进民族团结“九进”①创建工作，举办铸牢中华民族共同体意识秋季健步走暨网络民族知识答题活动、街镇民族宗教工作干部培训班等。加强对清真食品安全的检查，评选并表彰18家优秀清真餐饮规范店。市民宗委对基督教燕京神学院进行开学前检查指导工作，检查佛、道教场所疫情防控工作。召开宗教活动场所有序恢复开放工作部署会议。开展宗教活动场所节前安全消防专项检查工作。慰问农大附中新疆内高班师生。开展疫情防控检查慰问。

（田力）

【民族事务】 年内，区民宗办落实市、区民族团结进步创建活动三年行动计划，推进民族团结“九进”创建工作。举办2020年铸牢中华民族共同体意识秋季健步走暨网络民族知识答题活动，举办2020年海淀区街镇民族宗教工作干部培训班；走访慰问部分青海、甘肃、新疆等地在京少数民族流动人员经营的餐饮企业以及西山派出所黄文祝警务室、农大附中新疆内高班等，关心少数民族流动人口的生产经营情况、学习生活情况以及疫情防控工作。拨付市级少数民族专项扶持资金276万元，开展清真餐饮规范店评比，对18家优秀清真餐饮企业给予奖励。组队参加北京民族体育系列赛事，获得优异成绩。推动民族团结教育示范校开展“互联网＋民族教育”活动。

（田力）

【宗教事务】 年内，区民宗办持续开展和谐寺观教堂创建活动，制定《2020年海淀区持续开展以“四进”宗教活动场所为主题的和谐寺观教堂创建方案》，组织开展集中培训、参观学习、爱国主义主题教育、座谈交流等活动6次。各宗教团体、宗教活动场所利用升国旗仪式、学习培训、参观交流、主题活动、媒体宣传等方式，开展中华人民共和国国旗、宪法和法律法规、社会主义核心价值观、中华优秀传统文化等“四进”宗教活动场所活动为主题的和谐寺观教堂创建活动，计1200余人参与。开展宗教场所垃圾分类，组织宗教教职人员和信众骨干200余人开展垃圾分类的相关知识学习，张贴宣传海报，下发倡议书110张，现场监督检查20余次，解决天主教西北旺弥撒点垃圾托运问题。健全宗教事务三级网络两级管理责任制，稳妥处理涉及宗教因素的矛盾纠纷。接受人大、政协监督，办理人大代表建议1件、政协委员提案2件。支持宗教活动场所硬件安全建设，重点场所所在街镇均启动“雪亮工程”联网建设工作。

（田力）

【依法行政】 年内，区民宗办办理民族宗教行政执法检查476次，依法警告处罚1起。“接诉即办”接待处理各类案件50件，处理信访举报1起，办理行政服务事项38件。

（田力）

【民族宗教政策法规宣传】 年内，区民宗办举办民族宗教工作培训班、宗教界学习北京市宗教事务条例暨安全工作培训班。利用“海淀民宗”微信公众号宣传政策法规知识和工作动态，印发各类政策法规书籍1000余册，开展线上法规培训学习8次，覆盖教职人员及信教群众2000余人。

（田力）

【宗教界捐款捐物】 年内，全区各宗教团体、宗教活动场所按照市、区宗教部门统一部署，严格落实“六个有没有”②等防控工作措施，开展疫情防控工作。各宗教团体共捐款465677元，捐赠口罩5050个、测温仪20支。

（田力）

【少数民族流动人口服务管理调研】 5月13日，市委统战部副部长、市民族宗教委主任钟百利，北京社会主义学院专家陈锦荣一行，到中国农业大学附中新疆内高班、西山派出所黄文祝警务室开展少数民族流动人口服务管理工作调研，并召开座谈会议。会议强调，要深刻领会习近平总书记在党的十九大报告中提出的“铸牢中华民族共同体意识”精神，加深对这一重要论述的全面理解，并做好相关工作。

（田力）

【宗教活动场所安全检查】 5月14日，区民宗办对龙泉寺、桃源观、天主教后八家教堂、基督教海淀堂、各清真寺等宗教活动场所进行安全工作检查。现场察看疫情防控、安全、垃圾分类等工作情况，要求各宗教团体、场所负责人认真落实市、区疫情防控工作要求，继续落实“双暂停、两延迟”，排查安全隐患风险，确保宗教活动场所安全稳定。5月28日，区委常委、统战部部长任武军到桃源观、龙泉寺实地走访检查。任武军对两个场所严格落实“双暂停、两延迟”疫情防控工作、加强内部规范建设情况给予肯定，并要求各宗教场所继续做好疫情防控，保持宗教领域安全稳定。

（田力）

【开斋节安保工作检查】 5月24日，区委常委、统战部部长任武军，副区长、海淀公安分局局长谭权到海淀清真寺检查开斋节和全国两会安保工作情况。开斋节正值全国两会期间，统战、民宗、公安和属地街道对开斋节和两会安保工作同部署、同要求，制定开斋节安全工作方案，统战、民宗部门对各清真寺在开斋节前进行慰问，开展联合安全检查，共同做好值班值守和安全巡察工作。

（田力）

【立马关帝庙文物保护调研】 6月1日，区委常委、统战部部长任武军，区民宗办、市道教协会、曙光街道负责人，到道教文物保护场所立马关帝庙，就文物保护、文物修缮等问题进

① 即民族团结进步创建活动进机关、进企业、进社区、进乡镇、进学校、进宗教活动场所、进服务窗口、进军营、进景区。
② 北京市民宗委疫情期间检查宗教活动场所六个标准：关没关场所、停没停活动、贴没贴公告、防疫没防疫、有没有病患、报没报信息。

行调研。

（田力）

【宗教活动场所疫情防控工作培训】 6月9日，区民宗办开展海淀区宗教活动场所疫情防控培训会，邀请区疾控中心副主任、传染病管理专家邢彦就宗教活动场所有序开放工作中如何做好开放前的疫情防控准备、开放后的防控工作开展、如何处理疫情感染等突发公共卫生事件方面进行现场培训指导。各宗教团体秘书长、宗教活动场所负责人、卫生防疫安全员、内部安保人员等60余人参加培训会。

（田力）

【海淀区民族宗教领导小组会】 9月3日，海淀区召开2020年民族宗教领导小组会，区委常委、统战部部长任武军，副区长林航及30个成员单位、33所驻区高校统战部负责人及29个街镇的主管领导和相关科室负责人参加会议。会议强调，各成员单位、各街镇要提高政治站位，高度重视民族宗教工作；持续推进民族团结进步创建工作，铸牢中华民族共同体意识；完成好宗教领域的各项重点工作；坚决落实疫情防控“四方责任”，持续做好常态化疫情防控工作。

（田力）

【追思已亡瞻礼活动】 11月2日，北京市天主教一区两会在全市各堂举行追思已亡瞻礼活动，海淀区活动在西北旺天主教陵园举行。参加活动总人数2400余人。活动当天，区民宗办到西北旺天主教陵园现场应急值守。区公安分局、区应急局、区消防支队、区交通支队、西北旺镇、西北旺派出所等相关部门按照既定方案进行活动保障，各单位、各部门按照既定工作预案，在活动组织、交通引导、秩序维护、医疗救助、后勤服务等方面给予充分保障。

（田力）

【铸牢中华民族共同体意识健步走暨网络民族知识答题活动】 11月4日，由区民宗办主办、凤凰岭景区承办的“海淀区铸牢中华民族共同体意识健步走暨网络民族知识答题活动”在凤凰岭景区举行。来自海淀区机关、街镇、社区、村、企业、消防、驻区高校和民族宗教界350人参加活动。启动仪式上，曙光街道民族健身操舞队、西三旗街道京华健身花棍队、北京体育大学柔力球队分别进行民族文体项目表演。在健步走活动途中，通过扫码关注“海淀民宗”公众号，参与民族知识在线答题。该活动是海淀区为贯彻落实中央和市区关于全面深入持久开展民族团结进步创建工作铸牢中华民族共同体意识意见的有关要求举办的，旨在增强各民族的相互交流交往交融，打造“互联网+民族团结”的有效载体。

（田力）

【街镇民族宗教工作培训班】 11月12日，区民宗办举办2020年街镇民族宗教工作培训班，29个街镇及部分社区、村民族宗教干部150人参加。中国人民大学马克思主义学院宋友文教授作题为《铸牢中华民族共同体意识》的授课，从中华民族伟大复兴的奋斗目标、中华民族多元一体格局的形成和如何铸牢中华民族共同体意识三方面进行深入浅出的讲授。中国人民大学哲学院教授温金玉作题为《坚持宗教中国化方向和构建健康宗教关系》的授课，从世界和我国宗教现状、宗教中国化道路和提升新形势下宗教工作水平三方面进行讲授。北京市民宗委为解读新修订实施的《北京市宗教事务条例》，从“两维护”“两规范”等四个方面对大家进行培训。

（田力）

【区人大常委会视察调研宗教工作】 11月18日，区人大常委会视察调研组一行视察海淀区宗教活动场所，听取区民宗办负责人关于民族宗教工作自查评议报告。调研组到马甸清真寺和天主教北京教区后八家教堂实地视察，了解宗教工作和宗教事务管理情况。视察调研组建议区民宗办进一步深入贯彻落实党的民族宗教政策，依法保障民族宗教界合法权益，坚持宗教中国化方向，继续加强民族团结进步创建和和谐寺观教堂创建，把海淀的民族宗教工作做得更好。

（田力）

【宗教界学习中共十九届五中全会精神暨2020年年终总结会议】 11月24日至25日，区民宗办举办海淀区宗教界学习中共十九届五中全会精神暨2020年年终总结会议，全区各宗教团体、宗教活动场所负责人、宗教教职人员、信徒骨干80余人参会。会议传达中共十九届五中全会精神和中共北京市委常委扩大会议精神。会议强调，各宗教团体继续抓好常态化疫情防控工作，巩固好防疫成果；继续发扬爱国爱教的优良传统，发挥宗教管理者、宗教教职人员和骨干信徒的桥梁纽带作用，不断加强自身建设，

11月24日，海淀区宗教界学习中共十九届五中全会精神暨2020年年终总结会召开（区民宗办 供图）

促进海淀、首都的繁荣、稳定、发展；坚持服从政府依法管理宗教事务，积极贯彻政策法规，依法依规开展宗教活动，接受政府依法管理；继续加强民主管理和规范管理，培养一支政治、业务素养过硬的教职人员队伍。

（田力）

【规范化清真特色餐厅考评验收】 12月8日，市民宗委规范化清真特色餐厅评审小组到海淀区，对市级规范化清真特色餐厅建设验收考评。评审小组对符合条件的7家清真餐饮店，按照企业管理、执行民族政策、遵守法律法规、食品进货渠道、环境卫生等方面进行资料查阅和现场检查，对在抗击新冠疫情工作中做出突出贡献的餐饮企业给予表扬。

（田力）

残疾人事业

【概况】 2020年，海淀区29个街镇和持证残疾人20人以上的社区（村）均设立残联和残疾人协会，有498个社区（村）残疾人协会。户籍人口中，有持证残疾人38349人，其中视力残疾3462人、听力残疾2598人、言语残疾217人、智力残疾3729人、肢体残疾20248人、精神残疾5780人、多重残疾2315人。

海淀区残疾人联合会（简称区残联）牵头全区无障碍环境建设专项行动工作组专班的65个成员单位，对辖区城市道路、公共交通、公共场所、信息交流等重点领域的无障碍设施进行全面摸排整改，整改点位3823个；协调医院、公园、政务大厅、银行网点、景区等开展无障碍预约服务。拨付居家养老助残补贴、无业残疾人城乡居民养老保险补贴、临时救助和走访慰问金1030.19万元，惠及各类残疾人10418人；拨付用人单位录用残疾人就业奖励资金3808.89万元，补贴用人单位1519家，惠及残疾人职工7861人；落实残疾人各类就业保险补助2325.89万元，为908名残疾人开展线上职业技能培训。为410名16岁以下残疾儿童康复提供康复训练服务，为900名残疾人提供成人康复服务，为8520名精神残疾人提供免费服药服务，为2400余人次提供辅助器具服务，为392名精神残疾人提供日间照料康复服务，拨付各类康复服务补贴约947万元。

与河北、内蒙古的4个对口旗县签订帮扶协议，落实6个帮扶项目，落实市、区级扶贫资金506万元，捐赠合计3.9万元，为贫困残疾人购买轮椅300辆、床垫100个。援建温馨家园2所，残疾人就业扶贫食品加工项目和电商创业项目各1个。

受理助残领域案件187件，有效案件反馈率100%、解决率84.84%、满意率96.35%；法律服务站接受群众咨询110余次，心理咨询服务230人次。向海淀区精神卫生防治院、海淀区爱丽斯残疾人康复中心、尔康康复训练中心三家康复机构赠送口罩和消毒水等防疫用品。

（何文辉）

【无障碍环境建设专班会议】 1月14日，区残联举行海淀区无障碍环境建设第二次专班会议暨专家聘任仪式，全区专项行动工作组65个成员单位参加会议。专班会议传达市专班会议精神，通报近期工作进展，部署近期工作，邀请清华大学无障碍发展研究院专家邵磊、孙力扬和中国残疾人联合会研究室主任、二级巡视员厉才茂授课。3月26日，海淀区无障碍环境建设第三次专班会议召开，区专班成员单位参会。会议传达市专班会议精神，通报近期工作，区委副书记、区专班执行组长孟景伟和市专班办公室副主任、市残联党组书记郭旭生先后发表讲话。

（何文辉）

【区政府检查督导民办康复机构疫情防控】 2月29日，副区长、区新型冠状病毒肺炎疫情防控工作领导小组副组长张若冰带队检查督导爱丽斯康复中心、区精神卫生防治院、苏三四村康复园和区一线医护工作人员隔离休养点疫情防控工作，看望慰问奋战在疫情防控一线的值班值守工作人员。

（何文辉）

【“精准帮扶共抗疫情”爱心捐赠】 3月15日，由海淀大健康产业联合会发起的“精准帮扶共抗疫情”爱心捐赠仪式举行。活动共筹集总价值60余万元，代购9000个医用外科口罩、6000副一次性手套等防疫物资和1.6万千克食用油、4万千克大米、4万千克面粉、100箱方便面等生活物资，发放至1500余名精准帮扶的残疾人、400余名基层残疾人工作者以及10家残疾人康复机构。

（何文辉）

【全国残疾预防日活动】 8月25日，区残联与八里庄街道残联在八里庄五福玲珑居小区广场举办以“残疾预防，从儿童早期干预开始”为主题的第四次全国残疾预防日活动。现场开展社区卫生服务中心家庭医生签约、健康保健和残疾预防宣传、辅助器具及政策宣传、免费测血压、心理咨询等活动，吸引社区居民320余人参与。

（何文辉）

【第四届残疾人书画摄影展】 9月8日至10日，由区残联主办、北京传统书画艺术研究会承办的“大美海淀”第四届残疾人书画摄影展暨2020年海淀区残疾人文化发展项目成果汇报展举办，200余幅由残疾人创作的书法篆刻、绘画、摄影及传统文化衍生品参展。区残联党组成员以及十余位爱心艺术家和残疾人书画摄影爱好者、志愿者近百人参加开幕式。

（何文辉）

【温馨家园综合改革工作会】 9月15日，区残联召开温馨家园综合改革工作会，29个街镇残联理事长、温馨家园工作人员、15家项目签约机构参会。区残联副理事长张孝平就市委第一巡视组对各区温馨家园巡视情况进行说明，对市残联下发的《进一步加强温馨家园建设和监督管理工作的通知》进行解读，梳理海淀区温馨家园现存的问题并提出重点整改措施。印发《海淀区温馨家园综合改革项目监督管理办法》（简称《办法》），对《办法》改革目标考核监督改革效果、加强服务履约及过程监管、奖惩机制三方面内容进行详细解读。

（何文辉）

【中残联调研残疾人基层组织建设】 9月16日，中国联党组成员、副理事长相自成，市残联党组成员、副理事长王响平等一行9人，到八里庄街道调研残疾人基层组织建设工作。在首都师范大学社区，了解社区残疾人基本情况、残疾人专职委员在社区以及防疫期间的工作情况，就社区（村）残协建设开展座谈。在八里庄街道残疾人温馨家园，听取北京市残疾人基层组织建设和残疾人证全国通办工作建议的汇报，听取区残联关于海淀区残疾人证清理整治工作和《中国残联、民政部〈关于加强和改进村（社区）残疾人协会工作的意见〉》的落实情况的汇报。

（何文辉）

【残疾人飞镖比赛】 9月19日，区残联举办残疾人飞镖比赛，26个街镇的126名残疾人飞镖选手参加男女站姿组、坐姿组、听力组等6个组别的比赛。北下关街道于宏波、西三旗街道张勃钊等6人分获男女听力组、男女站姿组冠军。

（何文辉）

【区领导督导无障碍设施建设】 9月23日，副区长张若冰带队对辖区的无障碍环境建设成果开展督导，实地查看体验公共场所的无障碍电梯、卫生间、坡道、停车场等设施的建设改造情况。

（何文辉）

【无障碍推动日活动】 10月16日，区残联开展“无障碍推动日”活动。北京市无障碍环境建设专项行动工作组专班副主任、市残联党组书记郭旭升，区委副书记张强、组织部部长张若冰、清华大学无障碍发展研究院专家孙力扬以及人大代表、政协委员、无障碍监督员、残疾人、老年人代表等百余人参加活动。市区领导及体验人员一行到曙光街道晴雪园社区、曙光街道政务服务中心及四季青医院，对小区的无障碍坡道、扶手、电梯等设施，政务服务大厅的低位服务设施、无障碍卫生间、无障碍车位以及四季青医院的无障碍卫生服务设施、手语导医特色服务等开展实地体验，感受无障碍设施整改实效。参观位于世纪金源购物中心活动主会场的“海淀区无障碍环境建设工作展”、残疾人辅助器具展和残疾人政策咨询宣传展，全方位了解海淀区无障碍环境建设情况和惠残政策。

（何文辉）

【第八届社区残疾人艺术汇演】 11月6日，由区残联主办的2020年海淀区第八届社区残疾人艺术汇演举行。25个街道的231名残疾人参加汇演。永定路街道、青龙桥街道等4个单位分获声乐类、舞蹈类一等奖，香山街道、羊坊店街道等9个单位获二等奖，11个单位获三等奖；评选优秀创作奖2个。

（何文辉）

【市领导调研冬奥场馆无障碍环境建设】 11月17日，市委常委、组织部部长、市无障碍环境建设专项行动工作组执行组长魏小东，副市长、市无障碍环境建设专项行动工作组组长杨晋柏，调研五棵松奥运场馆周边无障碍环境建设情况，与残疾人代表现场体验专项行动整改实效。市领导一行实地察看轮椅观众席改造情况，残疾人现场体验无障碍电梯、卫生间等。魏小东表示，北京市无障碍环境建设专项行动要优先做好四环路以内地区、城市副中心、冬奥场馆周边等重点区域的系统化改造；要强化科技支撑，推进轨道交通升降平台、行人过街提示系统等无障碍设施创新，实现“点、线、面”无障碍设施智能连通，实现专项行动与法治保障及常态化管理的无缝衔接。

（何文辉 钟冷）

【精神康复者职业技能大赛决赛】 12月3日，由区残联主办的2020年度海淀区精神康复者职业技能大赛决赛举办，29个街镇的34支日间照料站代表队的170余名精神康复者参赛。经过演练、初赛和决赛环节，八里庄分中心获团体一等奖，青龙桥分中心冯文海等4人获衍纸、速记一等奖，清河、学院路分中心赵金英等8人获二等奖。

（何文辉）

红十字会

【概况】 2020年，海淀区红十字会（简称区红十字会）有玉渊潭农工商总公司红十字会、红十字会学校、机关、医疗卫生、国有企业和非公有制企业5个系统工作委员会，29个街镇红十字会全覆盖。区红十字会继续推进应急救护培训、推动献血捐髓“两个品牌”项目，募捐救助、宣传传播、志愿服务、救援能力建设、红十字青少年等人道惠民工作再创佳绩。建成全国首家“战地应急救护培训基地”。开展应急救护知识宣传普及活动，举办取证培训班。8名造干志愿者实现捐献移植，截至年底，海淀区共3万余人加入中华骨髓库，92人实现成功捐献。募集善款543.73万元（含精准扶贫定向捐款），接收募捐物资63.91万元。投入善款548.08万元，发放物资63.91万元。募集“博爱在京城”善款171.43万元。实施“两节送温暖”、人道救助和特殊人群救助等。接收新冠肺炎疫情防控款物折合总价值1000余万元。携手爱心企业，对接对口帮扶地区红十字会，开展“博爱助学项目”。玉渊潭农工商总公司出资100万元支持和田市吐沙拉镇宁丰村创业基地建设项目。区红十字会获北京市三八红旗集体称号、中国红十字会总会报刊宣传工作二等奖；被评为中国红十字博爱理事会2020年度优秀理事单位。

（刘兆莹）

【疫情防控募集活动】 年内，区红十字会作为海淀区物资保障组成员单位，募集与对接款物折合价值1000余万元。捐款229.3万元，募捐物资63.91万元，对接款物折合价值660余万元。接收社会各界捐赠物资38笔，口罩22.24万只、帐篷635顶、冰箱20台、微波炉411台、牛奶1800箱、负压救护车1辆、全自动化学发光测定仪1台、病人监护仪12台、中心监护系统1套、额温计、防护服、抗菌洗衣液等防疫物资1.5万余件，第一时间发放至新冠肺炎疫情观察隔离点和一线医护人员。

（刘兆莹）

【应急救护培训】 年内，区红十字会推进应急救护培训进学校、进社区、进机关、进企事业单位、进农村“五进”活动。建成全国首家“战地应急救护培训基地”。应急救护知识宣传普及人数3万余人。举办取证培训班33期，3000余人取得红十字救护员证或单项技能证。举办2020年度应急救护师资培训会，加强红十字应急救护师资队伍建设，提升应急救护培训质量。为区政府、区纪委、区信访办、中关村街道、东升镇等14家单位各安装自动体外除颤器（AED）1台。

（刘兆莹）

【人道救助】 年内，区红十字会开展2020年“99公益日”筹资项目“博爱相伴，助飞梦想”，号召街镇、总公司红十字会和学校、机关、医疗、国企和非公企业红十字会工作委员会集中开展宣传动员和资金募集活动，募集12.98万元。全年募集善款543.73万元（含精准扶贫定向捐款），接收募捐物资63.91万元。投入善款548.08万元，发放物资63.91万元。其中“博爱在京城”善款总计171.43万元。实施“两节送温暖”、人道救助和特殊人群救助等，投入救助款158.1万元，共有667户困难家庭受益。小天使基金救助2人次。

（刘兆莹）

12月10日至11日，海淀区红十字会举办2020年度应急救护师资培训会（区红十字会 供图）

【博爱助学】 年内，区红十字会携手区妇联、区团委、区属爱心企业开展精准扶贫——博爱助学项目，对接新疆和田市，内蒙古科右前旗、敖汉旗，河北赤城县、易县，北京延庆区等地区红十字会，对建档立卡的贫困学生或特困学生实施博爱助学，资助完成学业。出资74.5万元，帮助745名建档立卡贫困学生或特困学生完成学业。携手爱心企业投入100万元，支援新疆和田市扶贫项目建设。

（刘兆莹）

【区红十字会第八届理事会第八次会议】 5月21日，海淀区红十字会第八届理事会第八次会议召开。79名理事（含28名常务理事）参加会议。会议审议通过区红十字会2019年工作报告和2019年度财务收支情况报告，补选副区长张若冰为海淀区红十字会会长，提名刘莉为海淀区红十字会秘书长。

（刘兆莹）

【红十字公益文化宣传】 5月，纪念“5•8”世界红十字日，区红十字会为29个街镇红十字会统一制作展板150余块，发放宣传书籍和折页2万余册。深入中关村街道新科祥园社区开展“红十字博爱周”的宣传活动。发放“垃圾分类——红十字在行动”倡议书，号召广大居民共同参与垃圾分类。在网络媒体、纸质媒介以及区红十字会微信公众号、网站等，发布人道惠民工作动态500余篇次。

（刘兆莹）

街道 镇（地区）

2021
北京海淀年鉴

万寿路街道

【概况】 2020年，万寿路街道辖区面积6.56平方千米。下辖27个社区，常住人口12万人，户籍人口14万人，流动人口0.36万人。辖区内驻有中央级国家机关6家，企事业单位2700余家，其中重点企业15家，大型央企5家。有中小学7所，幼儿园12所。有三甲医院2家，社区卫生机构3家。五棵松体育馆占据着北京市大型室内演出80%的市场份额。永定路西里社区党委书记贾秀杰获"全国抗击新冠肺炎疫情先进个人"称号；街道公共文明引导员管秀萍获得中央宣传部、中央文明办"最美志愿者"称号。

（沙卫东）

【环境建设】 年内，街道完善环境管理工作方案和考核办法，运用"四见面"工作法（见到问题、见到现场、见到群众、见到成效）和"345"步骤法（3日内完成案件办结、4日完成案件回访和分析，5日确定案件申报类型并完成材料上报），"接诉即办"工作承办案件6343件，解决率80.99%，满意率89.60%。推动3条主要道路环境提升、3个老旧小区改造、7条背街小巷整治、6个公厕改造提升、9条道路路侧停车。开展爱国卫生运动，完成全国卫生城区创建检查。宣传垃圾分类，规范桶站建设，日均转运厨余垃圾480桶、22.5吨。拆除违法建设1.32万平方米、腾退土地6990平方米，完成区任务指标。完成18条道路、16个小区院落、3个公厕保洁任务，完成8.6万平方米绿地养护补植任务以及重大活动保障、城市管理应急处置、防汛扫雪铲冰等任务。开展城市管理、垃圾分类、燃气安全等执法检查，查处违法案件1238件，罚款38.12万元。

（沙卫东）

【平安建设】 年内，街道完成69个电动自行车充电设施安装工作，开展联合执法、安全检查，检查生产经营单位9500家次。完成全国两会、国庆等重大活动保障任务。完成公共文明引导任务，开展"一盔一带"安全守护行动。整治群租房80套，整治"黑车""黑摩的"120辆。推进门区智能管控建设，为复兴路32号社区安装智慧门禁52套。落实"疏解整治促提升"工作要求，疏解人口6150人，完成治理类街乡镇工作任务，争取治理类街乡镇整治提升工作市级补助资金2500万元。完成"七五"普法任务，调解民间纠纷150件，办理法律援助案件10件，法律咨询2000余人次。推进智慧平安社区建设，完成2个社区警务工作站建设。以服务保障冬奥测试赛为中心，主动对接、督促指导五棵松地区落实安全风险分级管控。加大五棵松周边综合治理，支持五棵松冰上运动中心建设，全力做好2021年冬奥测试赛各项准备和保障工作。

（沙卫东）

【民生建设】 年内，街道完成262套楼道扶手、6个坡道、107个无障碍标识建设任务。成立街道退役军人服务站，积极创建全国退役军人示范站。完成翠微幼儿园合法化，成为教委登记的社区办园点，成功解决历史遗留问题。完成第七次全国人口普查，普查人口近14万人。完成失业人员再就业981人、困难人员再就业793人，获评"北京市充分就业街道"。街道政务服务窗口被区政务服务局评为"十佳群众满意窗口服务团队"。

（沙卫东）

【社区建设】 年内，街道完成新建商业E中心1家、便民菜站1家、社区养老服务驿站1家、实体书店2家。完成25个社区8项基础便民网点建设、两个"社区会客议事厅"建设、2个特色楼门治理示范点建设。改善6个社区办公服务场所，为27各社区配送午餐，组织开展趣味运动会、集中观影、参观学习等活动。绘制27个社区管辖区域图，规范社区各项台账，建立社区微信公众号，开展邻里活动，提高社区服务治理水平。完成231户393人低保对象、1户1人低收入、3人困境儿童低保金、医疗教育临时救助审核发放及慰问工作。完成台账任务，推动落实7个三无小区引进物业管理，承接蛋壳公寓处置工作。依托民情热线和"零距离"服务模式，创新推行"民情驿站"，通过社区物业合署办公，畅通居民诉求渠道，打造社区治理微循环，让民情驿站成为社区、物业、居民的连心桥。

（沙卫东）

【基层党建和精神文明建设】 年内，街道27个社区党组织完成换届，均一次选举成功，选出133名党组织成员。成立"两新"党组织4个。召开党建联席会，打造"复兴万寿路街道党群活动中心"和两个楼宇党建工作站。党宣工作呈现新亮点，参观学习成为常态化，微信公众号推送信息高效精准、受阅群体越来越广。完成2020年文明城区迎检复检工作。打造"万寿之光宣讲团""我们的节日"等特色志愿服务品牌，组织各类文明实践活动300余场，全力打通新时代文明实践宣传群众、教育群众、引导群众的"最后一公里"。组织推选北京榜样举荐、最美抗疫志愿者，广泛开展宣传动员，扎实推进社会主义核心价值观建设。

（沙卫东）

【新冠肺炎疫情防控】 年内，街道成立由街道党工委书记、办事处主任担任组长的疫情防控工作领导小组暨疫情防控指挥部，下设综合协调组、业务防控组、社区防控组、社会防控组、环境保障组、复工复产组、宣传教育组、纪检监督组等工作小组及领导小组办公室，确保市区各项决策部署传达到位、部署到位、落实到位。构建"1+27+N"工作体系，即1个地区疫情防控总方案、27个社区疫情防控方案、多个疫情防控专项工作方案。动员地区党员群众捐款101.5万元，动员居民志愿者、"双报到"党员等对地区123个小区、156个出入口实行封闭式管理，发放分类出入证16万张。在新发地市场聚集性疫情发生后，按区委要求对永定路西里小区进行封闭管控，完成5.3万人核酸检测。累计落实居家观察人员1.2万人。各级媒体刊发地区疫情防控工作宣传报道40条，其中区级媒体28条、市级媒体10条、国家级媒体2条。

（沙卫东）

羊坊店街道

【概况】 2020年，羊坊店街道辖区面积6.61平方千米，户籍人口12.5万人。有社区居委会31个，卫生医疗机构41个，中小学校、幼儿园17所。境内有中国人民革命军事博物馆、中华世纪坛等知名建筑。

（张翼）

【环境建设】 年内，街道设置专、兼职垃圾分类指导员400余名，组织在职党员、社区党员看桶值守2500余人次，居民垃圾分类承诺书签订率达73.1%。加强社区、社会单位生活垃圾分类执法检查力度、频次。健全小区固定投放站点、大件及装修垃圾临时堆放点、再生资源回收点配置，完成对强制分类等相关单位垃圾管理制度覆盖、容器标识更换及收运合同规范等工作。被北京市城管委评为北京市垃圾分类示范街道。拆除违法建设60余处、1.3万余平方米，实现无证无照、地下空间、问题出租房屋动态整改清零。统筹开放北蜂窝站东市场、改造升级蔬果摊位40余个。完成笃学路、北蜂窝中路东段2条背街小巷的整治提升、5条道路架空线入地、翠微路北段环境建设任务以及公厕改造项目，推进老旧小区改造工程。养护绿地37块，面积近10万平方米；补种黄杨5万棵，补植面积近2000平方米。为中国电子进出口有限公司、中国铁路总公司等单位解决环境整治、交通疏导等需求16件。完成空间视觉优化、楼道粉刷及清理堆物堆料等硬件建设和环境整治，发放《首都市民垃圾分类指南》《北京市文明行为促进条例》等宣传资料3000余份。

（张翼）

【平安建设】 年内，街道完成全国两会、中国国际服务贸易交易会等重大任务、重大活动的服务保障工作。开展辖区慢行系统建设，保障非机动车出行空间，柳林馆路全面禁停，羊坊店东路、信悦华庭路等道路安装交通违法监控4套，追查、整改交通违法超标单位317家，安装阻车桩570个。落实安全生产、消防安全检查，排查各类安全隐患3300余项，为辖区159家企业提供智能安防支持。

（张翼）

【民生建设】 年内，街道接办“接诉即办”案件8000余件，解决率91.6%，满意度93.24%。搭建中小微企业与重点企业的沟通平台，协助落实减免房租等措施。办理个体工商户新增、注销、变更业务200余项。落实好失业人员自主创业小额贷款、灵活就业、特困失业人员再就业援助等扶持政策，举办线上招聘会、不见面培训，助力570名失业人员再就业。办结劳资纠纷案件34件。受理各类信访、矛盾纠纷200余件，调解成功率近99%。发放教育救助金、特困供养人员护理补贴、特困知青救助、残疾人生活补贴等各类救助金500余万元。推进智慧养老服务平台系统建设，覆盖辖区50位困境老人。为23个社区、550位老人提供家庭养老床位服务，受理、初审养老服务补贴、失能护理补贴及高龄津贴2000人。完成非京籍儿童入学联审工作。确定河北省保定市易县三镇一乡扶贫项目，签订帮扶协议，帮助339户贫困户实现脱贫。开展“接诉即办”、垃圾分类、政府购买服务、防汛工作、社会救助、公务加油卡、巡察反馈问题的整改落实、扶贫领域腐败和作风问题专项监督。

（张翼）

【社区建设】 年内，街道推广羊坊店社区103号院停车自治模式。推进错时共享停车，与地区5个停车场达成协议、惠及近百名居民。建立联盟成员、商户店家巡查机制，设立商家专人专岗，发动网格巡查员50余名、小巷管家志愿服务队志愿者150余名、环境整治志愿者1500余名参与辖区街巷治理工作。推进辖区双拥、人大代表补选、依法行政等工作。抽调多名社区后备干部参与街道物业专班、防疫专班、垃圾分类专班工作，组织社工参加海淀区乡土社工培训。为社区工作者举办社会心理指导师培训班，培训社工20名，通过心理学基础知识、人际关系沟通技巧、自我觉察与认知训练等方面辅导，提高社工解决纠纷、管理情绪、自我解压的能力。

（张翼）

【基层党建和精神文明建设】 年内，街道建立4处社区党群活动中心教育阵地、党建教育长廊，实施社区服务项目110余个。推动各专项整治任务落实，涉及党建、社区的43个事项全部整改到位。完善干部教育、培养和考核体系，通过线上授课，推广理论家走基层宣讲。北京市检察院一分院作为下沉市级机关单位，开展“一份责任、战役有我”主题党日活动。羊坊店社区书记杨煦获“感动海淀十大人物”称号。建设人才会客厅，立足党群活动中心主平台，畅通国家机关及国企人才的交流渠道，搭建融智聚力的“信息岛”，打造高端人才“朋友圈”。与宋庆龄青少年活动中心联合组织“劳动之春天的约定”线上亲子活动。举办纪念抗美援朝70周年战斗英雄宣讲、光耀东方食宝街“简约餐桌、美好生活”推动日等活动。开展中秋赏月、重阳敬老、旧物置换、传统文化讲座、城市清洁日、邻里节等活动120余次。“睛彩羊坊店”微信公众号关注人数近2000人，浏览次数7.5万余次。各社区微信公众号完成建设并开始运营。

（张翼）

【新冠肺炎疫情防控】 年内，街道建立疫情防控周报机制，覆盖238家地区单位。加强楼宇、冷链环节疫情防控及食药安全监督检查力度，检查餐饮单位、大型购物中心、商务楼宇以及商业零售单位521家。累计发动基层党组织186个、党员群众4300余名，募集疫情捐款108万余元。通过大数据排查湖北、辽宁、山东、新疆等疫情区域返京人员近4000人次，组织核酸检测3.4万余人。实施街道领导专员负责制，将不见面服务与实地走访结合，签订防控承诺书、发放普惠服务包，组织系列惠企政策解读活动。协助企业团购口罩近5万只，并提供酒精消毒液、手套、测温枪、帐篷等防疫物资。辖区复工率达100%。联合多部门对辖区内中小学、幼儿园开展开学安全及涉疫情工作检查。“晴彩羊坊店”微信公众号推送信息200余次、文章1000余篇，其中铁西社区疫情三级防控网、军博社区父子防疫志愿者等典型事迹被中央电视台、《北京日报》及中宣部“学习强国”等媒介报道。地区无确诊病例。

（张翼）

甘家口街道

【概况】 2020年，甘家口街道辖区面积6.49平方千米，人口14.9万人，24个社区居委会。辖区中央和市属单位、科研院所及知名企业云集，有4所高等院校、5所医院和中央电视塔、玉渊潭公园等人文景观。

街道参与楼宇经济监测平台二期试点建设，将125栋楼宇纳入平台监测范围。上门走访企业100余家次，解决企业困难80余件；对地区54家异地经营企业开展专项走访工作，将中船财务有限公司等3家公司纳入关注类企业名单，启动引进工作。对54处楼宇权属情况开展试点摸底工作，掌握楼宇信息2000余条。

（王毓京）

【环境建设】 年内，街道夯实环保网格化巡查工作，强化TSP（总悬浮颗粒）、$PM_{2.5}$监测数据和空气质量数据的分析应用，落实辖区大气环保工作。清理野泳设施、建设河湖护网。开展垃圾分类，整合316组垃圾分类基本桶站，组织694名志愿者24小时桶前值守，日均出桶400余桶，日均分出率近18%。完成13条市级背街小巷整治提升和9条背街小巷通信架空线整治项目。完成“疏整促”任务，拆除违法建设1.5万平方米，腾退面积11250平方米；核验无违建台账625处，违建摸排1785处，停车认证1513个，整治共享单车3.3万余辆。推进爱国卫生工作，组织3988余人次参与环境卫生整治，清理背街小巷89条，清除垃圾468.56吨，消杀公共区域144.76万平方米。

（王毓京）

【平安建设】 年内，街道启动社会面等级防控48天，发动群防群治力量17万余人次，完成全国两会、十九届五中全会、冬奥会测试赛等重点时期安保任务。检查生产经营单位4800余家次，整改生产安全隐患900余项，完成安全生产标准化企业创建20家、风险评估企业449家、隐患排查治理信息系统推广使用180家。开展违法群租房整治，摸排4767家场所，开展专项整治140余次，处理群租房16处，疏解人口57人。推进民主法治建设，畅通选民与人大代表沟通渠道，代表联系选民100余人次，收集并推动选民意见建议解决10余条。开展助侨暖心行动，协助地区56名海外华人华侨、留学生办理口罩、手套等物资免费寄送手续。开展法治宣传活动600余场，发放宣传册8万余份，完成“七五”普法实施验收工作。建成海淀区首家街道与律所共建的人民调解工作室。建立信访、司法、“接诉即办”三方联动的大信访工作格局。化解矛盾纠纷135起，信访总量比上年下降30%。

（王毓京）

【民生建设】 年内，街道紧扣“七有”要求和“五性”需求，健全基本公共服务制度体系。精准就业帮扶，摸排就业困难人员828人次，推荐工作64次，调解劳动纠纷83件，个案帮困入户18户216次。建立居家养老床位近900张，服务老人1000余人次。受理保障性住房登记、公租补贴、市场化租赁补贴等业务2292户。为残疾人发放补贴共计180万余元，慰问金29万元，建设甘家口街道无障碍配套设施点位464个。规范街道、社区两级退役军人服务站建设，落实优抚安置政策，走访慰问20名重点优抚对象。完成第七次全国人口普查工作，登记6万户、近18万人。推进便民服务建设，增设3个社区蔬菜网点、4个临时流动式菜车，保障供应及菜价稳定。设置线上购物自提点，提供生活品代买等服务，确保疫情期间购物安全。完成社区活动室改造、车棚改造、路面维修、粉刷楼道、更换防盗门及门禁等130余件为民办实事项目。启动“早晚延时办”“午间不间断”“周六预约办”政务服务办理延时服务，打造24小时自助政务服务区，街道政务服务中心窗口业务办理量31960件，网办2100件。完成脱贫攻坚阶段任务，划拨帮扶资金200万元资助3个项目；建立甘家口辖区花园村社区和湖北省丹江口市三官殿村、化吉村2个贫困村结对帮扶关系。

（王毓京）

【社区建设】 年内，街道推送3名优秀社区书记参加市、区“优才计划”，招录20名优秀人员充实社工队伍。建设街道心理服务工作站。完善“接诉即办”工作机制，建立科室包挂社区、“双派单”、“群众协商议事”等处理问题机制。辖区共受理案件10414件，解决率64.06%，满意率74.43%。完善社会治理机制，推动街道社会工作站和社会组织孵化器试点建设项目落地，发挥建设部社区“和坊苑”会客议事厅、花园村社区花园会客议事厅、增光社区楼门院治理示范点建设项目的引领示范作用。

（王毓京）

【基层党建和精神文明建设】 年内，街道党工委委员加强对分管领域、包片社区和非公企业的联系指导。开展监督检查150余次，加强廉政宣传教育，组织4000余人参与线上答题、发放廉政书籍1500余册。支部建设规范化，通过线上平台开展学习27次，累计培训党员1.31万余人次。党建带工建，为地区139家企业发放防疫物资 15 万余元；党建带团建，建立疫情防控青年志愿突击队、“分小萌”垃圾分类志愿服务队、“六间房”青年网络文明志愿服务队等 5 支志愿服务队，新增志愿者 1571 人；党建带妇建，招募巾帼志愿者、基层妇女干部等 960 余人。开设甘家口街道抖音号，制作《战“疫”有我》《垃圾分类》等视频 17 期，通过海淀信息管理系统报送信息 207 篇，各类媒体刊发工作报道 157 篇。选取建设部社区为新时代文明实践站，打造海淀区样本站；组建 5 支疫情期间志愿服务队，开展志愿服务 15 场。开展“中塔杯”攀登中央电视塔大赛、“科学健身让运动成为良医”健身知识讲座等活动，疫情期间举办线上朗诵会、直播课堂 11 场，推进 12 家实体书店辖区“落户”。成立创城迎检 6 个专项组，出动文明交通引导员、保安等力量上百人，对交通路口和背街小巷的停车秩序进行规范引导，提升地区面貌和环境。

（王毓京）

【新冠肺炎疫情防控】 年内，街道建立“四个一”① 工作体系，压实“四方责任”，多措并举，开展疫情防控工作，推进企业复工复产。累计核查国内外返京人员 19752 人，转运 537 人，组织核酸检测 26460 人，组织各方力量 2380 余人参与疫情值守 223 天，辖区无一人感染。依托“四楼长”工作机制，实现地区 1391 家企业复工情况、44560 名进楼人员动态管理，地区企业复工复产率达 98.5%。为企业复产复工提供 5 万余个口罩、98 把体温枪等防疫物资购买渠道。

（王毓京）

八里庄街道

【概况】 2020 年，八里庄街道辖区面积 6.49 平方千米，户籍人口 100957 人，流动人口 40387 人，辖区 32 个社区居委会，园区、楼宇 55 个，工商注册企业 10544 家，规模以上单位 402 家。社区卫生服务中心副院长靳晓宇获“北京市抗击新冠肺炎疫情先进个人”称号。

（张怡萍）

【环境建设】 年内，街道推进中央环保督办件核二院违建治理工作，拆除点位 311 处，完成规自领域专项整治阜成路 99 号院拆违工作，分批拆除安装公司宿舍违法建设 401.65 平方米。疏解人口 5506 人，拆违专项台账销账 85 处，腾退面积 20172.2 平方米。“接诉即办”承办案件 11345 件。推进垃圾分类工作，设置垃圾桶站 366 组，厨余垃圾日均分出约 410 桶，总计 3760.8 吨，首都师范大学社区被评为 2020 年第一批北京市生活垃圾分类示范小区。开展定慧寺平房区环境整治项目，完成 2 条精治类、9 条达标类背街小巷精细化管理工作，完成 2 个老旧小区、共计 21358.55 平方米的综合整治。推进路侧停车管理，开展共享错时停车项目，挖潜共享错时车位 55 个。

（张怡萍）

【平安建设】 年内，街道围绕春节、国庆等重要时间节点，开展社会面防控 5 次 40 天。整治违法群租房 157 套，无证无照经营台账 7 处点位。强化安全生产隐患排查，检查企业 4423 家，查改隐患 1258 条，完成安全生产专项整治三年行动挂账隐患 31 条，对地区 38 处房屋开展安全排查。完成小型消防站建设。推广“全民反诈”App。控制地区 P2P 互联网金融企业“爆雷”风险。

（张怡萍）

【民生建设】 年内，街道成立人大代表之家，与人民政协报社开展合作，建立地区政协委员工作站，搭建“假如我是委员”网络议政新媒体平台。推行早晚弹性办、中午不打烊、周六不休息延时服务，建成四个社区政务服务窗口试点。启动民生 e 站建设，涵盖八大便民服务。完成 132 户家庭适老化改造，签约 641 个家庭养老照护床位，建设困难群众服务所品牌，落实社会专项救助。挖掘腾退资源，共建首都师范大学附属幼儿园八里庄分园，缓解学位紧张。完成为民办实事项目 22 个。

（张怡萍）

【社区建设】 年内，街道开展第二届“社区邻里节”系列活动 93 场。划分物业管理区域 103 个，物业管理覆盖率 81.55%，业委会（物管

5 月 18 日，八里庄街道在玲珑公园举办“党建红‘引领’环保绿”党员参与垃圾分类承诺践诺行动（黄涛 摄）

① 建立一套指挥体系、组建一个工作专班、形成一套工作机制、设立一套标准台账

会）组建率 76.7%，党的组织覆盖率 98.14%，搭建起党建引领物业管理纳入社区治理框架。建成“一站、一中心、两工作室”的 3A 级司法所，做好社区矫正及安置帮教工作，化解矛盾 117 次。开创街道、社区两级心理服务工作，为辖区居民提供心理服务百余次。推进社会心理指导人才建设，75 人获社会心理指导师初级资格证书。

（张怡萍）

【基层党建和精神文明建设】 年内，街道发挥党建协调会作用，将 30 余家地区单位、120 余家社区党建协调委员会成员单位纳入地区联防联控工作体系。与海淀区“双联系”党组织海淀法院执行局党总支签署区域治理共建协议，与“双联系”党组织恩济庄派出所共建海淀区首批 4 家综治中心平安建设工作站，同步成立 1 个党总支和 4 个党支部。建立 4 个“战旗”党支部、2 个业委会党支部和 1 个物业党支部。巩固文明城区创建成果，完成文明城区复检和创建国家卫生城区迎检工作。利用“美好八里庄”微信公众号、《半月刊》《月报》等载体发布信息，公众号总阅读量达 31.67 万人次，吸引辖区居民参与社区治理。

（张怡萍）

【新冠肺炎疫情防控】 年内，街道成立防疫领导小组办公室，建立“1+6+N”“1+7+N”防控体系。联合 30 余家地区单位、120 余家社区党建协调委员会成员单位建立疫情防控互联互动机制。编发疫情防控专报 315 期，派发疫情防控批办单 84 份，累计落实知晓类事项 687 件，批办类事项 675 件。投入疫情防控资金 1036.08 万元。对密接管控、高风险人员开展集中医学观察。完成 55 个商务楼宇的 2500 余家复工企业的全覆盖检查，累计检查 7000 余家；对社会面企业、驻区单位、地下空间、工地开展防疫检查 16409 次。为街道机关、社区、辖区企事业单位、楼宇发放防疫物资 27.8 万余件；组织 1 个市属、10 个区属单位及 1300 余名党员 24 小时值守，动员 5000 余名志愿者参与社区值守。开展社区“敲门行动”，摸排核查 5.1 万户。全地区闭环接转 335 名境外返京人员、离鄂返京人员接转 794 人、武汉二次核酸检测接转 94 人、新发地三次核酸检测接转 1312 人、国内重点地区进京及京内重点地区人员转运核酸检测 2756 人；中风险常住居民核酸检测 116508 人，平房区及筒子楼居民核酸检测 2584 人；组织重点人员接种预防新冠肺炎疫苗 114112 人。地区新冠确诊病例 3 例。

（张怡萍）

紫竹院街道

【概况】 2020 年，紫竹院街道辖区面积 6.23 平方千米，常住人口约 13.7 万人，社区居委会 22 个，高校 8 所，大型企事业单位 18 家，有万寿寺、紫竹院行宫、法华寺、广源闸与龙王庙等文物保护单位。有经济主体 9217 户，新增主体 893 户。有科技园区 3 个，商务楼宇 41 栋。完善辖区重点企业台账，有序推进辖区空间资源摸排、梳理归类，切实稳定存量税源，挖掘税源增量。

（王运维）

【环境建设】 年内，街道以城管综合考核评价平台为载体，以“社管通”和“融合平台”建设为抓手，实现二、三级网格全覆盖。城市管理综合考核评价平台接收案件 5073 件。城管监督员、视频监督员和第三方督查员共上报案件 7537 件，立案 7511 件，立案率 99.66%；结案 6874 件，结案率 91.52%。全年三级网格共上报案件 69054 件。实施“疏解整治促提升”专项行动，完成 7 处开墙破洞点位的梳理上账工作。完成 2 处占道经营点位平台上账工作和问题整改。完成 4 处无证无照点位平台上账工作和问题整改。组织共享单车停放秩序规范活动 34 次，处置共享单车无序停放案件 113 件。与地铁集团、共享单车运营单位共同推进地铁站口“一站一策”试点工作。清理整治快递聚集点、“僵尸车”、店外经营、小区“十乱”等现象，改善辖区环境秩序。拆除违法建设 53 处、面积 39146.52 平方米；销账 53 处，完成台账任务的 325.8%。检查施工工地 428 次，检查餐饮公服商户 256 次，检查“门前三包”1200 余次；拆除违规广告牌 123 块，查处擅自散发小广告 84 起，没收非法小广告 2000 余张，取缔无照经营 78 起，拆除私装地锁 108 起。清理整治地下空间 72 处。完成背街小巷整治项目。完成魏公街等 10 条街巷的架空线梳理整治工作。完成厂洼街 17 号院、厂洼街 23 号院两个老旧小区综合整治的楼本体部分，总建筑面积 32741 平方米，涉及 286 户居民。实施“厕所革命”4 座水厕提升工程。垃圾分类对接小区 145 个，垃圾分类对接率达 100%；建设分类桶站 384 个，为无物业管理小区、平房区配桶 600 余个，确定桶车对接点位 105 个；招募垃圾分类志愿者 1125 名。保障海淀区创卫工作通过国家级技术评估。开展病媒防制消杀 10 轮次、病媒密度监测 18 轮次，防制面积达到 392.34 万平方米。开展清洁日活动 8 次，为社区发放蟑螂药 5000 盒。开展“两个一”桶前值守活动，团员青年累计服务时长 3008.5 小时。举办线上线下垃圾分类主题党课、“垃圾分类嘉年华”青少年志愿服务活动等宣传动员活动 30 余次。汛期开展防汛应急处置 18 次。

（王运维）

【平安建设】 年内，街道制定《紫竹院地区安全生产专项整治三年行动计划》和节假日及其他重要时段的维稳安保和社会面防控工作方案。指导督促 56 家反恐重点目标管理单位加强自身防控。完成全国两会、中高考等活动保障任务，未发生安全生产事故和社会影响恶劣的事件。开展“全民国家安全教育日”宣传、“三电设施”安全防护宣传、“防范非法集资”宣传、文明养犬、反恐防恐、扫黑除恶、反邪防邪等网络宣传活动 46 场次；开展防震减灾宣传活动，参与人数 845 人。组织参加海淀区反恐知识答题竞赛、反邪知识答题竞赛活动，参与人数2万余人次。深入社区、企事业单位、大中小学、幼儿园进行烟花爆竹安全管理宣传。组织举办“安全生产月”宣传咨询日活动，开展灭火器使用、烟雾环境逃生、扑灭泄漏煤气罐火源等情景模拟演练。处理群租房80处，其中彻底清理整治群租房34处。对辖区近70家单位的地下空间开展防汛专项检查。累计检查生产经营单位3668家次，出动执法检查人员2254人次，发现一般问题隐患2630项，无重大隐患问题，整改问题隐患2525项。投入约100万元，在车南里社区建设综治中心平安建设工作站暨社区警务工作站，完成16个智慧平安小区建设申报。完成70家微型企业达标的年度任务。开展禁毒公益短片宣传活动，播放禁毒公益宣传短片《别让“我以为”变成“我后悔”》。

（王运维）

【民生建设】 年内，街道完成残疾人两项补贴及精神病患者监护人看护管理补贴发放工作，共发放315.4万元。投入资金95万余元，完成21个社区居委会的398座楼房无障碍改造任务。完成特殊家庭的扶助金发放工作，发放36.2万元，惠及145人。“两节”期间慰问走访困难家庭325户，费用共计23万元；对低保、低收入等困难家庭287户发放慰问品，折合4.59万元。救助困难群众167人次，费用25.47万元。投资49万元救助困难群众，进行个案帮扶40个，累计完成台账200个。完成发放养老服务补贴29.51万元，失能护理补贴343.27万元，高龄津贴917.60万元。重阳节期间，投入18.75万元慰问辖区800名高龄及困难老人。开展计划生育特殊家庭精神慰藉服务及计划生育家庭意外伤害保险、计划生育特殊家庭父母住院护理补贴保险和暖心计划，其中住院补贴保险承保274人，意外伤害保险承保1193人。建立并完善温馨家园服务项目市场购买机制，提升街道温馨家园服务水平。加强社区康复、居家康复工作，完善残疾人康复及就业体系。完成78名非本市户籍适龄儿童入学联审工作。开展区级和市级“海淀区终身学习品牌”“海淀学习之星”评选上报工作。帮助860名就业困难人员实现灵活就业。开展劳动用工管理联合执法检查工作，检查单位1278家次。处理解决农民工讨薪案件19起，涉及人员161人次，涉及工资421.03万余元。接区劳动人事争议仲裁院转来调解案件17起，涉案金额56万元，调解成功案件11起，成功率比上年提高37.5%。完成保障房初次申请72户，变更149户，完成公租房租金补贴申请45户，公租房资格复核39批次685户，公租房补贴年度复核685户。新增实体蔬菜店5家，实体店48家。16家社区完成社区菜篮子、便利店（社区超市）、早餐、理发、洗染、家政、维修、末端物流等8+N项基本便民商业服务功能全覆盖，覆盖率达72.72%。开展“家庭助理亲情扶助”义工行动项目，为特需人群完成3000小时的服务。引入市残联社会保障和就业中心，联手首农集团旗下首鲜裕民公司，为残疾人实现居家就业探索新模式。

（王运维）

【社区建设】 年内，街道在厂洼一社区继续开展“社区会客议事厅”试点，通过社区议事协商的制度体系建设，提高社区制度“完善率”、社区问题“解决率”、社区工作“满意率”、社区平台“支持率”。开展线上线下服务活动30余场次，服务4000余人次。将132个小区划分为85个物业管理区域，成立2个业委会，组建51个物管会，组建率76%超过区里指标26个百分点。围绕《北京市物业管理条例》及物业管理条例配套政策、物管会组建程序进行培训近10次。选定厂洼第一、兵器工业机关、法华寺、三虎桥、厂洼、车道沟、中央民族大学等7个社区的11个楼门及一处院墙，打造特色楼门文化。完成北京理工大学社区家属院的20部电梯加装，并投入使用。开展社区工作者能力提升培训课15次；开展居家康复培训课5天。建社区微信公众号22个，实现社区微信公众号全覆盖。登记备案社区社会组织220家，其中新增社区社会组织145家。

（王运维）

【基层党建和精神文明建设】 年内，街道在法华寺社区成立战旗党支部和机关党员冲锋队。区委党校紫竹院分校开设云课堂、线下培训，覆盖地区党员16700人次；加强“两新”党组

12月4日，紫竹院街道在中央党校大有书馆举办地区党建工作协调委员会共建活动（紫竹院街道 供图）

织队伍建设。物业企业党组织覆盖率达100%。筹备社区“两委”换届工作，开展社区班子建设“一报告两测评”，考查社区“两委”干部。组建工会联合会1个，覆盖楼宇5座；成立中关村国防科技园区联合工会，覆盖园区内非公企业职工2000余人。完成新建职工暖心驿站28家，申报职工之家3家，验收2019年建设职工之家27家。新建非公企业团组织2家。完成新时代文明实践所和22个社区新时代文明实践站规范化建设工作。推进12家实体书店建设，协助6家书店完成推优申报。打造双紫渠畔百米文化墙。开展“学习身边好榜样——疫情中的担当与感动”主题宣讲活动。制作《一个社区工作者的战“疫”日记》和《未来·可期——我们的抗疫日记》2部抗疫工作专题片。举办“巾帼抗疫情，致敬‘她’力量”主题宣传服务月活动、“巾帼绽芳华，奋进新时代——致敬最美巾帼奋斗者”线上演讲活动。组织书友会、朗读沙龙，通过网络开展空中朗读活动18次，开展线上线下摄影知识培训24次，书法培训12次，社区公益大讲堂开课11次，家政服务人员技能礼仪培训20次。开展“心灵舞蹈”线上活动17期，惠及4000人次；开展“书法、国画、素描”线上文化初级、中级培训班，惠及4700人次；开展20讲“科普大讲堂”系列科普活动，惠及4000人次。“I紫竹”微信公众号推送信息1294条，出版《紫竹报》21期。在市级以上媒体刊登新闻80余条，在《海淀报》、海淀有线台和各客户端刊登新闻132条。举荐“北京榜样”6人，3人获区级“三八红旗手”称号、2个集体获“三八红旗集体”称号，推选2户“海淀区抗疫最美家庭”。

（王运维）

【新冠肺炎疫情防控】 年内，街道成立疫情防控工作领导小组，制定街道疫情防控工作方案。在社区防控方面，“外防输入、内防扩散”，对辖区132个小区全封闭管理，136个防控服务岗，7×24小时盯守；动员全体干部下沉网格，参与防控；针对鑫德嘉园等重点社区，成立“战旗”党支部，8个党支部昼夜轮转，盯住重点点位。组织动员250余名区级党员干部，千余名党员、团员志愿者下沉一线，筑牢人民防线；开展敲门行动，进行3轮地毯式摸排，累计排查14万余户次，30万余人次，切实守好“三道防线”，压实“四方责任”。防范输入性病例。依托防控大数据的排查和维护，核查乌鲁木齐、青岛、喀什、境外等重点地区来返京人员4000余人次。完成境外、京外人员和中高风险地区返进京、闭环接转完成600余人次。中央民族大学社区居委会创建“移动居委会”和“跑酷小分队”，在新华社客户端的《北京海淀：社区里的“跑酷小分队”》阅读量上百万。《北京海淀：无人配送助力校园防疫安全》在新华社客户端点击量近130万次。在复工复产方面，对辖区内42座商业楼宇、1342家企业全部建立疫情防控检查专项台账，做好实时数据上报监控。对“三类场所”开展专项检查671次，发现问题277起，公示7家单位，均督促整改完毕。成立“青年干部突击队”，独创“服务式”执法，帮助楼宇企业细化防控措施，其工作方法被推送到中宣部“学习强国”平台，在海淀区城管执法系统推广。做好企业服务保障，选拔36名科级干部担任楼长，为企业筹备防疫物资；坚持街道领导包片，主动靠前服务，走访联系企业76家；针对企业借贷、融资难等问题，邀请各家银行加入“如意紫竹”经济联盟、“楼宇企业对话空间”沟通平台，推出“金融服务包”，助力解困。利用工会平台，对符合北京市政策的小微企业返还工会费额；依托楼宇工作站为企业送政策、讲知识。调动市场监管、税务、统计、派出所等相关部门，帮助企业解决实际问题。

（王运维）

【第十一届民族文化节暨社区邻里节】 10月24日，第十七届海淀文化季·紫竹院地区第十一届民族文化节暨紫竹院街道第二届社区邻里节在车南里文化广场开幕。开幕式围绕“紫竹金秋”主题，包括三个篇章。在“敬老·金色时光”篇章，邀请11对金婚老人讲述50年风雨同舟、携手并进的故事；在“抗疫·生命守护”篇章，展现紫竹院街道的“战疫故事”；在“规划·美好家园”篇章，来自辖区专业文艺团体和社区的舞蹈队展现地区的民族文化特色。500余名地区居民观看开幕式演出。本届民族文化节采取线上线下相结合的形式，在街道主会场及22个社区分会场举办125场系列文化活动，惠及10万人次。街道主会场开展“书香”“乐舞”“科创”“紫竹”系列活动，展现地区历史文化底蕴。22个社区分会场围绕“紫竹金秋”主题，开展小型演出、书画、科普、健身、手工制作、讲座等活动，丰富地区居民的文化生活。文化节持续至12月24日。

（钟冷）

【“紫竹—丰收 守护 成长”笔友计划青少年向导服务项目】 11月，紫竹院街道启动“紫竹—丰收守护成长”笔友计划向导服务项目。该项目由街道办事处、中国青年政治学院社区联合主办，北京中青社会工作发展中心、紫竹院街道中青·社区青年汇承办。项目以脱贫攻坚、接续推进乡村振兴为服务背景，以书信来往为纽带，连接高校大学生志愿者及属地青年团员、青少年志愿者，通过大小笔友持续通信和主题线上活动，帮助小笔友拓宽视野与兴趣，启发小笔友对未来的规划。项目组联络北京外国语大学志愿者与社会实践部，招募40名志愿者，与内蒙古赤峰市敖汉旗丰收乡两所小学的40名学生结为笔友。

（钟冷）

北下关街道

【概况】 2020年，北下关街道辖区面积6.04平方千米，有社区居委会31个，其中大院大所型社区12个、社会型社区19个，蒙古族、满族、回族等少数民族22个，地区常住人口15.4万人。税收入库117.63亿元，其中区级入库26.54亿元。围绕金融科技与专业服务创新示范区核心区建设，推出融汇国际（入驻重点金融科技企业25家）、天作等主题楼宇，引导低效楼宇转型升级，推动中关村南大街改造提升。地区新增注册企业1299家，现存注册企业14628家。

（张秘晗）

【环境建设】 年内，街道建立“计划管理+动态清零”工作机制，完成年度指标。占道经营整治专项任务3个点位销账；无证无照经营整治专项任务2处销账；背街小巷专项任务7条销账；接收群租房举报70件，属实44件，均完成整改。辖区2020年人口调控减量0.6万人。完成违法建设拆除22867.04平方米，超额完成14%。根据《北京冬奥会测试赛海淀区工作方案》，成立首都体育馆场馆群外围保障团队，建立“一图、一表、一册、一规章”（场馆外围保障工作区域图、外围保障运行计划表、场馆外围赛时综合保障手册、场馆外围保障工作标准和程序）。以首都体育馆场馆群周边1千米范围为重点服务保障区域，对奥运场馆施工方提出管理建议16次，及时消除安全隐患。开展老旧小区综合治理，试点高梁桥斜街乙40号院7栋楼，改造青云南区、学院南路78号院3处公厕，施划电子收费停车位813个。厨余垃圾分出率23%，全年分出厨余垃圾约5000吨；16余万人次参加桶站值守、时间达30余万小时。自主设立泡沫压缩中转站，降低无主垃圾运输费用近200万元；街道被评为北京市垃圾分类示范片区。推动交大东路沿线及四道口地区综合提升以及艺海国际商务中心专项整治，改善零星分布平房区居民生活条件。协调交大东路58号院、学院南路78号院资源整合，为大慧寺开放打下基础。

（张秘晗）

【平安建设】 年内，街道完成元旦、春节等节日以及其他重要时期防控任务。启动社会面等级防控56天，每天动员社区治安志愿者3000余人，地区保安400余人，巡防队员50人，对辖区160个社会面点位、14座天桥、5个涵洞及6个地铁口进行巡逻看护。开展2020年度城市安全隐患治理三年行动工作，完成复查市、区级挂账隐患61处、街道级挂账隐患120处，隐患整改率100%。开展消防安全专项检查1847家次，发现隐患591处，现场整改426处，下发整改通知单260余份。排查高层建筑139处、大屋脊楼7栋、筒子楼5处、火锅店21家、工地14处。完成小区消防车通道划线23家，电动自行车充电设计点位33处。约谈单位负责人25人，处罚单位21家，关停3家，查封2家，处罚金额51.59万元。

（张秘晗）

【民生建设】 年内，街道完成为民办实事15项工作。拓展100张家庭养老照护床位，建成1家养老照料中心，完成6个养老驿站物理空间布局。建立“健康北下关”康养服务体系，发布全市首家康养指数，参测人群达1000余人。以“心灵家园”基地为平台，开展计划生育特殊困难家庭精准帮扶工作。完成15所中小幼学校复课联合检查、中高考保障工作，增加学前教育学位240个，协调资金20余万元，为学校建设外部安全设施。发放残疾人两项补贴6891人次，共计237.78万元。推动“灵活就业、自主创业”，完成就业指标600人，完成困难人员就业指标420人。完成保障房受理审核100户，资格变更130户，为居民申请公租补贴和市场化租房补贴400余万元。完成第七次全国人口普查工作。

（张秘晗）

【社区建设】 年内，街道实现8项基本便民商业服务功能全覆盖，完成区级三年规划目标。建立北下关街道社会组织孵化基地和专业社会工作站区级试点。增设电梯17部，惠及7个社区。协调净土寺社区等6个社区14处点位安装“人脸识别”设备。对118个小区的实际出入口数量、高清摄像机及小区内单元门位置安装智慧门禁数量情况等进行摸底。推行楼门院服务管理公告牌制度，实行社区包片人员、社区民警、物业负责人等服务管理人员“亮身份、亮服务、亮职责、进社区、进楼门、进家庭”。将原有158个管理区域优化为109个，完成60个小区物管会、业委会组建工作。开展“奥运零距离”活动2期，推广普及冰雪运动。更新14个社区的15套健身设施。

（张秘晗）

【基层党建和精神文明建设】 年内，街道成立非公企业党支部211个，有正式党员933人、流动党员617人，组织覆盖率84.58%，工作覆盖率100%。强化党建引领基层社会治理，抓好“赋权、下沉、增效”，着力提升街道统筹、服务、管理和动员能力。深化“吹哨报到”改革，完善“接诉即办”机制，接收市区两级案件12908件，比上年上升53.28%；区级有效回访案件4126件，反馈率100%；解决率54.88%，比上年上升5.09%。完成60个小区物管会、业委会组建工作，完成率超50%。以先进典型为榜样，开展第六届新时代“北下关好人”评选活动。以新时代文明实践所为依托，申报成功2个区级新时代文明实践基地，建立1个街道新时代文明实践基地，建立1个街道级电影基地。官方平台“互动北下关”发布327期、2250余篇文章，区级媒体报道203篇，市级76篇，中央级18篇。

（张秘晗）

【新冠肺炎疫情防控】 年内，街道制定《北下关街道应对突发公共卫生事件工作实施方案》，成立“双组长”防控工作领导小组，设综合协调组、排查组、密接隔离管理组、健康教育与舆情监测组、环境整治组、后勤保障组、监察组等7个工作组，召开疫情防控工作视频会和现场会议，建立通报制度。成立31个临时党支部，每日统筹2405名党员对31个社区、137个点位全天候值守。登记外地返京人员2.4万余人，为居家观察人员提供服务保障15万余次。动员各领域党组织4657名党员捐款63.7

万元。组织街道核酸检测工作领导小组成员、31个社区及相关物业、产权单位等人员开展疫情防控应急桌面演练。组织服务商开通15辆蔬菜直通车、12家蔬果店，覆盖31个社区，确保辖区近3万户家庭的需求。为防疫一线社区工作者发放一次性口罩、消毒液、消毒湿巾、体温枪、防护服等防疫物资；配备手持版及扫码版IDA智能扫码终端14套、台式版IDA智能扫码终端2套、大屏AI测温设备1套。组织核酸采样35235人，检测结果均为阴性。接转湖北返京人员156批次、524人。统计收集疫情期间企业困难表，协助解决地区重点企业电信通电信贷款申请问题；落实中小微企业房租减免工作，核实地区减免成果；为地区优质企业送上防疫物资复工加油包；协调解决地区优质企业字节跳动公司复工复产困难问题；为地区企业对接区属部门购买口罩途径，协助59家企业购买口罩13.9万个，22家企业购买测温枪55把。地区无确诊病例。街道的抗疫工作获市级媒体报道34条，获中央媒体报道7条，获区委书记于军批示1条。大钟寺社区党委获评“北京市抗击新冠肺炎疫情先进集体”称号。

（张秘晗）

【五塔寺地区环境整治项目启动】 7月1日，街道启动五塔寺地区环境整治项目。五塔寺地区地处长河北岸，创建于明朝永乐年间的国家重点保护文物五塔寺坐落于此。总面积约14公顷，有600余户居民。流动人口密集，基础设施老旧，存在严重的消防、治安等安全隐患，环境卫生和交通状况差，成为环境脏乱差的城市洼地。7月11日居民开始签约。至年底，居民完成签约308户，占比70%。

（张秘晗）

【北京市首个社区综合康养指数发布】 11月13日，北京市首个社区综合康养指数在北下关街道体系——“三适能”社区综合康养指数体系发布，国家卫健委科研所副所长果吉尔锑出席成果展。在国家卫健委科研所、北京市科学技术研究院智慧健康养老服务技术工程实验室指导下，北下关街道学习吸收国内外前沿的康养理念，创造性推出“体适能、脑适能、情感适能”三个维度进行评价的社区综合康养指数，搭建“健康北下关”康养服务体系管理系统平台，运用信息化技术手段量化健康水平，构建“评估—训练—提升—再评估”良性循环康养服务体系。“健康北下关”康养服务体系通过31个社区百余名老党员先行先试，带动1500余名居民参与康养评估，通过社区康养评价模型，初步形成北下关社区综合康养指数分布，为各社区、养老机构开展康养活动提供数据支撑。

（张秘晗　钟冷）

北太平庄街道

【概况】 2020年，北太平庄街道辖区面积5.17平方千米，有32个社区居委会，常住人口199157人，其中户籍人口136512人，常住流动人口62645人。辖区文化、教育、科研机构众多，北京邮电大学、北京师范大学等高等学府，中国铝业集团有限公司、中国节能环保集团等重点企业，中冶建筑研究总院等科研机构均坐落于辖区内。地区有从事第二产业、第三产业的法人单位4566家，外资企业212家，个体工商户732家。

（石婷婷）

【环境建设】 年内，街道拆除违法建设70处、建设面积8135.51平方米，占地面积3835.25平方米，完成拆违台账任务。协调推动大钟寺明光精品家具建材市场关停工作。配合东升镇启动明光村棚户区改造入户核查。完成师大北路有机玻璃厂拆违腾退。查处施工遗洒、无照经营、门前三包、户外广告牌匾等各类违法行为1685起，罚款61.87万元。开展“无证无照”和“散乱污”巡察整治，实现台账动态清零。完成罗庄南路、时代小巷路2条挂账背街小巷环境整治，完成学院南路乙10号院南楼、新外大街5号楼老旧小区改造任务，推进学院南路32号院3栋楼及志强北园小区14栋楼上下水管线改造、节能改造等，完成10条道路的背街小巷架空线入地工作。

（石婷婷）

【平安建设】 年内，街道启动社会面等级防控7次，完成春节、全国两会、国庆及重点时段的安全保障任务。开展燃气安全、充电设施、出租房屋、煤气中毒等城市安全隐患排查治理。清理违规住人地下空间2处，清理违法出租房屋198户次。处理解决群众举报消防隐患线索196条。对1532家地区企业检查5049家次，发现隐患867处，整改867处。开展矛盾纠纷排查化解，办结信访件111件，接待来访50批90人次；为居民提供法律服务338次，调解居民纠纷212件。协调解决劳动人事争议案件15起，帮助劳动者追回工资及各项补偿共计16.7万元。

（石婷婷）

【民生建设】 年内，街道对“街乡吹哨、部门报到”“接诉即办”、对口扶贫支援、社会救助、公务用车、表格填报方面进行专项监督检查。在节假日等重要时间节点向党员干部发送提醒短信，确保廉洁节俭过节。严格执纪问责，收到问题线索18件，其中初核失实14件，给予警告处分1件，3件在立案审理中。开展廉政文化宣传，组织专题培训、展板巡展、问卷答题系列活动，委托第三方零点市场调查有限公司对机关及社区工作人员进行政风行风的辅导和提升活动，打造风清气正的政治生态。

（石婷婷）

【社区建设】 年内，街道开展垃圾分类宣传，发动多方力量做好桶站值守，社区厨余垃圾与区环卫中心桶车对接收运率100%。推进社区垃圾减量，对低值可回收物应收尽收。建立厨余垃圾分出工作考核制度，开展厨余垃圾积分兑换，提高厨余垃圾分出率。完善“接诉即办”机制，试行“接诉即办”工作社区考核，对案件总量多、满意率较低的社区进行挂账督导和专项治理，搭建社区帮扶和案件督导平台。接收处置“接诉即办”案件9567件，响应率100%，解决率68.7%，满意率78.31%。完成党建引领物业管理提高响应率、解决率、满意率（“三率”）工作任务。73个物管区域，组建运行业委会10个，物管会61个，业委会（物管会）覆盖率达到97.26%。71个业委会（物管会）同步实现党组织覆盖，党组织覆盖率达到100%。完成第七次全国人口普查正式登记和全国文明城区复检工作。

（石婷婷）

【基层党建和精神文明建设】 年内，街道抓实党员教育管理，举办入党积极分子、发展对象、新党员培训班，组织新党员入党宣誓仪式活动，接收国（央）企退休人员党员组织关系1050人。依托“北太红帜”地区党建App平台网E支部、掌上党校等模块，组织党员70462人次参与在线轮训学习。成立10个非公独立党支部。建立基层党组织换届工作台账，完成284名“两委”干部市、区两级资格联审和拟新进入“两委”的29名党员入党过程核查。组织召开2020年北太平庄地区党建工作协调委员会会议，以垃圾分类为主题进行研讨交流，共同推动区域化党建工作。组织开展街道理论中心组学习活动13次，意识形态领域专题研究会议2次。成立街道精神文明建设工作专项领导小组，形成由街道“一把手”亲自抓，分管领导具体抓，班子成员共同抓的领导体制。建立文明城区建设长效管理机制，将文明城区指标体系纳入街道日常工作当中，形成街道领导包片、科室包社区的工作机制。发挥辖区新时代文明实践基地文化服务和教育服务的作用，开展主题观影、参观爱国教育基地、手工编织、水墨画、传统书法、实用英语、古筝培训、学雷锋献爱心、跳蚤市场、科普讲座等各类文化活动490余场，惠及居民6000余人次。举办第六届北太平庄杏坛文化节系列活动，开展国学文化讲座、戏剧汇演、京剧文化体验活动、文艺展演等特色活动，惠及居民2万余人次。开展北太平庄地区乒乓球赛等全民健身运动，组织三支地区优秀团队参加北京市第七届广场舞大赛，获二等奖。组织居民参加海淀区文明市民艺术节比赛、《北京市文明行为促进条例》知识竞赛、“海淀友邻”宣讲活动。围绕立德树人根本任务，开展“扣好人生第一粒扣子”主题教育实践活动50余场，扎实做好未成年人思想道德建设工作。

（石婷婷）

【新冠肺炎疫情防控】 年内，街道制定《北太平庄街道应对突发公共卫生事件工作实施方案》，成立“双组长”防控工作领导小组，设1个领导工作组，26个科室分成26个小组进行包片管理，召开疫情防控工作视频会126场，召开现场会议102场。组织社区工作人员、志愿者、楼门组长开展“敲门行动”，对56621户居民进行地毯式摸排，做到排查全覆盖、登记无遗漏。成立大数据排查工作组，进行电话及入户核查。地区确诊病例3例，均落实转入定点医院、流调、集中观察等工作，累计排查大数据派发人员262批次3658余人，对1600余名重点人员落实集中或居家医学观察等防控措施。对辖区重点行业领域（保洁、保安、快递配送员、冷链工作人员等）的28658人进行核酸检测。对行动不便的老年人及婴幼儿，采取入户上门的检测方式，确保不漏一人。封闭社区出入口142个，所有老旧小区、平房区、棚户区实现全封闭式管理。排查湖北以外地区返京人员4394人，完成境外返京人员16批次219人、在鄂返京人员182批次503人、高速卡口等30余人的转运任务。地区有商务楼宇35栋，入驻楼宇企业823家，企业员工约21400人。复工企业426家，复工率约51.8%，复工人数7049人，占企业总人数的32.9%。有七小门店345家，员工总数1127人，复工113家，复工率32.75%；复工人员282人，复工人员占比25.02%。为各大楼宇企业提供电子测温枪19个、84消毒液109桶、口罩6000个；引入10辆蔬菜直通车，定时定点集中供应。

（石婷婷）

海淀街道

【概况】 2020年，海淀街道辖区面积6.9平方千米，有32个社区居委会，下属便民服务中心、市民活动中心、市民诉求处置中心3个事业单位。户籍人口11.8万人，流动人口约5.1万人。辖区有中央、市、区属单位180余个，大、中、小学校10所，医院2所，宗教场所2个，企业3.2万余家。办理企业审核2229家，代征房产税7012万元。

（李雅姝）

【中关村西区新型城市形态建设】 年内，街道继续推进“科技、创新、文化、智慧”中关村西区新型城市形态建设。推进西区5G建设，完成15座大厦5G基站基础建设工作。推进西区交通综合治理工作，完成开发交通科技工程包含软件部分工作，交通信号控制系统、交通信息采集分析系统、非现场执法系统、智慧停车管理系统、高点视频监控系统、大数据情报研判系统、交通信息发布系统、综合应用门户系统、交通设备管理系统。九大系统全部上线可为智能交通指挥中心提供强有力的数据和技术支持。西区内部科信系统设备安装与调试完成，中心控制机房建设完成并投入使用。完成包括中钢、e世界、中关村大厦、新东方大厦、互联网金融中心等数座楼体的夜景照明工作，完成中关村邮局南楼、转角楼、北楼外立面改造，实施鼎好和四通大厦外立面改造。推进中关村西区整体提升改造，对西区17条道路、430余杆灯杆开展“多杆合一”工作；翻新修整破损严重道路，完善无障碍设施系统，涉及大修道路18条，共11万平方米。开展架空线入地工作，涉及架空入地道路6条，铺设高压管线路约2500米，减少高低压线缆约一万米。

（李雅姝）

【环境建设】 年内，街道封堵长远天地D座等3处“开墙打洞”点位；拆除中关村西区、万柳地区等重点区域违规牌匾标识10余块500平方米；规范1500余家单位“门前三包”；清理共享单车2.8万余辆。完成3条背街小巷环境建设项目以及9条背街小巷架空线入地项目的方案设计、概预算评审，完成中关村西区4个地铁口站前广场改造项目；启动立新社区改造项目。清理堆物堆料400余处、环境卫生脏乱点800余个。推进“三查、三清、三治”[①]，累计出动河道保洁员1000余人次，清理河面、河道垃圾6吨。

（李雅姝）

【平安建设】 年内，街道完成全国两会等重要时期的防控任务，启动等级防控17天，确保辖区平安有序。开展“扫黑除恶”及重点地区整治工作，联合执法行动5次。开展小南庄社区周边的治安环境秩序整治，解决影响该地区入室盗及盗销自行车等问题。排查治理餐饮店等燃气使用场所安全隐患。开展建设工程领域安全综合治理。整治群租房59套、清退337人。

（李雅姝）

【民生建设】 年内，街道接受市民各类诉求案件12001件，全部办结。完成海淀区养老床位建设试点工作，建立69张养老床位，全区排名第一。受理社保业务28217件，办结率100%。就业困难指标完成率为100%；完成公租房申请受理、审核上报179户、核查监管136户。未发生因拖欠工资引发的上访事件，成功调解用人单位一般劳资纠纷12起，涉及金额80539元。

（李雅姝）

【社区建设】 年内，街道建立“社区会客议事厅”群策会商制度，以合建楼、小南庄社区为试点，初步构建由社区党组织领导，社区居委会、物业企业、驻区单位、社会组织、社区居民等共同参与的社区多元主体治理格局。完善海淀南路北、稻香园北社区“社区之家”、康桥蜂鸟园社区“一站式服务”[②]。创建倒座庙社区“未诉先办”工作机制、阳春新纪元社区“二加一”志愿项目[③]等亮点品牌。完成社区“两委”换届选举工作，32个社区均一次选举成功。招录42名社区工作者。实施“专业社工培育计划”，开展各类课程29次，培训社工2700余人次。

（李雅姝）

【基层党建和精神文明建设】 年内，街道深化第五届全国基层党建创新典型优秀案例“红帆”党建品牌建设，扩建升级e世界党群服务中心，面积达2500平方米，成为全区“两新”组织党建成果展示区。打造“红帆”图书馆、“红帆”妇女儿童服务中心等一批红帆系列阵地。加强社区、“两新”组织、商务楼宇党员志愿服务队建设，开展志愿服务活动50余场。推进党建品牌建设，开展基层党组织“一社一品”“一企一品”“一楼一品”党建创新活动。共建全国文明城区，通过中央文明办2020年全国文明城区年度复评工作。中关村创业大街、红帆党群服务中心两个新时代文明实践基地落地。开展文明单位创建活动，海淀街道办事处、康桥蜂鸟园社区、合建楼社区、阳春新纪元社区、小南庄社区、倒座庙社区、碧水云天社区、稻香园北社区、汇新家园社区九家单位被评选为2020年度首都文明单位。

（李雅姝）

【新冠肺炎疫情防控】 年内，街道270余名社区工作者到社区参与防控值守，自筹防疫物资12万余件，接受配发和社会捐赠物资15万余件，保障32个社区、集中医学观察点、核酸检测点的疫情防控工作顺利进行。完成203位集中隔离人员的隔离任务。核酸检测辖区居民、企事业职工、各行业从业人员5.5万余人次。安全转运返京人员151批次、431人。接送大连、新疆返京人员核酸检测转运94人次、青岛回京人员检测142人次。对接辖区楼宇大厦，传达、落实防疫政策，为企业复工复产提供助力。

（李雅姝）

中关村街道

【概况】 2020年，中关村街道辖区面积5.28平方千米，有30个社区居委会，户籍人口14.5万人，流动人口4.8万人。有国家级科研院所23家，商务楼宇52座，企业3万余家，5000余名科学家和高级知识分子，其中两院院士108位。居民大学以上文化程度约占总人口的30%。组织防范处置金融风险宣讲会、互联网教育机构后疫情时代研讨会、“名企健康运动季”等活动10余次，服务企业300余家。韩亚服装城市场、北京爱家收藏品交流市场实现关停，中发电子市场完成升级改造，完成有形市场“疏整促”工作。建设中关村南路文化长廊、科学家小径、创业小径。创业小径入围北京市最美街巷。依托科学驿站平台，开展院士讲堂、院士沙龙、院士生日送祝福等活动，暖心服务辖区院士。构建科技成果转化+创业孵化一体化的科技联盟服务平台。落实“创新合伙人”战略，举办“智汇行动”概念验证创新大赛，与中科智汇工场合作签约。投入资金200万元支持5个扶贫项目，对口单位内蒙古兴安盟科尔沁右翼前旗阿力得尔苏木通过国家脱贫攻坚验收，六个深度贫困嘎查（社区）建档立卡贫困户544户、1425人全部脱贫。

（沈成保　鲁书明）

---

① 严查污水直排、严查垃圾乱堆乱倒、严查违法建设；清河岸、清河面、清河底；加强水污染治理、加强水环境治理、加强水生态治理。

② 即社区融合“基本生活服务、出行服务、安居服务、文体娱乐服务、文化休闲服务、宣传教育服务、咨询服务”七大服务为一体，让居民不用出远门，就可以解决物质生活和精神生活中的常见问题。

③ 2名志愿者与1名服务对象牵手结对，定期上门探视、提供节日慰问、帮助解决生活困难。

【环境建设】 年内，街道完成15条背街小巷提升、6处公厕改造、11栋老旧小区楼房改造、4部电梯加装。拆除44处违法建设、10698.06平方米。完成83条自管道路街巷、14个社区环境卫生保障工作，总面积达72.3万平方米。开展社区环境清洁日活动1450余次。完成93家餐饮单位油烟净化设施升级改造。开展以“美丽中国，我是行动者”为主题的世界环境日线上宣传活动，1万余名居民群众参加。完成创卫、中央环保督查等任务。构建垃圾分类“四三三三”① 工作体系，规范1535处基础设施，厨余垃圾分出率20%。建成全市首个垃圾分类宣教体验中心，接待参观来访4200余人次、600场次。制定降尘管控“中关村标准”，实现防尘降尘的“源头化”管理。

（沈成保　鲁书明）

【平安建设】 年内，街道成立201个社区微治理小组。启动高等级防控39天，累计统筹发动专、群社会面防控力量11万余人次，完成全国两会等重大活动保障。围绕疫情防控和平安保障，在全区首家使用自主设计的“平安建设综合检查记录仪”，运用大数据辅助科学决策和社会治理，实现对排查整治全生命周期动态跟踪和监管，及时发现整改隐患、发布安全提示2000余条，比人工效率提高5倍以上。深化落实党建微治理机制，实现从单线作战到集群合力安全治理，防火、防盗、巡查、保安不同队伍资源整合，1000余条隐患信息共享。联合属地派出所举行反恐演练12次，集中宣传5次，反恐知识宣传6次，覆盖人群1.3万余人次。投入90台终端构建“平安建设移动排查整治管理系统”，实现对安全隐患全周期动态治理，构建有机治理闭环。开展安全检查8225次，出动13050人次，排查安全隐患问题4430项，企业检查覆盖率100%，整改率100%。打造“3+4+9+30”② 夜间防控合力，启动夜间街面巡查机制。调解纠纷1836件，调解成功1828件，形成优秀案例10例。接收社区矫正对象10名，解除10名，走访200余人次，谈话教育170人次，帮教人员127人。受理群众来信来电来访62件次。组织法宣活动20余场，法治副校长进校园专题活动2次，执法专项普法7次，发放民法典法律读本800余本、宣传材料2000份，覆盖超8000名居民。受理市、区两级案件8767件，反馈率100%，解决率68.3%，满意率81%。接收区指挥中心下发案件6559件，检查指标4968件，结案率99.01%。网格发现上报问题74941件，处理案件74297。累计检查执法5515家次。开展综合执法行动500余次。

（沈成保　白皎　鲁书明）

【民生建设】 年内，街道梳理便民服务下沉社区清单88项，推进“一站式”线上窗口及帮办服务，实体受理事项4.8万余件次。依托五个养老驿站和中关村养老照料中心“五站一中心”养老体系，巡视探访、服务老人1.4万余人次。举办“以养老床位搬进家”为主题大型宣讲活动，吸引1000余位高龄老人参与。实现社区退役军人服务站全覆盖分级管理，采集信息4505人，发放光荣牌4100块。开展疫情特殊慰问，为困难群体发放救助1300余万元。高效保障中小学开学复课及中高考，办理非京籍适龄儿童入学146人。办理各类保障住房1275户，调解劳动纠纷45件，涉及金额286万元。推进第七次全国人口普查工作。策划中关村首届社区邻里节活动，发动志愿者688人，惠及近6000名居民。组织成立“爱心公益联盟”。由人民网•人民健康主办的“人民健康社区”系列线下活动第一站在中关村太阳园社区举办，今日头条等10家媒体转发报道。

（沈成保　鲁书明）

【社区建设】 年内，北京市首家“全科社工全员化”计划在中关村街道30个社区同步实施，293名全科社工上岗。全科社工分别在政务服务窗口、实际工作岗位轮训，由资深社区工作者师徒结对以老带新。疫情期间对困难群众回访470余人次、开展扶贫救助110人，回访146户社会救助对象和64户新增困难群众共985人次。持续推进“家庭助理亲情扶助”义工行动，为22户家庭提供一对一精准帮扶，为382人提供一对多帮扶，参与帮扶义工352人，服务时长共计3784小时。结合“社工培训超市”开设实务技巧课程，提升综合服务水平，通过“优才计划”重点提升社工社会工作专业素质，多措并举推动全体社工成为“能接待、会办事”专业人和多面手。全科社工就居民关注热点问题开展300余次协商会议，解决200余个闹心事、烦心事。组建业委会、物管会74家，组建率77%。

（沈成保　黄宇玲）

【基层党建和精神文明建设】 年内，街道发挥党建引领社区治理“红管家”模式在防疫、物业管理等工作中的作用，成立“战旗党支部”，设置先锋岗113个，组织地区党员群众捐款49.75万元。搭建“1+2+30+n”③ 防控体系、“1+9+1+30+日报反馈+纪检督办”④ 复工复产体系，打好“双线战役”。落实社区党组织书记“选、育、管、用”全程备案管理制度，30个社区全部实现书记、主任“一肩挑”。压实基层党建责任，“两新”党组织覆盖率81%，工作覆盖率100%。辖区物业覆盖率82.29%，其中党组

① 四级网格责任制；三级宣传体系：院门、楼门、家门；三重点：设桶、看桶、运桶；三片指导体系：互相比学赶超。

② 街道、属地双榆树、中关村派出所“3”个视频巡控平台，“4”辆巡逻警车，“9”支巡查队，“30”位社区居干，全面启动夜间街面巡查机制。

③ “1”个地区疫情防控总方案；“2”个社区防控和复工复产分方案；“30”个社区网格的个性化防控方案；n为延伸工作触角，针对具体工作制定的30余个专项指导意见或方案。

④ 搭建“1方案+9标准+1张检查清单+30片区联合执法+日报反馈+纪检督办”工作体系。

织覆盖100%。完成党建e站升级改造。落实全面从严治党主体责任，领导班子全程纪实平台填报3000余条，逐级签订个性化责任书114套，开展监督240次。打造“青聚中关村”特色志愿服务品牌。组织区级“最美家庭”和街道级“最美家庭”文明示范户评选。依托区委党校中关村分校“1+1+24+n”①多维教学基地体系，开展8次智慧党建“云课堂”专题党课，线上学习8万余人次，智慧党建云课堂模式得到区委充分肯定。组织中心组学习18次，首次开展“京港社区网络大讲堂”，开启2020年北京京台互动，得到国务院台湾事务办公室高度赞扬并在全国推广。持续更新“2+30+n”②的政务新媒体矩阵，发布宣传报道1293篇，各平台累计粉丝达1.35万人。建成中关村众享荟科学人文体验街区，为海淀区首家街镇级展示中关村历史人文科技变迁的展览馆。开辟《众享荟》专栏，累计阅读量超60.6万人次。摄制“幸福2020”《中关村温度》微视频，开展文明实践特色活动300余场。

（沈成保　鲁书明）

【新冠肺炎疫情防控】　年内，街道成立疫情防控领导小组，下设社区防控、复工复产、防疫数据、人员转运、核酸检测、舆情宣传、学校工作7组工作专班，建立应急管理体系。召开领导小组专题会议90余次。在30个社区全覆盖成立“战旗党支部”，设置党员先锋岗49个、志愿先锋岗43个、巾帼先锋岗21个，依托党建协调委员会平台召开地区科研院所、商务楼宇防控工作部署会，建立地区防控联合体。明确“1+7”常态化防疫标准，建立常态化疫情防控体系。将76家区级商务楼宇台账纳入18个社区网格，在“双楼长”工作基础上成立由“社区＋包片＋物业＋执法部门＋职能部门”组成的网格防疫小组，搭建“1方案+9标准+1张检查清单+30片区联合执法＋日报反馈＋纪检督办”工作体系，做到“三盯三到位”。搭建“1+2+30+n”方案体系，发布过程性工作提示80余期，绘制确诊病例应对工作流程图、转接分流流程图、防控工作指引一表通、街道楼长责任清单等，确保各项工作有规可依。19家市区单位的853名下沉干部、740名在职党员、社区居民、党员、大学生、各类协管员等1334名志愿者参与社区疫情防控。设立1处紧急集中隔离点。组织返京人员社区登记2万余人次，居家隔离1.5万余人，集中隔离238人，累计解除隔离3.7万余人。闭环转运境外及港澳台返京、国内中高风险地区返京和市内中高风险区域人员3159人次。核酸检测4.7万余人次。疫苗接种6899人份。地区有9名确诊病例，均为输入型病例。坚持企业“一企一案”、商务楼宇“一楼一策”，送政策、送物资、送服务，为地区企业协调口罩8万个。累计复工9896家，75645人。街道疫情防控工作获得中央媒体报道35篇，市级媒体报道122篇，区级媒体报道62篇；通过抖音号推送短视频46则，公众号推文296篇，阅读量总计达15.5万人次。

（李翼晴　湛宗祥）

【党建“云”课堂】　年内，中关村街道党工委与区委党校中关村分校搭建智慧党建平台，依托中关村科贸中心楼宇党群服务中心推出系列线上云直播党课。党建“云”课堂设置“红色中关村”“时事党文化”“名人讲党史”“改革创新在这里起步”栏目，邀请国内知名专家学者进行线上授课20余个课时。推出“抗疫云故事荟”主题，2万余人次线上分享党课。开设“抗疫先锋”专题，街道党工委书记许云通过云课堂，作题为《在危机管理中发挥党的先进性》的党性教育专题党课，1.6万余人在线听课。海淀区委党校中关村街道基层分校依托云课堂，开设线上云直播党课8次，轮训辖区党员8.8万余人次，有效地解决了疫情期间辖区党员学习需求。

（沈成保　高伟）

【中关村街道垃圾分类宣教体验中心揭牌】　4月18日，北京市首个街镇级垃圾分类宣教体验中心——中关村街道垃圾分类宣教体验中心揭牌。垃圾分类宣教体验中心以文字图片、电子模型、电视影像等表现形式，串联垃圾处理工艺的历史沿革、环保知识，运用声光电等手段，结合VR、AR等方式，展示宣传垃圾分类知识、垃圾处理工艺、环保政策等。至年底，垃圾分类宣教体验中心讲解559场次，接待参访3200余人次，接待180余场次的机关、学校、企事业单位和媒体的参观见学；组织居民开展280余场垃圾分类主题活动，2000余名辖区居民参与垃圾分类积分活动。

（沈成保　田珺玮）

【中关村街道政协委员工作站成立】　7月7日，海淀区首个“政协委员工作站”——中关村街道政协委员工作站成立。工作站建筑面积232平方米，设有工作室、会议室、阅览室以及活动室。将地区“党代表之家”“人大代表之家”“政协委员工作站”合三为一。中关村地区共有党代表18人、区人大代表24人、区政协委员38人，涵盖科技、文教、卫生、法律、社会管理等领域。工作站与新浪教育联合推出“家校共育”名家大讲堂，作为“开学第一课”。邀请教育专家、名校教授、一线教师，直播讲解如何当一名合格的学生家长，1小时观看量近50万。邀请中招办负责人，对中招报考志愿填报作公益讲座，受益群众达3万余人次。推出“委员讲堂”，邀请心理学、教育学博士为辖区30名社区书记讲授“社会治理中的心理学应用”专题。

（沈成保　霍军）

① “1”个党建e站线下教学基地；“1”个线上云端课堂；“24”个社区教学点；“n”个拓展党员教育的外延。
② 乐活中关村和党建e站“2”个微信公众号，“30”个社区微信公众号，“n”个如抖音、今日头条、搜狐、喜马拉雅等平台开设的官方账号。

12月11日，中关村村史馆开馆（王斌 摄）

【“人民健康社区”系列活动全国首站举办】 9月16日，由人民网·人民健康主办的“人民健康社区”系列线下活动全国第一站在中关村太阳园社区举办。系列活动旨在推广健康中国15个重大专项行动，重点围绕疾病预防和健康促进，在全国各大城市开展医生义诊、健康科普讲座、科学健身示范、合理膳食指导、“人民优选”产品展销走进社区系列活动。中关村街道办事处在“人民健康社区”活动中，树立大卫生、大健康理念，关注社区居民健康生活全过程。活动秉承坚持居民自愿、坚持基层首诊、坚持政策引导、坚持创新机制理念，不断提升居民健康意识，营造有利于人民健康的社区环境。

（沈成保 罗超红）

【京港社区网络大讲堂】 9月19日，北京市首家京港经常性连线——京港社区网络大讲堂在中关村街道东里南社区和香港北角居民协会两地设立固定场所，以网络讲堂的形式形成常态化互动，定期开展传统文化、社区治理、健康养老等网络互动课堂和主题活动。首次活动结合中秋、国庆两节，开展“明月千里寄相思”主题活动，京港两地近百名居民参加。双方互通疫情防控情况、分享传统节日习俗、跨地域同歌共舞，以两地一脉传承的传统文化为媒介，逐步培育两地民众的情感和精神共鸣，加深香港民众对中华传统文化的理解和认同。《北京日报》《北京社区报》等媒体报道。

（沈成保 黄宇玲）

【中关村科技联盟成立】 10月22日，中关村街道与中国科学院北京分院国家技术转移中心签约，成立海淀区首家街道级科创服务平台——中关村科技联盟。联盟以促进科技成果转移转化和科技创新服务为宗旨，通过集聚科研院所、投资机构、社会组织、地区企业、高等院校等科技创新要素和优质资源，搭建“产、学、研、投”互联互通桥梁与平台，大力推动科技成果转化应用，打通科技和经济融合中的断点、堵点，实现创新链带动产业链，围绕产业链部署创新链。

（沈成保 张颖）

【中关村村史馆开馆】 12月11日，全国首家街镇级展示馆——中关村村史馆开馆。中关村村史馆位于双榆树西里18号，占地640平方米，分为“中关·记忆”“科学·进军”“创业·试验”“中国·世界”4个展区，有350余件实物档案，通过动态屏幕、微缩沙盘、交互投影等展陈形式，以中关村地区的历史、文化、事件、人物为主要展示对象，讲述中关村的聚落演变发展史、科技文化发展史、创新思想发展史。至12月31日，中关村村史馆接待机关、学校、企事业单位和媒体等30余场次、300余人次。

（沈成保 宁沙沙）

学院路街道

【概况】 2020年，学院路街道辖区面积8.49平方千米，有30个社区居委会，户籍人口18.3万人，流动人口5.5万人。辖区有高等院校8所，中小学校10所，国家级科研单位11所，有北京科技大学国家大学科技园、中电太极信息服务创新园、北京林业大学国家大学科技园、768创意产业园、中国矿业大学（北京）国家大学科技园5个科技园，企业7800家。完成个人出租房屋租赁税代征1422万元。

（康苗）

【环境建设】 年内，街道实施生态、城市功能“双织补”，与街区责任规划师携手开展街区更新，形成《城市更新与街区治理1+10行动手册》。围绕五道口商圈及周边开展“焕新五道口”街区更新行动。拆除违法建设1.1万平方米，整治开墙破洞17处、无证无照10户、群租房91套，公厕改革提升4处。综合整治提升2个老旧小区、9条背街小巷。将“四不管”地带建成新老建筑共生、职工居民共生、各类文化共生的“石油共生大院”。完善大件垃圾及可再生资源回收体系，排查大颗粒污染源。植树500余株，养护树木8万余株，改造绿地2万余平方米。在五道口建设共享单车电子围栏3处，在银泉路建设52个道路停车位。建立环境卫生问题快速处置机制，清运大件垃圾7000余立方米，清运无主渣土8300余吨。

（康苗）

【平安建设】 年内，街道做好重点时期安全服务保障，启动等级防控45天，发动各类群防群治力量4300余人。开展扫黑除恶、反邪教等工作，累计宣传300余次，覆盖群众10万余名。落实安全生产主体责任，检查生产经营单位4525家次。开展为期100天的消防安全“星夜护安”专项行动。建成以养老助老和退役军人服务为特色的石油大院街区工作站；建成以市域社会治理和改善居民生活为特色的双清路14号院街区工作站。组建3个平安建设党支部，29个社区平安建设工作组，在楼门、楼层、院落层面共建立328个“社区微治理工作小组”，涉及“党员中心户”798个。

（康苗）

【民生建设】 年内，街道创新“接诉即办”工作机制，党政联席会每周专题督办，建立“四个一”“二次办理”工作机制和“六心”服务法则，受理群众诉求10241件。便民服务大厅开设“免见面邮箱”，实行“中午不间断、周末不休息、早晚弹性办”的全时工作模式，为地区居民提供政务服务1.4万余人。办理25件劳动人事争议案件；办理讨薪突发事件24起，帮助230余名农民工讨回薪资380万余元。完善地区学前教育公共服务体系，协调推动十五所幼儿园、博雅学园建设，新增社区办园点2家，扩充学前学位550余个。建设实体书店7家。完成26个社区的8项基本便民商业服务功能全覆盖，完成全年任务的123%。

（康苗）

【社区建设】 年内，街道将街区规划师向社区延伸，社区居民与“二里庄社区营造工作坊”共同参与，通过社区体检、发现、赋能等途径，形成“社区体检报告”、《社区营造三年行动计划》《印象二里庄》等社区营造与治理体系。开展垃圾分类进社区，建立“五色”志愿服务队，在二里庄社区成立垃圾分类宣教中心，建成垃圾分类主题广场。安装厨余垃圾转化设备，建设屋顶花园，实现社区生态微循环。推动党建引领物业管理全覆盖，成立业委会（物管会）48个，业委会（物管会）成立党组织35个。

（康苗）

【基层党建和精神文明建设】 年内，街道坚持把学习贯彻党的十九届五中全会精神放在首位，举办主题宣讲2次；组织理论中心组专题学习30次；开展调研123次，推动解决重难点问题121项。完成“两委”换届。落实党风廉政建设“两个责任”，推动全面从严治党。建设党群服务中心，以“党建引领、社区营造、多元参与、协同共治”为运行理念，统筹运行地区党建协调委员会、非公党建工作站、文明实践站、社区议事厅等17个实体项目。“美丽学院路”微信公众发布信息2580余条，完成制作11期《美丽学院路》报刊。

（康苗）

【新冠肺炎疫情防控】 年内，街道搭建“一部”两会“多平台”“四联动”的地区疫情防控工作体系。成立街道防控工作指挥部，以综合协调、社区排查、单位排查、社会排查、环境保障、舆情宣传为主组成6支队伍，全面开展防疫工作。街道、社区两级党建协调委员会统筹协调50余家单位党组织、29个社区党组织，对接地区81个居民小区、5000余个社会单位、1000余家非公企业开展联防联控。形成“应急启动、现场管控、人员摸排、环境消杀、封控准备、舆情应对、链条追踪”七步法疫情处突工作流程。成立两个工作专班，做好离重点地区的人员接转及境外人员转运工作，实现重点地区接转“零差错”、境外人员转运“双清零”，转运245人。总结出“五字诀”“两专一细”等转运经验。完成两处宾馆集中隔离点、一处备用隔离点的密接人员24小时一对一服务保障。实行街道领导商务楼宇包片制度，落实“双楼长制”。封闭90个小区出入口。对29个社区进行拉网式全覆盖排查，对境外返京人员登记率100%。推动企业复工复产，开展走访和帮扶，开展“暖企行动”，上门为企业送“服务包”，为企业解决需求171件，各商业主体共为企业减免房租约1278万元。组建“抗疫外语志愿服务团队”和“社区抗疫联盟”，开展义务志愿服务。1323名在职党员、500余名区属单位干部下沉社区参与防控。街道总工会为60余家企业购置并发放口罩、酒精、84消毒液等防控物资共计20余万元。完成近3万人核酸检测。“美丽学院路”公众号推送防疫防护知识、经验做法、优秀人物、典型事例790条，累计阅读点击量31万次，累计分享近1.5万次。中央电视台新闻联播、《人民日报》、新华社、《北京日报》、北京电视台、《海淀报》、海淀新闻、海淀网等媒体报道街道疫情防控工作信息166条。

（康苗）

【第三届学院路城事设计节】 6月6日，以“共健学院路”为主题的第三届学院路城事设计节启动。本届学院路城事设计节由区委宣传部、学院路街道办事处、清华同衡规划设计研究院城市更新研究所等7家单位联合主办，25家单位协办，从“共健社区花园”“一起垃圾分类”“高校社团进社区”和“共创学院路”四个方向展开活动。在学院路城事设计节主题揭幕仪式上，作为特邀倡议人，中国生物多样性保护与绿色发展基金会高级专家唐莹莹向大家推荐筷子、手帕、水杯、饭盒和环保袋“出门五宝”。自然之友•盖娅设计工作室创始人兼首席设计师高健以“变废为宝”为题，介绍双清路14号院改建项目。9月29日，社区花园创健沙龙在石油共生大院举办，学院路街道29个社区的代表分享社区花园的建造模式和案例。同济大学社区花园与社区营造实验中心主任刘悦来、中央美术学院建筑学院教授侯晓蕾、自然之友•盖娅设计工作室创始人兼首席设计师高健、草图营造联合创始人黄彬凌分别分享社区花园营造过程中的感悟和感动。12月底，点靓学院路：强基行动——学院路街道人才培养计划发布。2020学院路城事设计节举办多场线上系列沙龙，邀请专家就“垃圾分类现状与难点”“社区垃圾分类的困境和出路”“东王庄社区花园讨论”等话题进行交流。

（钟冷）

清河街道

【概况】 2020年，清河街道街道辖区面积9.37平方千米，常住人口约14

万人，流动人口约7万人。社区居委会29个。有3个中央级单位、4所部队大院、6所中小学校，有北京儿童福利院、北京第四社会福利院两家福利机构。走访服地区务企业100余家，帮助58家中小微企业申报房租减免、税收减免，发放“服务包”10家。走访20余家楼宇园区，介绍引进项目。成立财源建设专班，处理10家企业的迁转事宜。截至年底，在清河地区实际经营企业1948家。

街道获评海淀区2019年—2020年度纪检监察宣传工作先进单位；社区建设办公室副主任王英环获“北京市先进工作者”称号。清河四街社区党总支书记、居委会主任郭继杰获北京市抗击新冠肺炎疫情先进个人称号。

（罗博誉）

【环境建设】 年内，街道构筑垃圾分类处理保障制度，制订垃圾分类检查考评办法，建立“四位一体”“1+3+X”长效督查机制，督促物业管理单位履行垃圾分类管理主体责任。引入第三方智慧管理，促进生活垃圾分类收运体系和再生资源回收利用体系“两网融合”。建立“接诉即办”案件“二次办理”工作制度，难点问题现场调研督办，接诉案件的及时响应率、问题解决率和群众满意率分别达到100%、86.15%和87.83%。建设清河中街—朱房路精品大街，启动五彩城智慧交通二期项目招投标，完成交通信号智能化系统改造并投入使用。完成2020年拆违台账任务，账外拆除违建11处、1997.11平方米，拆除京张高铁沿线违法建设900余平方米，完成市级下发的608处图斑筛查上报。翻建铺装道路4000余平方米，新建沥青道路242米，翻修路面395米，建设冬奥文化墙1030平方米，口袋公园1个、744平方米。新增绿化1558.7平方米，种植各类树木1107株，补齐休闲类公共服务设施26套。

（罗博誉）

【平安建设】 年内，街道开展679处经营场所城市风险评估，培训225家企业使用隐患排查应用系统，动员225个地区单位参与安责险投保。出动2000人次开展7处园区、21家规模以上企业单位复工复产安全检查，整改安全隐患700余项。编排安全宣传情景剧，安全宣传公众号影响力全市排名第6。申请使用人大建议办理资金解决清河文苑护栏和电梯安全隐患问题，为全区首创。定期开展矛盾风险隐患专项排查活动，加强社区矫正人员和安置帮教人员报到、教育工作。

（罗博誉）

【民生建设】 年内，街道发放低保金和补贴1106.6万余元，保障房资格申请新增107户。投入240余万元，办理29件为民办实事项目，实现“八项”[①]基础便民服务网点社区全覆盖。落实市、区促进无障碍环境建设专项行动，完成244处点位改造任务。完成349名非京籍适龄儿童入学审核，协助区教委筹建京童幼儿园。建成毛纺北小区、安宁里社区养老服务驿站。开展家庭养老照护床位建设，服务308人。开展困难老人助老服务活动，关爱服务特殊老年人群体198次。推进儿童福利院职工宿舍楼、阳光南里及阳光北里老旧小区综合整治，涉及14栋楼，惠及1321户。汽修五厂88户居民棚户区改造完成并选房搬迁上楼。走访慰问驻区部队，服务随军家属就业，帮扶部队困难士兵家庭，开展优秀士兵父母逛京城等活动。对接对口帮扶地区，完成总投资600万元的9个援建项目建设。小米公益基金会、五彩城购物中心、金山软件有限公司、首食益民商业连锁有限公司等地区单位爱心捐赠57.5万元。

（罗博誉）

【社区建设】 年内，街道建立“两级吹哨、平台发力”机制，提高业主委员会、物业管理委员会工作“三率”水平。构筑“一核五3+3”工作格局，助推党建引领物业管理和垃圾分类工作。印发《清河街道业主大会、业主委员会和物业管理委员会成立工作指引》，规范指导业委会、物管会组建流程，毛纺北小区成立全区首个物业管理委员会。建立每周三律师答疑指导机制、街道专班周例会制度，提升居民自治意识和物业服务水平。组建业委会3个、物管会22个，业委会（物管会）组建覆盖率达72.92%，党组织覆盖率达94.37%，物业服务企业覆盖率达89.58%。

（罗博誉）

【基层党建和精神文明建设】 年内，

11月1日，清河街道融媒体中心（海淀融媒清河街道分中心）正式启动（宫磊 摄）

① 菜篮子工程、放心早餐、商超便利店、家政服务、末端物流、便民维修、美容美发、服装洗染。

街道建立健全“不忘初心、牢记使命”主题教育学习教育、调查研究、检视问题、整改落实的长效机制。建成海淀融媒清河街道分中心，推广“清河有邻”App。丰富党建清河“家”品牌，培育“为老服务”“绿色家园”等党建创新项目，建立长效为老志愿服务机制。成立10个“战旗党支部”，构筑疫情防控常态化下的清河“家”基层治理网。深化“清河实验”成果，编写党建引领基层社会治理丛书，为党建引领社区治理体系提供系统的理论指导。开展“以案为鉴、以案促改”警示教育，召开2020年全面从严治党工作会议，签订责任书580份，机关、社区居干全员查找廉政风险点1424个。发挥监督执纪“四种形态”中的第一种形态，会议监督166次，约谈26人次，下发调查函询12份，监察建议书1份。以“作风建设永远在路上”为主题，印发《〈作风建设永远在路上〉清河街道廉政书画作品集》；举办清河街道第七届廉政文化作品展。

（罗博誉）

【新冠肺炎疫情防控】 年内，街道成立疫情防控工作领导小组，建立防疫工作例会制度，确保防疫情况“日汇总、日分析”。成立10个“战旗党支部”，建立党员“三联”双报到工作机制，6000余名党员干部及志愿参与值守。抽调27人组建纪律督查组，检查防疫点位值班值守情况2000余次。制作“清河街道新冠肺炎疫情防控图”，封闭17个失管小区56个出入口，29个社区按标准划分为119个管控网格，组织开展拉网式摸排，无缝衔接区委防疫动态数据库。开展“防疫有我爱卫同行”爱国卫生主题活动，推动环境保洁向社区和楼宇园区纵深扩展。对地区29所中小学、幼儿园进行开学开园评估检查，创立商务楼宇疫情防控“四楼长”制，实现32处楼宇、园区与属地联防联控，形成“企业自防+多位联防+家校同防”联防模式。梳理1038家上账单位基本情况，完善企业复工疫情防控数据台账，通过微信公众号、网格员上门送政策等方式方法，以“服务包”形式推送给企业，助力大型企业复产，帮扶小微企业自救。截至4月30日，辖区68家区重点关注企业100%复工复产。在3244家地区单位中，复工2248家，复工率69.3%，复工人数24159人。其中，楼宇企业复工1218家，复工率66.4%；商铺复工1020家，复工率72.9%；施工工地10处，复工率90.9%。确保初三、高三开学复课教学秩序正常运转，发放口罩、体温检测仪等防疫物资。编印防控工作通告120余期。发放宣传材料8000余份，通过“美丽新清河”公众号推送、社区LED屏滚动播放、微信群群发通知等方式推送疫情防护信息4000余条，推送“清小河”抖音小视频67条，张贴应对新型冠状病毒感染的肺炎疫情工作宣传画报800份，循环播放疫情防护音频200余次。地区累计国内各地返京26071人，境外入京237人。组织开展核酸检测2.78万余例。地区累计确诊病例2例，疑似病例13例，密接人员31人。

（罗博誉）

青龙桥街道

【概况】 2020年，青龙桥街道辖区面积18.59平方千米，是“三山五园”历史文化景区的核心区域，设20个社区居委会，下属便民服务中心、市民活动中心、市民诉求处置中心3个纳入工资规范管理的事业单位。户籍人口27786户、71449人，流动人口48264人。辖区内有颐和园，圆明园，中共中央党校（国家行政学院），中国人民解放军国防大学。

（王京红）

【环境建设】 年内，街道推进颐和园北宫门地铁站环境整治提升、新建宫门11号院、35号院综合整治等工程。组织“周末大扫除”活动17次。开展餐饮业油烟净化设备升级改造工作，查处道路遗撒、违规渣土车上路行为。实行“接诉即办”案件办理“首接责任制”，办理“接诉即办”案件2834件，被评为北京市2020年“接诉即办”先进集体。拆除违法建设8200平方米，腾退面积6944.93平方米。开展执法1.2万余次，规范无照经营、露天烧烤、黑车等占道等违法经营行为。

（王京红）

【平安建设】 年内，街道完成52天一级防控任务。建成青龙桥第四社区警务队警务工作站，查处违规养犬、小广告、“黑车”“黑摩的”“僵尸车”等违规行为，疏解人口7784人。排查生产经营单位2652家次，整改安全隐患2862项，打通消防通道296处，安装烟感报警器706件。对食品经营、电动自行车经营单位实施监管，开展辖区中小学、幼儿园内外安全交通、卫生防疫专项检查并赠送防疫物资，对医疗机构、公共场所开展卫生监督检查和重点摸排。清明节期间，引导2000余名群众采用预约分时祭扫、代祭扫等，实现安全文明祭扫。

（王京红）

【民生建设】 年内，街道对各社区疫情防控和日常工作进行督导检查并实施量化考核，规范公益金审批使用，完成第七次全国人口普查各项工作。组织线上文体活动58场、现场培训活动185场，举办2020年度“悦动青龙桥”群众冰雪季系列活动。加大就业培训，失业率控制在1.5%以内。累计发放低保金、困难儿童生活费、取暖教育医疗等救助金310万余元。建档家庭养老床位268人次，落实社会救助、军休双拥、养老助残、特困帮扶、住房保障等政策。处理劳动人事争议调解案件36件。举办“爱在青龙桥，服务社区惠民生”品牌服务进社区便民服务活动5场，疫情期间为900余名一线医护人员和志愿者提供免费理发服务。实现社区8项基本便民服务功能100%全覆盖。青龙桥义务指路队获中宣部、中央文明办2019年度学雷锋志愿服务“四个100”先进典型“最佳志愿服务项目”称号，是全区唯一获奖团队。

（王京红）

【社区建设】 年内，街道落实盖章证明、规范挂牌、表格清理等社区减负工作。抓好社区统计队伍建设。关爱社区少年儿童，组织指导社区开展垃圾分类讲座和趣味网上猜谜等面向青少年的小型或线上活动，向八一玉泉中学、西苑小学、培星小学等辖区学校赠送防疫物资，认真做好非京籍儿童入学联审、语言文字规范化宣传和“全民终身活动学习周”活动组织等文化建设工作。在福缘门社区试点“社区会客议事厅”项目，打造居民参与社区治理新平台。作为海淀区“家庭助理 亲情扶助”义工行动项目试点街道，组织350名义工为开展精准帮扶8000余次。推出“零跑路”服务模式，通过微信、电话等线上方式发布和告知各类社会保障业务办理方式，积极引导群众网上办、自助办，实现疫情期间服务“不断档”，持续优化辖区营商环境。

（吕丛菲）

【基层党建和精神文明建设】 年内，街道开展理论中心组学习15次，轮训地区党员6000余人次，疫情期间3323名党员累计捐款37.65万元。完成全国文明城区复查迎检工作；做好支部规范化、党组织服务群众经费使用和社区“两委”换届筹备等工作。构建党建引领社区治理框架下的物业管理体系，完成19家拟组建业委会小区摸排确认工作，其中11个小区完成组建流程。推进党建引领垃圾分类工作，各社区设置垃圾分类桶站264处，覆盖44个小区，日均厨余垃圾分出率达到18%以上。完成区纪委监委转办件2件、区委第三巡查组转办件1件，约谈和谈话提醒26人次，协助地区单位核查线索2次。

（王京红）

【新冠肺炎疫情防控】 年内，街道成立突发公共卫生事件处置（青龙桥街道新型冠状病毒疫情防控）工作领导小组，下设综合协调组、社会稳定组、环境整治组、应急处置组、舆情应对组及督查组、复工复产组和社区防控组、检疫检测组、爱国卫生运动工作组和疫苗接种工作组，20个社区细化为79个片区、337个网格，织密网格化人员管控网。成立“战旗”党组织，机关、社区干部日夜不间断巡查值守。在4次拉网兜底式“敲门行动”中累计核查20147人，完成68920人次核酸检测，排查地区复产复工企业595户，累计发动志愿者4.8万人次。建设16处“无接触配送”点、9辆蔬菜直通车，涵盖12个社区，保障居民生活所需。制定居家观察网格化管控流程图，设定演练场景，开展全流程演练，定期进行桌面推演。成立“行走的理发店”，志愿者为一线医护人员和社区志愿者理发达30场900余人次。设置15个核酸检测采样场所，其中大中型检测点2个，机动采样场所13个。使用基层党组织服务经费，分两批为社区配备秋冬季防疫物资。《海淀区青龙桥街道注重党建引领，坚决打赢疫情防控阻击战》一文被市委组织部《组工动态》疫情防控工作专刊第19期采用。地区确诊病例4例，无症状感染者0例，疑似病例0例，境外输入0例，重症0例，死亡0例。

（王京红）

香山街道

【概况】 2020年，香山街道辖区面积20.34平方千米，其中山林面积16平方千米，是重点护林防火区。辖区设6个社区居委会，地区总人口35065人，其中户籍居民15324人，流动人口19741人，流动人口比上年下降35%。香山公园、北京植物园、碧云寺、卧佛寺等坐落境内，受疫情影响，接待旅客约600万人次，较上年下降14%。紧邻玉泉山、国务院机关事务管理局、杏林山庄，中央与市级单位多，安保任务重。

（高明远）

【环境建设】 年内，街道落实区政府《关于进一步深化“接诉即办”改革工作的意见》，实行双派单制，坚持分级负责、归口办理、责任传导、推动落实原则，实现综合协调处理、高位协调监督。召开6次专题调度会，共同解决研究香山地区停车难、部分供水等历史遗留问题、疑难复杂案件。开展“疏整促”专项行动。执法检查立案近400起，拆除违法建设33处约900平方米，检查“三类场所”1900余次；门前三包责任书签订率、规范张贴率均达100%。组织联合执法，做好香山革命纪念馆周边环境、交通等秩序整治工作。每月开展一次周末清洁日活动。完成背街小巷路灯加装、南营污水管线新建等11项惠民工程。推进垃圾分类，采取“分类驿站＋移动回收”模式，建成垃圾分类驿站25个，移动回收路线7条，设立再生资源回收点3处，提高厨余垃圾分出纯度。聘请垃圾分类督导员20名，招募生活垃圾分类志愿者48人，设立“分小萌”垃圾分类志愿服务示范站2处，引导居民科学分类、正确投放。推进地区构建党建引领社区治理框架下的物业管理体系，破解物业服务管理难题。

（高明远）

【平安建设】 年内，街道检查生产经营单位2990家次，检查覆盖率100%；发现问题隐患499项，整改隐患498项，整改率99.9%。首次开展香山地区森林防灭火演练，确保森林消防安全。打通卧佛寺西路消防通道，确保平房地区消防安全。对红枫路违章占道停车问题进行集中整治，保障香山革命纪念馆附近道路畅通。逐一排查防汛隐患点位，组织防汛应急，排查平安度过汛期。启动社会面防控106天，发动群防群治力量13万余人次，探索社区平安建设微治理模式。打造香山地区应急救援行动“一键启动”联动新体系，建成四王府社区警务工作站和综治中心平安建设工作站。启动香山街道重点单位视频互联工程。

（高明远）

【民生建设】 年内，街道开展社会救助和特殊群体服务，发放救助金、补贴等135万余元。依托困难群众服务救助所，开展线上帮扶与个案帮扶相结合，累计服务近百人。推进地区家庭养老照护100张床位建设工作，签约同意建立居家养老床位130余户。协调解决车位900余个。整顿无证幼儿园8家。地区政务大厅开展延时服务。一居、二居、南植社区开通蔬菜直通车。“12345”市民热线平台受理各类案件2100余件，办结率100%。

（高明远）

【社区建设】 年内，街道推动物业管理委员会成立，共成立物管会9个，覆盖率90%，同步成立物管会党支部9个，覆盖率100%。物业企业成立党组织3个，覆盖率100%，提前完成全年物业管理“三率”工作目标。打造社区会客议事平台，完成香山第一社区“社区会客议事厅”市级示范点建设。根据社区会客议事厅“1+N”治理模式，重点完成平房区“沁香园”会客议事文化广场建设。坚持党建引领，以党建+楼门文化为抓手，完成香山第一社区和南植社区的楼门院治理示范点建设。

（高明远）

【基层党建和精神文明建设】 年内，街道以理论中心组学习带动学习型党组织建设，组织集中学习18次；按照“六办一队三中心”① 机构设置，加强机关党支部建设。依托区委党校香山街道分校开展线上轮训6期，培训1000人次。依托香山革命纪念馆“赶考书吧”、北京植物园“一二•九”纪念亭等建立党员教育实践基地，形成具有香山特色的“红色党建之路”。开展“红色香山”专题云宣讲，在街道、社区微信公众号上发布“红色历史大事件”11期。组建“红色香山”宣讲团，讲述中共中央在香山时的历史、香山地区迅速发展变迁、红色文化与革命精神传承等；组织“不忘初心赶考路、锐意进取新时代”主题文艺汇演、“红色香山、百年香慈”图片展等，传播红色文化。

（高明远）

【新冠肺炎疫情防控】 年内，街道成立疫情防控工作领导小组，下设社区疫情防控组、复工复产组、疫情稳控组、后勤保障组、舆情引导组。累计召开专题工作会12次。建立常态化监督检查机制，对辖区内超市、餐馆等进行监督检查，实现线上线下双向监管。成立街道转运工作战旗党支部，累计70天转运522人。组建15个党员志愿服务队，织牢精准防控防护网。对6个社区实行分区域管控措施，划分为旅游中心区和非旅游中心区。在3个平房社区设置23个车辆检查点和返京人员登记点，累计排查108664户、238011人，排查进（返）京16838人、武汉返京15人、湖北（武汉除外）返京366人、境外返京25人。组建15个疫情防控流动式工作组，按照划分区块实施精准防控，26支志愿者队伍共计500余人参与疫情防控点位值守。开展“敲门行动”，累计排查12万户次、27万人次，落实居家观察9015人。检测餐饮、快递外卖、建筑工地、医疗机构、防控一线等人员8331人。地区共完成检测1.1万人。投入近46万元，支持基层党组织开展宣传教育、购买疫情防控物资、防寒防暑物资。120名机关干部分别包23个平房区值守点位，57名社区工作者包53栋楼。成立党员志愿队，400余名党员志愿者参加点位值守、入户排查和人员管控。完成企业复产复工388家。地区确诊病例0例，疑似病例0例，无症状感染者0人。

（高明远）

西三旗街道

【概况】 2020年，西三旗街道辖区面积8.23平方千米，辖区为城乡接合部地区。有27个社区居委会，实有人口17.3万人，其中外来常住人口7.6万人。编制地区“十四五”规划，科学布局西三旗大片区300万平方米产业空间。推进街区责任规划师试点，梳理形成2018—2022年五年地区重点项目库。中关村西三旗（金隅）科技园一期项目结构封顶，二期项目实现开工。完成固定资产投资22亿元，形成新的经济发展极。推进完成第七次全国人口普查工作。建立楼宇企业台账，做好区级重点企业走访对接和服务保障。

（王小民）

【环境建设】 年内，街道疏解人口6727人，完成全年任务的103%。拆除违建80处、30556.63平方米，完成全年任务的102%；腾退土地34946.13平方米，完成全年任务的155%。整治“开墙打洞”点位7处，北京金时佰德技术有限公司、北京优德永胜科技发展有限公司完成整体疏解搬迁工作并通过验收。完成电科院公园、永泰法制公园重建改造，完成5条背街小巷环境整治和4条架空线入地。推进悦秀园、宝盛西里老旧小区综合整治。与海开集团、海房投集团和中国冶金科工集团有限公司、北京中海投资管理有限公司签订战略合作协议，完成推进地区平房区环境提升、老旧小区更新改造和“数字三旗”城市建设。组织联合执法120次，整治无证无照79处，清理废旧机动车25辆，拆除违规牌匾40块。

（王小民）

【平安建设】 年内，街道构建公安、巡际、地区单位、物业安保力量四级立体治安防控体系，开展视频监控、人脸识别和智慧门禁等物技防改造，实施砖窑工业遗址公园、校园周边安全消隐改造。出动社会防控力量18万余人次，完成元旦春节、全国两会等重大时期和疫情防控期间安保工作。检查单位3376家次，下发限期责令整改通知3376份，整改安全

① 综合办公室、党群工作办公室、平安建设办公室、城市管理办公室、社区建设办公室、民生保障办公室，综合行政执法队，市民活动中心、市民诉求处置中心、便民服务中心。

隐患2122项。加强西三旗小型消防站建设，提升应急救援保障能力。推进公园九九商厦改造提升，打造具有西三旗特色的食品安全示范街区步行街。开展重大行政决策合法性论证，审查各类合同323份并提出法律建议165条，调解矛盾纠纷877起。

（王小民）

【民生建设】 年内，街道搭建“7×24”小时“接诉即办”平台，受理市级下派案件7807件，办结率100%。推进“一网通办”，办理行政事项61189件，帮助645名失业人员实现再就业。推动6个大型商业综合体项目和5家商业e中心建设，建成地区居民“菜篮子”示范点，运营网点103个。实施各类救助473人次，为84户老年家庭申请适老化改造，完成家庭养老床位548张，依托养老机构为8200余名老年人提供居家养老服务。推进无障碍环境建设专项行动，完成便民服务中心无障碍改造。完成345名非京籍儿童入学联审。

（王小民）

【社区建设】 年内，街道成立物业管理工作专班，由街道主要领导担任专班组组长，8次组织联合检查组到社区进行监督检查，确保社区物业管理委员会运行合法合规。推进社区社会组织孵化基地建设，完成27个社区社会组织的系统更新和158个社区社会组织的审核登记工作。培训规范27个社区站的注册、申办、活动记录线上作业，注册义工达12359人，义工服务队106支，开展社区便民服务等各种活动2485场次。完成八达岭辅路绿地步道确权工作，铺设2千米步道。为育新花园社区、小营桥东侧两块门球场地进行升级改造。对辖区103家超市及蔬菜便民服务网点进行检查指导，完善证照、人员健康、货品溯源、行业规范、消防安全、消毒杀菌、垃圾分类等工作措施。

（王小民）

【基层党建和精神文明建设】 年内，街道开展“红色党建”引领绿色生活主题党日活动，签订党员垃圾分类承诺书3000余份。组织1500余名党员参加“云端党课”，完成6家实体书店建设。成立街道垃圾分类主题百姓宣讲团。拓宽党建、政务服务等5个微信公众号覆盖面，“海淀西三旗”公众号推送信息1428条，总阅读量35万余次。推动半程马拉松步道建设和半马驿站——砖窑工业遗址公园建设。协助华润万象汇开工建设，打造文化潮流、品质生活、智慧服务等于一体的13万平方米商业综合体。

（王小民）

【新冠肺炎疫情防控】 年内，街道成立新冠肺炎疫情防控工作领导小组，下设10个工作组，组织召开领导小组会37次，召开社区疫情防控调度会42次，下发工作提示86期。指导27个社区设立24小时疫情防控岗，对103个小区出入口进行合理管控，将2100余人下沉到社区，建立社区疫情防控“1+27+N”工作机制。启动“日报告、零报告”制度。建立地区15家医疗机构应急值守队伍。启动执纪问责机制。建立街道、社区两级疫情防控数据组，完成1091名离鄂返京人员、300余名入境返京人员、303名社区疫苗接种人员、6789名疫情中高风险地区大数据人员、18435名核酸检测人员信息核对。检查指导地区14所学校，10所幼儿园并配备防疫物资。调派14批、30余人次工作人员入驻集中隔离医学观察点。接收湖北及国内其他地区返京人员中的133名隔离人员。地区共完成核酸检测30391人。开展五次“敲门行动”，对56255户居民进行地毯式摸排。对辖区27个社区103个点位及周边复产复工企业、“七小场所”防疫工作开展五轮复工复产疫情防控专项检查，检查单位121家次。为企业配备3.8万个口罩，为金隅智造工场、北京佰能电气技术有限公司、北京北冶功能材料有限公司等园区及企业开展公益培训课程24次。筹措保障抗疫防控物资26类57万余件，发放物资35万余件。编写《西三旗街道疫情防控应急对策指南》《致新型冠状病毒密切接触者的一封信》《西三旗街道密接人员居家隔离工作办法》《社区居家隔离人员看病就诊工作指南》等文件材料，指导社区开展重点人员管控工作。地区累计确诊病例4人，疑似病例13人，187名密接和次密接人员。向中央电视台、学习强国、北京电视台、北京日报、区属媒体等报送信息404条次；在网易海淀战疫版块发布43条信息。

（王小民）

11月23日，区领导到西三旗街道调研“接诉即办”工作（张凯 摄）

马连洼街道

【概况】 2020年，马连洼街道辖区面积10.74平方千米，常住户籍人口

59705人，流动人口50727人，辖区属于典型的城乡接合部。设有20个社区居委会，其中新增设正黄旗北大社区居委会和芳怡园社区居委会。辖区有3个产业园区，1万平方米以上独立写字楼1处，商业楼宇2处，在建商业楼宇2处。辖区内限额以上企业174家，较上年增加40家，其中服务业企业120家、批发零售企业33家、住宿餐饮企业10家、金融服务企业11家。限额以上高新技术企业93家，比上年增长20%，在高新企业中，服务业企业占比超九成。服务业、批发零售业、住宿餐饮业限额以上企业实现营业收入714.8亿元，比上年增长14.2%；营业利润63.8亿元，比上年减少11.0%。完成为民办实事31件。代征房产税563万余元。

（王菁）

【环境建设】 年内，街道落实“马上清（青）西”城市提升行动计划。确立重点推进项目10项，完成天秀路口拆违后实施转弯半径扩大工程，提升疏堵能力。开通西北旺南路西段，缓解软件园周边拥堵。完成地区规范施划车位1836个，规范停车秩序。百旺新城三期绿化景观工程、厢黄旗村拆迁区域绿化建设工程等一批地区重点绿化工程有序推进。确立推进重点储备项目17项，完成清河北侧路（圆明园西路—G7）、龙背村路、海淀金腰带规划研究、农大南路口袋公园、圆明园花园别墅三期整治等项目初步方案设计。

开展13项专项任务，落实20项重点任务措施。推进完成网上上账工作。拆除违法建设合计300处、面积29618.86平方米，其中新生违建44处、面积812.05平方米，既存256处、面积28806.81平方米。台账拆违任务2万平方米，完成23792.12平方米，完成率119%；违法用地任务1.5万平方米，完成19194.48平方米，完成率128%。对辖区266个点位完成无违建核查。完成违法群租房整治69套，涉及336人，分别完成全年任务量的153%和102%。联合多部门进行城乡接合部综合整治，涉及4183人，完成全年任务量的174%。整治地下空间3处，涉及30人。城乡接合部整治改造涉及4183人，完成全年任务量174%。通过中央环保督查，完成国家卫生城区明察等各项创建任务。

（王菁）

【平安建设】 年内，街道完成重大节日及敏感时期安全保障，发动专业公安警力1344人次，群防群治力量49223人次。检查企业2800家次，出动人员5600人次，覆盖率达到100%、隐患整改率达到100%。完成2019年—2020年度供暖期预防煤气中毒工作，辖区未发生煤气中毒安全事故。为辖区1060条犬只办理登记。召开禁毒工作部署会4次，责令社区戒毒1人，对社区戒毒社区康复人员尿检86次，张贴禁毒海报100余张。开展扫黑除恶专项行动，对28处反恐重点单位检查40次，发放宣传手册700份。天秀平安建设工作站暨派出所社区警务工作站投入使用。组织开展安全生产和消防检查120次，其中夜查60次。为居民入户和公共区域安装独立烟感报警器6400个。完成马连洼街道中关村软件园小型消防站建设，通过验收并投入使用。

（王菁）

【民生建设】 年内，街道为低保家庭发放低保金58.96万元；医疗救助45人次，合计15.6万元；发放严重精神病患者监护补贴87.09万余元，发放残疾人两项补贴2790余人次，合计金额107万余元。针对特扶家庭（独生子女死亡、伤残家庭，严重精神障碍患者家庭）开展“暖心工程”，包括物质慰问和精神服务，有在册特扶人员94户139人，严重精神障碍患者419人。走访慰问特殊人群94户139人。完成无障碍改造工作，辐射8个社区，171个点位，483个元素，投入金额340余万元。依托梅苑心语驿站，开展心理健康公益咨询服务11场，服务600余人次。组织“送药到社区，患者享安心”活动，涉及16个社区、106人次。审核通过110余份严重精神病患者监护人看护补贴申请材料，发放补贴52.98万元。为辖区60岁以上京籍老人就近接种流感疫苗1515人、肺炎疫苗57人。263名残疾人实现就业，就业率达到85.9%。西北旺C3地块海育幼儿园建成开园，缓解地区入园难。

（王菁）

【社区建设】 年内，街道“接诉即办”案件办理，严格落实“首接责任制”。接收案件7502件，其中涉疫情案件1407件，响应率100%，解决率81.84%，满意率85.21%。开展垃圾分类宣讲活动60余次，入户宣传3.8万户，入户率94%，被市区级媒体报道12次。完成100个公示牌制作及304个桶站及20个垃圾分类驿站配置工作。辖区20个社区、51个小区（楼房区48个，平房区3个）建立标准化桶站304处，实现辖区桶站提升全覆盖。社区基层党组织日均发动垃圾分类指导员、志愿者400余人次，基本实现驿站盯守常态化。建立厨余垃圾“桶车对接”收运模式，日均厨余垃圾分出量提升600%，厨余垃圾分出率稳定在22%以上。建立再生资源回收网点15处，平均每日回收可回收物5.08吨。建立大件垃圾中转站22处。西山庭院小区完成海淀区垃圾分类示范验收。

修缮改造梅园社区、倚山庭苑社区、肖家河社区居委会办公用房，装修改造正黄旗北大社区、芳怡园社区办公用房及活动用房。筹备成立地区物业联盟。协调社区居委会、社区居民、物业公司，解决天秀社区西山庭院停车费及物业费调整事宜。完成辖区57个小区基础数据摸排，制定《党建引领物业管理提高“三率”工作方案》，完成本年度目标任务台账及试点小区台账上报工作。推广“社区会客议事厅”，在兰园小区试点申报市级楼门院治理示范点。

（王菁）

【基层党建和精神文明建设】 年内，街道推进学习型班子建设，抓好“三会一课”，落实“两学一做”学习教育常态化制度化，集体学习16次。召开2019年度基层党组织书记抓党建述职评议会暨2020年党建工作会，安排部署2020年地区党建工作。完成党员党组织关系转接783人次。完成“党组织党员数据库问题数据”33条整改和备案工作；处理4起党员党组织关系转接业务市民服务热线诉求案件。成立8个物管会党支部、1个业委会党支部，新成立物业企业党组织4个，党组织覆盖率90.47%。完成全国文明城区复检任务，街道红杉党群文化中心申报新时代文明实践基地，举办新时代文明实践基地活动“留住记忆，阅见未来”读书会活动。建立街道与地区企业单位信息互联互通渠道，巩固加强意识形态工作阵地，强化意识形态工作责任制落实情况监督检查。

（王菁）

【新冠肺炎疫情防控】 年内，街道建立疫情领导小组，下设七个工作组和三个工作专班，成立党员突击队、战旗党支部，统筹“双联系”“双报到”力量，形成街道党工委、基层党组织、党员干部和辖区单位、志愿者、地区群众合力防控疫情的局面。组织发动2500余名党员干部和志愿者，对18个社区10万余居民和1779家企业开展精准管控和服务。社区干部开展4次“敲门行动”，对辖区居民进行底数摸排，卡口值守人员对76个卡口24小时不间断轮岗盯守，社区巡查人员对卡口值守、隔离服务保障、环境消杀等重点工作进行监督检查。执法部门对“三无”小区、筒子楼、商务楼宇、餐饮企业、工地、学校等重点区域强化管控措施。专业部门对老年人、精神障碍患者、社区帮教人员等特殊人群给予重点关注和帮扶。转运专班对境内外返京人员和市内重点人员进行闭环无缝衔接转运。核酸检测专班对“应检尽检”人员进行全覆盖核酸检测。严格隔离管控关，制定《居家观察工作流程》和“居家十条管控措施”，采取人防、物防、技防相结合，确保人员管控到位。推行疫情防控查、阻、控、消、封、宣、隔、护、安、记“十字法”，推动落实“双楼长”制，对辖区企业进行“地毯式”监督检查。地区返京人员33235人，境外返京人员985人，核实大数据人员2345人，转运重点地区人群3393人次。累计确诊病例4例、疑似病例7例、密切接触人员82人。新发地市场发生疫情后，组织开展核酸集中检测25449人次，辖区未出现源头性疫情感染，地区单位实现零感染，疫情防控进入常态化精准防控阶段。街道微信平台报道疫情防控信息683条，31篇稿件被《海淀报》刊发，13篇被“北京海淀”公众号采纳，10条信息被海淀台引用播发，制作的疫情防控短视频和新国展境外转运工作短视频产生积极影响。刊发检查专报13期、防疫专报152期；报送工作信息117条，马连洼街道疫情防控工作专题报道得到区委书记于军批示。

（王菁）

花园路街道

【概况】 2020年，花园路街道辖区面积6.33平方千米，社区居委会27个，户籍人口13.8万人，流动人口2.1万人。辖有内法人单位5000余家，高校、科研院所集中。走访企业58家120次；对38栋楼宇进行复工复产防疫指导检查，为楼宇物业、企业联系购买6万只口罩、400套防护服及消毒物品等防疫物资。举办北京消费季•悦动海淀“金秋花园路，多彩牡丹园”社区消费节及“爱在七夕，爱在牡丹”联谊等活动。推动湖北省丹江口市、新疆伊里其乡以及河北省易县3个受援地区的5个新建、改建项目通过区发改委和区财政局审核投入建设。

（石悦）

【环境建设】 年内，街道共拆除违建25194.37平方米，完成市折子任务的167.9%，达到北京市创建无违建街道标准。组织开展垃圾分类大型宣传动员活动10余场，发放入户宣传折页5万份，垃圾袋5万套，宣传海报3000张，条幅130条。招募垃圾分类志愿者2321人，各社区每天发动“盯桶”指导员400余人次。开展“小手拉大手，垃圾分类我先行”“最美书记”“最美志愿者”“垃圾分类创意达人平台”等主题宣传活动，报道140余篇。引入“互联网+AI”技防系统、智能回收箱和网格化回收管理体系，破解垃圾分类难题。

（石悦）

【平安建设】 年内，街道构建立体化社会治安防控体系，重大活动期间对83个重点部位进行24小时盯守，参与社会面巡逻执勤的专群力量高峰时达到5000余人。累计启动社会面等级防控44天，发动群防群治力量22万余人次。处理信访案件39件。开展安全生产及消防检查，共检查生产经营单位及场所4653家，出动检查人员1185人次；发现问题隐患608项，整改608项，检查覆盖率、隐患整改率均达到100%。

（石悦）

【民生建设】 年内，街道完善“接诉即办”工作机制，通过包片领导每日调度、主要领导每周调度、党工委会议专题研究等工作举措，“接诉即办”工作月考核成绩稳步提升。完成3个街道级养老驿站建设。推进无障碍环境建设专项整治行动，完成7个社区60处点位的整改和销账工作。完成非京籍入学审核工作确保交大附东校区、北航实验学校两个中考考点中考顺利进行。

（石悦）

【社区建设】 年内，街道完成党建引领物业管理提高“三率”工作。物管会、业委会组建率76.1%，物业覆盖率90%，党的组织工作100%全覆盖。开展老旧小区自管自治体制建设。完成牡丹园东里小区业委会备案和小关社区中鑫嘉园二期业委会换届工作。引导地区社会组织建设，巩固的一个中心、六个组织、N项服务“1+6+N”运营模式，成立178家社区社会组织。

（石悦）

【基层党建和精神文明建设】 年内，街道推动党建引领垃圾分类、物业和业委会参与社会治理工作，解决社区治理问题，提质增效基层治理。区委党校花园路街道分校采取“线上＋线下”形式，组织党员教育轮训8600余人次。完成1800余家“两新”企业摸排，成立“两新”组织独立党支部16个，联合党支部2个，覆盖36家企业。落实《海淀区落实党委（党组）意识形态工作责任制若干措施》《花园路街道落实各级党组织意识形态工作责任制措施》。落实从严治党主体责任。新时代文明实践活动丰富多彩。发挥街道融媒体中心平台优势，携手北京榜样群体推出榜样说《条例》系列专栏，通过短视频的形式提示生活中的文明行为和不文明行为；与《北京市文明行为促进条例》的解读相结合，引导和促进文明行为，提高公民思想觉悟、道德水准和文明素养。

（石悦）

【新冠肺炎疫情防控】 年内，街道充分发挥党员先锋模范作用和党组织战斗堡垒作用，发动党员干部、社区成员、志愿者等近5000人战斗在疫情防控第一线。成立30个战旗党支部，让党旗高高飘扬在疫情防控最前沿。建立前期摸排—中期接转—后期管控闭环管理系统。开展四次“敲门行动”，完成48565户家庭多轮地毯式排查。调配防疫物资300余项，接收社会各界爱心人士捐赠的近百项物资，用于地区防疫工作。创造条件推动复工复产，确保38栋楼宇1680家单位有序复工复产，复工复产人数57785人，达到总人数的97.1%。搭建街道融媒体中心疫情防控平台，疫情信息推送超过710余篇，影响覆盖8万余人次。制作推出原创防疫表情包、防疫文创杯、《最美逆行者》系列沙画作品、抗疫公益歌曲《凝聚每份爱》等作品，开通心理服务热线，形成广泛的社会传播效应。地区新冠肺炎零确诊病例、零疑似病例、零感染。

（石悦）

田村路街道

【概况】 2020年，田村路街道辖区面积6.79平方千米，属典型的城乡接合部。设27个社区居委会，共有实有人口10.8万人，其中户籍人口5.6万人，流动人口5.2万人。有企业商户3000余家，其中百余家中央、市属、区属企业单位，老字号和新业态并存。有十余所学校及幼儿园，德尔康尼骨科医院等医疗机构，解放军三军仪仗队等驻区部队；北京二商王致和食品有限公司、北京龙徽酿酒有限公司等老字号，打造文化创意园区建设项目。街道全年总收入2.6亿元，总支出2.38亿元。西木社区党委书记信云获“北京市劳动模范”称号；指挥分中心刘芳获北京市“接诉即办”工作先进个人称号；城市管理办公室曹琼月获“北京市污染源普查先进个人”称号。

（李晓雅）

【环境建设】 年内，田村路街道推进垃圾分类工作。规范垃圾桶站建设，317个分类桶站100%完成改造升级，4个分类驿站被市、区级媒体宣传报道，桶站规范化建设达标率100%。发动桶前值守三万余人次。分出厨余垃圾56183桶，约2528吨，厨余垃圾分出率提升至19%。居住小区建立自主巡查机制，创建阜石路11号院垃圾分类示范小区。为辖区每户居民发放垃圾分类指导手册和宣传折页，入户率达100%。执法队累计检查居民小区280余个次，企业单位1150余家次，整改问题90余个，立案处罚53起，罚款47280元。开展城市清洁日活动18次、志愿清洁活动450余次，完成全国文明城区建设复检和“国家卫生城区”创建迎检工作。完成第二轮中央环保督察迎检工作，5个督办案件均第一时间办理反馈。健全生态文明机制，每日对“散乱污”点位进行巡查，建立大气精细化管理记录。开展渣土运输专项夜查40余次，立案处罚违规车辆17起，比上年增长236.8%。推进“留白增绿”，补种地柏4万余株，完成西木环境整治项目设计和政府采购程序。全年疏解8151人，完成4500人的疏解目标。拆除违法建设51处、16481.53平方米，完成上账拆除新生违建任务8处、面积159平方米。查处违法群租房104套，实现占道经营和违法群租房动态清零。完成10个旱厕改造提升、5条背街小巷架空线入地及汤泉逸墅门前道路整修、田村路祥龙公交东段污水管道改造应急工程等25件环境整治项目。上报、解决各类网格案件3.3万余件，较上年增长58.47%。完成首环办检查工作任务，实现零失分。提供执法视频证据30余条，开出全区首例针对个人的垃圾分类罚单。每月开展三轮次联合执法检查，公众满意度在全区接乡

6月25日，花园路街道无人防疫车（花园路街道 供图）

结合部考核排名中居前两名。

（李晓雅）

【平安建设】 年内，田村路街道组织群防群治力量3000余人开展社会面防控工作。办理上级交办、转办网上信访、纸信事项72件，到上级走访15批次，日常接访约119起。建立并完善街道信访工作联席会议制度，解决疑难复杂信访问题。开展消防联合执法检查28次，检查企业5939家次，整改隐患947项，企业检查覆盖率和隐患整改率均达100%。整改挂账隐患11处，整改率100%。辖区未发生群体性事件和公共安全事件。制定《田村路街道办事处关于落实行政执法三项制度》，完成431项执法项目公示录入，印制执法文书102本，整理“七五普法”档案材料615卷5134份，主动公开信息1781条。排查各类矛盾纠纷792件，查处纠正地区用工单位违反用工现象60余起，纠正违反《中华人民共和国合同法》侵害劳动者权益案20件，处理群体性劳资纠纷案件3起，帮助农民工追讨薪资800余万元。完成2281户平房及16处立交桥、低洼院落排查，制定个案防汛抢险措施，在西蓄公园集中进行移车、排水等多项实操演练，完成辖区3000余处雨水篦子和雨水管道的清掏检查。汛期组织暴雨蓝色预警以上应对12次，调度超50人以上防汛行动7次，防汛抢险队出动值守行动12次，实现“人员零伤亡、财产零损失”的防汛目标。

（李晓雅）

【民生建设】 年内，街道实施“接诉即办”一号工程，承办各类群众诉求5403件，比上年增长47.37%。建立群众诉求分类台账，周期性季节性问题提前谋划，做到未诉先办。实施生活性服务业提升工程，完成13处无障碍设施改造。在残疾人家庭开展“喘息式”①服务，减轻家庭照理压力。打造西木、阜四两个区级会客议事厅。完成兰德华庭社区文化广场

7月25日，田村路街道举行防汛演练（田村路街道 供图）

更新改造、社区民防建设等36件为民办实事项目。建设区级示范儿童之家。完善街道社区养老服务驿站建设，与318位老人签约家庭养老照护床位。开展居家养老巡视探访工作，为117位老人开展337次探访服务。发放1217人次困难老年人养老服务补贴17.2万元，4126人次失能老年人护理补贴268.5万元，3.09万人次高龄老年人津贴481.61万元。为99个低保户家庭184人、1个特困户、4户低收入家庭发放资金21万余元。帮助180户困难群体做好病毒防范跟踪与回访工作，完成188户家庭的公租房补贴专项复核，为20余户低保低收入家庭专项配租。完成就业登记380人，其中新增灵活就业353人，个人就业登记304人，精准帮扶20人。对20家企业进行年度用工需求调查，实现精准就业，政策咨询2100余人次。打造街道特色退役军人服务站，建立完善退役军人创业就业、困难帮扶等15种信息资料库，累计采集退役军人信息5600余人。街道退役军人服务站通过退役军人事务部“全国示范型退役军人服务站”验收。推进“一窗式”改革，打造武颐嘉园、乐府家园2个政务服务示范窗口。政务大厅受理业务量44627件，全面实行申报材料和批准结果双向邮递服务。建立延时服务和预约服务制度，实现“早晚弹性办”“中午不间断”“周末不休息”。建立田村路地区中小学幼儿园安全管理联席会议制度，新建1家优质公立幼儿园，增加270个学位。完成非京籍适龄儿童入学联审工作。拨付200万元用于支持湖北省丹江口市石鼓镇，河北省保定市易县牛岗乡、桥家河乡“一镇两乡”贫困村开展项目，推动10个社区党组织与10贫困村签约结对，助推湖北省丹江口市石鼓镇，河北省保定市易县牛岗乡、桥家河乡脱贫。在河北省保定市易县组织的“国家扶贫日”活动被授予“消费扶贫爱心单位”称号。对口帮扶的湖北省丹江口市石鼓镇，河北省保定市易县牛岗乡、桥家河乡全部实现脱贫。

（李晓雅）

【社区建设】 年内，街道完成第七次全国人口普查任务。完成街道、社区两级边界核实修订，核实建筑物6162个，户数60686户，在普查区域划分及建筑物标绘检查中零差错。新组建金玉府南里、金玉府北里和玉泉嘉园三个社区。完成兰德华庭新老物业交接和玉阜嘉园业委会换届工作。组建成立物业管理委员会20个，物管会（业委会）6个，覆盖率59.09%。完成市、区级物业管理三率

① 困难肢体、智力重度残疾人喘息式机构托养服务。

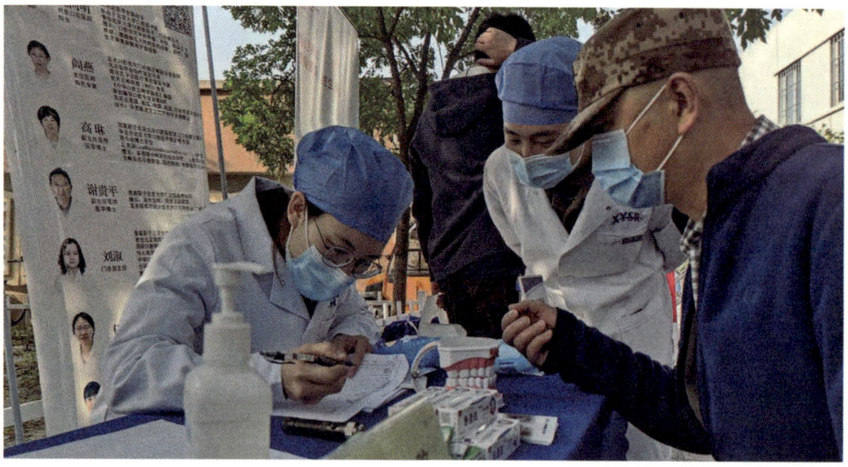

10月25日，田村路街道西木社区养老服务驿站为居民进行健康体检（史博文 摄）

考核指标，辖区物管会、业委会、物业企业党的组织覆盖率均为100%。

（李晓雅）

【基层党建和精神文明建设】 年内，街道深化“不忘初心 牢记使命”主题教育成果。落实从严治党主体责任，实抓巡察整改。成立社区党组织3个，非公党支部2个，物管会功能型党支部20个。探索符合“两新”组织特点的活动方式，党组织覆盖、党的工作覆盖“两个覆盖”均达到100%。区委党校田村路分校开展集中培训7期，指导社区个性化培训37期，累计培训地区党员6139人次。推出“直播课堂”。组织理论中心组学习14次，通过“新田村”微信平台发布信息988篇，建立并规范27个社区微信公众号。开展《北京市文明行为促进条例》专题普法宣传，完成建设7个实体书店的对接和引导扶持。开展群众文体及科普活动，组织百姓大舞台、科普系列讲座等活动28次。业余群众文化艺术工作者创作歌曲、广场舞等“抗疫”题材文艺作品近500件，玉海园二里民乐团、玉泉嘉园军休所舞蹈团获区级业余文艺团队大赛一等奖。

（李晓雅）

【新冠肺炎疫情防控】 年内，街道组建成立24个临时党支部，设置54个党员先锋岗，构建“三级联控”体系，形成市、区、街道下沉干部和社区各类志愿者群体的强大合力，促进地区单位、社区、物业公司、居民群众等四方责任落地。启动应急响应机制，组织动员3300余人次参与一线防控值守，核查大数据人员5896人，居家隔离观察17089人，完成11万余名居民的核酸检测，实现应检尽检、愿检尽检目标。对91个小区、85个出入口、1857个楼门做到“地毯”排查，协调物业公司为10个开放式小区筑牢“防护墙”。推出“电子通行证”，成立居家观察人员服务小组，做到“一社一楼一户一人”管理，消除监管盲区。在社区设立便民取货点；引进便民菜车，定时、定位提供蔬菜保障，北京卫视进行宣传推广。地区爱心家园为社会救助对象免费提供生活保障物资并配送入户，为行动不便的救助对象配送药物及口罩，临时开通“云”通道办理低保相关业务。对企业开展拉网式动态排查，共检查企业2.5万余家次，复工复产1329家，复工率99.32%，复工人数12276人。完成三类场所、七大行业三轮次全覆盖检查，公示13家不合格企业。召开地区企业复工复产座谈会和“两区”政策宣讲会，帮助企业申请人才公租房211套，协调解决新奥特燃气改造、百得利厂房装修等问题，协助王致和、京粮广场开展惠民商品进社区活动，协调兴业银行为5家企业提供融资服务，街道工会为62家复工企业发放防疫物资额温枪10个，暖心物资395份，慰问物资283份，助力首批复工复产的地区企业。慰问基层一线疫情防控工作人员，购买口罩10000余只、消毒液30桶，惠及62家企业，覆盖职工1000余人。辖区共出现确诊病例7例，疑似病例0例，无症状感染者0例。

（李晓雅）

上地街道

【概况】 2020年，上地街道辖区面积9.52平方千米，有12个社区居委会，共有25473户，实有人口77912人，其中人户一致17120人，流动人口41423人，人在户不在19369人。注册企业3.6万余家，孵化器20家，重点企业84家。上地地区33家高新技术企业实现逆势增长。辖区第三产业规模以上企业收入4978亿元，增幅达11.0%，高于全区10.8个百分点，占全区收入的14.7%。

（任克红）

【环境建设】 年内，街道投入17万只试运行智能垃圾桶，11个社区建立桶站97组，完成率98%；配备垃圾清运车27台；启动再生资源大件回收中转站建设。厨余垃圾分出率由3.75%升至17%左右。组织辖区单位、社区开展爱国卫生运动，联合党员、志愿者加强卫生整治、环境消杀和病媒防治，更换警示标贴，开展蝇虫蚊鼠消杀工作，发放控烟宣传品，张贴禁烟标识。

（任克红）

【平安建设】 年内，街道完成春节、全国两会等重大活动服务保障任务。启动社会面等级防控46天，出动群防群治力量12万余人次。完善立体化、信息化社会治安防控体系，建设监控点位30个。在2个小区试点基础上，推进智慧门禁建设。针对企业复产，采取技术指导、远程督导、系统监控、上门服务等方式，排查2个园区、117家复产场所，指导自查隐患236处，开展宣传培训10余场次，组织辖区企业收听收看大型直播3场次。

重点做好地区台账内78家规模以上工业企业的复工复产检查。联合上地派出所在软件园九号楼、立思辰大厦、上地医院、上地华联等场地开展8次反恐防暴演练。完成11个“无毒社区”创建工作，实现吸毒人员零增长。组织全地区开展“全民禁毒宣传”活动，发放宣传资料1000余份。

（任克红）

【民生建设】 年内，街道实施社保卡服务一窗受理经办新模式，成为全区首家社保卡收费业务综窗受理的政务大厅。推进“疏整促”重点专项整治20项。推动“马上清（青）西”城市品质提升计划，重点推进上地信息路重塑、中关村软件园品质提升等项目，推进8项区级重点项目；成立物业管理专班，党建引领建立居委会、业委会、物业企业、社会组织等社区议事协商机制。“接诉即办”受理案件3048件，办结案件2964件，办结率97.24%。

（任克红）

【社区建设】 年内，街道实行社区封闭管理，为社区安装高压电子脉冲围栏2套、道闸4套、智慧门禁系统8套、封闭大门13套。向社区发放口罩近1万个，一次性手套1200盒，护目镜120个，测温仪56支，防护服100套，84消毒液、酒精等防疫用品。转运社区核酸检测人员596人次，组织参与社区防控一线人员核酸检测204人。依托文化活动中心线上线下组织开展各类文化、培训活动478场次，线下累计参与10300余人次，线上累计参与8万余人次。为22户低保低收入和困境儿童家庭发放防护救助金4400元，为地区48户爱心家园人员发放生活救助金9600元。发放重度残疾人护理补贴696人次，困难残疾人生活补贴204人次。

（任克红）

【基层党建和精神文明建设】 年内，街道完善领导干部党建联席点制度，实施领导包片、科室包块、党员干部包点的服务机制。新成立非公企业党组织11家，辖区“两新”组织党组织覆盖率达98%。开展线上教育培训17次，培训党员2万余人次。“e动上地”微信公众号、今日头条号、快手短视频平台围绕地区重点、特色、亮点工作发布信息2556条，点击阅读量破千万人次。推进地区实体书店发展，在中关村软件园小公园、尚东数字谷设立智能无人书店，搭建“悦读大巴车—流动图书馆”绿色阅读平台。依托文化活动中心线上举办公益培训、文体活动、文艺演出165场次；举办“寸草春晖大爱如歌”大型直播演出、“璀璨金秋活力上地”大型文艺晚会。举办第三届上地美食嘉年华、上地欢乐季、第二届“活力大上地魅力软件园”互联网企业荧光跑、骑跑两项等活动。

（任克红）

【新冠肺炎疫情防控】 年内，街道启动重大突发公共卫生事件一级响应，成立疫情防控领导小组，建立每日会商工作机制，发动党员干部、志愿者、物业人员等各方力量千余人，组建3个“战旗党支部”，覆盖辖区95%以上的企业，形成“党委+政府+企业+社会”协同共抗疫情。累计排查万人次，隔离4501人；接转离鄂返京人员233人，转运入境进京人员81人，开展重点人群核酸检测27203人次。全覆盖检查辖区商务楼宇158栋、建筑工地21家、复工企业4380家。组织开展1次核酸检测应急演练。妥善处理作业帮公司、东馨园社区等群体性发热事件。为社区安装硬隔离设施19套、智慧门禁8套、隔离户门磁61套；推广应用地区企业研发的电子出入证、AI测温系统、全新人脸识别系统、小乔机器人等防疫高科技产品。组织九类重点人群疫苗接种1171例。推送相关政策、解答企业疑问，累计服务30万余次。筹集发放防疫物资20批次、万余件，编制发放法律指导书籍《战疫99解》和“企情直通卡”。开展《关于支持物业服务企业继续做好疫情防控工作的建议》《疫情下上地地区高新技术企业逆势增长分析》课题研究。报道街道疫情防控特色做法、典型经验41篇，上报海淀信息50余篇。

（任克红）

【上地欢乐季】 7月30日至8月2日，上地欢乐季在尚东数字谷广场启动。作为“北京消费季之悦动海淀”活动之一，上地欢乐季包括公益捐赠、游艺嘉年华、二手闲置售卖、欢乐抽奖、跳蚤市场、科技生活、电音party、美食夜市、后备箱集市九大活动主题。上地欢乐季首个活动——由数字化人才在线教育平台开课吧、尚东数字山谷联合打造的“后厂生活季一起逛市集！”活动内容包括公益捐赠、游艺嘉年华、二手闲置售卖、欢乐抽奖、跳蚤市场、科技生活、电音party、美食夜市、后备箱集市等主题，点亮区域夜经济。上地欢乐季之上地美食节、互联网荧光跑、自行车赛等活动持续推出。

（钟冷）

【第三届上地美食嘉年华】 8月26日至9月2日，由区商务局支持，上地街道办事处主办、海淀饮服协会承办的上地欢乐季之“嗨•吃不够”第三届上地美食嘉年华活动在中关村软件园广场举办。作为北京消费季•悦动海淀分会场活动之一，美食嘉年华活动每天18:30在中关村软件园光盘广场开始，包括动感之夜、汽车之夜、环保之夜、厨神之夜、舞蹈之夜等8个不同主题，展售参与6万余人次。在疫情防控常态化背景下，美食节旨在繁荣海淀北部地区的夜间经济，提振消费信心，通过美食节推动餐饮行业转型升级，将美食节与科技发展、深夜经济、社区发展、国际化、商业发展促消费等相结合，探索适合地区特色的商业运作模式，优化和提升上地地区的营商环境。

（钟冷）

曙光街道

【概况】 2020年，曙光街道辖区面积5.45平方千米，户籍人口7.5万人；下辖17个社区居委会，29个自然小区，地区法人单位3800余家。开展处级领导联系企业走访40家次，

8 月 26 日，第三届上地美食嘉年华现场（海淀饮服协会 供图）

帮助中国船舶集团有限公司、中国航空发动机集团有限公司、大唐环境产业集团股份有限公司等企业联系协调停车位 130 个，帮助嘉豪国际中心、中国船舶集团有限公司整治周边环境，对大唐环境产业集团股份有限公司门口施划交通安全线。编制《曙光街道经济图谱》，落实 5G 基础设施建设工作。

（王雨）

【环境建设】 年内，街道依托大城管调度体系，完成文明城区创建工作复检、国家卫生区创建迎检工作。从源头治理金源购物中心周边交通环境秩序。开展垃圾分类工作，建设曙光特色客厅式垃圾分类驿站，垃圾收运量与分出率位全区前列，曙光花园社区观澜国际小区被评为首批北京市生活垃圾分类示范小区。完成中央环保督察案件办理和水源地保护区环境整治。开展路侧停车认证管理，提升怡丽北园怡乐园公园绿化品质、人大附小西侧路、森指东侧路、森指南侧路、金庄甲一号院东侧路被评为首都文明街巷，晨月园社区被评为首都绿化美化“花园式社区”。

（王雨）

【平安建设】 年内，曙光街道疏解人口 4704 人，完成 4000 人的指标任务。拆除并销账违法建设 25 处、面积 6041.65 平方米，整治地下空间 26 处，完成全年总任务量的 117.6%。推动小微企业安全生产标准化创建和台账企业安全风险评估工作。清理违规停放充电电动车，推进交通、电气专项整治。推广安全生产责任险，试点建设电梯电动车阻车系统，建成消防安全科普教育基地，100% 完成安全生产专项整治三年行动计划年度挂账隐患整改。开展“平安校园”创建和校园周边治安综合治理，关停地区无证幼儿园 12 家。依法规范劳动用工。开展人民调解、社区矫正，完成“七五”普法总结验收自查和“开学第一课”普法进校园工作。完成行政执法职权下放工作，开展矛盾纠纷大排查，办理人民信访事项 35 件。

（王雨）

【民生建设】 年内，街道推出“一核引领、二维考评、三处攻坚、四点发力、五种尺度”的一二三四五工作法。建成社会“融治理•暖服务”中心，成立中心联合党委，形成统筹协调解决地区矛盾和问题的多功能平台。完成 32 张家庭养老床位。加强养老机构监管，落实惠老服务政策，开展“家庭助理、亲情扶助”暖公益义工行动，融入智能养老机器人创新服务，为高龄空巢老人开展“暖心服务进社区”活动。曙光街道困难群众救助服务所建立应急服务制度，测评服务对象满意度达 100%。完成无障碍环境专项行动 78 个点位整改。举办“曙光街道社会保障政策巡回大讲堂”，开设社会保障微课堂，完成就业指标任务 103%，曙光花园社区被评为北京市充分就业社区。完成第七次全国人口普查工作。推进东西部扶贫协作工作，向内蒙古赤峰市敖汉旗下洼镇、新惠镇、四道湾子镇拨付帮扶资金 200 万元，结对社区、个人，投入近 9 万元开展消费扶贫、教育帮扶活动。推进党组织领导下的社区治理合伙人机制，近 200 个影响社区建设、居民生活的实质性问题得到解决。

（王雨）

【社区建设】 年内，街道深化党组织领导下的社区治理合伙人机制，形成具有全市影响力的社区治理基层经验，有效解决社区治理互信缺失、动力缺乏的痼疾。召开社区治理合伙人专题例会 238 次，解决影响社区建设、居民生活等实际问题近 200 个，物业类“12345”热线投诉比上年下降 47.8%，基本做到“小事不出社区”。开展居住类物业管理三率工作，18 个物业管理区域中 5 个成立业主委员会，10 个成立物业管理委员会，业主委员会和物业管理委员会组建覆盖率为 83.3%。

（王雨）

【基层党建和精神文明建设】 年内，街道召开各级党组织生活会，建设基层党组织；开展机关、社区、非公企业党组织书记、基层党员轮训班。围绕党群服务中心“15 分钟”工作圈，完善非公楼宇工作站功能，结合疫情防控提升非公党建指导员综合业务能力。成立非公党组织 10 个。开展新时代文明实践工作，完成全国文明城区复检。新增实体书店 2 家，开展“昆玉艾飘香云端曙光蓝”文化品牌体育精神展演、“花好月圆迎中秋”系列文化活动等大型文体活动、惠民活动 30 余场次。开发“七彩曙光•人文蓝”文化平台，《我们在行动》等文艺作品创演剧目在腾讯、央视频等线上总播放量超过 59 万次。

（王雨）

【新冠肺炎疫情防控】 年内，街道建立处级领导包片、科级干部（社区专员）包社区、其他干部包楼（楼门）的层级责任工作体系。通过街道、社区两级区域化党建协调工作委员会工作平台，将辖区社会单位疫情防控“四方责任”转化为社区治理常态化的责任体系，通过全面推动社区治理合伙人和社会治理合伙人两个层面的党建引领基层社会治理的“工”字格局，形成落实常态化联防联控工作机制。持续落实驻地国企、央企、部队、科研院所落实“四方责任”，延续疫情管控期间社会面人员信息数据采集动态更新工作机制，定期上报汇总整理各类数据信息，做到“统一台账、统一标准、统一管控”。街道办事处形成园区、楼宇、规模企业、社会单位、六小门店5个条块管控工作平台，确保全域疫情防控不留盲区死角。实施商厦楼宇疫情防控“双楼长”工作机制，由楼宇物业负责人和街道联系楼宇负责人担任“双楼长”。在全区首创“门长负责制”，落实进出门“双验证”制度和返京人员“两书一表一平台”登记要求。建立社区防控“战旗党支部”，发动社区居委会、物业服务企业、业主（居民）志愿者、上级各级部门下沉力量和区域化党建共建单位各方防控力量5348人。配备核酸检测场所IDA智能取码终端43台，核酸检测战略储备采样场所4处，核酸检测2.8万人份。地区共有疑似病例6人，密切接触者59人，一般接触者2人，未出现确诊病例和无症状感染者。街道党建引领搭建疫情防控“五张网”（高效运转的“指挥网”、无缝对接的“巡查网”、固若金汤的“管控网”、温情互助的“服务网”、紧凑高效的“联动网”）的做法被作为经验典型被市委组织部推荐，刊载于2020年《党建》第四期。

（王雨）

【曙光地区政协委员工作站揭牌】 7月21日，曙光地区政协委员工作站在曙光街道社会融治理·暖服务中心揭牌，并开展首次活动。区政协、曙光街道办事处领导参加活动。曙光地区政协委员活动小组组长、委员工作站站长胡宏宇介绍街道特点、地区小组近年工作情况。区政协领导对街道社会治理合伙人的创新模式及社会融治理·暖服务中心建设给予充分肯定。委员们视察街道社会融治理·暖服务中心，听取中心基本情况、工作流程介绍，了解街道社会治理合伙人机制的工作原则、责任主体和工作措施，在防电信诈骗、消防安全等体验区进行互动体验。到曙光花园社区，慰问社区疫情值守人员，视察垃圾分类工作，围绕垃圾分类常态化、提升居民知晓率以及激励机制运用等进行交流，对实施中的细节提出建设性意见。

（钟冷）

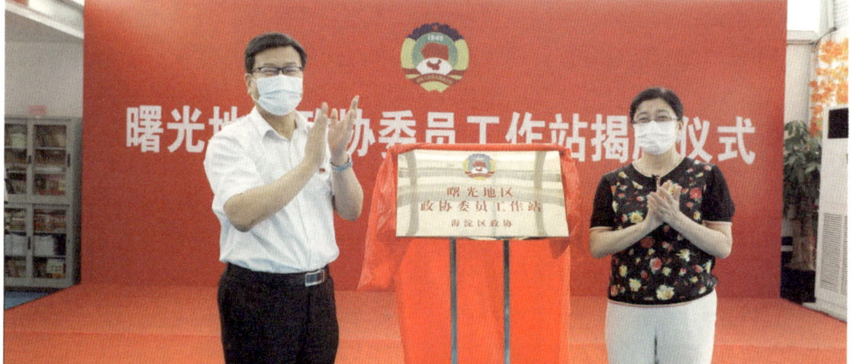

7月21日，曙光地区政协委员工作站揭牌（冯琛 摄）

燕园街道

【概况】 2020年，燕园街道辖区面积约1.84平方千米，设中关园、燕东园、校内、畅春园、蔚秀园、承泽园、燕北园7个社区居委会。有户籍人口5万余人，其中学生2万余人，流动人口约4950人。燕园街道属于大院式街道办事处，受区政府和北京大学双重领导。完成第七次全国人口普查边界确认及普查区划分工作，实地核查建筑物1500余栋，填写建筑物信息2万余条，户籍信息核对4万余条，开展培训5场。自主填报8205户，自主填报比例为65%。完成短表登记57264人，完成长表抽样登记3773人，以及核实工作。

（张盈）

【环境建设】 年内，街道组建巡查队伍，建立14类污染源台账并动态更新，形成地区污染源监控网络。以大气污染防控为核心，落实重污染应急响应应对措施，降低TSP、$PM_{2.5}$数值。完成油烟净化设备改造及验收12家。拆除并销账违法建设5处、1650.95平方米；阻止居民违法建设3起，实现新生违建零增长。完成畅春园路背街小巷工程复核验收工作，继续保持“首都文明街巷”称号。开展垃圾分类工作，设立垃圾分类指导员，线上线下联动宣传，辖区厨余分出率维持在21%左右。

（张盈）

【平安建设】 年内，街道建立消防安全联合检查机制，开展月查、夜查和重点日检查，消除安全隐患。围绕重要节假日及重大活动加强服务保障、应急处突等工作，完成社会面等级防控9次，发动群防群治力量3000人次。开展安全生产检查，日常检查和专项检查相结合，检查生产经营单位878家次，发现安全隐患199处，整改率100%；完成603家企业安全生产条件核查，企业检查覆盖率100%。开展“扫黑除恶”专项斗争，组织开展烟花爆竹禁放、反邪教、反恐防暴、禁毒、文明养犬、扫黄打非、预防煤气中毒等宣传活动。

（张盈）

【民生建设】 年内，燕园街道受理“接诉即办”案件530件，有效回访案件410件；其中解决356件，解决率86.83%；满意377件，满意率91.95%。享受北京市老年人养老服务补贴津贴人数新增289人。接收区劳动服务中心转移的国企退休人员近70人，比上年增长182%。解决农民工工资问题34起，群体性讨薪事件4起，涉及农民工110人余次，讨回拖欠工资100万余元。推动无障碍环境建设改造工作，上账122个点位，整改4个点位，上账整改率及落实元素整改率均达100%。建立燕园街道住房精准保障动态管理台账。落实《海淀区家庭照护床位建设实施方案（试行）》工作要求，完成260名老人的签约工作。提升计划生育管理服务工作水平，信息数据录入及处理8613条；关注计生特殊困难家庭群体，惠及2970人次；为辖区工地免费送避孕药具4000支，宣传手册70余册，进行卫生知识宣讲2次。完成为民办实事项目11项；推进适老化电梯加装工作，运营电梯17部，投入运营4部，在建20部；为燕东园、燕北园、承泽园、蔚秀园、畅春园西院大门口加装人脸识别门禁系统；完成家属区小型公共维修260余项，涵盖防疫维修、树枝修剪、路面整修、绿化整修、屋面防水、跑冒滴漏等。

（张盈）

【社区建设】 年内，街道开展为社区减负、清理居委会挂牌等工作。与北大社区治理现代化研究中心合作举办2020年社区工作者能力提升培训班。与学校房地产管理部成立党建引领物业管理专班，定期召开工作推进会，完成燕北园物管会组建。搭建北京大学各院系学生进街道、下社区开展实习实践平台，建立“燕园街道北京大学学生思政实践基地”“燕园街道北京大学干部基层锻炼基地”。成立北京大学社区治理现代化研究中心，利用北京大学理论、科研、学科等方面优势，协调整合各院系研究力量，提升基层社会治理水平和研究成果应用于社区治理实践。在承泽园社区设立燕园街道第一个智能图书借阅柜，可存储240本图书，为读者提供借阅、还书、取书、查询等四项主要服务。到河北省张家口市赤城县白草镇、龙关镇和云州乡开展扶贫调研对接工作，拨付扶贫项目资金200万元；畅春园社区与云州乡三山村结对帮扶，联合海淀慈善基金会发动辖区居民义卖捐款。

（张盈）

【基层党建和精神文明建设】 年内，街道完成人大代表之家、站建设，组织人大代表履职学习2次，举办人大代表集中述职活动、“代表联系选民月”活动。巩固“不忘初心、牢记使命”主题教育成果，学习习近平总书记给北京大学援鄂医疗队全体“90后”党员回信精神，开展《习近平谈治国理政》第三卷专题学习活动，举办“对习总书记关于教育的九个坚持的逻辑关系和丰富内涵的理解”专题辅导报告会，参加“党的十九届五中全会精神宣讲报告会”，参观抗美援朝出国作战70周年主题展览等，推进“两学一做”学习教育常态化、制度化。贯彻中央关于巡视整改要求，完成“立行立改”和“中长期整改”中的整改任务。主题教育整改任务自查自改台账共22项，完成20项。创建“走进燕园”微信公众号，推送173篇，其中61篇在北大新闻网报道；完成网站改版工作，网站发布新闻稿209篇。完成街道宣传片的拍摄制作。完成三个社区新时代文明实践站建设，招募志愿者，组建百姓宣讲团，开展文明实践活动。完成全国文明城区复检迎检工作。创立2家文明商户。利用“燕园文体云平台”开展线上公益“小课堂”，促进传统及热点项目教育推广；推进“太极拳进社区”“健康社区、体育先行”等项目；开展“孝满京城德润人心”重阳文化系列活动、多彩“邻里节”“共建文明家园同创美好未来”摄影展等传统节日及文化活动。

（张盈）

【新冠肺炎疫情防控】 年内，街道成立专项防控工作组，下设综合协调、社区稳定、社区居民、环境安全、舆情工作、物资保障、督查纪检等7个工作小组，分工负责开展工作。制定《燕园街道疫情防控工作方案》，列入北京大学新型冠状病毒感染的肺炎疫情防控工作领导小组的专项工作组“教职工和家属区防控组”，负责家属区的疫情防控工作。作为牵头单位，在人员排查、联防联控、隔离管控等方面与校内部门协调联动。开展四轮“敲门行动”，对辖区7个社区的5039户居民实现“地毯式”摸排，建立台账。对辖区无物业的7个老旧社区实行封闭管理，出入口安装电子门禁，24小时值守。实施场馆的日常通风消毒、出入人员扫码登记、预约限流、佩戴口罩等防疫措施，做好舆情监控及居民情绪安抚工作。联合执法队及城市管理办公室加强对社区内的宾馆、餐馆、超市以及培训机构、养老驿站等重点场所的监督检查，检查扫码登记、通风换气、清洁消毒及“一米线”等措施落实情况。促进辖区205家企业全部复工；“七小场所”50家，复工49家，复工率达98%；复工136人，返岗率75.55%。确定符合房租减免政策的商户22家，减免租金169.23万元。配合幼儿园、附小、附中、大学完成复学前评估检查工作，全力保障返校复课工作。发放口罩53436只、消毒液1340公斤、体温枪195支，一次性手套2.22万副以及其他防疫物资。与北京大学校医院完成工作对接，建成3个集中常态化采样场所，建成1个常态化采样场所，2个社区应急采样场所，完成20261人次核酸检测。清退整改北大公寓管理中心40余套违规出租公寓，完成1232名学生入园资格登记审核。完善社区人员重点信息台账，完成辖区九类重点人群第一次新型冠状病毒疫苗接种工作，1258人接受疫苗接种。通过微信群、海报、条幅、电子屏等方式广泛宣传防控知识，制作、收发防疫宣传海报、条幅2100余份。撰写、编辑发布新闻报道290篇，其中学校新闻网发布61篇；向北京大学疫情防控工作领导小组编辑报送“燕园街道每日防疫工作简讯”205期。地区确诊病例1例，疑似病例2例，密接者3人。

（李金茹）

清华园街道

【概况】 2020年，清华园街道面积3.49平方千米，辖区主体为清华大学校园，另包括清华大学科技园。设10个社区居委会和1个家委会，6个下沉执法站所。常住人口2.8万人，流动人口6000余人。辖区有两院院士近百人，教授、副教授4000余人。街道属大院式街道办事处，受清华大学和海淀区双重领导。

（孟先梅）

【环境建设】 年内，街道解决城市服务管理类案件918起，解决僵尸车案件29起，“门前三包”问题20起，侵占损坏绿地26起。拆除违建2200余平方米。成立垃圾分类工作专班，采取领导包片责任制，做到全流程、全环节“紧盯”垃圾分类。完善社区桶站建设，完成各垃圾投放点硬件设施、公示宣传设施配备。完成10个社区、6个平房区的24个厨余垃圾“桶车对接”集中清运点位的设置工作；将71处桶站进行加装棚顶改造，全都安装照明及语音提示设备；建立6个大件、装修垃圾暂存点。每周对社区所有点位进行一次检查，每月末进行社区排名；每周组织发动党员、志愿者、指导员267人次参与桶前值守。各社区开展垃圾分类宣传、培训活动，发放垃圾分类宣传材料2.5万张，受益人群4万余人；入户率达95%，知晓率达98%。

（孟先梅）

【平安建设】 年内，街道完成春节、全国两会、清华大学校庆等重大活动、重点节假日的安保防控任务。完成第七次全国人口普查清华园地区的人口普查工作，全校共10个普查区、323个普查小区，标记建筑物3325个，核实属性表和楼盘表33470条、登记人口40020人。完成双清苑社区两委班子换届选举工作。协调或组织各重点点位安全联合检查20余次。制作、张贴发放各类反恐防暴、扫黑除恶、反邪教、防集资诈骗和电信诈骗、禁毒等宣传海报4000余张、制作并发放宣传折页2000余份，制作主题宣传栏20余个，悬挂横幅20条，电子屏、微信公众号等发布信息30余条。开展“今冬明春”火灾防控工作，检查点位160个，排查消防安全隐患30余处。召开安全动员部署会议12次，发放宣传材料4500余份，检查生产经营单位290余家、600家次，排查隐患数50余起。疫情期间，对工业企业（注册地）防控工作开展“双16条”专项检查，累计对17家企业进行6次全覆盖检查；对10家规模以上工业企业检查30余家次。

（孟先梅）

【民生建设】 年内，街道实现就业113人；发放高龄、失能等各类补贴35737人次；走访慰问高龄、残疾、失独等困难人员1058人次。对975户困难群众开展帮扶工作，每户上门巡访12次，讲解政策、对接救助资源。对残疾人开展康复讲座、技能培训等活动20场，服务1000余人次。接受市民各类诉求案件804件，全部办结。

（孟先梅）

【社区建设】 年内，街道完成清华大学洁华幼儿园电气改造、双清苑社区噪声治理、公寓无障碍设施改造，实施蓝旗营院士楼无障碍改造、清华园街道养老驿站建设等项目。蓝旗营养老服务驿站、荷清苑社区养老服务驿站平稳运营。养老服务驿站服务老人4107人次（其中护理类服务2055人次，康复理疗类服务1152人次，生活类服务900人次）。参与街道教育节、体育节、文艺节系列活动的居民群众超过1万人次；各社区有群众社团组织70余个。荷清苑家长学校被全国妇联和教育部联合命名为“全国家庭教育创新实践基地”。

（孟先梅）

【基层党建和精神文明建设】 年内，街道组织开展职工集中理论学习10次，参观香山革命纪念馆、冀热察挺进军司令部旧址陈列馆、纪念中国人民志愿军抗美援朝出国作战70周年主题展等，接受爱国主义教育。在青年职工中开展以“做好与群众沟通，践行群众路线”为题的读书会；94人次参与海淀区组织的政治理论学习和会议。“家住清华”微信公众号发文163次、195篇，总阅读量超过29.6万人次。营造新时代文明实践所和10个新时代文明实践站环境

5月14日，清华园街道荷清苑社区开展垃圾分类志愿宣讲活动（清华园街道供图）

氛围，建立艺教中心和社区图书馆两个新时代文明实践基地。迎接文明城区创建和卫生城区创建检查，利用宣传栏、电子屏、横幅等形式进行社会主义核心价值观、“文明健康，有你有我”“未成年人思想道德建设”“首都文明公约”宣传。利用街道社区图书馆平台，发起“云阅读”线上读书会，组建读书小组16个，9042人次参与活动。

（孟先梅）

【新冠肺炎疫情防控】 年内，街道落实属地责任，制定一系列新冠肺炎疫情防控工作方案，成立6个战旗党支部，动员1016名在职党员社区报到，组织疫情防控志愿服务约8000人次，为居家隔离人员送上消毒水、口罩、肥皂等防疫物资共计8000余件，提供日常生活所需送货上门、代买代取常规药品、定时收取生活垃圾等服务。通过悬挂横幅、电子屏、家住清华公微、宣传海报等方式，及时传播科学防疫知识，确保疫情防控与舆情环境安全无失误。精准有序推动复工复产，复工企业1123家，复工复产率达100%。开展“敲门行动”6轮，核酸检测超过1万人次，人员转运162人检测。地区实现“零感染、零扩散”。

（孟先梅）

永定路街道

【概况】 2020年，永定路街道辖区面积4.69平方千米，30个社区居民委员会合并调整为25个，总人口143839人，其中户籍人口116363人、流动人口27476人。辖区有航天二院、中国铁建、十一学校等单位。街道获“北京市抗击新冠肺炎疫情先进集体”“北京市先进基层党组织”称号。

（刘萌）

【环境建设】 年内，街道拆除并核销专项台账违建39处、25941.37平方米，拆违台账完成率216.18%；腾退占地面积11504.36平方米，完成率127.83%，遏制新生违建2处。处罚违规工地、违规运输车辆案件76件，执行罚款38.58万元。开展生活垃圾分类管理的投放、收运、消纳等执法检查2245次，罚款处罚54件，累计罚款5.66万元，警告处罚10件。封堵采石北路南段开墙破洞14处，腾退土地2521.03平方米，疏解人口200人。投入资金5238万元，完成三街坊步道砖铺装、沥青路面施工、雨污水管线改造、楼内公共区域墙面涂料粉刷、绿化种植等工程。完成玉泉路口口袋公园外围围墙基础加固、修复改造，补植绿地，增加休闲设施，美化、提升长安街沿线空间环境。

（刘萌）

【平安建设】 年内，街道建立1个平安建设党支部、27个社区平安建设工作组、196个社区微治理工作小组及312个党员中心户。在全国两会、服贸会等重大活动期间，发动巡防队员30人，治安志愿者2800余人，维稳信息员180人，保安700余人，完成服务保障任务。建设两个“平安建设工作站、社区警务工作站”和一个“邻里守望岗”。整治群租房5104户，拆除违法隔断65间，查处上下铺41张，拆除隔断墙18个，疏解人口82人。建立社区戒毒台账15册，对裁定的社区戒毒、社区康复人员定期走访85人次。开展预防煤气中毒工作，摸底排查平房区232户。开展防范电信诈骗工作，线上线下多形式引导4000余居民扫码安装防电信诈骗App。组织街道社区居委会观看“扫黑除恶”专题教育片，开展“扫黑除恶”宣传工作。成立联合执法组，组织“黑车”整治清理活动54次，查处“黑车”6台。推动反邪教宣传教育工作，举办“永定路正气杯”反邪教线上书画大赛、反邪教警示教育宣传月、“科学新生活”微信平台答题等活动。

（刘萌）

【民生建设】 年内，街道通过“全国示范型退役军人服务中心”验收，完善退役军人各类档案台账75份。投入资金近120万元，推进无障碍建设改造。建立台账点位421个，涉及27个社区、56个小区，精准上账点位136个，上账元素372个，全部完成。街道政务服务中心推行“3.5+1”延时服务（工作日每天增加3.5小时，早上提前一小时上班），周六不打烊服务。延时服务累计办理业务1036件。《深化“一窗式”改革，创新延时服务工作》创新案例被区政务服务管理局评委海淀区十佳服务案例。建成海淀区首批第三家公共法律服务站——永定路街道公共法律服务站，立足“法律事务咨询、矛盾纠纷化解、困难群众维权、法律服务指引”的平台建设功能定位，整合辖区法律援助、律师、公证、人民调解、法制宣传等公共法律服务资源，以一厅（法律服务大厅）一线（法律服务热线）的形

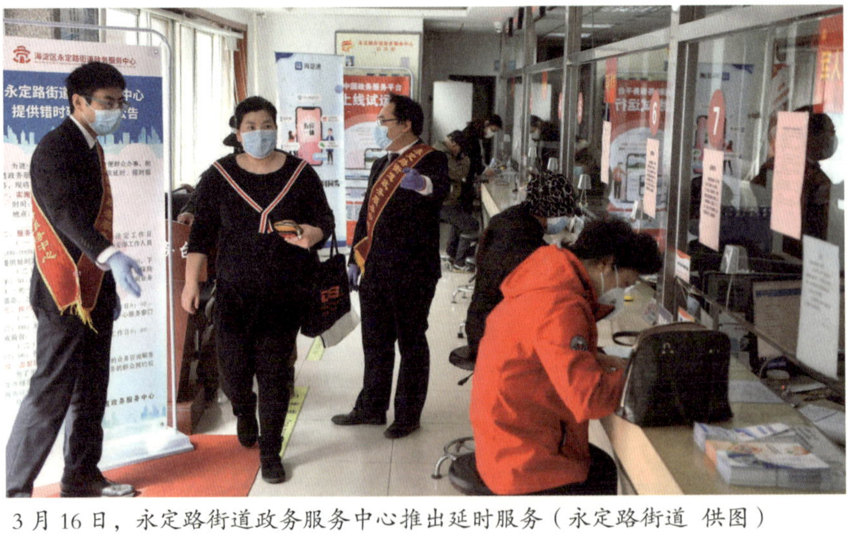

3月16日，永定路街道政务服务中心推出延时服务（永定路街道 供图）

式，集中受理和解决群众和企事业单位的法律服务事项，提供综合性、一站式法律服务。25个社区进行宣传推广，举办法律服务讲座，解答法律问题900余件，调解矛盾纠纷百余件，签订调解协议21件，19件达成司法确认，办理法律援助案件3件。

（刘萌）

【社区建设】 年内，街道整合社区公共资源，完善社区功能，对地域相近、管理区域较小、能进行合并调整的社区重新规划，由原有的30个社区调整为25个社区，其中22个社区经过调整重组为16个社区，9个社区保持不变。组建街道物业管理工作组，将地区82个小区划分为73个物业管理区域，具备成立业主委员会或物业管理委员会条件的有45个，其中有物业公司提供物业服务的43个，物业服务覆盖率95.56%。物业企业单位24个，成立党组织24个，物业企业党组织覆盖率为100%。完成24个物管会组建工作，组建率为53.3%。物管会成立党组织的24个，党组织覆盖率为100%。24个物管会解决社区停车管理、垃圾分类、加装电梯、工程改造、服务提升等问题50余件。

（刘萌）

【基层党建和精神文明建设】 年内，街道开展党课100余次，百姓宣讲60余场，主题党日活动50余次。组织社区志愿者参与垃圾分类、疫情防控、“光盘行动”等服务项目，组建社区志愿服务队132支，志愿者4000余人。疫情期间成立“跑腿组”，为高龄、独居老人以及特殊群体提供代买菜、代购药、取快递等上门跑腿服务，为社区行动不便的老人提供外卖餐饮等服务。开展网上政策宣传、疫情防治、科学教育等活动2期，为志愿者与封闭社区的居民进行网上心理辅导。开设2期“云+公益课程”，线上线下同步进行，涉及书法、剪纸、舞蹈、素描、戏曲、摄影、吉他等10种课程，开课110场次，参与居民800余人，课程浏览1500余次，提交作业成果100余件。

（刘萌）

【新冠肺炎疫情防控】 年内，街道成立疫情防控领导小组，下设综合协调组、联合排查组、流调防控组、密接管理组、健康宣传与舆情监测组、环境整治组、后勤保障组，制定“1+2”工作方案，即《关于印发应对长期疫情防控提升社区疫情防控能力的工作方案的通知》和应对社区出现确诊病例以及中高风险地区来京人员的2个应急处置方案，落实对11个社区21个小区的封闭管控。开展应急演练、培训指导、入境进京人员电话摸查，检查采样场所物资储备情况。设置防控点位93个，投入防控力量500余人，实行小区封闭管理，建立地区集中观察点，成立数据排查组，开展“地毯式”摸排，完善各类疫情台账。对居家观察人员进行精准管理和服务，升级实名制出入证，实现多色、多版式区分各类居民。完成湖北返京人员接转、机场转运及地区集中核酸检测人员的转运工作。在81个小区出入口、宣传栏、社区电子屏等张贴公告、展板、海报近2000份。组建“临时帮扶小队”，为一线工作人员发放口罩、防护服、护目镜等各类防疫物资，为封控社区和核酸检测点发放手持版扫码设备、医用垃圾处理袋等物资。安全有序组织完成近12万人核酸检测。完成集中医学观察点任务，累计运行118天，接收115名医学观察人员。对商务楼宇、商场超市、餐饮服务许可证单位“三类场所”防疫执法检查2349次。开展“四轮敲门”行动，摸排30个社区，共计175108户。地区确诊病例15例。街道微信公众号推送疫情信息300余条，区属媒体发布信息100余条。市属媒体发布信息100余条。制作抗疫视频1部、抗疫画册100本。

（刘萌）

东升镇（东升地区）

【概况】 2020年，东升镇辖区面积54.6平方千米，东升地区辖区面积8.28平方千米，有2个村民委员会和9个社区居委会。常住户籍人口23927人，其中非农业人口23316人，农业人口611人，流动人口30788人。集体经济总收入30.09亿元，集体经济纯收入14.43亿元。东升科技园总收入269亿元，纳税24亿元。为2591家企业减免房租1.73亿元。建成东升科技园•枫烨园数字经济产业园。举办第八届“东升杯”国际创业大赛。北京天智航医疗科技股份有限公司、北京石头世纪科技股份有限公司、北京亿华通科技股份有限公司、北京键凯科技股份有限公司、纳恩博（北京）科技有限公司5家企业在科创板上市。为银河航天（北京）科技有限公司、北京掌趣科技股份有限公司等企业提供住房70余套，缓解职住平衡。

（韩慧新）

【环境建设】 年内，东升镇完成9个小区驿站建设、10个展架安装及500余个垃圾桶更换。投入612万元试点“准物业化”长效管理模式。关停东方美都汽配城、五道口集贸市场、仁德旺市场非农业区域，关停集体土地出租大院（公寓）1329间，疏解人口3204人。拆除违法建设9.2万平方米，完成宝盛东路等5条背街小巷环境整治提升。

（韩慧新）

【平安建设】 年内，东升镇成立平安建设党支部，建立14个平安建设工作组、58个微治理工作小组，组织群防群治力量6.5万余人次，规范16处单位安全防范标准。开展反恐演练49次，处理信访事项349件（次）。开展食品药品监督检查2.1万次。完成62家微型企业达标创建、184家单位安全生产责任险投保、180家隐患排查治理信息系统应用推广、367家企业风险评估。安排监督检查58695人次、61384家次，督促企业落实整改隐患4258条。东升镇获评北京市安全生产先进单位。

（韩慧新）

【民生建设】 年内，东升镇服务困难群众237户。完成219名老人评估建档和服务。推进42处点位进行无障碍改造。组织劳动技能培训225人。投入2931万元，完成9个为民办实事项目。提供200万元资金，帮扶河北省保定市易县紫荆关镇鸭子沟村崩塌地质灾害治理。

（韩慧新）

【基层党建和精神文明建设】 年内，全镇17个物业管理区域党组织覆盖率达100%，物管会和业委会党组织覆盖率达90%。召开党建协调委员会17次。成立非公党支部14个，转入非公党员278人。建成清河村党群服务中心。各级理论中心组学习313次，讲党课148次，举办线上线下理论学习讲座130场次。东升镇获北京市理论宣讲示范基地先进单位称号。在中央、市、区级媒体刊发转载新闻报道1133篇，其中中央媒体622篇、市级媒体127篇、区级媒体384篇。“美丽东升”微信公众号发布信息2027条。组建17人百姓宣讲员队伍，开展“合力抗疫情、齐心奔小康”主题线上百姓宣讲，覆盖2万余人。

（韩慧新）

【新冠肺炎疫情防控】 年内，东升镇成立新冠肺炎疫情防控领导小组，下设8个工作组，制定防控方案，落实五方联动机制、首接负责制、“四方三明确，三级四楼长”机制，制定商务楼宇“十六条”检查单，规范检查标准和依据。建立健全联防联控、群防群控体系。督促国家自然科学基金委、清华大学五道口金融学院等地区单位履行防控责任。召开党委扩大会20次、调度会98次，专题研究疫情防控。组建园区、楼宇、社区楼门长队伍和党员送货小分队，实行“领导班子包片、机关科长包社区、普通干部包楼”，下派100余名机关干部，动员基层力量一万余人次，排查中高风险地区人员进京14520人次。完成核酸检测57133人次，重点人群新冠疫苗接种3458人，转运1399人次。地区有确诊病例1例。

（韩慧新）

海淀镇（万柳地区）

【概况】 2020年，海淀镇辖区面积4.79平方千米，下辖4个村委会和2个居委会。实现总收入约8.8亿元，比上年下降5%；纯收入约3.9亿元，比上年增长0.47%；劳均所得6.07万元，比上年增长8%。

树村网络信息安全产业园完成文物勘探、勘察和设计招标。功德寺产业项目规划调整和城市设计方案获市政府批复，完成区政府授权实施主体。东西水磨地区集体产业项目纳入“三山五园”地区整体保护规划。裕龙农工商公司朱辛庄慧聪大厦项目开工建设。汇苑农工商公司永丰智慧谷中心C4#楼项目投入运营。

制定完善《关于做好海淀镇股份经济合作社收益分配工作的意见》《海淀镇股份经济合作社股权管理意见》，进一步规范股权管理和收益分配。加大“三资”监管力度，开展集体资产清查。完成股份社换证登记赋码工作。

（范宏伟）

【城乡一体化建设】 年内，海淀镇落实“三山五园”地区整治提升三年行动计划。完成功德寺地区村庄腾退收尾和东西水磨改造项目腾退任务；树村棚户区改造项目资金平衡地块挂牌上市；树村二期安置房完成入住手续办理；功德寺安置房进入地下车库结构施工阶段；一亩园安置房配套小学、幼儿园建设持续推进；中央党校西墙外腾退项目安置房周边部分道路完成开口手续办理及施工。推动《北京市物业管理条例》落地见效，物管会组建率75%，党组织覆盖率100%，村居融合机制进一步完善。推进生活垃圾分类，在辖区8个社区建立3个垃圾分类驿站，提升改造70个垃圾分类桶站，组织动员263名志愿者指导监督社区垃圾分类工作，检查督促75家社会单位落实责任，区级测评各项指标保持达标。万柳集团整建制“农转非”工作实现重大突破，万泉庄村、六郎庄村2341名村民转变身份，转非率达96.02%。

（范宏伟）

【环境建设】 年内，海淀镇助力海淀区成功创建国家卫生区，在海淀区城市环境建设管理考核评价工作中，综合考核得分均位列城乡接合部序列第二名。落实“河长制”，持续开展水环境综合治理，完成全镇地下取水点核查。加强生态林地养护，对5800余株树木开展病虫害防治。拓展地区绿色生态空间，新增功德寺地区绿化7公顷，完成树村公园49.7公顷升级改造，恢复裕禧隆园认建认养绿地1.87公顷。拆除违法建设7.9万平方米，完成率达132.4%，新生违法建设“零增长”。开展城乡综合整治联合执法60余次，有效改善辖区环境秩序。开展施工扬尘专项执法行动，检查工地144个次、渣土车100余辆。持续开展巡视检查，保持五类重点行业“散

9月18日，海淀镇新时代文明实践所揭牌（海淀镇 供图）

乱污”企业整治动态清零。

（范宏伟）

【平安建设】 年内，海淀镇落实安全生产责任，开展燃气、食品药品、卫生监督等安全隐患排查，检查生产经营单位2069家次，出动4100余人次，消除各类安全隐患530余处，获评北京市安全生产先进单位。推进平安海淀建设，累计出动社会面防控力量1.9万余人次，完成中关村论坛、国庆、“双创周”等重点时期、重点点位的服务保障工作。完善社会治安防控体系，连续七年三类可防性案件“零发案”，群众安全感测评在全区名列前茅。

（范宏伟）

【民生建设】 年内，海淀镇解决群众诉求773件。持续优化营商环境，完善政务服务标准化工作流程，全面梳理政务服务事项，实现高频事项掌上办、网上办。为辖区中小微企业减免租金3450万元，帮助企业渡过难关。精准服务困难群体就业，新增就业146人。投入140万元帮扶困难群众，走访慰问1958人，扶贫济困288人。开展无障碍设施专项工作，完成21个点位的无障碍坡道、标识等设施改造工作。健全基层健康服务体系，柳浪社区卫生服务站投入使用。投入207万元，援助河北省赤城县样田乡和后城镇建设项目，为湖北省丹江口市浪河镇京西稻试种提供技术支持。完成8项为民办实事项目：为裕和嘉园、万和嘉园、青龙桥村委会、功德寺居委会、圆明园农工商公司等单位检修、配备消防设施，消除消防安全隐患，；安装电动自行车充电桩560个，解决辖区居民电动车充电难题；对裕禧隆园小区进行无障碍改造；为西苑操场甲一号院3栋楼进行防水改造；对万柳汇新家园B1、B2楼锅炉房进行整体改造；升级改造裕隆新村小区地下车库，增加200个停车位；投入35万元为辖区群众购买惠民电影兑换券；为全镇农民、社会化退休人员、“政策性”转居人员以及无业居民2792人进行免费健康体检。

（范宏伟）

【基层党建和精神文明建设】 年内，海淀镇提升全面从严治党的政治自觉，压实党委主体责任及各二级单位主要负责人的“第一责任人”责任。做好疫情防控等重大事项的舆情应对和舆论引导。成立2家非公党支部，非公党建工作覆盖率保持100%。建成镇级党群服务中心，新时代文明实践所投入使用。完成社区（村）党组织换届工作。完成“吹哨报到”机构改革。健全重点工作督查问责机制，为打赢疫情防控阻击战持久战提供坚强纪法监督保障。累计培训党员干部5000余人次。完成海淀镇乡情村史馆基本建设，初步形成文明实践所、乡情村史馆、阅其书苑“一体多翼”、多阵地联动的文化建设局面。扶持六郎庄五虎棍艺术团、万柳艺术团、肖家河球舞队等业余文艺团队。举办农民艺术节、健步行、棋牌赛及摄影采风等文体活动4场次。“海淀镇相随”微信公众号发布1145条信息；在《海淀报》《海淀信息刊物》、海淀有线台、“北京海淀”微信公众号等媒体刊登信息60余次；《北京日报》、学习强国、人民网等报道20余次；政府公开网站更新工作动态261条；海淀信息网站报送50余条。

（范宏伟）

【新冠肺炎疫情防控】 年内，海淀镇贯彻落实中央、市、区决策部署，落实“三防”“四早”“九严格”的防控要求，建立健全联防联控、群防群控体系。调动机关干部、党员、志愿者800余人在社区（村）卡口24小时值守，发动社区（村）干部280余人，对辖区9878户住宅开展地毯式摸排。推动科技战疫，在各社区安装声纹识别智能测温门禁系统；组织开展“敲门行动”，累计排查1500余人；完成在鄂返京及境外返京等933名人员闭环转运任务；组织新发地市场聚集性疫情相关人员核酸检测以及中高风险地区返京人员核酸检测工作，累计采样检测11932人次。

（范宏伟）

5月30日，海淀镇柳浪北里居民开展清洁日活动（海淀镇 供图）

四季青镇（四季青地区）

【概况】 2020年，四季青镇辖区面积40.83平方千米，下辖10个村委会、12个社区居委会，有直属企事业单位20个，集团4个。户籍人口69741人，流动人口104635人。集体经济总收入35.23亿元；集体经济纯收入13.67亿元，比上年增加3251万元；集体账内劳均分配91007元，比上年增加7280元。成立四季青公共服务管理集团和四季青文化养老管理集团，撤销常青、高庄、蓝靛厂村民委员会建制。四季青镇党委被评为北京市抗击新冠肺炎疫情先进集体和先进基层党组织。

（宫雪皎）

【城乡一体化建设】 年内，四季青镇宝山村棚户区改造项目腾退签约率达96%。完成常青、高庄、蓝靛厂村撤村工作。建设香山一期、双新、宝山、常青回迁安置房。巨山创意园取得不动产登记证书即国有建设用地使用权。巨山路西侧周边地块完成腾退工作。

（宫雪皎）

【环境建设】 年内，四季青镇提升垃圾分类科学管理效能，全镇垃圾桶站、驿站运行良好，瀚河园小区等8个试点智能驿站采取“互联网+”模式，提升垃圾分类智慧化水平。完成“疏解整治促提升”专项任务指标，整治无证无照市级挂账点位35处，完成群租房整治319套，疏解419人次。推进第二轮中央生态环境保护督察25件信访案件办理。“留白增绿”新增绿化面积383.2亩。落实“河长制”，规范河道巡查记录，“北京河长App”巡河率达100%，处理案件57件，确保镇域“水清岸绿景美”。

（宫雪皎）

【平安建设】 年内，四季青镇开展信访排查调处和领导接访下访，推进6件历史遗留问题解决。对安全生产和食品药品进行安全监管。推进“扫黑除恶”、反恐专项斗争。完成两节、两会等重要时期的安保维稳工作。建成辖区17个智慧平安小区及13个回迁房小区智慧社区治理与疫情防控系统，均投入使用。

（宫雪皎）

【民生建设】 年内，四季青镇稳定和扩大就业，对困难群众兜底保障。扩大学前教育学位供给，常青幼儿园田村分园开园，常青幼儿园西院扩园，收回鲁艺幼儿园。完成第七次全国人口普查工作。“接诉即办”共接到市民诉求12991件，纳入市级考评3588件，解决率89.66%，满意率91.90%。成立物业管理办公室并对物业管理工作规范化指导，新成立物业管理委员会18个，完成“三率”指标任务。对口帮扶内蒙古敖汉旗金厂沟梁镇三个行政村发展以黑木耳种植和蘑菇深加工为主的集体产业，当地贫困户全部脱贫；在湖北省丹江口市凉水河镇选址建设工业园和植物园项目；在河北省张家口市赤城县、北京市怀柔区等地开展调研考察，寻求新的产业项目落地。

（宫雪皎）

【基层党建和精神文明建设】 年内，四季青镇把党建、意识形态和党风廉政建设责任制统一纳入党建责任体系，组织召开党委会40次，党委理论中心组学习12次，专题研究党建议题59个。全镇46个基层党组织和27个非公党支部开展学习十九届五中全会精神系列活动，领导班子成员开展宣讲活动。召开2次警示教育大会，落实全面从严治党工作中面临的风险和挑战。集党群服务、新时代文明实践、公共文化服务及社会养老助残等多功能服务于一体的文化四季综合活动中心投入运营。“宝贝之家”微信公众号组织地区少年儿童开展主题活动；“文化四季”微信公众号通过线上线下方式开展文化活动100场，惠及人数2360余人。全年镇级文体活动及培训240场，惠及地区群众13万余人次。微信公众平台关注人数达1.6万人。

（宫雪皎）

【新冠肺炎疫情防控】 年内，四季青镇成立疫情防控领导小组，成立综合协调、医疗和物资保障、市场秩序管控、隔离人员管理、社区（村）防控、园区楼宇管控、监督组7个工作小组。防控主战场细化至89个小区、130个点位，4569余人参加值守。推行“一图一表一报告”管理模式，“一图”即依托楼栋图和拆迁图绘制12个村、12个社区疫情“销控图”；“一表”即经营主体摸排表，统筹多部门力量，对镇域内所有经营主体进行“再摸排”，保证底数清，情况明；“一报告”即对全镇每日防控重点、工作动态、专班行动、每日复工、热线回复等情况进行梳理汇总，形成疫情防控日报，为全镇综合研判疫情形势提供有力参考。指导13个村、12个社区制定应急预案和薄弱地区防控方案开展应急演练；组建防疫心理援助志愿者服务队，通过线上讲座、疏导答疑等方式，对居家隔离人员和一线工作人员进行心理疏导；成立镇防疫专项督导组，开展专项督导。开展“敲门行动”，逐户排查，累计排查返京人员7.5万余人，全闭环转接滞鄂、境外返京人员734人。新发地市场疫情核查大数据派单5200余人，管控重点人员1913人。6月26日地区升级为中风险地区，落实二级响应防控政策，组织开展全员核酸检测11.3万人。配发口罩、一次性手套、防护服、酒精、消毒液等防疫物资累计50万余件。开展“上门服务”，保证服务设施和基本生活物资供应。109家企业采买口罩9万个；为承租集体

10月21日，四季青镇文化四季综合活动中心启用（关蓉 摄）

房产的企业减免房租或延长租期，共计7700余万元。截至年底，全镇复产复工率达99%以上。宣传报道典型人物事迹60余件，宣传创新工作做法20余次，制作《战疫MV》《当那天来临》以及人物专访、先进事迹等专题视频8部，镇外媒体报道近30条。地区出现确诊病例1例，无症状感染者0例，疑似病例0例，境外输入0例，重症0例，死亡0例。

(宫雪皎)

【北京四季青公共服务管理集团有限公司】 6月16日，北京四季青公共服务管理集团有限公司成立。集团以四季御霖科技发展有限责任公司、四季青公园管理中心、四季嘉诚清洁服务有限公司、四季顺安停车管理有限公司为框架组建。业务范围涉及园林绿化、水利工程、垃圾分类、停车管理、防汛抗旱等方面。

(宫雪皎)

【北京四季青文化养老管理集团有限公司】 6月16日，北京四季青文化养老管理集团有限公司成立。集团整合四季青敬老院、香山老年公寓组成养老分公司；整合常青幼儿园、育红幼儿园等镇域内9所幼儿园组成幼教分公司；北京绿谷伟业网络科技中心改制，更名为北京四季青旅游文化有限公司；整合四季青培训中心(原四季青成人中专)，开展职业技能培训。集团整合优势资源，致力于地区旅游文化传媒、幼儿学前教育、养老服务咨询、培训管理事业的融合发展、提升服务品质。

(宫雪皎)

【四季青镇文化四季综合活动中心启用】 10月21日，四季青镇文化四季综合活动中心(简称活动中心)启用。活动中心总建筑面积922.75平方米，集党群服务、新时代文明实践、公共文化服务及社会养老助残服务等功能为一体，设党群服务中心、新时代文明实践所、社区服务中心、温馨家园、综合文化活动中心、团市委青少年“创新部落”等部门，包含图书馆、健身房、视听室、培训教室、舞蹈教室、合唱教室等展示区及功能室，外研书店(四季青分店)实体书店入驻。四季青镇将活动中心打造成核心价值的传播地、优秀文化的传承地、公共服务的传输地，建设“一个中心，四个阵地”的文化惠民服务圈，打造四季青“文化四季”特色文化品牌，满足人民群众多元化的精神文化需求。

(钟冷)

西北旺镇(西北旺地区)

【概况】 2020年，西北旺镇面积51.09平方千米，辖8个村委会、20个村级股份经济合作社、17个社区居委会。有户籍人口4.8万人，外来人口14万人，常住人口18.8万人。全镇农村集体经济总收入完成14.04亿元，比上年增长48%。其中，镇级集体经济总收入4.39亿元，比上年增长41.9%；村级集体经济总收入9.65亿元，比上年增长51%。完成镇级产权制度改革，推进股份管理体系顶层架构设计。完成屯佃、永丰屯、冷泉、韩家川、西玉河、亮甲店6个村共5650人的整建制农转非工作，参与转非人员5627人，转非率达到99.59%。推进“一镇一园”项目建设，完成X3地块中021公租房项目建设，完善周边道路；X3-016地块集租房项目开工，完成土护降施工；X2地块全面开工，由西北旺镇联社与中粮集团联合打造，为海淀区引入第一个大悦城；X5地块项目协调办理相关手续，推进项目落地。推进新型城市形态建设。

(白昕煜)

【城乡一体化建设】 年内，西北旺镇完善升级“接诉即办”工作机制。办理垃圾分类、物业管理等案件，对城市管理痼疾顽症进行综合执法，确保市民普遍关注的民生问题第一时间得到处理，“脏乱差”现象得到有效遏制。受理市民诉求11388件，其中日常案件9041件、疫情案件2119件、垃圾分类案件228件。推动智慧西北旺建设，推进镇级城市管理应急指挥中心建设项目。视频监控中心及应急平台24小时应急值守543人次，通过科技创安视频监控系统主动发现20件网格问题。

(白昕煜)

【环境建设】 年内，西北旺镇开展垃圾分类工作，在青棠湾社区建成全区首家、北京市第二家厨余垃圾就地液化系统，在天阅西山社区建成全区首家市级密闭式生活垃圾分类驿站。建立物业管理长效机制，成立1个业委会党支部、8个物管会党支部，业委会(物管会)组建覆盖率达69.2%。对韩家川村、冷泉村、屯佃村、永丰屯村、亮甲店村5个平房村的103个厕所实行专业化托管。各村道路清扫、小广告清理、生活垃圾清运皆由专业化保洁公司负责。每月清理生活垃圾约1.2万吨、小广告6000余张。清理农村生活垃圾5000余处，1.7万余吨，乱堆乱放、乱贴乱画约4000处，清理村域河塘沟渠150余处，拆除私搭乱建、私搭棚舍300余处、约1.4万平方米。完成新增631处图斑的普查举证分类工作，完成率达100%。

(白昕煜)

【平安建设】 年内，西北旺镇加强社会面等级防控。与各村(居)委会、镇属企事业单位、重点生产经营单位签订《西北旺镇安全生产、消防安全责任书》。发放消防、安全题材横幅110余条，宣传挂图300余张，各类安全宣传折页5000余张。利用镇有线电视台、最美西北旺微信公众号、LED宣传屏宣传播放安全标语、提示语、法规、安全动漫宣传片等。以3天一覆盖的工作目标，对86家工业企业复工复产防疫措施进行安全检查。进行隐患排查治理信息推广，180家企业参与使用隐患排查治理信息系统上报信息。

(白昕煜)

【民生建设】 年内，西北旺镇配合各征地单位做好征地项目及相关手续办理等工作，落实14个征地项目。其中，市政项目10个，包括邓庄南路西延项目、上庄路项目、021周边市政工程项目、友谊渠污水管道工程等市政工程；工程建设项目4个，包括一亩园二期及三期建设项目、永丰产业基地（新）4—1街区一级开发项目组团（F1地块和F2地块）项目等。针对生活污水问题，各村结合实际采取临时措施，其中屯佃村通过铺设临时盖板方式以减少气味挥发、杂物飘落等。结合“6•23奥林匹克日”和“8•8全年健身日”，开展西北旺镇线上“云动会”，采用家庭参与和个人参与的方式，两项活动共300余人次参与。审核办理迁入户证明300余份，经营场所证明20余份。完成2020年非京籍儿童入学住房证明的审核工作。

（白昕煜）

【基层党建和精神文明建设】 年内，西北旺镇制定《西北旺镇2020年基层党建工作要点》，推动党支部规范化建设落到实处。永丰屯村党支部“红丰党建工作法”入选全区党支部工作典型案例。制作疫情防控专题片《守护家园我们在一起》《春暖花开欢迎回家》。发动群众以剪纸、诗词、歌曲等方式支持疫情防控。完成8个村和17个社区党组织换届选举工作，全部一次性选举成功，共选举产生110名党组织班子成员，其中书记25名、副书记25名、委员60名。推进市级软弱涣散村、重点整治提升村及后进社区整顿转化工作。组织开展基层党支部规范化建设年中、年终专题督导检查。

（白昕煜）

【新冠肺炎疫情防控】 年内，西北旺镇成立由书记、镇长、人大主席任组长的新冠肺炎疫情防控工作领导小组，下设综合协调、维稳摸排、党群动员、重点人员管控、专项监督、复工复产防疫等7个专项工作组。建立每日工作例会制度，共召开89次领导小组会，确保领导小组安排及时落实落地。建立领导班子包社区（村）工作机制，11位领导班子成员分片联系17个社区、16个村。研究制定《突发公共卫生事件处置工作方案》《重点人员管控工作方案》等15项工作方案，坚决遏制疫情扩散势头。下沉机关干部、村（居）干部、物业保安、社区民警、志愿者等力量6000余人参与群防群控。小区开展三轮“敲门行动”，摸排河北省、黑龙江省等地返京人员9000余人，自主摸排3000余人，大数据处理7000余条。完成第一针疫苗接种16569人，第二针疫苗接种4805人。对平房村群众及重点人员等进行全面核酸检测，累计检测70001人。集中医学观察点累计隔离298人，居家观察人员近3万人。西北旺镇确诊病例1例。推出减免房租和物业费等六项暖心服务包，推动企业有序复工复产。复工1266家，复工率100%，总复工人数71269人。建筑工地21处，全部复工。22家文化活动场所，4家复工。非封闭区域“七小门店”97家，开业97家，复工人数677人。向社区（村）发放103万余只、医用手套近60万只、84消毒液7万余升、防护服5800余件、护目镜2200余副、护屏2500余个以及酒精、消毒洗手液等防疫物资。开通“‘疫’线告白”专栏，编发一线先进典型及感人事迹23期40余条次。《新闻联播》《中国新闻》等栏目及新华社、CGTN、北京日报、光明日报、学习强国等中央、市级媒体报刊发表新闻37篇，区级媒体转发新闻18篇，北京组工、北京海淀、红色海淀、海淀融媒等微信公众号发布西北旺镇新闻20余次。北京组工、北京海淀、红色海淀、海淀融媒等微信公众号发布新闻20余次。创作的战疫微视频《守护家园我们在一起》播放量1.3万余次。

（白昕煜）

8月7日，西北旺镇整建制农转非工作大会召开（西北旺镇 供图）

温泉镇（温泉地区）

【概况】 2020年，温泉镇面积33.19平方千米，辖2个村委会，13个社区居委会，2个地区工委，7个股份经济合作社。有户籍人口29897人，其中农业人口142人，非农业人口29755人。流动人口49576人。有注册企业1.2万余家，区级规模以上企业1025家，镇域规模以上企业1000余家，重点税源企业90余家，重点企业30家，上市企业15家，4万余名高新技术人才，上缴税收30余亿元，年总产值500余亿元。全镇经济总收入15.25亿元，比上年增长7%；纯收入4.66亿元，比上年增长7%；人均年收入33945元，比上年增幅7%；农民月均收入2828.75元，比上年增幅7%；农村集体收益分配股东分红人均13028.68元，比上年增幅7.85%。

建立健全“服务管家”、领导包干联络服务机制，构筑政企高层互动平台，加快增量企业引进落地，巩固地区优质税源。召开温泉科技服务大会，开发“镇园一体”平台，完善“产业链”“创新链”“人才链”“价值链”的新型科技服务生态雨林体系。与河北省邢台市临西县、浙江省桐乡市签署项目合作协议，打造“温泉研发，异地生产”的“离岸创新”新模式。

（王莹莹）

【城乡一体化建设】 年内，温泉镇落实街镇责任规划师制度，搭建“多规合一”信息平台，开展“疏解整治促提升”专项行动。高里掌村腾退宅基地138户，占总户数78.4%，拆除非宅45处，完成比例100%；辛庄村腾退宅基地288户、占总户数78.05%，拆除非宅58处、完成比例98.3%。协调推进太舟坞二期安置房开工建设，开展中心区F地块、C03—1地块定向安置房项目，推进北辰D1地块项目。加强基础设施和服务设施建设，C06地块兴泉商业楼项目与物美超市、麦当劳等10余家商户签约开业；开设社区E中心；在白家疃村、温泉村建立村庄公共服务供给模式试点，成立物业管理委员会，有序推进党建引领物业管理“三率”工作。

（王莹莹）

【环境建设】 年内，温泉镇成立垃圾分类工作领导小组，开展垃圾分类宣传、规范、整改工作。制作并发放海报6000余张，横幅180条、宣传折页3万份、知识手册3万份、厨余垃圾袋约90万个。建立裸露地面、餐饮油烟排放、汽修等13类污染问题台账，通过环境网格员巡查、联合执法以及基层社区、村巡查等形式开展大气污染防治工作。严格查处非法使用、运输和销售燃煤等行为，巩固“无煤化”整治成果，确保违法燃煤“动态清零”。做好中央生态环境保护督察第二轮督察迎检工作，完成档案整理和总结、涉及温泉镇的4个案件均已按照要求进行上报结案。推动“清脏、治乱、增绿、控污”等工作。组织开展村庄准物业化管理自查自评，通过2019年度区级验收。

（王莹莹）

【平安建设】 年内，温泉镇在春节、国庆等重大活动期间，开展社会面防控工作。在主要交通要道设置社会治安志愿者岗，24小时巡防岗。对供水、供电、供气、供热、地下管线设施进行全面检查和维护，24小时专人看守。开展反恐防恐宣传教育和演练活动；加强禁毒工作，举办禁毒讲座、观看禁毒电影等活动；开展防范打击邪教组织工作。

（王莹莹）

【民生建设】 年内，温泉镇以颐阳山水居东区自来水管网提升改造、老旧小区（温泉路45号院楼）改造项目为重点，深化“接诉即办”工作，“12345”市民服务热线平台承办3630个案件，全部办结。“96181”区政府热线平台转派“12345”市民服务热线平台案件1190件，全部办结。落实为民办实事项目10件。完善镇域医疗、教育、公共交通、文化娱乐等公共服务设施；为地区学校优秀学生发放奖励，协调温泉商会企业会员为温泉镇精准救助家庭以及困难家庭子女进行一对一帮扶。政务服务大厅开展延时服务，采取“早晚弹性办、中午不间断、周六不休息”的延时服务模式，提高政务服务质量和效率。完成白家疃社区卫生服务站建设审批，采用送医送药的模式为医保患者提供服务，完善基层医疗卫生服务体系。

（王莹莹）

【基层党建和精神文明建设】 年内，温泉镇创新“防疫课堂”“云端课堂”等学习形式，利用温泉镇党建微信号刊发学习内容，培养锻炼基层干部。完成15个村、社区党组织换届工作，共选举产生新一届党（总）支部委员75名，均一次选举成功。成立整改落实区委第五巡察组规划自然资源领域专项巡察温泉镇反馈意见工作领导小组，加强问题整改和源头治理。抓好政治监督、专项监督和日常监督，制定《温泉镇2020年全面从严治党责任清单》，对24家基层单位进行全面从严治党检查，对排名靠后的3家单位进行集体约谈，推进“两个责任”落到实处。处置疫情防控问题线索3件；运用监督执纪“四种形态”处置12人次，对敢于担当、崇尚实干的干部进行褒奖。开展“最美温泉，文明相约”主题宣传教育实践活动，制作《漫话温泉》乡约口袋书、“漫游温泉”微信小程序、“印象温泉”系列短视频、“最美温泉”个性化邮票，开展乡约进万家、乡约进校园、乡约故事会活动。累计举办线上线下道德讲堂62次，3850余人次参与。推荐北京榜样提名37人。举办文创大赛、原创歌曲音乐节、中法文化展示周、温泉文化公益课及红楼迷马山地马拉松赛、冰蹴球挑战赛等文化科技艺术节系列活动。完成文明城区复查工作，巩固提升国家公共文化服务体系示范区创新成果。聘请5位专家学者作为镇政府文化顾问，储备建立文化专家智库。

（王莹莹）

【新冠肺炎疫情防控】 年内，温泉镇成立温泉镇新型冠状病毒感染的肺炎疫情防控工作领导小组，制定工作方案和应急预案。建立由镇领导班子成员和地区工委、村、社区“两委”成员分片包干制度，明确相关单位职责分工。召开疫情防控专题会商会98次，落实24小时值班值守制度和领导在岗带班制度，签订疫情防控工作责任书。启动“双联系”“双报到”应急响应机制，对接区级13个单位的570余名干部，组织镇级255名干部下沉一线，充实基层防控力量。党员群众捐款36万余元。开展地毯式摸排，建立工作台账，设有70个卡口，排查（大数据+自行摸排）地区重点人员1589人。为医学观察人员提供“三个询问”服务即问健康状况、问生活状态、问服务需求。

印发《致温泉镇居民倡议书》，在商圈、医院、公园等人流量大区域悬挂疫情防控宣传标语200余条，在商务楼宇、村（社区）宣传栏张贴疫情防控宣传海报3600余张，31块户外电子显示屏滚动播放疫情防控宣传标语；利用微信平台推送一封信、倡议书、工作指引等，开展线上普法有奖知识问答，实现疫情防控宣传线上线下全覆盖。地区文艺工作者创作展播诗歌、快板等各类作品350余份。制作《团结一心 保卫家园》宣传片，打造原创歌曲《平凡的感动》MV，推出“众志成城 守护家园”系列短视频，整合“泉镇通”“泉知家”“青泉汇”3个微信公众号，构建温泉镇“三位一体”的线上宣传布局。撰写防控简报151期。

（王莹莹）

苏家坨镇（苏家坨地区）

【概况】 2020年，苏家坨镇面积84.57平方千米，辖10个村委会，9个社区居委会。全镇总人口8.9万人，其中户籍人口3.8万人，非户籍人口5.1万人。全镇农村经济总收入52311万元，其中镇级集体经济总收入31476万元，村级集体经济总收入20835万元。

（徐瑶）

【城乡一体化建设】 年内，苏家坨镇推进村庄腾退收尾和重点项目建设。北安河地区宅基地腾退收尾，共腾退36户，整体腾退率达97.4%。集体租赁住房项目实现开工建设，部分楼座施工至正负零。北京协同创新园项目开展多规合一综合审查文件编制；前沙涧S1组团项目签订合作协议，其中S7—2地块办理前期规划和立项手续。制定中关村翠湖休闲公园总体策划方案，调整完善总体规划设计方案。

（徐瑶）

【环境建设】 年内，苏家坨镇推进路面洒水作业、加大裸地和工地巡查检查力度、严控移动“污染源”等方式，改善空气质量。全镇$PM_{2.5}$月均浓度为36微克/立方米，粗颗粒物浓度（TSP）月均浓度为94微克/立方米，累计平均浓度为全区街镇最低。开展“水清岸绿”行动，修复治理温北路边沟等13处沟渠边坡；完成苏三四村南、温阳路边沟污水截流工程，解决北小河（苏三四村段）污水明排问题，专项整治小微水体62处。集中式饮用水水源地水质稳定达标。实施森林健康经营200公顷，新增平原造林49.79亩。开展20个“疏解整治促提升”专项行动，提升、优化镇域环境品质。拆除违建16.04万平方米，完成年度台账任务的106%；腾退土地19.92万平方米，完成年度台账任务的105%。全镇新生违建“零增长”。完成19处无证无照经营市级挂账整治任务。

（徐瑶）

【平安建设】 年内，苏家坨镇建立党委会、镇长办公会季度专题调度机制，主要领导定期带队到重点领域开展督查，消除隐患；与各村（社区）签订责任书。落实市、区级安全生产专项整治三年行动部署，开展建筑工地、人员密集场所、电动车等行业领域专项整治。排查检查安全隐患1249处，均完成整改。提高防汛能力，细化分工、压实责任，形成“应急联动、协调高效、信息共享”格局，实现平安度汛。

（徐瑶）

【民生建设】 年内，苏家坨镇推进整建制农转非，12个村整体转非率达99.42%，9673名农民实现身份转变，成功纳入城镇养老医疗保障体系。“接诉即办”受理群众诉求7839件、解决6585件，解决率、满意率分别为84.04%和87.15%。组建12个物管会，覆盖16个小区，覆盖率达84.2%。9个第三批村庄通过市农业农村局农村人居环境整治考核验收，七王坟村、车耳营村连续2次满分通过。西埠头等7个村庄规划简本通过专家审查。七王坟、柳林2个美丽乡村建设方案加速深化。完成车耳营村传统村落保护规划初步编制。落实无障碍环境建设专项行动，14处台账任务整改到位。安河家园商业街区和北分瑞利社区商业e中心开业运营，提升生活性服务业品质。

（徐瑶）

【基层党建和精神文明建设】 年内，苏家坨镇完成村（社区）党组织换届工作。开展党委理论中心组学习13次。举办6期“云党课”，培训党员、入党积极分子近万人次。实行入党积极分子、发展对象跟踪培养备案制度，发展党员26名。深化党风廉政建设，运用监督执纪“第一种形态”，开展提醒谈话40人次、批评教育2人、通报批评1人。成立西小营村等20余支志愿服务队，出动3000余名志愿者开展群众文明劝导志愿活动。组织“云舞台”“云厨房”“云端午”等活动，丰富群众居家生活，吸引400余人参加；举办“苏家坨镇抗疫展”，成为地区党员教育新窗口。以文明城区建设为载体，制作、张贴宣传横幅、公益海报等2万余张，发放调查问卷4万余份，发放宣传纪念品30余万个。通过“京彩苏家坨”微信公众平台开展文明城区建设有奖问答活动，覆盖人群6377人，发表文明城区建设文章60余篇。成立苏家坨镇融媒体中心，推进媒体深入融合发展。已建成凤凰岭明德书院、稻香湖图书城、稻香湖景书店及贝乐学读书社4家特色书店，新建成1家24小时实体书店。培育柳林村柳编、车耳营村剪纸等品牌项目，打造梁家园村大槐树村民议事厅优秀志愿服务项目；申报评选1个文明镇、2个文明单位、8个文明村，七王坟村被评选为海淀首批生活垃圾分类示范村。推动公民道德、乡风文明建设，促进百姓文明素质提升。

（徐瑶）

【新冠肺炎疫情防控】 年内，苏家坨镇严格落实“四方责任”，履行属地责任，成立疫情防控领导小组，推行“党员干部+志愿者+村（社区）+物业”工作体系。以28个村（社区）党组织为抓手，在基层开展地毯式排查，实施网格化管控，构筑起“镇领导联系指导、包村（社区）组分片负责、村（社区）主体管理、党员干部和志愿者积极参与”的严密防线，确保排查到边到角、到户到人。将“三防”“四早”“九严格”不折不扣落实到镇域各行业、各区域、各领域疫情防控中，盯紧养老、医疗机构等特殊场所，防止聚集性疫情发生。多渠道、全方位筹集防控物资，通过联系社会企业购买、接受爱心捐赠等方式，确保防疫物资充足。全镇域实现“零”疑似病例、“零”感染病例。

（徐瑶）

上庄镇（上庄地区）

【概况】 2020年，上庄镇面积38.45平方千米，有户籍人口13202户30497人，其中农业户85户126人，非农业户13117户30371人，流动人口56240人。下辖19个村民委员会，6个社区居委会，6个事业单位，16个镇属公司。镇域内有上庄水库，北京市唯一的国家级城市湿地公园—翠湖国家级城市湿地公园。有名声享誉海内外的清朝第一词人——纳兰性德墓和北京市首批非物质文化遗产之一的“曹氏风筝”工艺坊等历史文化遗址。主要农产品有京西稻、食用菌、冬枣、草莓、樱桃、油桃、糯玉米等。全镇经济总收入9.27亿元；农民人均劳动所得28377元，比上年减少683元。完成第七次全国人口普查3.5万余户入户普查工作。

（罗丽薇）

【城乡一体化建设】 年内，上庄镇完成早市腾退，拆除各类违法建设12万平方米。完成以“森林生态景观为骨架”、以“田园景致为特色”的沙阳路景观带方案设计。实施翠湖南路环境提升项目，打造与生态绿心规划相融合的城市道路绿化界面。开展“疏解整治促提升”工作，“散乱污”企业实现动态清零。启动生活垃圾分类，103处垃圾桶站全部升级改造达标。实施“厕所革命”，完成10座公共旱厕改造和55座公厕提升改造工程。加强农村人居环境整治，所有村庄通过市级验收。完成镇域空间利用规划，确定功能定位和空间格局。绿色空间、水系规划和镇域总体规划组织评审完成结项；启动街区指引立项工作，完成16个规划保留村的村庄规划编制简本。编制完成全镇16个保留村美丽乡村建设项目前期概念性方案。罗家坟村完成美丽乡村建设验收；东马坊村美丽乡村建设基本完成项目评审。深化“一镇一园”镇中心区域产业布局，主动对接石墨烯研究院、中关村军民融合产业园等高新技术企业。启动上庄智能物流园区项目，签订项目合作意向书，推进规划综合实施方案编制工作。集体土地租赁房项目完成钉桩、权属调查等工作。完成集体经济合同整改844份，帮助集体经济组织增收7000余万元。优化“一窗式”改革落实延时服务机制。完成馨瑞嘉园社区底商外立面及牌匾改造提升项目，协助建成1个社区商业e中心。完成10351人整建制农转非，转非率达99%，农民享受城市居民社保待遇。

（罗丽薇）

【环境建设】 年内，上庄镇罗家坟村试点实行准物业化管理，实现村庄圈精细化管理和村域圈全覆盖管控。新建2个物管会，建成馨瑞嘉园社区会客议事厅，社区自治水平全面提升。落实“河长制”管护机制，开展小微水体整治，推进沟渠整治和水质改善项目，完成前章村东排水明渠截污纳管工程和永泰庄村污水收集管线建设工程。启动北沙河综合提升改造项目，探索立足防洪，功能多样、体验丰富的生态滨水绿廊模式。开展上庄后河老河道雨水湿地工程和前章村沟（郭守敬河道）生态治理工程项目前期研究。完成年度平原造林任务60.02亩，为12个村的1219户申报耕地地力保护补贴，涉及1427个地块171.722公顷，发放补贴资金65.75万元。

（罗丽薇）

【平安建设】 年内，上庄镇推进上庄镇平安建设工作站（北区）运行。组织各村、社区开展第5个全民国家安全教育日宣传活动及反恐知识答题，开展反恐、反邪教宣传活动。完成11个村、社区的犬只登记工作。在上庄中心小学、东马坊小学、57中学组织开展“扫黄打非”进校园活动。发挥公共法律服务职能作用，引导当地群众通过“12348”公共法律服务热线平台或网络平台寻求法律服务，为3人提供法律援助。启动安全生产标准化创建工作，开展安全隐患治理工作，检查企业2022家次。发现隐患1327项，整改1327项，整改率100%。疫情防控专项检查1919家次。开展病媒生物防治及食药安全检查工作。

（罗丽薇）

【民生建设】 年内，上庄镇受理12345市民热线案件5968件，解决2801件，满意3357件，群众满意度有较大提升。完成特困老人补贴、残疾人两项补贴、精神障碍补助等16类民生保障补助660余万元，惠及2万余人；“民生十三条”补助发放涉及高龄、特困老人、重点优抚对象，惠及3500余人次，220余万元。节日慰问低保、患病特困、残疾、优抚对象、返京困难知青等，惠及4500余人次，310余万元。促进城乡登记失业人员就业662人，完成指标的102%；城乡就业困难人员就业418人，完成指标的144%；完成公共服务类岗位40人就业指标。

（罗丽薇）

【基层党建和精神文明建设】 年内，上庄镇严格落实“三会一课”、主题党日、组织生活会、民主评议党员等组织生活制度。发展党员20人，预备党员转正24人。完成国有企业退休人员党员、党员组织关系转接工作。推动基层党建重点项目落实。开展纪念中国共产党成立99周年“九个一”系列活动。持续推进软弱涣散党组织整顿工作。强化党建引领物业、业委会社会治理，逐步推广党建引领基层治理经验。启动村、社区“两委”换届选举工作。持续深化党风廉政建设，及时排查党员干部存在的苗头性倾向性问题，开除党籍处分1人，警告处分1人。组织举办上庄镇第二届广场舞展示大赛、上庄镇家庭线上运动挑战赛、上庄镇第二届全民健身乒乓球比赛、上庄镇首届七夕纳兰情诗节、上庄镇农民丰收节及稻草艺术节、上庄镇第九套广播体操展示大赛、上庄地区“群众优秀文艺团队”2020成果汇报巡回演出活动和上庄镇全民读书主题活动等8项大型文化主题活动，文化活动有效覆盖24个村庄与社区。为前章村扇子舞蹈队、东马坊村欢乐舞蹈队等基层村庄核心文化骨干人员进行系列舞蹈培训，推动上庄基层文化的提升与发展。

（罗丽薇）

【新冠肺炎疫情防控】 年内，上庄镇成立疫情防控工作领导小组，建立领导班子每日会商机制，跟踪分析研判疫情形势。组建转运、核酸检测、市场防疫等8个工作专班。落实社区防控“五有一网格两机制”和农村地区“二十条”。组织动员2100余名志愿者参与疫情防控工作，全面构建起村（社区）疫情防控的铜墙铁壁。地区累计居家观察人员1.9万余人、核酸检测3.7万余人次、疫苗接种0.23万人，实现零疑似病例、零确诊病例、零无症状感染者。统筹调度采购、调拨、捐赠等多渠道，储备配备防疫物资。全力保障市场供应，稳步推进复工复产，累计排查企业22372家次，累计复工人数7700人。落实纾困惠企政策，主动为中小微企业提供政策支持、税费减免等服务。

（罗丽薇）

玉渊潭农工商总公司

【概况】 玉渊潭农工商总公司（简称玉渊潭总公司）受玉渊潭股份经济合作社委托，对股份经济合作社所有资产进行经营与管理，是拥有酒店、物业、置业三大集团，集实业投资与资本运营为一体的集团企业。2020年，受新冠肺炎疫情影响，完成集体经营收入23.48亿元，比上年减少5.64亿元；完成集体净利润5.5亿元，比上年减少2.25亿元；上缴国家税金3.23亿元，比上年减少1.39亿元；员工劳均分配9.16万元。

（孙雯）

【玉渊潭科技商务区建设】 年内，玉渊潭总公司加快玉渊潭科技商务区、中关村互联网文化创意产业园、定慧文化科技融合产业园建设，提升园区商务环境和客户服务水平，新建项目引进优质客户。完成西南饭店改造项目工程；阜石路东商务楼及敬老院项目完成验收；又一村回迁安置房项目办理验收手续。玲珑巷二期地块完成入市。推进战略创新转型，加快创新业态培育和发展。玉渊潭实验幼儿园拓展新园承办；玉渊潭培知培训学校与专业机构合作，举办消防、教育等培训。注册成立玉渊潭投资控股公司，整合投资业务。

（孙雯）

【基层党建与企业文化建设】 年内，玉渊潭总公司全面从严落实区委巡察整改任务，推动形成长效机制。压实党建责任，实施党建创新，开展志愿服务、防疫值守、垃圾分类等主题党日活动。组织党建云课堂、红色海淀、学习强国等平台学习，开展总公司“学习强国•学习之星”评选。抓好廉政教育常态化全覆盖，强化以案为鉴，形成教育、警示、震慑效果。完善“接诉即办”工作机制，举办《海淀“两新两高”区域发展战略》专题干部培训班。举办“弘扬工匠精神展现企业风貌提升员工技能”职业技能大赛，提高员工队伍专业技能。

（孙雯）

【对口帮扶】 年内，玉渊潭总公司根据海淀区东西部扶贫和对口支援工作要求，拨付310万元援助款，对口帮扶新疆和田地区吐沙拉镇、河北省易县白马乡和良岗镇、内蒙古科右前旗和敖汉旗，做好项目实施跟进。

（孙雯）

【新冠肺炎疫情防控】 年内，玉渊潭总公司成立疫情防控工作领导小组，设立十个防控专项工作组，抓实抓细所属宾馆酒店、楼宇园区、建筑施工、养老幼教等全领域疫情防控，实现“零感染、零疑似、零确诊”。6家所属自有酒店承担集中医学观察点和接待湖北籍滞留旅客，征用客房近1200间，完成服务保障任务。选派58党员下沉一线支援社区防控值守，参与境外返京人员分流转送。推进疫情防控和复工复产，所属园区楼宇实施精准防控、闭环管理、全面消杀。裕龙国际酒店被选定为中关村科学城商务服务中心，成为疫情期间北京市首个企业商务洽谈服务中心。落实区政府租金减免政策，为中小企业减免租金6000余万元。

（孙雯）

人物 荣誉

先进人物

全国先进人物

全国抗击新冠肺炎疫情先进个人

柳洪杰　北京市海淀区马连洼社区卫生服务中心主任
贾秀杰（女）　北京市海淀区万寿路街道永定路西里社区党委书记、居委会主任
李浩浩　中关村科学城城市大脑股份有限公司 CEO
薛向东　东华软件股份公司党委书记、董事长
王木香（女）　北京市公安局海淀分局西三旗派出所一级警长、社区民警

全国五一劳动奖章

李玉福　北京大北农科技集团股份有限公司
第五亚洲　北京北斗星通导航技术股份有限公司

全国先进工作者

刘可钦（女）　海淀区中关村第三小学校长
王志勇　海淀区人民法院综合审判庭负责人

全国巾帼建功标兵

何银萍（女）　北京何氏传承健康科技有限公司董事长

全国优秀共青团干部

张建宇　北京市海淀医院临床 5 团支部宣传委员

中国好人

沈　宁（女）　北京大学第三医院副院长，北京大学第三医院援鄂抗疫国家医疗队队长
陈　薇（女）　中国人民解放军军事科学院军事医学研究院生物工程研究所所长、研究员

北京市先进人物

北京市抗击新冠肺炎疫情先进个人

颜卫峰　北京市海淀医院呼吸与危重症医学科副主任、副主任医师
戴　轶　北京市海淀医院副院长
李　珺　北京市海淀医院感染科副主任、主治医师
冯学功　北京市中西医结合医院脑病科主任、主任医师
王　磊　北京市中关村医院预防保健科助理医师
任宁娟　北京市羊坊店医院绩效考核科科长、副主任医师
马长龙　北京市上地医院医务科科长、主治医师
芦　婷　北京四季青医院急诊科主任、副主任医师
曹旭锋　北京市海淀区西北旺镇社区卫生服务中心副主任、主管药师
靳晓宇　北京市海淀区八里庄社区卫生服务中心健康管理部主任、医务科科长、副主任医师
关　霞　北京市海淀区青龙桥社区卫生服务中心预防保健科主管医师
姜丽丽　北京市海淀医院感染性疾病科护士长、主管护师
程洪丹　北京市海淀区医学救援中心副主任、主管护师
赵　静　北京市海淀区田村路社区卫生服务中心预防保健科主管护师
江　初　北京市海淀区疾病预防控制中心主任、主任医师
邱传营　北京市海淀区疾病预防控制中心计划免疫科主管医师
蔡　伟　北京市海淀区疾病预防控制中心传染病地方病控制科科长、主任医师
王　磊　北京市海淀区疾病预防控制中心消毒卫生科科长、主管医师
刘方遥　北京市海淀区疾病预防控制中心微生物检验科科长、主管技师
耿亚宁　北京市海淀医院放射科技师
沙学东　北京市公安局海淀分局海淀派出所社区警务队副队长、四级警长
董　严　北京市公安局海淀分局羊坊店派出所政委
曹一可　北京市公安局海淀分局马连洼派出所四级警长

王小兵　北京市公安局海淀分局苏家坨派出所三级高级警长
郭继杰　北京市海淀区清河街道四街社区党总支书记、居委会主任
张玉隆　北京市海淀区上庄镇上庄村党支部书记、村委会主任
黄宇玲　北京市海淀区中关村街道社区建设办公室副主任
李劲涛　北京市海淀区委卫生健康工委副书记、北京市海淀区卫生健康委员会主任
张宇光　北京市海淀区卫生健康委员会副主任
王洪波　北京市海淀区医院管理中心主任、副主任医师
张东川　北京市海淀区委组织部副部长
王际宝　北京市海淀区委政法委副书记
李春波　北京市海淀区商务局粮食和物资储备办公室主任
王剑鸣　北京市海淀区市场监督管理局企业监督管理科科长
邱　刚　北京市海淀区纪律检查委员会第五审查调查室副主任
王建军　北京市海淀区机关事务管理服务中心监管二科副科长
印　奇　北京旷视科技有限公司首席执行官
余　勇　北京佳讯飞鸿电气股份有限公司副总裁
滕宏钢　北京实创酒店管理有限公司销售部主管
王　瑞　北京市海淀区教育科学研究院德育心理中心主任

北京市抗击新冠肺炎疫情北京市优秀共产党员

颜卫峰　北京市海淀医院呼吸与危重症医学科副主任、副主任医师
蔡　伟　北京市海淀区疾病预防控制中心传染病地方病控制科科长、主任医师
张玉隆　北京市海淀区上庄镇上庄村党支部书记、村委会主任
王际宝　北京市海淀区委政法委副书记
余　勇　北京佳讯飞鸿电气股份有限公司副总裁

首都劳动奖章

王世东　北京科技大学附属中学校长
王建伟（女）　北京优迅医学检验实验室有限公司董事长
田文江　北京市保安服务总公司海淀分公司宣传员
任晓娟（女）　北京市海淀区融媒体中心新闻编导部副部长
刘增山　北京北冶功能材料有限公司维修分厂钳工班副班长
闫昕卓　北京市公安局海淀分局中关村派出所社区警务四队副队长
李亚坤　北京中关村创业大街科技服务有限公司副经理、工会主席
李雪春　北京市海淀区人民政府海淀街道办事处社区建设办公室科长
杨齐文　北京市海淀区市场监督管理局广告监督管理科科长
杨魏赓　北京市海淀区人力资源和社会保障局综合执法队科员
郁博轩　北京石墨烯技术研究院有限公司实验室负责人
郑　禾　北京市海淀区农业科学研究所所长
郑东虎　北京市海淀区城市管理委员会道路设施科科长
胡大伟　中建三局集团有限公司北京科研管理中心等3项项目部技术负责人
徐　利　中国人民大学附属中学分校党支部书记、校长
鲁景涛　北京市海淀区人民政府万寿路街道办事处指挥分中心科长

北京市劳动模范

王　生　北京海房供热有限公司二里庄运营站副站长
王　芳（女）　北京金龙潭大饭店管理有限责任公司北京金龙潭大饭店党支部书记、总经理
王艳霞（女）　北京天源科创风电技术有限责任公司人力资源部部长
王鹏翊　广联达科技股份有限公司技术负责人、首席业务架构师
王德昕　北京福莱科技发展有限公司 总经理
公雪杰（女）　北京科兴生物制品有限公司 高级注册总监、控股公司质量管理委员会 主席
平晓黎（女）　北京百度网讯科技有限公司高级总监
田国光　北京旋极信息技术 股份有限公司研发部副总监
白云飞　北京兴科迪科技有限公司董事长
白　雪　完美世界（北京）软件科技发展有限公司制作人
刘文圣　北京久其软件股份有限公司 技术专家
刘　帆　太极计算机股份有限公司文旅 SBU 经理
刘学东　北京超市发连锁股份有限公司 双榆树店店长
刘雪连（女）　北京大北农科技集团股份有限公司饲用微生物工程国家重点实验室副主任
刘　博　北京红星闪闪影视文化传播发展有限公司湖北派驻组组长
祁鹏中　科讯飞互联（北京）信息科技有限公司产品线总监
孙季川　新奥特（北京）视频技术有限公司首席技术官、首席软件设计师

杜　宁　华控清交信息科技（北京）有限公司 总裁
李世刚　北京市海淀区上庄镇李家坟村党支部书记、村委会主任
李　利　方正国际软件 (北京) 有限公司技术总监
李振瑞　北京北冶功能材料有限公司材料研究所所长
杨永峰　北京易车互联信息技术有限公司总监
杨健永　中建三局第一建设工程有限责任公司北方公司工人
佟亚辉　北京日立电梯工程有限公司电梯维保部技术主管
余　凯　北京地平线机器人技术研发有限公司首席执行官
沈　腾　北京市帅和律师事务所主任
张力元　北京威凯建设发展有限责任公司职工
张　里　北京紫玉饭店餐饮部经理
张海燕（女）北京佳讯飞鸿电气股份有限公司研发业务负责人
范仕伟　北京市保安总公司海淀分公司复兴路勤务大队大队长
范红霞（女）北京市海淀区紫竹院街道厂洼第一社区党委书记兼居委会主任
周　丹（女）北京北森云计算股份有限公司产品研发人员
采有林　北京清新环境技术股份有限公司研发副总监
荣　涛　北京安达维尔科技股份有限公司总工程师
姚建新　北京市海淀区苏家坨镇后沙涧村党支部书记、村委会主任
信　云（女）北京市海淀区田村路街道西木社区党委书记、居委会主任
贾　斌　北京德尔康尼骨科医院党支部书记、院长
夏建中　北京碧水源科技股份有限公司主任科学家
徐　进　北京天智航医疗科技股份有限公司总经理
高艳平　拉卡拉支付股份有限公司首席架构师
黄一飞　利亚德光电股份有限公司项目总监
韩建国　北京翠微集团甘家口大厦党委书记、执行董事
程归鹏　中科寒武纪科技股份有限公司 AE 技术总监
程华建　北京飞利信电子技术有限公司物联网平台研发中心技术负责人
靳秀峰　北京市海淀区西北旺镇永丰屯村党支部书记
雷　军　小米科技有限责任公司董事长兼首席执行官
路一名　北京中科金财科技股份有限公司北京边检总站数据综合应用平台项目经理
窦郁宏（女）北京中关村银行股份有限公司智慧金融部负责人
谭　金　北京高能时代环境技术 股份有限公司 项目经理
冀永强　北京车客家园网络科技发展有限公司执行董事

北京青年五四奖章

闫昕卓（蒙古族）北京市公安局海淀分局中关村派出所社区警务四队副队长
李　响（女）卡尤迪生物科技（北京）有限公司董事长
李　涵（女）北京超越青少年社工事务所社工
张　强　清华大学化学工程系教授、博士生导师
戴文渊　第四范式（北京）技术有限公司创始人、首席执行官

北京市三八红旗奖章

何银萍	李　媛	赵春玲	张世芳
马春玲	郭　丁	卞海虹	吴　伟
任双红	吴佩芳	陈　明	张　娟
刘迎春	白晓晨	石晓倩	王　丽
于　晴	宋燕琴	蒋　燕	施　艳

北京榜样

陈文成　海淀台湾青年驿站负责人
郭红阳　北京时代拓灵科技有限公司副总裁
宋婷婷　北京快手科技有限公司副总裁、扶贫办公室主任
赵毅武　北京纳通科技集团有限公司董事长
周儒欣　北京北斗星通导航技术股份有限公司董事长
盛　娟　海淀区巧娘协会副会长
李紫莹　北京市夕阳再晨社会工作服务中心社工

现役军人荣获个人二等功

郑嘉麒　中国人民解放军某部
张　建　解放军总医院第四医学中心

北京市先进工作者

丁　涛　北京市公安局海淀分局 东升派出所社区警务四队一级警长
王兴辉　中共北京市海淀区委宣传部 新闻科科长
王志伟　北京市海淀区城市管理综合行政执法局党组书记、局长
王志勇　北京市海淀区园林绿化局绿化队党支部书记、队长
王英环（女）北京市海淀区 清河街道社区建设办公室 副主任
王春红（女）北京市海淀区青龙桥街道市民活动中心 副主任

甘丽平（女） 中共北京市海淀区委组织部 常务副部长
刘全华 北京市海淀北部新区实验学校后勤主任
刘　光 北京市海淀区房屋管理局第四房屋 管理所所长物业管理科负责人
刘晓昶（女） 北京市第五十七中学校长
安　军（女） 北京市第一零一中学生物教研组组长
许　丹 北京市海淀区人民检察院第二检察部 四级高级检察官
孙　丽（女） 北京市中关村医院呼吸及危重症医学科主任
苏晋达 北京市海淀区马连洼街道综合行政执法队队长
李　明 北京市海淀区 环境卫生服务中心五路居垃圾压缩转运站液压班班长
李星洲 北京市海淀区发展和改革委员会发展和改革研究中心主任、副研究员
李　倩（女） 北京市海淀区财政局 国库科科长
肖建国 北京市海淀工读学校党总支书记、校长
时　阳（女） 国家税务总局北京市海淀区税务局北下关税务所所长
陈　姗（女） 北京市海淀区五一小学校长
庞　博（女） 北京市海淀区温泉镇社会治安综合治理办公室主任
赵璐玫（女） 北京市海淀区实验小学校长
姜　霞（女） 北京市海淀区人力资源和社会保障局党建工作科
贺海辉 北京安铁保安服务有限公司驻圆明园保安经理
徐　洋 北京市海淀区北太平庄街道综合行政执法队队长
扈德庆 北京市海淀区北下关街道安全生产办科长
董建平（女） 北京市海淀医院感染性疾病科、感染管理科、疾病控制科主任
蒋红清（女） 北京市海淀区妇幼保健院产科三区主任
韩红星 北京市海淀区卫生健康监督所 副所长
韩　鹤 北京市海淀区中关村街道城市管理办公室副主任
甄　蕾（女） 中共北京市海淀区委卫生健康工作委员会书记
雷天明 北京市海淀区聂各庄敬老院 后勤班长

海淀区先进人物

“感动海淀”十大文明人物

沈　宁（女） 北京大学第三医院副院长，北京大学第三医院援鄂抗疫国家医疗队队长
周儒欣 北京北斗星通导航技术股份有限公司董事长
张　建 市公安局海淀分局经侦支队探长
王笑晖（女） 北京石油学院附属小学（援藏拉萨实验小学校长）
吴佩芳（女） 北京天宜上佳高新材料股份有限公司董事长兼总经理
金黎平（女） 国家现代农业马铃薯产业技术体系和中国农业科学院
马铃薯育种与栽培团队首席科学家
郑　洋 海淀区卫生健康监督所党委书记
李春燕（女） 海淀街道苏州桥西社区居委会社区党委书记、居委会主任
何银萍（女） 非物质文化遗产何氏通络开结术第六代传承人
董学工（女） 西北旺镇土井村股份经济合作社党支部书记

先进集体

全国先进集体

全国抗击新冠肺炎疫情先进集体

中共北京超市发连锁股份有限公司委员会

全国五一劳动奖状

东华医为科技有限公司

全国工人先锋号

北京清新环境技术股份有限公司技术中心
北京高能时代环境技术股份有限公司固废技术中心

北京市先进集体

北京市抗击新冠肺炎疫情先进集体

北京市海淀区医学救援中心
北京市海淀医院感染性疾病科
北京市公安局海淀分局复兴路派出所党支部
北京市海淀区曙光街道上河村社区党总支
北京市海淀区北下关街道大钟寺社区党委
北京市海淀区西北旺镇永丰屯村党支部
北京市海淀区东升镇马坊村党总支
北京市海淀区永定路街道党工委
北京市海淀区四季青镇党委
北京市海淀区委卫生健康工委
北京市海淀区委组织部
北京市海淀区委社会工委区民政局
中国农业大学附属中学党委

北京翠微集团（翠微股份）党委
北京纳通科技集团有限公司

北京市抗击新冠肺炎疫情北京市先进基层党组织

北京市海淀区永定路街道党工委
北京市海淀区四季青镇党委
北京市海淀区委卫生健康工委
北京市海淀区委组织部机关党支部
北京翠微集团（翠微股份）党委

首都劳动奖状

北京市海淀区应急管理局
北京佳讯飞鸿电气股份有限公司
北京市海淀区消防救援支队

北京市工人先锋号

北京市海淀区发展和改革委员会营商环境科
贝壳找房（北京）科技有限公司贝壳公益团队
北京安达维尔科技股份有限公司无线电导航项目组
北京当代商城有限责任公司中关村店物业部电工班
北京市易欣诚挚科技咨询有限公司健宫医院陪护中心
北京市海淀区教育科学研究院德育与心理教育研究中心

北京市模范集体

博彦科技股份有限公司
北京四方继保自动化股份有限公司
用友网络科技股份有限公司云平台团队
北京市海淀区人民法院民事审判五庭
汉王科技股份有限公司汉王电磁模组全自动生产线班组
北京二十一世纪科技发展有限公司卫星技术与预处理部
北京市海淀区疾病预防控制中心微生物检验科
北京石油学院附属小学
北京绿海能环保有限责任公司项目运营管理部
中共北京市海淀区纪律检查委员会、北京市海淀区监察委员会追逃追赃专案组

北京旷视科技有限公司 AI 抗疫联合攻关项目组
北京市海淀区医学救援中心 应急处突保障小组

第七届北京市“人民满意的公务员集体”

海淀区城市服务管理指挥中心大数据科

北京市三八红旗集体

北京市海淀区四季青镇常青幼儿园
北京市海淀区商务局
国家税务总局北京市海淀区税务局第四税务所
复兴路 20 号社区居委会
中国铁建国际集团党群工作部
北京东晟合创科技孵化器有限公司
北京石油学院附属小学
海淀区红十字会
北京市公安局海淀分局出入境管理大队接待大厅
北京市海淀区人民检察院第九检察部
北京市海淀区律师协会女律师工作委员会
北京中环易达设施园艺科技有限公司规划部
北太平庄街道志强北园社区居委会
海淀区委农工委、区农业农村组织人事科
海淀区妇幼保健院保健党支部
海淀区婚姻登记事务中心
国家图书馆展览部
海淀区人民政府北下关街道办事处党群工作办公室
北京时代光华软件开发有限公司

“北京榜样”海淀团队特别奖

海淀区城市服务管理指挥中心大数据科

北京市三八红旗集体

滴滴北京医护保障车队

统计资料

2019年至2020年海淀区主要经济社会指标一览表

表23

项目	单位	2019	2020
人口与就业			
人　口			
年末户籍人口	万人	241.1	240.9
年末常住人口	万人	329.0	313.2
户籍人口自然增长率	‰	7.4	-2.1
户籍人口机械增长率	‰	11.5	11.5
劳动就业			
城镇登记失业率	%	0.92	1.44
城镇登记失业人员就业率	%	65.0	57.7
宏观经济			
国民经济核算			
地区生产总值	亿元	7954.6	8504.6
第一产业	亿元	1.6	1.6
第二产业	亿元	703.4	680.0
第三产业	亿元	7249.5	7823.0
人均地区生产总值	美元	34395.0	38398.4
投资			
全社会固定资产投资	亿元		
#房地产开发投资	亿元		
#住宅投资	亿元		
房地产业房屋施工面积	万平方米	1152.3	1230.2
房地产业房屋竣工面积	万平方米	156.9	232.5
财政			
区级一般公共预算收入	亿元	446.5	453.9
区级一般公共预算支出	亿元	697.0	612.7
产业			
农村经济			
农林牧渔业总产值	亿元	4.3	3.9

说明：

1. 地区生产总值及各产业历史数据根据第四次全国经济普查结果进行修订。
2. 全社会固定资产投资为项目在地口径。
3. 年末常住人口2010年数据为第六次人口普查数据，2020年数据为根据第七次全国人口普查数据结果推算的年底数，2011-2019年数据根据两次普查数据进行修订。

2019年至2020年海淀区地区生产总值一览表

表24

项目	2020年	2019年	不变价增速
合计	8504.6	7954.6	5.9
按产业类型分			
第一产业	1.6	1.6	3.0
第二产业	680.0	703.4	-1.8
第三产业	7823.0	7249.5	6.7
按行业类别分			
农、林、牧、渔业	1.7	1.8	-1.8
工业	510.0	512.6	1.6
建筑业	171.1	191.9	-10.7
批发和零售业	356.8	370.6	-2.6
交通运输、仓储和邮政业	96.8	109.7	-6.7
住宿和餐饮业	55.2	76.2	-25.1
信息传输、软件和信息技术服务业	3162.9	2743.1	16.2
金融业	968.2	858.7	8.2
房地产业	340.8	319.5	4.6
租赁与商务服务业	273.6	272.6	1.5
科学研究和技术服务业	1128.3	1075.6	-0.4
水利、环境和公共设施管理业	60.6	57.6	-1.0
居民服务、修理和其他服务业	30.2	32.1	-8.3
教育	791.7	745.5	2.6
卫生和社会工作	136.1	141.2	-5.8
文化、体育和娱乐业	252.3	261.2	-4.4
公共管理、社会保障和社会组织	168.5	184.6	-3.6

2020年海淀区城镇单位从业人员与劳动报酬情况表

表25

项目	从业人员平均人数（人）	从业人员劳动报酬总额（万元）	从业人员平均劳动报酬（元）
合计	1747419	34959252	200062
按行业分			
农、林、牧、渔业	483	5070	104996
采矿业			
制造业	76012	1585101	208533
电力、热力、燃气及水生产和供应业	1065	17196	161486
建筑业	73058	999163	136764
批发与零售业	86305	1340039	155269
交通运输、仓储和邮政业	140622	2007080	142729
住宿和餐饮业	33507	248076	74037
信息传输、软件和信息技术服务业	522497	13455462	257522
金融业	58099	1274471	219364
房地产业	69801	733746	105119
租赁和商务服务业	75080	1277508	170154
科学研究和技术服务业	212011	4235864	199794
水利、环境和公共设施管理业	21506	333873	155243
居民服务、修理和其他服务业	9310	76583	82255
教育	242955	4550182	187285
卫生和社会工作	39890	864246	216658
文化、体育和娱乐业	44559	1316167	295374
公共管理、社会保障和社会组织	40659	639425	157265

2020年海淀区工业企业主要经济指标一览表

表26 单位：家、人、万元

项目	企业单位数（个）	#亏损企业（个）	工业总产值	从业人员平均人数（人）	资产负债				
					资产总计	流动资产合计	#存货	#产成品	#应收账款（净额）
合计	381	75	26340653	91899	55685502	34728791	7088101	1906363	8502575
按规模分组									
#大型	16	1	16280302	31019	19665793	16055004	4451304	1242747	2982745
中型	53	6	5721531	27879	19211472	9669525	1183396	256394	3194549
小型	297	66	4246047	32776	16649287	8909732	1416348	396509	2300613
按隶属关系分									
中央	44	5	4141665	20198	12409190	6182346	1427610	387574	1704581
地方	23	2	535945	4487	1878196	922888	137130	39888	207621
按登记注册类型分									
内资	334	63	11133738	70399	39180575	20727238	3520659	973974	5948256
国有	5	0	23658	548	170326	47388	1413	261	8271
集体	1	***	***	***	***	***	***	***	***
股份合作	1	***	***	***	***	***	***	***	***
国有独资公司	13	0	2525886	8107	3951039	3437126	946438	313339	1253977
有限责任公司	123	23	4216666	26324	10440304	6298550	1031503	262521	1749530
股份有限公司	71	15	3188764	23022	20941004	8912796	1119511	289252	2248208
私营	120	24	1160933	12283	3617390	1994847	417509	106231	676987
港澳台商投资	16	4	13918194	13334	14295783	12416191	3295822	885004	2289722
外商投资	31	8	1288721	8166	2209144	1585362	271620	47384	145884

续表 26

单位：家、人、万元

项目	资产负债					
	固定资产原价	负债合计	# 流动负债合计	# 应付账款	所有者权益合计	# 实收资本
合计	4069041	27198527	25734447	10763619	28486973	8381243
按规模分组						
# 大型	1430764	12856123	12399274	6874247	6809670	1147864
中型	1267054	8467997	7896564	2195577	10743475	3662515
小型	1355402	5811881	5393507	1666767	10837405	3543119
按隶属关系分						
中央	1133841	5920377	5664265	1355367	6488813	2293367
地方	386689	794380	731995	225073	1083816	441520
按登记注册类型分						
内资	3062712	16297161	15116915	4450765	22883412	7830381
国有	121745	111610	80499	5056	58716	28682
集体	***	***	***	***	***	***
股份合作	***	***	***	***	***	***
国有独资公司	560062	2628309	2509418	801194	1322730	434643
有限责任公司	958197	5086986	4897283	1597440	5353317	2861030
股份有限公司	1091238	7284758	6547331	1717062	13656246	3888869
私营	323598	1148174	1045059	326206	2469216	606070
港澳台商投资	518114	10325203	10095457	6112454	3970580	239174
外商投资	488215	576163	522075	200400	1632981	311688

续表 26

单位：家、人、万元

项目	损益								
	营业收入	营业成本	税金及附加	销售费用	管理费用	研发费用	财务费用	利润总额	应交增值税
合计	37663246	31611793	92449	2216465	987729	1162021	195742	2472174	302786
按规模分组									
# 大型	26160846	23262741	33342	1426113	303269	478247	86085	1159465	-8746
中型	6208191	4571530	29385	449015	283834	321845	31711	775485	178730
小型	5183775	3686589	29499	338244	393438	357604	77472	532892	131554
按隶属关系分									
中央	4205938	3445474	19129	108592	198072	367382	-5943	144506	140224
地方	804253	657505	6021	47624	42946	24002	-2942	69446	18622
按登记注册类型分									
内资	12221171	9104394	67579	745231	732706	922629	121910	1143084	354406
国有	44567	23862	1514	1475	7359	1764	-294	9431	1519
集体	***	***	***	***	***	***	***	***	***
股份合作	***	***	***	***	***	***	***	***	***
国有独资公司	2552867	2131583	8430	19278	104129	71031	4026	230410	43740
有限责任公司	4377629	3464655	20004	233398	219578	457522	-4604	49519	147342
股份有限公司	3867225	2648657	28401	360954	282382	272032	97087	688574	110133
私营	1360358	818891	9170	129642	117438	119715	25287	166599	51471
港澳台商投资	23967110	21484022	16411	1387136	186278	171547	73268	1092908	-93738
外商投资	1474965	1023378	8489	84098	68746	67844	565	236182	42118

2019年至2020年中关村科学城主要经济指标增长情况表

表27

项目	单位	2020年	2019年	2020年为2019年的%
总收入	亿元	29496.3	27459.4	107.4
# 技术收入	亿元	8676.4	7491.0	115.8
产品销售收入	亿元	5735.8	5780.8	99.2
商品销售收入	亿元	10948.6	10291.3	106.4
实缴税费总额	亿元	794.3	872.8	91.0
出口总额	亿元	1262.2	940.4	134.2
利润总额	亿元	1870.9	1455.0	128.6
园区企业数	个	13726	12331	111.3
# 年收入亿元以上企业数	个	1694	1723	98.3
从业人员期末人数	万人	134.2	130.2	103.1
孵化器数	个	228	238	95.8
累计孵化企业数	个	23255	22187	104.8
加速器数	个	7	7	100.0
大学科技园数	个	19	19	100.0
# 国家级大学科技园	个	13	13	100.0

2019 年至 2020 年中关村科学城高新技术产业情况表

表 28

项目	单位	2020 年	2019 年	2020 年为 2019 年的 %
总收入				
# 电子与信息	亿元	22970.1	20810.0	110.4
生物工程和新医药	亿元	416.5	367.2	113.4
新材料及应用技术	亿元	1094.4	1145.8	95.5
先进制造技术	亿元	1085.24	1081.9	100.3
新能源与高效节能技术	亿元	596.3	564.8	105.6
环境保护技术	亿元	488.2	487.9	100.1
利润总额				
# 电子与信息	亿元	1162.0	624.4	186.1
生物工程和新医药	亿元	42.7	32.1	133.0
新材料及应用技术	亿元	79.3	63.8	124.3
先进制造技术	亿元	248.2	289.0	85.9
新能源与高效节能技术	亿元	9.0	21.2	42.5
环境保护技术	亿元	30.4	30.4	100.0
实缴税费总额				
# 电子与信息	亿元	550.3	577.4	95.3
生物工程和新医药	亿元	18.6	23.2	80.2
新材料及应用技术	亿元	21.1	22.9	92.1
先进制造技术	亿元	39.5	47.4	83.3
新能源与高效节能技术	亿元	15.7	16.0	98.1
环境保护技术	亿元	20.2	23.2	87.1
出口创汇总额				
# 电子与信息	亿元	1023.1	688.7	148.6
生物工程和新医药	亿元	84.3	22.2	379.7
新材料及应用技术	亿元	30.2	69.2	43.6
先进制造技术	亿元	36.9	31.9	115.7
新能源与高效节能技术	亿元	6.5	18.7	34.8
环境保护技术	亿元	0.4	0.7	57.1

2019年至2020年高新技术企业情况表

表29

项目	单位	2020年	2019年	2020年为2019年的%
从业人员期末人数	万人	134.2	130.2	103.1
工业总产值	亿元	2536.3	2453.1	103.4
总收入	亿元	29496.3	27459.4	107.4
# 技术收入	亿元	8676.4	7491.0	115.8
产品销售收入	亿元	5735.8	5780.8	99.2
商品销售收入	亿元	10948.6	10291.3	106.4
实缴税费总额	亿元	794.3	872.8	91.0
# 增值税	亿元	398.5	423.6	94.1
所得税	亿元	281.7	311.1	90.5
出口总额	亿元	1262.2	940.4	134.2
# 三资企业	亿元	852.9	556.8	153.2
利润总额	亿元	1870.9	1455.0	128.6
研究开发费用合计	亿元	1987.1	1796.9	110.6

2019年至2020年中关村科学城对外交流及国际化程度一览表

表30

项目	单位	2020年	2019年	2020年为2019年的%
国际化				
进出口总额	亿元	2615.1	2177.0	120.1
#出口总额	亿元	1262.2	940.4	134.2
#技术服务出口	亿元	121.9	109.0	111.8
硕士学历以上人员	人	207395	201514	102.9
#留学归国人员	人	22260	19037	116.9
专利申请数	件	62100	57197	108.6
#欧美日专利申请数	件	4235	3195	132.6
专利授权数	件	33275	29125	114.2
#欧美日专利授权数	件	1776	1677	105.9
引进国外技术经费支出	亿元	0.2	1.9	11.6
#引进技术的消化吸收经费支出	亿元			
外资企业情况				
企业数	个	711	662	107.4
资产总计	亿元	12119.8	9281.0	130.6
总收入	亿元	12380.3	10202.1	130.6
利润总额	亿元	705.6	456.2	154.7
实缴税费总额	亿元	195.6	202.4	96.6

2020 年北京市及城六区主要经济指标对比表

表 31

项目	单位	2020 年	2019 年	增速
北京市及城六区地区生产总值				
北京市	亿元	36102.6	35445.1	1.2%
海淀区	亿元	8504.6	7954.6	5.9%
朝阳区	亿元	7037.9	7116.4	-1.9%
西城区	亿元	5061.1	5007.3	-1.1%
东城区	亿元	2954.7	2910.4	0.2%
丰台区	亿元	1854.2	1829.6	0.3%
石景山区	亿元	855.5	808	4.7%
北京市及城六区工业总产值				
北京市	亿元	20879.3	20386.1	2.4%
海淀区	亿元	2634.1	2577.0	2.2%
朝阳区	亿元	764.3	787.8	-3.0%
西城区	亿元	544.5	575.9	-5.5%
丰台区	亿元	519.9	468.4	11.0%
石景山区	亿元	265.4	234.6	13.1%
东城区	亿元	97.2	227.0	-57.2%
北京市及城六区社会消费品零售总额				
北京市	亿元	13716.4	15063.7	-8.9%
朝阳区	亿元	3221.7	3525.3	-8.6%
海淀区	亿元	2718.1	2972.6	-8.6%
丰台区	亿元	1318.9	1463.9	-9.9%
东城区	亿元	1213.5	1319.5	-8.0%
西城区	亿元	993.5	1095.5	-9.3%
石景山区	亿元	399.5	435.7	-8.3%
北京市及城六区一般公共预算收入				
北京市	亿元	5483.9	5817.1	-5.7%
朝阳区	亿元	511.6	535.5	-4.5%
海淀区	亿元	453.9	446.5	1.7%
西城区	亿元	413.8	431.1	-4.0%
东城区	亿元	181.4	189.7	-4.4%
丰台区	亿元	129.9	127.7	1.7%
石景山区	亿元	65.7	63.4	3.6%

续表 31

项目	单位	2020 年	2019 年	增速
北京市及城六区一般公共预算支出				
北京市	亿元	7116.2	7408.2	-3.9%
海淀区	亿元	612.7	697.0	-12.1%
朝阳区	亿元	503.4	658.0	-23.5%
西城区	亿元	418.0	427.8	-2.3%
丰台区	亿元	279.6	252.7	10.7%
东城区	亿元	268.7	259.3	3.6%
石景山区	亿元	113.9	117.0	-2.6%
北京市及城六区全区居民人均可支配收入				
北京市	元	69434	67756	2.5%
西城区	元	90286	88291	2.3%
海淀区	元	86742	84733	2.4%
东城区	元	83501	81592	2.3%
朝阳区	元	78721	76936	2.3%
石景山区	元	78656	76990	2.2%
丰台区	元	66799	65215	2.4%
北京市及城六区全区居民人均消费支出				
北京市	元	38903	43038	-9.6%
西城区	元	51466	53437	-3.7%
海淀区	元	51198	56630	-9.6%
东城区	元	46190	52715	-12.4%
朝阳区	元	44682	48174	-7.2%
石景山区	元	40096	45904	-12.7%
丰台区	元	38472	43468	-11.5%

附 录

2020 海淀区年国民经济和社会发展统计公报

一、人口

年末全区常住人口 313.2 万人，比上年末减少 15.8 万人。其中，常住外来人口 108.4 万人，占常住人口的比重为 34.6%。常住人口出生率 5.76‰，死亡率 3.62‰，自然增长率 2.14‰。年末全区户籍人口 240.9 万人，比上年末减少 0.2 万人。

2020 年年末海淀区常住人口及构成

表 32

指标	年末人数（万人）	比重（%）
常住人口	313.2	100.0
按性别分：男性	156.1	49.8
女性	157.1	50.2
按年龄组分：0-14 岁	37.1	11.8
15-59 岁	218.3	69.7
60 及以上	57.8	18.5
其中：65 及以上	40.9	13.1

二、综合

经济增长：初步核算，全年实现地区生产总值 8504.6 亿元，按可比价格计算，比上年增长 5.9%。分产业看，第一产业实现增加值 1.6 亿元，增长 3.0%；第二产业实现增加值 680.0 亿元，下降 1.8 %；第三产业实现增加值 7823.0 亿元，增长 6.7%。三次产业结构为 0.02：8.00：91.99。

2020 年年末海淀区地区生产总值

表 33

指标	绝对数（亿元）	比重（%）	2020 年比 2019 年增长 %
地区生产总值	8504.6	100	5.9
按产业分			
第一产业	1.6	0.02	3.0
第二产业	680.0	8.0	-1.8
第三产业	7823.0	92.0	6.7
按行业分			
# 工业	510.0	6.0	1.6
信息传输、软件和信息技术服务业	3162.9	37.2	16.2
金融业	968.2	11.4	8.2
科学研究和技术服务业	1128.3	13.3	-0.4
教育	791.7	9.3	2.6

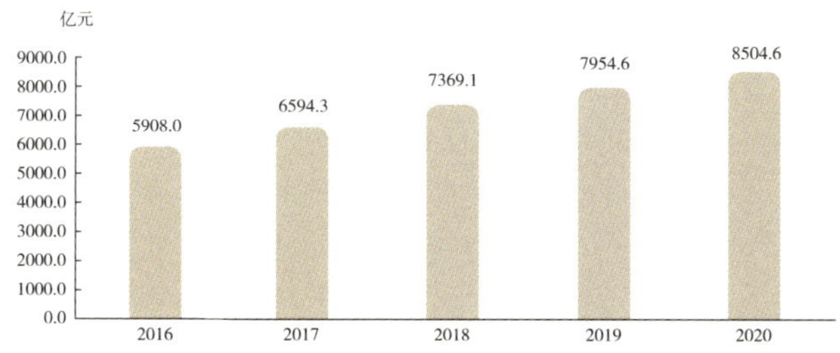

2016–2020 年地区生产总值

财政收入：区级一般公共预算收入完成 453.9 亿元，比上年增长 1.7%。其中，增值税 150 亿元，下降 3.5%；企业所得税 86.2 亿元，下降 12.9%。

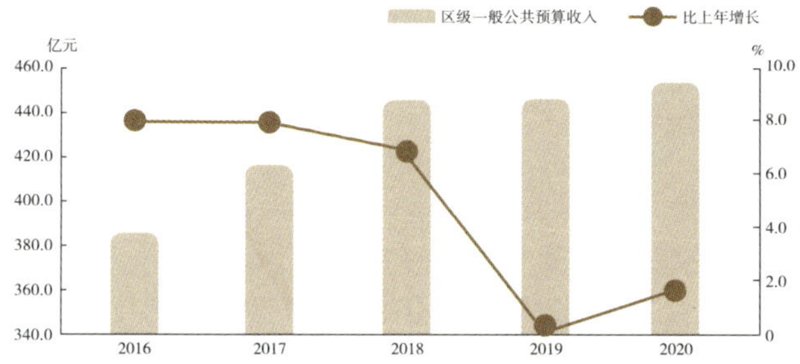

2016–2020 年区级一般公共预算收入及增速

金融：全区各类金融机构达 3168 家，其中银行机构 806 家，保险机构 292 家，证券机构 157 家。年末全区中资银行人民币存款余额 39630.2 亿元，其中个人存款 8345.9 亿元。人民币贷款余额 11576.3 亿元，其中短期贷款 4052.1 亿元，中长期贷款 7358.7 亿元。

2020 年年末中资银行人民币存贷款余额

表 34

指标	年末数	比年初增加额
各项存款余额	39630.2	3794.2
其中：单位存款	27487.2	2175.4
个人存款	8345.9	1157.9
其他存款	3797.1	461.0
各项贷款余额	11576.3	1328.4
其中：境内短期贷款	4052.1	572.7
境内中长期贷款	7358.7	685.5

三、人民生活和社会保障

人民生活：全年全区居民人均可支配收入 86742 元，比上年增长 2.4%。全年全区居民人均消费支出 51198 元，比上年下降 9.6%。

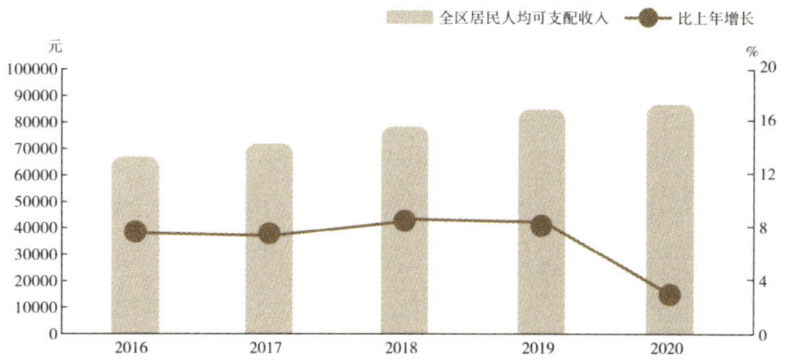

2016–2020 年全区居民人均可支配收入及增速

财政收入：区级一般公共预算收入完成 453.9 亿元，比上年增长 1.7%。其中，增值税 150 亿元，下降 3.5%；企业所得税 86.2 亿元，下降 12.9%。

就业：年末实有登记失业人数 11174 人，其中，城镇户籍登记失业人员 11031 人，农村户籍登记失业人员有 143 人；全区城镇登记失业率为 1.44%；城镇登记失业人员就业率 57.71%，比上年降低 7.26 个百分点。

社会保障：年末参加基本养老、基本医疗、失业和工伤保险人数分别为 304.1 万人、384.9 万人、258.5 万人和 243.6 万人，分别比上年末增长 7.4 万人、14.8 万人、3.8 万人和 7.6 万人。

年末参加城乡居民养老保险人数 0.9 万人。城乡居民养老保险续保率达 96.0%，与上年持平。

全区享受最低生活保障的城市居民为 59831 人次，享受最低生活保障的农村居民为 645 人次。

四、农业

全区农业观光园 87 个，实现总收入 8535.8 万元，比上年下降 5.0% 。乡村旅游接待 20.2 万人次，比上年下降 45.0%；实现总收入 4081.8 万元，比上年下降 32.2%。全区实现农林牧渔业总产值 3.9 亿元，比上年下降 8.8%。其中，农业实现产值 1.5 亿元，与上年持平。

五、工业和建筑业

工业：全年规模以上工业企业实现工业总产值 2634.1 亿元，比上年增长 2.2%。其中，计算机、通信和其他电子设备制造业实现产值 1697.2 亿元，增长 5.9%。高技术制造业实现产值 1987.0 亿元，增长 5.4%。

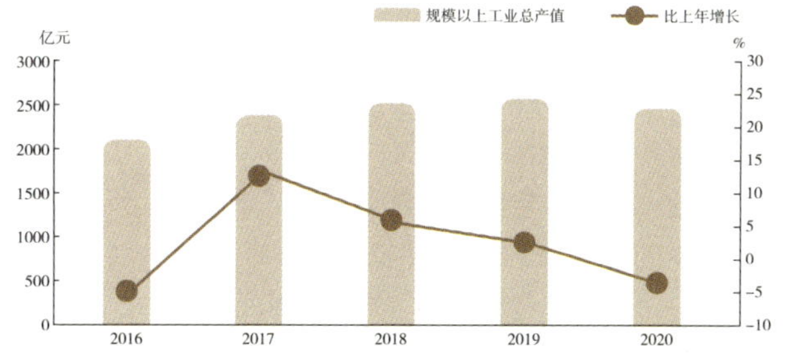

2016–2020 年工业总产值及增速

建筑业：全区具有资质等级的总承包和专业承包建筑

业企业完成建筑业总产值2025.2亿元，比上年增长4.9%。其中，在本市完成产值498.4亿元，比上年下降20.4%。实现竣工产值694.4亿元，比上年下降12.8%。

六、固定资产投资和房地产开发

固定资产投资：全年固定资产投资（不含农户）比上年增长7.2%。按产业分，第二产业投资增长0.9%；第三产业投资增长7.3%，其中，科学研究和技术服务业投资增长116.8%；信息传输、软件和信息技术服务业下降18.2%；文化、体育与娱乐业投资增长27.2%。

房地产开发：全年房地产开发投资比上年下降2.7%。年末全区房屋施工面积1230.2万平方米，比上年末增长6.8%，其中，本年新开工面积226.6万平方米，增长16.7%。房屋竣工面积232.5万平方米，增长48.2%。商品房销售面积63.6万平方米，增长28.9%。

七、市场消费、对外经济

市场消费：2020年全年实现社会消费品零售总额2718.1亿元，比上年下降8.6%。其中，限额以上商业企业实现零售额1587.4亿元，占全区社会消费品零售总额的58.4%。

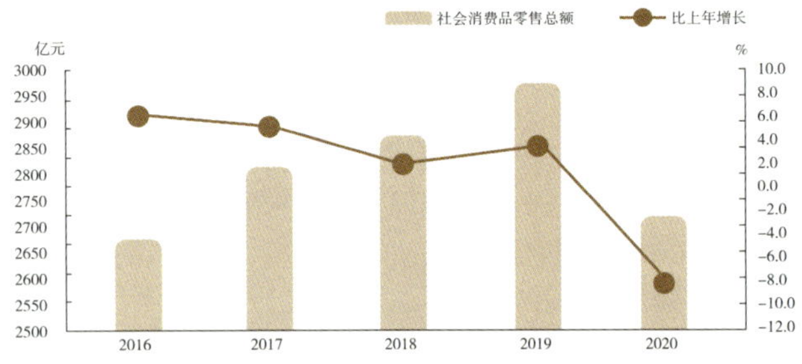

2016–2020年社会消费品零售总额及增速

对外经济：全区进出口总额397.2亿美元，比上年增长8.5%。其中进口额218.0亿美元，下降0.6%；出口额179.1亿美元，增长22.2%。全年吸收合同外资49.0亿美元，比上年下降24.5%；实际利用外资额56.6亿美元，下降8.0%。

八、教育、科技、文化、卫生和体育

教育：全区共有普通中学82所，在校生11.0万人，毕业生3.4万人。小学87所，在校生18.0万人，毕业生2.7万人。幼儿园201所，在园幼儿7.2万人。中等职业学校9所，在校生6533人，毕业生2183人。特殊教育在校生1139人，毕业生61人。

全区中小学幼儿园共有教职工3.8万人，其中特级教师、市级骨干教师和市级学科带头人共589人。35岁以下教师占比41.3%；高级以上职称教师占比19.1%。

科技：全区专利申请量与授权量分别为9.5万件和6.1万件，分别比上年增长10.7%和24.9%。其中，发明专利申请量与授权量分别为6.5万件和3.4万件，分别增长8.5%和26.3%。全年登记技术合同5.7万项，技术合同成交总额2040.1亿元，增长7.4%。区内各企、事业单位获国家技术发明奖7项，国家科学技术进步奖23项，国家自然科学奖12项。

文化：年末区属公共图书馆总藏量187.1万册，全年借阅人次33.7万人次；文化馆组织文艺活动703次。

卫生：全区共有卫生机构1253个，比上年末减少4个，其中，医院92个，社区卫生服务中心48个。共有卫生技术人员3.8万人，其中执业医师1.47万人，注册护士1.69万人。医疗机构总诊疗2374.19万人次。婴儿死亡率1.54‰。全年报告甲乙类传染病发病率61.29/10万。

体育：全区公共体育场馆共有222个；全民健身工程1532个；群众参与各类体育活动45.1万人次。全区运动员共获得全国性比赛奖牌422枚，其中金牌139枚，银牌131枚，铜牌152枚。

九、资源环境

水资源：全年水资源总量1.8亿立方米，比上年增加20.3%。全年总用水量2.9亿立方米，比上年下降7.4%，其中生活用水2.2亿立方米，下降8.1%；工业用水1127万立方米，下降5.4%；农业用水450万立方米，增长4.4%。

环境：全区城市污水处理率为99.3%，与上年持平。年均细颗粒物浓度（PM2.5）36微克/立方米，比上年下降10.0%。二氧化氮和二氧化硫年均浓度值分别为31微克/立方米和3微克/立方米。

城市绿化覆盖率为51.2%，全区人均公园绿地面积为13.99平方米，比上年增加0.04平方米。

公报注释：

1.地区生产总值及各产业增加值总量按当年价格核算，增速按不变价核算，历史数据根据第四次全国经济普查结果进行修订。

2.规模以上工业企业是指年主营业务收入2000万元及以上的全部法人工业企业；限额以上批发零售企业是指年主营业务收入2000万元及以上的批发企业和年主营业务收入500万元及以上的零售企业。

3.卫生机构和卫生技术人员等相关数据不含部队隶属医院数据。

4.公报中部分数据合计数或相对数由于计量单位取舍不同而产生的计算误差，均未作机械调整。

资料来源：

本公报中户籍人口数据来自于北京市统计局；财政数据来自海淀区财政局；金融机构数据来自海淀区金融服务办公室；就业、社会保障数据来自海淀区人力资源和社会保障局；进出口数据来自海淀区商务局；教育数据来自海淀区教育委员会；专利数据来自科学技术和经济信息化局；公共图书馆、文化馆数据来自海淀区文化和旅游局；卫生数据来自海淀区卫生健康委员会；体育数据来自海淀区体育局；水资源及污水处理数据来自海淀区水务局；空气质量数据来自海淀区生态环境局；城市绿化数据来自海淀区园林绿化局；全区居民收支数据来自国家统计局海淀调查队；其他数据来自北京市海淀区统计局、北京市海淀区经济社会调查队。

北京市海淀区第四次全国经济普查主要数据公报

（第一号）

——单位基本情况

北京市海淀区统计局
北京市海淀区第四次全国经济普查领导小组办公室
2020 年 4 月 29 日

2018 年起，海淀区严格按照国家、北京市统一部署，在全区范围内开展了第四次全国经济普查工作（以下简称“四经普”）。本次经济普查是在海淀区进入新的发展阶段、努力建设具有全球影响力的科技创新中心的背景下开展的一次重大国情国力调查，对全面落实推动区域创新发展、构建“高精尖”产业结构、推动高质量发展具有重要意义。

这次普查的标准时点为 2018 年 12 月 31 日，普查时期资料为 2018 年年度资料。普查对象为全区范围内从事第二产业和第三产业的全部法人单位、产业活动单位和个体经营户。普查主要内容包括单位基本属性、从业人员和生产经营情况等。

经过全区各级普查机构及全体普查人员的共同努力，圆满完成了普查各项工作任务，并顺利通过了北京市经普办对海淀区的经济普查数据质量抽查。

根据海淀区第四次全国经济普查结果，现将全区第二产业和第三产业单位的基本情况、从业人员、主要经济指标等公布如下：

一、单位基本情况

2018 年末，全区共有从事第二产业和第三产业活动的法人单位 15.9 万个，比 2013 年末（2013 年是第三次全国经济普查年份，下同）增长 23.4%。产业活动单位 17.1 万个[①]，比 2013 年末增长 21.8%；其中，第二产业 0.4 万个，下降 8.3%，第三产业 16.7 万个，增长 22.7%。

2018 年末，在第二产业和第三产业法人单位中，第二产业 0.4 万个，比 2013 年末下降 8.6%，占比为 2.3%，比 2013 年末降低 0.8 个百分点。第三产业 15.5 万个，比 2013 年末增长 24.4%，占比为 97.7%，比 2013 年末提高 0.8 个百分点。法人单位数量位居前 3 位的行业是：科学研究和技术服务业 4.6 万个，占 29.1%；租赁和商务服务业 2.8 万个，占 17.6%；批发和零售业 2.7 万个，占 17.3%。

2018 年末，全区共有第二产业和第三产业的企业法人单位 15.5 万个，比 2013 年末增长 23.9%。其中，内资企业占 98.6%，港、澳、台商投资企业约占 0.7%，外商投资企业约占 0.7%。内资企业中，国有企业占全部企业法人单位的 0.4%，私营企业占 76.9%。

二、从业人员

2018 年末，全区第二产业和第三产业法人单位从业人员 281.8 万人[②]，比 2013 年末增长 16.1%；其中，女性从业人员 114.8 万人，占比为 40.7%。第二产业 23.0 万人，比 2013 年末下降 13.7%，占比为 8.2%，比 2013 年末降低 2.8 个百分点。第三产业 258.8 万人，比 2013 年末增长 19.8%，占比为 91.8%，比 2013 年末提高 2.8 个百分点。

法人单位从业人员位居前 3 位的行业是：信息传输、软件和信息技术服务业 79.6 万人，占 28.2%；科学研究和技术服务业 48.0 万人，占 17.0%；租赁和商务服务业 30.4 万人，占 10.8%。

三、主要经济指标

2018 年末，全区第二产业和第三产业法人单位资产总计 150902.1 亿元，比 2013 年末增长 7.0%。其中，第二产业 18529.3 亿元，比 2013 年末增长 107.6%，占比为 12.3%，比 2013 年末提高 6.0 个百分点。第三产业 132372.8 亿元，比 2013 年末增长 0.2%，占比为 87.7%，比 2013 年末降低 6.0 个百分点。

2018 年末，全区第二产业和第三产业法人单位负债合计 85266.7 亿元。

2018 年末，全区第二产业和第三产业企业营业收入 35406.0 亿元。其中，第二产业 5938.9 亿元；第三产业 29467.1 亿元。

2018 年末，全区第二产业和第三产业非企业收入合计 4477.9 亿元。

四、个体经营户

2018 年末，全区共有从事第二产业和第三产业活动的个体经营户 1.6 万个[③]，比 2013 年末下降 70.3%。

2018 年末，全区从事第二产业和第三产业活动的个体经营户从业人员 3.8 万人，比 2013 年末下降 65.5%。

---

① 产业活动单位为宽口径，包含法人单位。

② 从业人员指从业人员期末人数。

③ 个体经营户及从业人员数据，根据经济普查清查结果汇总。

北京市海淀区第四次全国经济普查主要数据公报

（第二号）

——工业、建筑业基本情况

北京市海淀区统计局
北京市海淀区第四次全国经济普查领导小组办公室
2020 年 4 月 29 日

根据北京市海淀区第四次全国经济普查结果，现将全区工业和建筑业的主要数据公布如下：

一、工业

（一）法人单位数和从业人员

2018 年末，全区共有工业法人单位 2313 个[①]，从业人员 121165 人[②]，分别比 2013 年末下降 8.1% 和 27.9%。

在工业法人单位中，采矿业 7 个，制造业 2226 个，电力、热力、燃气及水生产和供应业 80 个，分别占 0.3%、96.2% 和 3.5%。在工业行业大类中，计算机、通信和其他电子设备制造业，专用设备制造业，通用设备制造业法人单位数位居前 3 位，分别占 16.4%、13.1% 和 11.3%。

在工业法人单位从业人员中，采矿业占 0.04%，制造业占 96.9%，电力、热力、燃气及水生产和供应业占 3.1%。在工业行业大类中，计算机、通信和其他电子设备制造业，专用设备制造业，铁路、船舶、航空航天和其他运输设备制造业从业人员数位居前 3 位，分别占 32.2%、11.4% 和 8.8%。

在工业法人单位中，内资单位 2203 个，占 95.2%；港、澳、台商投资单位 34 个，占 1.5%；外商投资单位 76 个，占 3.3%。

在工业法人单位从业人员中，内资单位占 78.9%，港、澳、台商投资单位约占 12.4%，外商投资单位占 8.7%。

（二）主要经济指标

2018 年末，工业法人单位资产总计 5625.2 亿元，比 2013 年末增长 51.2%。负债合计 3057.8 亿元。全年实现营业收入 3425.6 亿元[③]。

二、建筑业

（一）法人单位数和从业人员

2018 年末，全区共有建筑业法人单位 1490 个，从业人员 109678 人，分别比 2013 年末下降 5.3% 和增长 11.7%。

在建筑业法人单位中，房屋建筑业占 10.6%，土木工程建筑业占 18.1%，建筑安装业约占 17.8%，建筑装饰、装修和其他建筑业占 53.5%。

在建筑业法人单位从业人员中，房屋建筑业占 26.7%，土木工程建筑业占 19.8%，建筑安装业占 16.8%，建筑装饰、装修和其他建筑业占 36.7%。

在建筑业法人单位中，内资单位 1477 个，占 99.1%；港、澳、台商投资单位 4 个，占 0.3%；外商投资单位 9 个，占 0.6%。

在建筑业法人单位从业人员中，内资单位 106228 人，占 96.9%；港、澳、台商投资单位 1032 人，占 0.9%；外商投资单位 2418 人，占 2.2%。

（二）主要经济指标

2018 年末，建筑业法人单位资产总计 12930.6 亿元，比 2013 年末增长 148.3%。负债合计 7570.2 亿元。全年实现营业收入 2517.3 亿元。

---

① 工业数据范围为从事采矿业，制造业，电力、热力、燃气及水生产和供应业的全部法人单位（含事业单位）。

② 从业人员指从业人员期末人数。

③ 营业收入的汇总范围为执行企业会计制度的法人单位。

北京市海淀区第四次全国经济普查主要数据公报

（第三号）
——第三产业基本情况

北京市海淀区统计局
北京市海淀区第四次全国经济普查领导小组办公室
2020 年 4 月 29 日

根据北京市海淀区第四次全国经济普查结果，现将全区第三产业中主要行业的主要数据[①]公布如下：

一、批发和零售业

（一）法人单位数和从业人员

2018 年末，全区共有批发和零售业法人单位 27496 个，从业人员 216418 人[②]，分别比 2013 年末下降 25.7% 和 20.6%。

在批发和零售业法人单位中，批发业占 37.2%，零售业占 62.8%。在批发和零售业法人单位从业人员中，批发业占 54.7%，零售业占 45.3%。

在批发和零售业法人单位中，内资单位占 99.3%，港、澳、台商投资单位占 0.2%，外商投资单位占 0.5%。

在批发和零售业法人单位从业人员中，内资单位占 98.7%，港、澳、台商投资单位占 0.4%，外商投资单位占 0.9%。

（二）主要经济指标

2018 年末，批发和零售业法人单位资产总计 9234.5 亿元，比 2013 年末增长 21.2%。其中，批发业法人单位资产总计 7965.7 亿元，零售业法人单位资产总计 1268.8 亿元，分别比 2013 年末增长 21.4% 和 20.4%。负债合计 6610.9 亿元。全年实现营业收入 11895.5 亿元[③]。

二、交通运输、仓储和邮政业

（一）法人单位数和从业人员

2018 年末，全区共有交通运输、仓储和邮政业法人单位[④] 896 个，从业人员 32467 人。

（二）主要经济指标

2018 年末，交通运输、仓储和邮政业法人单位资产总计 694.8 亿元。负债合计 476.8 亿元。全年实现收入合计 713.7 亿元[⑤]。

三、住宿和餐饮业

（一）法人单位数和从业人员

2018 年末，全区共有住宿和餐饮业法人单位 4174 个，从业人员 85274 人，分别比 2013 年末增长 32.7% 和下降 11.4%。

在住宿和餐饮业法人单位中，住宿业占 16.3%，餐饮业占 83.7%。在住宿和餐饮业法人单位从业人员中，住宿业占 34.4%，餐饮业占 65.6%。

在住宿和餐饮业法人单位中，内资单位约占 99.2%，港、澳、台商投资单位占 0.4%，外商投资单位占 0.4%。

在住宿和餐饮业法人单位从业人员中，内资单位占 93.6%，港、澳、台商投资单位占 3.8%，外商投资单位占 2.6%。

（二）主要经济指标

2018 年末，住宿和餐饮业法人单位资产总计 296.5 亿元，比 2013 年末下降 14.5%。其中，住宿业法人单位资产总计 201.6 亿元，餐饮业法人单位资产总计 94.9 亿元，分别比 2013 年末下降 10.5% 和 22.0%。负债合计 231.3 亿元。全年实现营业收入 225.0 亿元。

四、信息传输、软件和信息技术服务业

（一）法人单位数和从业人员

2018 年末，全区共有信息传输、软件和信息技术服务业法人单位 25263 个，从业人员 795554 人，分别比 2013 年末下降 4.5% 和增长 34.8%。

在信息传输、软件和信息技术服务业法人单位中，内资单位占 96.8%，港、澳、台商投资单位占 1.6%，外商投资单位占 1.6%。

在信息传输、软件和信息技术服务业法人单位从业人员中，内资单位占 76.5%，港、澳、台商投资单位占 14.9%，外商投资单位占 8.6%。

---

① 本公报数据汇总范围为本区范围内从事相关行业的企业、行政事业、民间非营利组织等法人单位。
② 从业人员指从业人员期末人数。
③ 营业收入的汇总范围为执行企业会计制度的法人单位。
④ 收入合计的汇总范围为执行企业会计制度、行政事业会计制度和民间非营利组织会计制度的法人单位。涉及行业有：交通运输、仓储和邮政业，信息传输、
⑤ 软件和信息技术服务业，金融业，房地产业，租赁和商务服务业，科学研究和技术服务业，水利、环境和公共设施管理业，居民服务、修理和其他服务业，教育，卫生和社会工作，文化、体育和娱乐业。

（二）主要经济指标

2018年末，信息传输、软件和信息技术服务业法人单位资产总计20241.1亿元，比2013年末增长200.6%。负债合计10230.3亿元。全年实现收入合计8445.0亿元。

五、金融业

（一）法人单位数和从业人员

2018年末，全区共有金融业法人单位2153个，从业人员84125人，分别比2013年末增长159.4%和83.6%。

（二）主要经济指标

2018年末，金融业法人单位资产总计23626.1亿元，比2013年末下降67.5%。负债合计17089.4亿元。全年实现收入合计1127.1亿元。

六、房地产业

（一）法人单位数和从业人员

2018年末，全区共有房地产业法人单位3115个，比2013年末增长20.4%。其中，房地产开发经营260个，比2013年末下降16.7%。

2018年末，全区房地产业法人单位的从业人员104110人，比2013年末增长31.2%。其中，房地产开发经营5303人，比2013年末下降48.7%。

（二）主要经济指标

2018年末，全区房地产业法人单位的资产总计12406.1亿元，比2013年末增长112.7%。其中，房地产开发经营5818.5亿元，比2013年末增长24.9%。负债合计8829.6亿元。全年实现收入合计762.9亿元。

七、租赁和商务服务业

（一）法人单位数和从业人员

2018年末，全区共有租赁和商务服务业法人单位27951个，从业人员303661人，分别比2013年末增长18.7%和30.7%。

在租赁和商务服务业法人单位中，租赁业占2.3%，商务服务业占97.7%。在租赁和商务服务业法人单位从业人员中，租赁业占2.6%，商务服务业占97.4%。

在租赁和商务服务业法人单位中，内资单位占99.0%，港、澳、台商投资单位占0.5%，外商投资单位占0.5%。

在租赁和商务服务业法人单位从业人员中，内资单位占95.2%，港、澳、台商投资单位占4.1%，外商投资单位占0.7%。

（二）主要经济指标

2018年末，租赁和商务服务业法人单位资产总计44286.3亿元，比2013年末增长102.7%。其中，租赁业法人单位资产总计481.4亿元，商务服务业法人单位资产总计43804.9亿元，分别比2013年末增长114.7%和100.8%。负债合计22535.9亿元。全年实现收入合计2069.4亿元。

八、科学研究和技术服务业

（一）法人单位数和从业人员

2018年末，全区共有科学研究和技术服务业法人单位46307个，从业人员479508人，分别比2013年末增长179.3%和48.0%。

在科学研究和技术服务业法人单位中，内资单位约占98.7%，港、澳、台商投资单位占0.6%，外商投资单位占0.7%。

在科学研究和技术服务业法人单位从业人员中，内资单位约占92.6%，港、澳、台商投资单位占5.2%，外商投资单位占2.2%。

（二）主要经济指标

2018年末，科学研究和技术服务业法人单位资产总计12547.2亿元，比2013年末增长87.3%。负债合计6442.5亿元。全年实现收入合计4628.2亿元。

九、水利、环境和公共设施管理业

（一）法人单位数和从业人员

2018年末，全区共有水利、环境和公共设施管理业法人单位632个，从业人员26747人，分别比2013年末增长1.6%和20.0%。

（二）主要经济指标

2018年末，水利、环境和公共设施管理业法人单位资产总计953.1亿元，比2013年末增长184.2%。负债合计617.3亿元。全年实现收入合计261.0亿元。

十、居民服务、修理和其他服务业

（一）法人单位数和从业人员

2018年末，全区共有居民服务、修理和其他服务业法人单位3749个，从业人员35109人，分别比2013年末增长14.5%和下降6.7%。

在居民服务、修理和其他服务业法人单位中，内资单位占99.5%，港、澳、台商投资单位占0.2%，外商投资单位占0.3%。

在居民服务、修理和其他服务业法人单位从业人员中，内资单位占84.8%，港、澳、台商投资单位约占14.5%，外商投资单位占0.7%。

（二）主要经济指标

2018年末，居民服务、修理和其他服务业法人单位资产总计158.3亿元，比2013年末下降67.6%。负债合计75.3亿元。全年实现收入合计70.0亿元。

十一、教育

（一）法人单位数和从业人员

2018年末，全区共有教育法人单位3421个，从业人员248697人，分别比2013年末增长33.2%和34.5%。其中，行政事业及非企业法人单位605个。

（二）主要经济指标

2018年末，教育法人单位资产总计3564.3亿元，比2013年末增长76.0%。负债合计612.8亿元。全年实现收入合计1328.0亿元。其中，行政事业及非企业法人单位年末资产3007.3亿元，本年支出（费用）合计972.8亿元。

十二、卫生和社会工作

（一）法人单位数和从业人员

2018年末，全区共有卫生和社会工作法人单位852

个，从业人员 44669 人，分别比 2013 年末增长 68.4% 和 24.3%。其中，行政事业及非企业法人单位 232 个。

（二）主要经济指标

2018 年末，卫生和社会工作法人单位资产总计 295.6 亿元，比 2013 年末增长 75.1%。负债合计 124.8 亿元。全年实现收入合计 324.0 亿元。其中，行政事业及非企业法人单位年末资产 229.5 亿元，本年支出（费用）合计 269.6 亿元。

十三、文化、体育和娱乐业

（一）法人单位数和从业人员

2018 年末，全区共有文化、体育和娱乐业法人单位 7257 个，从业人员 68027 人，分别比 2013 年末增长 49.8% 和 4.3%。其中，行政事业及非企业法人单位 121 个。

（二）主要经济指标

2018 年末，文化、体育和娱乐业法人单位资产总计 2741.5 亿元，比 2013 年末增长 55.4%。负债合计 571.2 亿元。全年实现收入合计 941.4 亿元。其中，行政事业及非企业法人单位年末资产 1542.9 亿元；本年支出（费用）合计 351.8 亿元。

十四、公共管理、社会保障和社会组织

（一）法人单位数和从业人员

2018 年末，全区共有公共管理、社会保障和社会组织法人单位 1928 个，从业人员 62285 人，分别比 2013 年末增长 10.0% 和 1.9%。

（二）主要经济指标

2018 年末，公共管理、社会保障和社会组织法人单位资产总计 1300.5 亿元，比 2013 年末增长 75.7%。本年支出（费用）合计 1108.2 亿元。

北京市海淀区第四次全国经济普查主要数据公报

（第四号）

——分街镇基本情况

北京市海淀区统计局
北京市海淀区第四次全国经济普查领导小组办公室
2020 年 4 月 29 日

根据北京市海淀区第四次全国经济普查结果，现将全区分区域的主要数据情况公布如下：

一、法人单位分街镇情况

2018 年末，全区第二产业和第三产业法人单位数量位居前 3 位的地区是：中关村街道 19250 个，占 12.1%；海淀街道 18761 个，占 11.8%；上地街道 17004 个，占 10.7%。

二、从业人员分街镇情况

2018 年末，全区第二产业和第三产业法人单位从业人员[①]位居前 3 位的地区是：上地街道 31.9 万人，占 11.3%；海淀街道 26.4 万人，占 9.4%；中关村街道 24.9 万人，占 8.9%。

三、主要经济指标分街镇情况

2018 年末，全区第二产业和第三产业法人单位资产总计位居前 3 位的地区是：甘家口街道 22977.3 亿元，占 15.2%；海淀街道 16778.9 亿元，占 11.1%；羊坊店街道 13818.5 亿元，占 9.2%。

2018 年末，全区第二产业和第三产业企业营业收入[②]位居前 3 位的地区是：上地街道 4652.8 亿元，占 13.1%；海淀街道 3733.8 亿元，占 10.5%；中关村街道 3328.7 亿元，占 9.4%。

① 从业人员指从业人员期末人数。
② 企业营业收入的汇总范围为执行企业会计制度的法人单位。

2020年中共海淀区委文件目录

表35

序号	文号	标题	印发日期
1	京海发〔2020〕1号	关于印发《中共北京市海淀区委常委会关于完善“三重一大”事项决策制度的实施办法》的通知	2020.1.13
2	京海发〔2020〕2号	关于印发《区委常委会2020年工作要点》的通知	2020.2.24
3	京海发〔2020〕4号	关于设立中共国家统计局海淀调查队党组的决定	2020.4.10
4	京海发〔2020〕5号	关于海淀区应急管理局党组改设党委的决定	2020.4.29
5	京海发〔2020〕6号	关于印发《北京市海淀区生态环境保护工作职责分工规定》的通知	2020.10.1

2020 年海淀区人民政府文件目录

表 36

序号	文号	标题	印发日期
1	海政发〔2020〕1 号	印发《关于进一步优化中关村科学城创新发展服务体系的若干措施》的通知	2020-01-06
2	海政发〔2020〕2 号	关于印发《中关村科学城 5G 产业创新发展行动计划》的通知	2020-01-06
3	海政发〔2020〕3 号	印发《中关村科学城关于落实〈北京市促进科技成果转化条例〉的若干措施（试行）》的通知	2020-01-07
4	海政发〔2020〕4 号	关于印发《中关村科学城关于支持区块链创新引领发展的若干措施》的通知	2020-01-08
5	海政发〔2020〕5 号	关于印发《中关村科学城关于支持 RISC-V 开放生态创新引领发展的若干措施》的通知	2020-01-08
6	海政发〔2020〕6 号	关于印发 2020 年《政府工作报告》的通知	2020-01-13
7	海政发〔2020〕7 号	关于印发《海淀区“十四五”规划研究编制工作方案》的通知	2020-02-13
8	海政发〔2020〕8 号	关于开展第七次全国人口普查的通知	2020-02-28
9	海政发〔2020〕9 号	关于印发《海淀区全面推进生活垃圾分类行动方案》的通知	2020-04-13
10	海政发〔2020〕10 号	关于印发《海淀区 2020 年固定资产投资推进方案》的通知	2020-04-22
11	海政发〔2020〕11 号	关于印发《2019 年海淀区法治政府建设情况报告》的通知	2020-04-30
12	海政发〔2020〕12 号	关于印发《中关村科学城北区发展行动计划》的通知	2020-05-06
13	海政发〔2020〕13 号	关于印发本区贯彻落实《北京市人民政府关于向街道办事处和乡镇人民政府下放部分行政执法职权并实行综合执法的决定》工作方案的通知	2020-05-15
14	海政发〔2020〕15 号	关于印发《海淀区智慧海淀项目建设管理办法》的通知	2020-07-31
15	海政发〔2020〕16 号	关于印发《2020 年第二批海淀区政府投资建设项目安排方案》的通知	2020-07-31
16	海政发〔2020〕17 号	关于成立北京赛区（海淀）2020 国际滑联花样滑冰大奖赛总决赛等 3 项赛事组委会的通知	2020-09-08
17	海政发〔2020〕18 号	关于印发《海淀区“村地区管”实施办法（试行）》的通知	2021-01-04

2020年海淀区行政区划基本情况一览表

表37

序号	地区	社区居委会	村委会	辖区面积（平方千米）
	全区	587	55	430.77
1	万寿路街道	27	—	6.52
2	羊坊店街道	31	—	6.61
3	甘家口街道	24	—	6.49
4	八里庄街道	32	—	6.49
5	紫竹院街道	22	—	6.23
6	北下关街道	31	—	6.04
7	北太平庄街道	32	—	5.17
8	海淀街道	32	—	6.90
9	中关村街道	30	—	5.28
10	学院路街道	30	—	8.49
11	清河街道	29	—	9.37
12	青龙桥街道	20	—	18.59
13	香山街道	6	—	20.40
14	西三旗街道	27	—	8.23
15	马连洼街道	20	—	10.74
16	花园路街道	27	—	6.33
17	田村路街道	27	—	6.79
18	上地街道	13	—	9.52
19	曙光街道	17	—	5.45
20	燕园街道	7	—	1.84
21	清华园街道	10	—	3.49
22	永定路街道	25	—	4.69
23	东升镇	9	2	8.28
24	海淀镇	2	4	4.79
25	四季青镇	12	10	40.83
26	西北旺镇	17	8	51.02
27	温泉镇	13	2	33.23
28	苏家坨镇	9	10	84.51
29	上庄镇	6	19	38.45

组织机构负责人名录

中共海淀区委员会

书　记　于　军
副书记　曾　劲（7 月免）　王合生（8 月任）
　　　　孟景伟（6 月免）　张　强（7 月任）
常　委　周志军（女，7 月免）　鲍　雷
　　　　李俊杰　张劲林
　　　　任武军（5 月任）　田敬军
　　　　吴计亮　梁　爽（2019 年 12 月任）
　　　　张若冰（9 月任）

海淀区人民代表大会常务委员会

主　任　刘长利
副主任　王鲁豫（1 月免）　臧桂武（1 月免）
　　　　杨　莉（女）　刘佩金（7 月免）
　　　　白建平（1 月任）　陈国启（1 月任，满族）
　　　　吴琢如（女，1 月任）　邓佑玲（女，土家族）

海淀区人民政府

区　长　曾　劲（9 月免）　王合生（9 月任 代）
常务副区长　李俊杰
副区长　陈　双（女，1 月免）　梁　爽
　　　　谭　权　张若冰（11 月免）
　　　　沙海江　林剑华（3 月任）
　　　　林　航（女，6 月任）　崔坤军（5 月免）
　　　　陈朝晖（12 月任）
　　　　邸慧清（4 月任，挂职至 2021 年 4 月）

中国人民政治协商会议北京市海淀区委员会

主　席　刘　勇
副主席　丁志明　陈　双（女）
　　　　胡淑彦（女）　杨剑飞
　　　　王玉梅（女）　徐凤芹（女）

中共北京市海淀区纪律检查委员会、北京市海淀区监察委员会

纪委书记 监委主任　鲍　雷
纪委副书记 监委副主任　张　磊　杨　科　杜陈生

北京市海淀区人民法院

党组书记 院长　邵明艳（女，1 月任）

北京市海淀区人民检察院

党组书记 检察长　刘　惠（女）

民主党派 工商联

中国国民党革命委员会北京市海淀区工作委员会
　　主任委员　汤维建
中国民主同盟北京市海淀区委员会
　　主任委员　张维佳
中国民主建国会北京市海淀区委员会
　　主任委员　王玉梅（女）
中国民主促进会北京市海淀区委员会
　　主任委员　邓佑玲（女，土家族）
中国农工民主党北京市海淀区委员会
　　主任委员　徐凤芹（女）
中国致公党北京市海淀区委员会
　　主任委员　安雪晖
九三学社北京市海淀区委员会
　　主任委员　叶培贵
台湾民主自治同盟北京市海淀区工作委员会
　　主任委员　杨　旭
北京市海淀区工商业联合会
　　党组书记　卢克玉
　　主　　席　陈　双（女）

群众团体

区总工会　主席　胡淑彦（女，兼）
　　　　　党组书记 常务副主席　牛爱忠
团区委　书记　文思君
区妇联　主席　车苇歆（女，4 月免）
　　　　　　　吴红蓉（女，4 月任）
区文联　主席　苗　地
区侨联　主席　石　岳（女）
区残联　党组书记 理事长　张春华（6 月免）
　　　　　　　朱利忠（6 月任）
区科协　主席　白春礼（中国科学院院长）
　　　　常务副主席　李云飞（4 月免）
　　　　　　　车苇歆（女，4 月任）

区红十字会　会长　张若冰
　　常务副会长　张立红

中共北京市委中关村科学城工作委员会、中关村科学城管理委员会
（对外保留中关村科技园区海淀园管理委员会牌子）

党工委　书记　于　军（兼）
　副书记　曾　劲（兼，7月免）
　　王合生（兼，8月任）
　　张　强（兼，10月任）
　　李俊杰（兼）
　　林剑华（兼，10月任）
　委员　梁　爽（8月任）吴宝华
　　舒毕磊　王　斌（女）
　　申宏艳（女）　何建吾（8月任）
　　刘　莉（女）　林剑华（兼，10月免）
管委会　主任　曾　劲（兼，7月免）
　　王合生（兼，8月任）
　常务副主任　李俊杰（兼）
　副主任　张　强（兼，10月任）
　　梁　爽（兼，9月任）
　　林剑华（兼，9月任）
　　金勤献（兼）
　专职副主任　吴宝华　林剑华（9月免）
　　舒毕磊（9月任）
中关村科技园区海淀园管理委员会（保留牌子）
　主任　林剑华（兼，1月任）
海淀区科学技术和经济信息化局（与中关村科技园区海淀园管理委员会合署办公，同时加挂区知识产权局牌子）
　局长　林剑华（7月免）舒毕磊（7月任）
海淀区知识产权局
　局长　林剑华（6月免）舒毕磊（7月任）
综合事务部　部长　吴宝华
科技创新部　部长　林剑华（6月免）舒毕磊（7月任）
产业发展部　部长　林剑华（6月免）舒毕磊（7月任）
创新服务部　部长　林剑华（6月免）舒毕磊（7月任）
综合事务部组织人事处兼非公党建工作处（统战部）
　处长　王　斌（女）
综合事务部综合协调处兼财务审计处
　处长　申宏艳（女）
海淀区纪委区监委驻中关村科学城党工委 管委会纪检监察组　组长　刘　莉（女）
科技创新部规划发展处
　处长　王春生
科技创新部科技发展处
　处长　（空缺）
产业发展部产业促进一处
　处长　舒毕磊（6月免）
产业发展部产业促进二处
　处长　何建吾
产业发展部产业空间管理处
　处长　杜嘉宁
创新服务部服务体系建设处
　处长　刘　钊
创新服务部交流合作与人才工作处
　处长　（空缺）
创新服务部知识产权处
　处长　刘向阳
中关村国家自主创新示范区展示交易中心
　主任　梁爱民
中关村国家自主创新示范区核心区发展研究中心
　主任　宋洁尘

海淀区北部地区开发建设委员会办公室

党组书记　主任　高志庆
　副主任　申桂芳（女）　魏　星
　　唐京丰　胡　岩
　　陈晓智（兼）　刘培宝（兼）
　　周　波（兼）　尹　刚（兼）
　　张国斌（兼）

区委系统

区委办公室（挂区委保密委员会办公室、区委机要局牌子）
　主任　吴计亮（6月任）
　常务副主任　张红林（女）
区委组织部（挂区公务员局牌子）
　部长　周志军（女，10月免）
　　张若冰（10月任）
　常务副部长　甘丽平（女，12月免）
区委宣传部（挂新闻出版局、区政府新闻办公室牌子）
　部长　张劲林
　常务副部长　黄　英（女）
区委区政府研究室
　主任　王世松（10月免）
　　王　煜（11月任）
区委统一战线工作部（挂区政府侨务办公室牌子）
　部长　周志军（女，6月免）
　　任武军（6月任）
　常务副部长　刘　珍（女）
中共北京市海淀区委台湾工作办公室（北京市海淀区人民政府台湾事务办公室）
　主任　王　锋

区委政法委员会　书记　吴计亮
常务副书记　王勇禄
副书记　谭　权（兼）沙海江（兼）
王际宝（兼）杨秀成（兼）
区直属机关工作委员会
书记　苏德琴（女）
区精神文明建设委员会办公室（设在区委宣传部）
主任　杨军昌
区委老干部局　党总支书记　局长　赵静国
区人民武装部　政委　田敬军
部长　黄世斌
区委党校（区行政学院）
校长（院长）　张　强（8月任）
常务副校长（常务副院长）何昭瑾
区党史地方志办公室
主任　李　强
区委机构编制委员会办公室
主任　张京玲（女）
区委网络安全和信息化委员会办公室（区互联网信息办公室）　主任　黄　英（女）
区委巡察办　主任　陈　熙

区人大常委会机关

办公室　主任　吴琢如（女，1月免）
王曼谕（女，1月任）
研究室　主任　俞昌吉（朝鲜族）
代表联络室　主任　孙大钧
财政经济办公室　主任　白　莉（女）
法制（社会建设、备案审查）办公室
主任　李友成
教育科技文化卫生体育办公室
主任　郭景玉
城市建设环境保护办公室
主任　郭少东
农村办公室　主任　赵德法

区政府系统

区长助理　丛轶彧（2月免）
区政府办公室　主任　王伟丽（女，12月任）
区商务局　党组书记　局长　王　澎（女）
区教育委员会（与区委教育工作委员会合署办公，挂区政府教育督导室牌子）　主任　王　方
区委教育工作委员会　书记　尹丽君（女，回族）
区政府教育督导室　主任　乔　键（兼，12月免）
王　方（兼，12月任）
区教育科学研究院　院长　吴颖惠（女）
区政务服务管理局
党组书记　局长　马学印
区委社会工委区民政局　书记　王玉方
局长　李大成
区司法局　党组书记　局长　周玉鑫
区财政局　党组书记　局长　程培衡
区人力资源和社会保障局
党组书记　局长　李卫华
区城市服务管理指挥中心
党组书记　主任　李　伟
区城市管理委员会（挂区交通委员会牌子）
党组书记　主任　赵　寒
区住房和城乡建设委员会（挂区人民政府房屋征收办公室牌子）　党组书记　主任　张世芳
区房屋管理局（挂区住房保障办公室牌子）
局长　辛　果
区农业农村局（与区委农村工作委员会合署办公）
书记　局长　张春明
区文化和旅游局　党组书记　孙鹏利
局长　陈　静（女）
区委卫生健康工作委员会（与区卫生健康委员会合署办公）
书记　甄　蕾（女）
区卫生健康委员会　主任　李劲涛
区发展和改革委员会
党组书记　主任　李　泉
区金融服务办公室
党组书记　主任　刘建民
区人民政府国有资产监督管理委员会
党委书记　主任　魏开锋（12月免）
程培衡（12月任）
区审计局　党组书记　局长　王彩霞（女）
区应急管理局　党委书记　刘磊刚（4月任）
局长　刘磊刚
区生态环境局　党组书记　刘培恩（9月免）
张洪雨（11月任）
局长　张洪雨
区统计局　党组书记　鲁贵黎
局长　王凌志（7月免）
钟福林（7月任）
区水务局　党组书记　局长　马光耀
区体育局　党组书记　崔仲军（2月免）
张彦祥（3月任）
局长　张彦祥
区民族宗教事务办公室
党组书记　主任　田桂茹（女，满族）
区信访办公室　党组书记　主任　赵立华
区人民防空办公室　党组书记　陆　平
主任　王京立

区城市管理综合行政执法局
　　党组书记　石立峰（2019年3月免）
　　　　　　　王志伟（2019年3月任，2020年10月免）
　　　　　　　曹玉明（2020年10月任）
　　局长　王志伟（10月免）
　　　　　曹玉明（10月任）
区市场监督管理局（加挂区食品药品安全委员会办公室牌子）　党组书记　局长　刘春梅（女）
区退役军人事务局　党组书记　石立峰
　　局长　石立峰（7月免）
　　　　　皇甫江（7月任）
区融媒体中心　党总支书记　王言敏（3月免）
　　　　　　　　　　　　　佟志伟（3月任）
　　主任　王言敏（4月免）
　　　　　佟志伟（4月任）
区环境卫生服务中心　党委书记　莘雪林（3月任）
　　主任　郑秀山（3月免）
　　　　　莘雪林（4月任）
区园林绿化局（区绿化委员会办公室）
　　党组书记　肖敏鹏（10月免）
　　　　　　　王志伟（10月任）
　　局长（主任）　林　航（女，6月免）
　　　　　　　　　王志伟（10月任）
区医疗保障局　党组书记　局长　黄春明
圆明园管理处　党委书记　李　博（6月任）
　　主任　李　博
区机关事务管理服务中心（1月，由区机关事务管理处更名）　党总支书记　主任　于　锋
区地震局　党组书记　局长　张燕辉
区档案馆　党总支书记　馆长　孙俊宏（女，5月免）
　　　　　　　　　　　　　　刘　毅（6月任）
区农村合作经济经营管理站
　　党组书记　常印怀（3月免）
　　　　　　　张春明（兼，3月任）
　　站长　常印怀（4月免）
　　　　　赵仕伟（6月任）

区政协机关

秘书长　杨剑飞（2019年12月免）
　　　　张启兵（2019年12月任）
办公室　主任　刘　玲（女）
研究室　主任　党慧海
专委会工作一室　主任　刘　彦（女）
专委会工作二室　主任　吴明波
专委会工作三室　主任　刘秀荣（女）
专委会工作四室　主任　周文健（女）
专委会工作五室　主任　王欣焕（8月免）
专委会工作六室　主任　孙继光

垂直领导单位

北京市公安局海淀分局
　　政委　刘少波
　　局长　谭　权
北京市公安局公安交通管理局海淀交通支队
　　政委　（空缺）
　　支队长　刘春利（1月免）
　　　　　　赵　鑫（1月任）
北京市海淀区消防救援支队
　　支队长　李广耐
　　政委　李久义（8月免）
　　　　　赵　勇（8月任）
北京市国家安全局海淀分局
　　局长　杨秀成
国家税务总局北京市海淀区税务局
　　党委书记　局长　武立煌
北京市海淀区气象局
　　党组书记　局长　刘建忠（12月免）
　　　　　　　　　　张晓鹏（女，12月任）
北京市规划和自然资源委海淀分局
　　党组书记　局长　陈朝晖
海淀区烟草专卖局（公司）
　　党组书记　局长（经理）张秀武
中关村海关　关长　邢　巍
北京市交通委员会海淀运输管理分局
　　局长　董路加
国家统计局海淀调查队
　　党组书记　队长　周　明
国家市场监督管理总局知识产权局驻中关村国家自主创新示范区办事处　主任　梁爱民

街　道

万寿路街道　党工委书记　白建平（3月免）
　　　　　　　　　　　　聂俊杰（3月任）
　　办事处主任　杜陈生（4月免）
　　　　　　　　冯　军（4月任）
羊坊店街道　党工委书记　寇　平（6月免）
　　　　　　　　　　　　孙笑庸（6月任）
　　办事处主任　孙笑庸（6月免）
　　　　　　　　张　宇（12月任）
甘家口街道　党工委书记　张俊峰
　　办事处主任　孙　鹏
八里庄街道　党工委书记　曾　涛

	办事处主任	李云驰
紫竹院街道	党工委书记	王曼谕（3月免）
		常增玉（3月任）
	办事处主任	常增玉（4月免）
		付海涛（4月任）
北下关街道	党工委书记	李红杰（6月免）
		王凌志（6月任）
	办事处主任	周建瓴
北太平庄街道	党工委书记	齐明军
	办事处主任	王树彦
海淀街道	党工委书记	陈国启（3月免）
		齐明军（3月任）
	办事处主任	张　伟（4月免）
		文思君（4月任）
中关村街道	党工委书记	许　云
	办事处主任	董智杭
学院路街道	党工委书记	冯志明（12月免）
	办事处主任①	李恺彦（5月免）
		郑　鹏（5月任）
清河街道	党工委书记	米　佳
	办事处主任	陈　兵
青龙桥街道	党工委书记	张　伟
	办事处主任	邬斌锋
香山街道	党工委书记	钟福林（6月免）
		孙连红（6月任）
	办事处主任	刘来奇
西三旗街道	党工委书记	张启兵（10月免）
		王世松（10月任）
	办事处主任	曹玉明（女，10月免）
		张　娟（女，11月任）
马连洼街道	党工委书记	朱立忠（6月免）
		王树彦（10月任）
	办事处主任	刘永泉
花园路街道	党工委书记	高　毅
	办事处主任②	胡宗江（2018年10月免）
		杜荣贞（2019年2月任）
田村路街道	党工委书记	张之放
	办事处主任	孙金春
上地街道	党工委书记	毕淑琴（女）
	办事处主任	孙连红（6月免）
		余新星（6月任）
曙光街道	党工委书记	冀国瑞（12月免）
	办事处主任	胡宏宇（蒙古族）
燕园街道	党工委书记	杨学祥（回族）
	办事处主任	杨兴文
清华园街道	党工委书记	高　斌
	办事处主任	许立冬
永定路街道	党工委书记	王新明（2019年9月免）
		杜　宇（2019年5月任）
	办事处主任③	王新明（2019年9月免）
		王艳龙（2019年7月任）

镇（地区）

东升镇（东升地区）		
	党委（党工委）书记	武　凯
	镇长（办事处主任）	刘　件
海淀镇（万柳地区）		
	党委（党工委）书记	苏建华（女）
	镇长（办事处主任）	朱海斌
四季青镇（四季青地区）		
	党委（党工委）书记	陈爱清
	镇长（办事处主任）	薛飞飞
西北旺镇（西北旺地区）		
	党委（党工委）书记	赵小云（女）
	镇长（办事处主任）	尹　刚
温泉镇（温泉地区）		
	党委（党工委）书记	方海强
	镇长（办事处主任）	张国斌
苏家坨镇（苏家坨地区）		
	党委（党工委）书记	张文涛
	镇长（办事处主任）	刘培宝
上庄镇（上庄地区）		
	党委（党工委）书记	刘　涵（女）
	镇长（办事处主任）	周　波
玉渊潭农工商总公司		
	党委书记　总经理	杨　琪

① 2020卷关于学院路街道办事处主任李恺彦（2019年9月免）、郑鹏（2019年9月任）任免时间记述有误。

② 2020卷未记述办事处主任的任免情况。

③ 2020卷关于永定路办事处主任李啸龙（2019年11月免）、杜宇（2019年11月任）记述有误。本卷二人的任免时间顺序不同，是因为2020年街道由大院式街道调整为区属街道，交接过程中分别由海淀区和中国航天科工集团第二研究院任、免。

索 引

说明

1. 本索引采取主题索引也称内容分析索引法编制。主题词以《北京海淀年鉴（2021）》正文中出现的专业名词或名词词组、机构名等为主。

2. 索引的文字部分称为标目，标目之后的数字为其在正文中出现的页码，数字后的英文字母（a、b、c）表示正文中的栏别（从左至右）。部分标目后面有若干个页码，则表示该标目均在这些页码出现。

3. 本索引按汉语拼音音序排列，汉字打头的标目按首字母的音序音调依次排列，首字相同时，则以第二字排序，依此类推；以阿拉伯数字打头的主题词，排在最前面；以英文字母打头的主题词，列于其次。

4. 类目中的《人物 荣誉》《统计资料》《附录》栏目内容不在索引范围内。

1-9

B

C

D

G

H

J

K

L

M

N

P

Q

R

S

T

W

Y

Z